WISSEN

Das große Lexikon in spektakulären Bildern

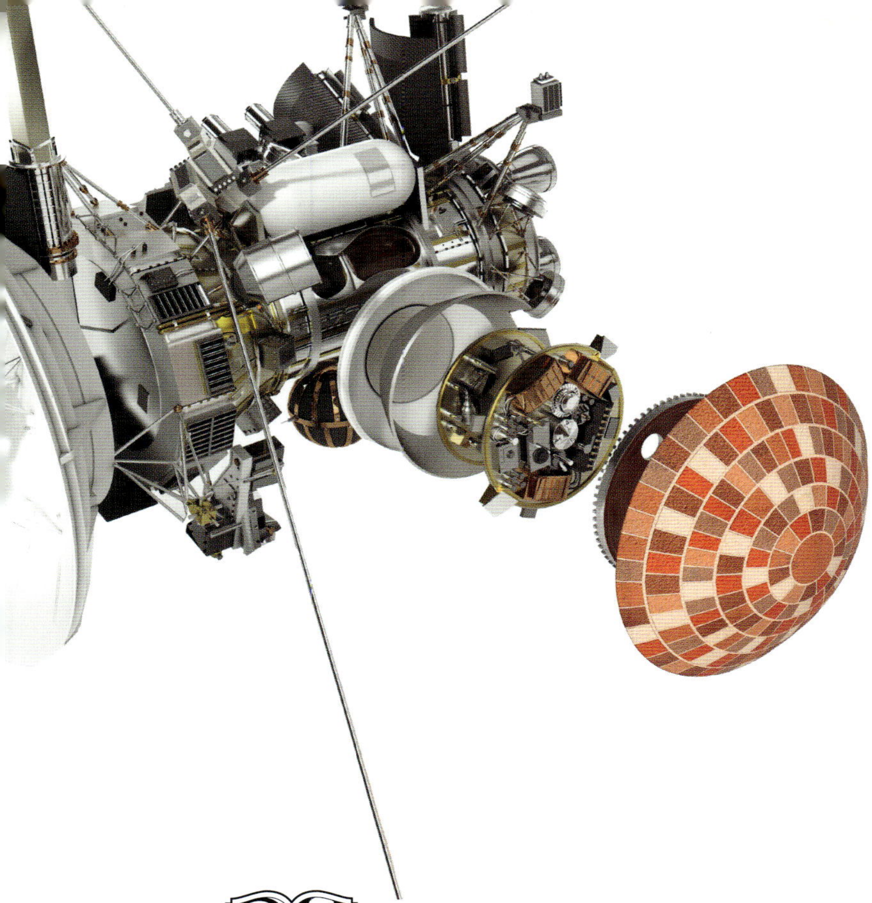

DK

WISSEN

Das große Lexikon in spektakulären Bildern

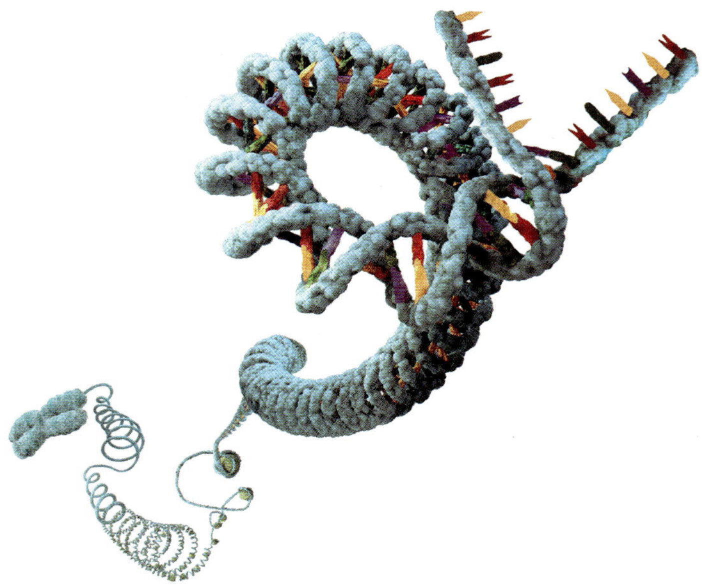

DK | Penguin Random House

Lektorat Shaila Brown, Daniel Mills, Ben Morgan
Bildredaktion Vicky Short, Smiljka Surla, Owen Peyton Jones
Redaktion Lizzie Munsey, Sam Priddy, Alison Sturgeon
Gestaltung Daniela Boraschi, Tannishtha Chakraborty, Richard Horsford, Hedi Hunter, Fiona Macdonald
Illustrationen Peter Bull, Rob Cook, FOREAL™, Mike Garland, Mark Garlick, Gary Hanna, Jason Harding, Arran Lewis, Maltings Partnership, Medi-Mation, Peter Minister, Gerson Mora and Anna Luiza Aragão/Maná e.d.i., Moonrunner Design, Ian Naylor, Alex Pang, Dean Wright and Agatha Gomes
DK Picture Library Emma Shepherd, Rob Nunn
Skizzen Peter Laws
Herstellung Francesca Wardell, Alice Sykes
Cheflektorat Sarah Larter, Julie Ferris, Paula Regan
Art Director Phil Ormerod
Programmmanager Liz Wheeler
Programmleitung Jonathan Metcalf

Mitarbeit Kim Bryan, Robert Dinwiddie, John Goddard, Ian Graham, Reg G Grant, Jacqueline Mitton, Darren Naish, Douglas Palmer, Philip Parker, Penny Preston, Sally Regan, David Rothery, Carole Stott, Paul Sutherland, Chris Woodford, John Woodward

Für die deutsche Ausgabe:
Programmleitung Monika Schlitzer
Redaktionsleitung Martina Glöde
Projektbetreuung Corinna Hartung
Herstellungsleitung Dorothee Whittaker
Herstellungskoordination Katharina Dürmeier
Herstellung Sophie Schiela

Titel der englischen Originalausgabe:
Knowledge Encyclopedia

Übersetzung Martin Kliche, Eva Sixt, Claudia Theis-Passaro
Lektorat Hans W. Kaiser

ISBN 978-3-8310-2618-0

Printed and bound in Hong Kong

Besuchen Sie uns im Internet
www.dorlingkindersley.de

INHALT

WELTALL

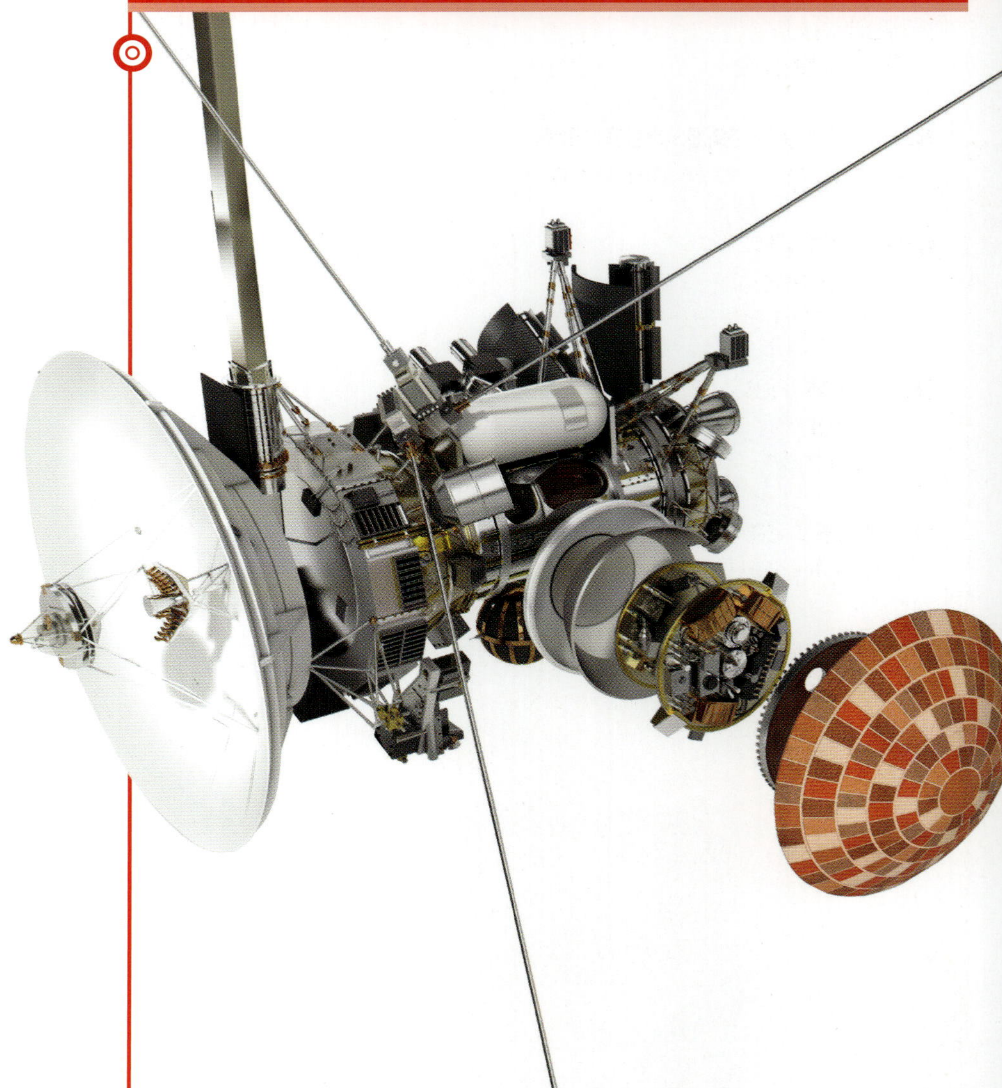

ERDE

NATUR

MENSCH

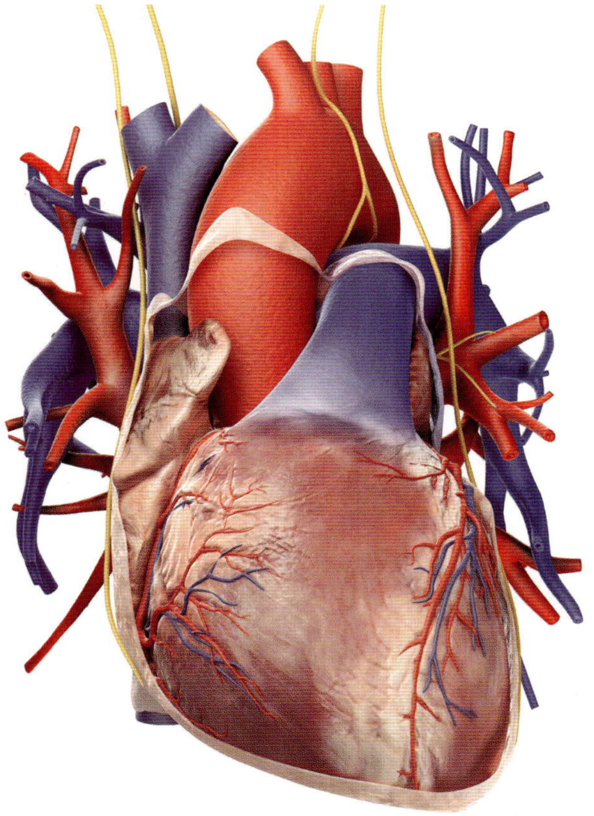

WISSENSCHAFT

GESCHICHTE

WELTALL

Wenn man zum dunklen Nachthimmel blickt, sieht man in die unergründliche Tiefe des Universums. Die fernen Welten der Sterne, Planeten und Galaxien reichen weit ins Weltall hinaus – viel weiter, als wir sehen oder uns vorstellen können.

DAS UNIVERSUM

Das Universum umfasst alles, was existiert – Raum, Materie, Energie und Zeit –, und ist unvorstellbar groß. Es ist vor 13,8 Milliarden Jahren in einer gewaltigen Explosion entstanden, die man als Urknall bezeichnet, und dehnt sich seither immer weiter aus.

HIMMELSKÖRPER

Das Universum besteht zu 99,9 % aus leerem Raum. In dieser weiten, dunklen Leere befinden sich alle Himmelskörper – vom Staubkörnchen bis zu den Planeten, Sternen und Galaxien. Zu unserem Sonnensystem gehört ein Stern (die Sonne) und eine Familie von Planeten und Monden, die aus derselben Wolke entstanden sind, aus der auch die Sonne hervorging. In den letzten Jahren wurden viele Planeten entdeckt, die um andere Sterne kreisen. Es ist daher zu vermuten, dass unser Sonnensystem nur eines von Milliarden in unserer Galaxie ist.

Planetoiden
Objekte aus der Zeit, in der das Sonnensystem entstand, nennt man Planetoiden. Sie können die Größe eines Felsbrockens oder beinahe eines Zwergplaneten haben.

DAS UNIVERSUM VERSTEHEN

Das Universum ist keine riesige Kugel, diese Vorstellung wäre zu einfach. Und es hat wahrscheinlich kein Zentrum und keine äußere Begrenzung. Für uns ist nur ein Bruchteil – das beobachtbare Universum – sichtbar. Das ganze Universum ist vermutlich viel größer, vielleicht sogar unendlich groß.

Die Form des Raums

Die drei Dimensionen des Raums werden durch die Schwerkraft der Materie (Grundstoff, aus dem alle Dinge bestehen) zu einer vierten Dimension „gebeugt", die unsichtbar ist. Die Raumkrümmung kann man sich am besten mit einer zweidimensionalen Gummimatte vorstellen. Die Masse des Universums beugt die Gummimatte auf eine von drei Arten, abhängig davon, wie dicht seine Materie ist. Die meisten Wissenschaftler glauben, dass das Universum eine „flache" Form hat.

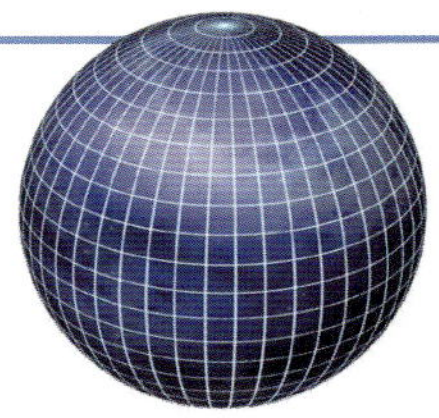

Geschlossenes Universum
Ein dichtes Universum hätte eine geschlossene Form. Eine Reise auf einer geraden Linie würde wieder zum Ausgangsort führen.

Offenes Universum
Ein weniger dichtes Universum würde sich in einer „offenen" Form erstrecken, wäre ebenfalls unendlich groß und unbegrenzt.

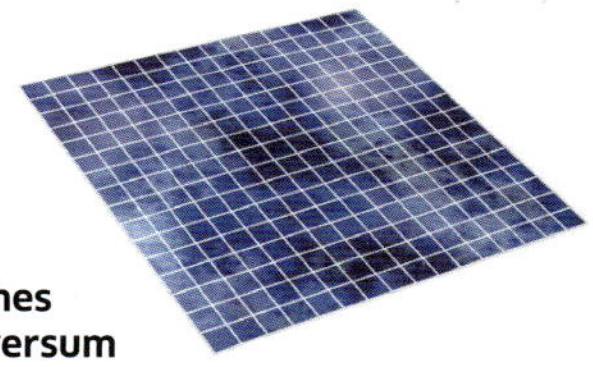

Flaches Universum
Bei einer bestimmten Menge an Materie könnte das Universum auch flach sein, wäre dabei unbegrenzt und unendlich groß.

Blick in die Vergangenheit

Da Licht viel Zeit benötigt, bis es die Erde erreicht, sieht man bei einem Blick in den Weltraum auch in die Vergangenheit. Die entferntesten Objekte in dieser Aufnahme des Hubble-Weltraumteleskops sind Galaxien, wie sie vor 13 Mrd. Jahren aussahen. Das All dehnt sich weit hinter ihnen aus, doch entferntere Objekte sind unsichtbar, weil ihr Licht die Erde noch nicht erreicht hat.

Entfernteste Objekte
Das Licht der dunkelsten Galaxien (rechts) auf diesem Foto brauchte 13 Mrd. Jahre, um die Erde zu erreichen.

Zweierlei Materie?

Die Elemente Wasserstoff und Helium bilden 98 % der sichtbaren Materie des Universums. Doch es existiert nicht genügend Materie, um die Auswirkungen der Schwerkraft auf Sterne und Galaxien zu erklären. Vermutlich enthalten Galaxien Dunkle Materie, die unsichtbar ist. Auch die Ausdehnung des Alls bewirkt eine unbekannte Kraft, die man als Dunkle Energie bezeichnet.

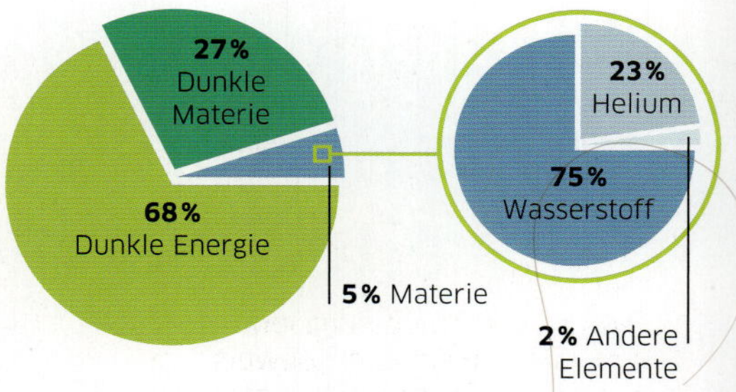

ZUSAMMENSETZUNG DES UNIVERSUMS

DER MASSSTAB DES WELTRAUMS

Das Universum ist unvorstellbar groß. Die enormen Entfernungen kann man nicht in Kilometern messen. Stattdessen benutzt man die Lichtgeschwindigkeit als Maßstab. Licht umrundet die Erde 7,5-mal pro Sekunde und legt in einem Jahr nahezu 10 Billionen km zurück. Diese Strecke entspricht einem Lichtjahr. Jedes der Bilder dieser Folge zeigt einen winzigen Ausschnitt des Bilds rechts von ihm.

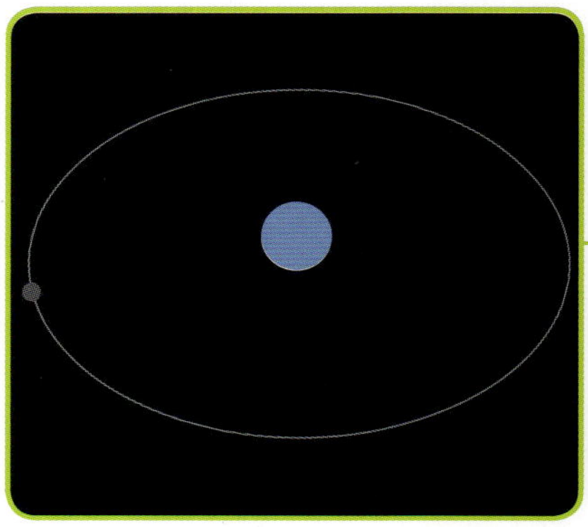

Erde und Mond
Die Erde hat einen Durchmesser von 12 756 km. Unser nächster Nachbar im Weltraum – der Mond – kreist in einem Abstand von 384 400 km um die Erde. Wenn die Erde so groß wie ein Fußball wäre, hätte der Mond die Größe einer Grapefruit und wäre 21 m von ihr entfernt.

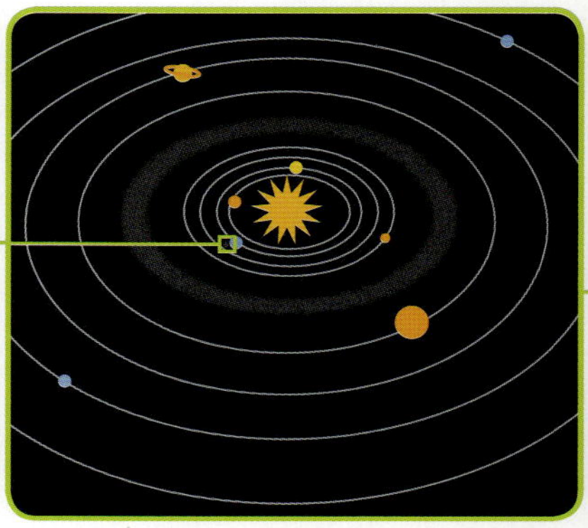

Sonnensystem
Das Sonnensystem mit den 8 Planeten besitzt einen Durchmesser von etwa 9 Mrd. km. Wenn die Erde so groß wie ein Fußball wäre, brauchte man 5 Tage, um das Sonnensystem zu Fuß zu durchqueren. Der nächste Stern läge einen 58 Jahre langen Fußmarsch entfernt.

Stellare Nachbarschaft
Der sonnennächste Stern ist Proxima Centauri, der ungefähr 4 Lichtjahre entfernt ist. Innerhalb von 50 Lichtjahren um die Sonne befinden sich etwa 2000 Sterne. Sie bilden unsere sogenannte stellare Nachbarschaft, die nur einen winzigen Bruchteil der Milchstraße darstellt.

Kometen (Asteroiden)
Kometen sind Gebilde aus gefrorenem Gas und Staub vom äußeren Rand des Sonnensystems. Manche entwickeln lange Schweife, wenn sie sich der Sonne nähern.

Monde
Die natürlichen Satelliten (Trabanten) kreisen um einen Planeten. Die Erde hat nur einen Mond, während Jupiter 67 besitzt, einschließlich Io (oben).

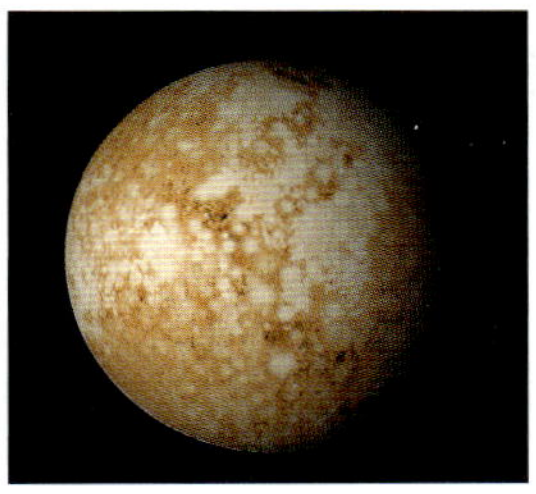

Zwergplaneten
Sie sind größer als Planetoiden (Asteroiden), doch kleiner als Planeten, aber wie sie kugelförmig. Pluto (oben) ist der bekannteste Zwergplanet.

Planeten
Planeten sind große und fast kugelrunde Himmelskörper, die um einen Stern kreisen. Unser Sonnensystem besitzt 8 Planeten.

Sterne
Leuchtende Gaskugeln wie unsere Sonne, die ihre Energie selbst erzeugen. Sterne unterscheiden sich durch ihre Art, Temperatur und Größe voneinander.

Nebel
Glühende oder dunkle Gas- und Staubwolken nennt man Nebel. Manche Nebel sind die Hüllen sterbender Sterne, während in anderen neue Sterne entstehen.

IST DA DRAUSSEN JEMAND?

Eine der größten Fragen der Wissenschaft ist, ob auch auf anderen Welten Leben existiert. Haben sich an anderen Orten im Weltall intelligente Wesen entwickelt? Verschiedene wissenschaftliche Projekte suchen nach Signalen von Außerirdischen und senden Botschaften zu den Sternen, um mögliche Empfänger über unsere Existenz zu informieren.

Arecibo-Botschaft

Das gewaltige Arecibo-Radioteleskop auf Puerto Rico sandte 1974 eine Botschaft in Form eines Radiowellensignals zum Sternhaufen M13. Sie enthielt codierte (verschlüsselte) Informationen (rechts) zur Biologie des Menschen (DNA-Molekül), den Zahlen 1 bis 10, der Erde, der menschlichen Population und zum Sonnensystem. Die Botschaft erreicht M13 in 25000 Jahren. Eine Antwort zurück zur Erde brauchte genauso viel Zeit.

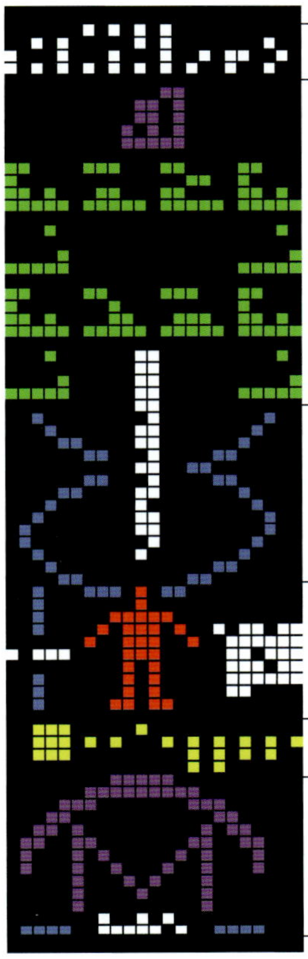

SETI

Das SETI-Projekt (Suche nach außerirdischer Intelligenz) nutzt leistungsstarke Radioteleskope, um den Himmel nach Funksignalen von Außeriridischen abzusuchen. Das SETI-Projekt läuft bereits seit 1960. Es hat aber bis heute, von falschen Alarmen abgesehen, noch keinen sicheren Beweis außeriridischer Signale entdeckt.

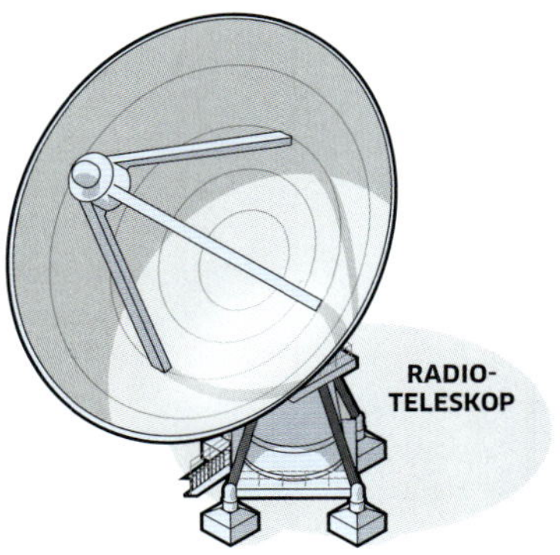

Pioneer-Plaketten

Die Raumsonden *Pioneer 10* und *Pioneer 11* flogen 1973/74 an den Planeten Jupiter und Saturn vorbei in den interstellaren Raum. Falls Außerirdische die Raumsonden entdecken, finden sie an ihnen goldbeschichtete Plaketten mit Darstellungen von der Erde.

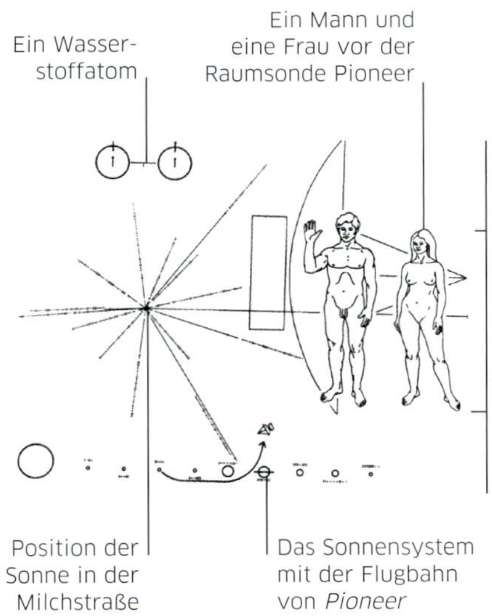

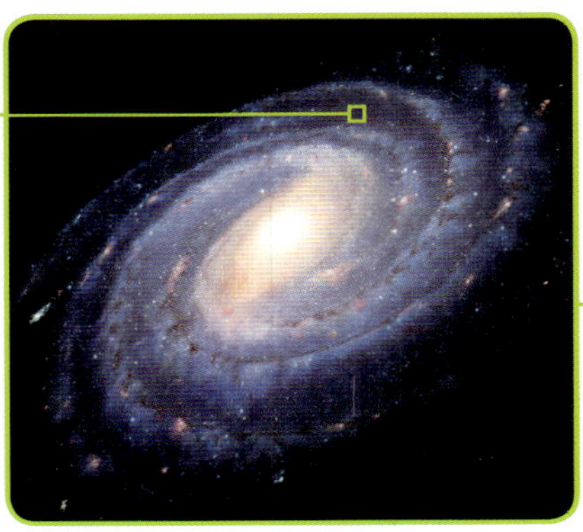

Milchstraße oder Galaxis
Die Milchstraße ist eine riesige Wolke aus 200 Mrd. Sternen. Ihre Form erinnert an 2 Spiegeleier, die mit ihren Unterseiten aneinanderhaften. Den zentralen Bauch (Eigelbe) umgibt eine flache Scheibe. Sie ist etwa 100000 Lichtjahre breit und der Bauch etwa 2000 Lichtjahre dick.

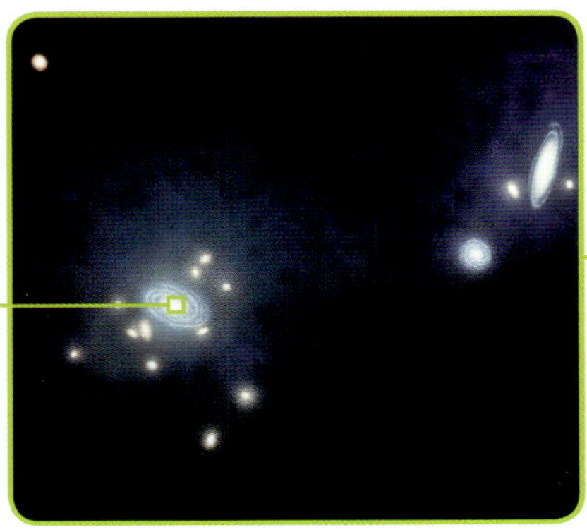

Lokale Gruppe der Galaxien
Die Milchstraße ist nur eine von ungefähr 7 Billionen Galaxien im beobachtbaren Universum. Galaxien bilden Gruppen, die Galaxienhaufen, die durch ihre Schwerkraft zusammengehalten werden. Die Milchstraße gehört zum Galaxienhaufen Lokale Gruppe, der etwa 10 Mio. Lichtjahre breit ist.

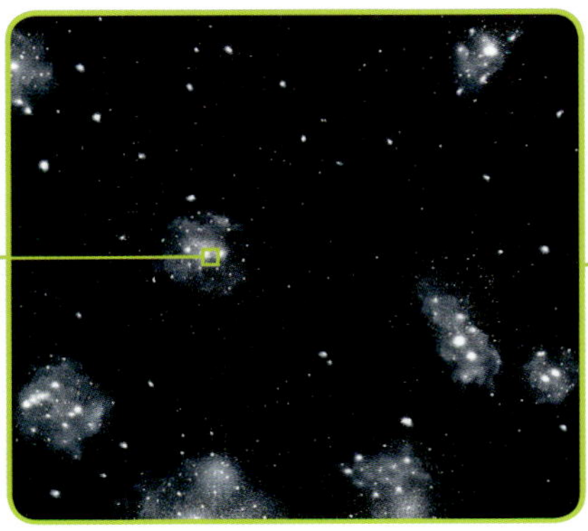

Superhaufen
Galaxienhaufen bilden noch größere Ansammlungen, die Superhaufen. Die Lokale Gruppe ist ein Mitglied des Virgo-Superhaufens, der nur einer von Millionen Superhaufen im Universum ist. Zwischen ihnen befinden sich immens leere Räume, die man Voids nennt.

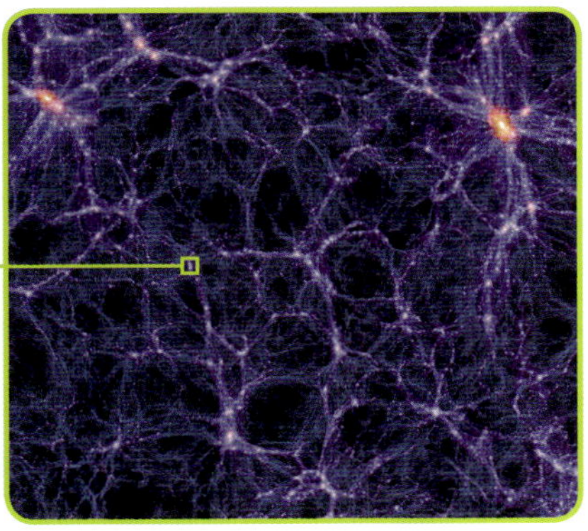

Universum
Superhaufen bilden vermutlich ein riesiges Netz aus Filamenten (Fäden) mit enormen Voids, die keine Galaxien enthalten. Das wahre Ausmaß des Universums ist ein Geheimnis und nur ein Bruchteil von ihm ist von der Erde aus sichtbar. Das Universum könnte sogar unendlich groß sein.

93 Mrd. Lichtjahre beträgt etwa der **Durchmesser des beobachtbaren Universums.**

Der Urknall

Vor ungefähr 14 Milliarden Jahren entstand das Universum aus dem Nichts. Am Anfang war es unendlich kleiner als ein Atom und dehnte sich innerhalb von weniger als einer Sekunde auf Billionen Kilometer aus – dieses Ereignis bezeichnet man als Urknall.

Was war vorher? Da die Zeit erst mit der Entstehung des Universums beginnt, ist die Frage nicht beantwortbar. Auch der Raum entstand mit dem Urknall. Es war keine Explosion der Materie im Raum – es war die Ausdehnung des Raums selbst.

Zunächst bestand das Universum aus reiner Energie, aber innerhalb einer billionstel Sekunde wandelte sich ein Teil der Energie in Materie um und bildete eine riesige Suppe aus subatomaren Teilchen (sie sind kleiner als Atome). Nach fast 400 000 Jahren waren die Teilchen abgekühlt und bildeten die ersten Atome, die nach weiteren 300 Millionen Jahren Planeten, Sterne und Galaxien formten. Das Universum dehnt sich seit dem Urknall aus und wird sich vermutlich ewig ausdehnen.

Das sich ausdehnende Universum

Die Grafik (unten) zeigt nicht die Form des Universums, sondern wie sich das Universum seit dem Urknall ausdehnte (expandierte) und veränderte. Wir wissen, dass das Universum expandiert, weil die entferntesten Galaxien mit gigantischen Geschwindigkeiten auseinandertreiben. Durch Berechnungen fanden Astronomen heraus, dass die Expansion vor 13,8 Mrd. Jahren begann: mit dem Urknall.

Das Universum begann

als Singularität: ein Punkt mit Größe null, aber unendlicher Dichte.

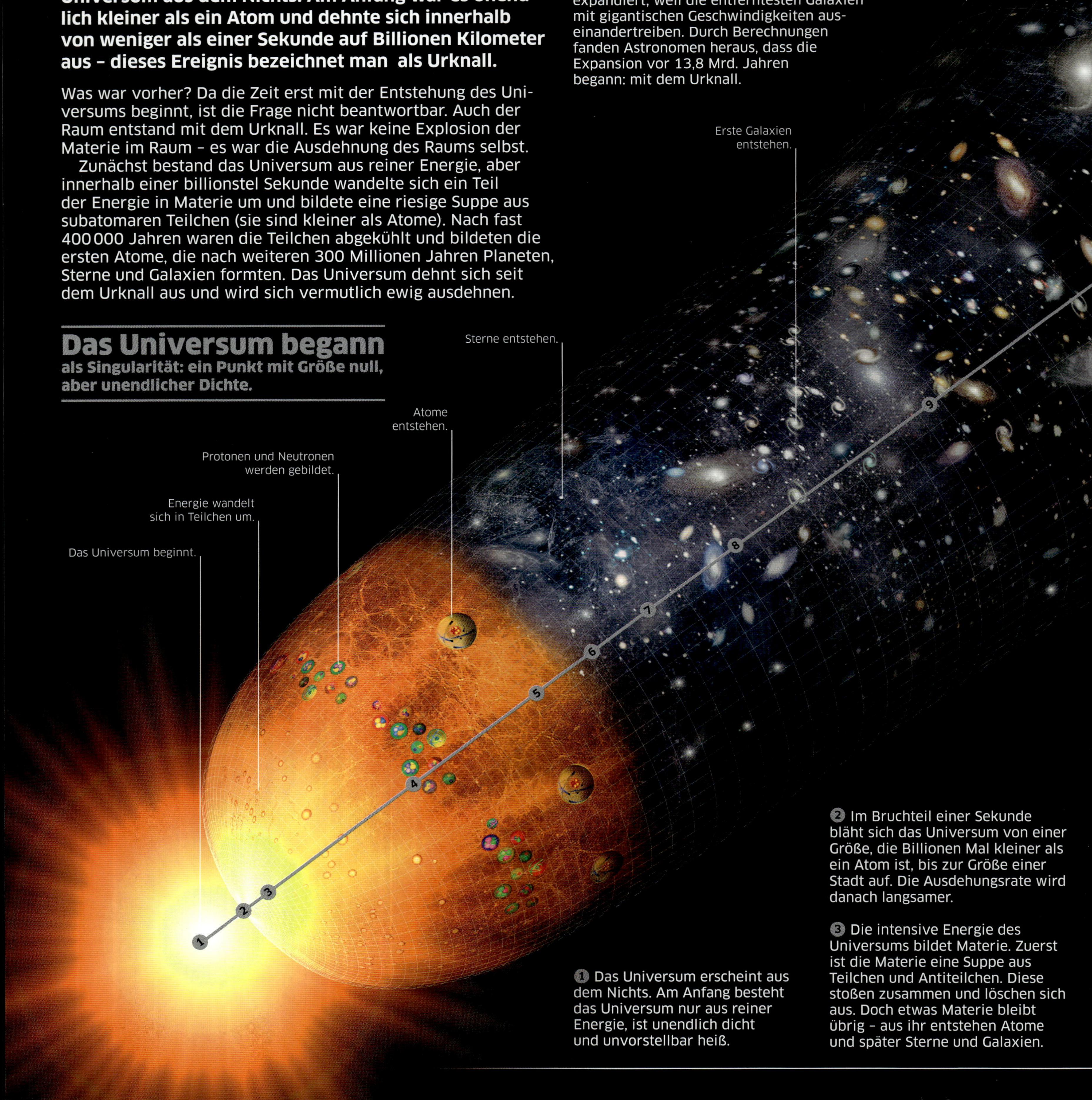

❶ Das Universum erscheint aus dem Nichts. Am Anfang besteht das Universum nur aus reiner Energie, ist unendlich dicht und unvorstellbar heiß.

❷ Im Bruchteil einer Sekunde bläht sich das Universum von einer Größe, die Billionen Mal kleiner als ein Atom ist, bis zur Größe einer Stadt auf. Die Ausdehungsrate wird danach langsamer.

❸ Die intensive Energie des Universums bildet Materie. Zuerst ist die Materie eine Suppe aus Teilchen und Antiteilchen. Diese stoßen zusammen und löschen sich aus. Doch etwas Materie bleibt übrig – aus ihr entstehen Atome und später Sterne und Galaxien.

4 Das Universum ist jetzt etwa eine Mikrosekunde alt und 100 Mrd. km groß. Die restlichen Teilchen bilden Protonen und Neutronen – die Atomkerne. Doch das Universum ist noch zu heiß, als dass Atome entstehen. Licht kann sich nicht durch das Meer der Teilchen ausbreiten: Das junge Universum gleicht dichtem Nebel.

5 Nach 380 000 Jahren kühlt das Universum so weit ab, dass sich Atome bilden. Das Universum ist jetzt eine riesige Wolke aus Wasserstoff und Helium. Licht kann sich ausbreiten und das Universum wird durchsichtiger.

6 Eine halbe Mio. Jahre nach dem Urknall verteilt sich Materie fast gleichmäßig im Universum, aber winzige Ansammlungen existieren. Die Schwerkraft in diesen dichteren Bereichen zieht Materie zusammen.

7 Nach 300 Mio. Jahren bilden sich Sterne. Sie entstehen in Gaswolken, die sich durch ihre Schwerkraft zusammenziehen. Druck und Wärme werden so intensiv, dass Kernreaktionen einsetzen und die Sterne leuchten.

8 Nach 500 Mio. Jahren bilden sich erste Galaxien. Ihre Schwerkraft hält die enorme Wolke aus Sternen zusammen.

9 Das Universum ist jetzt 5 Mrd. Jahre alt und besteht aus riesigen Galaxienhaufen mit gigantischen Leerräumen zwischen ihnen. Diese werden sogar größer, während der Raum sich ausdehnt. Nach 8 Mrd. Jahren beschleunigt sich die Expansion (Ausdehnung).

10 Das Sonnensystem entsteht nach 9 Mrd. Jahren. Nach 20 Mrd. Jahren wird sich die Sonne aufblähen und die Erde zerstören.

11 Das Universum wird sich ewig ausdehnen und irgendwann insgesamt kalt und dunkel werden.

Entdeckung des Urknalls

1929 erkannte man, dass ein Körper, der sich entfernt, sein Licht zu längeren, roten Lichtwellen verschiebt. Diesen Effekt nennt man Rotverschiebung. Weil fast alle Galaxien eine Rotverschiebung zeigen, weiß man, dass sich das Weltall ausdehnt. Je weiter eine Galaxie weg ist, umso schneller entfernt sie sich.

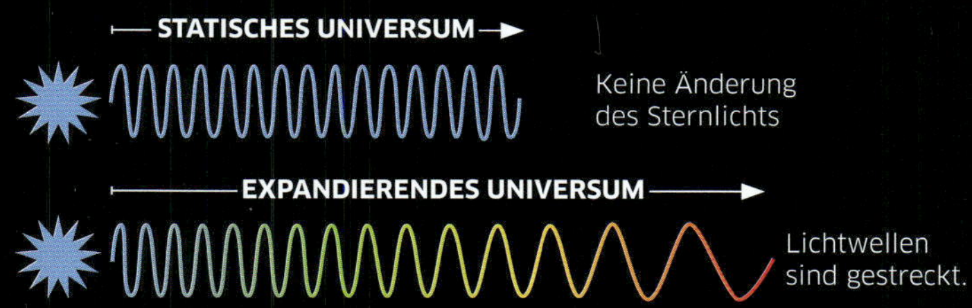

Das Nachglühen des Urknalls

Weitere Nachweise des Urknalls folgten in den 1960er-Jahren, als eine schwache Mikrowellenstrahlung aus allen Himmelsrichtungen gemessen wurde. Diese Energie ist die schwache Reststrahlung des Urknalls.

MIKROWELLEN-KARTE DES HIMMELS

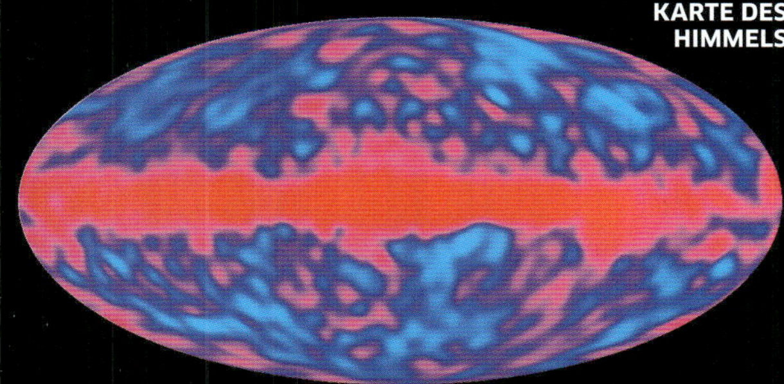

Neue Elemente

Über Hunderte Mio. Jahre bestand das Universum fast vollständig aus Wasserstoff und Helium, den einfachsten chemischen Elementen. Dann entstanden neue Elemente in den Kernen untergehender Sterne. Alle schwereren Elemente im Universum stammen von Sternen, die untergingen.

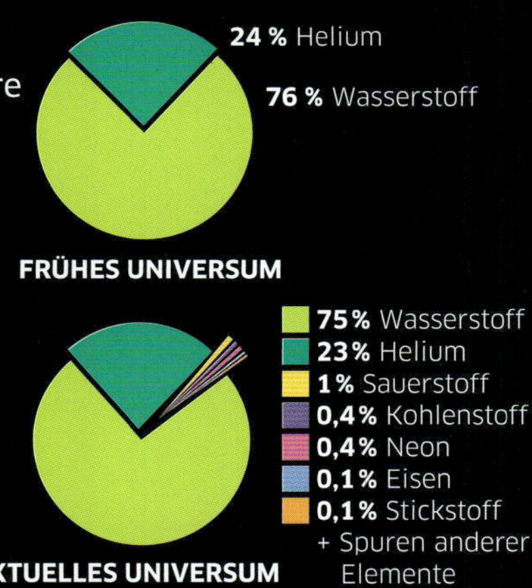

Theorie des Großen Rückpralls

Was löste den Urknall aus? Auf diese Frage wird es wohl nie eine sichere Antwort geben. Eine Theorie besagt, dass es immer wieder Urknalle gebe, weil sich das Universum zyklisch ausdehne und wieder schrumpfe. Man bezeichnet diese Theorie als „Großer Rückprall".

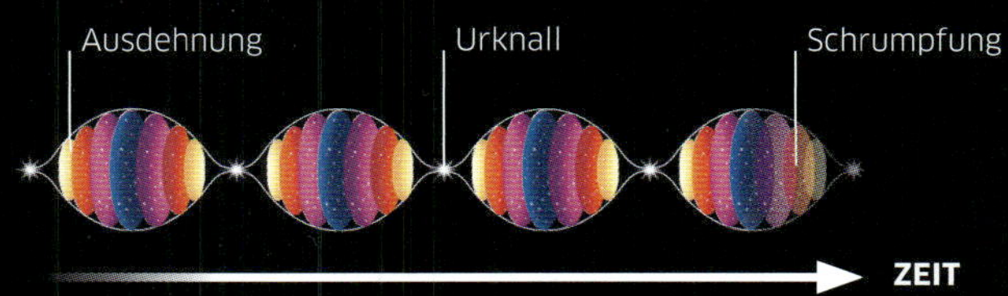

200 Mrd. Sterne hat die Milchstraße schätzungsweise.

23 Mal hat unser Sonnensystem bisher das Zentrum der Milchstraße umkreist.

Galaxien

Die Sonne gehört zu einer gigantischen Spirale aus Sternen – der Milchstraße. Galaxien sind riesige Ansammlungen von Sternen und wie alle Galaxien ist die Milchstraße unvorstellbar groß.

Galaxien gibt es in unterschiedlichen Formen und Größen. Manche sind wie die Milchstraße Balkenspiralgalaxien, während andere Kugeln oder formlose Wolken bilden. Die kleinsten Galaxien besitzen nur wenige Millionen Sterne, die größten dagegen Billionen.

Obwohl sie viele Sterne enthalten, bestehen Galaxien vorwiegend aus leerem Raum. Wenn in einem maßstabsgetreuen Modell der Milchstraße jeder Stern aus einem Sandkorn bestünde, wäre der nächste Stern 6 km entfernt und die entlegensten 130 000 km. Die Sterne einer Galaxie werden durch ihre Schwerkraft zusammengehalten und kreisen langsam um das galaktische Zentrum. Wie die Milchstraße besitzen viele Galaxien ein supermassives Schwarzes Loch in ihrem Zentrum.

1 Galaktisches Zentrum
Die Aufnahme eines Infrarotteleskops zeigt Sterne und Gaswolken im Zentrum der Milchstraße. Ein supermassives Schwarzes Loch liegt versteckt irgendwo in diesem Bereich.

2 Sonnensystem
Das Sonnensystem liegt in einem kleinen Spiralarm, dem Orion-Arm. Ungefähr alle 200 Mio. Jahre umkreist unser Sonnensystem das galaktische Zentrum mit etwa 200 km pro Sekunde.

3 Krebsnebel
Gas- und Staubwolken kommen überall in der Milchstraße vor, besonders in den Spiralarmen. Der Krebsnebel ist eine Wolke aus Resten eines Sterns, der am Ende seines Lebens explodiert ist.

4 Kugelsternhaufen
Nicht alle Sterne der Milchstraße befinden sich in der Scheibe der Galaxie. Viele sind in Kugelsternhaufen – dicht gepackten Kugeln aus alten Sternen –, die ober- und unterhalb der Galaxie in einem Halo kreisen.

Die Milchstraße

Könnte man die Milchstraße von oben betrachten, sähe sie aus wie eine glitzernde Großstadt bei Nacht. Die meisten der 200 Mrd. Sterne der Galaxis liegen im zentralen Bauch. Von ihm entspringen zwei riesige Spiralarme und mehrere kleinere Arme. Die Milchstraße ist eine Balkenspiralgalaxie (siehe Kasten), doch ihre Form ist von der Erde aus nicht zu erkennen, da unser Blick nach innen gerichtet ist. Am Nachthimmel erstreckt sich die Milchstraße als milchiges Lichterband.

Orion-Arm
Das Sonnensystem liegt in diesem kleinen Arm. Viele Sterne des Nachthimmels befinden sich im Orion-Arm.

DIE MILCHSTRASSE VON OBEN

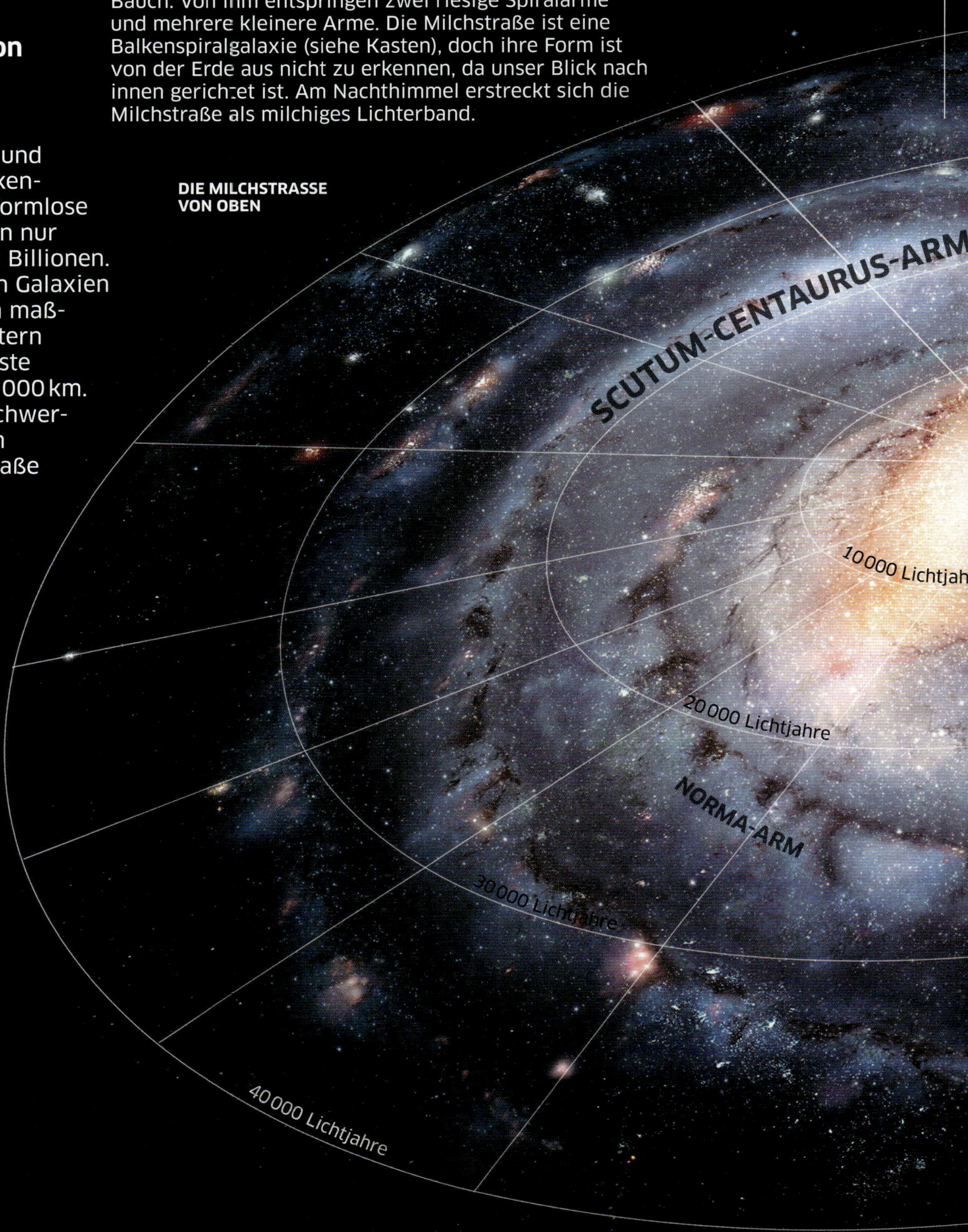

MILCHSTRASSE VON DER SEITE

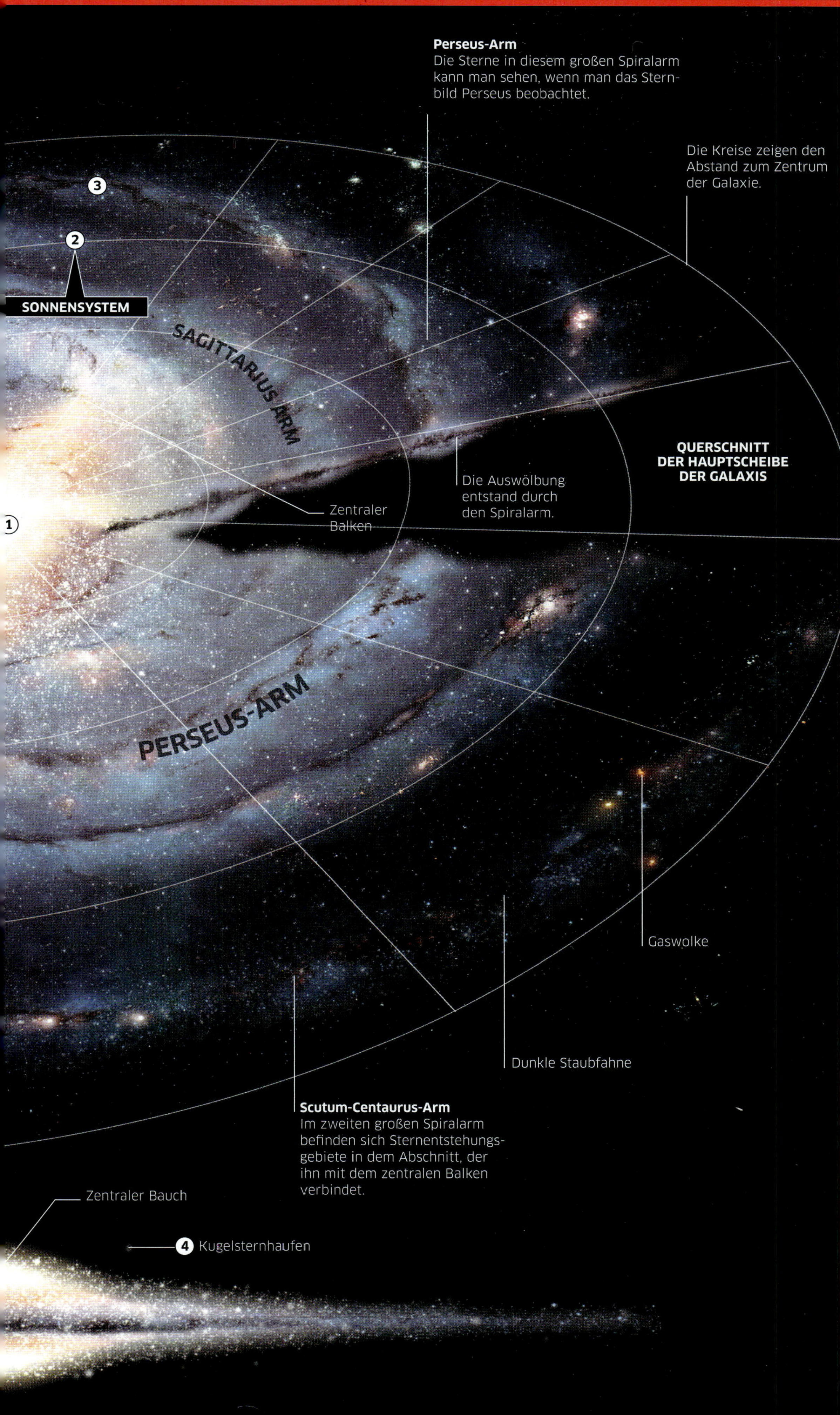

Galaxienarten

Galaxien lassen sich in nur wenige Hauptarten einteilen. Ausschlaggebend ist die Form, die man von der Erde aus sieht.

Spiralgalaxie
Ein zentraler Bauch aus Sternen ist von Spiralarmen umgeben.

Balkenspiralgalaxie
Von den Balkenenden im Zentrum strahlen die Spiralarme ab.

Elliptische Galaxie
Mehr als die Hälfte aller Galaxien haben einfache Kugelformen.

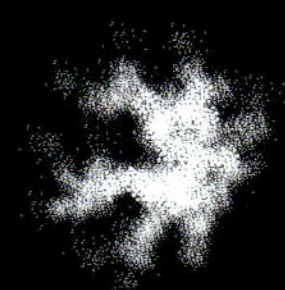

Irreguläre Galaxien
Diese Galaxien besitzen keine klare Form.

Wie Spiralarme entstehen

Die Sterne einer Galaxie kreisen um das Zentrum und benötigen für einen Umlauf Millionen Jahre. Spiralarme bilden sich, wenn Sterne in dicht besiedelte Gebiete wandern und sie wieder verlassen.

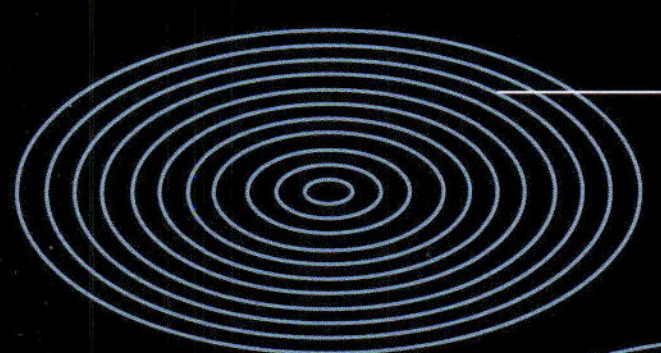

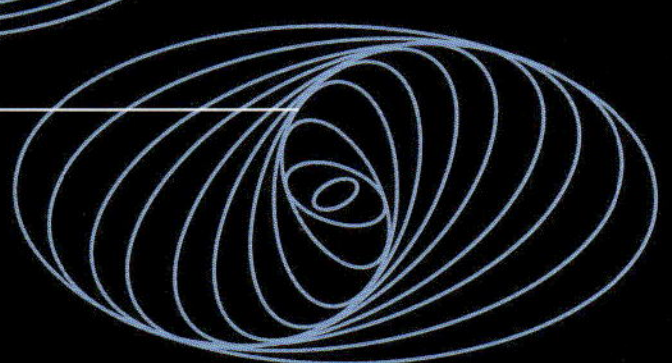

Kollidierende Galaxien

Manchmal stoßen Galaxien zusammen. Einzelne Sterne kollidieren dabei nicht, jedoch die Gaswolken, sodass deren Schwerkraft die Galaxien neu formt.

Ende der Milchstraße
In etwa 4 Mrd. Jahren wird die Milchstraße mit der Andromedagalaxie kollidieren. Die Grafik zeigt, wie der Himmel aussehen könnte.

Die hellsten Sterne senden 6 Mio. Mal **mehr Licht als die Sonne.**

13 Mrd. Jahre sind die **ältesten Sterne alt.**

Wie Sterne entstehen

Sterne gibt es fast so lange wie das Universum. Sie entwickeln sich in riesigen Wolken, in denen Tausende Sterne gleichzeitig entstehen.

In die größten Sterne am Nachthimmel würde unsere Sonne mehr als 1 Mrd. Mal hineinpassen.

Die Wolken, aus denen Sterne hervorgehen, sind kalt, dicht und bestehen vorwiegend aus Wasserstoff. Neu entstandene Sterne sind gewaltige, sich drehende Kugeln aus heißem, glühenden Gas – vor allem Wasserstoff und Helium mit Spuren anderer Elemente. Der größte Teil davon liegt dicht gepackt im Kern eines Sterns, in dem Kernreaktionen Energie als Wärme und Licht freisetzen.

Wie neue Sterne entstehen

Der Sternentstehungprozess beginnt, wenn Wolken instabil werden und in Fragmente (Teile) zerbrechen. Die Schwerkraft in einem Fragment zieht das Material zu einem immer dichteren Klumpen zusammen, der schrumpft und dabei kugelförmig wird. Dieser Protostern schrumpft weiter, sodass sein Kern dichter und heißer wird. Schließlich werden Druck und Temperatur so hoch, dass Kernreaktionen einsetzen und der Stern leuchtet.

1 Interstellare Wolke Sterne entstehen in gewaltigen, kalten dichten Wolken aus Gas und Staub. Die Sternentstehung wird manchmal ausgelöst, wenn die Wolke gestört wird, etwa durch einen Zusammenstoß mit einer anderen Wolke oder durch die Druckwelle einer Supernova.

2 Fragmente bilden sich Die instabile Wolke zerbricht in unterschiedlich große Fragmente. Die massivsten und dichtesten Fragmente werden nach und nach von ihrer Schwerkraft zu immer dichteren Klumpen zusammengezogen. Diese schrumpfenden Fragmente werden dann zu Protosternen.

3 Protostern Ein Protostern entsteht, wenn Schwerkraft sein Material in den Kern zieht, in dem dann Dichte, Druck und Temperatur ansteigen. Je mehr Materie die Wolke enthielt, umso stärker steigen Temperatur und Druck im Protostern an.

Sternentstehungsnebel

Gas- und Staubwolken nennt man Nebel. Der größte Teil dieser Nebel sind Überreste alter Sterne, die ihre Brennstoffe verbraucht haben. Über Millionen Jahre wird dieses Material zu neuen Sternen recycelt. Sternentstehungsnebel zählen zu den schönsten Objekten im Weltraum, wenn die farbenprächtigen Nebel vom blauen Licht neuer Sterne beleuchtet werden.

Orionnebel
Der Orionnebel ist eines der nächstgelegenen Sternentstehungsgebiete. Am Himmel erscheint er wie ein verschwommener Stern im Schwert von Orion. Tatsächlich ist er aber 1000-mal größer als unser Sonnensystem.

Sternarten

Ein Stern leuchtet, weil Kernreaktionen im Kern Wasserstoff in Helium umwandeln und Energie freisetzen. In diesem Stadium ist er ein „Hauptreihenstern". Nicht alle Hauptreihensterne gleichen sich – sie unterscheiden sich in Größe, Temperatur, Farbe, Helligkeit und der Menge Materie, die sie besitzen. Wenn Sternen am Ende ihres Lebens der Brennstoff ausgeht, verlassen sie die Hauptreihe und schwellen zu Roten Riesen an oder schrumpfen zu Weißen Zwergen.

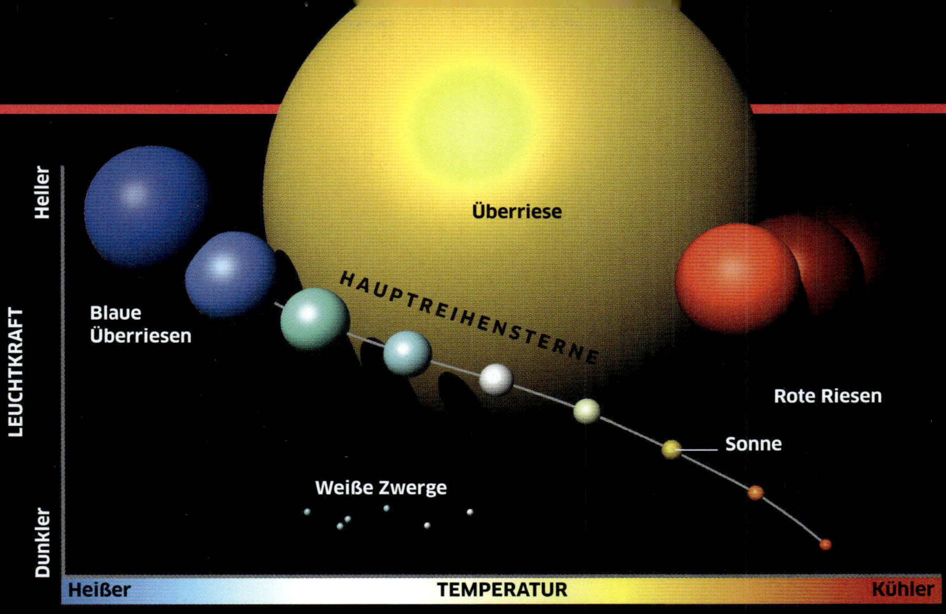

Sternklassifikation
Das Hertzsprung-Russell-Diagramm klassifiziert die Sterne anhand ihrer Leuchtkraft und Temperatur. Auf diese Weise ergeben sich verschiedene Gruppierungen von Sternen wie Rote Riesen (untergehende Sterne) und Hauptreihensterne (normale Sterne). Sterne werden auch nach ihrer Farbe eingeteilt, die von ihrer Temperatur abhängt: heiße Sterne sind blau, kühlere sind orange oder rot.

4 Rotierende Scheibe
Die wachsende Masse im Zentrum führt zu steigender Anziehungskraft, die immer mehr Gas und Staub anzieht. Ähnlich wie Wasser in einem Abfluss dreht sich das angezogene Material. So entstehen kräftige Winde, die Gasstrahlen aus dem Zentrum wehen.

5 Ein Stern entsteht
Der Kern des Protosterns, den die Schwerkraft zusammenpresst, wird so heiß und dicht, dass Kernreaktionen einsetzen und der Stern leuchtet. Der glühende Kern erzeugt einen nach außen gerichteten Druck, der die nach innen gerichtete Anziehungskraft ausgleicht, sodass der Stern stabil wird. Er ist jetzt ein „Hauptreihenstern".

6 Planeten entstehen
Bei der Sternentstehung wird nicht das gesamte Material verbraucht. Der Rest bildet eine rotierende Scheibe aus Gas und Staub um den Stern. Diese Trümmer können sich im Raum verteilen oder sie verklumpen zu Planeten, Monden, Kometen und Planetoiden.

Sternhaufen

Sterne entstehen nicht einzeln. In derselben Wolke entstehen fast gleichzeitig viele Sterne. Die Sterne dieses Haufens treiben schließlich auseinander und existieren einzeln oder mit einem oder zwei engen Begleitern. Die Sonne ist wie die Hälfte ihrer Nachbarsterne ein Einzelstern. Etwa ein Drittel aller Sterne am Nachthimmel sind Doppelsterne.

Plejaden
Dies sind einige der etwa 5000 Sterne der Plejaden, die man mit bloßem Auge sehen kann. In etwa 250 Mio. Jahren werden sich die Sterne verteilt haben und der Sternhaufen wird nicht mehr existieren.

Überriesen können bis zu **1 Mrd. Mal** mehr Volumen als die **Sonne haben.**

Untergangsszenarien
Das Lebensende der Sterne ist sehr unterschiedlich. Unsere Sonne wird irgendwann dem hier dargestellten Szenarium für mittelgroße Sterne folgen – doch sie besitzt noch ausreichend Brennstoff für die nächsten 5 Mrd. Jahre. Größere Sterne wandeln an ihrem Lebensende Helium in schwerere Elemente wie Kohlenstoff um, aus denen später neue Planeten entstehen. Auch alle Atome in deinem Körper entstanden auf diesem Weg.

5 **Mrd. Tonnen wiegt ein Teelöffel Material aus dem Kern eines Neutronensterns.**

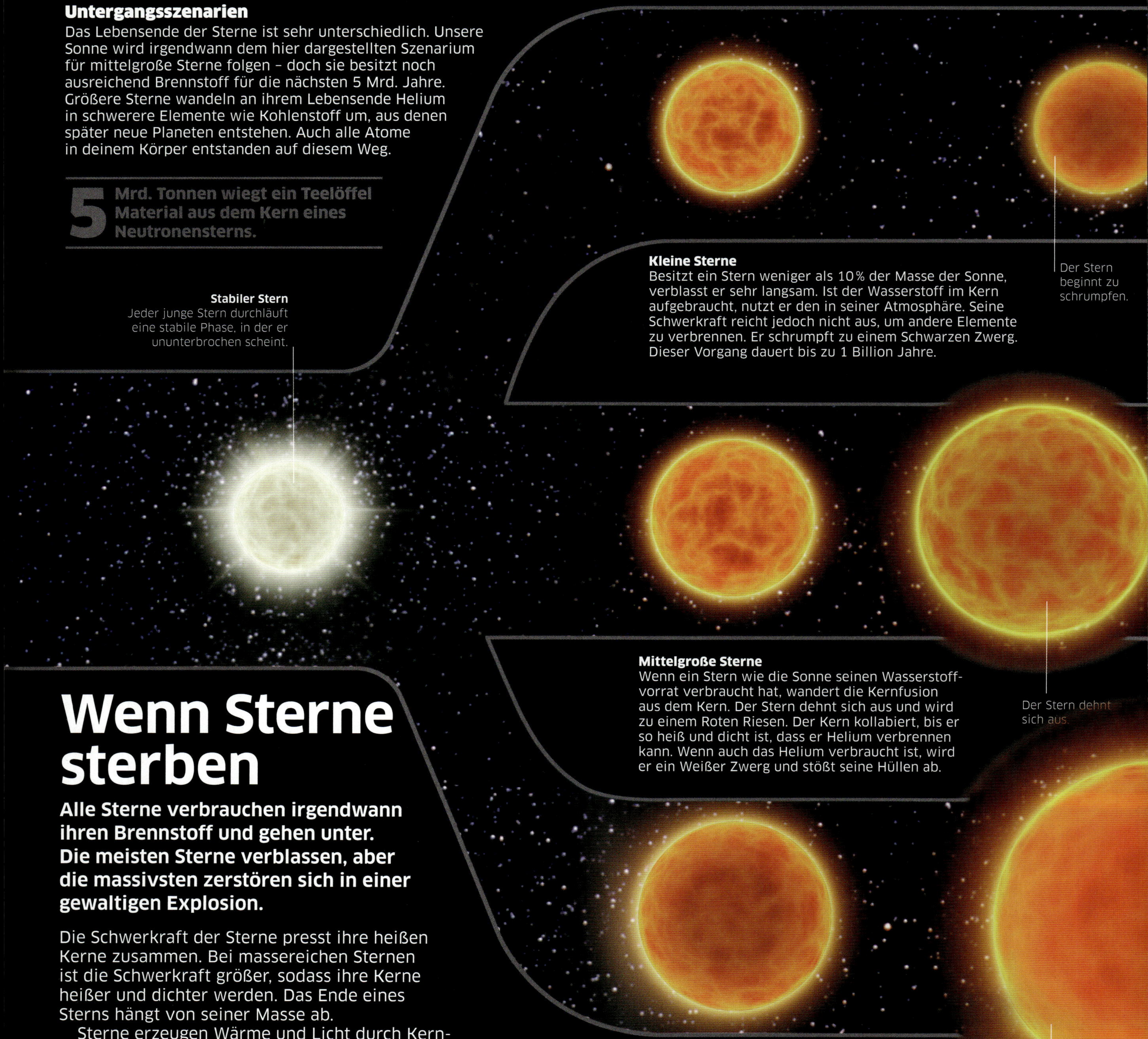

Kleine Sterne
Besitzt ein Stern weniger als 10 % der Masse der Sonne, verblasst er sehr langsam. Ist der Wasserstoff im Kern aufgebraucht, nutzt er den in seiner Atmosphäre. Seine Schwerkraft reicht jedoch nicht aus, um andere Elemente zu verbrennen. Er schrumpft zu einem Schwarzen Zwerg. Dieser Vorgang dauert bis zu 1 Billion Jahre.

Mittelgroße Sterne
Wenn ein Stern wie die Sonne seinen Wasserstoffvorrat verbraucht hat, wandert die Kernfusion aus dem Kern. Der Stern dehnt sich aus und wird zu einem Roten Riesen. Der Kern kollabiert, bis er so heiß und dicht ist, dass er Helium verbrennen kann. Wenn auch das Helium verbraucht ist, wird er ein Weißer Zwerg und stößt seine Hüllen ab.

Wenn Sterne sterben

Alle Sterne verbrauchen irgendwann ihren Brennstoff und gehen unter. Die meisten Sterne verblassen, aber die massivsten zerstören sich in einer gewaltigen Explosion.

Die Schwerkraft der Sterne presst ihre heißen Kerne zusammen. Bei massereichen Sternen ist die Schwerkraft größer, sodass ihre Kerne heißer und dichter werden. Das Ende eines Sterns hängt von seiner Masse ab.

Sterne erzeugen Wärme und Licht durch Kernfusion. Dabei verschmilzt im Kern Wasserstoff zu Helium, wobei Energie entsteht. Wenn der Wasserstoff kleinerer Sterne verbraucht ist, verblassen sie langsam. Bei massiveren Sternen ist ihr Kern so heiß und dicht, dass sich die Kernfusion ausweitet und sie ihr Äußeres verändern. Bei den massivsten Sternen verdichtet die Schwerkraft ihre Kerne so stark, dass sie zum Neutronenstern oder Schwarzen Loch werden.

Massive Sterne
Sterne, die 8-mal so viel Masse wie die Sonne besitzen, durchlaufen ein seltsames und gefährliches Lebensende. Hitze und Druck in ihren Kernen werden so immens groß, dass durch Kernfusion nicht nur Wasserstoffatome zu Helium verschmelzen, sondern auch Helium und größere Atome zu Elementen wie Kohlenstoff oder Sauerstoff. Dabei schwillt der Stern zum größten seiner Art an: einem Überriesen

1 **Teelöffel** des Materials eines **Roten Riesen** wiegt **weniger als ein Salzkorn.**

1600 **Lichtjahre** ist das nächste **Schwarze Loch** von der **Erde** entfernt.

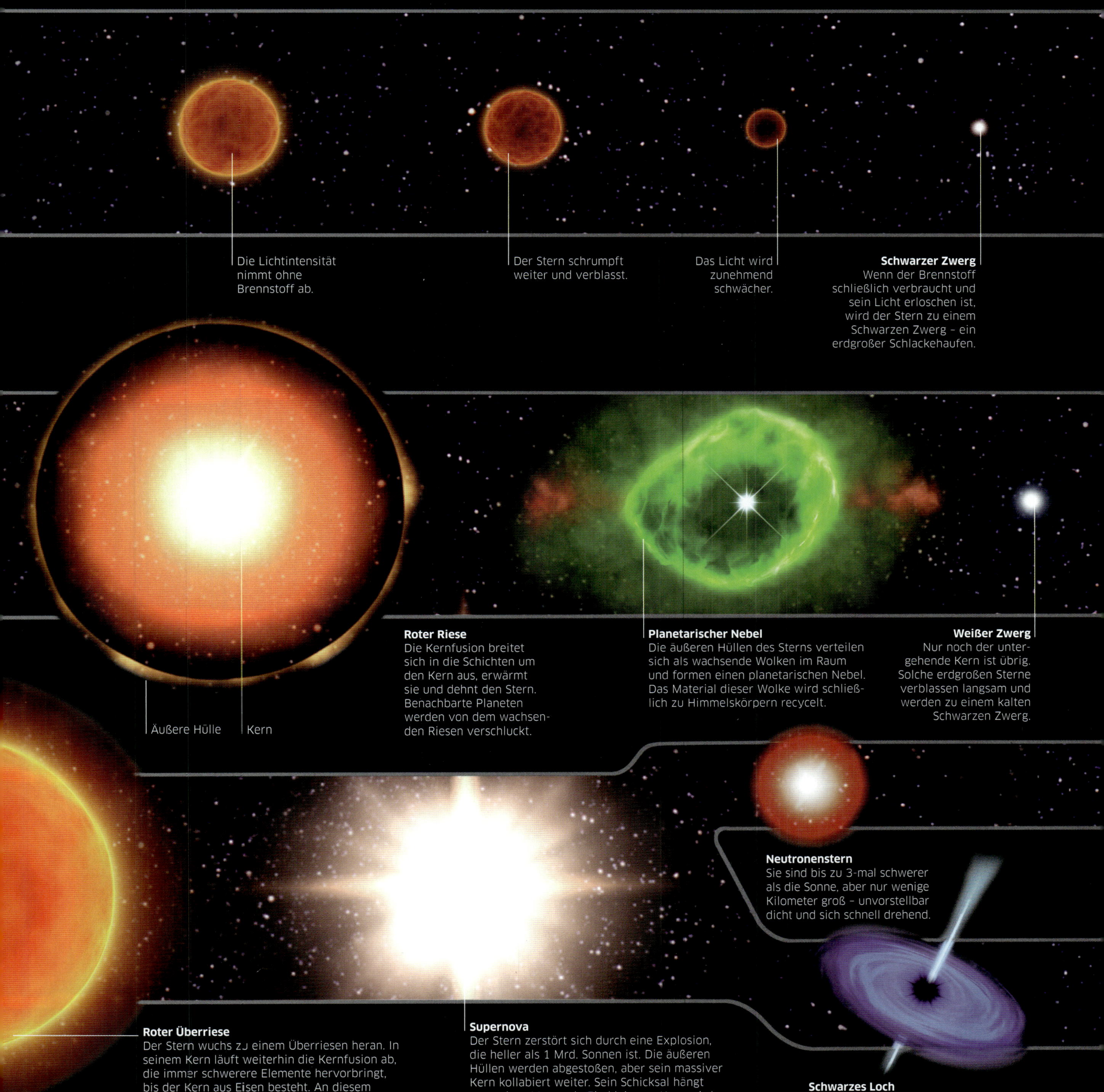

Schwarzer Zwerg
Wenn der Brennstoff schließlich verbraucht und sein Licht erloschen ist, wird der Stern zu einem Schwarzen Zwerg – ein erdgroßer Schlackehaufen.

Roter Riese
Die Kernfusion breitet sich in die Schichten um den Kern aus, erwärmt sie und dehnt den Stern. Benachbarte Planeten werden von dem wachsenden Riesen verschluckt.

Planetarischer Nebel
Die äußeren Hüllen des Sterns verteilen sich als wachsende Wolken im Raum und formen einen planetarischen Nebel. Das Material dieser Wolke wird schließlich zu Himmelskörpern recycelt.

Weißer Zwerg
Nur noch der untergehende Kern ist übrig. Solche erdgroßen Sterne verblassen langsam und werden zu einem kalten Schwarzen Zwerg.

Neutronenstern
Sie sind bis zu 3-mal schwerer als die Sonne, aber nur wenige Kilometer groß – unvorstellbar dicht und sich schnell drehend.

Roter Überriese
Der Stern wuchs zu einem Überriesen heran. In seinem Kern läuft weiterhin die Kernfusion ab, die immer schwerere Elemente hervorbringt, bis der Kern aus Eisen besteht. An diesem Punkt erzeugt der Kern nicht mehr genügend Druck nach außen, um die Schwerkraft auszugleichen. Der gesamte Stern kollabiert plötzlich in einer katastrophenartigen Explosion – einer Supernova.

Supernova
Der Stern zerstört sich durch eine Explosion, die heller als 1 Mrd. Sonnen ist. Die äußeren Hüllen werden abgestoßen, aber sein massiver Kern kollabiert weiter. Sein Schicksal hängt von seiner Masse ab. Ein kleinerer Kern wird zu einem Neutronenstern, ein massiverer kollabiert immer weiter. Er schrumpft so weit, bis er Milliarden Mal kleiner als ein Atom ist, und wird zu einem Schwarzen Loch.

Schwarzes Loch
Die Schwerkraft in der Nähe eines Schwarzen Lochs ist so intensiv, dass ihr nichts entkommt – nicht einmal Licht. Das Schwarze Loch zieht alles an und zerdrückt es zu einem Punkt unendlicher Dichte.

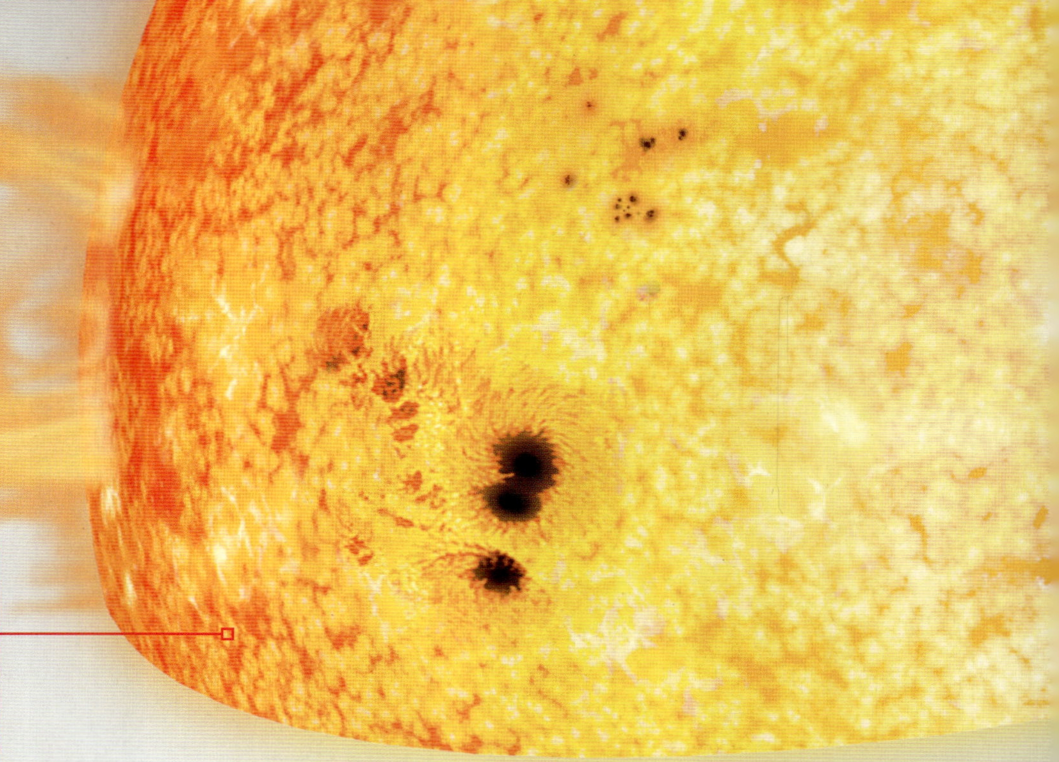

Protuberanz
Über der Sonnenoberfläche erheben sich gigantische Bögen aus glühendem Gas, die durch Störungen im Magnetfeld entstehen. Diese Gasausbrüche oder Protuberanzen können mehrere Monate anhalten.

Spitzen aus Gas
Ströme aus heißem Gas steigen ständig von der Sonnenoberfläche auf und bilden Spitzen, die nach nur wenigen Minuten wieder kollabieren. Diese Spikulen erstrecken sich in Tausende Kilometer Höhe. Von oben betrachtet (rechts) bilden sie schimmernde, haarförmige Muster um einen Sonnenfleck.

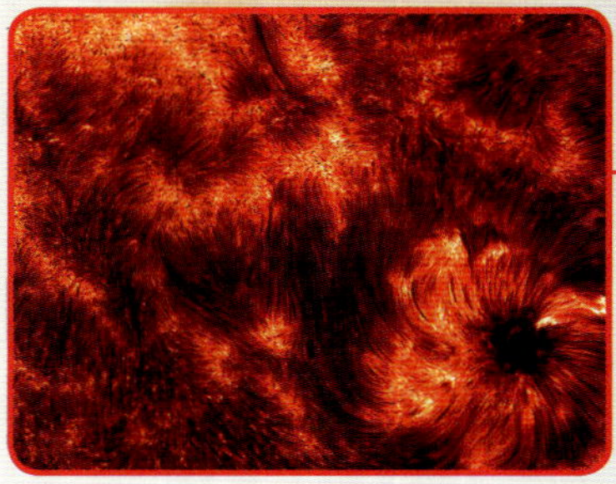

Die Sonne

Die Sonne ist eine nahezu perfekte Kugel aus heißem, glühendem Gas. Die Quelle ihrer Kraft liegt tief verborgen in ihrem Kern, in dem Kernreaktionen ununterbrochen Materie in Wärme und Licht umwandeln.

Die Sonne ist etwas größer als ein durchschnittlicher Stern – ungefähr 1,3 Millionen Erden fänden in ihr Platz. Sie enthält 99,8 Prozent aller Materie des Sonnensystems. Wegen ihrer enormen Masse hält ihre Schwerkraft die Planeten auf Umlaufbahnen um sie herum. Von der Erde aus gesehen ist die Sonne eine lebenserhaltende Licht- und Wärmequelle, die ununterbrochen scheint. Nahaufnahmen zeigen jedoch eine brodelnde Oberfläche mit riesigen Eruptionen (Ausbrüchen), durch die heiße Gase abströmen.

Aufbau der Sonne

Die Sonne ist aus drei unterschiedlichen Schichten aufgebaut: dem Kern, der Strahlungszone und der Konvektionszone. Sie bestehen ausschließlich aus Gas, aber das Gas wird zum Zentrum hin heißer und dichter. Im Kern erreicht die Temperatur bis zu 15 Mio. °C und das Gas ist 150-mal dichter als Wasser.

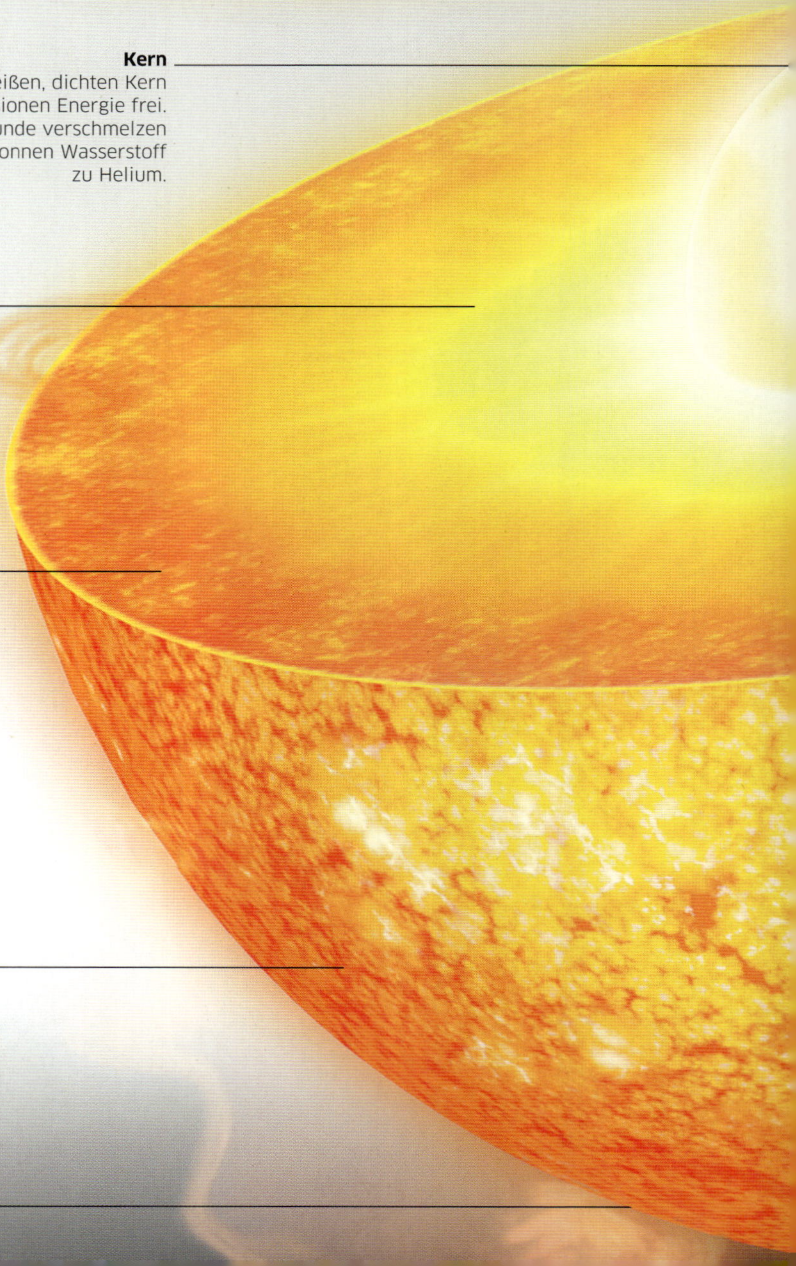

Kern
Im heißen, dichten Kern setzen Kernfusionen Energie frei. Jede Sekunde verschmelzen 620 Mio. Tonnen Wasserstoff zu Helium.

Strahlungszone
Außerhalb des Kerns liegt die Strahlungszone, deren Druck nicht ausreichend hoch für Kernfusionen ist. Energie aus dem Kern wird nur langsam durch diese Schicht geleitet.

Konvektionszone
In der Konvektionszone steigen gewaltige Blasen aus heißem Gas an die Oberfläche. Dort kühlen sie ab, fallen zurück und leiten Energie vom Sonnenkern nach außen.

Fotosphäre
Die Fotosphäre ist die sichtbare Oberfläche der Sonne. Von hier strahlt Energie als Licht in den Weltraum.

Daten zur Sonne

Durchmesser .... 1 393 684 km
Entfernung zur Erde .... 150 Mio. km

Masse (Erde = 1) 333 000
Oberflächentemperatur .... 5500 °C
Kerntemperatur .... 15 Mio. °C

Energiefreisetzung

Das Licht der Sonne erreicht nach nur 8 Minuten die Erde. Der Weg vom Kern bis zur Oberfläche der Sonne dauert dagegen bis zu 100 000 Jahre. Dieser Prozess dauert deshalb so lange, weil Energie in der dichten Strahlungszone von Billionen Atomen absorbiert (aufgesaugt) und wieder emittiert (ausgestrahlt) wird.

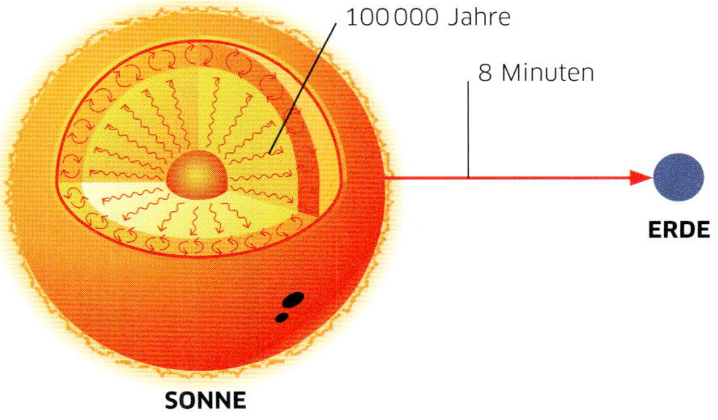

Rotation

Wie alle anderen Himmelskörper dreht sich auch die Sonne um ihre Achse. Doch die Sonne ist eine Gaskugel und weist unterschiedliche Geschwindigkeiten auf. Ihr Äquator braucht 25 Erdtage, während die Polargebiete 34 Erdtage für eine Umdrehung benötigen.

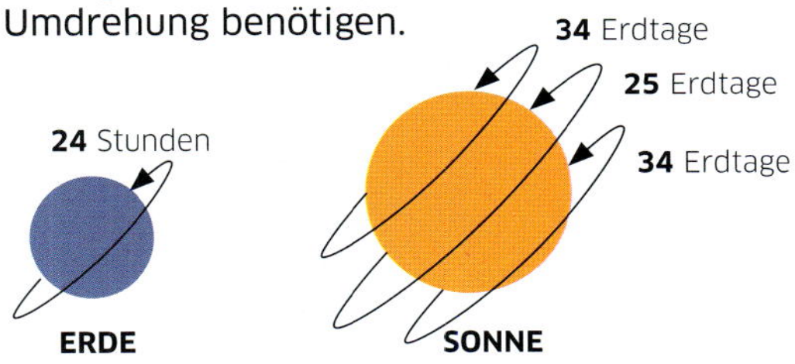

Massenejektionen

Gewaltige Blasen aus superheißem Gas (Plasma), die jeweils eine Masse von etwa 1 Mrd. Tonnen haben, brechen bis zu dreimal täglich auf der Sonne aus. Diese koronalen Massenejektionen wachsen in nur wenigen Stunden auf Millionen Kilometer Größe an und schleudern geladene Teilchen in das Sonnensystem. Diese Sonnenwinde erreichen auch die Erde und führen zu ungewöhnlich hellen Polarlichtern.

15:23 UHR | 18:09 UHR | 18:25 UHR

Wäre die Sonne so groß wie ein Basketball, hätte die Erde die Größe einer Erbse und wäre 83 m von ihm entfernt.

Und Neptun wäre so groß wie eine Erdbeere und 270 km entfernt.

Planetoiden
Planetoiden sind riesige Gesteinsbrocken. Die meisten Objekte kreisen in einem Gürtel zwischen Mars und Jupiter, aber einige nähern sich manchmal gefährlich der Erde. Manche sind so groß wie ein Haus, während die größten fast schon Zwergplaneten sind. Planetoiden sind vermutlich die Reste des Materials, aus dem die Planeten entstanden. Ihre Gesamtmasse beträgt weniger als ein Zwanzigstel der Mondmasse.

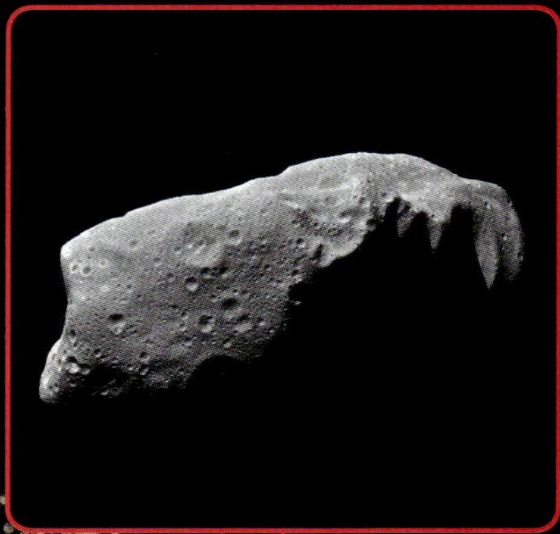

Saturn
Der zweitgrößte Planet besitzt ein auffälliges System aus hellen Ringen. Ihn begleiten 62 Monde und Dutzende Minimonde.

Sonne
Die Sonne gleicht einem riesigen Atomkraftwerk, das Energie durch Umwandlung von Wasserstoff in Helium erzeugt. Sie ist der einzige Stern, den Menschen aus der Nahansicht erforschen können.

Erde
Unser Heimatplanet ist der einzige bekannte Ort, auf dem Leben existiert. Das ist dem flüssigen Wasser auf seiner Oberfläche zu verdanken.

Merkur
Der sonnennächste Planet ist auch der kleinste. Seine Oberfläche ist mit alten Kratern übersät.

Mars
Der Mars ist eine bitterkalte Wüstenwelt. Er besitzt wie die Erde Gebirgszüge, Grabensysteme und Eiskappen an den Polen.

Venus
Sie ist so groß wie die Erde und doch ist die Venus eine so unwirtliche Welt, dass sie kein Astronaut betreten könnte.

Bahnabstände
Die Skala (unten) zeigt die relativen Abstände der Planeten zur Sonne. Die Entfernung zwischen einem Planeten und dem nächsten nimmt zum äußeren Rand des Sonnensystems hin stark zu.

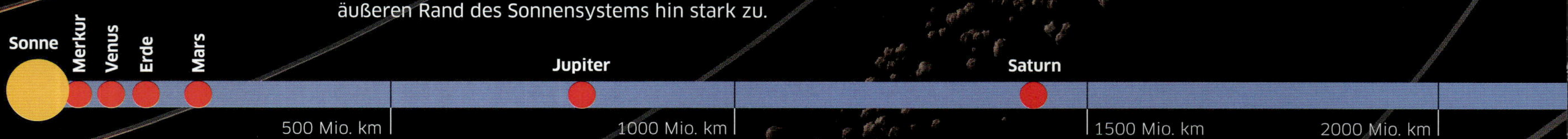

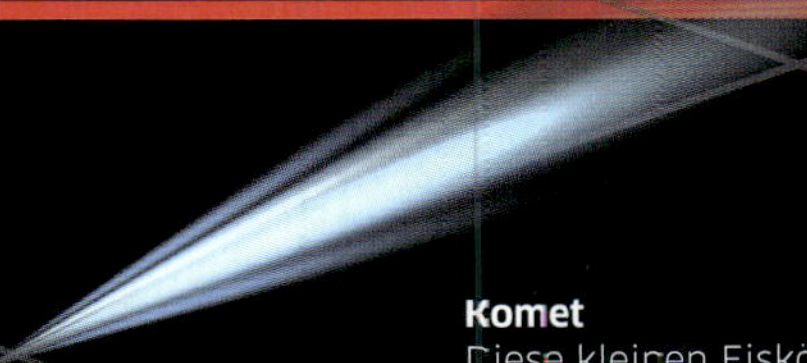

Komet
Diese kleinen Eiskörper entwickeln auffällige Schweife aus Gas und Staub, wenn sie sich der Sonne nähern.

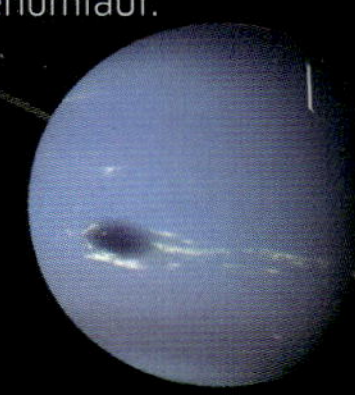

Neptun
Der entfernteste Planet ist ein blauer Gasriese mit 13 bekannten Monden. Neptun braucht fast 164 Erdjahre für einen Sonnenumlauf.

Kuipergürtel
Tausende kleiner, eisiger Objekte kreisen in einem Gebiet hinter den Planeten. Der Kuipergürtel ist auch die Heimat des Zwergplaneten Pluto. Von hier kommen viele Kometen.

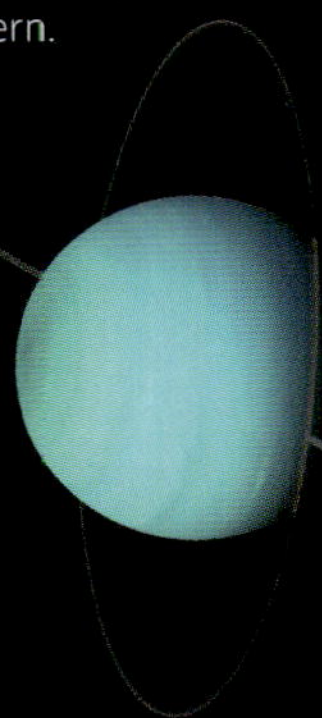

Uranus
Der blaue Gasriese kreist auf der Seite liegend um die Sonne. Seine Lage entstand vermutlich nach einer Kollision (Zusammenstoß) mit einer kleineren Welt. Er besitzt 27 Monde.

Jupiter
Der größte Planet des Sonnensystems besitzt mehr Masse als alle anderen Planeten zusammen. Er hat eine Familie von mindestens 67 Monden, von denen einige so groß wie Planeten sind.

Das Sonnensystem

Die Anziehungskraft der Sonne hält eine Familie aus Planeten und anderen Himmelskörpern auf Bahnen um die Sonne gefangen. Zusammen bilden sie das Sonnensystem.

Die Sonne entstand in einer gewaltigen Gas- und Staubwolke vor ungefähr 4,6 Milliarden Jahren. Riesige Mengen Materie zog der sich entwickelnde Stern an, aber nicht alles wurde vollständig absorbiert. Ein winziger Bruchteil des Materials blieb übrig – nur 0,14 Prozent der Masse des Sonnensystems – und bildete eine Scheibe aus Gas und Staub um den neuen Stern. Über Millionen Jahre verklumpten Staubkörner in ihr und wuchsen zu Planeten heran, die durch ihre Schwerkraft kugelförmig wurden. Im inneren Sonnensystem war die Wärme der Sonne so intensiv, dass Planeten aus Gestein und Metall entstanden. Im äußeren Sonnensystem dagegen kondensieren Gase zu den Gasriesen.

Zum Sonnensystem gehören 8 Planeten, mehr als 100 Monde, eine unbekannte Anzahl Zwergplaneten und viele Millionen Kometen und Planetoiden.

Das Sonnensystem

Die Planeten des Sonnensystems bilden 2 Gruppen. Die 4 kleinen inneren Planeten bestehen aus Gestein und Metall, während die 4 riesigen äußeren Planeten aus Gas und Flüssigkeiten bestehen. Zwischen ihnen verläuft der Planetoidengürtel. Jenseits von den Planeten liegt eine Zone eisiger Körper, darunter Zwergplaneten und Kometen. Noch weiter entfernt kreist eine riesige Wolke weiterer Kometen – die Oortsche Wolke. Das Sonnensystem besitzt keine äußere Grenze.

Umlaufbahnen

Alle Planeten kreisen gegen den Uhrzeigersinn um die Sonne. Die fast kreisförmigen Planetenbahnen liegen in der Ebene der Scheibe, aus der sie stammen. Viele kleinere Körper wie der Zwergplanet Pluto haben gestreckte und geneigte Bahnen. Kometen haben ovale Bahnen aus allen Richtungen.

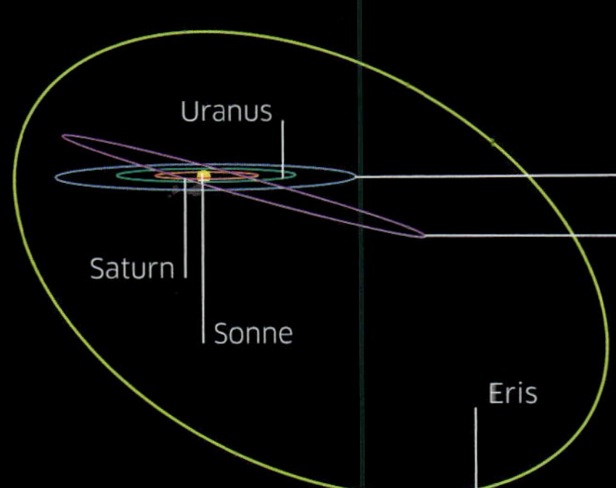

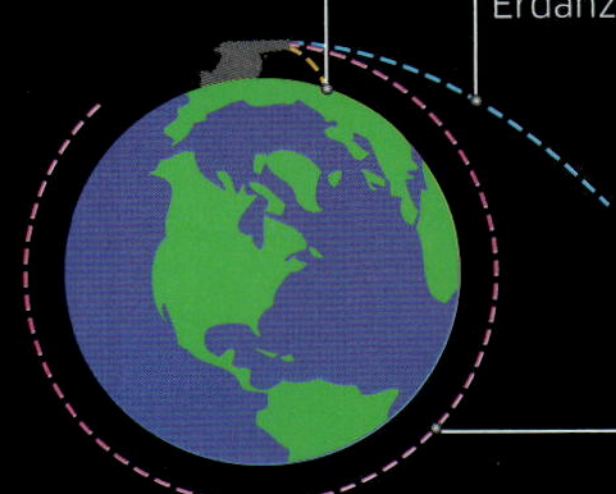

Umlaufbahn

Isaac Newton erkannte als Erster, dass Monde und Planeten auf Umlaufbahnen kreisen, weil sie von der Schwerkraft angezogen werden. Um seine Theorie zu erklären, zeichnete er eine riesige Kanone, die eine Kugel abfeuert. Bei einer bestimmten Geschwindigkeit, argumentierte er, wird die Kugel nie auf dem Erdboden landen, sondern unendlich um die Erde herumfallen.

Zwergplaneten

Zwergplaneten sind rund, aber kleiner als die echten Planeten und ihre Schwerkraft ist nicht ausreichend, um ihre Bahnen von Trümmern zu säubern. Der bekannteste Zwergplanet ist Pluto, der bis August 2006 als echter Planet klassifiziert war.

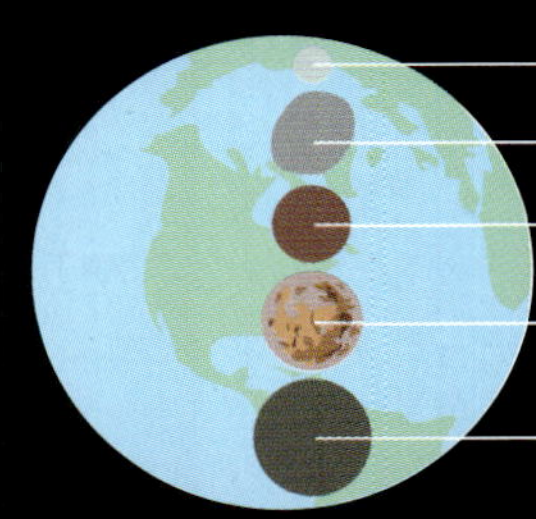

GRÖSSENVERGLEICH MIT DER ERDE

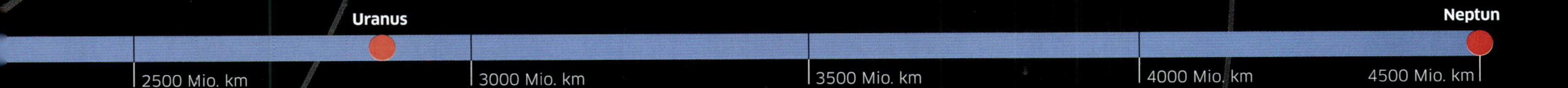

Merkurs Eisenkern macht 2 Drittel seiner Planetenmasse aus.

Die inneren Planeten

Merkur, Venus, Erde und Mars sind die inneren Planeten des Sonnensystems. Äußerlich sind sie sehr unterschiedlich – nicht jedoch unter ihrer Oberfläche.

Die inneren Planeten entstanden vor etwa 4,6 Milliarden Jahren aus demselben Material. Sie stellen ein Gemisch aus Gesteinen und Metallen dar und sind aus mehreren Schichten aufgebaut. Die schwereren Metalle konzentrieren sich in ihrem Zentrum, während darüber leichteres Gestein liegt.

Jeder der Planeten erlebte in der Frühgeschichte des Sonnensystems Einschläge von Planetoiden und Kometen, auf allen brachen Vulkane aus. Merkur zeigt immer noch die Wunden des Bombardments, die Oberflächen der anderen Planeten haben sich inzwischen verändert.

Im Sonnenglanz

Merkur ist der kleinste und sonnennächste Planet des Sonnensystems. Diese leblose Welt hat sich in 3 Mrd. Jahren kaum verändert. Die gesamte Oberfläche ist durch Einschläge von Planetoiden mit Kratern übersät. Sie reichen von kleinen schüsselartigen Kratern bis hin zum gewaltigen Caloris-Becken, das sich fast über ein Drittel des Planeten erstreckt.

Merkur kreist schneller als alle anderen Planeten um die Sonne, aber er dreht sich sehr langsam. Ein Tag auf Merkur (Sonnenaufgang bis Sonnenaufgang) dauert deshalb 176 Erdtage. Wegen dieser langen Tage und Nächte und der sehr dünnen Atmosphäre erreicht Merkur die höchste Oberflächentemperatur aller Planeten. Tagsüber ist es so heiß, dass Blei schmilzt, und nachts kalt genug, dass Luft flüssig wird.

Daten zu Merkur

Durchmesser	4879 km
Durchschnittliche Oberflächentemperatur	167 °C
Rotationszeit	58,6 Erdtage
Umlaufzeit	88 Erdtage
Anzahl der Monde	0

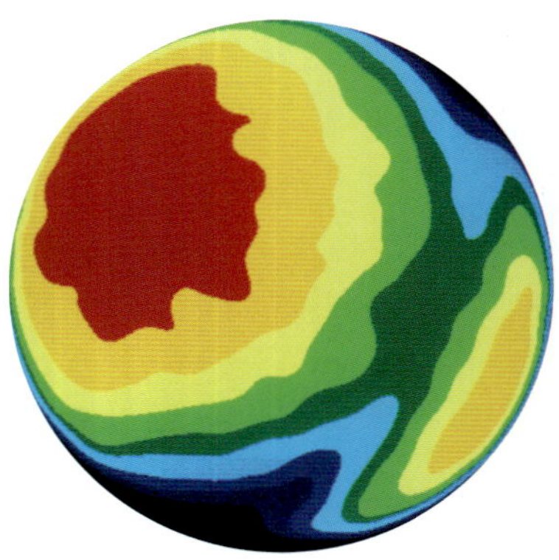

Heiße Gebiete
Die Farben der Wärmekarte von Merkur stellen die Oberflächentemperatur dar. Das rote Gebiet um den Äquator liegt direkt in der Sonne und ist am heißesten. Danach folgen die gelben und grünen Gebiete. Die Polargebiete des Planeten (blau) sind die kältesten.

Lavaland

Venus wird oft als Zwilling der Erde dargestellt, weil beide Planeten etwa gleich groß und ähnlich aufgebaut sind. Doch sie sind sehr unterschiedlich.

Jeder Astronaut würde auf der Venus in Sekunden getötet. Ihre Oberfläche ist so heiß wie ein Pizzaofen und der Luftdruck ist 90-mal höher als auf der Erde.

Die tödliche Oberfläche ist vor Blicken aus dem All unter einer dicken Wolkenschicht versteckt. Raumsonden haben sie mit Radar durchdrungen oder landeten auf der Oberfläche und nahmen Bilder auf. Die Venus ist eine Welt voller Vulkane. Auf ihrer Oberfläche liegen Brocken erstarrter Lava verstreut. Sie befindet sich ständig in einem trüben gelblichen Licht, das durch die Wolken fällt.

Die Venus dreht sich langsamer als alle anderen Planeten und auch in umgekehrter Richtung (im Uhrzeigersinn wie Uranus).

Daten zur Venus

Durchmesser	12 104 km
Durchschnittliche Oberflächentemperatur	464 °C
Rotationszeit	243 Erdtage
Umlaufzeit	224,7 Erdtage
Anzahl der Monde	0

Treibhauseffekt
Auf der Venus ist es wegen des Treibhauseffekts sehr heiß. Die Sonnenwärme strahlt durch die Atmosphäre und erwärmt den Boden, der wiederum Wärme reflektiert (abstrahlt). Diese reflektierte Wärme speichert die Atmosphäre wie Glasscheiben eines Treibhauses.

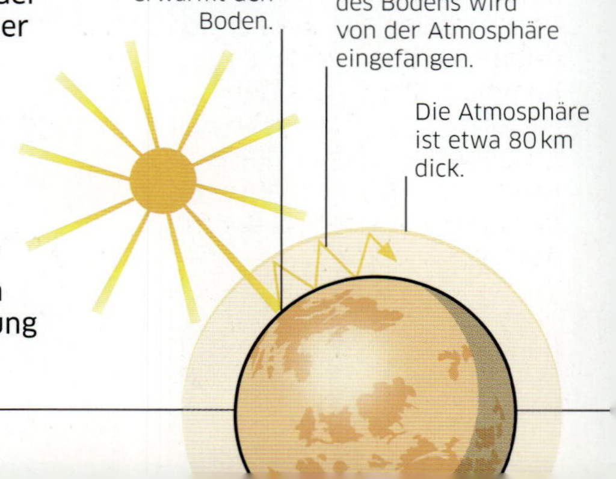

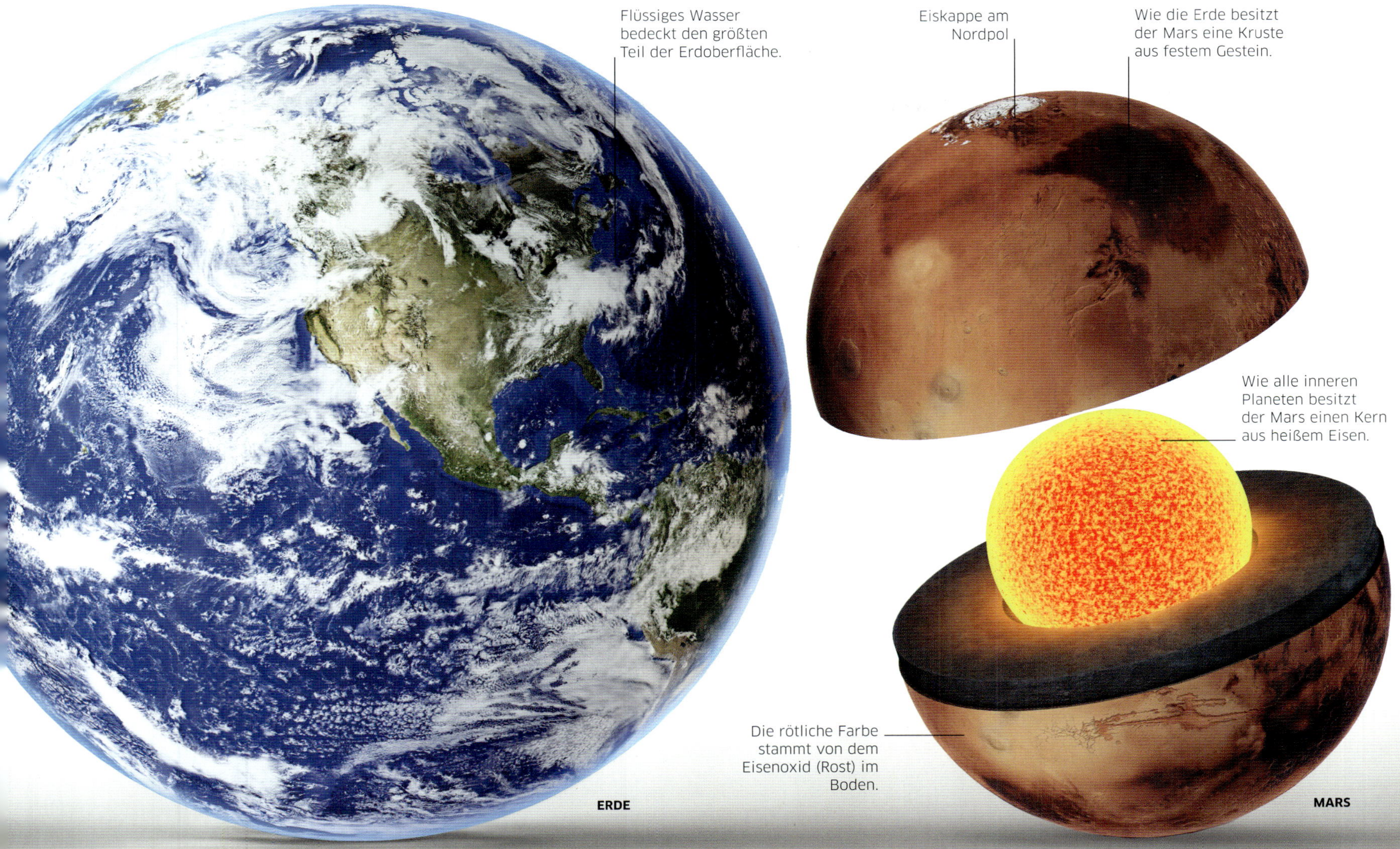

Lebendige Welt

Der dritte Planet von der Sonne aus gesehen ist der größte der inneren Planeten. Er ist der einzige mit Wasser auf seiner Oberfläche und auch der einzige bekannte im Universum, auf dem Leben existiert.

Die Erdoberfläche bedecken riesige Ozeane (71 %), Kontinente und zwei polare Eiskappen – auf einer dünnen Gesteinskruste. Die Kruste ist in 7 große tektonische Platten und viele kleinere zerbrochen. Diese Kontinentalplatten verschieben sich langsam durch Bewegungen im weicheren, heißen Gestein des Erdinneren. Dabei stoßen sie aneinander oder reiben sich und erzeugen dadurch immense Kräfte, die Gebirgszüge auftürmen, Vulkanausbrüche und Erdbeben auslösen. Diese starken Kräfte verändern kontinuierlich das Erscheinungsbild der Erde. Auch die Erosion durch Wind und Wasser trägt dazu bei – ebenso die 7 Mrd. Menschen, die auf dem Planeten wohnen.

Daten zur Erde

Durchmesser.................... 12 756 km
Durchschnittliche Oberflächentemperatur.................... 15 °C
Rotationszeit.............. 23,9 Stunden
Umlaufzeit.......................... 365,3 Tage
Anzahl der Monde............................ 1

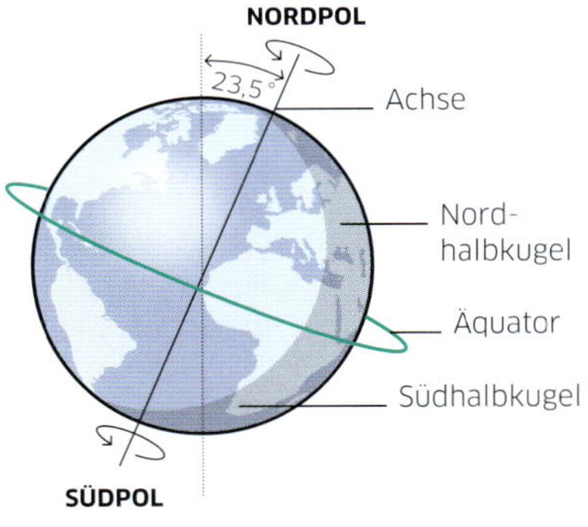

Geneigter Planet

Die Erde dreht sich einmal am Tag um ihre Achse, die aber nicht senkrecht zur Bahnebene steht. Die Achse – eine virtuelle (gedachte) Linie von Pol zu Pol – ist um 23,5° geneigt, sodass immer eine Erdhalbkugel im Sonnenlicht liegt. Durch diese Neigung entstehen die Jahreszeiten.

Der Rote Planet

Der zweitkleinste Planet des Sonnensystems hat nur einen etwa halb so großen Durchmesser wie die Erde. Der Mars wird auch als Roter Planet bezeichnet, weil sein Boden rostfarben aussieht. Das große Grabensystem Valles Marineris erstreckt sich über ein Viertel des Umfangs dieser kalten Wüstenwelt. Mars besitzt auch staubige Ebenen mit Felsbrocken und riesigen erloschen Vulkanen wie Olympus Mons – dem größten Vulkan des Sonnensystems.

Daten zum Mars

Durchmesser........................ 6792 km
Durchschnittliche Oberflächentemperatur.................. –63 °C
Rotationszeit................ 24,6 Stunden
Umlaufzeit..................... 687 Erdtage
Anzahl der Monde............................ 2

Felsige Überschwemmungsebene

Der Mars war nicht immer eine Wüste. Trockene Flussbetten zeigen, dass hier früher Wasser floss. Es verteilte Felsbrocken in den weiten Ebenen (unten). Auf dem Mars war es vielleicht einmal ausreichend warm und feucht, sodass sich Leben entwickeln konnte.

1300 -mal würde die Erde in den Planeten Jupiter hineinpassen.

1664 wurde der Große Rote Fleck auf dem Jupiter entdeckt.

König der Planeten

Der gewaltige Jupiter ist von der Sonne aus der fünfte Planet und der größte des Sonnensystems. Seine starke Schwerkraft wirkt auf die Umlaufbahnen anderer Himmelskörper im Sonnensystem.

Durch die schnelle Rotation (Drehung) bilden seine oberen Wolken Bänder, die Flecken (Stürme) und Wellen zeigen, wenn sich benachbarte Bänder verwirbeln.

Mehrere Raumsonden besuchten Jupiter. *Galileo* umkreiste ihn von 1995 bis 2003.

Daten zu Jupiter

Durchmesser .... 142 984 km
Durchschnittliche Oberflächentemperatur .... –121 °C
Rotationszeit .... 9,9 Stunden
Umlaufzeit .... 11,9 Erdjahre
Anzahl der Monde 67

Das Jupitersystem
Jupiter ist von einer großen Anzahl Monde umgeben. Unten sind die 4 inneren und die 4 größten Monde dargestellt. Ganymed, der größte Mond, ist größer als der Planet Merkur. Andere Monde sind wahrscheinlich Planetoiden, die von Jupiter angezogen wurden.

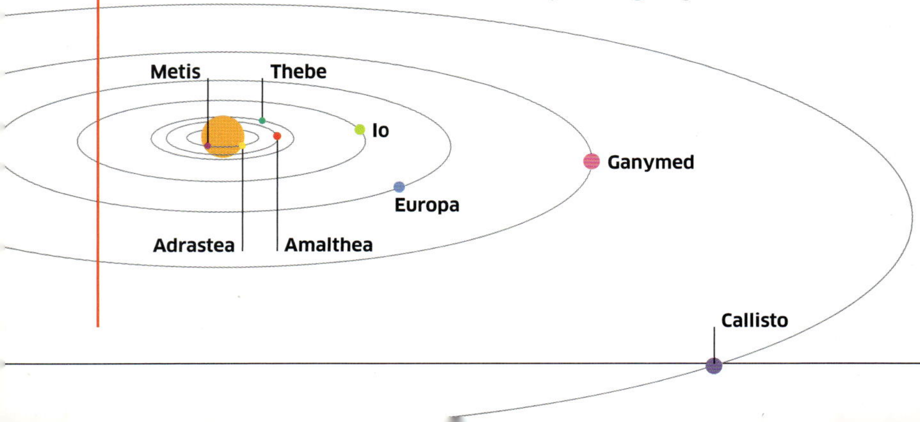

Blauer Planet

Neptun, der achte und von der Sonne am weitesten entfernte Planet, wurde 1846 entdeckt. Astronomen hatten eine Störung der Uranusbahn wahrgenommen – offenbar wirkte ein Objekt, vielleicht sogar ein unentdeckter Planet, auf ihn ein. Die beiden Mathematiker John Couch Adams in England und Urbain Le Verrier in Frankreich berechneten die Position des unbekannten Objekts am Himmel. Nur wenige Tage später wurde Neptun von einem Observatorium in Deutschland aus entdeckt.

Neptun ist kleiner als Uranus und erscheint bläulicher, weil seine Atmosphäre mehr Methan enthält. Er hat einen tiefen, flüssigen Mantel, der heiß und dicht ist und aus Wasser, Ammoniak und Methan besteht. Er besitzt auch ein kaum sichtbares Ringsystem. Sein größter Mond, Triton, gleicht Pluto und wurde vermutlich von Neptuns Schwerkraft nach einer Begegnung vor Milliarden Jahren eingefangen.

Daten zu Neptun

Durchmesser .... 49 528 km
Durchschnittliche Oberflächentemperatur .... –201 °C
Rotationszeit .... 16,1 Stunden
Umlaufzeit .... 163,7 Erdjahre
Anzahl der Monde 13

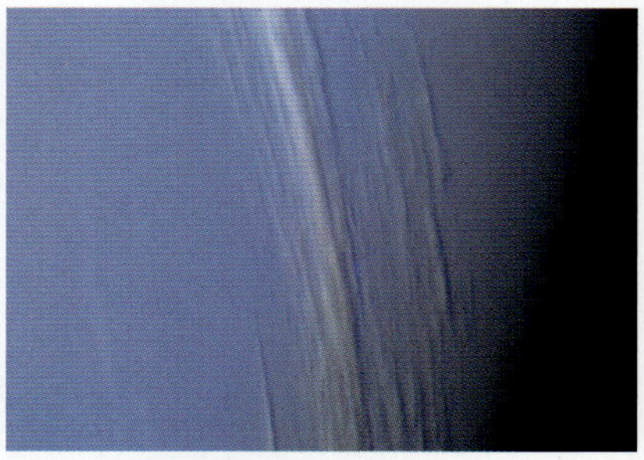

Stürmische Winde
Als 1989 die Raumsonde *Voyager 2* an Neptun vorbeiflog, nahm sie weiße Wolken auf, die Winde mit bis zu 2100 km/h in Streifen bliesen – die schnellsten Winde des Sonnensystems. Neptuns gefährliches Wetter entsteht vermutlich durch innere Wärme, da er zu weit von der Sonne entfernt ist, um ihre Wärme zu empfangen.

Die äußeren Planeten

Vier gigantische Planeten beherrschen das äußere Sonnensystem. Sie bestehen aus Gas und Flüssigkeit, besitzen keine feste Oberfläche und haben Hunderte Monde.

Als die Sonne entstand, trieb ihre Wärme Gase aus dem inneren Sonnensystem, sodass nur schwerere Verbindungen wie Gestein und Metalle zurückblieben, aus denen die inneren Planeten entstanden, während Gase die äußeren Planeten bildeten. Man bezeichnet die äußeren Planeten daher auch als Gasriesen, obwohl sie vorwiegend aus Flüssigkeiten bestehen und feste Kerne besitzen. Diese vier Welten haben vieles gemeinsam. Sie besitzen zahlreiche Monde, eine tiefe, stürmische Atmosphäre und Ringsysteme aus kleinen Gesteins- oder Eisbrocken.

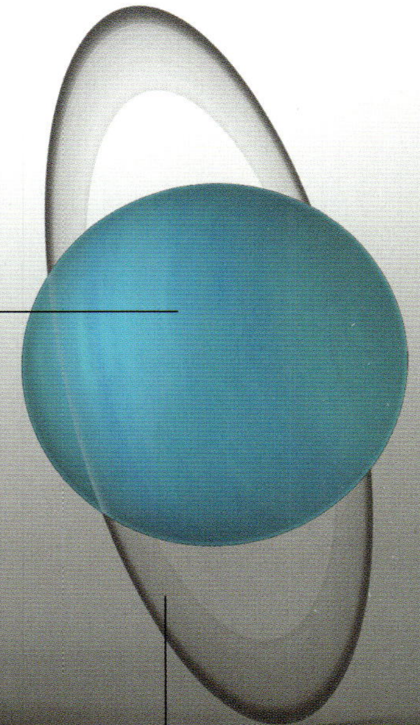

Herr der Ringe

Der zweitgrößte Planet und der sechste von der Sonne aus leuchtet wie ein heller gelber Stern. Sogar mit einem kleinen Teleskop sieht man sein faszinierendes Ringsystem. Trotz seiner Größe ist Saturn nur halb so dicht wie Jupiter. Seine Wolken bilden weniger deutliche Bänder, aber gewaltige Stürme erscheinen alle 30 Jahre als riesige weiße Flecken.

Der größte Saturnmond Titan hat eine dichte Atmosphäre und eine felsige Oberfläche mit Meeren aus flüssigem Methan. Die Raumsonde *Cassini* kreist seit 2004 um Saturn. Sie setzte 2005 die Sonde *Huygens* ab, die auf Titan landete.

Daten zu Saturn

Durchmesser .... 120 536 km
Durchschnittliche Oberflächentemperatur .... –180 °C
Rotationszeit .... 10,7 Stunden
Umlaufzeit .... 29,5 Erdjahre
Anzahl der Monde 62

Ringsystem
Saturns Hauptringe haben einen Durchmesser von 360 000 km, sind aber nur etwa 10 m dick. Ein maßstabsgetreues Modell der Ringe mit der Dicke eines Blatts Papier wäre 3 km groß. Hinter den Hauptringen sind dünne äußere Ringe, die die Raumsonde *Cassini* im Gegenlicht der Sonne aufnahm (unten).

Verkehrte Welt

Uranus, den siebten Planeten von der Sonne aus, kannten die Astronomen der Antike noch nicht, obwohl er in klaren und dunklen Nächten sogar mit bloßem Auge sichtbar ist. Erst der britische Astronom William Herschel entdeckte ihn 1781 in Bath (England).

Uranus gleicht Neptun, er besitzt aber eine fast einheitlich blassblaue Oberfläche. Uranus ist der kälteste Planet und erzeugt nur wenig Wärme in seinem Inneren. Er kreist fast auf der Seite – wahrscheinlich geriet er nach einer Kollision mit einem anderen Planeten in diese Lage. Durch seine extreme Neigung sind die Jahreszeiten auf Uranus sehr lang.

Der Planet hat ein schwaches Ringsystem, das erst 1977 entdeckt wurde. Seine Monde sind nach Figuren des englischen Schriftstellers William Shakespeare und des englischen Dichters Alexander Pope benannt.

Daten zu Uranus

Durchmesser .... 51 118 km
Durchschnittliche Oberflächentemperatur .... –193 °C
Rotationszeit .... 17,2 Stunden
Umlaufzeit .... 84 Erdjahre
Anzahl der Monde 27

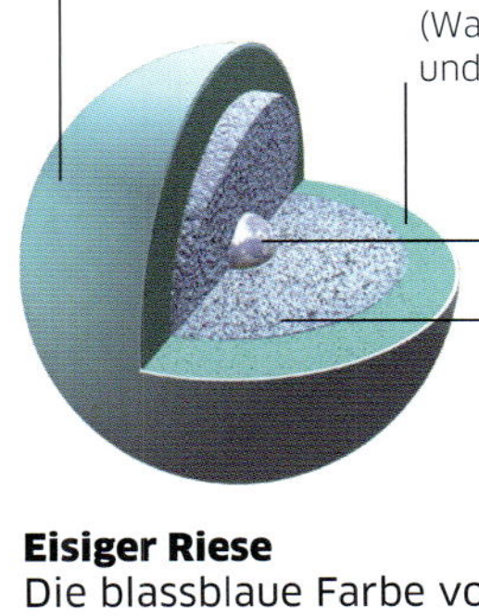

Eisiger Riese
Die blassblaue Farbe von Uranus wird durch das Methan in seiner Atmosphäre hervorgerufen. Wasser und Ammoniak wurden ebenso in den Wolken entdeckt. Der Planet besitzt weniger Wasserstoff und Helium als Jupiter und Saturn, aber auf ihm gibt es mehr Gestein und Wasser.

18 Tage Zeit brauchte man, um mit der Geschwindigkeit eines Jumbojets zum Mond zu fliegen.

Der Mond

Der Mond ist der nächste Nachbar der Erde im Weltraum und das größte Objekt am Himmel. Seine mit Kratern übersäte Oberfläche ist kalt und leblos, aber tief im Innern ist der Mond eine gigantische Kugel aus heißem Eisen.

Die Erde und der Mond existieren gemeinsam, seit der Mond nach einer kosmischen Kollision entstanden ist. Er kreist um die Erde und zeigt ihr immer die gleiche Seite. Seine Oberfläche hat sich seit ungefähr 3,5 Milliarden Jahren kaum verändert. Damals wurde der junge Mond von Planetoiden bombardiert. Über viele Millionen Jahre sprengten sie Oberflächenmaterial heraus und hinterließen Krater. Die größten Krater wurden mit vulkanischer Lava überflutet, sodass dunkle flache Ebenen entstanden, die wie Meere aussehen.

Mondmeere
Die dunklen flachen Gebiete heißen Maria (Einzahl: Mare) oder Meere und sind riesige Ebenen erstarrter Lava.

Graue Oberfläche
Die Mondoberfläche ist mit einer dünnen Schicht aus feinem grauem Staub bedeckt, die nur wenige Zentimeter tief ist.

Daten zum Mond

Durchmesser	3474 km
Oberflächentemperatur	–53 °C
Länge eines Mondtags	27 Erdtage
Umlaufzeit um die Erde	27 Erdtage
Schwerkraft (Erde = 1)	0,17

Entstehung des Monds

Der Mond entstand wohl nach einer Kollision (Zusammenstoß) zwischen der Erde und einem Himmelskörper vor 4,5 Mrd. Jahren. Die Trümmer verklumpten durch Schwerkraft zum Mond.

Einschlag
Ein Objekt schlägt auf der Erde ein und sprengt Gestein heraus.

Mondentstehung
Die Gesteinstrümmer verklumpen langsam zum Mond.

Mondphasen

Während der Mond um die Erde kreist, liegt ein wechselnder Teil im Sonnenlicht. Die verschiedenen Lichtgestalten nennt man Mondphasen. Ein Phasenzyklus dauert 29,5 Tage.

Die abgewandte Seite des Monds

Der Mond zeigt immer dieselbe Seite zur Erde. Die erdabgewandte Seite können nur Raumsonden beobachten. Ihre Kruste ist dicker und besitzt mehr Krater als die uns zugewandte Seite. Eine Höhenkarte stellt die Hoch- und Tiefebenen dar.

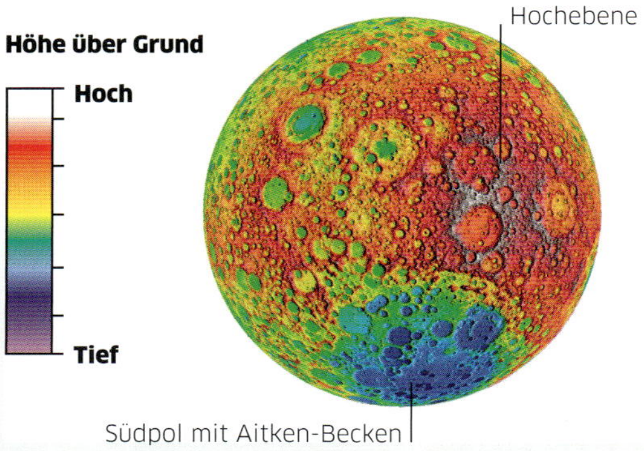

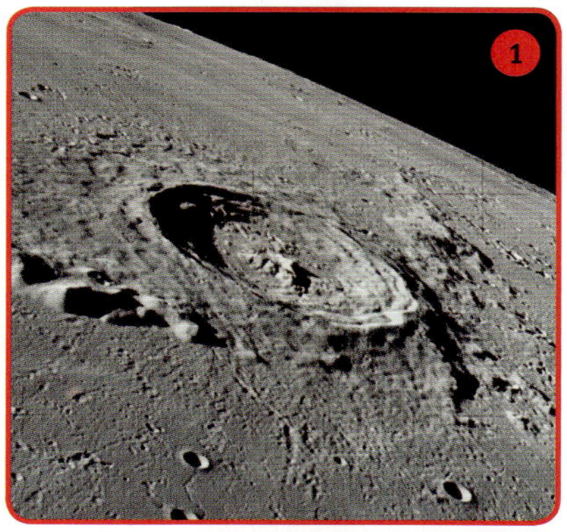

Mondkrater
Krater existieren auf dem gesamten Mond. Ihre Größe reicht von schüsselförmigen Vertiefungen mit nur wenigen Kilometern Durchmesser bis zum riesigen Aitken-Becken am Südpol, das 2500 km groß ist. Viele Krater wie der Eratosthenes-Krater (oben) haben zentrale Berge, die aus dem Auswurfmaterial nach dem Einschlag entstanden sind.

Menschen auf dem Mond
Sechsmal landeten bisher Astronauten auf dem Mond. Sie fanden eine Welt aus grauen, staubigen Ebenen und sanften Hügeln unter einem schwarzen Himmel vor. Auf dem Bild unten geht ein Astronaut zum Mondfahrzeug, das in der Nähe des Camelot-Kraters (links) steht, wo Proben gesammelt wurden. Die großen Felsbrocken wurden einst beim Einschlag von Planetoiden herausgeschleudert.

Aufbau des Monds

Wie die Erde besteht auch der Mond aus verschiedenen Schichten. Sie haben sich vor langer Zeit getrennt, als das gesamte Innere noch geschmolzen war. Leichte Mineralien stiegen zur Oberfläche auf und schwerere Metalle sanken nach innen. Die oberste Schicht ist eine dünne Gesteinskruste wie die der Erde. Darunter liegt der Mantel – eine tiefe Gesteinsschicht, die zum Zentrum hin immer heißer wird. Der untere Teil des Mantels ist teilweise geschmolzen. Das Zentrum des Monds bildet ein Eisenkern, der durch die Energie radioaktiver Elemente auf etwa 1400 °C erhitzt ist. Vermutlich ist der äußere Kern geschmolzen. Der innere ist durch den Druck des Gesteins fest.

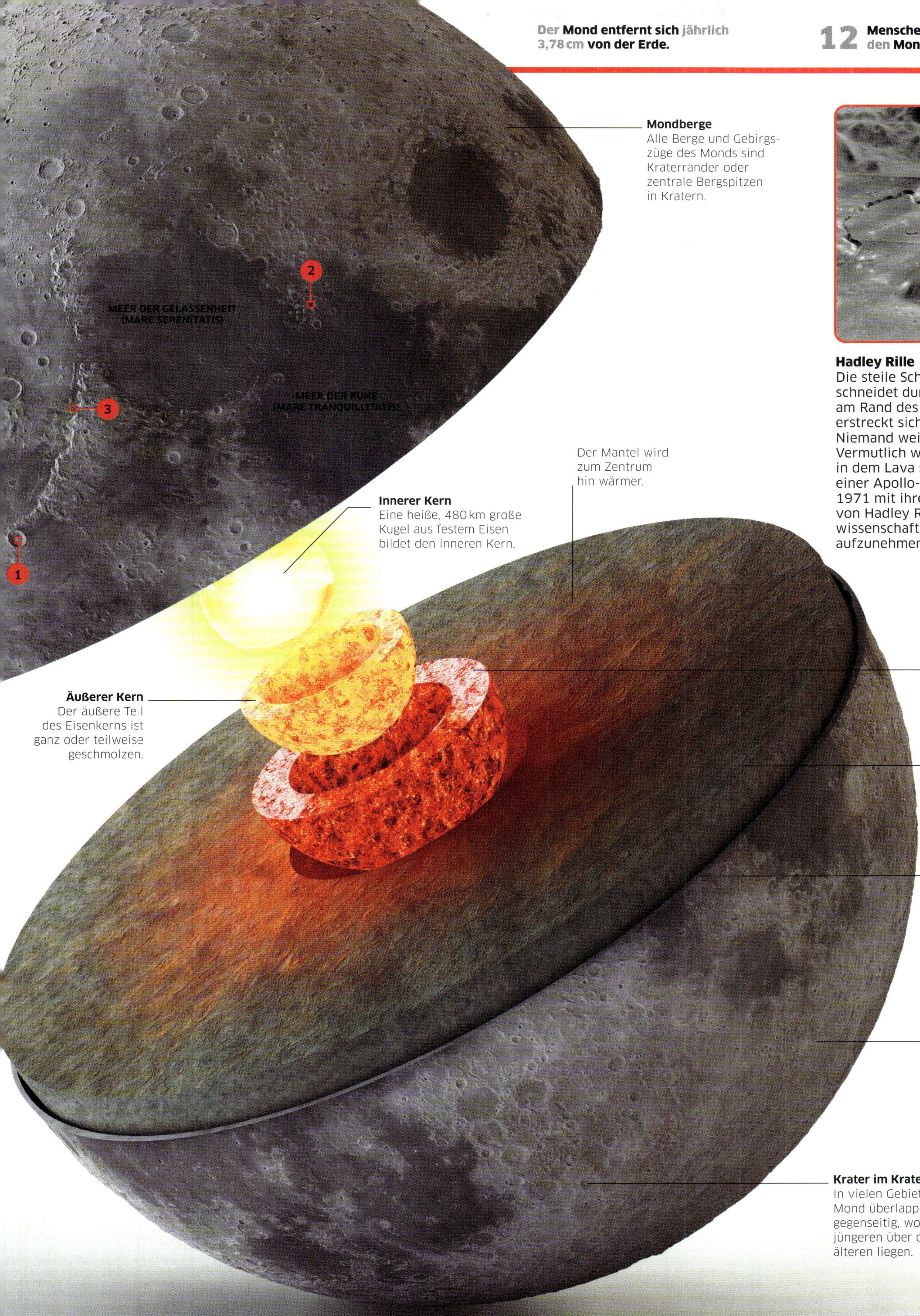

Mondberge
Alle Berge und Gebirgszüge des Monds sind Kraterränder oder zentrale Bergspitzen in Kratern.

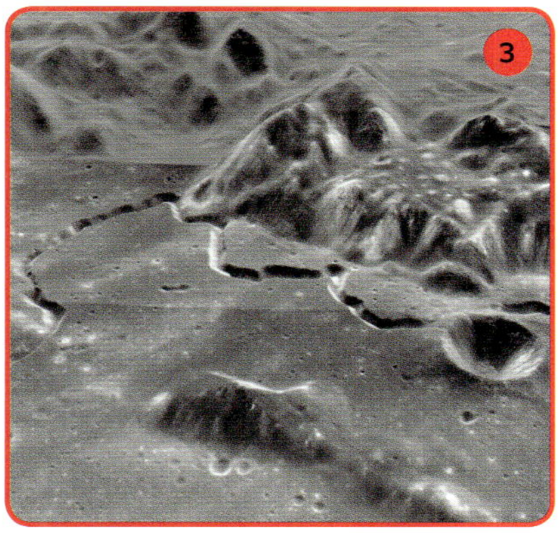

Hadley Rille
Die steile Schlucht Hadley Rille schneidet durch die flachen Ebenen am Rand des Meers des Regens und erstreckt sich mehr als 100 km lang. Niemand weiß, wie sie entstanden ist. Vermutlich war sie früher ein Kanal, in dem Lava strömte. Astronauten einer Apollo-Mission fuhren im Juli 1971 mit ihrem Rover an den Rand von Hadley Rille, um Bilder für eine wissenschaftliche Auswertung aufzunehmen.

Der Mantel wird zum Zentrum hin wärmer.

Innerer Kern
Eine heiße, 480 km große Kugel aus festem Eisen bildet den inneren Kern.

Äußerer Kern
Der äußere Teil des Eisenkerns ist ganz oder teilweise geschmolzen.

Innerer Mantel
Wärme radioaktiver Elemente hat den inneren Mantel teilweise geschmolzen.

Mantel
Der Mantel besteht vorwiegend aus festem Gestein und ist silikatreich wie jener der Erde.

Kruste
Die Mondkruste besteht aus granitartigem Gestein und ist auf der erdzugewandten Seite ungefähr 48 km, auf der abgewandten Seite etwa 74 km dick.

Erdabgewandte Seite
Diese Seite des Monds ist von der Erde aus nicht sichtbar. Sie ist mit Kratern übersät und besitzt keine großen Maria (Meere).

Krater im Krater
In vielen Gebieten auf dem Mond überlappen sich Krater gegenseitig, wobei die jüngeren über den älteren liegen.

WELTRAUM-FORSCHUNG

Sterne und Planeten haben die Menschen schon immer fasziniert, aber erst im 20. Jahrhundert wurde die Erforschung des Weltraums möglich. In den vergangenen Jahrzehnten betraten Menschen den Mond, haben unbemannte Raumsonden das äußere Sonnensystem erreicht und riesige Teleskope die Tiefen des Universums beobachtet.

ERFORSCHUNG DER PLANETEN

Die Planeten sind für bemannte Missionen zu weit entfernt, sodass unbemannte Raumsonden sie besuchen. Die erste Raumsonde zu einem anderen Planeten war *Mariner 2*, die 1962 an Venus vorbeiflog. Seitdem haben Hunderte Raumsonden Planeten, Monde, Planetoiden und Kometen erkundet. Die meisten flogen dafür eng an ihrem Ziel vorbei oder umkreisten es, einige setzten sogar Lander ab.

Automatische Forscher

Unbemannte Raumsonden erreichen Orte, die für Menschen zu weit entfernt oder zu gefährlich sind. Trägerraketen bringen sie ins All zu ihrer häufig mehrjährigen Reise. Für unterschiedliche Aufgaben gibt es verschiedene Arten von Raumsonden.

VORBEIFLUG
Manche Raumsonden beobachten ihr Ziel im Vorbeiflug. Die berühmten Raumsonden *Voyager 1* und *Voyager 2* der NASA flogen knapp an mehreren Planeten vorbei.

ORBITER
Er kreist um einen Planeten, um ihn zu erforschen. Orbiter besuchten den Mond und alle Planeten außer Uranus und Neptun.

BEOBACHTUNG DES HIMMELS

Über Jahrhunderte haben Astronomen den Himmel nur mit bloßem Auge oder mit einfachen Teleskopen beobachtet. Doch das sichtbare Licht ist nur ein Teil des wesentlich größeren Spektrums elektromagnetischer Strahlen, die aus dem Weltraum die Erde erreichen. Sterne und andere Objekte senden unsichtbare Radiowellen, Röntgen-, Infrarotstrahlung und Mikrowellen aus. Moderne Teleskope erkennen diese Strahlen.

Licht einfangen

Teleskope sind unterschiedlich gebaut, sie dienen aber alle demselben Zweck: elektromagnetische Strahlung aus dem Weltraum einzufangen und zu einem Bild zu bündeln. Die Erdatmosphäre blockiert oder stört Aufnahmen, sodass manche Teleskope auf hohen Bergen stehen oder auf einer Erdumlaufbahn kreisen.

RADIOWELLEN MIKROWELLEN INFRAROT SICHTBARES LICHT UV RÖNTGENSTRAHLEN

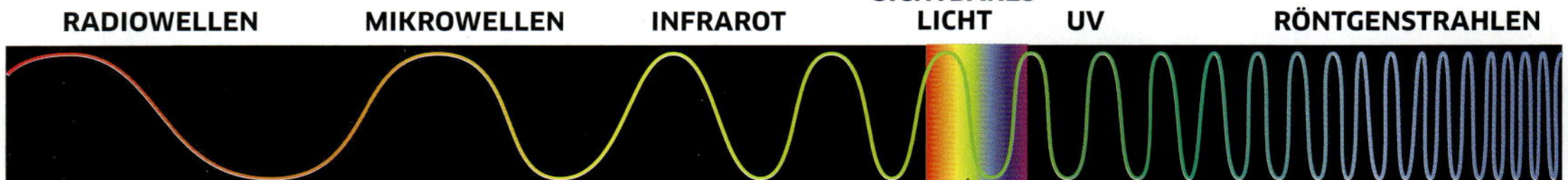

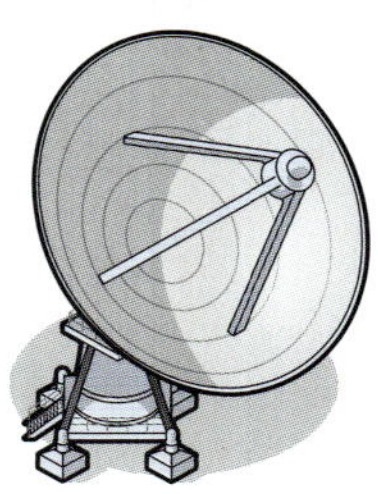

Radioteleskope
Riesige gewölbte Schüsseln fangen Radiowellen von Galaxien, Pulsaren und Schwarzen Löchern ein.

Mikrowellenteleskope
Mikrowellen sind kurze Radiowellen. Diese Strahlen sind alte Strahlen, die noch vom Urknall stammen.

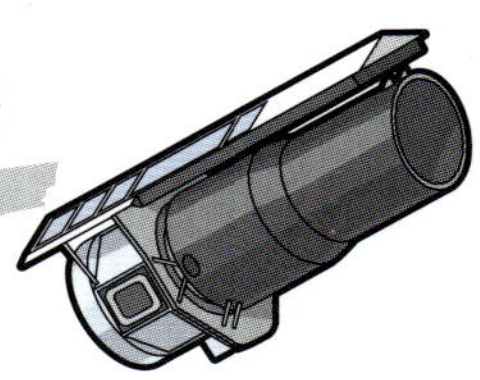

Ultraviolettteleskope
Diese Teleskope fangen ultraviolette Strahlen von der Sonne, von Sternen und Galaxien ein.

Optische Teleskope
Mit großen Linsen oder Spiegeln sammeln optische Teleskope auch schwach sichtbares Licht.

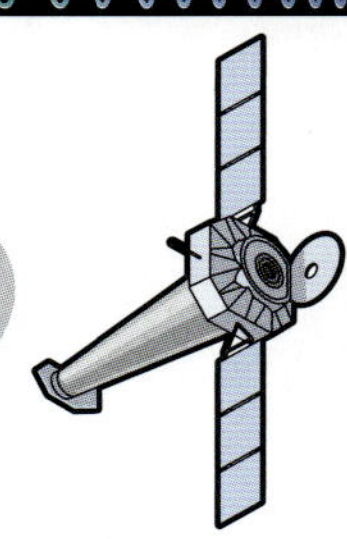

Röntgenteleskope
Sie empfangen energiereiche Strahlen extrem heißer Objekte und funktionieren nur im All.

Sternkarten

Beim Blick in den Nachthimmel scheinen Sterne und Planeten an der Innenseite einer gigantischen Kugel zu haften. Mithilfe einer gedachten Himmelskugel werden die Positionen der Sterne und Planeten angegeben. Senkrechte und waagerechte Linien teilen das Firmament in ein Netz, das dem der Längen- und Breitengrade auf Karten der Erdoberfläche entspricht.

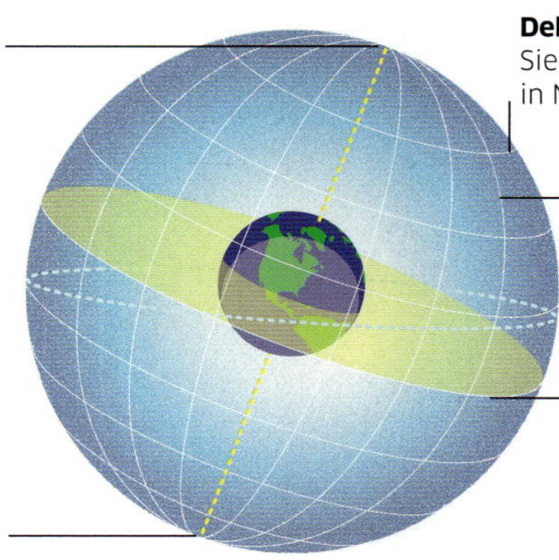

Himmelsnordpol
Dieser Punkt liegt direkt über dem Nordpol der Erde.

Himmelssüdpol
Dieser Punkt liegt direkt über dem Südpol der Erde.

Deklinationslinien
Sie teilen den Himmel in Nord-Süd-Abschnitte.

Rektaszensionslinien
Sie teilen den Himmel in Ost-West-Abschnitte.

Himmelsäquator
Diese Linie verläuft direkt über dem Erdäquator und teilt den Himmel in eine Nord- und Südhalbkugel.

TRÄGERRAKETEN

Der Weltraum beginnt nur 100 km über der Erdoberfläche, eine Rakete erreicht ihn in weniger als 10 Minuten. Doch es sind enorme Kräfte notwendig, um die Erdanziehungskraft zu überwinden. Eine Trägerrakete wird nur einmal benutzt. Der größte Teil ihres Gewichts besteht aus Treibstoff.

Die größten Raketen

Die Saturn V brachte Astronauten zum Mond. Sie war die größte Rakete. Ihr russisches Gegenstück, die N1, startete viermal, aber jeder Versuch endete in einer Katastrophe.

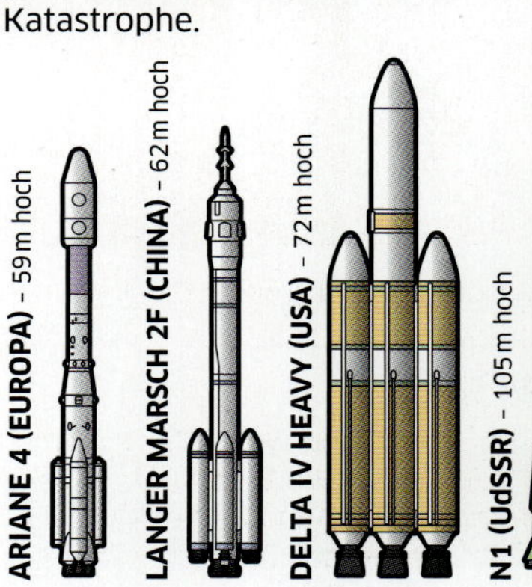

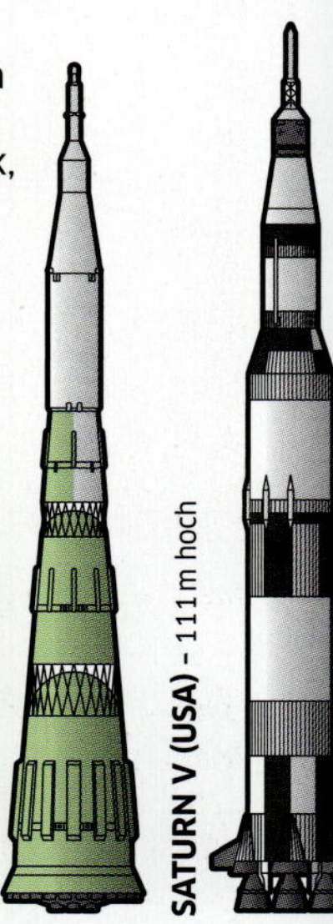

Startplätze

Viele Länder besitzen einen Weltraumbahnhof. Von Orten am Äquator können schwerere Lasten gestartet werden, weil die Trägerraketen zusätzlichen Schub durch die Erdrotation erhalten.

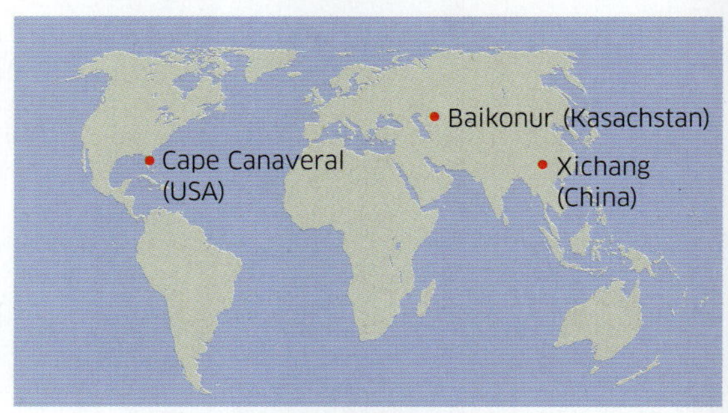

HAUPTSTARTPLÄTZE

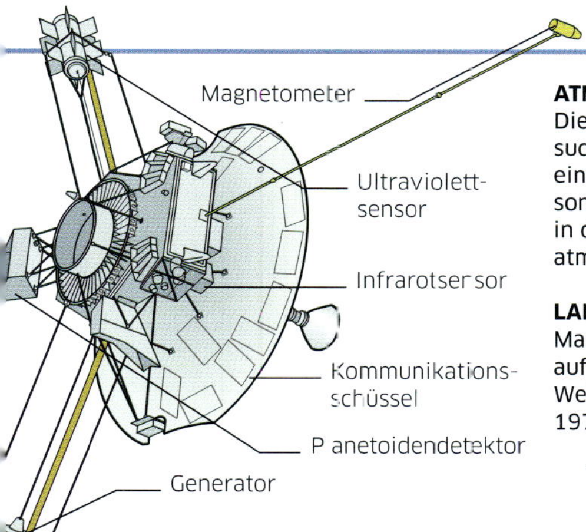

Raumsonde Pioneer
Pioneer 10 und *11* flogen an Jupiter und Saturn vorbei und sind gerade dabei das Sonnensystem zu verlassen.

ATMOSPHÄRENSONDE
Diese Raumsonden untersuchen die Atmosphäre eines Planeten. Die Raumsonde *Galileo* tauchte 2005 in die stürmische Jupiteratmosphäre ein.

LANDER
Manche Raumsonden landen auf der Oberfläche anderer Welten. *Viking 1* landete 1976 auf dem Mars.

ROVER
Das ist ein Fahrzeug, das auf Planeten herumfährt. Marsrover untersuchen das Gestein auf Anzeichen für früheres Leben.

EINDRINGKÖRPER
Diese Sonden schlagen mit hoher Geschwindigkeit auf ihrem Ziel ein. *Deep Impact* drang 2005 in die Oberfläche eines Kometen ein.

12 **Jahre und 43 Tage brauchte die Raumsonde *Voyager 2*, um von der Erde aus Neptun zu erreichen.**

Missionen im Sonnensystem

In etwas mehr als 50 Jahren haben 200 Raumsonden die Erdumlaufbahn verlassen und erforschten das Sonnensystem. Mehr als die Hälfte der Missionen hatte die nächsten Nachbarn der Erde zum Ziel: den Mond und die Planeten Mars und Venus.

Häufigste Besuche
Das Diagramm zeigt die Anzahl der Missionen zu den Hauptkörpern des Sonnensystems.

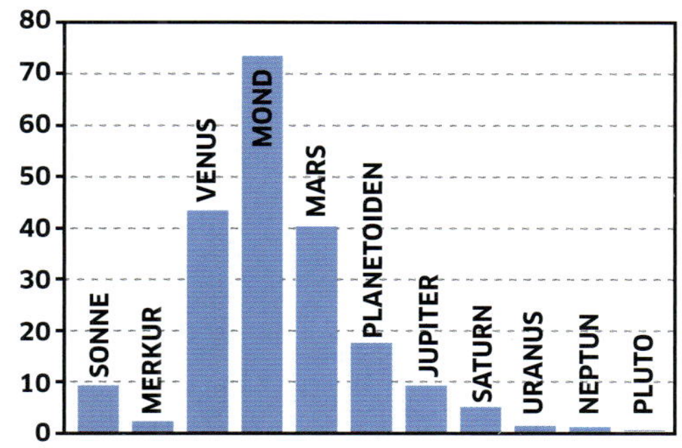

SATELLITEN

Ungefähr 1000 Satelliten kreisen um die Erde und erfüllen unterschiedliche Aufgaben: Weiterleitung von Fernsehsignalen, Sammeln von Daten für Wettervorhersagen, Spionage. Viele Tausend Teile des Weltraummülls – alte Satelliten, zerstörte Raketenteile und Kollisionstrümmer – kreisen dort auch. Der Weltraummüll nimmt zu und bildet eine Gefahr für Raumfähren.

Mehr als 500 000 kleinere und größere Objekte umkreisen die Erde.

Satellitenbahnen

Manche Satelliten kreisen nur wenige Hundert Kilometer über der Erde, während andere viel weiter entfernt sind. Wetter-, Fernseh- und Kommunikationssatelliten kreisen auf hohen geostationären Bahnen, das heißt, sie bleiben immer über demselben Erdpunkt. Satelliten auf niedrigeren Bahnen wechseln ständig ihre Position.

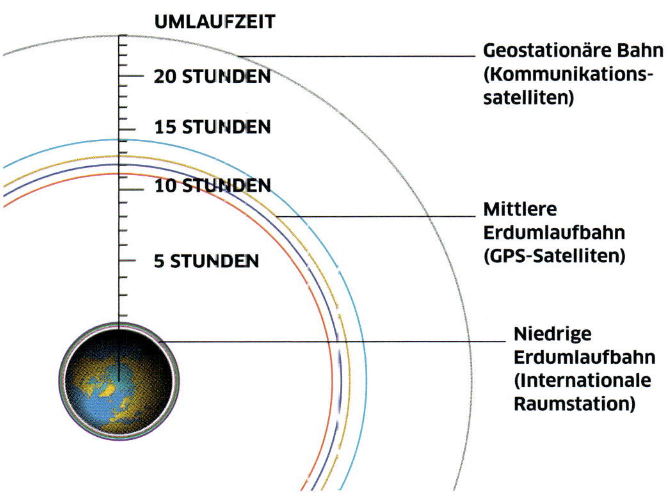

LEBEN IM WELTALL

Astronauten müssen sich an die Schwerelosigkeit im Weltraum anpassen. Obwohl das schwerelose Schweben Spaß macht, kann es auch zu gesundheitlichen Problemen führen. Raumstationen sind enge Orte mit nur wenig Luxus. Astronauten essen Fertiggerichte. Wasser einschließlich des Atemdampfs wird recycelt. Sie nutzen Spezialshampoos und -seifen, für die sie kein Wasser benötigen, und sie benutzen Weltraumtoiletten, die Ausscheidungen absaugen.

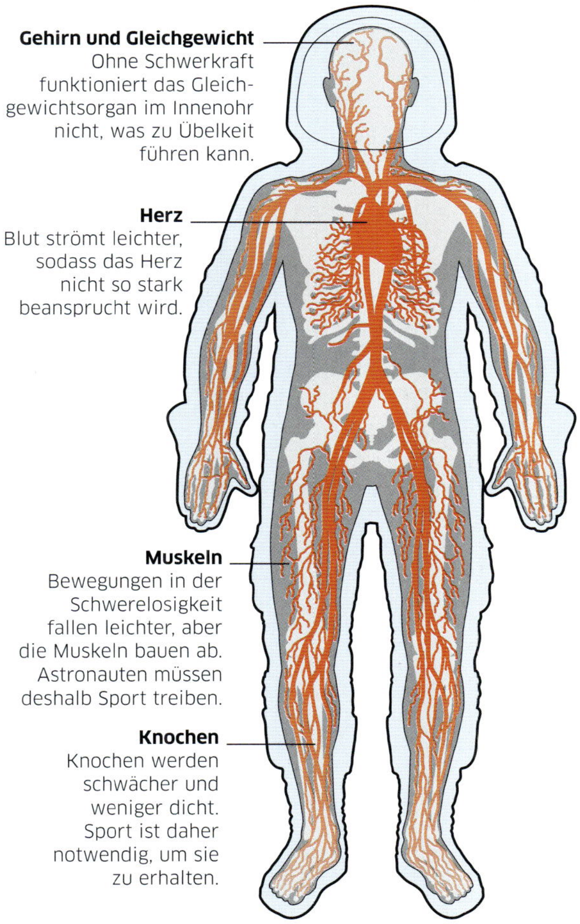

Wirkung auf den Körper

Der menschliche Körper verändert sich bei einem längeren Aufenthalt im Weltraum. Ohne Erdanziehungskraft wird der Körper etwa 5 cm größer. Körperflüssigkeiten sammeln sich im Kopf. Dadurch schwillt das Gesicht an, die Nase verstopft und verändert den Geschmackssinn. Wenn Astronauten zur Erde zurückkehren, fühlen sie sich durch die Schwerkraft extrem schwach.

Raumstationen

Eine Raumstation ist ein bemannter Satellit – ein kreisendes Labor, in dem Astronauten und Forscher leben und arbeiten. Die Sowjetunion (UdSSR) startete 1971 die erste Station, *Saljut 1*. Die USA folgten 1973 mit *Skylab*. Die russische Station *Mir*, die von 1986 bis 2001 benutzt wurde, war die erfolgreichste Raumstation, bis die USA, Russland und mehr als 10 weitere Länder die *Internationale Raumstation* bauten, die seit 1998 kreist. Der Prototyp von Chinas eigener Raumstation, *Tiangong-1*, startete 2011.

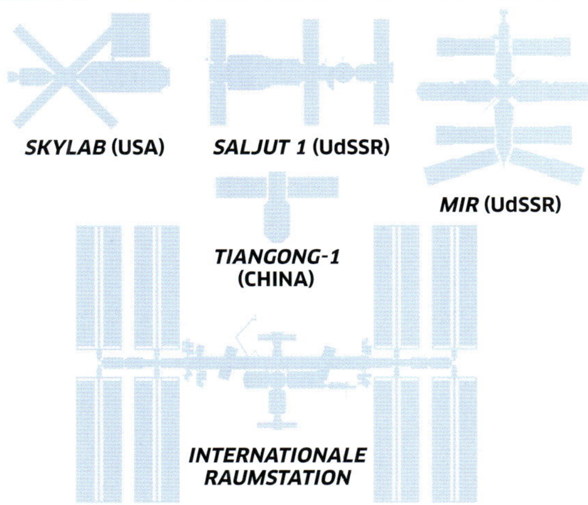

40 Billionen km beträgt die **Entfernung zu Proxima Centauri,** dem nächsten Stern.

Eine kurze Geschichte der Astronomie

Viele alte Kulturen richteten ihren Kalender nach der Sonne und den Sternen aus. Die alten Griechen wussten bereits, dass die Erde rund ist. Heute erlauben leistungsstarke Teleskope tiefe Blicke in das All und in die Vergangenheit – fast zurück bis zur Entstehung des Universums.

3000 v. Chr.

Astronomische Kalender
Viele Monumente wie Stonehenge (England) wurden nach der Sonne ausgerichtet. Sie dienten vermutlich als Kalender, um Bauern die Zeit zur Aussaat anzukündigen.

150

Ptolemäus
Der griechische Astronom Ptolemäus katalogisierte 1022 Sterne in 48 Sternbildern. Laut ihm war die Erde das Zentrum des Sonnensystems und des Universums, um die Sonne, Mond, Planeten und Sterne kreisten.

1543

Kopernikus
Laut dem polnischen Astronomen Nikolaus Kopernikus bildet die Sonne und nicht die Erde das Zentrum des Sonnensystems. Seine These schockierte, weil dies bedeutete, dass sich die Erde im Weltall bewegt.

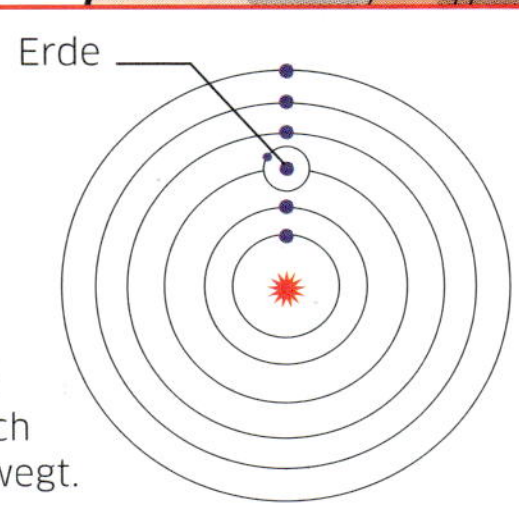

1610

Galileo Galilei
Der italienische Forscher Galileo Galilei baute ein Teleskop und erforschte den Nachthimmel. Er entdeckte dabei Sonnenflecken, Gebirge auf dem Mond und 4 Monde, die um den Planeten Jupiter kreisen.

1687

Isaac Newton
Der englische Forscher Isaac Newton entwickelte die Gesetze zur Schwerkraft. Er entdeckte, dass die Schwerkraft den Mond auf seiner Bahn um die Erde und die Planeten auf ihren Bahnen um die Sonne hält.

1990

Moderne Astronomie
Heute zeigen Weltraumteleskope wie Hubble, das seit 1990 im All kreist, atemberaubende Ansichten weitentfernter Objekte im All, darunter die fernsten Galaxien, die je gesichtet wurden.

Astronomie

Seit Jahrtausenden blicken Menschen in den Nachthimmel und sind fasziniert von seiner Schönheit und seinen vielen Geheimnissen. Heute erforscht ein Wissenschaftszweig – die Astronomie – die Sterne.

Astronomen untersuchen aber nicht nur Sterne, sondern alles, was im Weltraum existiert – von den Meteoren, die spektakulär als Sternschnuppen in der Erdatmosphäre verbrennen, über die Planeten des Sonnensystems bis hin zu den fernen Galaxien, die Milliarden Lichtjahre weit weg sind. Astronomie ist auch ein beliebtes Hobby. Viele Amateure betrachten mit kleinen Teleskopen oder Ferngläsern den Nachthimmel. Jede Beobachtung ist ein Blick in die Vergangenheit, weil das Licht entfernter Objekte viele Jahre bis zur Erde benötigt. Selbst der Mond zeigt sich, wie er vor eineinviertel Sekunden aussah, und viele Sterne bieten einen jahrhundertealten Anblick.

Der Himmel bei Nacht

Frühere Sterngucker erkannten Muster in den Sternen und benannten sie nach mythologischen Charakteren und Tieren. Diese Sternbilder ähneln den Objekten kaum, nach denen sie benannt wurden, aber die alten Namen sind immer noch gebräuchlich. Heute ist der Himmel in 88 Abschnitte unterteilt, die nach dem Sternbild benannt sind, das sie enthalten. Sternkarten zeigen, welche Konstellationen zu einer bestimmten Zeit von einer bestimmten Position aus sichtbar sind. Auf der Karte rechts kann man sehen, welche Sterne auf der Nordhalbkugel im Januar um Mitternacht erkennbar sind.

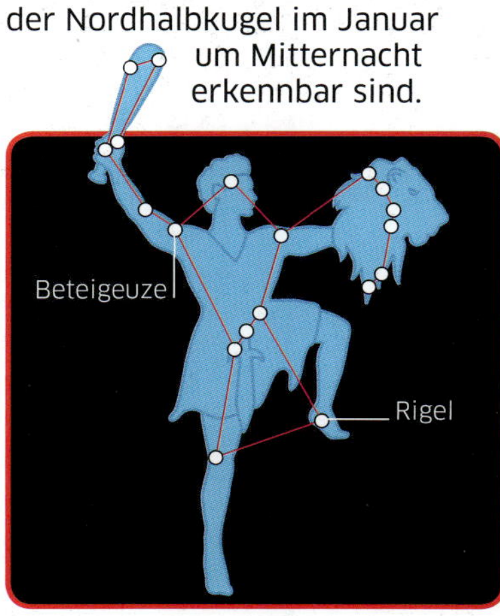

Orion der Jäger
Eines der bekanntesten und hellsten Sternbilder zeigt den Jäger Orion aus der griechischen Mythologie, der von jedem Ort auf der Erde aus sichtbar ist. Orion enthält den Roten Riesen Beteigeuze und den Blau-Weißen Überriesen Rigel – zwei der hellsten Sterne am Nachthimmel.

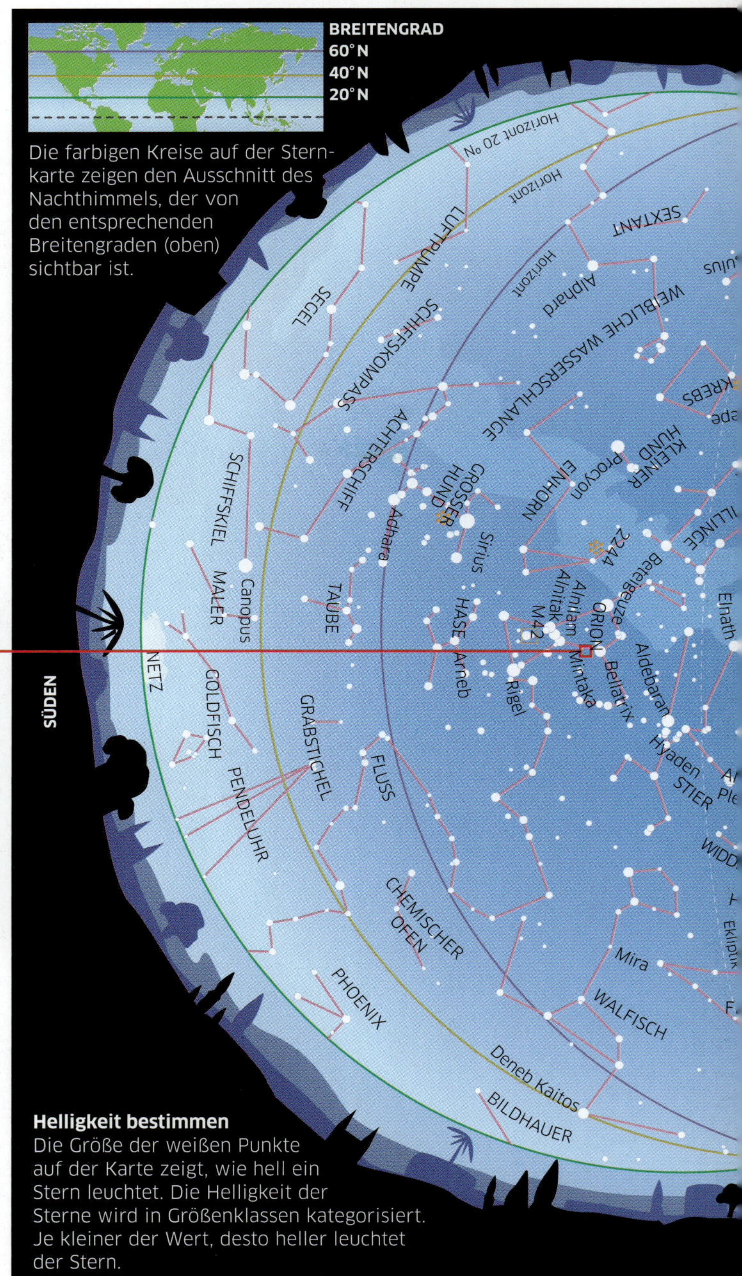

Die farbigen Kreise auf der Sternkarte zeigen den Ausschnitt des Nachthimmels, der von den entsprechenden Breitengraden (oben) sichtbar ist.

Helligkeit bestimmen
Die Größe der weißen Punkte auf der Karte zeigt, wie hell ein Stern leuchtet. Die Helligkeit der Sterne wird in Größenklassen kategorisiert. Je kleiner der Wert, desto heller leuchtet der Stern.

Größenklassen –1 0 1 2 3 4 5

Teleskope

Die Erfindung des Teleskops revolutionierte die Astronomie. Ein Teleskop sammelt mehr Licht eines Objekts als das menschliche Auge und es bündelt die Lichtstrahlen zu einem vergrößerten Bild. Man unterscheidet 2 Bauarten: Linsenteleskope (Refraktoren) und Spiegelteleskope (Reflektoren). Linsenteleskope besitzen eine große konvexe (nach außen gewölbte) Linse, die Licht sammelt und bündelt. Spiegelteleskope nutzen dagegen einen gewölbten Spiegel.

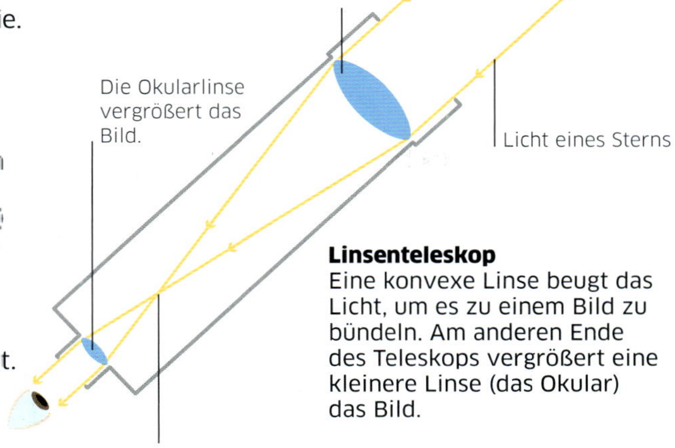

Linsenteleskop
Eine konvexe Linse beugt das Licht, um es zu einem Bild zu bündeln. Am anderen Ende des Teleskops vergrößert eine kleinere Linse (das Okular) das Bild.

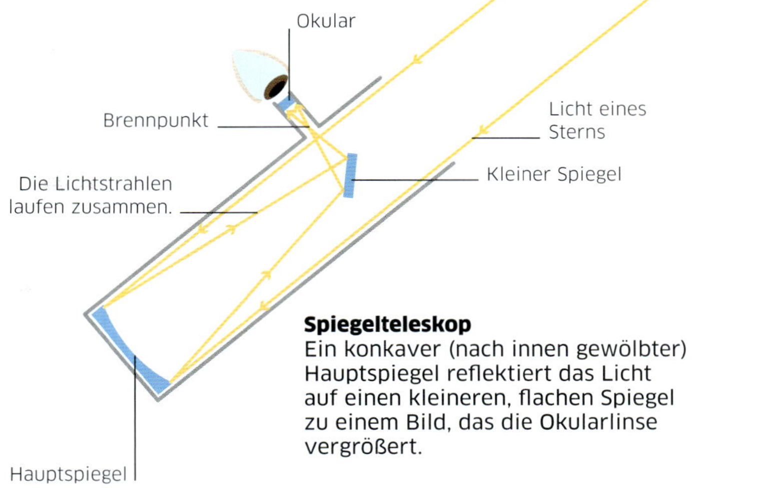

Spiegelteleskop
Ein konkaver (nach innen gewölbter) Hauptspiegel reflektiert das Licht auf einen kleineren, flachen Spiegel zu einem Bild, das die Okularlinse vergrößert.

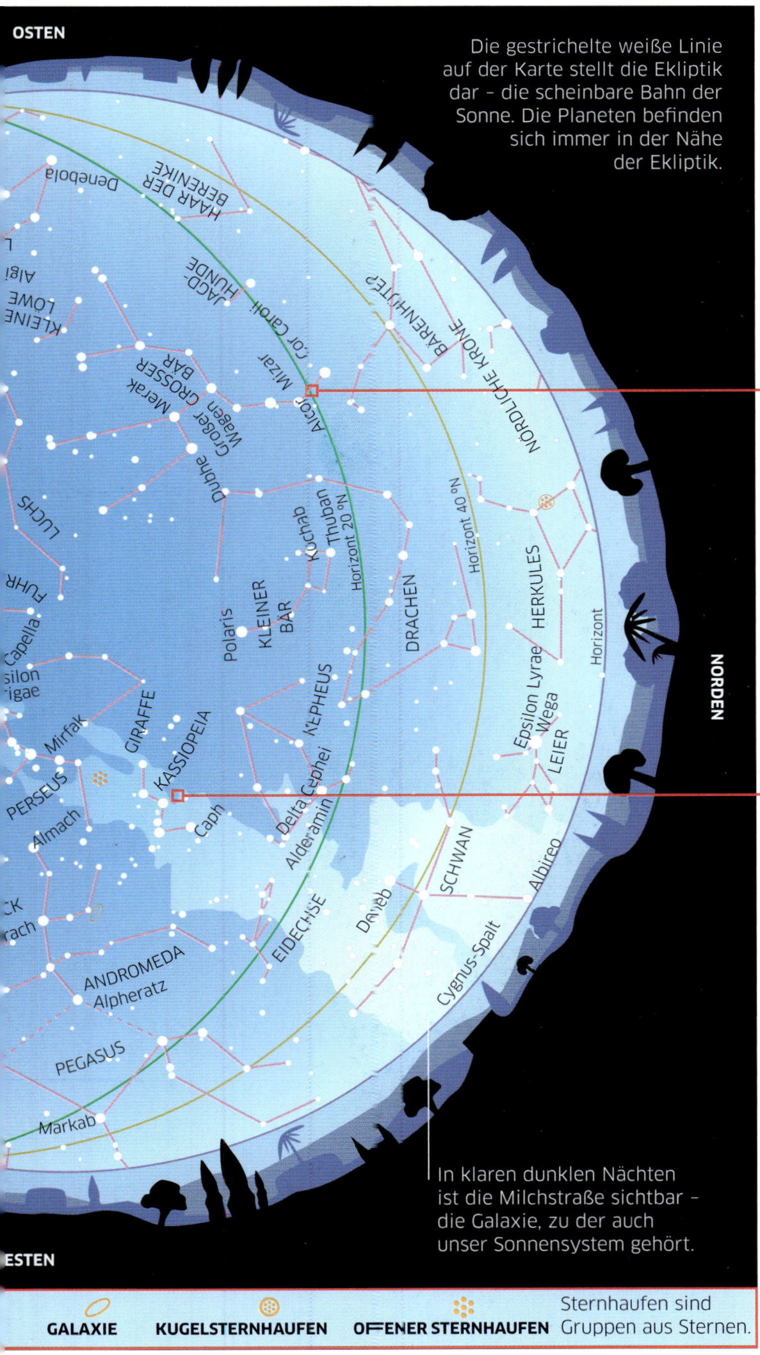

Großer Bär
Das Sternbild Ursa Maior ist nach einer Bärin benannt. Seine 7 hellsten Sterne bilden das berühmte Muster des Großen Wagens. Die beiden hinteren Sterne zeigen auf den Polarstern Polaris und somit immer nach Norden. Früher orientierten sich Seefahrer an diesem Stern.

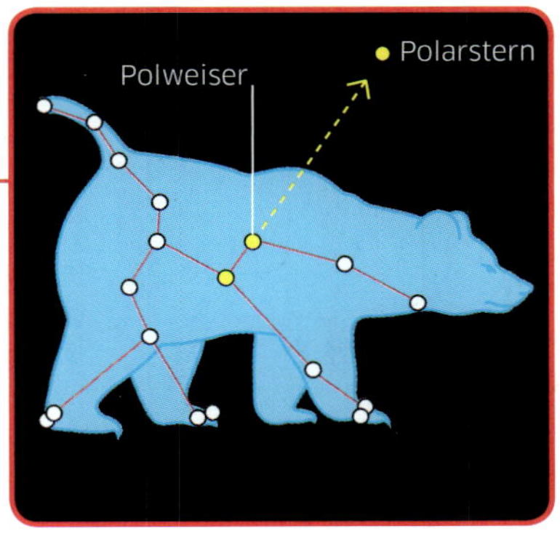

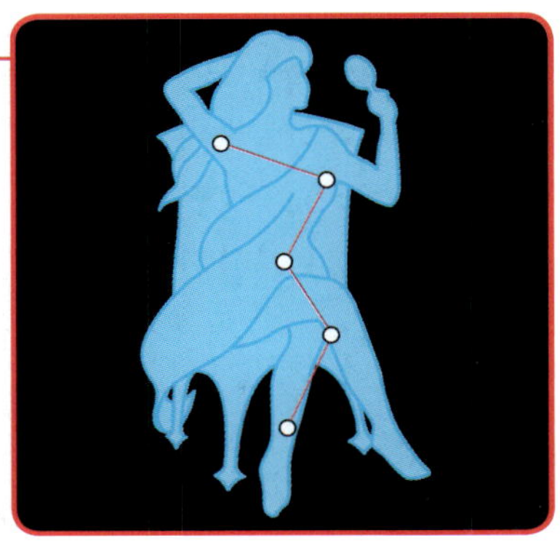

Kassiopeia
Das Sternbild ist nach der eitlen Königin der griechischen Mythologie benannt. Es ist einfach am Nachthimmel zu entdecken, weil es an ein auf der Seite stehendes „W" erinnert.

Das Unsichtbare sehen

Astronomen erforschen den Nachthimmel nicht nur im sichtbaren Licht. Ihre Teleskope empfangen auch Radiowellen, Röntgen- oder Infrarotstrahlung, die Menschen nicht sehen können. Die Aufnahmen unten zeigen alle Keplers Supernova – die abgestoßenen Hüllen eines Riesen, der 1604 explodierte.

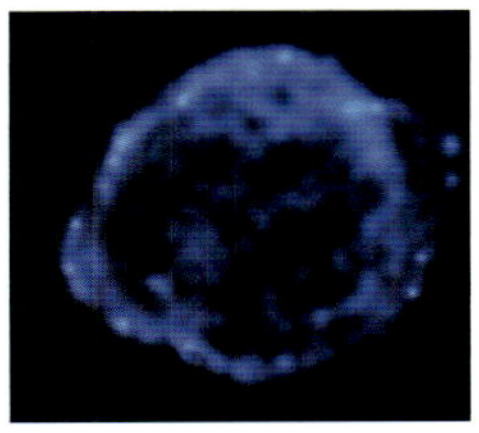

Röntgenaufnahme
Diese Aufnahme hat das Chandra-Röntgen-Observatorium aus dem All gemacht. Die Wolke aus sehr heißem Gas sendet Röntgenstrahlen aus.

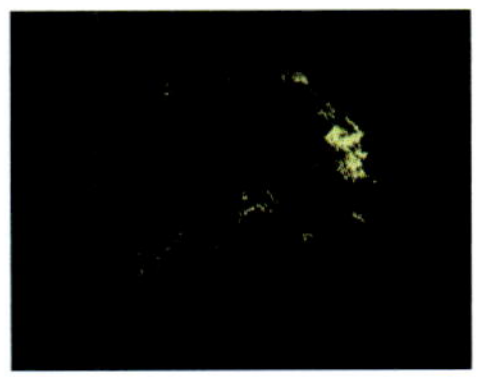

Sichtbares Licht
Eine Aufnahme mit einem optischen Teleskop wie Hubble zeigt nur wenig von dem Objekt. Die hellen Gebiete sind Gaswolken.

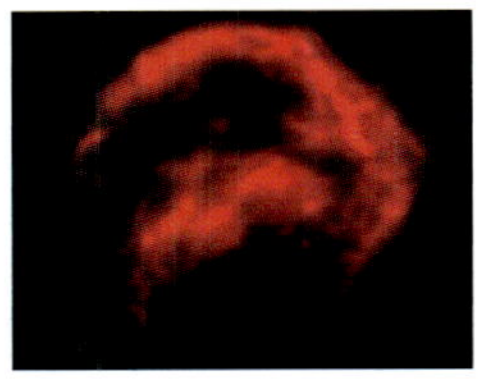

Infrarotaufnahme
Die Aufnahme des Spitzer-Weltraumteleskops zeigt Staubwolken, die durch die Druckwelle des explodierenden Sterns erwärmt wurden.

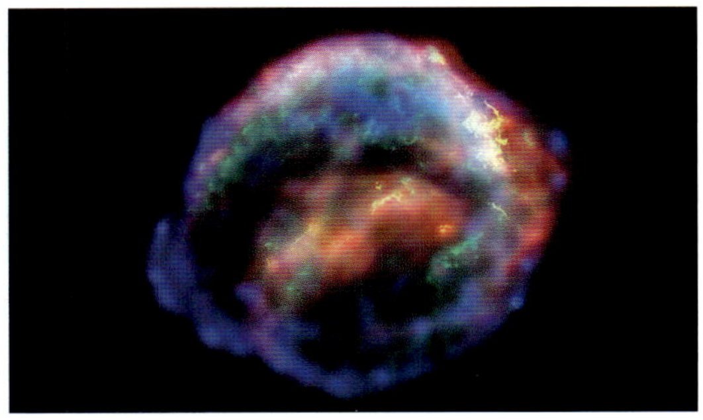

Zusammengesetztes Bild
Die Kombination der drei obigen Aufnahmen zeigt die Hüllen einer Supernova, die sich mit 2000 km pro Sekunde ausbreiten.

Die Trägerrakete **Saturn V** war **höher** als die **Freiheitsstatue** in New York.

Mission zum Mond

Bislang haben Menschen nur eine andere Welt besucht – den Mond. 27 Astronauten sind zu ihm geflogen, zwölf davon haben seine Oberfläche betreten.

Acht Missionen flogen zwischen 1968 und 1972 als Teil des Apollo-Programms der NASA zum Mond. Jede der Missionen bestand aus drei Astronauten und einer Apollo-Raumfähre, die auf einer Saturn-V-Trägerrakete gestartet wurde. Apollo 8 umkreiste erstmals den Mond, Apollo 10 war die Generalprobe für eine Mondlandung. Die erste von sechs Missionen, die auch tatsächlich auf dem Mond landeten, war im Juli 1969 Apollo 11. Neil Armstrong und Buzz Aldrin betraten als erste Astronauten seine Oberfläche. Als Armstrong den ersten, historischen Schritt machte, sagte er: „Ein kleiner Schritt für einen Menschen, aber ein großer Sprung für die Menschheit."

Trägerrakete Saturn V

Die Apollo-Astronauten flogen in einer konischen (kegelförmigen) Kapsel auf der Trägerrakete Saturn V, der stärksten Rakete, die je gebaut wurde. Mit 111 m Höhe war die Saturn V so hoch wie ein 30-stöckiges Gebäude. Die Trägerrakete bestand aus drei Stufen. Die ersten beiden Stufen brachten die Apollo-Raumfähre in den Weltraum, die dritte brachte die Raumfähre auf den Kurs zum Mond.

Apollo-Raumfähre

Die Raumfähre bestand aus 3 Modulen, dem Kommando-, dem Service- und dem Landemodul. Sie waren für ihre 400 000 km lange Reise zum Mond miteinander verbunden. Das Landemodul brachte dann 2 Astronauten auf die Mondoberfläche, während das dritte Besatzungsmitglied im Kommando- und Servicemodul auf einer Mondumlaufbahn kreiste. Die obere Hälfte des Landemoduls, die Aufstiegsstufe, brachte die beiden Astronauten zurück zum Kommando- und Servicemodul.

21 **Stunden verbrachten die Astronauten Neil Armstrong und Buzz Aldrin von Apollo 11 auf dem Mond. Die Astronauten von Apollo 17 blieben 3 Tage dort.**

Hin und zurück

Jede der 6 Apollo-Missionen, die auf dem Mond landeten, nahm dieselbe Route. Der Start erfolgte in Florida (USA) und die Astronauten landeten bei ihrer Rückkehr im Pazifik.

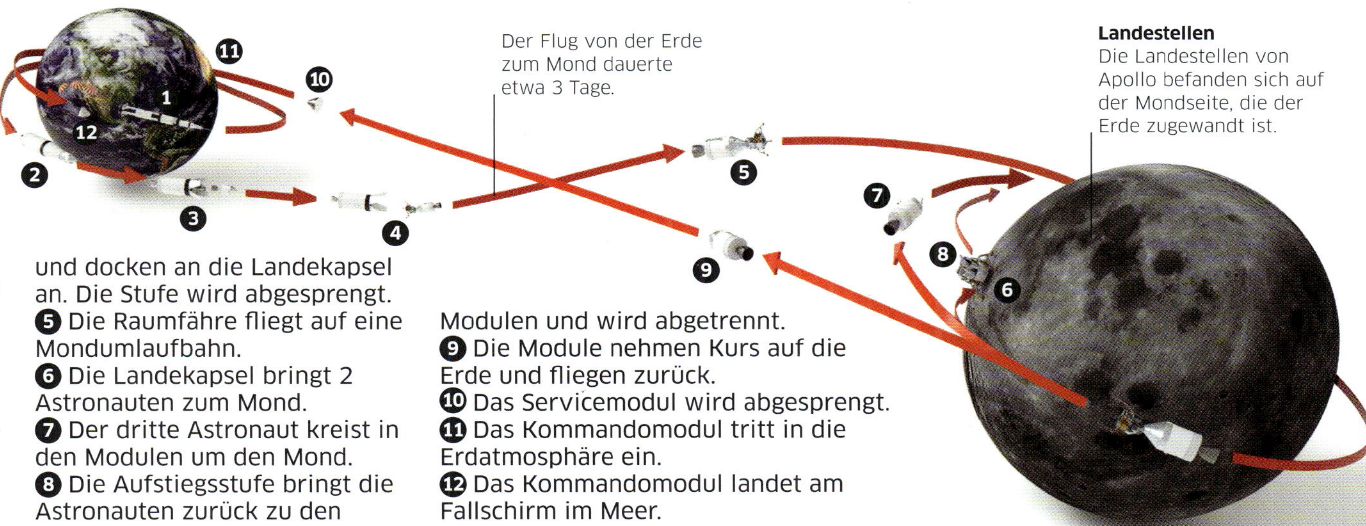

❶ Die Trägerrakete Saturn V bringt die Apollo-Raumfähre auf eine Erdumlaufbahn.
❷ Die dritte Raketenstufe mit der Raumfähre verlässt die Erdumlaufbahn in Richtung Mond.
❸ Das Kommando- und Servicemodul koppelt von der dritten Stufe ab.
❹ Die Module werden gedreht und docken an die Landekapsel an. Die Stufe wird abgesprengt.
❺ Die Raumfähre fliegt auf eine Mondumlaufbahn.
❻ Die Landekapsel bringt 2 Astronauten zum Mond.
❼ Der dritte Astronaut kreist in den Modulen um den Mond.
❽ Die Aufstiegsstufe bringt die Astronauten zurück zu den Modulen und wird abgetrennt.
❾ Die Module nehmen Kurs auf die Erde und fliegen zurück.
❿ Das Servicemodul wird abgesprengt.
⓫ Das Kommandomodul tritt in die Erdatmosphäre ein.
⓬ Das Kommandomodul landet am Fallschirm im Meer.

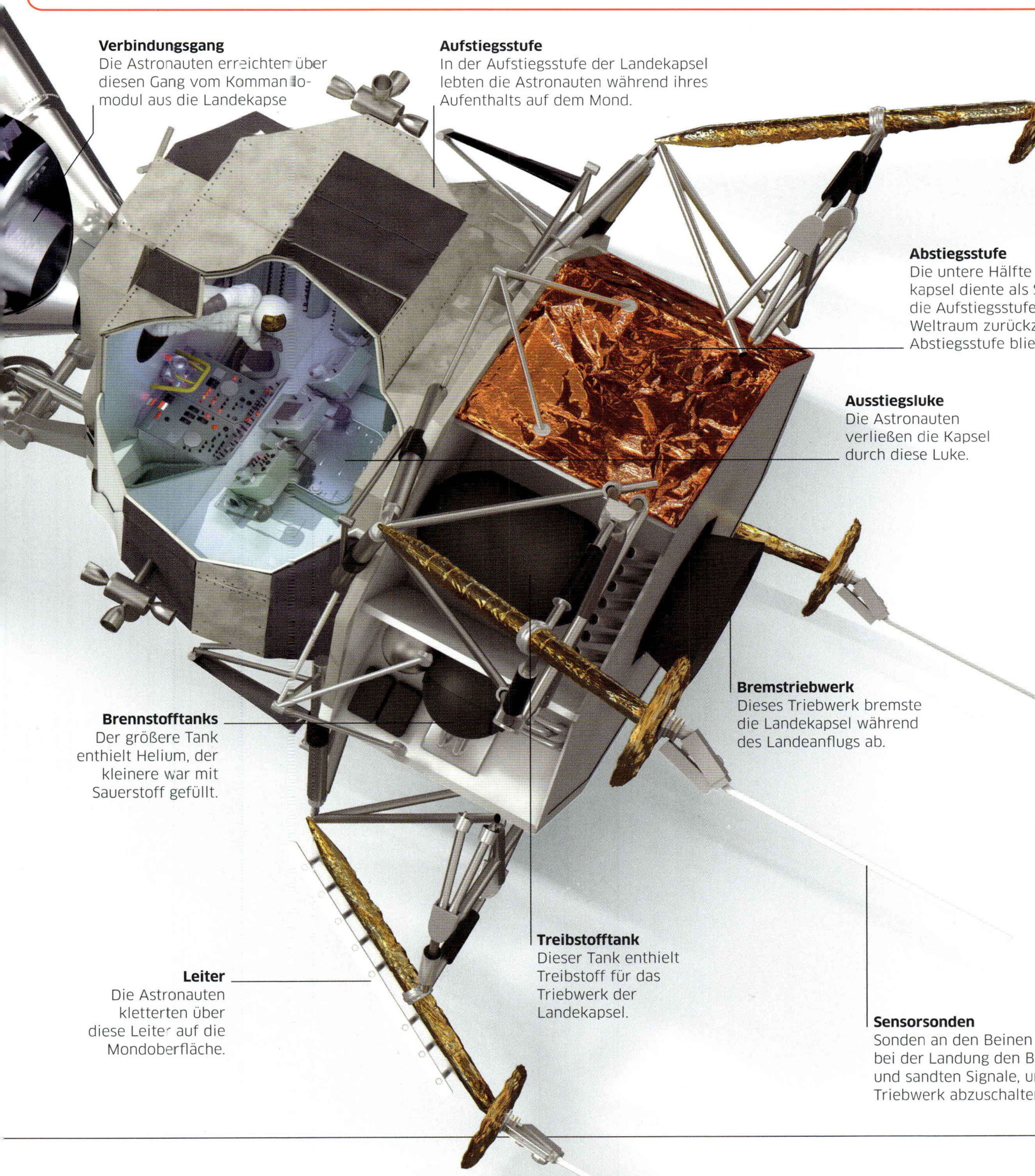

Der Mensch auf dem Mond
Die Landekapsel war der einzige Teil der Apollo-Raumfähre, die den Mond erreichte. Eine programmierte Steuerung manövrierte sie in eine Position über der Landestelle, dann steuerte ein Astronaut die Kapsel. Wissenschaftliche Ausrüstung, eine Fernsehkamera, Werkzeuge und Kisten für Bodenproben befanden sich in der unteren Hälfte.

4 Raumsonden haben bisher den Planeten Saturn besucht.

Route zu den Planeten

Die Routen der Raumsonden sind sorgfältig geplant, damit sie sich auf dem Weg zu ihrem Ziel einem oder mehreren Planeten nähern. Die Schwerkraft dieser Welten erhöht die Geschwindigkeit und spart Treibstoff. Die Raumsonde *Cassini-Huygens* flog auf ihrem Weg zu Saturn an Venus, der Erde und Jupiter vorbei.

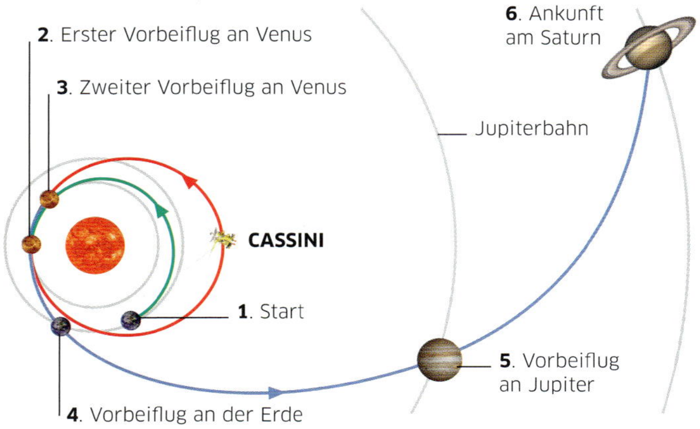

Bedeutende Missionen

Seit 1962 erstmals eine Raumsonde einen anderen Planeten besuchte, haben ungefähr 200 Raumsonden das Sonnensystem erforscht. Hier einige bekannte Missionen:

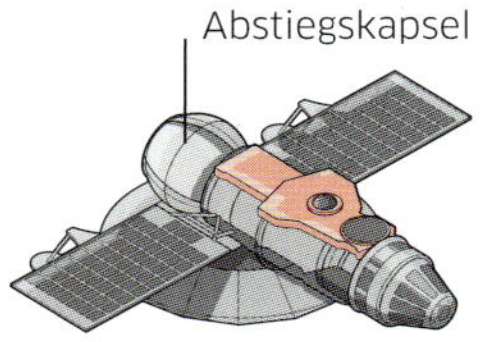

Venera 7
Als erste Raumsonde landete *Venera 7* im Dezember 1970 auf der Venus. Doch nach nur 23 Minuten hatte die Hitze sie zerstört.

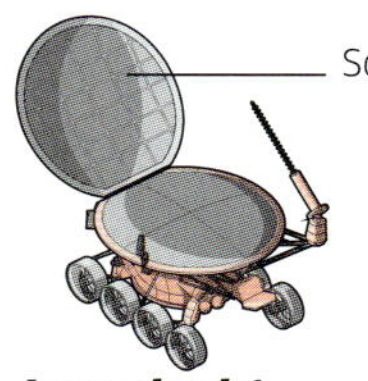

Lunochod 1
Die russische *Lunochod 1* war das erste Mondfahrzeug. Es landete 1970 auf dem Mond und erforschte ihn 322 Tage, dabei fuhr es 10,5 km weit.

Voyager 1
Startete 1977 und fliegt immer noch als fernstes von Menschen gebautes Objekt. Die Sonde besuchte 1979 Jupiter und 1980 Saturn.

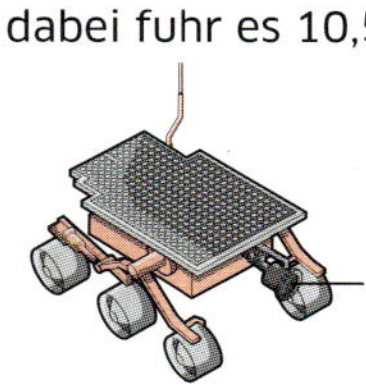

Rover *Sojourner*
Erster Rover auf einem anderen Planeten war *Sojourner*. Er erreichte 1997 den Mars und untersuchte 12 Wochen lang den Boden und nahm Bilder auf.

Rover

Ein Rover ist ein Roboterfahrzeug, mit dem die Oberfläche eines Planeten oder Monds erforscht wird. 4 Rover landeten auf dem Mars. Sie erhielten per Funk Befehle von der Erde, führten aber auch Aufgaben selbstständig aus.

Curiosity landet
Der Rover *Curiosity* wurde 2012 von einer Raumsonde auf dem Mars abgesetzt.

Raumsonde *Cassini-Huygens*

Cassini-Huygens ist die größte Raumsonde, die je einen Planeten besuchte. Sie startete 1997 und erreichte 2004 den Saturn. Sie bestand aus 2 Teilen: Der Orbiter *Cassini* kreist bis 2017 um den Saturn, der Lander *Huygens* landete auf dem großen Saturnmond Titan. Das Hauptziel der Mission ist die Erforschung von Titan – der einzigen Welt im Sonnensystem außer der Erde, die eine dichte, stickstoffreiche Atmosphäre besitzt.

Ausleger
Ein 11 m langer Ausleger trägt Messinstrumente für das Magnetfeld des Saturn. Der lange Ausleger reduziert auch Störungen anderer Instrumente des Orbiters.

Kleine Funkantenne
Dies ist eine von 2 kleinen Funkschüsseln, die als Reserve dienen, falls die Hauptschüssel ausfällt.

Große Funkschüssel
Über die große Schüssel läuft die Kommunikation mit der Erde. Sie wurde auch für die Kartierung des Saturnmonds Titan benutzt.

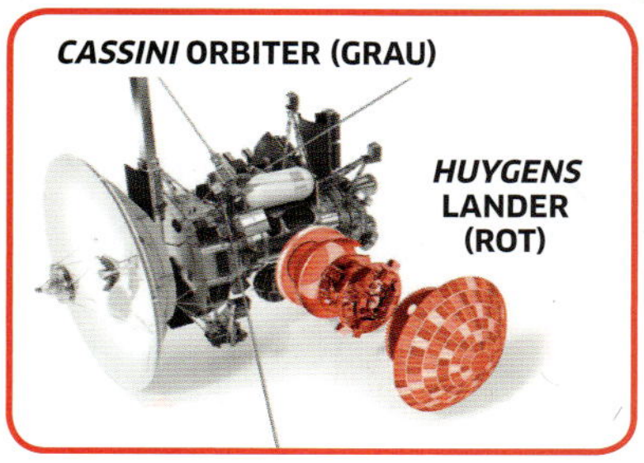

Erforschung der Planeten

Während Menschen bisher nicht weiter als bis zum Mond flogen, besuchten unbemannte Raumsonden alle Planeten des Sonnensystems – und mehr als 100 ihrer Monde.

Unbemannte Raumsonden besuchen Orte, die für Astronauten zu gefährlich sind, z. B. die glühend heiße Oberfläche der Venus oder die tödlichen Strahlungsgürtel um Jupiter. Mit wissenschaftlichen Instrumenten, Teleskopen und Kameras führen sie während ihrer Mission Experimente durch und nehmen Tausende Bilder auf, die sie zur Erde senden.

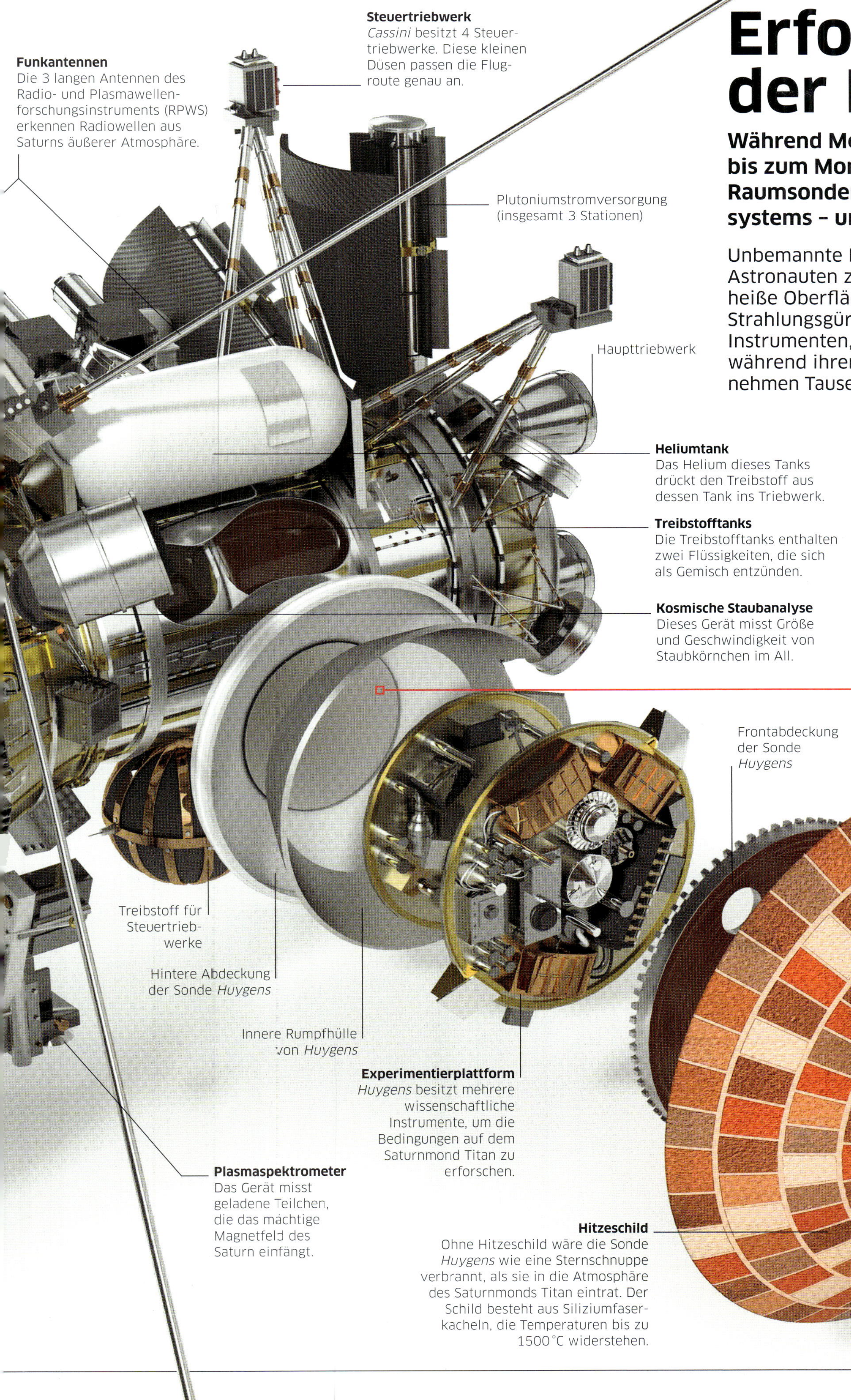

Drei Fallschirme
Unter einer Abdeckung hatte *Huygens* 3 Fallschirme, die den Abstieg des Landers auf Titan abbremsten. *Huygens* entdeckte eine Welt voller gefrorener, orangebrauner Ebenen mit kieselsteingroßen Eiskörnern.

ERDE

Mit ihren Ozeanen, Kontinenten und all den Lebewesen, die sie bevölkern, ist die Erde ein einzigartiger Planet. Ihre Oberfläche verändert sich ständig, weil die tektonischen Platten langsam driften und die Erosion das Land umgestaltet.

PLANET ERDE

Die Erde entstand vor etwa 4,5 Milliarden Jahren. Damals bestand sie vor allem aus heißem geschmolzenem Gestein. Es gab noch kaum flüssiges Wasser und die Atmosphäre enthielt noch keinen Sauerstoff. Allmählich entwickelten sich Ozeane und Kontinente, Lebewesen und eine sauerstoffhaltige Atmosphäre.

DIE ERDE VERÄNDERT SICH

Auf einer Weltkarte siehst du, wo sich die Kontinente heute befinden. In Wirklichkeit verändert sich die Erde aber ständig. Die Erdkruste besteht aus großen Platten. Sie bewegen sich langsam und mit ihnen die Kontinente und Ozeane. Wenn zwei Platten zusammenstoßen, werden neue Gebirgszüge aufgefaltet. Im Lauf der nächsten Jahrmillionen tragen Wind, Wasser und Gletscher die Gebirge allmählich wieder ab.

VOR 250 MIO. JAHREN BILDETEN **ALLE KONTINENTE** DER ERDE DEN RIESIGEN SUPERKONTINENT **PANGÄA.**

EINZIGARTIG

Die Erde ist der einzige bekannte Planet im Universum, auf dem es Lebewesen gibt. Man vermutet, dass sich das Leben entwickelt hat, nachdem sich Wasser auf der Erdoberfläche angesammelt hatte. Die ersten Lebewesen waren winzig. Diese Mikroben gaben Sauerstoff in die Atmosphäre ab. Nur deshalb konnten sich größere Lebewesen, wie Pflanzen und Tiere, entwickeln.

Die Erdatmosphäre

Unterschiedliche Gase bilden die Atmosphäre der Erde.

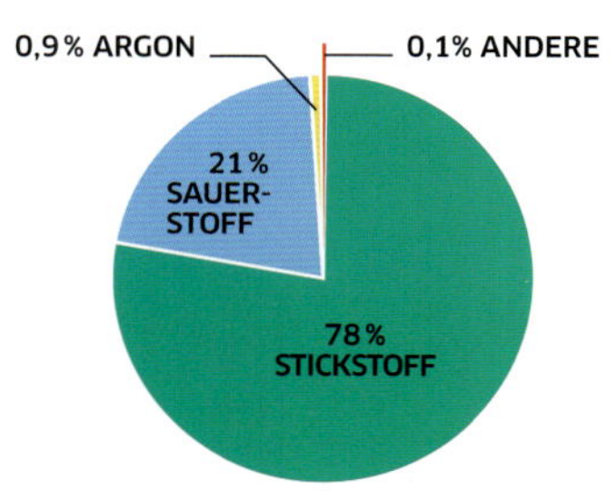

STICKSTOFF: 78 %
Stickstoff liegt vor allem im Boden gebunden und in der Atmosphäre als Gas vor. Pflanzen brauchen den Stickstoff aus dem Boden, um wachsen zu können.

SAUERSTOFF: 21 %
Tiere atmen Sauerstoff. Erst als sich Mikroben entwickelten, die mithilfe des Sonnenlichts Kohlendioxid und Wasser in Kohlenhydrate umwandeln konnten, gelangte Sauerstoff in die Atmosphäre.

ARGON: 0,9 %
Dieses Edelgas reagiert nicht mit anderen Stoffen.

ANDERE: 0,1 %
Dazu gehört Kohlendioxid (CO_2), das heute vor allem in Gesteinen wie Kalkstein und anderen Materialien gebunden ist.

Im Innern der Erde

Die Erde ist aus verschiedenen Schichten aufgebaut. Wissenschaftler fanden das mit Messungen von Erdbebenwellen heraus.

Dicke (km)

- 6–90 km
- 2880 km
- 2255 km
- 1215 km

ERDKRUSTE
Die Erdkruste ist auf dem Festland anders beschaffen als im Meer. An Land ist sie dicker und enthält unterschiedlichere Gesteine.

MANTEL
Diese Schicht ist dichter als die Kruste. Sie ist zähplastisch: Das bedeutet, dass das Gestein sehr langsam fließt.

ÄUSSERER KERN
Der äußere Kern ist flüssig. Er besteht vor allem aus Eisen, enthält aber auch Nickel und andere Stoffe in kleinen Mengen.

INNERER KERN
Der innere Kern ist fest und besteht vor allem aus Eisen und wenig Nickel. Hier ist es sehr heiß: etwa 5400 °C.

Woraus bestehen die Schichten?

Die Erdkruste und der Mantel bestehen vor allem aus Silikaten, die Siliziumdioxid und Metalloxide enthalten. Der Mantel ist reich an magnesiumhaltigen Silikaten. Die beiden Krustentypen enthalten weniger Magnesium und mehr Aluminium und Kalzium. Der Kern besteht vor allem aus Eisen. Obwohl noch nie ein Teil des Kerns an die Oberfläche gelangte, konnte man die Zusammensetzung mit wissenschaftlichen Methoden erforschen, wie der Messung von Erdbebenwellen.

Legende

- Siliziumdioxid
- Aluminiumoxid
- Eisen und Eisenoxide
- Kalziumoxid
- Magnesiumoxid
- Nickel
- Andere

Die Ozeane

Auf der Erdoberfläche und in der Atmosphäre befinden sich 1,29 Mrd. km³ Wasser. Es gibt tiefe Ozeane und seichtere Meere an den Rändern der Kontinente, die sogenannten Schelfmeere. Nicht immer bedeckte flüssiges Wasser so große Teile der Erdoberfläche. Während der Eiszeiten waren die Eisschilde in den Polargebieten viel mächtiger und ausgedehnter. In ihnen war so viel Wasser gebunden, dass der Meeresspiegel mindestens 120 m niedriger lag als heute. Die Gebiete, die heute von Schelfmeeren bedeckt sind, waren damals Festland.

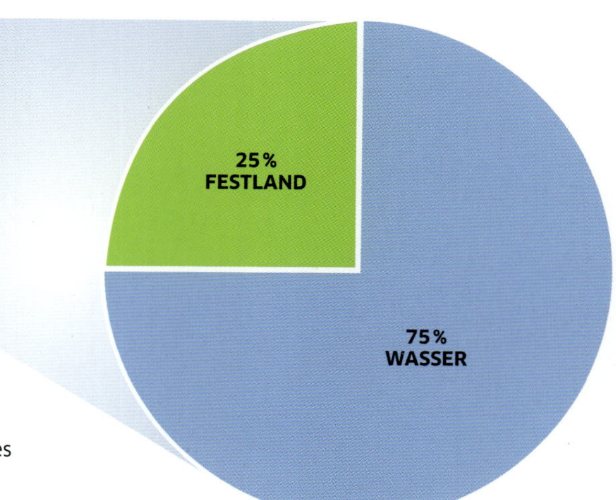

Ein blauer Planet
Etwa drei Viertel der Erdoberfläche sind mit Wasser bedeckt. Über 97 Prozent des Wassers der Erde befinden sich in den Ozeanen.

Drift der Kontinente

Im Lauf der Jahrmillionen bewegten sich die tektonischen Platten der Erdkruste und trugen die Kontinente mit sich. Große Kontinente zerbrachen, manche Bruchstücke stießen zusammen und vereinigten sich wieder zu neuen Landmassen. Auch die Form und Größe der Ozeane veränderte sich.

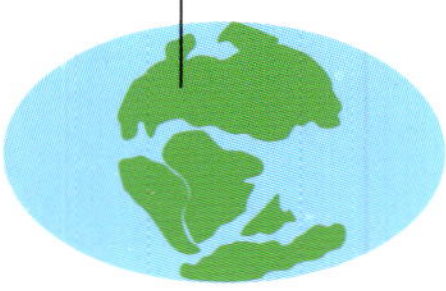

VOR 200 MIO. JAHREN
Der riesige Superkontinent Pangäa beginnt in zwei große Landmassen zu zerbrechen.

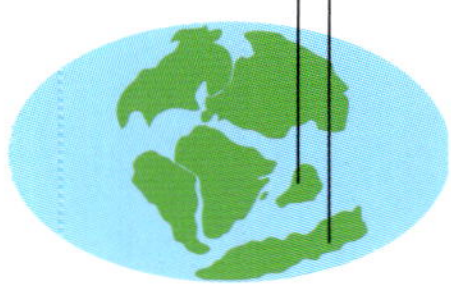

VOR 130 MIO. JAHREN
Indien hat sich von der südlichen Landmasse getrennt und bewegt sich nordwärts auf Asien zu.

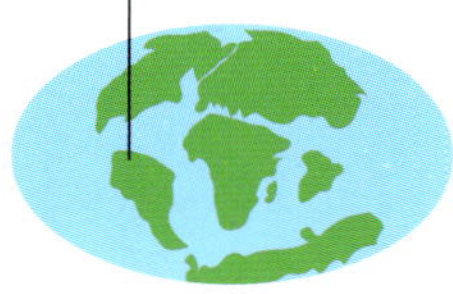

VOR 70 MIO. JAHREN
Südamerika und Afrika haben sich getrennt. Im Norden trennen sich Nordamerika und Europa.

HEUTE
Australien hat sich von Antarktika getrennt. Indien stieß mit Asien zusammen. Dabei wurde der Himalaja aufgefaltet.

Bewegung der Platten

Die Lage der Kontinente verändert sich, denn sie werden von den driftenden Platten getragen. Diese Bewegungen finden seit Milliarden Jahren statt. Vermutlich sind von der Hitze verursachte Strömungen im Erdmantel die Ursache.

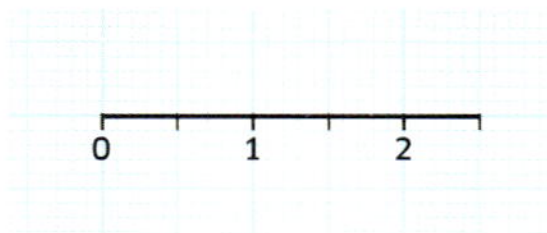

Alljährliche Bewegung
Die meisten Platten bewegen sich jedes Jahr etwa 2,5 cm. Das ist ungefähr so schnell, wie deine Fingernägel wachsen. Einige Platten driften sogar bis zu 10 cm im Jahr.

MERKMALE

Die Erde ist nicht ebenmäßig. Auf den Kontinenten und am Meeresboden gibt es Erhebungen und Gräben, die bei der Bewegung der Platten entstehen. Weil die Erde sich um ihre eigene Achse dreht, ist sie keine Kugel, sondern an den Polen abgeflacht. Die Erdumdrehung erzeugt außerdem ein Magnetfeld, das den Planeten umgibt.

ETWA **EIN FÜNFTEL** DER LANDSCHAFTEN AUF DER ERDE SIND **GEBIRGE.**

Die Erde dreht sich

Wegen der Schwerkraft ist die Erde eine Kugel. Weil sie sich aber um ihre eigene Achse dreht, ist sie an den Polen abgeflacht. Am Äquator ist ihr Durchmesser 41 km größer als zwischen Nord- und Südpol.

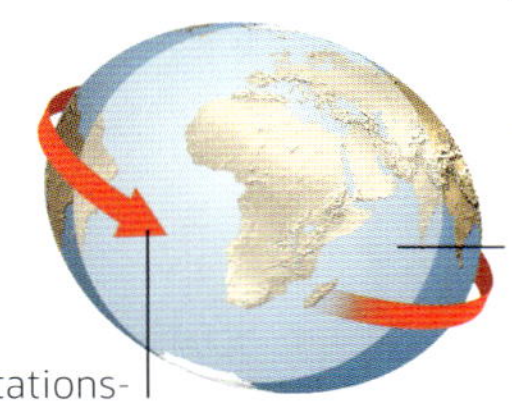

Keine gleichmäßige Kugel
Wissenschaftler schätzen, dass der Durchmesser der Erdkugel am Äquator jedes Jahr ungefähr 7 mm größer wird.

Das Magnetfeld

Der äußere Kern der Erde ist flüssig. Weil die Erde sich um ihre eigene Achse dreht, ist er in Bewegung. Dabei entstehen im flüssigen Eisen elektrische Ströme, die ein Magnetfeld erzeugen. Ein großer Stabmagnet im Erdinneren würde ein ähnliches Magnetfeld erzeugen. Das Magnetfeld schützt die Erde vor gefährlicher Strahlung von der Sonne.

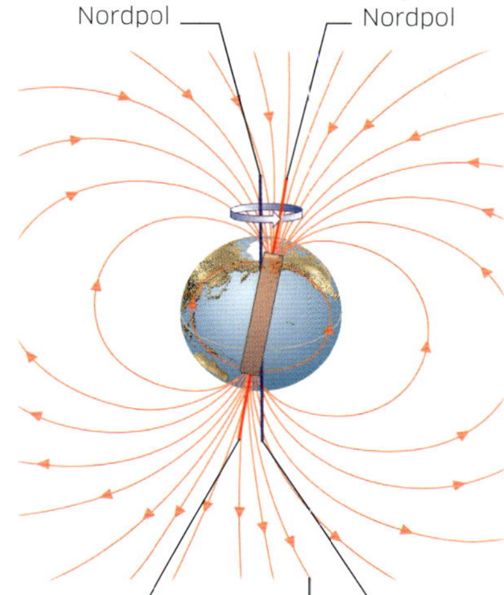

Das Magnetfeld der Erde
Die magnetischen Pole der Erde befinden sich nicht genau an den geografischen Polen. Ihre Lage verändert sich im Lauf der Zeit.

Die Oberfläche der Erde

Die tiefste Stelle der Erdoberfläche ist das Challengertief (im Marianengraben im Pazifik) in 10 900 m Tiefe. Die höchste Stelle ist der Gipfel des Mount Everest: Er ragt 8848 m über den Meeresspiegel auf und hebt sich jedes Jahr um weitere 4 mm. Die meisten Gebiete auf dem Festland liegen weniger als 500 m über dem Meeresspiegel.

Lage über dem Meeresspiegel
- Über 4000 m
- 2000–4000 m
- 1000–2000 m
- 500–1000 m
- 250–500 m
- 100–250 m
- 0–100 m

Meerestiefe
- 0–250 m
- 250–2000 m
- 2000–4000 m
- Tiefer als 4000 m

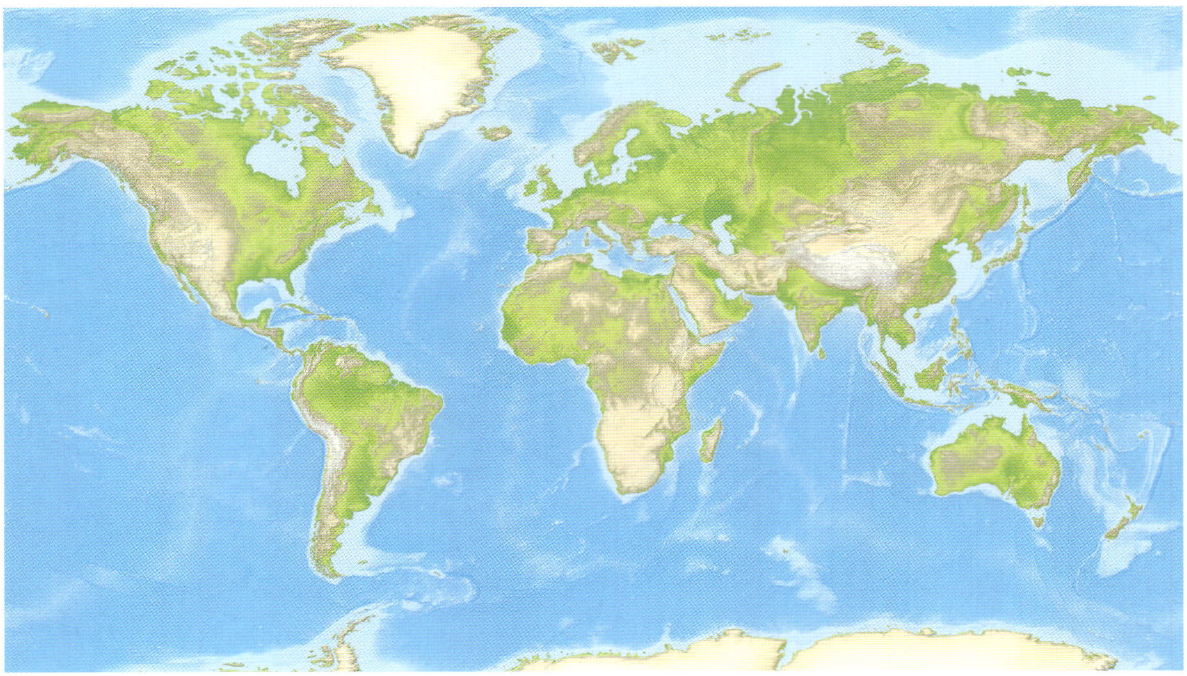

Gebirgszüge und Ozeangräben
Die Erdkruste ist nicht ebenmäßig. Auf dieser Karte sind die Erhebungen und Vertiefungen zu sehen – von den höchsten Gipfeln der Gebirge bis in die tiefsten Ozeangräben.

4,5 Mrd. Jahre – **so alt ist die Erde Schätzungen zufolge.**

Das Erdinnere

Wir können nur einen kleinen Teil der Erde erkunden. Unsere tiefsten Bergwerke reichen nur etwa 1,6 km tief in die Erdkruste. Mit wissenschaftlichen Methoden kann man jedoch viel über das Innere der Erde herausfinden.

Geologen können auch Gesteine erforschen, die tief in der Erdkruste gebildet wurden. Wenn kontinentale Platten zusammenstoßen, werden tief liegende Gesteinsschichten und manchmal sogar Teile des Mantels aufgefaltet. Auch Vulkane schleudern manchmal Gesteine aus dem Mantel heraus. Den Kern der Erde hat noch kein Mensch zu Gesicht bekommen. Wissenschaftler haben aber mit Messungen von Erdbebenwellen herausgefunden, dass er aus zwei Schichten besteht: dem flüssigen äußeren und dem festen inneren Kern.

Vulkanausbrüche auf Hawaii
Die Hawaii-Inseln im Pazifik sind Vulkaninseln. Bei gewaltigen Vulkanausbrüchen stieg heißes Gestein aus dem Mantel zur Erdoberfläche auf und bildete allmählich die Inseln.

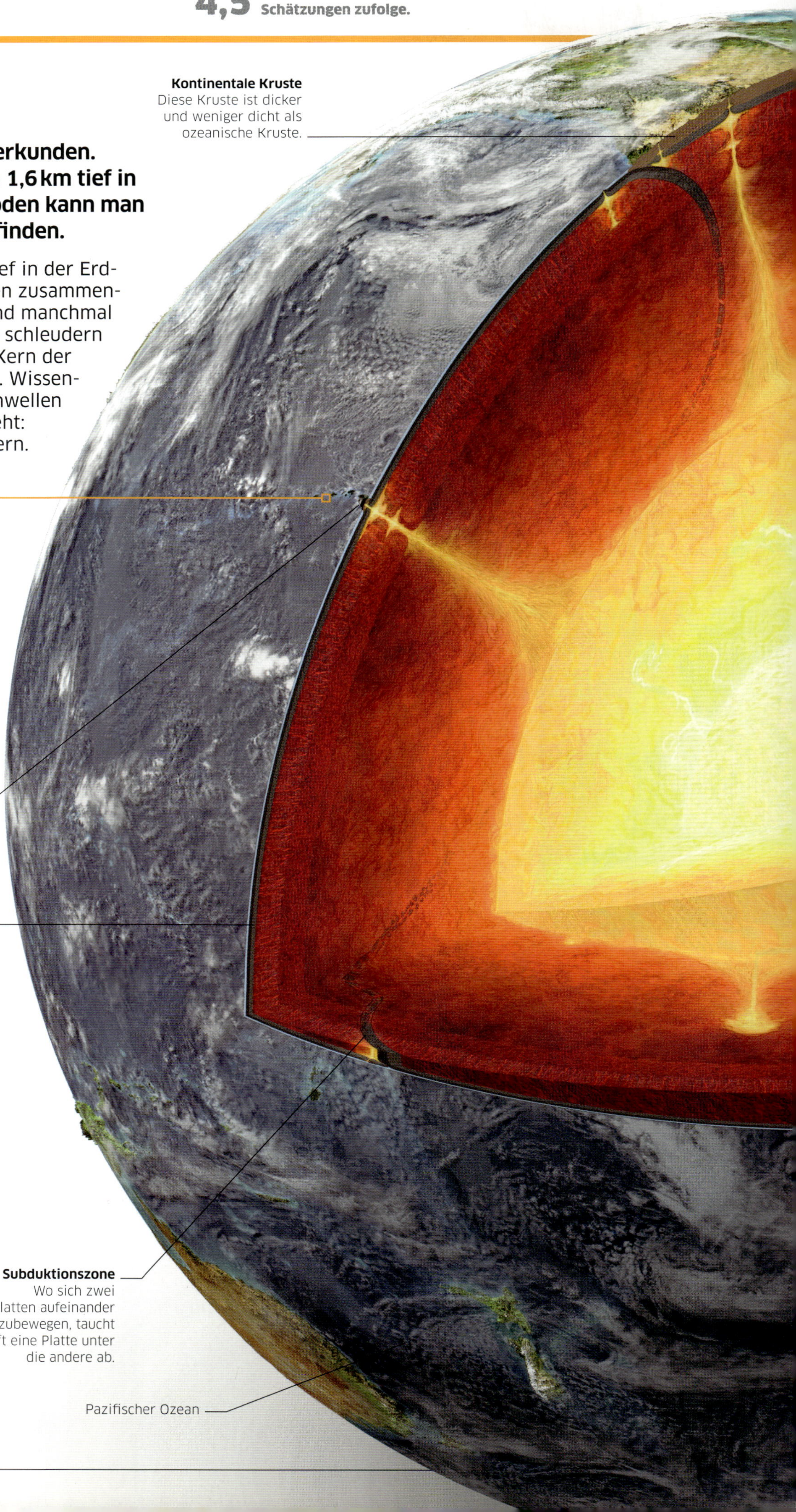

5400 °C
So heiß ist es schätzungsweise im inneren Kern.

Geschichtete Erde

Die oberste Schicht der Erde ist die Erdkruste. Darunter folgt der Mantel aus dichterem Gestein. Die Kruste und der oberste Bereich des Mantels bilden gemeinsam die feste Lithosphäre, die in tektonische Platten zerbrochen ist. Unter der Lithosphäre folgt die Asthenosphäre. Diese Schicht bezeichnet man als zähplastisch, weil sie sich verformen kann. Auf ihr driften die Platten der Lithosphäre. Unter dem Mantel befindet sich der Kern. Der äußere Kern aus Eisen und Schwefel ist flüssig. Der innere Kern besteht aus Eisen und Nickel und ist fest.

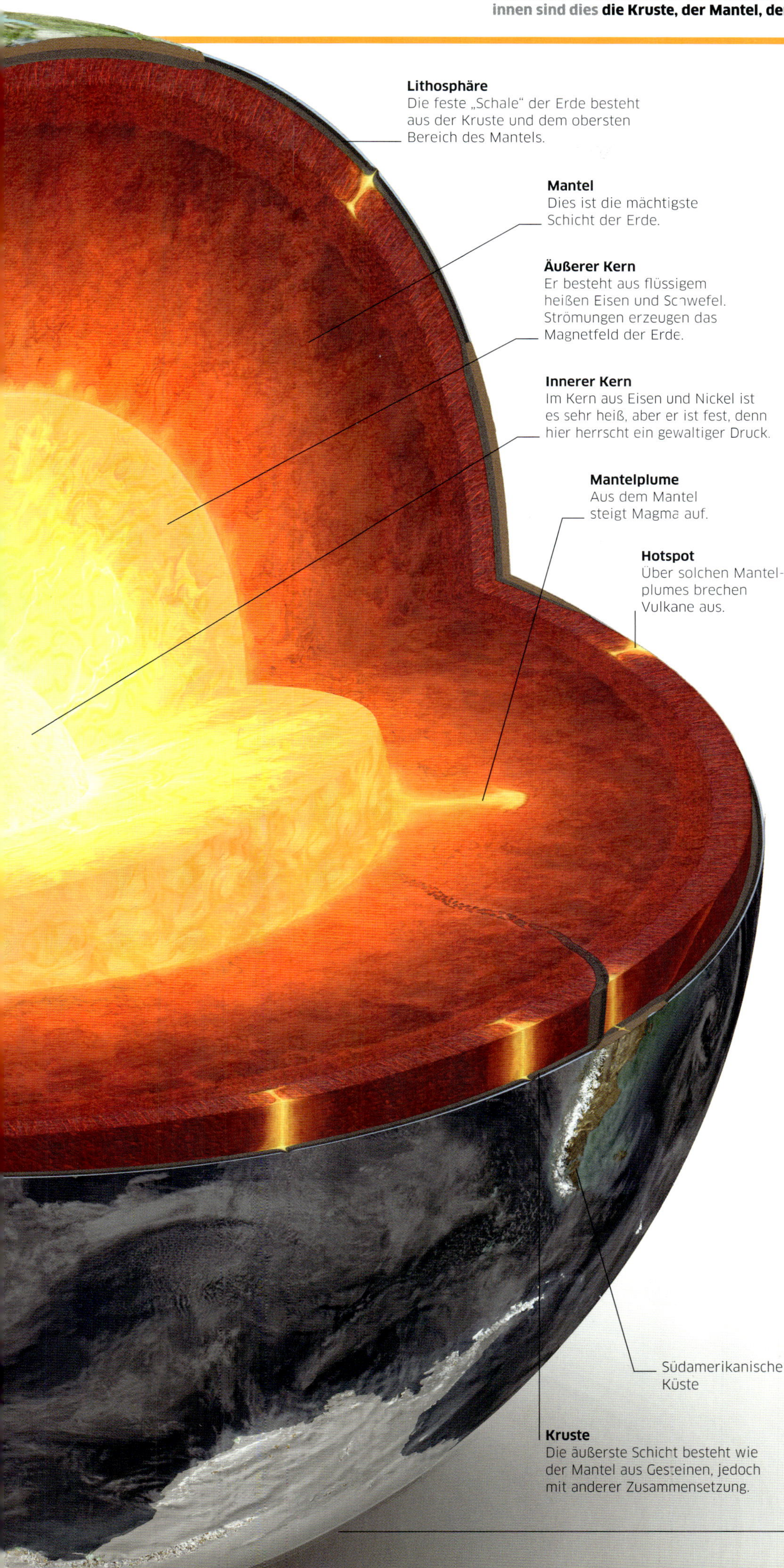

Die Atmosphäre

Verschiedene Gase bilden die Atmosphäre der Erde. Wegen der Schwerkraft werden sie von der Erde angezogen, sodass die Atmosphäre erhalten bleibt. Sie hat aber keine klare Grenze. Der Weltraum beginnt ungefähr 100 km über der Erdoberfläche.

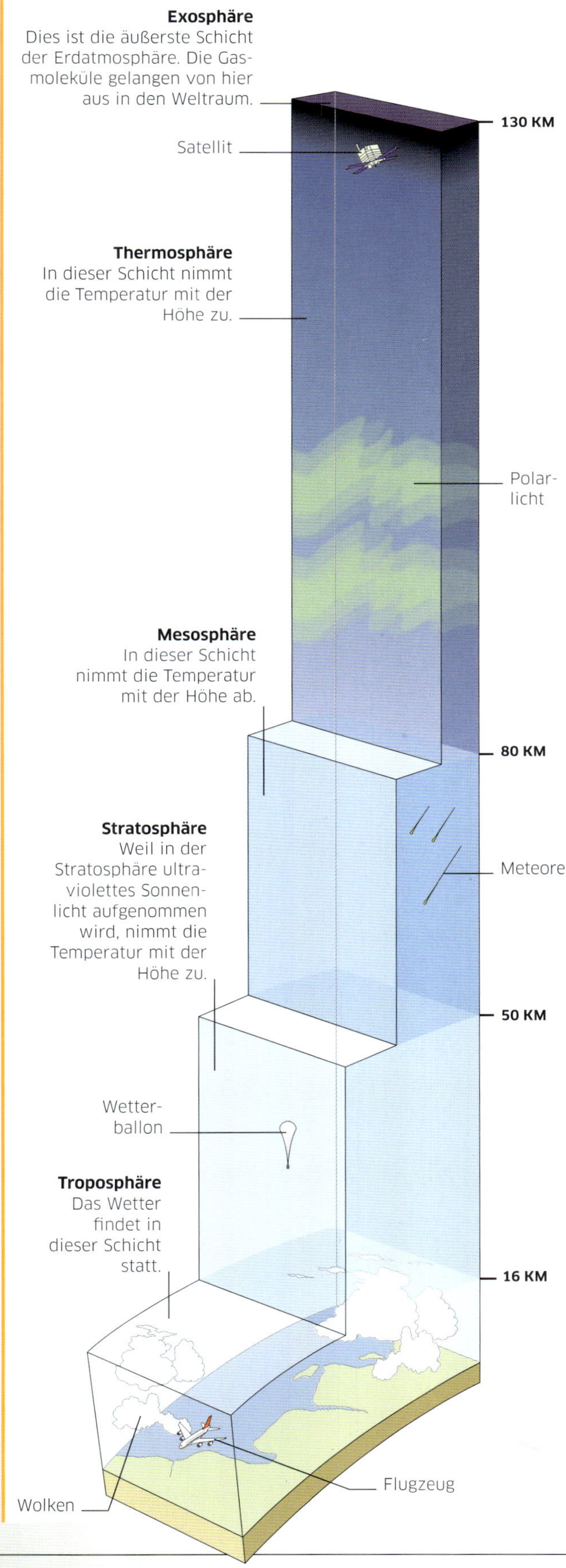

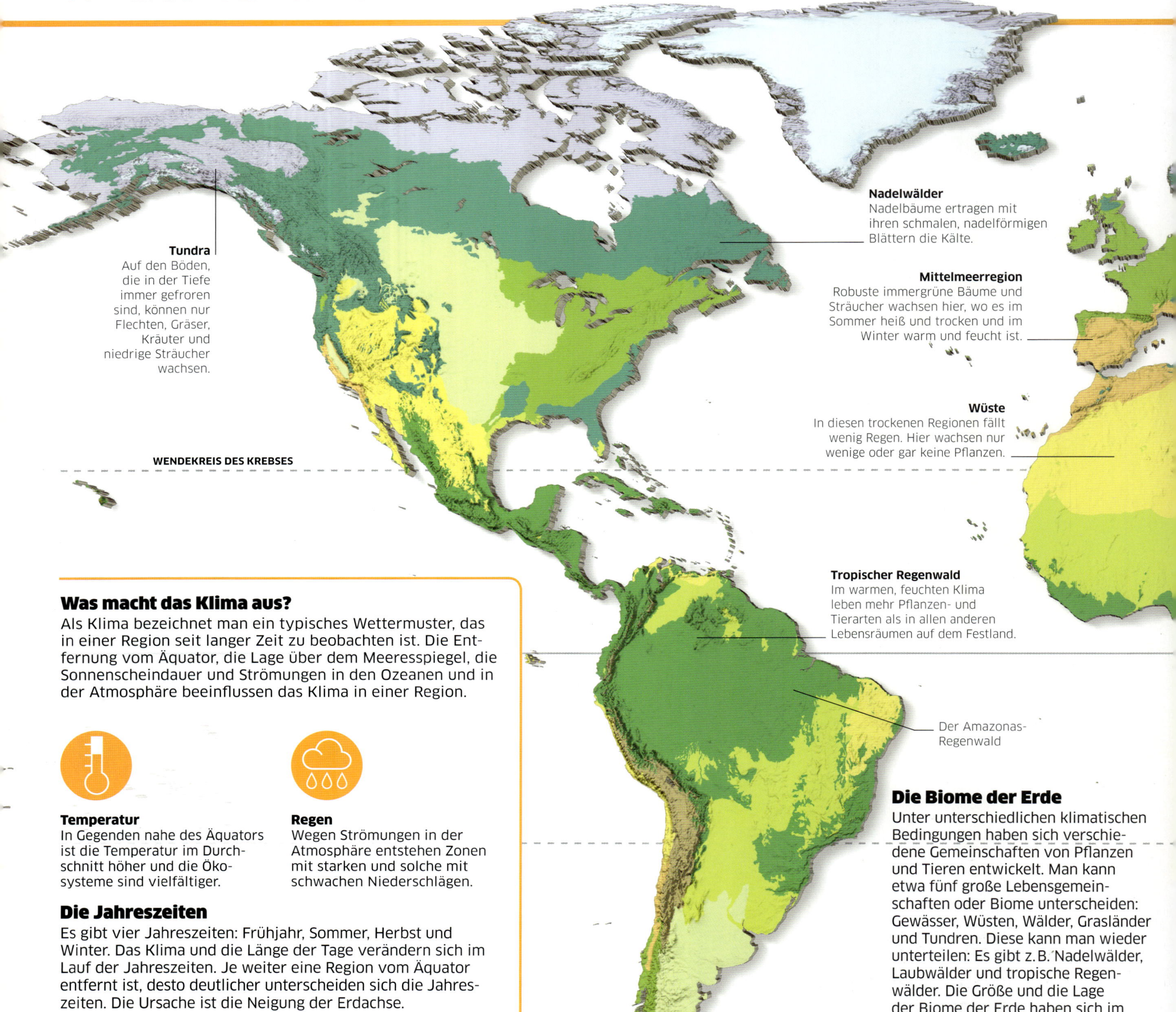

Was macht das Klima aus?

Als Klima bezeichnet man ein typisches Wettermuster, das in einer Region seit langer Zeit zu beobachten ist. Die Entfernung vom Äquator, die Lage über dem Meeresspiegel, die Sonnenscheindauer und Strömungen in den Ozeanen und in der Atmosphäre beeinflussen das Klima in einer Region.

Temperatur
In Gegenden nahe des Äquators ist die Temperatur im Durchschnitt höher und die Ökosysteme sind vielfältiger.

Regen
Wegen Strömungen in der Atmosphäre entstehen Zonen mit starken und solche mit schwachen Niederschlägen.

Die Jahreszeiten

Es gibt vier Jahreszeiten: Frühjahr, Sommer, Herbst und Winter. Das Klima und die Länge der Tage verändern sich im Lauf der Jahreszeiten. Je weiter eine Region vom Äquator entfernt ist, desto deutlicher unterscheiden sich die Jahreszeiten. Die Ursache ist die Neigung der Erdachse.

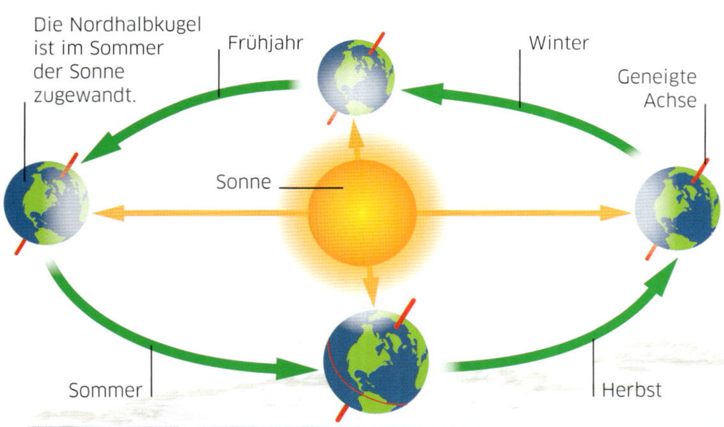

Die Biome der Erde

Unter unterschiedlichen klimatischen Bedingungen haben sich verschiedene Gemeinschaften von Pflanzen und Tieren entwickelt. Man kann etwa fünf große Lebensgemeinschaften oder Biome unterscheiden: Gewässer, Wüsten, Wälder, Grasländer und Tundren. Diese kann man wieder unterteilen: Es gibt z.B. Nadelwälder, Laubwälder und tropische Regenwälder. Die Größe und die Lage der Biome der Erde haben sich im Lauf der langen Erdgeschichte gewandelt. In der jüngsten Zeit haben wir Menschen stark zu den Veränderungen beigetragen.

1,5 **Mio. Tier- und Pflanzenarten leben in tropischen Regenwäldern.**

Das Klima der Erde

Die Erde ist der einzige Planet in unserem Sonnensystem, auf dem es Leben gibt. Es konnte sich entwickeln, weil die Erde eine Atmosphäre hat und es auf ihr flüssiges Wasser und ein Wetter gibt.

Fast überall auf unserem Planeten gibt es Lebewesen, von der Tiefsee bis auf die höchsten Berggipfel. In jeder Klimazone der Erde leben aber unterschiedliche Tier- und Pflanzenarten. In den warmen Tropen wimmelt es geradezu vor Lebewesen, während in den eiskalten Polargebieten und den trockenen Wüsten nur wenige Arten überleben können.

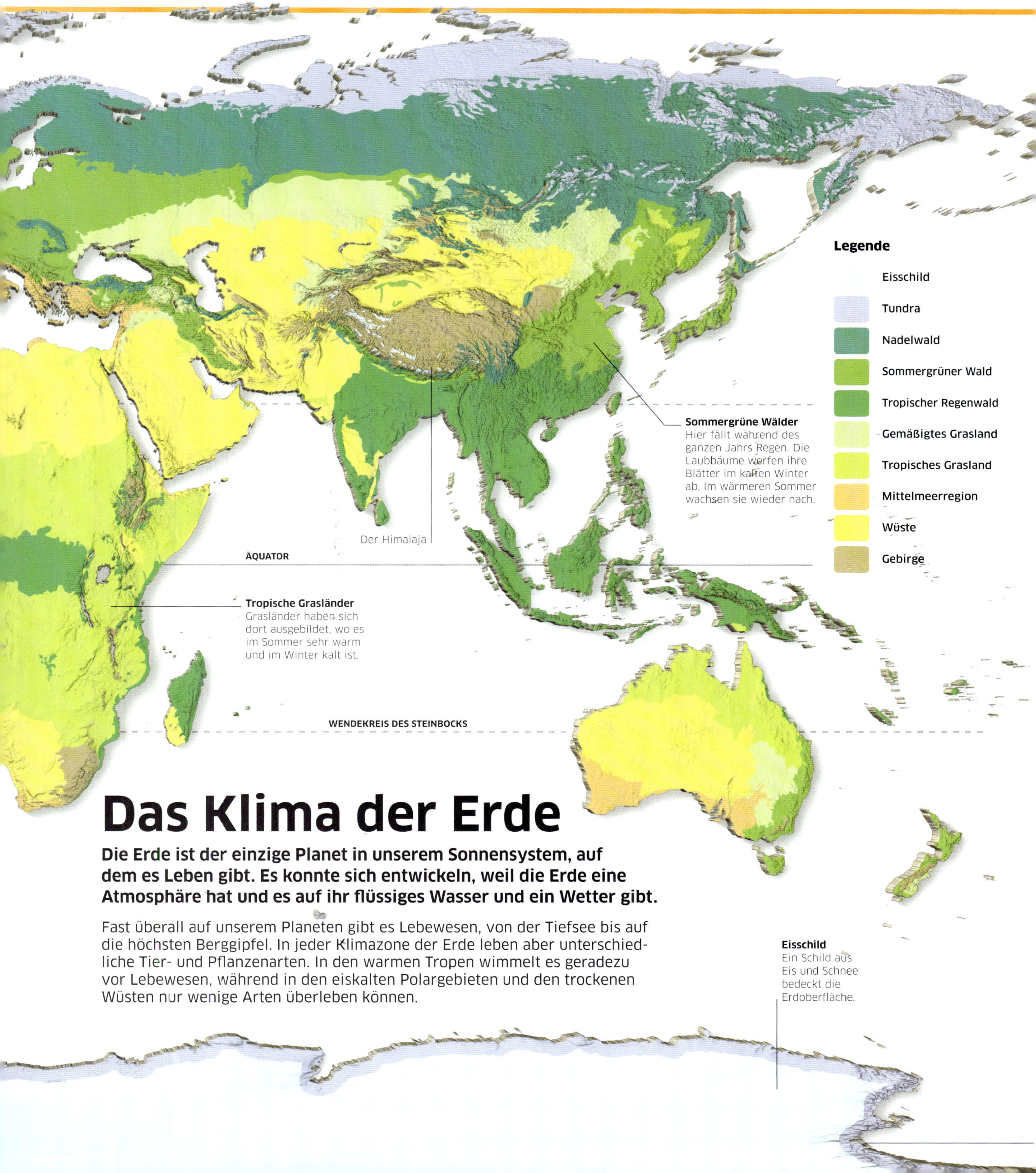

AKTIVER PLANET

Die Erdkruste ist in riesige Stücke – die tektonischen Platten – zerbrochen. Seit Jahrmillionen bewegen sich diese Platten auseinander, stoßen zusammen und gleiten aneinander vorbei. Bei diesem Prozess entsteht neuer Meeresboden und Gebirgszüge werden aufgefaltet. Dabei kommt es zu Erdbeben und Vukanausbrüchen.

DRIFT DER KONTINENTE

Die Erdoberfläche erscheint uns fest und unbeweglich, aber in Wirklichkeit besteht die Erdkruste aus Platten, die ständig in Bewegung sind. Strömungen im Erdinnern treiben diese Bewegungen an. Die ozeanische Kruste unter den Meeren ist dünner und weniger dicht als die kontinentale Kruste. Wenn zwei Platten zusammenstoßen, taucht die ozeanische Platte deshalb unter der kontinentalen Platte ab.

Die Erdoberfläche ähnelt einem Puzzle

Die Erdoberfläche setzt sich aus tektonischen Platten zusammen, die ständig in Bewegung sind. Deshalb verändert sich das Aussehen der Erde. Wenn Platten zusammenstoßen, werden Gebirgszüge aufgefaltet und Vulkane brechen aus. Dort, wo Platten im Meer auseinanderdriften, bildet sich neuer Meeresboden.

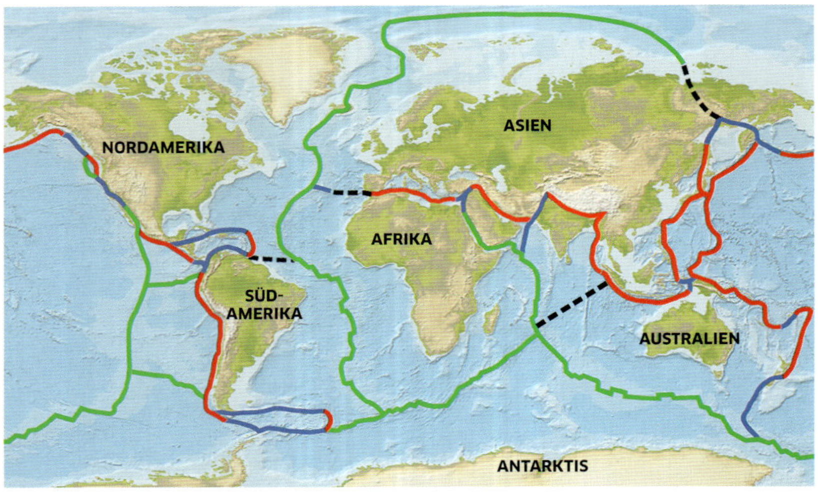

Grenzen der tektonischen Platten
An ihren Grenzen bewegen sich Platten aufeinander zu (konvergierend), auseinander (divergierend) oder aneinander vorbei (Transformstörungen).

Legende
- Konvergierend
- Divergierend
- Transformstörung
- Unklar

DIE GRÖSSTE TEKTONISCHE PLATTE IST DIE **PAZIFISCHE PLATTE**. SIE IST DIE EINZIGE GROSSE PLATTE, DIE KEINEN KONTINENT TRÄGT.

Warum bewegen sich die Platten?

Wir wissen nicht genau, warum sich die Platten bewegen. Wissenschaftler vermuten jedoch, dass Strömungen im darunterliegenden Mantel die Ursache sind. Vermutlich steigt an bestimmten Stellen Gesteinsmaterial auf, das bei einem Prozess im Erdinnern erhitzt wurde, und sinkt wieder ab, nachdem es nahe der Erdoberfläche abgekühlt ist.

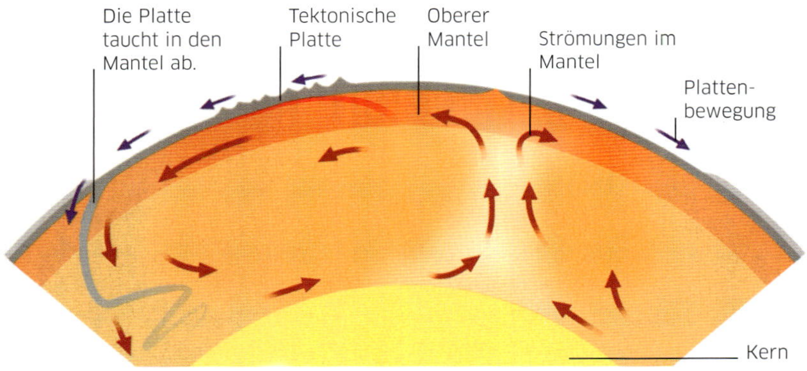

Bewegungen im Mantel
Der zähplastische Mantel ist in Bewegung. Wenn Gesteinsmaterial aufsteigt, abkühlt und wieder absinkt, werden auch die Platten in den Mantel gezogen.

ERDBEBEN

Wenn sich zwei Platten seitlich aneinander vorbeibewegen, kann die Erde beben. Man nennt solche Stellen Verwerfungen. In manchen dieser Regionen bewegen sich die beiden Platten stetig, aber sehr langsam. In anderen Regionen findet Jahre, Jahrzehnte oder Jahrhunderte keine Bewegung statt. Dann verschieben sich die Platten plötzlich ruckartig, sodass die Erde bebt. Je geringer die Tiefe, in der der Bruch beginnt, desto stärker bebt die Erde an der Oberfläche.

Erdbeben messen

Man kann die Stärke eines Erdbebens auf der Moment-Magnituden-Skala messen, die anzeigt, wie viel Energie bei dem Beben freigesetzt wird. Ein Unterschied um einen Punkt auf der Skala bedeutet eine etwa 30-fache Energiefreisetzung. Auch die Mercalliskala beschreibt die Stärke eines Erdbebens. Je nach Schwere ordnet man Beben auf einer Skala von I bis XII ein.

I–II		Kaum wahrzunehmen, aber mit Instrumenten messbar	VII–VIII		Alarm: Gebäude bekommen Risse und von Bäumen brechen Äste ab.
III–IV		Im Haus werden hängende Gegenstände in Schwingung versetzt.	IX–XI		Die meisten Gebäude werden zerstört, Rohre im Boden zerbersten.
V–VI		Menschen spüren Erschütterungen und Gebäude schwanken.	XII		Fast alle Gebäude werden zerstört, Flüsse ändern ihren Lauf.

Leben mit Erdbeben

In jeder Region kann die Erde beben. Zu den stärksten Erdbeben kommt es aber in der Nähe von Plattengrenzen. Erdbeben können sehr gefährlich sein. Gebäude stürzen ein und riesige Spalten tun sich im Boden auf. In erdbeben gefährdeten Regionen baut man Gebäude so, dass sie bei einem Erdbeben schwanken können, sodass sie nicht einstürzen. Ihr Fundament muss auf festem Gestein stehen, nicht auf sandigem oder sumpfigem Boden.

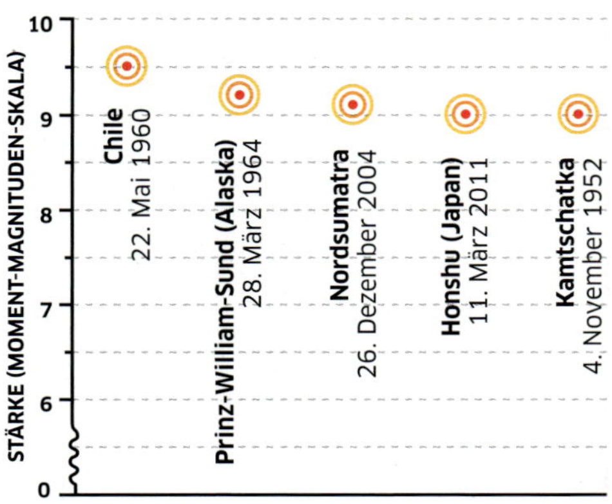

Stärkste Beben
In den letzten 100 Jahren gab es mehrere starke Erdbeben. Das stärkste fand in Chile statt. Dabei veränderten sogar Flüsse ihren Lauf.

VULKANE

Ein Vulkan bricht aus, wenn heiße Gesteinsschmelze, das Magma, an der Erdoberfläche austritt. Vulkanausbrüche gehören zu den gefährlichsten Naturereignissen auf unserem Planeten. Vulkane brechen oft in der Nähe von Plattengrenzen und an Hotspots aus (so nennt man Stellen, an denen heißes Magma aus dem Erdinneren zur Erdoberfläche aufsteigt). Es gibt etwa 550 aktive Vulkane auf dem Festland und noch viel mehr in den Ozeanen.

Lava

Flüssiges heißes Magma, das an der Erdoberfläche austritt, nennt man Lava. Es gibt unterschiedliche Lavatypen, je nach der Zusammensetzung, wie fest oder flüssig die Gesteinsschmelze ist und wie schnell sie fließt.

ʻAʻā-Lava
Diese Lava ist zähflüssig. Wenn sie abkühlt, bilden sich an der Oberfläche lockere, scharfkantige Brocken, die herabstürzen können, während sich der Lavastrom fortbewegt.

Pahoehoe-Lava
Diese Lava springt an der Oberfläche nicht auf, wenn sie abkühlt. Während sie fließt, dehnt sich ihre Oberfläche aus. Abgekühlt ist sie glatt oder erinnert an ein Seil.

Blocklava
Wenn diese zähflüssige Lava abkühlt, bricht sie in kantige Blöcke auf. Die Blöcke haben eine glattere Oberfläche als ʻAʻā-Lava.

Eruptionstypen

Ein Vulkan kann mit unglaublicher Gewalt oder kleineren Explosionen ausbrechen. Die Art des Ausbruchs hängt davon ab, wie dickflüssig das Magma ist und wie viele Gase es enthält. Wenn sich viele Gasbläschen explosionsartig ausdehnen, kann das Magma zerbersten, so dass vulkanische Aschen in den Himmel geschleudert werden und eine Aschewolke aufsteigt. Bei weniger heftigen Ausbrüchen fließt Lava in Strömen an den Vulkanhängen herab.

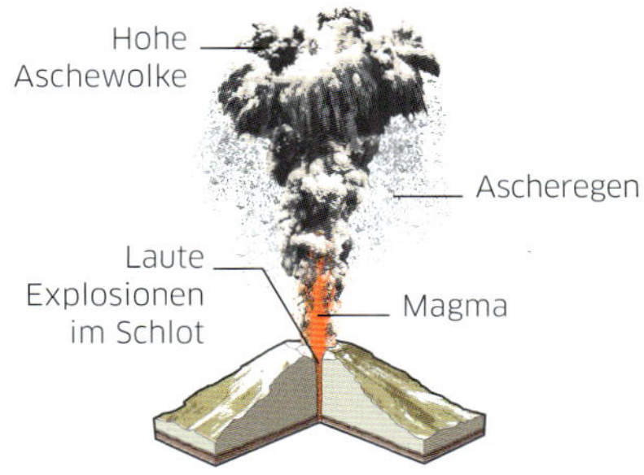

Plinianische Eruption
Dies sind die heftigsten und explosivsten Vulkanausbrüche. Gase und Magma werden mit enormer Kraft ausgeschleudert.

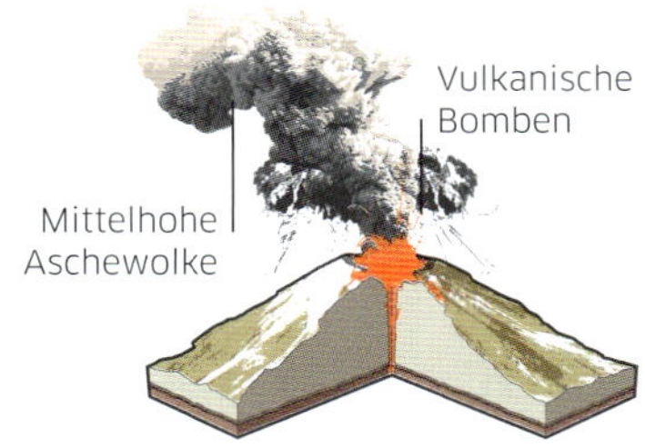

Vulkanianische Eruption
Der Ausbruch beginnt mit einer kanonenschussartigen Explosion. Vulkanische Bomben (Gesteinsbrocken) werden ausgeschleudert.

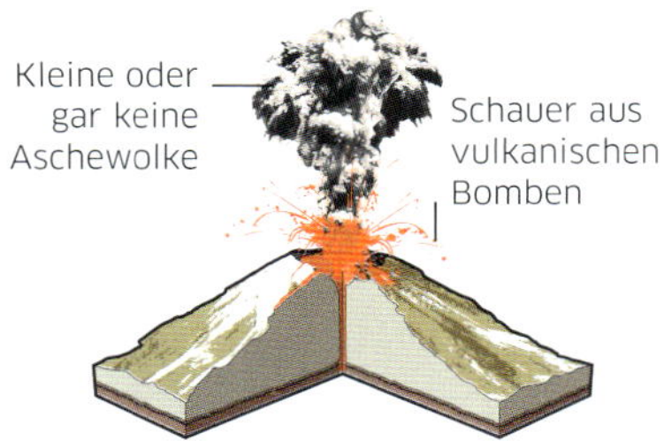

Strombolianische Eruption
Bei einem kurzen, explosiven Ausbruch fallen Schlacken und vulkanische Bomben vom Himmel.

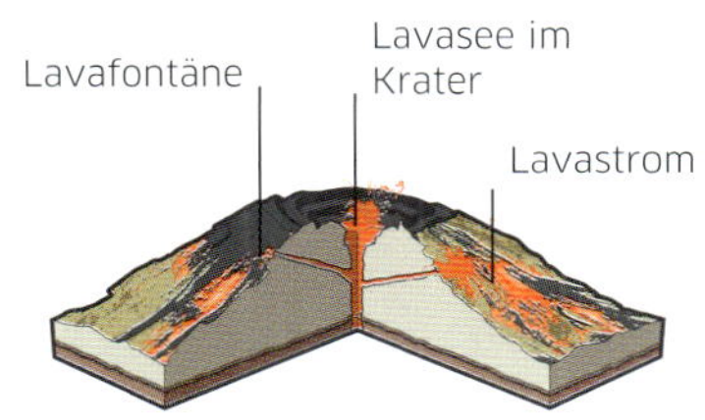

Hawaiianische Eruption
Bei diesen meist weniger heftigen Ausbrüchen tritt dünnflüssige Lava in Fontänen und Strömen aus.

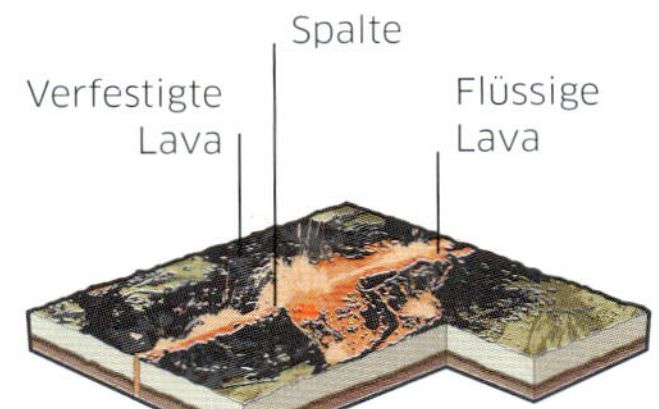

Spalteneruption
Solche Ausbrüche sind nicht explosiv. Lava tritt an langen Spalten in der Erdkruste aus.

Aschesäulen

Bei manchen Vulkanausbrüchen steigen hohe Aschesäulen auf. Die Höhe hängt von der Energie des Ausbruchs und der Menge des ausgeschleuderten Magmas ab. Bei gewaltigen Vulkanausbrüchen dauert die energiereichste Phase viele Stunden.

Wie hoch ist die Aschesäule?
An der Höhe der Säule kann man die Stärke eines Vulkanausbruchs abschätzen. Man kann jeden Ausbruch auf einer Skala einordnen, dem sogenannten Vulkan-Explosivitätsindex.

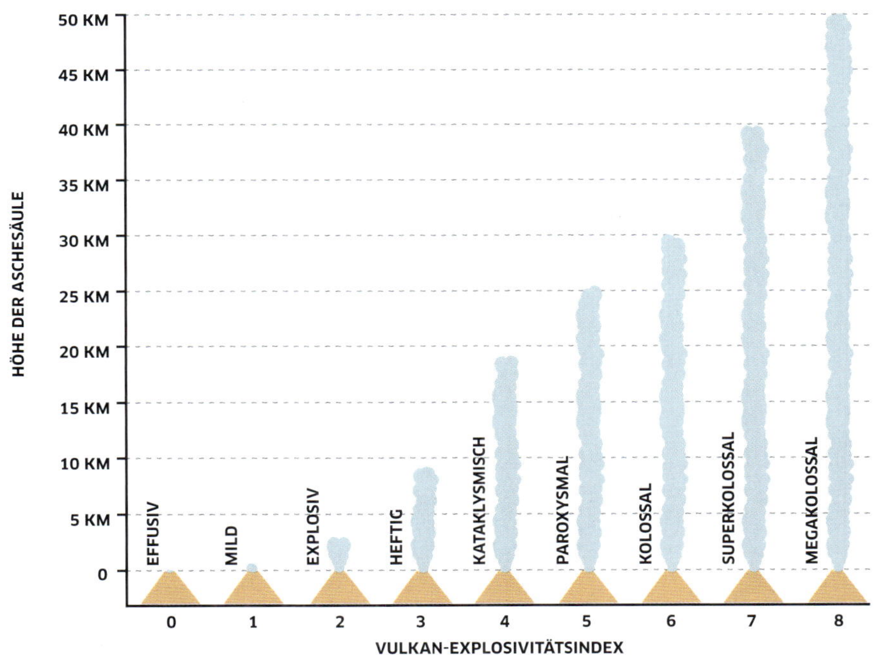

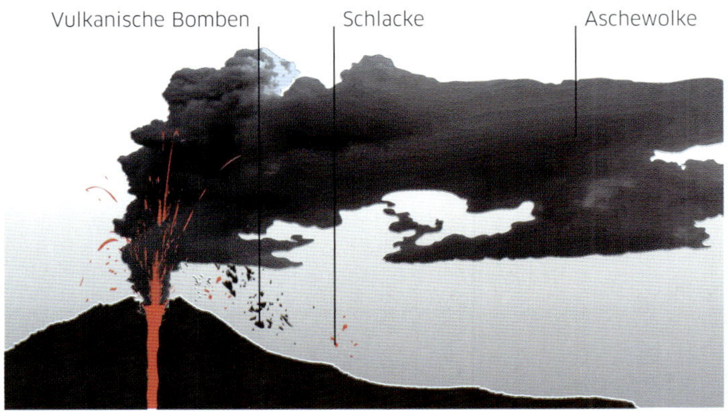

Ausgeschleuderte Materialien

Wenn es windig ist, wird die Aschewolke zu einer Seite des Vulkans geweht, wo die Asche zu Boden fällt. Manchmal geht ein Teil erst in Hunderten Kilometern Entfernung nieder. Obwohl die Asche bereits kalt ist, wenn sie auf den Erdboden fällt, zerstört sie oft die Pflanzen. Es ist gefährlich, sie einzuatmen. Flugzeuge dürfen nicht durch die Aschewolken fliegen, denn vulkanische Asche kann die Triebwerke beschädigen.

Was landet wo?
Größere Brocken, die ausgeschleudert werden, z. B. Bomben und Schlacken, fallen in der Nähe des Vulkans auf den Erdboden. Feine Asche wird oft weit verweht.

Plattentektonik

Die Erdoberfläche erscheint uns fest, aber sie besteht aus riesigen tektonischen Platten. Diese Platten sind langsam, aber stetig in Bewegung. Dabei kommt es zu Erdbeben und Vulkanausbrüchen.

Auf den tektonischen Platten befinden sich die Ozeane und Kontinente. Einige Platten sind fast völlig von Ozeanen bedeckt. Wo unter einem Ozean zwei Platten auseinanderdriften, bildet sich neuer Meeresboden. Auch wenn sich Platten aufeinander zubewegen, verändert sich die Erdoberfläche allmählich. Handelt es sich um kontinentale Platten, werden die Ränder in der Kollisionszone zu einem Gebirge aufgefaltet. Stoßen eine ozeanische und eine kontinentale Platte zusammen, taucht die ozeanische Platte meist unter die kontinentale Platte ab. In solchen sogenannten Subduktionszonen brechen Vulkane aus.

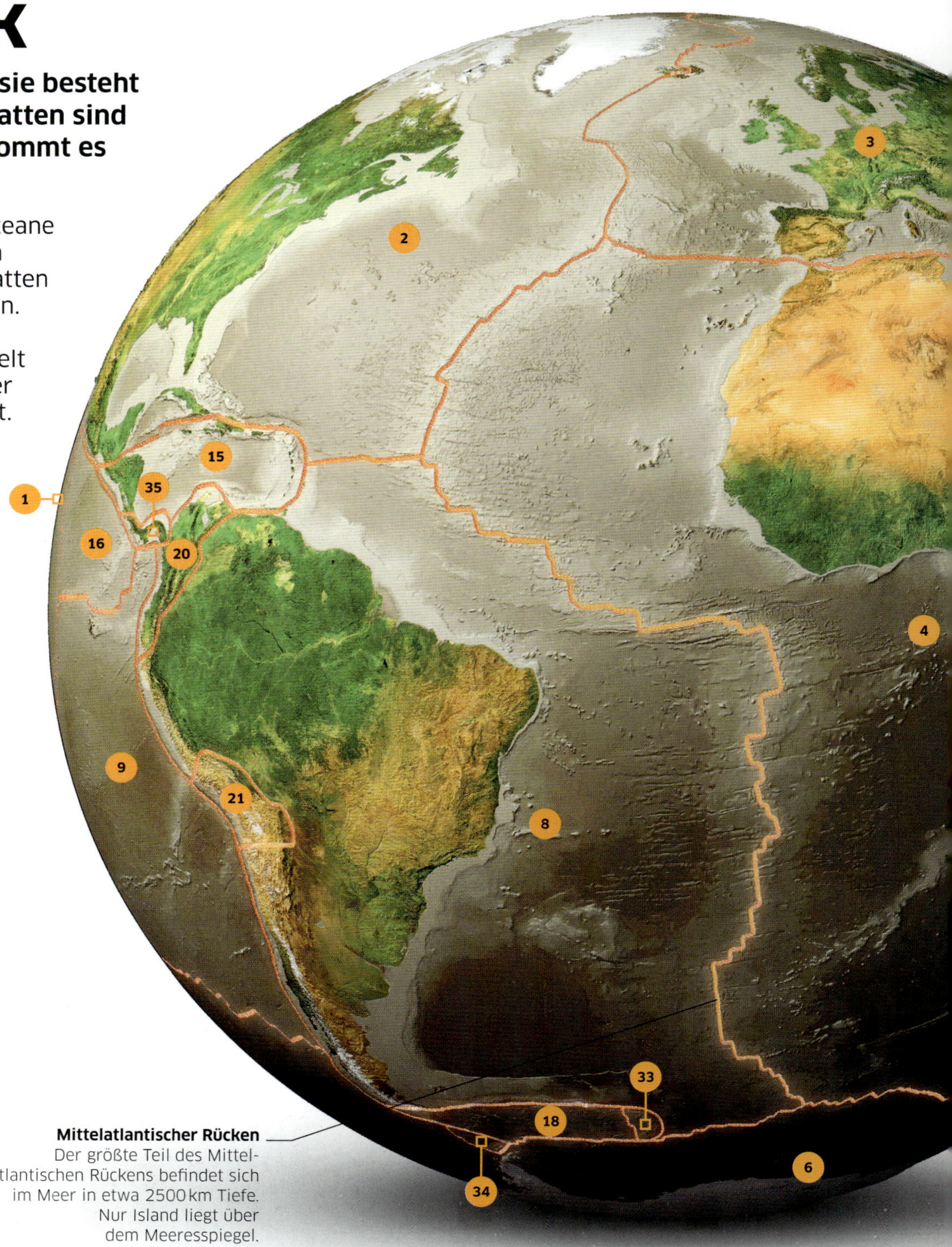

Mittelatlantischer Rücken Der größte Teil des Mittelatlantischen Rückens befindet sich im Meer in etwa 2500 km Tiefe. Nur Island liegt über dem Meeresspiegel.

Die Platten der Erdkruste

Die Erdkruste ähnelt einem riesigen Puzzle. Sie besteht aus sieben oder acht großen und Dutzenden kleinerer Platten. Die Platten driften auf dem wärmeren Mantel. Wegen dieser langsamen, aber beständigen Bewegung verändert sich die Größe der Ozeane. Die Platten tragen auch die Kontinente mit sich.

Namen der Platten:

1 Pazifische
2 Nordamerikanische
3 Eurasische
4 Afrikanische (Nubische)
5 Afrikanische (Somalische)
6 Antarktische
7 Australische
8 Südamerikanische
9 Nazca-
10 Indische
11 Sunda-
12 Philippinische
13 Arabische
14 Ochotskische
15 Karibische
16 Cocos-
17 Jangtse-
18 Scotia-
19 Karolinen-
20 Nordanden-
21 Altiplano-
22 Anatolische
23 Bandasee-
24 Burma-
25 Okinawa-
26 Woodlark-
27 Marianen-
28 Neue-Hebriden-
29 Ägäische
30 Timor-
31 Bird's-Head-
32 Nordbismarck-
33 Sandwich-
34 Shetland-
35 Panama-
36 Südbismarck-
37 Maoke-
38 Salomonensee-

Plattengrenzen

Die Ränder der Platten treffen in unterschiedlicher Weise aufeinander. Sie bewegen sich auseinander, aufeinander zu und aneinander vorbei. Dabei kann die Erde beben. Wissenschaftler erforschen, wo sich die Plattengrenzen befinden, indem sie Erdbeben auswerten. Manche Grenzen sind so zerklüftet, dass man nicht herausfinden kann, wo genau eine Platte endet und die nächste beginnt.

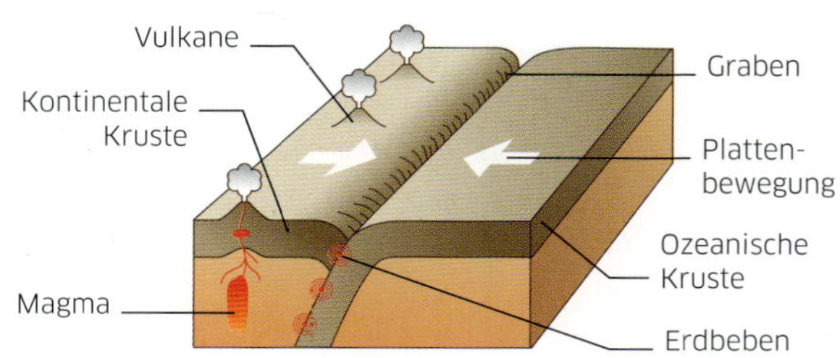

Konvergierende Platten
Wenn eine ozeanische Platte auf eine dickere kontinentale Platte trifft, taucht sie unter die kontinentale Platte ab. Das Gestein schmilzt und oft brechen Vulkane aus, wo heißes Magma zur Oberfläche aufsteigt. Wenn zwei kontinentale Platten zusammenstoßen, wird ein Gebirgszug aufgefaltet.

2 cm pro Jahr: So viel neuer Meeresboden bildet sich im nördlichen Atlantik.

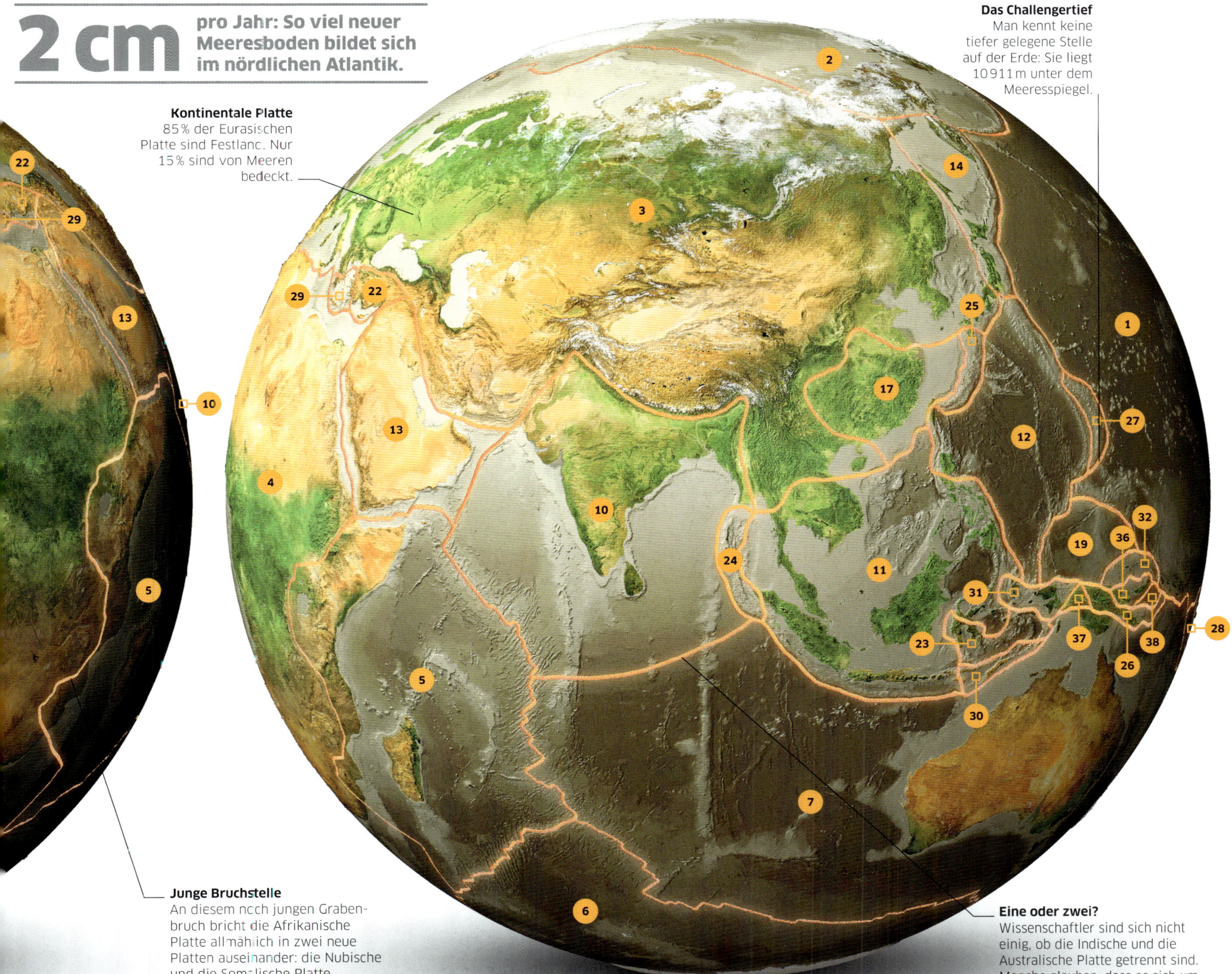

Kontinentale Platte
85 % der Eurasischen Platte sind Festland. Nur 15 % sind von Meeren bedeckt.

Das Challengertief
Man kennt keine tiefer gelegene Stelle auf der Erde: Sie liegt 10 911 m unter dem Meeresspiegel.

Junge Bruchstelle
An diesem noch jungen Grabenbruch bricht die Afrikanische Platte allmählich in zwei neue Platten auseinander: die Nubische und die Somalische Platte.

Eine oder zwei?
Wissenschaftler sind sich nicht einig, ob die Indische und die Australische Platte getrennt sind. Manche glauben, dass es sich um eine riesige Indo-Australische Platte handelt.

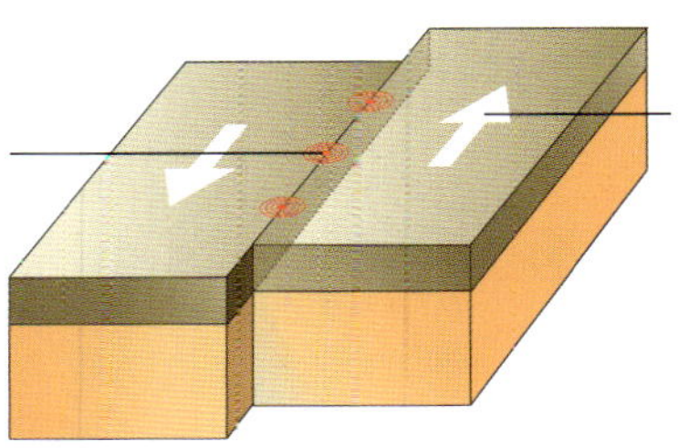

Transformstörung
Wo Platten aneinandervorbei gleiten, befindet sich eine Transformstörung. Oft gleiten die Plattenränder ruckartig aneinander vorbei. Dabei kann es vorkommen, dass die Erde bebt. An Transformstörungen brechen selten Vulkane aus, denn es bildet sich wenig oder gar kein Magma.

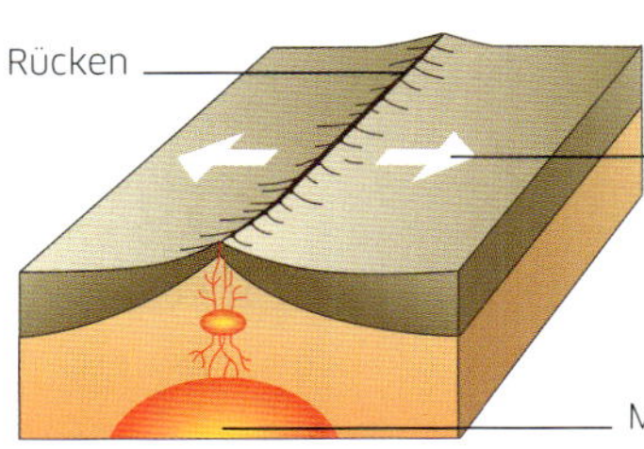

Divergierende Platten
Wo Platten im Ozean auseinanderdriften, füllt Gestein des Mantels die Lücke, sodass neue ozeanische Kruste entsteht. An konvergierenden Plattengrenzen taucht dagegen eine Platte unter die andere ab, sodass ein Teil der Kruste „verschwindet“. Die Erdkruste hat deshalb insgesamt immer dieselbe Fläche.

Vulkane

Wenn heißes, geschmolzenes Gestein an der Erdoberfläche austritt, bricht ein Vulkan aus. Die meisten Vulkane befinden sich an den Rändern tektonischer Platten.

75 % der aktiven Vulkane auf der Erde liegen unter Wasser.

Als Magma bezeichnet man heißes, geschmolzenes Gestein, das sich tief in der Erdkruste oder im Mantel bildet. Wenn Magma an der Erdoberfläche austritt, nennt man es Lava. Große Schichtvulkane entstehen während einer ganzen Serie von Ausbrüchen. Bei jedem Ausbruch kommen neue Lava- und Ascheschichten hinzu. Vulkane teilt man in aktive, schlafende und erloschene Vulkane ein. Ein aktiver Vulkan ist in jüngerer Zeit ausgebrochen. Einen Vulkan, der schon lange nicht mehr ausgebrochen ist, aber wieder ausbrechen könnte, nennt man schlafend. Wenn ein Vulkan nicht wieder aus brechen wird, ist er erloschen. Manche Vulkane brechen ein einziges Mal aus, andere können im Lauf der Zeit Tausende Male ausbrechen.

Lavastrom
Bei manchen Vulkanausbrüchen strömt flüssige Lava aus. Es finden keine Explosionen statt, sodass sich keine Aschewolken bilden. Die Lava bewegt sich hangabwärts. Meist fließt sie langsamer, als ein Mensch rennen kann.

Schlammteich
Wenn heißer Wasserdampf und andere Gase aus dem Vulkan strömen, kann sich ein Schlammteich bilden. Das Wasser kocht nicht, sondern die entweichenden Gase bilden Blasen.

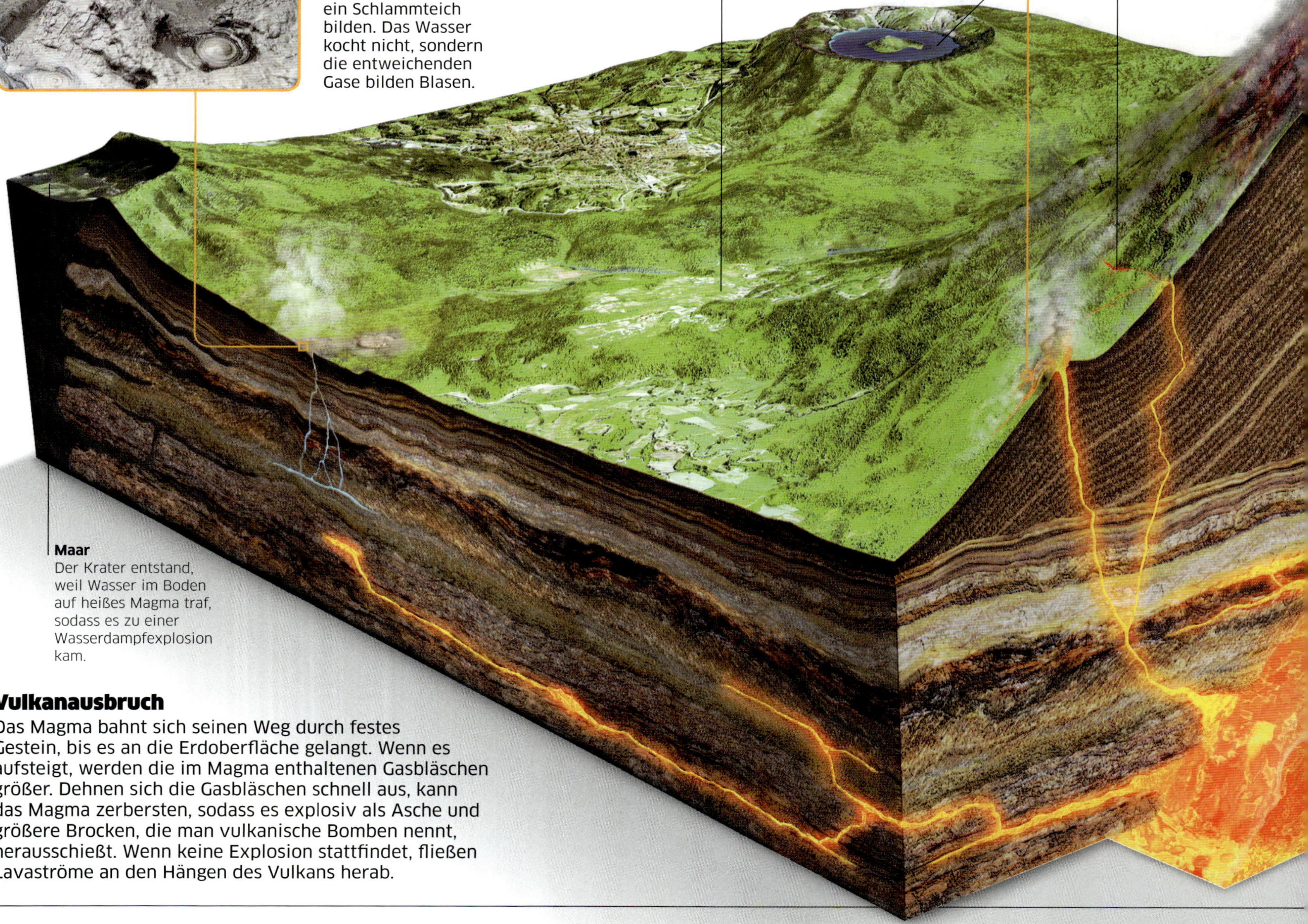

Vulkanausbruch

Das Magma bahnt sich seinen Weg durch festes Gestein, bis es an die Erdoberfläche gelangt. Wenn es aufsteigt, werden die im Magma enthaltenen Gasbläschen größer. Dehnen sich die Gasbläschen schnell aus, kann das Magma zerbersten, sodass es explosiv als Asche und größere Brocken, die man vulkanische Bomben nennt, herausschießt. Wenn keine Explosion stattfindet, fließen Lavaströme an den Hängen des Vulkans herab.

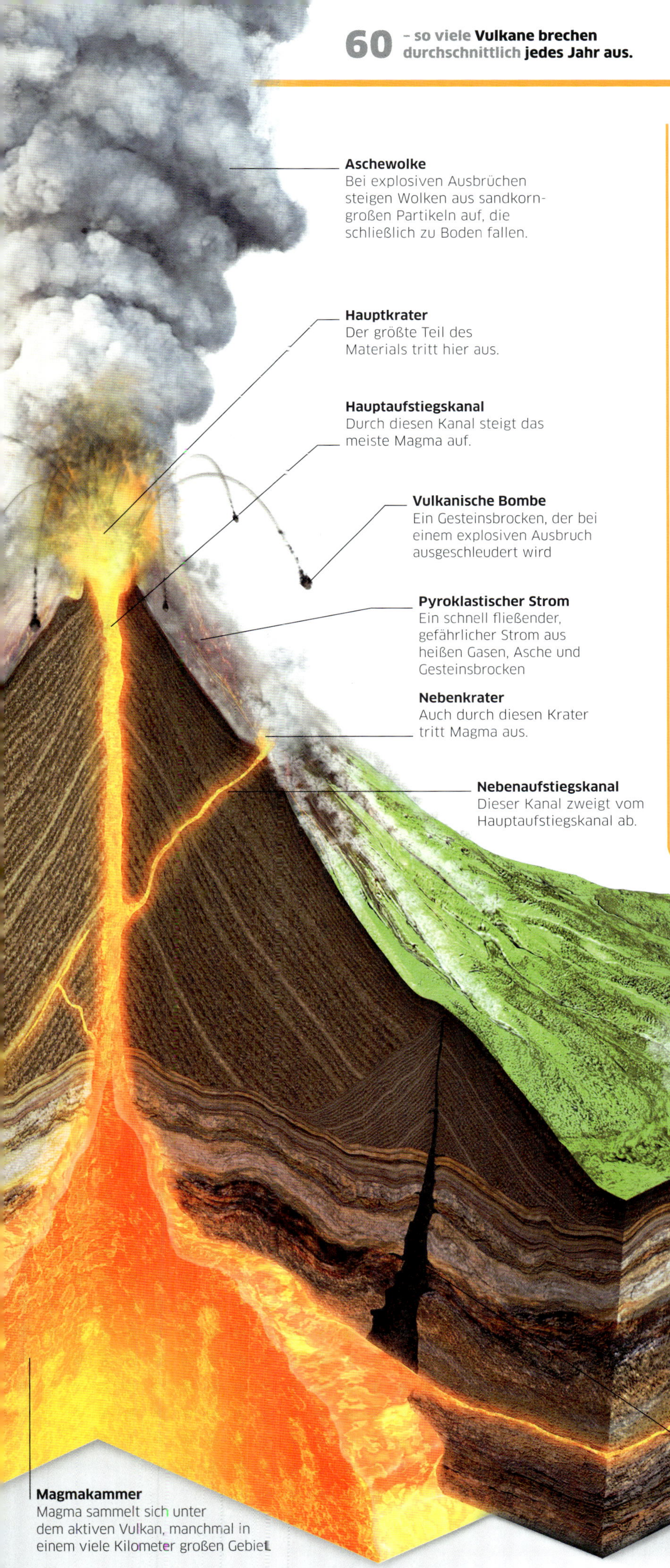

Vulkantypen

Mehrere Faktoren bestimmen die Größe und Form eines Vulkans: Die Beschaffenheit und Menge des austretenden Magmas und ob die Ausbrüche explosiv sind oder nicht.

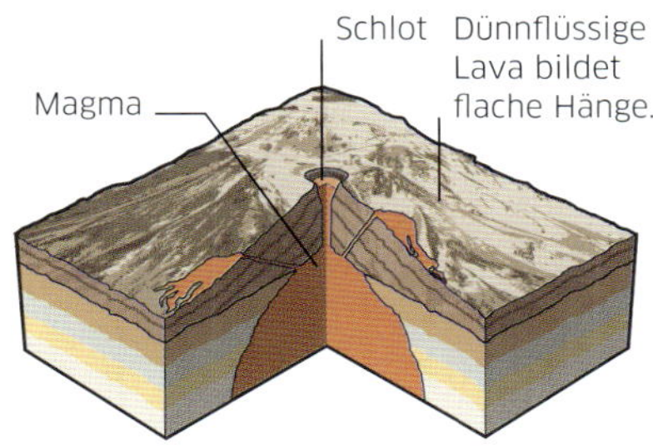

Schildvulkan
Die Hänge des größten Vulkantyps sind nicht steil. Meistens tritt dünnflüssige Lava aus.

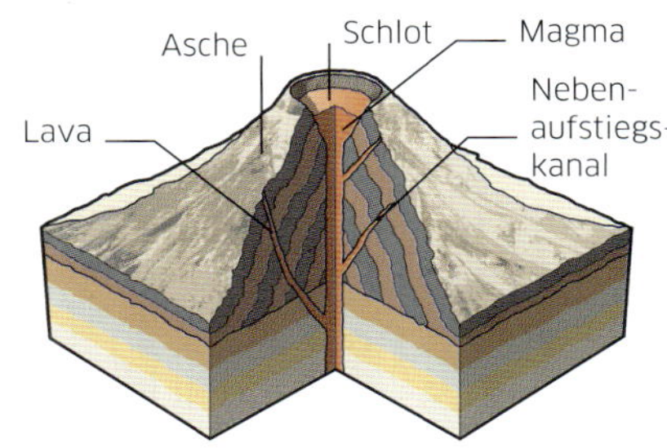

Schichtvulkan
Die steilen Hänge dieser großen Vulkane bestehen aus vielen Lava- und Ascheschichten.

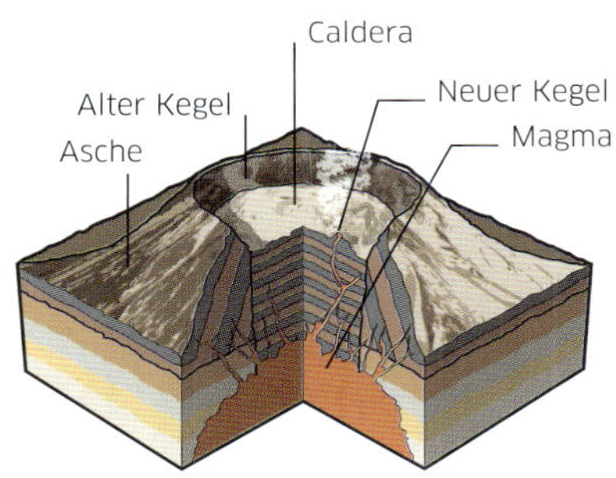

Caldera
Solche Krater entstehen, wenn sich bei einem explosiven Ausbruch die Magmakammer fast völlig leert.

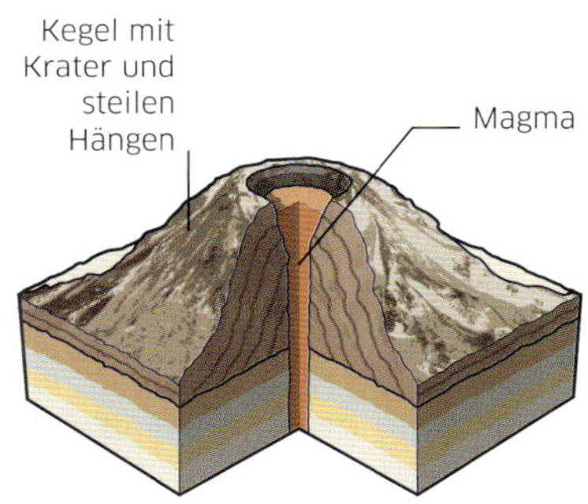

Schlacken- oder Aschekegel
Diese niedrigen, regelmäßigen Kegel bestehen aus Asche oder lockerem Gesteinsmaterial.

30 – so viele **kleine Erdbeben** finden **im südlichen Kalifornien** jeden Tag statt.

Erdbeben

Erdbeben sind furchterregende Naturereignisse, die gewaltige Schäden anrichten können. Manche Erdbeben lösen große Flutwellen aus, sogenannte Tsunamis.

Die Kruste der Erde besteht aus riesigen tektonischen Platten. Sie sind ständig in Bewegung und driften in manchen Regionen aneinander vorbei. Die Gesteinsmassen können sich dabei ineinander verhaken. Dann baut sich allmählich eine Spannung auf. Schließlich wird sie so groß, dass sich die Gesteinsblöcke plötzlich ruckartig bewegen. Dabei werden gewaltige Energiemengen freigesetzt, die ein Erdbeben verursachen.

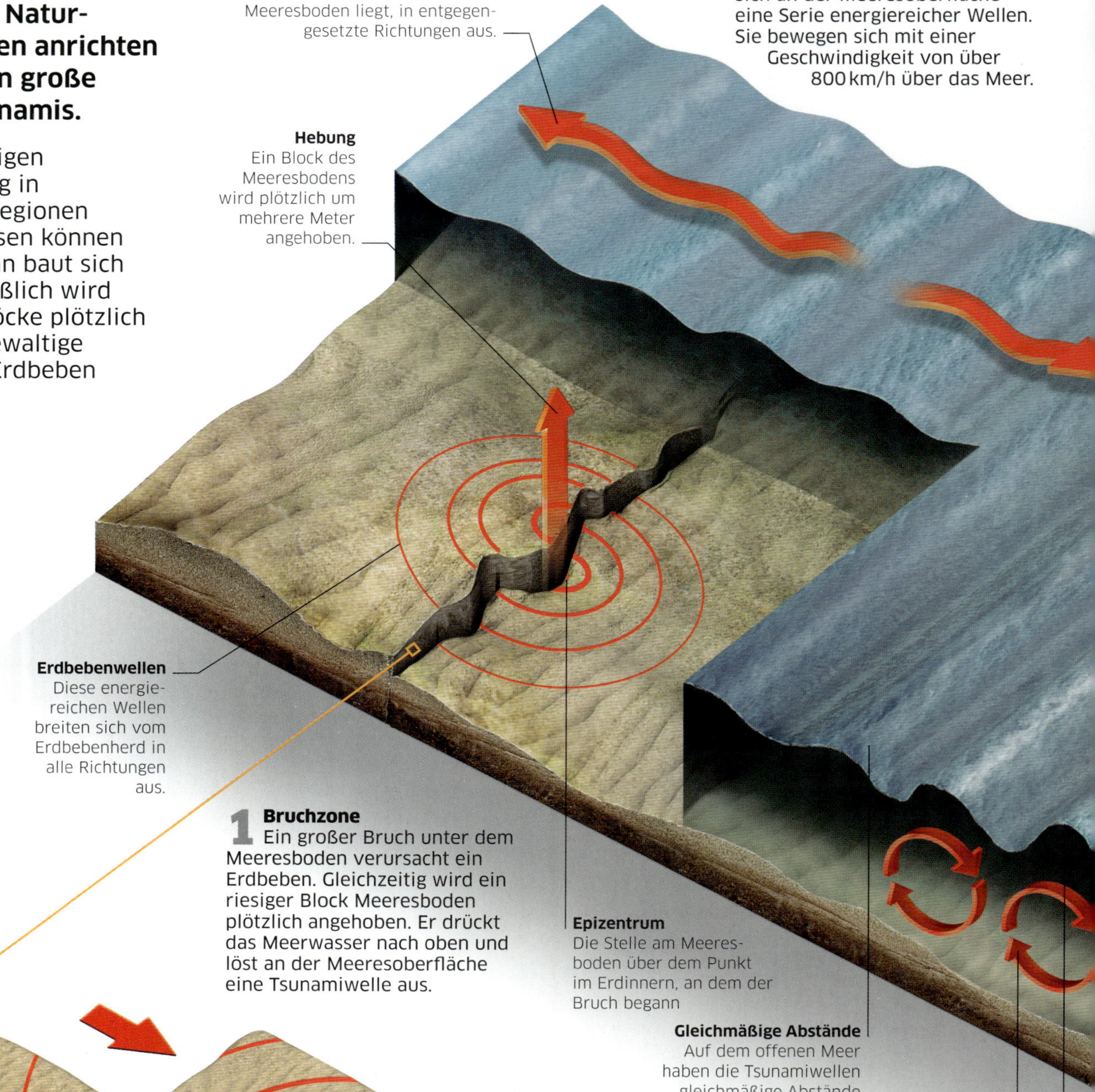

Ein Tsunami wird ausgelöst

Verschiedene Ereignisse können einen Tsunami auslösen, z. B. ein heftiger Vulkanausbruch im Meer oder an der Küste, ein Erdrutsch, bei dem Gesteinsmassen ins Meer stürzen, oder gar ein Meteoriteneinschlag. Häufig ist aber ein starkes Erdbeben im Meer der Auslöser. Meist bebt die Erde dort, wo eine tektonische Platte unter eine andere abtaucht.

Transformstörungen

Bei Transformstörungen an Plattengrenzen bebt die Erde häufig. Hier gleiten zwei Platten aneinander vorbei. Wenn sich die Platten miteinander verhaken, baut sich eine Spannung auf. Schließlich ist sie so groß, dass sich die Platten plötzlich ruckartig bewegen. Dabei wird sehr viel Energie freigesetzt.

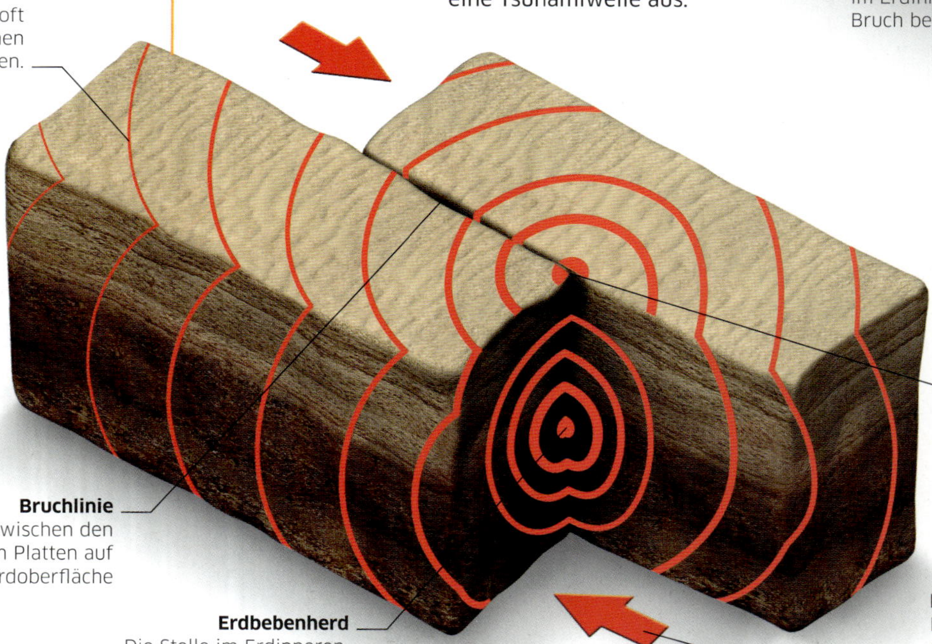

Wellen

Erdbeben lösen P- und S-Wellen aus, die sich durch das Erdinnere bewegen. Wissenschaftler erfassen diese Wellen und werten sie aus, wenn sie wieder an der Erdoberfläche ankommen. So können sie den Ort und Zeitpunkt eines Erdbebens ermitteln.

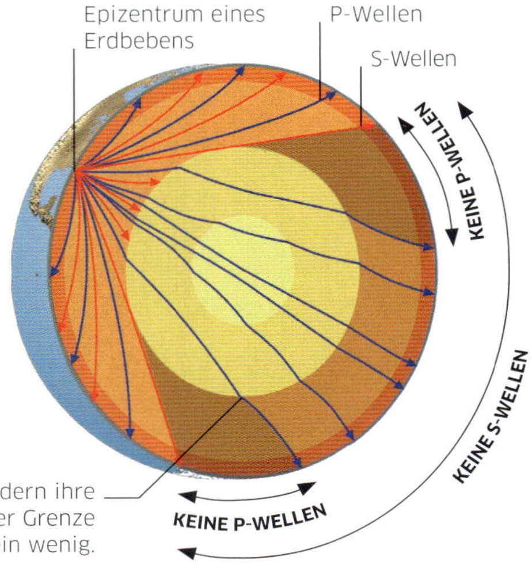

Leben an den Grenzen tektonischer Platten

In einigen Ländern bebt die Erde häufiger als anderswo, denn sie liegen an Plattengrenzen. Auf dieser Karte sind die zehn Länder eingezeichnet, in denen es die meisten Erdbebenopfer gab.

Niedrige Wellen
Auf dem offenen Meer haben die Wellen eine niedrige Amplitude (Höhe) und bleiben oft unbemerkt.

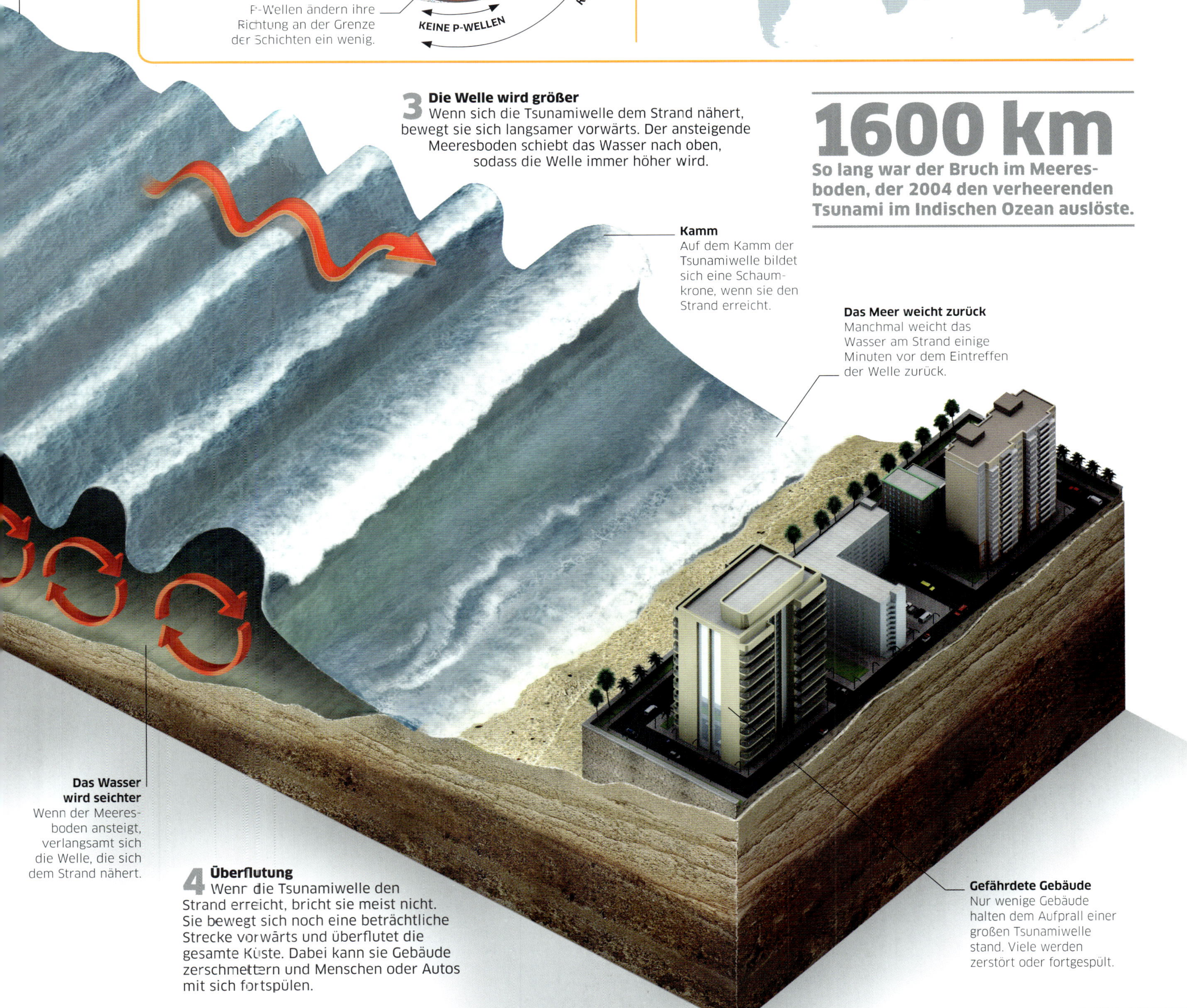

3 Die Welle wird größer
Wenn sich die Tsunamiwelle dem Strand nähert, bewegt sie sich langsamer vorwärts. Der ansteigende Meeresboden schiebt das Wasser nach oben, sodass die Welle immer höher wird.

1600 km

So lang war der Bruch im Meeresboden, der 2004 den verheerenden Tsunami im Indischen Ozean auslöste.

Kamm
Auf dem Kamm der Tsunamiwelle bildet sich eine Schaumkrone, wenn sie den Strand erreicht.

Das Meer weicht zurück
Manchmal weicht das Wasser am Strand einige Minuten vor dem Eintreffen der Welle zurück.

Das Wasser wird seichter
Wenn der Meeresboden ansteigt, verlangsamt sich die Welle, die sich dem Strand nähert.

4 Überflutung
Wenn die Tsunamiwelle den Strand erreicht, bricht sie meist nicht. Sie bewegt sich noch eine beträchtliche Strecke vorwärts und überflutet die gesamte Küste. Dabei kann sie Gebäude zerschmettern und Menschen oder Autos mit sich fortspülen.

Gefährdete Gebäude
Nur wenige Gebäude halten dem Aufprall einer großen Tsunamiwelle stand. Viele werden zerstört oder fortgespült.

NATÜRLICHE RESSOURCEN

Die Erde stellt uns viele Ressourcen bereit. Dazu gehören Wasser und Nahrungsmittel, Treib- und Baustoffe sowie Rohstoffe für Metalle, Plastik und andere Erzeugnisse. Während der letzten Jahrhunderte haben wir Menschen sie jedoch stark ausgebeutet. Viele Ressourcen sind nur begrenzt vorhanden, deshalb müssen wir sie umweltschonend nutzen.

GESTEINE UND MINERALIEN

Seit der Entstehung unserer Erde vor über 4 Mrd. Jahren haben sich Tausende verschiedener Mineralien gebildet. Aus ihnen setzen sich Hunderte verschiedener Gesteine zusammen. Wir Menschen nutzen Gesteine und Mineralien für viele Zwecke, z. B. als Baustoffe oder zur Gewinnung von Metallen. Einige der nützlichsten und wertvollsten Mineralien sind jedoch selten. Ihr Abbau ist oft eine gefährliche und schmutzige Arbeit.

Gesteine

Menschen verwenden die natürlichen Gesteine seit Jahrtausenden. Früher fertigten sie aus ihnen Werkzeuge. Heute verwendet man Gestein z. B. für den Bau von Gebäuden und Straßen.

Felsenlandschaft
Ein großer Teil der Welt, die uns umgibt, besteht aus Gesteinen. Sie werden mit schweren Maschinen abgebaut.

Mineralien

Auf der Erde kommen Tausende natürlicher Mineralien vor. Viele wie Metallerze und Schwefelverbindungen werden in der Industrie verwendet. Auch Gold, Silber und Quarz sind Mineralien.

Bausteine der Gesteine
Gesteine bestehen aus Mineralien. Die meisten Gesteine setzen sich aus mehreren unterschiedlichen Mineralien zusammen.

Schmuck- und Edelsteine

Geschliffene und polierte Mineralien nennt man Edelsteine oder Schmucksteine. Der wertvollste und sehr nützliche Edelstein ist der Diamant, der sehr hart ist. Mit Diamanten kann man die meisten anderen Materialien schneiden. Auch andere dieser Steine haben einen praktischen Nutzen, aber die meisten sind begehrt, weil sie schön und selten sind.

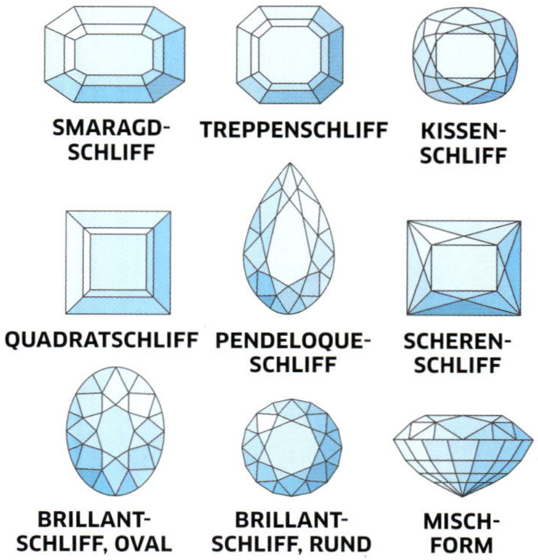

Geschliffene Edelsteine
Edelsteine kann man zu verschiedenen Formen schleifen. Wenn man es richtig macht, reflektieren sie das Licht in viele Richtungen und sind wunderschön.

ENERGIE

Wir Menschen brauchen Energie in Form von Licht, Wärme und Nahrung. Die Erde bezieht ihre Energie aus verschiedenen Quellen, aber die Wärme der Sonne und das heiße Erdinnere liefern den größten Teil. Zwar steht uns viel Energie zur Verfügung, aber es ist schwierig sie zu nutzen, zu speichern und zu transportieren, um alle unsere Bedürfnisse zu befriedigen.

Fossile Brennstoffe

Brennstoffe wie Kohle, Erdöl und Erdgas nutzen Menschen seit langer Zeit zum Heizen und Antreiben von Maschinen. Es dauert aber Jahrmillionen, bis sich fossile Brennstoffe bilden, und wir haben in nur 100 Jahren einen großen Teil dieser Ressourcen verbrannt. Fossile Brennstoffe bildeten sich aus den Überresten von Pflanzen und Tieren. Bei Druck und Hitze verwandeln sie sich in der Erde zu Kohlenwasserstoffen.

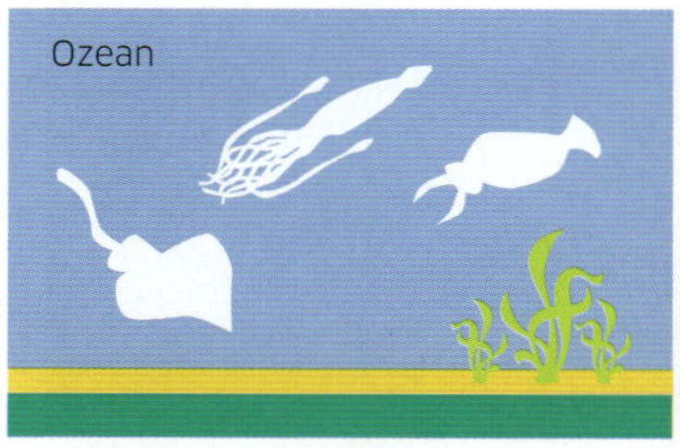

1 VOR 500–250 MIO. JAHREN
Als Tiere und Mikroben in den Ozeanen starben, sanken ihre Überreste auf den Meeresboden. Sie wurden von Sand und anderen Sedimenten bedeckt.

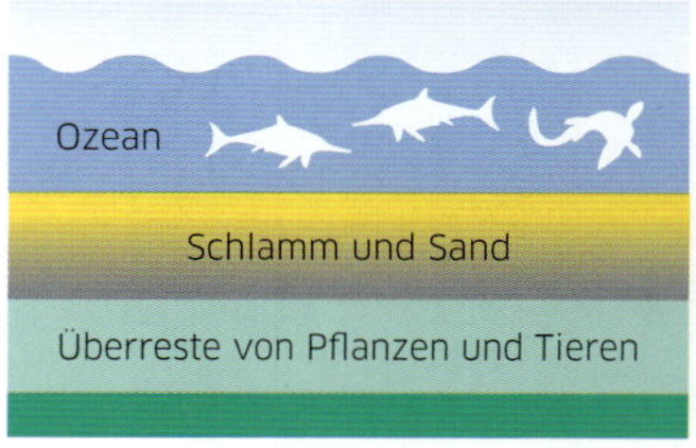

2 VOR 250–0,6 MIO. JAHREN
Überreste von Pflanzen und Tieren wurden von Sedimenten bedeckt. Allmählich verwandelten sie sich durch Wärme und Druck in Erdöl und Erdgas.

3 HEUTE
Die Lagerstätten befinden sich unter dicken Sedimentschichten. Bohrplattformen bohren durch die Sedimente, um das Öl zu fördern.

Kernenergie

Diese Energie wird bei der Spaltung oder Fusion (Verschmelzung) von Atomkernen frei. Atomkraftwerke entlassen nur wenig Kohlendioxid in die Atmosphäre. Der größte Nachteil ist die Radioaktivität, die dabei freigesetzt wird.

Erneuerbare Energien

Diese alternativen Energiequellen sind nachhaltig und schädigen die Umwelt nicht so stark.

Energie der Sonne
Sonnenlicht kann man mit Solaranlagen einfangen und in Elektrizität umwandeln.

Kraft des Winds
Mit Windkraftanlagen kann man die Energie des Winds nutzen.

Kraft der Gezeiten
Die Wasserbewegungen bei Ebbe und Flut kann man nutzen, um Elektrizität zu erzeugen.

Erdwärme
In vulkanisch aktiven Gebieten kann man bereits in geringer Tiefe Wasser erwärmen.

Wasserkraft
Die Bewegung des Wassers lässt sich mit Turbinen in Dämmen in Energie umwandeln.

Biotreibstoffe
Treibstoffe aus organischen Materialien wie Pflanzen und Abfällen nennt man Biotreibstoffe.

Holz
Die älteste Form der Energiegewinnung ist die Verbrennung von Holz zum Heizen oder Kochen.

LANDWIRTSCHAFT

Als Landwirtschaft bezeichnet man das Anbauen von Kulturpflanzen und das Halten von Nutztieren. Heute ist die Weltbevölkerung von 7 Mrd. Menschen vor allem auf wenige Grundnahrungsmittel angewiesen. Zu ihnen gehören Mais, Weizen, Reis, Kartoffeln, Maniok, Sojabohnen und Süßkartoffeln. Tierische Eiweiße von Fischen, Rindern, Schweinen und Geflügel machen weltweit weniger als 20 % unserer Grundnahrungsmittel aus.

Forstwirtschaft

Wälder sind die Lebensräume der meisten Landtiere der Erde. Sie wirken der weltweiten Erderwärmung entgegen, denn sie binden das Kohlendioxid in der Atmosphäre. Die Wälder sind jedoch in Gefahr. Wir roden sie und nutzen die Bäume als Bau- und Brennholz.

Nachhaltige Forstwirtschaft
Man kann Wälder auch so bewirtschaften, dass sie nicht zerstört werden, wenn man nur einen Teil des Holzes erntet.

Landwirtschaft

Vor 10 000 Jahren begannen Menschen im Nahen Osten Landwirtschaft zu betreiben. Die ersten Bauern säten Getreide aus und hielten Tiere, die ihnen Fleisch, Milch und Leder lieferten. Seitdem hat sich die Landwirtschaft stark verändert. Mit Maschinen können die Landwirte viel höhere Erträge erwirtschaften. Weitere Neuerungen sind Bewässerungssysteme, Schädlingsvernichtungsmittel, neue Pflanzensorten und Nutztierrassen und das weltweite Transportsystem.

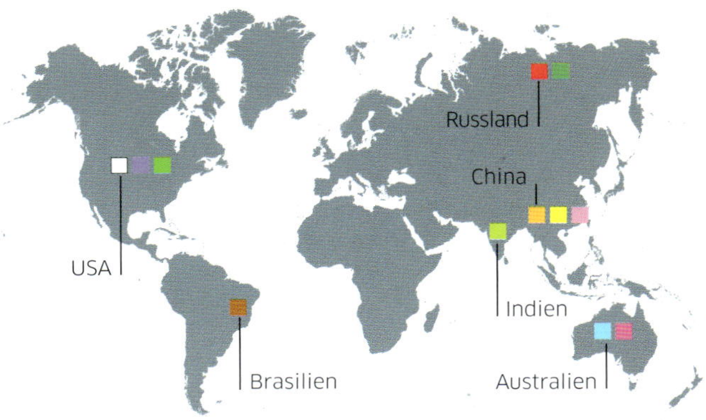

Legende

- Rinder
- Kaffee
- Schweine
- Mais
- Hafer
- Kartoffeln
- Reis
- Schafe
- Soja
- Tee
- Weizen
- Milch

Ernährung der Menschheit
Nahrungsmittel werden auf der ganzen Erde für den lokalen Verbrauch und den Export produziert. Auf dieser Karte sind die wichtigsten Erzeugerländer pflanzlicher und tierischer Nahrungsmittel eingezeichnet.

DREI GETREIDEARTEN SIND DIE GRUNDNAHRUNGSMITTEL FÜR DIE HÄLFTE DER WELTBEVÖLKERUNG: WEIZEN, MAIS UND REIS.

Fischerei

Fische sind wichtige Eiweißquellen. Sie werden seit Jahrtausenden gegessen. Mit den modernen Fangmethoden kann man sie in riesigen Mengen aus Seen und Meeren fischen. Zwar gibt es internationale Beschränkungen, aber viele beliebte Fischarten sind heute gefährdet. Eine Alternative ist die Zucht von Fischen in Fischfarmen.

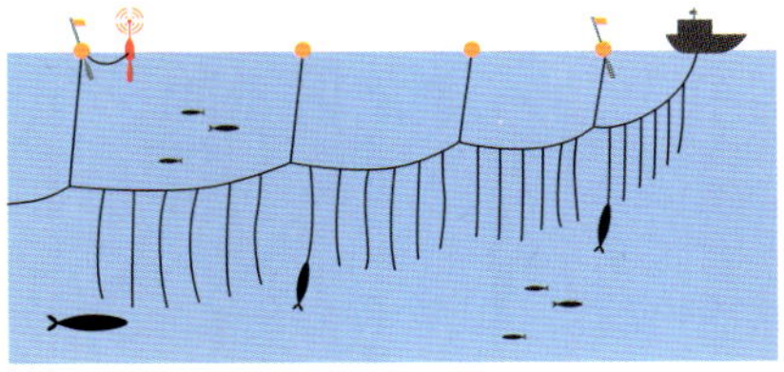

LANGLEINENFISCHEREI
Das Ausbringen von Langleinen mit beköderten Haken ist relativ preiswert. Dabei können aber auch andere Tiere wie Meeresschildkröten und Seevögel getötet werden.

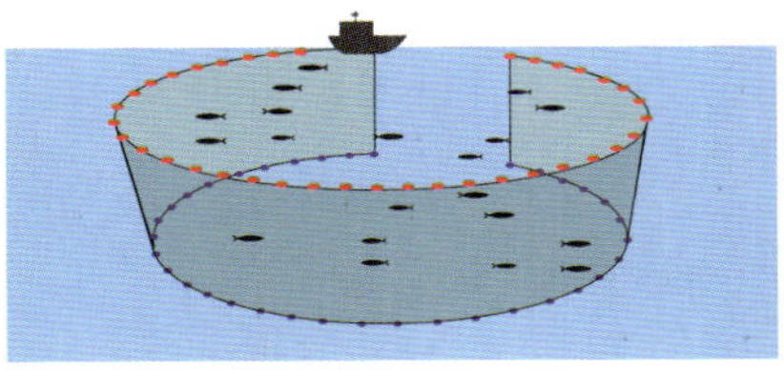

FISCHEREI MIT NETZEN
Seit langer Zeit fängt man Fische mit Netzen. Mit den modernen riesigen synthetischen Netzen kann man jedoch sehr viele Fische auf einmal fangen.

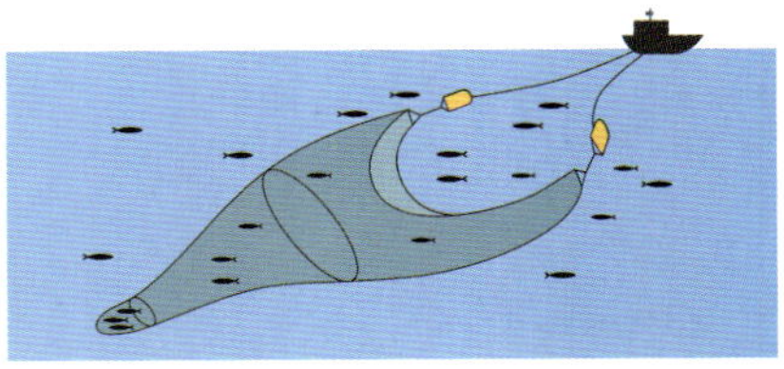

SCHLEPPNETZE
Bei dieser Methode wird das Netz am Meeresboden entlanggezogen. Oft richten die Netze hier große Schäden an. Außerdem werden wahllos alle Fische gefangen.

NACHHALTIGKEIT

Die natürlichen Ressourcen der Erde sind begrenzt. Wenn die Nachfrage steigt, steigen auch die Preise und die Ressourcen werden knapper. Wir müssen daher dafür sorgen, dass wir die Ressourcen der Erde nicht weiter ausbeuten.

Einfluss des Menschen

Weil die Weltbevölkerung wächst, verbrauchen wir immer mehr Ressourcen. Die Landschaften verändern sich und wir schädigen unsere Umwelt. Deshalb sollten wir so viele Abfälle wie möglich wiederverwerten, statt sie auf Müllhalden zu entsorgen.

EINE MÜLLHALDE

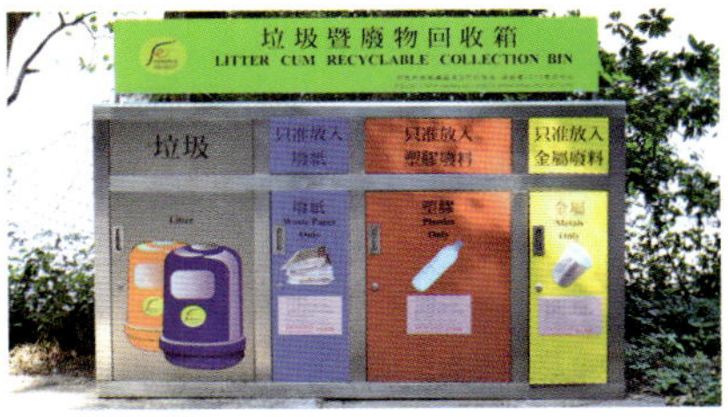

EINE RECYCLING-STATION

Abfälle

Auf der ganzen Erde produzieren Fabriken und Gewerbe, Kraftwerke, Farmer und die einzelnen Haushalte riesige Mengen an Abfällen. Chemikalien und verschiedene weggeworfene Materialien verschmutzen unsere Umwelt. Weil unser Verbrauch an Energie und Ressourcen wächst, nimmt die Verschmutzung der Erde weiterhin zu.

Auswirkungen der Industrialisierung
Nicht alle Länder produzieren gleich viele Abfälle. Dies sind die fünf Länder mit dem größten Karbonausstoß im Jahr 2012.

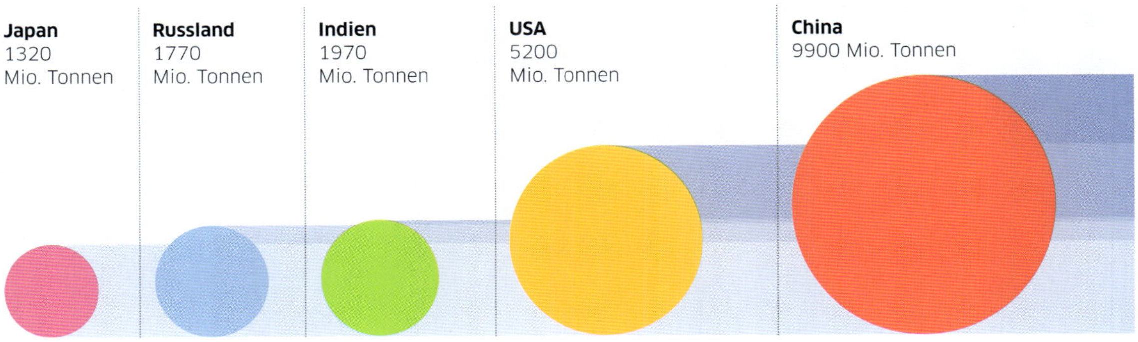

4 **Mrd. Jahre – so alt ist das älteste bekannte Gestein: ein kanadischer Gneis.**

Gesteine

Ein Gestein ist ein hartes, natürlich vorkommendes Gebilde aus Mineralien, Bruchstücken anderer Gesteine und den Überresten von Lebewesen. Es gibt Hunderte von Gesteinen, die man nach der Art ihrer Entstehung in drei Hauptgruppen unterteilt: magmatische Gesteine, Sedimentgesteine und metamorphe Gesteine.

Magmatische Gesteine
Sie bilden sich, wenn heißes Magma abkühlt und fest wird.

Sedimentgesteine
Bruchstücke anderer Gesteine werden zusammengedrückt und verfestigen sich allmählich.

Metamorphe Gesteine
Sie bilden sich aus älteren Gesteinen durch Hitze und hohen Druck tief in der Erdkruste.

GRANIT

SANDSTEIN

GNEIS

Mineralien

Es gibt Tausende von Mineralien, aber an der Erdoberfläche findet man nur etwa 30 verschiedene. Die meisten Mineralien sind Kristalle. Ihre Atome sind in einer regelmäßigen Struktur angeordnet. Jedes Mineral hat eine typische chemische Zusammensetzung und bestimmte physikalische Eigenschaften.

Aus einem chemischen Element
Manche Mineralien bestehen aus einem einzigen Element wie Schwefel, Kohlenstoff oder einem Metall wie Kupfer.

Aus mehreren Elementen
Diese Mineralien bestehen aus zwei oder mehr chemischen Elementen. Fluorit enthält z. B. Kalzium und Fluor.

SCHWEFEL

KUPFER

BORNIT

FLUORIT

Die Härte feststellen
Mineralien können weich oder wie Diamant sehr hart sein. Mit verschiedenen Skalen kann man die Härte messen. Die Mohs'sche Härteskala vergleicht die Härte mit der von zehn Mineralien, während die absolute Härte im Labor gemessen wird.

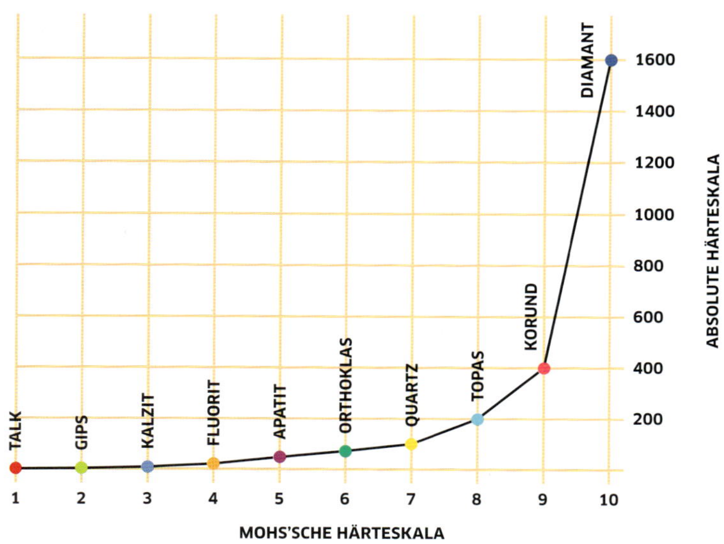

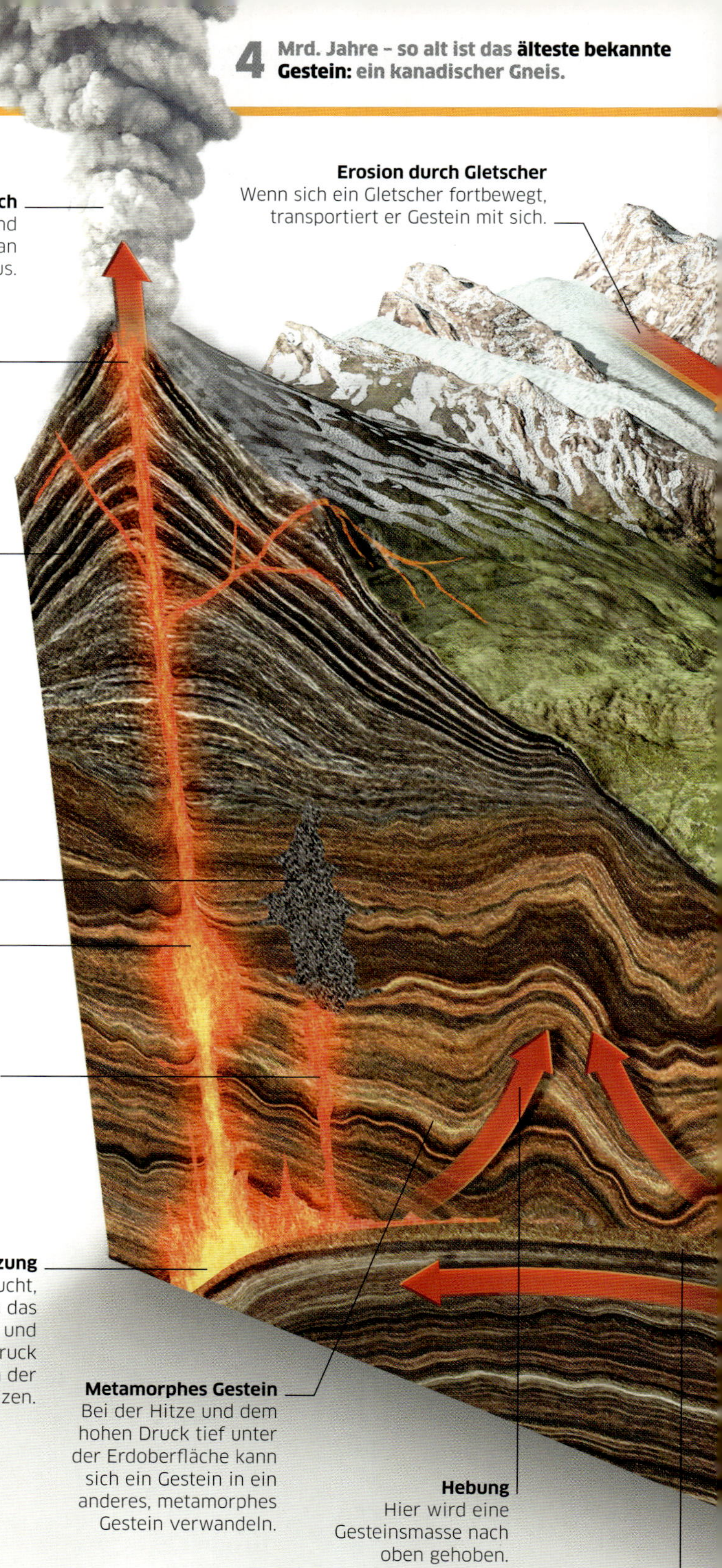

Kreislauf der Gesteine

Gesteine wandeln sich in einem unendlichen Kreislauf in andere Gesteine um. Viele Faktoren tragen auf der Erdoberfläche und im Erdinnern zu diesem Prozess bei. An der Erdoberfläche zersetzt sich das Gestein unter dem Einfluss des Wetters, und Gletscher, Flüsse und der Wind transportieren die Partikel fort. Kleine Gesteinspartikel und Schlamm lagern sich auf dem Grund von Seen, an Küsten und am Meeresgrund ab. Tief in der Erdkruste verwandeln sich Sedimentgesteine und magmatische Gesteine durch die Hitze und den hohen Druck in metamorphe Gesteine. Wenn ein Vulkan ausbricht, bilden sich neue magmatische Gesteine.

Gesteine und Mineralien

Unser Planet besteht vor allem aus Gesteinen. Sie formen die Landschaften der Erde wie Gebirge, Schluchten, Hügel und Ebenen. Die verschiedenen Gesteine setzen sich aus unterschiedlichen Mineralien zusammen.

Die meisten Gesteine sind unter dem Erdboden und der Pflanzendecke verborgen. In manchen Gegenden sind sie jedoch an der Oberfläche sichtbar wie im Gebirge. Im Lauf von Jahrmilliarden haben sich viele verschiedene Gesteine gebildet. Durch vulkanische Aktivität beispielsweise bilden sich Gesteine an oder nahe der Erdoberfläche. Sedimente, die sich auf dem Meeresboden abgelagert haben, verwandeln sich bei einem Prozess, den man Metamorphose nennt, tief in der Erdkruste durch Hitze und hohen Druck in andere Gesteine.

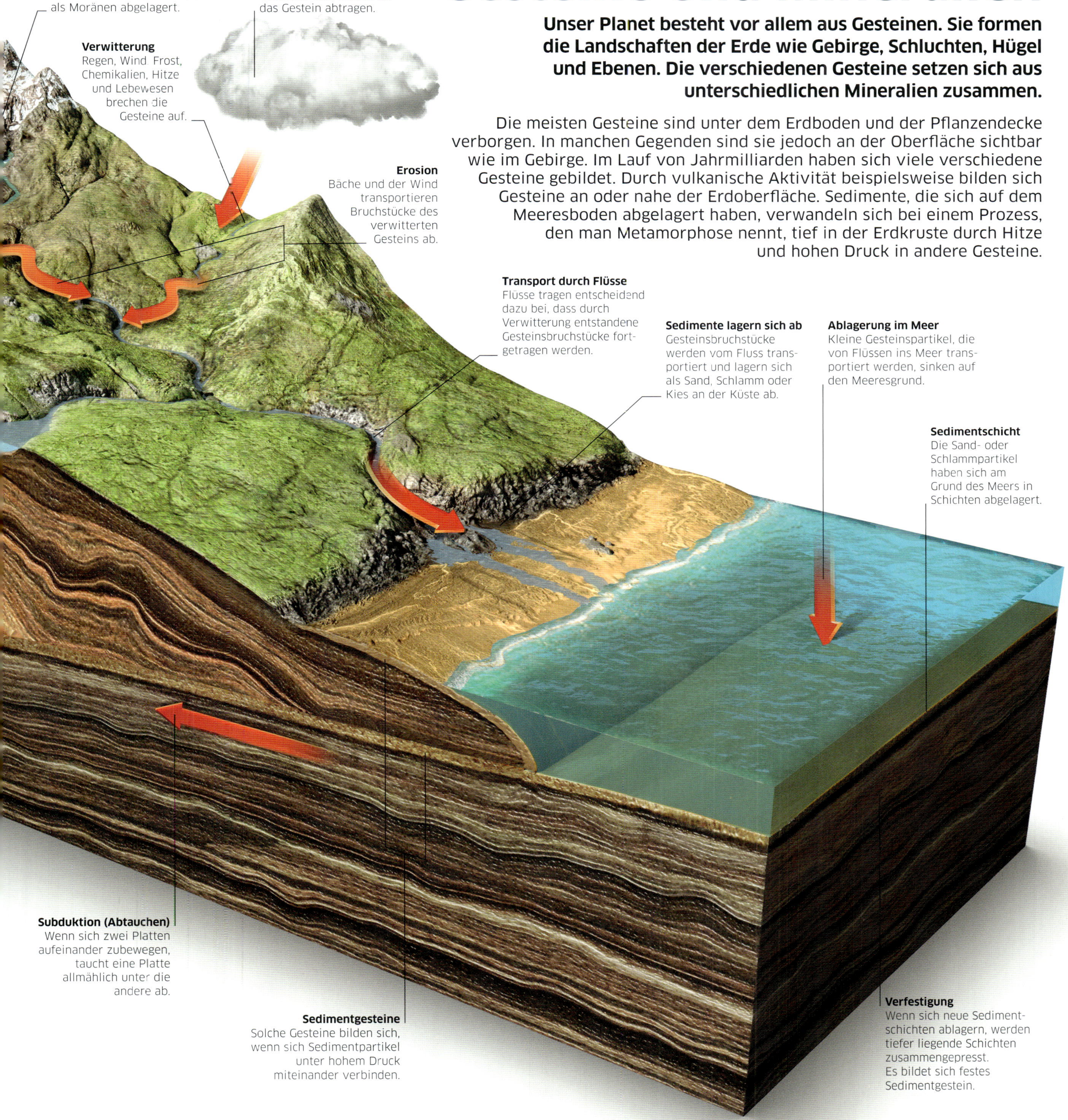

DAS WETTER

Weil sich die Bedingungen in der Erdatmosphäre ständig verändern, entsteht unser Wetter: ein blauer Himmel, Wind, Wolken, Regen oder Schnee. Von der Sonnenscheindauer und der Stärke der Bestrahlung sind die Temperatur und der Luftdruck abhängig. Die in der Atmosphäre enthaltene Feuchtigkeit bestimmt, in welcher Höhe sich Wolken bilden, ob Regen oder Schnee fällt und ob es neblig oder windig ist. In jeder Region auf der Erde folgt das Wetter einem typischen jahreszeitlichen Muster, das man als Klima bezeichnet.

WETTERSYSTEME

Das Wetter hängt von den Luftmassen in einem Gebiet und Drucksystemen ab, die sich oft im Jahresverlauf ändern. Im Sommer z. B. erwärmen sich die Landmassen, sodass über dem Festland warme, trockene Luft aufsteigt. Dadurch entsteht ein Tiefdruckgebiet, das mehr warme Luft aus der Umgebung anzieht. Dabei können Stürme aufkommen. Im Winter kühlen die Landmassen ab und kältere, dichtere Luft sinkt aus der Atmosphäre herab.

Fronten

Eine Front befindet sich zwischen zwei unterschiedlichen Luftmassen. Luftmassen, deren Luftdruck und Temperatur unterschiedlich sind, vermischen sich nicht einfach. Die Front zwischen ihnen erkennt man oft an aufsteigenden Wolkenwänden. Eine warme Luftmasse mit niedrigem Druck z. B. steigt über eine kalte Luftmasse mit hohem Druck auf. Der Wasserdampf in der warmen Luft kondensiert, wenn die Luft abkühlt. Es bilden sich Wolken und es kann regnen.

Kaltfront
Wenn sich kalte auf warme Luft zubewegt, bildet sich eine Kaltfront. Die warme Luft muss schnell aufsteigen. Es bildet sich eine Wolkenwand und es regnet heftig.

Warmfront
An einer Warmfront schiebt sich warme Luft langsam auf schwerere kalte Luftmassen. Wenn die Luft abkühlt, entstehen Wolken, aus denen Regen fällt.

Okklusionsfront
Eine Okklusionsfront bildet sich, wenn kalte Luft eine langsamere Warmfront einholt und die warme Luftmasse anhebt. Es regnet anhaltend.

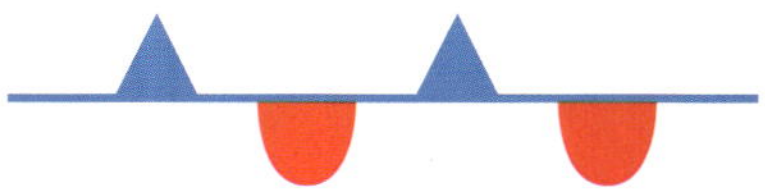

Stationäre Front
Eine stationäre Front bildet sich zwischen zwei ähnlichen Luftmassen und bewegt sich kaum. Sie kann mehrere Tage bestehen und oft regnet es lange Zeit.

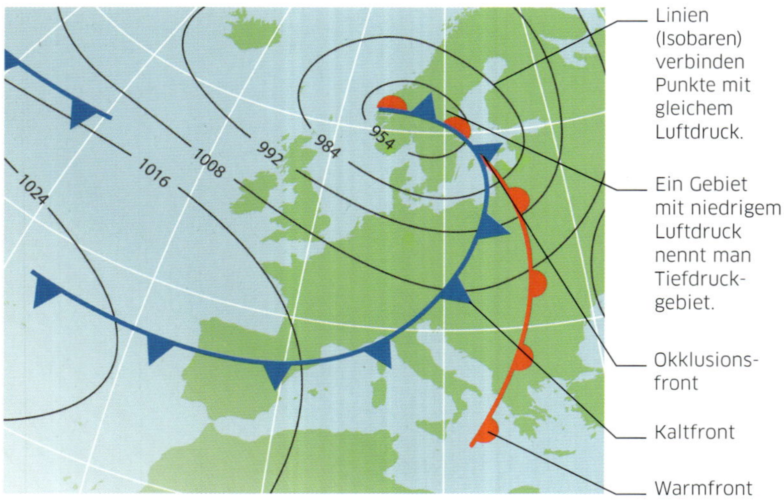

Wetterkarte
Auf dieser Karte ist die momentane Wetterlage einer Region eingezeichnet. Der Luftdruck ist durch die schwarzen Linien dargestellt, die man Isobaren nennt. Fronten zeigen an, wo es wärmer und wo es kälter werden wird.

Monsun

Monsunwinde sind starke Winde, die im Sommer in subtropischen Regionen wie in Südostasien und Indien von heftigen Regenfällen begleitet sind. Im Winter bringen sie trockenes, kühleres Wetter. Am stärksten wehen die Monsunwinde in Asien, aber auch in Westafrika, im nördlichen Australien und in Teilen Nord- und Südamerikas beeinflussen sie das Klima. Im Sommer wehen diese Winde aus der entgegengesetzten Richtung wie im Winter.

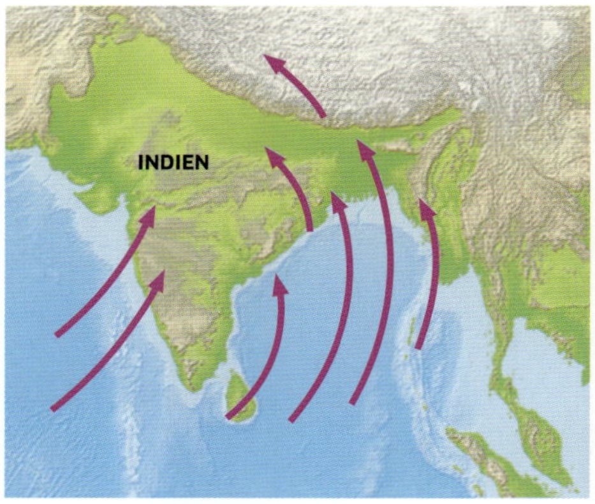

Sommer
Im Sommer wehen südostasiatische Monsunwinde vom Indischen Ozean über Indien. Sie bringen in der Regenzeit starke Regenfälle, die für den Anbau der Nutzpflanzen in dieser Region sehr wichtig sind.

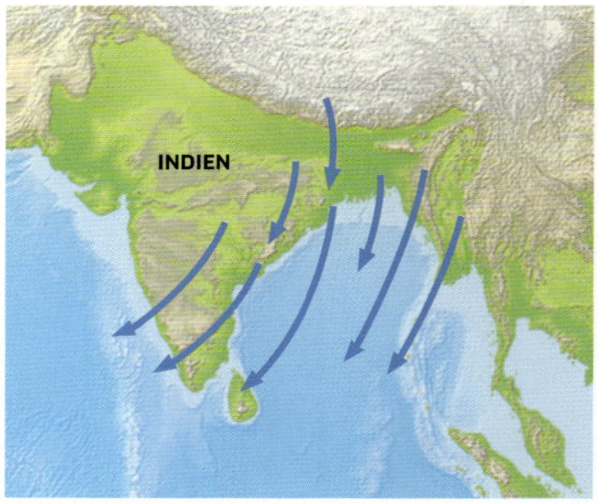

Winter
Im Winter kehren die Monsunwinde ihre Richtung um. Warme, trockene Winde und schönes Wetter sind in der Trockenzeit in Indien und im Raum des Indischen Ozeans typisch.

WETTERFRONTEN SIND GRENZEN ZWISCHEN **LUFTMASSEN**, DEREN TEMPERATUR, LUFTFEUCHTIGKEIT UND DRUCK UNTERSCHIEDLICH SIND.

Hurrikans

Ein Hurrikan ist ein tropischer Wirbelsturm, begleitet von sintflutartigen Regenfällen. Zunächst ziehen, meist im Spätsommer, mehrere kleinere Unwetter über einem tropischen Meer auf. Weil der Luftdruck in den Unwettergebieten niedrig ist, wird warme, feuchte Luft angezogen. Wegen der Erdrotation wird sie in eine wirbelförmige Bewegung versetzt. Die rasch aufsteigende Luft kühlt ab. Es bilden sich turmhohe Unwetterwolken und Regen fällt in Strömen. Wenn der Hurrikan die Küste erreicht, kommt es zu Überschwemmungen.

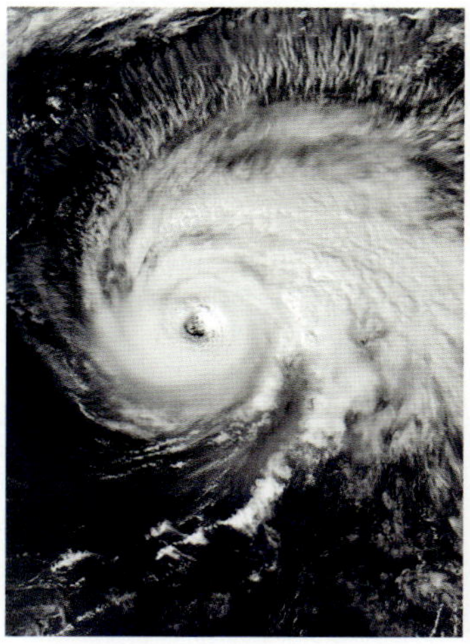

Blick von oben
Auf dieser Satellitenaufnahme ist die spiralige Form des Hurrikans zu erkennen. Auch das Auge in der Mitte ist deutlich zu sehen.

NIEDERSCHLÄGE

Als Niederschläge bezeichnet man Wasser in unterschiedlicher Form, das vom Himmel fällt. Nebel besteht aus winzigen Wassertröpfchen und Regen, Hagel und Schnee aus größeren Tropfen. Die Art des Niederschlags hängt von der Temperatur der Luft ab.

Niederschlagsformen

Verschiedene Niederschläge fallen je nach Lufttemperatur vom Himmel oder bilden sich in Bodennähe.

Regen
Wolken bestehen aus winzigen Wassertröpfchen. Es regnet, wenn die Tropfen so schwer werden, dass sie zu Boden fallen.

Schnee
Wenn Wassertröpfchen in kalter Luft gefrieren, entstehen Kristalle, die miteinander verkleben und als Schnee zu Boden fallen.

Graupel
Graupel ist eine Mischung aus Schnee und Regen. Dieser Niederschlag entsteht, wenn Regen zu gefrieren beginnt oder wenn Schnee in der Luft zu schmelzen beginnt.

Hagel
Hagelkörner sind Eiskörner, die sich in Gewitterwolken bilden. Je größer die Wolke ist, desto größer sind auch die Hagelkörner.

Nebel
Nebel bildet sich, wenn warme, feuchte Luft beim Kontakt mit dem kühlen Erdboden oder der kalten Meeresoberfläche abkühlt.

Wolkenbildung

Wenn die Sonne auf Meere und Seen scheint, verdampft Wasser. Der warme Wasserdampf steigt auf. Beim Aufsteigen kühlt die Luft ab. Weil kalte Luft weniger Feuchtigkeit aufnehmen kann als warme, kondensiert (flüssig werden) der Wasserdampf, sodass sich Wolken bilden. Wolken in über 5000 m Höhe bestehen aus Eiskristallen.

1 DIE SONNE SCHEINT Wasserdampf steigt vom Erdboden oder der Oberfläche des Meers oder eines Gewässers auf.

2 WASSERDAMPF KONDENSIERT Beim Aufsteigen kondensiert der Wasserdampf. Es bilden sich Wolken.

3 WOLKEN STEIGEN AUF Bei der Kondensation wird Wärme in die Umgebung abgegeben. Die Wolken steigen auf.

Wolkentypen

Es gibt drei Haupttypen von Wolken und viele Variationen. Kumuluswolken sind bauschig, Zirruswolken federartig und Stratuswolken bilden Schichten. An der Form kann man erkennen, wie viel Feuchtigkeit in der Atmosphäre ist und wie sie sich bewegt.

Namen der Wolken
Je nach ihrer Form, ihrer Größe und der Höhe, in der sie sich bilden, haben Wolken unterschiedliche Namen.

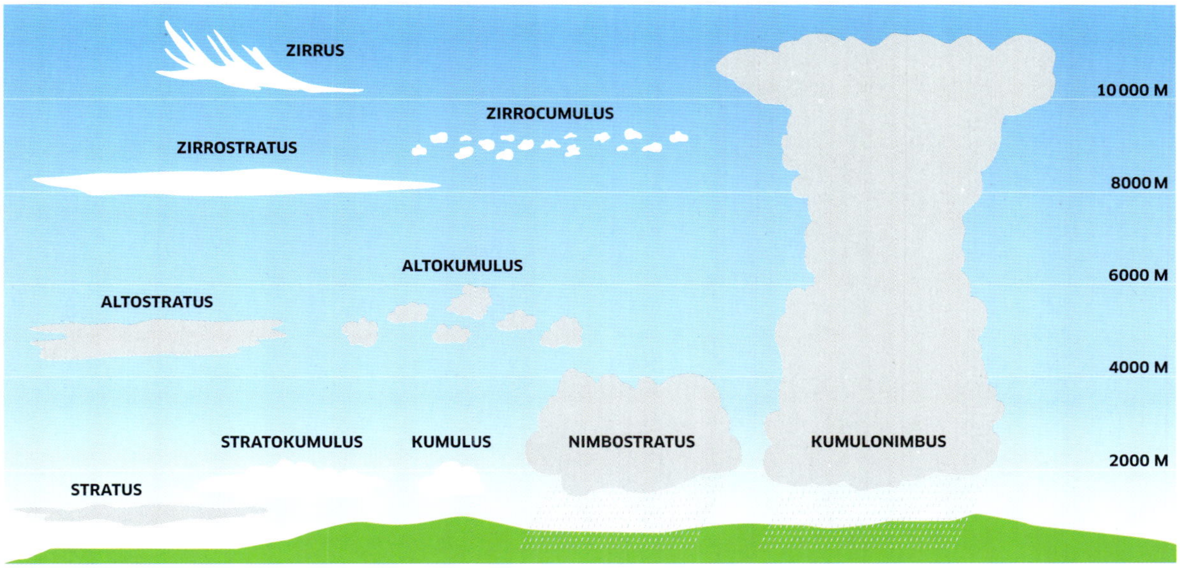

WIND

Winde wehen in der Atmosphäre der Erde häufig, von sanften Brisen bis hin zu gewaltigen Stürmen wie Tornados. Sie können täglich oder zu bestimmten Jahreszeiten auftreten.

Was ist Wind?

Wind ist eine Luftbewegung von einem Hochdruckgebiet zu einem Tiefdruckgebiet. Je größer der Unterschied zwischen den beiden Luftmassen ist, desto höher ist die Windgeschwindigkeit. Sie wird mit der Beaufortskala gemessen, einer Skala von 0 bis 12. Hurrikans mit Windstärke 12 können 480 km/h erreichen.

BEAUFORTSKALA	
0	WINDSTILLE
1	LEISER ZUG
2	LEICHTE BRISE
3	SCHWACHE BRISE
4	MÄSSIGE BRISE
5	FRISCHE BRISE
6	STARKER WIND
7	STEIFER WIND
8	STÜRMISCHER WIND
9	STURM
10	SCHWERER STURM
11	ORKANARTIGER STURM
12	ORKAN

Tornados

Tornados sind Luftwirbel, die gewaltige Schäden anrichten können. Meistens beträgt die Windgeschwindigkeit weniger als 200 km/h, aber sie kann bis zu 480 km/h erreichen. Tornados sind an der rotierenden trichterförmigen Luftsäule zu erkennen, die von den Wolken bis auf den Erdboden reicht. Ein Tornado kann Plantagen und Gebäude zerstören. Die Entstehung von Tornados steht vor allem in den USA mit Gewittern in Verbindung.

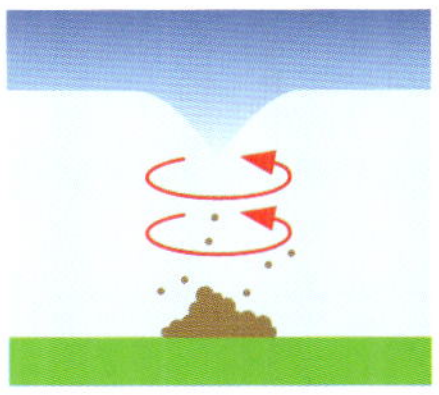

1 ROTATION Aufsteigende warme Luft beginnt zu rotieren, die Wolkenbasis bewegt sich abwärts.

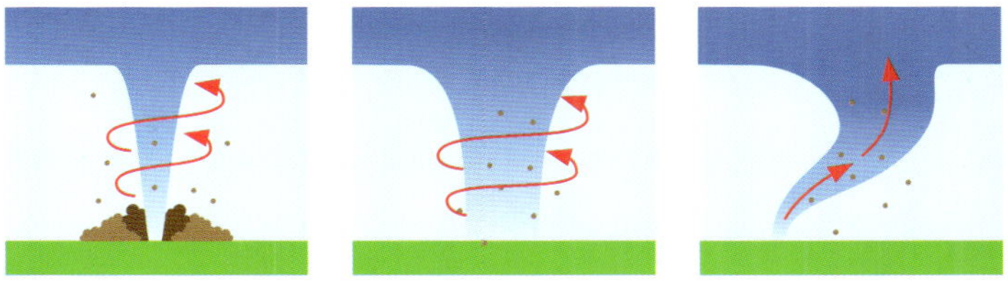

2 TRICHTERBILDUNG Der Trichter reicht bis zum Boden, saugt warme Luft an und dreht sich schneller.

3 VERGRÖSSERUNG Die Luftsäule kann mehrere Hundert Meter breit werden und sehr zerstörerisch sein.

4 DAS ENDE Schließlich wird der Trichter wieder schmäler und zieht sich in die Wolke zurück.

Gewitter

Gewitter entstehen in großen Kumulonimbus-Wolken. Sie transportieren Wasserdampf hoch in die Atmosphäre, wo sich Hagelkörner aus Eis bilden können.

Blitze
Wenn in einer Gewitterwolke Eiskristalle aneinanderstoßen, erzeugen sie ein elektrisches Feld. Es entlädt sich als Blitz.

Im Lauf seines Lebens **setzt ein Hurrikan** so viel Energie um, **wie 10 000 Atombomben besitzen.**

50 mm pro Stunde – **so viel Regen fällt,** wenn ein Hurrikan wütet.

Hurrikans

Die verheerendsten Stürme der Erde entstehen über warmen tropischen Meeren. Es regnet sintflutartig und die Windgeschwindigkeit kann über 250 km/h betragen.

Hurrikans bilden sich meist im Spätsommer über warmen Meeren. Zunächst ziehen mehrere Unwetter auf, die miteinander verwirbeln und komplizierte Systeme mit gewaltigen Regenbändern bilden. Weil der Luftdruck in diesen Systemen niedrig ist, wird warme, feuchte Luft angezogen. Sie steigt in Spiralen auf und kühlt ab, sodass es sintflutartig regnet. Bei Windgeschwindigkeiten von über 120 km/h entstehen viele Meter hohe Wellen. Nähert sich der Hurrikan dem Festland, wird die Küste überflutet. Wenn der Wirbelsturm über das Festland zieht, kann er keine Wärme mehr aus dem Meerwasser aufnehmen und verliert bald an Kraft. Oft haben die Stürme, der heftige Regen und die Flutwellen dann aber bereits gewaltige Schäden angerichtet.

Viele Namen

Alle Hurrikans haben die gleiche Struktur und entwickeln sich auf die gleiche Weise. In verschiedenen Regionen der Erde haben diese Stürme aber unterschiedliche Namen, wie auf der Karte zu sehen ist.

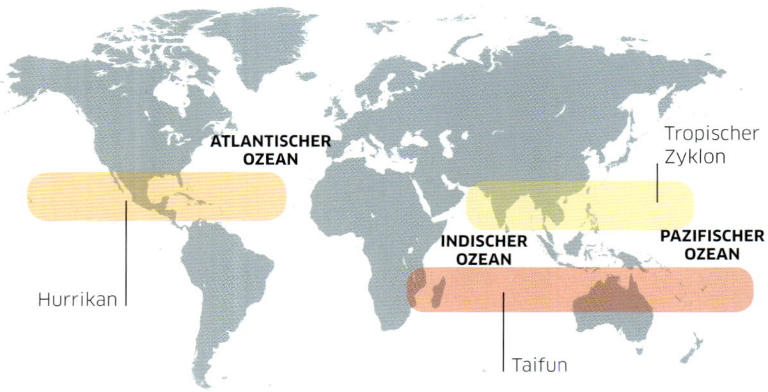

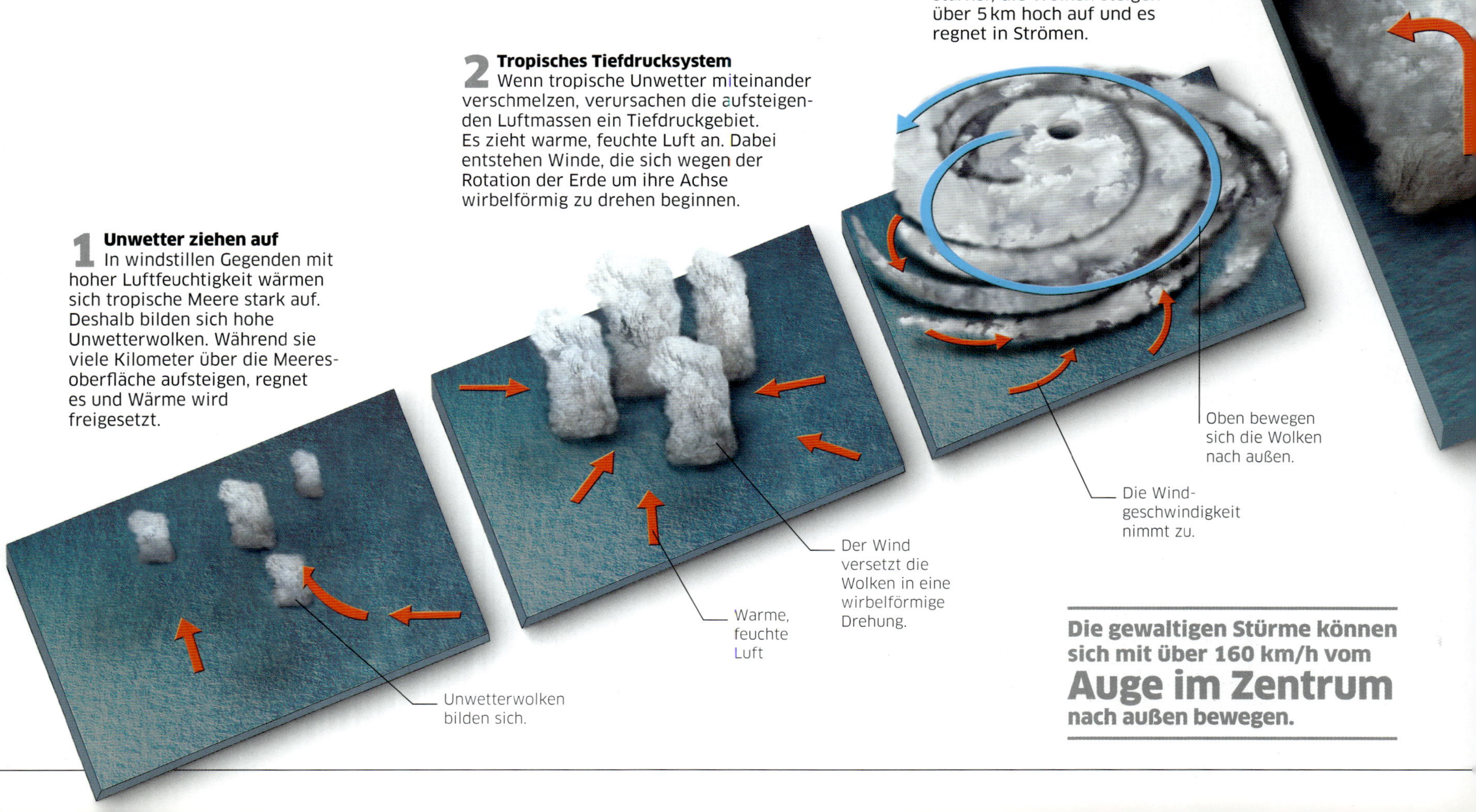

1 Unwetter ziehen auf
In windstillen Gegenden mit hoher Luftfeuchtigkeit wärmen sich tropische Meere stark auf. Deshalb bilden sich hohe Unwetterwolken. Während sie viele Kilometer über die Meeresoberfläche aufsteigen, regnet es und Wärme wird freigesetzt.

2 Tropisches Tiefdrucksystem
Wenn tropische Unwetter miteinander verschmelzen, verursachen die aufsteigenden Luftmassen ein Tiefdruckgebiet. Es zieht warme, feuchte Luft an. Dabei entstehen Winde, die sich wegen der Rotation der Erde um ihre Achse wirbelförmig zu drehen beginnen.

3 Tropischer Sturm
Wenn die Windgeschwindigkeiten 61 bis 120 km/h erreichen, spricht man von einem tropischen Sturm. Er formiert sich immer stärker, die Wolken steigen über 5 km hoch auf und es regnet in Strömen.

Die gewaltigen Stürme können sich mit über 160 km/h vom Auge im Zentrum nach außen bewegen.

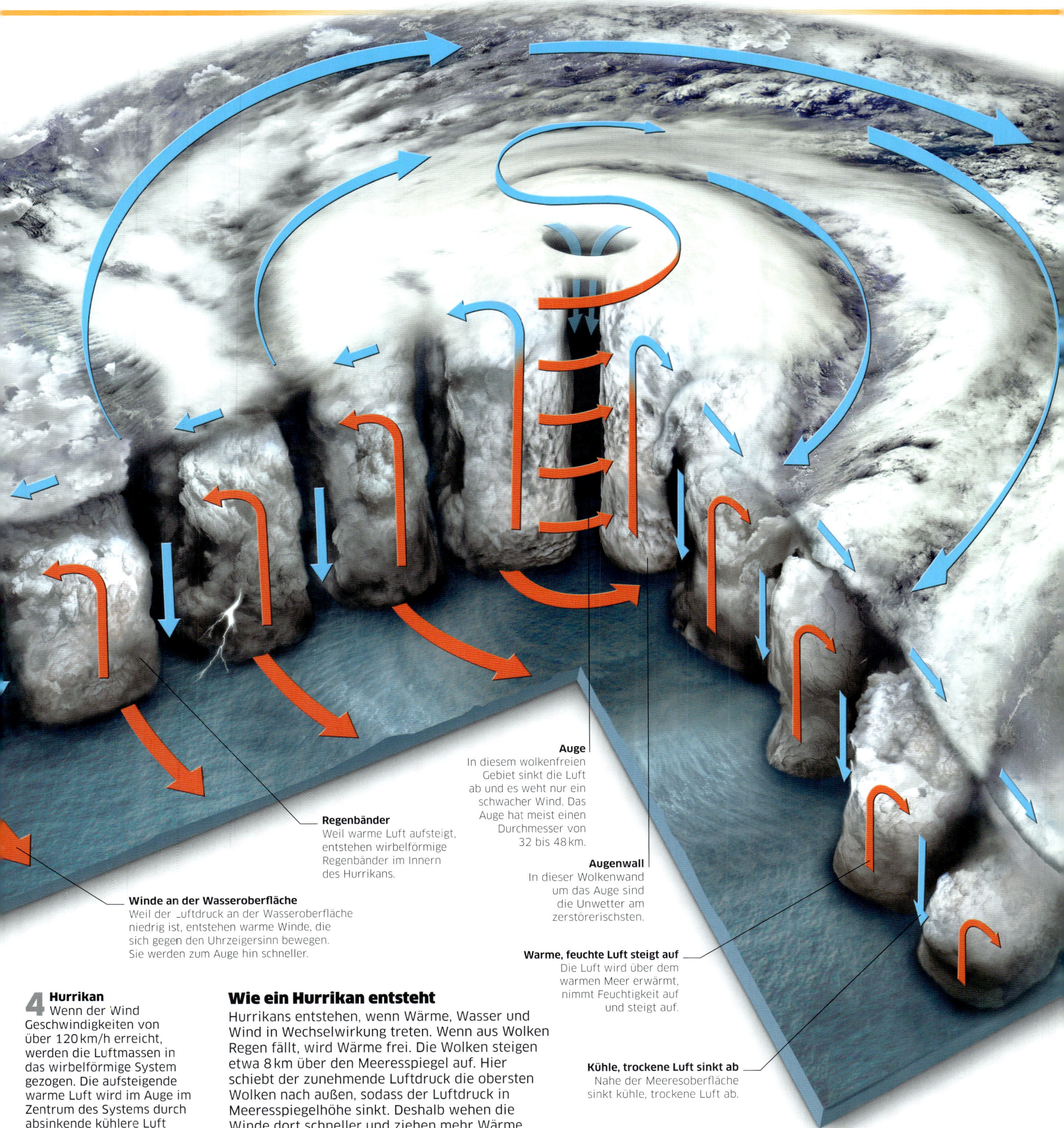

4 Hurrikan Wenn der Wind Geschwindigkeiten von über 120 km/h erreicht, werden die Luftmassen in das wirbelförmige System gezogen. Die aufsteigende warme Luft wird im Auge im Zentrum des Systems durch absinkende kühlere Luft ersetzt. Hier ist es windstill.

Wie ein Hurrikan entsteht

Hurrikans entstehen, wenn Wärme, Wasser und Wind in Wechselwirkung treten. Wenn aus Wolken Regen fällt, wird Wärme frei. Die Wolken steigen etwa 8 km über den Meeresspiegel auf. Hier schiebt der zunehmende Luftdruck die obersten Wolken nach außen, sodass der Luftdruck in Meeresspiegelhöhe sinkt. Deshalb wehen die Winde dort schneller und ziehen mehr Wärme und Feuchtigkeit von der Meeresoberfläche an.

20 % des **Süßwassers der Erde** befindet sich im **Baikalsee** in Russland.

Wasserkreislauf

Das Wasser auf der Erde ist immer in Bewegung. Unentwegt durchläuft es den Wasserkreislauf. Ohne Wasser gäbe es kein Leben auf unserem Planeten.

Wasser befindet sich auf der Erde in den Ozeanen und Meeren und in Flüssen und Seen. Es bildet das Grundwasser und auch Gletscher bestehen aus gefrorenem Wasser. All das Wasser ist ständig in Bewegung. Der Wasserkreislauf beginnt damit, dass die Wärme der Sonne das Wasser verdampfen lässt. In der Atmosphäre bildet es Wolken oder Nebel. Schließlich gelangt es als Regen oder Schnee wieder auf die Erdoberfläche. Bäche und Flüsse transportieren es in einen See oder ins Meer, wo es schließlich wieder verdampft: Der Kreislauf beginnt von Neuem.

Weil es auf der Erde flüssiges Wasser gibt, hat sich die Erdatmosphäre ausgebildet. Sie schützt die Erde vor der Strahlung der Sonne. Deshalb konnten sich auf unserem Planeten Lebewesen entwickeln.

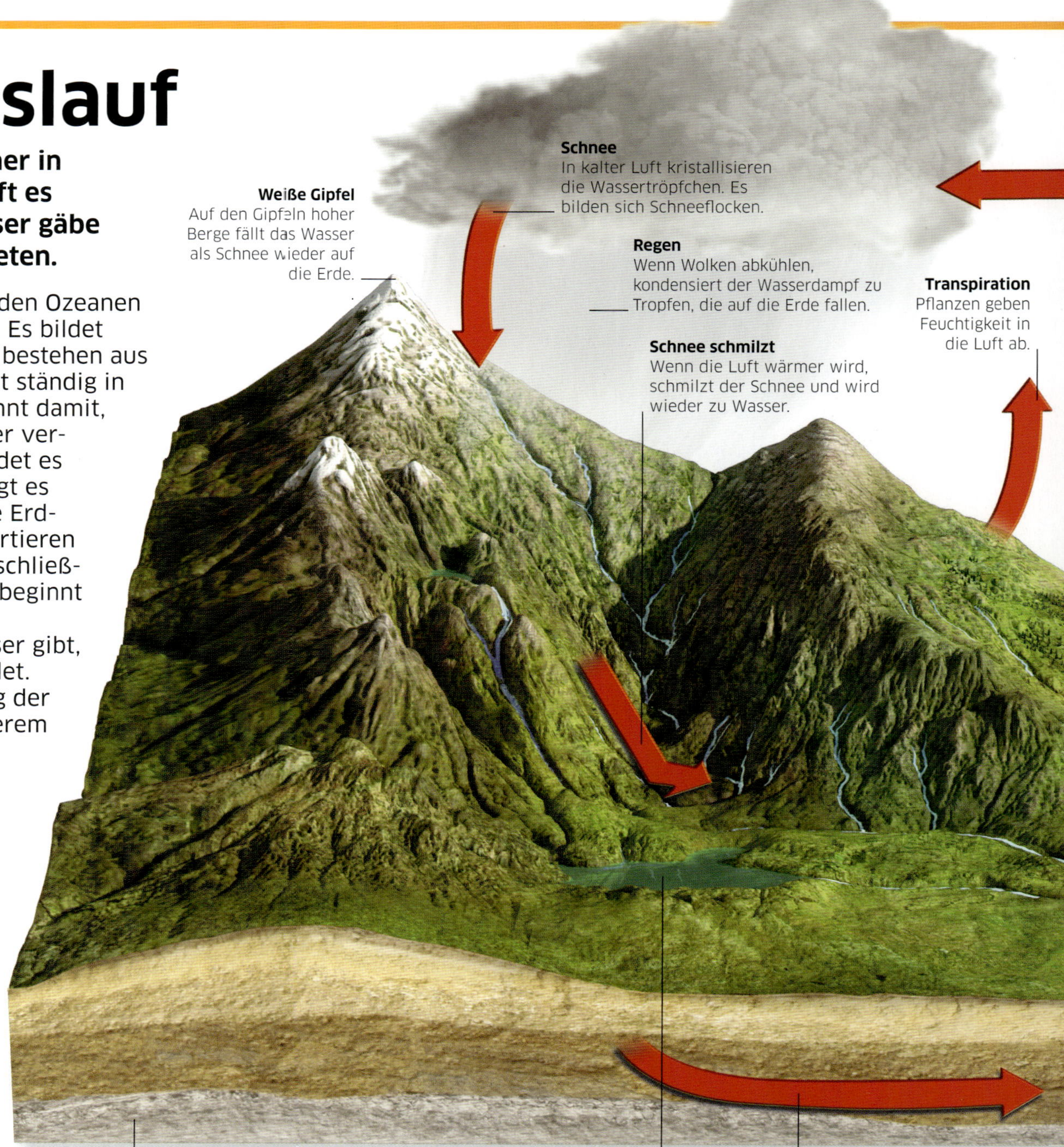

Wasser in Bewegung

All das Wasser auf der Erde durchläuft den Wasserkreislauf. Sogar der Schnee auf den Gipfeln der Gebirge und die gewaltigen Eisschilde in der Antarktis sind Teil dieses Kreislaufs: Irgendwann schmelzen Schnee und Eis und das Wasser ist wieder in Bewegung. Auch unterirdisches Wasser bewegt sich: Es fließt ähnlich wie die Flüsse, auch wenn wir es nicht sehen.

Verschiedene Seen

Ein See bildet sich, wenn sich eine Mulde in der Landschaft mit Wasser füllt. Die meisten Seen sind Süßwasserseen, aber es gibt auch einige, deren Wasser salzhaltig ist. Die Mulden, in denen sich Seen gebildet haben, sind auf unterschiedliche Weise entstanden. Manche sind Jahrmillionen alt, andere wurden von Menschen geschaffen. Ein See kann allmählich verlanden, weil sich am Grund Sedimente ablagern.

Grabenbruchsee
Bei der Bewegung tektonischer Platten kann ein Grabenbruch entstehen, der sich mit Wasser füllt.

Toteissee
Ein oft runder See mit steilen Ufern bildet sich, wenn ein unterirdischer Block aus Gletschereis schmilzt.

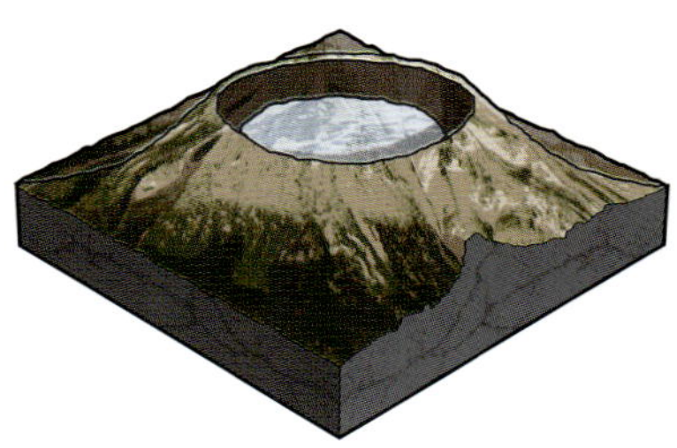

Calderasee
Ein kreisrunder See entsteht, wenn sich ein Vulkankrater einige Zeit nach dem Ausbruch mit Regenwasser füllt.

Stausee
Der von Menschen angestaute See dient als Trinkwasserspeicher oder Reservoir für ein Wasserkraftwerk.

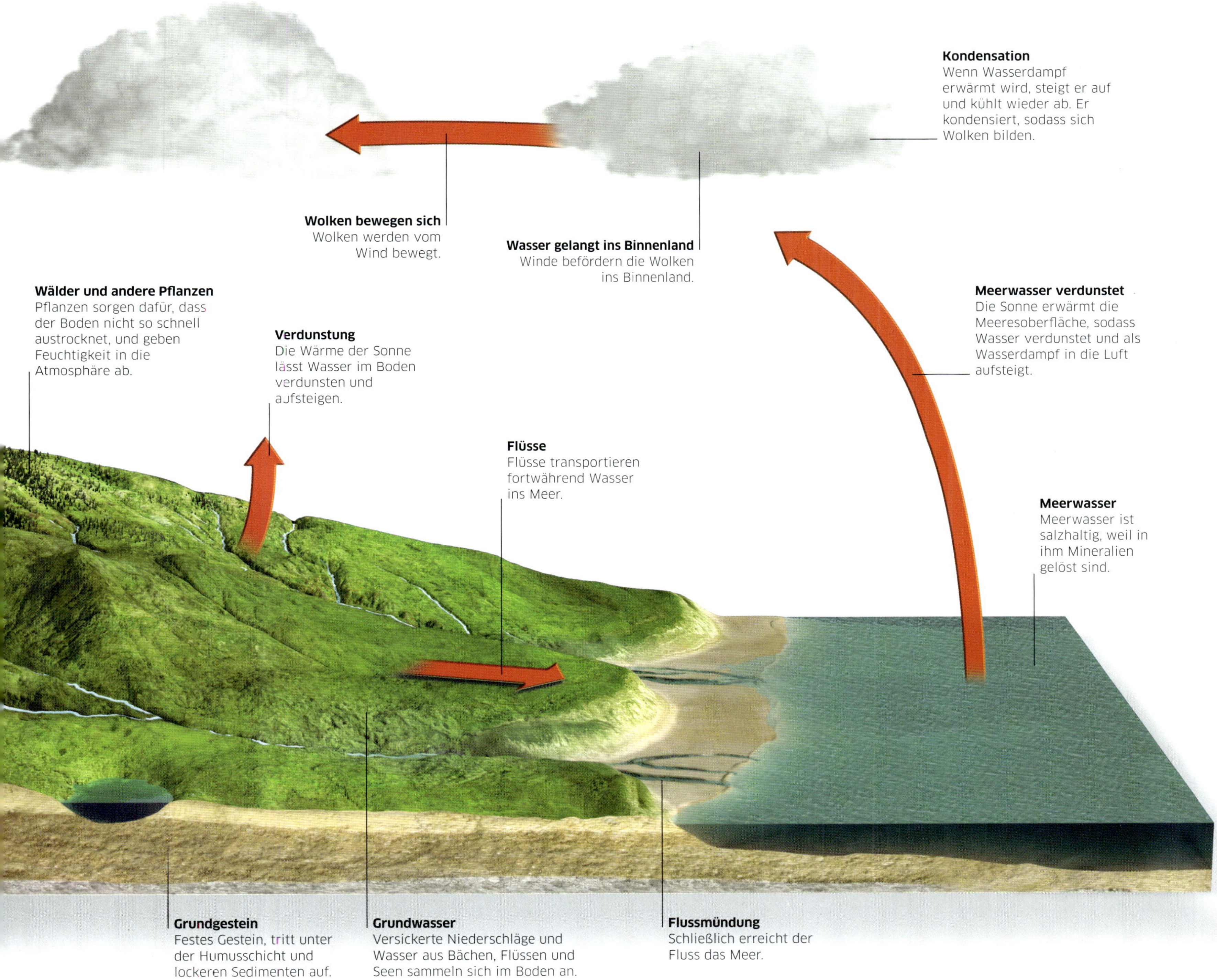

Flüsse

Wenn es regnet, fließt das Wasser hangabwärts. Kleine Wasserläufe vereinigen sich zu Bächen und Flüssen, die in Mulden im Gelände Seen bilden und schließlich in ein Meer münden. Von der Quelle bis zur Mündung ändert sich der Charakter des Gewässers. Kurz nach der Quelle fließt das Wasser schnell. Zur Mündung hin wird der Fluss immer breiter und langsamer.

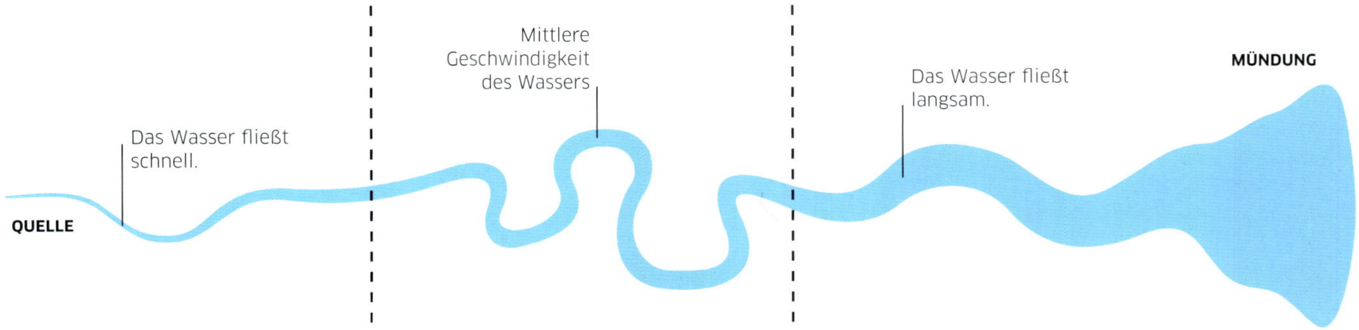

Oberlauf
Nahe der Quelle fließen Bäche schnell. Das Wasser transportiert Steine mit sich, die das Bachbett immer tiefer ausschürfen.

Mittellauf
Wenn das Gelände allmählich weniger steil abfällt, fließt der Fluss langsamer. Er windet sich in Schleifen, die man Mäander nennt. Hier kommt es häufiger zu Überschwemmungen.

Unterlauf
Erreicht ein Fluss das Tiefland, wird er breiter und fließt langsamer, bevor er in einen See oder ins Meer mündet. Je langsamer er fließt, desto mehr Sedimente lagern sich am Grund ab.

DIE EROSION

Auf uns wirken die Landschaften unveränderlich, aber sie wurden im Lauf von Jahrmillionen durch den Wind und das Wasser geformt. Gesteine werden in winzige Bruchstücke aufgebrochen und abtransportiert, sodass sie sich anderswo wieder ablagern. Die Veränderung der Landschaften geschieht meistens sehr langsam.

WIND

Wahrscheinlich warst du schon einmal an einem Strand, wo dir der Wind Sand ins Gesicht geweht hat. Starke Winde können Staub, Sandkörner und andere Teilchen des Erdbodens mit sich tragen und befördern sie manchmal weite Strecken. Diese Winderosion ist in trockenen Gebieten am stärksten, denn hier ist die Pflanzendecke, die den Boden schützt, nur dünn oder gar nicht ausgebildet. Man nennt solche Gegenden Wüsten. Oft bilden sich hier Sanddünen.

Sanddünen

Je stärker der Wind weht, desto weiter kann er Sedimentteilchen transportieren, bevor sie zu Boden fallen. Wenn Sandkörner über den Boden rollen, bilden sich kleine wellenförmige Rippel. Manchmal häufen sich größere Formationen an, die man Dünen nennt. Wo der Wind beständig weht, können Sanddünen viele Meter hoch und mehrere Kilometer lang werden.

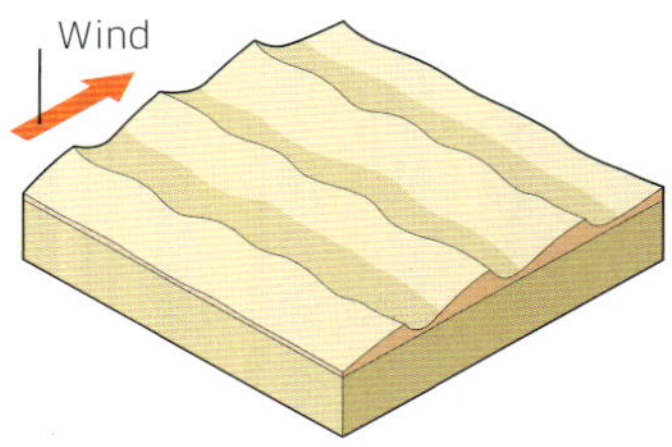

Querdünen
Wenn viel Sand vorhanden ist, können sich mehrere Dünen im rechten Winkel zur Windrichtung bilden.

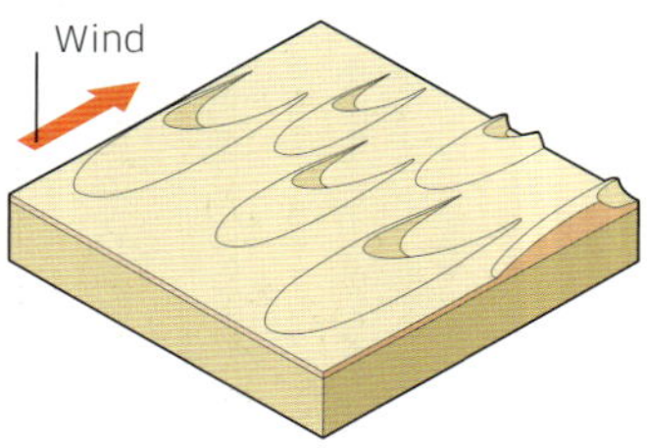

Sicheldünen
Weil sich zwischen den Dünenkämmen Luftwirbel bilden, bewegen sich die Sichelenden schneller als der Hauptkamm.

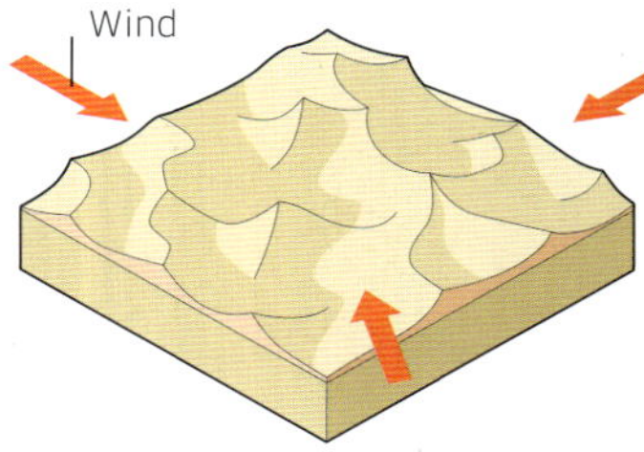

Sterndünen
Solche Dünen bilden sich, wenn sich die Windrichtung ständig ändert. Sie können beachtlich hoch werden.

Winderosion

Im Lauf der Zeit trägt der Wind die frei liegende Oberfläche des Gesteins ab. Die Winderosion schafft oft merkwürdige Formationen, die meistens irgendwann einstürzen. Sogar harte Gesteine werden durch das „Sandstrahlgebläse“ allmählich umgeformt und abgeschliffen. Wenn der Boden in einem Gebiet völlig abgetragen wird, bleibt Ödland zurück.

Felsentor
Vom Wind transportierter Sand hat das Gestein im Arches-Nationalpark (USA) zu solchen bizarren Formationen abgeschliffen.

KÜSTEN

Küsten werden ständig umgeformt. Liegen sie nicht geschützt, tragen die Wellen und Meeresströmungen das Gestein allmählich ab, sodass sich Kliffe und Landzungen bilden. An geschützteren Küsten lagern sich Sedimente ab. Es entstehen Sandstrände, Dünen, Wattenmeere oder Salzmarschen. Auch an der Mündung von Flüssen verändert sich die Küste, weil sich hier oft Sedimente aus dem Flusswasser ablagern.

Erosion an der Küste

Die Wellen spielen bei der Formung der Küstenlinie eine wichtige Rolle. Sie branden mit großer Kraft an, sodass Gesteinsbruchstücke gelockert, forttransportiert und zu Kies zermalmt werden. Weil der Kies von den Wellen immer wieder auf den Strand gespült wird, trägt er selbst zur Erosion bei.

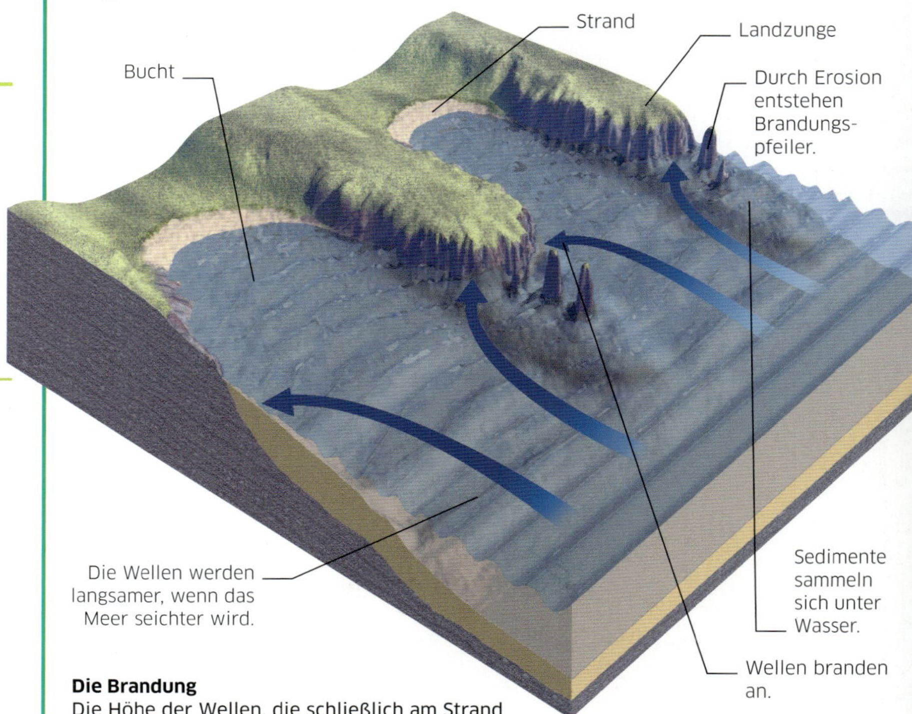

Die Brandung
Die Höhe der Wellen, die schließlich am Strand brechen, hängt von der Stärke des Windes und der Wasserfläche ab, auf die der Wind einwirkt.

Ablagerung

Wo ein Fluss ins Meer mündet, lädt er einen großen Teil seiner Sedimentfracht ab. Es kann sich ein breiter Trichter bilden, den man als Ästuar bezeichnet. Die Wellen und die Meeresströmungen transportieren Sedimente entlang der Küste. Es entstehen Sandstrände, Dünen und Landzungen.

Sedimente häufen sich an
Sedimente können die Küste entlang verweht oder gespült und sogar ins Binnenland transportiert werden, wo sich Dünen bilden.

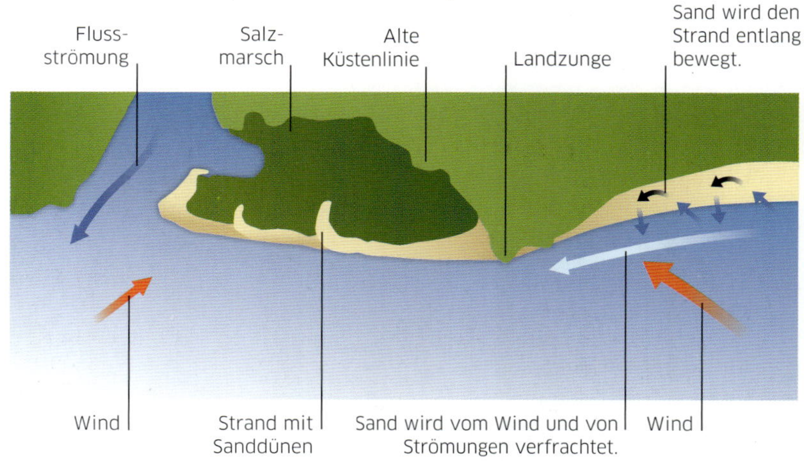

WASSER

Das salzhaltige Wasser der Ozeane bedeckt etwa drei Viertel der gesamten Erdoberfläche. Wenn die Sonne scheint, verdampft Meerwasser. Der Wasserdampf steigt auf und bildet Wolken. Schließlich fällt er als Regen wieder auf die Erde. Ein Teil des Regenwassers sickert in den Erdboden und wird in unterirdischen Gesteinen gespeichert. Das restliche Wasser fließt ab und bildet Bäche und Flüsse, die schließlich wieder ins Meer münden. Der Kreislauf des Wassers schließt sich.

Regen

In der Atmosphäre der Erde bilden winzige Wassertröpfchen Wolken und Nebel. Wenn sich die Temperatur und der Luftdruck verändern, kondensiert der Wasserdampf zu größeren, schwereren Tropfen, die als Regen, Hagel oder Schnee wieder auf die Erde fallen. Wenn Regen auf den Erdboden fällt, bewegt er Boden- oder Sandpartikel.

Unverzichtbar
Regen ist lebenswichtig. Er versorgt alle Tiere und Pflanzen auf dem Festland mit Wasser.

REGENTROPFEN SIND IMMER KLEIN, DENN WENN SIE GRÖSSER ALS 4 MM WERDEN, ZERFALLEN SIE IN ZWEI TRÖPFCHEN.

Flüsse

Wasser fließt wegen der Schwerkraft hangabwärts. Wenn es aus einer Quelle an die Erdoberfläche tritt, fließt es in einem Bach, der sich mit anderen Bächen zu einem Fluss vereinigt. Flüsse können auf ihrem Weg zum Meer Täler in das Gelände schneiden. Je schneller ein Fluss fließt, desto mehr Sedimente kann er transportieren.

Die längsten Flüsse der Erde
Der Nil ist der längste Fluss der Erde: Er ist 6650 km lang. Der Amazonas ist zwar nicht so lang, transportiert aber mehr Wasser: etwa ein Fünftel des gesamten Flusswassers der Erde.

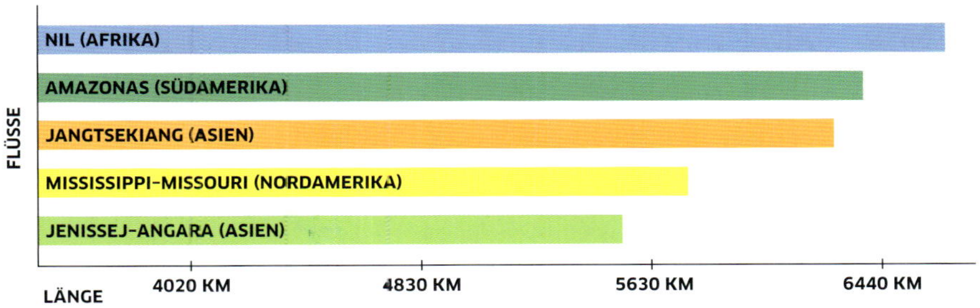

Mäander eines Flusses
Wenn ein Fluss langsam durch das Tiefland fließt und nicht von einem Tal geleitet wird, bildet das Flussbett Schleifen (Mäander) aus.

Altarme eines Flusses

Im Tiefland bildet das Bett eines Flusses oft Schleifen aus, die man Mäander nennt. Schließlich wird die Schlinge vom Hauptfluss abgeschnitten. Es entsteht ein u-förmiges stehendes Gewässer, ein sogenannter Altarm.

1 DER FLUSS BILDET EINEN MÄANDER
Wenn das Flusswasser in einer leichten Kurve fließt, wird das äußere Ufer abgetragen. Am inneren Ufer lagern sich Sedimente ab. Deshalb vergrößert sich die Schleife allmählich.

2 DIE SCHLEIFE WIRD ENGER
Wegen der ständigen Erosion des äußeren Ufers und der Sedimentablagerung am inneren Ufer wird der Hals der Schleife im Lauf der Zeit immer enger.

3 EIN ALTARM WIRD ABGETRENNT
Schließlich ist der Hals so schmal, dass der Fluss die Ufer durchbricht: Er nimmt wieder den geraden Weg. Sedimente verschließen die Durchbruchstelle.

Wasserfälle

Ob ein Fluss ein Tal in die Landschaft schneidet, hängt von der Härte des Gesteins ab, über das er fließt. Weiche Gesteine werden schneller abgetragen als harte. Wenn ein Fluss über harte und weiche Gesteine fließt, wird der Untergrund unterschiedlich schnell abgetragen. Deshalb entstehen im Lauf der Zeit Wasserfälle.

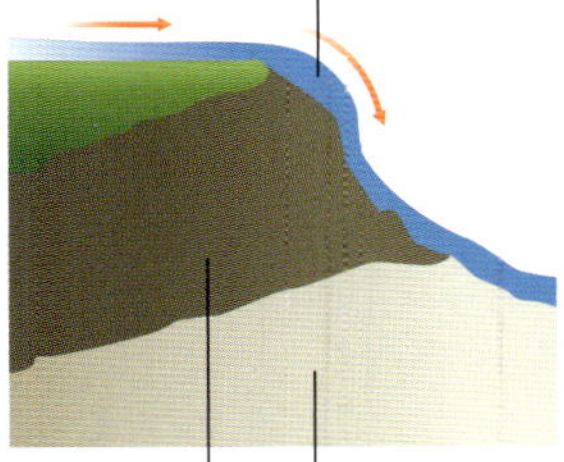

1 STUFE IM FLUSSBETT
Hier fließt ein Fluss über harte und weiche Gesteinsschichten. Das weiche Gestein wird schneller abgetragen, sodass sich eine Stufe bildet.

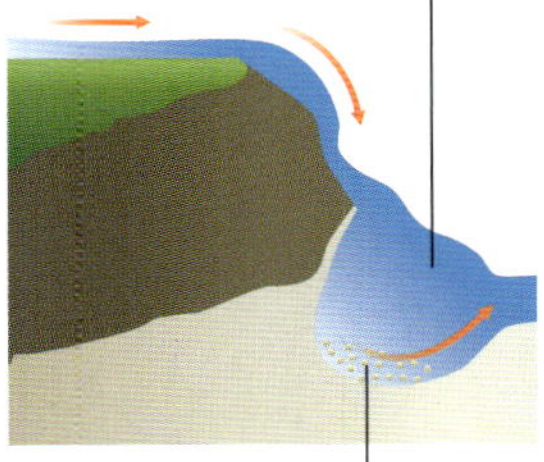

2 EIN WASSERFALL
Wenn das Wasser im freien Fall auf das weiche Gestein trifft, höhlt es allmählich ein sogenanntes Tosbecken aus.

Gletscher

Eis ist hart und kann zerbrechen. Die Eismassen eines Gletschers jedoch fließen langsam hangabwärts. Dabei transportieren sie Gesteinsbruchstücke mit sich, die das Gelände abschürfen. Der Gletscher hinterlässt ein tiefes, breites Tal in der Landschaft.

Ein Gletscher bewegt sich fort
Gewaltige Ströme aus Eis, die man Gletscher nennt, fließen unter dem Einfluss der Schwerkraft vom Hochgebirge bis ins Tiefland.

563 km – so lang ist das **längste Höhlensystem** der Erde, das **Mammuthöhlensystem in den USA.**

Höhlen

Unterirdische Gänge und Höhlen findet man in Felslandschaften auf der ganzen Erde. Wo es viel Kalkstein gibt, sind sie häufig.

Ein Höhlensystem bildet sich aus, wenn sich saures Wasser seinen Weg durch das Gestein bahnt. Regenwasser wird sauer, wenn es Kohlendioxid aus der Atmosphäre aufnimmt. Grundwasser dagegen kann Säuren aus dem Boden aufnehmen. Saures Wasser bewirkt, dass sich bestehende Spalten im Gestein verbreitern. Das Wasser fließt durch die Kanäle, sodass sie sich vergrößern. Im Lauf der Zeit entsteht ein System aus Gängen und Höhlen, noch mehr Gestein wird gelockert und fällt herab, sodass die Höhlen immer größer werden. Wenn Wasser, in dem Kalk gelöst ist, verdunstet, kristallisiert Kalzit an der Oberfläche des Gesteins aus. Auf diese Weise bilden sich Tropfsteine und andere Strukturen.

Karstlandschaft
Als Karst bezeichnet man Kalksteinlandschaften, die durch chemische Verwitterung entstanden sind. Typisch sind tiefe Schluchten und spitze Felsnadeln.

Stalaktiten und Stalagmiten
Wenn mineralreiches Wasser von der Höhlendecke herabtropft, kristallisiert an der Decke und am Boden Kalzit aus. Im Lauf der Zeit bilden sich Tropfsteine, die von der Decke herabhängen (Stalaktiten), und solche, die vom Boden aufragen (Stalagmiten). Wenn sie irgendwann zusammenwachsen, vereinigen sie sich zu einer Säule.

Im Innern der Erde

Wenn saures Wasser Kalkstein allmählich verwittern lässt, bilden sich manchmal riesige Höhlensysteme aus. Im Lauf von Jahrtausenden werden kleine Hohlräume größer. Es entstehen Höhlen und kleine Spalten werden zu großen Gängen. Schließlich bildet sich ein Netz aus Gängen mit Tausenden von Tropfsteinen. Mit der richtigen Ausrüstung kann man solche Höhlen erkunden.

Wie Höhlen entstehen

Höhlensysteme bilden sich, wenn große Mengen Kalkstein abgetragen werden. Unterirdische Hohlräume werden allmählich größer, weil immer mehr Gestein herabfällt. Schließlich stürzt das Dach der Höhle ein, sodass eine Doline entsteht. Solche Dolinen können sich miteinander verbinden und große Wannen mit steilen Wänden bilden.

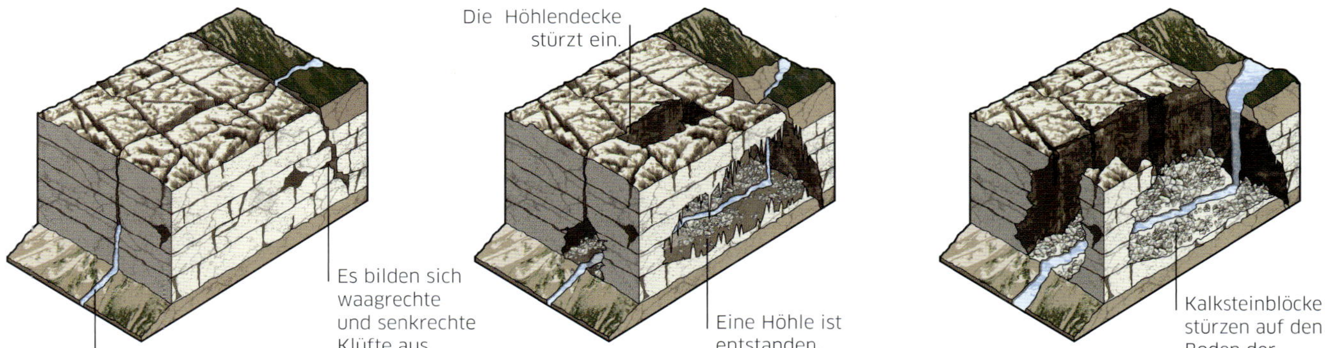

1000

Jahre: So lang dauert es, bis ein Stalaktit oder Stalagmit 16 cm³ wächst.

10 % der Erdoberfläche sind von Gletschereis bedeckt.

Wenn all das Gletschereis schmelzen würde, stiege der Meeresspiegel weltweit um 70 m.

Gletschertäler

Wenn ein Gletscher durch ein Tal fließt, trägt er die Landschaft ab. Er nimmt Steinbrocken und Schutt vom Boden auf und transportiert dieses Material mit sich. Gletscher sind keine kompakten Eisblöcke. Sie sind von Spalten und mit Schmelzwasser gefüllten Kanälen durchzogen.

Gletscher

Gletscher entstehen, wenn sich Schnee ansammelt. Allmählich bildet sich eine gewaltige Eismasse. Am nächstgelegenen Hang bewegt sich der Gletscher abwärts.

Von den Polargebieten bis zum Äquator bilden sich Gletscher dort, wo es so kalt ist, dass der Schnee, der im Winter fällt, im Sommer nicht völlig wegschmilzt. Er verdichtet sich zu Gletschereis, das sich unter dem Einfluss der Schwerkraft hangabwärts bewegt. Gletscher fließen durch bereits bestehende Flusstäler. Mehrere Gletscher können zu riesigen Eisschilden verschmelzen.

Im Lauf der Jahrtausende verändern Gletscher die Landschaft. Gesteinsschutt, der im Gletschereis eingeschlossen ist, schürft das Gelände ab. Die Form der Täler, durch die die Eismassen fließen, verändert sich. Das im Eis eingeschlossene Gestein wird schließlich dort abgelagert, wo der Gletscher abschmilzt und verschwindet.

An manchen Stellen ist der Antarktische Eisschild über 4,2 km dick.

32 % des Festlands waren in der letzten Eiszeit von Gletschern bedeckt.

Was vom Gletscher bleibt

Gletscher hinterlassen auf ihrem Weg viele Spuren. Moränen aus Gesteinsbrocken bleiben zurück. Täler werden u-förmig ausgeformt und oft von Schmelzwasser überflutet. Die Eismassen transportieren Schutt und Steinblöcke, die den Untergrund abschleifen. Sogar große Felsbrocken kann ein Gletscher mit sich tragen.

70 % des Süßwassers der Erde sind im Eis der Gletscher gebunden.

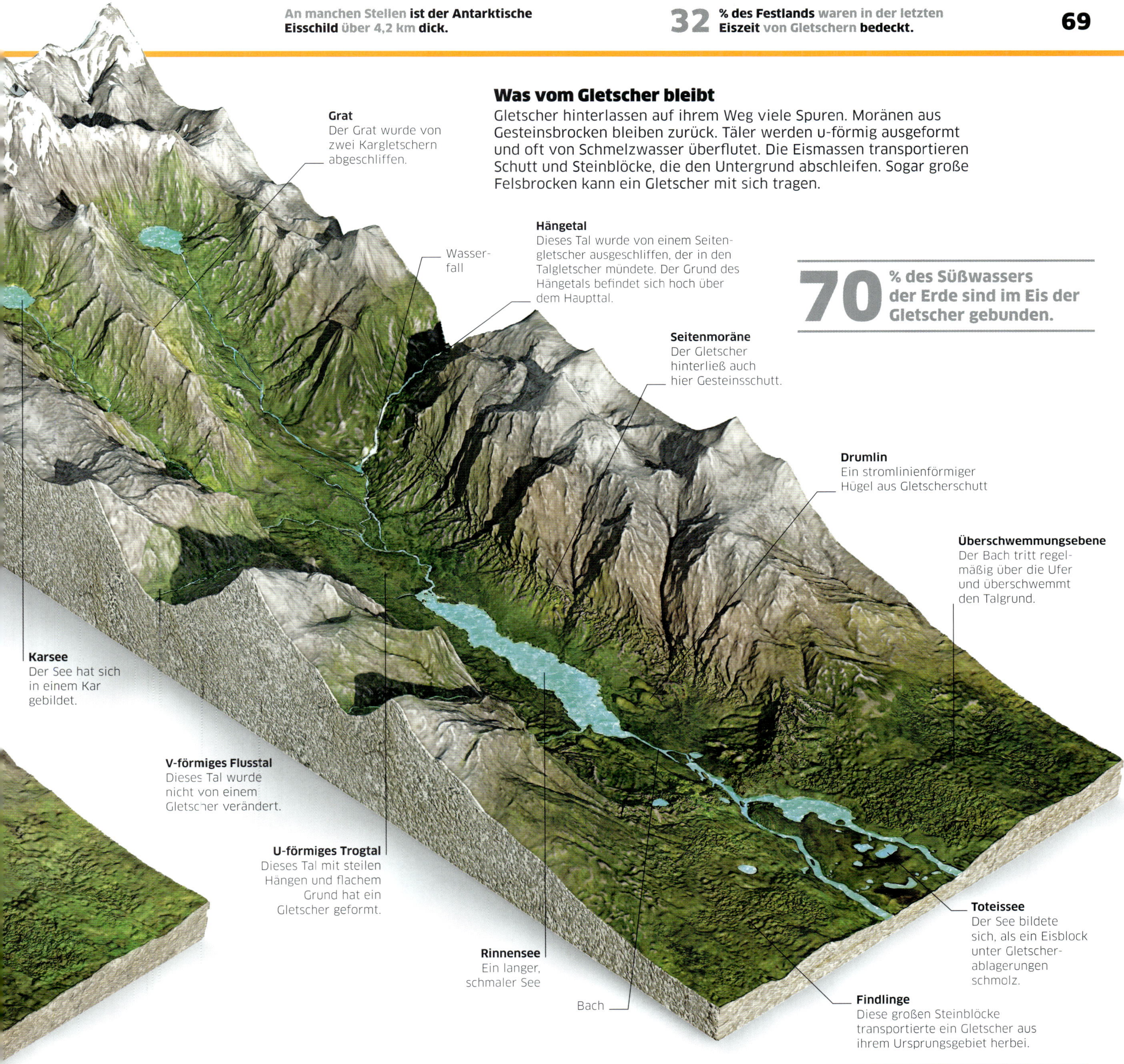

Wie Gletschereis entsteht

Gletschereis bildet sich, wenn Neuschnee fällt und die alte Schneedecke zusammendrückt. Allmählich verwandelt sich der leichte Schnee in dichtes Eis, das nur noch wenige Luftblasen enthält.

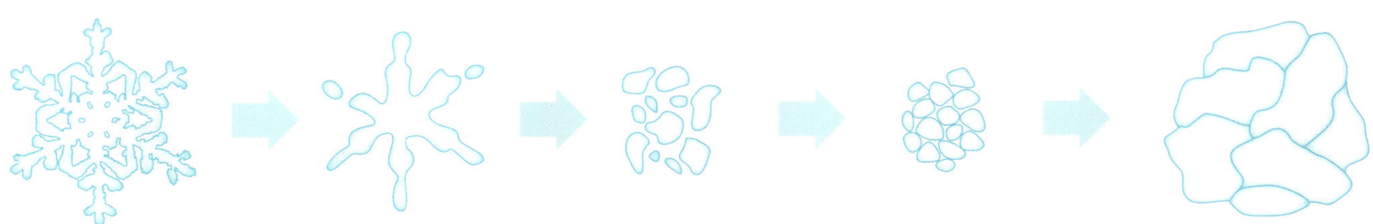

Neuschnee
Schnee aus sechsstrahligen Kristallen fällt zur Erde.

Ältere Flocken
Die alten Schneeflocken werden unter dem Gewicht verformt.

Eiskörner bilden sich
Nach einem Jahr sind abgerundete, dichte Körner entstanden.

Firn
Die Körner werden immer kleiner und dichter gepackt.

Gletschereis
Die Körner verdichten sich zu größeren Eiskristallen.

OZEANE DER ERDE

Die Ozeane bedecken fast drei Viertel der Oberfläche unseres Planeten. Die Welt unter der Meeresoberfläche ist noch immer voller Geheimnisse, denn keine Region der Erde ist so wenig erforscht. 50 Prozent aller Tierarten leben in den Ozeanen. Bereits vor über 4 Milliarden Jahren entwickelten sich in ihnen die ersten Lebewesen.

DER MEERESBODEN

Die Strukturen des Meeresbodens sind genauso vielfältig wie die Landschaften auf dem Festland. Sie sind entstanden, weil sich die Platten der Erdkruste bewegen. Wenn sich zwei Platten auseinanderbewegen, bildet sich zwischen ihnen neuer Meeresboden. Stoßen Platten zusammen, taucht eine unter die andere ab, sodass sich ein tiefer Graben auftut. Vulkaninseln steigen vom Meeresboden auf. Sie sind von den flachen Tiefsee-Ebenen umgeben.

Strukturen im Meer

TIEFSEEGRÄBEN
Wo zwei tektonische Platten zusammenstoßen, taucht eine von ihnen unter die andere ab. Man nennt diesen Prozess Subduktion. Ein tiefer Graben bildet sich an der Plattengrenze. Einige dieser Gräben sind fast 11 km tief.

VULKANINSELN
Die Bewegung der Platten bewirkt, dass Magma (heiße Gesteinsschmelze) aufsteigt und ins Wasser sickert. Wenn große Lavamengen austreten, entsteht ein Berg auf dem Meeresboden, der schließlich die Wasseroberfläche als Vulkaninsel überragt.

MITTELOZEANISCHE RÜCKEN
Diese Rücken bilden sich, wenn sich zwei Platten voneinander wegbewegen. Magma steigt zwischen ihnen auf und verfestigt sich zu neuem Gestein. Das System der mittelozeanischen Rücken ist auf der ganzen Erde über 59 200 km lang.

SCHLOTE IN DER TIEFSEE
Weil das Gestein unter den mittelozeanischen Rücken vielerorts sehr heiß ist, gibt es hier heiße Quellen, sogenannte hydrothermale Schlote. Das heiße Wasser, das aus dem Meeresboden strömt, ist reich an Mineralien. Sie lagern sich ab und bilden turmhohe, schlotähnliche Strukturen. Die Bedingungen in diesen extremen Lebensräumen ähneln den Bedingungen in der Urzeit, als sich die ersten Lebewesen entwickelt haben.

TIEFSEE-EBENEN
Der Boden der Tiefsee befindet sich mehr als 3000 m unter der Meeresoberfläche. Tiefsee-Ebenen erstrecken sich auf ca. 50 % der Erdoberfläche, sie sind jedoch die am wenigsten erforschten Regionen unseres Planeten. Die zerklüftete Landschaft am Meeresgrund ist von feinen, schlammigen Sedimenten bedeckt. In diesen unwirtlichen Lebensräumen ist es dunkel und sehr kalt.

Verborgener Berg

Von seinem Fuß bis zum Gipfel ist der Mauna Kea auf Hawaii (USA) sogar höher als der Mount Everest.

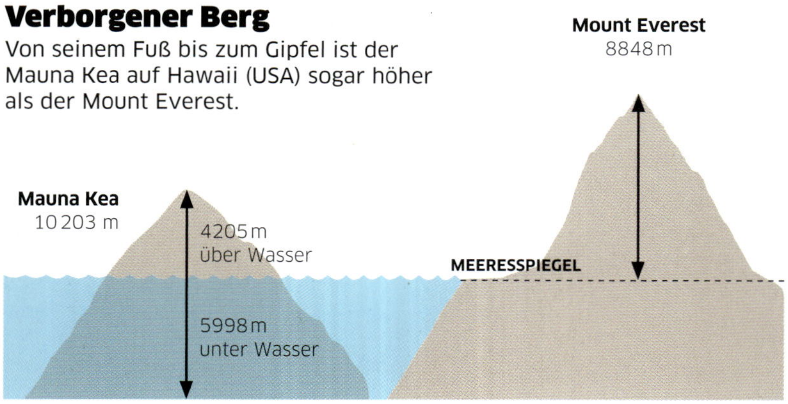

MEERWASSER

Der größte Teil des Wassers der Erde befindet sich in den Ozeanen, die fast drei Viertel der Erdoberfläche einnehmen und durchschnittlich ungefähr 3370 m tief sind. Ozeane bedecken den Planeten von den Polen bis zum Äquator. Die Ozeane der Erde unterscheiden sich in ihrem Salzgehalt, der Temperatur, der Lichtdurchdringung und den Lebewesen, die in ihnen vorkommen.

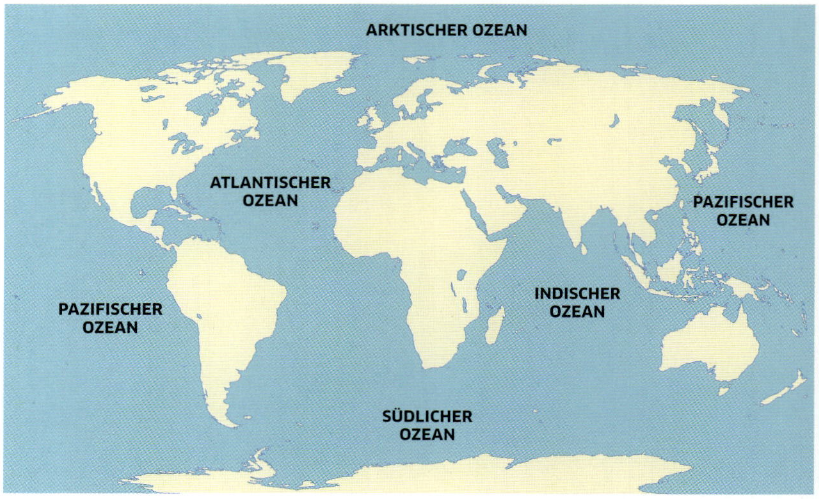

Ozeane und Meere

Auf der Erde gibt es fünf Ozeane und mehr als 50 Nebenmeere, deren Wasser salzhaltig ist. Nebenmeere sind vom Ozean abgegrenzt, z. B. durch eine Inselkette oder eine Halbinsel.

Die Ozeane der Erde
Jeder Ozean hat einen eigenen Namen, aber alle Ozeane sind miteinander verbunden und bilden ein riesiges zusammenhängendes Gewässer.

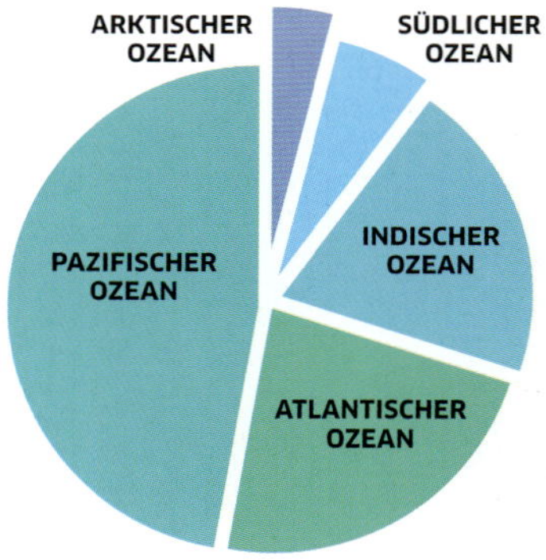

Größe der Ozeane

Die Ozeane der Erde sind unterschiedlich groß. Der größte ist der Pazifische Ozean mit 165 200 000 km². Der kleinste ist der Arktische Ozean mit 14 060 000 km².

75 **% der Erdoberfläche sind von Wasser bedeckt.**

WENN DAS WASSER DER OZEANE GEICHMÄSSIG AUF DER **GESAMTEN ERDOBERFLÄCHE** VERTEILT WÄRE, WÄRE DIESER OZEAN ETWA **2800 M** TIEF.

Salzhaltiges Meerwasser

Das Wasser aller Meere ist salzhaltig, der größte Teil ist gelöstes Kochsalz (Natriumchlorid). Meerwasser enthält etwa 86 chemische Elemente und Edelmetalle wie Platin und Gold in sehr geringen Konzentrationen.

96,5 % WASSER

3,5 % SALZ

Zonen der Ozeane

Sonnenlicht dringt nicht weit in die Tiefe vor. Nur der blaue Anteil des Lichts gelangt tiefer als 45 m. In 200 m Tiefe dringt fast gar kein Licht mehr vor. Außerdem wird das Wasser mit zunehmender Tiefe immer kälter. Man kann die Ozeane je nach Licht und Temperatur in Zonen einteilen. In jeder Zone leben bestimmte Lebewesen. Die Tiere der Tiefsee haben sehr spezielle Anpassungen an diesen extremen Lebensraum.

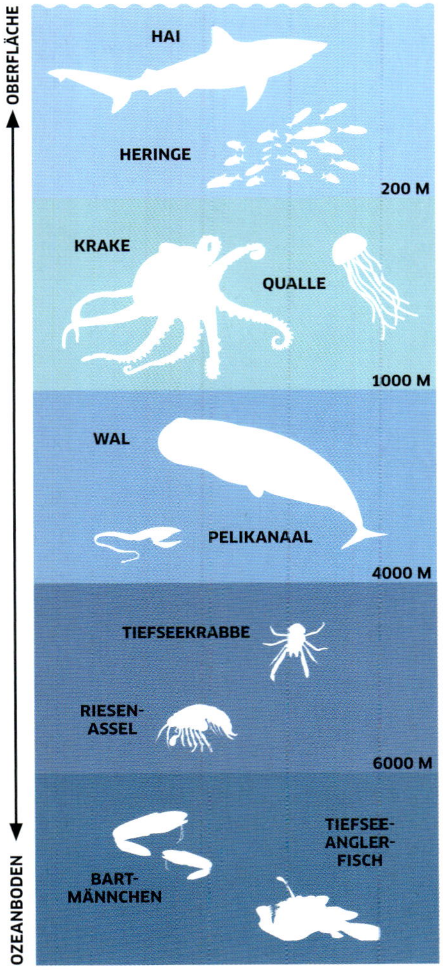

Lichtreiche Zone
In dieser Zone leben sehr viele Lebewesen. Algen können das Sonnenlicht zur Fotosynthese nutzen.

Dämmerzone
Hier ist es so dunkel, dass Algen nicht mehr wachsen können. Für Tiere, die andere Tiere erbeuten, reicht das Licht noch aus.

Dunkelzone
Einige Tiere erzeugen mit speziellen Organen Licht. Abgesehen davon herrscht in dieser Zone ewige Dunkelheit.

Abyssal
Die Tiere, die hier leben, müssen den enormen Druck des Wassers über ihnen aushalten.

Hadal
Nur in einigen Gräben sind die Ozeane so tief. Bisher sind erst zwei Menschen mit Tauchbooten in diese Zone gelangt.

Wassertemperatur

Das Wasser der Tiefsee ist immer kalt, aber an der Oberfläche herrschen unterschiedliche Temperaturen. Deshalb gibt es in den Ozeanen verschiedene Lebensräume. In warmen Meeren haben sich tropische Korallenriffe ausgebildet. In den Polarmeeren leben Tiere, die an die Kälte angepasst sind.

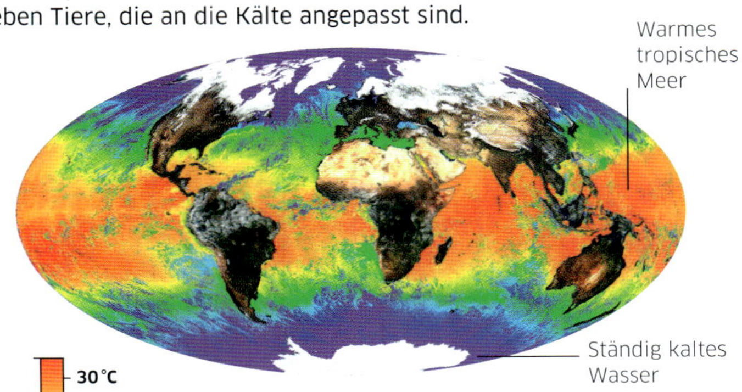

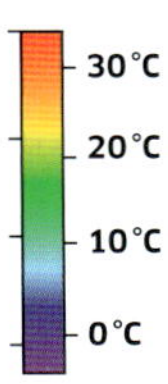

Wassertemperatur an der Oberfläche
Um den Äquator ist das Meerwasser am wärmsten. Am kältesten ist es in den Polarmeeren.

WASSER IN BEWEGUNG

Ozeanwasser ist ständig in Bewegung. Der Wind erzeugt Wellen auf der Meeresoberfläche. Die Schwerkraft zwischen Sonne, Mond und Erde bewirkt die Gezeiten. Weil die Sonne das Wasser erwärmt, gibt es Strömungen, die ein weltweites System bilden.

NICHT EINMAL **10 % DER OZEANE** SIND BISHER **ERFORSCHT.**

Wellen

Die meisten Meereswellen werden vom Wind erzeugt. Höhe und Abstand hängen davon ab, wie stark und wie lang der Wind weht. Bei lang anhaltenden Stürmen entstehen hohe Wellen mit großen Abständen.

Immer im Kreis
Die Wassermoleküle bewegen sich nicht mit den Wellen vorwärts, sondern sie kreisen in Schleifen.

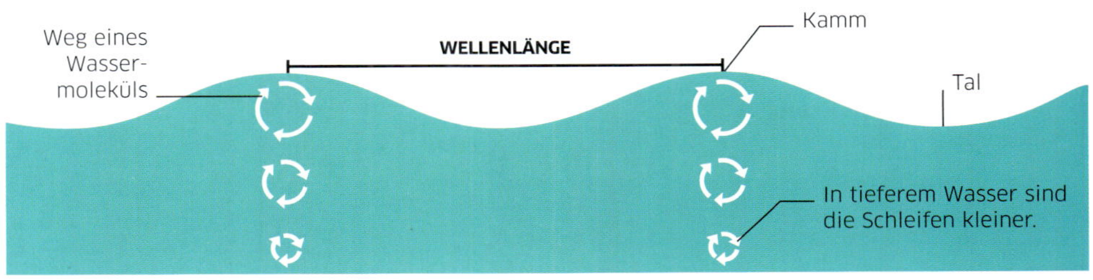

Gezeiten

Wegen der Schwerkraft des Monds steigt und sinkt der Meeresspiegel jeden Tag in regelmäßigen Abständen. Es bilden sich zwei Flutberge auf den entgegengesetzten Seiten der Erde. Weil sich die Erde um ihre eigene Achse dreht, bewegen sich die Gezeiten um den Erdball. Die schwächere Anziehungskraft der Sonne sorgt zusätzlich für einen monatlich wiederkehrenden Rhythmus: die Spring- und Nipptiden.

Ebbe
Im Lauf des Tags steigt und sinkt der Meeresspiegel. Bei Flut werden diese beiden Boote schwimmen.

Strömungen

Die Oberflächenströmungen in den oberen Wasserschichten der Ozeane werden vom Wind erzeugt. Auch in größeren Tiefen gibt es Strömungen. Sie werden angetrieben, weil die Sonne tropische Meere erwärmt. Das warme Wasser fließt in Richtung der Polarregionen, wo es abkühlt und absinkt, weil kaltes Wasser eine höhere Dichte hat. In der Tiefe strömt es zurück in die Tropen, wo es sich wieder erwärmt und aufsteigt.

Meeresströmungen
Es gibt zwei Arten von Strömungen in den Ozeanen der Erde: Oberflächenströme und Tiefenströme.

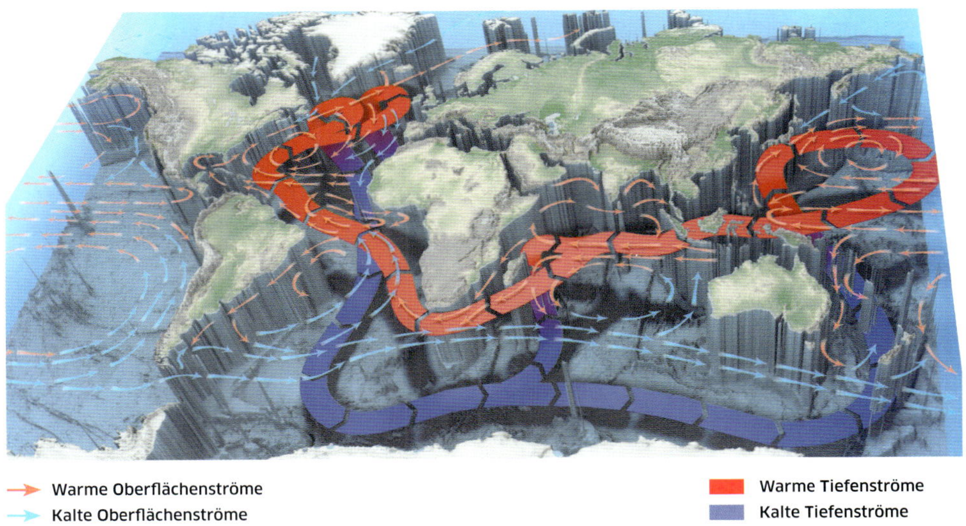

180 Mio. Jahre – so alt sind die **ältesten Gesteine** des Meeresbodens.

2 °C – die ungefähre **Temperatur** am Grund **der Ozeane**

Der Meeresboden

Die Welt unter der Meeresoberfläche ist ebenso vielfältig wie die uns vertrauten Landschaften über Wasser. Es gibt hohe Gebirge und Vulkane, ausgedehnte Ebenen, tiefe Gräben und gewaltige mittelozeanische Rücken.

Viele der Strukturen auf dem Meeresgrund sind entstanden, als Magma (heiße Gesteinsschmelze) aus dem Erdinnern aufstieg. Wo sich tektonische Platten an einem mittelozeanischen Rücken auseinanderbewegen, verfestigt sich das Magma zu neuem Meeresboden. Der entgegengesetzte Rand der Platte taucht unter eine andere Platte ab. An solchen Stellen steigt oft Magma aus dem Erdinnern auf, sodass sich Vulkaninseln erheben. Cañons im Meer entstehen an den Rändern der Kontinente durch Erosion. Wo Strömungen in der Tiefsee Schlamm ablagern, den sie mit sich führen, bilden sich Tiefseefächer.

Gräben im Ozean

Wo eine Platte unter eine andere abtaucht, tut sich am Meeresgrund ein Graben auf. Dies hier sind einige der tiefsten Gräben. Die meisten befinden sich an den Rändern des Pazifischen Ozeans.

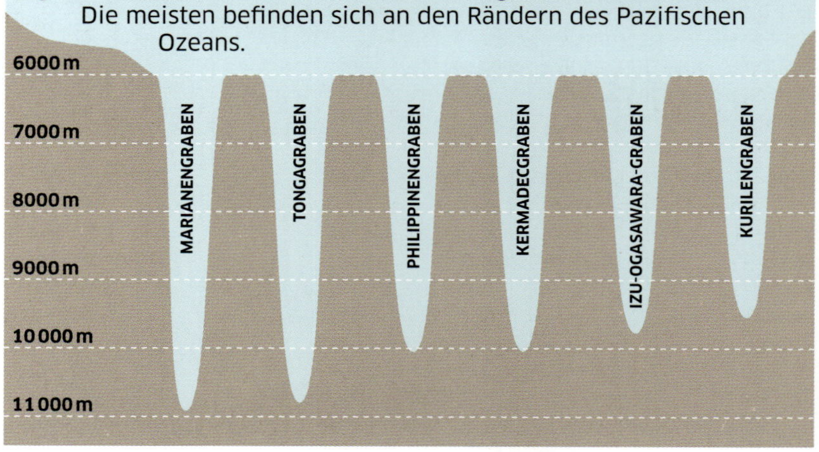

Schlote in der Tiefsee

Schlote befinden sich meist in der Nähe von mittelozeanischen Rücken. Sie bilden sich, wo sehr heißes Wasser aus dem Meeresboden strömt. Das Wasser sickert zunächst tief in den Meeresboden und wird dort stark erhitzt. Dann steigt es auf und strömt wieder in das kalte Meerwasser. Die in ihm gelösten Mineralien sehen aus wie Rauch. Die Mineralien lagern sich als fester Schlot um die heiße Quelle ab.

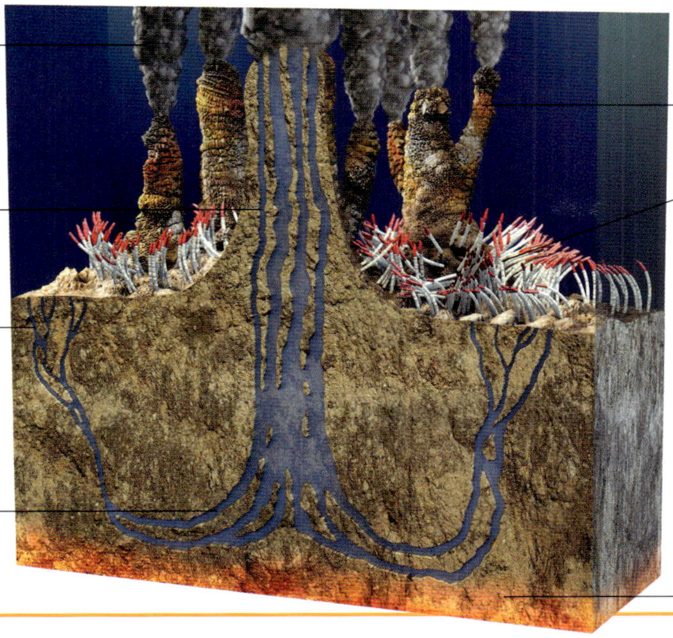

VIELE SCHLOTE IN DER TIEFSEE TRAGEN NAMEN WIE **GODZILLA, HULK** ODER **HOMER SIMPSON.**

Unter der Meeresoberfläche

Der Meeresboden befindet sich im Schnitt etwa 3,37 km unter der Meeresoberfläche. Er besteht aus ozeanischer Kruste, die von schlammigen Sedimenten bedeckt ist. Die Platten der Erdkruste werden von ozeanischer oder kontinentaler Kruste und dem obersten Bereich des Erdmantels gebildet. Wo viel Magma auf dem Meeresboden austritt, ragen Vulkaninseln und Tiefseeberge auf.

NATUR

Aus den ersten Lebewesen, die sich vor 3,8 Milliarden Jahren entwickelt haben, sind Millionen verschiedener Arten hervorgegangen. Heute besiedeln sie den ganzen Planeten – von den höchsten Berggipfeln bis in die Tiefsee.

LEBEN IN DER URZEIT

Vor Milliarden Jahren entstand irgendwo auf der Erde aus verschiedenen chemischen Stoffen etwas, das Energie gewinnen und sich vermehren konnte: das erste Lebewesen. Dies war der Anfang einer faszinierenden Geschichte des Lebens auf unserem Planeten.

DIE ERSTEN LEBEWESEN

Die Erde entstand aus einer Wolke aus Staub, Gesteinsbrocken und Gasen. Viele Millionen Jahre lang war sie ein Planet aus heißem, geschmolzenem Gestein mit einer giftigen Atmosphäre. Schließlich kühlte die Erdkruste ab und flüssiges Wasser sammelte sich in riesigen Ozeanen. Wahrscheinlich entwickelten sich in den seichten Küstenmeeren dieser Ozeane vor ungefähr 3,8 Mrd. Jahren die ersten Lebewesen. Es fanden chemische Reaktionen statt, bei denen sich die ersten lebenden Zellen bildeten.

1 FRÜHE ERDE Vor 500 Mio. Jahren war die Erde ein gewaltiger Schmelzofen aus heißem, flüssigem Gestein. Sie wurde von Meteoriten bombardiert und bei jedem Einschlag stärker erhitzt. Die Einschläge lieferten aber auch chemische Stoffe, die die Grundlage des Lebens waren.

2 EIN HEXENKESSEL Als der Planet abkühlte, setzten Vulkane giftige Gase und gewaltige Mengen Wasserdampf frei, der als Regen wieder vom Himmel fiel und die Ozeane füllte. Vielleicht lösten Blitze chemische Reaktionen im Wasser aus, bei denen sich komplizierte Moleküle bildeten, die sich selbst vervielfältigen konnten. Solche Moleküle waren die Grundlage des Lebens.

3 DIE ERSTEN ZELLEN Die chemischen Prozesse, bei denen die ersten Lebewesen entstanden sind, mussten an einem geschützten Ort ablaufen: Ein Stoff muss kleine Bläschen mit stabilen Hüllen gebildet haben. Dies waren die ersten lebenden Zellen: mikroskopisch kleine Gebilde, die bestimmte chemische Substanzen enthielten.

4 ENERGIE DER SONNE Alle Lebewesen brauchen Energie. Die ersten Zellen nutzten chemische Energie. Vor ungefähr 3,5 Mrd. Jahren begannen Cyanobakterien die Energie des Sonnenlichts zu nutzen, um Nähr- und Aufbaustoffe herzustellen. Dabei wurde Sauerstoff frei. Diese Stromatolithe an der australischen Küste wurden von ähnlichen Cyanobakterien geschaffen.

5 HITZE IN DER TIEFSEE Möglicherweise haben sich die ersten Zellen in Salzwassertümpeln in Küstennähe entwickelt. Das Leben könnte aber auch in der Tiefsee an heißen Schloten entstanden sein, denn hier strömen energiereiche Chemikalien aus der Erdkruste ins Meerwasser. Einfache Mikroben, die heute bei solchen Schloten leben, ähneln wahrscheinlich den ersten lebenden Zellen.

VIELFALT DES LEBENS

Nachdem sich die ersten Lebewesen entwickelt hatten, begannen sie, sich zu verändern. Lebewesen stellen „Kopien" von sich selbst her, doch diese Kopien sind nicht exakt. So entstehen im Lauf der Zeit neue Arten von Lebewesen. Den Prozess der Veränderung nennt man Evolution.

Evolution

Jedes Lebewesen unterscheidet sich von seinen Eltern. Wenn dieser Unterschied vorteilhaft für sein Überleben ist, ist es wahrscheinlich, dass es dieses Merkmal an seine Nachkommen vererbt. Dies ist die Grundlage der Evolution. Allmählich sind die Veränderungen so groß, dass eine neue Art entstanden ist.

Verschiedene Darwinfinken
Diese Darwinfinken leben auf den Galapagosinseln. Sie haben verschiedene Schnäbel, die sich von denen ihrer Vorfahren unterscheiden. Deshalb kann jede Art eine andere Nahrungsquelle auf den Inseln nutzen.

Natürliche Selektion

Das Überleben in der Natur ist ein Wettstreit, bei dem es Gewinner und Verlierer gibt. Diejenigen, die überleben und sich fortpflanzen, weisen eine Kombination von Merkmalen auf, mit der sie in ihrer Umwelt gut zurechtkommen. Ändern sich die Umweltbedingungen jedoch, kann ein Gewinner zum Verlierer werden.

Veränderliche Umwelt
Birkenspanner haben meist helle Flügel, mit denen sie auf Birkenrinde getarnt sind. In Industrieregionen mit von Ruß geschwärzten Bäumen ist eine dunkle Form besser getarnt.

Auf der Birkenrinde ist die helle Form des Birkenspanners kaum zu erkennen.

Auf rußgeschwärzter Rinde fallen helle Falter auf. Dunkle werden von Vögeln oft übersehen.

VERSTEINERUNGEN

Wir wissen heute viel über die Entwicklung des Lebens, denn in Gesteinen sind Überreste urzeitlicher Tiere und Pflanzen erhalten. Man nennt sie auch Fossilien. Meist sind Knochen, Zähne und Schalen versteinert. Wissenschaftler vergleichen sie mit denen heute lebender Arten, um die Geschichte der Evolution nachvollziehen zu können. Mit jedem neu entdeckten Fossil ergibt sich ein deutlicheres Bild.

Fossiliensucher

Paläontologen sind Wissenschaftler, die Fossilien erforschen. Sie suchen nach Fossilien, legen sie frei und untersuchen sie. Wie alt ist die Versteinerung und wie fügt sie sich in die Entwicklung des Lebens ein? Oft werden nur Bruchstücke eines urzeitlichen Tiers entdeckt, aber bereits ein einziger Knochen kann wichtige Hinweise liefern.

Ausgrabung
Diese Paläontologen legen in Nebraska (USA) ein Fossil eines nashornähnlichen Tiers frei, das vor 10 Mio. Jahren lebte.

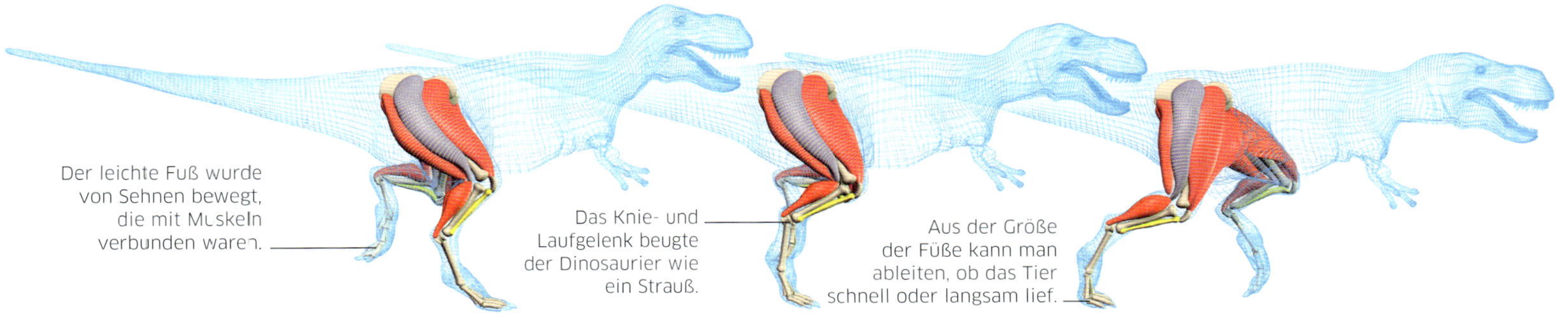

Ein Puzzle aus der Urzeit

Fossilien sind oft beeindruckend, aber auch die am besten erhaltenen Funde sind nur ein Anfang. Um die Knochen erforschen zu können, müssen Paläontologen herausfinden, wie sie einst miteinander verbunden waren. Dazu rekonstruieren sie, wie das Tier ausgesehen haben könnte.

Tyrannosaurus rex in Bewegung
Diese Computersimulation wurde anhand von Untersuchungen der Knochen und Gelenke von Tyrannosaurus rex erstellt. Man erkennt, dass das Tier ähnlich lief wie ein Strauß.

ENTWICKLUNG

Die Entwicklung des Lebens auf der Erde verlief nicht gleichmäßig. Immer wieder kam es zu Katastrophen wie Meteoriteneinschlägen und Klimaveränderungen. Nach solchen Ereignissen starben viele Tier- und Pflanzenarten aus. Die wenigen Arten, die überlebten, mussten mit einer veränderten Umwelt zurechtkommen. Ihre Entwicklung nahm einen neuen Verlauf.

Geschichte des Lebens

Während etwa 84 % der 3,8 Mrd. Jahre langen Geschichte des Lebens gab es auf der Erde nur winzige Mikroorganismen. Als allmählich höher entwickelte Lebewesen erschienen, verlief die Evolution immer schneller.

Am Anfang
3 Mrd. Jahre lang gab es auf der Erde nur einzellige Lebewesen.

Komplizierte Lebewesen
Vielzellige Lebewesen, die ersten Tiere, entwickelten sich vor etwa 600 Mio. Jahren.

Massenaussterben

Seit der Entwicklung des Lebens kam es zu fünf großen Massenaussterben. Bei jeder dieser Katastrophen starb ein großer Teil der Arten aus. Nach jedem Massenaussterben entwickelten sich wieder neue Tier- und Pflanzenarten. In der Urzeit waren natürliche Katastrophen die Ursache der Massenaussterben. Heute weist vieles darauf hin, dass wir Menschen ein sechstes Massenaussterben verursachen werden.

ORDOVIZIUM (VOR 440 MIO. JAHREN)
Bei diesem Massenaussterben verschwanden in den Ozeanen 60 % der Arten. Damals gab es an Land noch kaum Leben.

DEVON (VOR 358 MIO. JAHREN)
Über drei Viertel der Arten, die im Devon gelebt hatten, starben aus. Am schlimmsten traf es die Bewohner seichter Meere.

PERM (VOR 250 MIO. JAHREN)
Zum Ende des Perm kam es zu einer weltweiten Katastrophe, bei der fast alle Lebewesen ausstarben. Nur sehr wenige Arten überlebten.

TRIAS (VOR 200 MIO. JAHREN)
Die erste Periode des Zeitalters der Dinosaurier endete mit einem Massenaussterben. Die meisten Konkurrenten der Dinosaurier starben aus.

KREIDE (VOR 66 MIO. JAHREN)
Ursache des Massenaussterbens, bei dem die Dinosaurier zum Ende der Kreide verschwanden, war wohl der Einschlag eines großen Meteoriten.

WÄHREND DER LETZTEN 500 MIO. JAHRE SIND **MEHR ALS 90 %** ALLER ARTEN WIEDER AUSGESTORBEN.

Tiere leben seit über **600 Mio. Jahren** auf der Erde. **Der moderne Mensch** hat sich erst vor etwa **200 000 Jahren** entwickelt.

PALÄOGEN

Vor 66–23 Mio. Jahren
Das jüngste Erdzeitalter, das Känozoikum, begann. Es wurde allmählich kühler. Die Säugetiere entwickelten sich rasch und nahmen den Platz der ausgestorbenen Dinosaurier ein.

Caudipteryx
Viele kleine Raubdinosaurier hatten Federn wie die heute lebenden Vögel.

Uintatherium
Das pflanzenfressende Säugetier war so groß wie ein heute lebendes Nashorn.

KREIDE

Vor 145–66 Mio. Jahren
In der Kreide entwickelten sich die ersten Blütenpflanzen und einige der spektakulärsten Dinosaurier. Diese Phase endete mit einem Massenaussterben, bei dem die Dinosaurier von der Erde verschwanden.

Archaeanthus
Die Blüten der kleinen Pflanze ähnelten denen einer heutigen Magnolie.

Allosaurus
Allosaurus war etwa 7,5 m lang und hatte Zähne, die Steakmessern ähnelten. Er jagte die gewaltigen pflanzenfressenden Dinosaurier seiner Zeit.

Legende

- Präkambrium oder Erdfrühzeit
- Paläozoikum oder Erdaltertum
- Mesozoikum oder Erdmittelalter
- Känozoikum oder Erdneuzeit

Erdgeschichte

Seit 3,8 Milliarden Jahren gibt es Lebewesen auf der Erde. Seitdem haben sich unvorstellbar vielfältige Lebensformen entwickelt, von winzigen Bakterien bis hin zu riesigen Dinosauriern.

Während eines sehr langen Abschnitts der Erdgeschichte gab es nur winzige einzellige Mikroorganismen, die in den Ozeanen lebten. Erst vor etwa 600 Mio. Jahren entwickelten sich vielzellige Tiere. Dies führte dazu, dass in den Ozeanen des Kambriums in relativ kurzer Zeit sehr viele komplizierter aufgebaute Tiere erschienen. Als sich die ersten Landpflanzen entwickelt hatten, konnten verschiedene Tiere das Festland besiedeln.

Einteilung der Erdgeschichte

Versteinerungen erzählen uns etwas über die Geschichte des Lebens. Jüngere Gesteinsschichten lagerten sich über älteren ab, deshalb kann man jeder Schicht einen bestimmten Abschnitt der Erdgeschichte zuordnen. Wissenschaftler teilen die unvorstellbar lange Erdgeschichte in Erdzeitalter (Ären) ein, die wiederum in Perioden unterteilt werden. Ihre Dauer wird in Jahrmillionen angegeben.

KARBON

Vor 358–298 Mio. Jahren
Im Karbon hatten viele Arten das Festland besiedelt. Es gab dichte Wälder aus baumhohen Pflanzen, in denen Insekten und Spinnen lebten. Sie wurden von großen Amphibien gejagt.

Rolfosteus
Dieser langschnäuzige Fisch lebte im späten Devon und fraß Schalentiere.

Drepanaspis
Der Kopf dieses gepanzerten kieferlosen Fischs war mit einem breiten Schild bedeckt. Er wurde etwa 35 cm lang.

DEVON

Vor 419–358 Mio. Jahren
Das Devon nennt man auch das Zeitalter der Fische, denn damals entwickelten sich viele neue Fischtypen. Einige waren die Vorfahren der Amphibien, aus denen sich schließlich alle Landwirbeltiere wie Reptilien und Säugetiere entwickelten.

PRÄKAMBRIUM

Vor 4,6 Mrd.–541 Mio. Jahren
Während des unvorstellbar langen Präkambriums gab es 3 Mrd. Jahre lang nur winzige einzellige Lebewesen. Die ersten vielzelligen Tiere entwickelten sich erst zum Ende des Präkambriums.

Vulkane der Urzeit
Aus Wasserdampf, den Vulkane ausstießen, bildeten sich Ozeane, in denen sich die ersten Lebewesen entwickelten.

Kometen
Im frühen Präkambrium bombardierten Kometen aus Eis die Erde, die in den Ozeanen schmolzen.

380 **Mio. Jahre sind vergangen,** seit die **ersten Wirbeltiere** das Festland besiedelten.

Insekten waren die ersten Tiere, **die fliegen konnten.** Heute gehören über **75 % aller Tierarten** zu dieser erfolgreichen Tiergruppe.

NEOGEN

Vor 23–2 Mio. Jahren
Im Neogen wurde es weiterhin kühler auf der Erde. Moderne Säugetiere und Vögel entwickelten sich. In Afrika erschienen die Australopithecinen, Vorfahren der Menschen.

Australopithecus afarensis
Dieser Frühmensch, der aufrecht lief, lebte vor 4 Mio. Jahren in Afrika.

QUARTÄR

Vor 2 Mio. Jahren bis heute
Es gab starke Klimaschwankungen. Kalt- und Warmzeiten wechselten sich ab. Dennoch besiedelte der moderne Mensch, *Homo sapiens*, die ganze Erde.

Homo neanderthalensis
Diese stämmigen Menschen waren an das Leben im kalten Klima gut angepasst.

JURA

Vor 201–145 Mio. Jahren
Dinosaurier waren die vorherrschenden Tiere auf dem Festland. Es gab riesige Pflanzenfresser und furchterregende Räuber.

Morganucodon
Dieser kleine Insektenfresser war eines der ersten Säugetiere.

Eudimorphodon
Dies war einer der ersten Flugsaurier. Mit seinen großen Flughäuten war er wahrscheinlich ein guter Flieger.

Plateosaurus
Mit seinem langen Hals konnte dieser Dinosaurier Blätter in den Baumkronen abrupfen.

TRIAS

Vor 252–201 Mio. Jahren
Das Leben erholte sich vom Massenaussterben. Zum Ende der Trias hatten sich die ersten Dinosaurier entwickelt. Auch die ersten Säugetiere besiedelten das Festland und Flugsaurier flogen durch die Lüfte.

PERM

Vor 298–252 Mio. Jahren
Im Perm beherrschten Reptilien und die Vorfahren der Säugetiere die Erde. Es endete mit einem Massenaussterben.

Dimetrodon
Fossilien dieses Fleischfressers aus dem Perm, der ein Rückensegel trug, fand man recht häufig.

Meganeura
Dieses libellenähnliche Insekt hatte eine Flügelspannweite von 75 cm.

Lepidodendron
Dieser Baum aus dem Karbon wurde bis zu 30 m hoch. Seine Rinde war schuppig.

SILUR

Cooksonia
Cooksonia wuchs in den meisten Regionen der Erde. Dies war eine der ältesten Pflanzen mit Sprossen.

Vor 443–419 Mio. Jahren
Im Silur entwickelten sich die ersten Knochenfische mit Kiefern. Einfach gebaute Pflanzen hatten mittlerweile das Festland besiedelt.

Sacabambaspis
Die engstehenden Augen dieses gepanzerten Tiers wiesen nach vorn. Es besaß wie alle frühen Fische keine Kiefer.

88 Prozent der langen Erdgeschichte bezeichnet man als Präkambrium.

ORDOVIZIUM

Vor 485–443 Mio. Jahren
Im Ordovizium entwickelte sich das Leben in den Ozeanen rasch. Viele verschiedene Fische und andere Tiere wie z. B. Trilobiten lebten in dieser Periode. Das Ordovizium endete mit dem größten Massenaussterben in der Erdgeschichte.

KAMBRIUM

Vor 541–485 Mio. Jahren
Fossilien höher entwickelter Tiere findet man in Gesteinen des Kambriums häufig. Viele dieser Lebewesen hatten harte Schalen, die als Versteinerungen erhalten sind.

Marrella
Dieses Tier war etwa 2 cm lang und lebte am Meeresgrund. Es hatte gegliederte Beine wie eine Krabbe und trug Stacheln am Körper.

80 % aller bekannten Dinosaurier hat man erst seit 1990 entdeckt.

Die Dinosaurier

165 Millionen Jahre lang beherrschten die Dinosaurier die Erde. Sie waren die spektakulärsten Tiere, die es je auf unserem Planeten gab.

Das Mesozoikum war das Zeitalter der Dinosaurier und ein Höhepunkt in der Geschichte des Lebens auf der Erde. Zu dieser Tiergruppe gehörten die größten, schwersten und furchterregendsten Landtiere aller Zeiten. Es entwickelte sich eine faszinierende Vielfalt an Arten, darunter riesige, gepanzerte Pflanzenfresser und flinke, gefiederte Jäger. Unter ihnen waren auch die Vorfahren der heute lebenden Vögel.

Stammbaum

Bis auf die ersten Arten kann man die Dinosaurier in zwei Gruppen unterteilen: Vogelbeckensaurier (Ornithischier) und Echsenbeckensaurier (Saurischier). Aus den Vogelbeckensauriern entwickelten sich drei Gruppen, die vor allem Pflanzen fraßen. Zu den Echsenbeckensauriern gehörten die fleischfressenden Theropoden und die pflanzenfressenden Sauropodomorpha.

DINOSAURIER

Vogelbeckensaurier

Das Becken eines Vogelbeckensauriers (Ornithischiers) war ähnlich gebaut wie das eines Vogels. Die Vogelbeckensaurier hatten Schnäbel, die von einem zusätzlichen Knochen im Unterkiefer gestützt wurden. Verwirrenderweise stammen aber die Vögel von kleinen Theropoden aus der Gruppe der Echsenbeckensaurier ab.

Echsenbeckensaurier

Das Becken eines Echsenbeckensauriers (Saurischiers) des frühen Mesozoikums war ähnlich gebaut wie das einer Echse. Viele der späteren Formen hatten aber ein Becken, das dem eines Vogels ähnelte. Von dieser Gruppe stammen die Vögel ab. Echsenbeckensaurier hatten außerdem längere, beweglichere Hälse als Vogelbeckensaurier.

Marginocephalia
Zu dieser Gruppe gehörten die Horndinosaurier, wie dieser *Pentaceratops* mit seinem riesigen Nackenschild und die Pachycephalosaurier, deren Schädelknochen stark verdickt waren.

Theropoden
Spinosaurus war einer der größten Vertreter der Gruppe. Ihr gehörten alle kräftigen Raubdinosaurier an. Sie liefen auf ihren Hinterbeinen und viele trugen Federn.

Sauropodomorpha
Zu dieser Gruppe gehörten die größten Dinosaurier, unter ihnen dieser *Brachiosaurus*. Sie waren Pflanzenfresser, deren enormes Gewicht von vier säulenförmigen Beinen getragen wurde. Die langen Schwänze dieser Tiere boten ein Gegengewicht zu den ebenso langen Hälsen.

Ornithopoden
Zu dieser sehr erfolgreichen Dinosauriergruppe gehörten Leichtgewichte, die auf ihren Hinterbeinen liefen, und Kolosse wie dieser *Muttaburrasaurus.* Alle Arten waren Pflanzenfresser.

Thyreophora
Zu den Thyreophora gehörten die gepanzerten Ankylosaurier und die Stegosaurier, wie dieser stachelige *Kentrosaurus.*

An einer Fundstätte **in China** wurden über **7000 Dinosaurierknochen** freigelegt.

Ein großer Sauropode **konnte so viel wiegen wie** 13 Elefanten.

800 **Dinosaurierarten** sind der Wissenschaft bisher **bekannt.**

Die Stellung der Beine

Anders als bei heute lebenden Reptilien wie Krokodilen und Eidechsen standen bei den Dinosauriern die Beine senkrecht unter dem Körper, ähnlich wie bei Säugetieren. Wir wissen heute, dass viele Dinosaurier gleichwarme Tiere waren. Deshalb konnten sie aktiver sein als die heute lebenden wechselwarmen Reptilien.

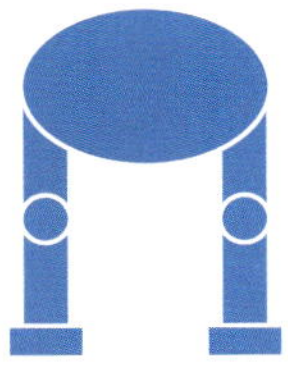

Beinstellung eines Dinosauriers
Die Beine aller Dinosaurier standen senkrecht unter dem Körper, sodass sie den schweren Leib tragen konnten.

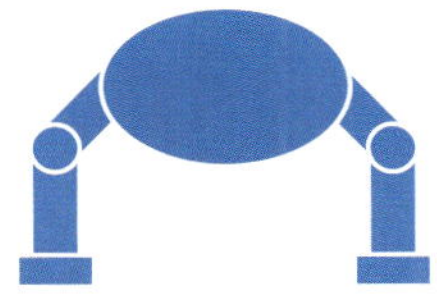

Beinstellung eines Krokodils
Die Krokodile sind nahe Verwandte der Dinosaurier, aber ihre Beine stehen nicht senkrecht unter dem Körper.

Beinstellung einer Eidechse
Eidechsen laufen mit seitlich abgespreizten Beinen, der Bauch ist nah am Boden. Deshalb sind sie nicht so flink.

Andere Reptilien

Die Dinosaurier waren nicht die einzigen großen Reptilien, die im Erdmittelalter lebten. Damals gab es auch viele Meeresreptilien, unter ihnen *Mosasaurus*, und Flugsaurier wie *Pterodactylus*. Die Flugsaurier waren nah mit den Dinosauriern verwandt. Einige der Meeresreptilien hatten gewaltige Kiefer. Die Körper der Flugsaurier waren viel leichter gebaut. Zwischen ihren verlängerten Fingerknochen spannten sich Flughäute auf.

Mosasaurus
Mosasaurus wurde bis zu 15 m lang und war ein gefährlicher Räuber. Er lebte zum Ende des Zeitalters der Dinosaurier.

Pterodactylus
Wie alle Flugsaurier war *Pterodactylus* ein gleichwarmes Tier. Er trug ein Fell und konnte so gut fliegen wie ein Vogel.

FOSSILIEN VERRATEN UNS, DASS DER **GRÖSSTE FLUGSAURIER** SO GROSS WIE EIN **KLEINES FLUGZEUG** WAR: ER HATTE **12 M** FLÜGELSPANNE.

Das Mesozoikum oder Erdmittelalter

Das Zeitalter der Dinosaurier begann vor 230 Mio. Jahren: Die Trias war die erste der drei Perioden des Mesozoikums. Die frühen Dinosaurier mussten mit anderen Reptilien konkurrieren. Viele der Konkurrenten starben jedoch zum Ende der Trias aus, sodass die Dinosaurier sich im Jura gut entwickeln konnten. In der Kreide gab es die meisten Dinosaurierarten, unter ihnen auch die furchterregenden räuberischen Tyrannosaurier.

Der Superkontinent Pangäa war von einem riesigen Ozean umgeben.

Die Erde in der Trias
Vor 252 bis 201 Mio. Jahren bildeten alle Kontinente einen riesigen Superkontinent, in dessen Zentrum sich eine gewaltige Wüste erstreckte. Die meisten Pflanzen und Tiere lebten an den Rändern des Superkontinents Pangäa.

Pangäa zerbrach in den nördlichen Großkontinent Laurasien und den südlichen Großkontinent Gondwana.

Die Erde im Jura
Der Superkontinent zerbrach zu Beginn des Jura in zwei Teile. Die Wüsten schrumpften und es breiteten sich üppige Wälder aus, die den riesigen pflanzenfressenden Dinosauriern dieser Zeit Nahrung boten.

Zwischen Afrika und Südamerika öffnete sich der Südatlantik.

Die Erde in der Kreide
Nach der Periode des Jura begann vor 145 Mio. Jahren die Kreide. Die Großkontinente zerbrachen in kleinere Landmassen. Auf jedem Kontinent entwickelten sich die Dinosaurier unterschiedlich, deshalb erschienen viele neue Arten.

Eine Katastrophe

Das Mesozoikum endete vor 66 Mio. Jahren mit einem Massenaussterben, bei dem alle Dinosaurier außer den Vögeln ausgelöscht wurden. Wahrscheinlich war eine Ursache der Einschlag eines riesigen Meteoriten in der Gegend des heutigen Mexiko. Zur gleichen Zeit brachen in Indien gewaltige Vulkane aus. Beide Ereignisse führten vermutlich dazu, dass sich das Klima stark veränderte.

Meteoriteneinschlag
Der Meteorit, der vor 66 Mio. Jahren in Mexiko einschlug, hatte einen Durchmesser von mindestens 10 km. Staub- und Aschewolken verdunkelten die Atmosphäre und schirmten das Sonnenlicht viele Jahre lang ab.

WISSENSCHAFTLER WISSEN NICHT GENAU, WESHALB DIE **DINOSAURIER AUSGESTORBEN** SIND UND WARUM DIE KROKODILE, VÖGEL UND ANDERE TIERE ÜBERLEBT HABEN.

28 **Jahre – so alt war der berühmte Tyrannosaurus rex namens „Sue“ vermutlich, als er starb.**

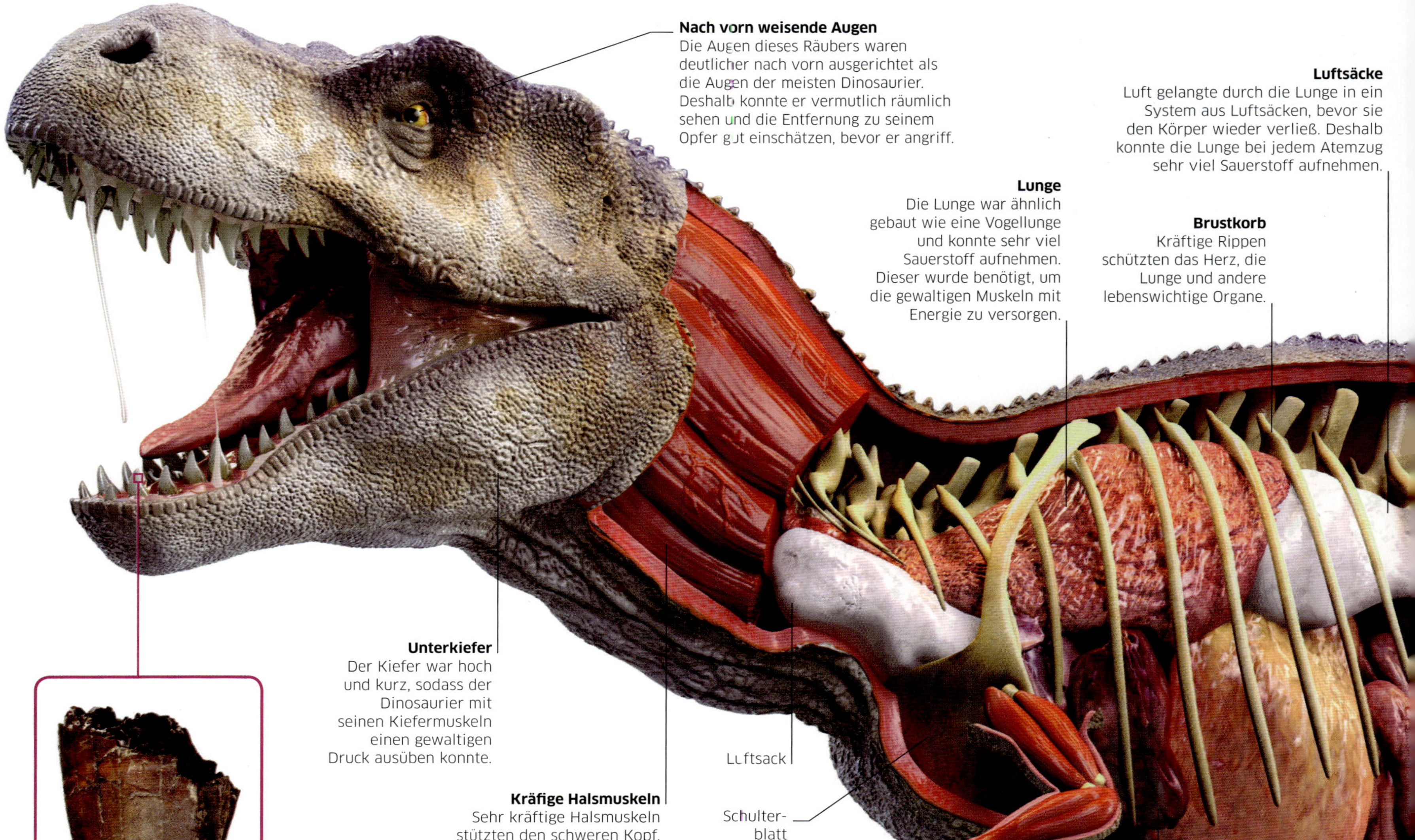

Dolchartige Zähne
Die Zähne der Tyrannosaurier waren größer und kräftiger als die aller fleischfressenden Dinosaurier, die jemals zuvor auf der Erde gelebt hatten. Die größten dieser Zähne waren mindestens 20 cm lang. Sie ähnelten Dolchen und konnten dicke Haut und Muskeln durchdringen. Weil ihre Zähne tief verwurzelt und sehr stabil waren, konnten diese Dinosaurier sogar Knochen zermalmen.

Tyrannosaurus rex

Der furchterregendste Räuber, der je auf dem Festland gelebt hat, war ein riesiger Theropode. Er hatte gewaltige Kiefer und konnte mit seinen Zähnen Knochen zermalmen.

Die Tyrannosaurier waren die gefährlichsten Raubdinosaurier. Sie machten während der 165 Millionen Jahre, die das Mesozoikum (Erdmittelalter) dauerte, das Festland unsicher. Der berühmteste unter ihnen, *Tyrannosaurus rex*, entwickelte sich wenige Millionen Jahre vor der Katastrophe, die die Dinosaurier auslöschte. Er war auf das Töten spezialisiert und konnte gewaltige Stücke aus seinem Opfer reißen, sodass es meistens sofort starb. Dann biss er große Fleischstücke ab und verschluckte sie, ohne sie vorher zu kauen.

Steckbrief

Wann? .... Vor 68–66 Mio. Jahren (späte Kreide)
Lebensraum .... Nordamerika
Nahrung .... Fleischfresser
Länge .... Bis zu 12,4 m

KEIN TIER, DAS JEMALS AUF DEM FESTLAND LEBTE, KONNTE SO **KRAFTVOLL** ZUBEISSEN WIE T-REX: **4-MAL** SO FEST WIE EIN **ALLIGATOR.**

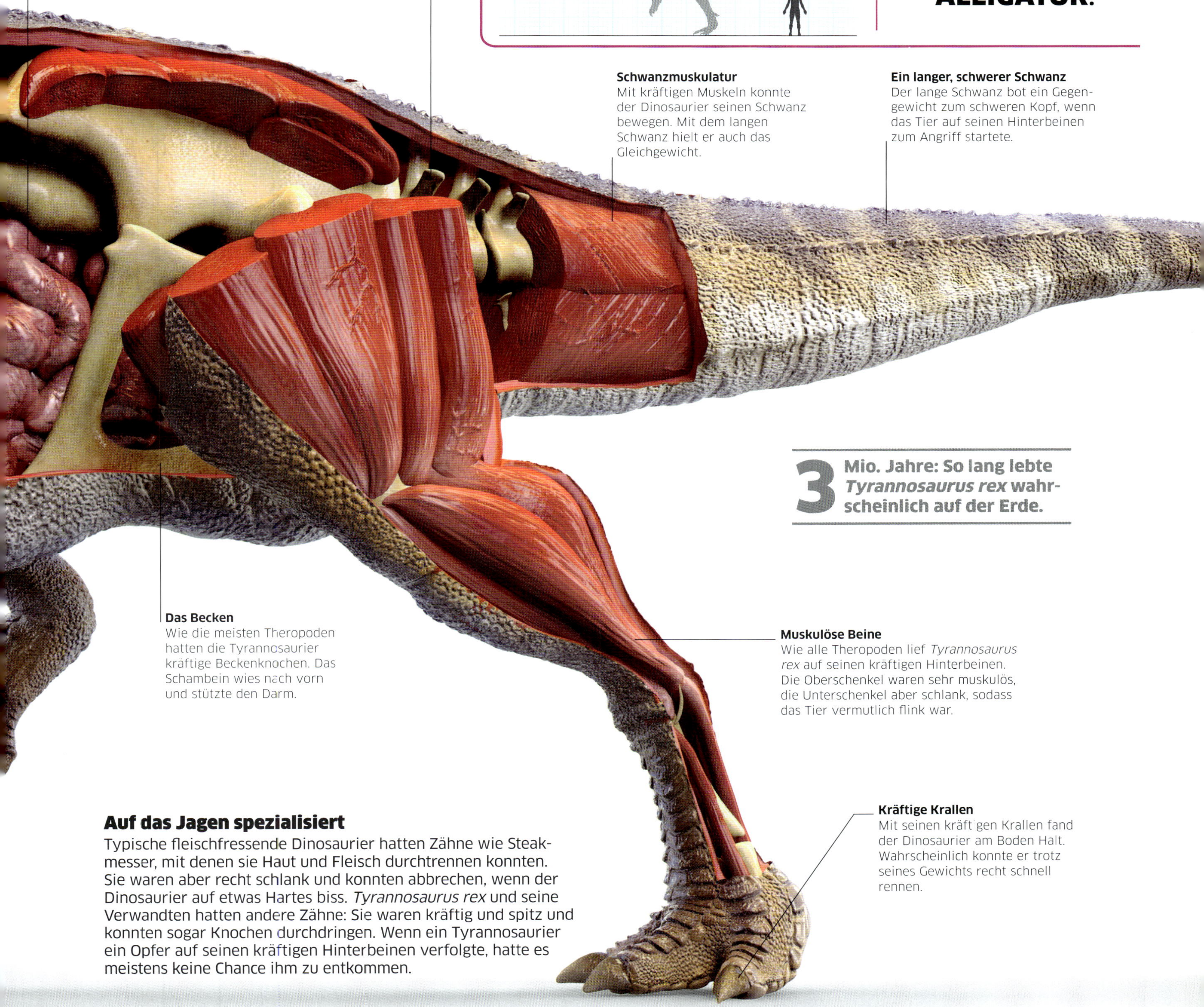

Darm
Als spezialisierter Räuber fraß *Tyrannosaurus rex* nur Fleisch. Da Fleisch leicht zu verdauen ist, hatte der Dinosaurier sicherlich einen relativ kurzen Darm.

Wirbelsäule
Die Wirbel, die die bewegliche Wirbelsäule bildeten, hatten hohe Fortsätze, an denen kräftige Muskeln ansetzten.

Schwanzmuskulatur
Mit kräftigen Muskeln konnte der Dinosaurier seinen Schwanz bewegen. Mit dem langen Schwanz hielt er auch das Gleichgewicht.

Ein langer, schwerer Schwanz
Der lange Schwanz bot ein Gegengewicht zum schweren Kopf, wenn das Tier auf seinen Hinterbeinen zum Angriff startete.

3 Mio. Jahre: So lang lebte *Tyrannosaurus rex* wahrscheinlich auf der Erde.

Das Becken
Wie die meisten Theropoden hatten die Tyrannosaurier kräftige Beckenknochen. Das Schambein wies nach vorn und stützte den Darm.

Muskulöse Beine
Wie alle Theropoden lief *Tyrannosaurus rex* auf seinen kräftigen Hinterbeinen. Die Oberschenkel waren sehr muskulös, die Unterschenkel aber schlank, sodass das Tier vermutlich flink war.

Kräftige Krallen
Mit seinen kräftigen Krallen fand der Dinosaurier am Boden Halt. Wahrscheinlich konnte er trotz seines Gewichts recht schnell rennen.

Auf das Jagen spezialisiert

Typische fleischfressende Dinosaurier hatten Zähne wie Steakmesser, mit denen sie Haut und Fleisch durchtrennen konnten. Sie waren aber recht schlank und konnten abbrechen, wenn der Dinosaurier auf etwas Hartes biss. *Tyrannosaurus rex* und seine Verwandten hatten andere Zähne: Sie waren kräftig und spitz und konnten sogar Knochen durchdringen. Wenn ein Tyrannosaurier ein Opfer auf seinen kräftigen Hinterbeinen verfolgte, hatte es meistens keine Chance ihm zu entkommen.

Fossilien

Fossilien liefern uns Hinweise auf die Lebewesen der Urzeit. Sie sind Überreste von Tieren und Pflanzen, die vor langer Zeit auf der Erde gelebt haben.

Die meisten Fossilien sind versteinerte Überreste von Lebewesen, die vor vielen Millionen Jahren gestorben sind, oder versteinerte Spuren, die uns etwas über diese Lebewesen verraten. Wenn ein Lebewesen stirbt, verwest sein Körper meistens. Wird er jedoch vorher von Sedimenten verschüttet, dann ersetzen unter bestimmten Umständen Mineralsalze, die im einsickernden Wasser gelöst sind, die Überreste des Körpers allmählich, sodass sie versteinern. Harte Körperteile wie Knochen, Zähne oder Schalen bleiben häufiger erhalten als weiche Gewebe.

Fossilienarten

Viele Fossilien sind versteinerte Schalen oder Knochen. Es gibt aber auch andere Fossilientypen. In Bernstein eingeschlossene Insekten z. B. sind nicht versteinert. Außerdem können auch Hinweise auf ein Lebewesen versteinern, wie z. B. Fußspuren. Solche sogenannten Spurenfossilien erzählen uns etwas über die Lebensweise der Tiere, die seit langer Zeit ausgestorben sind.

In Bernstein erhalten
Diese Schnake blieb vor Millionen Jahren am Harz eines Baums kleben. Das Harz wurde zu hartem Bernstein und der Körper des eingeschlossenen Insekts blieb erhalten.

Ein allmählicher Prozess

Meist dauert es sehr lange, bis Überreste eines Lebewesens versteinern. Nach Jahrtausenden kann ein Knochen noch aussehen, als wäre er vor einigen Wochen vergraben worden, vor allem wenn der Boden gefroren ist. Die vollständige Versteinerung dauert meistens Jahrmillionen. Die Gewebe werden im Lauf der Zeit allmählich durch Mineralien ersetzt. Am Fossil sind manchmal sogar kleinste Details zu erkennen. Experten können daraus ableiten, wie das Tier in der Urzeit ausgesehen hat und wie es vermutlich gelebt hat.

Nadelbäume
Versteinerte nadelförmige Blätter und Rinde lassen darauf schließen, dass Nadelbäume im Zeitalter der Dinosaurier häufig waren.

Ein Meer breitet sich aus
Die Dinosaurier sind ausgestorben und das Gebiet wurde vom Meer überflutet.

Megalodon
Dieser gigantische Verwandte des Weißen Hais war vor 20 Mio. Jahren der größte Jäger in den Meeren.

Triceratops
Dieser Pflanzenfresser lebte zur Zeit von *Tyrannosaurus* und war seine Hauptbeute.

Tyrannosaurus rex
Dieser berühmte Raubdinosaurier lebte zum Ende des Zeitalters der Dinosaurier vor etwa 66 Mio. Jahren.

Ein *Tyrannosaurus* stirbt.

Sedimentschichten
Die Sedimente (Schlamm oder Sand) bilden unterschiedlich dicke Schichten in verschiedenen Farben.

Ammoniten
Diese ausgestorbenen Verwandten der Tintenfische hatten spiralig eingerollte Gehäuse, die häufig als Fossilien erhalten sind.

1 Ein tödlicher Kampf
Dieser *Tyrannosaurus rex* wurde bei einem Kampf mit einem Rivalen schwer verletzt. Er fällt in einen Fluss und stirbt. Der Körper sinkt auf das Flussbett und beginnt zu verwesen.

2 Die Knochen bleiben erhalten
Weil im Wasser des Flusses nur wenig Sauerstoff enthalten ist, verwest der Körper langsam. Schließlich ist nur noch das Skelett des Dinosauriers übrig, aber seine Knochen sind gut erhalten.

3 Sedimente lagern sich ab
Schlamm lagert sich ab und verschüttet das Skelett. Millionen Jahre später steigt der Meeresspiegel. Das Gebiet wird mit Meerwasser überflutet. Nun lagert sich eine neue, helle Sedimentschicht ab.

Im Jahr 1824 **erkannte man** erstmals, **dass viele Fossilien** Überreste von Dinosauriern **sind.**

3450 Mio. Jahre – **so alt sind die** ältesten Fossilien, **die man bisher gefunden hat.**

In **China** hielt man Fossilien früher **für die Knochen** von Drachen.

Versteinertes Holz
Auch Pflanzenteile sind als Fossilien erhalten. Man hat sogar ganze versteinerte Baumstämme gefunden, bei denen man die Struktur des Holzes noch gut erkennen kann.

Der Abdruck eines Tierkörpers
Das urzeitliche Lebewesen *Dickinsonia* sank in den Schlamm auf dem Meeresgrund, der im Lauf der Zeit versteinert ist. Das Tier löste sich auf und zurück blieb ein Abdruck seines Körpers.

Steinkern
Im Sickerwasser gelöste Mineralsalze können in einem Abdruck, den ein Tier im Gestein hinterlassen hat, auskristallisieren. So entstand der Steinkern dieses Ammoniten.

Spurenfossil
Diesen Fußabdruck hinterließ ein Raubdinosaurier vor 66 Mio. Jahren im Schlamm. Wenn eine ganze Fährte versteinert ist, kann man sehen, wie groß die Schritte waren.

Eine Rekonstruktion
Die einzelnen Knochen eines gut erhaltenen versteinerten Skeletts kann man zusammenfügen, sodass man erkennt, wie das Tier einst ausgesehen hat. Wissenschaftler rekonstruieren mit Computermodellen die Muskeln und die inneren Organe, um herauszufinden, wie es sich bewegt hat.

4 Die Knochen versteinern
Die Sedimente verfestigen sich zu Gesteinen. Im Sickerwasser sind Mineralsalze gelöst, die die Mineralien der Dinosaurierknochen allmählich ersetzen, sodass auch sie zu Stein werden.

5 Eiszeit
Während einer Eiszeit ist viel Wasser in den Eisschilden gebunden. Der Meeresspiegel ist niedrig. Manchmal versinkt ein Mammut in einem Sumpf und stirbt. Sein Körper gefriert.

6 Die Oberfläche wird abgetragen
Ein Fluss ändert seinen Lauf und trägt den Boden und den hellen Kalkstein ab. Der Körper des Mammuts liegt nun frei. Das Skelett des *Tyrannosaurus* befindet sich noch tief unter der Erde.

7 Eine Ausgrabung
Lange nach dem Ende der Eiszeit wird der dunkle Tonstein abgetragen. Paläontologen entdecken das Dinosaurierfossil und legen die versteinerten Knochen vorsichtig frei.

LEBENDIGE WELT

Im Lauf der Evolution haben sich unvorstellbar viele Lebewesen entwickelt. Fast 1,8 Millionen Arten sind bekannt, aber sehr viele andere kennen wir bisher noch nicht. Wissenschaftler ordnen die Lebewesen sechs Reichen zu. Jedes Reich wird wiederum in Gruppen unterteilt, deren Mitglieder näher miteinander verwandt sind. Diese Gruppen bezeichnet man als Stämme, Klassen, Ordnungen und Familien.

REGIONEN DER ARTENVIELFALT

Fast überall auf der Erde gibt es Lebewesen, aber in einigen Gegenden kommen mehr Arten vor als in anderen. Solche Regionen nennt man Hotspots der Biodiversität. Die meisten Arten leben in den warmen Tropen, vor allem in den tropischen Regenwäldern und Korallenriffen. In den unten gekennzeichneten Regionen ist die Artenvielfalt sehr hoch.

Legende

- Hotspot der Biodiversität
- Nordamerika
- Südamerika
- Europa
- Afrika
- Asien
- Australien und Ozeanien

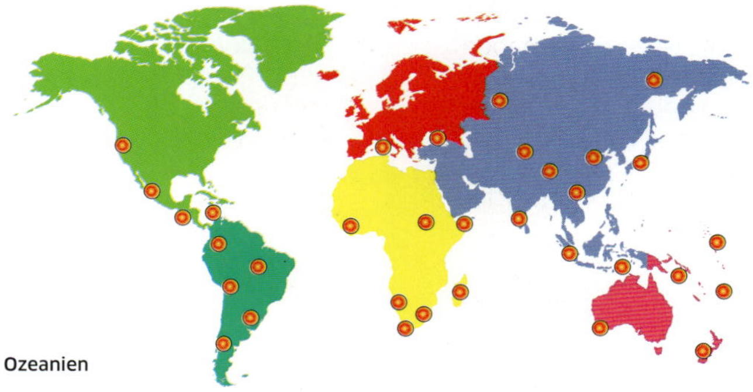

VERWANDTSCHAFT

Jede Tier- oder Pflanzenart ist mit anderen Arten verwandt, die sich aus denselben Vorfahren entwickelt haben. Die Arten bilden Gruppen, die wiederum mit anderen Gruppen näher verwandt sind. Man kann einen großen Stammbaum entwerfen. Dieser Baum hat sechs Hauptäste – die sechs Reiche. Drei Reichen gehören vor allem Lebewesen an, die so winzig sind, dass man sie nur unter dem Mikroskop erkennt.

Die sechs Reiche

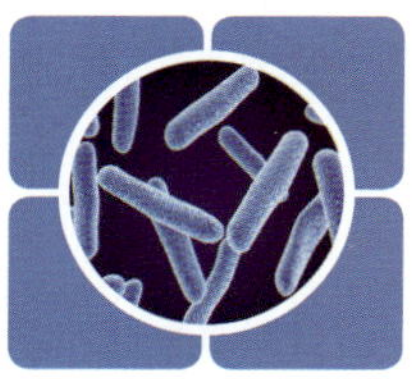

1 ARCHAEEN Die ersten Lebewesen, die sich auf der Erde entwickelt haben, waren winzige Archaeen. Sie bestehen nur aus einer einzigen Zelle und man kann sie nur unter dem Mikroskop erkennen. Einige Archaeen leben an lebensfeindlichen Orten, z. B. im sauren Wasser heißer Quellen.

2 BAKTERIEN Bakterien sind ähnlich aufgebaut wie Archaeen, aber sie haben einen anderen Stoffwechsel. Dies zeigt, dass sich die beiden Gruppen unabhängig voneinander entwickelt haben. Manche Bakterien sind gefährliche Krankheitserreger, viele andere sind für uns überlebenswichtig.

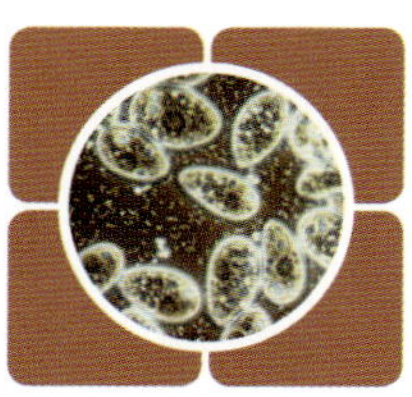

3 PROTISTEN Zu diesen kleinen Lebewesen gehören Algen und Protozoen. Anders als Bakterien und Archaeen bestehen sie aus Zellen mit einem Zellkern, der den größten Teil der Erbsubstanz enthält. In der Zelle gibt es außerdem Strukturen, die Nährstoffe in Energie umwandeln.

4 PILZE Pilze ähneln Pflanzen, aber sie ernähren sich von anderen lebendigen oder toten Lebewesen. Die meisten bilden ein Geflecht (Myzel) aus fadenförmigen Zellen. Das Myzel bringt Fruchtkörper hervor. Speise- und Giftpilze z. B. sind eigentlich nur die sichtbaren Fruchtkörper des Pilzes.

5 PFLANZEN Grüne Pflanzen sind vielzellige Lebewesen, die die Energie des Sonnenlichts nutzen, um Nähr- und Aufbaustoffe herzustellen. Bei diesem Prozess wird Sauerstoff in die Luft abgegeben, den Tiere atmen. Die meisten Pflanzen wachsen an Land oder in Süßgewässern.

6 TIERE Wie Pflanzen sind auch Tiere vielzellige Lebewesen. Weil sie keine Nährstoffe herstellen können, müssen sie sich jedoch von anderen Lebewesen ernähren. Die meisten bewegen sich fort und spüren mit ihren Sinnen Nahrung auf. Deshalb hat sich die Intelligenz entwickelt.

Wie viele Arten?

Zum Tierreich gehören viel mehr bekannte Arten als zu den Pflanzen, Pilzen und Protisten. Es gibt Millionen von Archaeen und Bakterien, sodass man ihre Zahl nicht einmal schätzen kann.

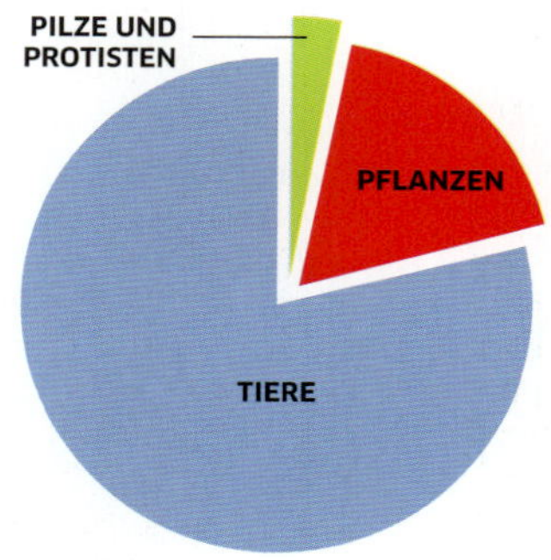

Legende

- Tierarten: 1 367 555
- Pflanzenarten: 321 212
- Pilz- und Protistenarten: 51 563

WISSENSCHAFTLER SCHÄTZEN, DASS BIS ZU 8,7 MIO. TIERARTEN BISHER NOCH NICHT ENTDECKT WURDEN.

Systematik der Lebewesen

Jedem der sechs Reiche gehören mehrere Stämme an. Diese unterteilt man wiederum in Klassen, Ordnungen und Familien.

Innerhalb jeder Familie gibt es Gruppen nah verwandter Lebewesen, die Gattungen. Einer Gattung gehören meistens mehrere Arten an.

Die systematische Einordnung eines Tigers
Der wissenschaftliche Name besteht aus dem Gattungs- und dem Artnamen. Der Gattungsname des Tigers lautet *Panthera.* Der vollständige Name lautet *Panthera tigris.*

REICH	STAMM	KLASSE	ORDNUNG	FAMILIE	GATTUNG	ART
Tiere Vielzellige Lebewesen, die andere Lebewesen fressen, um Energie zu gewinnen.	**Chordatiere** Die meisten Mitglieder sind Wirbeltiere mit Wirbelsäule und knöchernem Skelett.	**Säugetiere** Gleichwarme Wirbeltiere, meist mit Fell. Weibchen säugen ihre Jungen mit Milch.	**Raubtiere** Jagende Säugetiere, die mit ihren Backenzähnen Fleisch zerschneiden können.	**Katzen** Hoch spezialisierte Jäger ohne Kauzähne. Viele können ihre Krallen einziehen.	**Großkatzen (Panthera)** Die größten Katzen, wie z. B. die Löwen. Sie können brüllen.	**Tiger (tigris)** Die größte der waldbewohnenden Katzen. Tiger haben ein gestreiftes Fell.

LEBENSNOTWENDIG

Alle Lebewesen haben bestimmte Grundbedürfnisse. Sie brauchen Wasser, denn ohne Wasser können die chemischen Prozesse des Stoffwechsels nicht ablaufen. Nur weil es auf der Erde flüssiges Wasser gibt, konnte sich Leben entwickeln. Lebewesen brauchen außerdem Energie, damit die Prozesse in den Zellen ablaufen können. Die einzelnen Gruppen gewinnen diese Energie auf unterschiedliche Weise.

Was Lebewesen benötigen

Alle Lebewesen haben ähnliche Grundbedürfnisse und manche haben besondere Ansprüche. Pflanzen und Tiere gewinnen ihre Energie auf unterschiedliche Weise. Pflanzen brauchen Sonnenlicht, während Tiere energiereiche Nahrung fressen. Nur wenige Lebensformen können auf einige dieser Bedingungen verzichten.

Energie
Pflanzen und viele Mikroben stellen mit Hilfe des Sonnenlichts Nährstoffe her. Sie dienen anderen Lebewesen als Nahrung.

Wasser
Alle Lebewesen bestehen aus Zellen, die Wasser enthalten. Sogar Lebewesen in der Wüste kommen nicht ganz ohne Wasser aus.

Schutz
Viele Tiere leben an Orten, wo sie sich vor der Sonne oder vor kalten Winden schützen müssen. Auch Pflanzen brauchen Schutz.

Lebensraum
Eine Pflanze wurzelt im Erdboden und ein Tier muss genügend Futter finden. Sogar eine Mikrobe braucht Platz zum Leben.

Wärme
Nur wenige Lebewesen können an sehr kalten oder sehr heißen Orten leben. Die meisten leben in Regionen, in denen es immer warm ist.

Nährstoffe
Pflanzen nehmen lebenswichtige Nährstoffe mit dem Wasser auf. Tiere beziehen ihre Nährstoffe aus der Nahrung.

Sauerstoff
Tiere wandeln mit Hilfe von Sauerstoff Nährstoffe in Energie um. Pflanzen geben Sauerstoff in die Atmosphäre ab.

Nahrungspyramide

In den meisten Lebensräumen gibt es Pflanzen oder Algen, die Nährstoffe produzieren. Die Konsumenten dieser Nährstoffe kann man verschiedenen Stufen einer Nahrungspyramide zuordnen. Auf diesem Stück Grasland leben mehrere Kaninchen. Deutlich weniger Wiesel ernähren sich von den Kaninchen. Nur ein Fuchs an der Spitze der Nahrungspyramide erbeutet auch die Wiesel. Auf den oberen Stufen gibt es weniger Konsumenten, denn auf jeder Stufe wird ein Teil der Energie für die Aktivität der Tiere und ihre Körperwärme verbraucht und steht nicht mehr als Nahrung zur Verfügung.

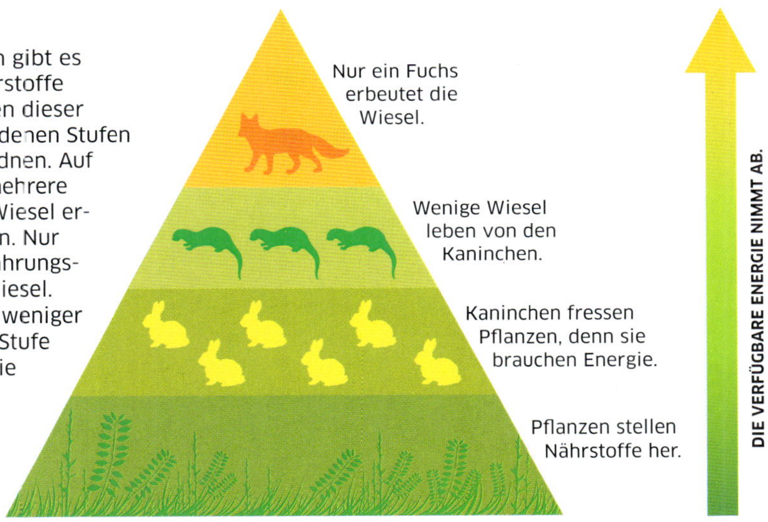

Nahrungsketten

Alle Lebewesen brauchen Energie. Pflanzen und einige andere Lebewesen nutzen die Energie des Sonnenlichts, um Nährstoffe herzustellen. Tiere fressen Pflanzen. Sie brauchen die Nährstoffe zur Energiegewinnung und um wachsen zu können. Andere Tiere erbeuten die Pflanzenfresser. Schließlich wandeln Zersetzer die Nährstoffe in eine Form um, die die Pflanzen wieder aufnehmen können.

Produzent
Diese Pflanze stellt mithilfe der Energie des Sonnenlichts Nähr- und Aufbaustoffe wie Kohlenhydrate und Eiweiße her. Damit baut sie ihre Stängel, Blätter, Blüten und Früchte auf.

Primärkonsument
Eine Wüstenrennmaus frisst die Früchte des Strauchs und verdaut sie. Dabei werden die Eiweiße und Kohlenhydrate in Stoffe umgewandelt, die ihre Gewebe wie die Muskeln aufbauen.

Sekundärkonsument
Wenn ein Wüstenfuchs eine Wüstenrennmaus erbeutet, verdaut er ihr Fleisch. Es wird in Energie und in Nährstoffe umgewandelt, mit denen die Gewebe des Fuchses aufgebaut werden.

Spitze der Nahrungskette
Erbeutet eine Hyäne einen Wüstenfuchs, werden die Nährstoffe, die in seinem Körper gespeichert waren, an das nächste Glied in der Nahrungskette weitergegeben.

Zersetzer
Wenn die Hyäne stirbt, fressen Würmer und andere Zersetzer ihren Körper. Sie wandeln ihre Gewebe in Stoffe um, die der Wüstenstrauch wieder aufnehmen kann.

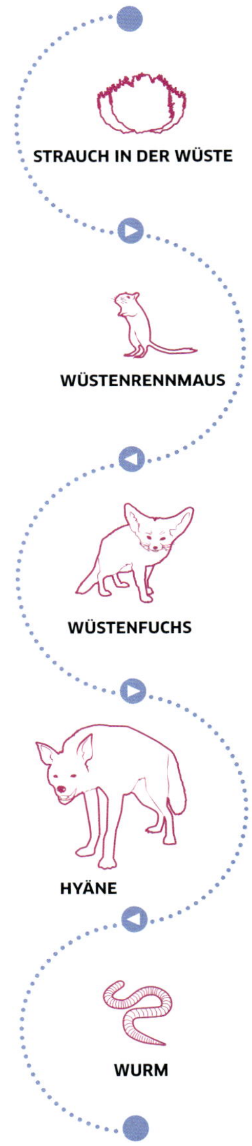

BEDROHTE ARTEN

Jedem Reich gehören Arten an, die vom Aussterben bedroht sind. Dafür gibt es viele Gründe, aber meistens sind wir Menschen der Hauptgrund. Viele Tiere werden versehentlich oder absichtlich getötet, auch seltene Arten. Wir zerstören natürliche Lebensräume und nehmen wilden Tieren ihre Grundbedürfnisse. Indem wir Naturschutzgebiete schaffen, können wir verhindern, dass Tier- und Pflanzenarten aussterben.

Pflanzen

Die Zerstörung von Lebensräumen, z. B. von tropischen Regenwäldern, bedroht die Vielfalt der Pflanzen.

Fische

Wegen der Verschmutzung der Gewässer und der Überfischung sind viele Fischarten selten geworden.

Amphibien

Frösche, Salamander und andere Amphibien sind betroffen. Ein Drittel der Arten wird immer seltener.

Reptilen

Jüngste Forschungen zeigen, dass über ein Fünftel aller Reptilienarten auf der Erde stark bedroht ist.

Vögel

Weil sie bejagt oder ihre Lebensräume zerstört werden, haben 12 % der Vogelarten eine ungewisse Zukunft.

Säugetiere

Eine von fünf Säugetierarten ist bedroht, darunter auch sehr große Tiere wie Nashörner und Elefanten.

5000 Jahre – ungefähr so alt ist die **älteste bekannte Pflanze:** eine amerikanische **Langlebige Kiefer.**

Pflanzen

In unserer Umgebung wachsen viele Pflanzen, von Moosen bis hin zu Bäumen. Sie erzeugen einen großen Teil der Nährstoffe, von denen die Tiere an Land leben. Außerdem setzen Pflanzen den größten Teil des Sauerstoffs frei, den wir atmen.

Pflanzen sind vielzellige Lebewesen, die vor allem auf dem Festland und in Süßgewässern vorkommen. Fast alle Pflanzen wandeln mithilfe der Energie des Sonnenlichts Wasser und Kohlendioxid in Sauerstoff und Zucker um. Diesen Prozess nennt man Fotosynthese. Aus den Zuckern stellen sie kompliziertere Stoffe her, aus denen Wurzeln, Stängel und Blätter bestehen. Pflanzen bedecken große Gebiete auf der Erdoberfläche und stellen den Tieren Lebensräume und Nahrung bereit.

Wasser zum Leben

Alle Pflanzen brauchen Wasser. Die meisten nehmen es aus dem Boden auf und transportieren es in ihren Stängeln zu den oberen Pflanzenteilen. Der Druck des Wassers hält Pflanzen mit weichen Stängeln aufrecht. Wenn solche Pflanzen nicht genügend Wasser bekommen, verwelken sie. Die meisten Pflanzen haben jedoch kräftige, verholzte Stängel oder Stämme, die nicht welken. Bäume breiten ihre Blätter hoch über dem Erdboden aus.

Pflanzengruppen

Es gibt zwei Hauptgruppen von Pflanzen. In der Urzeit haben sich zunächst einfache Pflanzen wie Moose entwickelt. Anders als Gefäßpflanzen haben sie keine echten Leitbündel, in denen Wasser und in ihm gelöste Stoffe zu allen Teilen der Pflanze gelangen.

PFLANZENREICH

Ohne Leitbündel | **Gefäßpflanzen**

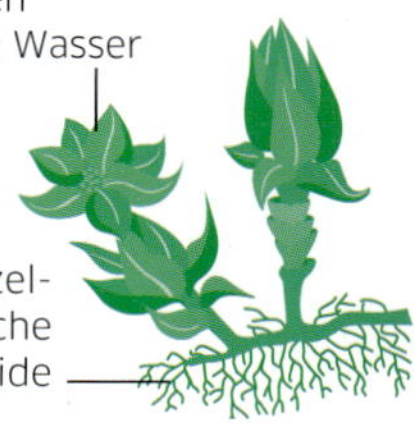

Moos
Moose nehmen das Wasser direkt in ihre Blättchen auf. Mit ihren Rhizoiden heften sie sich an Felsen oder Baumstämme und bilden Polster, die das Wasser wie ein Schwamm aufsaugen.

Baum
Die meisten Pflanzen nehmen mit ihren Wurzeln Wasser auf. Die Wurzeln sind über Leitbündel mit dem Rest der Pflanze verbunden. Deshalb können Bäume hoch über den feuchten Erdboden aufragen.

Blütenpflanzen

Ursprüngliche Pflanzen wie Moose und Farne bilden weder Blüten noch Früchte mit Samen. Heute gibt es auf der Erde aber viel mehr Blütenpflanzen. Sie haben sich im Zeitalter der Dinosaurier vor etwa 200 Mio. Jahren entwickelt. Blüten bilden Pollen. Wenn er zu einer anderen Blüte derselben Art transportiert wird, befruchtet er sie, sodass sich Samen bilden können.

Windbestäubung

Manche Blütenpflanzen, wie Gräser und verschiedene Bäume, bilden viel Pollen, der mit dem Wind verweht wird. Ein Teil landet auf Pflanzen derselben Art und befruchtet die Blüten. Solche Pflanzen haben kleine, unauffällige Blüten.

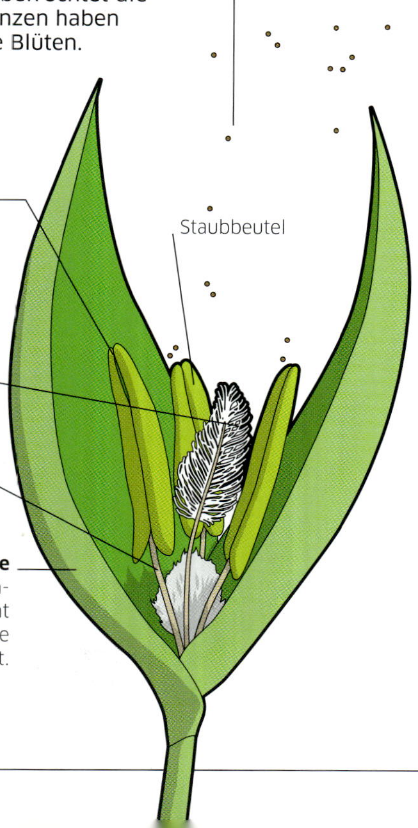

Pollen
In den Pollenkörnern befinden sich die männlichen Zellen, die weibliche Zellen in den Blüten anderer Pflanzen befruchten.

Staubblatt
Pollen wird in einem Staubblatt gebildet. Es besteht aus Staubbeutel und Staubfaden.

Unauffällige Blüte
Eine Grasblüte ist einfach gebaut und nicht auffällig gefärbt. Sie verströmt keinen Duft.

Kronblätter
Bunte Kronblätter locken Insekten und Vögel an. Die Kronblätter fallen ab, nachdem die Blüte befruchtet wurde.

Biene
Die Biene wird von der Farbe, dem Duft und der Aussicht auf süßen Nektar angelockt. Pollen heftet sich an ihren Körper.

Narbe
Wenn Pollen auf der Narbe landet, befruchten die männlichen Zellen in den Pollenkörnern die weiblichen Zellen in den Samenanlagen.

Über den Griffel ist die Narbe mit dem Fruchtknoten verbunden.

In den Staubbeuteln wird Pollen gebildet.

Kelchblätter
Robuste Kelchblätter schützen die Blütenknospe. Der Kelch öffnet sich, wenn die Blüte aufblüht.

Fruchtknoten
Im Fruchtknoten befinden sich Samenanlagen, die sich zu Samen entwickeln, wenn die Blüte mit Pollen befruchtet wird.

Bestäubung durch Tiere

Viele Pflanzen haben bunte Blüten, in denen sich zuckerhaltiger Nektar befindet. Oft duften solche Blüten auch. Der Nektar lockt hungrige Tiere wie Insekten, Kolibris oder Fledermäuse an. Wenn ein Tier den Nektar trinkt, wird sein Körper mit Pollen bepudert. Besucht es die nächste Blüte, transportiert es den Pollen dorthin.

Grüne Pflanzen wachsen seit mindestens 400 Mio. Jahren auf der Erde.

115,5 m – So hoch ist ein kalifornischer Küstenmammutbaum, die höchste Pflanze der Erde.

3 m – So hoch wird der Blütenstand der Titanenwurz auf Sumatra.

Wie Pflanzen wachsen

Wenn es ausreichend warm und feucht ist, keimt der Same einer Blütenpflanze und wächst zu einem Sämling heran. Eine Wurzel schiebt sich in den Erdboden. Sie nimmt Wasser auf, sodass sich ein Spross bilden kann. Bei vielen Pflanzen trägt er zwei Blätter.

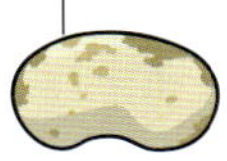

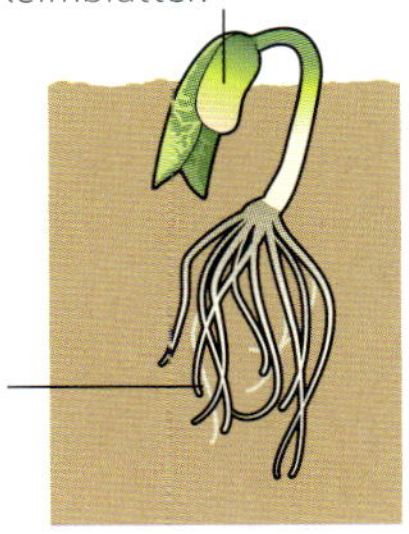

1 Keimung
Ein Same hat eine robuste Schale, die ihn viele Monate lang schützt. Schließlich nimmt er Wasser auf und quillt, sodass die Schale aufplatzt.

2 Keimwurzel
Eine Wurzel treibt aus und wächst nach unten. Feine Wurzelhaare nehmen aus dem Boden Wasser und gelöste Nährstoffe auf.

3 Spross
Der Spross richtet sich auf und die Keimblätter breiten sich aus, sodass sie möglichst viel Sonnenlicht auffangen können.

Im Lauf der Jahreszeiten

Viele tropische Pflanzen wachsen während des ganzen Jahrs. Andere müssen mit kalten Wintern zurechtkommen. Einige sind sehr robust und überstehen die Kälte. Bei vielen läuft der Stoffwechsel sehr langsam ab, bis es wieder wärmer wird.

Immergrüne Bäume
Viele Nadelbäume, wie diese Tannen, haben robuste, nadelförmige Blätter. Sie bleiben im kalten Winter grün und können das Sonnenlicht auch in dieser Jahreszeit nutzen, um Nähr- und Aufbaustoffe herzustellen.

Bäume, die ihr Laub abwerfen
Eichen und andere Laubbäume haben dünne Blätter, in denen im Sommer viele Nähr- und Aufbaustoffe hergestellt werden. Vor dem Winter wirft der Baum sein Laub ab.

Ungewöhnliche Pflanzen

Die meisten Pflanzen nehmen alle wichtigen Nährstoffe aus dem Boden auf. Mithilfe der Energie des Sonnenlichts stellen sie Nährstoffe her. Einige Pflanzen haben jedoch andere Lebensweisen. Sie wachsen an Orten, an denen die meisten Pflanzen nicht gedeihen können.

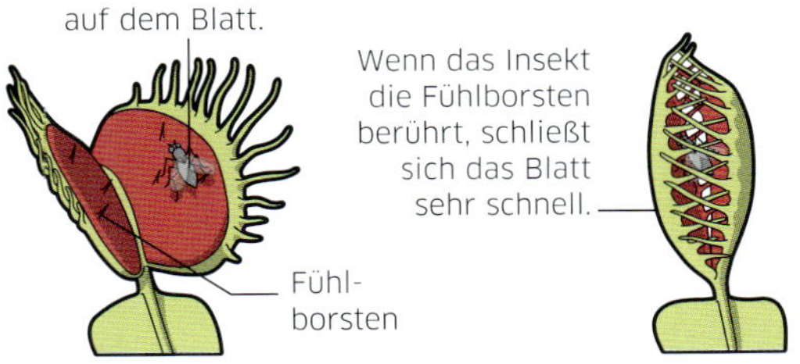

Venusfliegenfalle
Diese erstaunliche Pflanze fängt Insekten und verdaut sie. Dank dieser Nährstoffe kann sie auch an nährstoffarmen Standorten wachsen. Wenn die Mahlzeit nach einer Woche verdaut ist, öffnet sie ihre Blätter wieder und fängt ein neues Insekt.

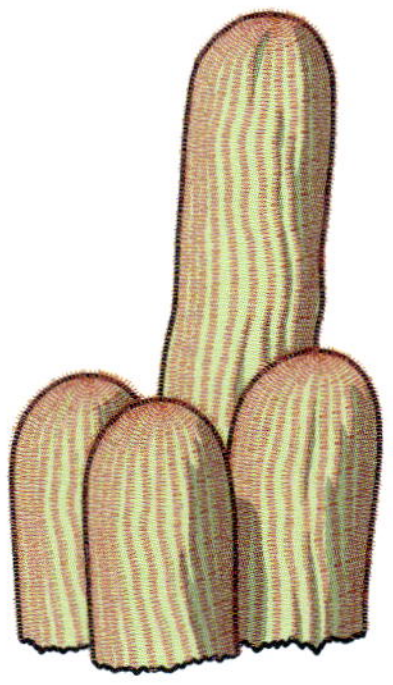

Kaktus (Ferocactus)
Bei Überflutung verhakt sich dieser Kaktus an Treibgut und wird zu neuen Orten transportiert.

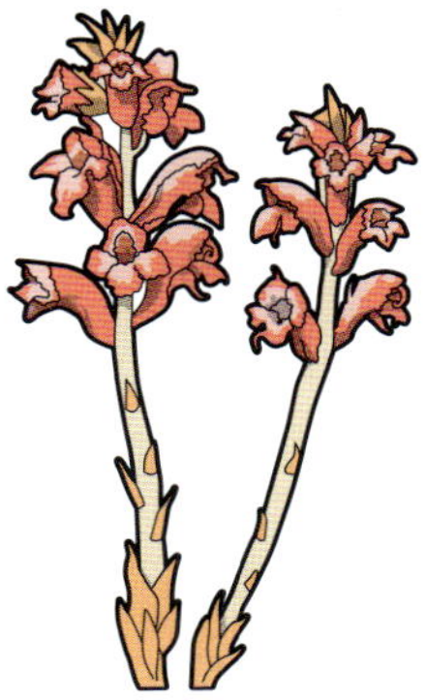

Nessel-Seide
Diese Pflanze stellt keine Nährstoffe her. Sie zapft andere Pflanzen an und „stiehlt" ihren Wasser und gelöste Nährstoffe.

Lebenszyklus

Viele Pflanzen leben lange Zeit und blühen in jedem Jahr. Man nennt sie mehrjährige Pflanzen. Einjährige Pflanzen überleben nur eine Saison. Ihre Samen überdauern die schwierige Jahreszeit. Viele Einjährige wachsen in Gegenden mit kalten Wintern oder heißen, trockenen Sommern. Zweijährige Pflanzen leben zwei Jahre lang. Unterirdische Pflanzenteile speichern Nährstoffe und überdauern so Trockenheit oder Kälte.

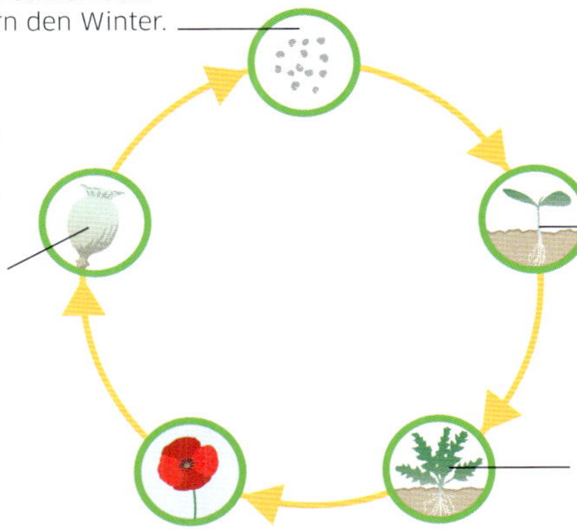

Einjährige Pflanzen
Klatschmohn bildet Hunderte kleiner Samen, die im Erdboden überwintern. Im Frühjahr keimen sie. Die neuen Pflanzen blühen und bilden wieder Samen. Ähnliche Pflanzen wachsen in Wüsten, wo ihre Samen die Trockenheit überdauern.

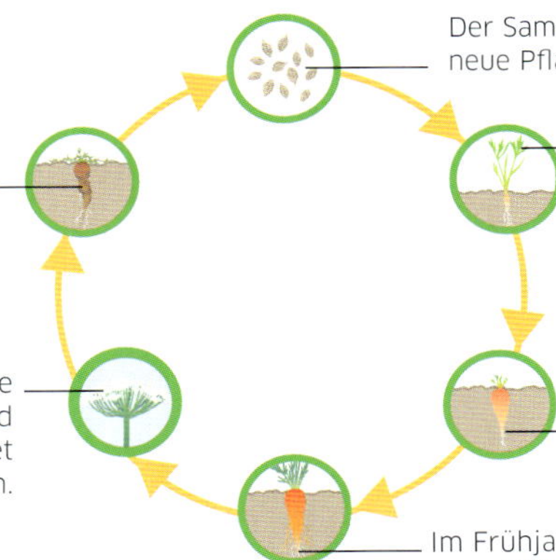

Zweijährige Pflanzen
Der Same einer Karotte keimt. Die junge Pflanze bildet in ihren Blättern Nährstoffe. Sie speichert sie in ihrer Wurzel, die den Winter überdauert. Im Frühjahr treibt die Wurzel wieder. Die Pflanze blüht und verstreut ihre Samen.

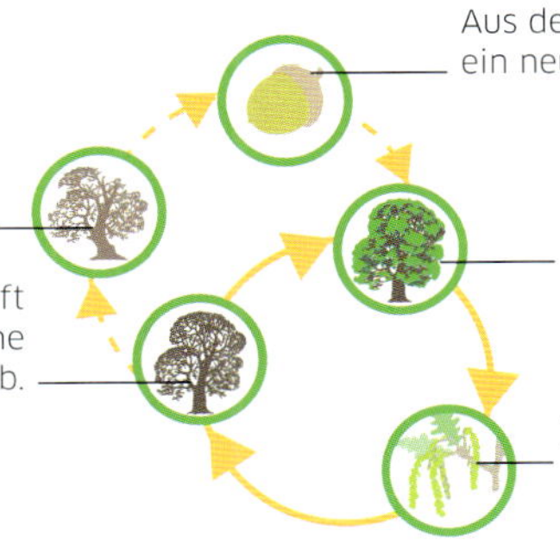

Mehrjährige Pflanzen
Diese Pflanzen werden mehrere Jahre alt. Viele werfen ihre Blätter in kalten oder trockenen Jahreszeiten ab. Eine Eiche bildet jedes Jahr im Sommer Blüten und Früchte (Eicheln). Die Samen wachsen zu neuen Bäumen heran.

Fotosynthese

Tiere müssen Nahrung suchen. Grüne Pflanzen produzieren mithilfe der Energie des Sonnenlichts ihre eigenen Nähr- und Aufbaustoffe. Sie stellen aus Kohlendioxid und Wasser Zucker her. Diesen Prozess nennt man Fotosynthese.

Die Blätter einer Pflanze funktionieren ähnlich wie Solarzellen. Sie nutzen die Energie des Sonnenlichts für chemische Reaktionen, bei denen aus Kohlenstoff und Wasserstoff Sauerstoff und Glukose (ein Zucker) gebildet werden. Dabei wird Sauerstoff in die Atmosphäre abgegeben. Die Pflanze stellt aus der Glukose Zellulose und Eiweiße her, um ihre Gewebe aufzubauen.

Schnitt durch ein Blatt

Im Innern eines Blatts stellen Tausende winziger Zellen Nähr- und Aufbaustoffe her. In jeder Zelle befinden sich winzige Strukturen, die Chloroplasten. Sie enthalten den grünen Blattfarbstoff Chlorophyll. Chlorophyll nimmt die Energie des Sonnenlichts auf und wandelt sie in chemische Energie um. Andere Zellen bilden die Epidermis des Blatts, während ein Netz aus Leitbündeln das Blatt mit Wasser versorgt und in Wasser gelöste Zucker transportiert.

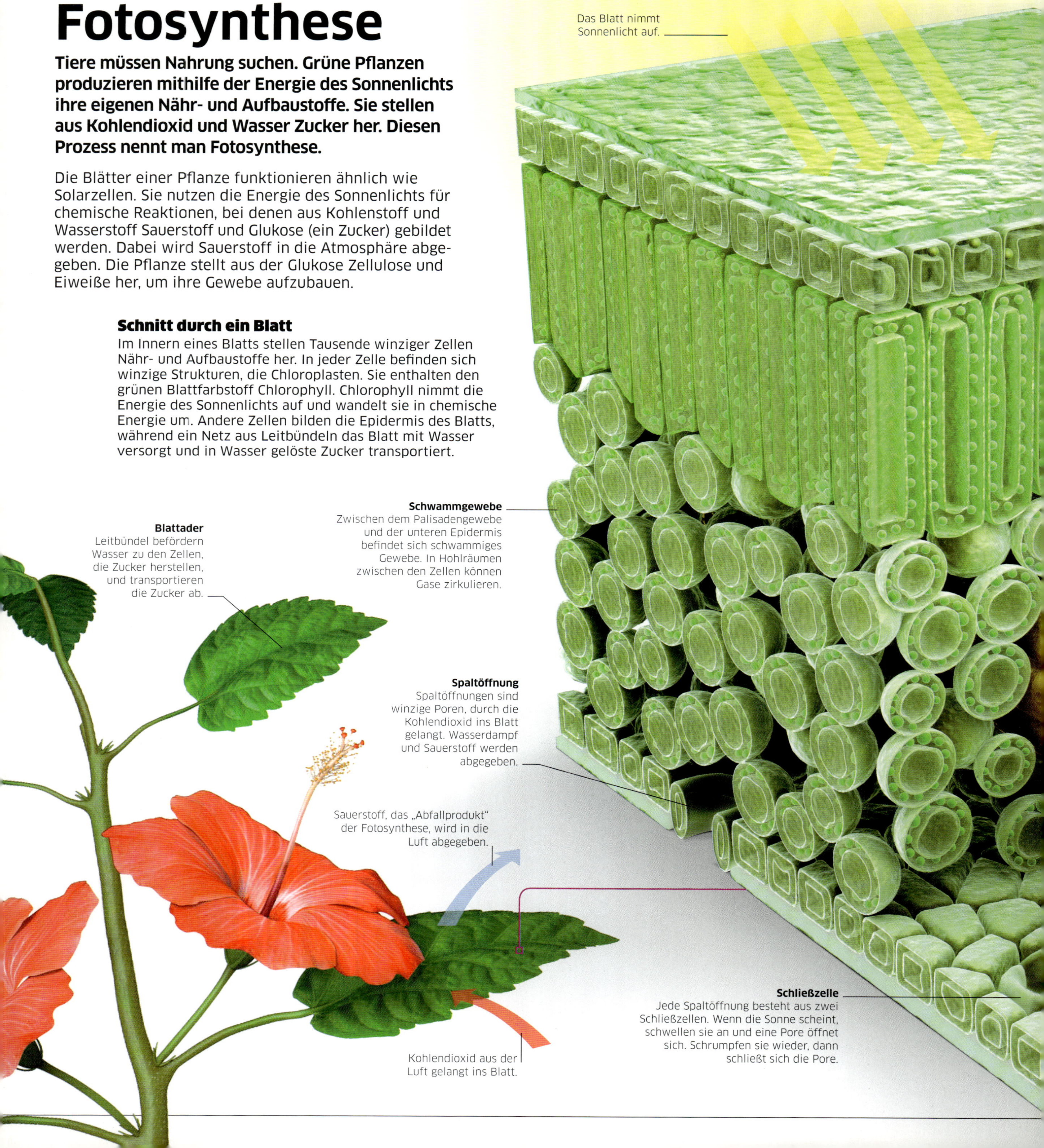

Das Wort Fotosynthese besteht aus den **altgriechischen Wörtern** für **„Licht“** und **„Zusammensetzung“.**

In jedem Quadratmillimeter **der Blattfläche** befinden sich etwa **500 000 Chloroplasten.**

Die Nährstoffe **in den Meeren** werden von Algen produziert, **die ebenfalls Fotosynthese betreiben.**

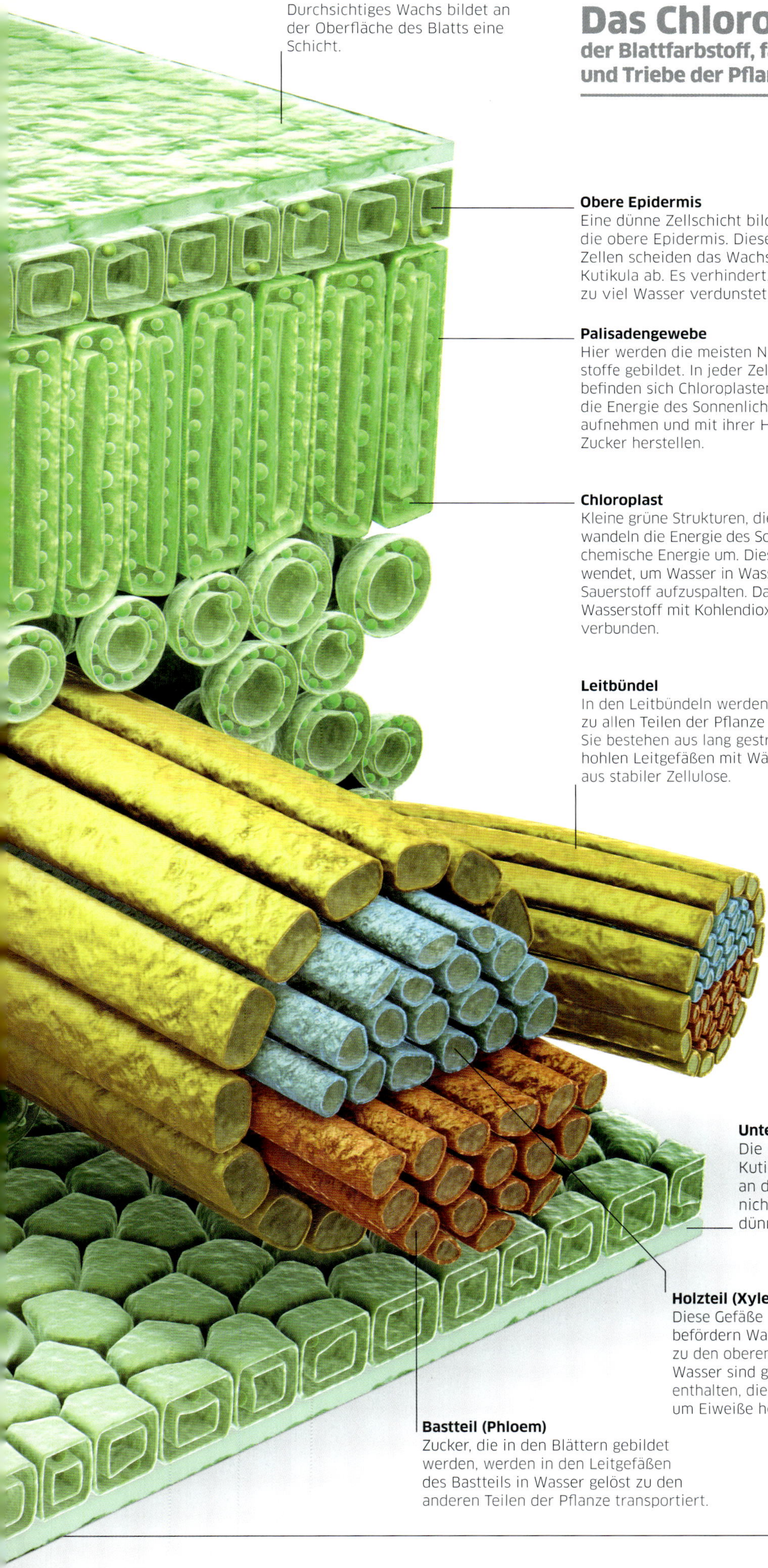

Das Chlorophyll,
der Blattfarbstoff, färbt Blätter und Triebe der Pflanze grün.

Der Weg des Wassers

Während des Tags sind die Spaltöffnungen des Blatts geöffnet. Wasserdampf wird abgegeben. Neues Wasser aus dem Boden gelangt durch die Leitgefäße des Xylems im Stängel und in den Wurzeln zu den oberen Pflanzenteilen. Im Wasser sind Nährstoffe gelöst, die die Pflanze braucht, um ihre Gewebe aufzubauen. Diesen Prozess nennt man Transpiration.

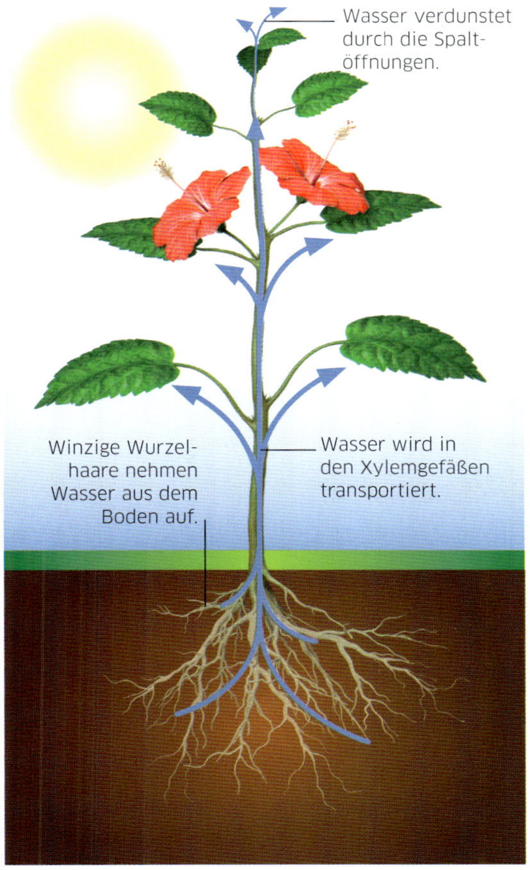

Sauerstoff-Fabriken

Bei der Fotosynthese erzeugen Pflanzen die meisten Nährstoffe, die Tiere (auch Menschen) benötigen, und fast den gesamten Sauerstoff, den wir atmen. Ein älterer Baum bildet so viel Sauerstoff, dass zehn Menschen atmen können.

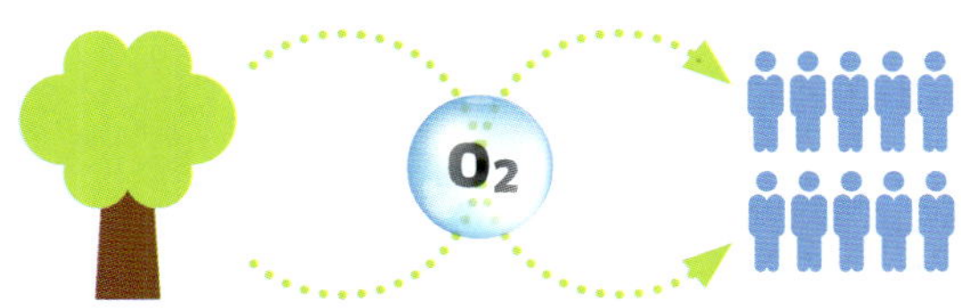

FAST 40 % DES **SAUERSTOFFS** IN DER ATMOSPHÄRE WIRD VON **TROPISCHEN REGENWÄLDERN** PRODUZIERT.

WIRBELLOSE

Die meisten der Tiere, die auf dem Festland und in den Ozeanen leben, sind wirbellose Tiere. Sie haben keine Wirbelsäule und kein Innenskelett aus Knochen oder Knorpel. Viele von ihnen besitzen ein Außenskelett oder eine harte Schale, die den Körper schützt. Bei anderen wird der weiche Körper gar nicht gestützt und geschützt.

FASZINIERENDE VIELFALT

Es gibt sehr unterschiedlich große wirbellose Tiere, von winzigen Würmern bis hin zu riesigen Kalmaren. Einige sind bekannt, z. B. die Insekten, die in unserem Haus herumschwirren. Andere wirken auf uns sehr fremdartig.

Unvorstellbar viele Arten

Die meisten großen und auffälligen Tiere auf der Erde, auch wir Menschen, sind Wirbeltiere. Es gibt jedoch relativ wenige Wirbeltierarten im Vergleich zu der faszinierenden Vielfalt der wirbellosen Tiere.

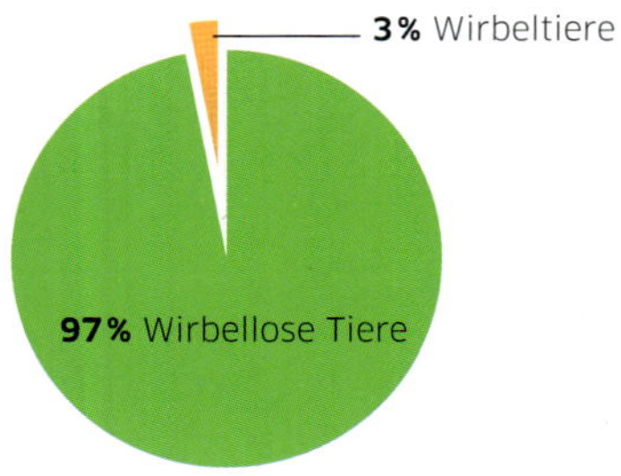

Gruppen wirbelloser Tiere

Das Tierreich unterteilt man in mehr als 30 große Gruppen oder Stämme. Jeder Stamm besteht wiederum aus mehreren Klassen. Alle Wirbeltiere gehören nur einem Stamm an. Die wirbellosen Tiere bilden viele Stämme und Klassen. Hier sind nur einige von ihnen vorgestellt.

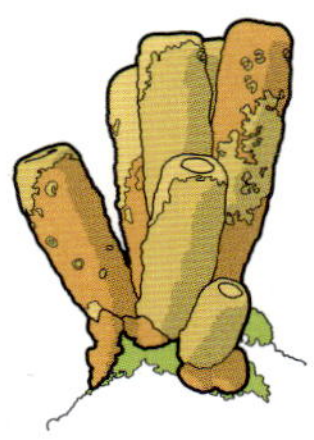

SCHWÄMME
10 000 Arten
Schwämme sehen eher wie Pflanzen aus, aber sie sind einfach gebaute Tiere. Schwämme haben kein Nervensystem.

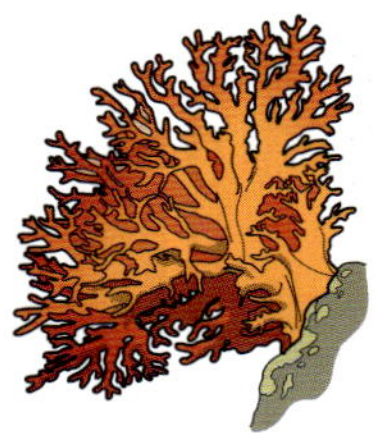

NESSELTIERE
11 000 Arten
Seeanemonen, Quallen und Korallen wie diese Art leben im Wasser. Mit Nesselzellen fangen sie Beute.

RINGELWÜRMER
20 000 Arten
Dieser Regenwurm gehört zu einer von mehreren Tiergruppen, die man Würmer nennt.

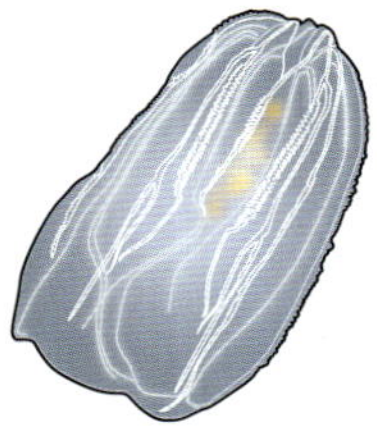

RIPPENQUALLEN
200 Arten
Die Rippenquallen sind einfach gebaute Tiere, die sich mit den Meeresströmungen treiben lassen.

WEICHTIERE
110 000 Arten
Die Muscheln, Schnecken, Tintenfische und andere Weichtiere bilden nach den Insekten die zweitgrößte Gruppe.

INSEKTEN
1,1 Mio. Arten
Dieser riesigen Gruppe gehören mehr Tiere an als allen anderen Tiergruppen zusammengenommen.

KREBSTIERE
70 000 Arten
Krebse, Krabben, Hummer, Langusten und Garnelen sind einige der bekanntesten Krebstiere.

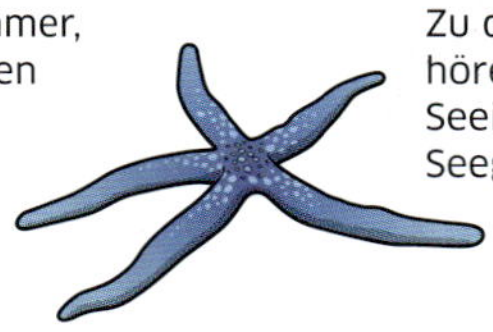

STACHELHÄUTER
7000 Arten
Zu dieser Gruppe gehören u. a. die Seesterne, Seeigel, Seelilien und Seegurken.

SPINNENTIERE
103 000 Arten
Skorpione, Spinnen und ihre Verwandten bilden diese Gruppe der Gliederfüßer. Fast alle Arten leben auf dem Festland.

GLIEDERFÜSSER

Die Gliederfüßer bilden die größte Gruppe der wirbellosen Tiere. Zur Gruppe gehören u. a. die Insekten, Spinnen, Skorpione und Krebstiere. Bei erwachsenen Tieren ist das gegliederte Außenskelett robust. An ihm setzen mehrere Beinpaare an. Viele Insekten haben Flügel.

Erfolgsgeschichte

Mehr als 80 % aller bekannten Tierarten sind Gliederfüßer. Sie sind die erfolgreichsten Tiere der Erde und haben das Festland, die Meere und die Lüfte erobert. Wissenschaftler entdecken jeden Tag etwa 25 neue Gliederfüßerarten und unzählige sind immer noch unbekannt.

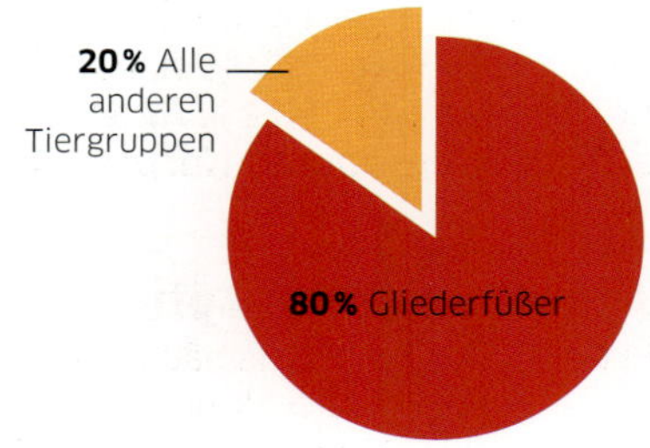

Außenskelett

Das robuste Außenskelett eines erwachsenen Gliederfüßers besteht vor allem aus Chitin. Dieser Stoff ähnelt dem Keratin, aus dem unsere Fingernägel bestehen. Bei einigen Krebsen, wie diesem Hummer, ist das Chitin mit eingelagertem Kalk verstärkt. Das Außenskelett besteht aus vielen Segmenten, die den weichen Körper einschließen. Zwischen ihnen befinden sich Gelenke aus dünnen Gelenkhäuten, sodass das Tier sich bewegen kann.

Ein harter Panzer
Mit seinem schweren Außenskelett lauert der Hummer am Meeresgrund. Er packt seine Beute mit den mächtigen Scheren.

Häutung

Ein hartes Außenskelett kann nicht mit dem Körper wachsen, deshalb muss ein Gliederfüßer das alte Außenskelett regelmäßig abwerfen und es durch ein größeres ersetzen. Das neue Außenskelett ist zunächst noch weich und härtet dann aus. Viele Gliederfüßer haben einen komplizierten Lebenszyklus und verändern ihre Gestalt und Größe bei jeder Häutung.

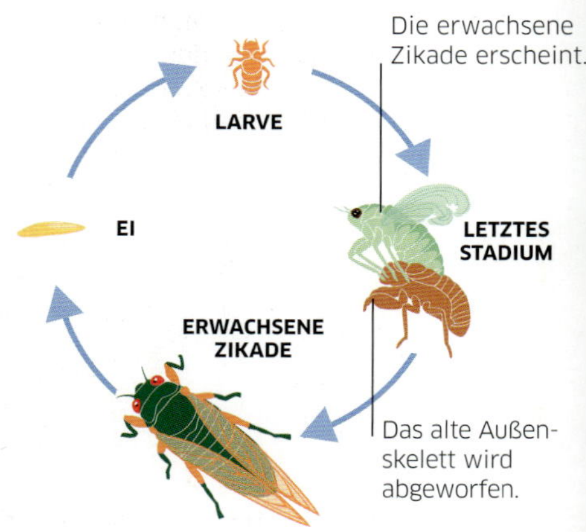

Lebenszyklus einer Zikade
Wie viele Insekten schlüpft die Zikade als flügellose Larve aus ihrem Ei. Allmählich verwandelt sie sich in ein Insekt mit Flügeln.

FESTSITZEND

Zwar leben viele wirbellose Tiere auf dem Festland, aber im Wasser ist die Vielfalt am größten. Einige Arten haben eine ungewöhnliche Lebensweise entwickelt: Sie bewegen sich bei der Nahrungssuche nicht fort, sondern setzen sich an einer Stelle fest und warten, bis die Wasserströmung Nahrung herbeitransportiert. Deshalb brauchen sie weder Beine noch Flossen. Diese festsitzenden Tiere erinnern eher an Pflanzen.

Lebensweisen

Einige wirbellose Tiere im Meer wie Schwämme und Muscheln pumpen Wasser durch ihren Körper und filtern Nahrungsteilchen heraus. Andere spannen im Wasser Netze, um kleine Tiere zu fangen. Seeanemonen und Korallen haben Tentakel mit giftigen Nesselzellen. Viele können sogar kleine Fische betäuben und töten.

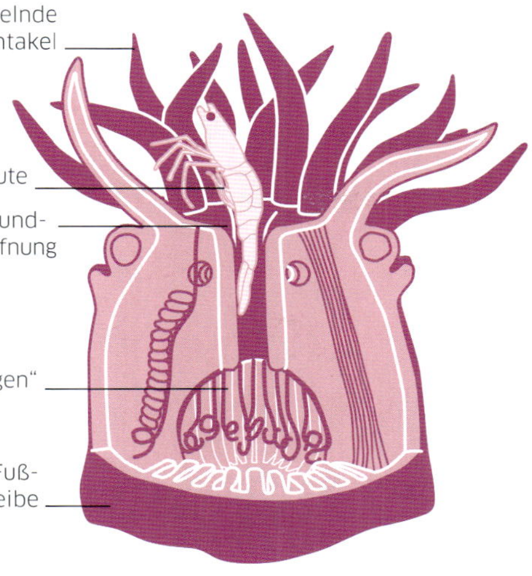

Tentakelkranz
Am zylindrischen Körper dieser Seeanemone sitzen Tentakel mit gefährlichen Nesselzellen.

DIE MEISTEN WIRBELLOSEN SIND SEHR KLEIN. DER **RIESENKALMAR** KANN JEDOCH MIT TENTAKELN **18 METER** LANG WERDEN, ETWA SO LANG WIE DREI ELEFANTEN.

DER KÖRPERBAU

Viele wirbellose Tiere wie Insekten besitzen einen Kopf mit einem Gehirn und Augen. Am Körper setzen mehrere Beinpaare und oft auch Flügel an. Andere wirbellose Tiere haben jedoch einen völlig anderen Körperbau.

Arme und Saugnäpfe

Ein erwachsener Stachelhäuter wie ein Seestern ist radiärsymmetrisch: Die Teile seines Körpers sind wie die Speichen eines Rads angeordnet. Er hat keinen Kopf und sein Mund befindet sich in der Mitte des Körpers. Auch Kraken und Kalmare haben einen ungewöhnlichen Körperbau: Die mit Saugnäpfen besetzten Arme sitzen am Kopf und umgeben den Mund.

Viele Arme
Kraken kommen in allen Meeren der Erde vor und sind intelligente Tiere. Mit ihren kräftigen, mit Saugnäpfen besetzten Armen fangen sie Beutetiere.

Schalen zum Schutz

Viele Weichtiere besitzen eine harte, kalkhaltige Schale, die den weichen Körper schützt. Schnecken haben eine einzige Schale. Bei Muscheln besteht sie aus zwei Klappen. Wenn diese Tiere wachsen, wächst auch ihre Schale mit. Dabei werden zusätzliche Mineralien eingelagert.

FECHTERSCHNECKE

KAURISCHNECKE

KAMMMUSCHEL

LEBENSGEMEINSCHAFTEN

Viele Meerestiere, die während ihres ganzen Lebens an einer Stelle festsitzen, leben in großen Gruppen, die man Kolonien nennt. Oft lassen sich alle Tiere an einem Ort nieder, weil die Bedingungen dort ideal sind. Die Körper anderer wirbelloser Tiere, die Kolonien bilden, sind miteinander verbunden. Meistens hat aber jedes Tier einen eigenen Mund und ein eigenes Verdauungssystem.

Muschelkolonie

All diese Muscheln haben sich an einem Felsenstrand niedergelassen, weil die Flut hier regelmäßig viel Nahrung herbeitransportiert. Die Muscheln sind nicht miteinander verbunden, aber sie brauchen dieselben Bedingungen zum Leben.

Fest verankert
Diese Muscheln heften sich mit Byssusfäden an Felsen und schließen bei Ebbe ihre Schalen, um nicht auszutrocknen.

Ein Garten unter Wasser
Tropische Korallenriffe bilden sich im warmen, klaren, sonnendurchfluteten Wasser seichter tropischer Meere unterhalb der Ebbelinie.

Korallen am Riff

Jede Koralle des Riffs ist eine Kolonie aus miteinander verbundenen Tieren, den Korallenpolypen. Gemeinsam bilden die Polypen die charakteristischen Strukturen der verschiedenen Korallenarten.

Driftende Kolonie

Manche Kolonien wirbelloser Tiere wirken wie ein einziges Tier. Die Portugiesische Galeere sieht aus wie eine Qualle, aber sie besteht in Wirklichkeit aus vielen miteinander verbundenen Tieren. Jedes Tier hat eine bestimmte Aufgabe: Eines bildet das Segel, andere fangen Beute, verteidigen die Kolonie oder bekommen Nachwuchs.

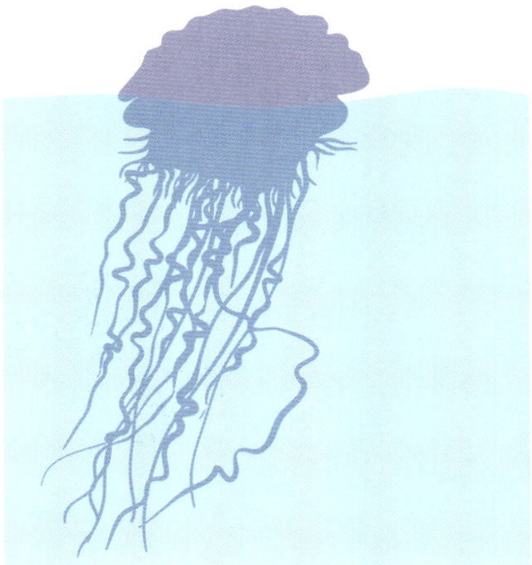

Nesselnde Tentakel
Die Portugiesische Galeere treibt an der Meeresoberfläche und schleppt ihre langen Tentakel hinter sich her.

Das größte Insekt war Meganeura. Die Libellenverwandte lebte im Jura und hatte eine Flügelspannweite von 75 cm.

Insekten

Keiner anderen Tiergruppe gehören so viele Arten an wie den Insekten und auch ihre Anzahl übertrifft die aller anderen Tiergruppen. Die Insekten sind die erfolgreichsten Tiere auf der Erde.

Über eine Million verschiedener Insektenarten wurden bereits wissenschaftlich benannt und erforscht und jedes Jahr werden Tausende neuer Arten entdeckt. Weil sie sehr anpassungsfähig sind, bewohnen sie jeden Lebensraum auf dem Festland. Sie sind für die Ökosysteme sehr wichtig. Manche fressen tote Tiere und Pflanzen, andere bestäuben Blütenpflanzen und sind die Nahrung unzähliger größerer Tiere.

Facettenaugen
Die Augen erwachsener Insekten bestehen aus Tausenden kleiner Einzelaugen, von denen jedes ein eigenes Bild wahrnimmt. All diese Bilder setzen sich im Gehirn des Insekts zu einem einzigen Bild zusammen. Insekten nehmen Bewegungen sehr gut wahr.

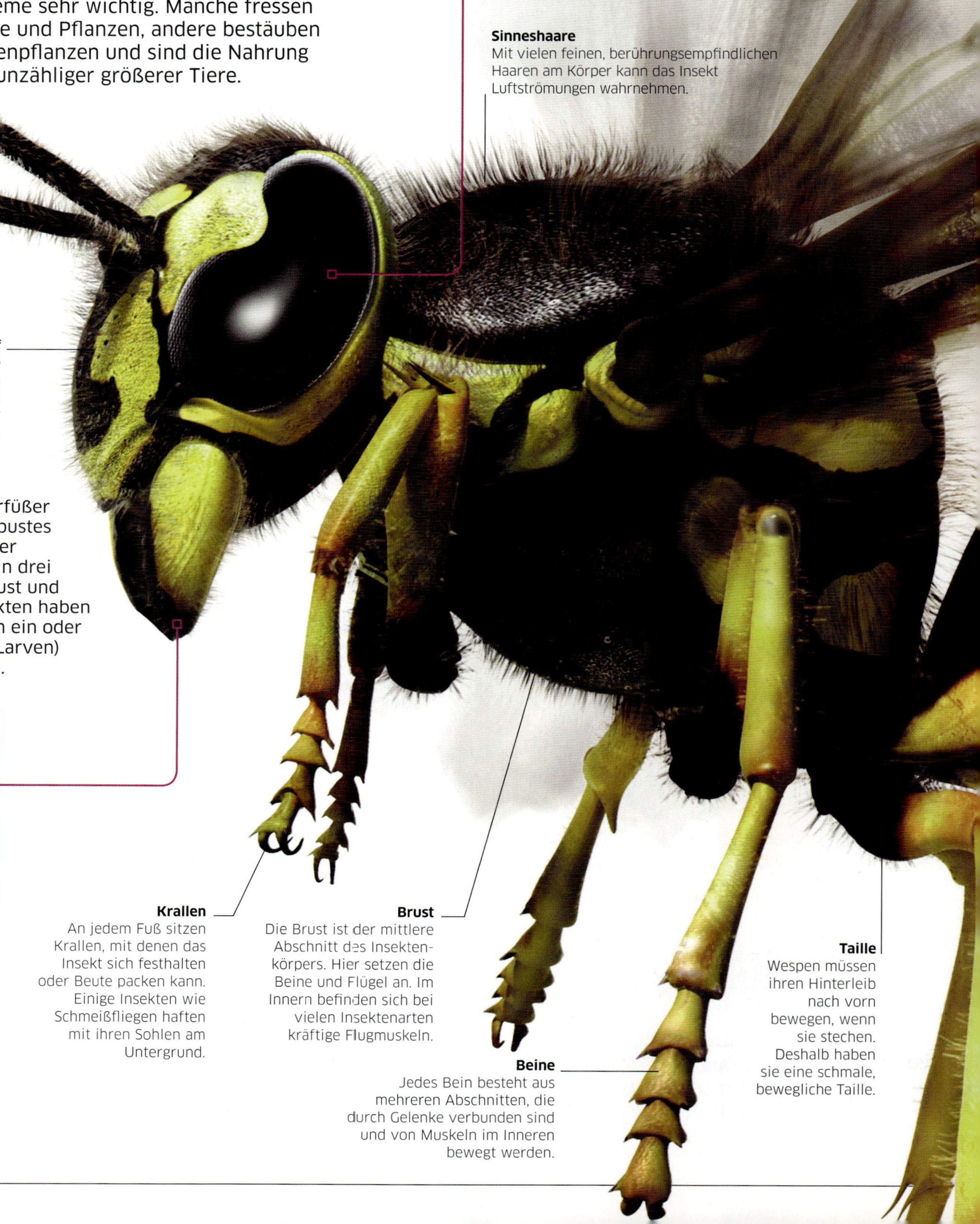

Sinneshaare
Mit vielen feinen, berührungsempfindlichen Haaren am Körper kann das Insekt Luftströmungen wahrnehmen.

Antennen
Die langen Antennen sind Sinnesorgane. Manche Insekten können Gerüche aus über 1,6 km Entfernung wahrnehmen.

Kopf
Der Kopf eines Insekts ist eine robuste Kapsel, in der das Gehirn geschützt ist. Hier befinden sich die meisten Sinnesorgane. Der Hals ist oft sehr beweglich.

Körperbau eines Insekts

Insekten sind die zahlreichsten Gliederfüßer auf der Erde. Diese Tiere haben ein robustes Außenskelett und gegliederte Beine. Der Körper eines erwachsenen Insekts ist in drei Abschnitte unterteilt: den Kopf, die Brust und den Hinterleib. Alle erwachsenen Insekten haben sechs Beine und die meisten außerdem ein oder zwei Flügelpaare. Die Jugendstadien (Larven) können ganz unterschiedlich aussehen.

Mundwerkzeuge
Diese Wespe hat kauende Mundwerkzeuge, die man Mandibeln nennt. Mit den scharfen Rändern kann sie ihre Beute zerkleinern. Viele Insekten haben ähnliche Mandibeln. Bei anderen sind die Mundwerkzeuge spezialisiert: Manche Arten tunken Flüssigkeiten auf, andere trinken Blütennektar oder saugen Blut.

Krallen
An jedem Fuß sitzen Krallen, mit denen das Insekt sich festhalten oder Beute packen kann. Einige Insekten wie Schmeißfliegen haften mit ihren Sohlen am Untergrund.

Brust
Die Brust ist der mittlere Abschnitt des Insektenkörpers. Hier setzen die Beine und Flügel an. Im Innern befinden sich bei vielen Insektenarten kräftige Flugmuskeln.

Beine
Jedes Bein besteht aus mehreren Abschnitten, die durch Gelenke verbunden sind und von Muskeln im Inneren bewegt werden.

Taille
Wespen müssen ihren Hinterleib nach vorn bewegen, wenn sie stechen. Deshalb haben sie eine schmale, bewegliche Taille.

Flügel
Die meisten erwachsenen Insekten haben Flügel. Sie bestehen wie das ganze Außenskelett aus Chitin und werden von Muskeln bewegt, die sich in der Brust befinden.

Adern
Ein Netz aus feinen Adern versteift die Flügel, denn im Flug wirken große Kräfte auf sie ein.

Warntracht
Die auffälligen gelben und schwarzen Streifen warnen Vögel vor dem Giftstachel der Wespe.

Hinterleib
Im gegliederten Hinterleib befinden sich die meisten Organe des Insekts, wie die Verdauungs- und Fortpflanzungsorgane.

Giftstachel
Die meisten Insekten sind harmlos, aber diese Wespe hat einen Stachel, mit dem sie Beute töten und sich und ihr Nest verteidigen kann.

73 **% aller bekannten Tierarten sind Insekten, und fast die Hälfte der Arten sind Käfer.**

Merkmale

Erwachsene Insekten sind unterschiedlich groß und sehen verschieden aus, aber fast alle weisen bestimmte Merkmale auf.

DIE MEISTEN HABEN FLÜGEL.

FACETTENAUGEN

AUSSENSKELETT

DREI KÖRPERABSCHNITTE

SECHS GEGLIEDERTE BEINE

Insektenordnungen

Man unterteilt die Insekten in etwa 29 Ordnungen. Die Mitglieder jeder Ordnung haben gemeinsame Merkmale. Hier werden nur einige der Ordnungen vorgestellt.

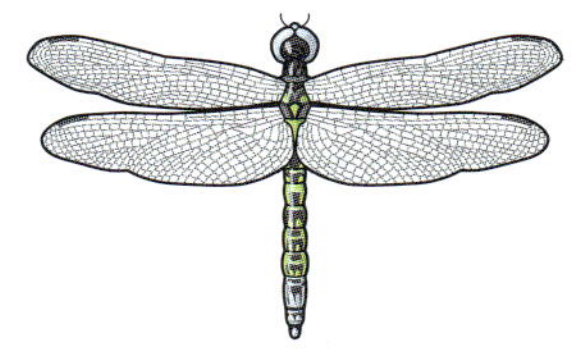

Libellen
5600 Arten
Große Augen und Flügel, schlanker Körper

Käfer
370 000 Arten
Robuste Vorderflügel (Deckflügel) schützen die zarten Hinterflügel.

Schmetterlinge
165 000 Arten
Körper und Flügel sind mit winzigen Schuppen bedeckt, meist Saugrüssel vorhanden.

Wanzen und Verwandte
88 000 Arten
Zwei Flügelpaare und stechend saugende Mundwerkzeuge.

Fliegen und Mücken
150 000 Arten
Das hintere Flügelpaar ist zu Schwingkölbchen umgebildet, die den Flug stabilisieren.

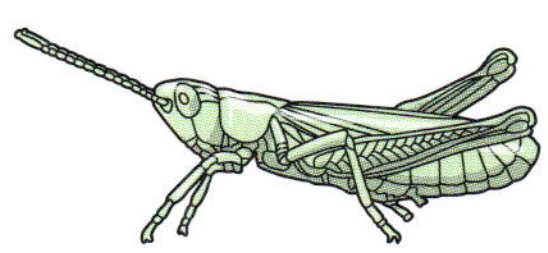

Heuschrecken und Grillen
25 000 Arten
Kräftige Hinterbeine und kauende Mundwerkzeuge

Bienen, Wespen und Ameisen
198 000 Arten
Viele haben eine schmale Taille und leben in Kolonien.

AUF DER ERDE LEBEN ETWA 200 MIO. MAL SO VIELE **INSEKTEN** WIE MENSCHEN.

In Mexiko verbringen Millionen Monarchfalter jeden Winter immer an denselben Bäumen.

Vom Ei zum Schmetterling

Es dauert ungefähr einen Monat, bis sich die Raupe zum Schmetterling verwandelt. Die kleine Raupe frisst zwei Wochen lang gierig, bis sie so groß und dick ist, dass sie sich verpuppen kann. Innerhalb von zehn Tagen verwandelt sie sich dann in einen Schmetterling.

1 Die Raupe schlüpft Das Falterweibchen legt seine Eier auf Seidenpflanzen ab. Ein Ei ist so groß wie ein Stecknadelkopf und hat eine hübsch strukturierte Schale. Nach einigen Tagen entwickelt sich im Ei eine winzige Raupe, die bald schlüpft. Sie verspeist ihre Eierschale, bevor sie sich von Blättern ernährt.

2 Die Raupe wächst Die Raupe frisst und frisst und wird dabei immer größer. Sie häutet sich 5-mal. Gifte der Seidenpflanze reichern sich in ihrem Körper an, sodass er für Vögel ungenießbar wird. Die wespenähnliche Färbung schreckt Vögel ab.

3 Platz zum Verpuppen Nach ungefähr 14 Tagen klettert die ausgewachsene Raupe an einem Stängel empor und heftet sich mit dem Körperende an ein Polster aus stabiler Seide.

4 Letzte Häutung Einige Stunden nachdem sie sich festgeheftet hat, häutet sich die Raupe ein letztes Mal. Unter der gestreiften Haut kommt eine leuchtend grüne Puppe zum Vorschein.

5 Die Puppe Schließlich bewegt sich die Puppe so lange hin und her, bis sich ihre alte Haut allmählich nach oben schiebt und dann abfällt.

6 Verwandlung Wenn die alte Haut abgefallen ist, wird die Puppe kürzer, glatter und unauffälliger grün. Im Innern wird der Körper der Raupe völlig umgebildet: Der Schmetterling entwickelt sich.

7 Erkennbare Gestalt Nach neun bis zehn Tagen wird die Puppe dunkler und der Schmetterlingskörper färbt sich schwarz. Das auffällige schwarze und orangefarbene Flügelmuster ist bereits sichtbar.

Seidenpflanze
Wie viele Schmetterlinge legen Monarchfalter ihre Eier nur auf bestimmten Pflanzenarten ab. Die Raupen fressen die Blätter, bis sie sich in erwachsene Falter verwandeln.

20 000 – so viele **Tagfalterarten** gibt es **auf der Erde.**

4800 km legen **manche Monarchfalter** auf ihrer **Wanderung** zurück.

50 Mio. Jahre – **so lange gibt es bereits** Schmetterlinge **auf der Erde.**

30 – so viele Tage lebt ein erwachsener Monarchfalter durchschnittlich. Die Falter, die in den Süden ziehen, können aber bis zu acht Monate alt werden.

8 Der Falter schlüpft Wenn sich der Körper schwarz gefärbt hat, platzt die Puppenhülle unten auf und der Schmetterling schlüpft. Zunächst erscheint der Körper recht dick und die Flügel zu klein. Bald verändert sich jedoch die Gestalt.

9 Entfaltung der Flügel Der Schmetterling pumpt Blutflüssigkeit aus seinem Körper in die Flügeladern, sodass sie sich entfalten. Das dauert ungefähr 20 Minuten. Dann wartet er, bis die Flügel trocken und ausgehärtet sind.

Eine weite Wanderung

Monarchfalter verbringen den Winter in warmen Wäldern in Mexiko und Kalifornien. Im Frühjahr fliegen sie auf der Suche nach Seidenpflanzen in Richtung Norden. Sie legen ihre Eier auf diesen Pflanzen ab und sterben. Die Schmetterlinge der nächsten Generation fliegen weiter nordwärts und legen wieder Eier. Die dritte Generation erreicht die kanadische Grenze. Die vierte Generation zieht die ganze Strecke wieder zurück in den Süden.

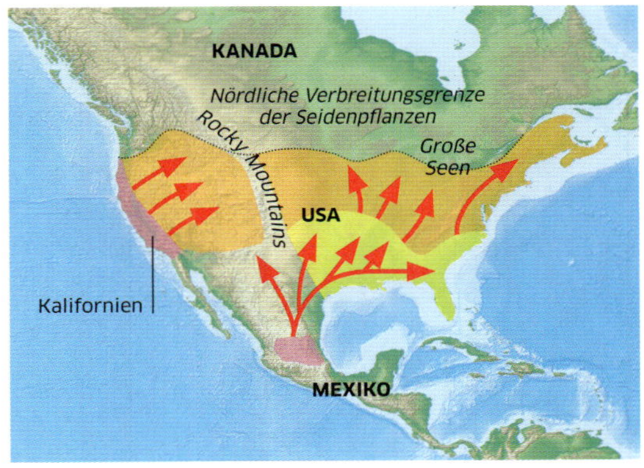

Legende

Sommer
Frühjahr
Winter
Zug in den Norden

Lebenszyklus

Aus dem Ei des Monarchfalters schlüpft eine flügellose Raupe, die die meiste Zeit damit verbringt, Pflanzen zu fressen. Schließlich verpuppt sie sich und verwandelt sich in einen wunderschönen Schmetterling.

Einige Insekten sehen bereits aus wie winzige Ausgaben ihrer Eltern, wenn sie aus dem Ei schlüpfen. Weil sie wachsen, müssen sie ihr Außenskelett mehrmals abwerfen und durch ein größeres ersetzen. Das ist schwierig und gefährlich. Einige Insektengruppen wie Schmetterlinge, Käfer und Fliegen haben eine bessere Lösung gefunden: Nur ihre Larven wachsen. Ein wurmförmiges Tier kann sein altes Außenskelett leicht abstreifen. Wenn die Larve ausgewachsen ist, verpuppt sie sich: Der Körper wandelt sich in den des erwachsenen Insekts um.

10 Der erwachsene Falter Zwei Stunden nach dem Schlüpfen kann sich der Schmetterling dann in die Luft erheben. Er flattert ein paarmal mit den Flügeln, bevor er abhebt. Nun macht er sich auf die Suche nach süßem Blütennektar. Später hält er nach einem Partner Ausschau, um sich fortzupflanzen.

WIRBELTIERE

Die meisten auffälligen Tiere, die wir auf der Erde antreffen, sind Wirbeltiere: Sie besitzen eine Wirbelsäule und ein Innenskelett aus Knochen oder Knorpel. Zu ihnen gehören die Säugetiere (auch wir Menschen), die Vögel, Reptilien, Amphibien und drei Gruppen von Fischen. Im Vergleich zur unglaublichen Vielfalt wirbelloser Tiere gibt es relativ wenige Wirbeltierarten, aber zu ihnen gehören die größten Tiere auf dem Festland und in den Meeren. Auch die Dinosaurier waren Wirbeltiere.

NUR 3 PROZENT

Wissenschaftler unterteilen die Tiere in mehr als 30 Hauptgruppen oder Stämme. Alle Wirbeltiere gehören zum Stamm Chordata. Nur 3 % der bisher bekannten Tierarten sind Wirbeltiere. Die meisten der restlichen 97 % der Arten sind wirbellose Tiere, die vergleichsweise klein sind. Deshalb können sie in viel kleineren Lebensräumen überleben als ein typisches Wirbeltier.

Wirbeltiergruppen

Wir teilen die Wirbeltiere meistens in fünf große Gruppen ein: Säugetiere, Vögel, Reptilien, Amphibien und Fische. In Wirklichkeit gibt es aber drei sehr unterschiedliche Gruppen von Fischen, die im Wasser leben, mit Kiemen atmen und einen ähnlichen Körperbau mit Flossen aufweisen. Wissenschaftler unterteilen die Wirbeltiere deshalb in sieben Hauptgruppen. Zu ihnen gehören die meisten Mitglieder des Stamms Chordata: Tiere mit einem Rückenmark, das von einem stabilen Stab gestützt wird, der Chorda dorsalis. Bei den meisten Wirbeltieren wird diese in einem frühen Lebensstadium durch eine knöcherne Wirbelsäule ersetzt.

KÖRPERBAU

Abgesehen von einigen ursprünglichen kieferlosen Fischen haben alle Wirbeltiere eine Wirbelsäule aus Wirbeln und einen knöchernen Schädel. Die Fische besitzen weitere Skelettelemente, die ihre Kiemen und Flossen stützen. Alle anderen Wirbeltiere, sogar Schlangen und Wale, haben sich aus den ersten Wirbeltieren entwickelt, die auf dem Festland lebten. Man nennt sie Tetrapoden.

Tetrapoden

Heute lebende Lungenfische und Quastenflosser gehören zu einer alten Fischgruppe. Die Mitglieder haben vier fleischige Flossen, die von kräftigen Knochen gestützt werden. Vor etwa 380 Mio. Jahren lebten einige dieser Fleischflosser in Süßwassersümpfen, wo sie ihre Flossen wie Beine einsetzten. Später verließen sie das Wasser. Es waren die ersten Amphibien.

Eusthenopteron
Dieser Fleischflosser hatte muskulöse beinähnliche Flossen.

Tiktaalik
Tiktaalik konnte mit seinen noch kräftigeren Flossen das Wasser verlassen.

Acanthostega
Vielleicht war dies das erste Wirbeltier, das Füße mit Zehen hatte.

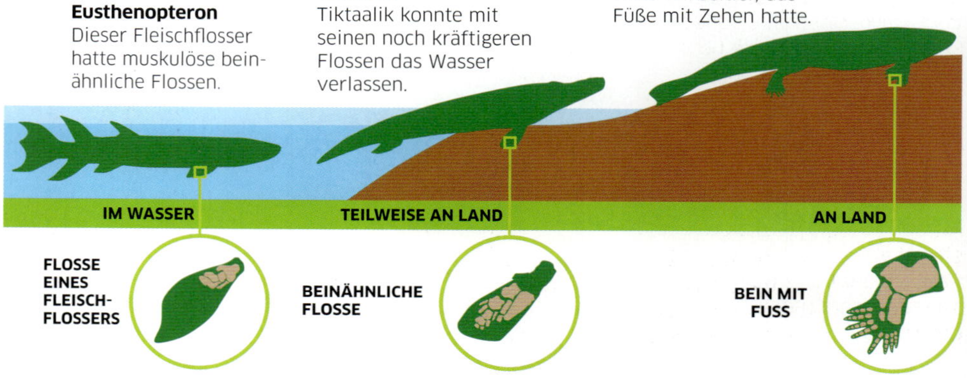

RIESIGE TIERE

Alle großen Tiere, die jemals auf der Erde gelebt haben, waren und sind Wirbeltiere. Ein kräftiges Innenskelett kann auch den Körper eines schweren Tiers stützen. Wahrscheinlich kann aber kein Wirbeltier schwerer werden als die größten Dinosaurier. *Diplodocus* war einer von ihnen. Wir kennen nur ein Wirbeltier, das noch schwerer als diese Giganten wird: der Blauwal. Er kann aber nur im Wasser leben, denn es stützt seinen Körper.

Größenvergleich
Außer Walen werden auch manche Haie, Elefanten, Flusspferde, Giraffen, Bären und Raubkatzen sehr groß. Diese Tiere hätten aber neben einigen Dinosauriern der Urzeit wie Zwerge gewirkt.

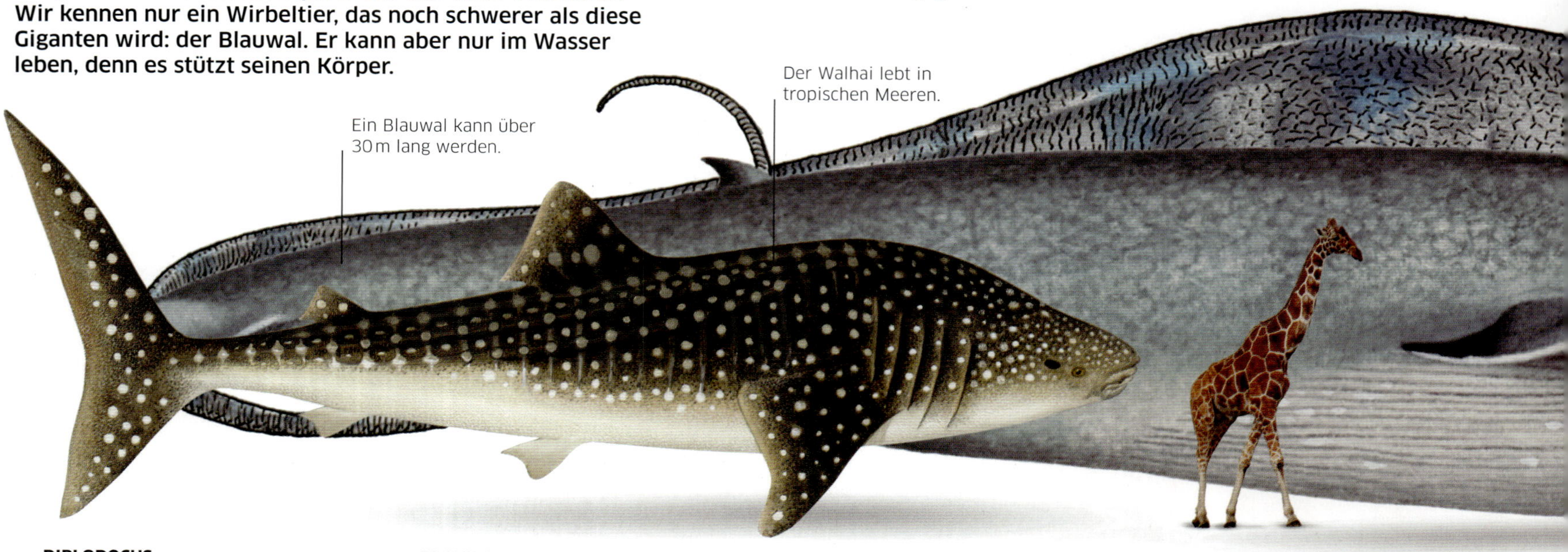

DIPLODOCUS
Dieser 36 m lange Pflanzenfresser war einer der größten Dinosaurier. Er lebte in der Periode des Jura vor ungefähr 150 Mio. Jahren.

BLAUWAL
Der Blauwal ist wahrscheinlich das schwerste Tier, das je auf der Erde gelebt hat. Ein Bulle kann bis zu 170 Tonnen wiegen.

WALHAI
Der Walhai ist der größte Fisch: Er wird bis zu 12 m lang. Obwohl er ein Hai ist, ernährt er sich von winzigen Krebstieren und kleinen Fischen.

GIRAFFE
Mit ihrem unglaublich langen Hals kann die Giraffe bis zu 6 m hoch werden. Sie überragt alle anderen Tiere, sogar Elefanten.

KIEFERLOSE FISCHE
43 Arten
Neunaugen und Schleimfische haben keine Kiefer und ähneln den ursprüglichsten Wirbeltieren.

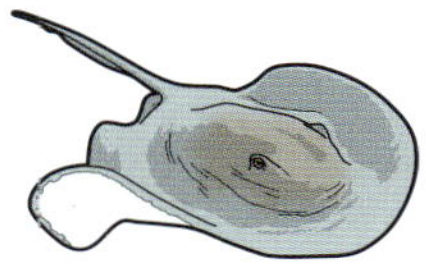

KNORPELFISCHE
1200 Arten
Haie und Rochen haben ein Skelett aus elastischem Knorpel.

KNOCHENFISCHE
32 300 Arten
Das Skelett dieser Fische, zu denen z. B. Lachse und Heringe gehören, besteht aus Knochen.

AMPHIBIEN
6650 Arten
Frösche, Salamander und Molche haben eine feuchte Haut. Ihre Larven entwickeln sich meist im Wasser.

SÄUGETIERE
5400 Arten
Säugetiere sind gleichwarme Tiere. Die meisten haben ein Fell. Die Weibchen säugen ihre Jungen mit Milch.

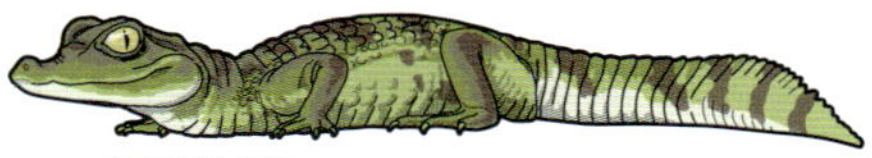

REPTILIEN
9400 Arten
Die wechselwarmen Wirbeltiere haben eine trockene, schuppige Haut. Zu ihnen gehören Krokodile, Echsen und Schlangen.

VÖGEL
10 200 Arten
Vögel sind gleichwarme Tiere mit Federn, die an das Fliegen angepasst sind. Sie haben sich aus Dinosauriern entwickelt.

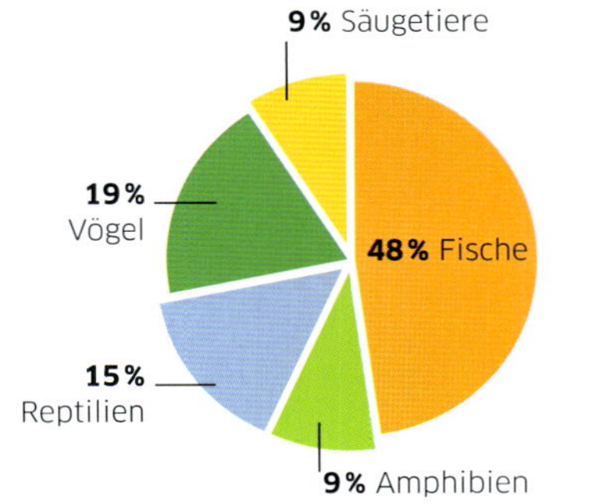

Anteil der Gruppen

Etwa 64 000 Arten von Wirbeltieren wurden bisher wissenschaftlich benannt und beschrieben. Fast die Hälfte der Arten sind Fische.

Das Innenskelett

Der Körper eines Fischs wird vom Wasser gestützt, sodass das Skelett nicht das ganze Gewicht tragen muss. Die wichtigste Funktion des Skeletts ist es, die empfindlichen inneren Organe wie das Gehirn und die Kieme zu schützen. Die Knochen oder Knorpel bieten den Muskeln Ansatzstellen. Das Skelett eines Landwirbeltiers muss das Gewicht des Tiers tragen. Deshalb müssen seine Knochen (vor allem die Beinknochen) stabiler sein.
.

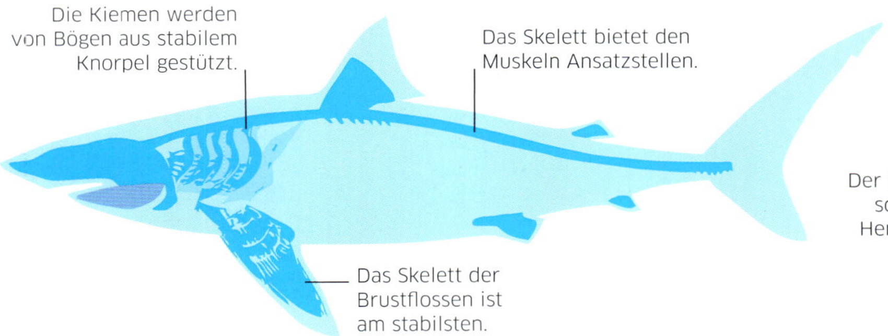

Hai
Die Flossen eines Hais müssen nicht das Gewicht des Körpers tragen. Sie sind aus elastischem Knorpel (dem Material, das unsere Ohren stützt). Einige Knorpel in den Flossen sind nicht einmal mit der Wirbelsäule verbunden.

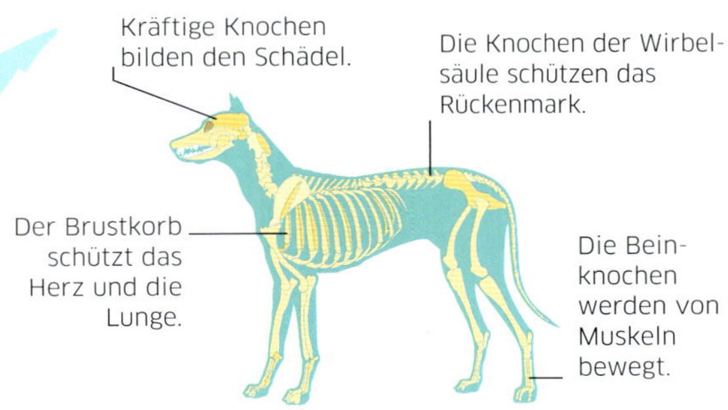

Hund
Alle Knochen des Hunds sind miteinander verbunden und bilden ein kräftiges Skelett, das das Gewicht des Tiers trägt. Andere schützen die inneren Organe.

FOSSILIEN VON **DIPLODOCUS** LASSEN DARAUF SCHLIESSEN, DASS DER DINOSAURIER **36 M LANG** WAR.

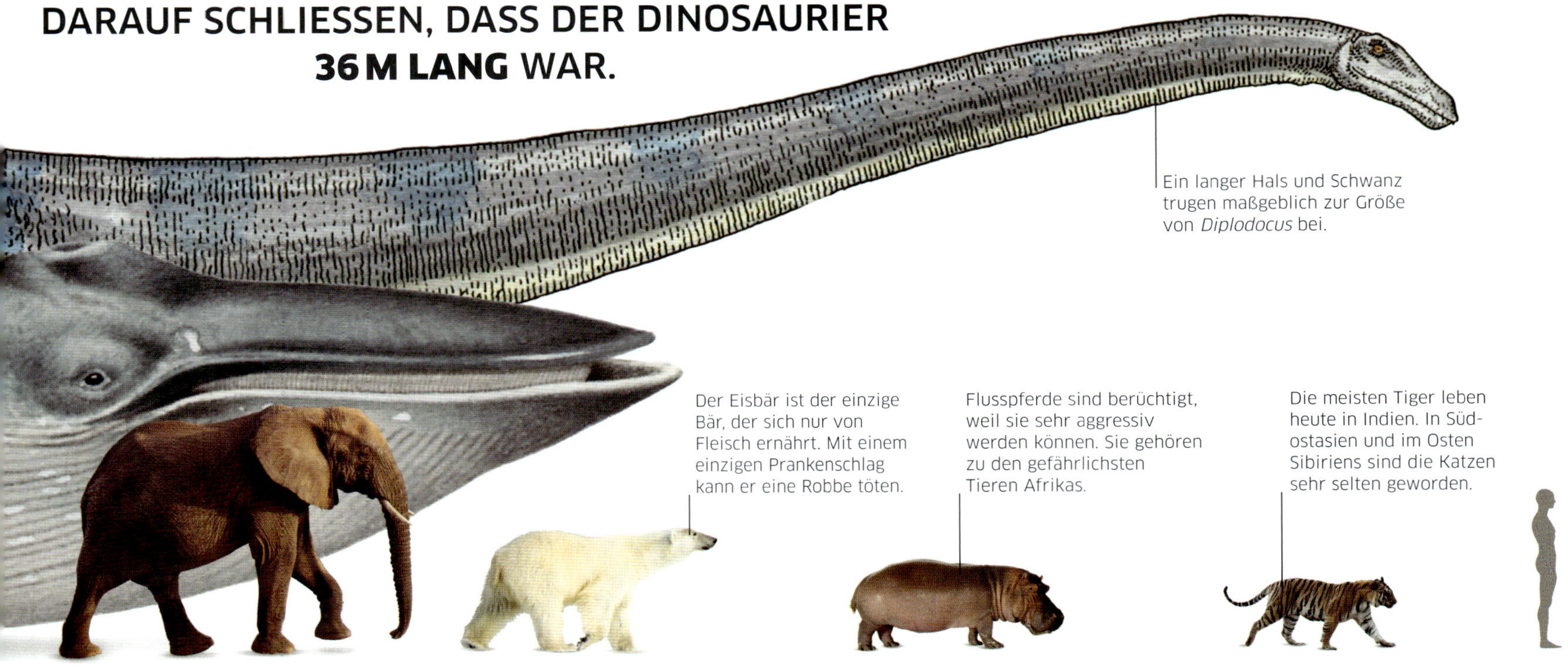

AFRIKANISCHER ELEFANT
Ein großer Elefantenbulle kann 10 Tonnen wiegen. Der Afrikanische Elefant ist das größte heute lebende Tier auf dem Festland.

EISBÄR
Der gewaltige Eisbär ist ein Raubtier und das stärkste Säugetier, das auf dem Festland lebt. Große Männchen wiegen bis zu 700 kg.

FLUSSPFERD
Das Flusspferd ist eines der schwersten Landsäugetiere. Es kann bis zu 3 Tonnen wiegen. Seine nächsten lebenden Verwandten sind die Wale.

TIGER
Die größte Raubkatze kann vom Kopf bis zum Schwanz bis zu 3,3 m messen. Tiger sind hervorragende Jäger. Heute sind sie selten.

Sogar in 11 km Tiefe – in den tiefsten Ozeangräben – hat man Tiefseefische beobachtet.

Fische

Die ersten Wirbeltiere waren Fische und etwa die Hälfte aller heute lebenden Wirbeltierarten gehört zu dieser Gruppe – unter ihnen viele der erstaunlichsten Geschöpfe der Erde.

Fische sind Wirbeltiere, die sich vor etwa 530 Millionen Jahren entwickelt haben. Seit dieser Zeit haben sie immer im Wasser gelebt. Andere Wirbeltiere wie Wale und Robben leben ebenfalls im Wasser, aber sie atmen Luft und haben noch viele andere Merkmale, an denen man erkennt, dass ihre Vorfahren Landtiere waren. Bei Fischen sind das Skelett, die inneren Organe, die Kiemen, die Haut, die Muskeln und die Sinne hervorragend an das Leben im Wasser angepasst.

Merkmale

Obwohl es Fische in vielen Größen gibt, sie verschieden aussehen und sich auch unterschiedlich verhalten, weisen fast alle Arten einige Hauptmerkmale auf.

Verschiedene Fischgruppen

Als Fische bezeichnet man drei unterschiedliche Gruppen, die nicht näher miteinander verwandt sind. Alle leben aber im Wasser und haben ähnliche Anpassungen an diese Lebensweise. Es sind die wenigen Kieferlosen Fische, die bis heute überlebt haben, die Knochenfische (die größte Gruppe) und die Knorpelfische.

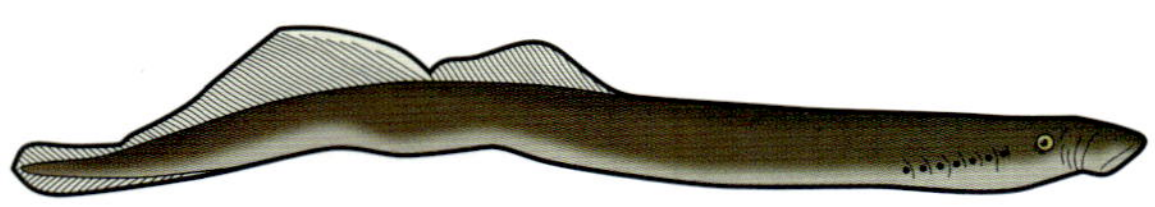

Kieferlose Fische
Die ersten Fische hatten keine Kieferknochen. Es gab viele Typen. Heute leben nur noch etwa 43 Arten Kieferloser Fische auf der Erde: die Neunaugen und Schleimaale, die ein rundes Maul mit Raspelzähnen haben.

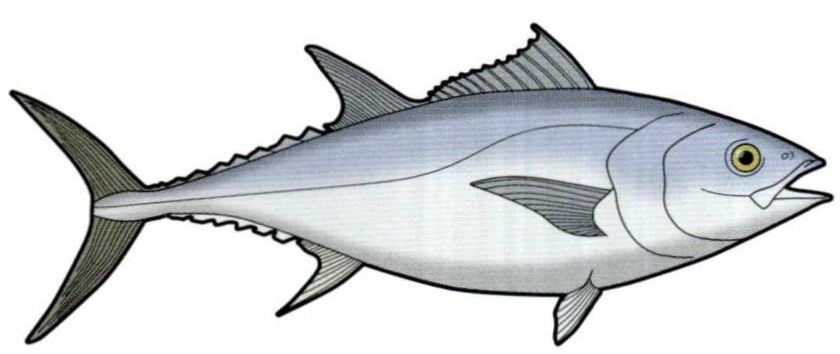

Knochenfische
Es gibt mindestens 32 300 Fischarten, deren Skelett aus Knochen besteht. Unter ihnen sind z. B. die Aale, Plattfische und Seepferdchen. Die meisten haben jedoch einen stromlinienförmigen Körper wie dieser Thunfisch.

Knorpelfische
Es gibt 1200 Arten von Haien, Rochen und Meerkatzen, deren Skelett aus biegsamem Knorpel besteht (dieses Gewebe stabilisiert auch unsere Ohren). Viele Haie, darunter der Kurzflossen-Makohai, sind Raubfische.

Im Innern des Körpers

Fast alle Fische verbringen ihr gesamtes Leben im Wasser und nehmen mit den Kiemen Sauerstoff auf. Der Körper wird vom Wasser gestützt. Deshalb ist die Hauptfunktion von Muskeln und Skelett die Bewegung. Mit ihren Flossen können Fische sich Antrieb verschaffen und steuern. Der Körper eines typischen Fischs ist stromlinienförmig, sodass er zur Fortbewegung möglichst wenig Energie benötigt.

Schwimmblase
Ein Knochenfisch besitzt eine mit Gas gefüllte Schwimmblase. Mit ihr kann er im Wasser aufsteigen oder absinken, indem er Gas hinzufügt oder entfernt. Haie und andere Knorpelfische haben keine Schwimmblase.

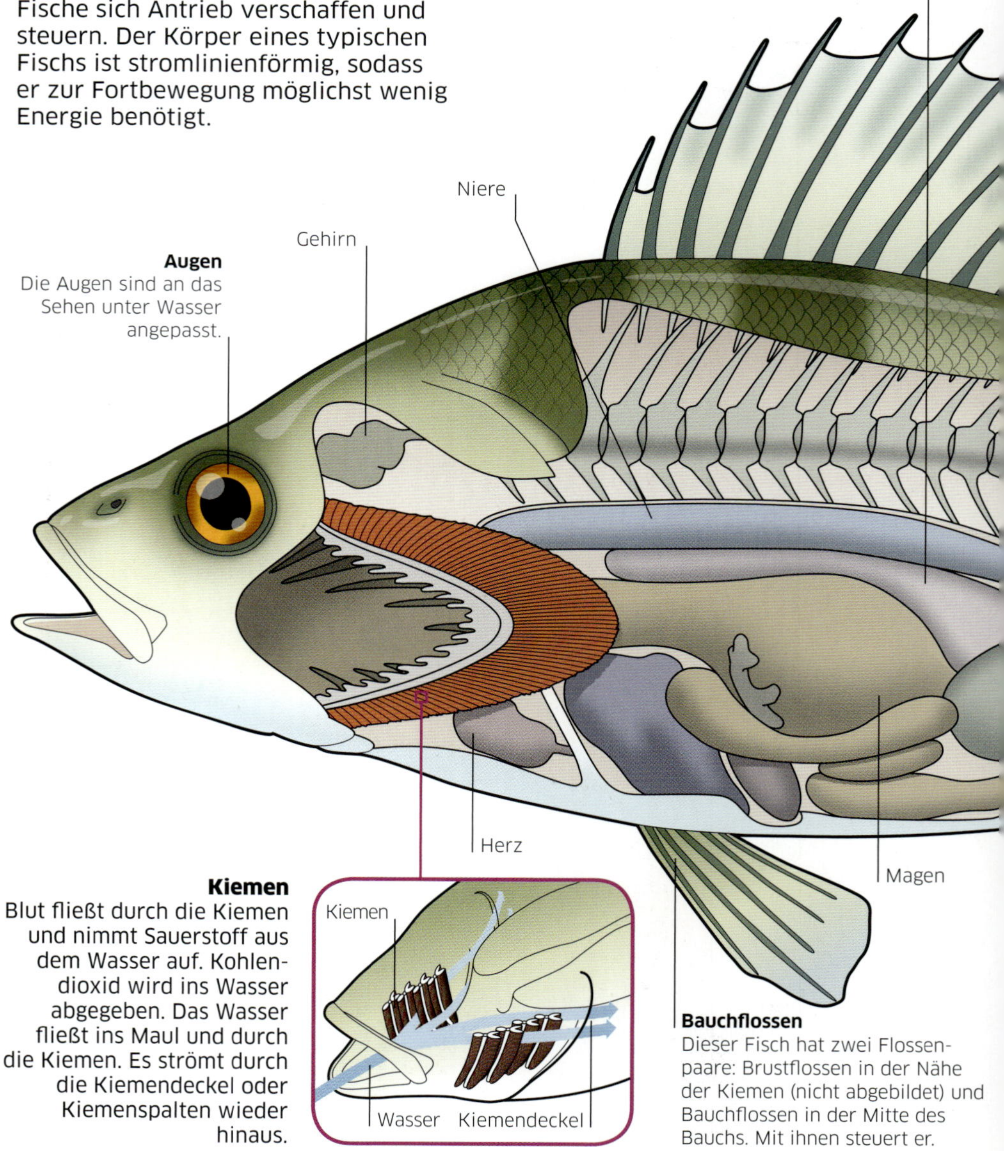

Kiemen
Blut fließt durch die Kiemen und nimmt Sauerstoff aus dem Wasser auf. Kohlendioxid wird ins Wasser abgegeben. Das Wasser fließt ins Maul und durch die Kiemen. Es strömt durch die Kiemendeckel oder Kiemenspalten wieder hinaus.

Bauchflossen
Dieser Fisch hat zwei Flossenpaare: Brustflossen in der Nähe der Kiemen (nicht abgebildet) und Bauchflossen in der Mitte des Bauchs. Mit ihnen steuert er.

9 Mio. Eier kann **ein Kabeljau-Weibchen** pro Jahr legen, aber nur wenige der Jungen **überleben längere Zeit.**

Fliegende Fische können mit ihren flügelähnlichen Flossen **50 m** weit übers Wasser **gleiten.**

110 km/h erreicht der **Fächerfisch.** Er ist so schnell wie ein **Motorboot.**

Wie Fische schwimmen

Fische schwimmen, indem sie ihren Körper wellenförmig bewegen. Aale winden sich wie Schlangen, aber die meisten Fische bewegen vor allem den hinteren Teil ihres Körpers. Rochen „fliegen" mit ihren flügelähnlichen Brustflossen durchs Wasser. Viele kleine Fische setzen ihre Brust- und Bauchflossen wie Paddel ein.

S-förmige Bewegung

Die meisten Fische bewegen sich mit ihren großen Rumpfmuskeln durchs Wasser. Ihr Körper macht dabei s-förmige Bewegungen. Die Schwanzflosse sorgt für zusätzlichen Antrieb.

Schwanzflossen

Bei den meisten Haien ist der obere Lappen der Schwanzflosse länger, sodass er wie eine Verlängerung des Körpers wirkt. Die Schwanzflosse eines typischen Knochenfischs wie einer Forelle ist symmetrisch. Einige sehr schnelle Fische haben große, halbmondförmige Schwanzflossen. Die Schwanzflossen von Lauerjägern wie Hechten sind viel breiter.

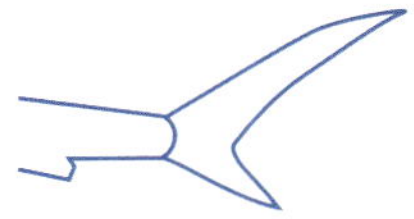

Hai
Mit dieser Schwanzflosse kann der Hai weite Strecken zurücklegen.

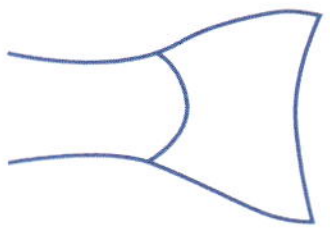

Forelle
Mit der symmetrischen Schwanzflosse ist der Fisch sehr wendig.

Thunfisch
Die halbmondförmige Flosse ist ans schnelle Schwimmen angepasst.

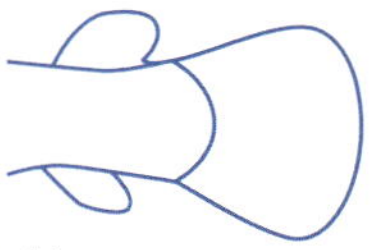

Hecht
Mit der breiten Flosse kann sich der Hecht rasch nach vorn katapultieren.

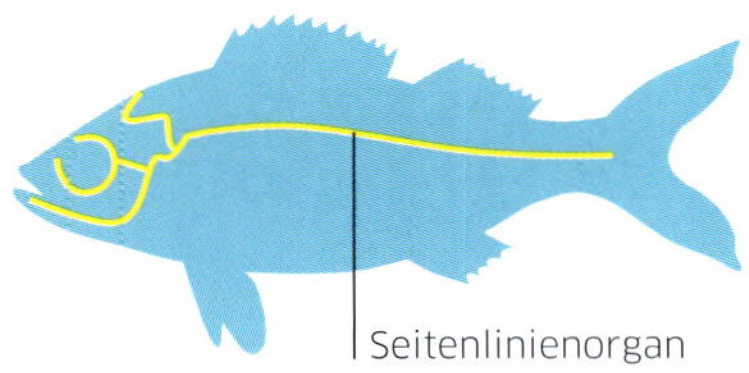

Seitenlinienorgan
Ein Fisch kann Wasserdruckwellen mit seinem Seitenlinienorgan wahrnehmen. Die Sinneszellen in diesem Organ warnen den Fisch vor Hindernissen und ermöglichen es ihm geschickt im Schwarm zu schwimmen.

Vordere Rückenflosse
Dieser Fisch hat zwei Rückenflossen, die ihm beim Schwimmen Stabilität verleihen, sodass er nicht kippt. Die Stacheln der vorderen Flosse dienen zur Abwehr von Feinden

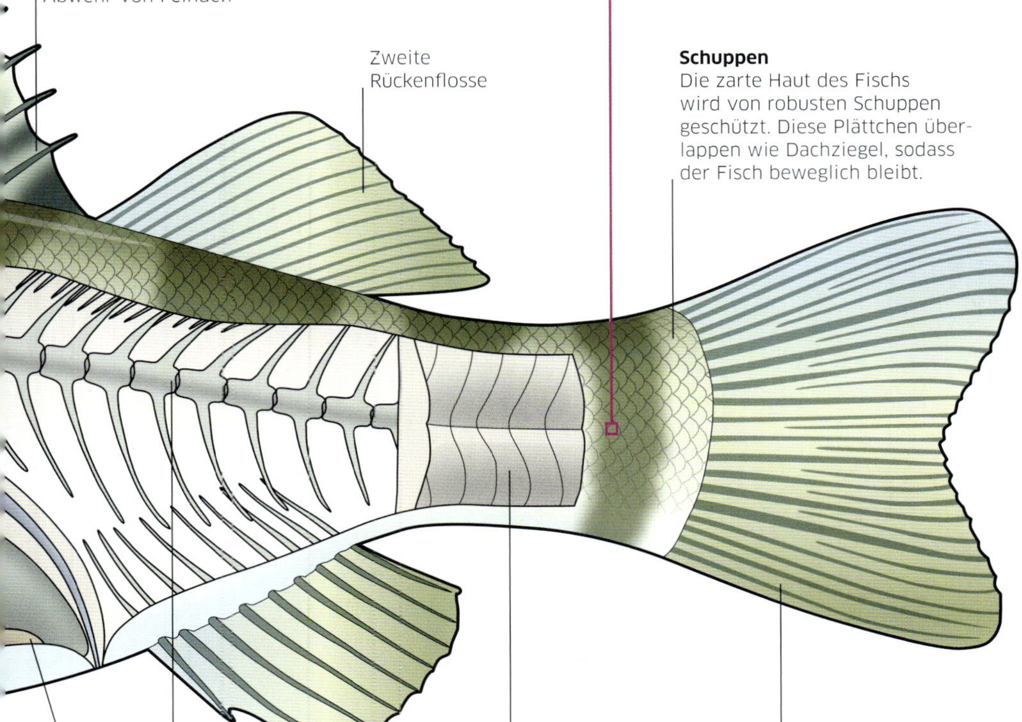

Schuppen
Die zarte Haut des Fischs wird von robusten Schuppen geschützt. Diese Plättchen überlappen wie Dachziegel, sodass der Fisch beweglich bleibt.

Afterflosse
Diese Flosse verleiht beim Schwimmen Stabilität.

Skelett
Die Wirbelsäule ist beweglich und die Rippen sind schlank. Knochenstrahlen stützen auch die Flossen und den Schädel mit dem Kiefer.

Rumpfmuskulatur
Große Muskeln ziehen sich zusammen, sodass sich der Körper abwechselnd zu beiden Seiten krümmt und die Schwanzflosse hin und her bewegt.

Schwanzflosse
Der Fisch bewegt seine paddelförmige Schwanzflosse hin und her, um sich im Wasser Antrieb zu verschaffen.

Eier und Junge

Die meisten Fische legen Hunderte, Tausende oder sogar Millionen von Eiern ins Wasser ab, wo sie verdriftet werden. Andere legen nur wenige Eier in sichere Nester oder brüten sie sogar in ihrem Körper aus. Manche, darunter viele Haie, bringen weit entwickelte Junge zur Welt.

Maulbrüter
Wenn das Männchen des Brunnenbauers die Eier des Weibchens befruchtet hat, nimmt es sie in sein Maul auf. Dort entwickeln sie sich, bis die Jungen schlüpfen. Im Maul sind sie vor Fressfeinden gut geschützt.

Ein Zitronenhai wird geboren
Die Eier mancher Haie heften sich an Korallen oder Tange. Die Jungen entwickeln sich in den robusten Eihüllen. Andere Haiarten, wie dieser Zitronenhai, bringen weit entwickelte Junge zur Welt.

Haie leben **seit über 400 Mio. Jahren** auf der Erde. **Es gab sie bereits** lange Zeit vor den Dinosauriern.

Der Weiße Hai

Der furchterregendste Raubfisch in den Meeren besitzt außergewöhnliche Sinne. Mit seinem Gebiss kann er die Beute zerteilen wie mit einer Kettensäge.

Die meisten Haie sind Raubfische, aber der Weiße Hai ist eine Klasse für sich. Er ist größer und kräftiger als alle anderen Haie. Dieser Hai kann sich blitzschnell durch das Wasser katapultieren, wenn er sein Opfer angreift. Mit seinen Sinnen kann er es sogar in völliger Dunkelheit genau orten. Die breiten Zähne sind scharf wie Rasiermesser und an das Zerreißen großer Beutetiere angepasst. Ein einziger Biss kann tödlich sein.

300 – so viele Zähne befinden sich im Kiefer eines Weißen Hais. Abgenutzte Zähne werden ständig ersetzt, sodass der Fisch während seines Lebens 30 000 neue Zähne bekommen kann.

Ein schneller Schwimmer

Die meisten Haie schwimmen, indem sie den hinteren Teil ihres Körpers hin und her bewegen. Der Weiße Hai schwimmt jedoch anders. Sein Körper ist lang gestreckt wie ein Torpedo. Kräftige Muskeln lassen die Schwanzflosse schnell hin und her schlagen. So kann sich der Körper mit hoher Geschwindigkeit durchs Wasser bewegen. Weil er in der Mitte breit und an den Enden zugespitzt ist, kann der Hai jeden anderen Fisch im Meer überholen.

Haischuppen
In der Haut befinden sich Millionen kleiner, zahnähnlicher scharfrandiger Placoidschuppen. Sie sind mit Zahnschmelz bedeckt wie unsere Zähne. Die Schuppen bilden einen beweglichen Panzer. Sie überlappen und sind so geformt, dass das Wasser sehr schnell über sie hinwegströmen kann. Deshalb ist der Wasserwiderstand beim Schwimmen gering. Der Hai kommt sehr schnell voran.

Rückenflosse
Die hohe, spitze Rückenflosse sorgt dafür, dass der Körper des Hais beim Schwimmen nicht kippt. Sie wird von einem kräftigen Skelett gestützt.

Kiemenbögen
Fünf Kiemenbögen an jeder Körperseite stützen und schützen die Kiemen, die Sauerstoff aus dem Wasser aufnehmen und Kohlendioxid abgeben.

Augen
Die Augäpfel sind mit einer reflektierenden Schicht ausgekleidet, genau wie Katzenaugen. Deshalb kann der Hai wenig Licht gut nutzen und auch im Dämmerlicht noch etwas erkennen.

Ein sechster Sinn
Alle Sinne dieses Raubfischs sind sehr gut ausgebildet. Am erstaunlichsten ist seine Fähigkeit, die schwachen elektrischen Felder wahrzunehmen, die von den Muskelbewegungen anderer Tiere erzeugt werden. Der Hai nimmt sie mit Poren an der Schnauze wahr, die man Lorenzinische Ampullen nennt.

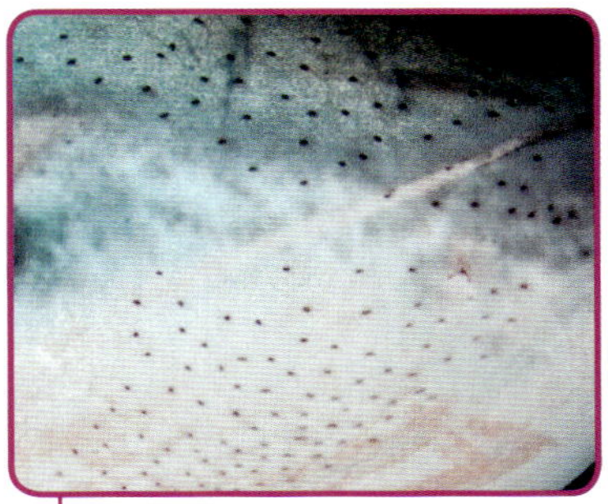

Nasenlöcher
Mit seinem erstaunlichen Geruchssinn kann der Weiße Hai noch einen einzigen Tropfen Blut wahrnehmen, der in 10 Mrd. Wassertropfen verdünnt wurde.

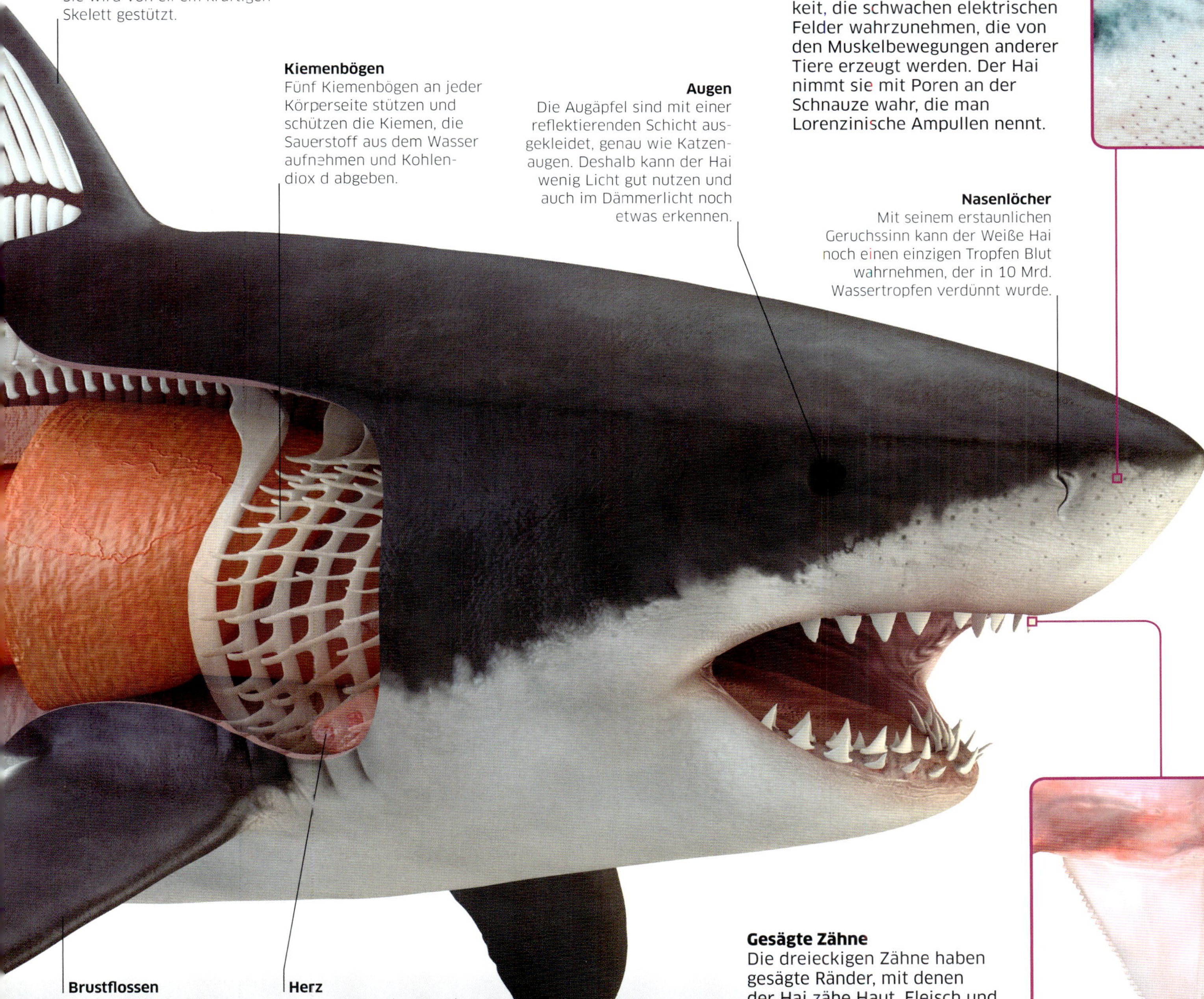

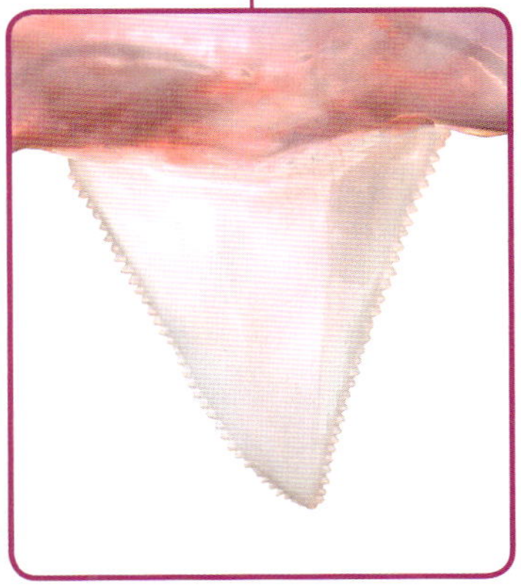

Brustflossen
Die langen Brustflossen sorgen für Stabilität. Sie funktionieren ähnlich wie Flügel, sodass der Hai nicht absinkt.

Herz
Das Herz ist schwerer als das eines normalen Hais. Dicke Muskelschichten pumpen das Blut durch den großen Körper.

Gesägte Zähne
Die dreieckigen Zähne haben gesägte Ränder, mit denen der Hai zähe Haut, Fleisch und Knochen seiner Lieblingsbeute – der Robben – durchdringen kann. Der Weiße Hai hat bis zu 7 Zahnreihen.

Steckbrief

Länge .... Bis zu 7 m
Höchstgeschwindigkeit .... 50 km/h
Lebenserwartung .... Über 30 Jahre
Beute .... Fische, Meeressäuger

MANCHMAL HALTEN WEISSE HAIE MIT DEM **KOPF ÜBER WASSER** NACH BEUTE AUSSCHAU.

Gefährliche Kiefer

Der Oberkiefer ist nur locker mit dem Schädel verbunden. Wenn der Hai sein Maul öffnet, um zuzubeißen, schiebt sich der Oberkiefer nach vorn und die Schnauze biegt sich hoch, sodass er gut zupacken kann. Wenn er die Kiefer wieder schließt, dreht der Hai den Kopf ruckartig zur Seite, sodass seine Zähne das Opfer zerreißen.

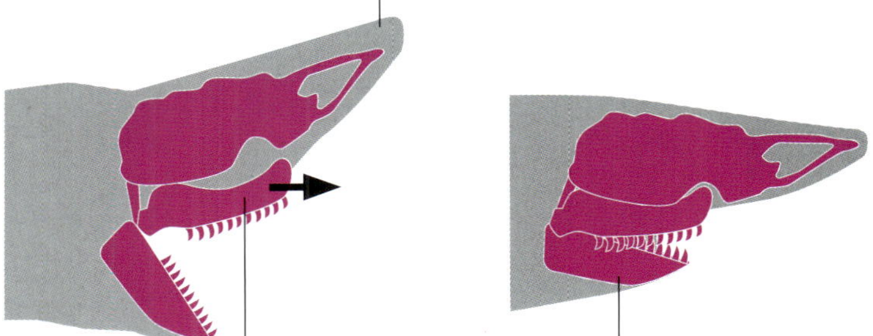

Die längste Blindwühle wird etwa 2,4 m lang, die kürzeren nur ungefähr 9 cm.

Amphibien

Viele Amphibien verbringen einen Teil ihres Lebens im Wasser und einen Teil an Land. Die Bezeichnung „Amphibie" bedeutet „doppellebig".

Urzeitliche Amphibien waren die ersten Wirbeltiere (Tiere mit einer Wirbelsäule), die an Land lebten. Sie haben sich aus Fischen entwickelt, die Luft atmen konnten. Amphibien weisen noch Merkmale ihrer im Wasser lebenden Vorfahren auf. Ihre Eier haben keine robuste Schale und können austrocknen. Deshalb legen die meisten Arten sie im Wasser ab. Aus den Eiern schlüpfen Larven, die zunächst einige Zeit im Wasser leben. Sie entwickeln sich zu erwachsenen Tieren, die Luft atmen.

Merkmale

Amphibien haben erstaunlich vielfältige Anpassungen an das Leben auf dem Festland entwickelt. Sie sind die vielfältigste Gruppe der Landwirbeltiere. Trotzdem weisen fast alle Amphibien bestimmte Merkmale auf:

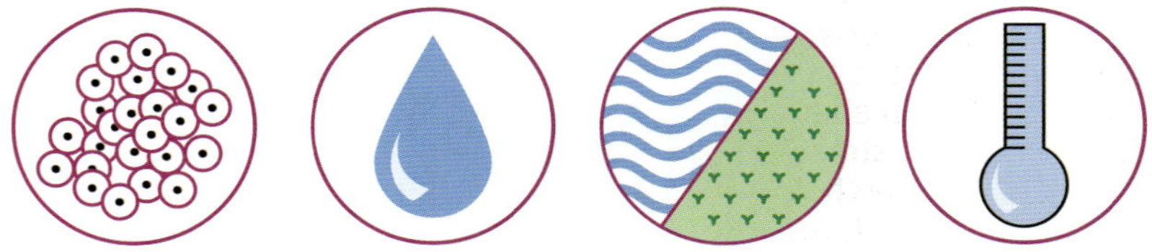

DIE MEISTEN LEGEN EIER.

FEUCHTE HAUT

DIE MEISTEN VERBRINGEN EINEN TEIL IHRES LEBENS IM WASSER.

WECHSELWARME TIERE

Verschiedene Amphibiengruppen

Es gibt drei Hauptgruppen. Die größte und bekannteste Gruppe bilden die Frösche und Kröten. Ihre langen Hinterbeine sind an das Springen angepasst. Zur zweiten Gruppe gehören die Salamander und Molche, die lange Schwänze und kurze Beine haben. Die beinlosen Blindwühlen leben im Erdboden.

Frösche und Kröten
5900 Arten
Frösche und Kröten leben im Wasser, am Boden und in Bäumen. Die meisten Frösche haben eine glattere Haut als Kröten, aber man kann die beiden Gruppen nicht wissenschaftlich unterscheiden.

Salamander und Molche
585 Arten
Diese Amphibien haben lange Schwänze und kurze Beine. Viele leben immer an Land. Andere kehren ins Wasser zurück, um sich fortzupflanzen. Einige Arten verbringen ihr ganzes Leben im Wasser.

Blindwühlen
190 Arten
Die meisten dieser tropischen Amphibien wühlen im Erdboden. Sie haben keine Beine und sind fast blind. Mit dem kräftigen Schädel schieben sie sich durch das Erdreich. Ihre robuste Haut schützt den Körper.

MANCHE AMPHIBIEN LEGEN IN JEDER BRUTSAISON BIS ZU **50 000 EIER,** ABER NUR WENIGE DER JUNGEN LEBEN SO LANGE, DASS SIE SICH FORTPFLANZEN.

Evolution

Die Amphibien haben sich aus einer Gruppe von Fischen mit fleischigen, beinähnlichen Flossen entwickelt. Es waren die Vorfahren der heute lebenden Lungenfische, die Luft atmen. Vor etwa 380 Mio. Jahren begannen einige dieser Fische kleine Tiere am Ufer zu jagen. Ihre Nachfahren sind die heute lebenden Amphibien.

Frühe Amphibie
Vor 280 Mio. Jahren gab es viele Amphibientypen, darunter die Art *Diplocaulus* – ein molchähnliches Tier mit abgeflachtem Kopf, das auf vier Beinen lief.

Der Körperbau

Alle Amphibien sind Wirbeltiere mit vier Beinen. Wie bei anderen Tiergruppen entwickelten sich viele verschiedene Körperformen. Salamander und Molche haben wie ihre Vorfahren lange Schwänze und kurze Beine. Die beinlosen Blindwühlen und die springenden Frösche sind stärker spezialisiert.

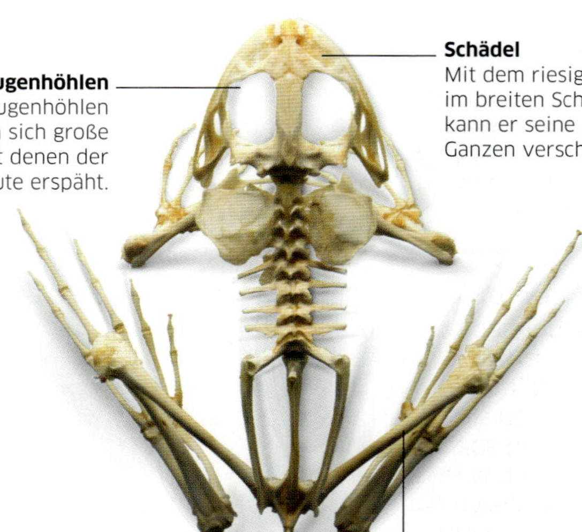

Erfolgreicher Bauplan
Fast 90 % der Amphibienarten sind Frösche und Kröten. Sie haben lange Hinterbeine, mit denen sie springen und schwimmen können. Ihre Köpfe sind sehr groß, wie am Skelett dieses Ochsenfroschs zu erkennen ist.

Axolotl können abgetrennte **Körperteile** regenerieren, **sogar die Herzmuskulatur.**

Glasfrösche haben fast **keine Farbpigmente** in ihrer Haut. Man kann ihre **inneren Organe** erkennen.

Das **Gift in der Haut** des Schrecklichen Pfeilgiftfroschs reicht aus, um **bis zu 20 Menschen** zu töten.

Sauerstoffaufnahme

Wie alle Tiere müssen Amphibien Sauerstoff aufnehmen und Kohlendioxid abgeben. Die Jungen (Larven) vieler Amphibien leben im Wasser und atmen mit Kiemen. Manche Arten verbringen ihr ganzes Leben im Wasser und atmen auch als erwachsene Tiere mit Kiemen. Bei den meisten entwickeln sich aber Lungen, mit denen sie Luft atmen. Amphibien können auch durch ihre Haut Sauerstoff aufnehmen.

Hautatmung
Weil er durch die Haut atmet, kann der Grasfrosch den Winter in Winterstarre im Wasser verbringen.

Kiemen
Der Axolotl ist ein mexikanischer Molch, der sein Leben im Wasser verbringt. Mit seinen gefiederten Kiemen nimmt er Sauerstoff auf.

Lunge
Eine Kaulquappe atmet mit Kiemen, aber wenn sie sich in eine Kröte verwandelt, entwickelt sich eine Lunge.

Hautatmung
Alle Amphibien nehmen durch ihre feuchte Haut Sauerstoff auf und geben Kohlendioxid ab. Dies funktioniert an der Luft und im Wasser.

Fleischfresser und Kannibalen

Alle erwachsenen Amphibien erbeuten andere Tiere und alle außer den Blindwühlen spüren ihre Opfer vor allem mit den Augen auf. Bewegungen erkennen sie besonders gut. Die meisten Amphibien fressen Insekten, Spinnen und andere kleine Tiere. Die größten Frösche ernähren sich von kleinen Reptilien und Säugetieren. Sie fressen auch andere Amphibien, sogar ihre Artgenossen.

400 cm – diese Strecke kann eine australische Laubfroschart mit einem Sprung zurücklegen. Das ist mehr als das 80-Fache ihrer Körperlänge.

Weite Sprünge
Viele Frösche machen weite Sprünge, um Feinden zu entkommen oder Beute zu erwischen. Mit starken Muskeln in den Hinterbeinen katapultieren sie sich kraftvoll in die Luft.

Farben und Muster

Fast alle Amphibien haben Giftdrüsen in ihrer Haut. Wenn ein Angreifer sie mit dem Maul packt, schmecken sie schlecht, und manche sind sogar tödlich giftig. Viele Arten warnen Fressfeinde mit auffälligen Farben vor ihrem Gift. Andere Amphibien sind mit ihren Farben und Mustern gut getarnt. Manche ändern ihre Färbung je nach Jahreszeit. In der Paarungszeit werden sie heller.

Feuersalamander
Das auffällige Muster des Feuersalamanders warnt Fressfeinde vor dem gefährlichen Gift in seiner Haut.

Krötenfrosch
Dieser tropische Frosch ist erstaunlich gut getarnt: Er sieht aus wie ein welkes Blatt auf dem Waldboden.

Teichmolche
Wenn diese Molche fortpflanzungsbereit sind, färbt sich der Bauch bei Männchen und Weibchen orangefarben.

Ein **Grasfroschweibchen** legt im Frühjahr bis zu **2000 Eier.**

Metamorphose

Die meisten Amphibien sehen zu Beginn ihres Lebens ganz anders aus als ihre Eltern. Ihr Körper verändert sich stark, wenn sie sich zum erwachsenen Tier entwickeln. Dies nennt man Metamorphose.

Im Frühjahr erwachen Grasfrösche aus der Winterstarre. Sie wandern zu den Teichen, in denen sie selbst aus dem Ei geschlüpft sind. Die Weibchen legen ihre Eier im Wasser ab, wo sie von den Männchen befruchtet werden. Im Ei entwickelt sich der Embryo. Schließlich schlüpfen die Kaulquappen. Diese beinlosen Tiere leben wie Fische im Wasser. Sie werden immer größer. Allmählich wachsen ihre Hinterbeine. Dann schrumpft der Schwanz. Die Fröschchen klettern an Land, wo ihr neues Leben beginnt.

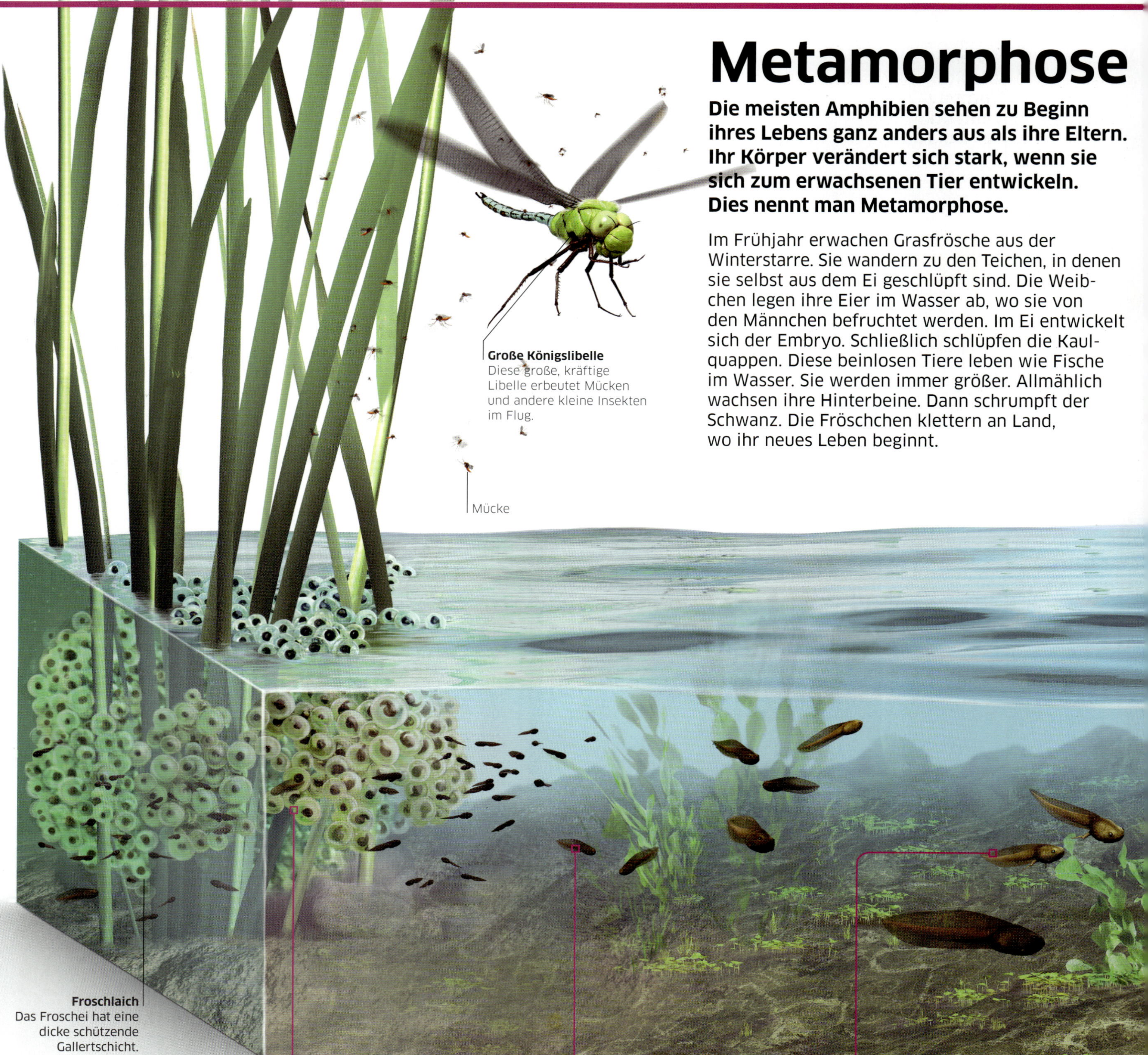

Metamorphose

Eine Kaulquappe durchläuft mehrere Stadien, während sie sich in einen kleinen Frosch verwandelt. Dabei verändert sich auch ihre Lebensweise. Aus einem im Wasser lebenden Pflanzenfresser entwickelt sich ein Räuber, der Luft atmet und meistens an Land lebt.

1 Froschlaich
Froscheier müssen feucht bleiben. Deshalb legen Grasfrösche ihre Eier im Wasser ab. Die Klumpen bezeichnet man als Froschlaich. Ein Männchen klammert sich am Rücken eines Weibches fest. Das Weibchen legt die Eier und das Männchen befruchtet sie. Dann schwimmt das Froschpärchen davon und überlässt die Eier ihrem Schicksal.

2 Kleine Kaulquappe
Wenn sie schlüpft, ist die Kaulquappe klein und schwarz. Sie hält sich mit Haftorganen am Maul an Wasserpflanzen fest. Bald schwimmt sie umher und sorgt dabei mit ihrem Ruderschwanz für Antrieb. Zunächst hat sie gefiederte Kiemen, die von Hautfalten bedeckt sind. Sie ernährt sich von Algen, die sie von Steinen und Wasserpflanzen raspelt.

3 Die Hinterbeine entwickeln sich
Die Kaulquappe wird dicker und größer. Nach etwa fünf Wochen ist ihr Körper so groß wie eine kleine Bohne. Die Hinterbeine entwickeln sich. Zunächst sind sie klein und schwach und die Kaulquappe schwimmt mit ihrem Ruderschwanz. Sie ernährt sich immer noch von Algen, aber auch von toten kleinen Tieren und Laich im Wasser.

13 – so viele Wochen dauert es, bis sich aus einem befruchteten Froschei ein Fröschchen entwickelt hat, das Luft atmet und an Land Beute fängt.

4 Die Vorderbeine entwickeln sich

Wenn sie drei Monate alt ist, verwandelt sich die Kaulquappe. Ihre vorderen Beine wachsen und der Körper wird schlanker. Der Kopf ist nun spitz und das Maul breit. Noch schwimmt die Kaulquappe mit ihrem Schwanz, aber sie hält sich oft an Steinen oder Pflanzen nahe der Wasseroberfläche fest, um durch ihre Nasenlöcher Luft zu atmen.

5 Kleines Fröschchen

Nun beginnt der Schwanz der Kaulquappe zu schrumpfen. Sie schwimmt mit ihren Hinterbeinen und kann schon bald springen. Die Kaulquappe hat sich in ein kleines Fröschchen verwandelt, nicht größer als ein Fingernagel. Es verlasst das Wasser und sucht sich ein sicheres Versteck. Jetzt fängt es Fliegen und andere kleine Tiere.

6 Ein großer Frosch

Das Leben ist hart für kleine Fröschchen, denn sie haben viele Feinde. Diejenigen, die überleben, pflanzen sich im dritten Lebensjahr fort und können bis zu 10 cm lang werden. Oft bleiben sie tagsüber im Wasser und jagen nachts an Land, um nicht auszutrocknen. Sie ernähren sich von kleinen Tieren, die sie mit ihrer klebrigen Zunge fangen.

1,7 cm – so kurz ist ein **karibischer Zwerggecko**, das **kleinste** bekannte **Reptil** der Erde.

Reptilien

Mit ihrer schuppigen Haut wirken Reptilien wie Tiere aus der Urzeit. Viele von ihnen sind aber nicht so ursprünglich, wie es uns scheint.

Die heute lebenden Reptilien sind wechselwarme Tiere. Sie haben sich aus Amphibien entwickelt. Reptilien konnten das Festland besser besiedeln, denn sie haben eine robuste, wasserundurchlässige Haut, die verhindert, dass ihr Körper austrocknet. Zur Fortpflanzung müssen sie nicht ins Wasser zurückkehren, denn ihre Eier entwickeln sich an Land. Daher können Reptilien auch in heißen, trockenen Gegenden leben. Aber nur wenige kommen in kalten Regionen vor.

Wichtige Merkmale

Alle Reptiliengruppen, die bis heute überlebt haben, weisen bestimmte Merkmale auf. Auch die Dinosaurier waren Reptilien, aber viele von ihnen waren gleichwarme Tiere.

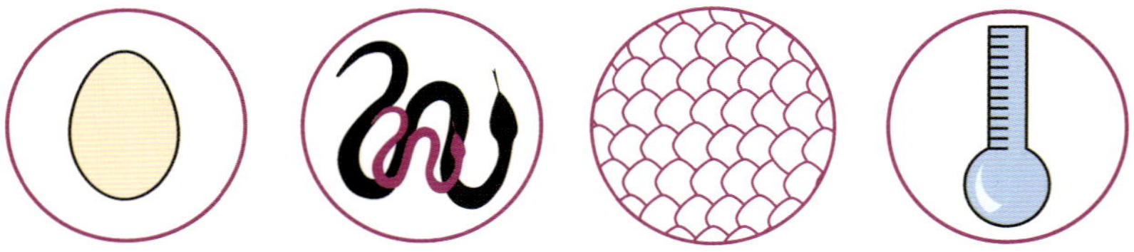

EIER MIT ROBUSTER SCHALE

MANCHE BRINGEN WEIT ENTWICKELTE JUNGE ZUR WELT.

SCHUPPIGE HAUT

WECHSELWARM

Stammbaum

Die ersten Reptilien haben sich vor über 310 Mio. Jahren entwickelt, in der Periode des Karbon. Diese wechselwarmen Tiere, die auf vier Beinen liefen, ähnelten heute lebenden Echsen. Im Lauf der Zeit entwickelten sich viele Gruppen. Von einer stammen die Krokodile, die Dinosaurier und die ausgestorbenen Flugsaurier ab. Weitere Gruppen, die bis heute überlebt haben, sind die Schildkröten, die Brückenechsen, die Eidechsen und die Schlangen.

Vögel
Die großen Dinosaurier starben vor 66 Mio. Jahren aus, aber eine Gruppe kleiner gefiederter, gleichwarmer Dinosaurier hat überlebt: die Vorfahren der modernen Vögel. Ihre nächsten Verwandten sind die Krokodile und Alligatoren, aber die Vögel bilden eine eigene Gruppe.

REPTILIEN

Die Suppenschildkröte schwimmt mit ihren großen, paddelförmigen Vorderbeinen weite Strecken. Sie legt ihre Eier an abgelegene Strände.

Schildkröten
317 Arten
Die Schildkröten haben sich etwa zur gleichen Zeit entwickelt wie die ersten Dinosaurier, aber sie sehen ganz anders aus. Der stabile Panzer bietet Schutz, ist aber so schwer, dass sich die Schildkröte nur langsam fortbewegen kann. Im Wasser lebende Schildkröten haben dieses Problem nicht. Viele von ihnen sind sehr gute Schwimmer.

Der Mississippi-Alligator ist eines der größten heute lebenden Krokodile.

Krokodile
24 Arten
Die Krokodile, Alligatoren, Gaviale und Kaimane sind die kräftigsten heute lebenden Reptilien. Diese gepanzerten Tiere sind an das Jagen im flachen Wasser angepasst und lauern ihrer Beute auf. Uns erinnern diese Reptilien an die Dinosaurier, aber sie haben eine unterschiedliche Lebensweise.

Die Brückenechsen wurden von Naturschützern vor dem Aussterben bewahrt.

Brückenechsen
2 Arten
Diese urtümlichen Reptilien gehören zu einer Gruppe, die vor 200 Mio. Jahren häufig war. Bereits zur Zeit der Dinosaurier starben die meisten Brückenechsen jedoch aus. Heute leben nur noch zwei Arten auf einigen kleinen neuseeländischen Inseln.

Der Grüne Leguan ist eine typische langschwänzige Echse.

Echsen
4500 Arten
Zur größten Reptiliengruppe gehören sehr unterschiedliche Tiere, von kleinen Geckos bis zum riesigen Komodowaran. Die meisten haben einen langen Schwanz. Bei einigen sind die Beine zurückgebildet. Viele erbeuten kleinere Tiere. Manche wie die Leguane sind Pflanzenfresser.

Schlangen
3000 Arten
Schlangen haben sich aus Echsen entwickelt. Ihre Beine sind zurückgebildet und sie haben spezialisierte Kiefer, mit denen sie ihre Beute im Ganzen verschlingen können. Manche sind giftig.

Diese giftige Korallenotter kommt im Südosten der USA vor.

10,4 m – so lang kann die **größte Schlange der Erde** werden, die südamerikanische **Große Anakonda.**

Die **Aldabra-Riesenschildkröte** wird bis zu **360 kg schwer.**

Die größte Echse, der **Komodowaran,** kann Nahrung aus **über 4 km Entfernung riechen.**

Eier, die nicht austrocknen

Anders als ihre amphibischen Vorfahren legen Reptilien Eier mit einer wasserundurchlässigen Schale, die nicht austrocknen. Deshalb können sie in trockenen Regionen leben. Die Eier benötigen zur Entwicklung aber Wärme. Einige Arten, die in kühlem Klima leben, gebären deshalb weit entwickelte Junge.

Die Eierschale ist robust, aber elastisch.

1 Das Ei
Der Embryo kann sich im Reptilienei nur entwickeln, wenn es warm ist. Das Weibchen legt seine Eier deshalb an einem warmen Ort ab. Das kann z. B. ein Haufen aus Pflanzenresten sein, die beim Verrotten Wärme freisetzen.

Weil das Junge mehr Sauerstoff benötigt, schlüpft es schließlich.

2 Das Junge schlüpft
Wenn das junge Reptil im Ei bereit ist zu schlüpfen, schlitzt es die ledrige Schale mit seinem Eizahn an der Spitze der Schnauze auf. Dann steckt es seinen Kopf aus der Schale und macht seinen ersten Atemzug.

3 Eine junge Schlange
Wenn das Junge atmen kann, bleibt es oft noch mehrere Stunden im Ei. Diese junge Ringelnatter streift ihre Eierschale ab und erkundet ihre neue Umgebung.

Die kleine Schlange muss von Anfang an für sich selbst sorgen.

Die Schlange ist im Ei zusammengerollt. Sie ist bis zu 7-mal länger als das Ei.

Schuppige Haut

Die robuste Haut der Reptilien ist mit Hornschuppen besetzt, die bei den verschiedenen Gruppen unterschiedlich geformt sind. Reptilien häuten sich im Lauf ihres Lebens mehrmals, wenn sie wachsen. Dabei wird die obere Hornschicht abgestoßen. Beschädigte oder infizierte Hautpartien werden dabei durch neue Haut ersetzt.

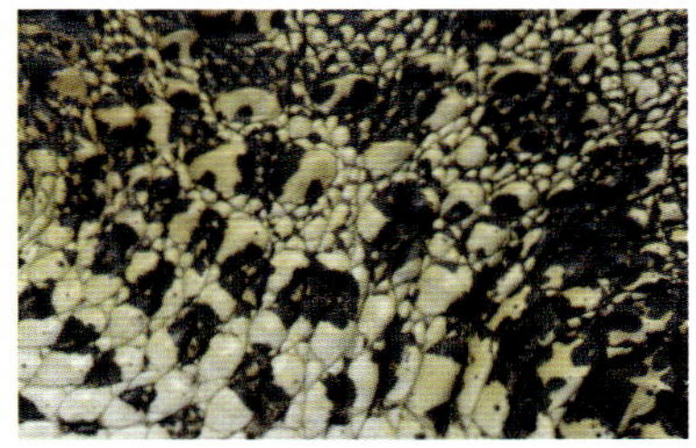

Krokodil
In der Haut von Krokodilen und Alligatoren befinden sich Hautknochenplatten. Sie bieten zusätzlichen Schutz und verhindern, dass das Tier von der Beute verletzt wird, die oft zappelt und um sich tritt.

Schlange
Viele Schlangen sind farbig gemustert. Die Farbpigmente befinden sich in unteren Hautschichten. Die äußere Hornschicht ist durchsichtig. Schlangen streifen sie in einem Stück ab, wenn sie sich häuten.

Echse
Die Schuppen von Echsen sind sehr unterschiedlich geformt. Einige Arten haben kleine, glatte Schuppen, andere große Schuppen mit Graten. Anders als Schlangen streifen Echsen die äußere Hornschicht in Fetzen ab.

Sinne der Reptilien

Viele Reptilien haben sehr gut ausgebildete Sinne, vor allem Jäger wie Krokodile und Warane. Chamäleons besitzen hervorragende Augen, die sie unabhängig voneinander bewegen können, wenn sie nach Beute Ausschau halten. Schlangen jagen mit ihrem Geruchssinn. Mit ihrer gegabelten Zunge nehmen sie Duftstoffe wahr. Sie haben keine echten Ohren, nehmen aber Erschütterungen des Bodens wahr.

Gegabelte Zunge
Wenn die Schlange züngelt, befördert sie Geruchsstoffe zu einem Sinnesorgan im Gaumen.

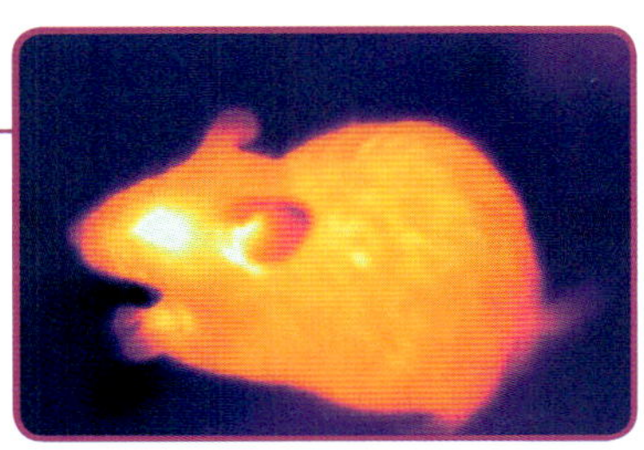

Hervorragende Sinne
Mit wärmeempfindlichen Grubenorganen unter den Augen können manche Schlangen gleichwarme Beutetiere in völliger Dunkelheit wahrnehmen. Für eine Grubenotter z. B. glüht der warme Körper einer Maus sozusagen in ihrem kühlen, dunklen Bau, sodass sie eine leichte Beute ist.

Wechselwarme Tiere

Die Körpertemperatur von Reptilien ist von der Temperatur ihrer Umgebung abhängig. Weil sie keine Energie benötigen, um eine gleichbleibende Körpertemperatur aufrechtzuerhalten, brauchen sie viel weniger Nahrung als Säugetiere. Viele Arten müssen sich aber am Morgen stundenlang in der Sonne aufwärmen. Mittags suchen sie den Schatten auf, damit ihr Körper nicht überhitzt. Hier unten ist die Tagesaktivität einer Echse dargestellt.

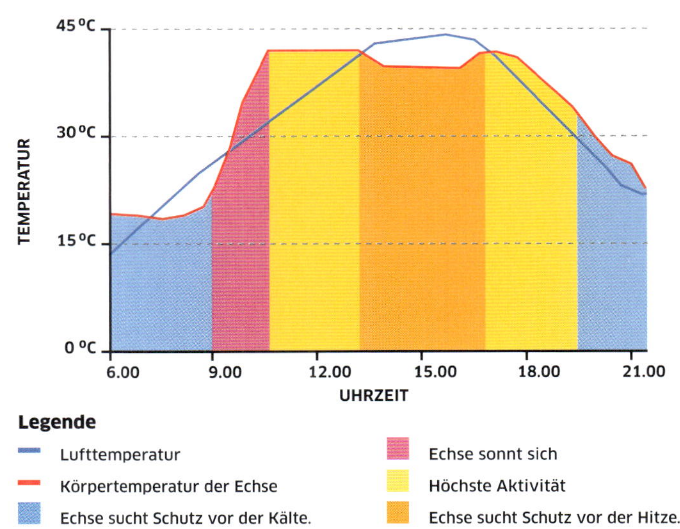

Ein Krokodil kann **über eine Stunde lang** unter Wasser bleiben. Sein **Herz schlägt** dann nur **einige Male.**

Nasenlöcher
Weil sich seine Nasenlöcher oben an der Schnauze befinden, kann das Krokodil atmen, wenn sich sein Körper unter der Wasseroberfläche befindet. Ein Gaumensegel verschließt die Luftröhre, wenn es sein Maul unter Wasser öffnet.

Schmale Schnauze
Krokodile haben eine schmale Schnauze. Ober- und Unterkiefer sind gleich breit.

Gute Sicht bei Dunkelheit
Ein Krokodil hat große Pupillen. Wie bei einer Katze verengen sie sich zu senkrechten Schlitzen, wenn es hell ist. In der Nacht öffnen sie sich weit, damit viel Licht ins Auge eindringen kann. Wie Katzenaugen reflektieren sie das Licht. Eine durchsichtige Nickhaut schützt das Auge unter Wasser.

Kräftige Kiefer
Die Kiefer werden von starken Muskeln bewegt und schnappen mit großer Kraft zu, sodass das Opfer kaum Chancen hat zu entkommen.

Die Zähne greifen ineinander
Das Leistenkrokodil hat 64 bis 68 kräftige, spitze Zähne. Wenn es sein Maul schließt, greifen sie ineinander. Abgenutzte Zähne werden von neuen ersetzt.

Das Leistenkrokodil

Krokodile sind Überlebende aus dem Zeitalter der Dinosaurier. Die kräftigen, gepanzerten Reptilien können mit ihren furchterregenden Kiefern auch große Tiere erbeuten.

Die Krokodile und ihre Verwandten sind die größten heute lebenden Reptilien. Obwohl sie eher wie Echsen aussehen, sind sie näher mit den Vögeln und mit den Dinosauriern verwandt, die vor 66 Millionen Jahren ausgestorben sind. Die ersten Krokodile lebten zur Zeit der Dinosaurier. Sie jagten wahrscheinlich auf ähnliche Weise wie das heute lebende Leistenkrokodil, das sogar einen Büffel töten kann. Seit der Urzeit haben sich diese Tiere kaum verändert. Das war nicht nötig, denn sie waren immer sehr gut an ihre Lebensweise angepasst.

Schuppige Haut
Die Haut eines Krokodils ist mit robusten Schuppen aus Keratin bedeckt, dem Stoff, aus dem auch deine Fingernägel sind.

100 Jahre alt kann ein **Krokodil** werden.

Die **Magensäure eines Krokodils** ist 10-mal so stark wie die eines Menschen.

3000 – so viele **Zähne** wachsen einem **Krokodil** im Lauf seines Lebens.

Steckbrief

Geschwindigkeit an Land .... 3 km/h
Geschwindigkeit im Wasser .... 35 km/h
Lebensraum .... Flüsse, Ästuaren und im Meer .... Südostasiens und Australiens
Nahrung .... Tiere bis zur Größe von Wasserbüffeln
Werkzeuge .... Kräftige Kiefer und spitze Zähne
Durchschnittliche Länge .... 3–5 m

DAS **LEISTENKROKODIL** IST DAS GRÖSSTE KRODODIL. MANCHE MÄNNCHEN WERDEN **ÜBER 7 M** LANG.

Wer ist wer?

Es gibt 24 Arten von Krokodilen und ihren Verwandten. Sie leben in den wärmeren Regionen der Erde. 15 Arten sind Krokodile, 8 sind Alligatoren und Kaimane. Außerdem gibt es eine Gavialart. Im Vergleich zu Krokodilen haben Alligatoren und Kaimane breitere Schnauzen. Der Oberkiefer ist bei ihnen breiter als der Unterkiefer. Der Gavial frisst Fische. Mit seiner schlanken Schnauze, die mit 110 spitzen Zähnen besetzt ist, kann er die glitschige Beute gut packen und festhalten.

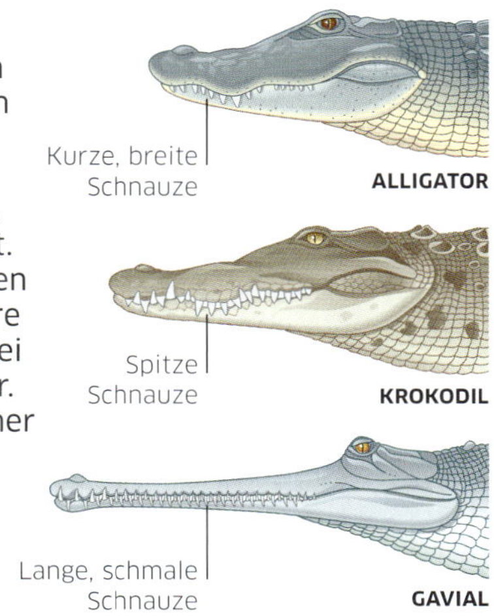

Stromlinienförmig
Ein Krokodil bewegt sich an Land nicht sehr geschickt fort. Im Wasser kommt es mit seinem stromlinienförmigen Körper aber sehr schnell voran.

Knöcherner Panzer
Die großen Schuppen am Rücken sind mit Hautknochenplatten verstärkt. Sie bilden einen schützenden Panzer.

Kräftiger Schwanz
Ein Krokodil bewegt sich mit kräftigen Schwüngen seines muskulösen Schwanzes im Wasser fort. Oft legt es die Beine eng an den Körper an.

Kräftige Beine
Die meisten Reptilien laufen mit seitlich abgespreizten Beinen, sodass sich ihr Bauch in Bodennähe befindet. Krokodile jedoch haben kräftige Beine und ihr Körper ist beim Laufen vom Boden abgehoben.

Ein Lauerjäger

Ein Krokodil ist auf die Jagd im Wasser spezialisiert. Es lauert unter der Wasseroberfläche und kann sich absinken lassen wie ein U-Boot, indem es ausatmet. Wenn ein Beutetier ins Wasser watet, packt das Krokodil plötzlich zu und zieht sein Opfer unter Wasser. Das Krokodil zerreißt seine Beute und verschlingt große Bissen, die erst im Magen und im Darm verdaut werden.

12 – so viele Monate kann ein Krokodil nach einer üppigen Mahlzeit fasten.

320 km/h – **diese Geschwindigkeit** erreicht ein **Wanderfalke im Sturzflug.**

Vögel

Vögel haben ein hübsches Federkleid, können fliegen und manche Arten sind sehr intelligent. Deshalb gehören sie zu den beliebtesten Tieren.

Viele Vögel leben in unserer Nähe und wir können beobachten, wie sie Nahrung suchen, Nester bauen und ihre Jungen großziehen. Die Augen sind ihre wichtigsten Sinnesorgane und sie können Farben gut erkennen. Aber noch etwas anderes macht die Vögel so interessant: Seit noch nicht allzu langer Zeit weiß man, dass Vögel kleine fliegende Dinosaurier sind, die von urzeitlichen Raubdinosauriern wie *Velociraptor* abstammen. Viele dieser seit langer Zeit ausgestorbenen Dinosaurier hatten ebenfalls ein Federkleid, das ihren Körper wärmte. Aber die Vögel nutzten ihr Gefieder noch besser: Sie erhoben sich mit ihren Schwungfedern in die Lüfte.

Merkmale

Vögel sind gleichwarme Wirbeltiere, die Eier legen. Ihr Körper ist mit Federn bedeckt und die meisten Vögel können fliegen.

WIRBELTIERE

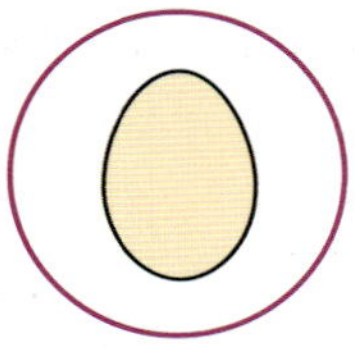

LEGEN EIER

TRAGEN FEDERN

SIND MEIST FLUGFÄHIG

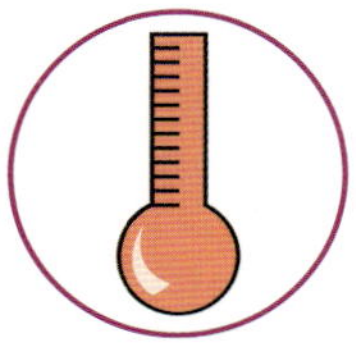

GLEICHWARM

Im Vogelkörper

Vögel haben mehrere Merkmale von ihren Dinosauriervorfahren geerbt: Sie sind gleichwarme Tiere und haben Federn sowie ein sehr effektives Atmungssystem. Das Fliegen führte zu weiteren Anpassungen: Der Schnabel und das Verdauungssystem sind leicht, sodass Gewicht eingespart wird. Auch das Skelett ist leicht, aber dennoch stabil. Vögel haben ein sehr gutes Gehör und hervorragende Augen. Einige wie die Krähen und Papageien gehören zu den intelligentesten Tieren.

Eier und Junge

Alle Vögel legen Eier. Die Eier sind unterschiedlich groß und verschieden gefärbt. Die meisten Vögel bauen Nester, in die sie ihre Eier legen. Sie brüten sie mit ihrer Körperwärme aus. Die Küken mancher Vögel wie Hühner- und Entenküken suchen gleich nach dem Schlüpfen selbstständig Nahrung. Andere wie die Jungen der meisten Singvögel sind hilflos und müssen von ihren Eltern mehrere Wochen lang gefüttert und gewärmt werden.

1 Straußenei wiegt so viel wie 24 Hühnereier oder 4700 Eier der Bienenelfe, des kleinsten Vogels der Erde.

BIENENELFE (EIN KOLIBRI) SINGDROSSEL HAUSHUHN SILBERMÖWE AFRIKANISCHER STRAUSS

NEST EINER ROHRAMMER

Zugvögel

Viele Vögel brüten im Sommer im hohen Norden, wo die Tage lang sind und schwärmende Insekten den Jungen viel Nahrung bieten. Wenn es Herbst wird, fliegen die Vögel in den wärmeren Süden, um dort den Winter zu verbringen. Einige Zugvögel fliegen unglaublich weite Strecken.

Legende

- **Wanderregenpfeifer**
  Dieser Watvogel nistet in der kanadischen Arktis und fliegt im Winter in die argentinischen Grasländer. Manche Vögel legen diese Strecke nonstop zurück.
- **Küstenseeschwalbe**
  Im Winter jagen Küstenseeschwalben in den Meeren um die Antarktis. Dann fliegen sie auf die andere Seite der Erdkugel, denn sie brüten in der Arktis.
- **Kurzschwanz-Sturmtaucher**
  Dieser Seevogel macht jedes Jahr eine Rundreise von 30 000 km. Er brütet an der australischen Küste und zieht dann in die Arktis.
- **Kuckuck**
  Kuckucke verbringen den Winter südlich des Äquators. Sie ziehen im Frühjahr nach Europa und Asien und legen ihre Eier in die Nester anderer Vögel.

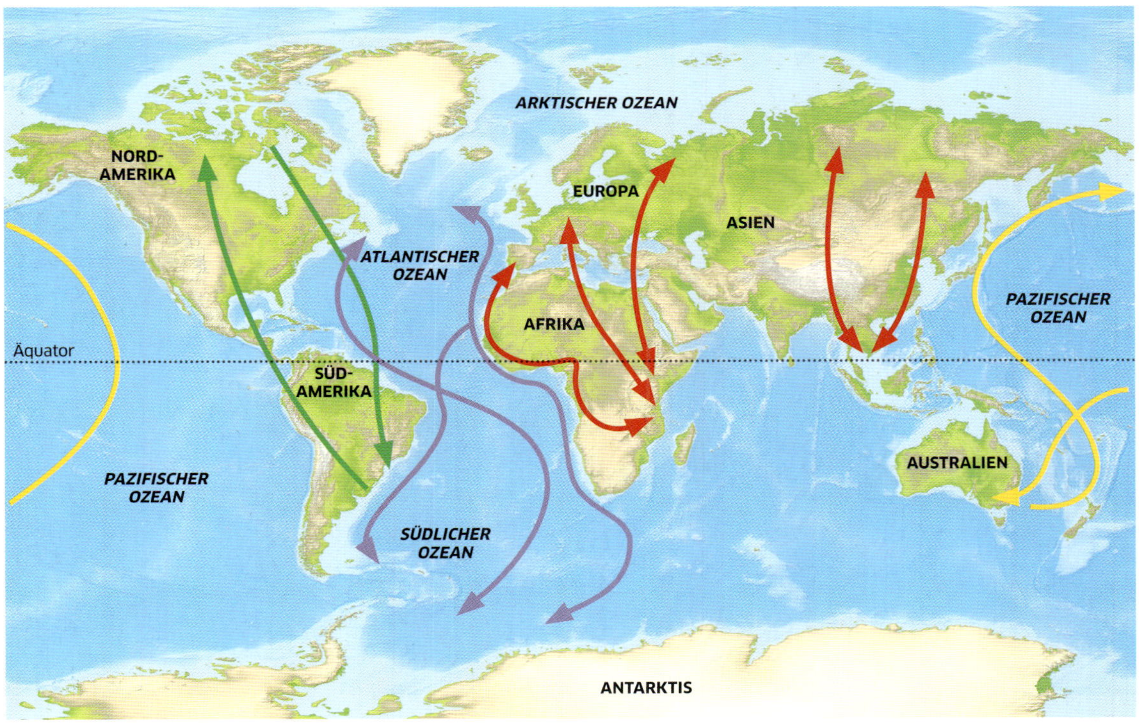

Seevögel

Viele Seevögel verbringen die meiste Zeit ihres Lebens auf dem Meer. Hier fangen sie Fische und andere Meerestiere. Sie kehren monatelang nicht an Land zurück. Schließlich brüten sie an der Küste. Zu den Seevögeln gehören die Tölpel, Papageitaucher und Sturmtaucher und auch die riesigen Albatrosse, die über den Meeren der Südhalbkugel segeln.

Stoßtaucher
Basstölpel stoßen aus der Luft ins Meer hinab, um Fische zu erbeuten. Sie nisten in großen Kolonien. Manchmal brüten 60 000 Vogelpaare gemeinsam. Dann kann eine ganze Insel von der Kolonie bedeckt sein.

Laufvögel

Einige Vogelarten haben das Fliegen aufgegeben. Meist sind es Arten, die keine natürlichen Feinde haben. Manche sind wie die Strauße schnelle Läufer. Andere leben auf Inseln, auf denen es keine Raubtiere gibt. Man erkennt aber bei allen Arten, dass ihre Vorfahren fliegen konnten. Im Lauf der Evolution haben sie diese Fähigkeit verloren.

Sehr schnelle Läufer
Wie alle flugunfähigen Vögel haben Strauße kurze Flügel und schwache Flugmuskeln. Sie können nicht fliegen, aber mit ihren langen, kräftigen Beinen rasch vor Feinden fliehen. Strauße erreichen Geschwindigkeiten von bis zu 72 km/h.

Der Albatros kann stundenlang über den Wellen segeln, ohne mit den Flügeln zu schlagen.

Schwungfedern
Die größten Federn am Flügel sind die Handschwingen. Sie erzeugen den meisten Auftrieb. Wenn der Vogel den Flügel nach oben bewegt, verdrehen sich diese Federn, sodass die Luft hindurchströmen kann. Bewegt er den Flügel nach unten, nehmen sie ihre alte Lage ein und drücken die Luft nach unten.

Knochen des Flügels
Die Knochen des Flügels entsprechen deinen Arm- und Handknochen, aber viele der Handknochen sind bei Vögeln miteinander verwachsen, sodass der Flügel stabil ist.

Muskeln im Flügel
Mit den Muskeln kann der Vogel die Flügelform je nach Flugweise verändern. Am Boden legt er seine Flügel an.

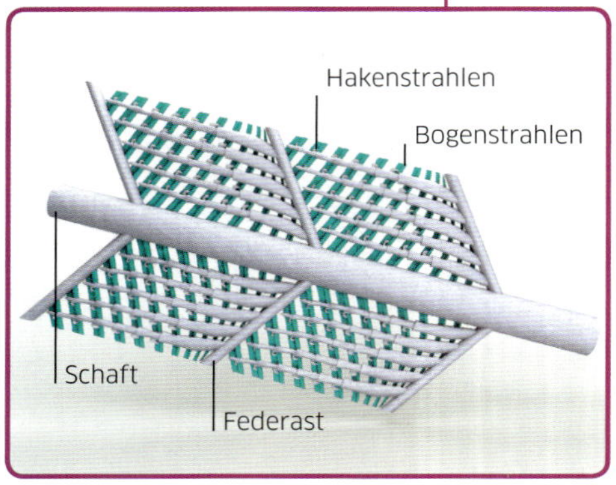

Federn
Die Schwung- und Schwanzfedern eines Vogels haben einen Schaft, an dem Federäste entspringen. An jedem Federast sitzen Bogen- und Hakenstrahlen, die sich miteinander verhaken wie ein Reißverschluss. Gemeinsam bilden sie eine glatte Oberfläche, über die die Luft beim Fliegen hinwegstreicht. Die meisten Vögel wechseln ihr Gefieder regelmäßig. Sie verbringen viel Zeit damit es zu putzen und zu pflegen, denn nur dann können sie gut fliegen.

Deckfedern
Diese kleinen Federn bedecken den vorderen Teil des Flügels, sodass die Oberfläche glatt ist. Sie sorgen dafür, dass das Flügelprofil aerodynamisch ist: Wenn Luft über den Flügel strömt, entsteht Auftrieb.

Farben
Vögel sind auf ihre Augen angewiesen und können Farben gut erkennen. Viele Vögel sind bunt gefärbt, wie dieser Eisvogel. Andere haben ein tarnfarbenes Federkleid, sodass Fressfeinde sie nicht so leicht entdecken.

Skelett
Die Rippen bilden einen stabilen, aber leichten Brustkorb, der mit dem Brustbein und der steifen Wirbelsäule verbunden ist. Das Skelett muss stabil sein, denn beim Flug wirken große Kräfte auf den Vogelkörper ein.

Wie Vögel fliegen

Vögel sind Meisterflieger. Auch andere Tiere können fliegen, aber keine Gruppe ist in der Luft so ausdauernd, so schnell und so wendig wie die Vögel.

Vögel können schneller, höher und weiter fliegen als alle anderen Tiere. Viele legen jedes Jahr weite Strecken zurück. Ein Mauersegler kann jahrelang in der Luft bleiben, ohne ein einziges Mal zu landen. Manche Vögel überfliegen sogar den Gipfel des Mount Everest, des höchsten Bergs der Erde. Dies ist möglich, weil der Vogelkörper sehr stark auf das Fliegen spezialisiert ist. Von den Federn bis hin zu den Knochen ist jeder Körperteil daran angepasst, dass der Vogel möglichst leicht ist und besser fliegen kann.

Konturfedern
Der Vogelkörper ist mit kleinen, überlappenden Federn bedeckt. Sie bieten Schutz und schaffen eine glatte, stromlinienförmige Oberfläche, über die die Luft im Flug streicht.

Schwanzfedern
Ein Eisvogel hat kurze Schwanzfedern, aber er kann den Schwanz spreizen, um in der Luft abzubremsen.

Füße
Mit seinen Füßen kann der Eisvogel auf Zweigen sitzen, wenn er nach Beute Ausschau hält. Mit seinen langen, scharfen Krallen hält er sich fest.

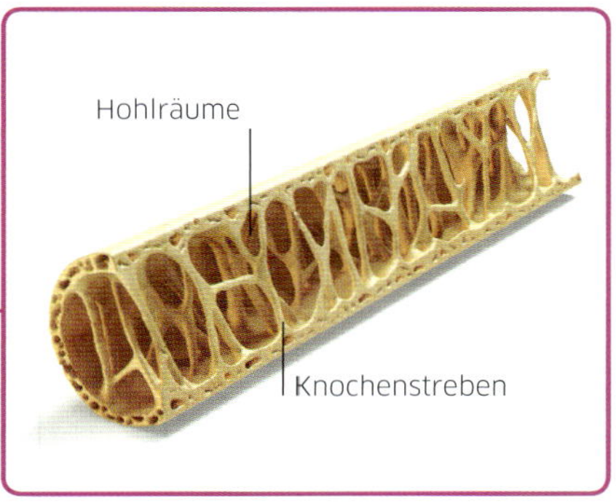

Hohle Knochen
Das Fliegen ist eine Fortbewegungsweise, die viel Energie erfordert. Wenn der Vogelkörper möglichst leicht ist, ist der Energieverbrauch geringer. Deshalb ist jeder Teil des Körpers so leicht wie möglich. Viele Knochen sind sehr schlank und gerade noch so stabil, dass sie ihre Funktion erfüllen. Einige der größten Knochen sind hohl, aber im Innern mit Streben verstärkt. Deshalb zerbrechen sie nicht, wenn im Flug große Kräfte auf sie einwirken.

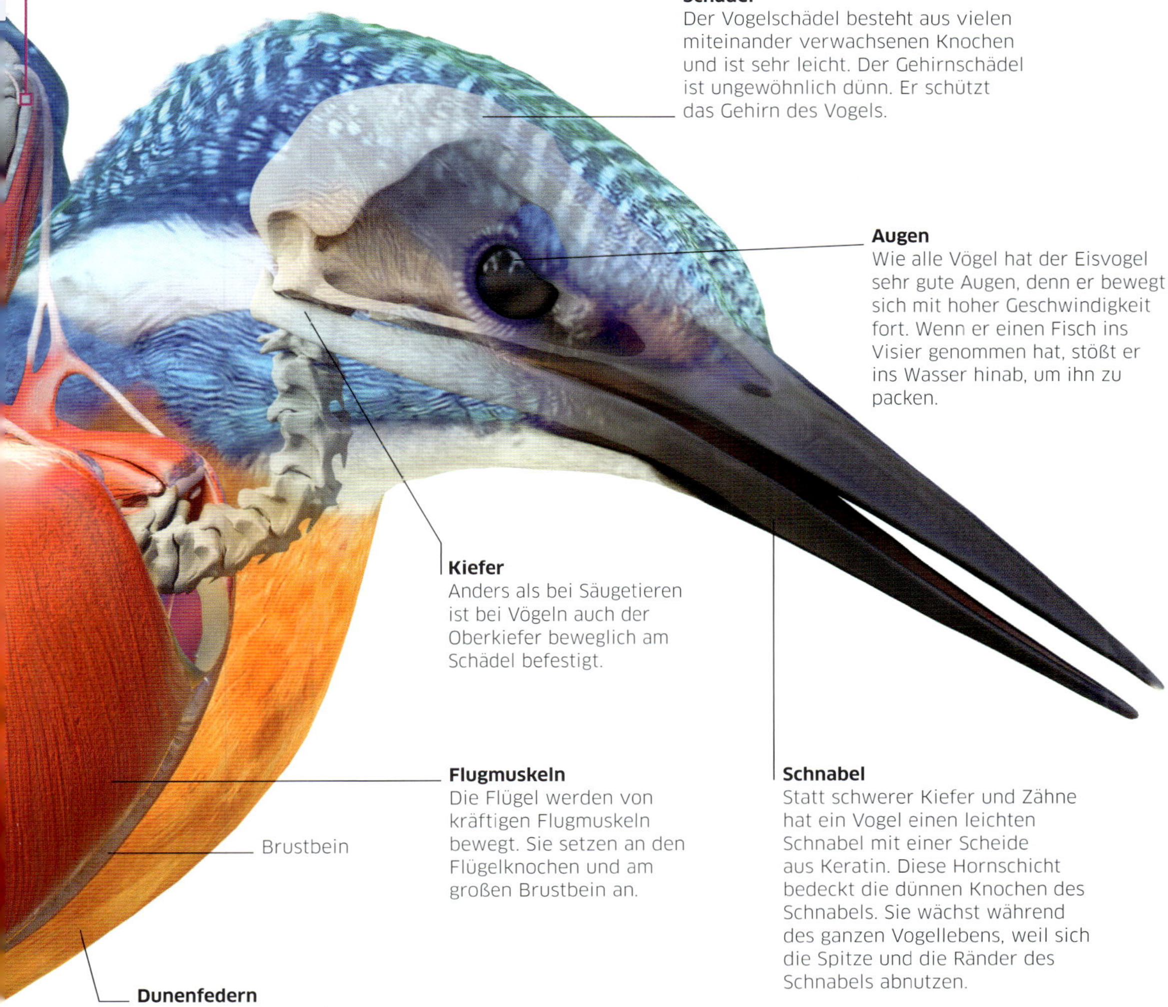

Schädel
Der Vogelschädel besteht aus vielen miteinander verwachsenen Knochen und ist sehr leicht. Der Gehirnschädel ist ungewöhnlich dünn. Er schützt das Gehirn des Vogels.

Augen
Wie alle Vögel hat der Eisvogel sehr gute Augen, denn er bewegt sich mit hoher Geschwindigkeit fort. Wenn er einen Fisch ins Visier genommen hat, stößt er ins Wasser hinab, um ihn zu packen.

Kiefer
Anders als bei Säugetieren ist bei Vögeln auch der Oberkiefer beweglich am Schädel befestigt.

Flugmuskeln
Die Flügel werden von kräftigen Flugmuskeln bewegt. Sie setzen an den Flügelknochen und am großen Brustbein an.

Schnabel
Statt schwerer Kiefer und Zähne hat ein Vogel einen leichten Schnabel mit einer Scheide aus Keratin. Diese Hornschicht bedeckt die dünnen Knochen des Schnabels. Sie wächst während des ganzen Vogellebens, weil sich die Spitze und die Ränder des Schnabels abnutzen.

Dunenfedern
Unter den Konturfedern wachsen Dunenfedern, die den Vogelkörper warm halten. Anders als die Federn, die zum Fliegen dienen, haben sie weiche Federäste, deren Strahlen nicht miteinander verhakt sind. Deshalb sind sie flauschig und bilden eine Isolierung gegen die Kälte.

Der Vogelflug
Vögel haben wie Menschen vier Extremitäten: Ihre Flügel sind die umgebildeten Arme. Die Schwungfedern vergrößern die Fläche der Flügel. Sie überlappen und bilden eine breite Tragfläche. Wenn der Vogel die Flügel abwärtsbewegt, drücken sie die Luft nach hinten, sodass der Körper nach vorn geschoben wird. Die Flügel sind wie die Tragflächen eines Flugzeugs so geformt, dass Auftrieb entsteht, wenn die Luft über sie strömt.

Eisvögel, Kolibris, Turmfalken und andere Arten können im Rüttelflug in der Luft „stehen": Sie fliegen so schnell aufwärts, wie sie die Schwerkraft nach unten zieht.

Form der Flügel
Die Flügelform lässt auf die Flugweise eines Vogels schließen. Lange, schmale Flügel sind für den Segelflug ideal, während ein Vogel mit breiten Flügeln mit warmen Aufwinden aufsteigen kann. Vögel mit kurzen, rundlichen Flügeln können rasch starten.

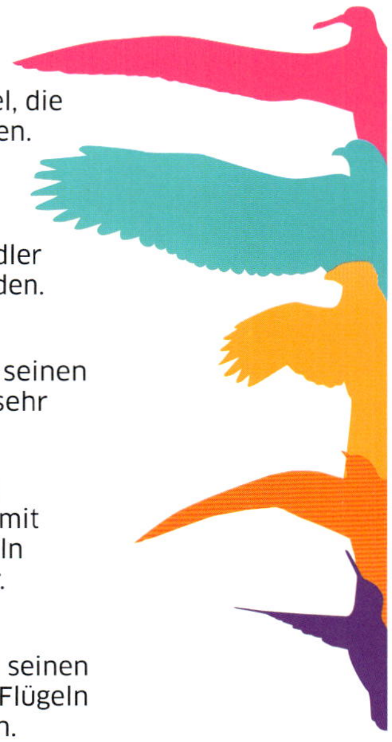

Über den Wellen
Der Albatros hat lange, schlanke Flügel, die viel Auftrieb erzeugen.

Im Aufwind
Mit seinen breiten Flügeln segelt der Adler auf warmen Aufwinden.

Rascher Start
Der Fasan kann mit seinen rundlichen Flügeln sehr schnell abheben.

Schnell und wendig
Der Mauersegler ist mit seinen spitzen Flügeln ein wendiger Flieger.

Rüttelflug
Der Kolibri kann mit seinen kurzen, dreieckigen Flügeln sehr schnell schlagen.

Flugmuster
Vögel setzen ihre Flügel unterschiedlich ein. Einige schlagen ständig mit den Flügeln, manche schnell, andere langsamer. Viele Arten kombinieren Schlag- mit Gleitphasen, und manche schlagen fast nie mit den Flügeln.

Schnelle Flügelschläge
Enten haben im Verhältnis zum Körper kleine Flügel, mit denen sie rasch und regelmäßig schlagen.

Langsame Flügelschläge
Viele Vögel mit relativ großen Flügeln wie Möwen schlagen langsam mit den Flügeln.

Wellenförmiges Flugmuster
Bei Spechten wechseln Phasen schneller Flügelschläge mit kurzen Gleitphasen ab.

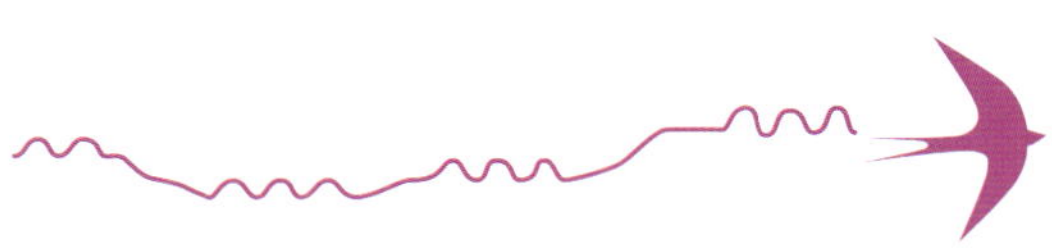

Unregelmäßiges Flugmuster
Wenn eine Schwalbe Insekten jagt, wechseln sich Gleit- und Schlagflugphasen willkürlich ab.

225 Mio. Jahre ist es her, **seit sich die ersten Säugetiere** in der Periode der Trias **entwickelt haben.**

Säugetiere

Die meisten Säugetiere tragen ein Fell. Uns sind diese Tiere sehr vertraut und das aus gutem Grund: Auch wir sind Säugetiere und weisen viele der Merkmale auf, die diese Tiergruppe so erfolgreich machen.

Die ersten Säugetiere haben sich zu Beginn des Mesozoikums, etwa zur gleichen Zeit wie die ersten Dinosaurier, auf dem Festland entwickelt. Ihre Vorfahren waren Reptilien. Aber während die großen Dinosaurier bei einem Massenaussterben vor etwa 66 Mio. Jahren von der Erde verschwunden sind, haben die Säugetiere überlebt. Sie besiedelten den ganzen Planeten und entwickelten Anpassungen an sehr viele Lebensräume. Fast überall leben Säugetiere, von den Polarregionen bis in die Wüsten und von den höchsten Berggipfeln bis in die Tiefen der Ozeane.

Merkmale

Alle Säugetiere sind gleichwarme Wirbeltiere (Tiere mit einem Innenskelett aus Knochen). Die Weibchen säugen ihre Jungen mit Milch. Fast alle 5400 Arten bringen weit entwickelte Junge zur Welt. Nur Schnabeltiere und Schnabeligel legen Eier.

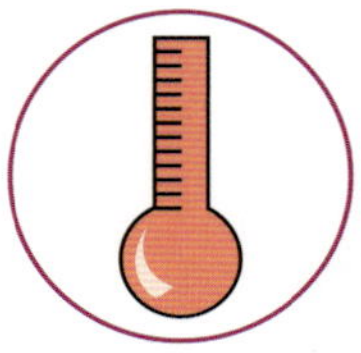

GLEICHWARM

DIE MEISTEN HABEN HAARE.

WIRBELTIERE

DIE MEISTEN GEBÄREN WEIT ENTWICKELTE JUNGE.

DIE JUNGEN WERDEN MIT MILCH GESÄUGT.

Anpassungsfähige Säugetiere

Alle Säugetiere haben sich aus Vorfahren entwickelt, die auf vier Beinen liefen und auf dem Festland lebten. Während Jahrmillionen der Evolution hat sich ihr Grundbauplan an verschiedene Lebensweisen angepasst. Manche Säugetiere können fliegen, andere leben in den Meeren.

Auf dem Festland
Der Schneeleopard mit seinem langen Schwanz hat den Körperbau eines typischen Säugetiers. Er ist außerdem an die Lebensweise eines Jägers angepasst.

In den Bäumen
Viele Säugetiere sind an ein Leben in den Baumkronen angepasst, vor allem Arten, die in tropischen Wäldern leben. Zu ihnen gehören viele Affen und dieser Lemur auf Madagaskar.

In der Luft
Fledermäuse und Flughunde fliegen mit Flughäuten, die sich zwischen ihren verlängerten Fingerknochen aufspannen. Die meisten jagen in der Nacht Insekten. Die Fledermäuse sind eine der erfolgreichsten Säugetiergruppen.

Im Wasser
Einige Säugetiere wie die Robben und dieser Blauwal sind an das Leben im Meer angepasst. Ihre Beine wurden zu Flossen. Während Robben noch immer vier Extremitäten haben, sind bei Walen und Delfinen die Hinterbeine zurückgebildet.

Entwicklung der Jungen

Über 90 % der Säugetierarten bringen weit entwickelte Junge zur Welt. Im Bauch der Mutter haben sie sich lange Zeit entwickelt, bevor sie geboren werden. Man nennt diese Tiere Plazentatiere, denn die Jungen werden im Leib der Mutter von einem Organ, der Plazenta, über die Nabelschnur mit Sauerstoff und Nährstoffen versorgt. Nur die Beuteltiere bringen sehr kleine Junge zur Welt, die noch nicht weit entwickelt sind. Nach der Geburt klettern sie in einen Beutel am Körper der Mutter. Hier trinken sie Milch und wachsen heran.

Im Beutel
Ein neugeborenes Beuteltier ist ein kleines rosa Wesen, das sich kaum bewegen kann. Trotzdem klettert es in den Beutel der Mutter, wo es nährstoffreiche Milch trinkt. Hier wächst es und entwickelt sich, bis es feste Nahrung verspeisen kann.

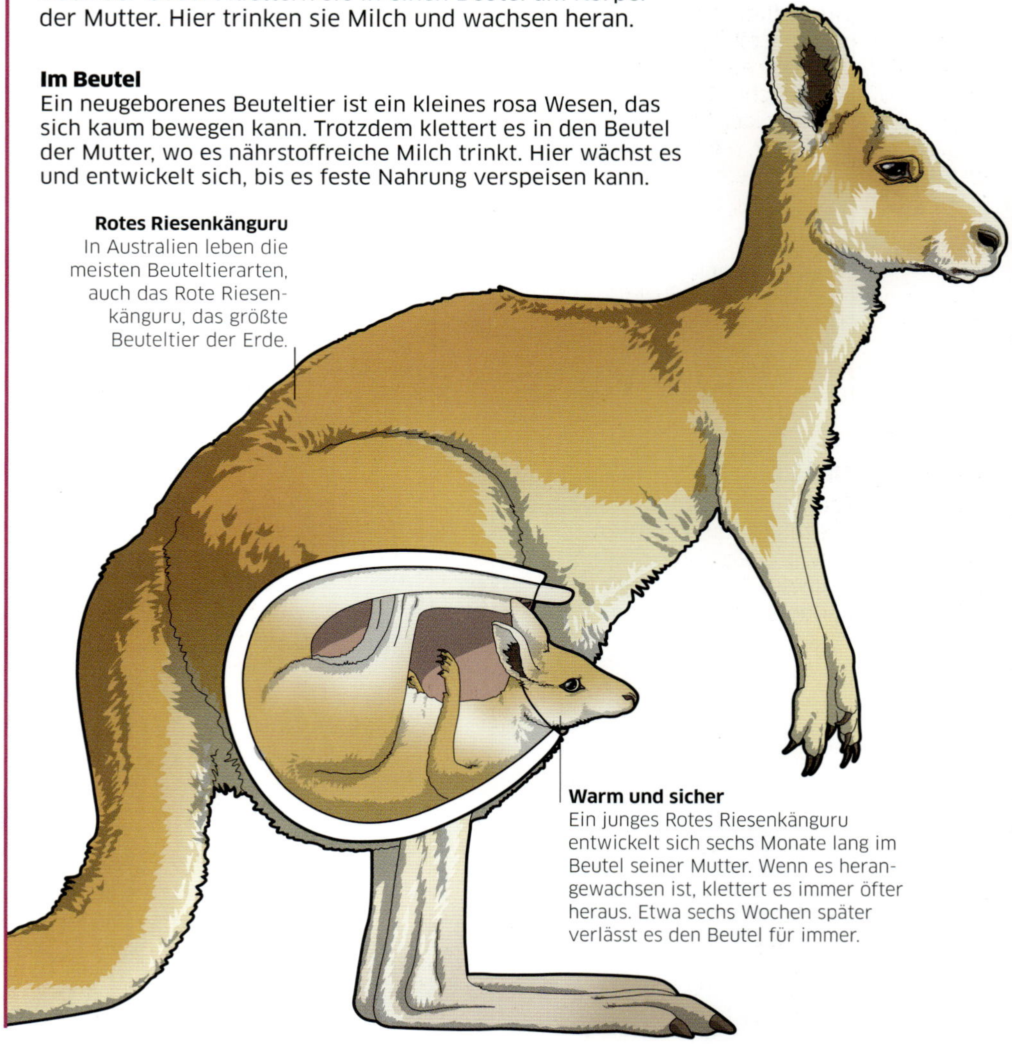

Rotes Riesenkänguru
In Australien leben die meisten Beuteltierarten, auch das Rote Riesenkänguru, das größte Beuteltier der Erde.

Warm und sicher
Ein junges Rotes Riesenkänguru entwickelt sich sechs Monate lang im Beutel seiner Mutter. Wenn es herangewachsen ist, klettert es immer öfter heraus. Etwa sechs Wochen später verlässt es den Beutel für immer.

Manche kleinen Säugetiere müssen jeden Tag **so viel fressen, wie sie selbst wiegen,** um ihre Körpertemperatur aufrechtzuerhalten.

Das **größte Tier der Erde** ist ein Säugetier: der bis zu **30 m lange Blauwal.**

Das **kleinste Säugetier ist die Hummelfledermaus:** Sie wird nur **4 cm lang.**

DAS DICHTE WINTERFELL DES **POLARFUCHSES** IST SO WARM, DASS DAS TIER ERST DANN ZU ZITTERN BEGINNT, WENN ES KÄLTER WIRD ALS **–50 °C.**

Gleichwarme Tiere

Säugetiere müssen viel Nahrung aufnehmen, denn sie brauchen Energie, um eine Körpertemperatur von ungefähr 38 °C aufrechterhalten zu können. Gleichwarme Tiere können auch bei Kälte aktiv sein. Manche Säugetiere, die in den Wintermonaten nur wenig Nahrung finden, halten Winterschlaf. Während sie schlafen, verbrauchen sie viel weniger Energie. In dieser Zeit kühlt ihr Körper ab. Erst im Frühjahr erwachen sie wieder aus dem Winterschlaf.

Schläfrige Haselmaus
Die Haselmaus hält bis zu sechs Monate lang Winterschlaf. Ihre Körpertemperatur kann dann auf unter 4 °C absinken.

In ihrem Nest aus Bättern und Moosen hält die Haselmaus Winterschlaf.

Sinne

Viele Säugetiere sind in der Nacht aktiv. Bei ihnen sind das Gehör und der Geruchssinn viel besser ausgebildet als bei uns. Außerdem haben sie einen hoch entwickelten Tastsinn. Die Augen nachtaktiver Säugetiere sind an das Sehen in fast völliger Dunkelheit angepasst. Viele Stäbchen (Sehzellen) in der Netzhaut des Auges reagieren bereits auf wenig Licht. Deshalb haben aber viel weniger Zapfen in der Netzhaut Platz, die Farben wahrnehmen. Diese Tiere erkennen Farben nicht so gut wie wir.

Farbenblind
Die Vorfahren der Haushunde jagten nachts. Hunde sehen deshalb in der Dämmerung gut, nehmen aber Farben schlecht wahr. Gelb, Blau und Grau erkennen sie, Rot und Grün können sie kaum unterscheiden.

SO SEHEN WIR.

SO SIEHT EIN HUND.

Nahrung und Zähne

Die meisten Säugetiere haben verschiedene Arten von Zähnen in ihrem Kiefer: Schneidezähne zum Zubeißen, spitze Eckzähne zum Packen der Nahrung und große Backenzähne zum Kauen. Das Gebiss ist an die Ernährungsweise des Tiers angepasst. Die Zähne von Raubtieren sehen deshalb ganz anders aus als die von Pflanzenfressern.

Delfin
Der Delfin hat viele gleich geformte, spitze Zähne, mit denen er glitschige Fische packen kann.

Löwe
Ein Löwe hat lange Eckzähne. Backen- und Vorbackenzähne bilden eine Brechschere, mit der er Fleisch zerschneidet.

Kuh
Die Backenzähne einer Kuh sind flach, sodass sie Gras kauen kann. Sie hat nur im Unterkiefer Schneidezähne.

Den Körper warm halten

Ein gleichwarmes Säugetier benötigt viel Energie, um seine Körpertemperatur aufrechtzuerhalten. Das bedeutet, dass Säugetiere viel mehr fressen müssen als wechselwarme Tiere. Je mehr Wärme der Körper speichern kann, desto weniger Nahrung braucht das Tier. Deshalb ist der Körper der meisten Säugetiere mit einem Fell bedeckt. Eine Fettschicht unter der Haut speichert die Wärme zusätzlich. Säugetiere sind die einzigen Tiere, die ein Fell besitzen.

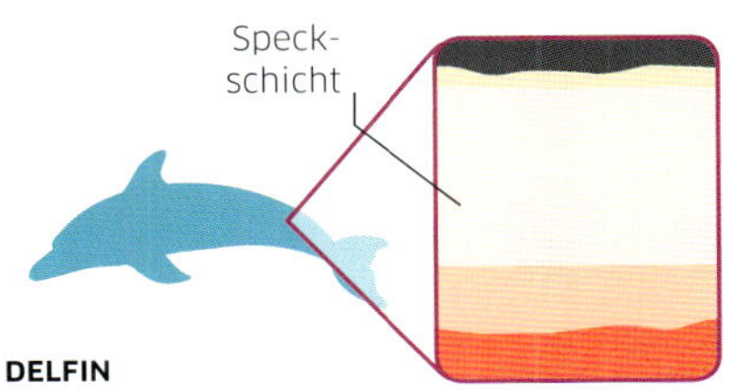

Speckschicht (Blubber)
Meeressäuger sind gut isoliert, um im Wasser nicht auszukühlen. Die meisten haben eine dicke Speckschicht unter der Haut. Sie ist von Blutgefäßen durchzogen, die zur Temperaturregulation beitragen.

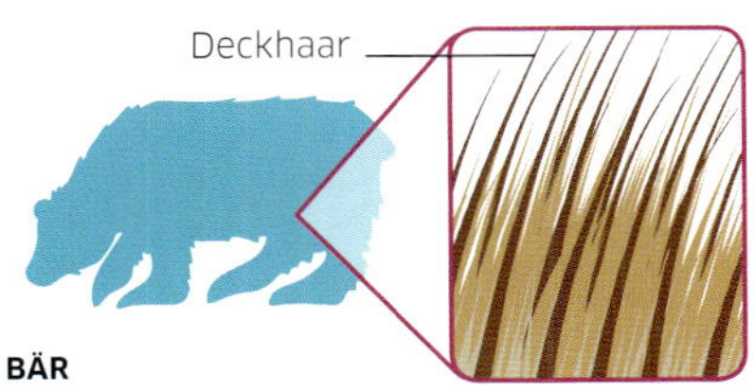

Fell
Landsäugetiere, die in kalten Regionen leben wie viele Bären und Füchse, haben ein wärmendes Fell. Unter den langen, dicken Deckhaaren wächst eine sehr warme Schicht aus feiner, dichter Unterwolle.

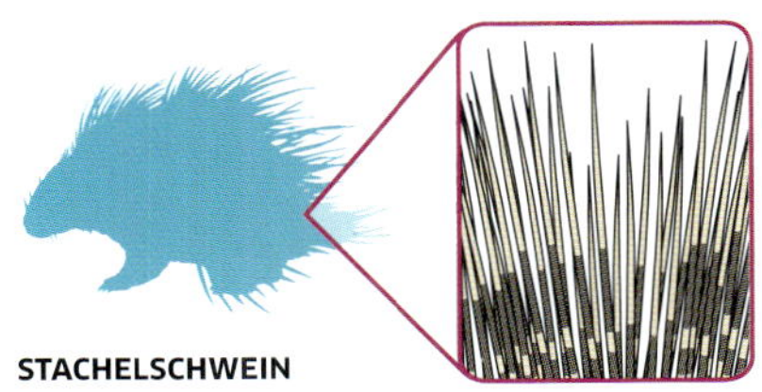

Stacheln
Stachelschweine, Igel und einige andere Säugetiere haben ein stachliges Fell. Die Stacheln sind umgebildete Haare. Sie sind dick, steif und sehr spitz und schützen vor den Angriffen von Feinden.

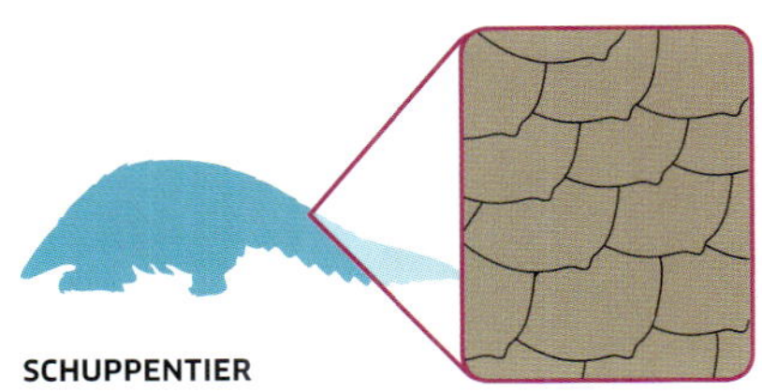

Schuppen
Schuppentiere sind die einzigen Säugetiere mit einem Schuppenpanzer. Er besteht aus demselben Material wie Haare und Krallen. Gürteltiere tragen einen ähnlichen Panzer aus großen Platten.

Der Elefant hat ein **sehr gutes Gedächtnis**, denn sein Gehirn **speichert Informationen lange Zeit.**

Der Afrikanische Elefant

Das größte und schwerste Tier auf dem Festland ist ein Pflanzenfresser mit einem gewaltigen Appetit. Er ist intelligent und hat ein sehr gutes Gedächtnis.

Mit seinem langen Rüssel, den Stoßzähnen, den riesigen Ohren und seiner kolossalen Erscheinung ist der Afrikanische Elefant ein wirklich spektakuläres Tier. Er vertilgt gewaltige Mengen an Pflanzenteilen, auch zähe Gräser und Baumrinde. Mit seiner Kraft kann er sogar Bäume umstoßen, um an die Blätter zu gelangen. Der Elefant kann aber auch sanft sein und hat einen ausgeprägten Familiensinn.

Entwicklung des Jungen

Ein Elefantenjunges entwickelt sich 22 Monate lang in der Gebärmutter seiner Mutter. Nicht einmal bei den größten Walen ist die Tragzeit so lang. Das Junge entwickelt sich während der tropischen Trockenzeit und wird zu Beginn der Regenzeit geboren. Seine Mutter findet dann viel Gras. Sie muss genügend fressen, um viel Milch für ihr Kind bilden zu können.

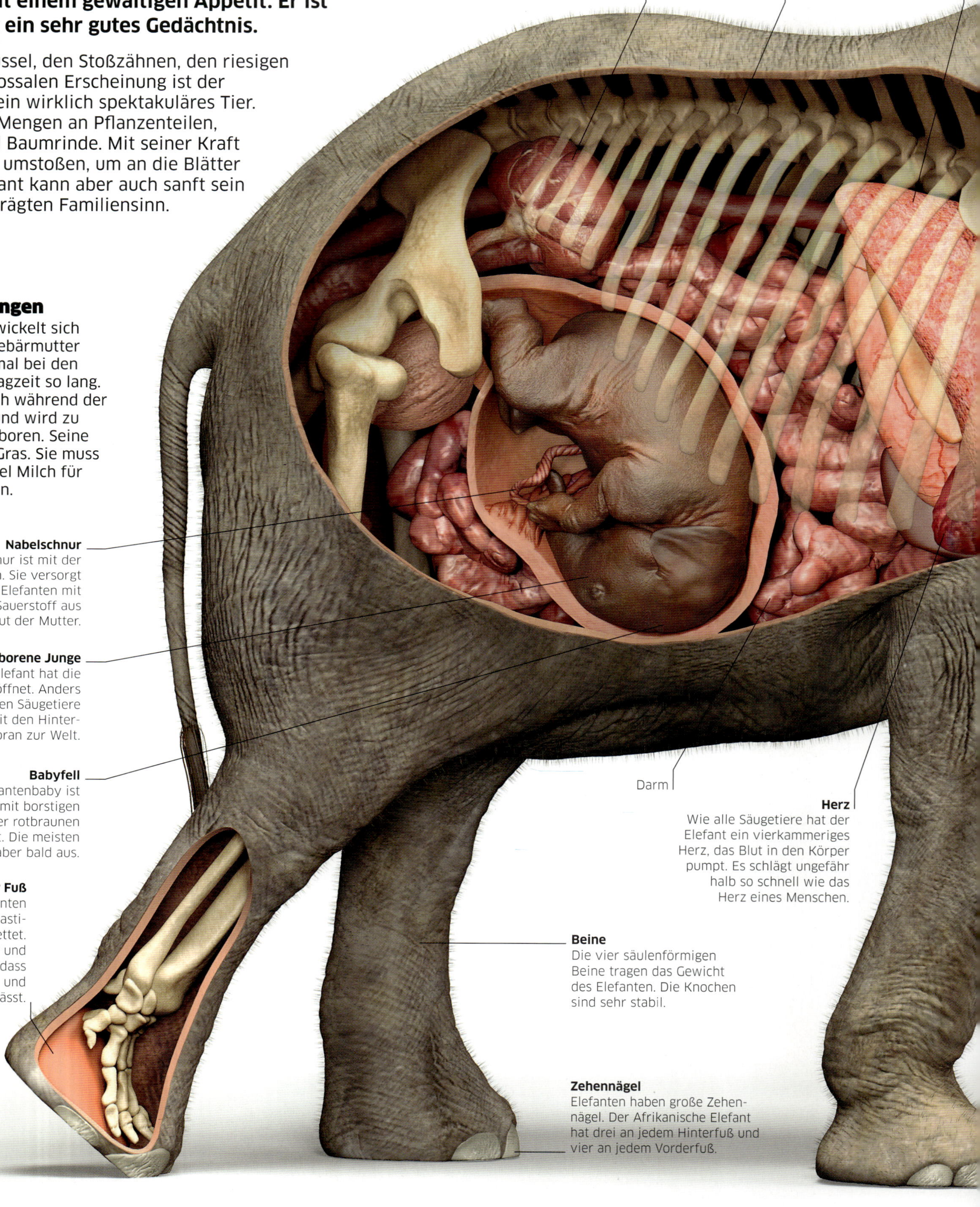

18 Stunden pro Tag verbringt ein Elefant mit der Nahrungsaufnahme.

Wenn ein Elefant durch einen tiefen Fluss watet, hält er seinen Rüssel hoch und kann mit ihm atmen wie mit einem Schnorchel.

Die Rüsselspitze ist so empfindlich wie unsere Fingerkuppen. Sie wird auch zum Tasten eingesetzt.

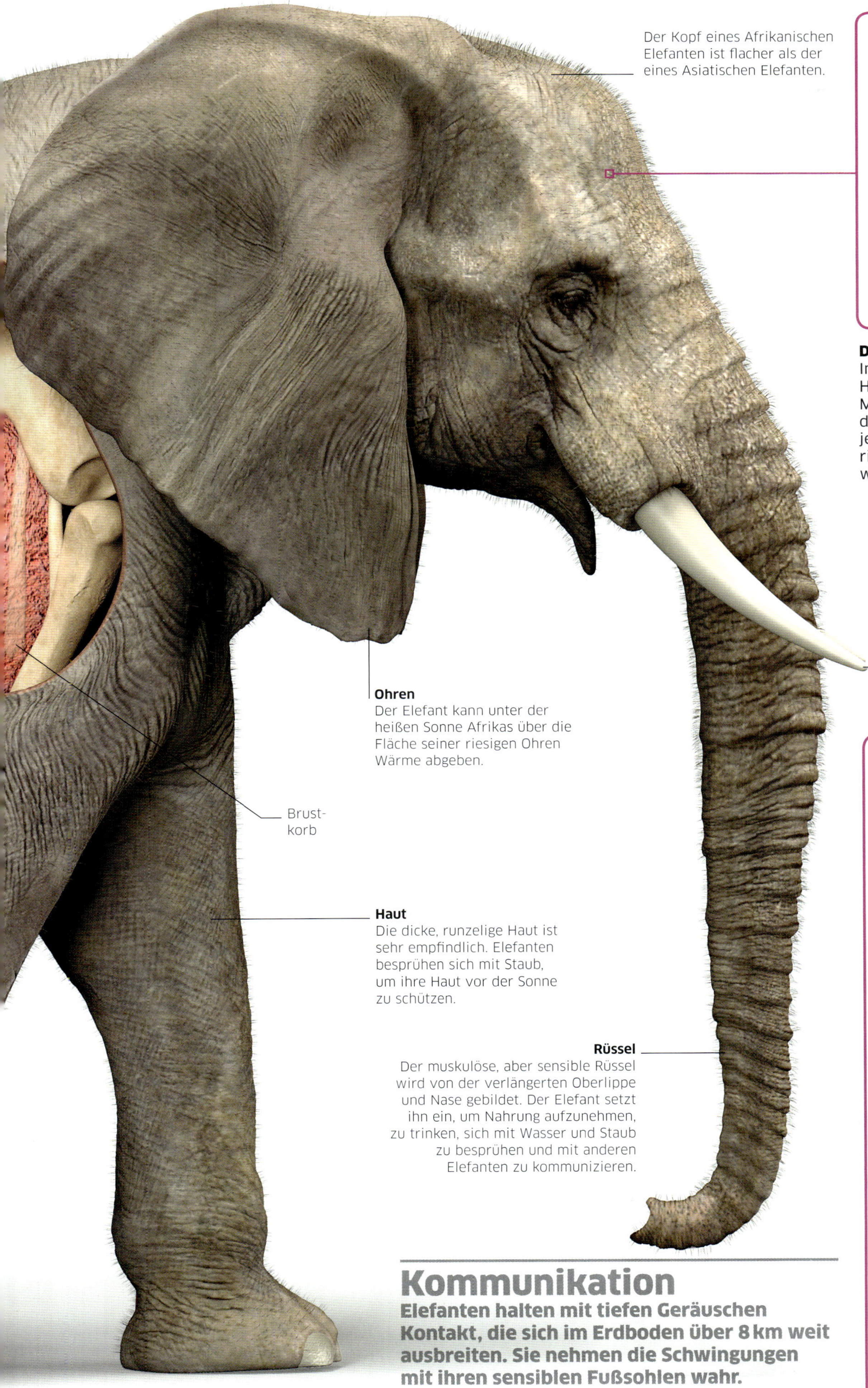

Der Kopf eines Afrikanischen Elefanten ist flacher als der eines Asiatischen Elefanten.

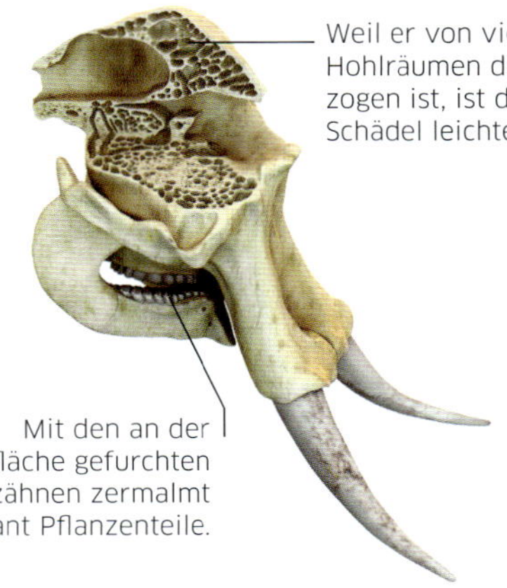

Weil er von vielen Hohlräumen durchzogen ist, ist der Schädel leichter.

Mit den an der Oberfläche gefurchten Backenzähnen zermalmt der Elefant Pflanzenteile.

Der Schädel und die Zähne
In den Schädelknochen befinden sich viele Hohlräume, sodass der Schädel nicht so schwer ist. Mit den Zähnen macht er trotzdem fast ein Viertel des gesamten Gewichts des Elefanten aus. Auf jeder Seite eines Kiefers hat der Elefant nur einen riesigen Backenzahn. Wenn sie abgenutzt sind, werden sie durch neue ersetzt.

Stoßzähne
Die Stoßzähne sind verlängerte Schneidezähne, mit denen der Elefant Rinde von Bäumen streift, essbare Wurzeln ausgräbt und sich verteidigt. Weil das Elfenbein sehr wertvoll ist, töten Wilderer viele Elefanten.

Ohren
Der Elefant kann unter der heißen Sonne Afrikas über die Fläche seiner riesigen Ohren Wärme abgeben.

Brustkorb

Haut
Die dicke, runzelige Haut ist sehr empfindlich. Elefanten besprühen sich mit Staub, um ihre Haut vor der Sonne zu schützen.

Rüssel
Der muskulöse, aber sensible Rüssel wird von der verlängerten Oberlippe und Nase gebildet. Der Elefant setzt ihn ein, um Nahrung aufzunehmen, zu trinken, sich mit Wasser und Staub zu besprühen und mit anderen Elefanten zu kommunizieren.

Steckbrief

Höhe	Bis zu 4 m
Gewicht	10 Tonnen
Lebenserwartung	70 Jahre
Lebensraum	Afrikanische Savanne
Nahrung	Pflanzen
Bedrohung	Gefährdet

Eine Elefantenfamilie

Elefantenkühe und ihre Jungen leben in Familiengruppen, die von einer alten Leitkuh angeführt werden. Sie hat viel Erfahrung und weiß, wo Nahrung und Wasser zu finden sind. Die Tiere haben eine enge Bindung zueinander und berühren sich oft mit dem Rüssel. Wenn junge Bullen heranwachsen, verlassen sie die Familie und bilden Junggesellengruppen.

Kommunikation

Elefanten halten mit tiefen Geräuschen Kontakt, die sich im Erdboden über 8 km weit ausbreiten. Sie nehmen die Schwingungen mit ihren sensiblen Fußsohlen wahr.

LEBEN DER TIERE

Tiere haben bestimmte Merkmale, die andere Lebewesen wie Pflanzen und Pilze nicht aufweisen: Tiere bewegen sich fort. Die meisten halten nach Nahrung Ausschau, kommunizieren miteinander und zeigen ein kompliziertes Verhalten, wenn sie einen Partner suchen und sich fortpflanzen. Sie nehmen ihre Umwelt mit ihren Sinnen wahr und manche treffen ihre Entscheidungen auf der Grundlage von Erfahrungen.

INTELLIGENZ

Einer der großen Unterschiede zwischen Tieren und anderen Lebewesen ist, dass Tiere ein Nervensystem besitzen. Nerven übermitteln Botschaften im Körper, sodass das Tier sofort auf seine Umgebung reagieren kann. Einfache Tiere wie Quallen und Muscheln zeigen nur Reaktionen. Höher entwickelte Tiere besitzen ein Gehirn, das eine Ansammlung von Nervenzellen ist. Sie erinnern sich an gute und schlechte Erfahrungen. Aufgrund dieser Informationen entscheiden sie sich, wie sie sich verhalten. Dies ist die Grundlage der Intelligenz.

Instinktverhalten

Alle Tiere, auch wir Menschen, tun vieles instinktiv. Instinktverhalten ist angeborenes Verhalten, das man von den Eltern erbt und nicht erlernen muss. Eine junge Spinne kann z. B. ein Netz weben, obwohl ihr das niemand beigebracht hat. Sie tut dies instinktiv. Bei vielen Tieren sind 90 % des Verhaltens Instinktverhalten.

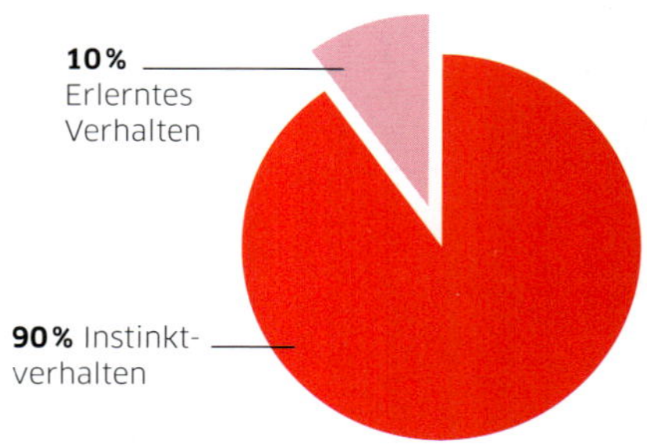

VERHALTEN UND INSTINKT

Delfine lernen schnell
Das Gehirn eines Delfins ist größer als das eines Menschen. Delfine sind beliebte Tiere, die sehr schnell lernen. Einigen hat man sogar eine Art Zeichensprache beigebracht.

Gedächtnis und Lernen

Das Gehirn eines Insekts ist eine winzige Ansammlung von Nervenzellen, aber auch ein Insekt kann sich erinnern. Eine Honigbiene erinnert sich, wo die nektarreichsten Blüten zu finden sind, und gibt diese Information an andere Bienen weiter. Tendenziell gilt: Je größer das Gehirn eines Tiers ist, desto mehr kann es im Gedächtnis behalten. Es erinnert sich an seine Erfahrungen und berücksichtigt sie bei seinem Verhalten, statt nur instinktiv zu reagieren. Einige Tiere können erstaunlich gut denken und lernen.

Lernen durch Nachahmen

Manche intelligenten Tiere können neue Fähigkeiten erlernen und sie an andere weitergeben. Diese Tiere lernen durch Nachahmung. Oft bringen Mütter ihren Jungen auf diese Weise etwas bei. Manche Tiere, die in Gruppen leben, beobachten ein besonders schlaues Gruppenmitglied und ahmen sein Verhalten nach. Schimpansen lernen auf diese Weise, wie man Werkzeuge herstellt. Sie streifen Blätter von Zweigen und benutzen sie dann, um Insekten aus ihren Nestern zu angeln.

Affen im Schnee
In verschneiten Gebirgen in Japan baden Japanmakaken in heißen Quellen, um sich aufzuwärmen. Ein Weibchen hatte diese Idee 1963 zum ersten Mal.

IN EINEM FORSCHUNGSZENTRUM AUF HAWAII HAT MAN EINEM DELFIN **ZEICHENSPRACHE** BEIGEBRACHT: ER LERNTE ÜBER **60 WÖRTER** UND VERSTEHT MEHR ALS **2000 SÄTZE.**

FORTBEWEGUNG

Tiere sind immer in Bewegung. Einige lassen sich zwar an einer Stelle nieder und bewegen nur einige Körperteile, die meisten können jedoch schwimmen, laufen, rennen oder fliegen, um Nahrung, Partner oder Brutplätze zu finden. Manche streifen recht zufällig umher, andere haben ein genaues Ziel. Manche dieser Tiere verteidigen Reviere und kennen jeden Felsen, Baum und Unterschlupf. Andere haben einen guten Orientierungssinn und ziehen regelmäßig weite Strecken.

Wie sich Tiere orientieren

Zugvögel fliegen zweimal im Jahr weite Strecken, während Wale und Meeresschildkröten riesige Ozeane durchqueren, um alljährlich zum selben Ort zurückzukehren. Vögel orientieren sich u. a. an Landmarken. Wale scheinen den Weg genau zu kennen, wenn sie Ozeane durchschwimmen. Tiere, die wandern, folgen nicht blind ihren Instinkten. Zugvögel z. B. brechen nicht auf, solange das Wetter ungünstig ist.

Navigation
Vögel nutzen eine Kombination von Anhaltspunkten zur Orientierung wie den Stand der Sonne und der Sterne, das Magnetfeld der Erde und Landmarken wie Küstenlinien oder Gebirgszüge.

Sonne und Sterne
Es gibt Hinweise darauf, dass Vögel sich am Stand der Sonne und nachts am Sternenhimmel orientieren.

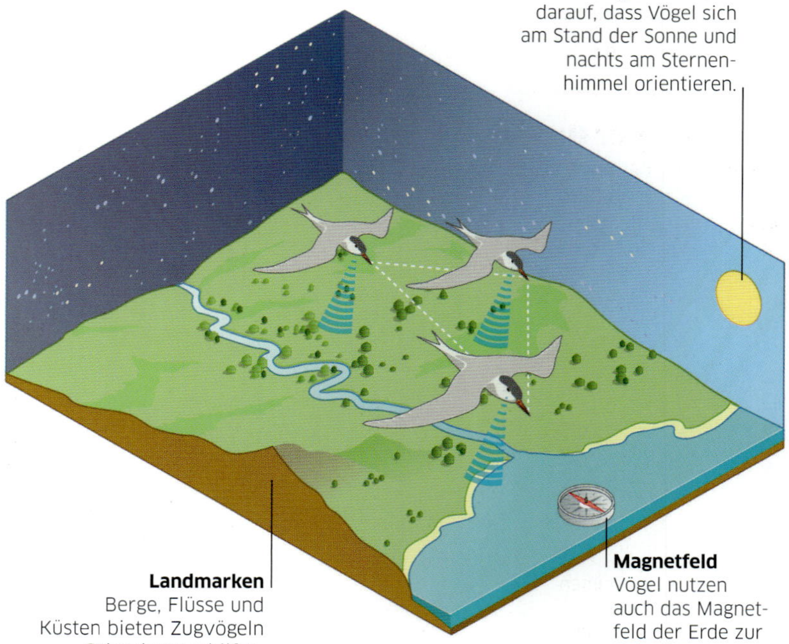

Landmarken
Berge, Flüsse und Küsten bieten Zugvögeln Orientierungshilfen.

Magnetfeld
Vögel nutzen auch das Magnetfeld der Erde zur Orientierung.

GEMEINSAM

Manche Tiere sind Einzelgänger, die meisten leben jedoch mit Artgenossen in Gruppen zusammen. Einige bilden sogar Lebensgemeinschaften mit anderen Tierarten oder sogar völlig anderen Lebewesen. Oft sind solche Gemeinschaften vorteilhaft für beide Partner. Deshalb können diese Tiere an Orten leben, wo die Nahrung oder andere Ressourcen knapp sind.

Partnerschaften

WERTVOLLER DIENST
Putzerlippfische, die an Korallenriffen leben, befreien andere Fische von Parasiten. Oft sind die anderen Fische so groß, dass sie die Putzerlippfische fressen könnten, aber sie tun es nicht, weil ihre Partner ihnen nützlich sind.

NÄHRSTOFFPRODUZENTEN
In den Geweben vieler Korallen leben Algen, die mithilfe der Energie des Sonnenlichts Nährstoffe herstellen. Die Korallen nehmen einen Teil dieser Nährstoffe auf und könnten ohne sie nicht überleben.

BLATTLAUSFARMEN
Blattläuse sondern eine zuckerhaltige Flüssigkeit ab, den Honigtau. Manche Ameisen ernähren sich von Honigtau und halten sich Blattläuse so ähnlich, wie wir Milchkühe halten. Sie verteidigen sie vor Fressfeinden und bekommen im Gegenzug den süßen Saft.

HONIGANZEIGER UND HONIGDACHS
Die afrikanischen Vögel führen Honigdachse zu den Nestern von Wildbienen, indem sie laut rufen. Der Dachs gräbt das Nest aus. Er frisst den Bienenhonig und der Vogel verspeist die Bienenlarven.

IN DEN MÄGEN SEHR VIELER GRÖSSERER TIERE LEBEN UNZÄHLIGE **MIKROBEN.** SIE TRAGEN DAZU BEI DIE NAHRUNG ZU VERDAUEN.

BALZVERHALTEN

Damit eine Tierart nicht ausstirbt, müssen die einzelnen Tiere sich fortpflanzen. Viele Tiere zeigen ein kompliziertes Balzverhalten. Oft versuchen die Männchen die Weibchen zu beeindrucken. Männliche Chamäleons z. B. färben sich auffällig bunt, wenn sie balzen. Manchmal balzt das Paar gemeinsam wie Skorpione, die sich an den Scheren festhalten und im Sand „tanzen“. Auch Molche tanzen im Wasser.

Rufe und Gesänge

Geräusche spielen bei der Balz eine wichtige Rolle, vor allem in Wäldern, wo sich die Tiere im dichten Blätterdach nicht sehen können. Vogelmännchen und Baumfrösche lassen ihre Gesänge und Rufe erklingen, um Weibchen anzulocken und Rivalen zu vertreiben. Die Weibchen paaren sich meistens mit den besten Sängern, denn sie sind mit großer Wahrscheinlichkeit auch am gesündesten.

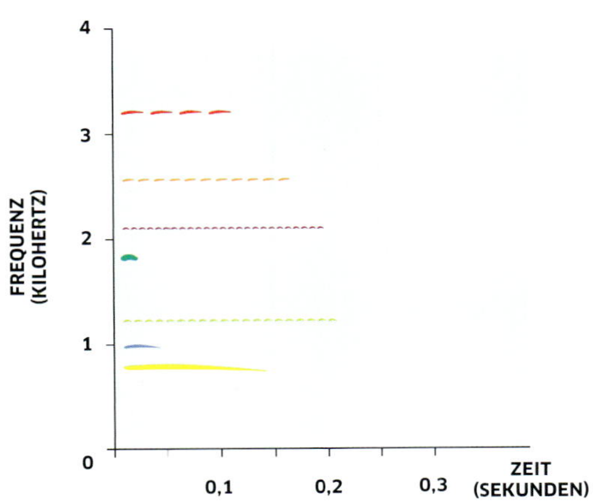

Typische Gesänge
In Australien singen Froschmännchen oft im Chor. Jede Art hat einen eigenen Gesang, sodass Weibchen die richtigen Männchen erkennen.

Balztanz der Haubentaucher

Vögel balzen am auffälligsten. Auf europäischen Seen kann man Haubentaucher-Pärchen beim Balztanz beobachten. Das Balzverhalten hat eine genaue Abfolge, und beide Partner müssen perfekt aufeinander abgestimmt sein. Wenn es klappt, zieht das Paar gemeinsam Junge groß.

Kopfschütteln
Beide Vögel schwimmen Brust an Brust und schütteln die Köpfe mit den aufgestellten Hauben.

Nach Algen tauchen
Beide Vögel tauchen ab und bringen Algen in den Schnäbeln zur Wasseroberfläche.

Hochzeitsgeschenke
Dann paddeln sie schnell mit den Hinterbeinen, richten sich auf und bieten sich die Geschenke an.

BRUTPFLEGE

Viele Tiere, darunter die meisten Fische, legen Hunderte oder sogar Tausende von Eiern, denn die meisten Jungen überleben nicht, bis sie erwachsen sind. Andere Tiere bringen nur wenige Junge zur Welt und kümmern sich längere Zeit um sie, sodass sie mit größerer Wahrscheinlichkeit überleben. Die Eltern verteidigen ihre Jungen und füttern sie oder zeigen ihnen, wie man Nahrung findet. Einige Tiere kümmern sich mehrere Monate oder sogar jahrelang und bringen ihren Jungen alles Überlebenswichtige bei.

Auf sich gestellt

Die Raupe des tropischen Blauen Morpho ist soeben geschlüpft. Die Mutter hat das Ei auf der richtigen Futterpflanze abgelegt, aber abgesehen davon muss die kleine Raupe für sich selbst sorgen. Sie ist auf ihre Instinkte angewiesen. Giftige Stoffe im Körper schützen sie vor hungrigen Vögeln. Viele Raupen überleben aber nicht so lange, bis sie sich in Schmetterlinge verwandeln können.

Ganz vorsichtig

Eine Krokodilmutter bewacht fast drei Monate lang ihr Nest, bis die Jungen aus den Eiern schlüpfen. Sobald sie das erste Junge im Ei quietschen hört, gräbt sie alle Eier aus, damit die Jungen gut schlüpfen können. Sie trägt die Kleinen ganz vorsichtig im Maul zum Wasser. Hier bewacht sie sie mehrere Monate lang, während sie lernen kleine Tiere zu jagen.

Lange Kindheit

Ein junger Wolf wächst in seinem Rudel heran. Zunächst kümmert sich seine Mutter um ihn und säugt ihn mit Milch. Später überlassen die anderen Wölfe ihm Fleisch und er lernt es zu fressen. Wenn er alt genug ist, jagt er selbst mit dem Rudel. Er ahmt nach, was die älteren Wölfe tun, und lernt alles, was er zum Überleben braucht.

1 einzige Eiche ist der Lebensraum erstaunlich vieler Tierarten. Hunderte von Arten leben am Stamm und in der Krone.

Lebensräume

Tiere, Pflanzen und alle anderen Lebewesen sind an das Leben in ihrer natürlichen Umgebung angepasst – ihren Lebensraum.

Jedes Lebewesen kommt in einem bestimmten Lebensraum vor, den es mit anderen Lebewesen teilt. Alle Arten stehen in Wechselbeziehungen zu anderen Arten und zu ihrer natürlichen Umwelt. Dabei entsteht ein Netz aus Beziehungen, das man als Ökosystem bezeichnet. Einige Ökosysteme sind sehr klein. Andere wie Regenwälder oder Wüsten können riesige Flächen bedecken. Die größten Lebensräume nennt man auch Biome.

Sukzession

Ein Ökosystem verändert sich ständig. Verschiedene Lebewesen dringen ein und vertreiben manche der Arten, die zuvor dort gelebt haben. Diesen Prozess nennt man Sukzession. Ein Stück blanker Erdboden z. B. wird zuerst von niedrigen Pflanzen besiedelt. Bald siedeln sich größere Pflanzen und dann kleine Büsche an. Schließlich wachsen Bäume, die einen Wald bilden. Wenn die Bäume bei einer Katastrophe zerstört werden, beginnt dieser Prozess von Neuem.

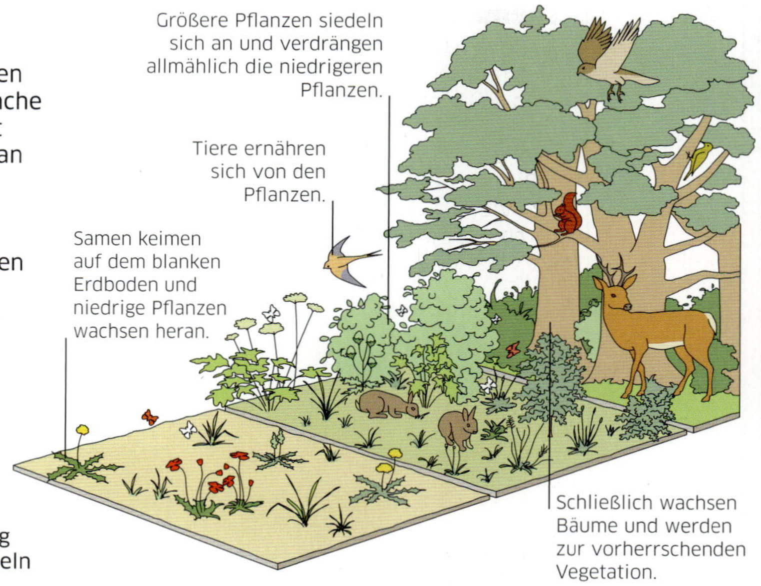

Ständige Veränderungen
Oft findet man verschiedene Stadien der Sukzession gleichzeitig in einem Lebensraum. Hier besiedeln Pflanzen eine Waldlichtung.

Ökosysteme

Alle Tiere, Pflanzen, Pilze und Mikroben sind auf andere Lebewesen angewiesen, um überleben zu können. Die Mitglieder der Lebensgemeinschaften stellen Nahrung, Pflanzennährstoffe, Rückzugsmöglichkeiten und auch den lebenswichtigen Sauerstoff bereit. Das Klima beeinflusst in allen Ökosystemen, welche Pflanzen im Gebiet wachsen. In der Wüste gedeihen z. B. Kakteen und in tropischen Regenwäldern herrschen Bäume vor, die völlig anders aussehen. Die Tiere dieser beiden Lebensräume sind ebenfalls völlig unterschiedlich. Auch das Gestein in der Gegend ist von Bedeutung, denn von ihm hängt es ab, welche Mineralien im Boden und im Wasser der Bäche, Seen und Flüsse gelöst sind. In mineralienreichem Wasser leben sehr viele Algen und Wasserpflanzen. Sie sind die Nahrung von kleinen Tieren, von denen sich wiederum Fische und andere größere Tieren ernähren.

Ein Süßwasser-Ökosystem
Ein Teich ist ein kleines Ökosystem. Von den Pflanzen und Algen im Wasser ernähren sich Tiere. Diese stellen den Pflanzen im Gegenzug wieder Nährstoffe zur Verfügung.

Wasserpflanzen
Pflanzen geben Sauerstoff ins Wasser ab. Sie treiben an der Oberfläche oder wachsen im seichten Wasser.

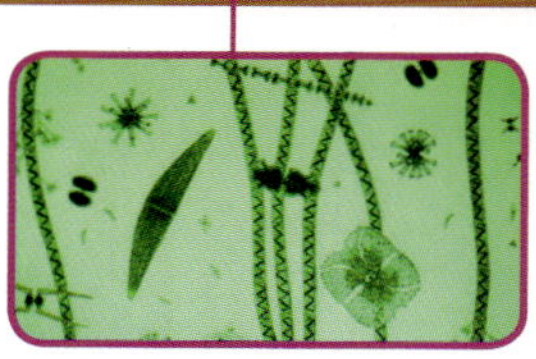

Kleine Lebewesen
Im Wasser des Teichs leben viele winzige Algen und kleine Tiere. Sie sind die Nahrung von größeren Tieren.

Graureiher
Jäger wie Reiher erbeuten Fische und Frösche. Ein Reiher besucht mehrere Teiche. Kein Ökosystem ist isoliert.

Die Everglades
im südlichen Florida (USA) bilden das größte Süßwasser-Ökosystem der Erde.

Großlebensräume auf dem Festland

Je nach Klima bilden sich auf dem Festland unterschiedliche Lebensräume aus. In warmen, feuchten Regionen wachsen z. B. üppige Wälder, während sich in heißen, trockenen Gegenden Wüsten ausdehnen. Dies sind nur zwei der Großlebensräume oder Biome der Erde. Jedes Biom besteht aus kleineren Lebensräumen. In vielen Gegenden hat sich ihr Charakter durch die menschlichen Aktivitäten stark verändert.

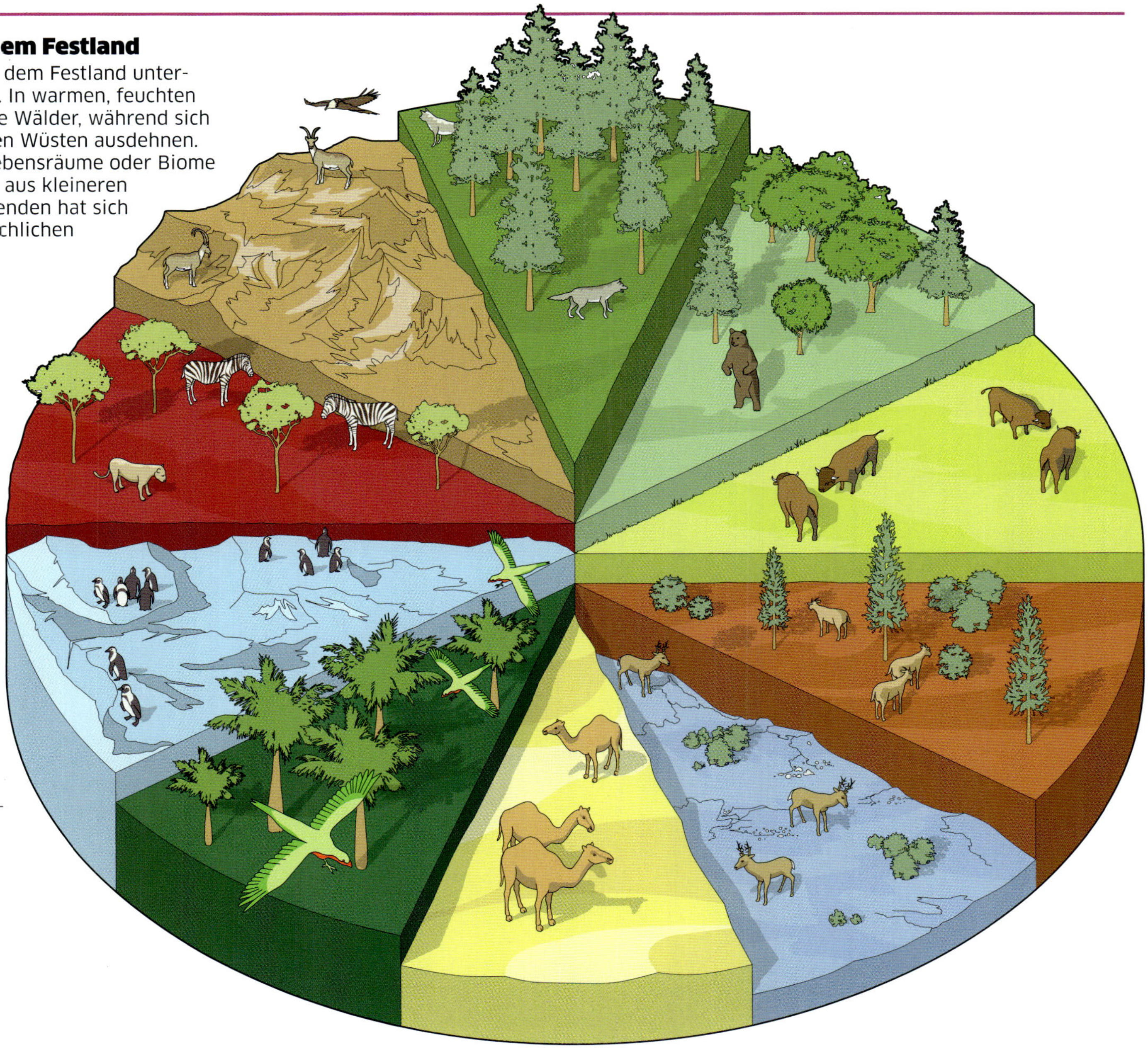

Legende

Nadelwälder
In Skandinavien, Russland, Alaska und Kanada sind riesige Gebiete mit Nadelwald bedeckt. Hier leben Elche, Biber und Wölfe.

Gebirge
Auf hohen Bergen herrscht arktisches Klima. Es wachsen nur wenige Pflanzen. Die Tiere müssen in einem gefährlichen Lebensraum zurechtkommen.

Savannen
In diesen tropischen Grasländern mit Trocken- und Regenzeiten leben Weidetiere in riesigen Herden und große Raubtiere.

Polargebiete
Das Meereis ist ein Rückzugsgebiet für Tiere, die im Meer jagen. Auf den Eisschilden, die Land bedecken, leben wenige Tiere.

Tropische Regenwälder
Diese immergrünen Wälder, die in der Nähe des Äquators wachsen, sind die artenreichsten Lebensräume.

Wüsten
Manche Wüsten sind karge Landschaften. In vielen leben aber Pflanzen und Tiere, die an die Trockenheit angepasst sind.

Tundra
In der Tundra südlich der Polargebiete taut der Boden im Sommer nur an der Oberfläche auf. Dann finden sich Rentiere und Vögel ein.

Mittelmeerregion
In trockenen Gegenden wie um das Mittelmeer wachsen Pflanzen, die die Trockenheit vertragen. Hier leben unzählige Insekten.

Grasländer
In Grasländern, wo es im Sommer heiß und im Winter kalt ist, weiden Antilopen, Bisons und andere Pflanzenfresser.

Sommergrüne Wälder
In kühlen, feuchten Gegenden werfen die Bäume im Winter ihr Laub ab. Im Lauf der Jahreszeiten leben hier unterschiedliche Tiere.

Wasserlebensräume

Den größten Großlebensraum bilden die Ozeane. Sie bedecken fast drei Viertel der Erdoberfläche. Es gibt viele unterschiedliche Lebensräume im Meer, von tropischen Korallenriffen bis hin zu den Polarmeeren und der dunklen Tiefsee. In Süßgewässern wie in Flüssen, Seen und Sümpfen kommen viele Tiere und Pflanzen vor.

In den Ozeanen leben die größten Tiere der Erde und unzählige andere faszinierende Arten.

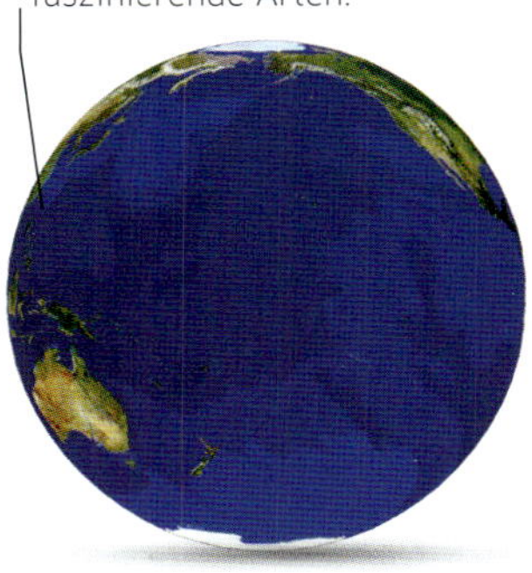

Lebensraumzerstörung

Die größte Bedrohung für die Tier- und Pflanzenarten ist der Verlust ihrer natürlichen Lebensräume. Die meisten Lebewesen haben sich an ein bestimmtes Ökosystem angepasst und können nicht überleben, wenn es zerstört wird. Dies ist der Hauptgrund, warum viele Tierarten selten werden.

Abholzung
Jeden Tag werden riesige Waldgebiete gerodet. Oft wandelt man die Flächen dann in Agrarland um.

Die **Sonora-Wüste** gehört zu den **artenreichsten Wüsten** der Erde. Hier trifft man sehr **viele Tier- und Pflanzenarten** an.

Amerikanische Wüste

In den Wüsten im Südwesten der USA und in Mexiko kommen Pflanzen- und Tierarten vor, die an das heiße, trockene Klima angepasst sind.

Wüsten sind die trockensten Regionen der Erde. In manchen ist es heiß, in anderen sehr kalt. In manchen Wüsten fällt oft viele Jahre lang überhaupt kein Regen. Das Klima der nordamerikanischen Wüsten ist jedoch nicht so extrem. In der Sonora-Wüste beispielsweise regnet es regelmäßig, wenn auch nicht viel. Kakteen und andere Pflanzen nehmen das Regenwasser auf. Sie sind die Nahrung von Pflanzenfressern wie Kängururatten, Erdhörnchen und Eselhasen. Diese kleinen Tiere werden von Klapperschlangen, Eulen und Kojoten erbeutet.

Viele Räuber in der Wüste sind sehr giftig. Das Gift hilft ihnen die Beute zu überwältigen.

Das Leben in der Wüste

Am frühen Morgen, wenn es noch kühl ist, sind in der Sonora-Wüste viele Tiere unterwegs, die nach essbaren Pflanzen oder Samen suchen oder nach Beute Ausschau halten. Viele sind auch in der Nacht aktiv. Dank ihrer Sinne finden sie sich in der Dunkelheit zurecht. Wenn es während des Tags sehr heiß wird, müssen sie sich in unterirdische Baue zurückziehen.

Virginia-Uhu
Der kräftige Uhu erbeutet vor allem kleine Säugetiere. Er kann einen Eselhasen töten und verspeisen.

Kojote
Der Kojote ist nicht wählerisch. Er frisst Früchte und Insekten, erbeutet aber auch größere Tiere.

Wüstenstrauch
Die Blätter dieses Strauchs sind behaart, sodass das Wasser in der Pflanze kaum an den Blattoberflächen verdunstet.

Nest eines Virginia-Uhus
Ein Saguaro ist ein guter Nistplatz, denn seine Dornen schrecken Tiere ab, die die Eier oder die hilflosen Jungvögel rauben könnten.

Warzenkaktus
Die Dornen dieses fassförmigen Kaktus sind gekrümmt wie Haken. Aus den leuchtend rosa Blüten entwickeln sich rote Früchte.

Riesenskolopender
Dieser Hundertfüßer, der etwa 20 cm lang wird, hat viele Beinpaare. Er kann Eidechsen und kleine Säugetiere mit Gift töten.

Monroes Kugelmalve
Die ersten Blüten des robusten Wüstenstrauchs öffnen sich im Frühjahr. Oft blüht er mehrere Monate lang.

Halsbandleguan
Nachts jagen diese flinken Reptilien Insekten und andere kleine Tiere. Manchmal laufen sie auf ihren Hinterbeinen.

Ocotillo

Texas-Klapperschlange
Mit wärmeempfindlichen Grubenorganen an der Schnauze kann diese Giftschlange Säugetiere in der Nacht und in ihren dunklen Bauen aufspüren.

Kängururatte
Mit seinen langen Hinterbeinen kann dieser Samenfresser hervorragend springen. Bei der Nahrungssuche streift er weit umher.

Große Wüsten auf der Erde

Die meisten Wüsten befinden sich nördlich und südlich des Äquators in Regionen, wo trockene Luftmassen absinken, sodass sich keine Wolken bilden können. Deshalb regnet es hier sehr selten. Die Wüsten in Zentralasien sind weit vom Meer entfernt, deshalb ist es kühler. Die kälteste Wüste der Erde befindet sich im Zentrum der Antarktis.

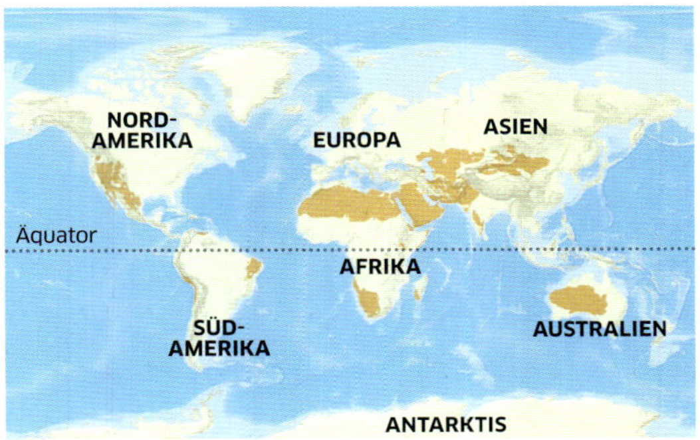

Tarantulafalke
Diese große Wespe erbeutet Vogelspinnen und andere Spinnen. Sie spritzt ihrem Opfer mit ihrem Stachel Gift ein, sodass es gelähmt ist. Dann zerrt sie die hilflose Spinne in ihren Bau und legt ein Ei auf ihr ab. Aus dem Ei schlüpft eine Larve, die sich vom Körper der Spinne ernährt.

Amazonas-Regenwald

Im Amazonas-Regenwald ist es warm und feucht. Hier leben unzählige Tiere und Pflanzen. Dieser Regenwald ist einer der artenreichsten Lebensräume der Erde.

Der Amazonas-Regenwald ist nach dem gewaltigen Amazonas benannt. Dieser Strom fließt durch das Gebiet. Der Regenwald bedeckt eine Fläche, die fast so groß wie Australien ist. Im warmen, feuchten Klima wachsen Pflanzen während des ganzen Jahrs, denn hier gibt es keine kalten Winter und keine Trockenzeiten. Immergrüne Bäume ragen hoch über den Waldboden auf und schaffen ein fast ununterbrochenes Blätterdach. Im üppigen Laub leben unzählige Insekten, Baumfrösche, Schlangen, Vögel und Affen.

Hoch in den Baumkronen

Die meisten Tiere der tropischen Regenwälder verbringen ihr Leben hoch über dem Waldboden in der Kronenregion. Sie fressen Blätter, Blüten und Früchte, die während des ganzen Jahrs wachsen, und erbeuten Insekten und andere Tiere. Auf dem schattigen Waldboden leben viel weniger Tiere. Große Raubkatzen streifen hier umher.

Blattschneiderameisen

Die winzigen Blattschneiderameisen leben in Kolonien aus bis zu 8 Mio. Insekten. Sie ernähren sich von bestimmten Pilzen, die sie in ihren unterirdischen Nestern auf einem Kompost aus zerkauten Blattstückchen züchten. Die Arbeiterinnen sammeln Blätter, die auf den Waldboden gefallen sind, und schneiden mit ihren scharfen Kiefern Stücke heraus. Dann transportieren sie die Blattstückchen in ihr Nest.

Gelbbrustara
Aras sind große Papageienvögel. In den Baumkronen verspeisen sie Früchte und Nüsse, die sie mit ihren kräftigen Schnäbeln knacken.

Harpyie
Die riesige Harpyie erbeutet mit ihren kräftigen Krallen Affen und Faultiere im Geäst der Bäume.

Brüllaffe
Die lauten Rufe dieser Affen schallen in der Dämmerung und bevor es regnet durch den Wald.

Baumsteigerfrosch
In den Baumkronen leben kleine Frösche. Ihre Haut sondert ein Gift ab. Die bunten Farben warnen Vögel vor dem tödlichen Gift. Die Kaulquappen vieler Arten entwickeln sich in den mit Wasser gefüllten Trichtern von Aufsitzerpflanzen, die hoch oben auf Ästen wachsen.

Dreifingerfaultier
Mit ihren langen, kräftigen Krallen hängen Faultiere an Ästen. Sie bewegen sich sehr langsam fort.

Grüne Hundskopfboa
Im Regenwald leben sogar die Schlangen in den Baumkronen. Diese kletternde Boa umschlingt ihr Opfer mit dem Körper und erwürgt es.

Jaguar
Die große Raubkatze streift auf der Suche nach Beute am Waldboden umher. Sie kann einen Kaiman mit einem Biss töten.

Lianen
Viele Pflanzen klettern an den Stämmen hoher Bäume dem Licht entgegen.

Kapokbaum
Der Kapokbaum hat mächtige Brettwurzeln und kann 60 m hoch werden. Er überragt die meisten anderen Bäume.

Grüner Leguan
Anders als die meisten Echsen sind Leguane Pflanzenfresser. In den Baumkronen verspeisen sie Blätter, Früchte und Blüten.

Tropische Regenwälder

Die tropischen Regenwälder befinden sich nahe des Äquators in Süd- und Zentralamerika, Zentralafrika, Südostasien, Neuguinea und Nordostaustralien. Hier ist es während des ganzen Jahrs warm. Weil sich in der aufsteigenden warmen Luft mächtige Wolken bilden, regnet es häufig und stark.

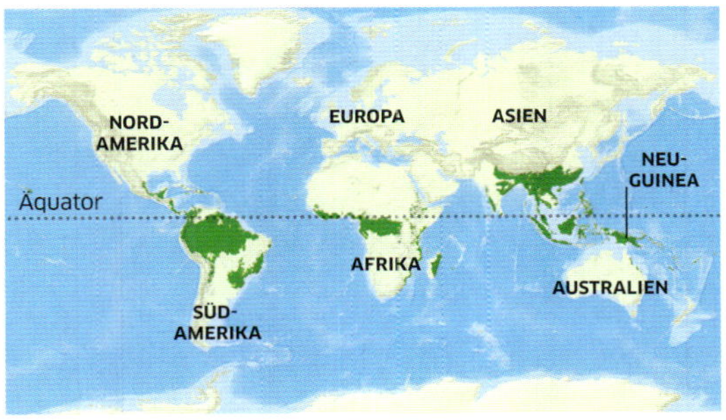

Die Kronenregion

Einen alten Regenwald kann man in mehrere Schichten einteilen. Einzelne Baumriesen ragen über die Kronenregion hinaus. Diese besteht aus niedrigeren Bäumen, die ein fast geschlossenes Blätterdach bilden. Darunter befindet sich die weniger dichte Strauchschicht. Am Waldboden ist es sehr schattig. Hier wachsen vor allem Kletterpflanzen, die an den Bäumen empor dem Licht entgegenklettern.

Legende

- Baumriesen
- Kronenregion
- Strauchschicht
- Waldboden

MINDESTENS DIE HÄLFTE ALLER TIER- UND PFLANZENARTEN LEBT IN TROPISCHEN REGENWÄLDERN.

In der afrikanischen Savanne lebt das größte Landtier, der Afrikanische Elefant, und auch das höchste Tier, die Giraffe.

Afrikanische Savanne

Die tropischen Grasländer Afrikas sind offene Landschaften mit Regen- und Trockenzeiten. Sie sind der Lebensraum vieler großer Säugetiere.

In den Tropen haben sich Grasländer dort ausgebreitet, wo so wenig Regen fällt, dass sich kein dichter Wald entwickeln konnte. Während der Hälfte des Jahrs ist es heiß und trocken. Oft kommt es zu Buschbränden. Dann beginnt die Regenzeit und die Gräser können wieder wachsen. Von ihnen ernähren sich riesige Tierherden, die über die weiten Ebenen ziehen. Sie sind die Beute von Raubtieren wie Löwen und Hyänen.

Pflanzenfresser und Raubtiere

Zu Beginn der Regenzeit füllen sich ausgetrocknete Tümpel mit Regenwasser. Sie locken durstige Tiere von weit her an. Unter ihnen sind Giraffen, die hoch in den Baumkronen Blätter fressen, und Huftiere wie Gnus und Gazellen. Raubtiere liegen auf der Lauer und hoffen auf leichte Beute.

Die Akazie ist auch deshalb schirmförmig, weil Giraffen die unteren Äste abgeknabbert haben.

Giraffen
Giraffen werden bis zu 6 m hoch und können Blätter in den Baumkronen abpflücken. Die Haut an den Lippen und der Zunge ist sehr dick, sodass die Akaziendornen nicht durchdringen.

Zwergmangusten
Diese Mangustenfamilie hat ihren Bau in einem alten Termitenhaufen angelegt. Die Raubtiere jagen während des Tags kleine Tiere.

Netzpython
Der Netzpython wird bis zu 7 m lang und ist die größte Schlange Afrikas. Er kann eine Gazelle überwältigen: Mit seinem kräftigen Körper umschlingt er das Opfer und erdrosselt es. Dann verschluckt er es im Ganzen.

Grant-Gazellen
Grant-Gazellen sind die wichtigste Beute vieler Raubtiere, aber sie sind sehr flink und wendig und können ihren Verfolgern oft entkommen.

Steppenzebras
Die hübsch gestreiften Zebras leben in Herden. Auf der Suche nach frischem Gras und Wasserlöchern streifen sie durch die Savanne. Jedes Zebra hat ein einzigartiges Streifenmuster.

Tropische Grasländer

Die tropischen Grasländer der Erde befinden sich in der Nähe des Äquators, meist nördlich und südlich der tropischen Regenwälder. In diesen heißen Regionen wechseln sich Trocken- und Regenzeiten ab. In Südamerika, Australien und Indien gibt es tropische Grasländer. Am größten und artenreichsten sind jedoch die afrikanischen Savannen.

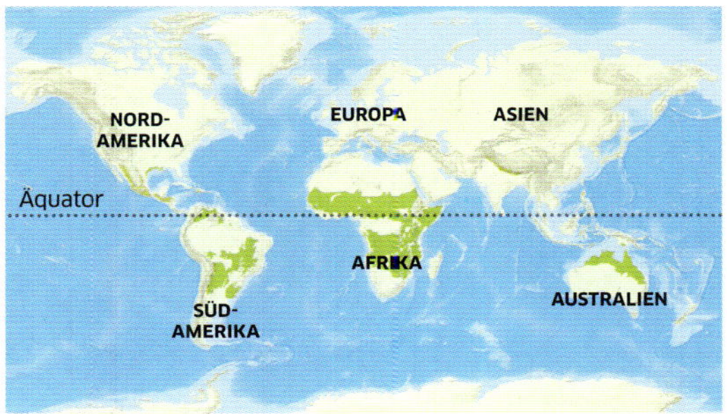

Flötenakazie
Hungrige Giraffen meiden diese Akazie, denn sie wird von einem Heer stechender Ameisen verteidigt. Sie leben in den dicken, hohlen Dornen. Durch Löcher gehen sie aus und ein. Diese Löcher pfeifen im Wind wie eine Flöte. Wenn ein Tier die Akazienblätter fressen will, schwärmen die Ameisen aus und greifen an.

Mistkäfer
All der Kot, den die Weidetiere in der Savanne hinterlassen, enthält jede Menge halb verdautes Gras. Mistkäfer verwerten es: Sie rollen den Mist zu Kugeln, die sie vergraben. Die Mistkugeln dienen ihnen und ihren Larven als Nahrung.

Manche der **Korallenriffe** sind Jahrtausende alt. Das **Große Barriereriff** gibt es seit **500000 Jahren.**

Tropische Korallenriffe

Korallenriffe findet man in Küstennähe von sauberen, seichten tropischen Meeren. Das Wasser muss wärmer als 18 °C sein. Die meisten Riffe gibt es im südwestlichen Pazifik und im Indischen Ozean.

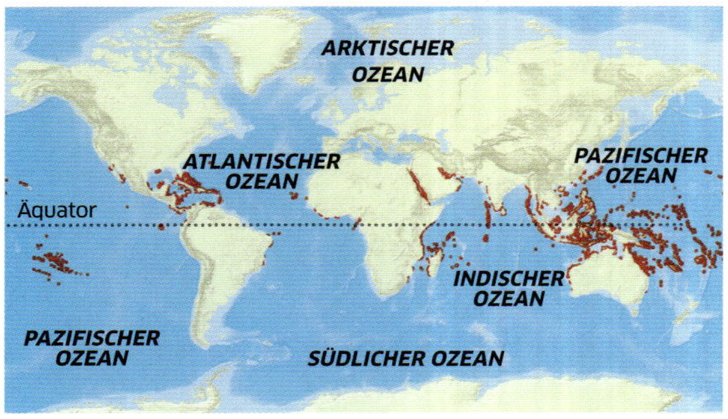

Ein Naturwunder

Das Große Barriereriff vor der Küste Nordostaustraliens ist mit 340000 km² das größte Korallenriff der Erde. Es ist ungefähr so groß wie Japan. Dieses Riffsystem besteht aus über 2900 einzelnen Riffen. Hier leben unglaublich viele verschiedene Meerestiere.

Delfine
30 Delfin- und Walarten leben in tieferen Bereichen.

Fische
Zwischen den Korallen leben über 1500 Fischarten.

Korallen
Das Riff besteht aus etwa 400 verschiedenen Korallenarten, die ein buntes, vielfältiges Ökosystem bilden.

Weichtiere
Etwa 4000 Arten von Weichtieren, vor allem Schnecken, Muscheln und Tintenfische, hat man am Riff gefunden.

Schildkröten
Sechs der sieben Meeresschildkrötenarten der Erde pflanzen sich an dem Riff fort.

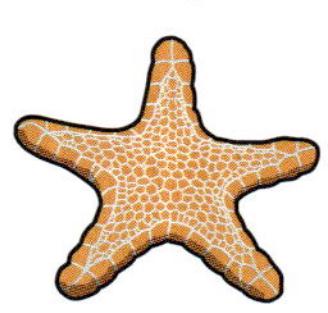

Stachelhäuter
An dem Riff leben etwa 600 Arten von Stachelhäutern wie Seesterne, Seeigel und Seegurken.

DAS GROSSE BARRIERERIFF IST VOM WELTRAUM AUS ZU SEHEN. ES IST DIE GRÖSSTE STRUKTUR, DIE VON LEBEWESEN GESCHAFFEN WURDE.

Seeanemonen und Anemonenfische
Seeanemonen fangen ihre Beute mit nesselnden Tentakeln. Viele Arten können mit ihrem Gift Fische töten. Trotzdem lebt der Anemonenfisch zwischen den Tentakeln bestimmter Seeanemonen, ohne Schaden zu nehmen. Wahrscheinlich ist das möglich, weil er eine schützende Schicht auf seiner Haut hat. Zwischen den Tentakeln ist er vor Fressfeinden sicher.

Korallenriff

Tropische Korallenriffe gehören zu den artenreichsten Lebensräumen im Meer. Hier wimmelt es vor farbenprächtigen Tieren.

Korallen sind Kolonien aus einfach gebauten Tieren. Die einzelnen Korallenpolypen sehen so ähnlich aus wie Seeanemonen. In warmen, seichten Meeren bilden die Korallen bunte Riffe. Sie nehmen Mineralien aus dem Meerwasser auf und scheiden Kalkskelette ab. Wenn die Korallen absterben, bleiben ihre harten Skelette erhalten und neue Korallen siedeln sich auf ihnen an. In Jahrhunderten entsteht auf diese Weise ein großes Riff.

Leben am Riff

In den Zellen riffbildender Korallen leben winzige Algen, die mithilfe der Energie des Sonnenlichts Nährstoffe herstellen. Auch die Korallen leben von diesen Nährstoffen. Sie fangen aber auch kleine Tiere, die im Wasser treiben. An den Riffen leben unzählige Fische und andere Lebewesen.

Fische am Riff
Kleine bunte Fische flitzen in Schwärmen durch das Riff. Die Nahrung ist knapp. Um Nahrungskonkurrenz zu vermeiden, hat jede Art eine andere Lebensweise. Deshalb haben sich sehr viele verschiedene Arten entwickelt. Jede ist speziell an ihre Lebensweise angepasst.

Tentakel-Drachenkopf
Dieser Riffbewohner lauert kleineren Fische auf, die in seine Reichweite schwimmen. Mit Giftstacheln am Rücken ist er selbst vor größeren Angreifern geschützt.

Tischkoralle
Tischkorallen gehören zu den größten Korallen. Jede ist eine Kolonie aus Hunderten kleiner Korallenpolypen, die mit der Energie des Sonnenlichts Nährstoffe herstellen.

Roter Seefächer
Auf den hornähnlichen, biegsamen Ästen dieser Koralle sitzen die winzigen Polypen, die mit ihren Tentakeln Nahrungsteilchen fangen.

Seewespe
Die Seewespe ist eines der giftigsten Meerestiere. Sie hat lange Tentakel, die sie hinter sich herschleppt. Auf jedem Tentakel sitzen Millionen giftiger Nesselzellen.

Riesenzackenbarsch
Dieser große, schwere Fisch ist einer der gefährlichsten Raubfische am Riff. Er verschluckt seine Beute im Ganzen. Manchmal erbeutet er sogar kleine Haie.

Meeresschnecke
Manche Meeresschnecken verspeisen Nesseltiere wie Seeanemonen und lagern deren giftige Nesselzellen in ihren eigenen Geweben ein. Auf diese Weise sind sie selbst geschützt.

Hirnkoralle
Wie alle riffbildenden Korallen ist die Hirnkoralle eine Kolonie vieler einzelner Tiere. Sie bilden gewundene Furchen, die an ein menschliches Gehirn erinnern. Jeder Polyp hat Tentakel, mit denen er kleine, im Wasser treibende Tiere fängt. Sie versorgen die Koralle mit Nährstoffen, die die Algen in ihren Geweben nicht herstellen können.

Tiere als Baumeister

Manche Tiere errichten erstaunlich komplizierte Nester oder Baue. Andere konstruieren geniale Fallen, mit denen sie ihre ahnungslose Beute überlisten.

Viele Tiere graben Baue in den Erdboden oder bauen Nester. Einige dieser Bauwerke sind wirklich verblüffend. Manche, wie die hohen Termitenhügel, werden von recht einfachen Tieren errichtet. Im Lauf von Jahrmillionen haben sie die Fähigkeit erworben, diese Strukturen instinktiv zu bauen. Andere, wie Biber und Vögel, haben ebenfalls den Instinkt zum Bauen geerbt, aber sie verbessern ihre Fertigkeiten durch Versuch und Irrtum und indem sie von Artgenossen lernen.

10 m – die Höhe eines großen Termitenhügels von den kühlen, dunklen Gängen und Kammern tief im Erdboden bis zur Spitze des Kamins

Termitenhügel

Die winzigen Termiten leben in Kolonien. Alle Insekten stammen von einer einzigen Termitenkönigin ab. Einige Termitenarten errichten Hügel, in denen sich eine Kammer für die Königin, Kinderstuben für die Larven und Pilzgärten befinden, in denen die Termiten ihre eigene Nahrung anbauen. Millionen blinder Arbeiter gehen nach einem instinktiven Plan vor. Dieser wird von einer Generation an die nächste vererbt.

Pilzgarten
Diese Termiten können Pflanzen nicht verdauen. Stattdessen zerkauen sie Holz zu einem Kompost, auf dem sie im Nest Pilze züchten, von denen sie sich ernähren.

Termitenkönigin
Die Königin ist viel größer als die blinden Arbeiter. Sie lebt gemeinsam mit dem kleineren König in einer eigenen Kammer. Die Königin legt jeden Tag mehrere Tausend Eier.

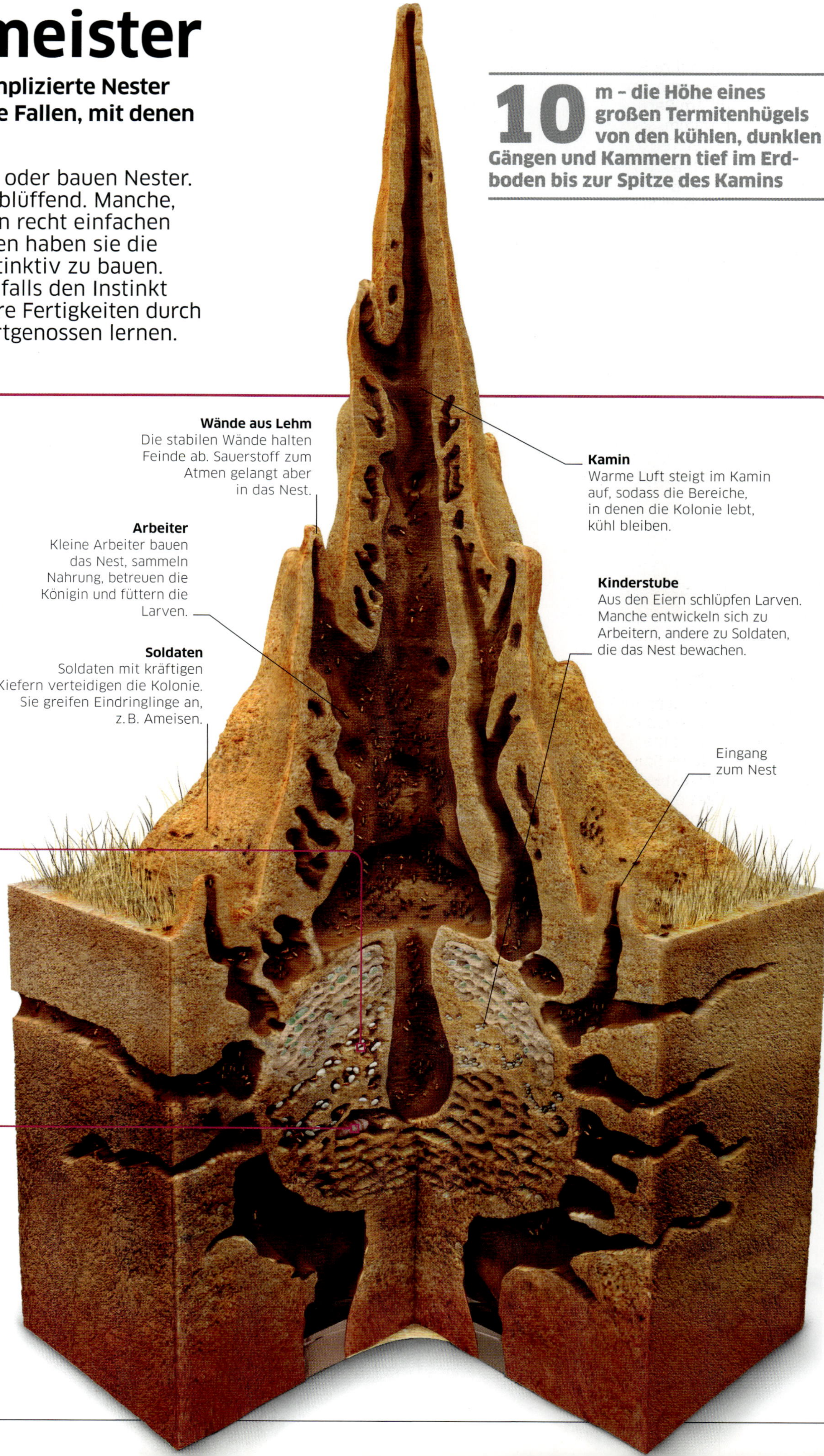

Biberburg

Biber errichten ihre Biberburg aus herbeigeschleppten Ästen. Im Innern befindet sich der Wohnkessel. Am Bach bauen die Nagetiere in der Nähe einen Damm, sodass sich ein Teich um die Burg bildet. Der Teich bietet Schutz vor Fressfeinden. Der Eingang zur Biberburg liegt unter dem Wasserspiegel. So kann kein Raubtier in den Wohnkessel gelangen.

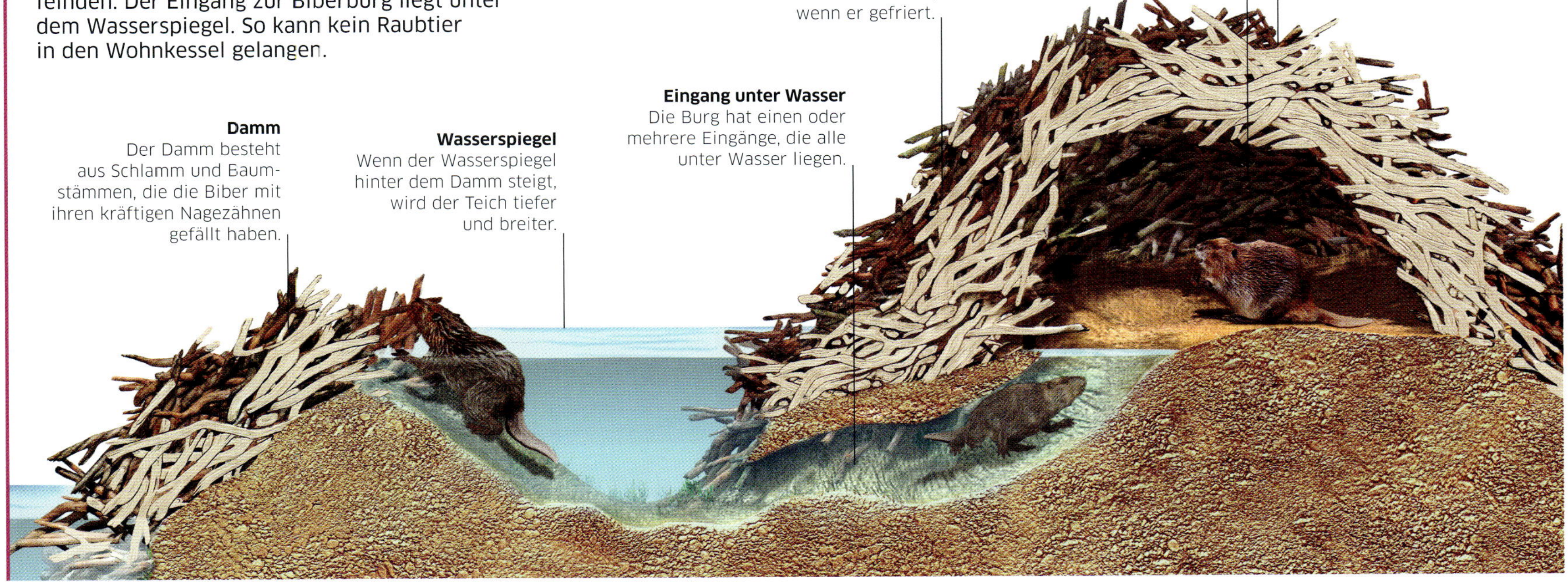

Spinnennetze

Viele Spinnen fangen ihre Beute mit Seide. Radnetzspinnen weben auffällige Netze. Eine frisch geschlüpfte kleine Spinne kann bereits ein perfektes Netz weben. Dies zeigt, dass es sich um ein angeborenes Instinktverhalten handelt. Die Spinne sondert mit ihren Spinndrüsen am Hinterleib zunächst einen stabilen Seidenfaden ab. Sie lässt ihn im Wind wehen, bis er irgendwo festklebt. Nun kann die Spinne ein Gerüst anlegen und ein spiraliges Netz weben, in dem sich dann Insekten verfangen.

1 Der Anfang
Die Spinne krabbelt über den ersten Faden und sondert einen zweiten ab, sodass er eine erste Schlaufe bildet.

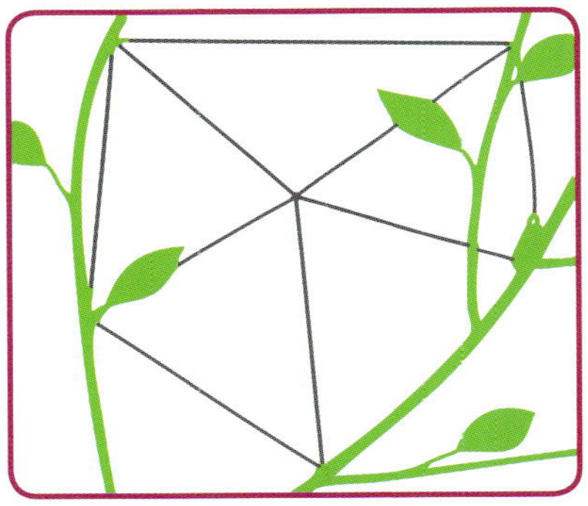

2 Ein erstes Gerüst
Die Spinne spinnt speichenförmig angeordnete Fäden, sodass ein stabiles Gerüst entsteht. Dann webt sie eine erste Spirale.

3 Das Radnetz
Die Spinne webt eine zweite Spirale aus klebriger Seide und entfernt dabei die erste Spirale. Nun ist das Netz fertig.

Kunstvolle Nester

Die Männchen der ostafrikanischen Gelbrückenweber verarbeiten viele Grashalme zu einem kugeligen Nest. Zunächst befestigt das Webervogelmännchen einen Ring aus Gras an einem Ast. Dann verwebt es immer mehr Grashalme, bis ein hohle Kugel entstanden ist. Unten bleibt ein Loch als Eingang frei.

GELBRÜCKENWEBER

Kleine Vögel attackieren oft größere Greifvögel in der Luft, um sie zu vertreiben, obwohl diese sie erbeuten könnten.

Räuber und Beute

Viele Tiere erbeuten und fressen andere Tiere. Diese Räuber sind an das Aufspüren, Fangen und Töten ihrer Beute angepasst. Die Beutetiere hingegen besitzen oft Fähigkeiten, mit denen sie ihren Feinden entkommen.

Das Jagen ist schwierig und oft gefährlich. Jäger haben spezielle Anpassungen, die ihre Erfolgschancen erhöhen. Mit ihren Sinnesorganen spüren sie die Beutetiere auf. Sie lauern ihren Opfern auf oder schleichen sich unbemerkt an. Die meisten Räuber sind schnell und kräftig und töten ihre Opfer mit scharfen Zähnen, Krallen oder Giftzähnen. Die Tiere, die gejagt werden, sind jedoch nicht wehrlos. Viele sind gut getarnt. Andere fliehen blitzschnell, verwirren den Angreifer oder setzen sich zur Wehr. Jäger und Beute stehen im Kampf ums Überleben in einem ständigen Wettstreit.

Fallen und Tricks

Der Beute aufzulauern oder sich an sie heranzuschleichen ist schwierig und erfordert viel Energie. Einige Giftschlangen vermeiden dies, indem sie Beutetiere in ihre Reichweite locken. Andere Räuber stellen Fallen: Spinnen z. B. weben Netze aus klebriger Seide. Manche Insekten graben Fallgruben und warten, bis ein Opfer hineinstürzt.

Eine Fallgrube
Ameisenlöwen graben Trichter in den Sand und lauern am Grund. Sie bewerfen Insekten, die sich nähern, mit Sandkörnern, sodass sie in den Trichter stürzen. Die Opfer fallen in die geöffneten Kiefer des Ameisenlöwen.

Gemeinschaftsjagd

Die meisten Tiere jagen allein. Einige jedoch arbeiten in der Gruppe zusammen. Sie überlisten ihre Beute und können auch Tiere überwältigen, die so groß sind, dass sie ein einzelner Jäger nicht töten könnte. Es sind ganz unterschiedliche Tiere, die gemeinsam jagen, z. B. Treiberameisen, Wölfe, Hyänen, Delfine und Schwertwale. Vor nicht allzu langer Zeit beobachteten Wissenschaftler, dass auch Schimpansen manchmal geschickt zusammenarbeiten, um kleinere Stummelaffen zu erbeuten.

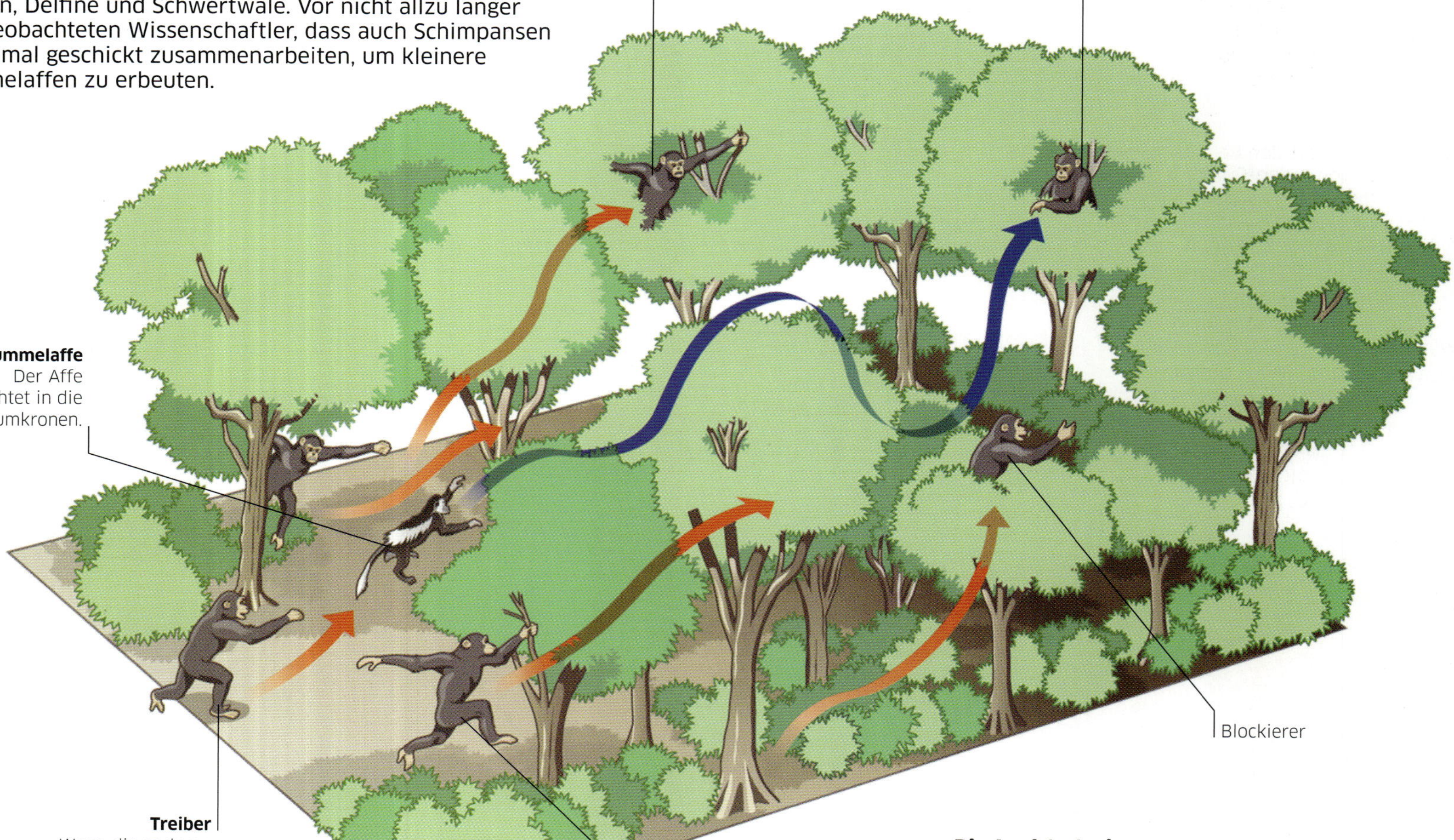

Die Jagdstrategie
Schimpansen jagen in den Wäldern des tropischen Afrika Stummelaffen. Sie klettern auf die Bäume und verbergen sich im Laub. Dann scheucht ein Schimpanse den Stummelaffen auf. Dieser versucht zu entkommen und wird in die Arme des Lauerjägers getrieben.

Räuber

Jäger, die im freien Gelände jagen, müssen ihre Beute erwischen. Dabei verbrauchen sie viel Energie. Die Jagdstrecke muss deshalb so kurz wie möglich sein. Viele nähern sich unbemerkt so weit wie möglich an, bevor sie angreifen. Die meisten greifen kleinere Tiere an, die sie leicht überwältigen können.

Schnelle Jäger
Alle diese Räuber sind sehr schnell. Sie greifen ihr Opfer überraschend an, sodass es kaum entkommen kann.

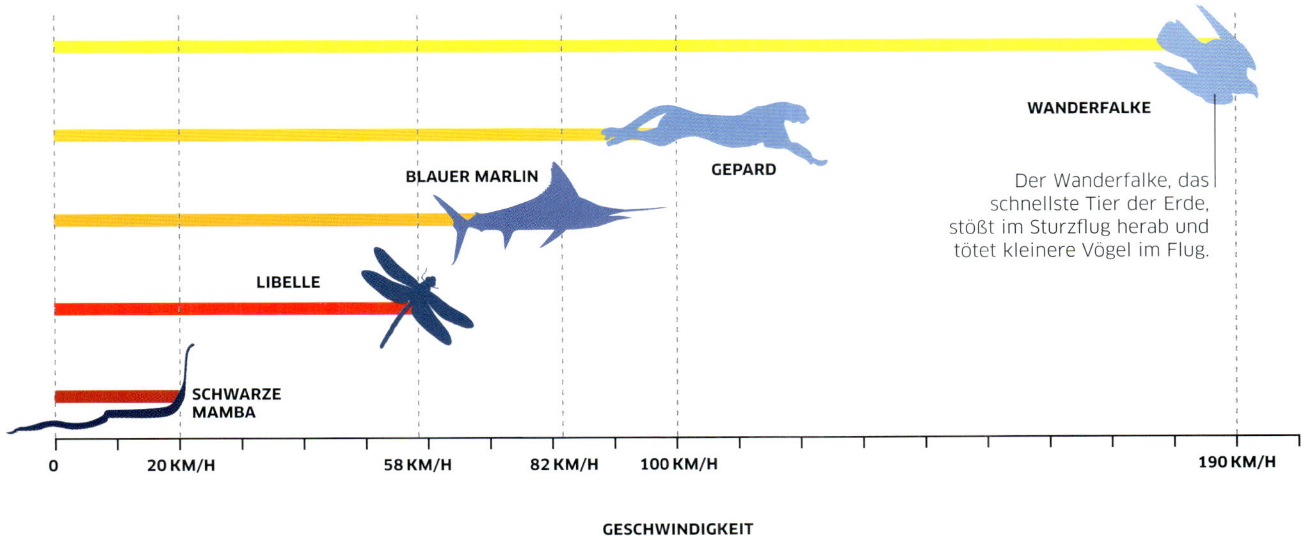

Schutz der Beute

Einige Beutetiere haben Stacheln zur Verteidigung. Andere besitzen einen robusten Panzer wie Gürteltiere, Schildkröten und Krabben. Igel, Stachelschweine und Seeigel sind mit Stacheln bedeckt. Amphibien haben Giftdrüsen in der Haut, sodass sie unangenehm schmecken oder sogar tödlich giftig sind. Auch viele Insekten reichern Gifte in ihrem Körper an. Stinktiere sprühen ihren Feinden übel riechende Chemikalien entgegen.

Gepanzerte Kugel
Ein Panzer bedeckt den Kopf und Körper des Dreibinden-Gürteltiers. Wenn es angegriffen wird, rollt es sich zu einer gepanzerten Kugel zusammen, die kaum ein Raubtier knacken kann.

Südliche Dreibinden-Gürteltiere sind die einzigen Tiere, die sich zu einer undurchdringlichen Kugel zusammenrollen können.

Der Panzer besteht aus Knochenplatten und gelenkigen Verbindungen.

1 Keine Flucht Statt die Flucht zu ergreifen, bleibt das Gürteltier, wo es ist.

2 Zusammenrollen Das Tier rollt sich zusammen und zieht den Kopf und die Beine ein.

3 Eine perfekte Kugel Die Kugel ist so dicht, dass der Räuber sie nicht aufstemmen kann.

Tarnung

Räuber wie auch Beutetiere tarnen sich, um nicht gesehen zu werden. Viele Jäger verschmelzen mit dem Hintergrund, sodass sie ihren Beutetieren unbemerkt auflauern können. Andere Tiere machen sich fast unsichtbar, um von Fressfeinden nicht entdeckt zu werden wie z. B. Vögel. Die meisten getarnten Tiere ähneln Pflanzen oder dem Untergrund, auf dem sie sitzen.

Wenn der Gecko auf der Rinde sitzt, verschmilzt ein Hautsaum um seinen Körper mit dem Untergrund.

Der Körper des Wandelnden Blatts hat sogar Blattadern und die Beine sehen aus wie kleine Blätter.

Zwergpuffotter
Diese Giftschlange vergräbt sich in der afrikanischen Namibwüste im Sand. Sie wartet, bis kleine Tiere in ihre Reichweite kommen.

Orchideenmantis
Der Körper dieses tropischen Insekts sieht wie eine Blüte aus. Andere Insekten nähern sich, um Nektar zu trinken, und werden erbeutet.

Blattschwanzgecko
Dieser Gecko jagt nachts und verbringt den Tag auf einem Baum. Er ist perfekt getarnt. Sogar seine Augen haben das Muster der Baumrinde.

Wandelndes Blatt
Wenige Tiere sind so schwer zu entdecken wie dieses tropische Insekt. Wenn es sich fortbewegt, schwankt es wie ein Blatt im Wind.

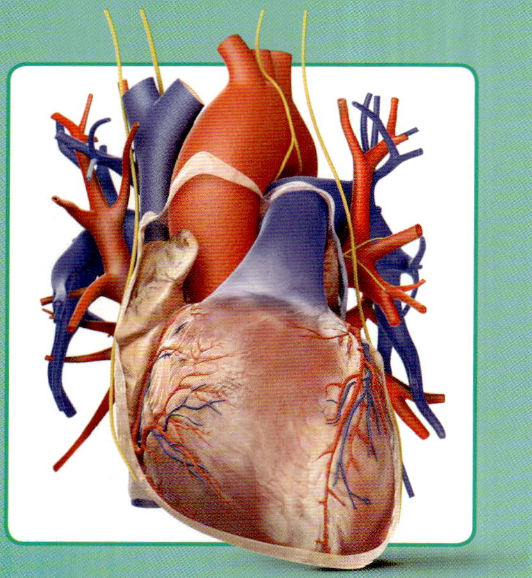

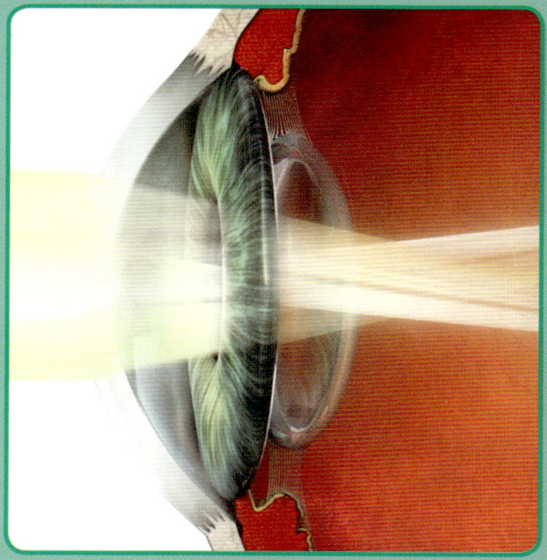

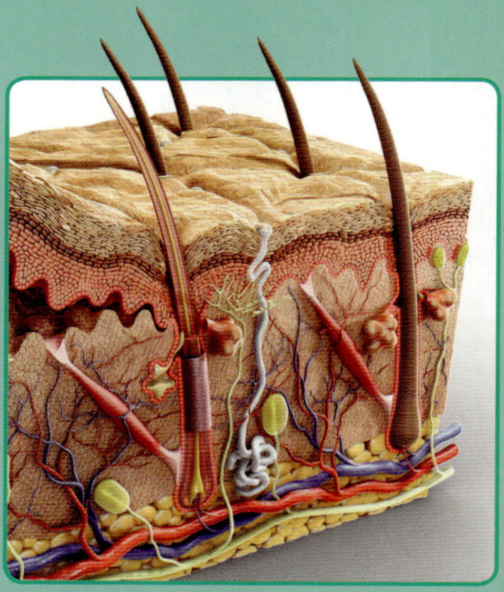

MENSCH

Der menschliche Körper ist ein fantastisch komplexer Organismus, der aus etwa 206 Knochen, 650 Muskeln und 75 Billionen Zellen besteht. Obwohl nichts anderes so gründlich erforscht wurde, bleiben noch viele Geheimnisse offen.

KÖRPERSYSTEME

Die Gewebe und Organe des Körpers bilden Gruppen, die man Systeme nennt. Jedes System erfüllt eine bestimmte Aufgabe. Das Verdauungssystem zerkleinert die Nahrung in Nährstoffe, die der Körper aufnehmen kann. Das Kreislaufsystem transportiert diese Nährstoffe und andere lebenswichtige Substanzen im Körper. Die wichtigsten Körpersysteme werden hier vorgestellt.

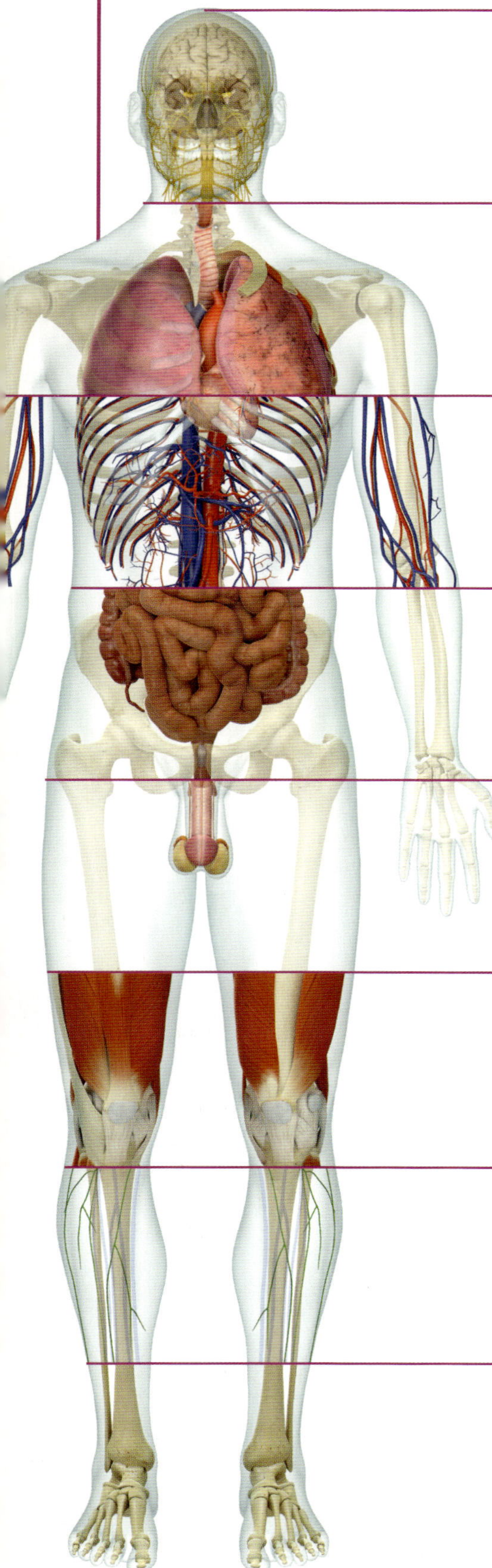

Nervensystem
Dieses System steuert alle Bewegungen und Gefühle. Tausende Nerven im Körper leiten elektrische Signale zum und vom Gehirn. Manche Nerven leiten Signale der Sinnesorgane zum Gehirn. Andere senden Signale an die Muskeln, damit der Körper reagiert.

Atmungssystem
Alle Körperzellen müssen mit Sauerstoff aus der Luft versorgt werden. Das Atmungssystem nimmt den Sauerstoff auf und leitet ihn in das Blut. Das wichtigste Organ des Systems ist die Lunge, die beim Einatmen Luft ansaugt.

Kreislaufsystem
Das Herz, das Blut und ein Netzwerk aus Blutgefäßen bilden das Kreislaufsystem. Es versorgt alle Zellen mit lebenswichtigen Stoffen wie Sauerstoff und Nährstoffen. Das Blut führt auch Abbauprodukte zu den Nieren, wo sie herausgefiltert werden.

Verdauungssystem
Jeder Bissen Nahrung durchläuft das Verdauungssystem – ein langer, komplizierter Schlauch, der vom Mund bis zum After verläuft. Die Organe des Verdauungssystems bauen große Moleküle in der Nahrung zu kleineren ab, die der Körper aufnimmt.

Fortpflanzungssystem
Dieses Körpersystem funktioniert nur bei Erwachsenen und unterscheidet sich bei Frauen und Männern. Männliche Geschlechtszellen verschmelzen mit weiblichen Geschlechtszellen im Fortpflanzungssystem der Frau – ein Baby entsteht.

Muskulatur
Muskeln sorgen dafür, dass sich der Körper bewegen kann. Die größten Muskeln ziehen an Knochen, damit man rennen, springen, Schuhe zubinden oder einen Ball schießen kann. Muskeln lassen das Herz schlagen und durchmischen die Nahrung im Magen.

Immunsystem
Das Immunsystem schützt den Körper vor Erregern – winzigen Organismen, die Krankheiten auslösen. Jeder Keim, der in den Körper eindringt, wird von weißen Blutkörperchen angegriffen. Sie gelangen über das Blut in alle Organe und Gewebe.

Skelett
Das Skelett ist ein hartes, lebendes Gerüst aus Knochen, das den Körper trägt, ihn formt und empfindliche innere Organe wie das Gehirn oder das Herz schützt. Zusammen mit der Muskulatur bewegt das Skelett den Körper.

DER KÖRPER

Der menschliche Körper ist eine unglaublich komplexe „Maschine“ aus Millionen unterschiedlichen Einzelteilen, die sich dicht gepackt unter der Haut befinden. Erst ein Blick in den Körper zeigt, wie sie zusammengehören und zusammenarbeiten und uns zu einem lebenden, atmenden und denkenden menschlichen Wesen machen.

AUFBAU DES KÖRPERS

Wie ein Gebäude aus Tausenden Steinen errichtet ist, so besteht auch der menschliche Körper aus einfachen Elementen, die sich in unterschiedlicher Weise organisieren und zusammenfügen. Zellen, die kleinsten lebensfähigen Einheiten, bilden zusammen größere Strukturen – die Gewebe. Aus ihnen wiederum setzen sich Organe und Körpersysteme zusammen.

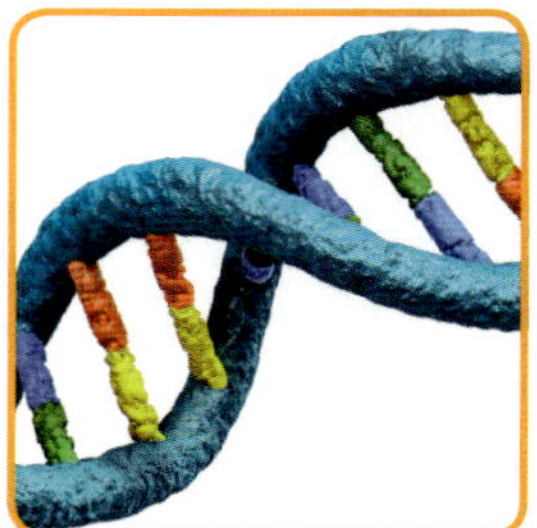

Atome und Moleküle
Die kleinsten Teile des Körpers sind die Atome und Moleküle. Das DNA-Molekül (links) speichert die Informationen, die für das Wachstum und die Erhaltung des Körpers notwendig sind.

Zellen
Jeder Körperteil besteht aus winzigen Lebenseinheiten, den Zellen. Der menschliche Körper besitzt etwa 75 Billionen Zellen. Die meisten Zellen übernehmen bestimmte Aufgaben, sie speichern z. B. Fett oder leiten Nervensignale.

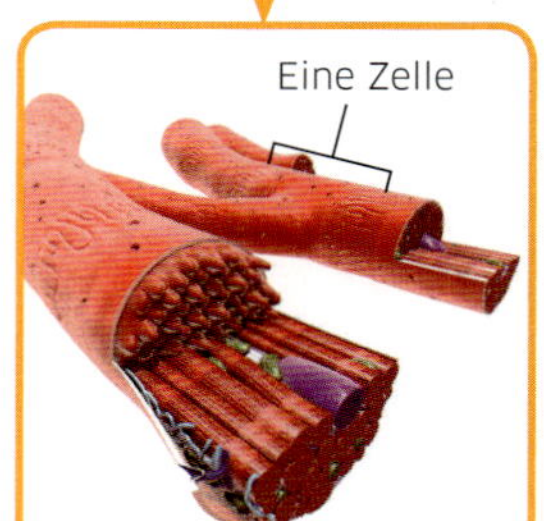

Gewebe
Zellen verbinden sich zu Geweben. So besteht die Herzwand aus einem besonderen Muskelgewebe. Aus anderen Geweben entstehen Haut, Fett und Knochen.

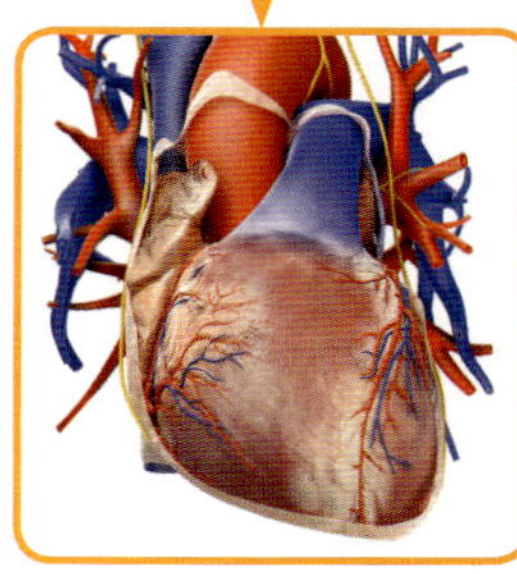

Organe
Verschiedene Gewebe bilden zusammen Organe wie z. B. das Herz. Organe erfüllen bestimmte Aufgaben. So pumpt das Herz das Blut durch den Körper.

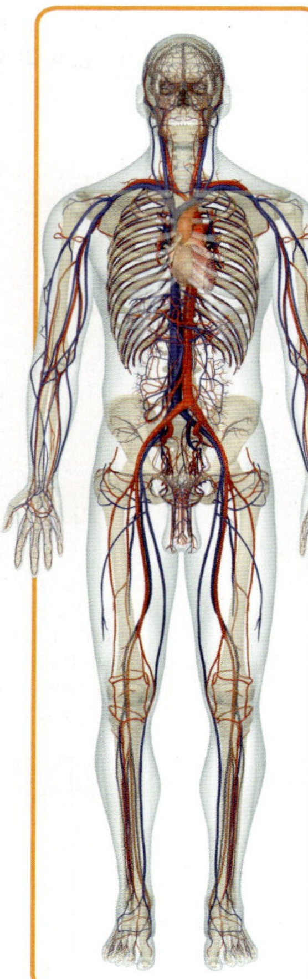

Körpersysteme
Organe bilden zusammen Körpersysteme. Das Herz ist ein Teil des Kreislaufsystems, zu dem auch die Blutgefäße und das Blut gehören.

WORAUS BESTEHT DER KÖRPER?

Der menschliche Körper besteht zum größten Teil aus nur wenigen chemischen Elementen. Zu den häufigsten Elementen des Körpers zählen Sauerstoff und Wasserstoff, die zusammen Wassermoleküle bilden – der Körper enthält etwa 60 % Wasser. Einige Elemente wie Natrium, Magnesium und Eisen sind lebensnotwendig, aber nur in sehr geringen Mengen.

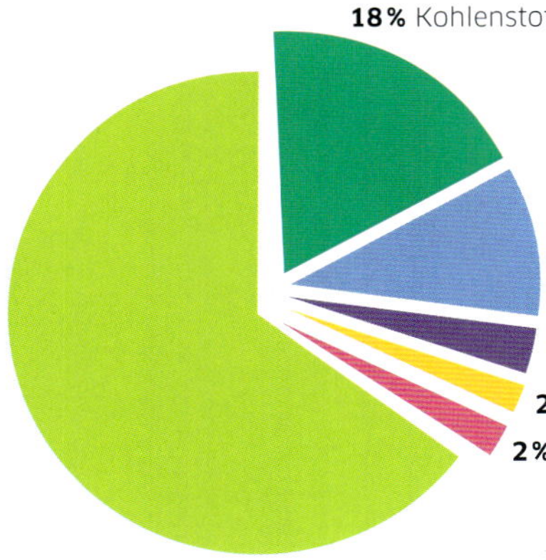

Elemente des Körpers
65 % des Körpers sind Sauerstoff. Das zweithäufigste Element ist Kohlenstoff, aus dem alle organischen Moleküle wie Kohlenhydrate, Eiweiße und Fette bestehen.

BLICK IN DEN KÖRPER

Früher konnten Ärzte den inneren Aufbau des Körpers nur an Leichen studieren. Sie besaßen auch keine Möglichkeit in einen lebenden Körper zu schauen, um nach der Ursache einer Krankheit zu forschen. Heute können Ärzte das Innenleben eines Patienten mit verschiedenen Geräten und Technologien untersuchen. Das ermöglicht es, eine Krankheit bereits in einem sehr frühen Stadium zu erkennen. Sie ist dann einfacher zu behandeln.

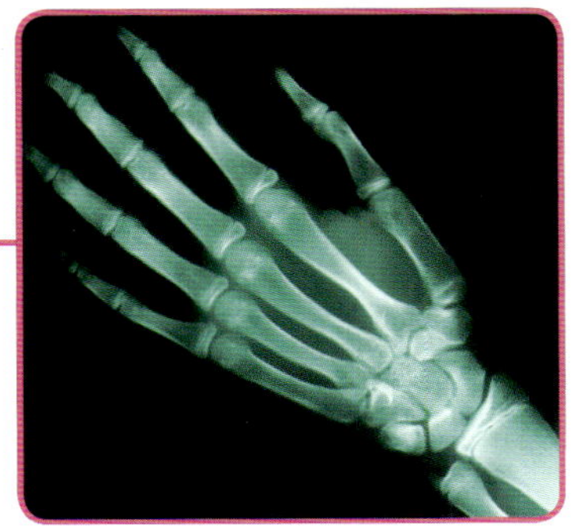

Röntgenaufnahme
Röntgenstrahlen gehören wie Licht zu den elektromagnetischen Strahlen, sie sind aber unsichtbar. Sie dringen durch weiche Gewebe und erfassen harte Gewebe wie die Knochen.

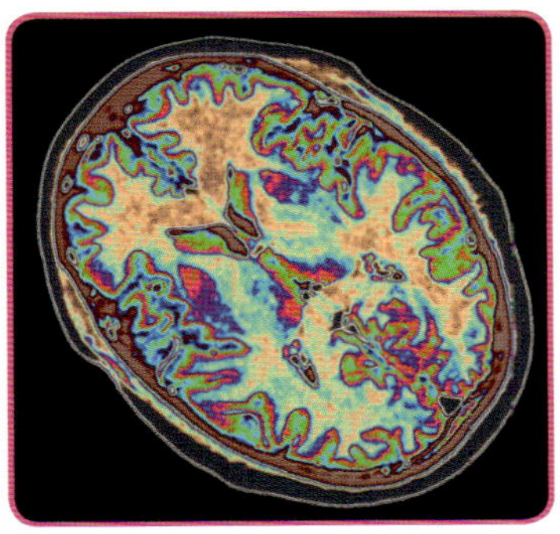

MRT-Aufnahme
Eine MRT (Magnetresonanztomografie) nutzt starke Magneten, die Wassermoleküle im Körper anregen. Die Moleküle geben Radiowellen ab, die ein Computer zu einem Bild wie dem obigen (Gehirn) zusammensetzt.

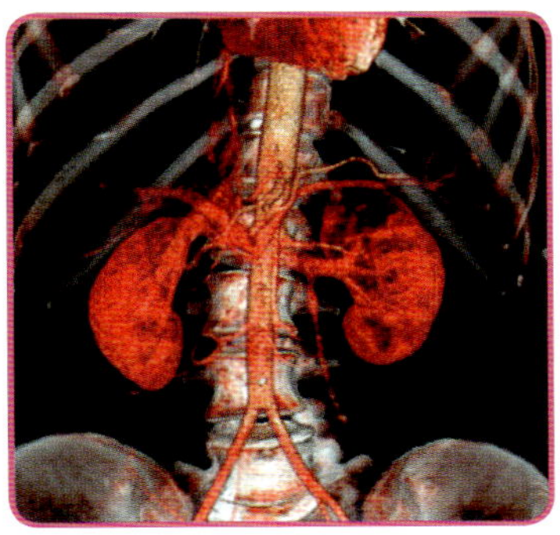

CT-Aufnahme
Bei der Computertomografie (CT) leuchten Röntgenstrahlen aus verschiedenen Winkeln durch den Körper. Ein Computer setzt die Einzelaufnahmen zu einem dreidimensionalen Bild zusammen.

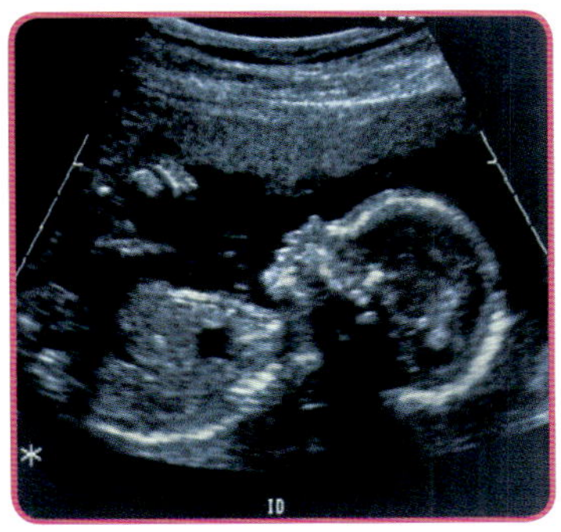

Ultraschall
Mit dieser Technik werden in der Schwangerschaft Babys untersucht. Schallwellen, die Menschen nicht hören, strahlen in den Körper und prallen von Organen ab. Diese Echos wandelt ein Computer in Bilder um.

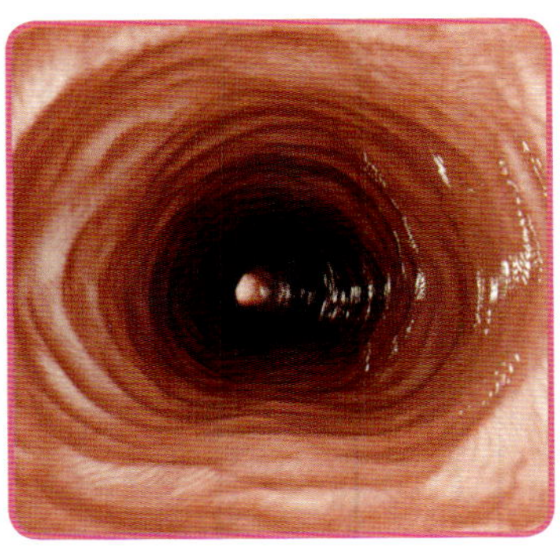

Endoskopie
Ein Endoskop ist ein biegsamer Schlauch mit einer winzigen Kamera und einer Lichtquelle. Es wird durch eine natürliche Öffnung wie den Mund oder einen Schnitt eingeführt.

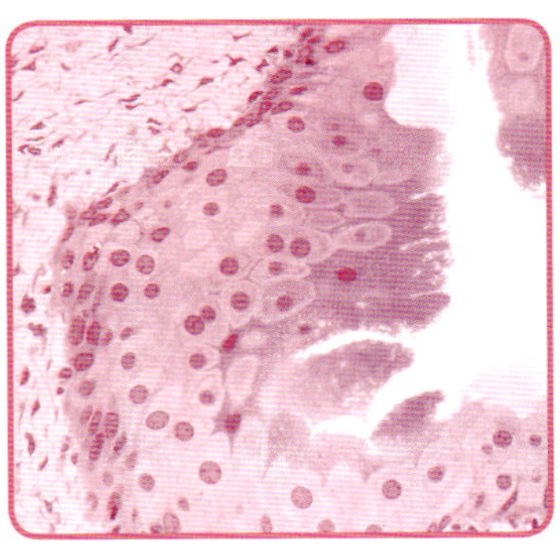

Lichtmikroskopie
Wie Teleskope nutzen auch Lichtmikroskope Glaslinsen, um ein Bild zu vergrößern. Damit kann man Körperzellen in einer Gewebeprobe auf Erkrankungen untersuchen.

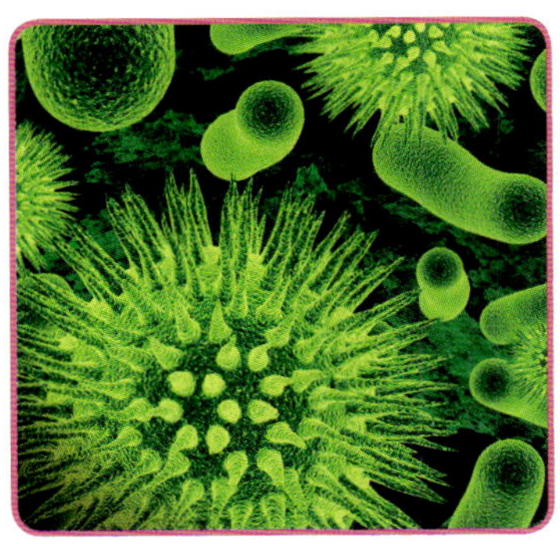

Elektronenmikroskopie
Diese Mikroskope sind leistungsstärker als Lichtmikroskope und vergrößern Bilder bis zu 10 Mio. Mal. Sie zeigen winzige Erreger wie Bakterien und Viren sehr detailliert.

Den Körper verstehen

Lange Zeit blieben der menschliche Körper und seine Funktionen ein Geheimnis. Die Menschen stützten sich auf übernatürliche Theorien, um Krankheiten zu erklären. Die ersten Versuche, den Körper zu untersuchen, datieren aus dem alten Ägypten. Doch erst viele Jahrhunderte später entdeckte man, wie der Körper funktioniert und warum er erkrankt.

3000–1000 v. Chr.

Alte Ägypter
Um Leichname zu mumifizieren, entnahmen die alten Ägypter die Organe, die sie getrennt konservierten. Dabei entdeckten sie, dass das Herz eine Pumpe ist, die das Blut durch den Körper bewegt.

400 v. Chr

Vater der Medizin
Der altgriechische Arzt Hippokrates wird als Vater der Medizin bezeichnet. Er erkannte als einer der Ersten, dass Krankheiten natürliche Ursachen haben und keine Bestrafung durch die Götter waren.

um 1500

Leichen sezieren
Der flämische Arzt Andreas Vesalius öffnete um 1500 Leichen und erstellte genaue Zeichnungen der Knochen, Muskeln und Organe. Seine bahnbrechende Arbeit, die er in einem Lehrbuch veröffentlichte, führte von der Leichenuntersuchung zur Lehre der Anatomie.

um 1670

Entdeckung der Zellen
Der niederländische Brillenmacher Antonie van Leeuwenhoek baute eines der ersten Mikroskope. Er untersuchte Blutzellen und Spermien und erkannte, dass winzige Organismen Krankheiten verursachen.

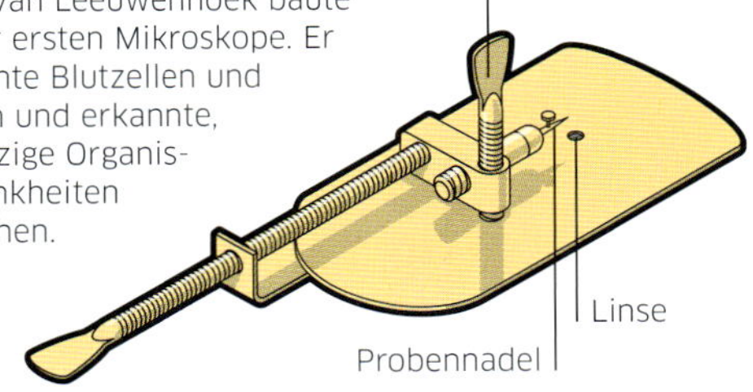

1953

DNA
Der englische Biochemiker Francis Crick und sein amerikanischer Kollege James Watson entdeckten die Struktur der DNA (Desoxyribonukleinsäure). Dieses Molekül trägt die Anweisungen für das Leben als einen einfachen Code aus vier Buchstaben.

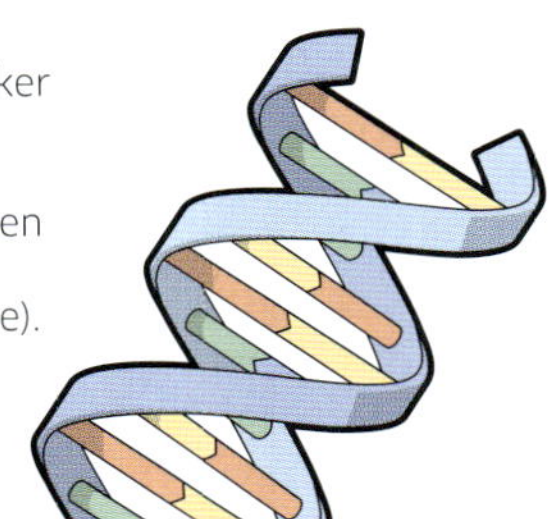

30 Mio. neue Zellen entstehen in deinem Körper, während du diesen Satz liest.

Die Zellen

Der menschliche Körper ist ein Puzzle aus ungefähr 75 Billionen winzigen Teilchen, den Zellen. Jeder Körperteil – von den Augenlidern bis zu den Zehennägeln – besteht aus diesen winzigen Bausteinen.

Einzelne Zellen sind zu klein, um sie mit bloßem Auge zu sehen. Eine durchschnittliche Zelle ist kaum haarbreit, aber einige sind so winzig, dass 30 000 von ihnen in den Punkt hinter diesem Satz passen würden. Zellen nehmen Nährstoffe, Sauerstoff und andere Stoffe aus ihrer Umgebung auf und verarbeiten sie zu komplizierten organischen Verbindungen, die sie zum Wachsen brauchen. Manche Zellen wie die Blutzellen kreisen im Körper. Andere sind dagegen gebunden und bilden Gewebe wie Haut oder Muskeln.

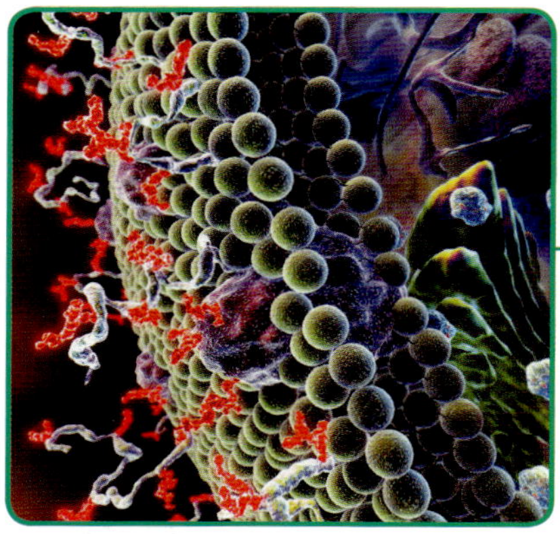

Zellmembran
Jede Zelle wird nach außen von einer Membran begrenzt. Sie besteht aus zwei Schichten Molekülen (Phospholipide), die eine fettlösliche Barriere um den wässrigen Zellinhalt bilden. So wird verhindert, dass Stoffe ein- oder austreten. Große Eiweißmoleküle sind in die Membran eingebettet. Sie dienen als Tore, die nur bestimmte Moleküle in die Zelle hinein- oder herauslassen.

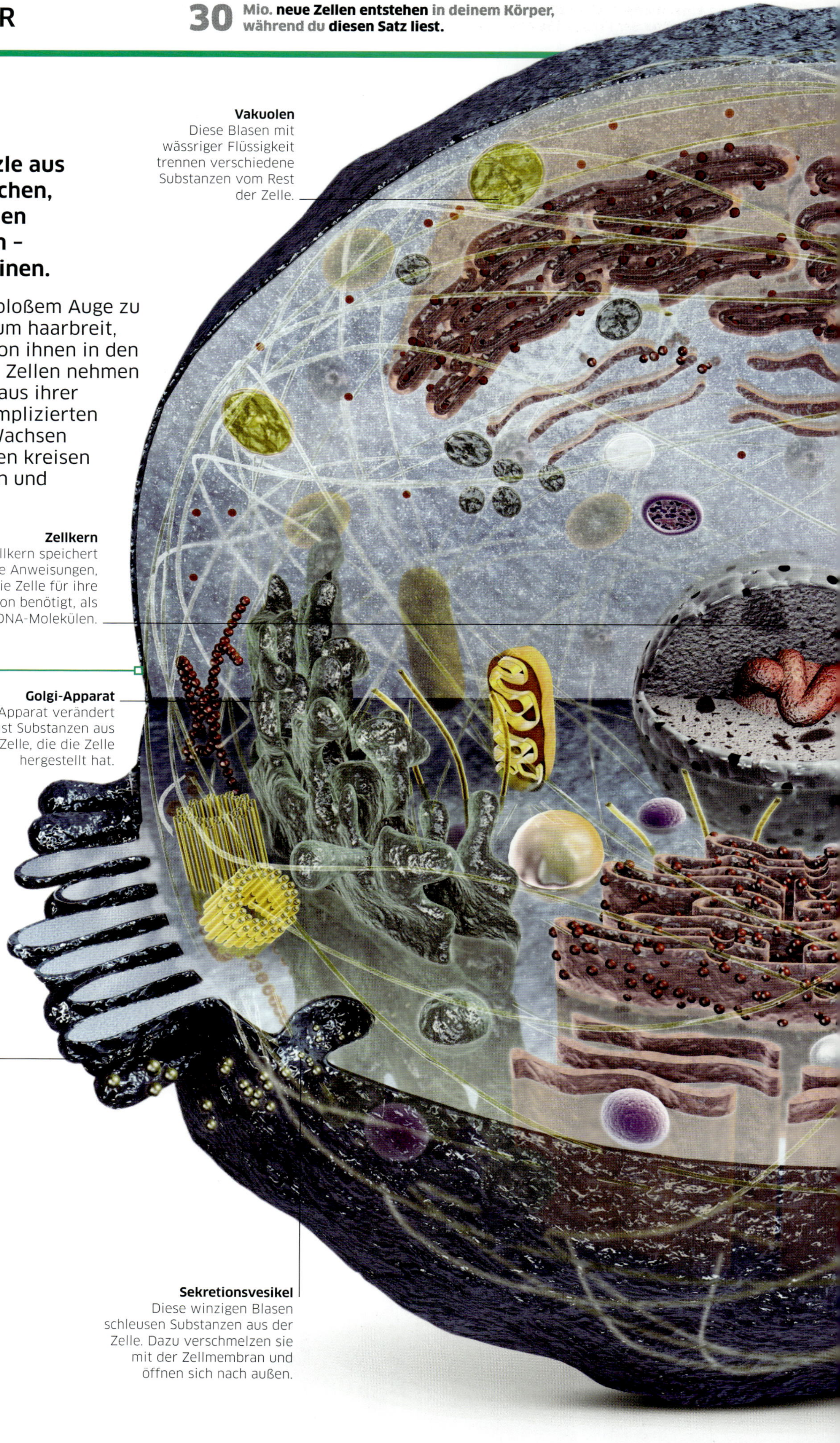

Vakuolen
Diese Blasen mit wässriger Flüssigkeit trennen verschiedene Substanzen vom Rest der Zelle.

Zellkern
Der Zellkern speichert sämtliche Anweisungen, die die Zelle für ihre Funktion benötigt, als Code in DNA-Molekülen.

Golgi-Apparat
Der Golgi-Apparat verändert und schleust Substanzen aus der Zelle, die die Zelle hergestellt hat.

Mikrozotten
Einige Zellen besitzen winzige, fingerartige Ausstülpungen. Dadurch vergrößern sie ihre Oberfläche, um mehr Stoffe aus ihrer Umgebung aufzunehmen.

Sekretionsvesikel
Diese winzigen Blasen schleusen Substanzen aus der Zelle. Dazu verschmelzen sie mit der Zellmembran und öffnen sich nach außen.

Aufbau einer Zelle

Trotz ihrer geringen Größe sind Zellen immens kompliziert aufgebaut. Zellen gleichen Fabriken mit vielen Maschinen, die bestimmte Aufgaben ausführen. Die Maschinen einer Zelle nennt man Organellen (kleine Organe). Die wichtigste Organelle ist der Zellkern, der die chemischen Anweisungen speichert. Andere Organellen wie die Mitochondrien erzeugen Energie, verändern Stoffe wie der Golgi-Apparat oder transportieren Stoffe durch die Zelle.

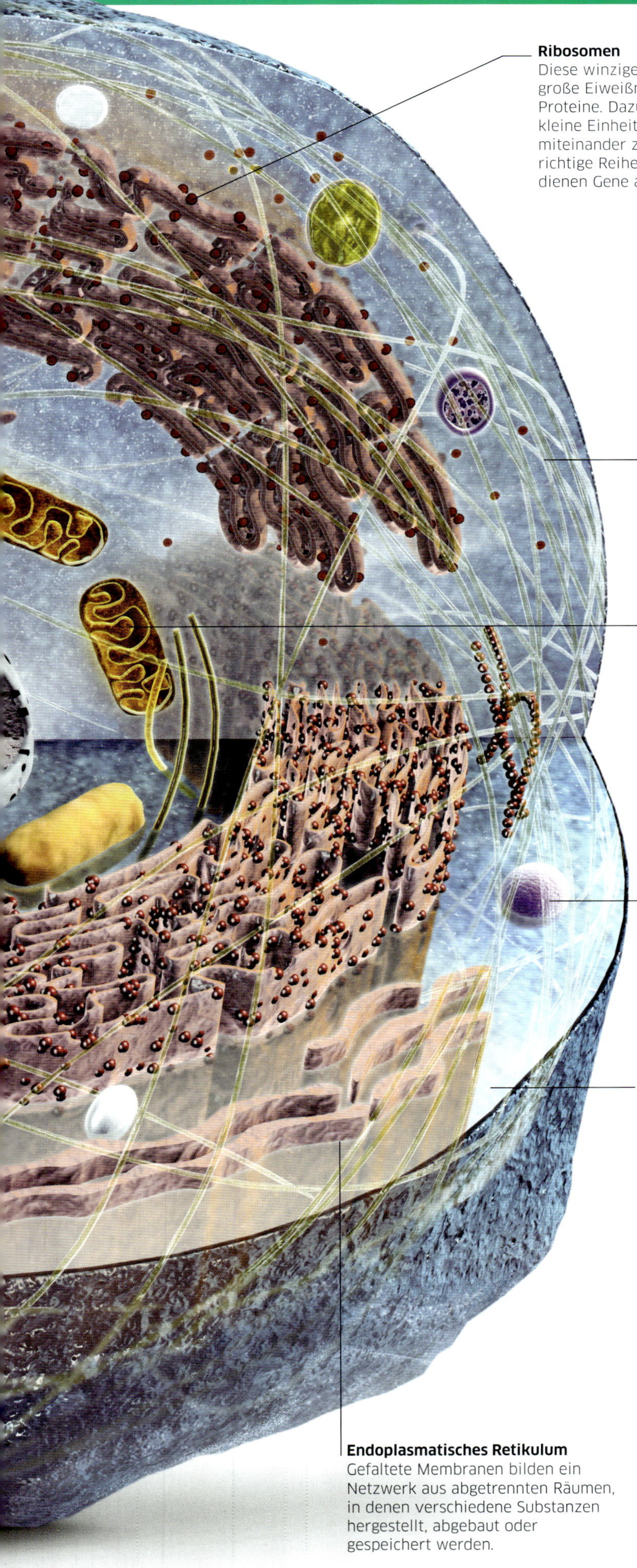

Ribosomen
Diese winzigen Strukturen stellen große Eiweißmoleküle her, die Proteine. Dazu verbinden sie kleine Einheiten, die Aminosäuren, miteinander zu Ketten. Um die richtige Reihenfolge einzuhalten, dienen Gene als Vorlage.

Zytoskelett
Feine Eiweißstränge bilden das innere Netzwerk der Zelle.

Mitochondrien
Zellen erhalten ihre Energie von den Kraftwerken, den Mitochondrien. Sie verbrauchen Sauerstoff, den sie in Moleküle einbauen.

Lysosom
Diese Organelle enthält Verdauungsenzyme, die Fremdstoffe und abgenutzte Zellteile sowie Zelltrümmer abbauen.

Zytoplasma
Eine gelartige Flüssigkeit, die vorwiegend aus Wasser besteht, füllt den Innenraum jeder Zelle aus.

Endoplasmatisches Retikulum
Gefaltete Membranen bilden ein Netzwerk aus abgetrennten Räumen, in denen verschiedene Substanzen hergestellt, abgebaut oder gespeichert werden.

Zellarten

Mehr als 200 verschiedene Zellarten besitzt der menschliche Körper. Jede Zellart ist auf eine bestimmte Aufgabe spezialisiert. Einige Zellen wie Haut- und Blutzellen leben nur wenige Wochen oder Monate, bevor sie absterben und kontinuierlich ersetzt werden. Andere Zellen – wie die des Gehirns – bleiben ein Leben lang erhalten.

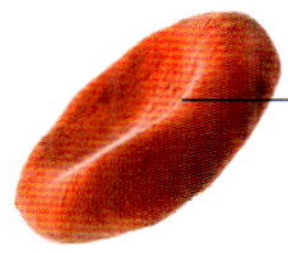

Rote Blutzellen
Diese scheibenförmigen Zellen versorgen Zellen mit Sauerstoff, der an ein Protein bindet, das Hämoglobin.

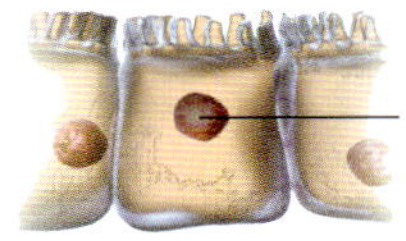

Epithelzellen
Die Innenseiten von Mund und Därmen sind mit diesen Zellen ausgekleidet. Harte Epithelzellen bilden die Haut.

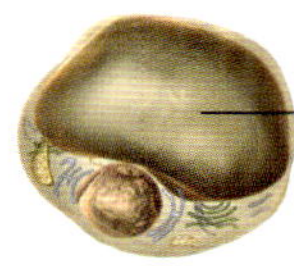

Fettzellen
Fettzellen speichern Körperfett und werden dabei größer. Fette dienen als Energievorrat und wärmen den Körper.

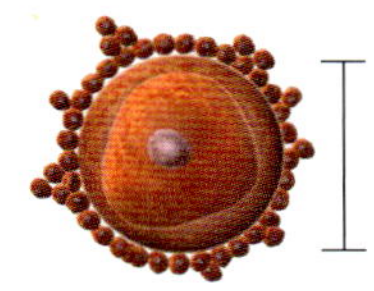

Eizellen
Sie sind die größten Zellen des menschlichen Körpers und entwickeln sich nach einer Befruchtung zu Babys.

DIE LÄNGSTEN ZELLEN SIND DIE **NERVENZELLEN**. SIE VERLAUFEN VOM RÜCKGRAT BIS ZU DEN ZEHEN.

Gene und DNA

Die Zellkerne enthalten einen vollständigen Satz Gene, die den chemischen Code in DNA speichern. Eine Einzelzelle enthält ungefähr 2 m DNA. Wenn sie nicht abgelesen werden, befindet sich die DNA eng gewunden in Chromosomen. Jeder Zellkern beitzt 46 Chromosomen.

Neue Zellen entstehen

Der menschliche Körper entwickelt sich aus einer einzigen Zelle. Diese vermehrt sich durch wiederholte Zellteilung, bis mehrere Milliarden Zellen vorhanden sind. Die Zellteilung der Körperzellen nennt man Mitose. Zuerst werden Chromosomen zu Doppelsträngen kopiert. Danach werden sie getrennt und dann teilt sich auch der Zellkern.

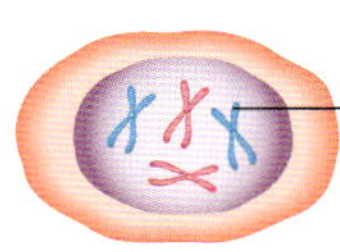

1. Chromosomen bilden Doppelstränge.

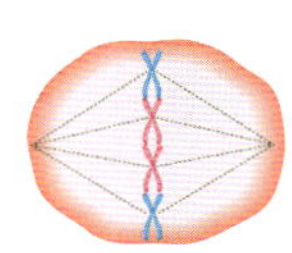

2. Chromosomen werden getrennt.

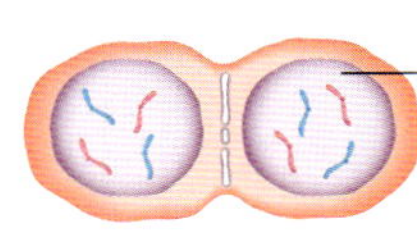

3. Zwei Zellkerne entstehen.

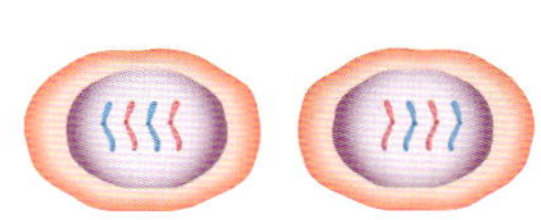

4. Zellen teilen sich.

50 % aller **Knochen** des Skeletts gehören zu den **Händen und Füßen.**

Alle **roten Blutzellen** entstehen im **Knochenmark.**

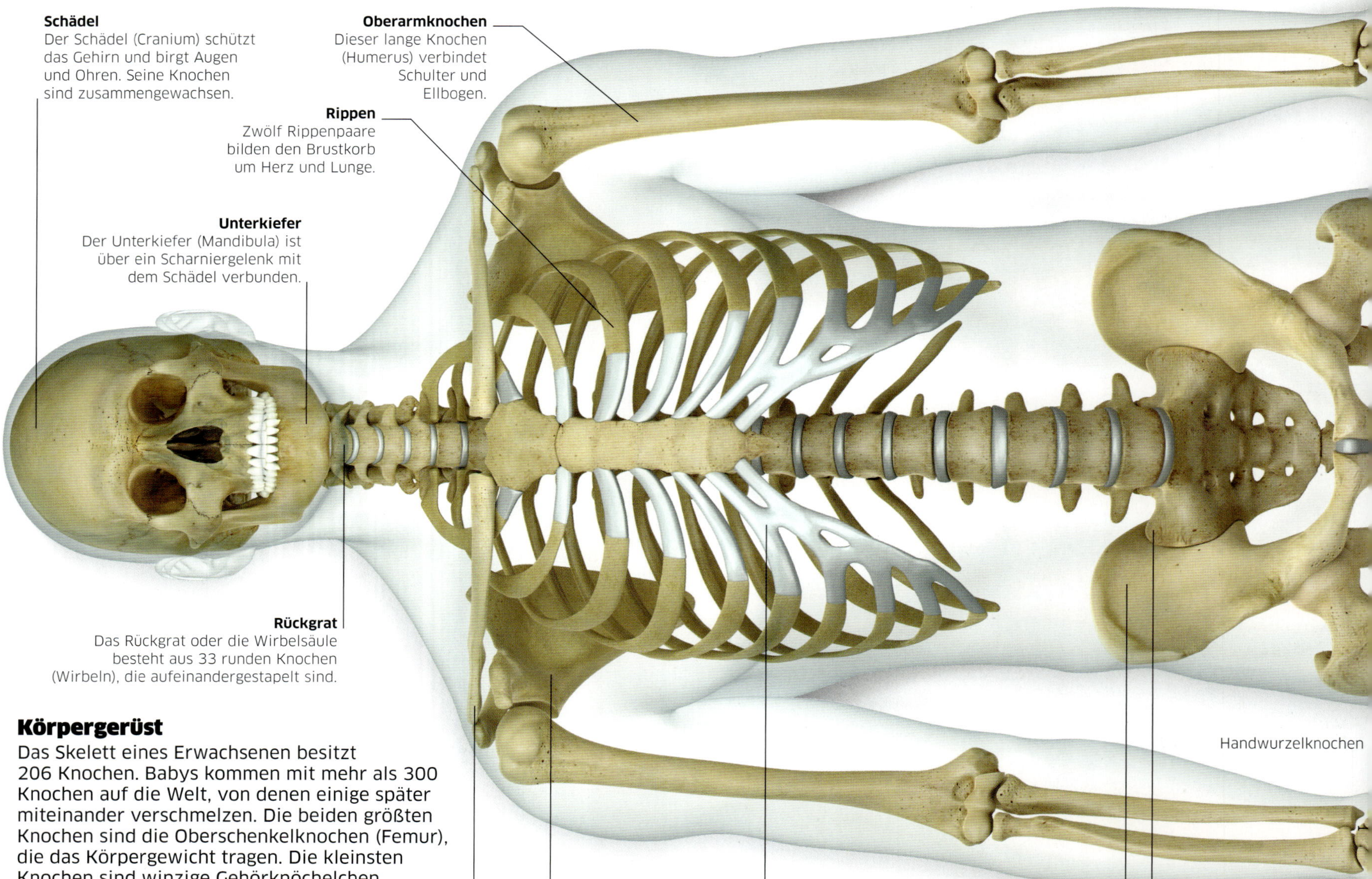

Körpergerüst

Das Skelett eines Erwachsenen besitzt 206 Knochen. Babys kommen mit mehr als 300 Knochen auf die Welt, von denen einige später miteinander verschmelzen. Die beiden größten Knochen sind die Oberschenkelknochen (Femur), die das Körpergewicht tragen. Die kleinsten Knochen sind winzige Gehörknöchelchen, die nicht größer als Reiskörner sind.

Das Skelett

Ohne Knochengerüst würde der Körper zu einem formlosen Fleischberg zusammenfallen. Das Skelett hält ihn aufrecht und bietet Ansatzpunkte für die Muskeln, die an ihm ziehen, damit sich der Körper bewegt.

Knochen sind lebendes Gewebe. Sie können Schmerzen verursachen, nach einer Verletzung bluten und sich selbst heilen. Knochen sind keinesfalls trocken und brüchig, sondern feucht und sogar elastisch. Unter ihrer glatten und harten Oberfläche befinden sich Hohlräume, damit sie leichter sind. Ungefähr 50 % des Knochengewichts entfallen auf ein weißes, kalziumreiches Mineral, das Hydroxylapatit, aus dem auch die Zähne bestehen. Dieses harte, kristalline Material verleiht den Knochen die Stärke, um unser Körpergewicht zu tragen.

Knochenbruch

Nach einem Bruch setzt der Heilungsprozess umgehend ein. Zuerst bildet sich ein Blutgerinnsel an der Bruchstelle. Anschließend verschließt Bindegewebe die Wunde. Neue Knochenzellen ersetzen das Blut- und Bindegewebe und verknüpfen die beiden Bruchenden. Bei manchen Brüchen müssen die Knochen gerichtet und fixiert werden, damit sie richtig zusammenwachsen.

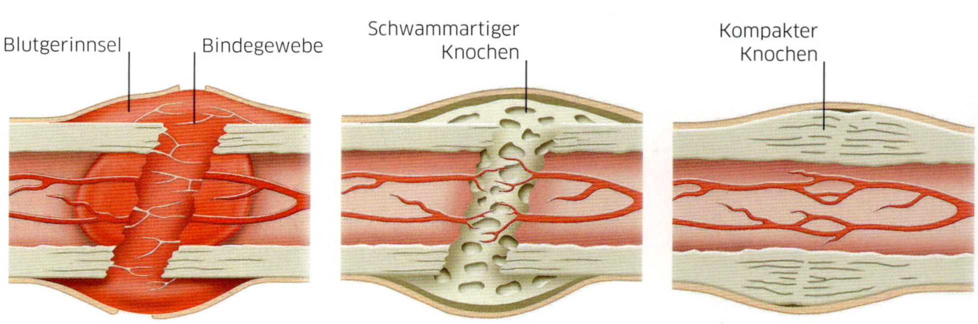

1 Zwei Tage Ein Blutgerinnsel füllt die Bruchstelle, in die Bindegewebe hineinwächst.

2 Zwei Wochen Knochenzellen vermehren sich und ersetzen das Blutgerinnsel.

3 Drei Monate Kompakter Knochen ersetzt den schwammartigen. Die Bruchstelle ist verheilt.

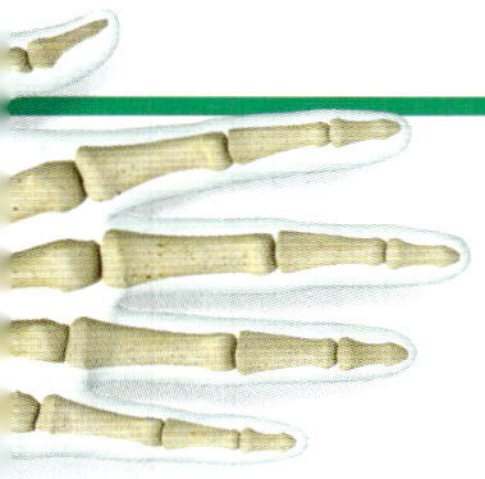

Oberschenkelknochen
Der längste, schwerste und stärkste Knochen (Femur) trägt bis zu einem Viertel der Größe eines Menschen bei.

Kniescheibe
Der flache Knochen (Patella) schützt das Kniegelenk.

Wadenbein
Der lange, schlanke Knochen (Fibula) liegt hinter dem Schienbein.

Knöchel
Sieben Knochen, die Fußwurzelknochen, bilden den Knöchel mit drei Gelenken.

Zehen
Jede Zehe hat drei Zehenknochen (Phalangen), nur die große Zehe besitzt zwei.

Schienbein
Dieser Knochen (Tibia) ist der Hauptknochen des Unterschenkels.

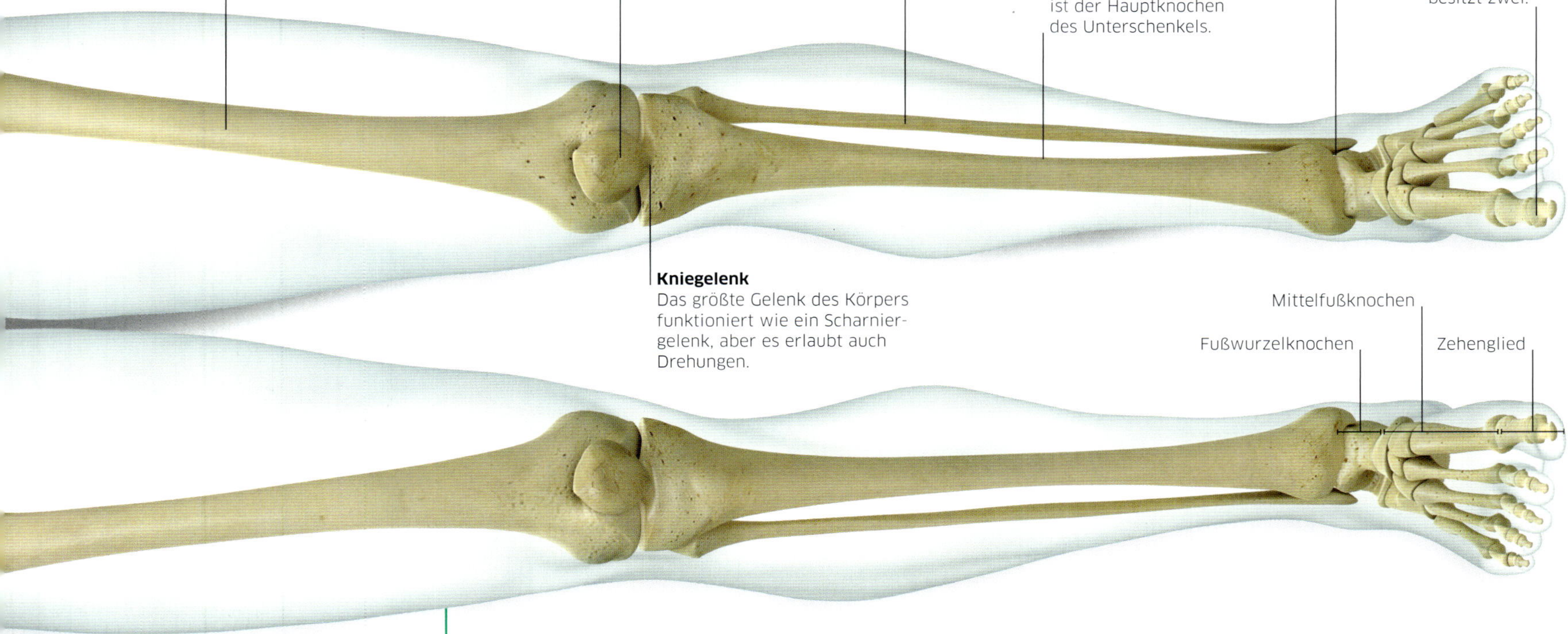

Kniegelenk
Das größte Gelenk des Körpers funktioniert wie ein Scharniergelenk, aber es erlaubt auch Drehungen.

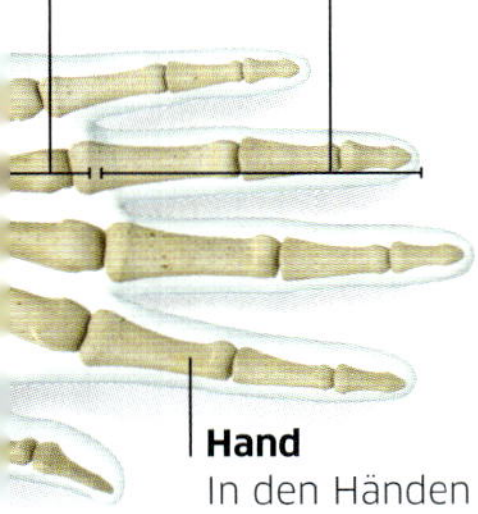

Hand
In den Händen befinden sich 54 Knochen – ungefähr ein Viertel aller Knochen.

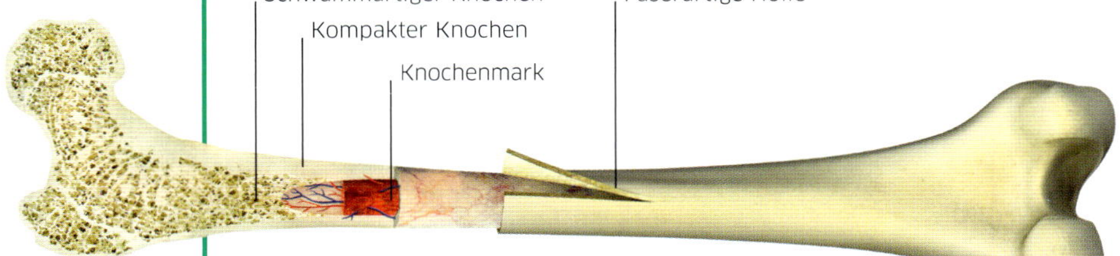

Aufbau der Knochen
Um Gewicht einzusparen, besitzen Knochen innen ein schwammartiges Knochengewebe. Die feste äußere Schicht bildet kompaktes Knochengewebe. Große Knochen besitzen einen zentralen Hohlraum, der mit Knochenmarkgewebe gefüllt ist. In ihm entstehen rote und weiße Blutzellen.

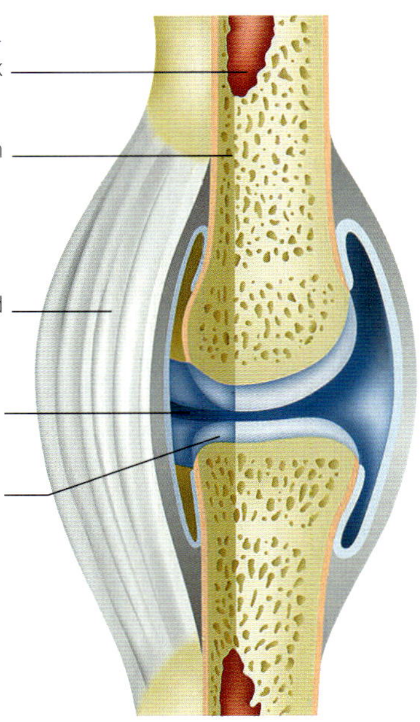

Gelenke

Knochen sind über Gelenke miteinander verbunden. Einige Gelenke wie die des Schädels sind fest miteinander verwachsen. Doch bei den meisten Gelenken berühren sich die Knochen nicht, sondern sind mit Bändern aus Bindegewebe miteinander verbunden. Durch die Gelenke wird das Skelett unglaublich beweglich.

Aufbau eines Gelenks
Damit sich Knochen in Gelenken reibungslos bewegen, sind ihre Enden mit Knorpel überzogen und von Gelenkschmiere umgeben. Feste Bänder halten die Gelenke zusammen.

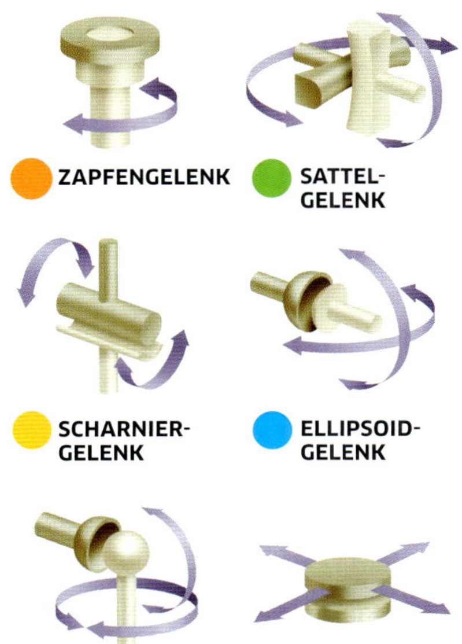

Bewegliche Gelenke

Sechs verschiedene bewegliche Gelenke besitzt der Körper. Jedes Gelenk ermöglicht bestimmte Bewegungen, abhängig davon, wie die Knochen verbunden sind.

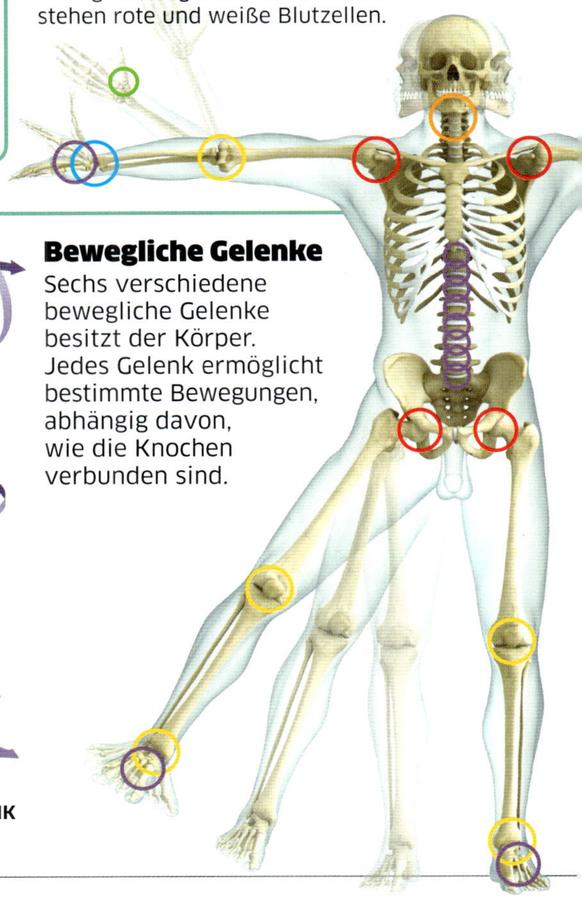

40 % des **Gewichts eines Menschen** entfallen auf die **Muskeln.**

Jedes der etwa **5 Mio. Haare** des menschlichen Körpers besitzt einen **eigenen Muskel.**

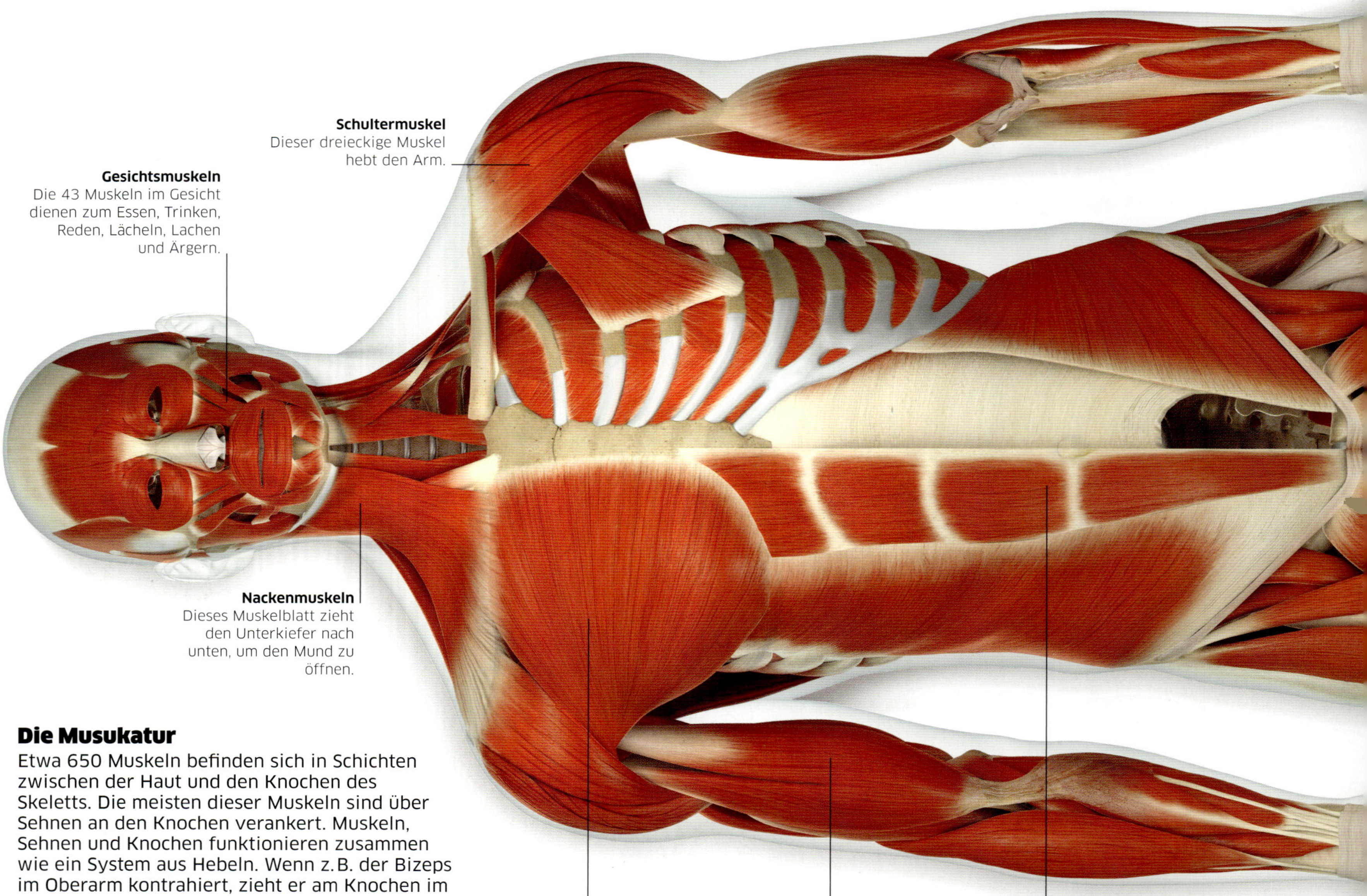

Die Musukatur

Etwa 650 Muskeln befinden sich in Schichten zwischen der Haut und den Knochen des Skeletts. Die meisten dieser Muskeln sind über Sehnen an den Knochen verankert. Muskeln, Sehnen und Knochen funktionieren zusammen wie ein System aus Hebeln. Wenn z. B. der Bizeps im Oberarm kontrahiert, zieht er am Knochen im Unterarm und beugt den Arm im Ellbogen. Die Abbildung zeigt eine Körperhälfte mit den Muskeln, die direkt unter der Haut liegen, und die andere Körperhälfte mit den tiefen Muskeln.

Muskelkraft

Den Muskeln verdanken wir es, dass wir gehen oder rennen und die Finger bewegen können. Sie fördern den Blutfluss, drücken Nahrung durch den Darmtrakt und ermöglichen Sprache.

Muskeln bewegen den Körper. Sie bestehen aus winzigen Fasern. Diese kontrahieren (ziehen sich zusammen) und verkürzen dadurch den Muskel, sodass er an einem Körperteil zieht. Die größten Muskeln sind an Knochen verankert. Die meisten dieser Skelettmuskeln können von uns bewusst gesteuert werden. Andere Muskeln wie die des Herzens und Magens funktionieren automatisch. Alles in allem besitzt der menschliche Körper Milliarden Muskeln, zu denen auch die winzigen Muskeln der Körperhaare und Blutkapillaren zählen.

Muskelarten

Der Körper besitzt drei verschiedene Muskelarten: Skelettmuskeln, glatte Muskeln und Herzmuskeln. Skelettmuskeln sind an Knochen verankert. Sie bestehen aus sehr langen, fadenartigen Zellen, die sich für kurze Zeit stark und schnell zusammenziehen.

Glatte Muskeln befinden sich z. B. im Magen. Ihre Zellen sind kurz und spindelförmig und können sich über längere Zeiträume zusammenziehen. Herzmuskeln befinden sich nur im Herzen. Sie bestehen aus kurzen Zellen, die rhythmisch, ohne zu ermüden, kontrahieren.

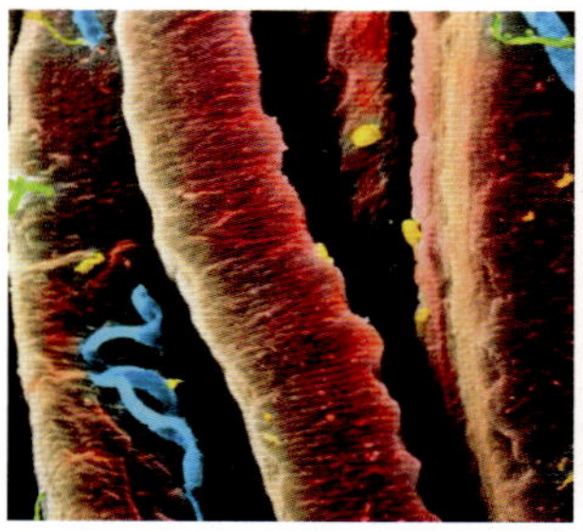

SKELETTMUSKELZELLEN

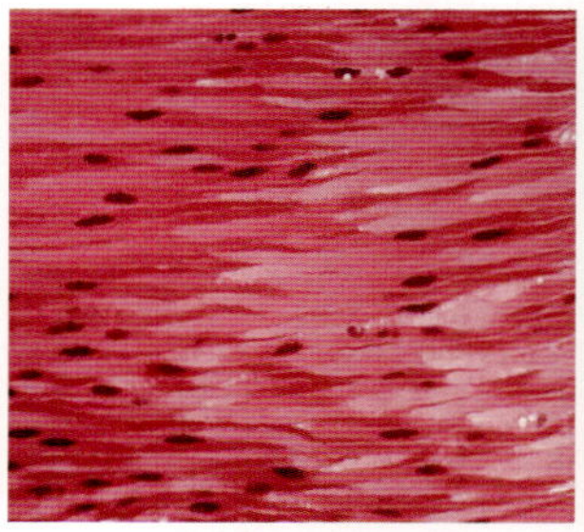

GLATTE MUSKELZELLEN

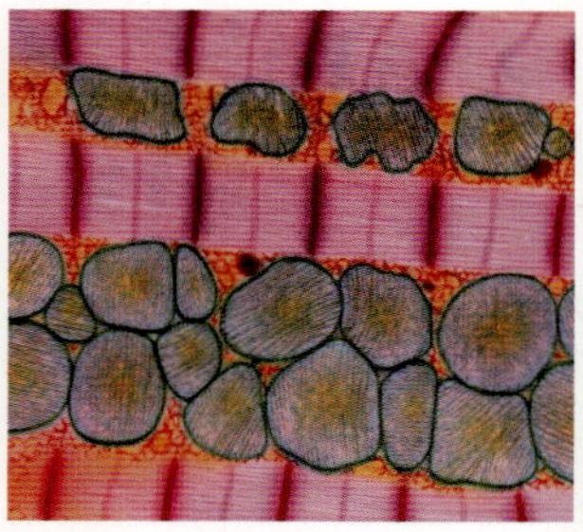

HERZMUSKELZELLEN

Sehnen
Muskeln sind über feste Bänder aus Bindegewebe, den Sehnen, am Knochen befestigt.

Fußsehnen
Lange, dünne Sehnen erstrecken sich von den Beinmuskeln bis zu den Zehen. Beinmuskeln bewegen die Zehen und Armmuskeln die Finger.

Innerer Oberschenkelmuskel
Der lange Schneidermuskel (Musculus sartorius) ist der längste Muskel des menschlichen Körpers.

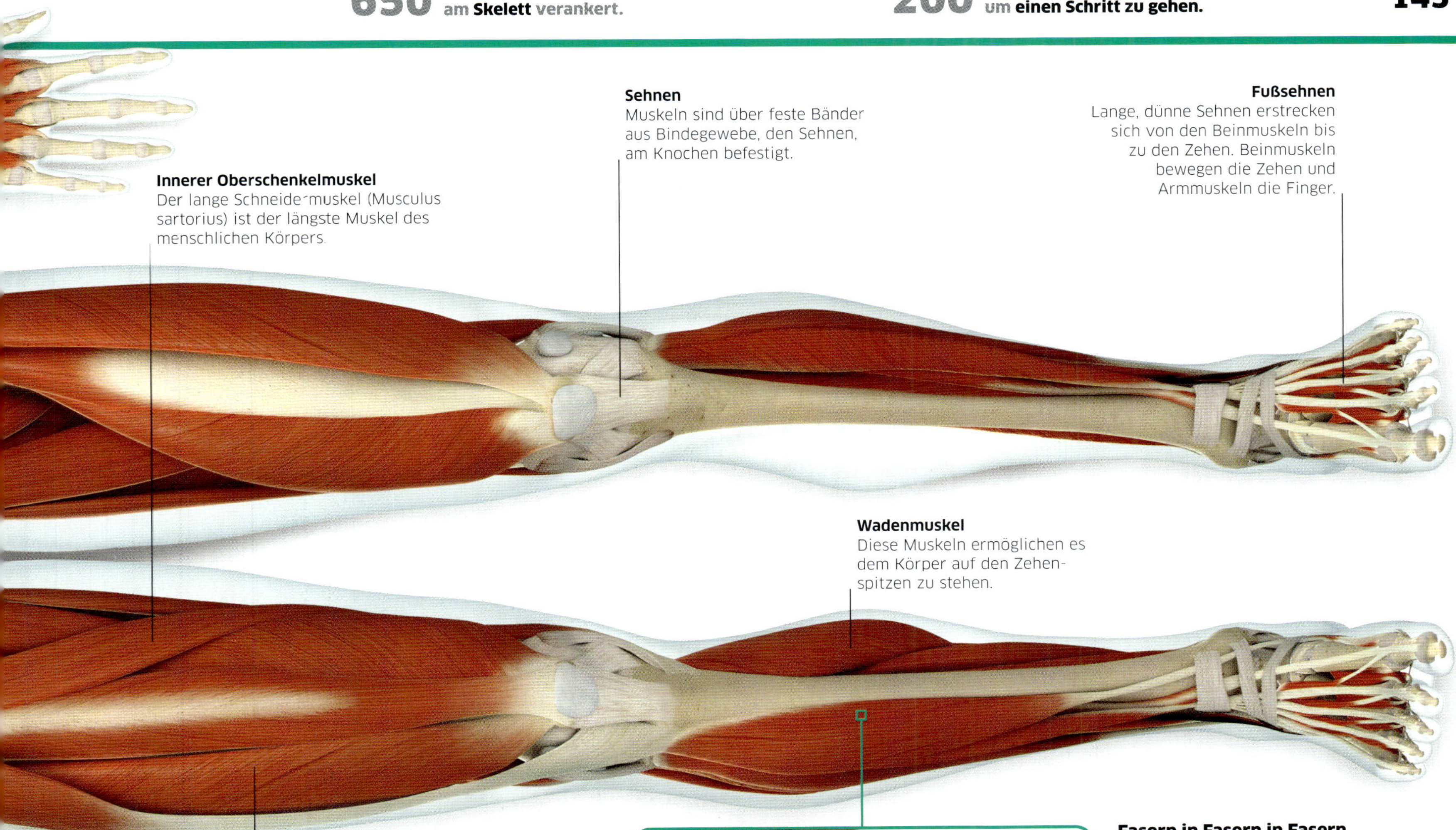

Wadenmuskel
Diese Muskeln ermöglichen es dem Körper auf den Zehenspitzen zu stehen.

Oberschenkelmuskel
Der vierköpfige Schenkelstrecker (Musculus quadriceps femoris) formt den Oberschenkel vorn. Er ist einer der größten und stärksten Muskeln und streckt den Schenkel, wenn man geht, rennt oder springt.

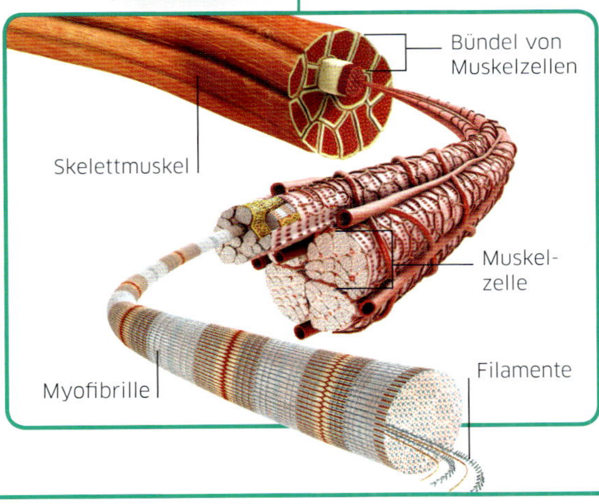

Fasern in Fasern in Fasern
Skelettmuskeln wie die der Beine bestehen aus Bündeln von Muskelzellen, den Muskelfasern. Jede Zelle wiederum besteht aus einem Bündel kleinerer, stäbchenförmiger Fasern, den Myofibrillen. Diese bestehen aus noch dünneren Fasern, den Filamenten. Sie sind die Bestandteile der Muskeln, die die Bewegung erzeugen. Nach einem Nervensignal gleiten sie übereinander und verkürzen dadurch die Zelle. Alle Zellen des Muskels kontrahieren gleichzeitig, um den gesamten Muskel zu verkürzen.

Paarweise

Skelettmuskeln kommen häufig paarweise vor und ziehen Knochen in entgegengesetzte Richtungen. Der Oberarm z. B. besitzt zwei große Muskeln – den Bizeps vorn und den Trizeps hinten. Wenn der Bizeps kontrahiert, beugt er den Arm. Der Trizeps dagegen streckt ihn.

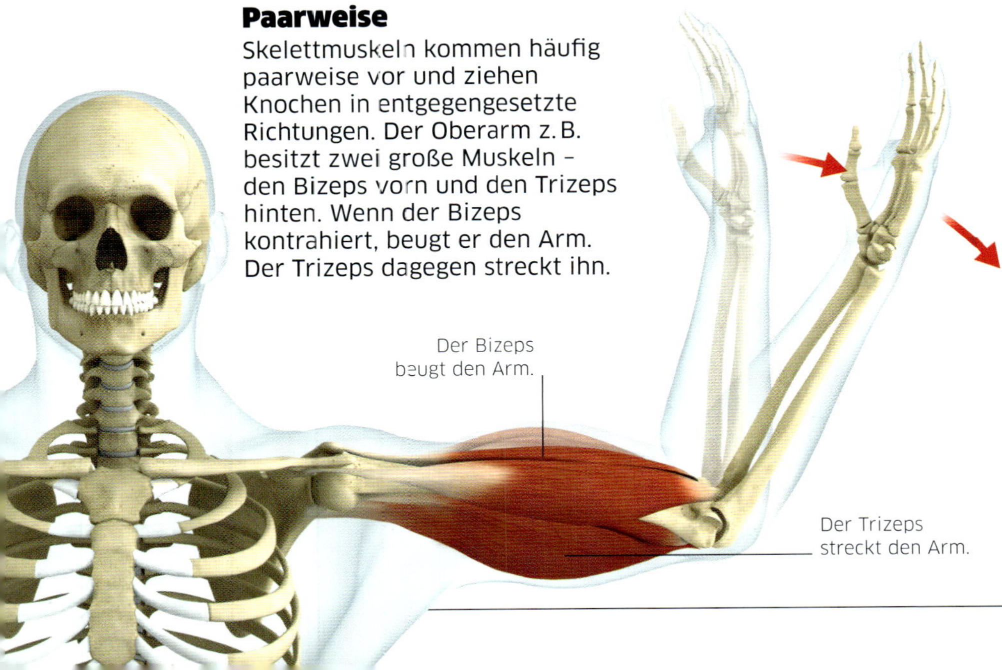

Muskelformen

Die unterschiedlichen Formen der Muskeln hängen von ihrer Aufgabe ab. Manche verjüngen sich an einem oder beiden Enden, um maximale Kraft zu entwickeln. Andere dagegen sind einfach nur gerade. Ringmuskeln kontrollieren Körperöffnungen wie am Mund und am Ausgang der Harnblase.

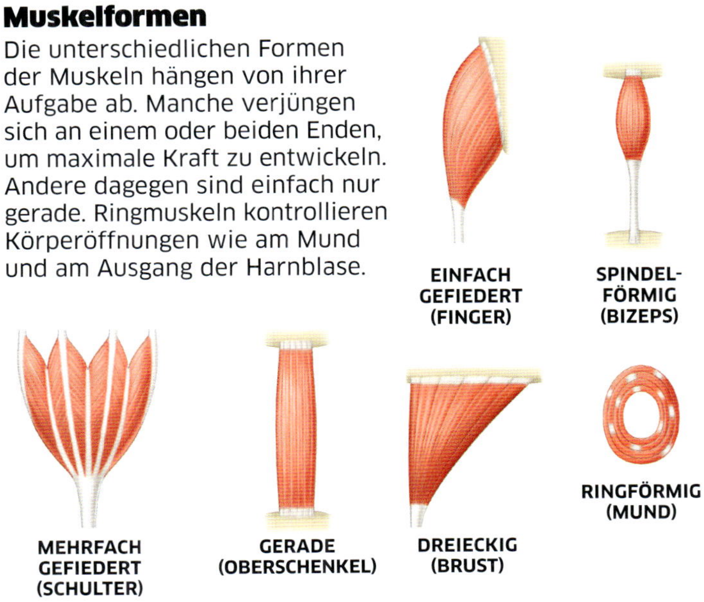

30 000 **Hautschuppen** lösen sich in **jeder Minute** von der **Haut** ab.

Alle **30 Tage** wird die gesamte **äußere Hautschicht** ersetzt.

Aufbau der Haut

Die Haut besteht aus drei Schichten. Die oberste Schicht – die Oberhaut (Epidermis) – besteht vorwiegend aus toten Zellen und schützt den Körper. Die Oberhaut ist an den Augenlidern hauchdünn, aber an den Fußsohlen ungefähr einen halben Zentimeter dick. Darunter folgt die Lederhaut (Dermis), eine lebende Schicht mit Blutgefäßen und Nerven, die auf Berührung und Schmerz reagieren. Ganz unten liegt die Unterhaut.

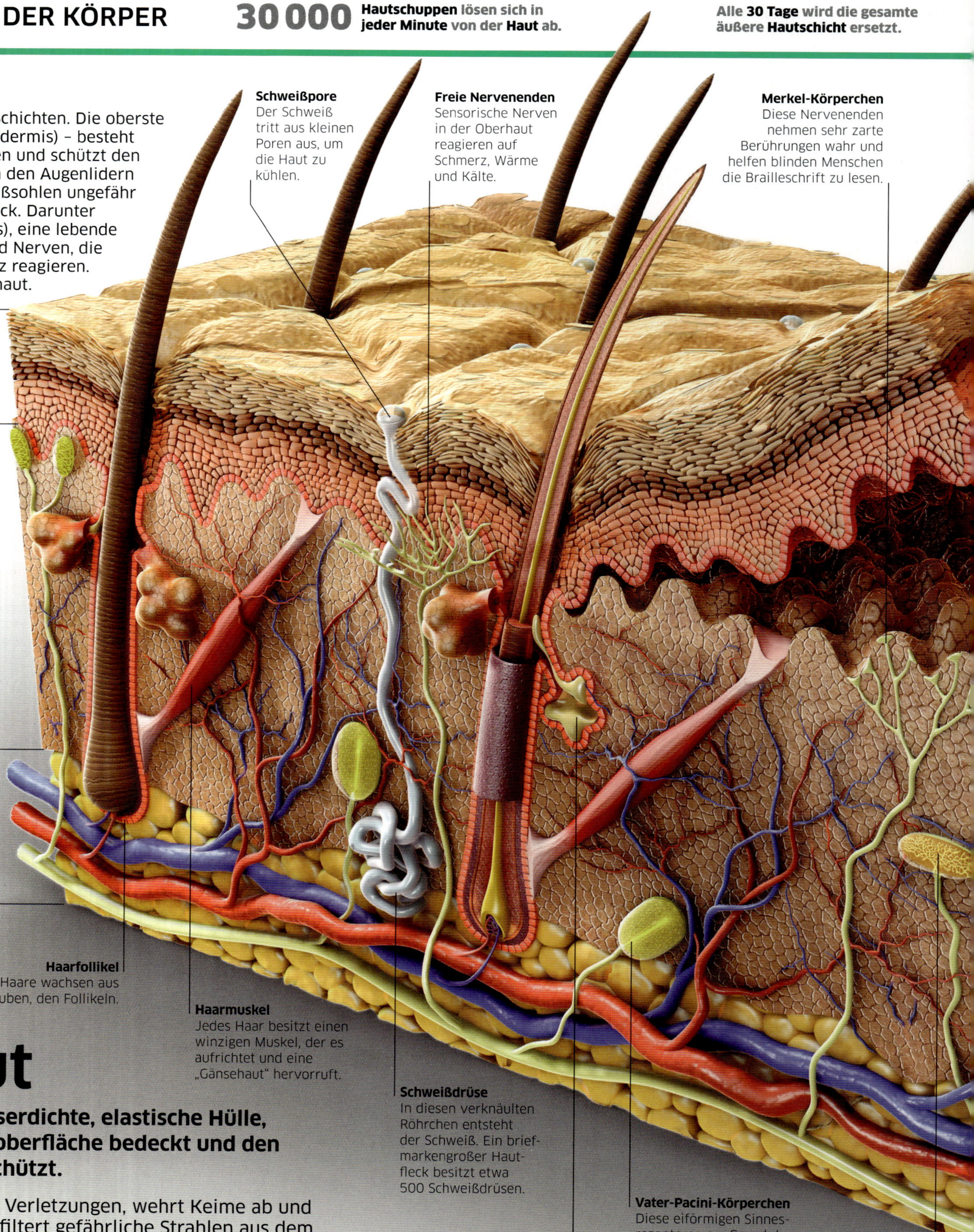

Die Haut

Die Haut ist eine wasserdichte, elastische Hülle, die die ganze Körperoberfläche bedeckt und den Körper nach außen schützt.

Die Haut schützt uns vor Verletzungen, wehrt Keime ab und repariert sich selbst. Sie filtert gefährliche Strahlen aus dem Sonnenlicht, reguliert die Körpertemperatur und sie ist das Organ des Tastsinns.

Die Haut ist zwar nur wenige Millimeter dick, aber unser größtes Organ. Sie macht ungefähr 16 Prozent unseres Körpergewichts aus. Ihre harte Oberfläche nutzt sich ab, wird aber ständig von innen erneuert. Die Haut bildet Haare und Nägel. Diese bestehen wie die Haut aus toten Zellen, die durch das Eiweiß Keratin gehärtet werden.

5,6 m beträgt der **Weltrekord** für **das längste menschliche Haar.**

3 mm wachsen die **Nägel** im Durchschnitt in **einem Monat.**

Fingernägel wachsen etwa **dreimal schneller** als **Zehennägel.**

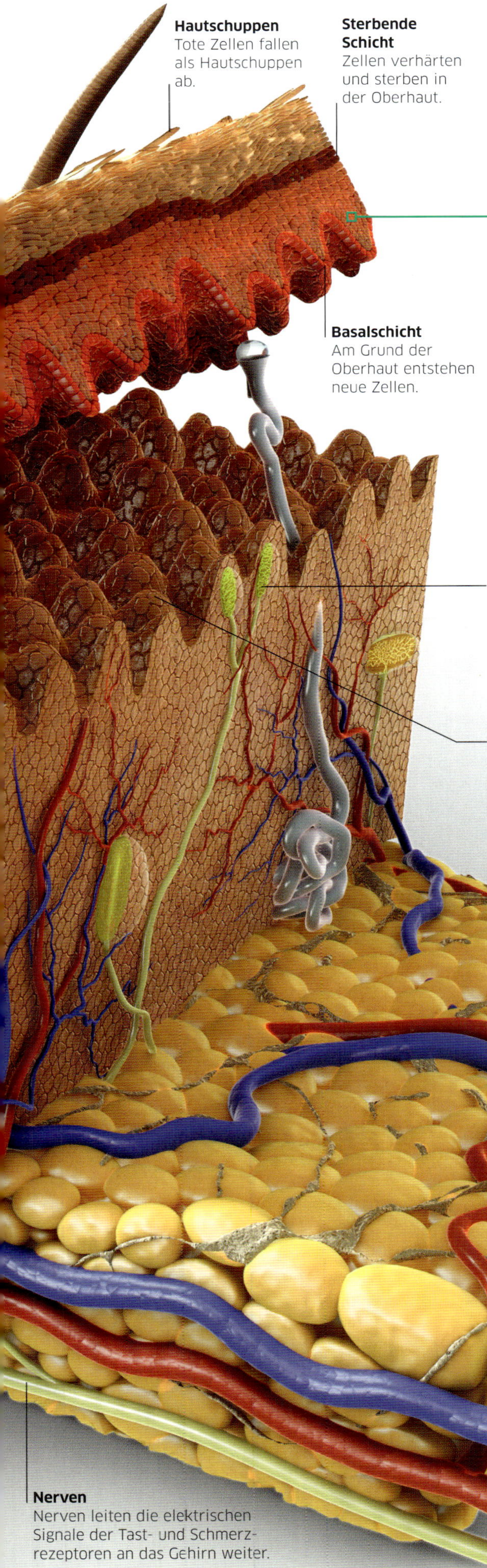

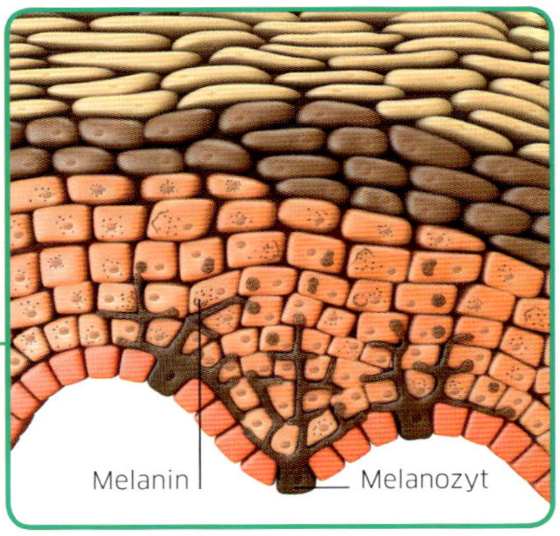

Hautfarbe

Die menschliche Haut kann unterschiedlich gefärbt sein. Für die Farbe ist das Pigment Melanin verantwortlich, das Zellen am Grund der Oberhaut erzeugen. Diese Melanozyten geben Melaninpäckchen in die Oberhaut ab, die platzen und Melaninkörnchen freisetzen. Das Pigment schützt den Körper vor intensivem Sonnenlicht.

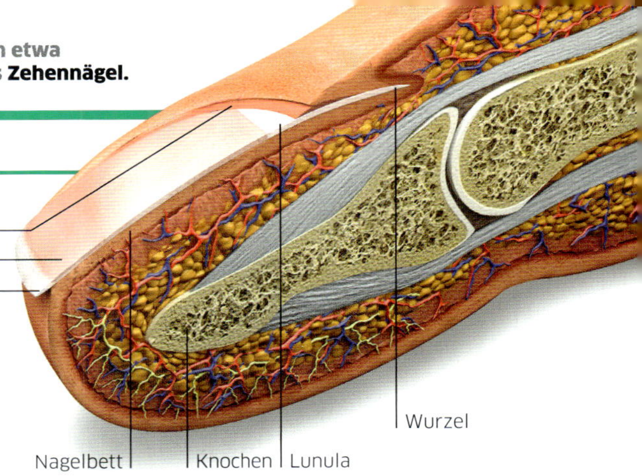

Fingernägel

Fingernägel verbessern den empfindlichen Tastsinn in den Fingerkuppen, weil sie dem Druck nicht nachgeben, wenn man etwas berührt oder hält. Sie helfen auch, wenn man winzige Objekte greift. Der obere Nagelteil – die Platte – besteht aus toten Zellen, die viel hartes Keratin besitzen. Unter der Platte liegt das Nagelbett – eine besondere Hautart, die Nagelzellen produziert. Das Nagelbett enthält die sich am schnellsten teilenden Zellen des menschlichen Körpers.

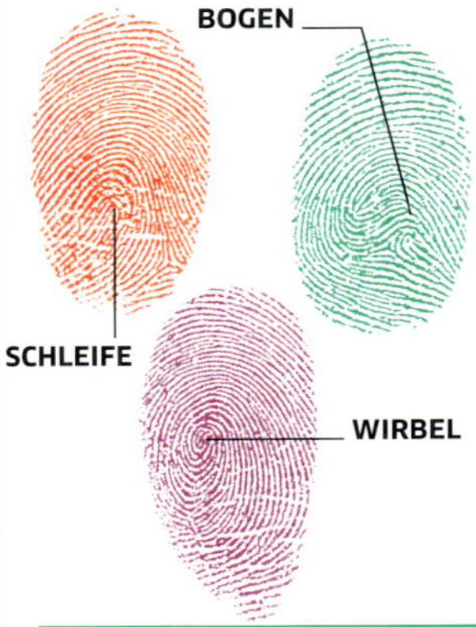

Fingerabdruck

An den Fingerspitzen bilden winzige Rillen wirbelartige Muster. So haften Gegenstände besser an den Fingern. Nicht zwei Menschen besitzen dasselbe Muster. Daher kann die Polizei Verdächtige anhand ihrer Fingerabdrücke überführen. Die Experten achten auch auf bestimmte Merkmale wie Wirbel, Bögen und Schleifen, wenn sie Fingerabdrücke vergleichen.

Haarwachstum

Wie Nägel bestehen Haare aus toten Keratinzellen. Sie wachsen aus lebenden Wurzeln am Grund einer Vertiefung, den Follikeln. Normales Haar wächst 2 bis 3 Jahre lang. Danach wird die Blutversorgung abgeschnitten und die Wurzel stirbt. Neues Haar wächst und drückt das alte heraus. Täglich verliert man 50 bis 100 alte Haare.

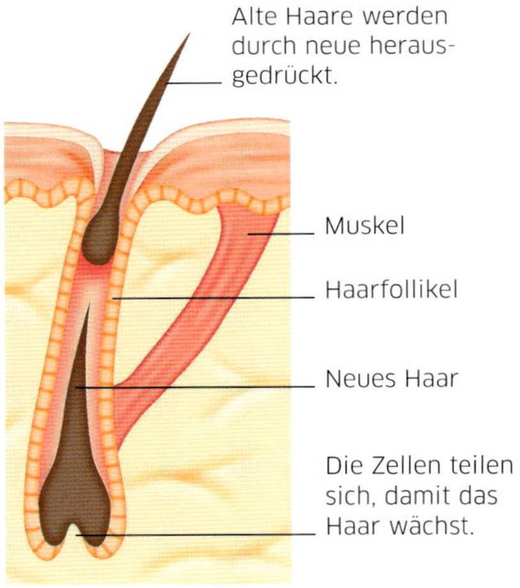

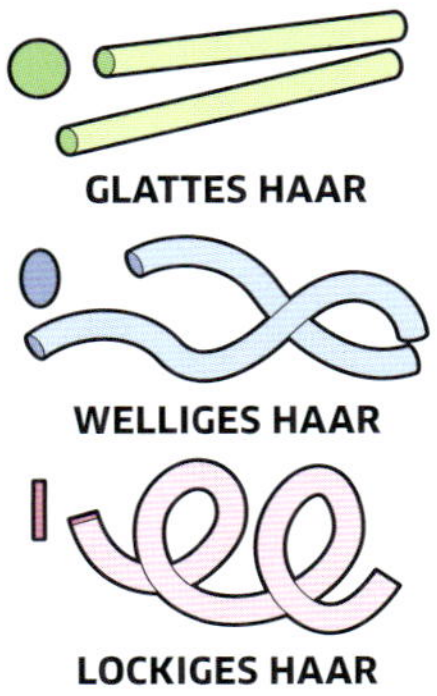

Glatt, gewellt oder lockig

Die Form der Haare beeinflusst, wie sie wachsen. Haare mit eher rundem Querschnitt wachsen glatt. Haare mit ovalem Querschnitt wachsen gewellt und flache Haare wachsen zu Locken. Lockiges Haar kann auch durch Haare entstehen, die schräg aus der Haut wachsen.

VERSORGUNG UND ERHALTUNG

Jede Zelle des menschlichen Körpers muss kontinuierlich mit Nährstoffen und Sauerstoff versorgt werden. Nahrungsmittel liefern die Nährstoffe, während Sauerstoff aus der Luft aufgenommen wird. In den Zellen werden die Nährstoffe und der Sauerstoff verarbeitet, um Energie für die Aktivitäten der Zellen zu erzeugen. Bei der Versorgung der Zellen mit Nährstoffen und Sauerstoff sowie der Entfernung von Abbauprodukten wirken Körpersysteme wie das Verdauungs-, Atmungs-, Harnwegs- und Herz-Kreislauf-System zusammen.

ATMUNG

Die Aktivitäten des menschlichen Körpers werden durch chemische Prozesse angetrieben. Der wichtigste Energielieferant des Menschen ist Zucker. Dieser wird in den Zellen abgebaut und liefert zwei energiereiche Moleküle, die weiterverarbeitet werden. Die Aufnahme von Sauerstoff und seine Verarbeitung nennt man Atmung. Die Organe, die Sauerstoff aufnehmen und verteilen, bilden das Atmungssystem.

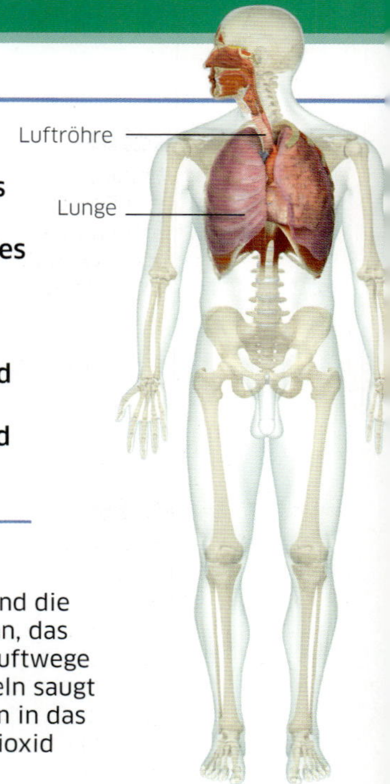

Atmungssystem

Die wichtigsten Organe des Atmungssystems sind die Lunge (ein weichteiliges, schwammartiges Organ, das den größten Teil des Brustkorbs ausfüllt) und Luftwege wie die Luftröhre (Trachea). Mithilfe von Muskeln saugt die Lunge Luft ein. Der Luftsauerstoff geht dann in das Blut über, während das Abbauprodukt Kohlendioxid aus dem Blut in die Atemluft gelangt.

VERDAUUNG

Nahrung besteht aus vielen verschiedenen organischen Verbindungen wie Zuckern (Kohlenhydraten), Fetten (Lipiden) und Eiweißen (Proteinen). Die meisten dieser Verbindungen sind zu groß, um in das Blut überzugehen. Sie werden bei der Verdauung in kleinere Moleküle abgebaut, die leichter absorbiert werden. Dabei werden aus Eiweißen Aminosäuren und aus Fetten Fettsäuren gebildet.

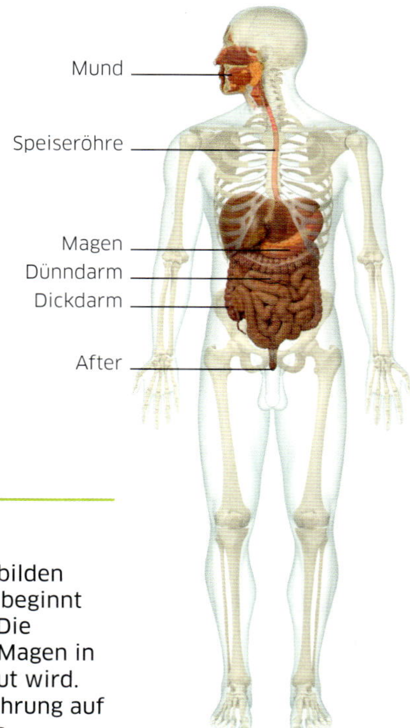

Verdauungssystem

Die Körperteile, die Nahrung abbauen, bilden das Verdauungssystem. Die Verdauung beginnt im Mund, der die Nahrung zerkleinert. Die geschluckte Nahrung gelangt über den Magen in den Darm, in dem sie chemisch abgebaut wird. Der Darm nimmt Nährstoffe aus der Nahrung auf und scheidet die unverdauten Reste aus.

Gesunde Ernährung

Zu den wichtigsten Nährstoffen der Nahrung zählen Eiweiße wie Enzyme, Zucker als Energielieferanten und Fette, um Energie zu speichern. Zu einer gesunden Ernährung gehören auch unverdauliche Pflanzenfasern, die den Darm unterstützen, sowie lebensnotwendige Stoffe, die Vitamine, und in geringen Mengen auch Mineralien. Eine Mischung dieser Nährstoffe (unten) ist für eine ausgeglichene Ernährung wichtig.

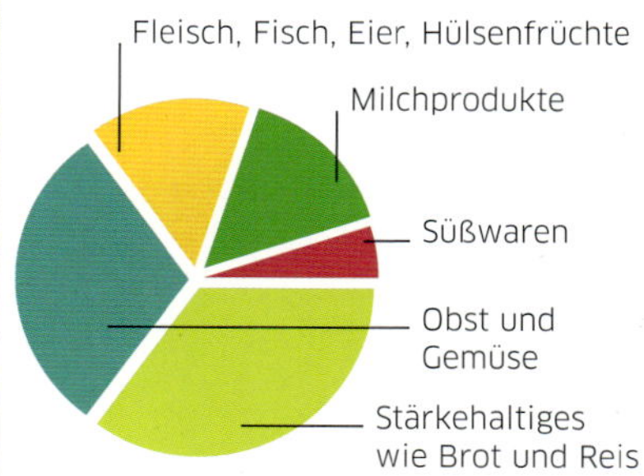

Energie aus der Nahrung

Die chemische Energie der Nahrung wird in Kilojoule (kJ) gemessen. Die benötigte Energiemenge hängt u.a. davon ab, wie aktiv und wie alt man ist. Nimmt man mehr Energie zu sich, als man verbraucht, wird die zusätzliche Energie als Fett gespeichert. Zu üppiges Essen führt zu Übergewicht, das die Gesundheit beeinträchtigen kann.

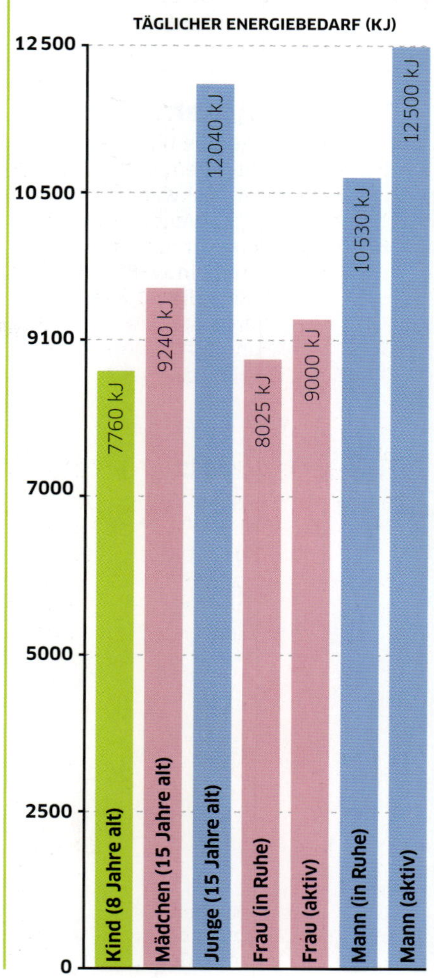

Enzyme

Die Verdauungsorgane produzieren Eiweiße, die Enzyme, die chemische Bindungen in Nahrungsmolekülen zu kleineren Molekülen aufbrechen. Die vielen verschiedenen Enzyme sind jeweils auf bestimmte Nahrungsmoleküle spezialisiert. Das Enzym Sucrase baut z. B. Sucrose (Rohrzucker) im Darm ab.

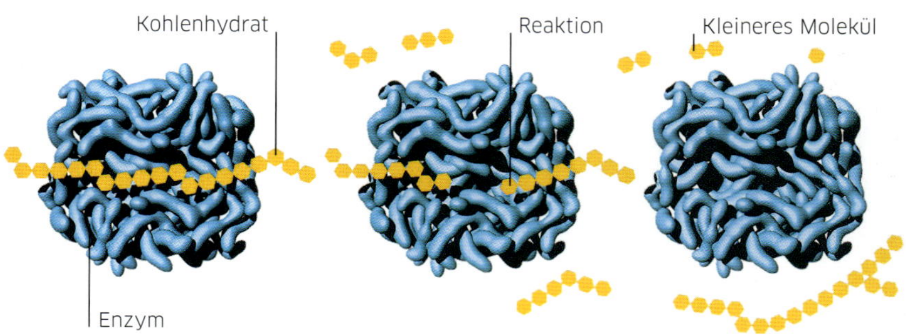

Bindung
Ein Zuckermolekül bindet an einen Teil des Enzyms, das man aktives Zentrum nennt.

Teilung
Das aktive Zentrum bricht die Bindung im Zuckermolekül und teilt es dadurch in kürzere Ketten.

Freisetzung
Das Enzym setzt das Molekül frei und bindet ein neues Zuckermolekül. Ein Enzym kann 10 000 Moleküle pro Sekunde teilen.

BIOLOGISCH ABBAUBARE **WASCHMITTEL** ENTFERNEN FARBFLECKE MIT **VERDAUUNGSENZYMEN** AUS DER KLEIDUNG.

Atmungskette

Nahrungsmoleküle besitzen wie der Treibstoff für Autos chemische Energie. Lebende Zellen setzen diese Energie durch zwei Prozesse frei. Durch den Abbau von Zucker wird die chemische Energie auf zwei Moleküle übertragen, die in den Mitochondrien mit Sauerstoff reagieren. Diesen zweiten Prozess nennt man Atmungskette. Dabei entstehen neben einem phosphatreichen Molekül, das Energie für andere Reaktionen liefert, auch Wasser und Kohlendioxid, das über die Lunge ausgeatmet wird.

$$\underset{\text{ZUCKER}}{C_6H_{12}O_6} + \underset{\text{SAUERSTOFF}}{6O_2} \longrightarrow \underset{\text{KOHLENDIOXID}}{6CO_2} + \underset{\text{WASSER}}{6H_2O} + \text{Energie}$$

Mitochondrien

Die Atmungskette findet in winzigen Kraftwerken der Zelle statt, den Mitochondrien, die jede Zelle besitzt. Manche Zellen haben nur eine oder zwei Mitochondrien. Aber Zellen, die viel Energie verbrauchen – wie Muskelzellen –, können Hunderte haben. Jedes Mitochondrium besitzt zwei Membranen, eine äußere und eine tief gefaltete innere Membran. Die chemischen Reaktionen der Atmungskette verlaufen in der inneren Membran.

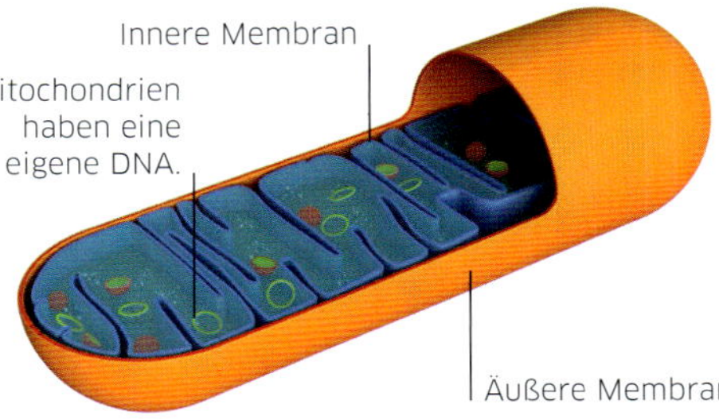

NÄHRSTOFFVERARBEITUNG

Nährstoffe, die der Darm aufgenommen hat, kommen über das Blut zur Leber. Diese speichert Hunderte wichtiger chemischer Verbindungen und führt selbst viele chemische Reaktionen aus.

Wichtige Leberfunktionen
Die Leber verbindet Zuckermoleküle zu dem größeren Molekül Glykogen als Kurzzeitspeicher.
Sie baut giftige Verbindungen aus dem Blut wie Medikamente und Alkohol ab.
Sie produziert einen Verdauungssaft, die Galle, um Fette aus dem Darm zu absorbieren.
Sie speichert die Vitamine A, B_{12}, D, E und K und Mineralien wie Eisen und Kupfer.
Sie wandelt überschüssiges Eiweiß als Energiespeicher in Fett um.

TRANSPORT

Der menschliche Körper enthält Tausende Kilometer Blutgefäße: von Arterien, die so dick wie ein Daumen sind, bis zu den Kapillaren, die dünner als Haare sind. Das enorme Netzwerk aus diesen Gefäßen versorgt jede Zelle des Körpers mit lebensnotwendigen Stoffen und führt auch Abbauprodukte weg.

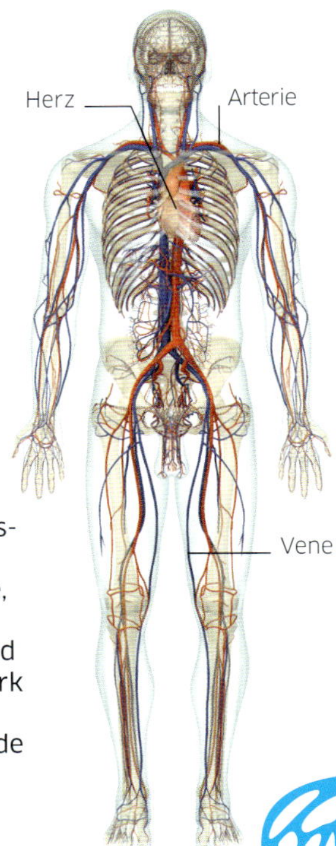

Kreislaufsystem

Herz und Blutgefäße bilden das Kreislaufsystem. Mit jedem Schlag pumpt das Herz Blut in dickwandige Gefäße, die Arterien. Über Venen strömt das Blut zurück zum Herzen. Arterien und Venen sind durch ein weites Netzwerk winziger Gefäße – die Kapillaren – verbunden, durch deren dünne Wände Sauerstoff, Nährstoffe und andere Substanzen frei eindringen können.

Doppelter Kreislauf

Das Blut strömt durch zwei Kreisläufe im Körper. Der kürzere (blaue Pfeile, unten) führt vom Herzen zur Lunge, um Sauerstoff aufzunehmen. Der längere Kreislauf (gelbe Pfeile) verteilt das sauerstoffreiche Blut im gesamten Körper. Sauerstoffreiches Blut ist hellrot, während sauerstoffarmes Blut dunkelrot ist. In den Abbildungen zum Kreislauf wird sauerstoffarmes Blut meist blau dargestellt.

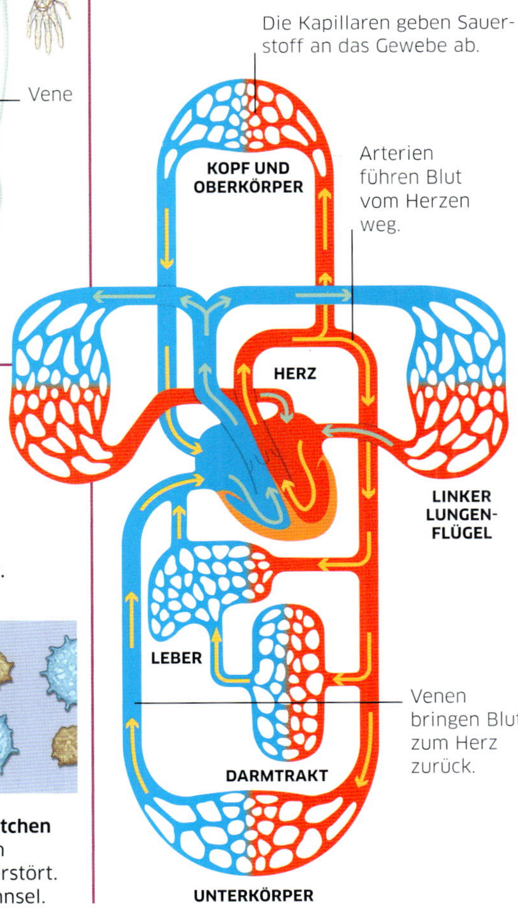

Zusammensetzung des Bluts

Blut ist ein flüssiges Gewebe. Es besteht aus Milliarden Zellen, die in einer Flüssigkeit, dem Plasma, schwimmen. Etwa 54 % des Blutvolumens sind flüssig, 46 % sind Zellen. Sauerstoff wird in roten Blutzellen an einem Eiweiß gebunden, dem Hämoglobin. Nährstoffe, Hormone, Salz, Abbauprodukte und andere Stoffe sind im Plasma gelöst.

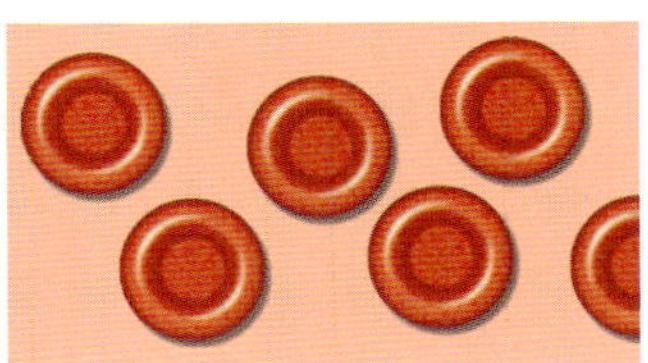

Rote Blutzellen
Diese scheibenförmigen Zellen nehmen Sauerstoff in der Lunge auf und geben ihn im Gewebe ab.

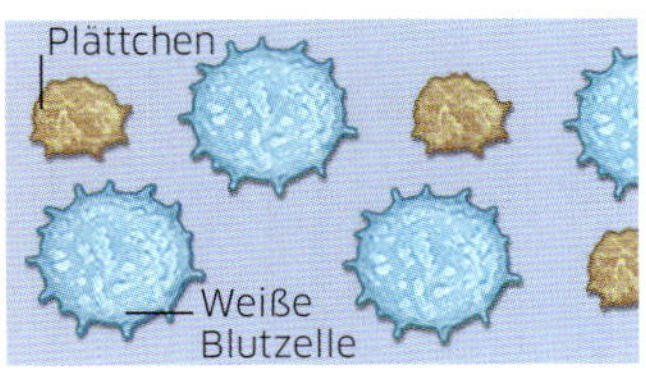

Weiße Blutzellen und Plättchen
Erreger im Körper werden durch weiße Blutzellen zerstört. Plättchen bilden Blutgerinnsel.

ABBAUPRODUKTE

Die chemischen Reaktionen in den Zellen erzeugen Abbauprodukte, die den Körper vergiften, wenn sie sich anreichern. Sie werden über das Blut zu verschiedenen Organen wie Nieren, Leber und Haut transportiert, die sie zerstören oder ausscheiden, und zur Lunge, die Kohlendioxid ausatmet.

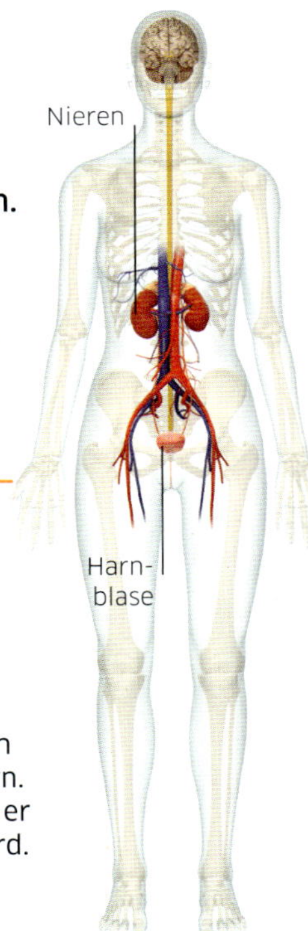

Harnwegsystem

Viele Abbauprodukte im Blut werden durch die Nieren – zwei bohnenförmige Organe – entfernt. Sie filtern kontinuierlich das Blut, entfernen überschüssiges Wasser und verschiedene Stoffe und bilden eine Flüssigkeit, den Urin oder Harn. Urin fließt in die Harnblase ab, wo er gespeichert und ausgeschieden wird. Nieren, Harnblase und Harnleiter bilden das Harnwegssystem.

Zusammensetzung des Urins

Urin besteht vorwiegend aus Wasser und Harnstoff. Dieser wird in der Leber erzeugt, die überschüssige Eiweiße abbaut. Die anderen Verbindungen im Urin sind hauptsächlich Salze. Der Wasseranteil im Urin wächst, wenn man viel trinkt, und er sinkt, wenn man wenig trinkt.

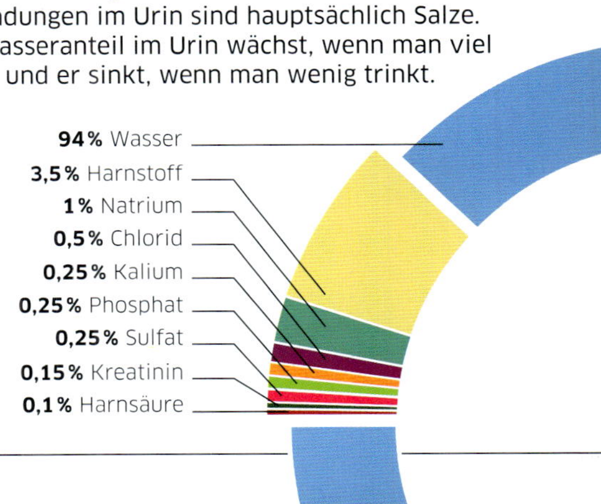

25 000 Liter **Speichel** produziert ein Mensch während seines **Lebens.**

Vom Mund zum Magen

Bereits der Gedanke an Essen oder der Geruch reichen aus, damit Verdauungssäfte Mund und Magen befeuchten. Sobald Nahrung in den Körper kommt, wird sie zu Brei zerkleinert und von chemischen Substanzen abgebaut.

Viele Nährstoffe sind langkettige Moleküle, die sich nicht in Wasser lösen und in das Blut übergehen. Der Verdauungsprozess baut diese großen Moleküle zu winzigen Einheiten ab, die der Körper aufnehmen kann. Der erste Verdauungsschritt ist ein physischer, bei dem die Nahrung mit den Zähnen zerkleinert und zermahlen wird. Dadurch kann der Verdauungssaft die Nahrung einfacher chemisch abbauen.

Der Magen dehnt sich bis zum 70-fachen Volumen aus, wenn er mit Nahrung gefüllt wird.

Im Mund

Im Gegensatz zu Hunden, die große Stücke hinunterschlingen können, müssen Menschen ihre Nahrung erst zerkauen, bevor sie diese schlucken. Im Mund wird die Nahrung durch die Zähne zerkleinert und mit wässrigem Speichel vermischt. Speichel befeuchtet die Nahrung, sodass sie sich leichter herunterschlucken lässt. Er enthält auch Verdauungsenzyme, die große Moleküle in kleinere abbauen. Das Enzym Amylase baut Stärkemoleküle aus Brot, Nudeln und Reis in Zuckermoleküle ab. Das Enzym Lipase verdaut Fettmoleküle.

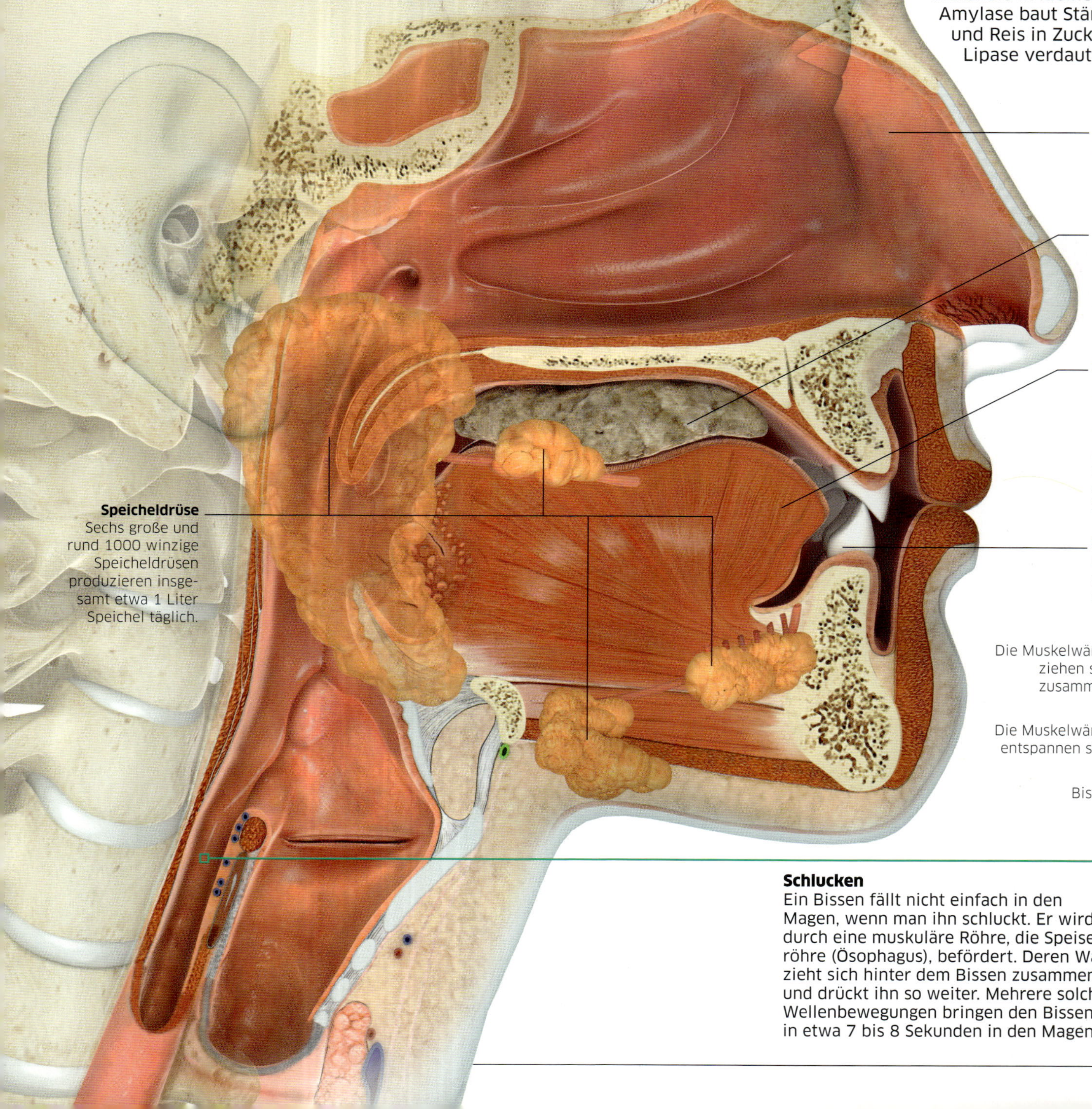

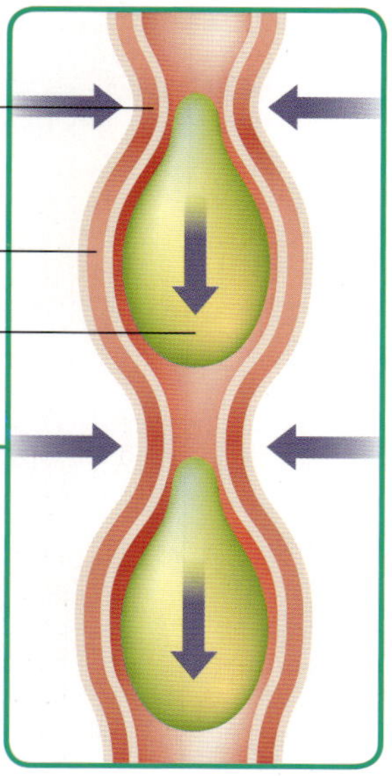

Schlucken
Ein Bissen fällt nicht einfach in den Magen, wenn man ihn schluckt. Er wird durch eine muskuläre Röhre, die Speiseröhre (Ösophagus), befördert. Deren Wand zieht sich hinter dem Bissen zusammen und drückt ihn so weiter. Mehrere solcher Wellenbewegungen bringen den Bissen in etwa 7 bis 8 Sekunden in den Magen.

45 ml beträgt das **Volumen** eines **leeren Magens**.

3 Liter – das maximale **Volumen** eines **gefüllten Magens**

4 **Stunden** bleibt eine große **Mahlzeit** durchschnittlich im **Magen.**

Funktion der Zähne

Im ersten Schritt des Verdauungsprozesses zerkleinern und zermahlen die Zähne die Nahrung in kleinere Stücke. Wir Menschen haben während unseres Lebens zwei Zahnsätze. Den 20 Milchzähnen folgen nach etwa 6 bis 10 Jahren 32 dauerhafte Zähne. Je nach ihrer Aufgabe sind sie unterschiedlich geformt. Schneidezähne besitzen relativ scharfe Kanten, um Lebensmittel abzubeißen. Die hinteren Zähne (Mahl- und Backenzähne) sind breiter und besitzen kleine Höcker, um Nahrung zu zermahlen. Eckzähne laufen spitz zu, um die Nahrung festzuhalten. Menschliche Eckzähne sind klein, aber manch andere Säugetiere besitzen lange, scharfe Eckzähne, die man als Fangzähne bezeichnet.

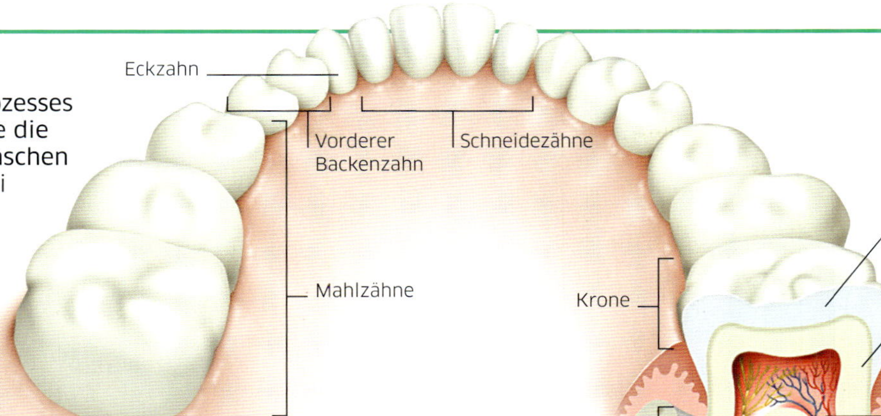

Aufbau eines Zahns
Zähne müssen ein Leben lang der Abnutzung widerstehen. Sie sind daher mit der härtesten Substanz des menschlichen Körpers überzogen, dem Zahnschmelz. Darunter liegt das Zahnbein (Dentin), in dem sich das empfindliche Zahnmark (Pulpa) befindet.

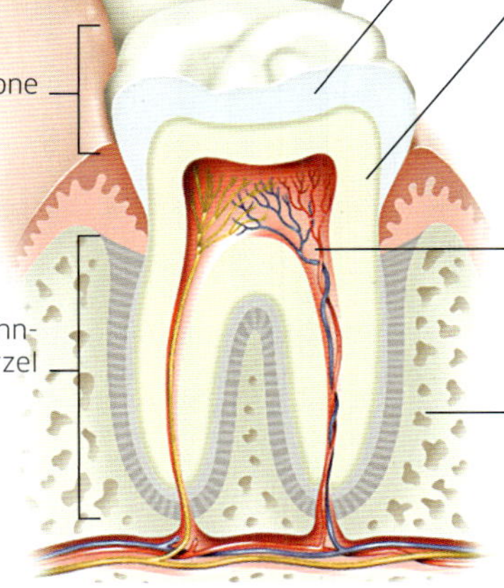

Zahnschmelz
Kalzium bildet 96 % des Zahnschmelzes, das dadurch sehr hart ist.

Zahnbein
Das harte Gewebe besteht zu 70 % aus Mineralien. Im Gegensatz zum Zahnschmelz ist das Zahnbein schmerzempfindlich.

Zahnmark
Das lebende Innere eines Zahns enthält Blutgefäße und Nerven.

Kieferknochen
Die Zahnwurzeln sind fest im Kieferknochen verankert.

Im Magen

Wie eine Küchenmaschine walkt und mischt der Magen die Nahrung, bis sie dickflüssig ist. Drüsen in der Magenwand geben Salzsäure und Enzyme ab, die zusammen Eiweißmoleküle, z. B. aus Fleisch und Fisch, abbauen. Die Magenwand nimmt keine Nährstoffe auf, kann aber Wasser und Medikamente absorbieren.

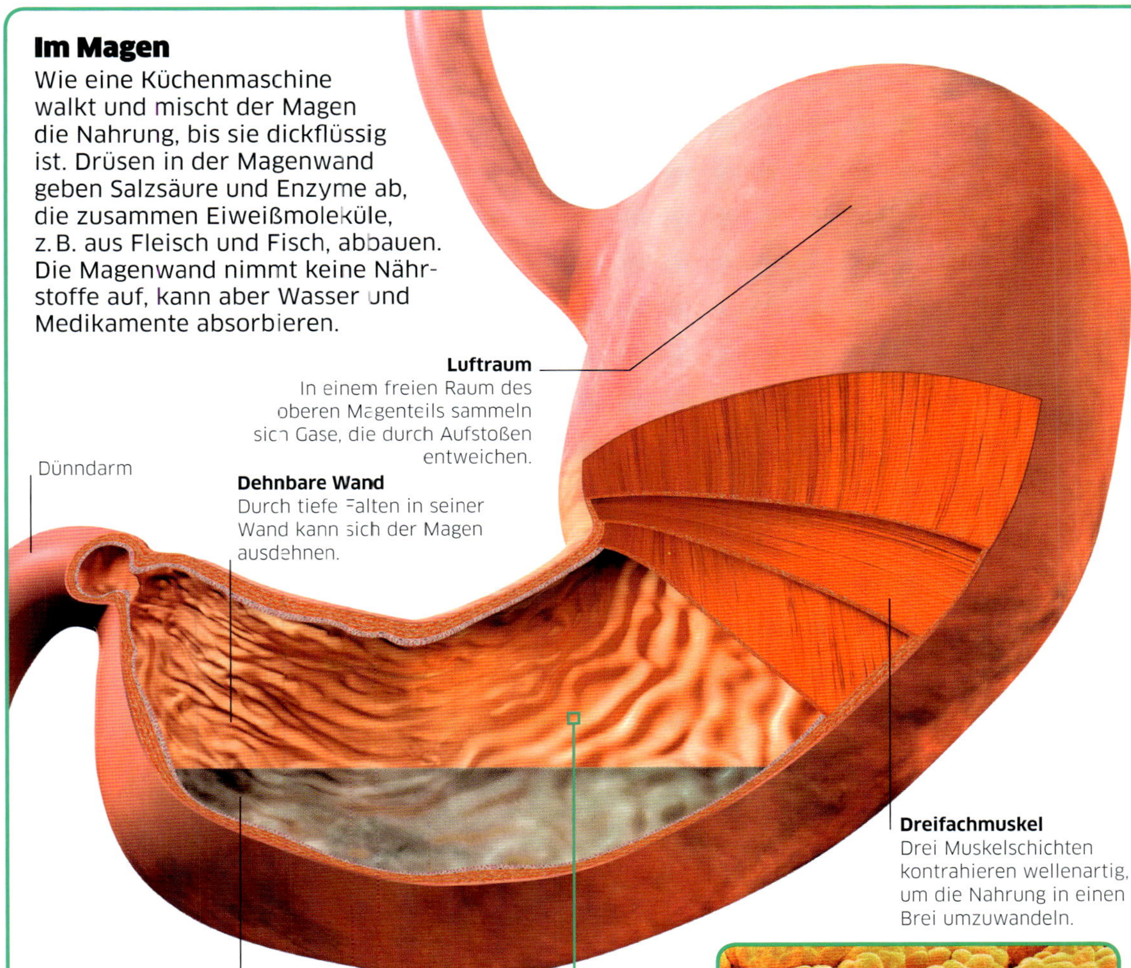

Luftraum
In einem freien Raum des oberen Magenteils sammeln sich Gase, die durch Aufstoßen entweichen.

Dehnbare Wand
Durch tiefe Falten in seiner Wand kann sich der Magen ausdehnen.

Dreifachmuskel
Drei Muskelschichten kontrahieren wellenartig, um die Nahrung in einen Brei umzuwandeln.

Verflüssigung
Die Nahrung bleibt im Magen, bis sie dickflüssig ist und keine Klumpen mehr enthält.

Säurebad
Millionen winziger Grübchen in der Magenoberfläche (rechts) geben einen Verdauungssaft ab, der sehr viel saurer als Zitronensaft ist. Die Säure tötet Erreger und aktiviert das Enzym Pepsin, das Eiweiße abbaut. Die Oberfläche bildet auch eine schützende Schleimhaut (Mucus), damit die Säure den Magen nicht angreift.

Auffüllen und Entleeren

Der Magen dehnt sich, wenn er gefüllt wird. Er nimmt etwa 1 Liter Nahrung und Getränke auf, aber er kann sich auch auf das 3-fache Volumen ausdehnen. Die Nahrung bleibt zwischen 40 Minuten und bis zu 5 Stunden im Magen, je nachdem wie reichhaltig eine Mahlzeit ist.

1 Auffüllen
Der Magen dehnt sich und gibt Verdauungssaft ab, der sich mit der Nahrung am Boden des Magens sammelt.

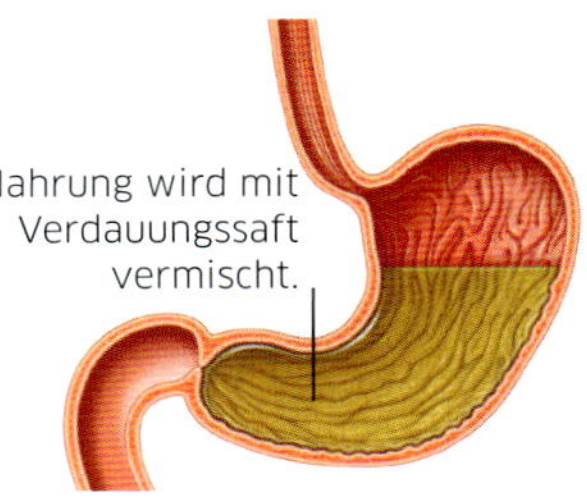

2 Walken
Muskeln der Magenwand ziehen sich rhythmisch zusammen, um Nahrung und Verdauungssaft zu mischen. Enzyme des Verdauungssafts bauen Eiweiße ab.

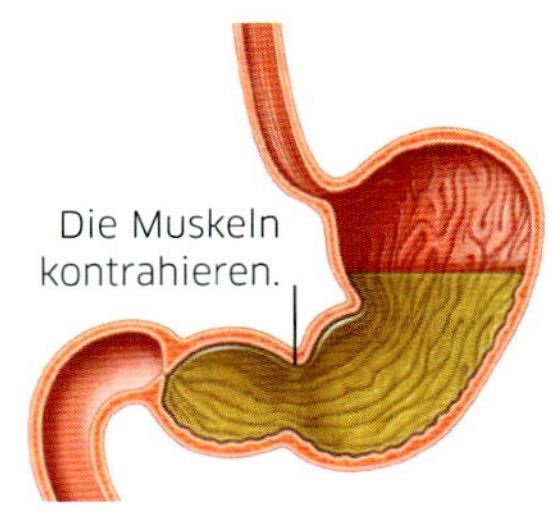

3 Entleeren
Ein Ringmuskel (Magenschließer) öffnet sich und lässt Nahrung in den Darm ab. Die Magenwände kontrahieren, um die dickflüssige Nahrung herauszudrücken.

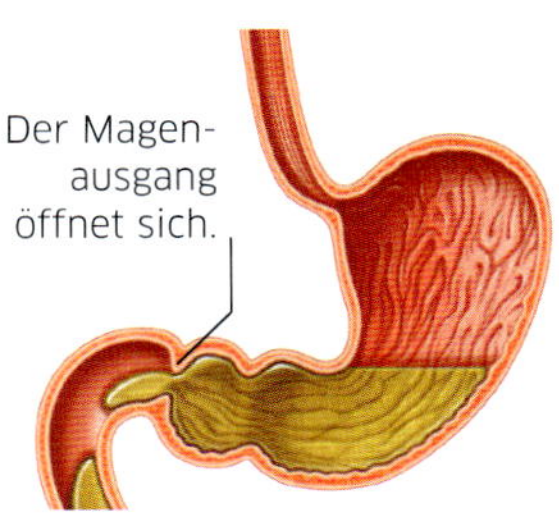

Bei Magenknurren
ist der Magen leer. Seine Muskeln ziehen sich zusammen, um nicht verwendeten Verdauungssaft in den Darm zu drücken.

Chemischer Angriff
Sobald der Nahrungsbrei aus dem Magen in den Darm gelangt, wird er mit Verdauungssubstanzen aus benachbarten Organen, der Gallenblase und der Bauchspeicheldrüse, vermischt. Die Gallenblase setzt eine grüne Flüssigkeit frei, die Galle. Sie neutralisiert die Magensäure und bildet aus Fetten winzige Tröpfchen, die besser verdaut werden. Die Bauchspeicheldrüse (Pankreas) gibt mindestens sieben Verdauungsenzyme in den Darm ab. Diese bauen Kohlenhydrate, Eiweiße und Fette zu kleineren Molekülen ab.

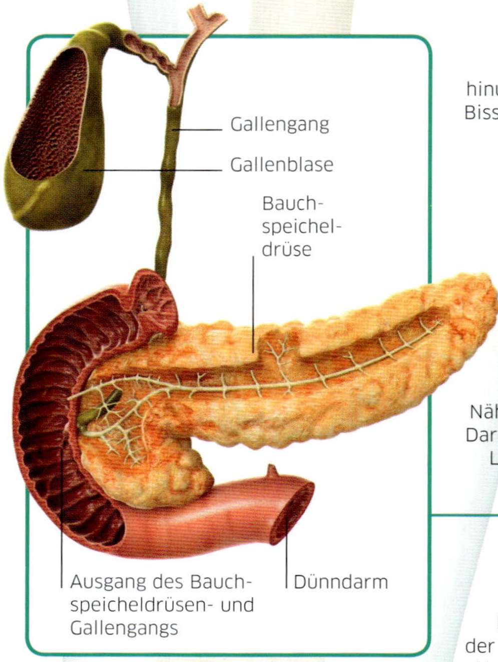

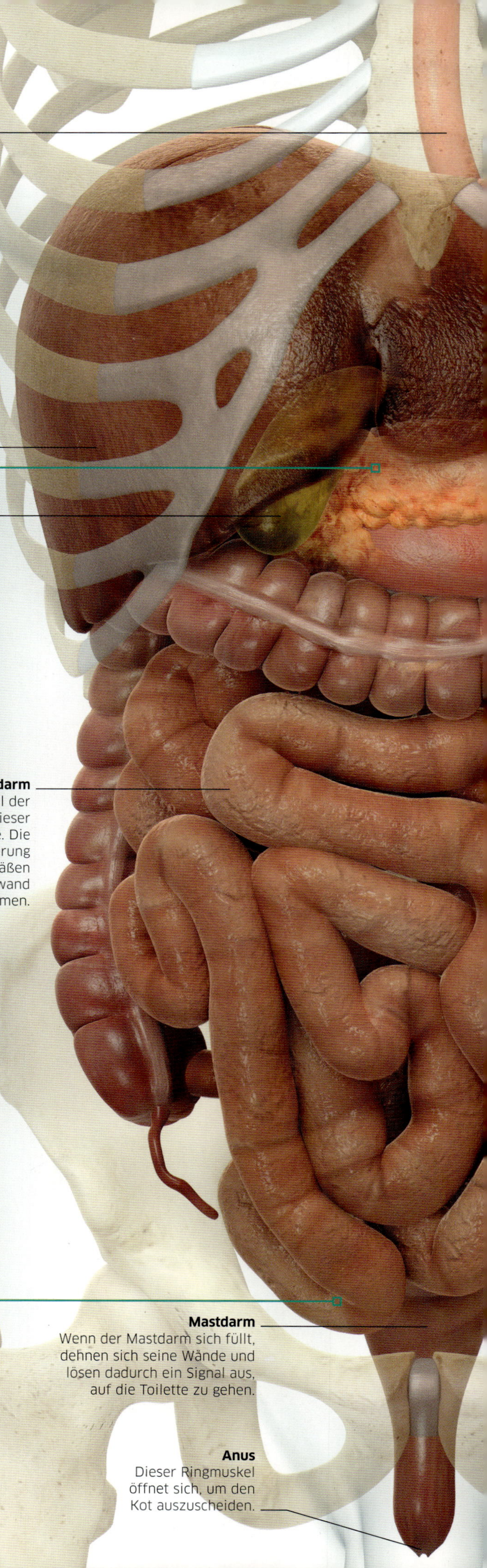

Der Darm

Dünndarm und Dickdarm befinden sich im Bauchraum und bilden zusammen den Darm, der einen etwa 8 m langen Schlauch bildet. Hier wird die Nahrung von Substanzen zu Molekülen abgebaut, die der Körper absorbiert.

Der Darm (Intestinum) ist der wichtigste Abschnitt des Verdauungssystems. Hier wird die chemische Verdauung vollendet: Die Nährstoffe gehen ins Blut über, das sie zu anderen Organen transportiert. Wie der Magen besitzt auch der Darm muskuläre Wände, die rhythmisch kontrahieren, um die Nahrung zu befördern. Nach nur wenigen Stunden hat die Nahrung den Dünndarm passiert, in dem nahezu alle Nährstoffe absorbiert werden. Der Rest benötigt bis zu einem Tag, um durch den Dickdarm zu gelangen. Dieser nimmt dabei Wasser auf, während Bakterien harte Fasern verdauen. Aus dem letzten Teil des Dickdarms, dem Mastdarm (Rectum), werden unverdaute Reste als Kot (Fäzes) ausgeschieden.

Nährstoffe aufnehmen
Die Innenwand des Dünndarms ist mit Millionen winziger fingerartiger Ausstülpungen ausgekleidet, den Zotten, die etwa 1 mm lang sind. Zotten absorbieren abgebaute Nährstoffe wie Zucker und Aminosäuren. Diese Moleküle gelangen über die Zotten in das Blut, das sie abtransportiert. Die Zotten bilden zusammen eine riesige Oberfläche, damit die Aufnahme schneller abläuft. Könnte man alle Zotten ausgestreckt nebeneinanderlegen, würden sie die Fläche eines Tennisplatzes bedecken.

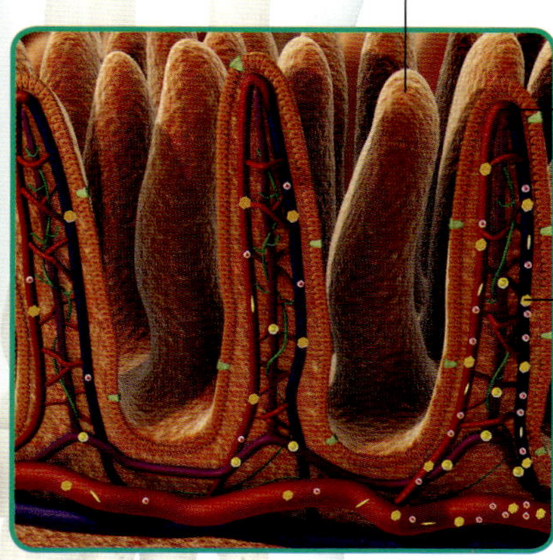

30 Tonnen **Nahrung** verarbeitet der **Darm** in einer durchschnittlichen **Lebenszeit.**

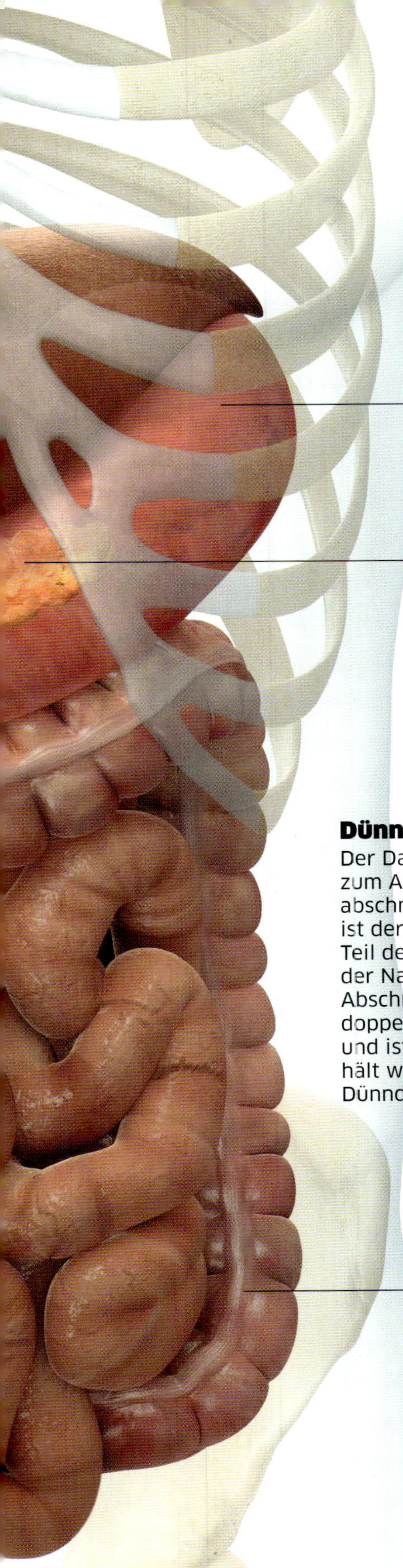

Dünn- und Dickdarm

Der Darm verläuft vom Magen bis zum Anus. Er besteht aus zwei Hauptabschnitten. Der erste, längere Abschnitt ist der Dünndarm, in dem der größte Teil der Verdauung und Absorption der Nahrung stattfindet. Der zweite Abschnitt, der Dickdarm, besitzt den doppelten Durchmesser des Dünndarms und ist nur ein Viertel so lang. Er erhält wässrige Nahrungsreste aus dem Dünndarm und verarbeitet sie zu Stuhl.

100 **Billionen Bakterien leben im Darm – weit mehr, als wir Körperzellen besitzen. Sie geben zusätzliche Nährstoffe aus faserreicher Nahrung ab.**

Wie die Verdauung funktioniert

Die Nährstoffe der Nahrungsmittel sind in großen Molekülen gebunden, die der Körper nicht direkt aufnehmen kann. Bei der Verdauung entstehen aus diesen Molekülen kleinere, die sich in den Körperflüssigkeiten lösen können und in das Blut übergehen. Die Verdauungsorgane produzieren verschiedene Enzyme, um Moleküle zu spalten und abzubauen. Jedes Enzym bindet dabei immer nur eine bestimmte Art der Moleküle wie z. B. Fette.

Fette

Butter und Öl sind Quellen des Fetts. Enzyme im Dünndarm bauen sie zu Monoglyceriden und Fettsäuren ab.

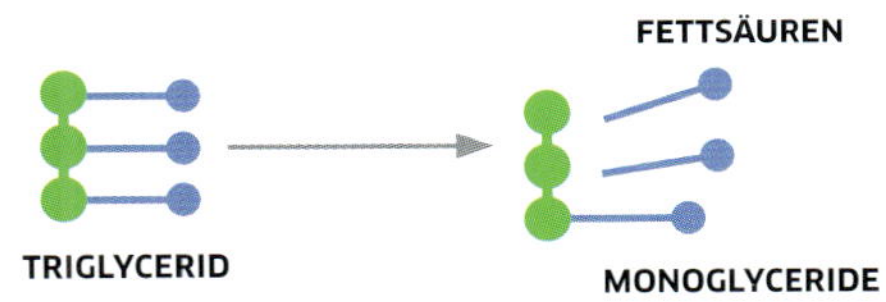

Eiweiße

Fleisch und Käse sind eiweißreich. Enzyme im Magen und Dünndarm spalten Eiweiße zu Aminosäuren.

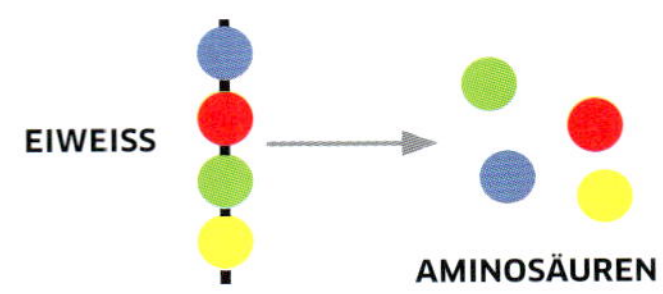

Kohlenhydrate

Zu den kohlenhydrathaltigen Lebensmitteln zählen Nudeln, Reis und Brot. Enzyme im Mund und Dünndarm spalten große Kohlenhydrate in Zucker.

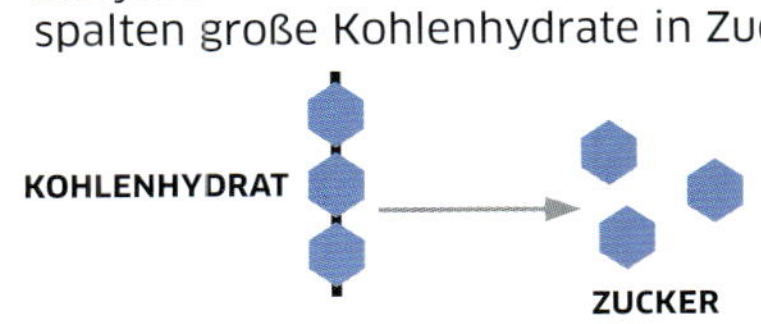

Zeitaufwendig

Es benötigt Zeit, um die Nährstoffe aus der Nahrung zu gewinnen. Vom Essen bis zum Ausscheiden unverdauter Reste vergehen zwischen 20 und 44 Stunden. Die Dauer hängt davon ab, was man gegessen hat. Obst und Gemüse werden viel schneller verdaut und verlassen den Körper eher als Fleisch.

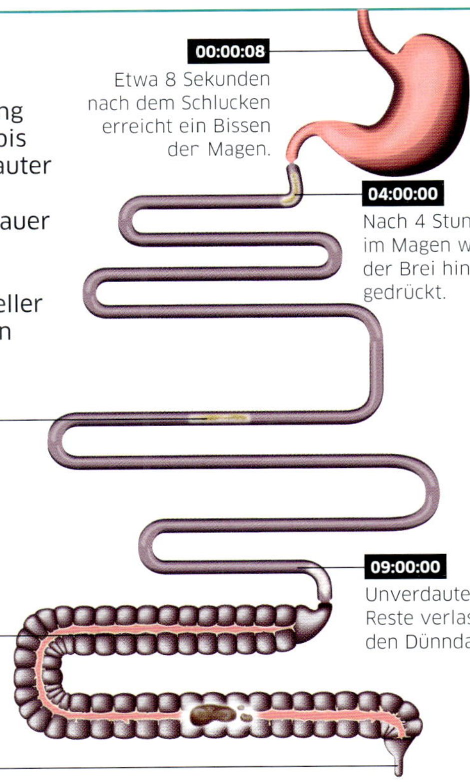

100 000 km lang sind die Blutgefäße im menschlichen Körper.

Das Blut

Das Blut ist ein Transportsystem. Es versorgt jede Körperzelle mit Sauerstoff, Hormonen, Wärme und anderen lebenswichtigen Stoffen und es führt auch Abbauprodukte ab.

Das Blut zirkuliert unaufhörlich im Körper durch Tausende Kilometer lange Röhren – die Blutgefäße. Die größten Blutgefäße sind so dick wie ein Gartenschlauch. Die winzigsten Gefäße haben nur ein Zehntel der Dicke eines Haars und sind zu klein, um sie mit bloßem Auge zu sehen. In den dünnsten Gefäßen gibt das Blut Sauerstoff und Nährstoffe ab, damit die Körperzellen lebendig und funktionstüchtig bleiben. Es nimmt von ihnen auch Abbauprodukte auf, um sie aus dem Körper zu entfernen. Blut besitzt Zellen, die Keime oder Erreger bekämpfen und Wunden heilen. Chemische Botenstoffe wie Hormone und Wärme werden über das Blut im gesamten Körper verteilt.

Kreislaufsystem

Das Herz und die Blutgefäße bilden zusammen das Kreislaufsystem. Das Blut wird vom Herzen in Arterien (rot) gepumpt, die sich in immer feinere Äste aufteilen. Es strömt dann durch winzige Gefäße, die Kapillaren, in denen es Sauerstoff und Nährstoffe abgibt und Abbauprodukte aufnimmt. Die Kapillaren vereinigen sich und bilden größere Gefäße, die Venen (blau), die das Blut zum Herzen zurückführen.

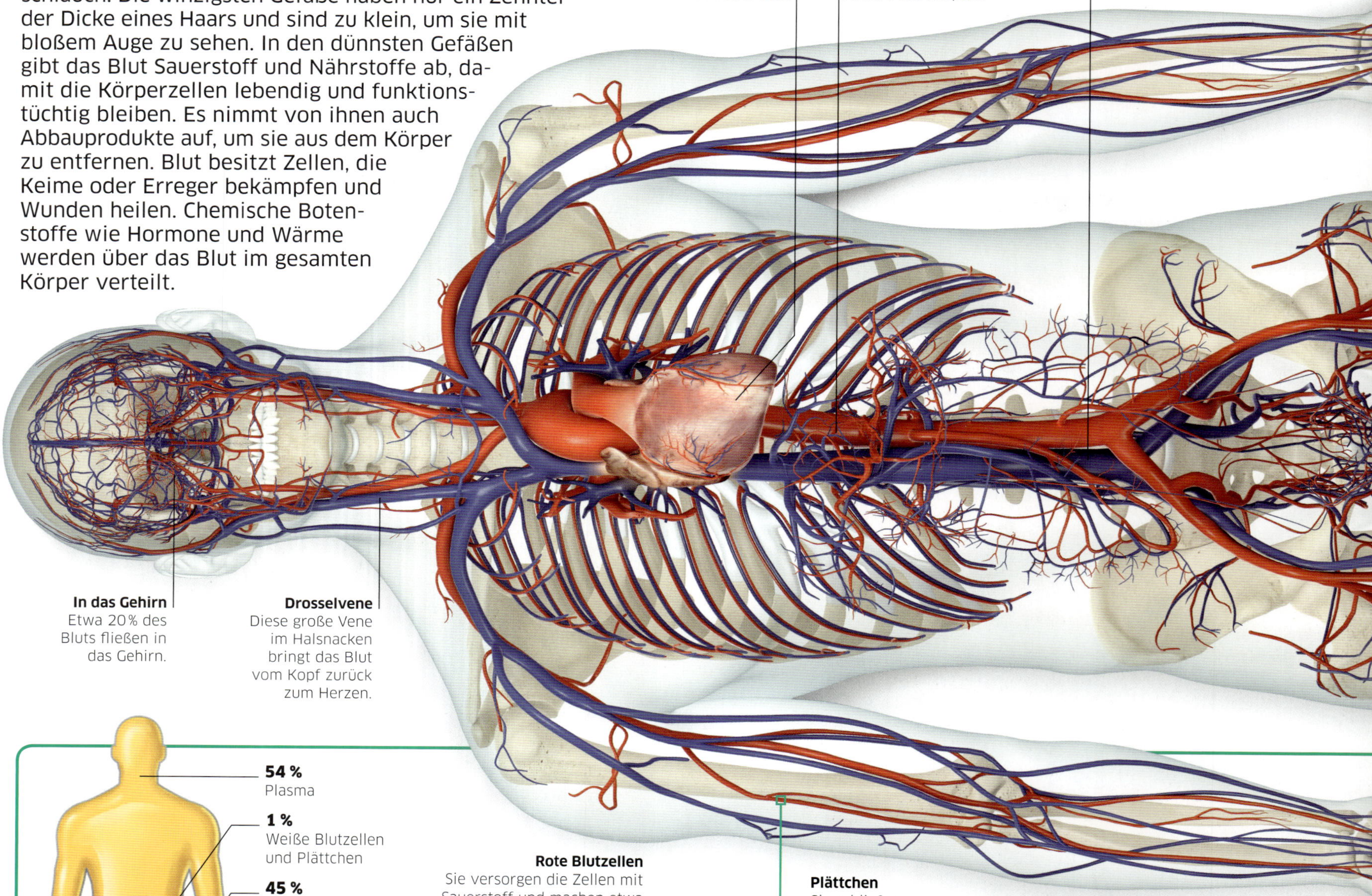

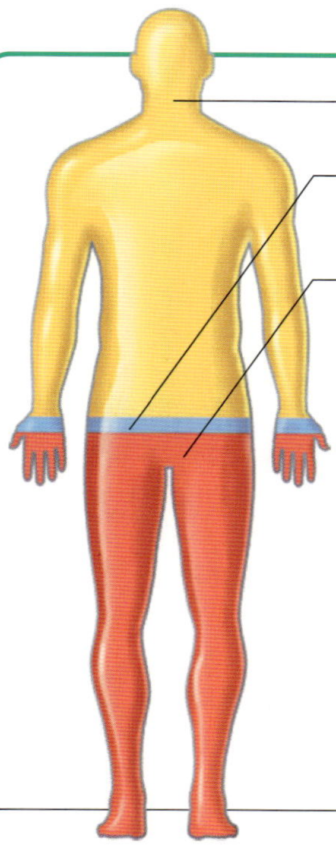

Woraus besteht Blut?

Blut ist ein Gewebe, das aus etwa 20 Billionen winziger Zellen besteht, die in einer gelblichen Flüssigkeit, dem Plasma, schwimmen. Plasma besteht vorwiegend aus Wasser, es enthält aber noch Hunderte lebensnotwendiger Substanzen wie Salze, Zucker, Fette und Eiweiße. Es entsorgt auch Abbauprodukte. Ein durchschnittlicher Erwachsener hat etwa 5 l Blut.

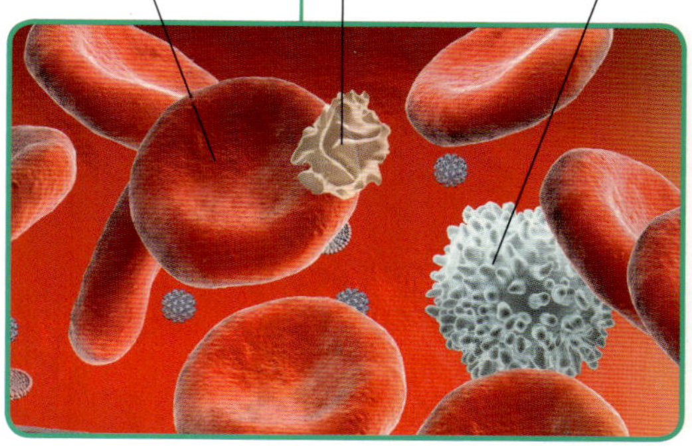

Blutzellen

Von drei verschiedenen Arten der Blutzellen sind die roten Blutzellen am häufigsten. Diese hellroten, scheibenförmigen Zellen nehmen in der Lunge Sauerstoff auf und verteilen ihn im gesamten Körper. Weiße Blutzellen zählen zum Immunsystem und zerstören Keime. Plättchen sind winzige Blutzellen, die in einer Wunde verklumpen und so verletzte Blutgefäße schließen.

7 % des **Körpergewichts** macht **das Blut** aus.

5 Liter **Blut** zirkulieren im **Körper** eines Erwachsenen.

5 Mio. **rote Blutzellen** enthält ein **Tropfen Blut.**

Arterien

Diese Blutgefäße führen Blut vom Herzen weg. Sie haben starke muskuläre Wände, die sich bei jedem Herzschlag weiten, wenn ein Blutstoß vorbeiströmt. Anschließend verengen sie sich wieder auf Normalweite, um das Blut weiterzubefördern.

Venen

Blutgefäße, die Blut zum Herzen zurückführen, nennt man Venen. Sie haben dünnere Wände als Arterien. Weil der Herzschlag in den Venen sehr viel schwächer ist, besitzen sie Venenklappen, die einen Rückfluss des Bluts verhindern.

Kapillaren

Winzige Blutgefäße, die Kapillaren, verbinden im Gewebe Arterien und Venen. Tausende Kilometer Kapillaren verlaufen in nahezu allen Körperteilen. Durch die äußerst dünnen Wände gehen Sauerstoff und Nährstoffe leicht in das Gewebe über und auch Abbauprodukte gelangen leicht aus dem Gewebe ins Blut.

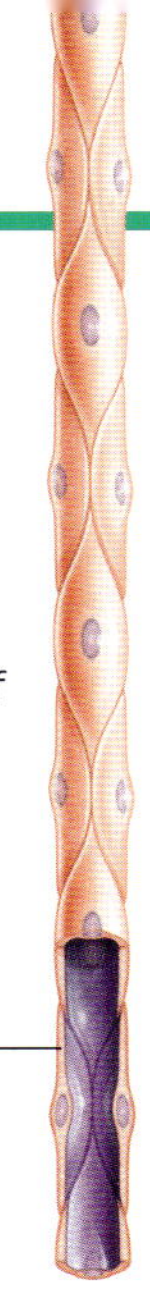

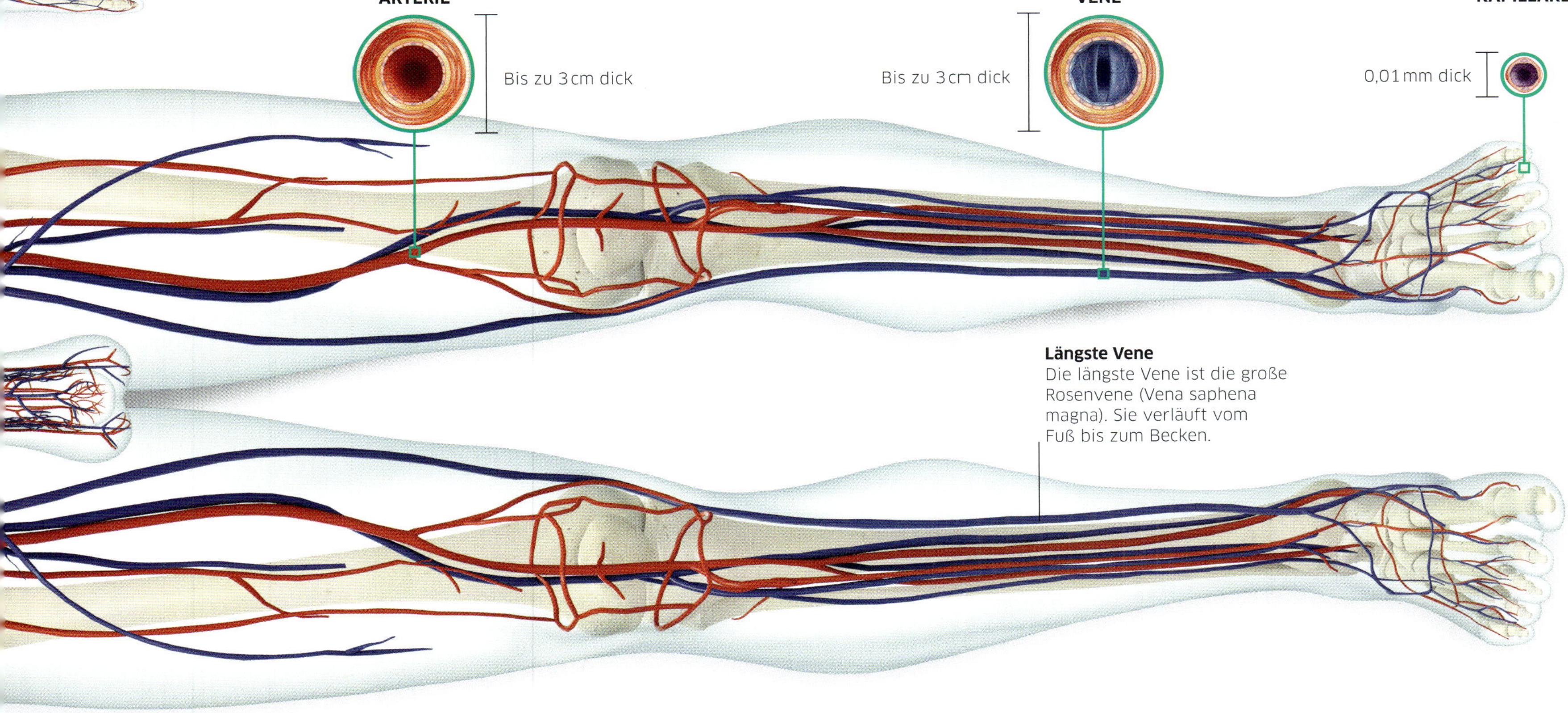

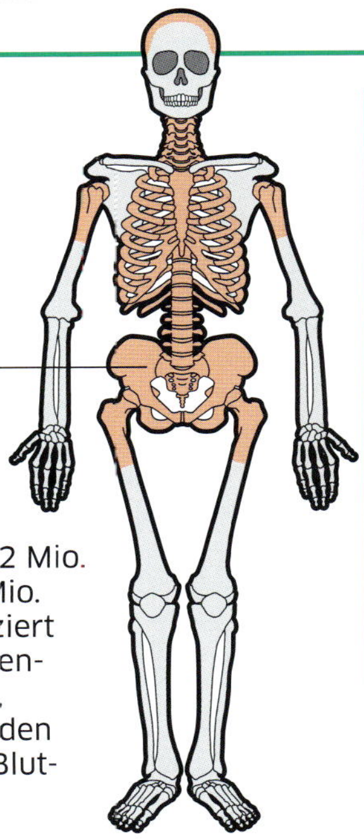

Wie Blut entsteht

Jede Sekunde sterben 2 Mio. rote Blutzellen und 2 Mio. neue entstehen. Produziert werden sie vom Knochenmark – einem weichen, fettreichen Gewebe in den Knochen. Auch weiße Blutzellen entstehen dort.

Wie Blut gerinnt

Bei einer Hautverletzung sorgen mehrere chemische Reaktionen dafür, dass Eiweiße im Blutplasma ein Netz aus Fäden bilden, um Blutzellen zu fangen. Gleichzeitig ändern die winzigen Plättchen ihre Form und verklumpen miteinander. Durch diese beiden Prozesse wird Blut in der Wunde fest – es gerinnt. Das Blutgerinnsel trocknet und bildet schützenden Schorf.

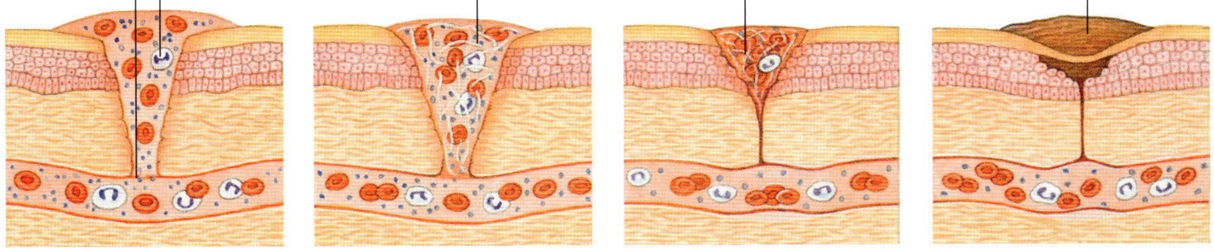

1 Verletzung Blut fließt aus einem verletzten Gefäß und löst die Gerinnung aus.

2 Blutgerinnsel Eiweißfasern bilden ein Netz, um den Blutfluß zu stoppen.

3 Verschließen Das Gerinnsel schließt die Wunde und stoppt den Blutverlust.

4 Schorf Das Gerinnsel härtet zu schützendem Schorf und heilt die Wunde.

Das Herz

Früher glaubten die Menschen, das Herz sei der Sitz von Gedanken und Gefühlen. Heute weiß man es besser: Es ist eine muskuläre Pumpe, die unermüdlich den Blutfluss aufrechterhält.

Im Gegensatz zu anderen Muskeln, die nach schwerer Beanspruchung eine Pause zum Erholen brauchen, arbeitet das Herz ununterbrochen. Es schlägt 70-mal pro Minute, 100 000-mal am Tag und 40 Millionen Mal im Jahr – und pumpt dabei während eines Menschenlebens so viel Blut, dass man damit drei Supertanker füllen könnte. Mit jedem Schlag pumpt das Herz etwa eine Tasse Blut in die 100 000 km langen Blutgefäße des Körpers. Eine kontinuierliche Versorgung mit frischem Blut ist für die Zellen lebensnotwendig, weil sie ohne Sauerstoff innerhalb von Minuten absterben würden.

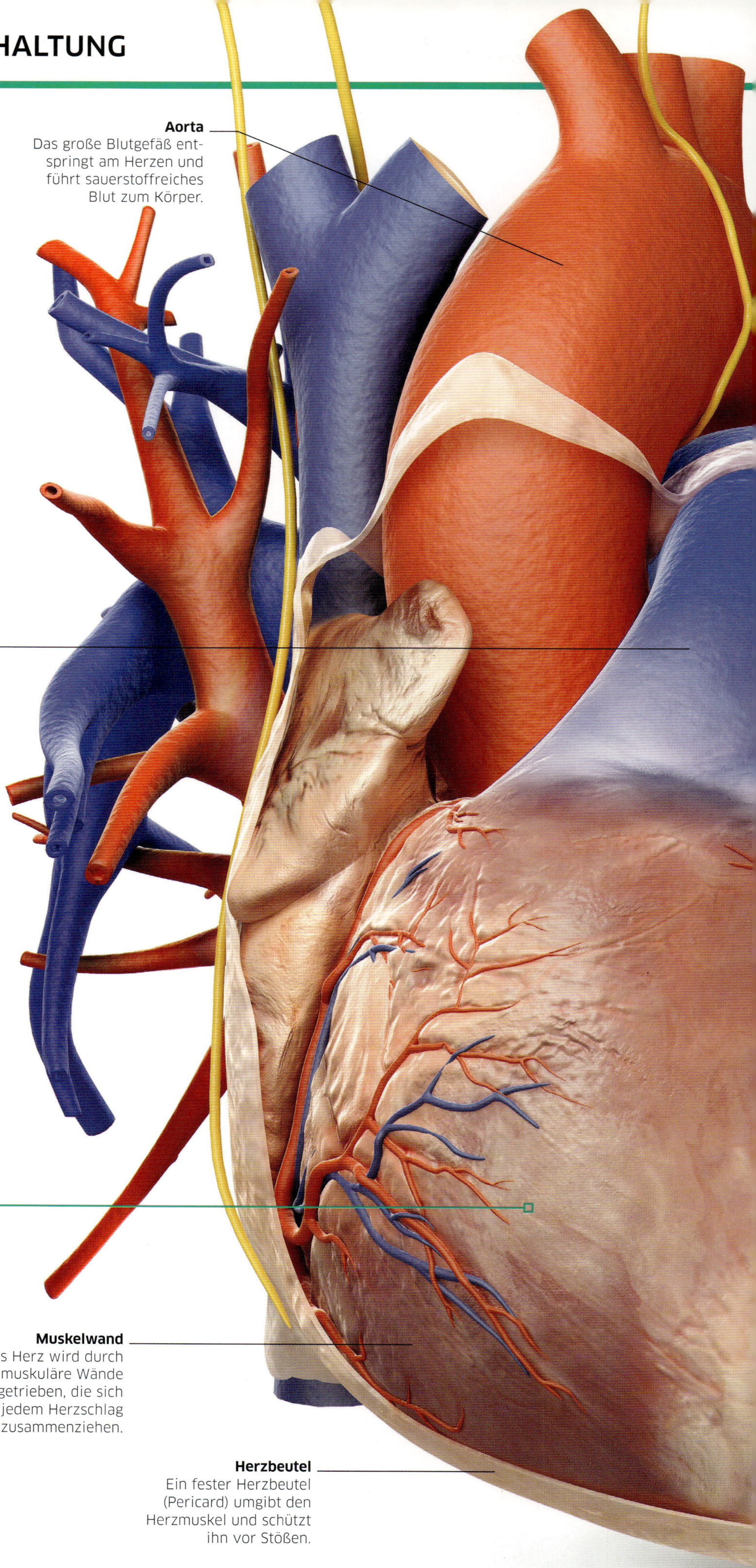

Aorta
Das große Blutgefäß entspringt am Herzen und führt sauerstoffreiches Blut zum Körper.

Lungenarterie
Das Blutgefäß bringt sauerstoffarmes Blut in die Lunge, um frischen Sauerstoff aufzunehmen.

Muskelwand
Das Herz wird durch dicke muskuläre Wände angetrieben, die sich bei jedem Herzschlag zusammenziehen.

Herzbeutel
Ein fester Herzbeutel (Pericard) umgibt den Herzmuskel und schützt ihn vor Stößen.

Schlagendes Herz

Das Hohlorgan besitzt dicke Wände aus starken Muskeln und ist ungefähr so groß wie eine geballte Faust – und genauso stark. Der obere Teil des Herzens ist mit großen Blutgefäßen verbunden. Blut strömt durch die Venen in das Herz und füllt die Kammern des Herzens. Wenn das Herz schlägt, ziehen sich seine Muskeln zusammen und pressen das Blut in große Blutgefäße – die Arterien.

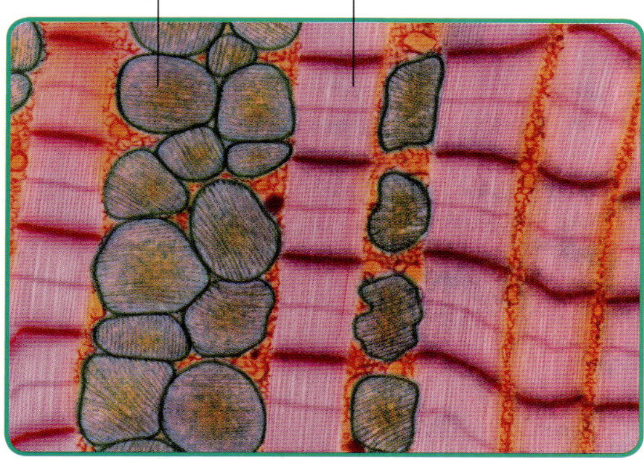

Herzzellen
Das Herz besteht aus einem besonderen Muskelgewebe (Herzmuskulatur), das diese tausendfach vergrößerte Mikroskopaufnahme zeigt. Herzmuskelzellen arbeiten mit einer unglaublich hohen Energierate und brauchen mehr Nährstoffe und Sauerstoff als andere Zellen. Sie verbrennen Fette und setzen die gewonnene Energie über ovale Körperchen, die Mitochondrien, frei. Sie besitzen wie normale Muskelzellen winzige Proteinfasern, die parallel verlaufen. Diese Fasern gleiten übereinander und verkürzen so die Zelle bei der Kontraktion.

7000 **Liter Blut strömen etwa täglich durch das Herz eines Durchschnittsmenschen.**

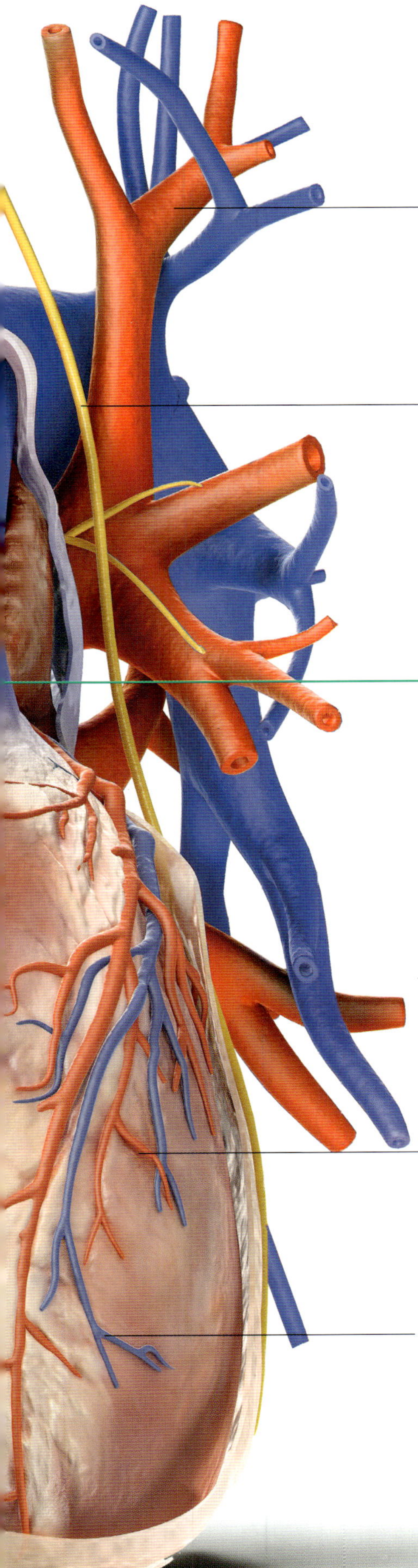

Lungenvene
Nachdem das Blut in der Lunge frischen Sauerstoff aufgenommen hat, fließt es durch die Lungenvene zurück zum Herzen.

Nerven
Nerven leiten Signale des Gehirns zum Herzen, wenn es schneller oder langsamer schlagen soll.

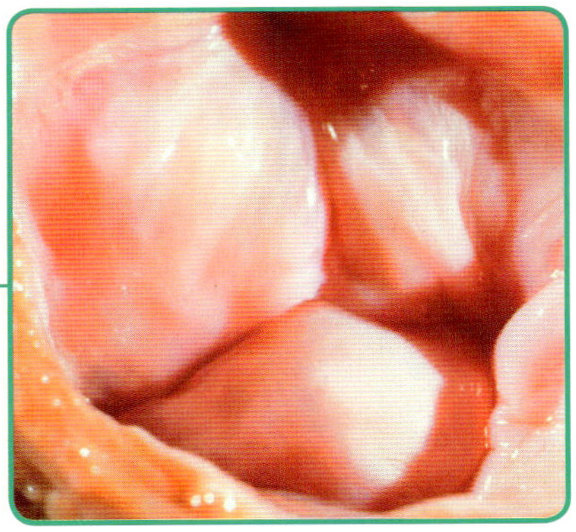

Herzklappen
Im Herzen sorgen vier große Klappen dafür, dass das Blut nur in eine Richtung strömt. Die Herzklappen bestehen aus zwei oder drei Lappen. Sie werden durch das Blut auseinandergedrückt, wenn das Herz pumpt. Wenn Blut zurückfließt, füllt es die Lappen und zieht sie zusammen, sodass die Klappe geschlossen ist.

Herzkranzarterien
Das Herz pumpt nicht nur Blut in den Körper, sondern versorgt auch die Blutgefäße in seinen muskulären Wänden. Herzmuskeln leisten viel Arbeit und brauchen ausreichend sauerstoffreiches Blut.

Herzkranzvene
Nach der Versorgung der Herzmuskeln mit Sauerstoff und Nährstoffen fließt das Blut durch Venen zurück (blau).

Aufbau des Herzens

Das Herz ist in zwei Hälften unterteilt. Die rechte Hälfte pumpt Blut in die Lunge, um Sauerstoff aufzunehmen. Die linke Hälfte pumpt sauerstoffreiches Blut in den Körper.

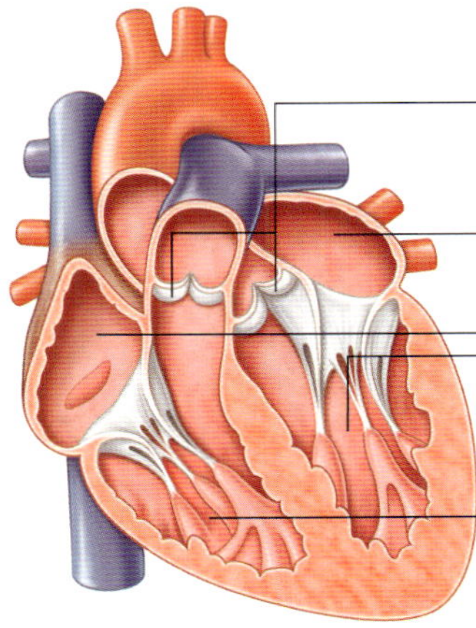

Herzklappen
Die Klappen verhindern, dass Blut zurückströmt.

Vorhof
Jede Herzhälfte besitzt einen Vorhof (Atrium).

Linke Herzkammer
Die größere muskuläre Kammer pumpt Blut in den gesamten Körper.

Rechte Herzkammer
Die kleinere rechte Kammer (Ventrikel) pumpt Blut zur Lunge.

Herzschlagzyklus

Jeder Herzschlag erfolgt in mehreren, sorgfältig abgestimmten Schritten. Die Reihenfolge wird durch elektrische Signale gesteuert, die sich durch die Herzwand ausbreiten und die Kontraktion der Herzzellen auslösen.

1 Auffüllen Zwischen zwei Herzschlägen füllt Blut aus den Venen die beiden Vorhöfe (Atria).

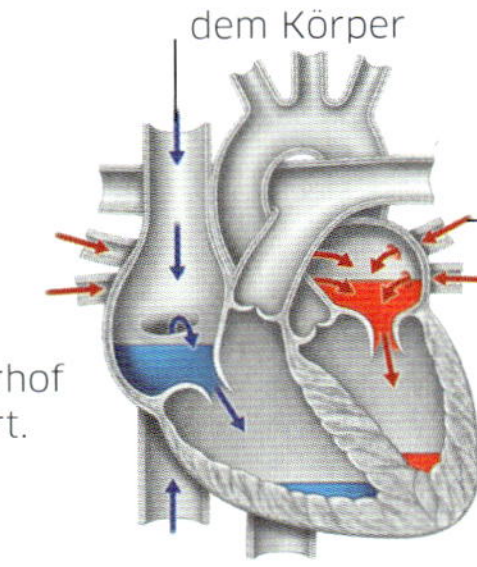

Rechter Vorhof kontrahiert.

Linker Vorhof kontrahiert.

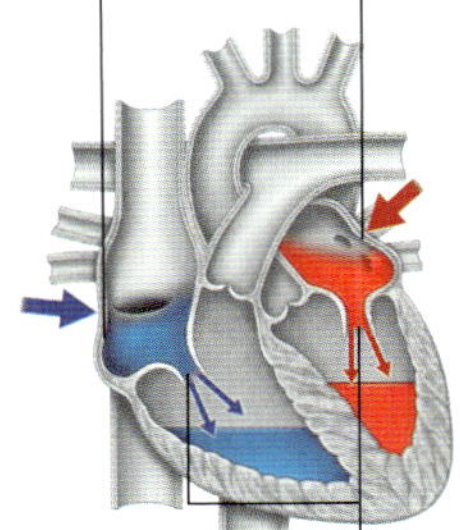

2 Vorhöfe kontrahieren Die Vorhöfe drücken das Blut durch die Herzklappen in die beiden Herzkammern (Ventrikel).

Blut wird in die Herzkammern gedrückt.

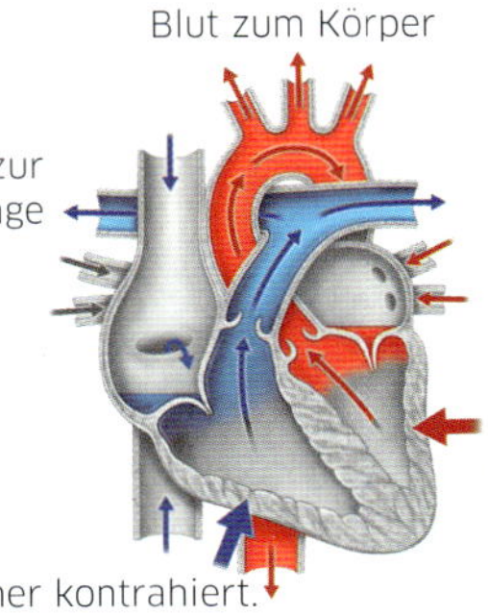

3 Kammern kontrahieren Zum Schluss drücken beide Kammern das Blut mit hohem Druck in die Arterien zum Körper und zur Lunge.

Schnell und langsam

Das Herz kann bis zu 200-mal in der Minute schlagen, wenn man aufgeregt ist oder Sport treibt. Der Herzschlag sinkt auf ungefähr 60 Schläge pro Minute im Schlaf.

Mittlere Herzrate:
70–80
Schläge/min

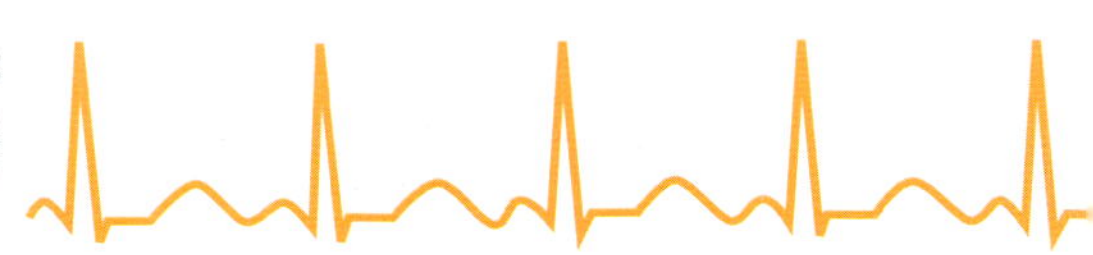

Tränen
Bei jedem Zwinkern waschen Tränen Schmutz und Bakterien aus den Augen. Tränen enthalten auch Lysozym. Das Enzym zerstört die Zellwände bestimmter Bakterien.

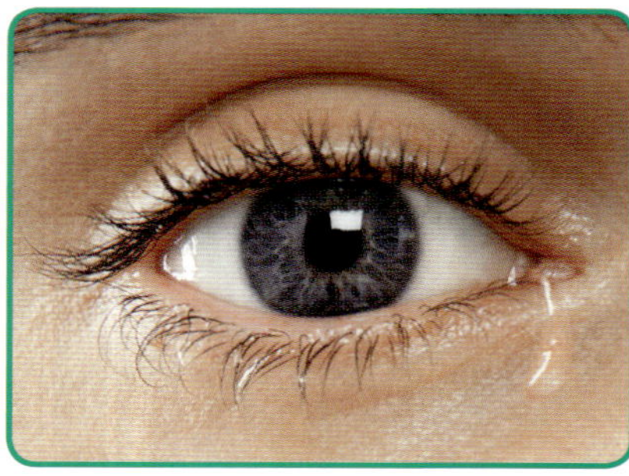

Speichel
Drüsen in den Wangen und unter der Zunge produzieren kontinuierlich Speichel, der Erreger aus dem Mund in den Magen spült. Dort zerstört sie die Magensäure. Speichel enthält auch mehrere antibakterielle Stoffe, die Erreger angreifen.

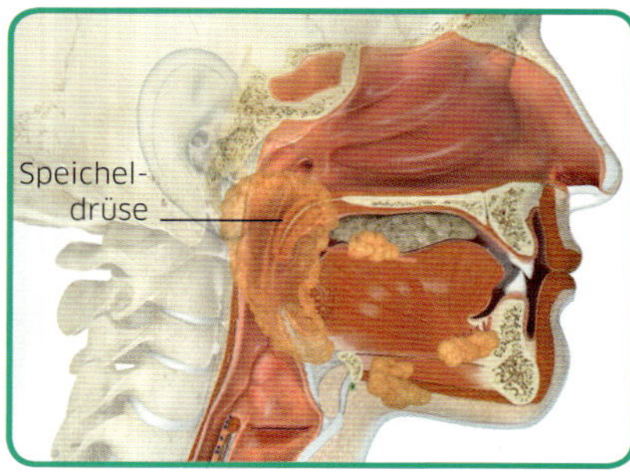

Mandeln
In diesem weichen, roten Gewebe im Rachen sitzen viele weiße Blutzellen, die Erreger aus der Luft oder der Nahrung bekämpfen. Wenn Viren oder Bakterien Halsschmerzen verursachen, schwellen die Mandeln an, während sie die Erreger bekämpfen.

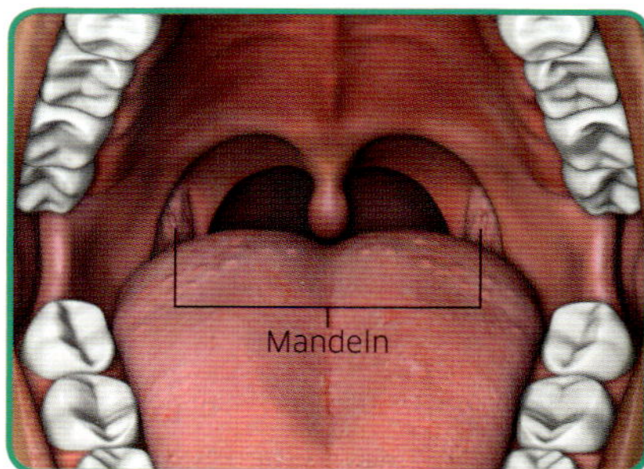

Haut
Die Haut bildet eine dicke, schützende Barriere, die Erreger nicht oder nur durch eine Wunde überwinden können. Hautdrüsen setzen Schweiß und eine ölige Flüssigkeit frei – den Talg. Beide enthalten Stoffe, um Erreger abzuwehren.

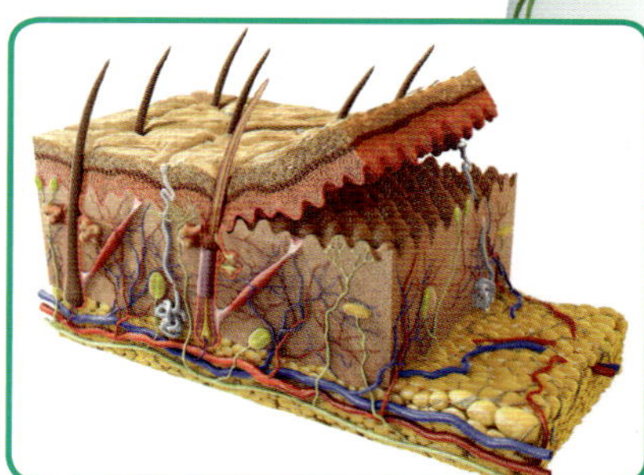

Magensäure
Die Innenwand des Magens produziert Salzsäure, die Erreger in der Nahrung zerstört. Sie tötet auch Erreger im Schleim des Rachens, den man regelmäßig schluckt, um die Speiseröhre frei zu halten.

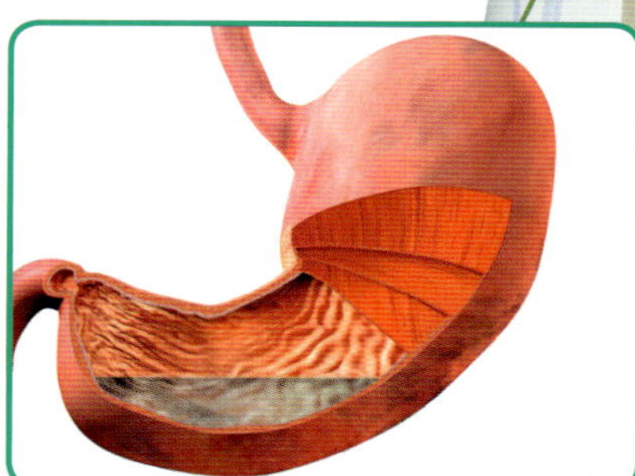

Lymphknoten
Die Körperflüssigkeit in den Gefäßen des Lymphsystems wird in Verdickungen gefiltert, die man Lymphknoten nennt. Sie sind normalerweise 5–10 mm groß, können aber auch die Größe einer Weintraube erreichen. Lymphknoten enthalten viele weiße Blutzellen, die Erreger aufspüren und zerstören.

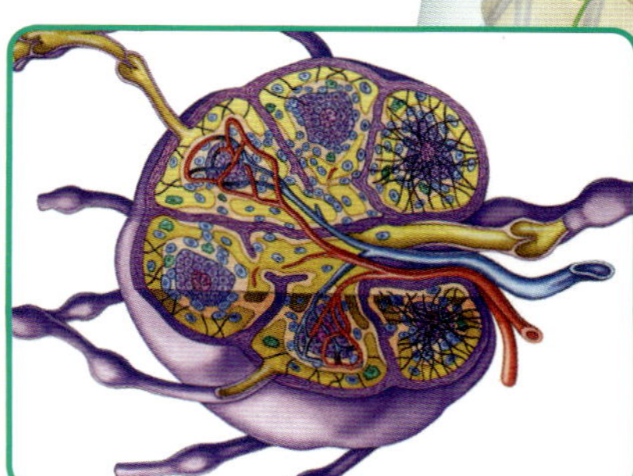

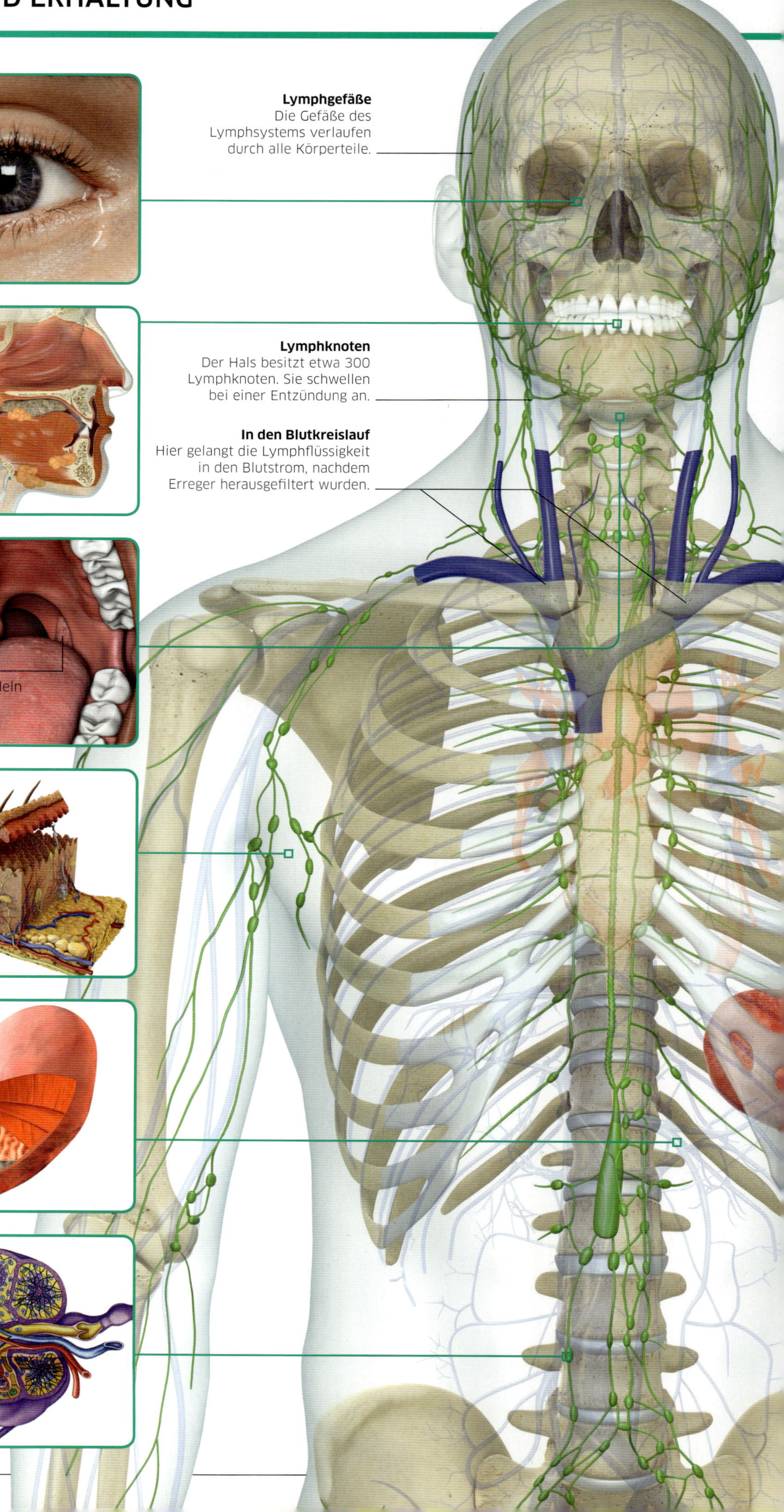

Immunabwehr

Unser Körper wird ständig angegriffen. Winzige Organismen versuchen, in den Körper einzudringen und sich zu vermehren. Doch der Körper besitzt ein starkes Immunsystem, um sie abzuwehren.

Die erste Verteidigungslinie des Körpers ist seine Oberfläche, die eine Barriere bildet. Aber nicht nur die Haut, sondern auch die Augen und die Schleimhäute in Mund, Nase, Rachen und Magen bilden eine Barriere. Finden Erreger eine Lücke, z. B. eine Schnittwunde, reagiert das verletzte Gewebe sofort und entzündet sich. Dabei schwillt es an und lockt weiße Blutzellen an, die die Erreger zerstören. Viele Teile des Immunsystems blockieren alle Arten von Erregern, manche sind spezialisiert. Das Immunsystem identifiziert neue Erreger, bekämpft sie und erinnert sich an sie auch in der Zukunft. Dadurch wird der Körper immun gegen die Krankheiten, die sie auslösen.

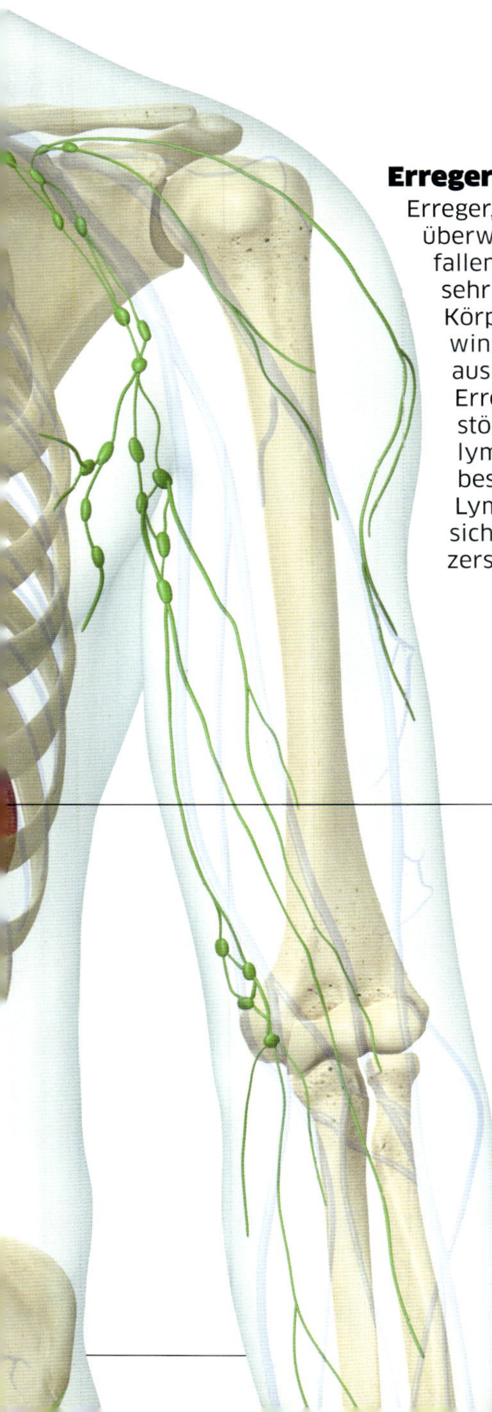

Erreger herausfiltern

Erreger, die die Barrieren des Körpers überwinden und innere Gewebe befallen, überleben normalerweise nicht sehr lange. Durch den menschlichen Körper zieht sich ein Netzwerk winziger Gefäße, die Flüssigkeiten aus jedem Organ sorgfältig nach Erregern filtern und sie schnell zerstören. Dieses Gefäßnetzwerk ist das lymphatische System. Seine Gefäße besitzen kleine Filtereinheiten, die Lymphknoten. In ihnen befinden sich weiße Blutzellen, die Erreger zerstören.

Milz
Das größte Organ des Lymphsystems ist die Milz. Sie filtert Blut auf Erreger, zerstört mit Antikörpern markierte Erreger und dient als Speicher für Blutzellen.

Allergien entstehen, wenn das Immunsystem harmlose Stoffe wie Pollen oder Hausstaub bekämpft.

Erreger

Bei jeder Berührung oder jedem Atemzug nimmt der Körper auch winzige Organismen auf, die man nicht sehen kann. Viele sind harmlos, manche lösen Krankheiten aus. Gefährliche Mikroorganismen nennt man Erreger. Dazu zählen Viren und Bakterien. Viren verursachen Erkältungen und andere Erkrankungen. Bakterien lassen Wunden anschwellen und lösen viele Krankheiten aus.

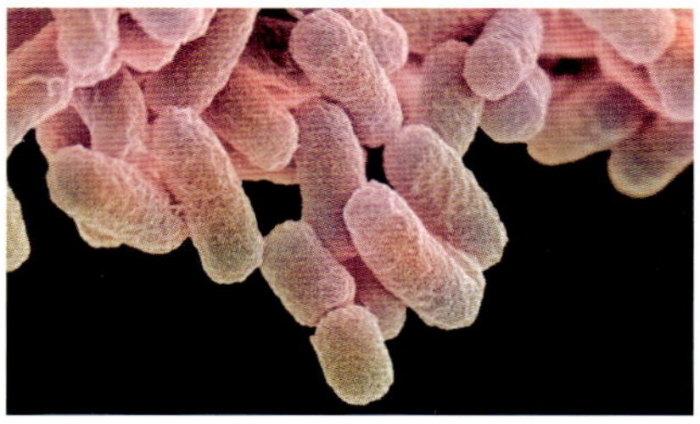

Bakterien
Bakterien sind einzellige Organismen. Sie sind so winzig, dass Hunderte auf einer Nadelspitze Platz finden.

Abwehrkraft

Der menschliche Körper enthält etwa 50 Mrd. weiße Blutzellen. Sie spüren Erreger auf und zerstören sie mit unterschiedlichen Methoden. Bestimmte weiße Blutzellen, die Makrophagen, verschlucken den ganzen Erreger und verdauen ihn.

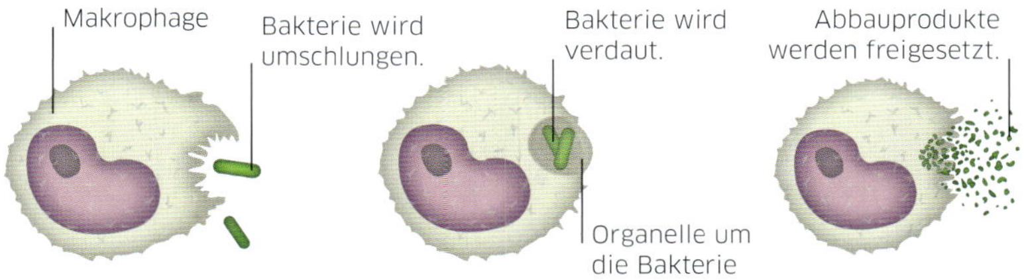

Antikörper

Antikörper sind Eiweiße, die sich an bestimmte Erreger binden und sie zur Bekämpfung markieren. Für die Millionen verschiedener Erreger können Lymphozyten 10 Mrd. verschiedene Antikörper produzieren, sodass jeder Erreger bekämpft werden kann. Sobald ein Lymphozyt auf einen Erreger trifft, vermehrt er sich selbst und macht den Körper immun.

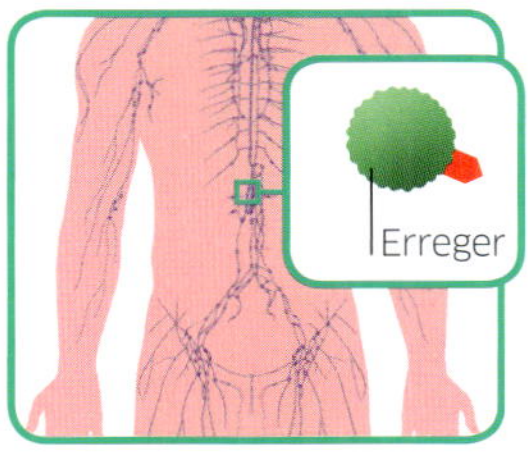

1 Anstecken Ein neuer Erreger dringt in den Körper ein und vermehrt sich. Das Blut leitet ihn zu einem Lymphknoten, in dem weiße Blutzellen versuchen ihn zu erkennen.

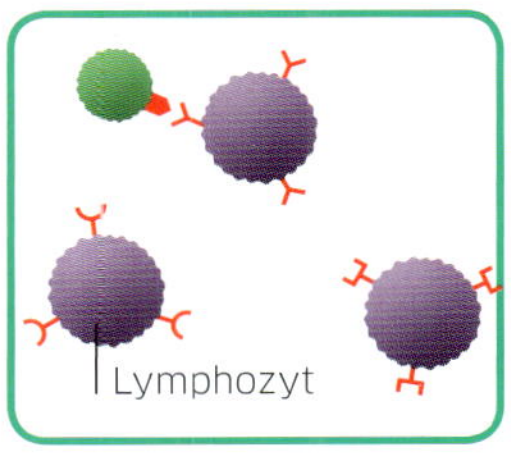

2 Erkennen Lymphozyten versuchen bestimmte Oberflächenmoleküle des Erregers zu binden. Schließlich erkennt ein Lymphozyt den Erreger und bindet ihn.

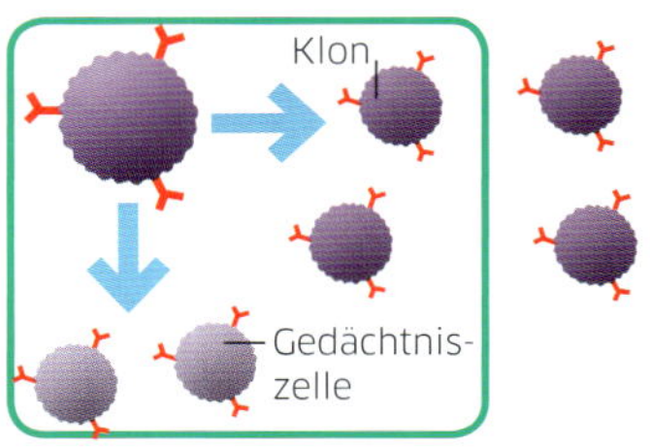

3 Aktivieren Der Lymphozyt ist aktiviert und vermehrt sich. Er bildet Gedächtniszellen, die bei einem erneuten Eindringen den Erreger erkennen und bekämpfen.

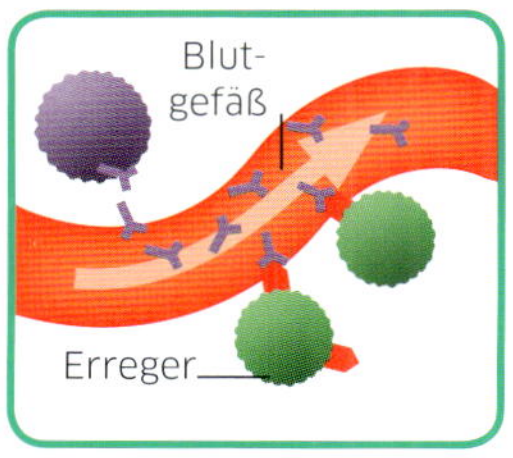

4 Suchen Die Klone produzieren Antikörper und geben sie ins Blut ab. Treffen sie dort auf Erreger, binden sie diese.

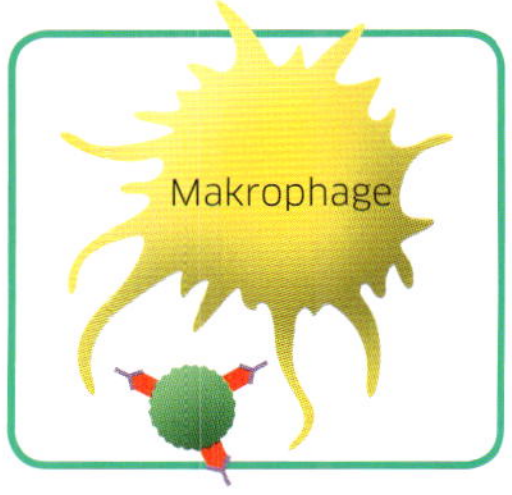

5 Zerstören Die Antikörper wirken als Markierungen für Makrophagen, die Erreger schlucken und sie zerstören.

Impfstoffe lösen die Produktion von Antikörpern aus, sodass der Körper immun gegen eine Krankheit wird.

Wasserwerk

Durch ihre dehnbare Wand kann die Harnblase bis zu 700 ml Urin aufnehmen. Harndrang setzt aber bereits ein, wenn sie zu einem Viertel gefüllt ist.

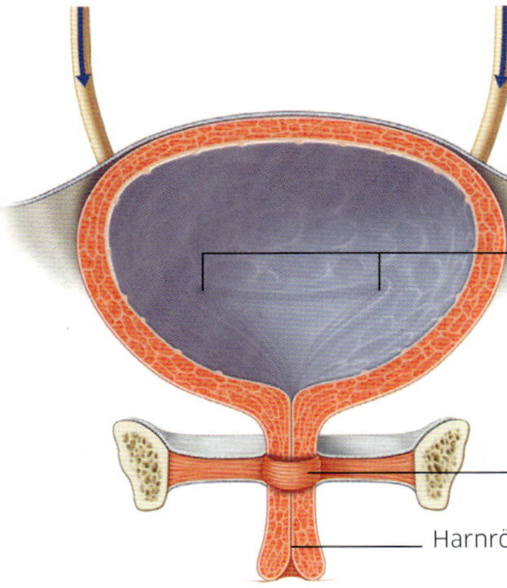

Harnblase füllen
Die muskulären Wände der Harnblase dehnen sich, wenn sie sich füllt. Daraufhin senden Dehnungsrezeptoren in der Wand Signale an das Gehirn und lösen den Harndrang aus.

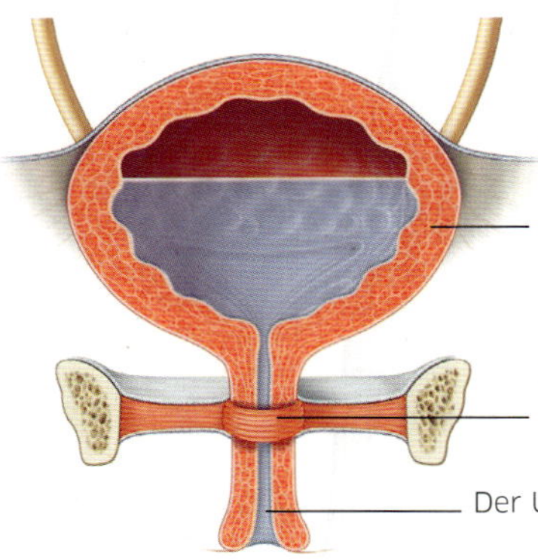

Harnblase leeren
Der Schließmuskel hält den Blasenausgang geschlossen. Beim Harnlassen entspannt er sich und öffnet den Ausgang. Die muskulären Wände kontrahieren und drücken den Urin in die Harnröhre.

Warum ist Urin gelb?

Die gelbe Farbe des Urins stammt von Abbauprodukten alter roter Blutzellen. Manche Lebensmittel verändern seine Farbe – durch rote Beete wird er rötlich und durch Spargel grünlich. Auch der Wasseranteil beeinflusst sein Aussehen.

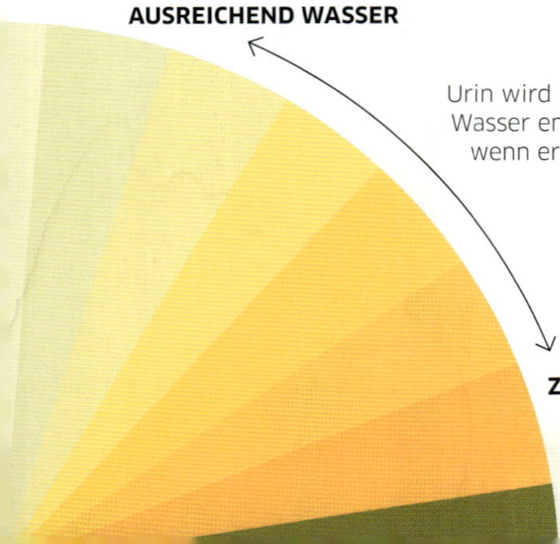

Gelbtöne
Urin wird blass, wenn er viel Wasser enthält, und dunkler, wenn er nur wenig Wasser enthält. Wenn Urin dunkelgelb aussieht, muss man mehr Wasser trinken.

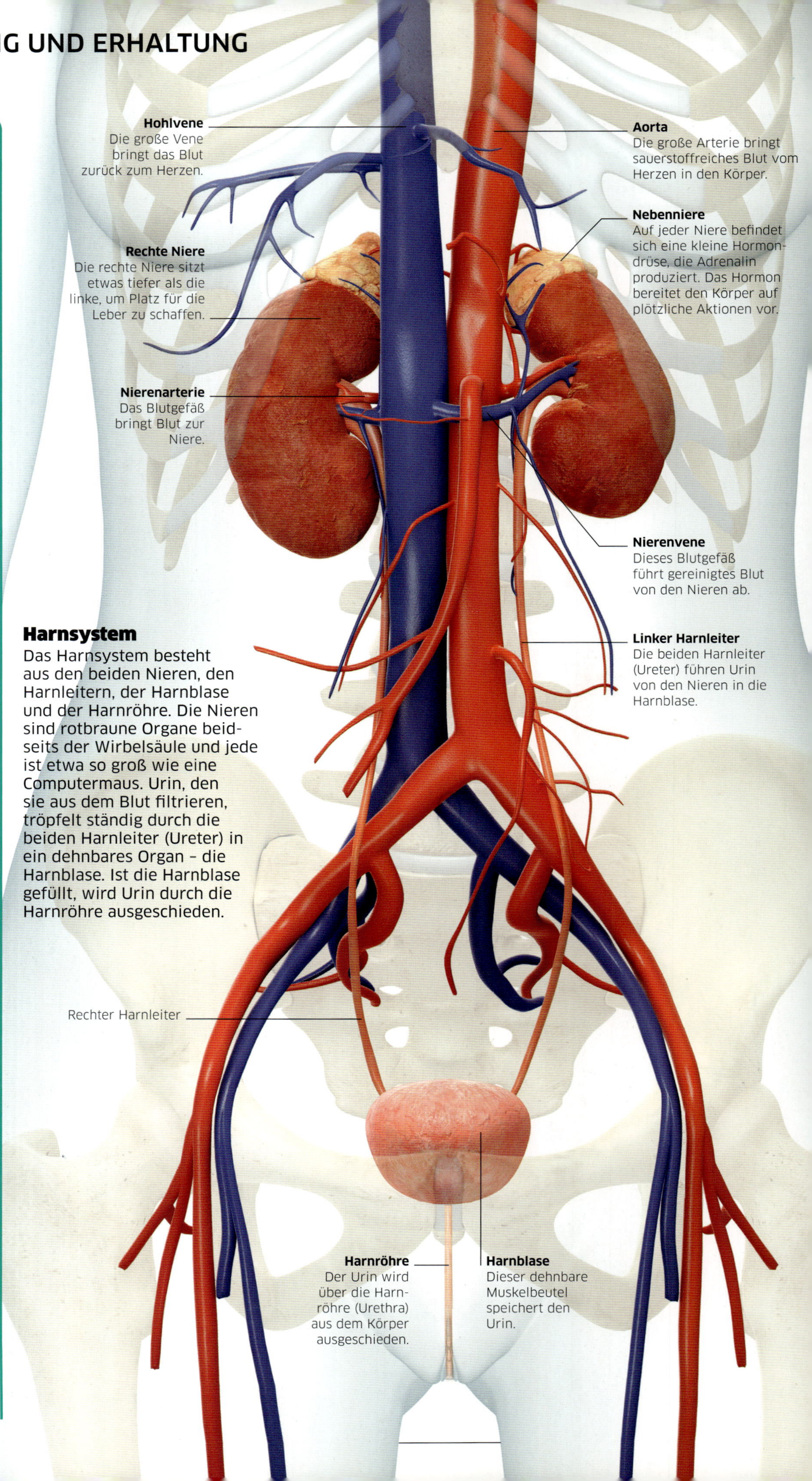

Harnsystem

Das Harnsystem besteht aus den beiden Nieren, den Harnleitern, der Harnblase und der Harnröhre. Die Nieren sind rotbraune Organe beidseits der Wirbelsäule und jede ist etwa so groß wie eine Computermaus. Urin, den sie aus dem Blut filtrieren, tröpfelt ständig durch die beiden Harnleiter (Ureter) in ein dehnbares Organ – die Harnblase. Ist die Harnblase gefüllt, wird Urin durch die Harnröhre ausgeschieden.

Das Harnsystem

Der Körper besitzt sein eigenes Reinigungssystem, das Harnsystem, mit dem er das Blut filtert. Es entfernt giftige Abbauprodukte und überschüssiges Wasser und wandelt sie in Urin um. Nützliche Stoffe hält es zurück.

Neben Sauerstoff und Nährstoffen transportiert das Blut auch chemische Abbauprodukte. Diese Stoffe vergiften den Körper, wenn sie sich anreichern. Deshalb werden sie durch das Harnsystem aus dem Kreislauf gefiltert.

Das Blut wird in zwei bohnenförmigen Organen gefiltert und gereinigt, die man Nieren nennt und die neben der Wirbelsäule sitzen. Täglich strömt jeder Tropfen Blut 300-mal durch die Nieren. Obwohl er zwei Nieren besitzt, reichen dem Körper bereits 75 % der Leistung einer Niere aus, um nicht zu erkranken. Daher kann man eine Niere jemand anders spenden, wenn dessen Nieren durch eine Krankheit geschädigt sind.

Wasserhaushalt

Das Harnsystem entfernt nicht nur Abbauprodukte, sondern reguliert auch den Wasserhaushalt des Körpers. Enthält das Blut zu viel Wasser, führen die Nieren einen Teil davon in den Urin ab. Ist der Wassergehalt im Blut jedoch zu gering, setzt das Gehirn ein Hormon frei. Dieses wirkt auf die Nieren, die wieder Wasser aus dem Urin aufnehmen. Ein ausgetrockneter Körper produziert daher eine geringere Menge Urin, der auch dunkler und konzentrierter ist.

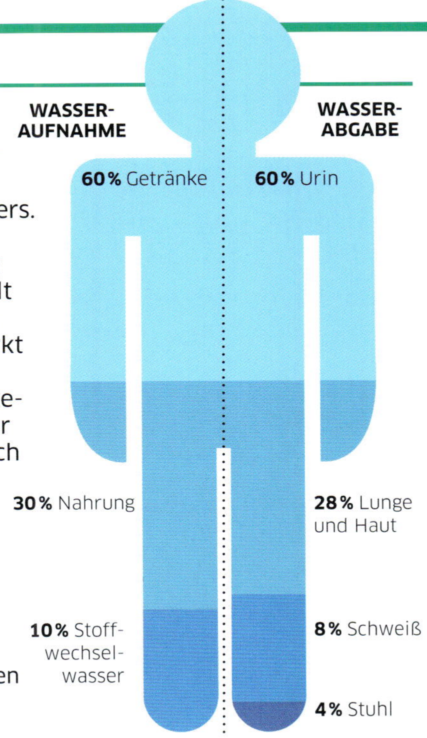

Aufnahme und Abgabe
Der größte Teil des Wassers stammt aus Nahrung und Getränken, nur ein kleiner Teil vom Stoffwechsel – Wasser, das bei chemischen Reaktionen entsteht. Das meiste Wasser wird im Urin und im Atem abgegeben.

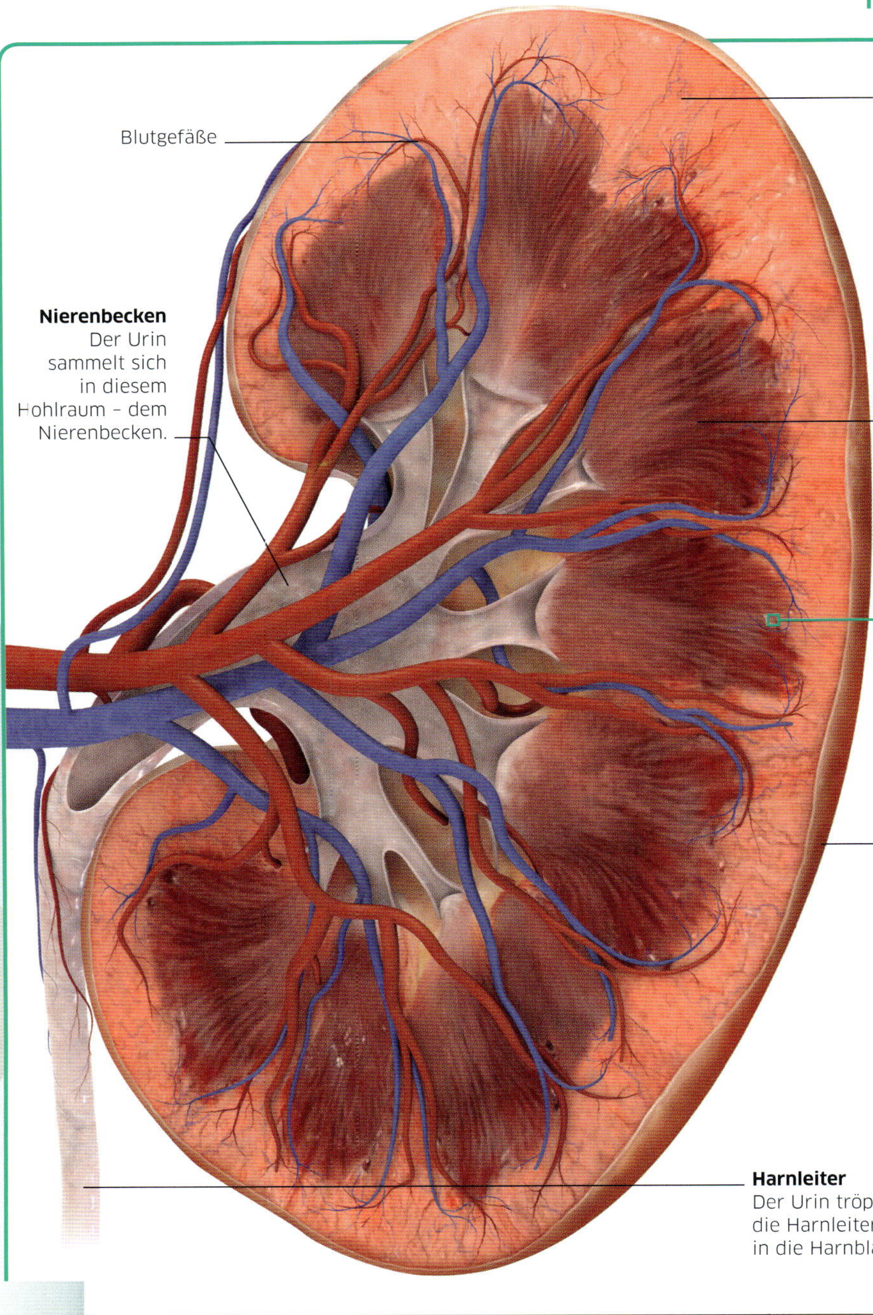

Aufbau der Niere

Jede Niere besitzt ungefähr 1 Mio. winziger Filtrationseinheiten, die Nephrone. Sie bestehen aus einem winzigen Knäuel Kapillaren, aus denen Flüssigkeit filtriert wird. Dieser Primärharn strömt durch lange Röhren mit Schleifen, in denen nützliche Stoffe und Wasser zurückgewonnen werden. Der restliche Primärharn wird zu Harn und fließt durch die Harnleiter in die Harnblase.

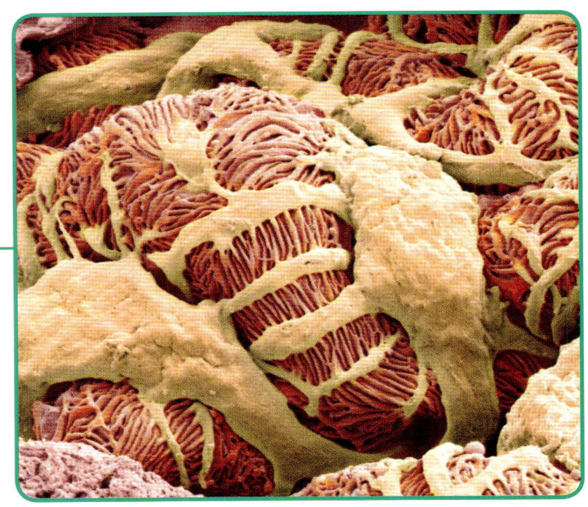

Blutfilter
In den Filtereinheiten der Nieren fließt Blut in winzige Gefäßknäuel (pink, oben). Um diese herum befinden sich Zellen, die Podozyten (beige, oben). Die Podozyten wirken als Siebe, die nur kleine Moleküle wie Wasser passieren lassen. Zellen und größere Moleküle halten sie dagegen im Blut zurück.

Im Mittelalter versuchten die Ärzte Krankheiten durch eine Untersuchung des Urins zu erkennen. Sie prüften die Farbe, Trübung, den Geruch und auch den Geschmack – indem sie ihn kosteten.

Die Atmung

Jede Minute saugt die Lunge mit etwa 15 Atemzügen Luft an, ohne dass wir darüber nachdenken oder es uns auffällt. Diese lebensnotwendige Atmung versorgt alle Zellen des Körpers mit lebensspendendem Sauerstoff.

Sauerstoff ist lebensnotwendig. Ohne ihn könnten die Zellen des Körpers nicht die versteckte Energie in den Nahrungsmolekülen freisetzen. Mit jedem Atemzug wird frischer Sauerstoff in die Lunge gesaugt. Die Luft wird dabei durch Röhren geleitet, die sich in immer feinere Äste verzweigen. Sie erreicht schließlich eines von Millionen winziger Lungenbläschen (Alveolen), die sich wie Ballons dehnen, während sie mit Luft gefüllt werden. Sauerstoff passiert seine dünnen Wände und geht in die winzigen Blutgefäße über, wo er von roten Blutzellen abtransportiert wird. Das Gas Kohlendioxid nimmt die entgegengesetzte Richtung, geht vom Blut in die Luftbläschen über und wird ausgeatmet.

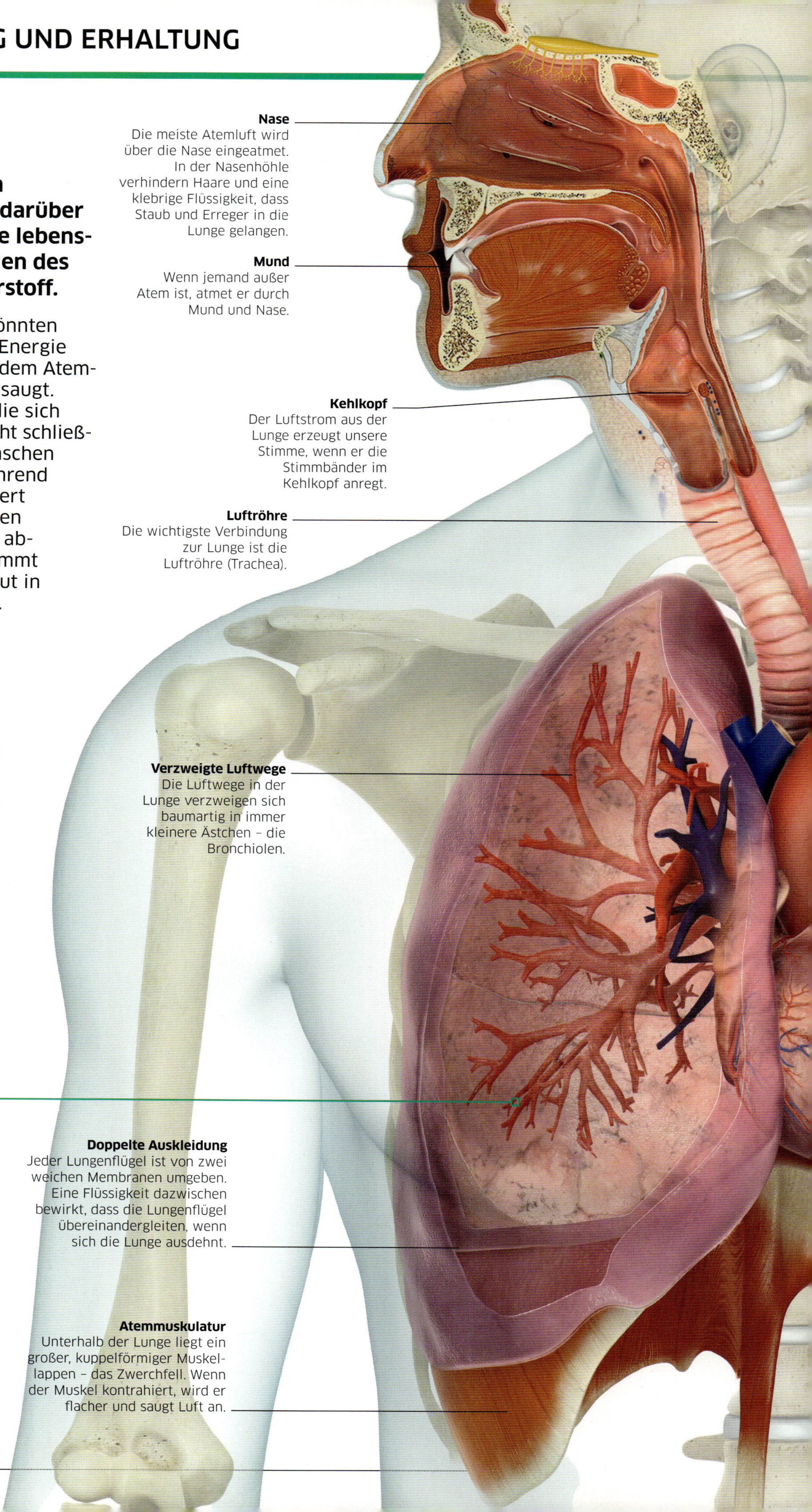

Aufbau der Lunge

Die Lunge ist ein schwammiges, leichtes Organ, das den größten Teil des Brustkorbs einnimmt. Sie besteht zu zehn Prozent aus fester Materie und zu 90% aus Luft. Sie ist so leicht, dass sie auf dem Wasser schwimmen würde. Die Gesamtfläche aller Lungenbläschen beträgt etwa 70 qm, das entspricht der 40-fachen Größe der Hautoberfläche. Auf diese Weise können wir mit jedem Atemzug möglichst viel Sauerstoff aus der Luft aufnehmen.

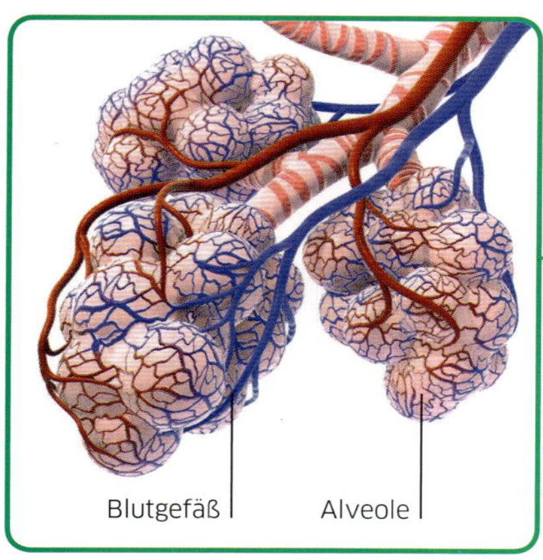

Lungenbläschen
Die winzigen Lungenbläschen nennt man Alveolen. Jede Alveole ist nur einen Bruchteil eines Millimeters groß und von einem Netzwerk von Blutgefäßen umgeben. Die Wände der Alveolen und der Blutgefäße sind so dünn, dass der Sauerstoff sie ungehindert passieren kann, um in das Blut zu gelangen.

160 km/h schnell breitet sich die Luft beim Niesen aus.

500 Mio. Alveolen besitzt ein Lungenflügel.

20 kg Staub atmet ein Mensch während seines Lebens ein.

Die Lunge reinigen

Luft enthält winzige Staubkörnchen und Erreger, die die Lunge schädigen können. Die Luftwege erzeugen eine klebrige Flüssigkeit, den Schleim, der Teilchen einfängt. Winzige Härchen auf ihrer Innenseite bewegen sich vor und zurück, um Schleim in den Rachen zu befördern. Dort wird er herausgeniest oder verschluckt.

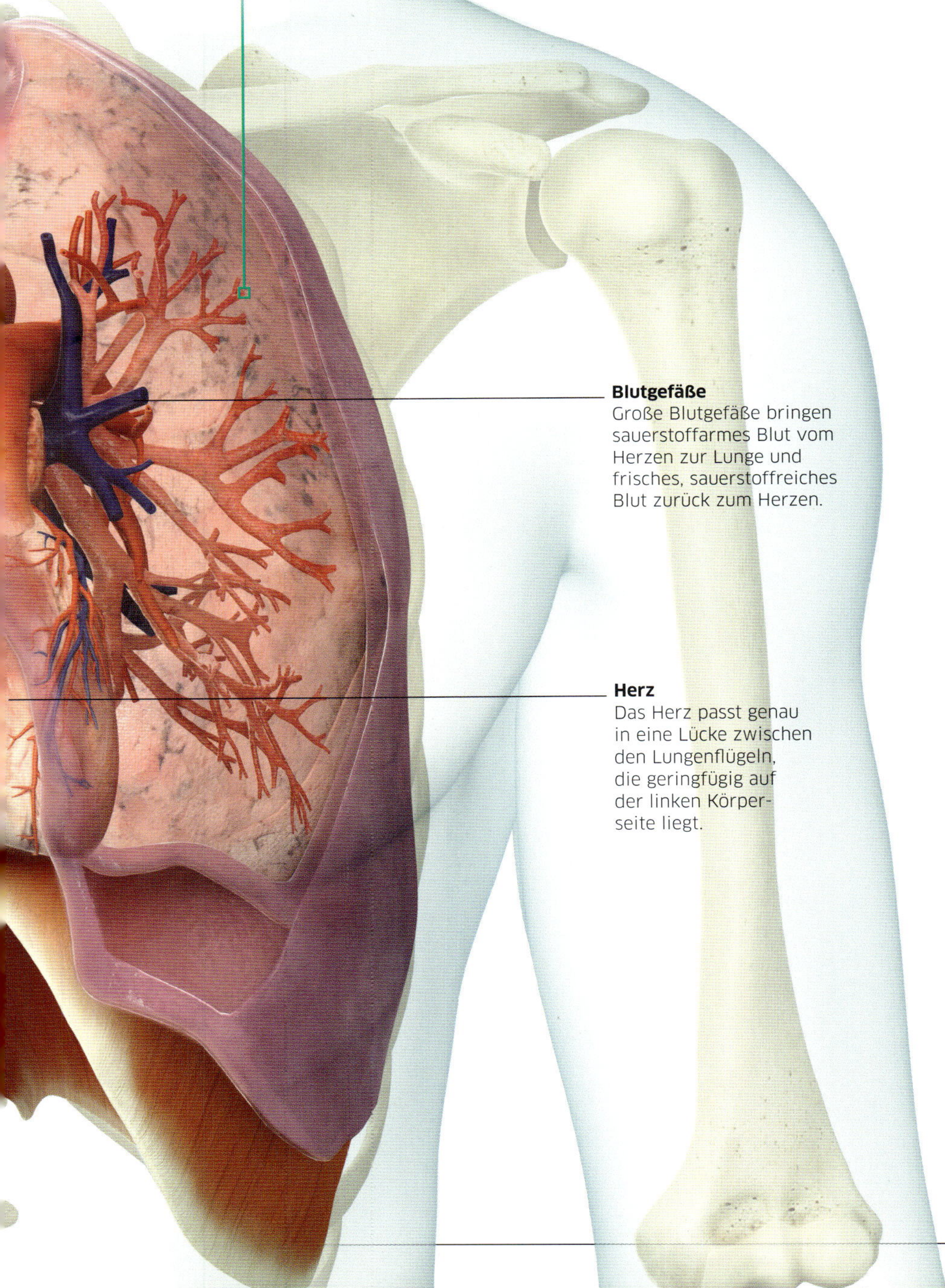

Blutgefäße
Große Blutgefäße bringen sauerstoffarmes Blut vom Herzen zur Lunge und frisches, sauerstoffreiches Blut zurück zum Herzen.

Herz
Das Herz passt genau in eine Lücke zwischen den Lungenflügeln, die geringfügig auf der linken Körperseite liegt.

Wie die Atmung funktioniert

Die Lunge besitzt keine Muskeln. Um Luft einzusaugen und sie wieder herauszudrücken, braucht sie die Muskeln um sich herum. Das Zwerchfell leistet dabei die meiste Arbeit, aber die Rippenmuskeln unterstützen sie.

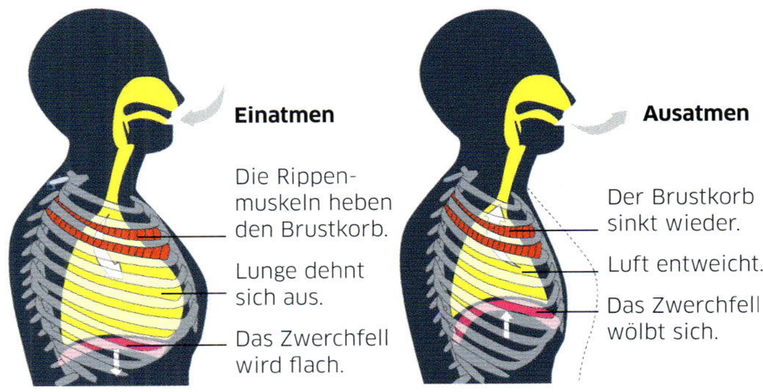

Einatmen
Das Zwerchfell kontrahiert und die Rippenmuskeln ziehen den Brustkorb hoch. Der Brustraum wird größer, die Lunge saugt Luft an.

Ausatmen
Das Zwerchfell entspannt und der Brustkorb sinkt. Dadurch wird der Brustraum kleiner. Er drückt die Lunge zusammen und presst die Luft heraus.

Gasaustausch

Weil die Lunge Sauerstoff aus der Luft aufnimmt und Kohlendioxid abgibt, unterscheidet sich die Luft des Einatmens von der des Ausatmens. Die Luft enthält beim Ausatmen auch mehr Wasserdampf von der Feuchtigkeit in den Luftwegen. An kalten Tagen kann man sehen, wie sie sich in Nebel umwandelt, wenn man ausatmet.

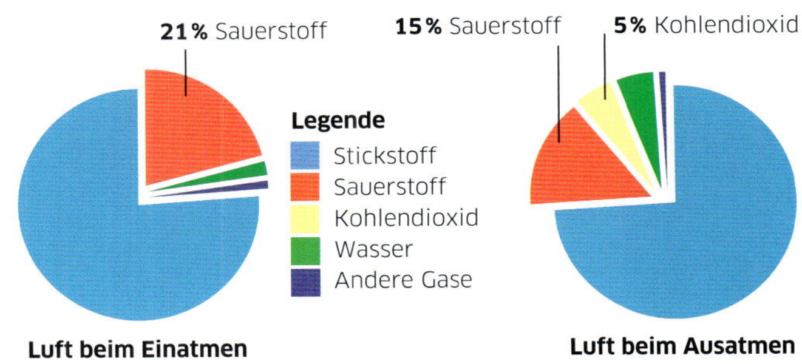

EIN MENSCH ATMET TÄGLICH ETWA 10 000 LITER LUFT EIN. DAMIT KÖNNTE MAN 1000 BALLONS FÜLLEN.

Lunge und Lappen

Der rechte Lungenflügel ist etwas größer als der linke. Er besteht aus drei Abschnitten oder Lappen, während der linke Lungenflügel nur zwei besitzt. Lungenflügel sind wie viele Körperteile paarweise angelegt. Wenn ein Flügel ausfällt, hält der andere uns am Leben.

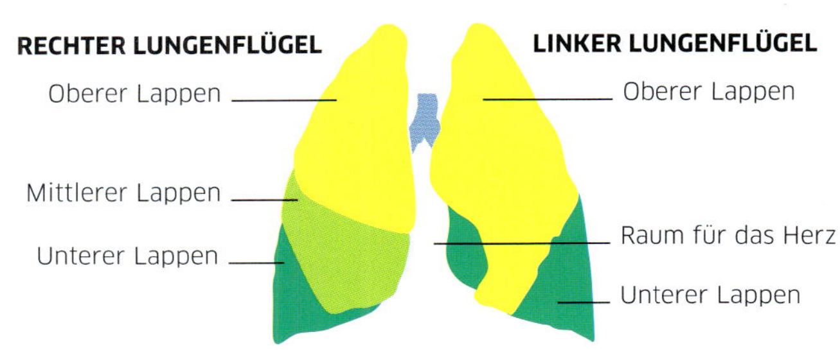

STEUERUNG

So wie ein Orchester einen Dirigenten braucht, müssen alle Organe unseres Körpers gesteuert werden, damit sie zusammenarbeiten. Das Nervensystem ist die Steuerzentrale. Es sendet mit schnellen elektrischen Signalen Anweisungen durch die Nerven, um Muskeln, Drüsen und Organe zu steuern. Chemische Stoffe, die Hormone, leiten zusätzliche Informationen über das Blut. Sie sind jedoch langsamer als die Nerven.

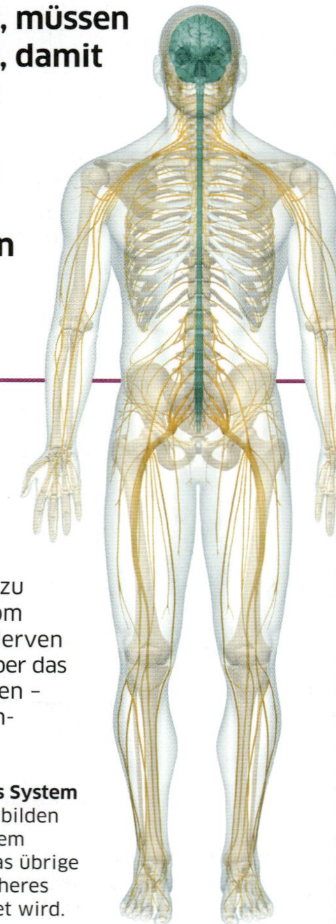

KONTROLLZENTRUM

Das Gehirn und das Rückenmark bilden das zentrale Nervensystem, das als Kontrollzentrum dient. Bei einfachen Tieren koordiniert das Gehirn grundlegende Reflexe, die beim Menschen im Rückenmark ablaufen. Das menschliche Gehirn hat sich dagegen zu einem weitaus komplizierteren Organ entwickelt. Es steuert eine innere Welt und ein bewusstes Ich, das denken, planen und Entscheidungen treffen kann. Wie diese höheren Funktionen arbeiten, ist noch ein Geheimnis.

Menschliches Gehirn

Das menschliche Gehirn füllt den Schädel aus und wird von dem gefalteten Großhirn (Cerebrum) beherrscht. Es ist bei Menschen sehr viel größer als bei anderen Tieren und verantwortlich für bewusstes Denken, Planung, soziale Gerechtigkeit und Sprache. Darunter befinden sich das limbische System, das Gefühle erzeugt, und das Kleinhirn (Cerebellum), das Bewegungen koordiniert.

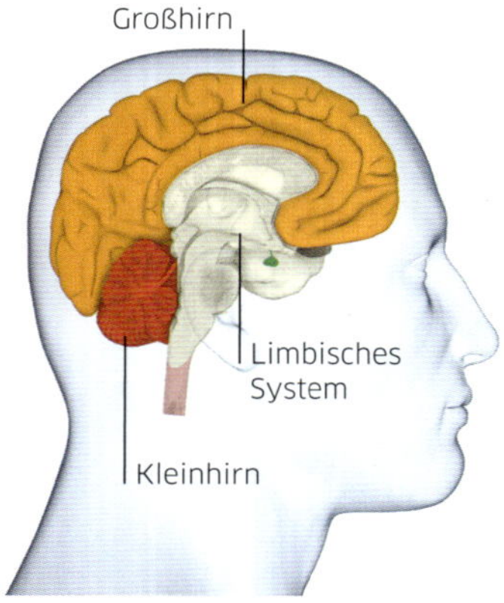

Gehirn in Aktion

Bis vor Kurzem wusste man nicht, wie das Gehirn Gedanken erzeugt. Die Erfindung von Hirnscannern konnte seine Funktionen sichtbar machen. Funktionelle Hirnscans zeigen, dass verschiedene Abschnitte bestimmte Aufgaben übernehmen, doch an vielen Prozessen sind häufig mehrere Bereiche beteiligt.

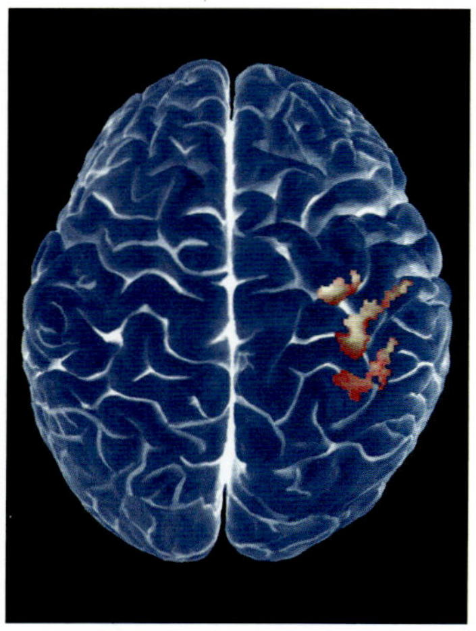

Hirnscan
Die MRT-Aufnahme zeigt, dass die rechte Gehirnhälfte aktiv ist, wenn man die linke Hand bewegt.

Entwicklung des Gehirns

Das menschliche Gehirn hat viele gemeinsame Merkmale mit den Gehirnen anderer Wirbeltiere – ein Hinweis auf ihre gemeinsame Entwicklungsgeschichte. Unsere engsten Verwandten sind andere Säugetiere, die ebenfalls ein Großhirn besitzen. Dieser „denkende" Teil des Gehirns ermöglicht Säugetieren ein komplexes Verhalten. Zum Säugetiergehirn gehört ein limbisches System, das Gefühle wie Wut und Angst erzeugt.

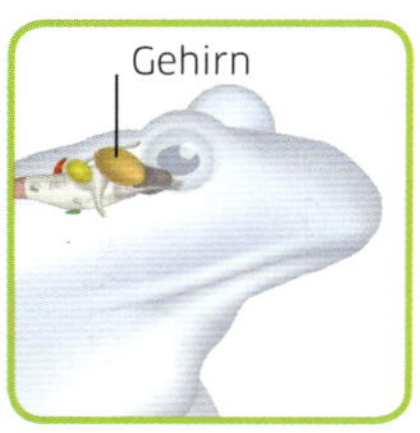

Froschgehirn
Frösche haben ein kleines Gehirn und hängen eher von Instinkten als von erlerntem Verhalten ab.

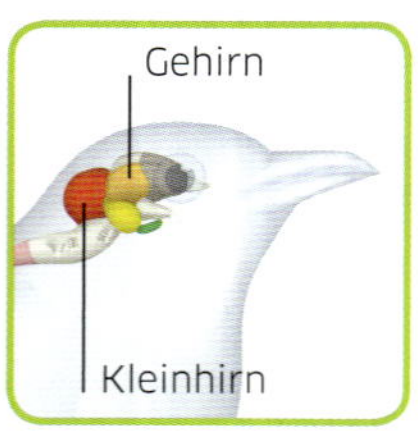

Vogelgehirn
Das gut entwickelte Gehirn eines Vogels hilft ihm Gleichgewicht und Flug zu koordinieren.

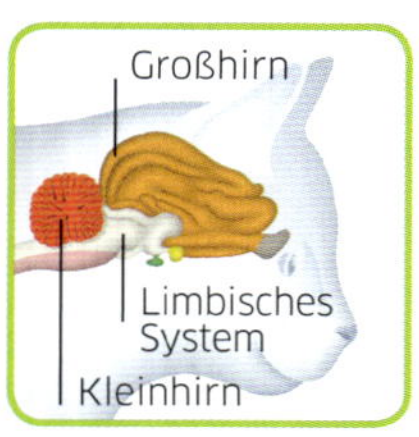

Katzengehirn
Säugetiere haben ein größeres Gehirn als andere Tiere, weshalb sie besser lernen und sich anpassen können.

NERVENSYSTEM

Gehirn, Nerven und Sinnesorgane bilden das Nervensystem. Es leitet Anweisungen an alle Körperteile als elektrische Signale. Die verschiedenen Teile des Systems stehen ständig in Kontakt und sind kontinuierlich aktiv. Botschaften der Sinnesorgane erreichen das Gehirn im Bruchteil einer Sekunde. Gleichzeitig koordiniert das Gehirn die genaue Spannung Hunderter Muskeln – von den winzigen Muskeln, die Körperhaare aufrichten, bis zu den großen Beinmuskeln beim Gehen.

Kontrollnetz

Viele Nervenzellen des Körpers sind zu Nerven gebündelt. Nerven versorgen jeden Körperteil und leiten Signale mit bis zu 400 km/h zum und vom Gehirn. Die meisten Nerven sind mit dem Gehirn über das Rückenmark verbunden – eine Säule aus Nervengewebe im Rückgrat.

Zentrales und peripheres System
Gehirn und Rückenmark bilden das zentrale Nervensystem (grün, oben), während das übrige Nervengewebe als peripheres Nervensystem bezeichnet wird.

Reiz und Reaktion

Zunächst werden die Informationen der Sinnesorgane gesammelt, die die Umgebung und den inneren Zustand des Körpers überwachen. In einem zweiten Schritt verarbeitet das zentrale Nervensystem diese Informationen und schafft ein Bewusstsein dafür. Der dritte Schritt steuert die erforderlichen Bewegungen. Die Abfolge dieser Schritte erfolgt sehr schnell hintereinander, damit der Körper sofort reagieren kann.

Reiz
Sinnesorgane sammeln Informationen über die Umgebung und senden Signale über Neuronen an das Gehirn.

→

Verarbeitung
Das Gehirn analysiert eingehende Signale und entscheidet, wie der Körper reagieren soll.

→

Reaktion
Motoneuronen leiten Signale an Muskeln, Drüsen und andere Organe, die eine schnelle Antwort erzeugen.

Willkürliche und unwillkürliche Aktionen

Manche Antworten des Nervensystems sind willkürlich (absichtlich), während andere unwillkürlich sind – sie erfolgen automatisch. Den willkürlichen Teil bezeichnet man als somatisches Nervensystem, während der unwillkürliche Teil autonomes oder vegetatives Nervensystem heißt.

Somatisches Nervensystem
Dieser Teil des Nervensystems kontrolliert Körperteile bewusst, z. B. die Muskeln, die dieses Buch in den Händen halten, oder wenn man einen Ball schießt.

Vegetatives Nervensystem
Dieser Teil des Nervensystems kontrolliert Organe, ohne dass man sich dessen bewusst ist. Es beschleunigt den Herzschlag, befördert Nahrung durch den Darm oder steuert, wie weit sich die Pupillen der Augen öffnen.

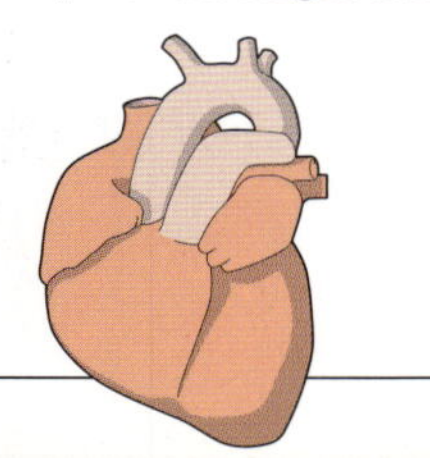

HORMONE

Die elektrischen Signale in den Nerven sind nicht die einzigen Botschaften, die im Körper kursieren. Hormone sind chemische Botenstoffe. Sie werden von Drüsen in das Blut abgegeben und wirken an anderen Stellen im Körper, aber viel langsamer als Nervensignale. Hormone wirken nur auf bestimmte Zellen mit bestimmten Funktionen. Sie aktivieren ihre Zielzellen auf zwei verschiedene Arten.

Wasserlösliche Hormone
Diese Hormone sind in Wasser, aber nicht in Fett löslich. Sie dringen nicht durch die Membranen (Haut) ihrer Zielzellen, die aus Fettschichten bestehen. Stattdessen binden sie auf der Zelloberfläche an Rezeptoren, die chemische Reaktionen in der Zelle auslösen.

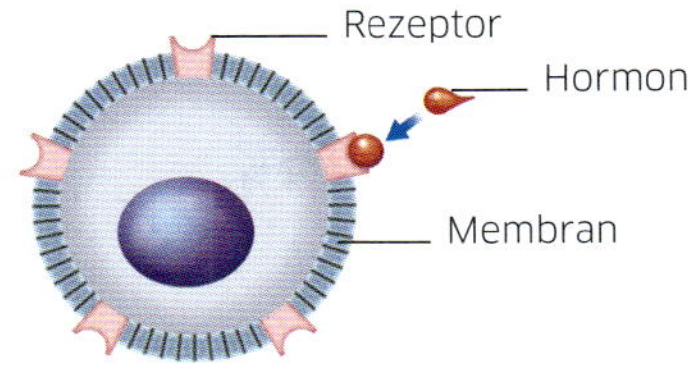

HORMON BINDET AN DER ZELLE.

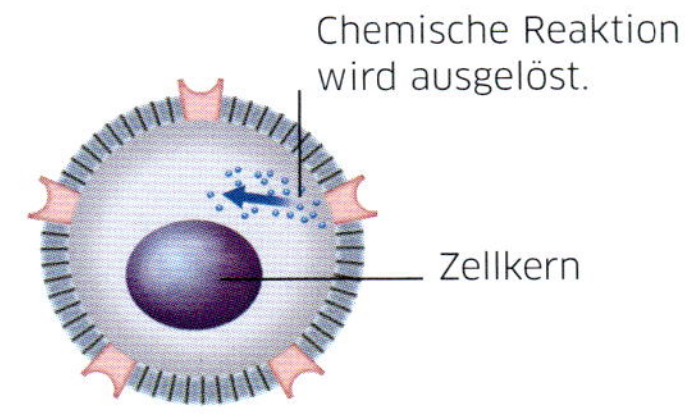

REAKTION DER ZELLE

Fettlösliche Hormone
Diese Hormone sind fettlöslich und passieren die Membran ihrer Zielzelle, um innen an einen Rezeptor zu binden. Das Hormon dringt dann in den Zellkern ein und schaltet bestimmte Gene ein oder aus. Zu den fettlöslichen Hormonen zählen Geschlechtshormone wie Testosteron.

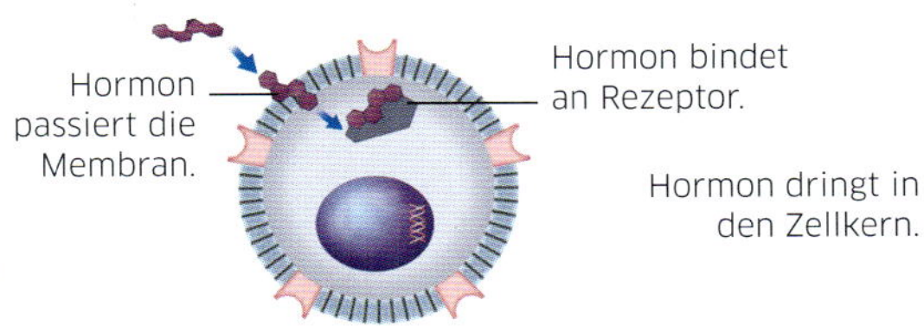

HORMON DRINGT IN DIE ZELLE.

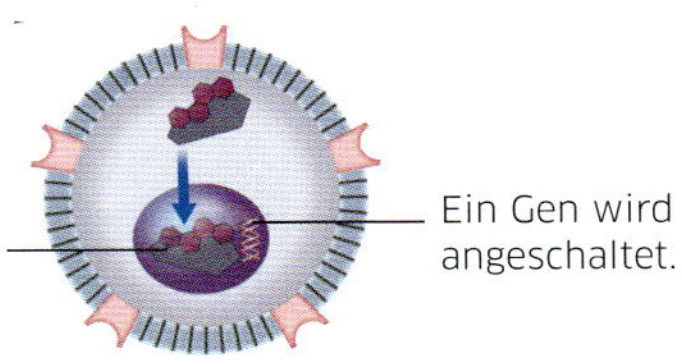

REAKTION DER ZELLE

Nervenzellen

Die Zellen des Nervensystems nennt man Nervenzellen oder Neuronen. Sie leiten elektrische Signale durch lange Fasern, die Axone. Das fetthaltige Material Myelin bildet eine Scheide um sie, damit sich die Signale schneller ausbreiten. Neuronen werden in drei Hauptarten unterteilt.

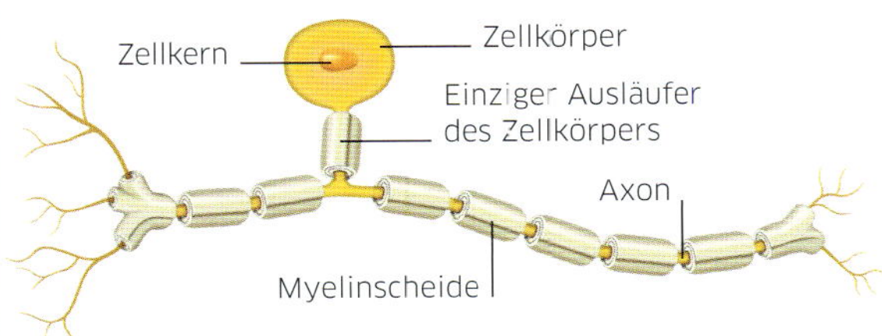

Unipolare Neuronen
Diese Neuronen nehmen ankommende Sinnessignale auf. Ihr Zellkörper besitzt nur einen Ausläufer.

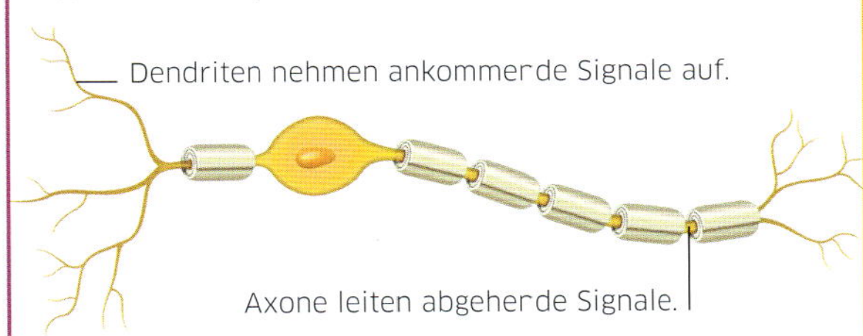

Bipolare Neuronen
Diese Neuronen befinden sich in Augen und Muskeln. Ihr Zellkörper besitzt zwei Ausläufer.

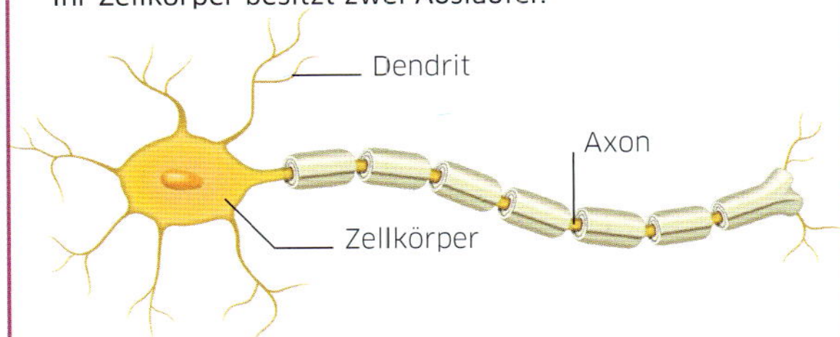

Multipolare Neuronen
Diese häufigste Neuronenart kommt im Gehirn vor. Ihr Zellkörper besitzt mehrere Ausläufer.

DAS MENSCHLICHE GEHIRN ENTHÄLT ETWA 165 000 KILOMETER AXONE.

SINNE

Sinnesorgane sammeln Informationen über die Umgebung und senden sie als elektrische Signale an das Gehirn. Das Gehirn decodiert diese Informationen und erzeugt ein Gefühl des Bewusstseins.

Hauptsinne

Wir haben fünf Hauptsinne. Der Sehsinn ist dabei der wichtigste. Die meisten Sinneswahrnehmungen leisten besondere Organe wie Augen und Ohren. Große Bereiche des Gehirns verarbeiten die ankommenden Signale dieser Sinnesorgane.

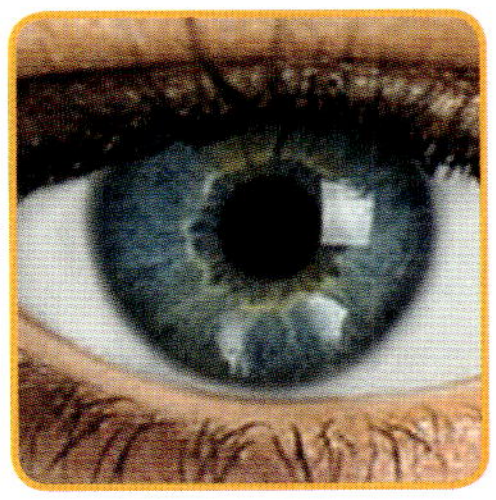

Sehsinn
Die Signale erzeugen Neuronen auf der Netzhaut des Auges, das Licht zu einem Bild bündelt.

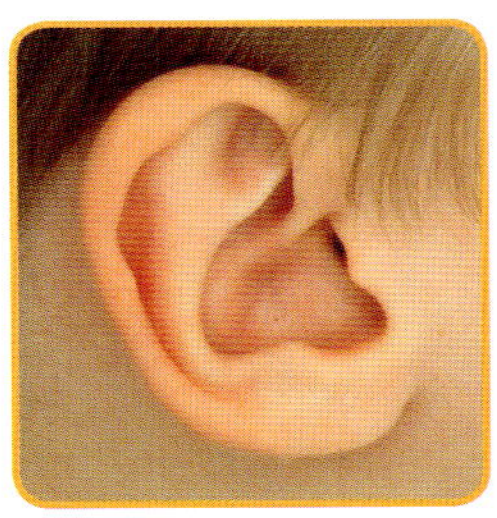

Hörsinn
Schall besteht aus unsichtbaren Wellen, die sich in der Luft ausbreiten. Die Ohren fangen sie auf und verstärken sie.

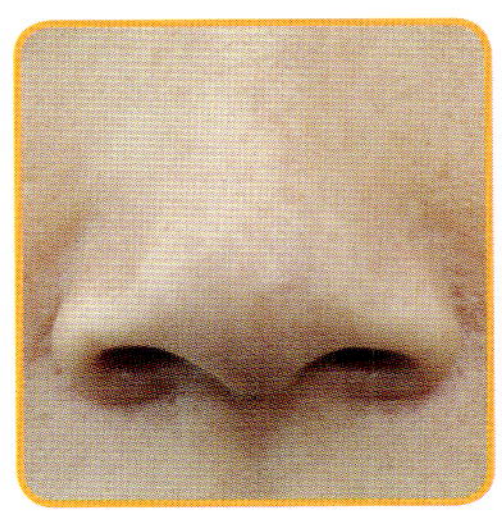

Geruchssinn
Neuronen am Nasendach reagieren mit Tausenden Geruchsstoffen in der Atemluft und leiten Informationen ans Gehirn.

Geschmackssinn
Die Geschmacksknospen der Zunge erkennen fünf Richtungen: salzig, süß, sauer, bitter und umami.

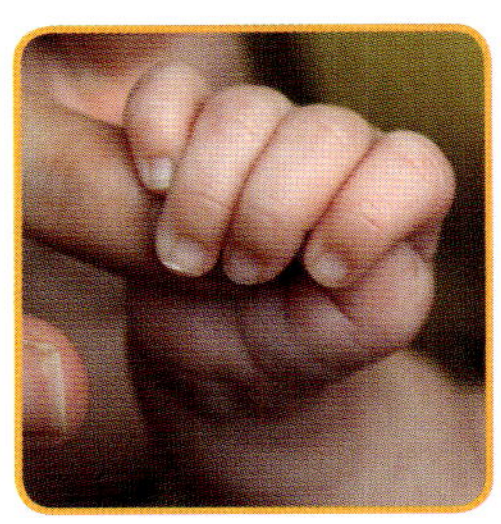

Tastsinn
Die Haut enthält verschiedene Sinnesrezeptoren, die auf unterschiedliche Berührungen reagieren.

Zusätzliche Sinne

Durch diese weiteren Sinne kann der Mensch sich z. B. bewegen, das Gleichgewicht halten und Wärme und Schmerz spüren.

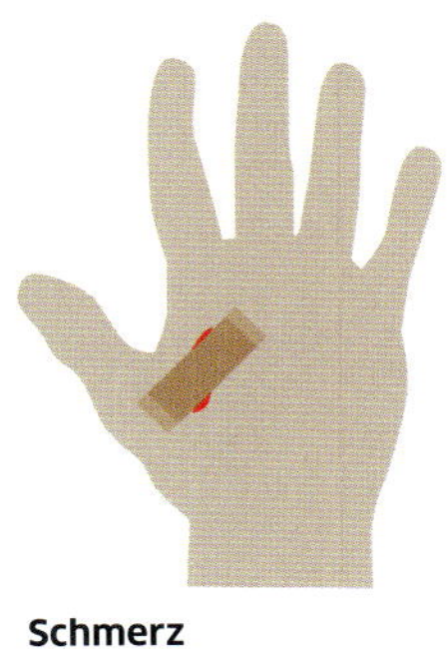

Schmerz
Dieser Sinn dient als Warnung, dass ein Körperteil beschädigt ist und heilen muss.

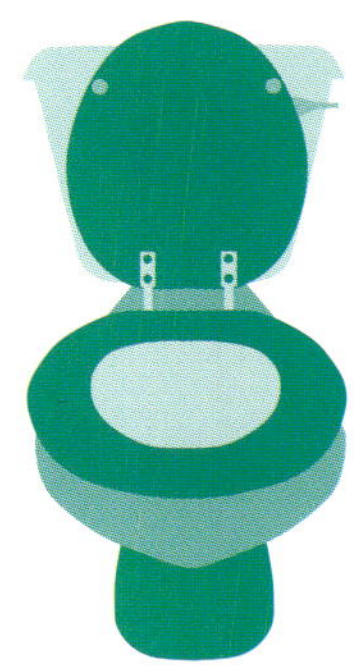

Harnblase und Mastdarm
Dehnungsrezeptoren in den Wänden der Blase und des Mastdarms lösen Harn- oder Stuhldrang aus.

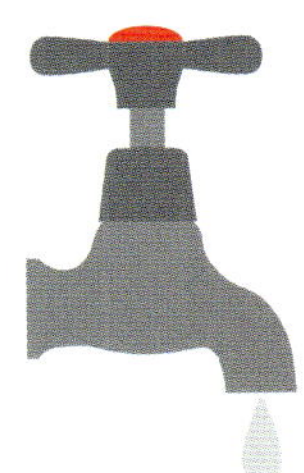

Wärme
Wärmerezeptoren in Haut, Lippen und Mund fühlen sogar aus der Entfernung Wärme oder Kälte.

Muskeln
Die Muskeln besitzen Dehnungsrezeptoren, die Körperhaltung, -position und -bewegung erkennen.

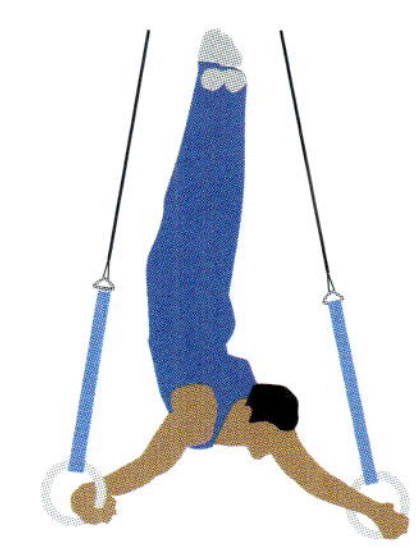

Gleichgewicht
Das Innenohr enthält winzige Rezeptoren, die dem Körper helfen, das Gleichgewicht zu halten.

Zeitgefühl
Eine Gruppe Neuronen im Gehirn wirkt als innere Uhr und regelt Tag- und Nachtrhythmus.

0,01 Sekunden braucht ein Nervensignal vom Gehirn bis zu den Zehen.

Teile des Nervensystems

Das Nervensystem besteht aus zwei Teilen. Gehirn und Rückenmark (unten, grün) bilden das zentrale Nervensystem. Es verarbeitet ankommende Signale und entscheidet, wie der Körper reagiert. Das periphere Nervensystem (gelb) überträgt Signale im übrigen Körper und verbindet das zentrale Nervensystem mit Sinnesorganen, Muskeln und anderen Körperteilen.

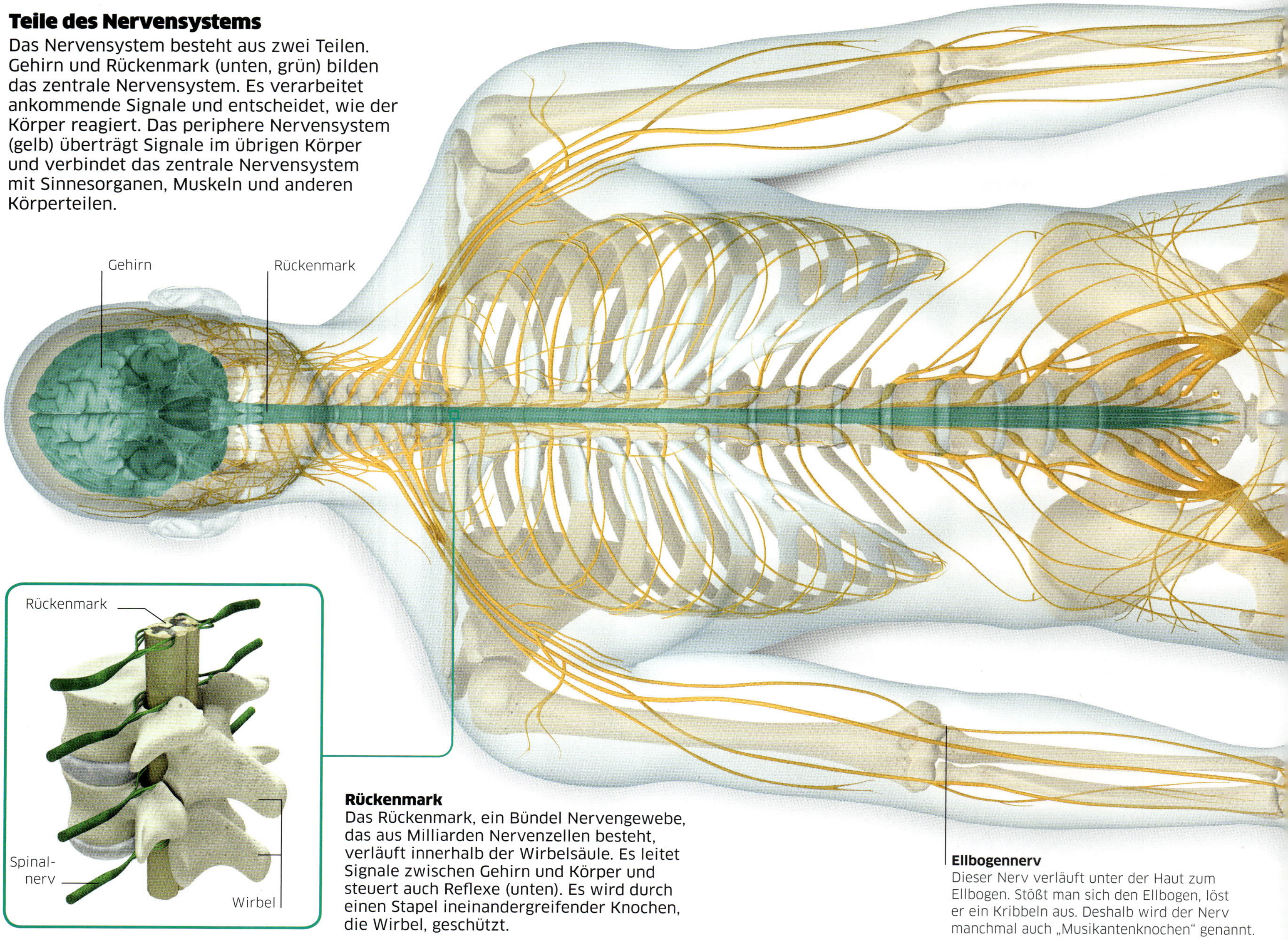

Rückenmark
Das Rückenmark, ein Bündel Nervengewebe, das aus Milliarden Nervenzellen besteht, verläuft innerhalb der Wirbelsäule. Es leitet Signale zwischen Gehirn und Körper und steuert auch Reflexe (unten). Es wird durch einen Stapel ineinandergreifender Knochen, die Wirbel, geschützt.

Ellbogennerv
Dieser Nerv verläuft unter der Haut zum Ellbogen. Stößt man sich den Ellbogen, löst er ein Kribbeln aus. Deshalb wird der Nerv manchmal auch „Musikantenknochen" genannt.

Das Nervensystem

Der menschliche Körper wird durch ein Netzwerk lebender Leitungen gesteuert, das man Nervensystem nennt. Die Zellen, die das Nervensystem bilden, übertragen Informationen.

Das Nervensystem ermöglicht blitzschnelle Reaktionen auf die Umgebung des Körpers. In jedem Augenblick werden Signale der Sinnesorgane mit bis 400 km/h über die Nerven zum Gehirn übertragen. Das Gehirn analysiert die Flut eintreffender Informationen, entscheidet über eine Antwort und sendet Anweisungen an die Muskeln und andere Organe. Der größte Teil des Nervensystems steht unter willkürlicher Kontrolle, sodass man wählen kann, wie man reagiert. Doch viele Teile des Nervensystems funktionieren automatisch und kontrollieren innere Organe und Reflexe, ohne dass man sich dessen bewusst ist.

Nervenzellen

Das Nervensystem besteht aus Milliarden Zellen, den Neuronen (Nervenzellen). Diese seltsam aussehenden Zellen haben viele feine verzweigte Fasern, die sich vom Zellkörper erstrecken. Ein typisches Neuron besitzt einen großen Ausläufer (Axon), der Signale nach außen leitet, und viele kleinere Fasern (Dendriten), die Signale zur Zelle führen. Neuronen verbinden sich miteinander an den Synapsen.

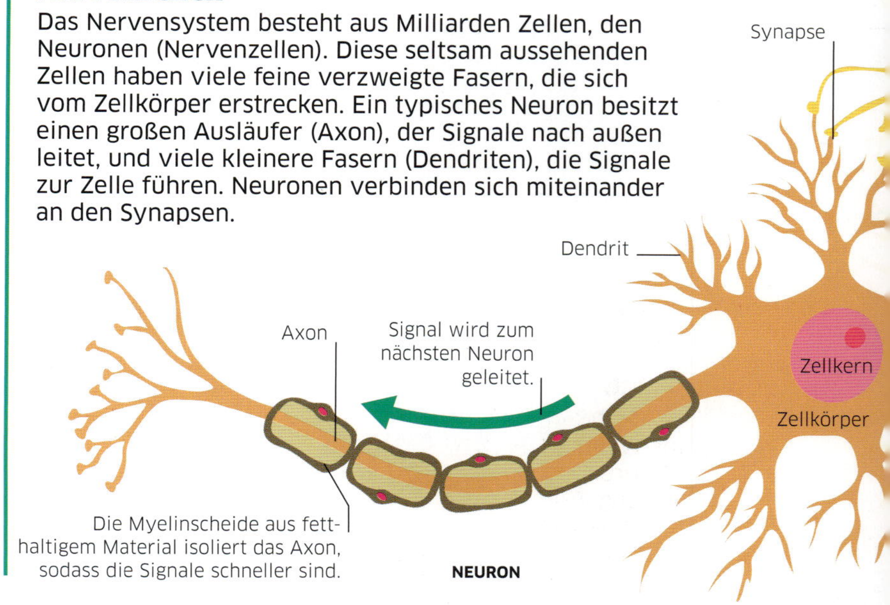

NEURON

Längster Nerv
Der Ischiasnerv ist der längste Nerv des Körpers und verläuft vom Rückenmark bis zum Fuß.

Schienbeinnerv
Dieser Nerv löst eine Kontraktion des Wadenbeinmuskels aus, streckt dadurch den Fuß und stößt ihn beim Gehen ab.

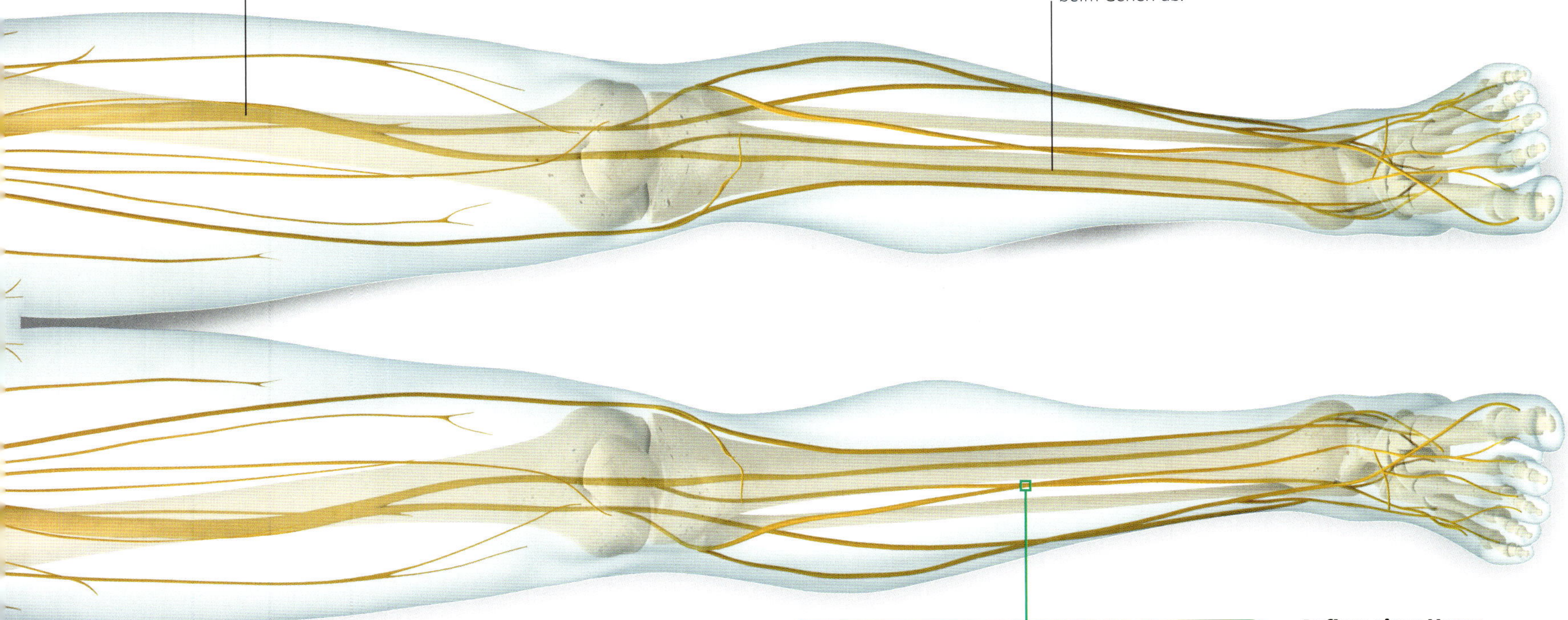

Fingernerven
Die Nerven in den Händen leiten Signale der Tastrezeptoren in den Fingern zum Gehirn.

Könnte man alle Nervenzellen des Körpers aneinanderreihen, würden sie 2,5-mal um die Erde reichen.

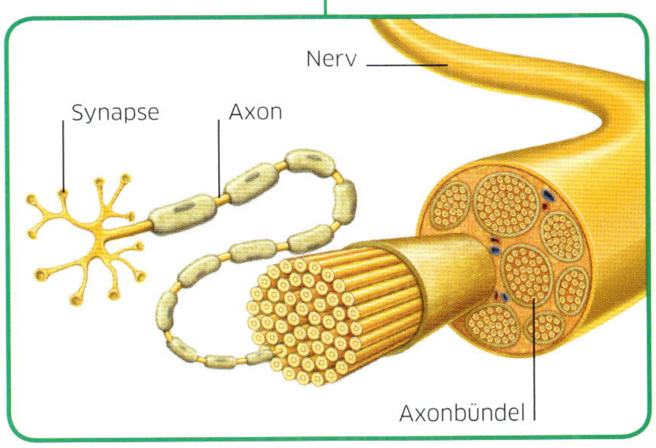

Aufbau eines Nervs
Nervenzellen haben lange Ausläufer, die Axone, die bis zu 1 m lang sein können. Axone verlaufen als Bündel durch den Körper und bilden die Nerven. Jedes Axon eines Nervs leitet eigene Signale.

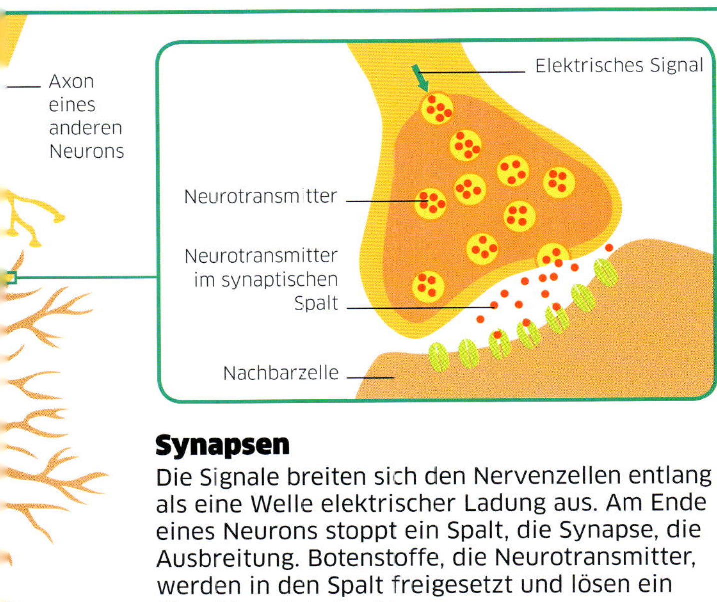

Synapsen

Die Signale breiten sich den Nervenzellen entlang als eine Welle elektrischer Ladung aus. Am Ende eines Neurons stoppt ein Spalt, die Synapse, die Ausbreitung. Botenstoffe, die Neurotransmitter, werden in den Spalt freigesetzt und lösen ein Signal im nächsten Neuron aus.

Reflexe

Die meisten Signale der Sinnesorgane verarbeitet das Gehirn, bevor der Körper reagiert. Ein Reflex erfolgt dagegen sehr schnell, weil er über eine Abkürzung im Rückenmark verläuft. Wenn man etwas berührt, das Schmerzen verursacht, zieht ein Reflex die Hand zurück, noch bevor das Gehirn den Schmerz wahrnimmt.

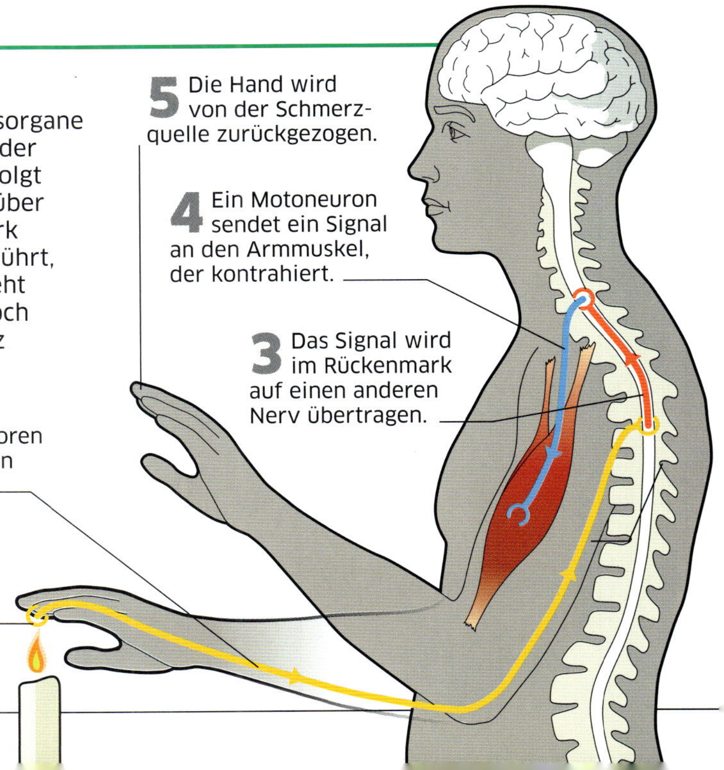

1 Die Berührung der Flamme aktiviert Schmerzrezeptoren der Haut.

2 Die Schmerzrezeptoren senden ein Signal an das Rückenmark.

3 Das Signal wird im Rückenmark auf einen anderen Nerv übertragen.

4 Ein Motoneuron sendet ein Signal an den Armmuskel, der kontrahiert.

5 Die Hand wird von der Schmerzquelle zurückgezogen.

100 Mrd. – aus so vielen **Neuronen** besteht schätzungsweise das Gehirn.

125 Billionen **Synapsen** befinden sich ungefähr im **Gehirn.**

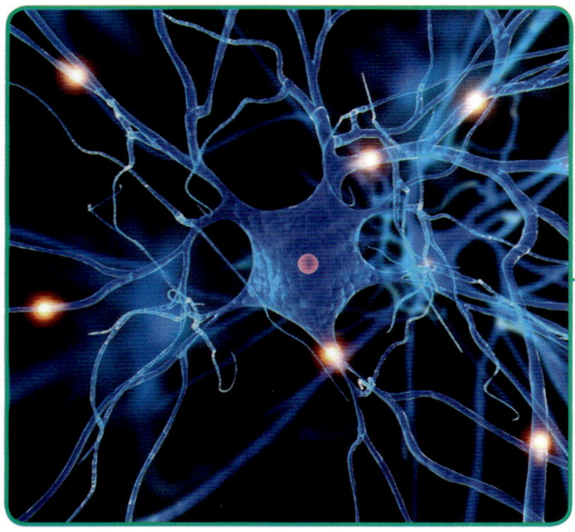

Gehirnzellen
Das Gehirn besteht aus Zellen, die man Neuronen nennt. Sie senden durch ihre Ausläufer elektrische Signale an andere Neuronen, mit denen sie über Synapsen verbunden sind. Das menschliche Gehirn besitzt ungefähr 100 Mrd. Neuronen, von denen jedes bis zu 10 000 Synapsen haben kann. Synapsen sind komplizierter gebaut als die einfachen Ein-aus-Schalter eines Computerchips. Jede Synapse kann bis zu 1000 molekulare Schalter besitzen, die die phänomenale Leistung des menschlichen Gehirns ermöglichen.

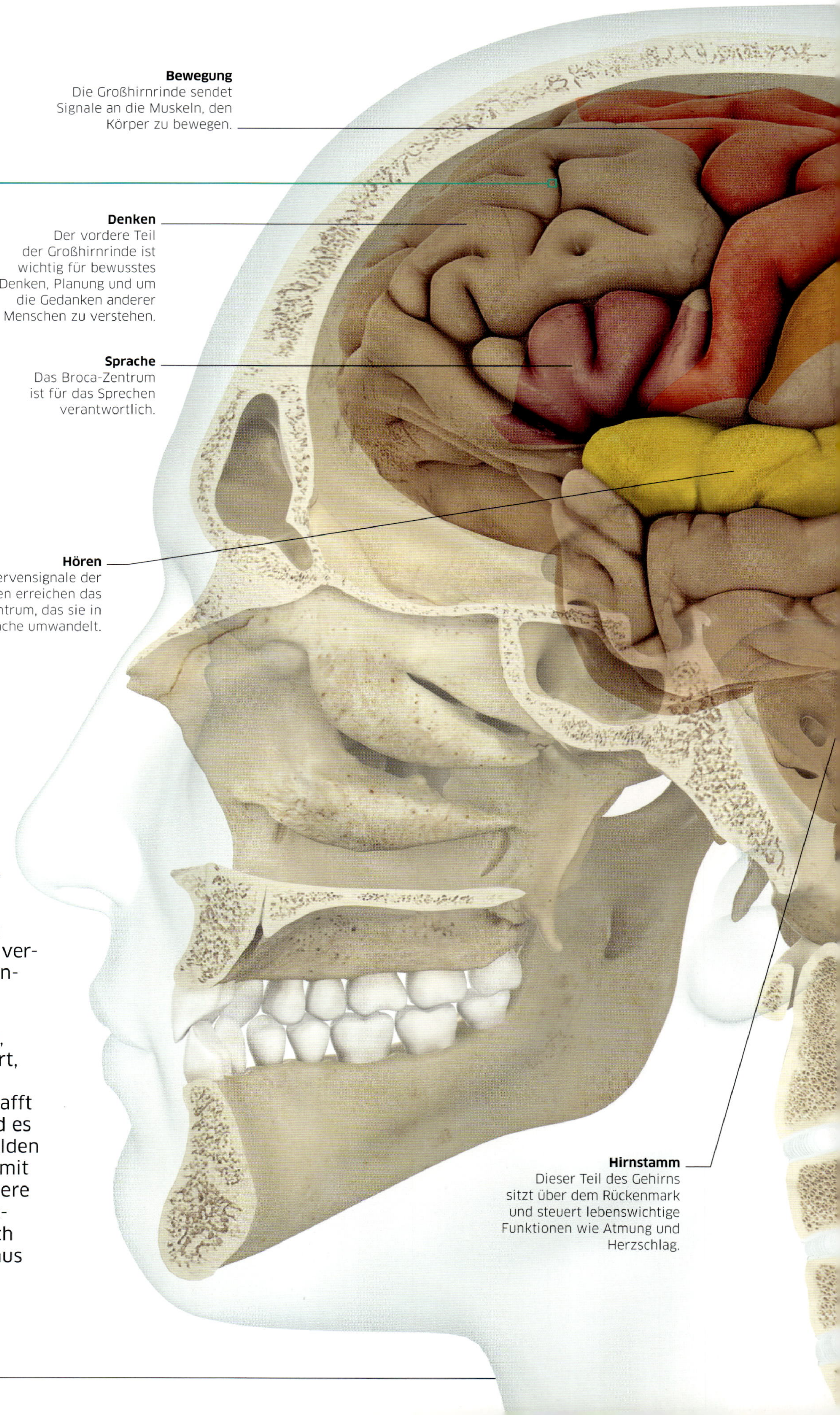

Das Gehirn

Das Gehirn liegt geschützt in der Schädelhöhle. Es ist das „Hauptquartier" des Nervensystems und das Steuerungszentrum des Körpers.

Das menschliche Gehirn ist komplizierter und leistungsfähiger als das aller anderen Tiere. Gleichzeitig ist es das am wenigsten verstandene Organ des Körpers. Seine blumenkohlförmige Masse aus Nervenzellen erzeugt eine innere Erfahrungswelt und ein Ich-Erleben. Alles, was man sieht, berührt, denkt, träumt und woran man sich erinnert, entsteht im Gehirn. In gewisser Weise arbeitet das Gehirn wie ein Computer, schafft aber ständig neue Verbindungen, während es lernt und sich anpasst. Sein Fundament bilden die Nervenzellen oder Neuronen – Zellen mit Ausläufern, die elektrische Signale an andere Neuronen senden und komplizierte Schaltkreise bilden. In jeder Sekunde breiten sich Billionen elektrischer Impulse im Gehirn aus und weben unendlich komplexe Bahnen inmitten sich ständig verändernder Verbindungen.

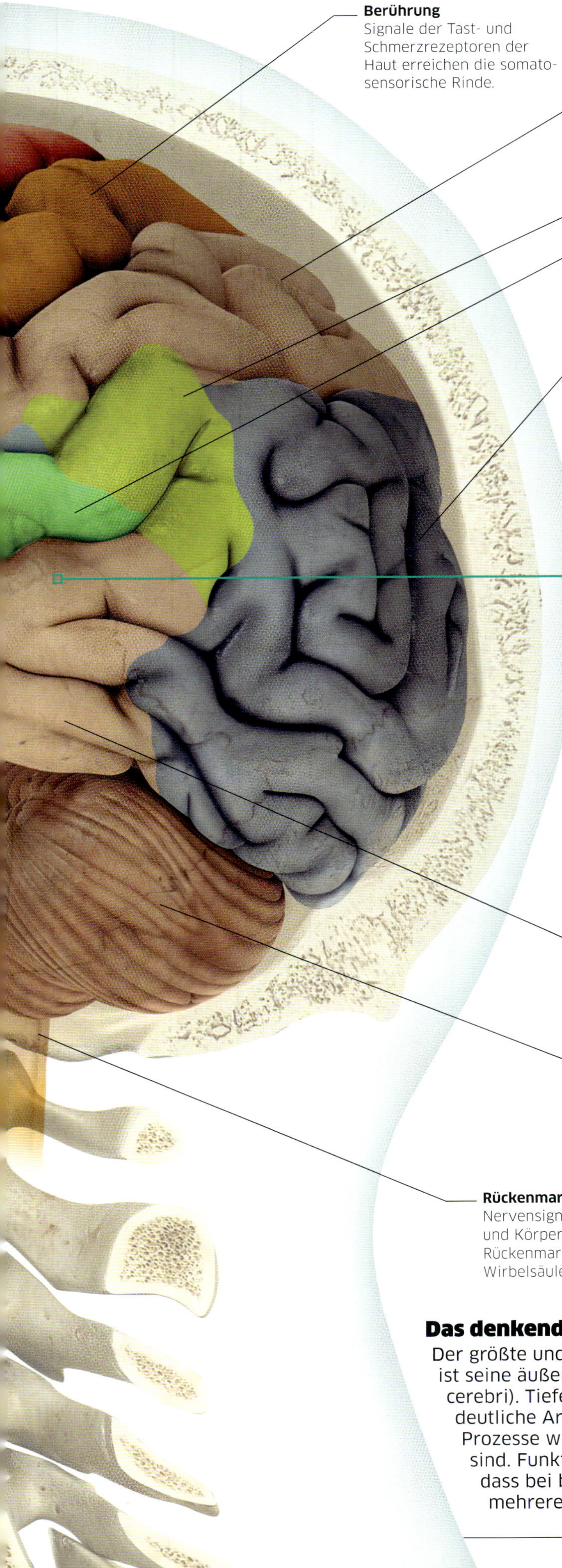

Berührung
Signale der Tast- und Schmerzrezeptoren der Haut erreichen die somatosensorische Rinde.

Tastverarbeitung
Signale des Tastsinns gelangen vom Tastfeld hierher und helfen künftig beim Erkennen dessen, was wir ertasten.

Sprechen lernen
Das Wernicke-Areal ist Teil des Sprachzentrums, das für das Erlernen der Sprache wichtig ist.

Sprache verstehen
Das Wernicke-Areal hilft uns geschriebene und gesprochene Sprache zu verstehen.

Sehen
Die Sehrinde erhält Signale der Augen und verarbeitet sie, um grundlegende Formen und Muster zu erkennen.

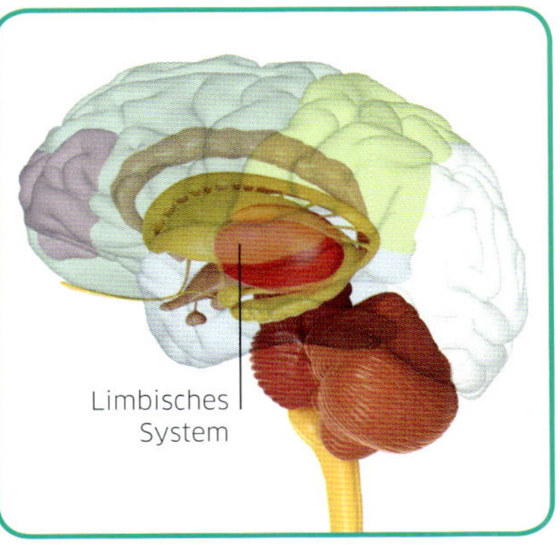

Urinstinkte
Während die Großhirnrinde höhere Gedankenprozesse wie das Denken steuert, kontrollieren Strukturen tief im Gehirn grundlegende Triebe und Gefühle wie Freude, Angst und Ärger. Diese Strukturen bilden das limbische System.

Sehverarbeitung
Grundlegende Formen und Muster, welche die Sehrinde erkannt hat, werden hier weiterverarbeitet, um die Objekte zu erkennen.

Kleinhirn
Das Kleinhirn (Cerebellum) koordiniert die Muskeln bei Bewegungen und das Gleichgewicht.

Rückenmark
Nervensignale zwischen Gehirn und Körper werden über das Rückenmark geleitet, das in der Wirbelsäule verläuft.

Das denkende Gehirn

Der größte und intelligenteste Teil des Gehirns ist seine äußere Schicht, die Großhirnrinde (Cortex cerebri). Tiefe Furchen teilen die Großhirnrinde in deutliche Areale, die Lappen, die auf verschiedene Prozesse wie Sprechen oder Sehen spezialisiert sind. Funktionelle MRT-Aufnahmen zeigen jedoch, dass bei bestimmten gedanklichen Aktivitäten mehrere Areale zusammenarbeiten.

Gehirngröße

Der größte Teil der komplizierten Verarbeitung findet in der Großhirnrinde statt, die sehr viele Synapsen besitzt. Menschen haben eine weitaus größere Großhirnrinde als andere Tiere, die deshalb auch mehr leisten kann.

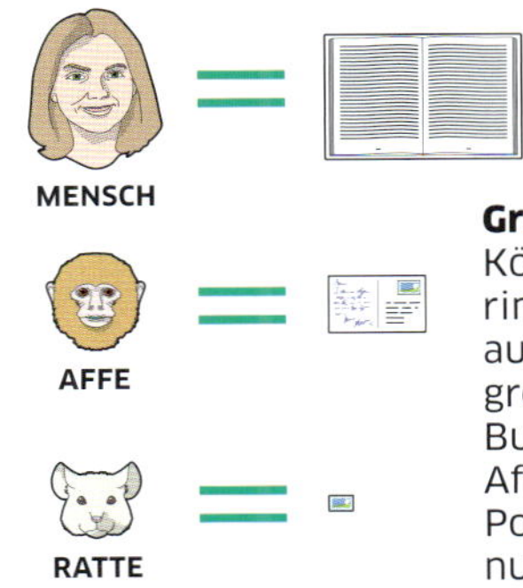

Größe der Großhirnrinde
Könnte man die Großhirnrinde eines Menschen flach ausbreiten, wäre sie so groß wie vier Seiten dieses Buchs. Die Rinde eines Affen entspräche einer Postkarte, die einer Ratte nur einer Briefmarke.

Tastsinn

Die Tastsinnesorgane sind nicht gleichmäßig über den Körper verteilt. Die meisten Tastrezeptoren befinden sich auf den Lippen, der Zunge, den Geschlechtsorganen und Fingerspitzen. Je größer ein Körperteil hier dargestellt ist, desto sensibler ist er für Berührungen.

Wie das Gedächtnis funktioniert

Das Gehirn speichert Erinnerungen als Netzwerke aus Verbindungen zwischen Neuronen. Bei jeder neuen Erfahrung oder Information feuern Neuronen in bestimmte Muster. Erinnert man sich daran, feuern die Neuronen wieder im selben Muster und verstärken das Gedächtnis.

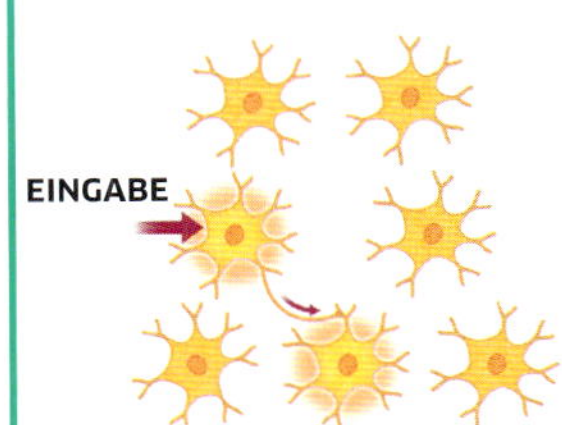

1 Erfahrung
Bei einer neuen Erfahrung senden Neuronen Signale in bestimmten Mustern. Das Netzwerk umfasst in der Realität Hunderte Neuronen.

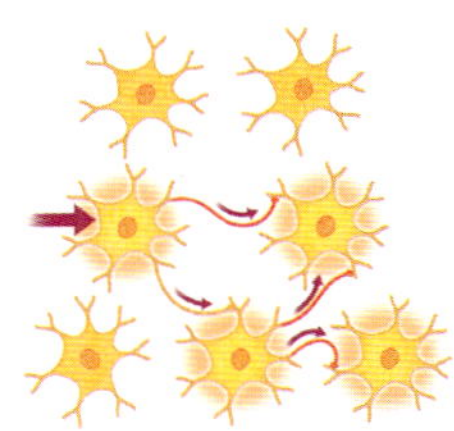

2 Wiederholen
Wiederholt man die Erfahrung oder erinnert sich daran, werden neue Verbindungen geknüpft, sodass das Netzwerk größer wird und leichter auszulösen ist.

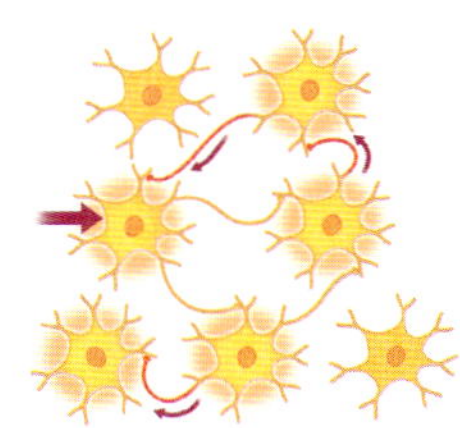

3 Verstärken
Weitere Wiederholungen stärken das Netzwerk zusätzlich und festigen das Gedächtnis. Ungenutzte Verbindungen gehen verloren.

Das Auge

Sehen ist der wichtigste Sinn des Menschen, weil wir mit den Augen mehr Informationen sammeln als mit allen anderen Sinnen zusammen.

Im Bruchteil einer Sekunde nimmt das Auge eine Szene wahr. Es macht davon nicht nur eine Momentaufnahme, sondern huscht schnell und instinktiv über die Szenerie und verharrt kurz bei Details, die das Gehirn für wichtig hält.

Das menschliche Auge funktioniert wie eine Kamera. Es fängt Lichtstrahlen ein und bündelt diese mit einer Linse zu einem scharfen Bild. Im Gegensatz zu einer Fotografie ist das Bild im Auge nur an einer kleinen Stelle der Netzhaut scharf und farbig – in der winzigen Sehgrube (Fovea centralis), einer Einsenkung im Zentrum des Gelben Flecks.

Aufbau des Auges

Das menschliche Auge ist eine Hohlkugel, die vorwiegend mit einer klaren, gelartigen, lichtdurchlässigen Flüssigkeit gefüllt ist. Die Lichtstrahlen werden zum Teil durch die gewölbte Augenvorderseite – die Hornhaut (Cornea) – und zum Teil durch die Linse gebündelt. Diese erzeugt ein scharfes Bild, indem sie ihre Form verändert. Die gebündelten Lichtstrahlen fallen auf lichtempfindliche Zellen im Augenhintergrund – die Netzhaut (Retina). Ihre Zellen senden Signale an das Gehirn, das diese in ein Bild umwandelt.

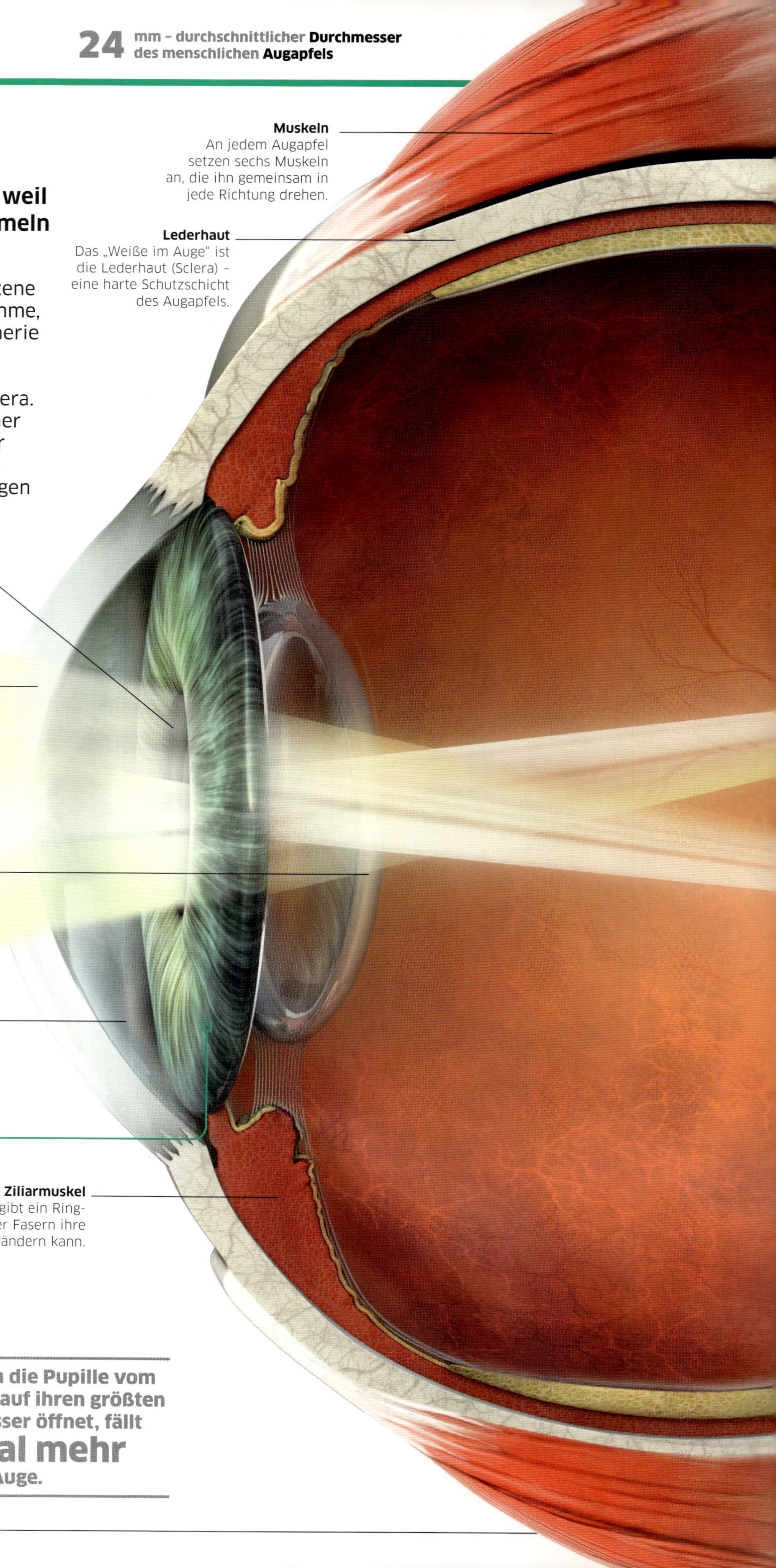

Muskeln
An jedem Augapfel setzen sechs Muskeln an, die ihn gemeinsam in jede Richtung drehen.

Lederhaut
Das „Weiße im Auge" ist die Lederhaut (Sclera) – eine harte Schutzschicht des Augapfels.

Pupille
Das Licht fällt durch eine Öffnung in der Regenbogenhaut – die Pupille.

Hornhaut
Die gewölbte Vorderseite des Auges bündelt das Licht. Im Gegensatz zur Linse kann sie ihre Form nicht verändern.

Linse
Hinter der Pupille befindet sich die verformbare Linse.

Kammerwasser
Diese wässrige Flüssigkeit füllt die vordere und hintere Augenkammer.

Ziliarmuskel
Die Linse umgibt ein Ringmuskel, der über Fasern ihre Wölbung verändern kann.

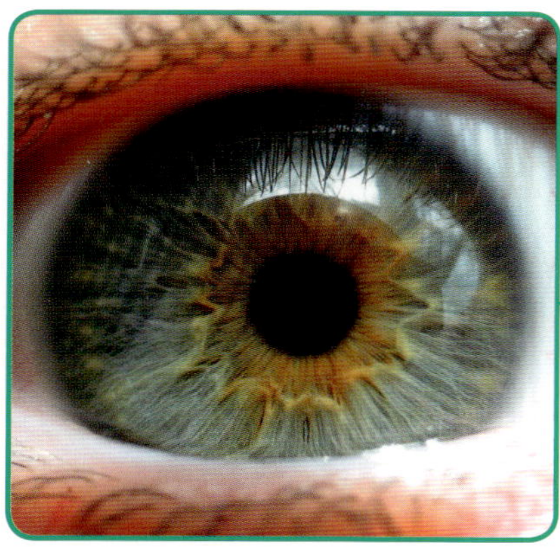

Regenbogenhaut
Den farbigen Teil des Auges bildet die Regenbogenhaut (Iris). Sie ist ein Ring aus Muskelfasern, der den Lichteinfall durch die Pupille reguliert. Bei hellem Licht verengt sich die Pupille auf 2 mm Breite. Im Dunklen erweitert sie sich auf 9 mm. Die Regenbogenhaut reagiert auch auf Gefühle. Sie erweitert die Pupillen, wenn wir etwas sehen, was uns gefällt. Die Augenfarbe wird von dem Pigment Melanin bestimmt.

Wenn sich die Pupille vom kleinsten auf ihren größten Durchmesser öffnet, fällt
20-mal mehr
Licht ins Auge.

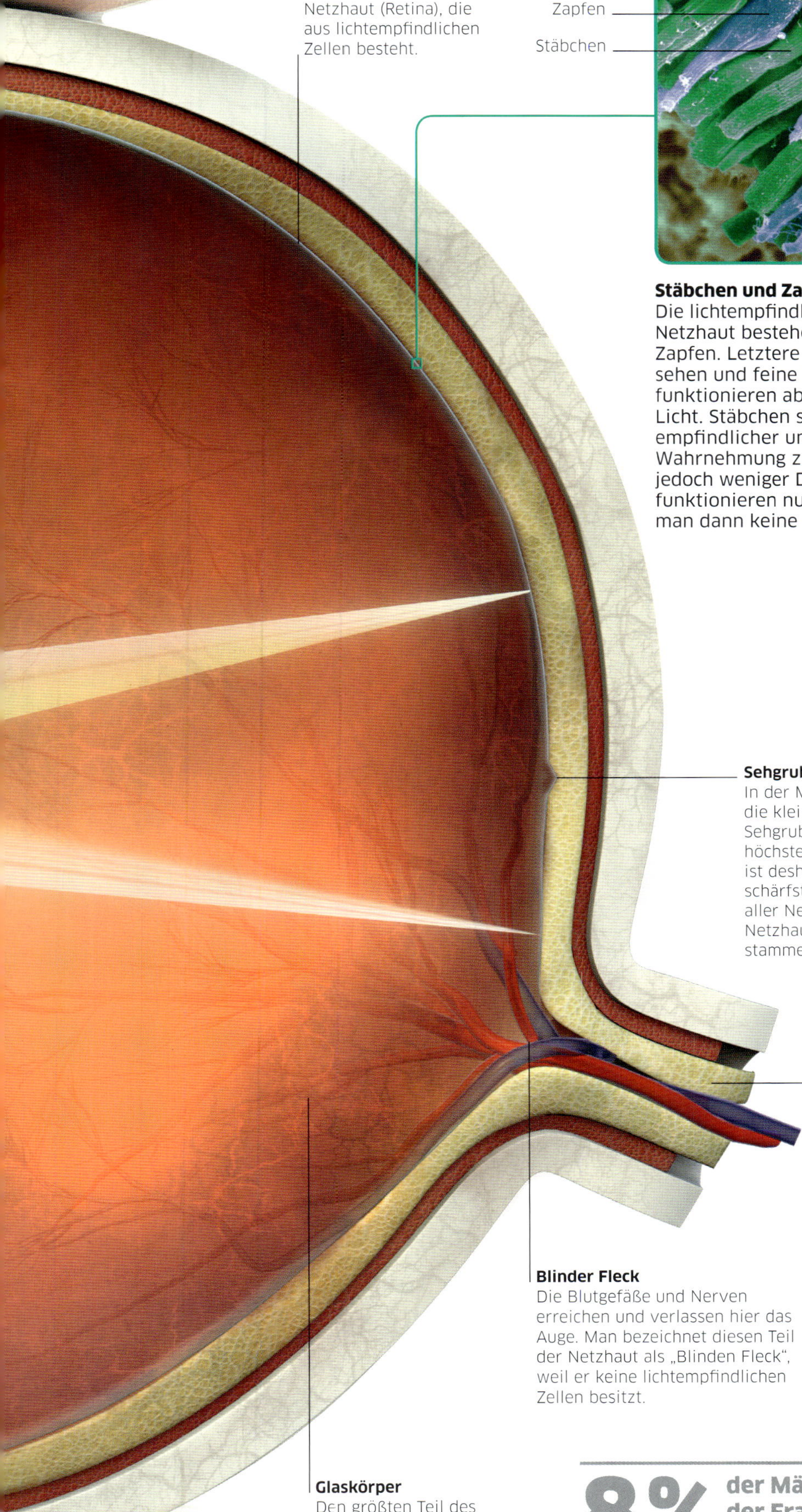

Netzhaut
Das Licht fällt auf die Netzhaut (Retina), die aus lichtempfindlichen Zellen besteht.

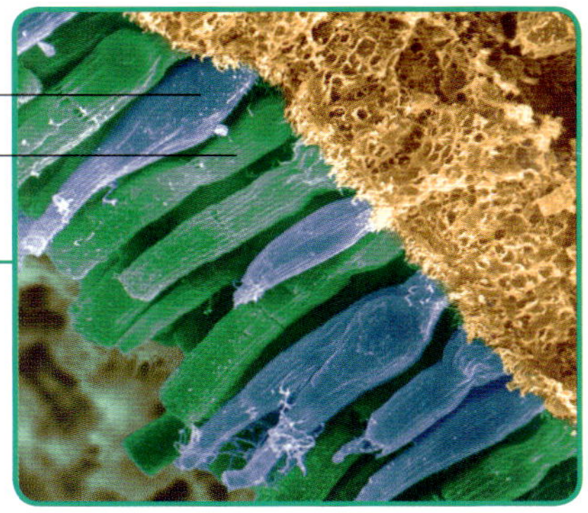

Stäbchen und Zapfen
Die lichtempfindlichen Zellen der Netzhaut bestehen aus Stäbchen und Zapfen. Letztere sind für das Farbsehen und feine Details zuständig, funktionieren aber nur im hellen Licht. Stäbchen sind sehr viel lichtempfindlicher und für die Hell-dunkel-Wahrnehmung zuständig. Sie nehmen jedoch weniger Details auf. Im Dunkeln funktionieren nur Stäbchen, sodass man dann keine Farben mehr erkennt.

Sehgrube
In der Mitte der Netzhaut liegt die kleine, etwa 1 mm große Sehgrube (Fovea). Sie besitzt die höchste Dichte an Zapfen und ist deshalb auch die Stelle des schärfsten Sehens. Die Hälfte aller Nervensignale, die von der Netzhaut zum Gehirn fließen, stammen aus der Sehgrube.

Sehnerv
Die Signale der Netzhaut erreichen das Gehirn über den Sehnerv.

Blinder Fleck
Die Blutgefäße und Nerven erreichen und verlassen hier das Auge. Man bezeichnet diesen Teil der Netzhaut als „Blinden Fleck", weil er keine lichtempfindlichen Zellen besitzt.

Glaskörper
Den größten Teil des Augapfels bildet der Glaskörper, der eine gelartige Flüssigkeit enthält.

8 % **der Männer und 0,04 % der Frauen sind von der Rotgrünblindheit betroffen. Sie können Rot und Grün nicht unterscheiden.**

Lichtstrahlen bündeln

Lichtstrahlen, die ein Objekt abgibt, werden gestreut. Für ein scharfes Bild muss das Auge die Strahlen beugen, sodass sie sich in einem Punkt – dem Brennpunkt – sammeln. Hornhaut und Linse bündeln zusammen die Lichtstrahlen auf der Netzhaut zu einem Bild, das auf dem Kopf steht. Im Gehirn wird es umgedreht.

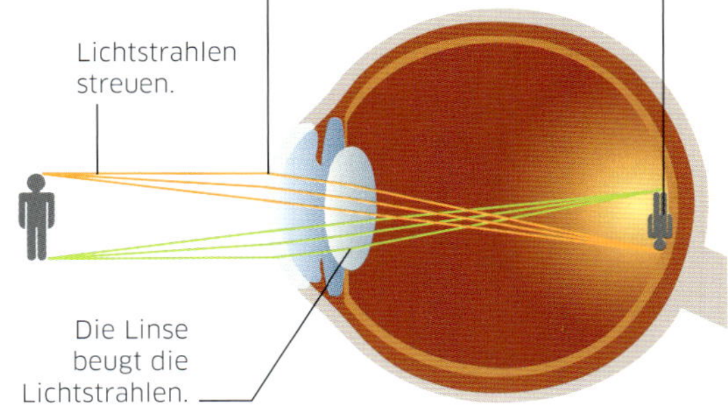

Nah und fern

Betrachtet man nahe Objekte, wölben Muskeln die Linse und verstärken dadurch die Lichtbeugung. Bei entfernten Objekten entspannen sich die Muskeln und die Linse wird flacher. Bei manchen Menschen ist die Beugungskraft der Linse zu stark oder zu schwach. Brillen korrigieren diese Sehfehler.

Dreidimensionales Sehen

Die beiden Augen sehen ein Objekt von leicht unterschiedlichen Positionen und erzeugen verschiedene Bilder. Aus ihnen macht das Gehirn ein dreidimensionales Bild.

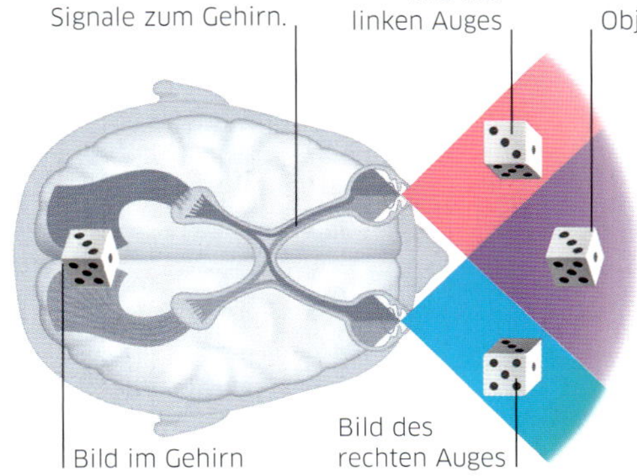

Das Ohr

Der Schall wird durch unsichtbare Wellen übertragen, die sich mit großer Geschwindigkeit ausbreiten. Unsere Ohren nehmen diese Schwingungen auf.

Wirft man einen Stein in einen Teich, erzeugt er Wellen, die sich kreisförmig ausbreiten. Schall funktioniert ähnlich und breitet sich in kugelförmigen, unsichtbaren Wellen in der Luft aus. Im Gegensatz zu den Wellen auf dem Wasser sind Schallwellen eine Abfolge verdichteter und verdünnter Luft. Diese Druckwellen erreichen das Ohr mit einer Frequenz von 20–20 000 Schwingungen pro Sekunde. Im Gehörgang befindet sich das Trommelfell, das die Schwingungen aufnimmt. Es ist hochempfindlich, nimmt auch den schwächsten Schall auf und schwingt mit derselben Frequenz wie die Schallwellen. Doch das Ohr ist nicht nur Schallempfänger, das Innenohr beherbergt auch die Organe des Gleichgewichtssinns.

Aufbau des Ohrs

Das menschliche Ohr ist in drei Abschnitte unterteilt: Außenohr, Mittelohr und Innenohr. Sichtbar ist nur die Ohrmuschel – ein Lappen aus Knorpel und Haut, der die Schallwellen in den Gehörgang leitet. Ihre seltsame Form hilft, die Richtung zu erkennen, aus der der Schall kommt. Der Gehörgang bildet eine Röhre, die bis in den Schädel verläuft und am Trommelfell endet. Winzige Knöchelchen hinter dem Trommelfell übertragen die Schwingungen durch das mit Luft gefüllte Mittelohr in das mit Flüssigkeit gefüllte Innenohr.

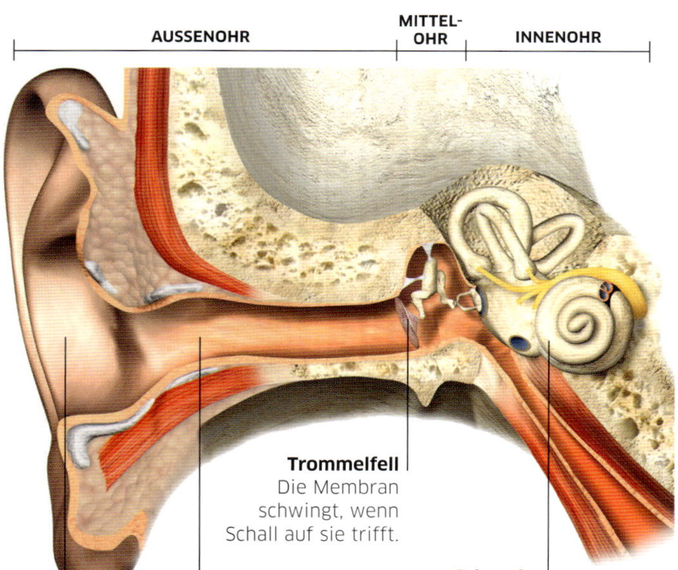

Trommelfell
Die Membran schwingt, wenn Schall auf sie trifft.

Gehörgang

Schnecke
In dem spiralförmigen Organ wird Schall in Nervenimpulse umgesetzt.

Ohrmuschel
Der sichtbare Teil des Ohrs leitet die Schallwellen in den Gehörgang.

Schall erkennen

Die Schwingungen des Trommelfells werden durch drei Gehörknöchelchen (Hammer, Amboss und Steigbügel) ins Mittelohr übertragen und verstärkt. Das letzte Knöchelchen der Kette – der Steigbügel – leitet den Schall an das Innenohr. Die Schwingungen breiten sich in der Flüssigkeit der Schnecke (Cochlea) aus, eines spiralförmigen Organs, das so groß wie eine Erbse ist. In ihr lösen die Schwingungen Nervensignale zum Gehirn aus.

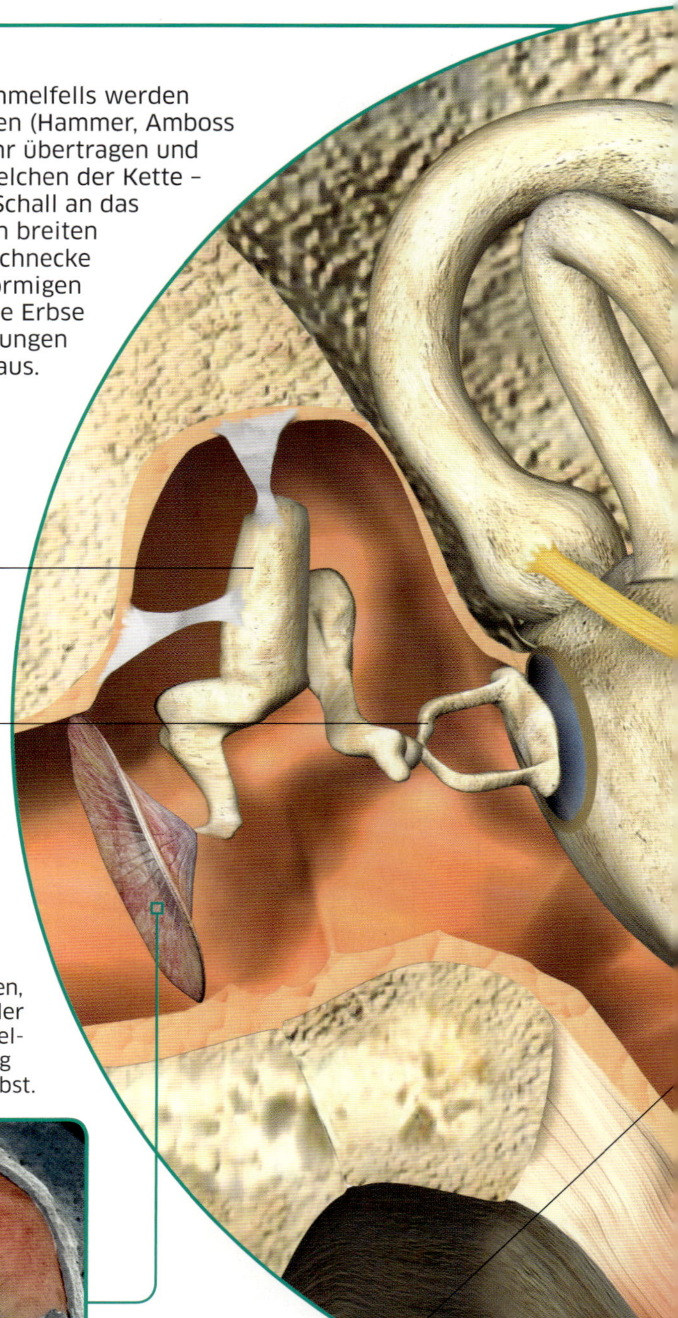

Gehörknöchelchen
Drei Knöchelchen übertragen den Schall vom Trommelfell zum Innenohr. Sie wirken als Hebel, die Schwingungen verstärken.

Kleinster Knochen
Der Steigbügel ist nur 3 mm lang und damit der kleinste Knochen des Körpers.

Trommelfell
Diese straffe, papierdünne Membran ist leicht zapfenförmig und etwa 9 mm groß. Wenn Schallwellen auf sie treffen, schwingt sie in der Frequenz der Schallwellen. Wird das Trommelfell verletzt, heilt es sich häufig innerhalb weniger Wochen selbst.

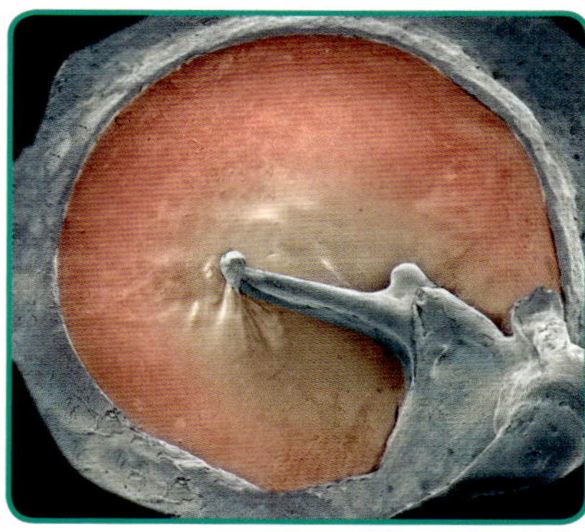

Luftweg
Ein Luftweg zwischen Mittelohr und Rachen sorgt dafür, dass der Luftdruck beidseits des Trommelfells gleich hoch ist.

Gleichgewichtsorgan

Die Ohren dienen nicht nur dem Gehörsinn – sie beherbergen auch den Gleichgewichtssinn. Im Innenohr befinden sich mehrere flüssigkeitsgefüllte Kammern und Röhren. Deren Sinneshaare reagieren auf Bewegungen des Kopfes sowie auf die Schwerkraft und schwingen hin und her. Sie senden Signale an das Gehirn, um es über die Körperposition und die Bewegungen des Körpers zu informieren.

Drehungen des Kopfs werden von den Bogengängen erkannt.

Auf- und Abbewegungen erkennt das kleine Vorhofsäckchen (Sacculus).

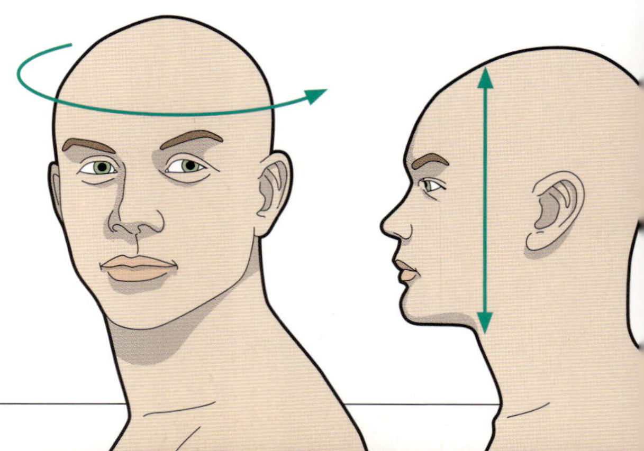

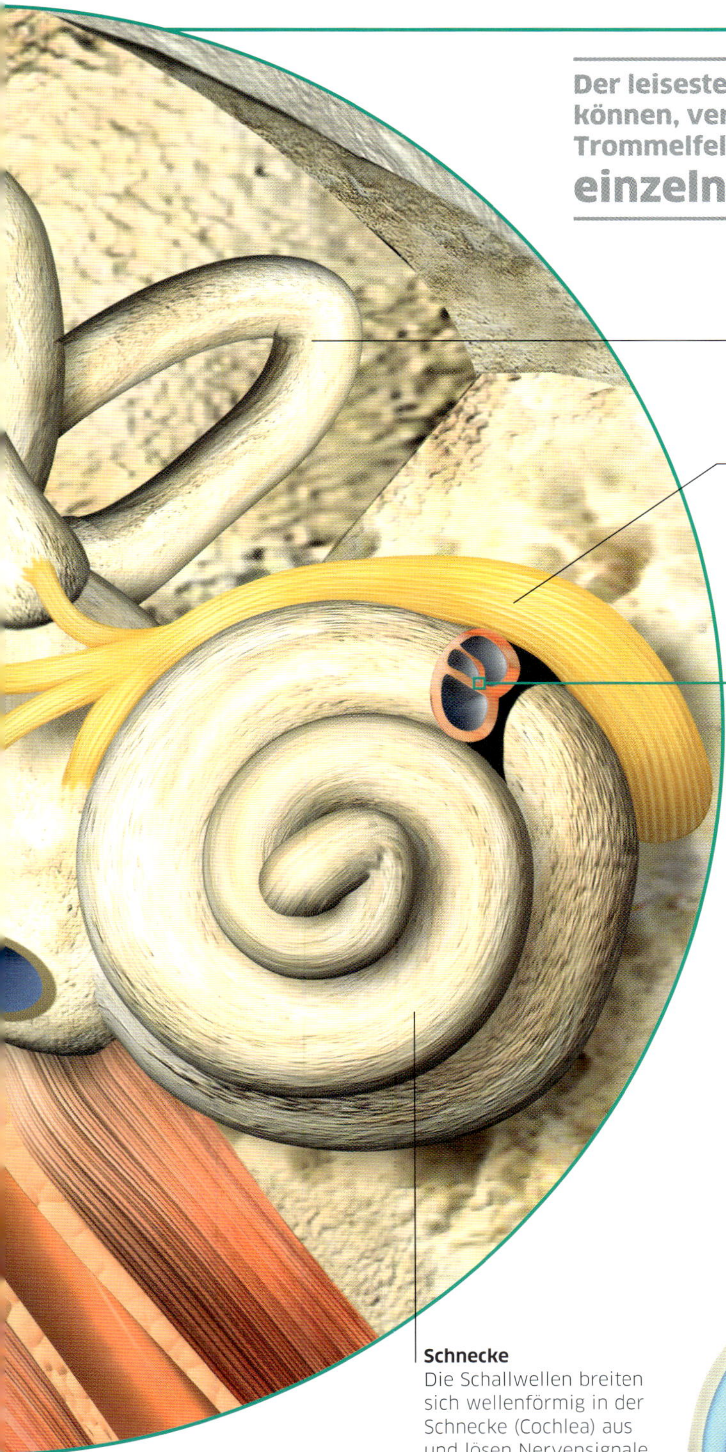

Der leiseste Ton, den wir noch wahrnehmen können, verursacht eine Schwingung des Trommelfells, die dem Durchmesser eines einzelnen Atoms entspricht.

Bogengänge
Sie bilden den Hauptteil des Gleichgewichtorgans.

Nerven
Sie leiten Signale der schallempfindlichen Zellen und des Gleichgewichtorgans zum Gehirn.

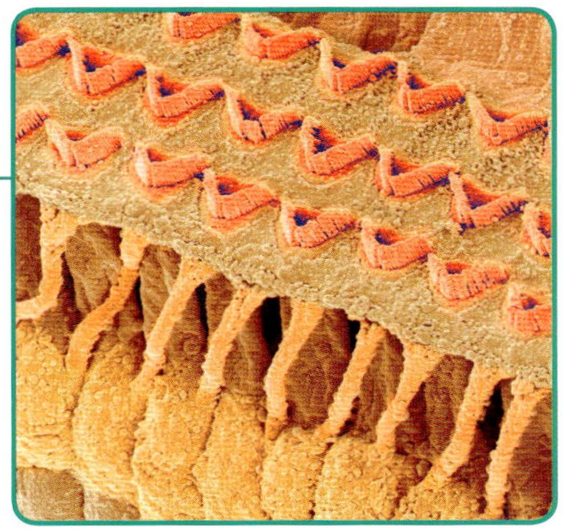

Haarzellen
In der Schnecke versetzen die Wellen ihrer Flüssigkeit eine Membran in Bewegung, die sich durch den gesamten Schneckengang erstreckt. Eingebettet in diese Membran sind v-förmige Gruppen winziger Härchen (pink, oben). Wenn sich die Membran bewegt, werden die Härchen gebeugt und die Haarzellen senden Signale an das Gehirn. Sehr laute Geräusche können diese Haarzellen schädigen und zur Taubheit führen.

Schnecke
Die Schallwellen breiten sich wellenförmig in der Schnecke (Cochlea) aus und lösen Nervensignale zum Gehirn aus.

Neigungen des Kopfs erkennt das große Vorhofsäckchen (Utriculus).

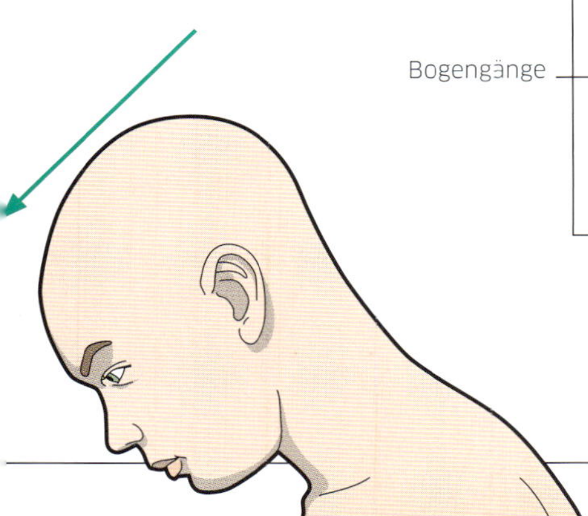

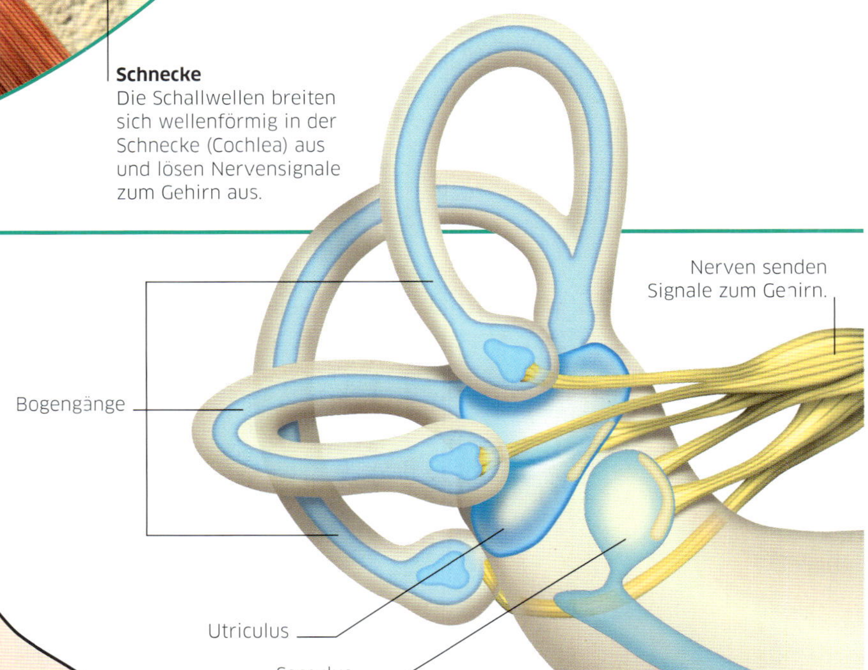

Tonhöhen

Menschliche Ohren können Schall mit Wellenlängen zwischen etwa 1,7 cm und 17 m hören. Schall kurzer Wellenlänge besitzt eine hohe Frequenz (Tausende Wellen pro Sekunde) und hohe Tonhöhen, lange Wellenlängen dagegen eine niedrige Frequenz und niedrige Tonhöhen.

Spiralförmig ausbreiten
Schallwellen erreichen zuerst den äußeren Teil der Schnecke und breiten sich dann nach innen aus. Hohe Töne werden zu Beginn erkannt, während tiefe weiter im Innern erkannt werden.

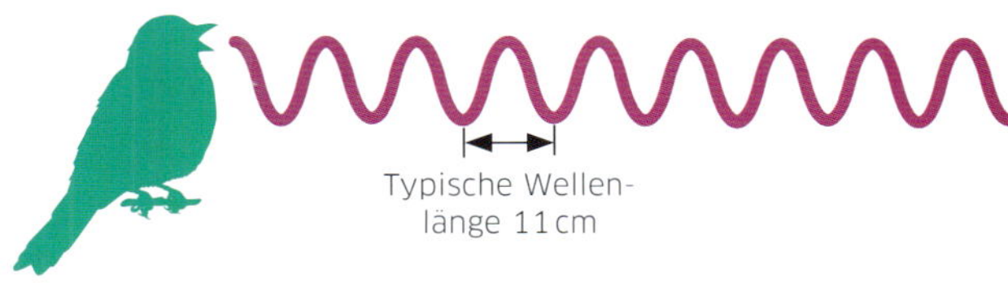

❶ Hohe Töne
Die äußere Schnecke erkennt hohe Töne wie die von Vögeln. Bei deren Gesang hat der Schall eine Frequenz von ungefähr 3000 Wellen pro Sekunde und eine Wellenlänge von etwa 8 cm. Schall mit mehr als 20 000 Wellen pro Sekunde ist für die meisten menschlichen Ohren zu hoch.

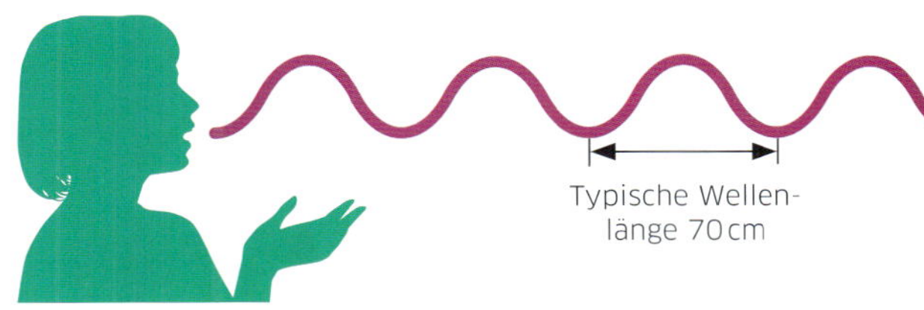

Mittelhohe Töne
Unsere Sprache enthält eine komplizierte Mischung verschiedener Töne mit Frequenzen zwischen 100 und 1000 Wellen pro Sekunde und Wellenlängen zwschen 30 cm und 3 m. Sie werden in einem großen Bereich der Schnecke erkannt.

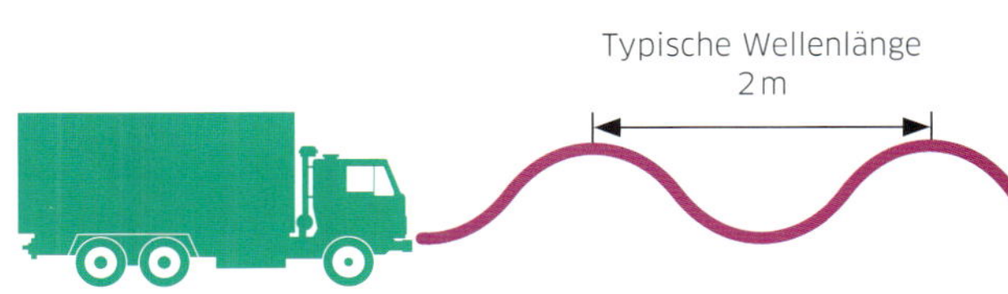

❸ Tiefe Töne
Das tiefe Rumpeln eines Lastwagens umfasst Frequenzen von 100–200 Wellen pro Sekunde, die eher zum Zentrum der Schnecke hin erkannt werden. Menschliche Ohren können Töne unterhalb von 20 Wellen pro Sekunde nicht hören, obwohl man ihre Schwingungen manchmal spürt.

FLEDERMÄUSE HÖREN **10-MAL HÖHERE TÖNE** ALS MENSCHEN, ABER UNSERE STIMME IST **ZU TIEF** FÜR SIE.

10 **Tage beträgt die durchschnittliche Lebensdauer einer Geschmacksknospe.**

Unsere Zunge besitzt etwa 10 000 Geschmacksknospen, die jeweils bis zu 100 Geschmacksrezeptoren besitzen.

Geruchszellen
Weit oben am Dach der Nasenhöhle befindet sich ein Gewebeflecken, der so groß wie eine Briefmarke ist – das Riechepithel. Hier findet der Riechprozess statt. Geruchsmoleküle aus der Luft lösen sich in der Schleimhaut, die das Epithel bedeckt, und aktivieren die Härchen (pink, oben) auf den Geruchsrezeptoren. Ihre Zellen senden dann Signale an das Gehirn.

Zungenoberfläche
Die Oberfläche der Zunge fühlt sich rau an, weil sie mit Hunderten winziger, fingerartiger Ausstülpungen bedeckt ist – den Papillen. Sie helfen der Zunge, die Nahrung zu bewegen. Die größten Papillen dienen auch dem Geschmackssinn. In die Oberfläche dieser Papillen sind Dutzende winziger Grübchen – die Geschmacksknospen – eingebettet. Sie enthalten Sinnesrezeptoren, die Stoffe wie Salz oder Zucker erkennen.

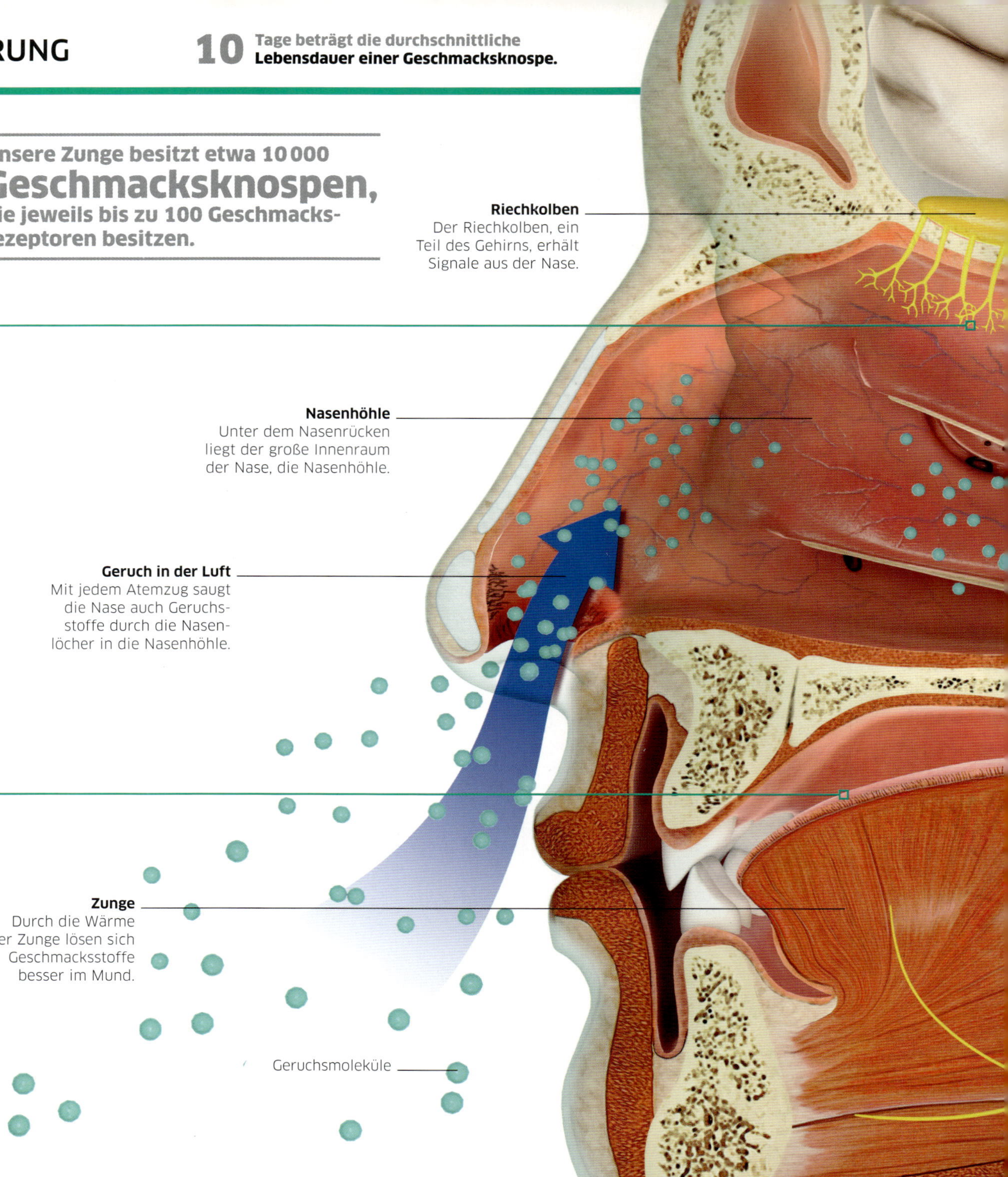

Geruch und Geschmack

Die Nase unterscheidet etwa 10 000 Gerüche, aber die Zunge reagiert nur auf fünf Geschmacksrichtungen. Das Gehirn kombiniert beide Sinne, sodass wir sehr vielfältige Aromen unserer Nahrung wahrnehmen.

Geruch und Geschmack funktionieren ähnlich. Beide Sinne sind „Chemosinne", weil sie auf bestimmte Chemikalien reagieren. Den vollen Geschmack der Nahrung genießen wir nur, wenn beide Sinne zusammenwirken. Bis zu 75 Prozent des Geschmacks werden vom Geruch verursacht. Deshalb schmeckt uns bei verstopfter Nase auch nichts. Geruch und Geschmack warnen uns auch vor vielerlei Gefahren.

Frische Lebensmittel
Sehr frische Lebensmittel haben einen auffälligen Geruch, den die Nase sofort erkennt.

Nase und Mund

Der Geschmackssinn entsteht vorwiegend auf der Zunge, aber Geschmacksknospen befinden sich auch am Gaumen, im Rachen und sogar in der Lunge. Den Geruchssinn bildet allein die Nase. Sobald Nahrung im Mund ist, wandern Duftstoffe vom hinteren Mundbereich in die Nase und erzeugen die komplizierten Aromen.

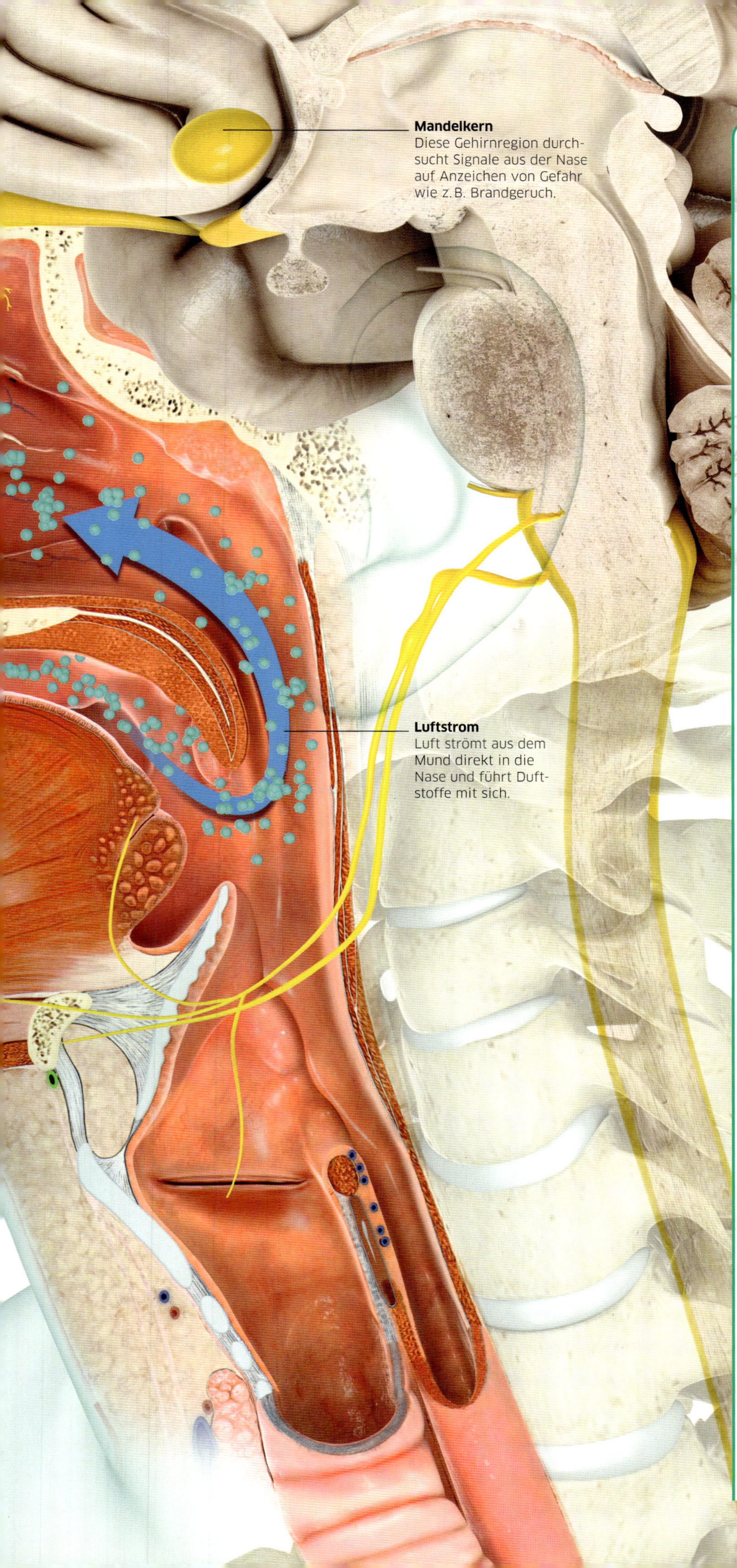

Die Zunge

Ein kompliziertes Bündel aus acht Muskeln bildet dieses erstaunlich starke und bewegliche Organ. Die Zunge erreicht jeden Mundwinkel und ihre raue Oberfläche hält den Mund sauber. Sie dient nicht nur als Geschmacksorgan, sondern ist auch für das Sprechen wichtig.

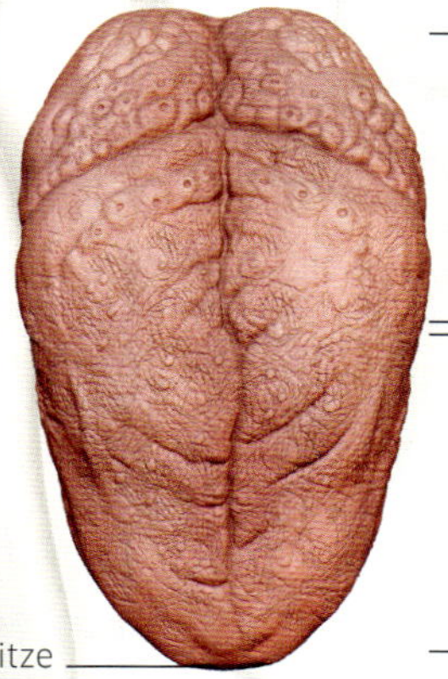

Wie Geschmacksknospen funktionieren

Geschmacksstoffe aus der Nahrung lösen sich im Speichel, der die Zunge bedeckt. Mit dem Speichel gelangen sie durch Poren in den Papillen zu den Geschmacksknospen. Härchen an den Spitzen der Geschmacksrezeptoren erkennen jeden der fünf Grundgeschmacke (unten) und lösen Signale zum Gehirn aus. Dort wird die bewusste Erfahrung des Geschmacks erzeugt.

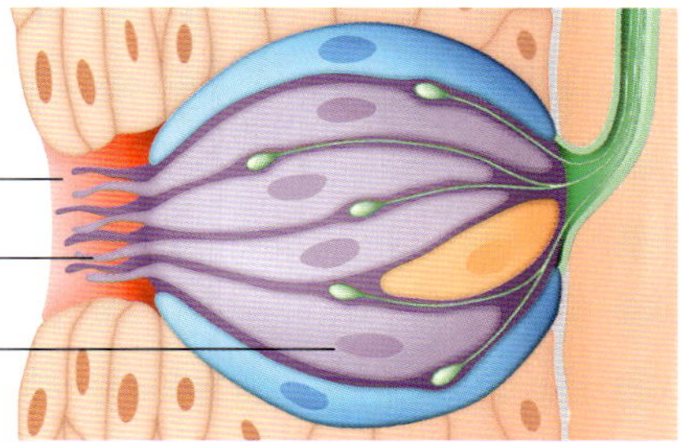

Geschmacksrichtungen

Geschmacksknospen reagieren nur auf fünf verschiedene Geschmacksrichtungen.

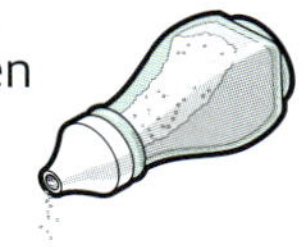

Salzig
Knospen, die Salz anzeigen, vermitteln salzigen Geschmack.

Süß
Süßigkeiten erkennen Knospen, die auf Zucker reagieren.

Sauer
Ein saurer Geschmack entsteht durch Säuren wie Zitronensaft.

Bitter
Giftige oder verdorbene Nahrung führt zu bitterem Geschmack.

Herzhaft (Umami)
Einige Knospen reagieren auf herzhafte und fleischige Nahrung.

Geruch und Gedächtnis

Gerüche rufen manchmal starke Erinnerungen hervor – Seeluft kann z. B. an einen schönen Urlaub erinnern. Vermutlich erfolgen diese Erinnerungen deshalb, weil das Geruchszentrum starke Verknüpfungen mit dem Mandelkern besitzt. Dieser Teil des limbischen Systems spielt eine Schlüsselrolle bei Gefühlen und Erinnerungen.

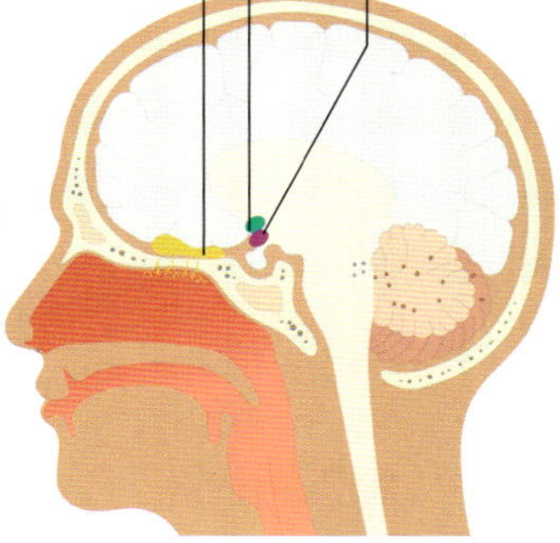

Das endokrine System

Das endokrine System besteht aus mehreren hormonproduzierenden Drüsen und Geweben, die über den gesamten Körper verteilt sind. Sie geben ihre Hormone direkt in den Blutstrom ab. Zusammen mit dem Nervensystem sorgt das endokrine System dafür, dass Körperfunktionen koordiniert ablaufen. Es hat auch eine lebenswichtige Aufgabe in einem Prozess, den man Homöostase nennt – die Aufrechterhaltung einer stabilen inneren Umgebung im Körper.

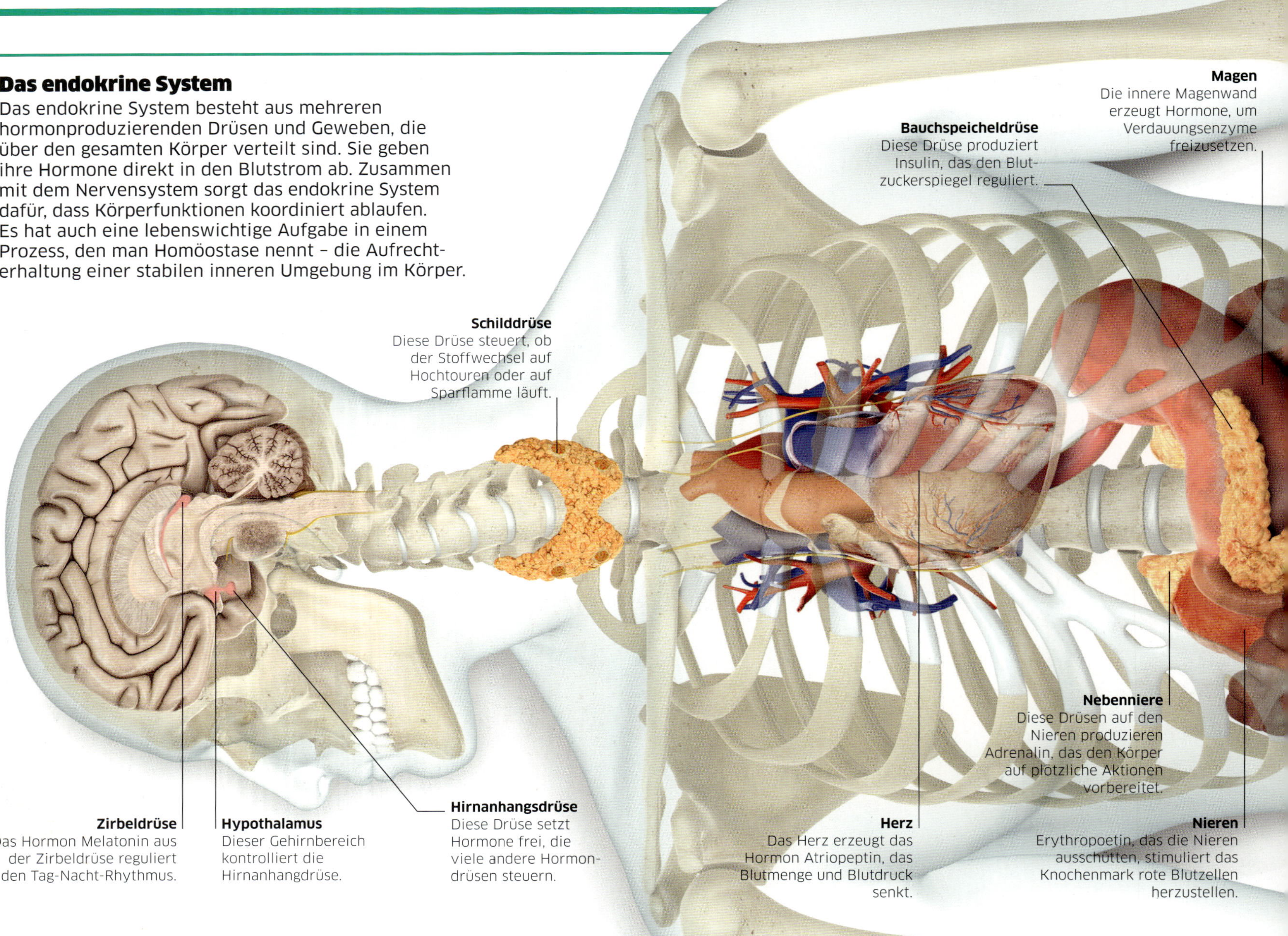

Botenstoffe

In jeder Sekunde werden chemische Substanzen, die Hormone, über das Blut transportiert. Sie werden im Körper hergestellt und wirken auf bestimmte Organe, um sie zu regulieren.

Hormone sind komplizierte chemische Substanzen, die Körperfunktionen wie Wachstum, Wasserhaushalt und Pubertät regulieren. Sie werden von bestimmten Organen, den endokrinen Drüsen, produziert und in das Blut abgegeben. Hormone wirken sehr viel langsamer als die elektrischen Signale der Nerven, aber ihre Wirkung dauert normalerweise auch sehr viel länger.

Hormone erreichen jeden Körperteil über das Blut, sie wirken aber nur an bestimmten Geweben und Organen. Nachdem sie ihr Ziel erreicht haben, lösen sie größere chemische Veränderungen in den Zellen aus. Einige schalten bestimmte Gene ein oder aus. Viele Hormone werden von anderen Hormonen gesteuert und einige wirken sogar paarweise als Gegenspieler, um Konzentrationen von Stoffen wie Zucker im Gleichgewicht zu halten.

Meisterdrüse

Die erbsengroße Hirnanhangsdrüse an der Basis des Gehirns wird häufig auch „Meisterdrüse" genannt, weil sie eine bedeutende Aufgabe im endokrinen System hat. Sie setzt neun verschiedene Hormone frei. Fünf von ihnen kontrollieren direkt wichtige Körperfunktionen, während vier auf andere Drüsen wirken, um Hormone freizusetzen. Die Körperteile, die ihre Hormone beeinflussen, werden hier gezeigt.

2,72 m groß
war Robert Wadlow, der bis heute größte Mensch. Er litt an Gigantismus – einem Überschuss des Wachstumshormons.

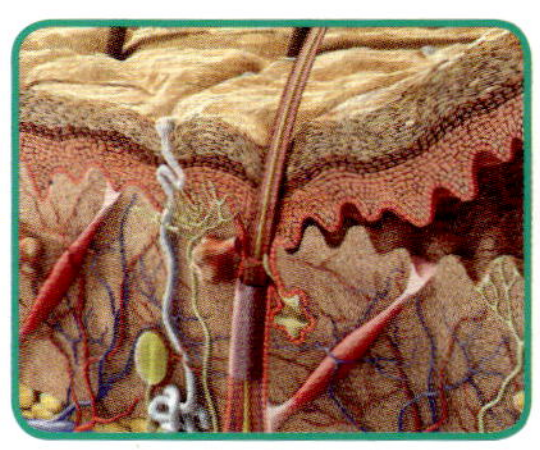

Haut
Hormone stimulieren Melanozyten, das Pigment Melanin herzustellen, das die Haut dunkler färbt.

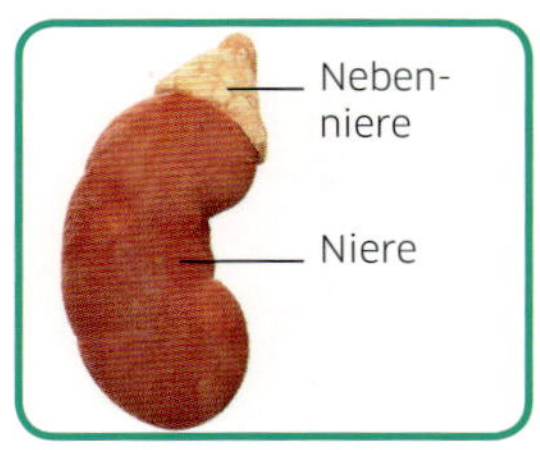

Nebennieren
Das adrenokortikotrope Hormon (ACTH) wirkt auf diese Drüsen, um Stresshormone freizusetzen.

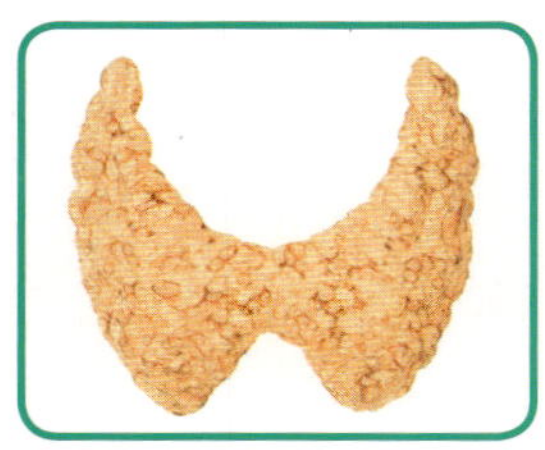

Schilddrüse
Das Hormon TSH stimuliert die Schilddrüse, das Hormon Thyroxin abzugeben, das den Stoffwechsel anregt.

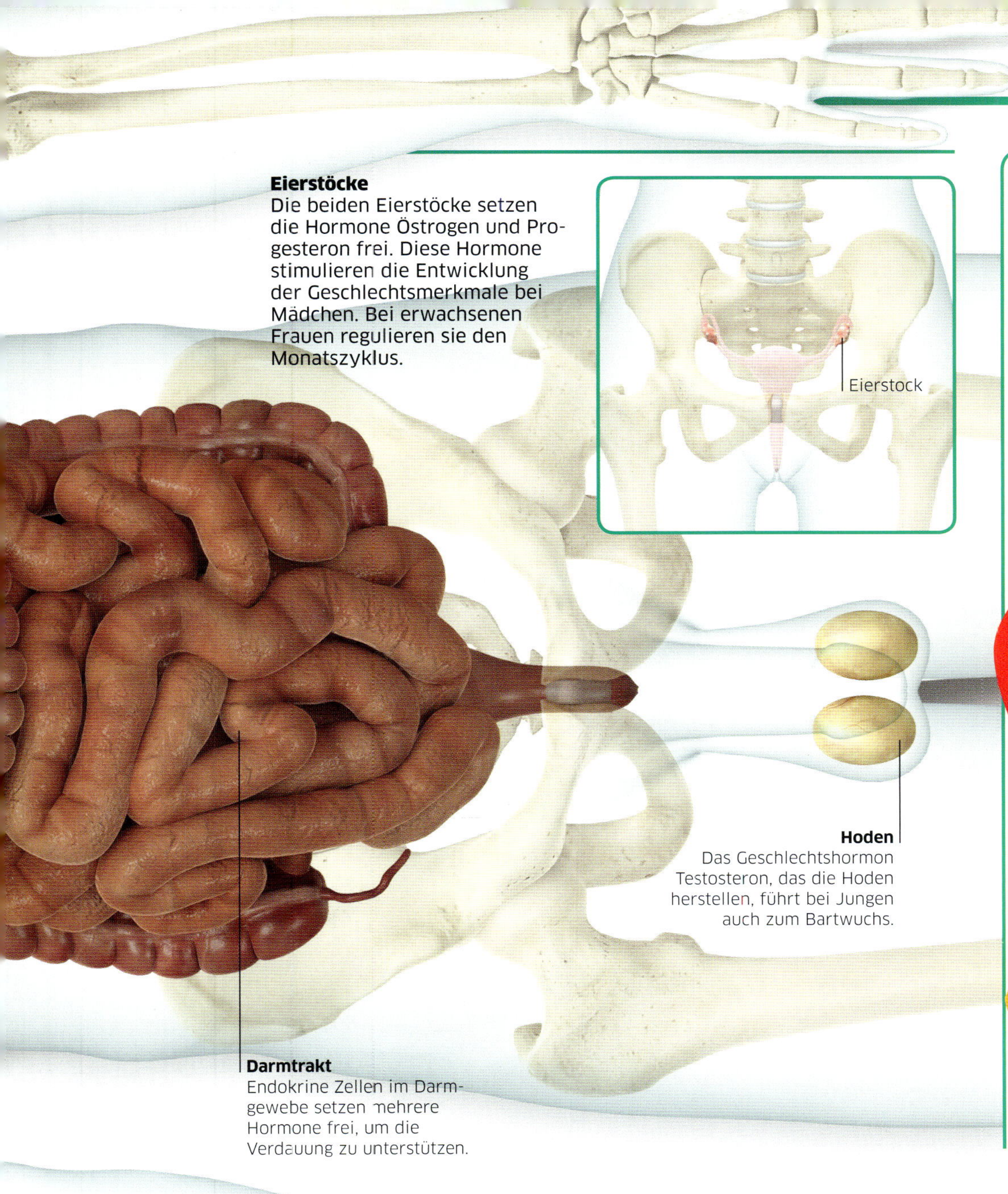

Eierstöcke
Die beiden Eierstöcke setzen die Hormone Östrogen und Progesteron frei. Diese Hormone stimulieren die Entwicklung der Geschlechtsmerkmale bei Mädchen. Bei erwachsenen Frauen regulieren sie den Monatszyklus.

Hoden
Das Geschlechtshormon Testosteron, das die Hoden herstellen, führt bei Jungen auch zum Bartwuchs.

Darmtrakt
Endokrine Zellen im Darmgewebe setzen mehrere Hormone frei, um die Verdauung zu unterstützen.

Zuckerhaushalt

Hormone sorgen für ausgeglichene Konzentrationen von Stoffen. Die beiden Hormone der Bauchspeicheldrüse – Insulin und Glukagon – regulieren den Zuckerspiegel im Blut. Glukose, ein einfacher Zucker, dient als Brennstoff für Zellen, um aus ihm Energie zu gewinnen. Insulin senkt den Blutzucker, während Glukagon ihn erhöht. Wenn zu viel Glukose im Blut ist, wird mehr Insulin produziert. Glukagon wird dagegen abgegeben, wenn zu wenig Glukose vorhanden ist. Diese Hormone regulieren den Blutzucker.

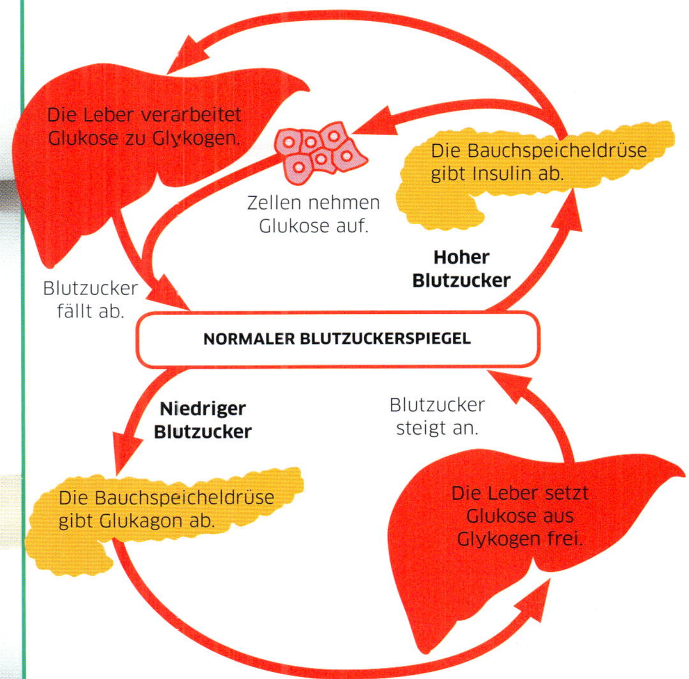

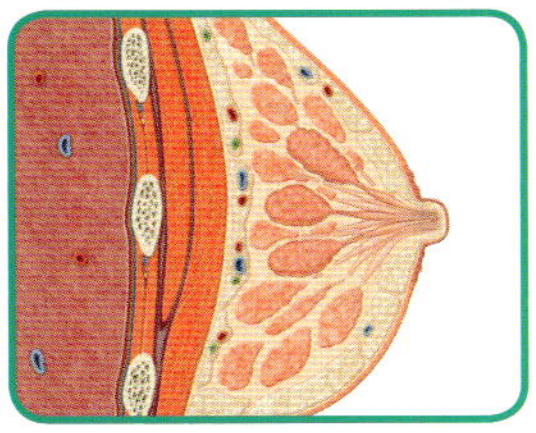

Milchproduktion
Das Hormon Prolactin der Hirnanhangsdrüse löst nach der Geburt die Produktion von Muttermilch aus.

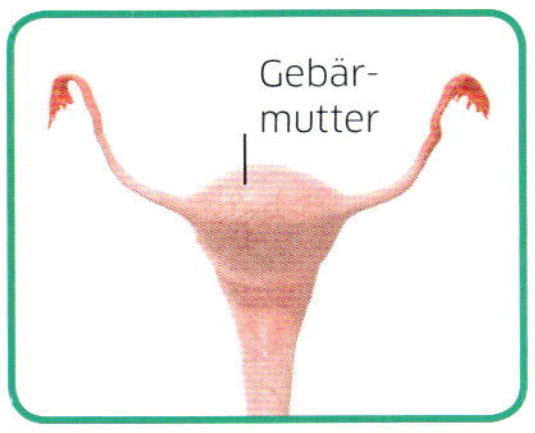

Gebärmutter
Bei der Geburt führt Oxytocin zu Muskelkontraktionen, um das Baby aus der Gebärmutter zu pressen.

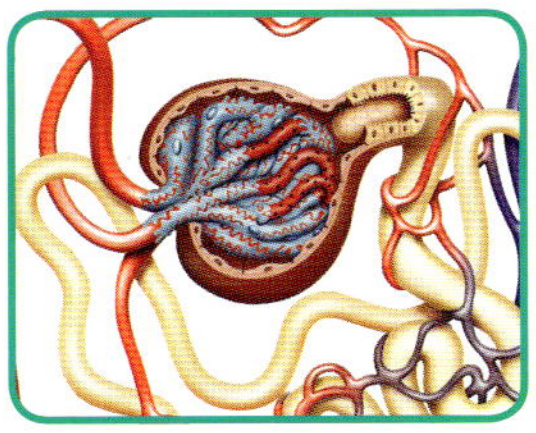

Nierenkanälchen
Das Hormon ADH stimuliert die Nieren, Wasser aufzunehmen, um den Wasserhaushalt zu regulieren.

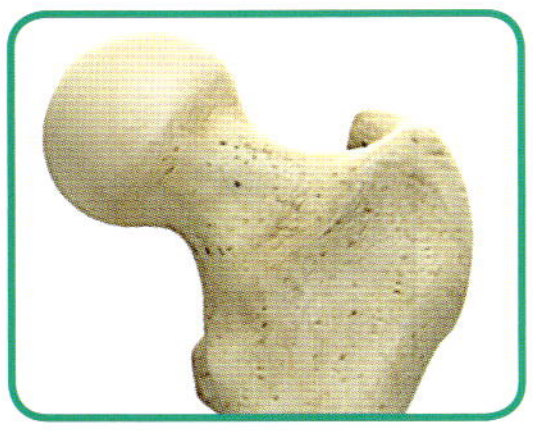

Knochen
Das Wachstumshormon regt die Wachstumsplatten in den Knochen an, damit der Körper in der Kindheit größer wird.

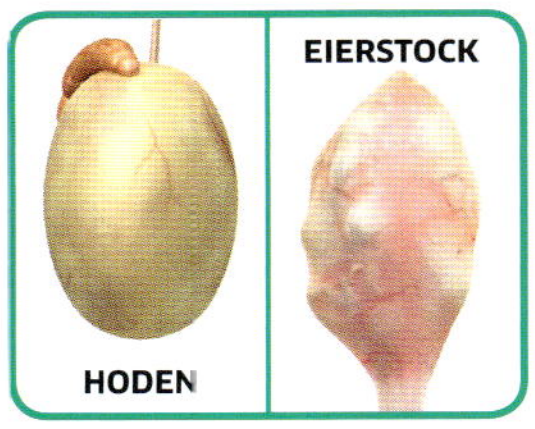

Geschlechtsorgane
Zwei Hormone der Hirnanhangsdrüse lösen Aktivitäten in Hoden und Eierstöcken zur Hormonproduktion an.

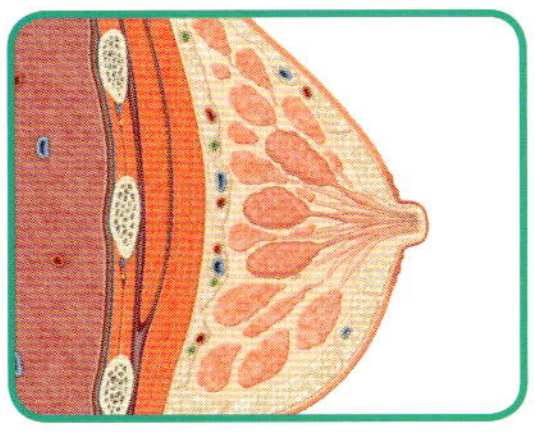

Milchabgabe
Wenn ein Baby an der Brust saugt, gibt die Hirnanhangsdrüse Oxytocin ab, das die Milchabgabe stimuliert.

Adrenalin

Wenn man erschrickt oder aufgeregt ist, schlägt das Herz heftig und die Atemzüge sind tiefer. Das sind Auswirkungen des Adrenalins, eines schnell reagierenden Hormons der Nebennieren. Adrenalin wird auch als „Kampfhormon“ bezeichnet, weil es den Körper auf Aktionen in Extremsituationen vorbereitet. Wenn Herz und Lunge schneller arbeiten, gelangt mehr Sauerstoff zu den Muskeln.

Adrenalinkick
Bei Sportarten mit schnellen Aktionen und riskanten Manövern wie Kitesurfen steigt das Adrenalin als Antwort auf Aufregung, Risiko und Stress während eines Wettkampfs an.

FORTPFLANZUNG

Das menschliche Leben beginnt in einer einzigen Zelle, die mit bloßem Auge kaum sichtbar ist: dem befruchteten Ei. Programmiert durch vererbte Gene, teilt sie sich immer wieder bis zu einem Zellhaufen, aus dem ein neuer Mensch heranwächst. Wachstum und Entwicklung setzen sich fort, bis dieser Mensch schließlich selbst Kinder haben kann. Alle Lebewesen – von den Bakterien bis zu den höchsten Bäumen – pflanzen sich fort. Und auch die allermeisten Menschen zeugen Nachkommen.

SEXUELLE REPRODUKTION

So wie viele Tiere pflanzen sich Menschen geschlechtlich fort. Dazu sind Eltern notwendig. Bei der geschlechtlichen Fortpflanzung werden die Gene beider Elternteile vermischt. Deshalb besitzen die Kinder Eigenschaften beider Elternteile, wobei jedes Kind (außer eineiige Zwillinge) einzigartig ist. Die Eltern produzieren besondere Zellen, die Geschlechtszellen. Männliche und weibliche Geschlechtszellen verschmelzen zu einem Embryo. Dieser entwickelt sich in neun Monaten in der schützenden Gebärmutter zu einem Baby, das dann reif ist geboren zu werden.

Spermien und Eizellen

Männliche Keimzellen nennt man Spermien und weibliche Eizellen. Beide besitzen nur einen einfachen Satz Gene, die in Chromosomen gespeichert sind. Wenn die Keimzellen verschmelzen, erhält das neue Lebewesen einen doppelten Satz Gene. Eizellen sind wesentlich größer als Spermien, weil sie Nahrungsspeicher enthalten.

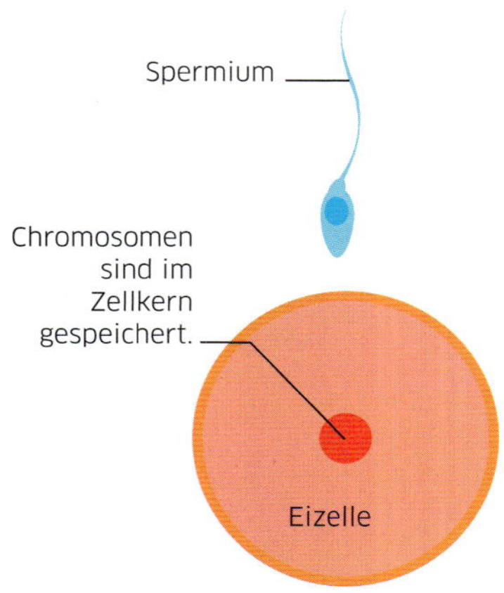

Die Spermien treffen auf die Eizelle
Die Spermien schwimmen zur Eizelle, um in diese einzudringen. Nur dem schnellsten Spermium gelingt das.

SPERMIEN SIND DIE KLEINSTEN ZELLEN DES MENSCHEN, EIZELLEN SIND DIE GRÖSSTEN.

Wie Keimzellen entstehen

Keimzellen entstehen durch eine besondere Zellteilung, die Meiose. Bei der Meiose werden Gene zwischen den Chromosomen getauscht und die Anzahl der Chromosomen halbiert.

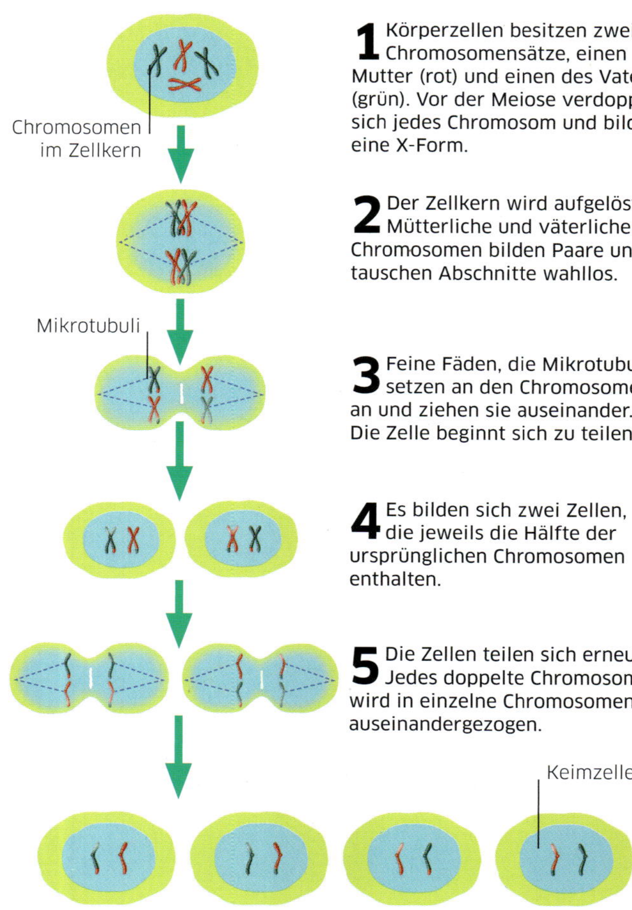

1 Körperzellen besitzen zwei Chromosomensätze, einen der Mutter (rot) und einen des Vaters (grün). Vor der Meiose verdoppelt sich jedes Chromosom und bildet eine X-Form.

2 Der Zellkern wird aufgelöst. Mütterliche und väterliche Chromosomen bilden Paare und tauschen Abschnitte wahllos.

3 Feine Fäden, die Mikrotubuli, setzen an den Chromosomen an und ziehen sie auseinander. Die Zelle beginnt sich zu teilen.

4 Es bilden sich zwei Zellen, die jeweils die Hälfte der ursprünglichen Chromosomen enthalten.

5 Die Zellen teilen sich erneut. Jedes doppelte Chromosom wird in einzelne Chromosomen auseinandergezogen.

6 Jede der vier Keimzellen besitzt eine einzigartige Kombination aus Genen und einen einfachen Chromosomensatz. Wenn zwei Keimzellen verschmelzen, erhält die neue Zelle den doppelten Chromosomensatz.

FORTPFLANZUNGSSYSTEM

Die Körperteile, die zur Zeugung eines Babys dienen, bilden das Fortpflanzungssystem. Die männlichen und weiblichen Systeme sind sehr unterschiedlich. Beide produzieren Keimzellen, aber das weibliche System muss den Embryo auch ernähren und schützen.

Männliches Fortpflanzungssystem

Männliche Keimzellen (Spermien) werden ständig in den Hoden (Testes) produziert – ungefähr 50 000 pro Minute. Die Hoden befinden sich außerhalb des Körpers im Hodensack (Scrotum). Die Spermien gelangen durch das Glied (Penis) mit der Samenflüssigkeit in die Scheide der Frau. Sie machen nur etwa 5 % der Samenflüssigkeit aus.

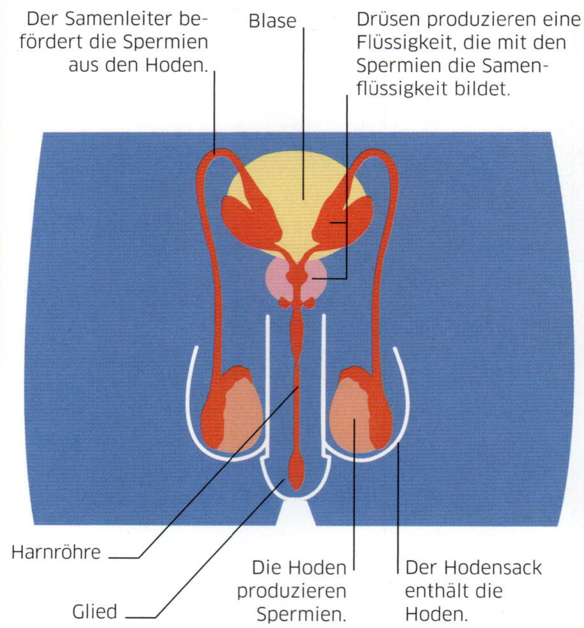

Weibliches Fortpflanzungssystem

Weibliche Keimzellen entstehen bereits vor der Geburt im Körper und werden in den Eierstöcken gespeichert. Jeden Monat wird eine Eizelle aus einem der Eierstöcke freigesetzt und wandert im Eileiter in die Gebärmutter. Wenn eine Eizelle auf Spermien trifft, wird sie befruchtet und nistet sich in der Schleimhaut der Gebärmutter ein.

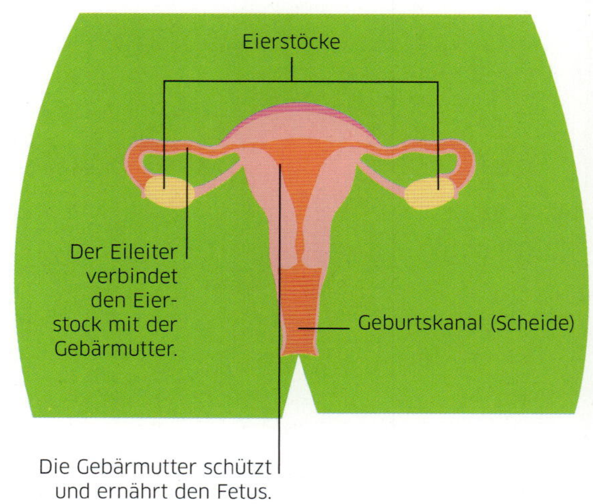

GENE UND DNA

Nahezu alle lebenden Zellen besitzen Anweisungen, um ihre chemische Aktivität zu regulieren. Diese Anweisungen, die Gene, sind als Vierbuchstabencode in dem Molekül DNA (Desoxyribonukleinsäure) gespeichert. Menschliche Zellen enthalten etwa 30 000 Gene. Sie steuern die Entwicklung eines einzelligen Embryos zu einem funktionierenden Körper aus Billionen Zellen.

Genetischer Code

Die DNA wird in den Chromosomen gespeichert. Der Zellkern einer normalen Körperzelle enthält 46 Chromosomen. Jedes Chromosom enthält ein einziges Molekül eng aufgewickelter DNA. Sie besteht aus zwei Strängen, die eine „verdrehte Leiter" oder Doppelhelix bilden. Die „Sprossen" halten die beiden Stränge zusammen und bestehen aus chemischen Verbindungen, den DNA-Basen. Die DNA wird aus vier verschiedenen Basen gebildet, die einen Vierbuchstabencode entlang des Moleküls enthalten. Ein Gen ist durchschnittlich ungefähr 3000 Basenpaare lang.

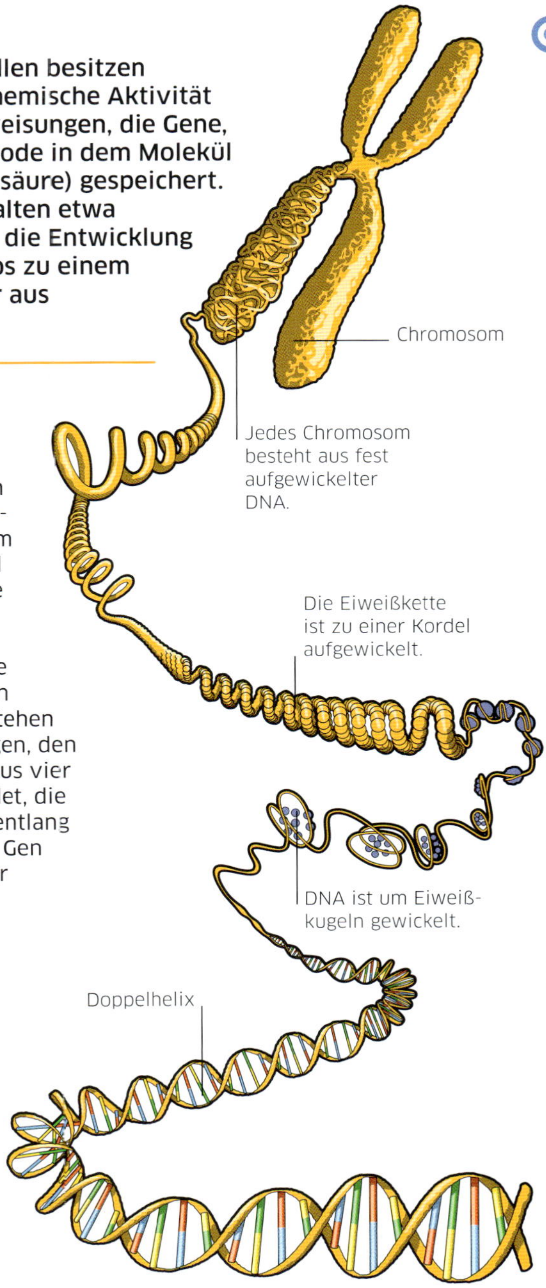

Das DNA-Molekül
Die DNA kann sich selbst kopieren. Dazu werden die Basenpaare in ihrer Mitte getrennt und dann wird jede Seite neu synthetisiert. Bei jeder Zellteilung verdoppelt sich die DNA im Zellkern, um eine genaue Kopie jedes Chromosoms und Gens herzustellen.

Geschlechtschromosomen

Das Geschlecht eines Menschen wird durch zwei besondere Chromosomen bestimmt, das X- und das Y-Chromosom. Frauen besitzen zwei X-Chromosomen, während Männer ein X- und ein Y-Chromosom haben. Das Y-Chromosom ist viel kleiner als das X-Chromosom und enthält weniger Gene (unter 100, das X-Chromosom dagegen 2000 Gene). Eine Eizelle enthält immer ein X-Chromosom, während ein Spermium entweder ein X- oder ein Y-Chromosom enthält.

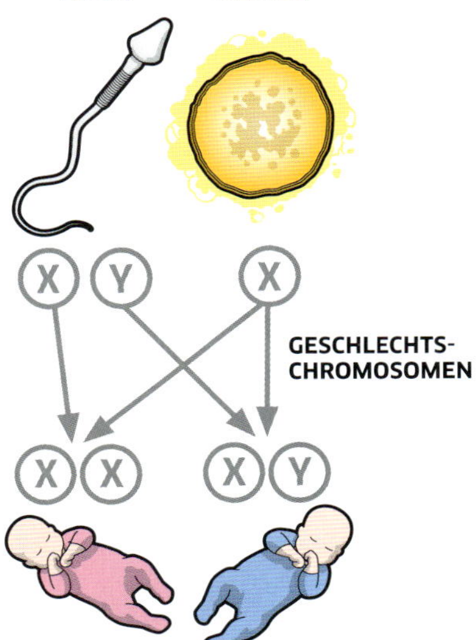

Geschlechtsbestimmung
Weil die Mutter immer ein X-Chromosom vererbt, legen die Spermien des Vaters das Geschlecht des Kindes fest. Wenn ein Spermium ein X-Chromosom trägt, wird das Baby ein Mädchen. Trägt es aber ein Y-Chromosom, wird das Baby ein Junge.

DAS LEBENSENDE

Auch ein Mensch kann nicht ewig leben. Im Alter lassen viele Organe nach und das Risiko von Krankheiten wie Krebs steigt. Durch Fortschritte der Medizin, Hygiene und Ernährung ist die durchschnittliche Lebenserwartung heute höher als jemals zuvor und steigt immer noch. Wie lange man lebt, hängt zum größten Teil davon ab, wo auf der Welt man lebt.

Lebenserwartung

Die durchschnittliche Lebenserwartung ist weltweit sehr unterschiedlich. In reichen Regionen wie Nordamerika und Europa erreichen zwei Drittel der Menschen das 70. Lebensjahr. In ärmeren Gegenden wie Afrika ist die durchschnittliche Lebenserwartung wegen der hohen Kindersterblichkeit niedriger. Kinder, die die ersten Jahre überstehen, haben eine höhere Lebenserwartung.

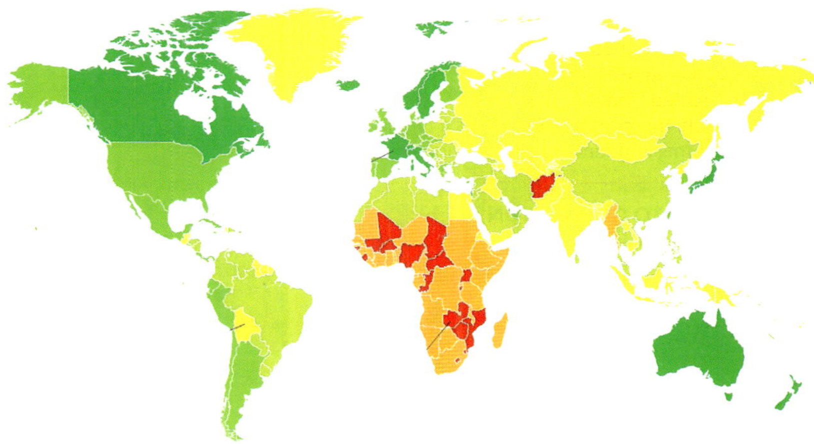

Altersbereich
- Über 80 Jahre
- 75–80 Jahre
- 70–75 Jahre
- 65–70 Jahre
- 50–60 Jahre
- Unter 50 Jahre

Lebenserwartung nach Ländern
Die mittlere Lebenserwartung ist in Japan am höchsten und in Zentralafrika am niedrigsten, wo nur einer von fünf Menschen 70 Jahre alt wird.

DER NACHWEISLICH ÄLTESTE MENSCH WAR DIE FRANZÖSIN JEANNE CALMENT. SIE WURDE 1875 GEBOREN UND STARB 1997 IM ALTER VON 122 JAHREN UND 164 TAGEN.

Todesursachen

In Entwicklungsländern zählen Infektionskrankheiten wie HIV/AIDS und Malaria zu den häufigsten Todesursachen. Babys und Kinder leiden unter dem besonderen Risiko von Unterernährung oder Durchfall, der sich häufig über Erreger in unsauberem Wasser ausbreitet. In Industrieländern, in denen Gesundheitsfürsorge, Kanalisation und Ernährung viel besser sind, sind die Hauptursachen Alterserkrankungen wie Herzkrankheiten und Krebs. Lungenerkrankungen sind weltweit eine häufige Ursache. Viele werden durch Rauchen ausgelöst. Nach Schätzungen sterben etwa 10 % aller Erwachsenen daran.

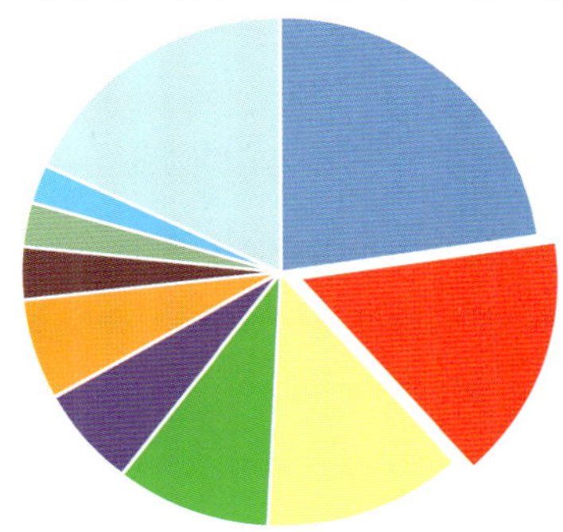

Todesursachen weltweit
- Infektionskrankheit
- Herzerkrankung
- Krebs
- Schlaganfall
- Lungenerkrankung
- Unfallverletzung
- Verdauungserkrankungen
- Vorsätzliche Verletzungen
- Gehirnkrankheiten
- Andere Gründe

300 Mio. Spermien produziert der männliche Körper täglich.

9 cm – so weit muss ein Spermium etwa schwimmen, um eine Eizelle zu erreichen.

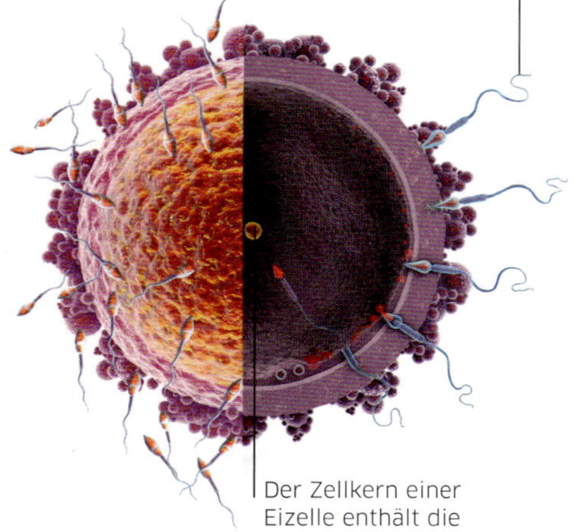

Spermien treffen auf eine Eizelle
Neues Leben entsteht, wenn ein Spermium in eine Eizelle eindringt und mit ihr verschmilzt – diesen Prozess nennt man Befruchtung. Etwa 300 Millionen Spermien werden beim Geschlechtsverkehr abgegeben, aber die Eizelle lässt nur ein einziges Spermium hinein. Spermien besitzen eine Geißel (peitschenförmiger Schwanz), mit der sie wie Kaulquappen durch die Körperflüssigkeiten schwimmen.

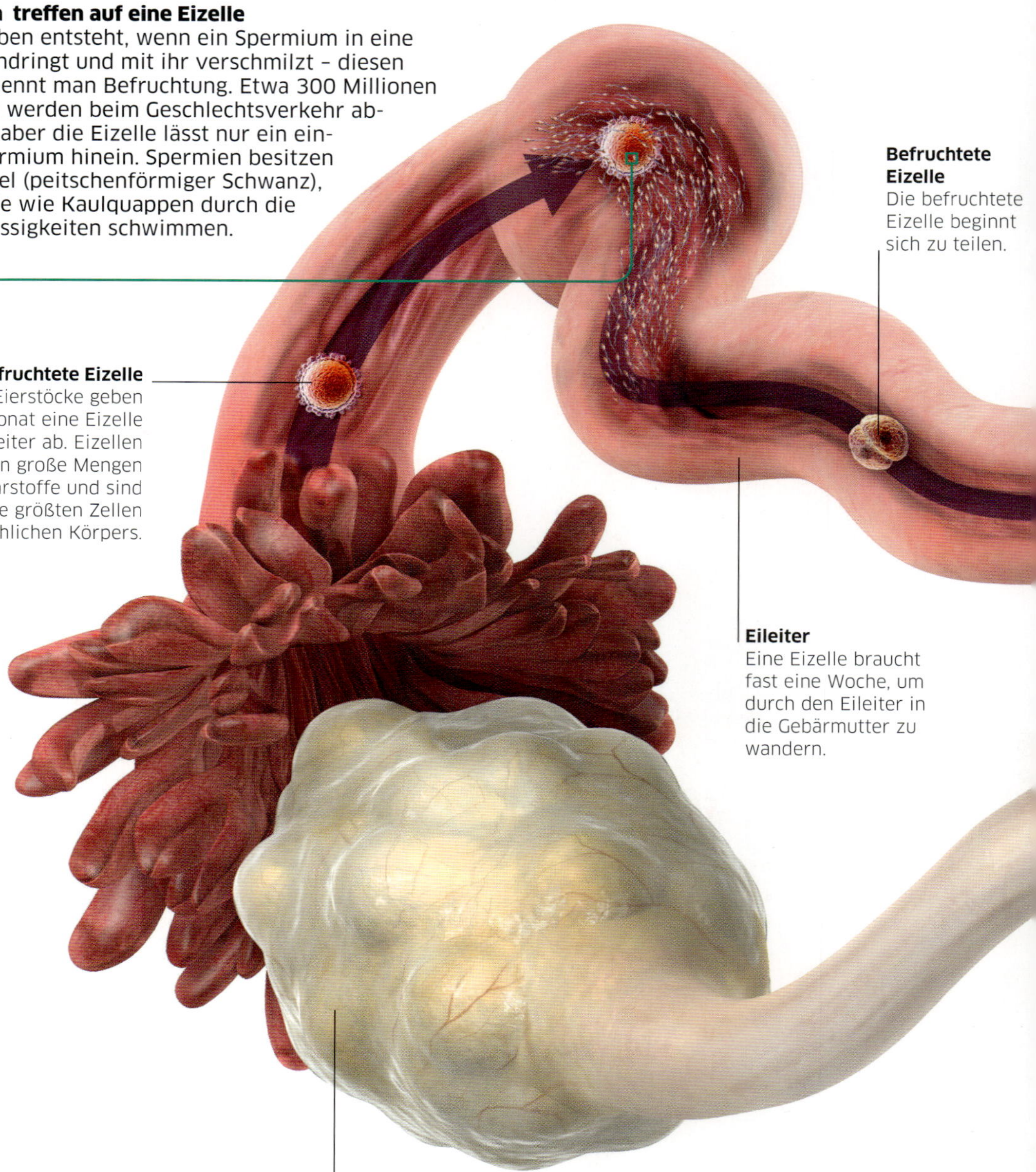

Neues Leben

Ein Mensch entwickelt sich aus einer einzigen Zelle, die nur halb so groß ist wie der Punkt am Ende dieses Satzes. Von den Genen angeleitet und seiner Mutter genährt, entsteht aus der winzigen Zelle ein einzigartiger Mensch aus Billionen Zellen.

Neues Leben entsteht, wenn eine männliche Keimzelle (Spermium) und weibliche Keimzelle (Eizelle) miteinander verschmelzen und eine Zelle mit doppeltem Chromosomensatz bilden. Anfangs hat der durch Zellteilung entstehende Zellhaufen noch keine Ähnlichkeit mit einem Menschen, aber vier Wochen später besitzt der Embryo einen Kopf, entwickeln sich Augen, Arme und Beine und sein Herz schlägt. Diese beiden Seiten zeigen den ersten Lebensmonat eines Embryos. Die Monate bis zur Geburt sind auf den folgenden Seiten vorgestellt.

Der wachsende Embryo

In den ersten Tagen teilt sich die befruchtete Eizelle zunächst in zwei Zellen, dann in vier, in acht und so weiter, bis ein Zellhaufen entstanden ist, der wie eine Beere aussieht. Die meisten Zellen des Zellhaufens entwickeln sich zu Strukturen, die das wachsende Baby unterstützen und ernähren werden. Einige Zellen bilden ein flaches Blatt, aus dem sich der Embryo entwickelt. Innerhalb von zwei Wochen kann man Kopf, Arme, Beine, Augen, Herz und Organe erkennen.

0 Tage alt

Am Anfang steht das befruchtete Ei. Geschützt durch eine dicke Hülle wandert es langsam in den Eileiter. Winzige schlagende Härchen (Wimpern) an seiner Innenwand bewegen es vorwärts.

TATSÄCHLICHE GRÖSSE →○

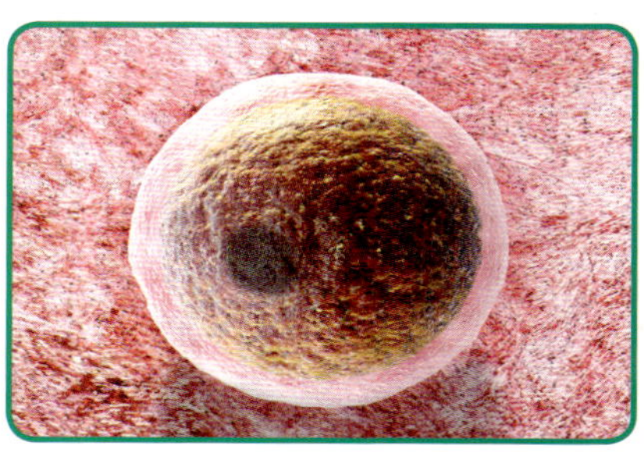

4 Tage alt

Ungefähr einen Tag nach der Befruchtung teilt sich die Eizelle. Etwa zwölf Stunden später teilt sie sich erneut. Nach vier Tagen ist eine Kugel aus 32 Zellen entstanden, die einer Beere gleicht.

TATSÄCHLICHE GRÖSSE →○

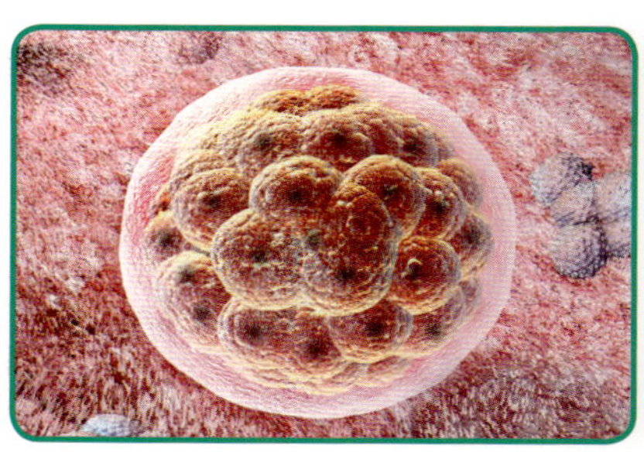

1 Woche alt

Die Zellkugel nistet sich jetzt in der Gebärmutterschleimhaut ein. Sie verankert sich mit fingerartigen Ausstülpungen, die auch Nährstoffe aus dem Blut der Mutter aufnehmen.

TATSÄCHLICHE GRÖSSE →○

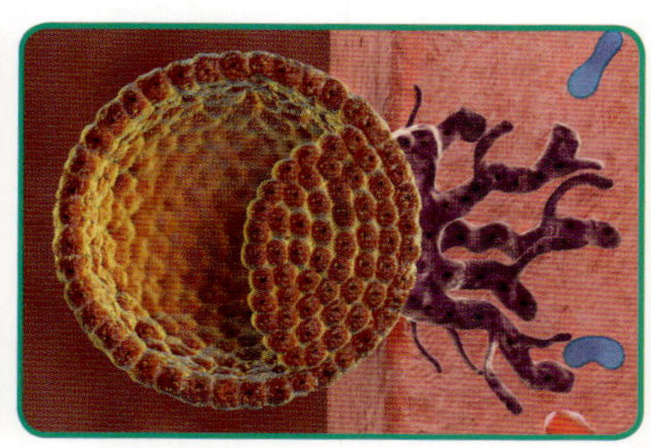

400 Eizellen setzen die Eierstöcke einer Frau im Lauf ihres Lebens frei.

Die Gebärmutter

Babys entwickeln sich und wachsen in einem schützenden Organ im Bauch der Mutter – in der Gebärmutter. Wenn die Zellkugel die Gebärmutter erreicht, nistet sie sich in der Gebärmutterschleimhaut ein und bildet fingerartige Ausstülpungen, die Nährstoffe aus dem mütterlichen Blut aufnehmen. Die Muskelwand der Gebärmutter ist sehr dehnbar, damit das Baby wachsen kann.

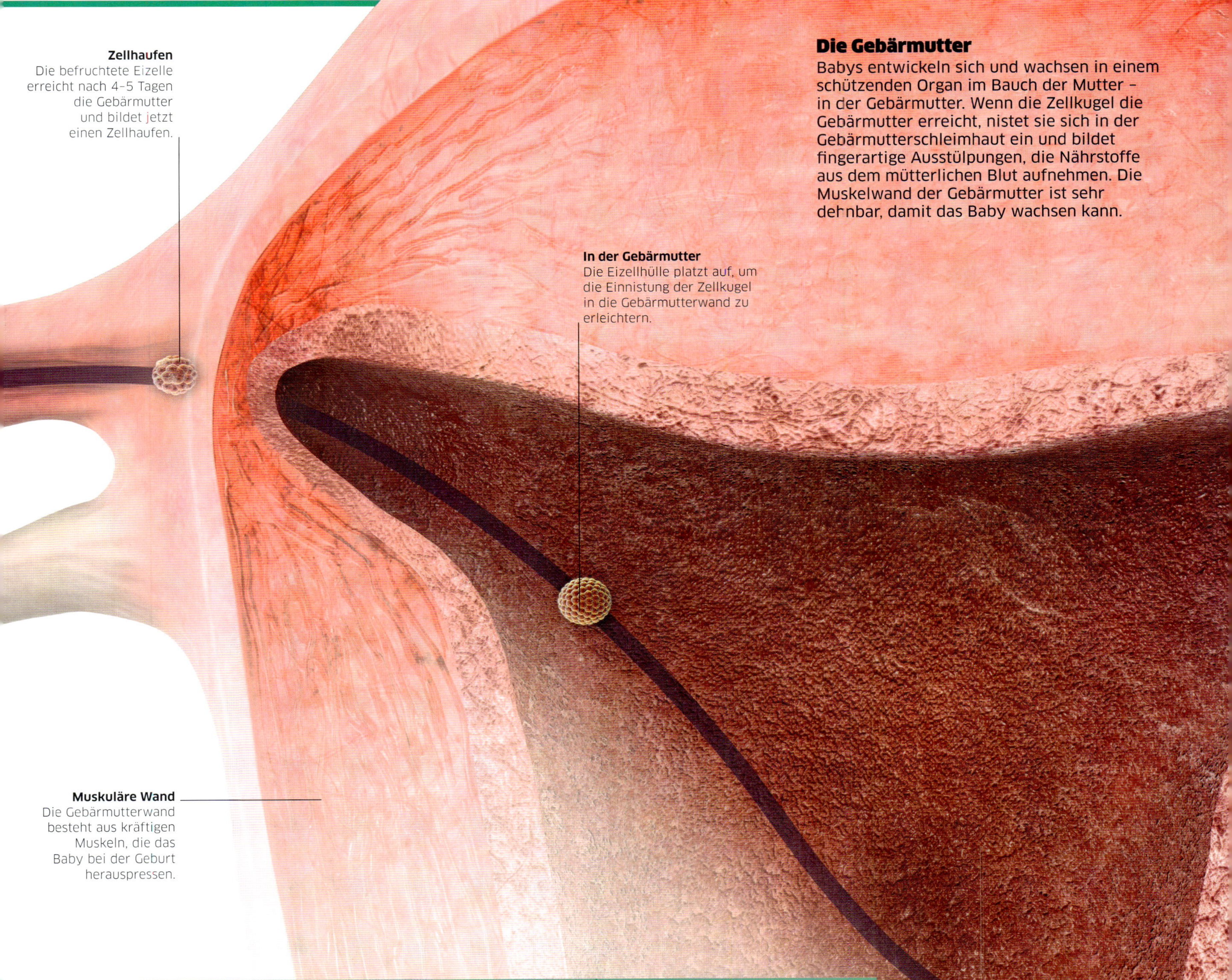

2 Wochen alt

Der Embryo hat einen Dottersack (gelb) und einen mit Flüssigkeit gefüllten Fruchtwassersack (blau) entwickelt. Die Zellen im Fruchtwassersack – die Keimscheibe – werden sich zum Baby entwickeln.

TATSÄCHLICHE GRÖSSE →

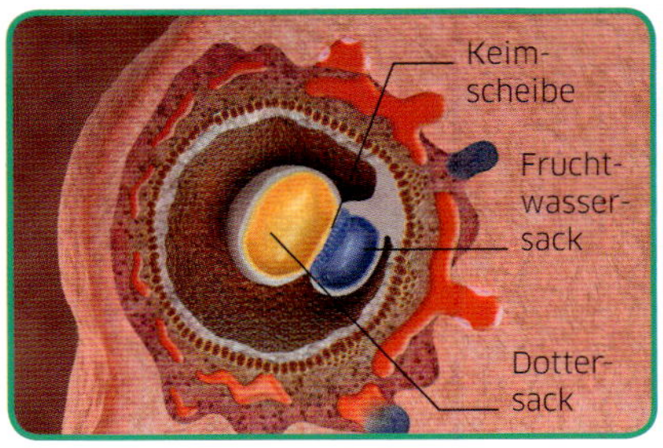

3 Wochen alt

Die Keimscheibe wächst schnell und bildet eine gekrümmte Form. Innerhalb einiger Tage entwickelt sie Kopf, Fortsatz, Blutgefäße und die Ansätze großer innerer Organe.

TATSÄCHLICHE GRÖSSE →

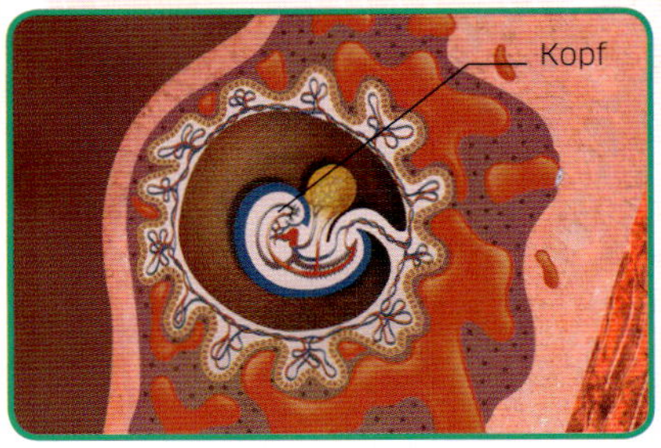

4 Wochen alt

Der nun bohnengroße Embryo hat Ansätze von Armen und Beinen und sein Herz beginnt zu schlagen. Nerven und Muskeln entwickeln sich und die Augen entstehen – zunächst ohne Augenlider.

TATSÄCHLICHE GRÖSSE →

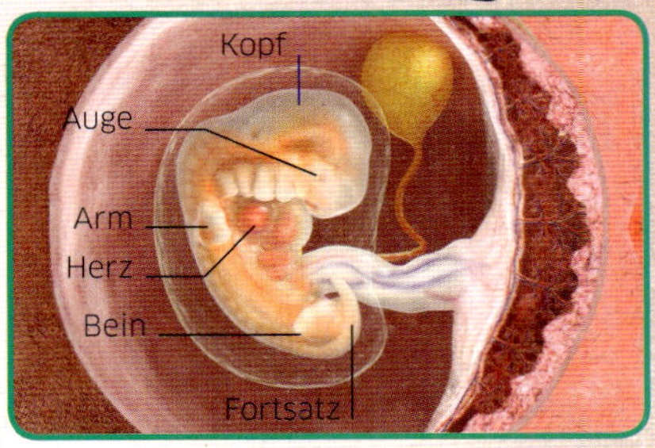

In der Gebärmutter

Ein ungeborenes Baby (Fetus) wird vom Blut seiner Mutter ernährt und entwickelt sich geschützt in ihrer Gebärmutter. Dabei verdoppelt es alle vier bis fünf Wochen sein Gewicht.

Obwohl man sich nicht an die Zeit vor der Geburt erinnern kann, funktionieren Gehirn und Sinnesorgane bereits. In späteren Stadien der Schwangerschaft kann ein ungeborenes Baby rötliches Licht durch die Haut seiner Mutter wahrnehmen und ihre Stimme, ihren Herzschlag und das Geräusch der Flüssigkeit in der Gebärmutter hören. Mit Händen und Füßen erforscht es seine wässrige Umgebung und ertastet seinen Körper. Umgeben von Fruchtwasser kann es nicht atmen, aber es saugt und schluckt bereits Flüssigkeit. Neun Monate dient die Gebärmutter als sichere, warme und angenehme Umgebung, während es aus dem mütterlichen Blut mit Sauerstoff und Nährstoffen versorgt wird.

Bereit zur Geburt

Gegen Ende der Schwangerschaft dreht sich der Fetus, sodass der Kopf nach unten zeigt. Sein Verdauungssystem kann Nahrung verarbeiten, er erhält aber immer noch Nährstoffe aus einem Gefäßbündel – der Nabelschnur. In dieser Zeit wachsen auch am ganzen Körper feine Härchen, die aber normalerweise vor der Geburt wieder verschwinden.

Die Augen öffnen
sich im sechsten Monat, aber sie können nur hell und dunkel unterscheiden.

Wachsender Fetus

Alle großen Organe erscheinen in den ersten neun Wochen, wenn sich der Embryo entwickelt. Nach der neunten Woche bezeichnet man den Embryo als Fetus. In den nächsten sieben Monaten wächst der Fetus schnell. Komplizierte Gewebe und Körpersysteme bilden sich, werden stärker und beginnen zu arbeiten. Das Skelett wird angelegt, das zunächst aus Knorpel und nicht aus Knochen besteht. Das Gehirn entwickelt sich und mit ihm die Sinne – ein Fetus sieht, hört, schmeckt, riecht und fühlt schon lange vor der Geburt.

4 Wochen alt

Mit vier Wochen ähnelt der Embryo einer Garnele und besitzt einen Fortsatz (Schwanz). Arme und Beine gleichen Knospen. Augen und Ohren entstehen und das Herz schlägt 150-mal pro Minute – doppelt so schnell wie das eines Erwachsenen.

LÄNGE: 11 mm

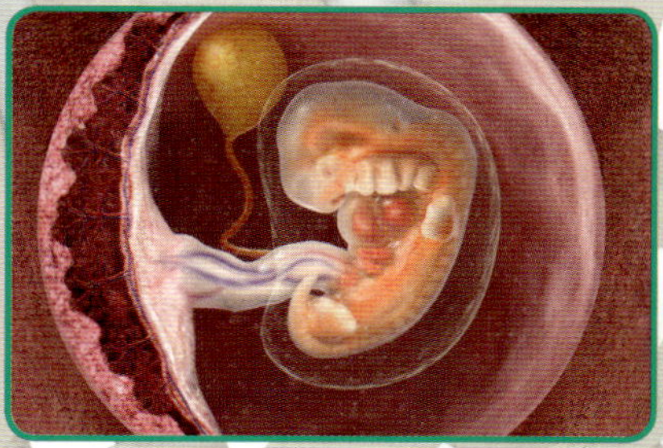

6 Wochen alt

Das Gesicht nimmt Gestalt an und Hände und Füße bilden sich. Sie gleichen zunächst noch Paddeln, weil Finger und Zehen durch Hautlappen verbunden sind. Teile des Knorpels im Skelett wandeln sich zu Knochen um.

LÄNGE: 1,6 cm

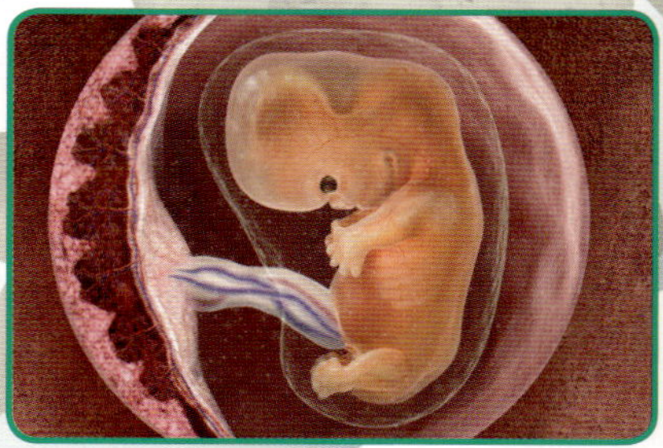

10 Wochen alt

Der Fetus hat Augenlider, die aber in den nächsten drei Monaten noch geschlossen bleiben. Er kann bereits schlucken und lässt Harn ins Fruchtwasser ab. Ellbogen und Handgelenke sind vorhanden und erlauben ihm einfache Bewegungen.

LÄNGE: 5,4 cm

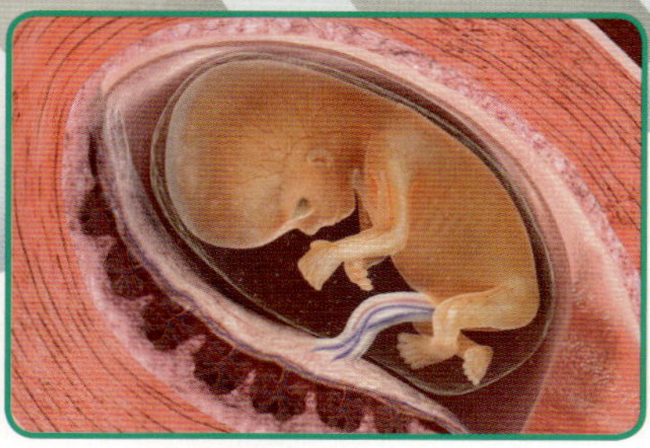

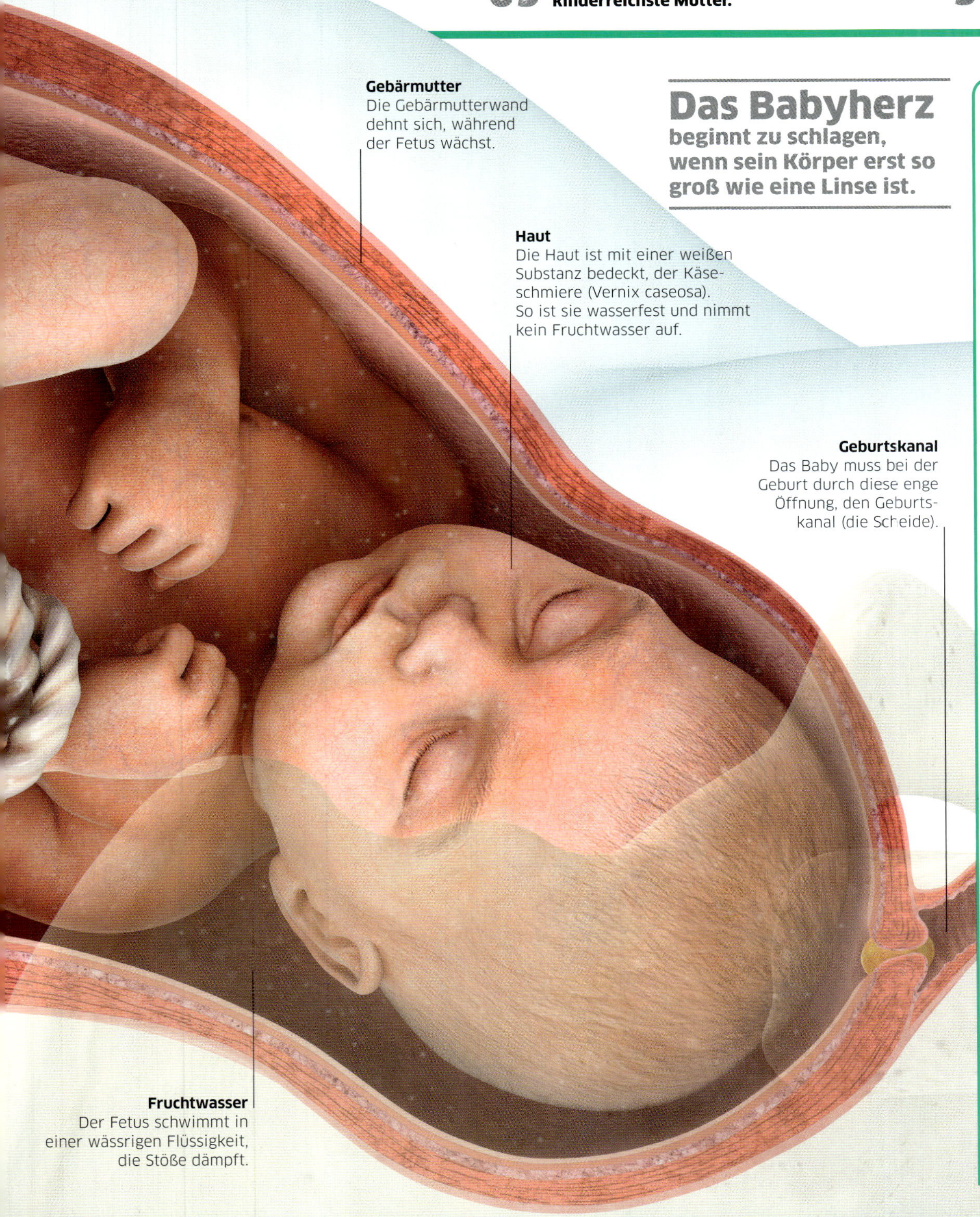

Das Babyherz
beginnt zu schlagen, wenn sein Körper erst so groß wie eine Linse ist.

Veränderliche Verhältnisse

Weil sich Gehirn und Nervensystem in der frühen Schwangerschaft rasch entwickeln, wächst der Kopf schneller als der Körper. Nach neun Wochen macht er die Hälfte der Größe des Fetus aus. Der restliche Körper holt das Wachstum in der späteren Schwangerschaft nach.

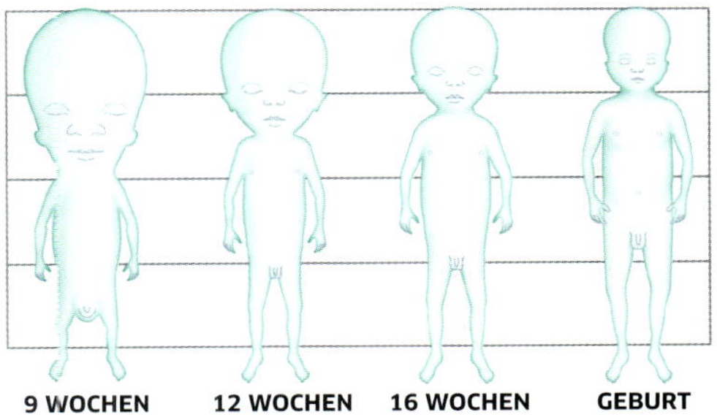

Mehrfachgeburten

Manchmal wächst mehr als ein Baby in der Gebärmutter heran. Bei etwa einer von 80 Schwangerschaften kommen Zwillinge und bei einer von 8000 Drillinge zur Welt. Zwillinge stammen entweder aus zwei verschiedenen Eizellen (zweieiige Zwillinge) oder aus einer Eizelle (eineiige Zwillinge).

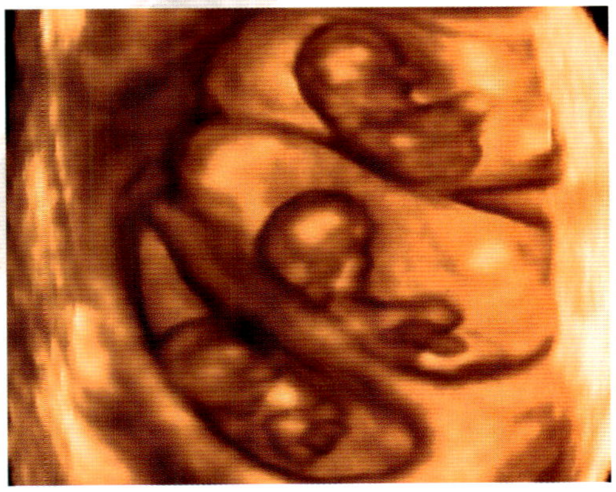

Drillinge
Diese Ultraschallaufnahme zeigt Drillinge in der Gebärmutter. Jeder Fetus befindet sich in seinem eigenen Fruchtwassersack.

15 Wochen alt

Der Fetus ist jetzt so groß wie ein Hamster, mit großem Kopf und kleinem Körper. Gesichtsmerkmale sind ausgebildet und ermöglichen ihm zu lächeln und die Stirn zu runzeln. Er schluckt Fruchtwasser und stößt so auf, dass es seine Mutter spürt.

LÄNGE: 13 cm

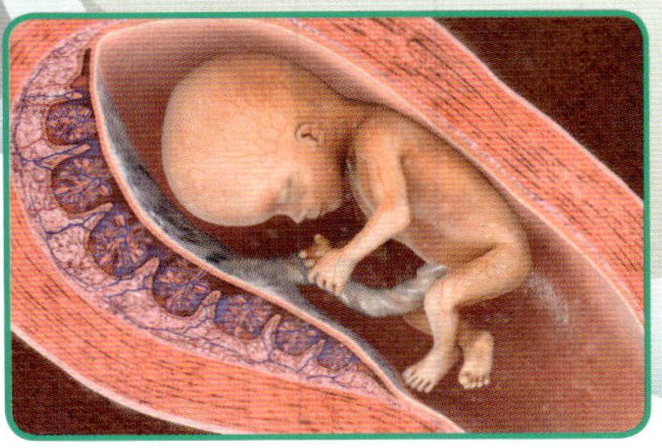

22 Wochen alt

Nach der Hälfte der Schwangerschaft kann der Fetus seine Finger bewegen, an deren Kuppen sich die Linien entwickelt haben. Er antwortet auf Töne und wird leicht durch laute Geräusche erschreckt. Seine Mutter spürt seine ersten Tritte.

LÄNGE: 30 cm

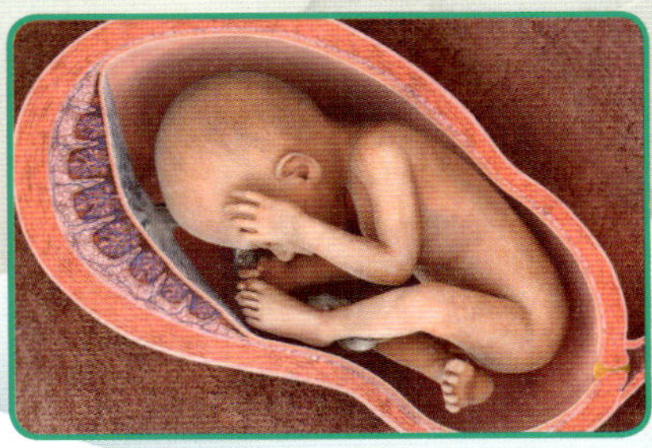

34 Wochen alt

Der Fetus ist nahezu vollständig entwickelt. Er schläft etwa 90 % der Zeit und träumt. Er übt das Atmen, indem er etwa 40-mal pro Minute Fruchtwasser schluckt. Er riecht die Mahlzeiten seiner Mutter und erkennt ihre Stimme.

LÄNGE: 47 cm

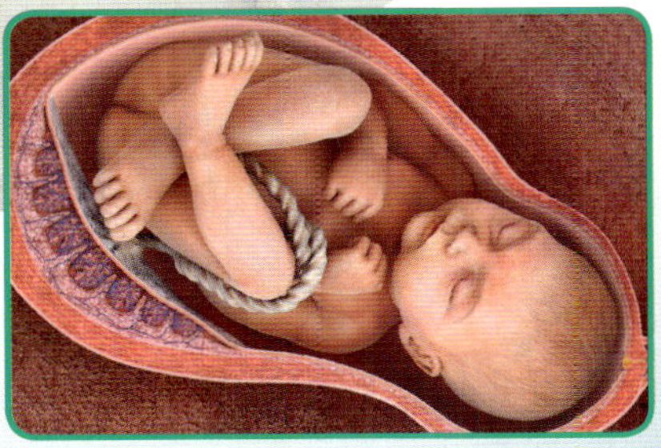

Geburt

Nachdem das Baby von der Nabelschnur getrennt wurde, nimmt es seinen ersten Atemzug. Flüssigkeit läuft aus seiner Lunge, in die dann Luft einströmt. Das Baby erhält jetzt Sauerstoff aus der Luft und nicht mehr aus dem Blut seiner Mutter über den Mutterkuchen (Plazenta).

LÄNGE: 53 cm

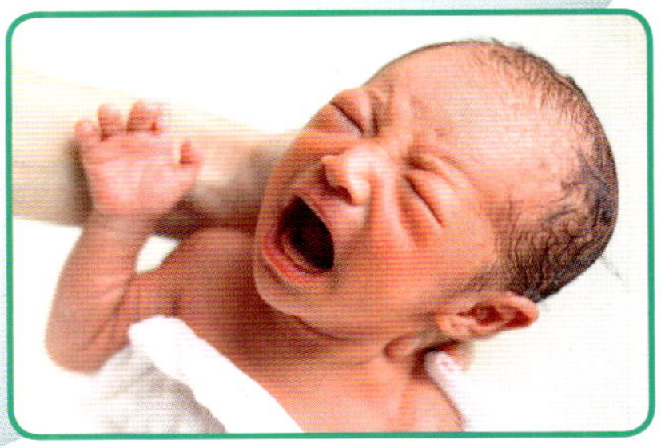

Wachstum

Der Körper und das Gehirn verändern sich während des Wachstums. Die auffälligsten Veränderungen erfolgen zwar in der Kindheit und in der Pubertät, doch wir erleben Veränderungen während des ganzen Lebens.

Ein neugeborenes Baby wiegt nur etwa 3 Kilogramm. Es kann noch nicht gehen, selbst essen oder weiter als wenige Zentimeter sehen und ist völlig abhängig von seinen Eltern. Ein 20-Jähriger wiegt etwa 20-mal so viel und kann ein selbstständiges Leben führen. Der Entwicklungsprozess, der vom Baby zum Erwachsenen führt, ist kontinuierlich, aber während der Kindheit erfolgen zwei große Wachstumsschübe. Einer findet in den ersten 6 Monaten statt, wenn man als Baby sein Gewicht verdoppelt. Der zweite Schub erfolgt in der Pubertät, wenn die Geschlechtshormone die Ausbildung von Erwachsenenmerkmalen auslösen. Wachstum ist nicht nur ein körperlicher Prozess, sondern auch ein gefühlsmäßiger und geistiger. Das Gehirn verändert sich, wenn man sich neues Wissen und Sozialverhalten aneignet.

Knochenwachstum

Während des Wachstums werden auch die Knochen länger und breiter. Knochen können aber nicht gedehnt oder gestreckt werden. Sie enthalten an den Knochenenden ein Gewebe, in das neue Knochenzellen eingebaut werden. Diese Wachstumszonen sehen auf Röntgenaufnahmen wie Fugen aus. Bei Erwachsenen werden sie mit festem Knochengewebe gefüllt und verschwinden.

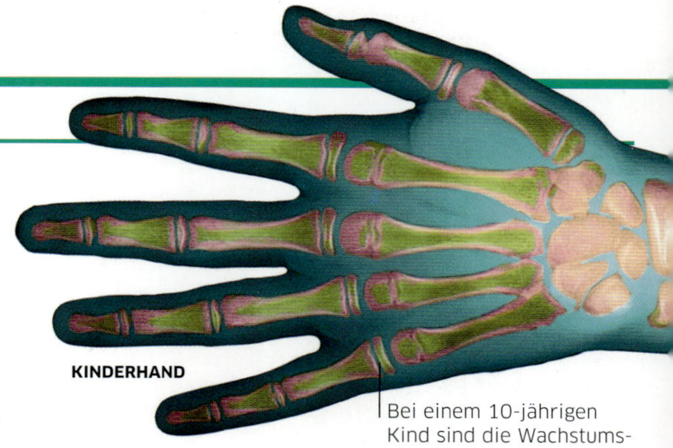

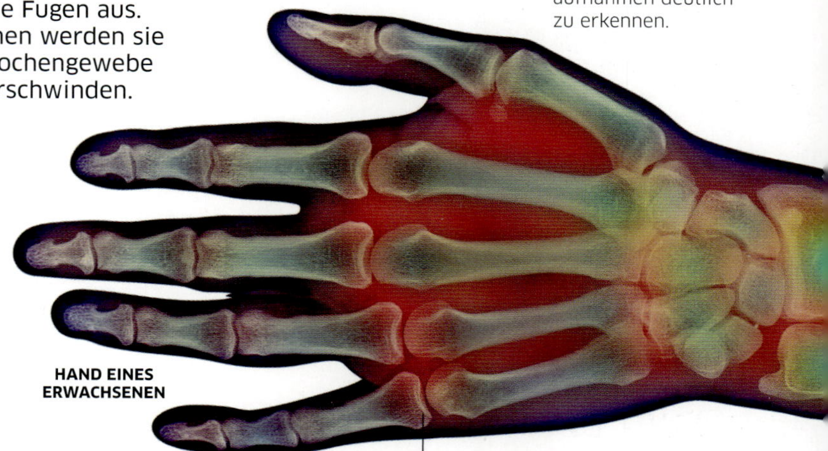

Körperliche Veränderungen

Unser Körper verändert sich während des ganzen Lebens. In den ersten 18 Jahren entwickeln wir uns von einem hilflosen Baby, das auf seine Eltern angewiesen ist, zu einem selbstständigen Erwachsenen. Zwischen dem 20. und 40. Lebensjahr erleben Männer und Frauen ihre körperliche Blütezeit. Doch ab Mitte der 30er-Lebensjahre lässt der Körper langsam nach. Dieser Prozess ist sehr unterschiedlich und hängt vom Lebensstil, der Ernährung und den Genen ab.

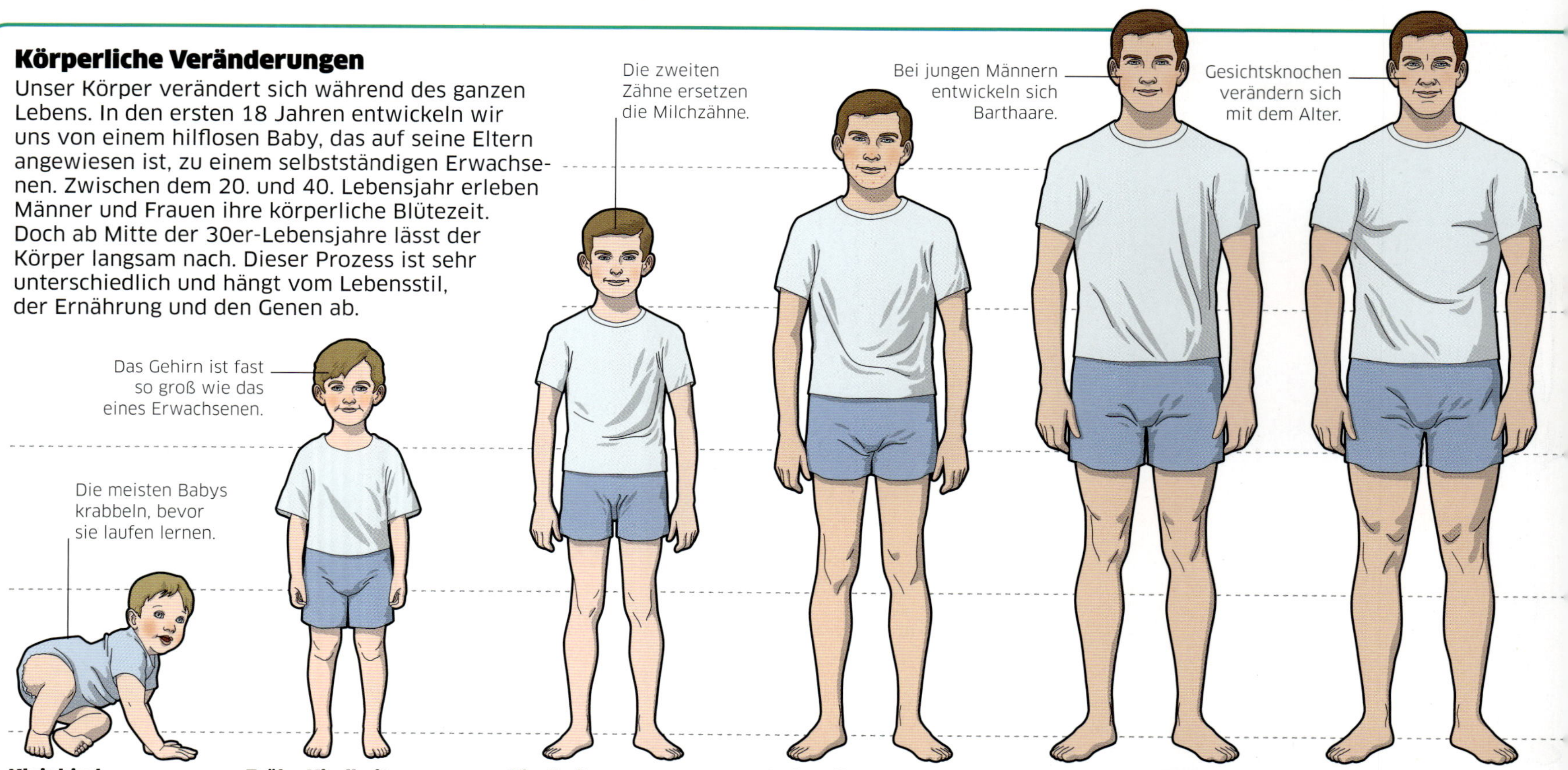

Kleinkind
Babys haben im Verhältnis zum Körper einen großen Kopf und kurze Beine. Nach 12–18 Monaten sind sie fit genug, um ihre ersten Schritte zu machen.

Frühe Kindheit
Das Wachstum der Beine holt gegenüber dem Wachstum des Kopfs auf. Junge Kinder lernen zu laufen und zu rennen. Auch mit ihren Händen lernen sie geschickter umzugehen.

Kindheit
Das Wachstum setzt sich fort – Kinder werden jährlich etwa 6 cm größer. Jetzt eignen sie sich Fähigkeiten wie Fahrradfahren, Schwimmen, Klettern und Sporttreiben an.

Pubertät
Die Körpergröße nimmt deutlich zu und die Merkmale Erwachsener erscheinen aufgrund der Geschlechtshormone. Rasche Gefühlswechsel sind in der Pubertät typisch.

Junger Erwachsener
Der Körper ist ausgewachsen und erreicht bald die größte Fitness. Frauen und Männer können eigene Kinder haben, sie brauchen aber noch Zeit, um auch gefühlsmäßig zu reifen.

Erwachsener
Der menschliche Körper ist zwischen 20 und 35 in seinen besten Jahren. Die Knochen erreichen ihre größte Stärke und alle Körpersysteme funktionieren.

Entwicklung des Gehirns

Bei der Geburt ist ein Babygehirn etwa ein Viertel so groß wie das eines Erwachsenen, aber es besitzt nahezu die gleiche Anzahl von Zellen. Das Gehirn erreicht im Alter von 6 Jahren etwa 90% der Größe eines Erwachsenen. In der frühen Kindheit knüpfen die Zellen Verbindungen zu anderen Zellen, um neue Fähigkeiten zu erlernen. Später bilden sich ungenutzte Verbindungen zurück und die verbleibenden werden stärker.

Gehirn eines Kinds
Im Alter von etwa 3 Jahren reift ein Teil des Gehirns, der Hippocampus, der das Langzeitgedächtnis stärkt. Durch Veränderungen der Retikulärformation (ein Neuronennetzwerk) bleiben Kinder länger aufmerksam. Sprachliche und soziale Fähigkeiten entwickeln sich, wenn die Scheitelrinde und die Präfrontale Rinde zu reifen beginnen.

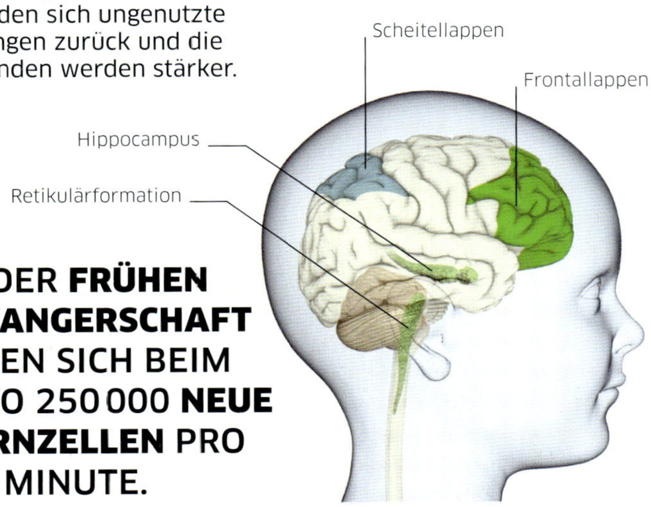

Gehirn eines Jugendlichen
Der Teil des Gehirns, der Gefühle erzeugt (der Mandelkern), ist bei Jugendlichen ausgereift, aber der Bereich, der an Denken und Planung (der Frontallappen) beteiligt ist, dagegen noch nicht. Daher neigen Jugendliche dazu, ohne Überlegung impulsiv zu reagieren. Ungenutzte neuronale Schaltkreise bilden sich in dieser Zeit zurück.

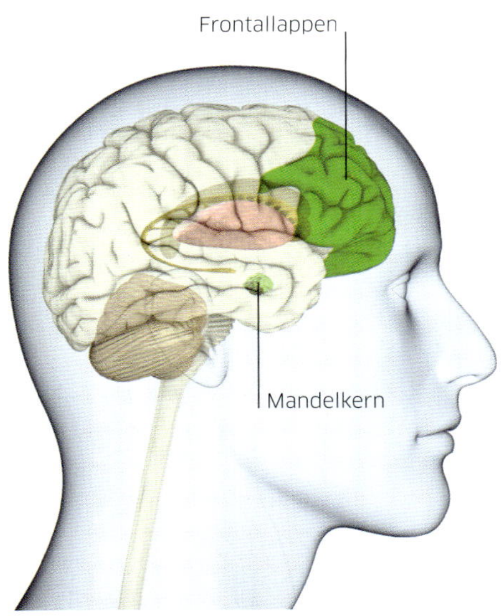

Gehirn eines Erwachsenen
Bei Erwachsenen reift der Frontallappen und erlaubt mehr gedankliche Erkenntnisse, während der Einfluss des Mandelkerns gedämpft wird. Ungenutzte Schaltkreise existieren nicht mehr, sodass das Gehirn neue Fähigkeiten schlechter erlernt. Bis auf den Hippocampus können die meisten Gehirnteile keine neuen Zellen bilden.

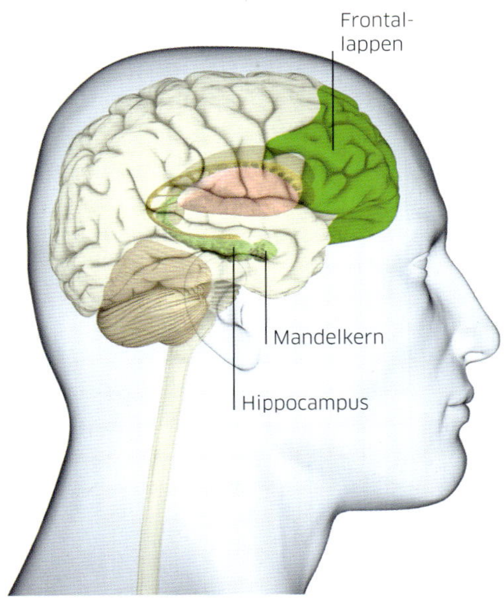

IN DER FRÜHEN SCHWANGERSCHAFT BILDEN SICH BEIM EMBRYO 250 000 NEUE GEHIRNZELLEN PRO MINUTE.

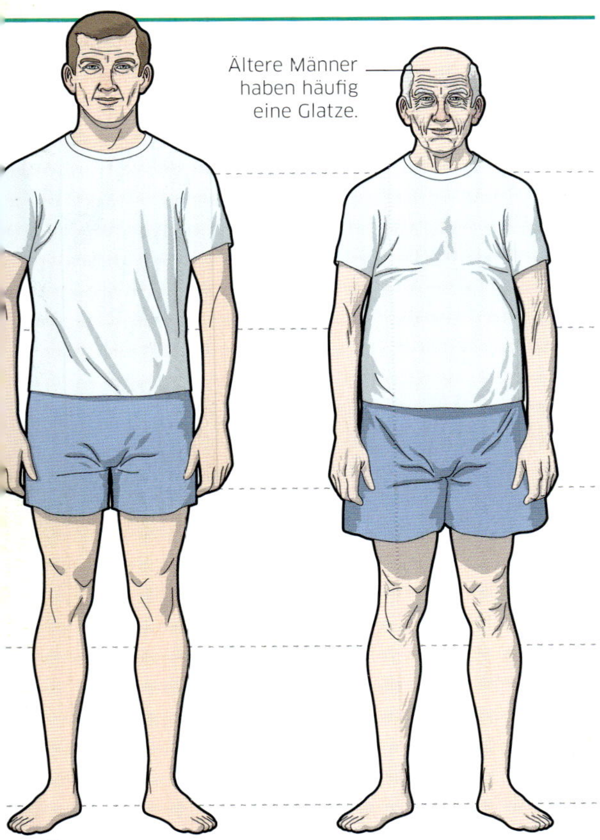

Älterer Erwachsener
Ab dem 50. Lebensjahr verliert die Haut ihre Geschmeidigkeit und zeigt erste Falten. Muskeln werden kleiner, Augen und Ohren lassen nach. Frauen können keine Kinder mehr bekommen.

Im Alter
Knochen und Muskeln werden schwächer. Gelenke versteifen und verlangsamen die Bewegungen. Mit 90 Jahren ist das Gehirn um 10% geschrumpft. Das Herz wird schwächer.

Pubertät

Mädchen im Alter von 10–14 Jahren und Jungen von 11–15 Jahren wachsen sehr schnell und ihre Geschlechtsmerkmale entwickeln sich. Diese Zeit nennt man Pubertät. Die Geschlechtshormone werden bei Jungen in den Hoden und bei Mädchen in den Eierstöcken produziert. Dadurch beginnen Körper- und Barthaare zu wachsen, Brüste entwickeln sich und der Menstruationszyklus setzt ein. Auch Größe und Körpergestalt verändern sich. Neben körperlichen Merkmalen verändern sich auch Gefühle und das Verhalten, weil auch das Gehirn wächst – dieser Prozess hält bis zum 20. Lebensjahr an.

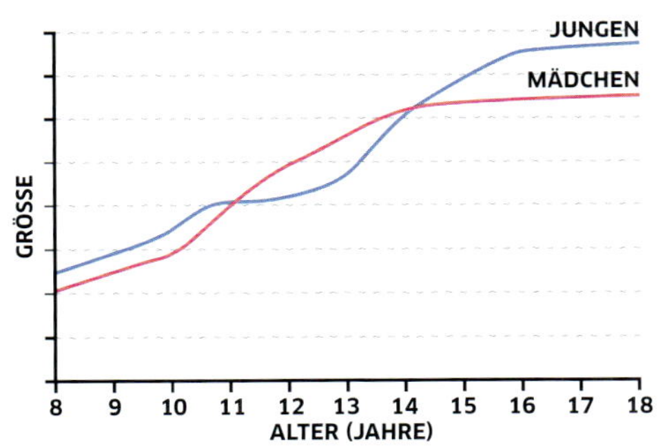

Wachstumsschub
Die Knochen wachsen in der Pubertät schneller, sodass der Körper größer wird. Mädchen erreichen die Pubertät früher als Jungen und überragen diese etwa ab ihrem 11. Lebensjahr. Jungen holen ab dem 14. Lebensjahr auf und sind als Erwachsene meist größer.

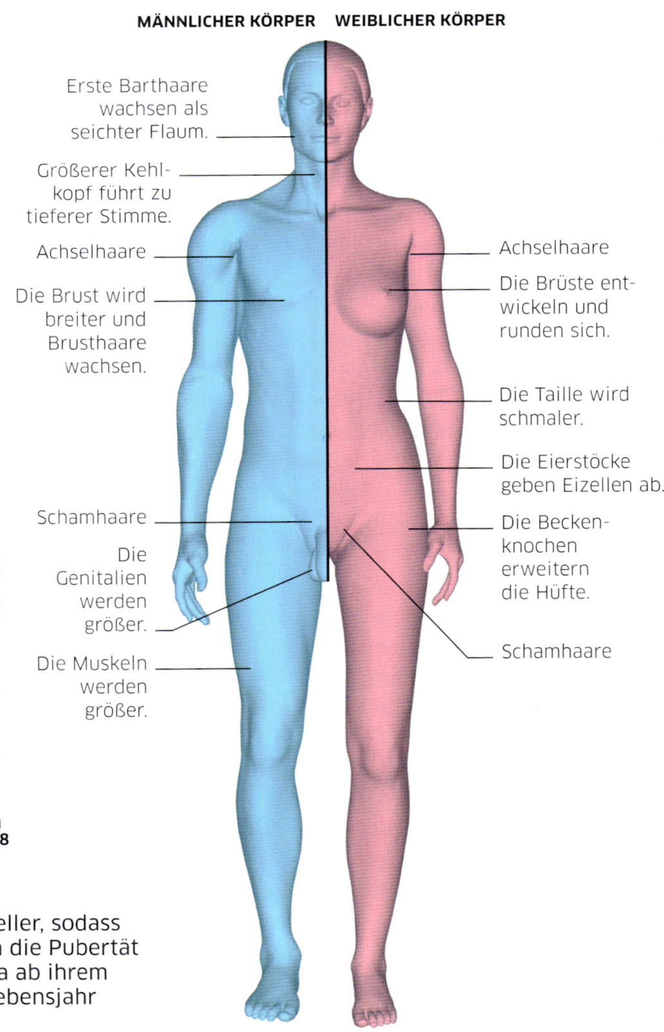

1 – Anzahl der **DNA-Moleküle,** die in einem **Chromosom** gespeichert sind

Gene und DNA

Dicht gepackt befindet sich in fast jedem Zellkern des Körpers ein Satz Anweisungen, der bestimmt, wie unser Körper funktioniert und sich entwickelt. Diese Anweisungen, die Gene, sind als Vierbuchstabencode in DNA-Molekülen gespeichert.

Bis auf eineiige Zwillinge besitzt jeder Mensch einen einzigartigen Satz Gene, durch die er sich von jedem anderen unterscheidet. Eine Hälfte der Gene stammt vom Vater und die andere von der Mutter. Zusammen bilden sie das Genom mit Eigenschaften beider Elternteile. Das Genom legt körperliche Merkmale wie die Augenfarbe oder die Körpergestalt fest. Es beeinflusst auch die Fähigkeiten und die Persönlichkeit – die auch von Lebenserfahrungen geprägt werden.

Die gesamte Länge der DNA eines Menschen reicht 400-mal zur Sonne und wieder zurück.

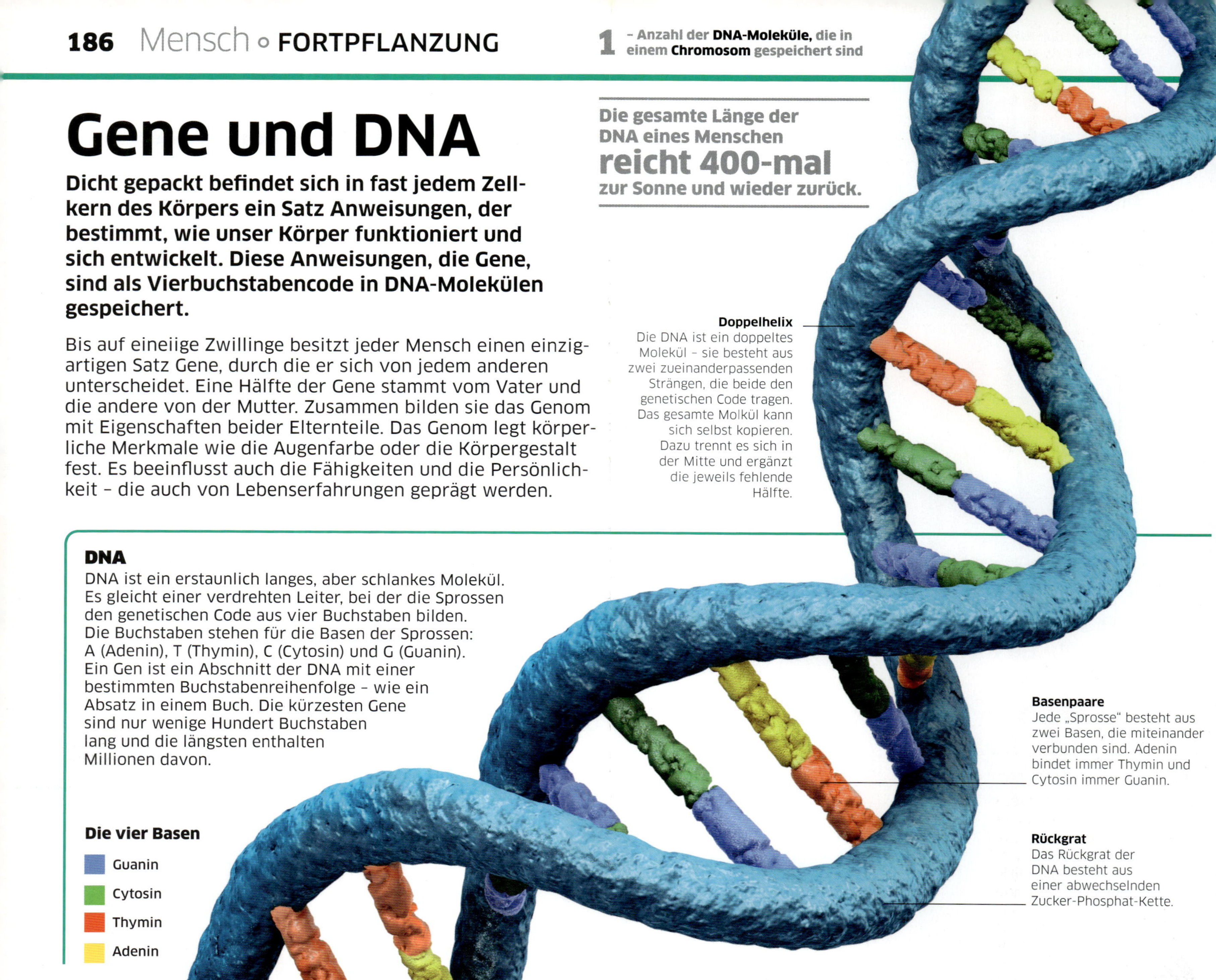

Doppelhelix
Die DNA ist ein doppeltes Molekül – sie besteht aus zwei zueinanderpassenden Strängen, die beide den genetischen Code tragen. Das gesamte Molkül kann sich selbst kopieren. Dazu trennt es sich in der Mitte und ergänzt die jeweils fehlende Hälfte.

DNA

DNA ist ein erstaunlich langes, aber schlankes Molekül. Es gleicht einer verdrehten Leiter, bei der die Sprossen den genetischen Code aus vier Buchstaben bilden. Die Buchstaben stehen für die Basen der Sprossen: A (Adenin), T (Thymin), C (Cytosin) und G (Guanin). Ein Gen ist ein Abschnitt der DNA mit einer bestimmten Buchstabenreihenfolge – wie ein Absatz in einem Buch. Die kürzesten Gene sind nur wenige Hundert Buchstaben lang und die längsten enthalten Millionen davon.

Die vier Basen

- Guanin
- Cytosin
- Thymin
- Adenin

Basenpaare
Jede „Sprosse" besteht aus zwei Basen, die miteinander verbunden sind. Adenin bindet immer Thymin und Cytosin immer Guanin.

Rückgrat
Das Rückgrat der DNA besteht aus einer abwechselnden Zucker-Phosphat-Kette.

Eiweißproduktion

Die meisten Gene codieren die Reihenfolge (Sequenz) von Aminosäuren in Eiweißen (Proteinen). Sie bilden die Körpergewebe und regulieren chemische Aktivitäten der Zellen. Jede Aminosäure ist durch eine Sequenz aus drei Buchstaben der DNA codiert. Um ein Eiweiß zu produzieren (Proteinbiosynthese), überträgt die Zelle den Code eines Gens auf die Messenger-RNA (Boten-RNA), die der DNA gleicht. Diese dient als Vorlage für kleine Moleküle, die Transfer-RNA. Sie bringt jeweils eine Aminosäure zum Ribosom, das Eiweiße produziert.

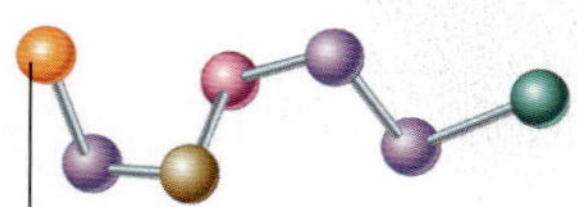

Eiweißmolekül
Alle Eiweiße bestehen aus einer Kette von Aminosäuren.

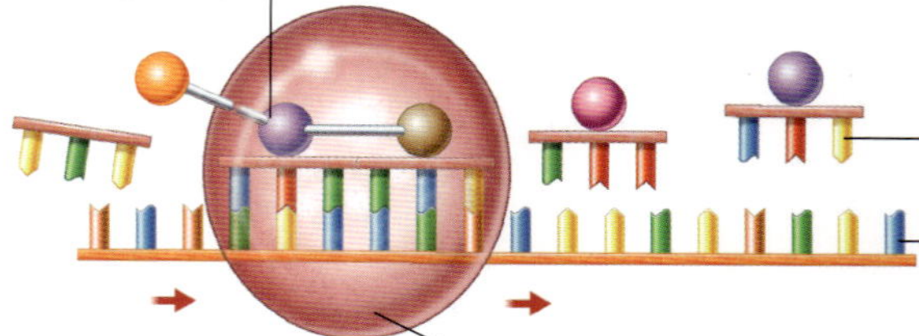

Transfer-RNA
Dieser kurze RNA-Strang bindet eine einzige Aminosäure in der Zelle.

Messenger-RNA
Dieses Molekül überträgt den genetischen Code von einem Gen zum Ribosom.

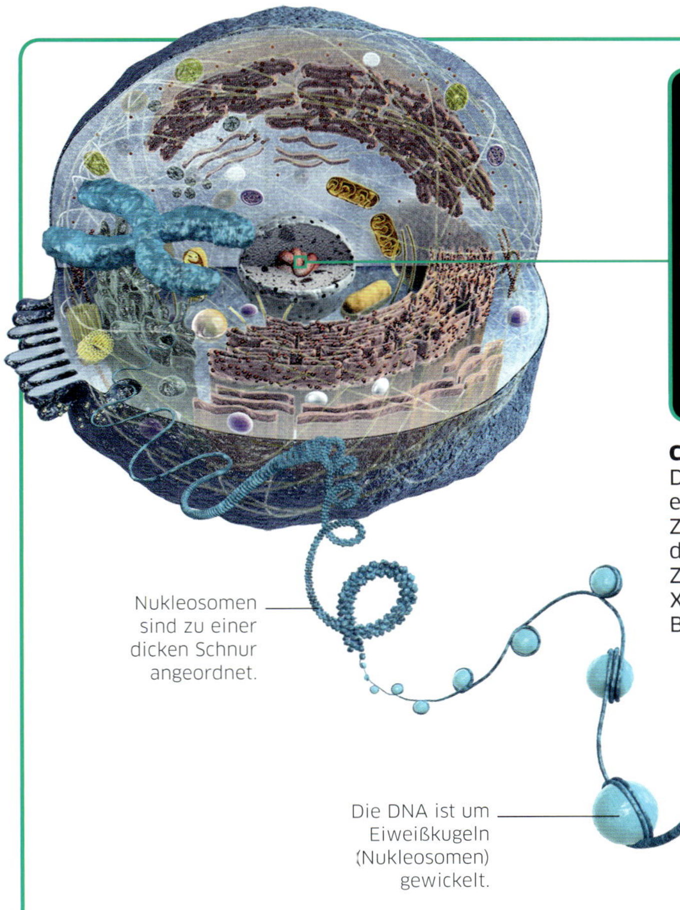

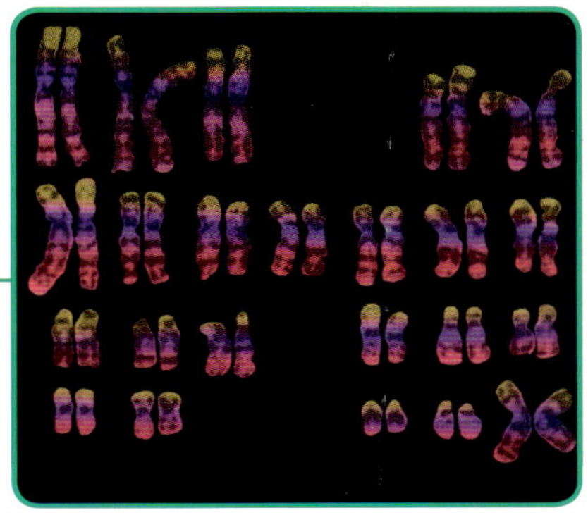

Dicht gepackte DNA

Die DNA muss in einem winzigen Raum Platz finden und ist deshalb auf geniale Weise dicht gepackt. Jedes Molekül ist wie ein Faden um eine Kugel aus Eiweißen (Nukleosomen) gewickelt, die zu einer dicken Schnur angeordnet sind. Diese Schnur ist wiederum zu einer dickeren verknäult, die ebenfalls wieder verknäult ist. Das Ergebnis ist eine x-förmige Struktur – ein Chromosom, das ein einziges DNA-Molekül von etwa 4 cm Länge enthält. Chromosomen kann man mit bloßem Auge nicht sehen – man bräuchte allein 10 000 Chromosomen, um den Punkt am Ende dieses Satzes zu füllen.

Chromosomen
Die meisten Körperzellen enthalten einen Satz aus 46 Chromosomen in ihrem Zellkern (ausgenommen rote Blutzellen, die keinen Zellkern mehr besitzen). Zwei besondere Chromosomen – das X- und Y-Chromosom – bestimmen, ob ein Baby ein Mädchen oder ein Junge wird.

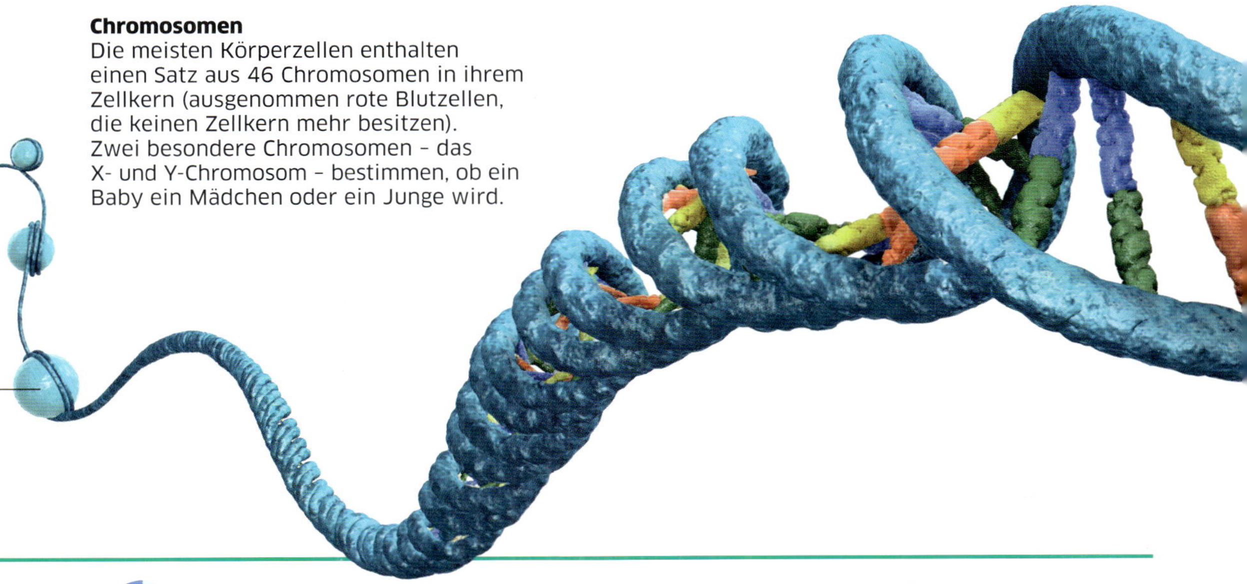

Gene erben

Das Genom enthält zwei Versionen (Allele) von jedem Gen – eine von der Mutter und eine vom Vater. Einige Genversionen sind dominant (vorherrschend), sie wirken sich unabhängig von der anderen Version immer auf den Körper aus. Andere sind rezessiv (zurücktretend) und treten bei einem dominaten Gen nicht in Erscheinung. Ein rezessives Gen wirkt sich nur dann aus, wenn beide Gene rezessiv sind.

Blutgruppen
Die Blutgruppen hängen von der Kombination der drei Allele (A, B und O) ab. Die Allele A und B sind dominant, während das Allel O rezessiv ist. Nur Menschen mit zwei Allelen O haben auch die Blutgruppe O.

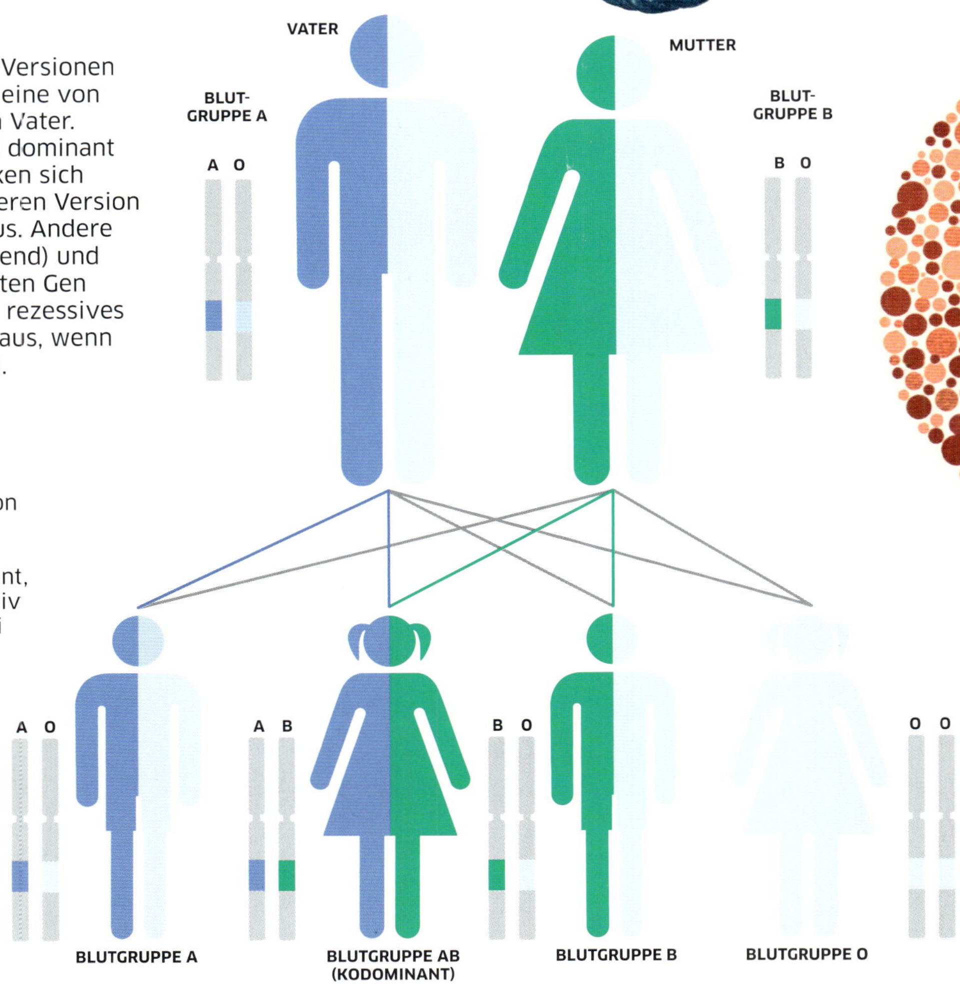

Legende
- A-Allel
- B-Allel
- O-Allel

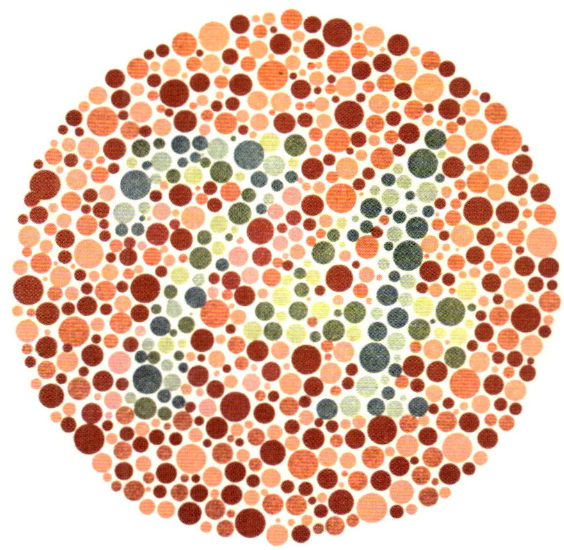

Gene auf dem X-Chromosom
Gene befinden sich auch auf dem X-Chromosom. Weil Jungen nur ein X-Chromosom besitzen, während Mädchen zwei haben, wirken sich fehlerhafte Gene eher bei Jungen als bei Mädchen aus. Solche Bedingungen nennt man gonosomale Erbkrankheiten. Ein häufiges Beispiel ist die Farbenblindheit, die durch bestimmte Bilder (oben) erkannt werden kann. Wer auf dem Bild nicht die Zahl 74 sieht, kann das Gen für Farbenblindheit besitzen. Farbenblindheit betrifft etwa 8 % männlicher Europäer, aber nur 0,5 % der Mädchen.

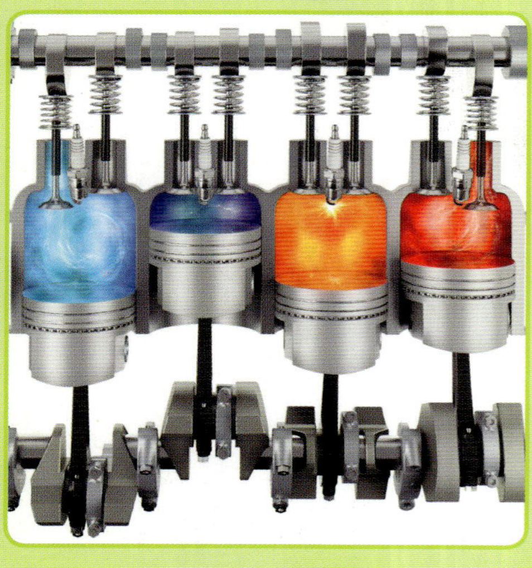

WISSENSCHAFT

Die Naturwissenschaft versucht herauszufinden, wie unsere Welt funktioniert, und das Wissen über sie zu vermehren. Technologie ist die praktische Umsetzung dieses Wissens, um Maschinen, Fahrzeuge und andere nützliche Dinge zu bauen.

MATERIE

Unser Körper ist stabil gebaut, doch er besteht vorwiegend aus Flüssigkeit und Gas. Feststoffe, Flüssigkeiten und Gase sind Erscheinungsformen der Materie – des „Stoffs", der sich aus Atomen zusammensetzt und aus dem die Welt besteht. Der größte Teil des menschlichen Körpers wird von nur vier Atomen gebildet – Sauerstoff, Kohlenstoff, Wasserstoff und Stickstoff –, aber auf der Welt existieren mehr als 100 verschiedene Atome. Aus ihnen besteht alles – vom Baum bis zur Zahnbürste.

WAS IST MATERIE?

Alles, was man sieht, besteht aus Materie. Sie setzt sich aus Atomen zu immer größeren und komplizierteren Einheiten zusammen wie Molekülen (Atomverbindungen) und Zellen, aus denen sich Lebewesen entwickeln. In den Atomen findet man sogar noch kleinere Teilchen wie Protonen und Neutronen – und selbst diese bestehen aus noch winzigeren Teilchen der Materie.

Materie im Universum

Obwohl die Erde aus Land (Feststoff), Luft (Gas) und Meeren (Flüssigkeit) besteht und der Weltraum voller Sterne ist, besteht das Universum nur zu einem geringen Anteil aus normaler Materie – den größten Anteil bilden die Dunkle Materie und die Dunkle Energie.

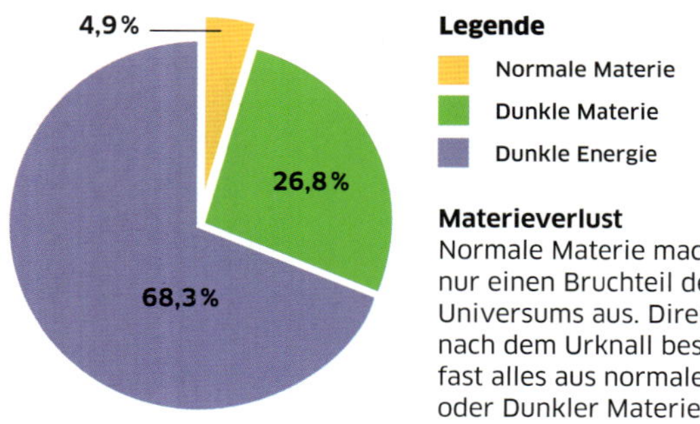

Materieverlust
Normale Materie macht nur einen Bruchteil des Universums aus. Direkt nach dem Urknall bestand fast alles aus normaler oder Dunkler Materie.

Dunkle Materie

Im Gegensatz zur Materie, die man sehen kann, ist Dunkle Materie unsichtbar. Man kann nur die Auswirkungen erkennen, die sie auf normale Materie ausübt. Vermutlich ist Dunkle Materie dafür verantwortlich, dass einige Sterne und Galaxien weniger Masse besitzen als erwartet.

Dunkle Energie

Die Theorie der Dunklen Energie erklärt, warum sich das Universum schneller ausdehnt als erwartet. Dunkle Energie wirkt vermutlich gegen die Schwerkraft, die einer Ausdehnung des Universums entgegensteht. Obwohl es Hinweise auf ihre Existenz gibt, ist sie nicht bewiesen.

Materie auf der Erde

Alles auf der Erde besteht entweder aus Materie oder aus Energie. Die vielen Materialien des Alltags setzen sich aus organischer (lebender) oder anorganischer (nicht lebender) Materie zusammen.

Obwohl beide Arten aus Atomen bestehen, erneuert sich organische Materie ständig selbst, während sich anorganische Materie nur verändert, wenn eine Kraft auf sie ausgeübt wird.

Organische Materie
Lebewesen wachsen und verändern sich, indem sie Energie und Materie aus ihrer Umgebung aufnehmen. Die Energie stammt vom Sonnenlicht, das die Pflanzen benötigen.

Anorganische Materie
Das Gestein der Erde enthält Dutzende verschiedener Elemente, die vielseitig verwendet werden. Anorganische Materie steckt in alltäglichen und neuen Produkten.

Energie
Albert Einstein entdeckte, dass man aus winzigen Mengen Materie gewaltige Energien gewinnen kann. Dieser Prozess erzeugt das Sonnenlicht, das Leben auf der Erde ermöglicht.

BAUSTEINE DER MATERIE

Sämtliche Materie der Erde besteht aus etwa 100 verschiedenen Elementen, die aus Atomen aufgebaut sind. Atome verbinden sich zu größeren Strukturen, den Molekülen. Verbindungen sind Substanzen aus zwei oder mehreren Atomen. Man kann nahezu alles auf der Erde verstehen, wenn man untersucht, woraus es besteht.

Organische Materie

Zellen sind die Bausteine des Lebens. Wenn man sich ein Blatt als Ansammlung von Atomen vorstellt, kann man es aus dieser mikroskopischen Perspektive nicht ausreichend verstehen. Erst größere Einheiten wie Zellen erklären, wie es wächst und vergeht.

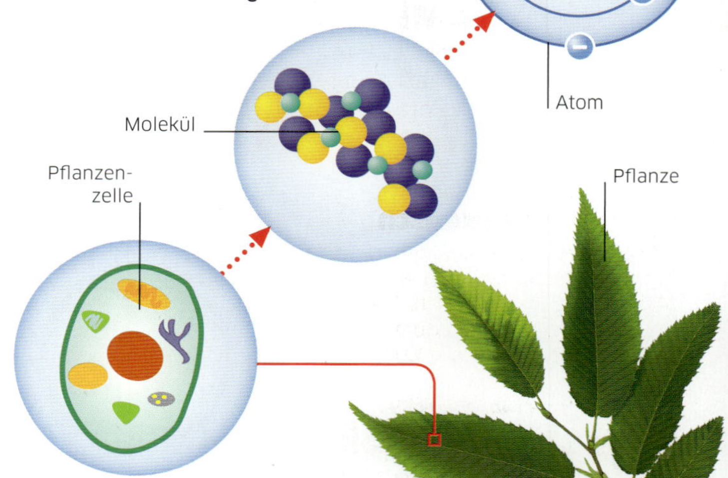

Aufbau organischer Materie
Alle Lebewesen bestehen vorwiegend aus vier verschiedenen Atomen. Pflanzenzellen bestehen aus komplizierten Molekülen wie Zellulose.

Anorganische Materie

Wie Pflanzen sind auch nicht lebende Dinge wie eine Zahnbürste aus Atomen und Molekülen aufgebaut – die Atome einer Zahnbürste und eines Pflanzenblatts sind praktisch die gleichen. Doch die Atome der Zahnbürste bilden lange, elastische Moleküle, damit sie biegsam ist.

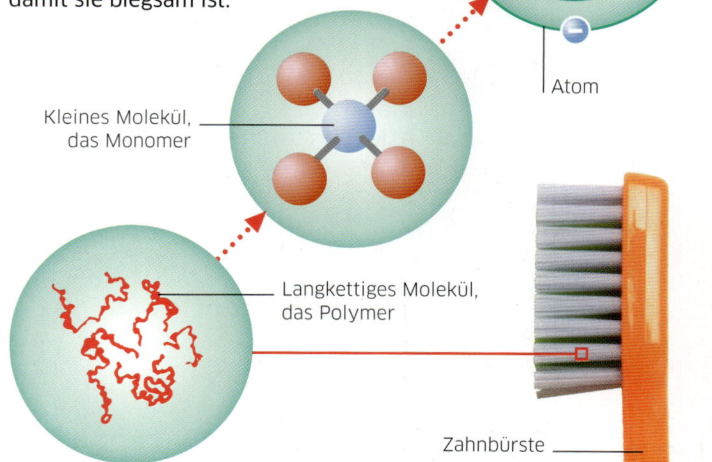

Aufbau anorganischer Materie
Die Borsten einer Zahnbürste sind aus Nylon. Dieser Kunststoff ist ein Polymer – mit langen Ketten aus gleichen Molekülen, den Monomeren, die aus verschiedenen Atomen bestehen.

MATERIEWANDEL

Lebewesen ändern sich ständig, während anorganische Materie immer gleich bleibt – auf der Erde gibt es Gesteine, die Hunderte Millionen Jahre alt sind. Wenn Lebewesen sterben, dienen die Überreste anderen Lebewesen (z. B. düngen Blätter den Boden). Häufig werden Lebewesen auch zu anorganischem Material: Erdöl entstand aus abgestorbenen Pflanzen, die vor Millionen Jahren verrotteten.

Veränderungen

Hinter den Veränderungen steckt immer eine erkennbare Ursache. Betrachtet man organische oder anorganische Materie vor und nach ihrer Veränderung, sieht man, ob ein physikalischer, chemischer oder biologischer Wandel vorliegt.

EIS + WÄRME ▶ WASSER

Physikalischer Wandel
Wird aus Eis Wasser oder Dampf, liegt noch dieselbe Substanz vor, jedoch in einem anderen Zustand.

WASSERSTOFF + SAUERSTOFF ▶ WASSER

Chemischer Wandel
Wasserstoff und Sauerstoff bilden Wasser und verändern die ursprünglichen Substanzen.

KOHLENDIOXID + WASSER + SONNENLICHT ▶ PFLANZENWACHSTUM

Biologischer Wandel
Pflanzen wandeln Wasser in Wachstum um. Dabei verschwindet die ursprüngliche Substanz.

UNSERE CHEMISCHE WELT

Viele Dinge des Alltags entstehen heute mithilfe der Chemie. Das ist die Wissenschaft von den Elementen und ihren Verbindungen und umfasst weit mehr, als das Vermischen von Substanzen in Reagenzgläschen.

Nützliche Wissenschaft

Einst verwendeten die Menschen nur einfache Materialien wie Steine, Holz und Knochen. Später erfanden sie Methoden, um bessere Materialien wie Kupfer oder Bronze herzustellen. Heute besitzen wir Tausende Materialien und das Wissen, wie jedes einzelne am besten für eine bestimmte Aufgabe genutzt wird.

Haushaltschemikalien
Viele Haushaltsprodukte sind Chemikalien. Seifen und Shampoos lösen mit chemischen Reaktionen Schmutz und waschen ihn aus. Anstriche schützen Objekte, indem sie Veränderungen durch Rost oder Sonnenlicht verhindern.

Biochemie
Vitamine und Mineralien sind Verbindungen und Elemente, die der menschliche Körper benötigt. Medikamente sind komplizierte Substanzen, die den Körper bei der Heilung unterstützen.

Organische Chemie
Kohlenstoff ist das Hauptelement von Lebewesen und Hauptbestandteil von Kunststoff und Benzin. Er kann unzählige Bindungen mit sich selbst bilden.

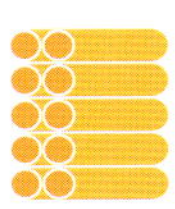

Materialwissenschaft
Untersuchungen der Atomstruktur von Materialien wie Glas oder Holz führen zur Entwicklung noch nützlicherer Materialien.

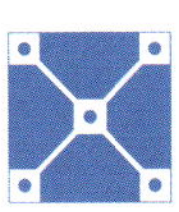

Technik
Ingenieure nutzen das Wissen über Materialien, Chemie und Physik für neue Produkte.

Woher stammen die Rohstoffe?

Die Erde gleicht einem riesigen Warenhaus, das alle benötigten Materialien anbietet. Doch leider brauchen Rohstoffe viel Zeit, bis sie entstehen. Sogar ein Baum kann erst nach Jahrzehnten verarbeitet werden, Kohle und Erdöl brauchen dafür Hunderte Millionen Jahre. Weil die Erdbevölkerung schnell zunimmt, werden Rohstoffe knapp und teuer. Deshalb müssen Alternativen gefunden oder Möglichkeiten entwickelt werden, die vorhandenen Materialien länger und besser zu nutzen.

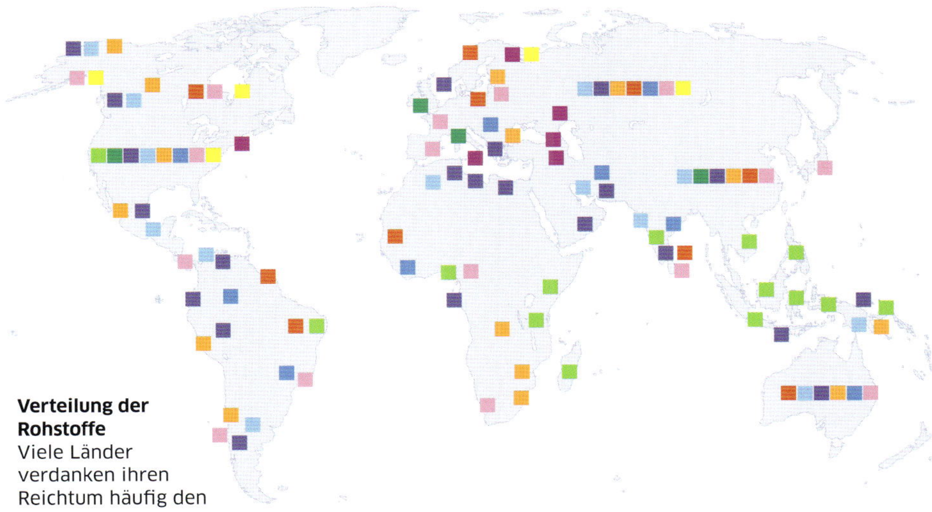

Verteilung der Rohstoffe
Viele Länder verdanken ihren Reichtum häufig den Rohstoffen in ihrem Boden. Der Mittlere Osten besitzt große Ölvorräte, während China und die USA über riesige Kohlevorkommen verfügen.

Legende
- Bauxit
- Kupfer
- Kaolin (Lehm)
- Öl
- Schwefel
- Kohle
- Eisenerz
- Erdgas
- Salz
- Holz

MATERIALVERGLEICH

Im Alltag werden Materialien häufig miteinander verglichen. Man kann zum Frühstück statt Toast Eier essen, weil sie besser sättigen. Die Wahl zwischen diesen beiden Materialien wird im Hinblick darauf getroffen, wie viel Energie sie besitzen. Abhängig vom Wetter zieht man einen dicken Wollpullover oder ein dünnes T-Shirt an. Diese Wahl trifft man nach physikalischen Eigenschaften: Wie gut wird die Körperwärme erhalten? Zum Duschen kann man entweder ein Stück Seife oder ein Duschgel benutzen. Diese dritte Wahl berücksichtigt chemische Eigenschaften: Welches Material wäscht am saubersten?

Materialeigenschaften

Jedes Material eignet sich aufgrund seiner Eigenschaften (wie es sich verhält) für eine Sache besser als für andere. Zu den physikalischen Eigenschaften eines Materials zählt, wie hart es ist, wie leicht es verformt werden kann und wie es von Wärme, Elektrizität und Licht beeinflusst wird. Zu den chemischen Eigenschaften eines Materials gehört, wie es auf Säuren oder Wasser reagiert.

Substanz	Schwimmt	Farbe	Durchsichtigkeit	Glanz	Löslichkeit	Leitfähigkeit	Struktur
Kupfer	nein	rot	undurchsichtig	glänzend	in Säure	Leiter	glatt
Kalk	nein	weiß	undurchsichtig	stumpf	in Säure	Isolator	pulverig
Bleistiftmine	nein	schwarz	undurchsichtig	glänzend	nein	Leiter	glatt
Kiefernholz	ja	braun	undurchsichtig	stumpf	nein	Isolator	rau
Salzkristalle	nein	weiß	durchsichtig	glänzend	in Wasser	beides*	gezackt
Glas	nein	verschieden	durchsichtig	glänzend	nein	Isolator	glatt
Talkum	nein	verschieden	undurchsichtig	wachsartig	in Säure	Isolator	schmierig
Diamant	nein	verschieden	durchsichtig	glitzernd	nein	Isolator	glatt

* Isolator als Feststoff/Leiter in Lösung

Ein Mensch von 70 kg Gewicht besteht aus etwa **6,7 · 10^{27} Atomen.**

Wäre **ein Atom** so groß wie ein **Apfel**, dann müsste der **Apfel** so groß wie die **Erde** sein.

Atome und Moleküle

Alle bekannte Materie des Universums besteht aus winzigen unsichtbaren Teilchen, die man Atome nennt. Aus ihnen besteht alles, was man sehen kann – von der Haut an den Fingern bis zu den Wörtern in diesem Buch – und ebenso all das, was man nicht sehen kann – wie die Luft zum Atmen oder die Zellen im Blut.

Die Idee von den Atomen ist uralt. Schon einige griechische Philosophen glaubten, dass Atome die kleinsten Materieteilchen und unteilbar sind. Sie wählten dafür den Namen Atom, weil das Wort „unteilbar" bedeutet. Diese frühe Vorstellung von den Atomen blieb Jahrtausende erhalten, bis diese im frühen 20. Jahrhundert in noch kleinere Teilchen zertrümmert wurden.

Atome verbinden sich zu größeren Strukturen, den Molekülen. Obwohl auf der Erde nur etwa 100 verschiedene Atome existieren, können sie Millionen unterschiedlicher Moleküle bilden.

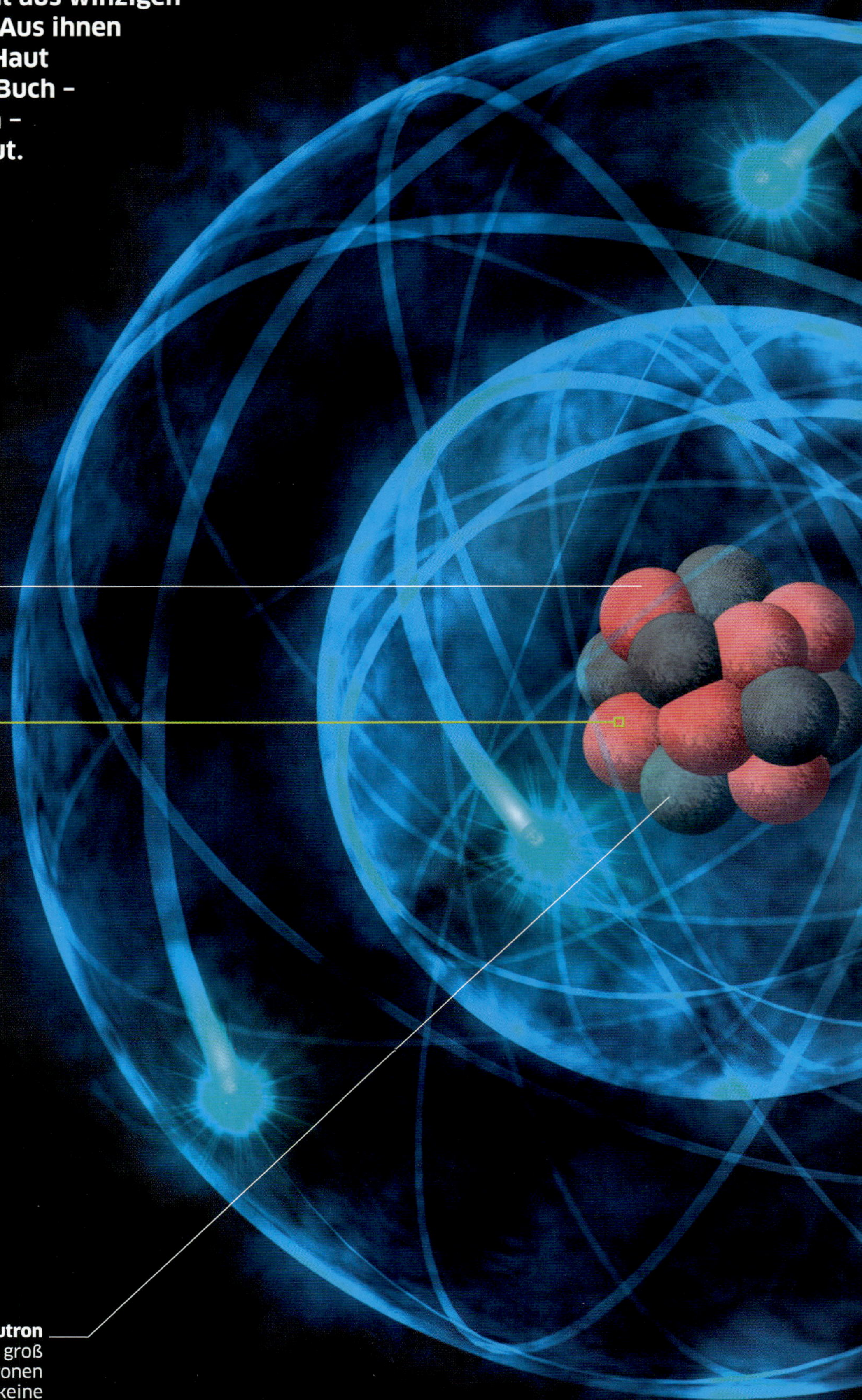

Proton
Protonen haben eine positive elektrische Ladung und ziehen Elektronen an.

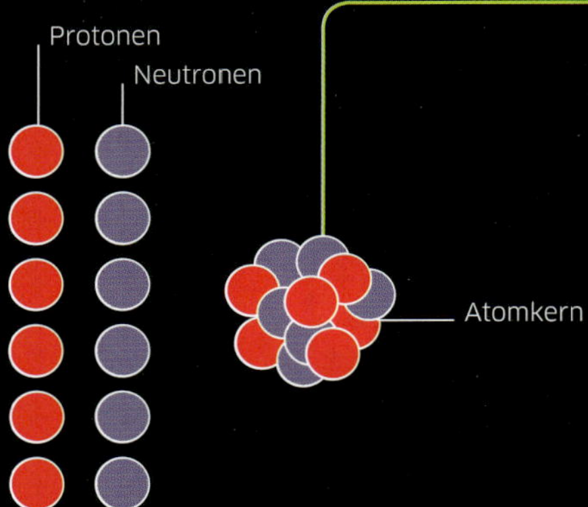

Der Atomkern
Protonen und Neutronen bilden den Atomkern. Dieser macht den größten Teil des Atomgewichts aus, obwohl er nur einen winzigen Teil des Atomvolumens einnimmt. 99,99 % des Atoms bestehen aus dem leeren Raum um den Atomkern. Wenn ein Atom so groß wie ein Fußballstadion wäre, hätte der Atomkern in seiner Mitte die Größe einer Erbse. Die Elektronen würden um die äußersten Zuschauerplätze kreisen.

Neutron
Sie sind ungefähr so groß wie Protonen. Neutronen sind neutral, weil sie keine elektrische Ladung tragen und nicht von Elektronen oder Protonen angezogen werden.

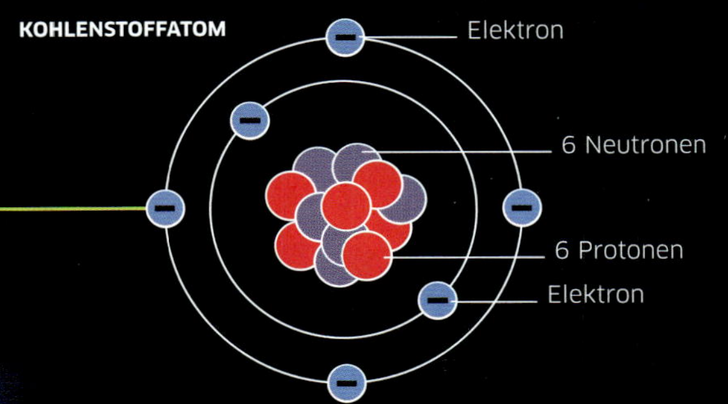

Elektronenschalen
Ein Atom besitzt immer die gleiche Anzahl negativ geladener Elektronen und positiv geladener Protonen. Einige große Atome haben mehr als 100 von beiden. Das Kohlenstoffatom (oben) besitzt jeweils sechs. Elektronen kreisen auf bestimmten Schalen um den Atomkern wie Satelliten um einen Planeten. Schwere Atome besitzen mehr Schalen als kleinere. Die Vorstellung, dass Elektronen auf Schalen kreisen, erleichtert das Verständnis, wie Atome Moleküle bilden.

Elektron
Diese Teilchen sind etwa 2000-mal leichter als Protonen und Neutronen und kreisen nahezu mit Lichtgeschwindigkeit um den Atomkern. Sie haben eine negative elektrische Ladung.

Der Aufbau eines Atoms

Atome bestehen aus noch winzigeren Materieteilchen, den Protonen, Neutronen und Elektronen. Protonen und Neutronen befinden sich im Zentrum eines Atoms, das man Atomkern nennt, und sind durch starke Kräfte eng miteinander verbunden. Elektronen kreisen in allen Richtungen um den Atomkern auf Bahnen, die man als Elektronenschalen bezeichnet.

Moleküle bilden

Atome verbinden sich zu Molekülen. Ein Molekül kann aus denselben oder verschiedenen Atomen bestehen. Gase wie Wasserstoff sind einfache Moleküle aus nur zwei Atomen. Kunststoffe bestehen aus endlos langen Kettenmolekülen mit sich wiederholenden Strukturelementen.

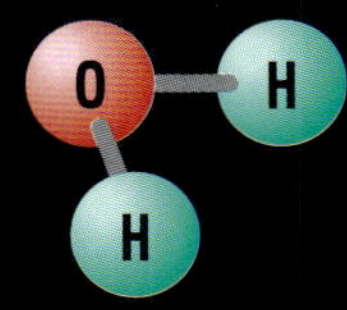

Wasser (H_2O)
Ein Molekül Wasser setzt sich aus zwei Wasserstoffatomen und einem Sauerstoffatom zusammen.

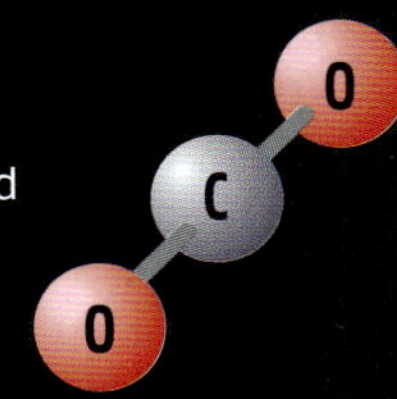

Kohlendioxid (CO_2)
Kohlendioxid besteht aus zwei Sauerstoffatomen und einem Kohlenstoffatom.

Wie Atome binden

Atome verbinden sich zu Molekülen mithilfe ihrer Elektronen, die sie abgeben, aufnehmen oder miteinander teilen. Drei Bindungsarten halten Moleküle zusammen.

Ionenbindung
Ein Atom gibt Elektronen an ein anderes. Das erste Atom wird dadurch positiv und das zweite negativ geladen, sodass sich die Atome gegenseitig anziehen.

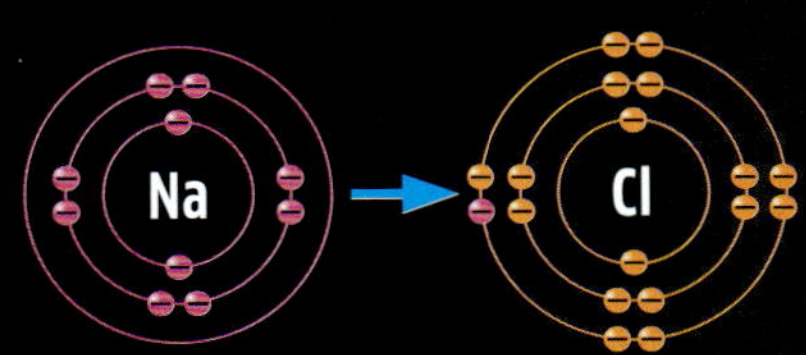

Kovalente Bindung
Zwei Atome teilen sich ihre Außenelektronen, indem sich ihre Elektronenschalen überlappen.

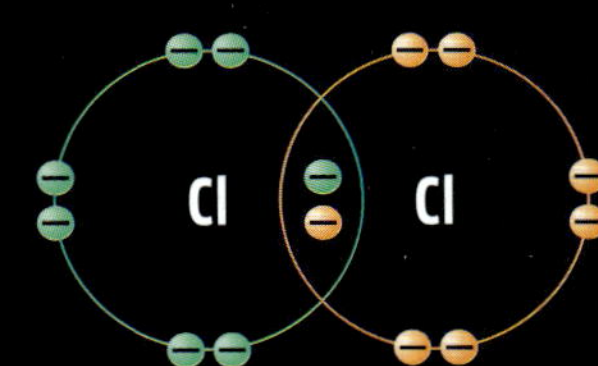

Metallische Bindung
Metalle bilden ein Kristallgitter und teilen sich ihre Außenelektronen in einer riesigen Wolke.

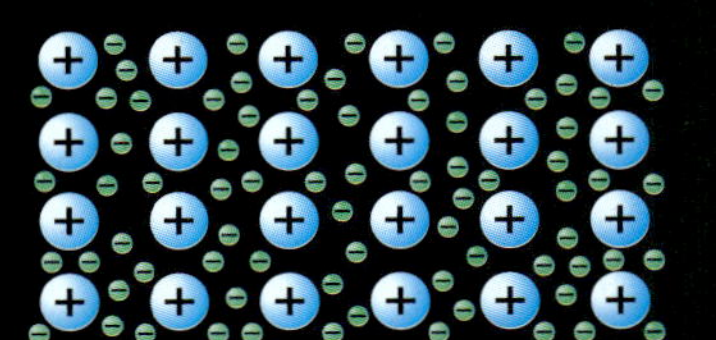

Quarks und Strings

Aus was bestehen die Protonen und Neutronen eines Atomkerns? Jedes Teilchen besteht aus drei noch kleineren Teilchen, die man Quarks nennt. Vermutlich besteht alle Materie sogar aus winzigen Schwingungen, die man als Strings bezeichnet. Doch bis heute ist unbekannt, aus was diese Strings bestehen könnten.

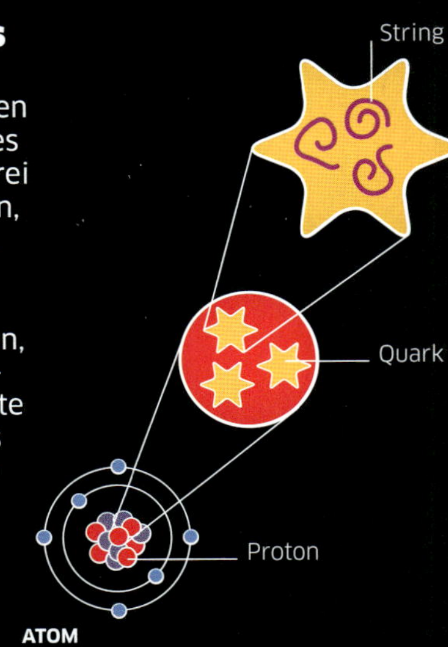

Im LHC finden pro Sekunde 600 Mio. Kollisionen statt.

Der Large Hadron Collider (LHC)

Diese gigantische Maschine besteht aus einem 27 km langen kreisförmigen Tunnel, der 100 m unter der Erde liegt. In ihm werden Strahlen mit Atomteilchen in entgegengesetzten Richtungen auf bis zu 99,9999999 % der Lichtgeschwindigkeit beschleunigt, die dann aufeinanderprallen. Diese Teilchenkollisionen werden von vier Detektoren im Tunnel – Alice, Atlas, CMS und LHC-b – gemessen.

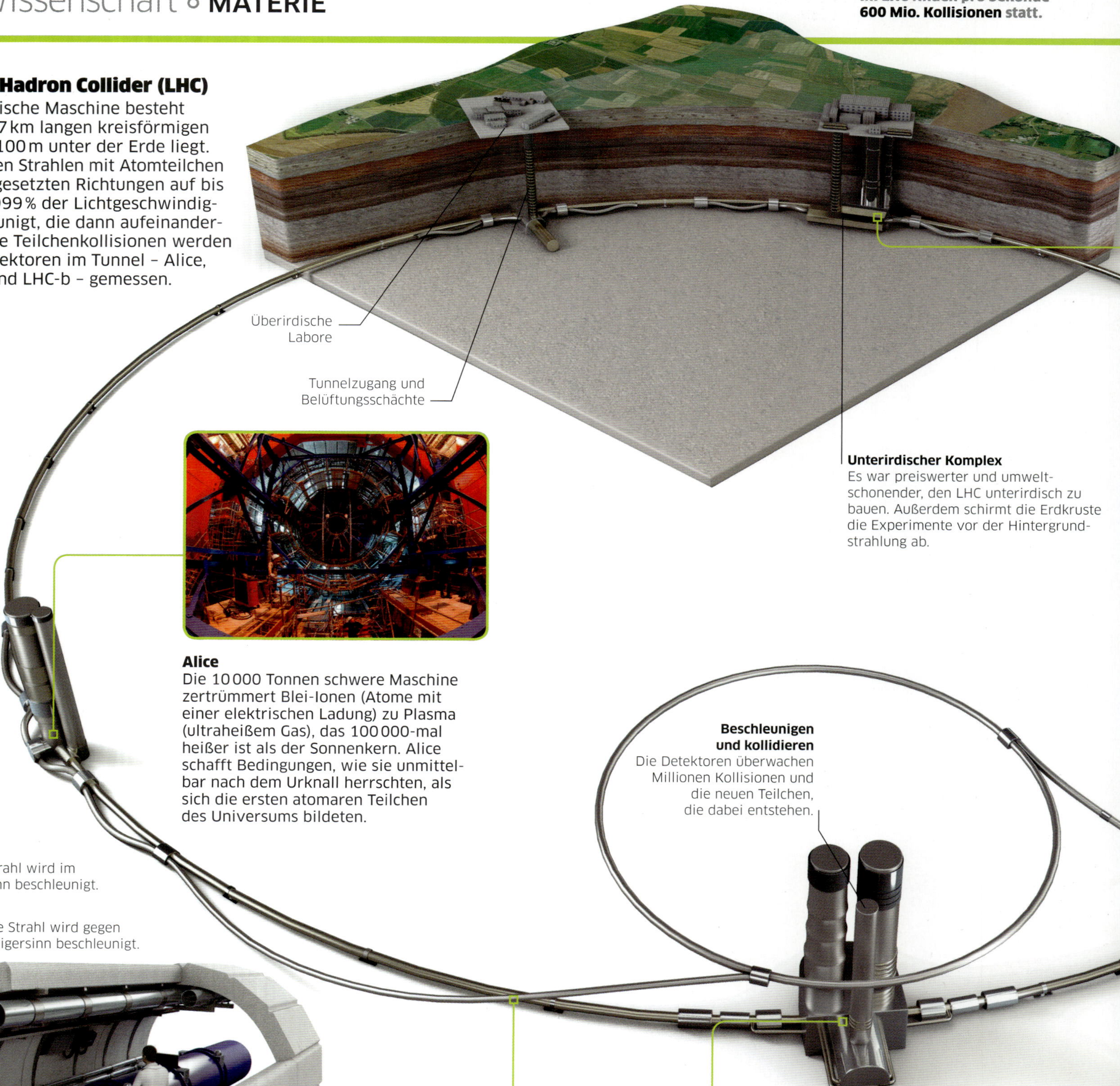

Unterirdischer Komplex
Es war preiswerter und umweltschonender, den LHC unterirdisch zu bauen. Außerdem schirmt die Erdkruste die Experimente vor der Hintergrundstrahlung ab.

Alice
Die 10 000 Tonnen schwere Maschine zertrümmert Blei-Ionen (Atome mit einer elektrischen Ladung) zu Plasma (ultraheißem Gas), das 100 000-mal heißer ist als der Sonnenkern. Alice schafft Bedingungen, wie sie unmittelbar nach dem Urknall herrschten, als sich die ersten atomaren Teilchen des Universums bildeten.

Beschleunigen und kollidieren
Die Detektoren überwachen Millionen Kollisionen und die neuen Teilchen, die dabei entstehen.

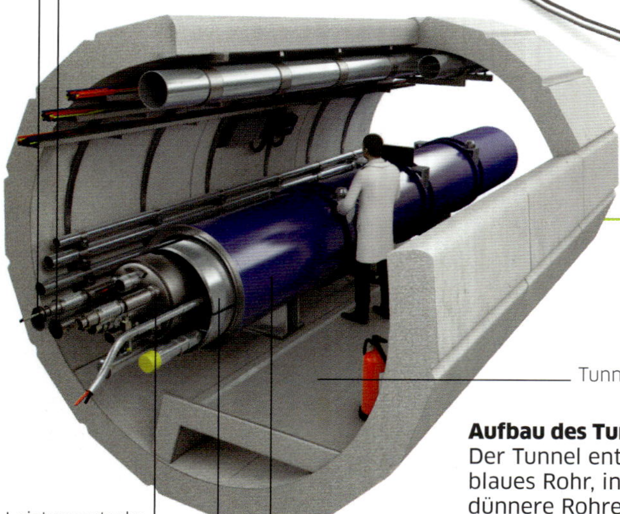

Aufbau des Tunnels
Der Tunnel enthält ein dickes blaues Rohr, in dem sich zwei dünnere Rohre befinden, die Teilchenstrahlen in entgegengesetzte Richtungen leiten. An den dünneren Rohren befinden sich mehr als 1600 Magneten, die die Strahlen ablenken und sie kollidieren lassen.

Atlas
Dieser Detektor misst mit großen runden Magneten, die außen am Rohr sitzen, Kollisionen (Zusammenstöße) zwischen Protonen. Mit diesem Detektor wurde das Higgs-Boson entdeckt. Dieses Teilchen, das nach dem britischen Physiker Peter Higgs benannt wurde, verleiht anderen Teilchen ihre Masse.

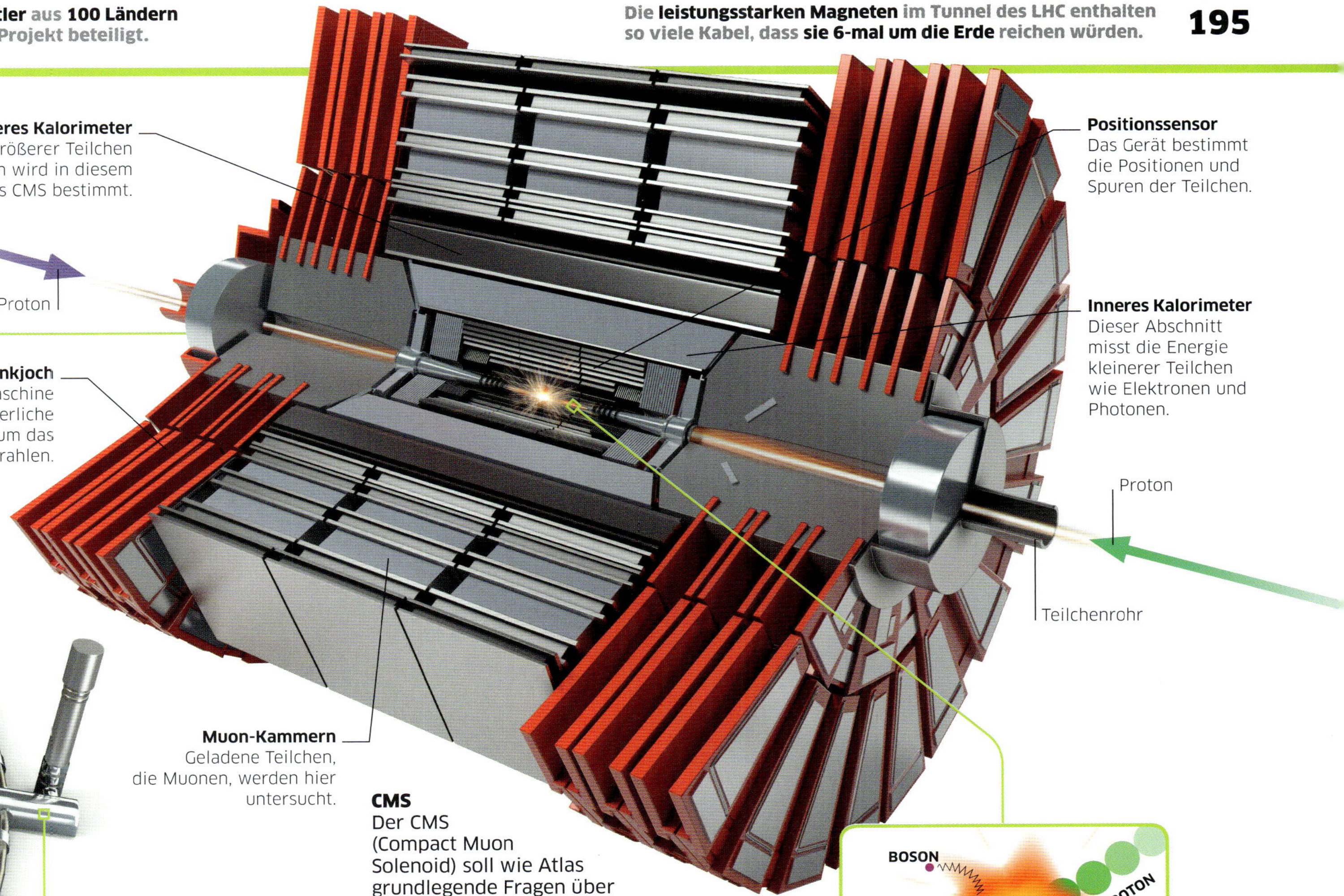

CMS
Der CMS (Compact Muon Solenoid) soll wie Atlas grundlegende Fragen über das Universum und die Materie beantworten. Der riesige Magnet – mit großen Eisenspulen um das Rohr – erzeugt einen Magnetismus, der 100 000-mal stärker als das Magnetfeld der Erde ist. Er enthält mehr Eisen als der Eiffelturm und wiegt mehr als 30 Jumbojets.

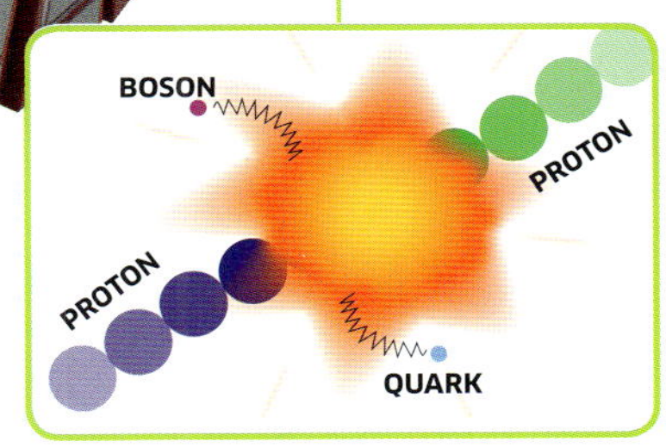

Teilchenkollision
Mithilfe von Teilchenbeschleunigern wurden bereits Hunderte atomare Teilchen entdeckt. Aus kollidierenden Teilchen (wie Protonen) entstehen noch kleinere Teilchen (wie Bosonen und Quarks), die sich in verschiedene Richtungen verteilen. Sie werden anhand ihrer Spuren im CMS identifziert.

LHC-b
Dieser Detektor untersucht Antimaterie und Antiteilchen – die Gegenspieler von Teilchen wie Elektronen und Protonen. Nach dem Urknall waren gleich große Mengen Materie und Antimaterie vorhanden, aber die Antimaterie ist heute offenbar verschwunden. Mithilfe des LHC-b will man herausfinden, warum.

Teilchenbeschleuniger

Das Universum ist unvorstellbar groß, aber die Geheimnisse seiner Entstehung stecken vermutlich in den kleinsten Dingen – den Atomen und den winzigen Teilchen, die sie enthalten.

Das meiste, was wir über Atome wissen, wurde mithilfe von Teilchenbeschleunigern entdeckt, in denen Atome aufeinanderprallen und dadurch zertrümmert werden. Die ersten Geräte wurden bereits um 1930 gebaut. Sie beschleunigten mittels Elektrizität Teilchen durch kurze, gerade Röhren. Später wurden die Teilchen mit Magneten auf unglaublich hohe Geschwindigkeiten beschleunigt. Wenn Teilchen aufeinanderstoßen, zerfallen sie in noch kleinere Teilchen, die untersucht werden.

Der weltweit größte Teilchenbeschleuniger eines internationalen Labors, das CERN, steht an der Grenze zwischen Frankreich und der Schweiz. Am CERN laufen die umfassendsten und teuersten Experimente, die jemals durchgeführt wurden. Der Large Hadron Collider (Großer Hadronen-Speicherring) versucht Bedingungen herzustellen, wie sie vor nahezu 14 Mrd. Jahren herrschten, als das Universum entstand.

Der Tunnel des LHC ist der weltweit
größte Kühlschrank.
Er kühlt auf Temperaturen, die unter denen des äußeren Weltraums liegen – mit einer Vakuumpumpe, die Luft absaugt.

Wasser kocht auf Meereshöhe bei 100 °C. Auf dem Mount Everest, wo der Luftdruck viel geringer ist, kocht es schon bei etwa 70 °C.

Aggregatzustände

Ein Eiswürfel in der Handfläche schmilzt zu Wasser. Lässt man dem Wasser in der Handfläche genügend Zeit, verdunstet es zu Wasserdampf. Was bewirkt, dass Wasser als Eis und nicht als Dampf vorliegt? Wodurch erfolgt der Wechsel zwischen festem, flüssigem und gasförmigem Zustand?

Jede Substanz besteht aus Atomen oder Molekülen, die sich ständig bewegen. Abhängig von der Temperatur und dem Luftdruck bewegen sich die Atome oder Moleküle schneller oder langsamer, stoßen aneinander oder stoßen sich ab. Diese seltsame Bewegung der Atome, die brownsche Molekularbewegung, ist dafür verantwortlich, ob eine Substanz fest, flüssig, gasförmig oder als Plasma vorhanden ist. Man nennt das die vier Aggregatzustände.

Die Zahl der Atome einer Substanz ändert sich nicht, wenn sie ihren Aggregatzustand wechselt. Doch ihr innerer Aufbau unterscheidet sich. Eis, Wasser und Wasserdampf sehen nicht nur unterschiedlich aus, sie verhalten sich auch unterschiedlich – nur weil sich ihre Atome schneller oder langsamer bewegen.

Feststoffe

Wenn eine Substanz kälter ist oder unter Druck steht, sind ihre Atome oder Moleküle stärker aneinander gebunden. Bei einigen Substanzen sind diese Bindungen so stark, dass sie sich nicht formen lassen. In manchen Materialien bilden Atome Kristalle mit festen Strukturen, während sie in anderen mehr zufällig (amorph) verteilt sind.

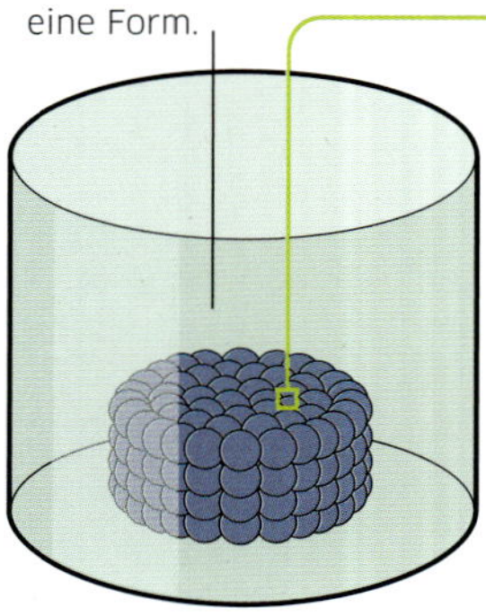

Wasser im festen Zustand
Die meisten Substanzen schrumpfen, wenn sie einfrieren, doch Wasser verhält sich anders. Es dehnt sich beim Gefrieren etwas aus, sodass Eis eine geringere Dichte hat. Deshalb schwimmt das Eis auf dem Wasser und platzen Wasserrohre, wenn sie einfrieren.

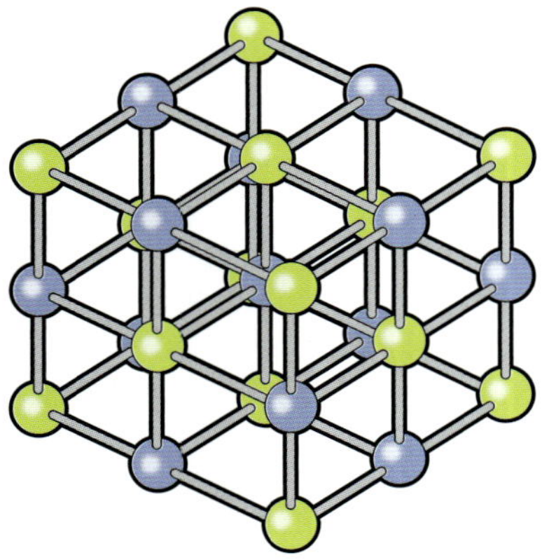

Kristalliner Feststoff
Kühlt eine Flüssigkeit langsam ab, haben ihre Atome und Moleküle Zeit, regelmäßige Kristalle zu bilden. Viele Metalle verhalten sich so.

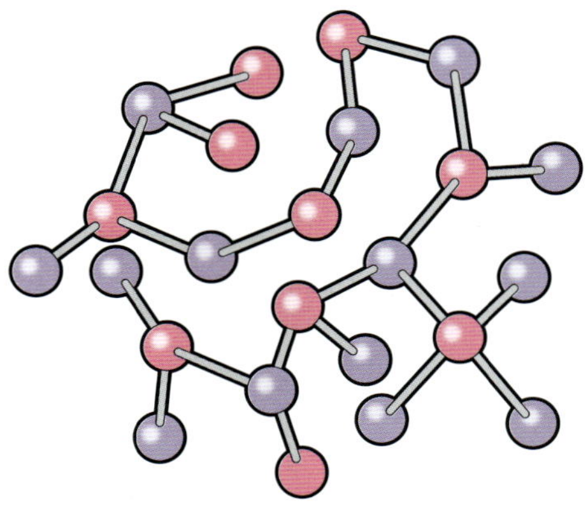

Amorpher Feststoff
Einige Materialien kühlen ab und bilden eine eher zufällige Struktur – Glas beispielsweise. Ein amorpher Feststoff gleicht einer erstarrten Flüssigkeit.

Flüssigkeiten

Flüssigkeiten sind normalerweise wärmer und weniger zusammengedrückt als Feststoffe, weil ihre Atome und Moleküle etwas weiter voneinander entfernt sind. Die Kräfte zwischen ihnen sind schwächer, sodass sie sich freier bewegen können. Flüssigkeiten haben auch keine feste Form, sondern verteilen sich im vorhandenen Raum.

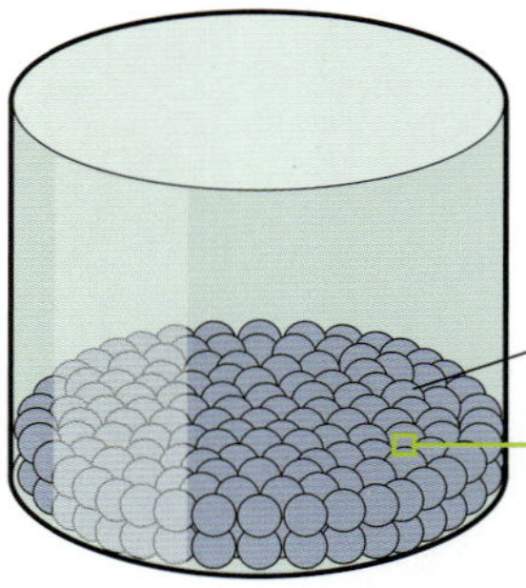

Wasser im flüssigen Zustand
Auf der Erde existiert Leben, weil es Wasser gibt. Bei normaler Temperatur und normalem Luftdruck ist Wasser flüssig, sodass Pflanzen und Tiere es leicht aufnehmen können.

Viskosität
Schwächere Bindungen zwischen Atomen und Molekülen in Flüssigkeiten ermöglichen, dass sie fließen. Die Viskosität einer Flüssigkeit beschreibt, wie schnell oder langsam sie fließt.

Gase

In Gasen sind Atome und Moleküle nicht gebunden, sondern bewegen sich schnell und frei und besitzen genügend Energie, um selbst zu fließen. Sie stoßen ständig aneinander und füllen jeden Raum, der ihnen zur Verfügung steht.

Zwischen den Molekülen sind die Abstände sehr groß.

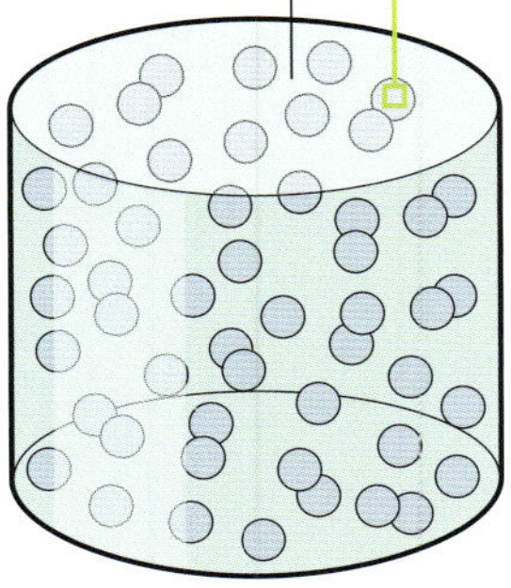

Wasser im gasförmigen Zustand
Gase sind normalerweise wärmer als Flüssigkeiten, z. B. der Wasserdampf, der wärmer als Wasser ist. Gase entstehen auch, wenn der Luftdruck niedriger ist. In Wolken ist Wasser ein kaltes Gas (Wasserdampf), weil der Luftdruck hoch über der Erde gering ist.

Plasma

In sehr heißem Gas wie im Sonnenkern werden die Atome auseinandergerissen und bilden eine elektrisch geladene Wolke, das Plasma. Dieses besteht aus geladenen Elektronen und Ionen (Atome mit zusätzlichen oder weniger Elektronen), die ein besonderes Verhalten bei Elektrizität und Magnetismus aufweisen.

Polarlichter
Nordlichter (Aurora Borealis) entstehen, wenn Plasma der Sonne auf die Erdatmosphäre trifft und vom Magnetfeld der Erde abgelenkt wird.

Änderung des Aggregatzustands

Kocht man Wasser, geht es vom flüssigen in den gasförmigen Zustand (Wasserdampf) über. Werden Lebensmittel eingefroren, wird das flüssige Wasser in ihnen fest (Eis). Den Aggregatzustand von Wasser zu ändern fällt leicht, weil es bei normaler Temperatur und Luftdruck fest, flüssig und gasförmig vorkommt. Materialien wie Metalle sind dagegen schwerer in Flüssigkeiten oder Gase umzuwandeln, weil dazu viel höhere Temperaturen und Drücke notwendig sind.

Dampf nimmt bis zu
1600-mal
so viel Raum ein wie die gleiche Menge Wasser.

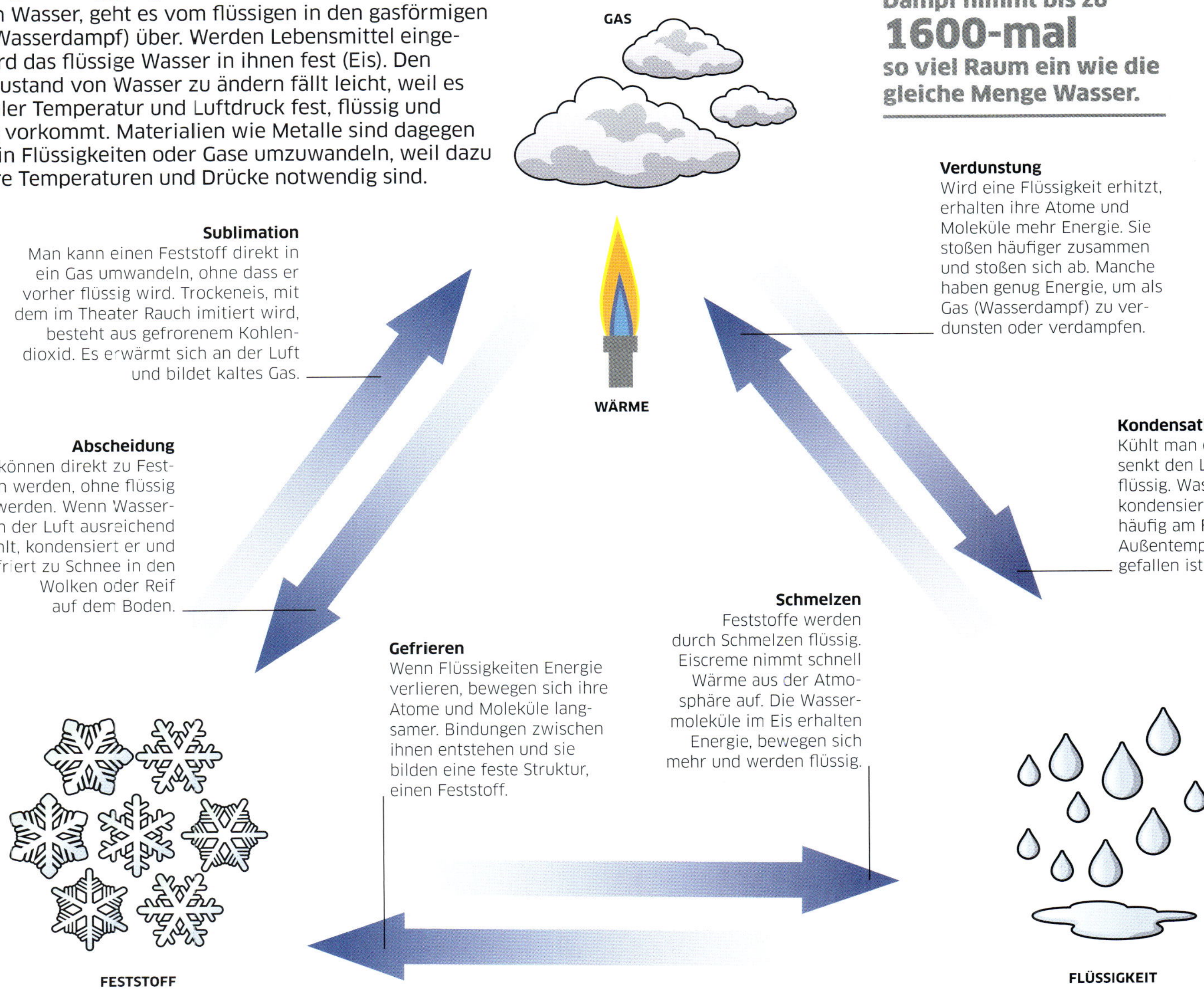

Sublimation
Man kann einen Feststoff direkt in ein Gas umwandeln, ohne dass er vorher flüssig wird. Trockeneis, mit dem im Theater Rauch imitiert wird, besteht aus gefrorenem Kohlendioxid. Es erwärmt sich an der Luft und bildet kaltes Gas.

Abscheidung
Gase können direkt zu Feststoffen werden, ohne flüssig zu werden. Wenn Wasserdampf in der Luft ausreichend abkühlt, kondensiert er und gefriert zu Schnee in den Wolken oder Reif auf dem Boden.

Verdunstung
Wird eine Flüssigkeit erhitzt, erhalten ihre Atome und Moleküle mehr Energie. Sie stoßen häufiger zusammen und stoßen sich ab. Manche haben genug Energie, um als Gas (Wasserdampf) zu verdunsten oder verdampfen.

Kondensation
Kühlt man ein Gas oder senkt den Luftdruck, wird es flüssig. Wasserdampf im Haus kondensiert an kalten Tagen häufig am Fenster, wenn die Außentemperatur tief genug gefallen ist.

Schmelzen
Feststoffe werden durch Schmelzen flüssig. Eiscreme nimmt schnell Wärme aus der Atmosphäre auf. Die Wassermoleküle im Eis erhalten Energie, bewegen sich mehr und werden flüssig.

Gefrieren
Wenn Flüssigkeiten Energie verlieren, bewegen sich ihre Atome und Moleküle langsamer. Bindungen zwischen ihnen entstehen und sie bilden eine feste Struktur, einen Feststoff.

Das erst **kürzlich entdeckte Element** Ununseptium (Uus) wurde **2010 in einem Labor synthetisiert.**

Die Elemente

Elemente sind die chemischen Bausteine der Materie und Atome die Grundeinheiten der Elemente. Schon mit einigen wenigen chemischen Elementen könnte man das meiste auf der Erde herstellen – vom kleinsten Käfer bis zum höchsten Wolkenkratzer.

Lebewesen bestehen aus einer Handvoll Elementen und Kohlenstoff, während Wasser, das den größten Teil des Planeten bedeckt, sogar aus nur zwei Elementen besteht – aus Wasserstoff und Sauerstoff. Die ganze Erde besteht aus etwas mehr als 100 Elementen. Die meisten kommen natürlich vor – sie sind in Gesteinen eingeschlossen oder treiben in der Atmosphäre. Doch weil Elemente aus Protonen, Neutronen und Elektronen bestehen, können auch neue synthetisiert (zusammengesetzt) werden. Auf diese Weise wurde die Gesamtzahl der Elemente des Periodensystems auf 118 erhöht.

Zunehmende Größe
In jeder Spalte (Gruppe) werden die Atome nach unten größer und schwerer. Sie haben mehr Protonen in ihrem Zellkern und mehr Elektronen auf ihren Schalen. Mit jeder neuen Zeile erhalten sie auch eine zusätzliche Elektronenschale.

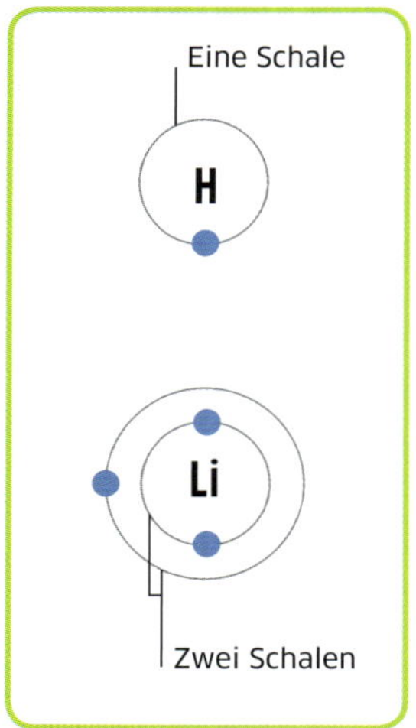

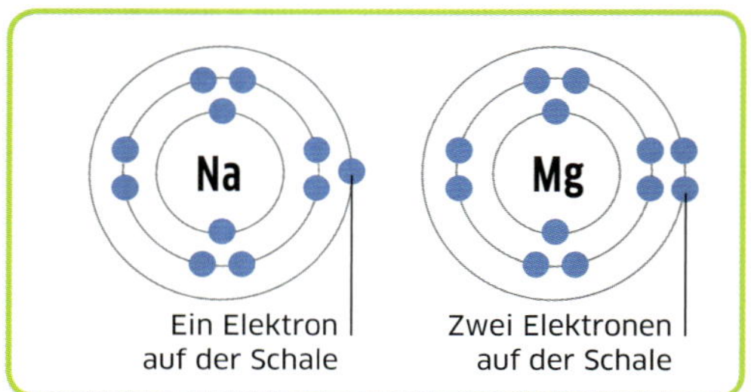

Abnehmende Größe
Entlang jeder Zeile (Periode) des Periodensystems nimmt die Zahl der Protonen und Elektronen zu. Jedes Atom hat dieselbe Anzahl von Elektronenschalen, doch die zusätzlichen Protonen ziehen die Schalen an. Dadurch werden die Atome immer kleiner und schwerer.

Das Periodensystem

Ordnet man die Elemente nach ihrer atomaren Struktur zu einer Tabelle, ergibt sich ein Muster: Elemente, die sich chemisch ähnlich verhalten, bilden Gruppen. So kann man allein aus seiner Position vorhersagen, wie sich ein Element verhält. Dieses Periodensystem der Elemente entwickelte 1869 der russische Chemiker Dmitri Mendelejew.

	1	2	2	3	4	5	6	7	8	9	10	11
1	1 · 1,0079 · H · WASSERSTOFF											
2	3 · 6,941 · Li · LITHIUM	4 · 9,0122 · Be · BERYLLIUM										
3	11 · 22,990 · Na · NATRIUM	12 · 24,305 · Mg · MAGNESIUM										
4	19 · 39,098 · K · KALIUM	20 · 40,078 · Ca · KALZIUM	21 · 44,956 · Sc · SCANDIUM	22 · 47,867 · Ti · TITAN	23 · 50,942 · V · VANADIUM	24 · 51,996 · Cr · CHROM	25 · 54,938 · Mn · MANGAN	26 · 55,845 · Fe · EISEN	27 · 58,933 · Co · KOBALT	28 · 58,693 · Ni · NICKEL	29 · 63,546 · Cu · KUPFER	30 · 65,39 · Zn · ZINK
5	37 · 85,468 · Rb · RUBIDIUM	38 · 87,62 · Sr · STRONTIUM	39 · 88,906 · Y · YTTRIUM	40 · 91,224 · Zr · ZIRKONIUM	41 · 92,906 · Nb · NIOB	42 · 95,94 · Mo · MOLYBDÄN	43 · (96) · Tc · TECHNETIUM	44 · 101,07 · Ru · RUTHENIUM	45 · 102,91 · Rh · RHODIUM	46 · 106,42 · Pd · PALLADIUM	47 · 107,87 · Ag · SILBER	48 · 15,999 · Cd · CADMIUM
6	55 · 132,91 · Cs · CAESIUM	56 · 137,33 · Ba · BARIUM	57-71 · La-Lu · LANTHANOIDE	72 · 178,49 · Hf · HAFNIUM	73 · 180,95 · Ta · TANTAL	74 · 183,84 · W · WOLFRAM	75 · 186,21 · Re · RHENIUM	76 · 190,23 · Os · OSMIUM	77 · 192,22 · Ir · IRIDIUM	78 · 195,08 · Pt · PLATIN	79 · 196,97 · Au · GOLD	80 · 15,999 · Hg · QUECKSILBER
7	87 · (223) · Fr · FRANCIUM	88 · (226) · Ra · RADIUM	89-103 · Ac-Lr · ACTINOIDE	104 · (261) · Rf · RUTHERFORDIUM	105 · (262) · Db · DUBNIUM	106 · (266) · Sg · SEABORGIUM	107 · (264) · Bh · BOHRIUM	108 · (277) · Hs · HASSIUM	109 · (268) · Mt · MEITNERIUM	110 · (281) · Ds · DARMSTADTIUM	111 · (272) · Rg · ROENTGENIUM	112 · 15,999 · Cn · COPERNICUM

Transuranelemente
Elemente mit einer höheren Ordnungszahl als Plutonium (94) nennt man Transurane. Im Gegensatz zu den Elementen 1 bis 94 existieren sie nicht in der Natur und müssen in Teilchenbeschleunigern oder Kernreaktoren synthetisiert werden, weshalb sie sehr teuer sind.

57 · 138,91 · La · LANTHAN	58 · 140,12 · Ce · CER	59 · 140,91 · Pr · PRASEODYMIUM	60 · 144,24 · Nd · NEODYM	61 · (145) · Pm · PROMETHIUM	62 · 150,36 · Sm · SAMARIUM	63 · 151,96 · Eu · EUROPIUM	64 · 157,25 · Gd · GADOLINIUM	65 · 158,93 · Tb · TERBIUM
89 · (227) · Ac · ACTINIUM	90 · 232,04 · Th · THORIUM	91 · 231,04 · Pa · PROTACTINIUM	92 · 238,03 · U · URAN	93 · (237) · Np · NEPTUNIUM	94 · (244) · Pu · PLUTONIUM	95 · (243) · Am · AMERICIUM	96 · (247) · Cm · CURIUM	97 · 231,04 · Bk · BERKELIUM

Legende zum Periodensystem

- Alkalimetalle
- Erdalkalimetalle
- Übergangsmetalle
- Seltene Erden
- Andere Metalle
- Metalloide
- Nichtmetalle
- Halogene
- Edelgase
- Unbekannt

Unter normalen Bedingungen sind 2 der Elemente – Quecksilber und Brom – Flüssigkeiten, 11 Elemente sind Gase und der **Rest sind Feststoffe.**

Helium
Dieses Gas macht ungefähr ein Viertel der gesamten Masse des Universums aus.

Kohlenstoff
Aus dem vierthäufigsten Element bestehen Pflanzen und Tiere zu etwa 18 %.

12	13	14	15	16	17
					2 He HELIUM 4,0026
5 B BOR 10,811	6 C KOHLENSTOFF 12,011	7 N STICKSTOFF 14,007	8 O SAUERSTOFF 15,999	9 F FLUOR 18,998	10 Ne NEON 20,180
13 Al ALUMINIUM 26,982	14 Si SILIZIUM 28,086	15 P PHOSPHOR 30,974	16 S SCHWEFEL 32,065	17 Cl CHLOR 35,453	18 Ar ARGON 39,948
31 Ga GALLIUM 69,723	32 Ge GERMANIUM 72,64	33 As ARSEN 74,922	34 Se SELEN 78,96	35 Br BROM 79,904	36 Kr KRYPTON 83,80
49 In INDIUM 114,82	50 Sn ZINN 118,71	51 Sb ANTIMON 121,76	52 Te TELLUR 127,60	53 I JOD 126,90	54 Xe XENON 131,29
81 Tl THALLIUM 204,38	82 Pb BLEI 207,2	83 Bi WISMUT 208,96	84 Po POLONIUM (209)	85 At ASTAT (210)	86 Rn RADON (222)
113 Uut UNUNTRIUM 284	114 Fl FLEROVIUM 289	115 Uup UNUNPENTIUM 288	116 Lv LIVERMORIUM 293	117 Uus UNUNSEPTIUM 294	118 Uuo UNUNOCTIUM 294
66 Dy DYSPROSIUM 162,50	67 Ho HOLMIUM 164,93	68 Er ERBIUM 167,26	69 Tm THULIUM 168,93	70 Yb YTTERBIUM 173,04	71 Lu LUTETIUM 174,97
98 Cf CALIFORNIUM (251)	99 Es EINSTEINIUM (252)	100 Fm FERMIUM (257)	101 Md MENDELEVIUM (258)	102 No NOBELIUM (259)	103 Lr LAWRENCIUM (262)

Was ist ein Element?

Elemente sind verschiedene Substanzen (Feststoffe, Flüssigkeiten und Gase) aus Atomen, die unterschiedlich aufgebaut sind. Haben zwei Atome dieselbe Anzahl Protonen, sind sie Atome desselben Elements. Ein Atom ist der kleinste Bestandteil eines Elements.

Ordnungszahl
Sie gibt die Anzahl der Protonen im Atomkern an. Das Metall Titan hat 22 Protonen und daher die Ordnungszahl 22.

Atommasse
Sie steht für die Gesamtanzahl der Protonen und Neutronen in einem Atom.

Name
Er beschreibt manchmal die Eigenschaften eines Elements. Dieses ist nach den Titanen benannt, dem mächtigen mythologischen Göttergeschlecht.

Chemisches Symbol
Diese Abkürzung wird aus dem lateinischen Namen der Elemente abgeleitet. Sie wird vorwiegend in chemischen Formeln benutzt.

96 % UNSERES KÖRPERS BESTEHEN AUS 4 ELEMENTEN: SAUERSTOFF, KOHLENSTOFF, WASSERSTOFF UND STICKSTOFF.

Bausteine

Das Periodensystem besteht aus Zeilen, den Perioden, und Spalten, den Gruppen. Innerhalb des Systems wechselt der Aggregatzustand der Elemente von festen Metallen (linke Seite) zu Gasen (rechte Seite).

Periode
Die Elemente einer Periode haben dieselbe Anzahl Elektronenschalen.

Gruppe
Die Elemente einer Gruppe zeigen ein ähnliches Verhalten, weil sie dieselbe Anzahl Elektronen besitzen.

Serien
Das Periodensystem enthält größere Gruppen, deren Elemente sich ähnlich verhalten. Auf der linken Seite stehen reaktive Metalle wie Natrium (Na). Alltägliche Metalle stehen in der Mitte als Übergangsmetalle, während sich Nichtmetalle vorwiegend auf der rechten Seite finden. Seltene Erden sind Weichmetalle.

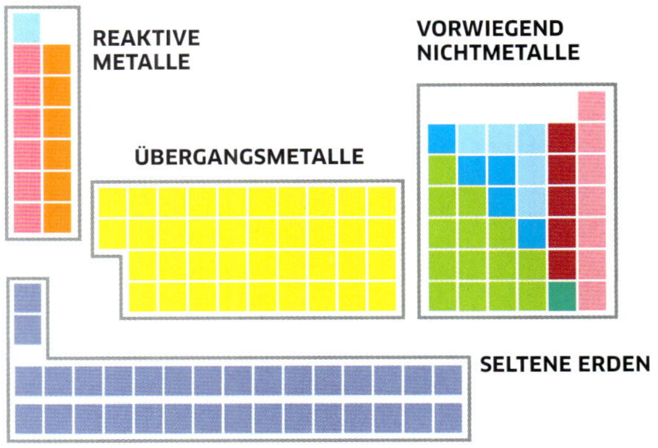

Man sieht eine Feuerwerksrakete explodieren, bevor man es auch hört, weil Licht etwa 1 Mio. Mal schneller ist als Schall.

Chemische Reaktionen

Wenn bei einem Feuerwerk die Raketen in den Himmel steigen und explodieren, sieht man die unglaubliche Kraft chemischer Reaktionen.

Die Welt scheint sich nicht zu verändern, doch in Wirklichkeit bleibt kaum etwas, wie es ist. Atome und Moleküle ordnen sich ständig neu an – alte Dinge werden abgebaut und neue entstehen. Die Chemie hilft uns diese Prozesse der schrittweisen Veränderungen durch chemische Reaktionen zu verstehen.

Bei diesen Reaktionen verbinden sich Elemente zu größeren Substanzen, den Verbindungen, oder sie bauen solche zu ihren ursprünglichen Elementen ab. Viele Reaktionen verlaufen still und sind unsichtbar. Andere wie z. B. ein Feuerwerk sind energiereich und gefährlich. Chemische Reaktionen stecken hinter vielen Phänomenen. Auch wenn Kerzen flackern oder der Kuchen im Ofen aufgeht, werden Atome neu angeordnet.

Was ist ein Feuerwerk?

Bei einem Feuerwerk werden Raketen mit explosiven Substanzen in die Luft geschossen, wo sie durch kontrollierte und farbige Reaktionen explodieren. Bei den meisten chemischen Reaktionen ist nur das Endprodukt interessant, wie sie entstehen dagegen nicht. Beim Feuerwerk ist es jedoch umgekehrt – hier ist die chemische Reaktion selbst das Wichtigste.

1 Start
Viele chemische Reaktionen benötigen eine Aktivierungsenergie, um zu starten. Bei einem Feuerwerkskörper zündet ein elektrischer Funke die Zündschnur. Dadurch wird der Treibsatz am Boden der Rakete gezündet, der die Rakete in die Luft befördert.

2 Die äußere Rakete explodiert
Sobald die Rakete in der Luft ist, brennt die Zeitsicherung die äußere Rakete ab und entzündet ihre Explosionssätze. Diese zerplatzen in viele Einzelexplosionen, die sich in alle Richtungen ausbreiten.

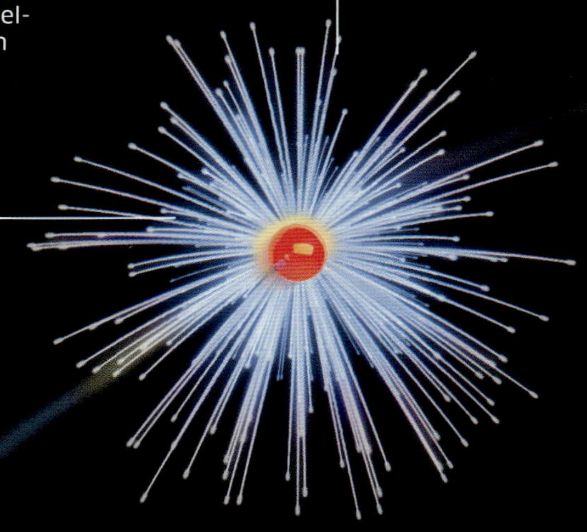

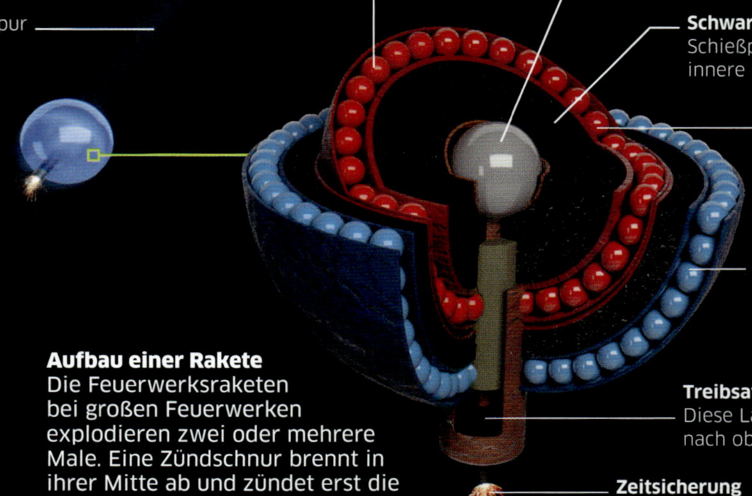

Aufbau einer Rakete
Die Feuerwerksraketen bei großen Feuerwerken explodieren zwei oder mehrere Male. Eine Zündschnur brennt in ihrer Mitte ab und zündet erst die äußeren und danach die inneren Explosionssätze.

Was ist eine chemische Reaktion?

Bei einer chemischen Reaktion reagiert ein Stoff (der Reaktant) mit einem zweiten. Während der Reaktion werden Bindungen zwischen den Atomen oder Molekülen des Reaktants gespalten. Die Atome werden neu angeordnet und bilden neue Bindungen zu einer anderen Substanz, dem Produkt.

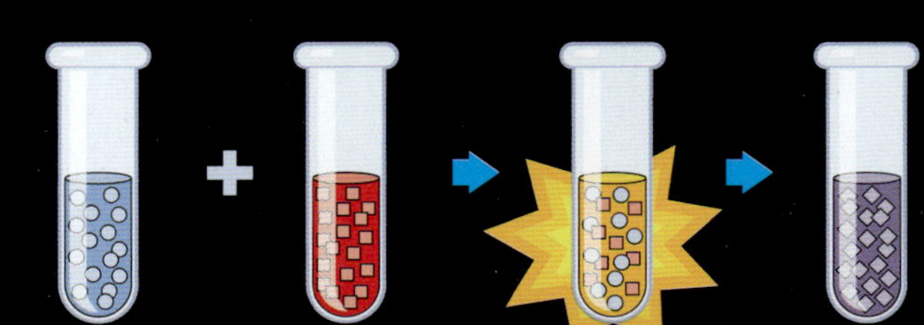

Schöne Formen
Die Form eines Feuerwerks hängt davon ab, wie die Explosionssätze in der Rakete angeordnet sind.

3 Die letzte Explosion
Durch genaue Zeitverzögerung findet die letzte Explosion erst dann statt, wenn die Feuerwerksrakete ihren höchsten Punkt erreicht hat. Die meisten Explosionssätze befinden sich in der Mitte einer Rakete, sodass die letzte Explosion auch die größte und beeindruckendste ist.

MAGNESIUM

KUPFERSALZE

STRONTIUMNITRAT

BARIUMNITRAT

NATRIUMSALZE

EISEN

Die Chemie der Farben
Chemische Reaktionen erzeugen Licht, wenn Atome erwärmt werden und Energie abgeben. Unterschiedlich große Atome absorbieren (aufsaugen) und emittieren (ausstrahlen) verschiedene Energiemengen, die verschiedene Farben erzeugen. Bei einem Feuerwerk wird jede Farbe durch eine andere Metallverbindung erzeugt.

Verschiedene chemische Reaktionen

Obwohl sich Produkte sehr von den Reaktanten unterscheiden können, werden keine Atome erzeugt oder zerstört. Unabhängig von der Reaktion ist die Anzahl der Atome nach einer Reaktion genauso hoch wie vorher. Die drei wichtigsten Reaktionsarten werden hier vorgestellt (unten).

SYNTHESE – ZWEI ODER MEHR REAKTANTEN VERBINDEN SICH.

ABBAU – EIN REAKTANT BRICHT IN ZWEI ODER MEHR PRODUKTE AUSEINANDER.

ERSETZEN – ATOME EINES ELEMENTS WERDEN DURCH ATOME EINES ANDEREN ERSETZT UND BILDEN EINE NEUE VERBINDUNG.

Verbrennung

Automotoren, Kraftwerke und Hausheizungen werden durch eine chemische Reaktion angetrieben, die Verbrennung. Die Reaktanten sind Brennstoffe (wie Benzin oder Kohle) und Sauerstoff aus der Luft. Wärme (Entzündung des Brennstoffs) stellt die Aktivierungsenergie dar, um die Reaktion zu starten und mehr Energie freizusetzen.

2011 errichteten **Ingenieure in Kuwait** die weltweit **größte Skulptur aus Recyclingmaterialien** – einen **riesigen Hut** von 27 m Länge.

Materialien

Es gibt gute Gründe, warum Kleider nicht aus Beton, Bücher nicht aus Metall oder Fahrräder nicht aus Glas bestehen. Jedes Material besitzt seine eigenen Eigenschaften und die Materialwissenschaft untersucht die Struktur der Atome und Moleküle, um Materialien sinnvoll einzusetzen.

Warum zerfetzt eine Rakete nicht beim Start? Warum ist das Radfahren auf Gummireifen so viel angenehmer? Untersucht man die Materialien im Mikroskop, findet man die Antworten auf diese Fragen im Material selbst. In der harten Stahllegierung einer Weltraumrakete sind die Atome fest gebunden. Im Gummireifen des Fahrrads können sich die Moleküle dehnen, sodass er das Fahren dämpft. Wenn man die Geheimnisse der Materie kennt, findet man das perfekte Material für jede Aufgabe – und entwickelt noch bessere Materialien in der Zukunft.

Materialauswahl

Obwohl Materialien wie Holz und Plastik vielseitig verwendbar sind, eignet sich ein einziges Material nicht für alle Nutzungen. Bei der Materialauswahl muss man sorgfältig überlegen, welchem Zweck es dient. Soll es hart oder weich sein? Muss es stabil und haltbar oder auf der Mülldeponie rasch abbaubar sein?

Keramik
Materialien wie Töpferware oder Ziegelsteine sind Keramiken. Sie werden aus Erden wie Lehm hergestellt, geformt und im Ofen gebrannt. Keramiken überstehen hohe Temperaturen und isolieren Elektrizität, sie brechen aber schnell.

Glas
Dieses einzigartige, durchsichtige Material ist preiswert, leicht formbar bei der Herstellung und widersteht hohen Temperaturen. Obwohl es zerbrechlich ist, kann es durch Laminierung (zwischen zwei Kunststoffschichten) gehärtet werden.

Plastik
Plastik ist preiswert, leicht formbar und in allen Farben (auch durchsichtig) erhältlich. Seine riesige Vielfalt umfasst harte Kunststoffe wie ABS (Acrylnitril-Butadien-Styrol für Stoßstangen) bis zum leichten und biegsamen Polyethylen, das für Getränkeflaschen genutzt wird.

Synthetische Textilien
Naturfasern wie Wolle sind warm, aber nicht wasserfest und nicht leicht zu reinigen. Diese Anforderungen erfüllen Kunststofffasern wie Nylon, Polyester und Lycra. Sie eignen sich deshalb z. B. besonders gut für Sportkleidung.

Verbundmaterialien
Sie bestehen aus zwei oder mehr Materialien, die zu einem besseren zusammengesetzt wurden. Ein Surfbrett, das stabil, gleichzeitig aber leicht, schwimmfähig und wasserfest sein muss, besteht aus einem harten Verbundmateriel wie Glasfaser – mit Glas verstärkter Kunststoff.

AEROGRAPHIT, DAS LEICHTESTE MATERIAL DER WELT, BESTEHT ZU 99,99 % AUS LUFT.

Neue Materialien

Obwohl die Menschen seit Jahrtausenden neue Materialien erfunden haben, werden noch immer neue Materialien entwickelt. Diese können z. B. traditionelle Materialien wie Holz, Glas und Metalle weiter verbessern oder ersetzen.

Abbaubarer Kunststoff
Plastik ist schwer zu recyceln und wird erst nach vielen Jahrzehnten in der Umwelt abgebaut, sodass es diese verschmutzt. Aus natürlichen Materialien wie Maisstärke wurden abbaubare Biokunststoffe entwickelt, die in nur wenigen Wochen oder Monaten abgebaut sind. Sie eignen sich gut für Mülleimerbeutel.

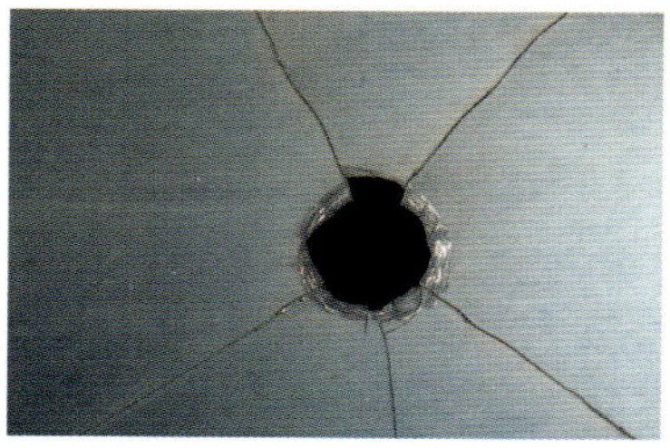

Selbstheilende Materialien
Wäre es nicht großartig, wenn sich ein Kratzer im Autolack selbst repariert? Selbstheilende Materialien besitzen eingebaute Reparaturkapseln mit Klebstoff, die auslaufen und den Riss ausfüllen. Raumfahrtmaterialien können sogar automatisch Einschusslöcher füllen.

Farbwechselkunststoffe
Stirnthermometer und Batterieprüfstreifen bestehen aus thermochromem Plastik, das seine Farbe ändert, wenn es abkühlt oder erwärmt wird. Sie besitzen Molekülschichten, die Licht absorbieren und es mit unterschiedlichen Wellenlängen (Farben) abgeben, wenn ihre Temperatur steigt oder fällt.

Nanotechnologie

Diese Technologie befasst sich mit Objekten, die ein Millionstel eines Millimeters groß sind. Sie wird die Entwicklung neuer Materialien revolutionieren. Die Wand eines Nanoröhrchens ist z. B. nur ein Kohlenstoffatom dick.

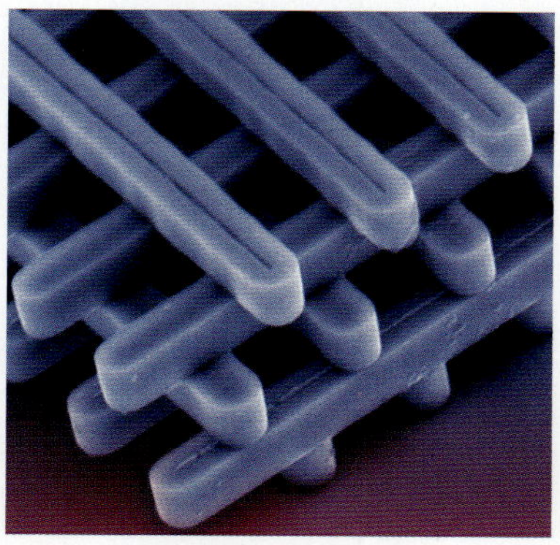

Atomare Baustelle
Die Nanotechnologie entwickelt winzige Strukturen, die 1000-mal dünner als ein menschliches Haar sind. Schicht für Schicht entstehen neue Medikamente, Körperteile, Maschinen oder anderes.

Verschiedene Materialien

Radsportler nutzen häufig die neusten Fortschritte der Materialwissenschaft. Hightechmaterialien wie Legierungen und Verbundstoffe geben den Athleten einen Wettkampfvorteil. Durch starke Verbundmaterialien wird ihr Rennrad leichter und schneller, während sie energieaufnehmende Kunststoffe in Helm und Kleidung bei einem Sturz schützen.

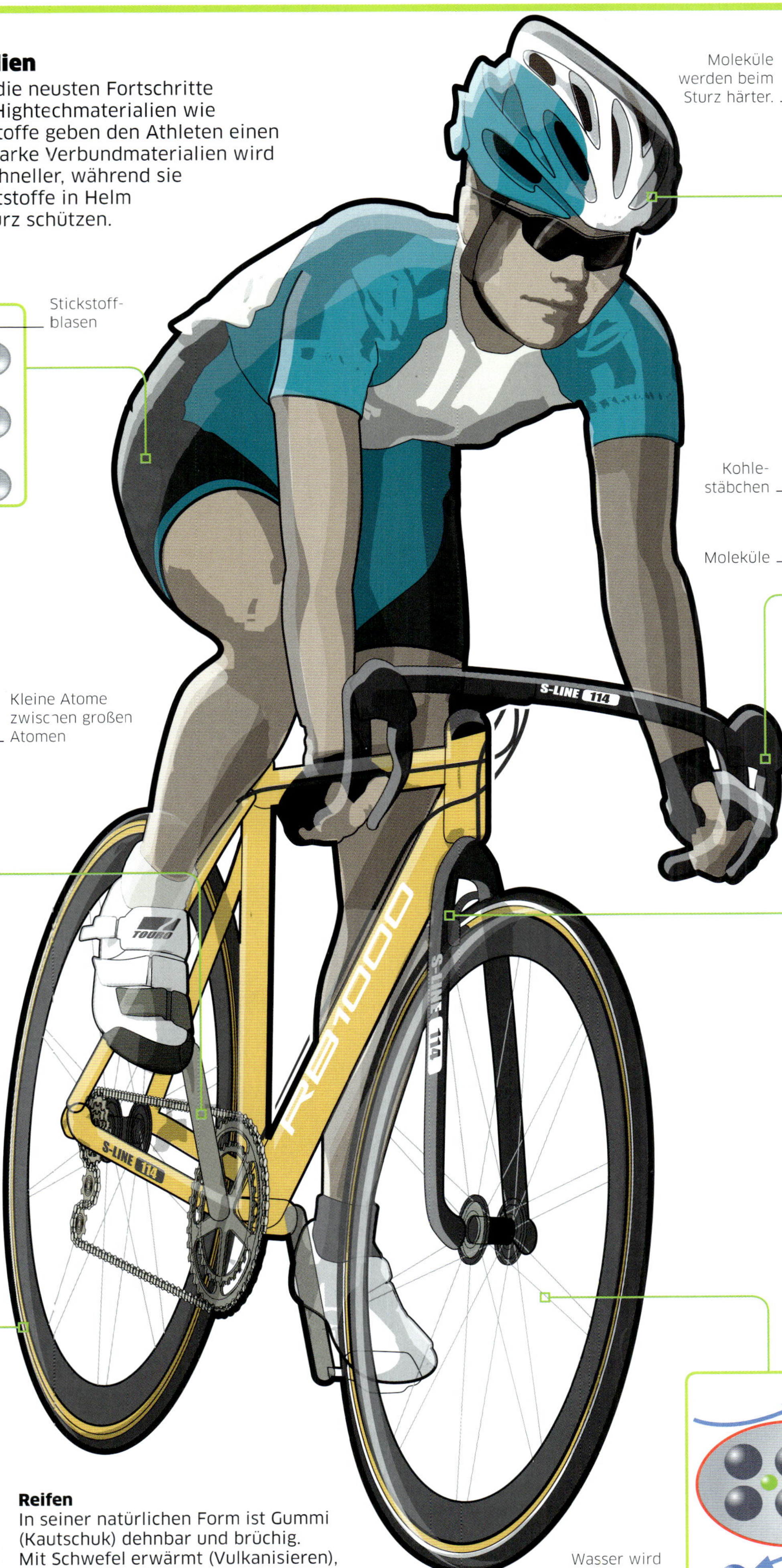

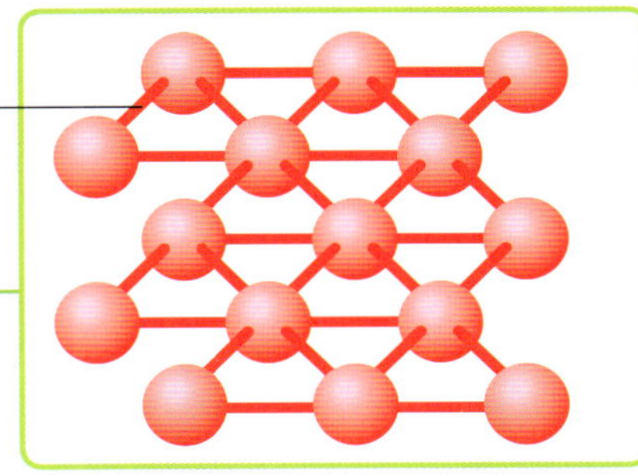

D30-Helm
Dieser Kunststoff ist weich, wenn man ihn sanft eindrückt. Doch bei einem Sturz binden seine Moleküle fester, er wird hart und dämpft Stöße.

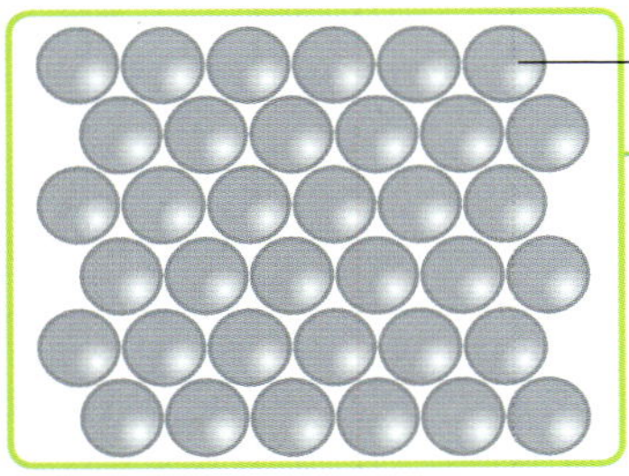

Fahrradhose aus Neopren
Neopren (synthetischer Gummi) enthält winzige Stickstoffbläschen, die Stöße sehr gut dämpfen und den Körper warm halten.

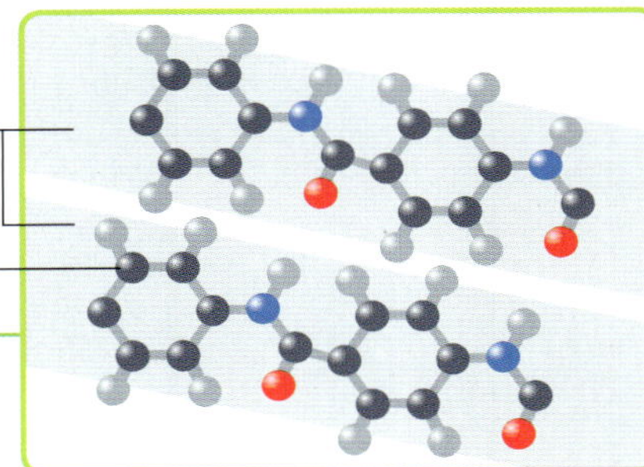

Bremsen
Die Bremsen verlangsamen die Fahrt mithilfe von Bremsbacken. Manche sind aus Kevlar, einem schuss-sicheren Kunststoff aus eng ge-packten Kohlestäbchen. Dieses Material ist 5-mal stärker als Stahl.

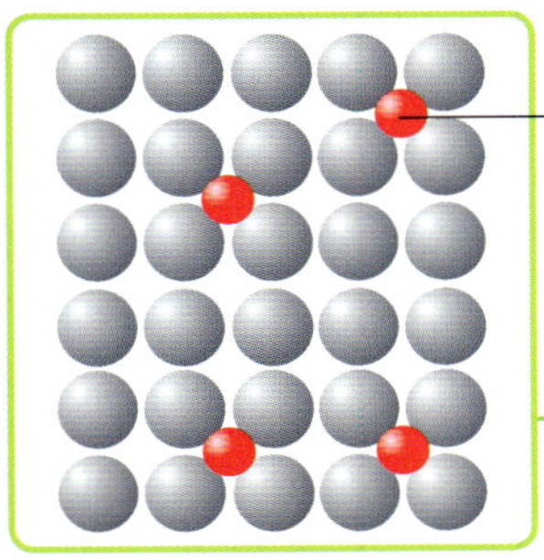

Legierung für Pedale und Tretkurbeln
Legierungen sind Mischungen aus Metallen und anderen Elementen. Sie sind stabiler, weil kleinere Atome anderer Elemente zwischen den großen Metallatomen liegen und das Material insgesamt härten.

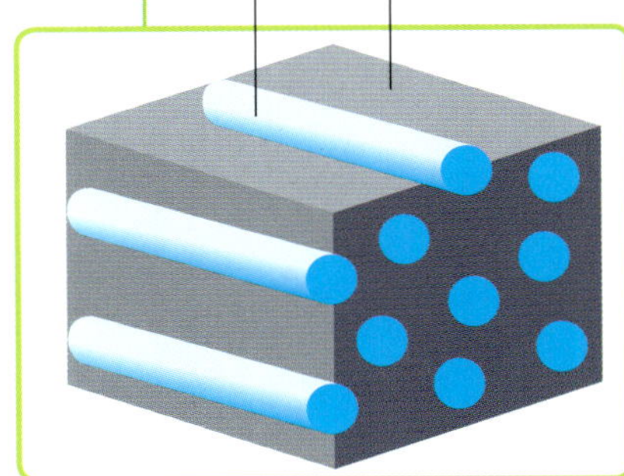

Rahmen aus Kohlefasern
Kohlefasern sind stabil und leicht. Häufig werden sie mit einer Kunst-stoffmatrix verbunden.

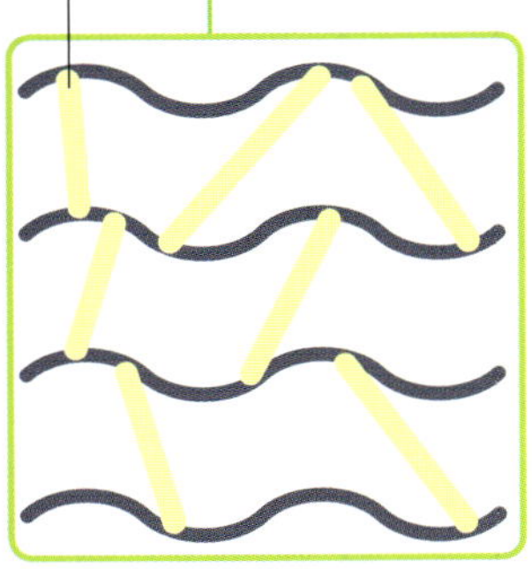

Reifen
In seiner natürlichen Form ist Gummi (Kautschuk) dehnbar und brüchig. Mit Schwefel erwärmt (Vulkanisieren), bilden sich starke Bindungen zwischen den Molekülen und härten den Reifen.

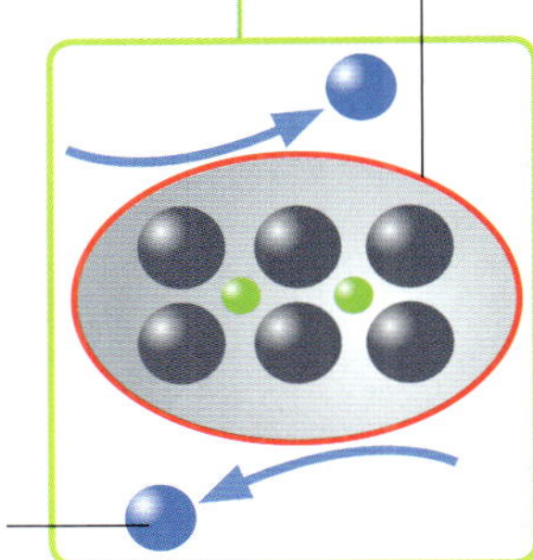

Speichen aus Edelstahl
Rostbeständige Radteile werden aus Edelstahl hergestellt, einer Legierung aus Eisen und Chrom. Chrom bildet eine Schicht um das Eisen, um es vor Wasser zu schützen und eine Rost-bildung zu verhindern.

KRÄFTE

Wenn Flugzeuge am Himmel fliegen oder Autos bremsen, sind Kräfte am Werk. In viel größerem Maßstab sorgt im Universum die Schwerkraft dafür, dass die Planeten auf ihren Umlaufbahnen um die Sonne kreisen und sich die Sterne in Galaxien sammeln. In viel kleinerem Maßstab erzeugen Atome Kräfte wie Haftung und Reibung.

WAS IST EINE KRAFT?

Eine Kraft ist ein Schub oder ein Zug, der auf ein Objekt einwirkt. Wenn man einen Ball schießt, übertragen die Füße die Kraft, damit sich der Ball bewegt. Kräfte sind normalerweise unsichtbar. Die Schwer- oder Anziehungskraft hält Objekte am Boden, während der Magnetismus eine Kompassnadel dreht. Einfache Kräfte verformen Objekte, ändern ihre Richtung oder Geschwindigkeit.

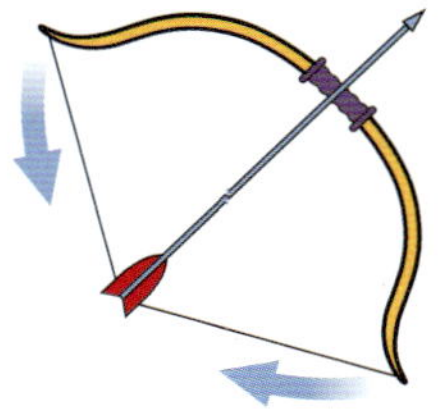

Verformen
Wenn man ein Objekt biegt, zieht und drückt man an den Atomen und verformt es.

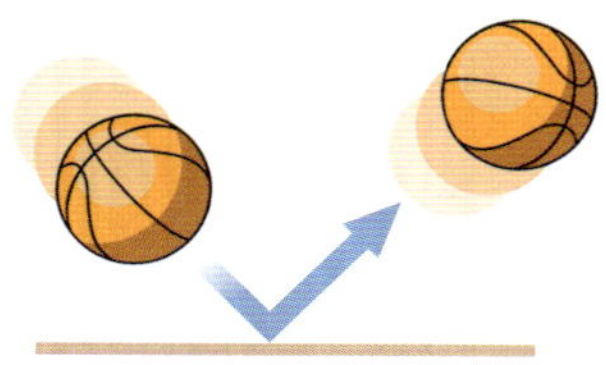

Richtungsänderung
Ein Tennisschläger übt eine Kraft auf den Tennisball aus, um seine Flugbahn zu ändern.

Geschwindigkeitsänderung
Je härter man einen Golfball schlägt, umso weiter fliegt er durch die zusätzliche Kraft.

Ausgeglichene Kräfte

Wenn zwei gleich große Kräfte in entgegengesetzte Richtungen auf ein Objekt wirken, heben sie sich auf und das Objekt verharrt in Ruhe. Bei manchen Bauten wird die Anziehungskraft durch nach oben gerichtete Kräfte ausgeglichen.

Brückenkonstruktion
Auf eine Hängebrücke wirken gewaltige Kräfte, die sehr gut ausgeglichen sind. Die Fahrbahndecke würde in den Fluss fallen, wenn nicht riesige Kabel ihr Gewicht tragen würden.

Einfache Maschinen

Hebel, Räder, Flaschenzüge und Zahnräder verstärken Kräfte und erleichtern damit die Arbeit. Diese Kraftverstärker nennt man einfache Maschinen. Ein Kind kann auf einer Wippe ein schwereres Kind hochheben, indem es weiter vom Drehpunkt wegrückt. Die Wippe wirkt wie ein Hebel. Geringe Kräfte, die auf ein Ende wirken, werden am anderen Ende verstärkt. Maschinen wie Kräne bestehen aus mehreren einfachen Maschinen, die zusammenwirken.

Kraft bündeln
Eine Axt besteht aus zwei einfachen Maschinen. Der Handgriff ist ein Hebel, der den Schwung beschleunigt. Die Klinge ist ein Keil. Sie bündelt die Kraft auf die dünne Schneide.

BEWEGUNG ERZEUGEN

Drei Gesetze erklären, wie Kräfte Bewegung erzeugen: 1. Objekte verharren in Ruhe oder bewegen sich weiter, bis eine Kraft auf sie wirkt. 2. Eine Kraft bewegt ein Objekt schneller oder ändert seine Richtung. 3. Zu jeder Kraft gibt es immer eine gleich große, entgegengesetzte Kraft.

Gleichförmige Bewegung

Die Geschwindigkeit eines Objekts in eine Richtung nennt man eine gleichförmige Bewegung. Beschleunigt es oder ändert es seine Richtung, ändert es auch seine gleichförmige Bewegung.

Zunehmende Geschwindigkeit
Tritt ein Fahrer auf das Gaspedal, entwickelt der Motor mehr Kraft und beschleunigt das Auto.

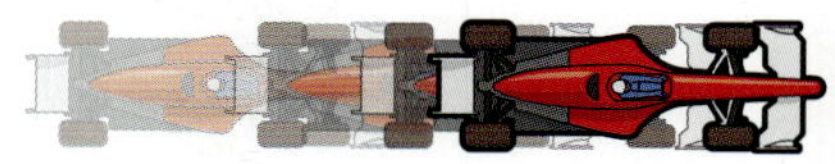

Richtungsänderung
Ändert ein Auto seine Richtung bei gleicher Geschwindigkeit, ändert es auch seine gleichförmige Bewegung.

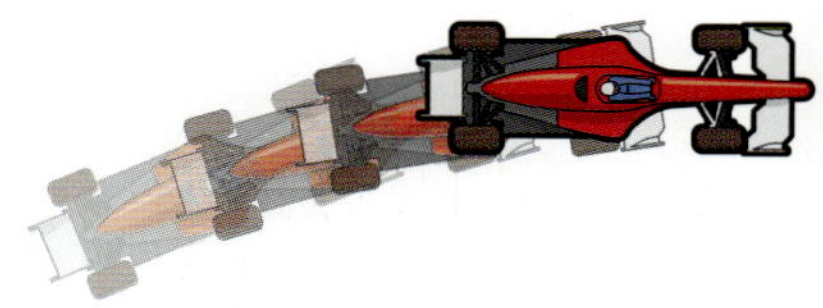

Abnehmende Geschwindigkeit
Tritt ein Fahrer auf die Bremse, wirken Kräfte auf die Räder und verlangsamen das Auto.

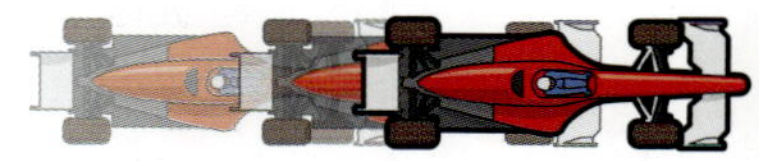

Relativgeschwindigkeit

Der Geschwindigkeitsunterschied von zwei Objekten ist ihre Relativgeschwindigkeit. Dabei muss sich mindestens ein Objekt bewegen. Flugzeuge haben z. B. eine Relativgeschwindigkeit gegenüber der Luft. Bei Windstille entspricht sie der Reisegeschwindigkeit.

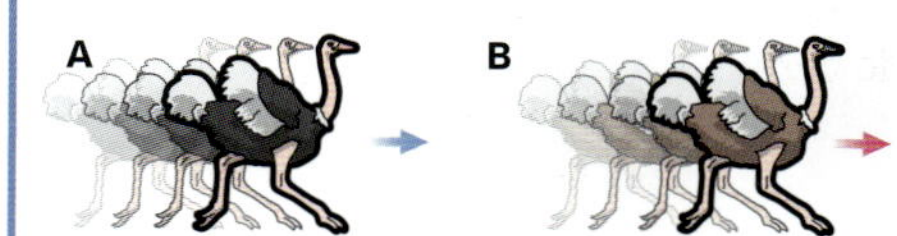

Relativgeschwindigkeit null
Wenn sich zwei Objekte gleich schnell bewegen, beträgt ihre Relativgeschwindigkeit 0 m/s.

Einholen
Wenn eine Person schneller als eine andere läuft, ist ihre Relativgeschwindigkeit der Geschwindigkeitsunterschied.

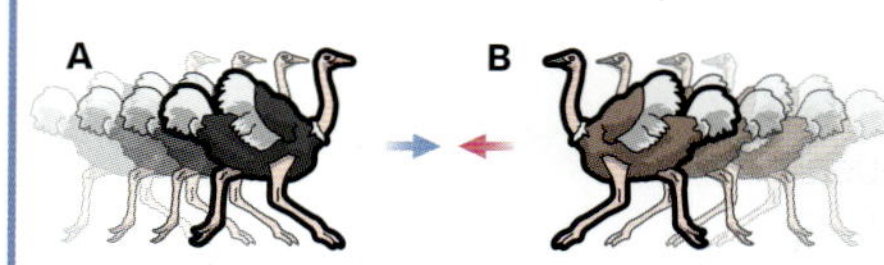

Entgegengesetzte Richtung
Wenn zwei Personen aufeinander zulaufen, addieren sich ihre Geschwindigkeiten zur Relativgeschwindigkeit.

Wer ist am schnellsten?

Maschinen mit leistungsstarken Antrieben wie Raketen sind sehr schnell, weil ihre Triebwerke enorme Kräfte für hohe Geschwindigkeiten erzeugen. Objekte sind im Weltraum sogar noch schneller, weil die Erdanziehungskraft und der Luftwiderstand fehlen.

RAUMSONDE HELIOS: 252 800 km/h
RAUMKAPSEL APOLLO: 40 000 km/h
SCHNELLSTER RENNWAGEN – THRUST SSC: 1228 km/h
F1-RENNWAGEN VON MCLAREN: 349 km/h
MOTORRAD: 269 km/h
WOHNWAGEN: 224 km/h
GEPARD: 100 km/h
PANZER: 82 km/h
U-BOOT: 74 km/h
LIBELLE: 58 km/h
MENSCH: 44,6 km/h

SCHWERKRAFT UND UNIVERSUM

Die Schwerkraft hält alles im Universum wie ein geheimnisvolles, unsichtbares Spinnennetz zusammen. Sie bildet auch die Anziehungskraft zwischen unserem Körper und der Erde und sorgt dafür, dass unsere Füße auf dem Boden bleiben.

Der Zug der Schwerkraft

Alle Körper im Universum, die aus Materie bestehen (und Masse haben), ziehen alle anderen an. Je größer und näher sich Objekte sind, umso stärker ist die Anziehungskraft zwischen ihnen. Die Erdanziehungskraft sorgt dafür, dass wir nicht in der Luft schweben und Objekte zu Boden fallen. Ohne Luftwiderstand, der sie abbremst, fallen alle Objekte – von der Feder bis zur Billiardkugel – gleich schnell.

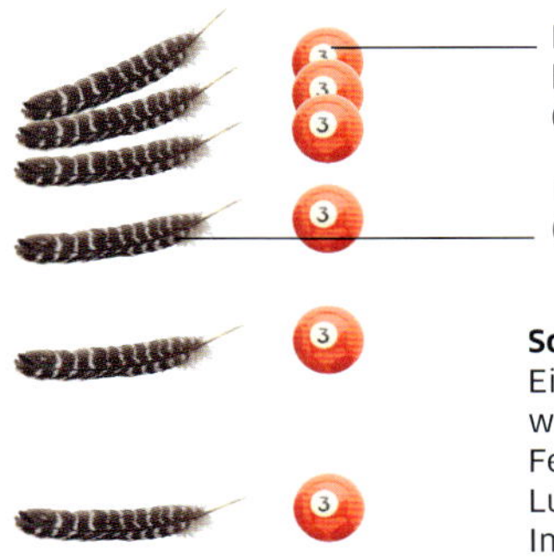

Schwerkraft im Vakuum
Eine Kugel fällt normalerweise schneller als eine Feder, weil sie weniger Luftwiderstand erzeugt. Im Vakuum fallen Kugel und Feder gleich schnell.

Schwerkraft und Relativität

Die Schwerkraft eines massiven Objekts wie der Sonne wirkt auch in großer Entfernung und verschwindet nie vollständig. Sie beeinflusst Licht, aber auch physische Objekte. Nach der Relativitätstheorie des Physikers Albert Einstein (1879–1955) beugt die Schwerkraft eines Körpers wie der Sonne tatsächlich Raum und Zeit – ähnlich wie ein schweres Gewicht eine Gummimatte. Weil die Raumzeit um die Sonne gebeugt ist, bewegen sich Objekte in ihrer Nähe auf sie zu, als würde die Sonne sie anziehen.

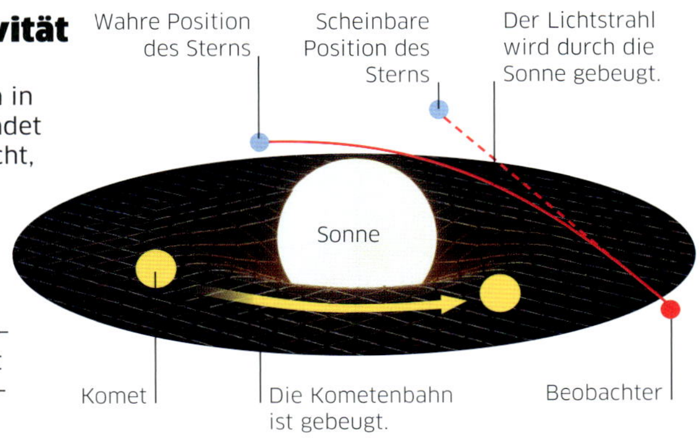

Gestörte Raumzeit
Die schwere Masse der Sonne beugt die Raumzeit und krümmt die Bahnen von Körpern. Ein Komet wird von ihr angezogen, ebenso die Lichtstrahlen entfernter Sterne.

DRUCK

Eine Kraft kann sich unterschiedlich auswirken. Mit Schuhen sinkt man auf Schnee durch das eigene Gewicht ein. Auf Skiern ist das Gewicht über eine größere Fläche verteilt. Man versinkt nicht, weil der Druck geringer ist. Der Druck hängt von der Stärke der Kraft und der Fläche ab, auf die sie wirkt. Eine gleich große Kraft erzeugt auf kleineren Flächen größeren Druck.

$$\text{DRUCK} = \frac{\text{KRAFT}}{\text{FLÄCHE}}$$

Große Fläche, geringer Druck
Man kann eine Wand nicht mit einem dicken Balken eindrücken. Die eingesetzte Kraft wirkt über den Balken auf die Wand, er kann sie jedoch nicht eindrücken.

Kleine Fläche, höherer Druck
Ein Balken mit spitzem Ende bündelt die Kraft auf eine kleinere Fläche und erhöht den Druck, sodass er die Wand eindrückt – wie ein Nagel.

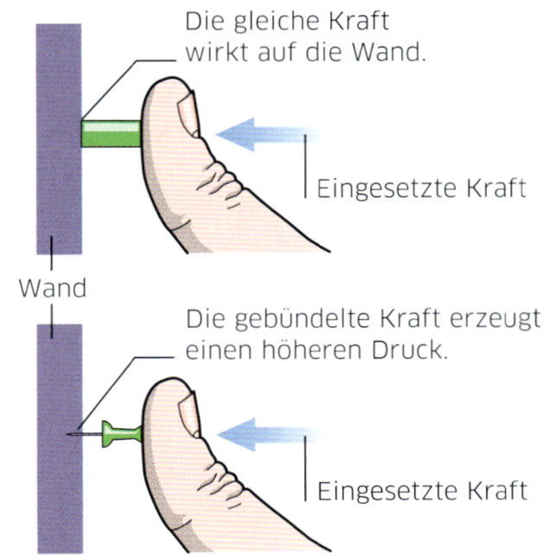

Wasserdruck

Wasser übt Druck auf alles aus, was sich in ihm befindet. In der Tiefe drückt mehr Wasser auf einen Körper und erhöht den Wasserdruck.

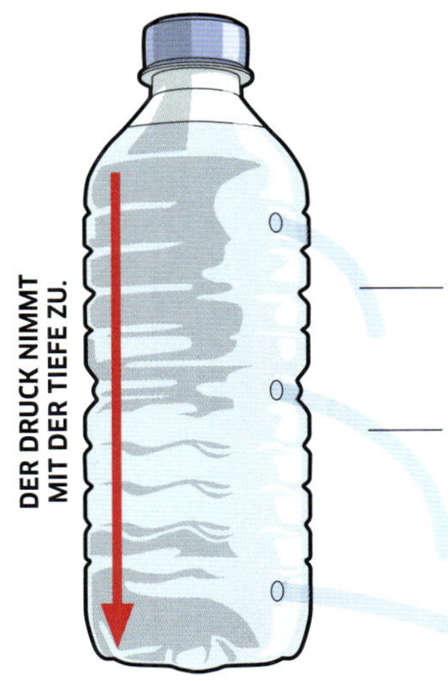

Wasserdruck
Füllt man eine Milchtüte mit Wasser und bohrt drei Löcher hinein, sieht man die Wirkung des Drucks!

REIBUNG

Die Reibung ist eine Zugkraft, die auftritt, wenn zwei Objekte übereinandergleiten. Sie hilft uns z. B. beim Gehen, weil die Schuhe durch sie besser am Boden haften und beim Abdrücken des Fußes nicht wegrutschen.

Eine raue Kraft

Wenn sich ein Objekt über ein anderes bewegt, reiben sich die rauen Oberflächen der beiden Objekte und haften aneinander. Die Haftung erschwert die Bewegung der Objekte und erzeugt eine Kraft – die Reibung. Dabei erzeugt eine rauere Oberfläche eine größere Reibung. Doch auch polierte Oberflächen, die sich glatt anfühlen und auch so aussehen, besitzen winzige Erhebungen und Grate, die ebenfalls Reibung erzeugen. Um die Reibung zu reduzieren, kann man Oberflächen extrem glätten. Auch Schmiermittel vermindern die Reibung wirkungsvoll.

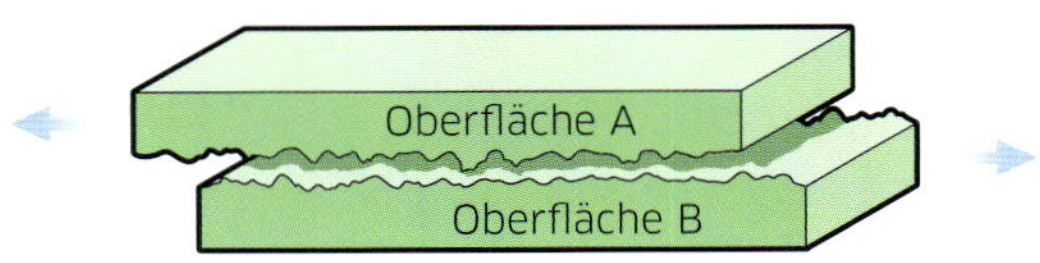

Wie Reibung entsteht
Wenn zwei raue Oberflächen übereinandergleiten, haften ihre Oberflächen aneinander. Dabei wandeln sie kinetische Energie (Bewegungsenergie) in Wärme um.

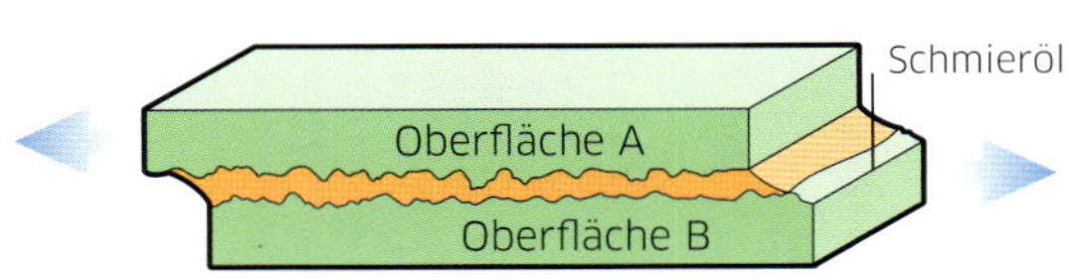

Mit Schmierung die Reibung überwinden
Ein Schmiermittel wie Fett oder Öl zwischen zwei Oberflächen führt dazu, dass die Objekte beweglicher sind. Öl ist ein Schmiermittel – eine dünne, fließende Flüssigkeit.

Wasserwiderstand
Sich im Wasser fortzubewegen ist schwerer als in der Luft, weil Wasser eine höhere Dichte als Luft besitzt. Wasser drückt gegen den Bug eines Schiffs und verlangsamt es. Diese Kraft nennt man Wasserwiderstand. Deshalb besitzen Schiffe gewölbte Kanten am Bug, um die Reibung zu reduzieren.

MAGNETISMUS

Ein Magnet ist von einem unsichtbaren Feld umgeben, das an seinem Nord- und Südpol am stärksten wirkt. Magnete wirken auf andere magnetische Objekte. Der Eisenkern der Erde ist ein gewaltiger Magnet mit einem Magnetfeld. Ein Kompass besitzt eine magnetische Nadel, die sich an den magnetischen Erdpolen ausrichtet.

KOMPASS

40 -mal pro Sekunde **schlägt eine Libelle ihre Flügel** und erzeugt so eine **enorme Kraft,** um **sehr schnell zu fliegen.**

Bewegungsgesetze

Wie ruhig und gelassen es auch manchmal zugeht, auf der Erde herrscht niemals Stillstand. Tief in jedem Objekt, sogar in der Luft, bewegen sich ständig Atome und Moleküle.

Jede Bewegung – sogar die der Atome – wird durch Kräfte verursacht, die ziehen und schieben. Kräfte folgen einer Logik, sodass sich die meisten Objekte in der Welt so bewegen, dass man ihre Bewegung verstehen und vorhersagen kann. Dafür benutzt man die drei Bewegungsgesetze – wissenschaftliche Erkenntnisse, die schon über 300 Jahre alt sind.

Isaac Newton

Die Bewegungsgesetze wurden 1687 von dem englischen Physiker Isaac Newton (1643–1727) veröffentlicht. Sie werden auch Newtonsche Gesetze genannt und waren Teil seines Buchs *Principia Mathematica*, einem der großartigsten wissenschaftlichen Werke aller Zeiten. Darin berücksichtigte Newton auch ältere Arbeiten von Wissenschaftlern wie Galilei. Er sagte einmal: „Wenn ich weiter als andere gesehen habe, dann deshalb, weil ich auf den Schultern von Riesen stand."

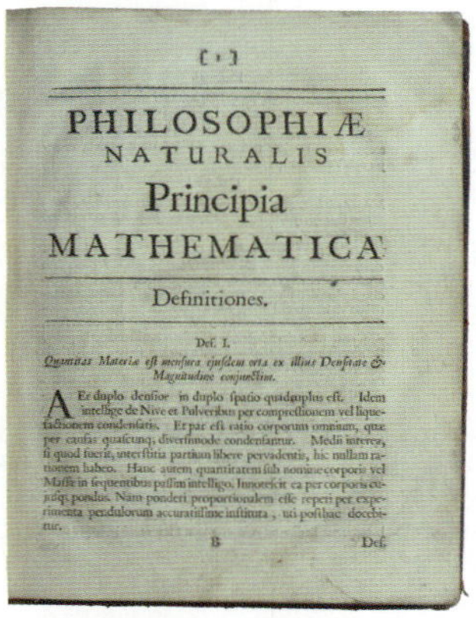

NEWTONS *PRINCIPIA MATHEMATICA*

Erstes Bewegungsgesetz

Alle Objekte verharren in Ruhe oder bewegen sich geradlinig und gleichmäßig weiter, bis eine Kraft auf sie wirkt. Dieses Verhalten nennt man Trägheit. Je mehr Masse ein Objekt besitzt, umso größer ist auch seine Trägheit – es wird also weiterhin in Ruhe verharren oder einer Änderung seiner Bewegung widerstehen.

In Ruhe
Ein Fußball liegt ruhend auf dem Rasen, weil keine Kraft auf ihn einwirkt. Sein Gewicht wird durch den Boden ausgeglichen und keine seitliche Kraft wirkt ein.

Eine Kraft wirkt
Schießt man den Fußball weg, übt man eine seitliche Kraft auf ihn aus. Weil diese Kraft nicht ausgeglichen wird, bewegt sie den Fußball.

Bewegung gestoppt
Der Ball fliegt durch die Luft oder rollt über das Feld mit etwa gleicher Geschwindigkeit, bis ihn z. B. ein Fuß stoppt. Der Fuß übt eine Kraft aus und der Ball stoppt seine Bewegung.

Zweites Bewegungsgesetz

Wirkt eine Kraft auf ein Objekt, wird es schneller, langsamer oder ändert seine Richtung. Die Größe dieser Änderung hängt von der Stärke der Kraft und der Masse des Objekts ab. Eine stärkere Kraft oder ein leichteres Objekt führen zu größeren Änderungen.

Kraft = Masse x Beschleunigung

Produkt von Masse und Beschleunigung (in Newton = N)

Die Menge an Materie eines Objekts (in Kilogramm)

Die Beschleunigung ist eine Änderung der Geschwindigkeit (Meter pro Sekunde) pro Zeitintervall (Sekunde). Sie hat die Einheit Meter pro Sekunde mal Sekunde (ms^{-2}).

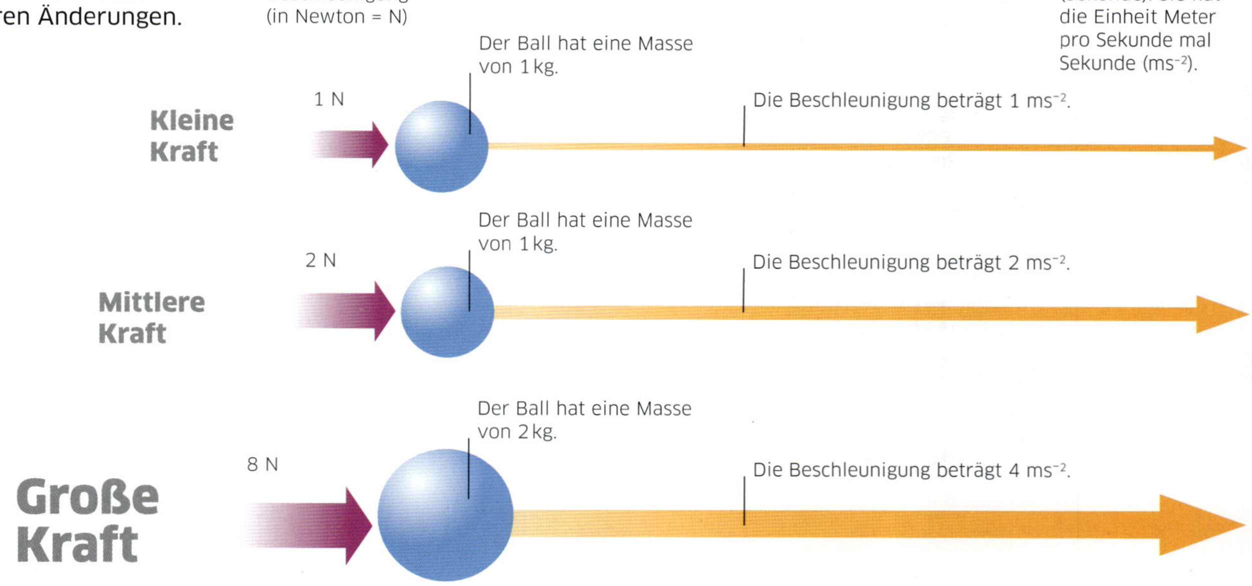

Geringe Masse, kleine Kraft
Schießt man einen Ball leicht (mit wenig Kraft), beschleunigt er gleichmäßig. Die Beschleunigung entspricht der Stärke der Kraft geteilt durch die Masse des Balls.

Geringe Masse, mittlere Kraft
Schießt man den Ball mit doppelter Kraft, beschleunigt er zweifach. Fliegt er in gerader Linie, beschleunigt er in derselben Zeit auf die doppelte Geschwindigkeit.

Doppelte Masse, große Kraft
Ein schwererer Ball benötigt eine stärkere Kraft, um ihn zu bewegen. Mit der achtfachen Kraft und doppeltem Gewicht erreicht der Ball die vierfache Beschleunigung.

Drittes Bewegungsgesetz

Nach Newtons drittem Gesetz erzeugt eine Kraft immer eine gleich große, entgegengesetzte Kraft. Ist die ursprüngliche Kraft die Aktion, dann ist die entgegengesetzte Kraft die Reaktion. Das dritte Gesetz wird deshalb auch häufig gekürzt formuliert: Jede Aktion hat eine gleich große und entgegengesetzte Reaktion.

Aktion
Wenn man auf einem Skateboard steht und gegen eine Wand drückt (Aktion), rollt man durch die Reaktion von der Wand weg.

Reaktion
Drückt man einen Freund weg, der auch auf einem Skateboard steht, schiebt die Kraft (Aktion) ihn weg. Durch die Reaktion bewegt man sich selbst mit gleicher Geschwindigkeit in entgegengesetzter Richtung.

DAS TRIEBWERK EINES **SPACESHUTTLES** ERZEUGT EINE KRAFT VON **2 MIO. NEWTON.**

Abheben

Newtons Bewegungsgesetze bewiesen, dass Raketen flugfähig waren, lange bevor Raketen tatsächlich gebaut wurden. Robert Hutchings Goddard (1882–1945) gilt als Vater der modernen Rakete. Als er 1916 vorschlug, eine Raumfähre zu bauen, hielten ihn die Menschen für verrückt. Sie glaubten, dass Raketen nicht im Weltraum fliegen können, weil dort keine Luft ist, gegen die die Gase stoßen könnten, um so die Rakete voranzutreiben. Die Bewegungsgesetze aber zeigen, das Goddard recht hatte.

Es gibt mehr als **1 Mrd. Autos** auf der Erde. Somit besitzt etwa **jeder siebte Mensch auch einen Motor.**

Motoren

Ob man mit dem Auto, Flugzeug, Schiff oder sogar mit einer Rakete reist, man wird von Feuer angetrieben – dröhnende Flammen oder sorgfältig kontrollierte Explosionen entfalten im Motor ihre Wirkung.

Fossile Brennstoffe wie Öl, Kohle und Gas erzeugen ungefähr 80 % der alltäglichen Antriebskraft. Benzin (aus Erdöl) besitzt riesige Energiemengen in einem winzigen Volumen, weshalb es sich besonders gut für Fahrzeuge eignet. Motoren sind Maschinen, die Energie durch eine chemische Reaktion freisetzen – durch Verbrennung. Wenn Treibstoffe mit Sauerstoff aus der Luft verbrennen, werden Moleküle abgebaut und ihre Energie als Wärme abgegeben. Motoren wandeln diese Wärme in eine Kraft um, die Fahrzeuge auf Straßen, im Wasser oder in der Luft antreibt.

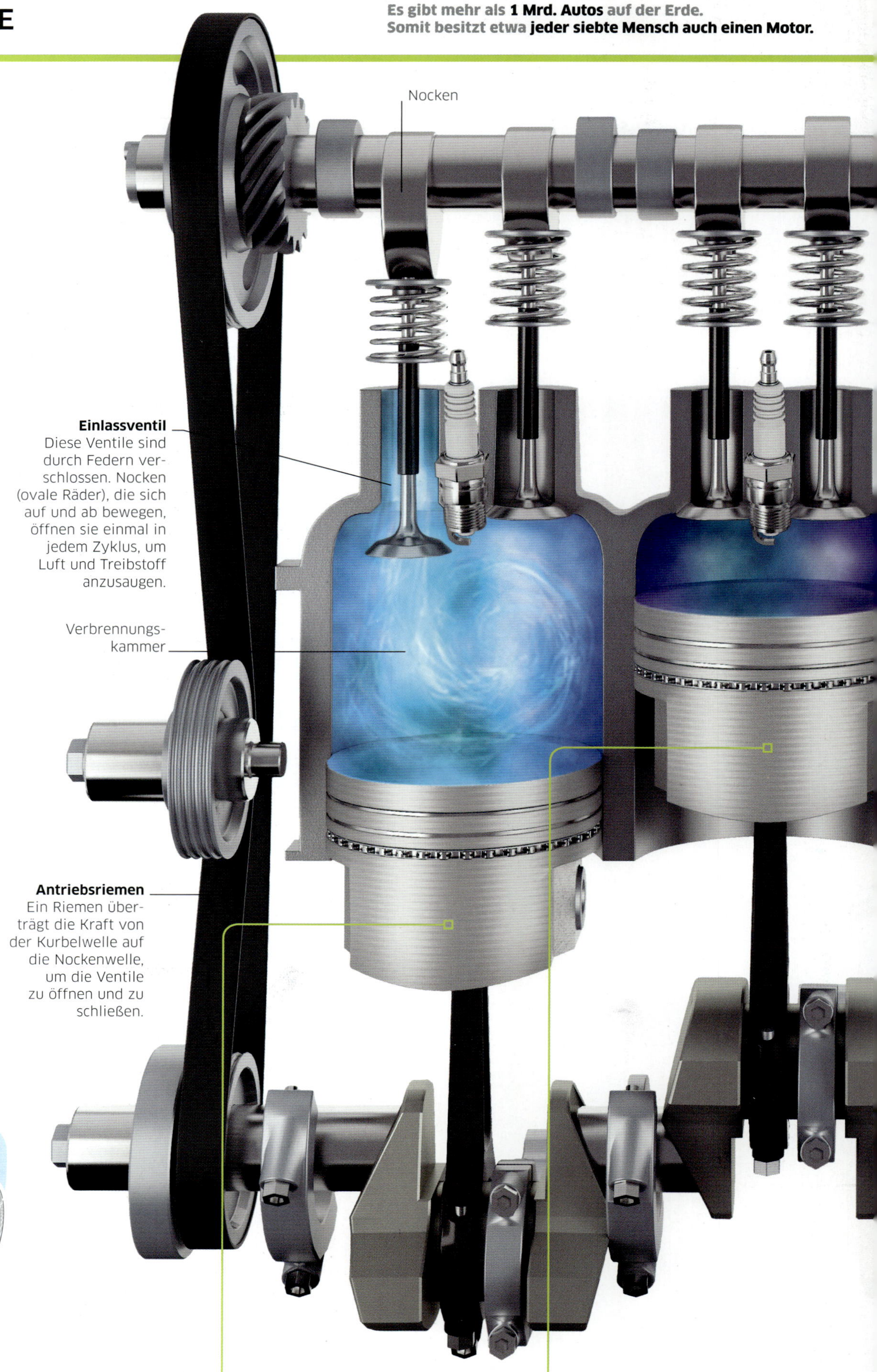

Verbrennungsmotor

In Automotoren explodiert Treibstoff (Benzin oder Diesel) in Metallzylindern, drückt Kolben nach oben und erzeugt die Kraft, um die Räder anzutreiben. Kolbenmotoren durchlaufen vier einfache Schritte, den Viertaktzyklus. Der Zyklus wiederholt sich immer wieder und bewegt so das Fahrzeug.

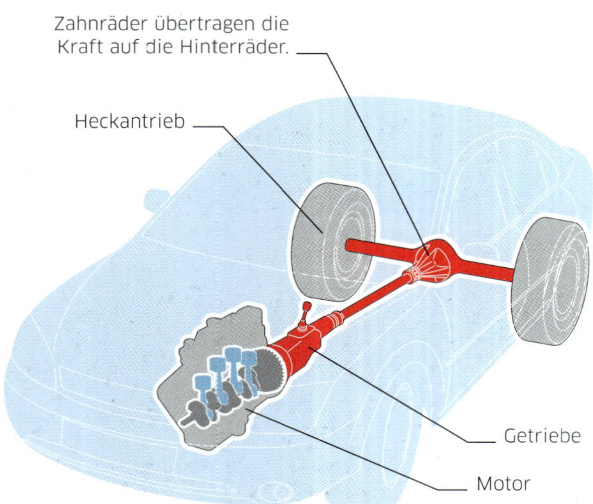

Kraftübertragung
Motoren funktionieren am besten, wenn sich ihre Kolben schnell bewegen. Autos fahren aber manchmal schneller oder langsamer. Das Getriebe zwischen Motor und Rädern reguliert die Kraft, sodass sich die Räder in der gewünschten Geschwindigkeit drehen – langsam mit mehr Leistung bergan oder schnell mit weniger Kraft auf ebenen Straßen.

1 Ansaugen
Der Zyklus beginnt, wenn sich das Einlassventil oben auf dem Zylinder öffnet. Der Kolben gleitet nach unten und saugt durch die offene Ventilklappe Treibstoff und Luft an. Sie vermischen sich zu einer hochexplosiven Mischung.

2 Komprimieren
Das Ventil schließt und der Kolben geht nach oben. Dabei komprimiert er die Mischung auf ein Zehntel des Volumens und erwärmt sie. Je stärker die Mischung komprimiert wird, umso mehr Energie setzt sie nach der Zündung frei.

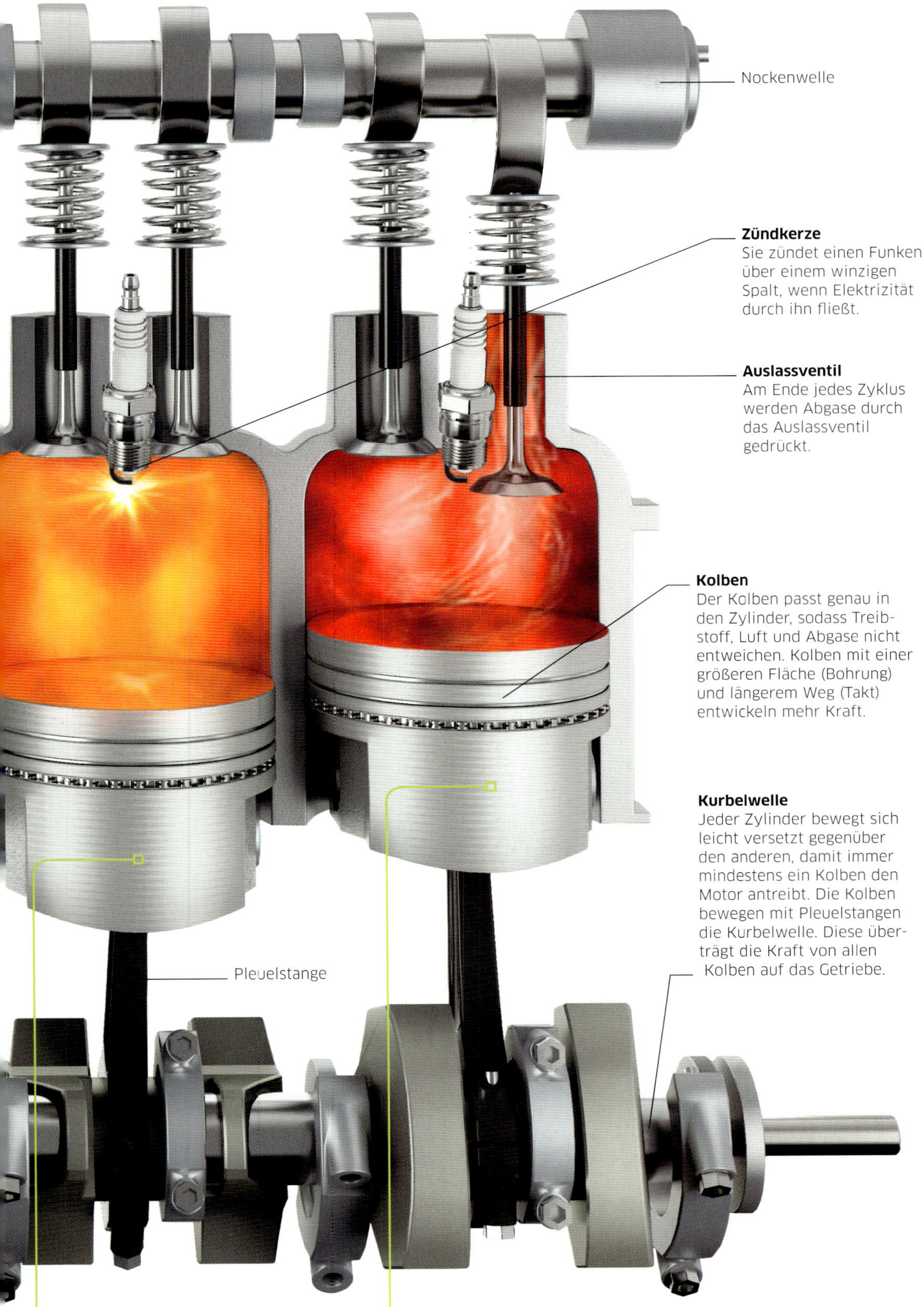

3 Zündung
Ein zeitlich abgestimmter Elektrizitätsfluss löst mit der Zündkerze die Zündung der Mischung aus, die explodiert. Die Explosion drückt den Kolben nach unten und dreht die Kurbelwelle, die den Motor antreibt.

4 Ausblasen
Wenn der Treibstoff Sauerstoff verbrennt, entstehen Kohlendioxid, Dampf und Abgase, die entfernt werden müssen. Das Auslassventil öffnet sich, der Kolben drückt die Abgase nach oben heraus und ist für den nächsten Zyklus bereit.

Verschiedene Motoren

Schnellere Autos verbrauchen mehr Energie und verbrennen Treibstoff auch schneller. Daher brauchen Rennwagen größere Motoren mit mehr Zylindern als normale Autos. Flugzeuge benötigen sogar riesige Triebwerke.

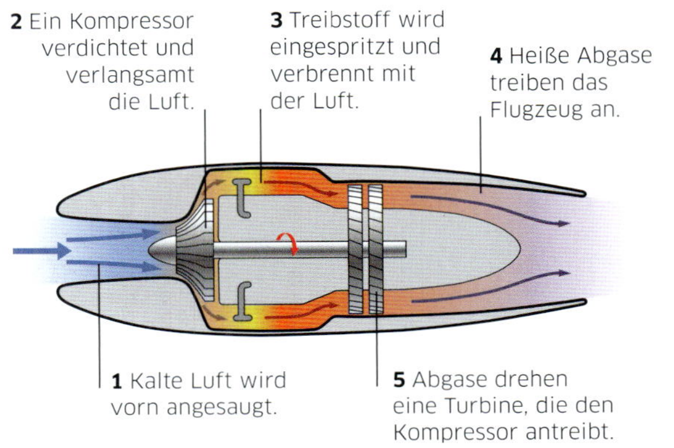

Strahltriebwerk
Düsenflugzeuge müssen zum Abheben schneller sein als Autos und verbrauchen wesentlich mehr Treibstoff als diese. Sie nutzen aber keine Viertakt-Kolbenmotoren, sondern verbrennen Treibstoff (Kerosin) in einem kontinuierlichen Luftstrom.

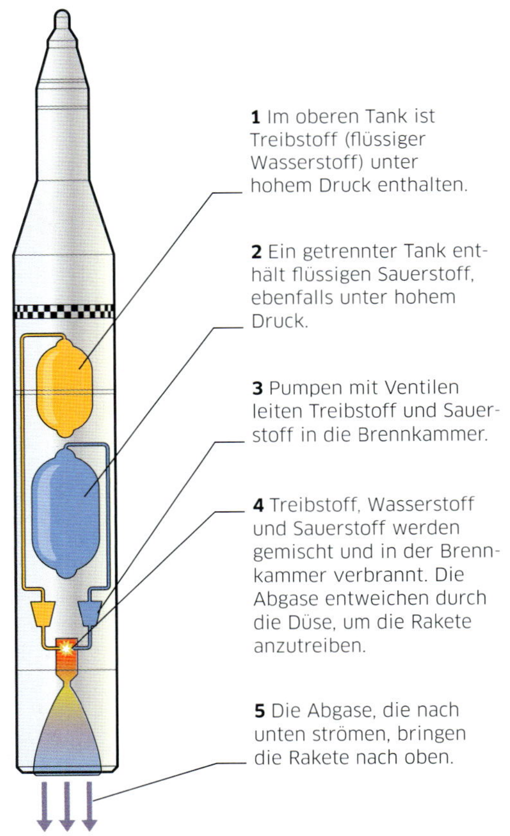

Raketentriebwerk
Sie funktionieren ähnlich wie Strahltriebwerke, aber sie müssen ihren eigenen Vorrat in riesigen Tanks mitnehmen, weil der Weltraum luftleer ist.

EIN **RAKETENTRIEBWERK** ERZEUGT BEIM START SO VIEL KRAFT WIE **50 000 AUTOMOTOREN.**

Dank Rädern und Zahnrädern verbraucht ein Radfahrer etwa 3- bis 5-mal weniger Energie als ein Fußgänger.

Einfache Maschinen

Man kann mit bloßen Händen keine Autos stemmen, keine Nuss knacken und kein Holz spalten, auch wenn man sehr stark ist. Diese Aufgaben lassen sich aber relativ leicht mit Werkzeugen lösen, die die eigene Körperkraft vervielfachen.

Alle Geräte, die eine Kraft verstärken, bezeichnet man als einfache Maschinen. Die meisten Werkzeuge im Haushalt wie Hammer, Bohrer und Schraubendreher gehören dazu. Sogar der menschliche Körper besitzt solch einfache Maschinen – die Arme und Beine, die als Hebel dienen. Im Haushalt werden ständig Werkzeuge benutzt, um unsere Kraft zu verstärken. Einige einfache Maschinen steigern sogar die Geschwindigkeit. Dazu zählen Räder und Zahnräder, mit denen Fahrräder oder Autos Geschwindigkeiten erzielen, die der Mensch nicht erreichen kann.

Räder und Achsen

Eine schwere Last über den Boden zu schieben ist harte Arbeit, weil man gegen die Reibung arbeiten muss. Setzt man die Last aber auf einen Karren mit Rädern, wird die Reibung bis auf einen winzigen Rest zwischen jedem Rad und seiner Achse und dem Boden minimiert. Dadurch wird der Transport einer schweren Last leichter.

Winkelgeschwindigkeit
Verglichen mit der Mitte legt der Rand der Scheibe einen weiteren Weg (Umfang) zurück.

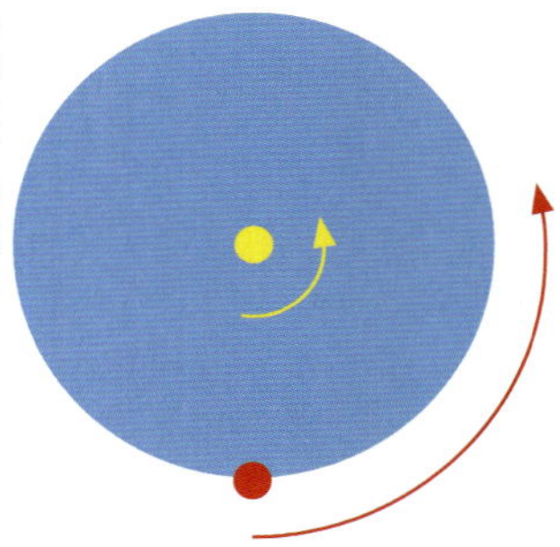

Kraft verstärken
Dreht man am Rand, dreht sich die Mitte mit mehr Kraft.

Wie ein Rad funktioniert
Räder verstärken wie Hebel eine Kraft. Sie erhöhen auch die Geschwindigkeit, weil sie in derselben Zeit eine längere Strecke zurücklegen können.

Rampen, Keile und Schrauben

Rampen erleichtern das Heben von Lasten. Statt die Last senkrecht hochzuheben, wird sie eine schiefe Ebene hochgeschoben. Dadurch ist der Weg länger, aber der Kraftaufwand sinkt. Keile wie eine Axt spalten Holz entlang der „Rampe“ ihrer Schneide.

Wie Schrauben funktionieren
Das Gewinde einer Schraube ist eine spiralförmige schiefe Ebene. Die dünnen Kanten des Gewindes vergrößern die Kraft, die man beim Drehen einsetzt.

Großer Kopf
Ein Schraubenkopf ist breiter als der Schaft und verstärkt wie ein Hebel die Drehbewegung des Schraubendrehers.

Gewinde
Beim Drehen einer Schraube bewegt sie sich nur ein kürzeres Stück in die Wand, aber mit mehr Kraft.

Flaschenzüge

Man kann sehr schwere Lasten leichter heben, wenn man ein Seil und Rollen nutzt – den Flaschenzug. Bei Flaschenzügen, die mehr Rollen besitzen, muss man weniger Kraft aufwenden, um etwas zu heben. Aber man muss das Seil länger ziehen. Obwohl Flaschenzüge das Heben von Lasten erleichtern, verbraucht man ebenso viel Energie wie ohne sie (manchmal sogar mehr).

Einfacher Flaschenzug
Mit nur einer Rolle und einem Seil kann man eine Last mit einer bestimmten Kraft heben.

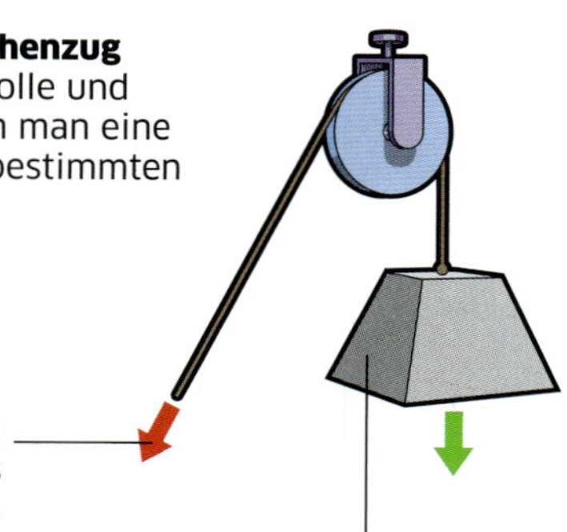

Mehrfacher Flaschenzug
Mit zwei Rollen und zwei Seilen hebt man dasselbe Gewicht mit der Hälfte der Kraft, aber man muss das Seil für dieselbe Strecke doppelt so weit ziehen.

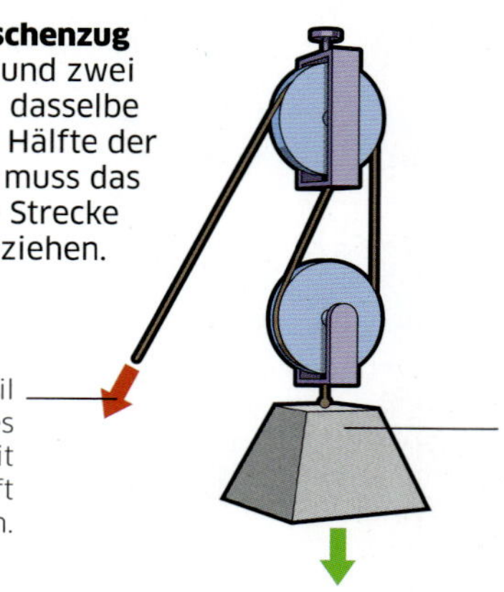

Hebel

Hebel verringern den Aufwand, der für die Arbeit gegen eine Kraft (die Last) nötig ist. Sie wandeln eine kleine Kraft in eine größere um. Je länger der Hebel ist, umso größer ist die Kraftwirkung am Drehpunkt. Hebel können auf drei Arten wirken.

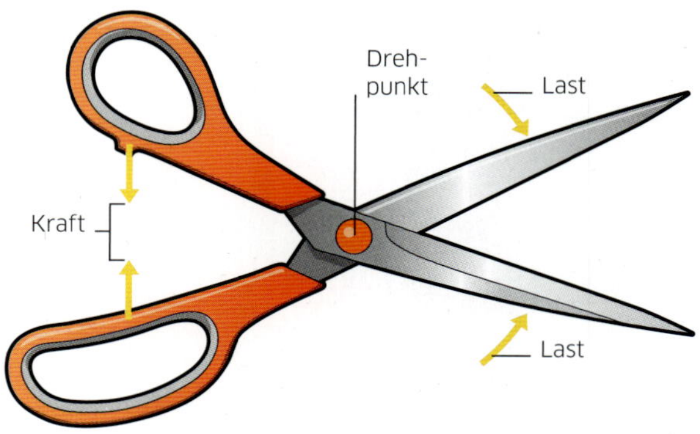

Hebel erster Kategorie
Eine Zange verringert die zum festen Greifen nötige Kraft. Der Drehpunkt befindet sich zwischen Kraft und Last.

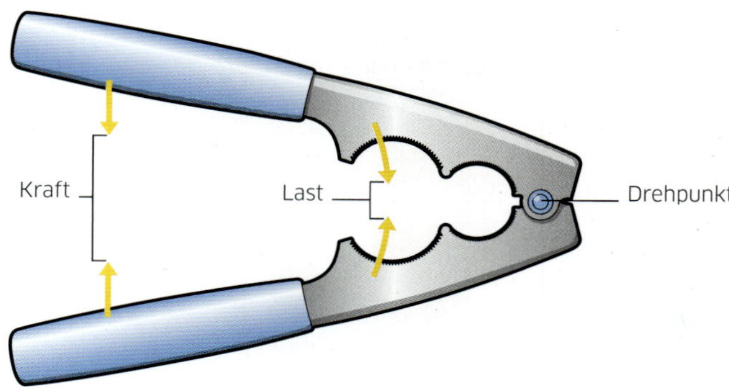

Hebel zweiter Kategorie
Ein Nussknacker verringert die zum Nüsseknacken nötige Kraft. Die aufgewendete Kraft ist vom Drehpunkt weiter entfernt als die Last.

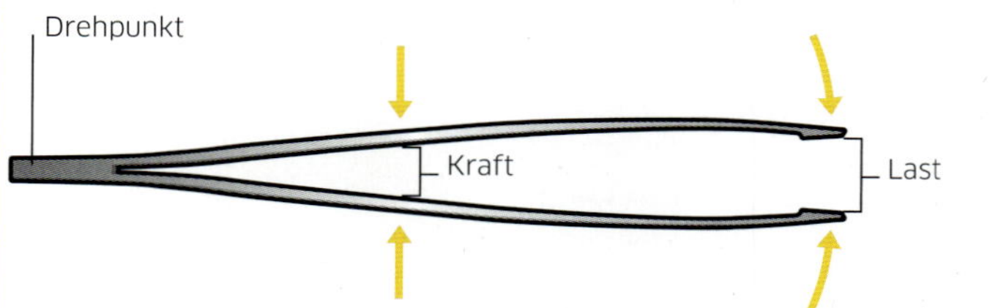

Hebel dritter Kategorie
Bei Zuckerzangen ist die erzeugte Kraft (Last) kleiner als die aufgewendete Kraft, wirkt aber über einen längeren Weg.

Zahnräder

Greifen zwei Zahnräder ineinander, funktionieren sie wie zwei verbundene Hebel. Ihre Zähne verhindern, dass die Räder durchrutschen. Zusammen verstärken sie eine Kraft oder Geschwindigkeit.

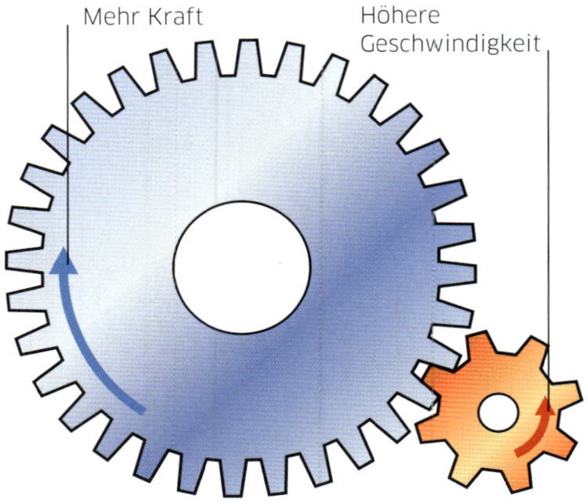

Über- und Untersetzung
Dreht ein großes Zahnrad ein kleineres, dann dreht sich das kleinere schneller, aber mit weniger Kraft. Treibt ein kleines Zahnrad ein größeres an, dreht sich das größere langsamer, es entwickelt aber mehr Kraft.

Hydraulik

Flüssigkeiten lassen sich nicht auf ein geringeres Volumen pressen, aber mittels Flüssigkeitsdruck kann man eine Kraft durch Leitungen übertragen. Ist ein Rohrende breiter als das andere, wird die Kraft verstärkt. Dieses Prinzip nennt man Hydraulik – es treibt Rammen, Kräne und Bagger an.

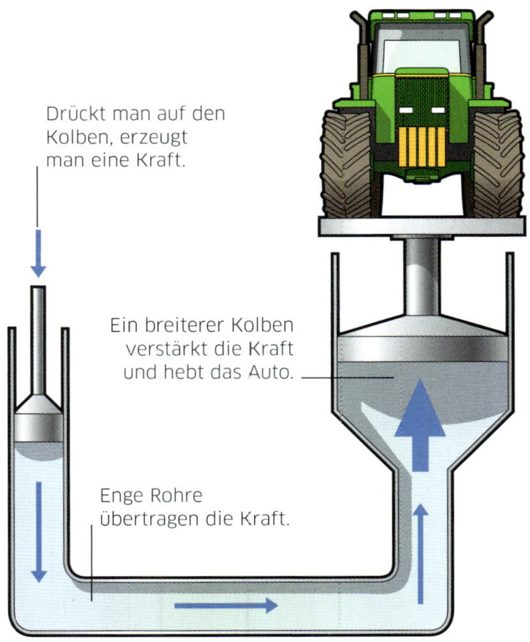

Wie ein Hubkolben funktioniert
Der Kolben drückt eine Flüssigkeit durch ein Rohr zur Hebebühne. Weil der Kolben dort breiter ist, wird die ausgeübte Kraft verstärkt und man kann das Auto mit weniger Aufwand anheben.

Einfache Maschinen in Aktion

Große Maschinen bestehen aus vielen einfachen Maschinen, die zusammenwirken. Der Motor dieses Kranwagens treibt eine Hydraulikpumpe an, die den Kranausleger bewegt. Der Ausleger ist ein sehr langer Hebel, sodass er mit geringen Bewegungen an seiner Basis Lasten über größere Strecken transportiert. Ein Flaschenzug am Ende des Auslegers verstärkt die Hubkraft.

96 **Flaschenzüge nutzt der größte Kran der Welt in der chinesischen Provinz Schantung. Er hebt Lasten bis zu 20 000 Tonnen – das Gewicht von 10 000 großen Autos.**

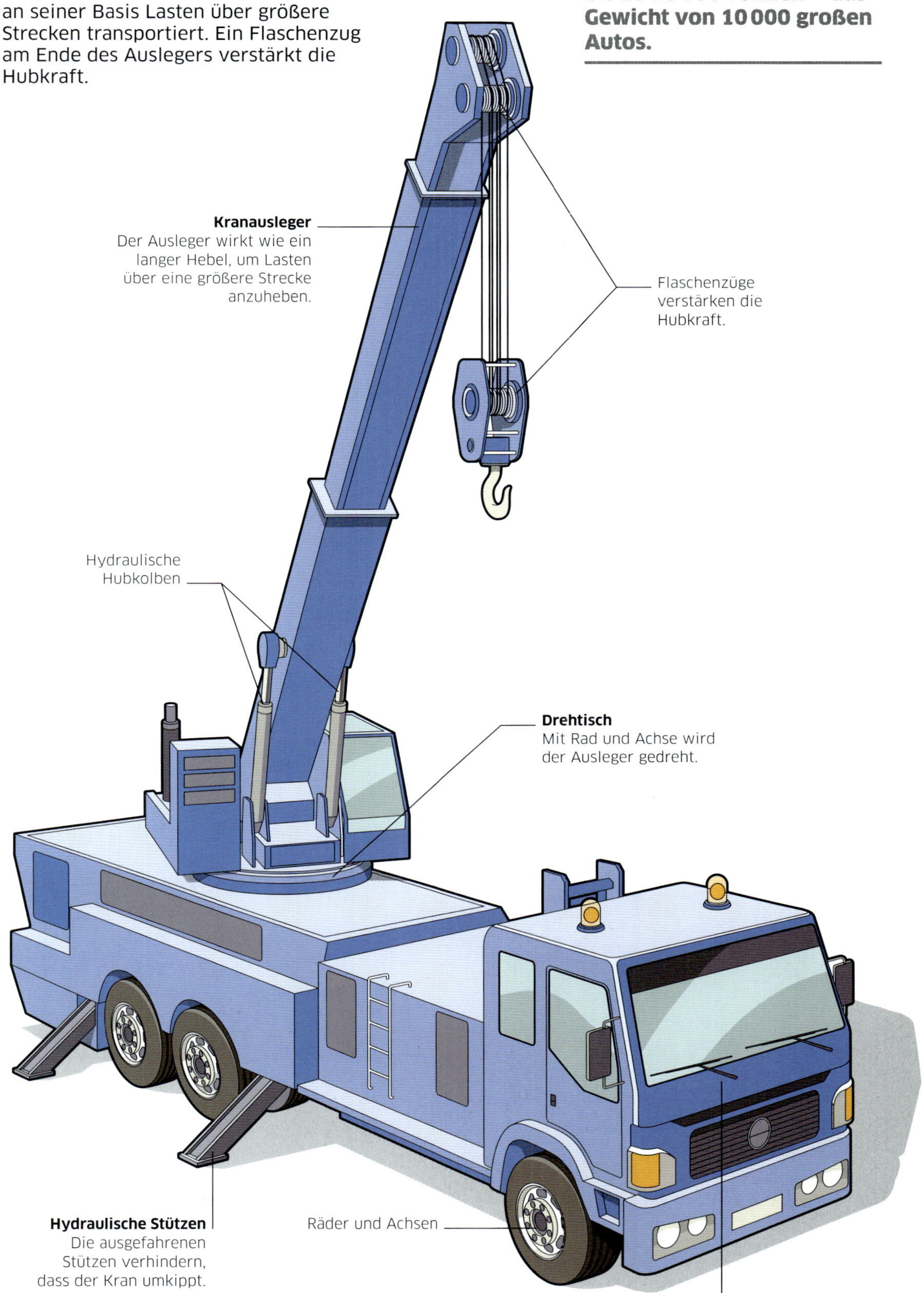

U-Boote sind **unter Wasser 2,5-mal schneller** als an der Wasseroberfläche.

2,5 Mrd. US-Dollar kostet ein U-Boot der **Virginia-Klasse.**

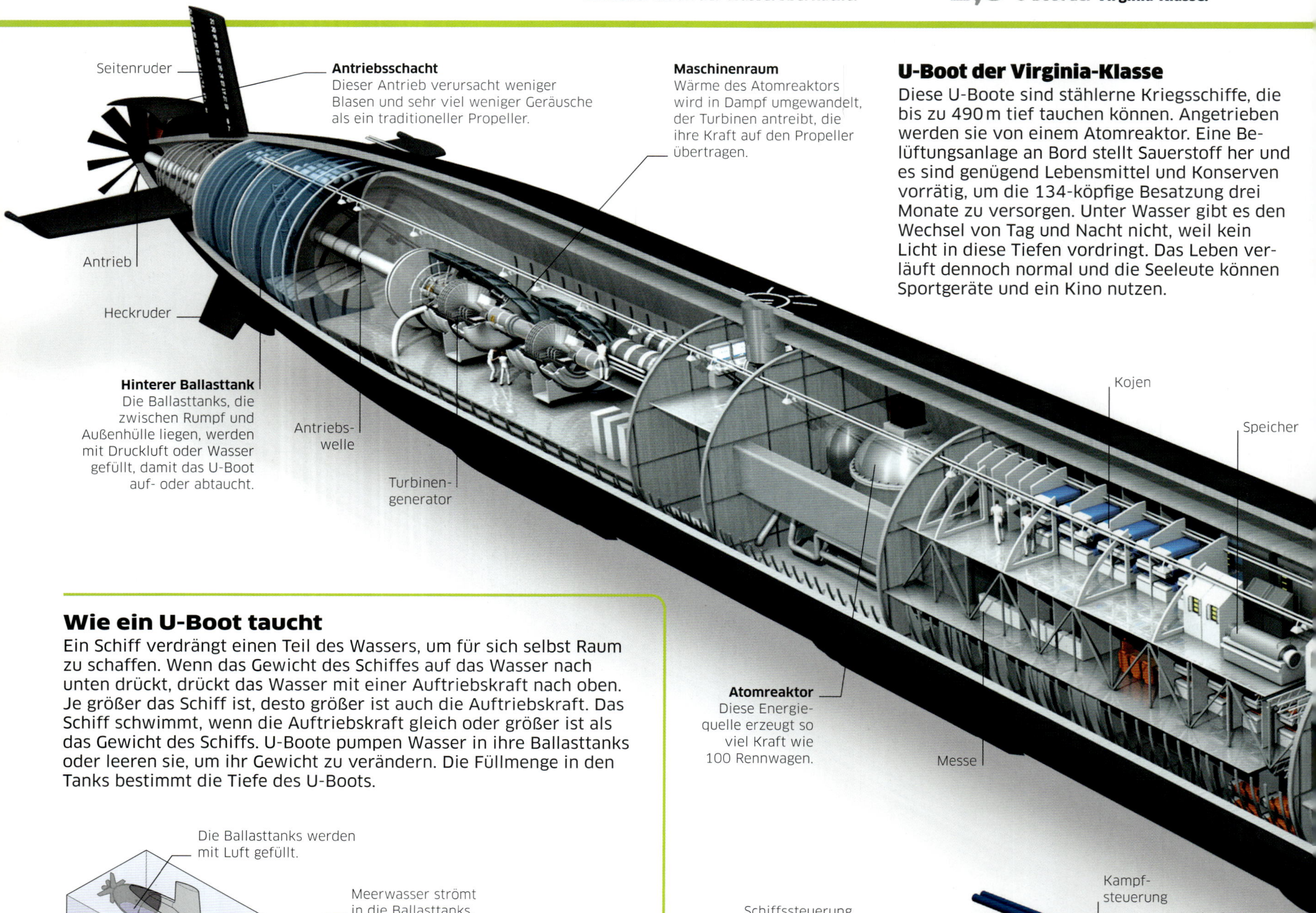

U-Boot der Virginia-Klasse

Diese U-Boote sind stählerne Kriegsschiffe, die bis zu 490 m tief tauchen können. Angetrieben werden sie von einem Atomreaktor. Eine Belüftungsanlage an Bord stellt Sauerstoff her und es sind genügend Lebensmittel und Konserven vorrätig, um die 134-köpfige Besatzung drei Monate zu versorgen. Unter Wasser gibt es den Wechsel von Tag und Nacht nicht, weil kein Licht in diese Tiefen vordringt. Das Leben verläuft dennoch normal und die Seeleute können Sportgeräte und ein Kino nutzen.

Wie ein U-Boot taucht

Ein Schiff verdrängt einen Teil des Wassers, um für sich selbst Raum zu schaffen. Wenn das Gewicht des Schiffes auf das Wasser nach unten drückt, drückt das Wasser mit einer Auftriebskraft nach oben. Je größer das Schiff ist, desto größer ist auch die Auftriebskraft. Das Schiff schwimmt, wenn die Auftriebskraft gleich oder größer ist als das Gewicht des Schiffs. U-Boote pumpen Wasser in ihre Ballasttanks oder leeren sie, um ihr Gewicht zu verändern. Die Füllmenge in den Tanks bestimmt die Tiefe des U-Boots.

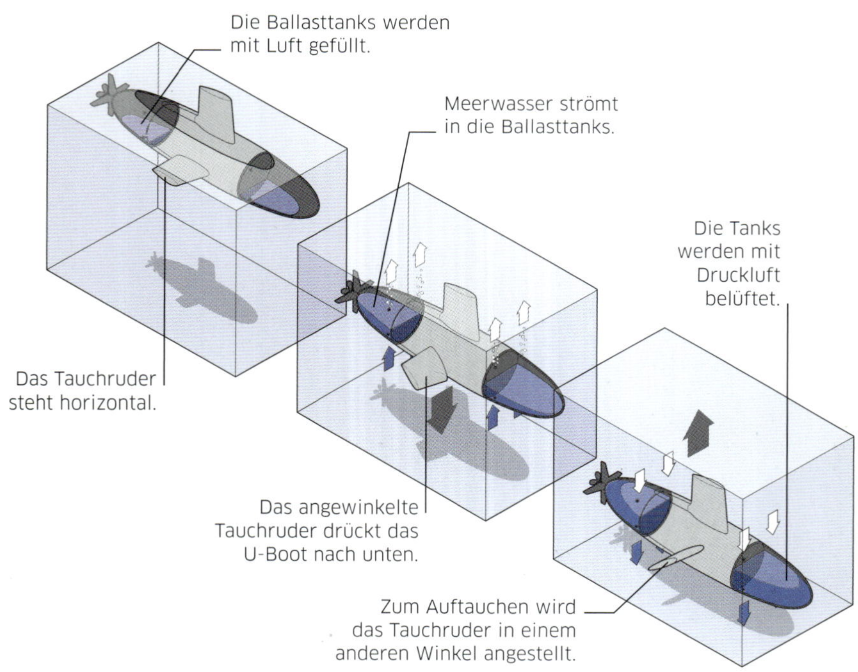

1 Schwimmen Durch die Luft in den Tanks wiegt das U-Boot weniger, sodass der Wasserdruck sein Gewicht trägt.

2 Tauchen Wasser füllt die Tanks und das U-Boot wird schwerer. Die Kraft nach oben ist geringer als sein Gewicht – es taucht.

3 Auftauchen Die Tanks werden belüftet. Das U-Boot verliert Gewicht, sodass die Kraft des Wasserdrucks es an die Oberfläche drückt.

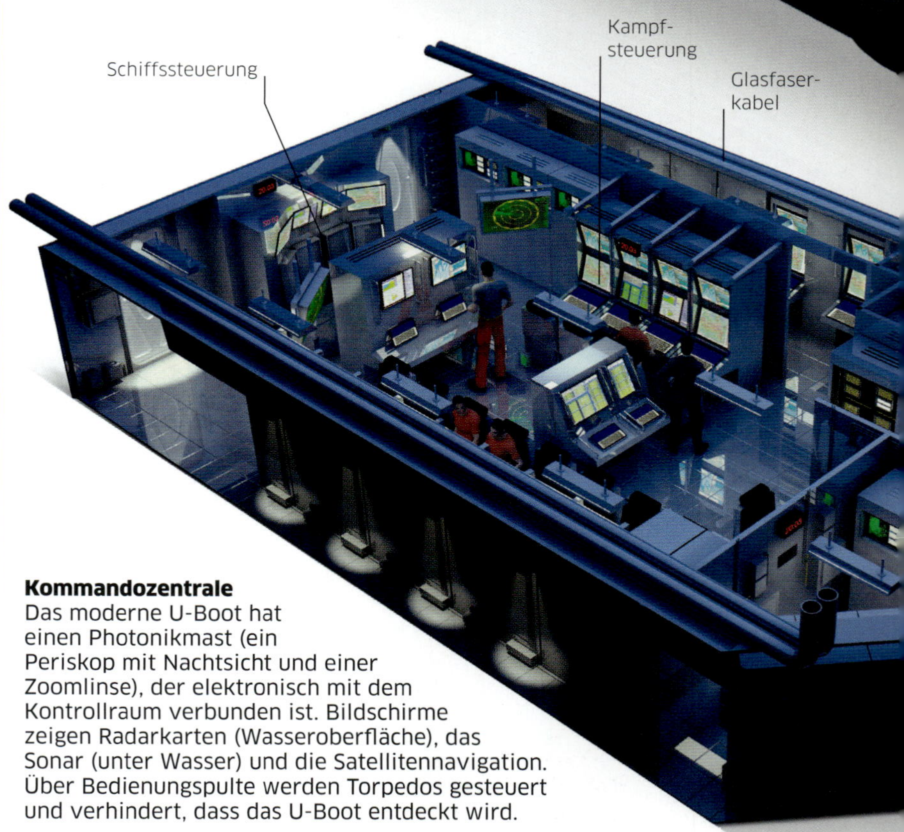

Kommandozentrale
Das moderne U-Boot hat einen Photonikmast (ein Periskop mit Nachtsicht und einer Zoomlinse), der elektronisch mit dem Kontrollraum verbunden ist. Bildschirme zeigen Radarkarten (Wasseroberfläche), das Sonar (unter Wasser) und die Satellitennavigation. Über Bedienungspulte werden Torpedos gesteuert und verhindert, dass das U-Boot entdeckt wird.

Auftrieb

Schiffe durchpflügen an der Wasseroberfläche die vom Wind aufgewühlten Wellen. U-Boote dagegen können unentdeckt unter Wasser bleiben und ihr Gewicht regulieren, um ab- oder aufzutauchen.

Ob Objekte schwimmen oder sinken, hängt nicht von ihrer Größe oder ihrem Gewicht ab, sondern davon, wie viel sie im Vergleich zu der Wassermenge, die sie verdrängen, wiegen. Schwere Schiffe schwimmen, weil sie viel Wasser verdrängen. U-Boote der Virginia-Klasse schwimmen oder tauchen ab, indem sie mithilfe von Ballasttanks ihr Eigengewicht verändern.

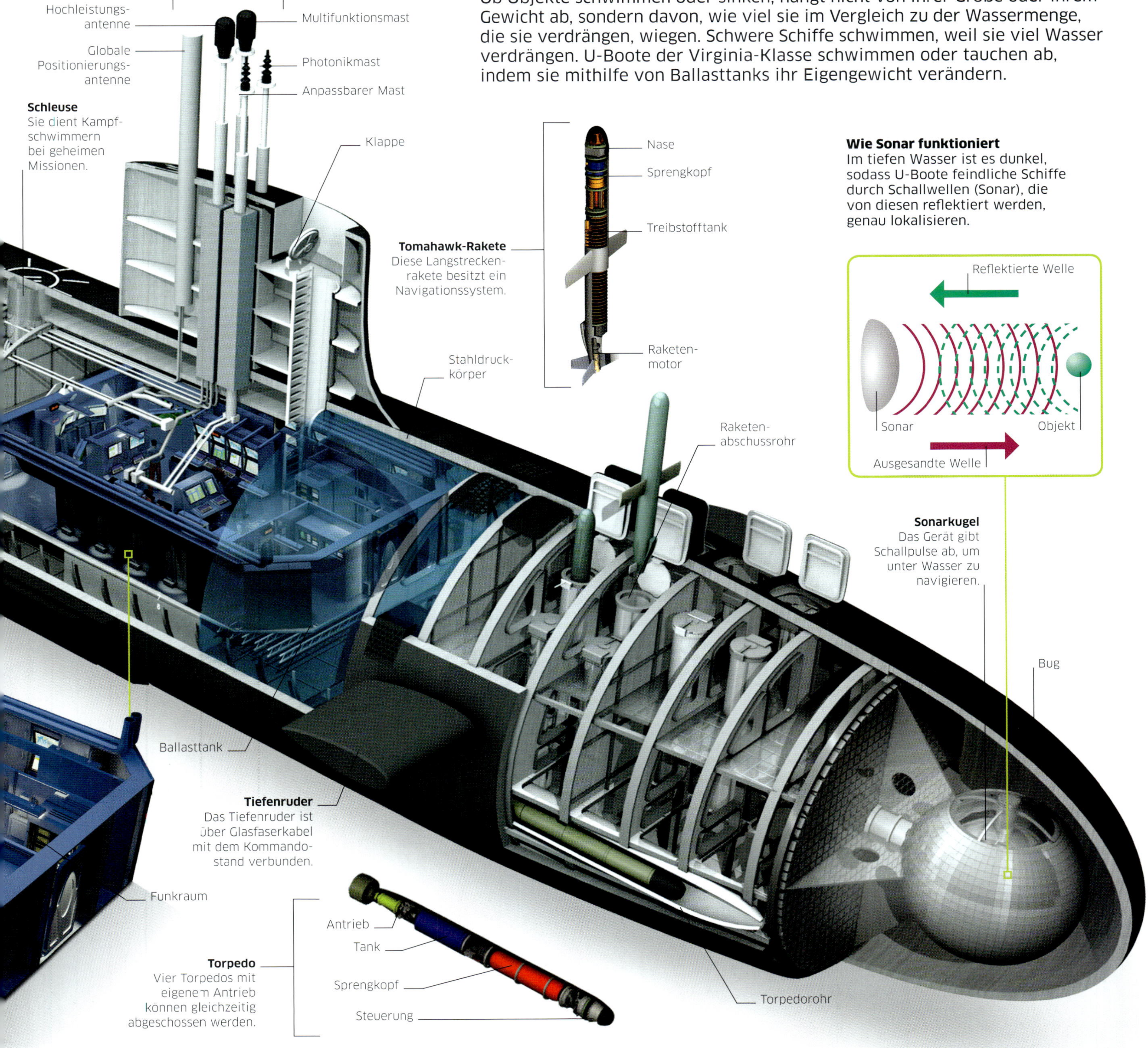

Wie Sonar funktioniert
Im tiefen Wasser ist es dunkel, sodass U-Boote feindliche Schiffe durch Schallwellen (Sonar), die von diesen reflektiert werden, genau lokalisieren.

30 000 Kühlschrankmagneten hat Louise Greenfarb aus Las Vegas in den USA ungefähr gesammelt.

Magnetismus

Magnete halfen dabei, die Welt zu entdecken. Die Erde ist selbst ein riesiger natürlicher Magnet und Seefahrer wie Christoph Kolumbus orientierten sich mit einem Kompass. Diese wiesen die Richtung, erleichterten die Navigation und verwandelten die alte, unerforschte Erde in einen modernen Globus, der allen vertraut ist.

Der Magnetismus ist wie die Schwerkraft eine unsichtbare Kraft, die auf der Erde wirkt. Doch während man die Auswirkung der Schwerkraft sehen kann, ist der Magnetismus schwerer zu entdecken. Tiere z. B. nutzen den Magnetismus. An dem unsichtbaren Magnetfeld, das sich um die Erde erstreckt, orientieren sich Tauben oder Schildkröten, um den Weg zu ihren Brutstätten zu finden.

Obwohl Magnete scheinbar Objekte wie durch Zauberei anziehen und abstoßen, wirken sie tatsächlich durch die Ausrichtung von Elektronen in den Atomen. Deshalb ist der Magnetismus auch eng mit der Elektrizität verknüpft, die durch Elektronenfluss entsteht. Zusammen treiben Elektrizität und Magnetismus Generatoren und Motoren an, die in vielen Geräten der modernen Welt eingebaut sind – vom Staubsauger bis zum Elektrozug.

Entdeckung des Magnetismus

Der Magnetismus wurde entdeckt, als Menschen Gesteine in der Erde fanden, die andere Objekte anzogen. Die alten Griechen, Römer und Chinesen erkannten, dass sie damit Kompasse herstellen konnten. Dazu magnetisierten sie Nadeln mit diesen Gesteinen und setzten sie auf Kreise, auf denen die Himmelsrichtungen markiert waren.

Schiffsmagnetstein
Auf Schiffen dienten Magnetsteine zur Magnetisierung der Kompasse.

Natürlicher Magnet
Magnetstein (Magnetit) ist ein natürliches magnetisches Material aus Eisenoxid. Magnete haben ihren Namen von der Stadt Magnesia (heute Manisa, Türkei), wo das Mineral zuerst entdeckt wurde.

Magnetische Kräfte

Magnete besitzen einen Nord- und Südpol, die Objekte anziehen oder abstoßen. Obwohl man Magnetismus nicht sieht, kann man seine Auswirkungen beobachten. Dazu legt man zwei Magnete nebeneinander. Liegen sich gleichnamige Pole gegenüber, stoßen sie sich ab. Ungleiche Pole ziehen sich dagegen an.

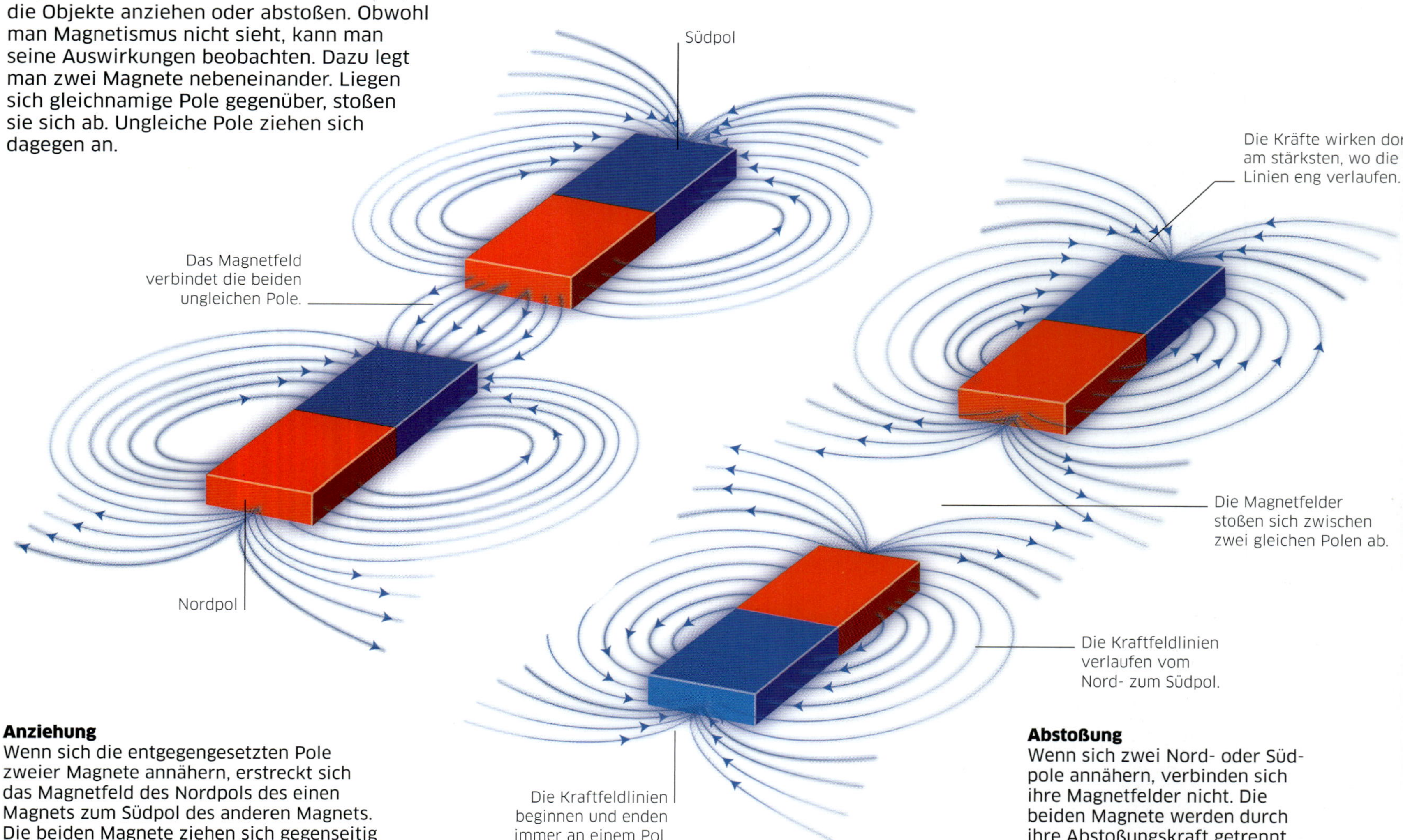

Anziehung
Wenn sich die entgegengesetzten Pole zweier Magnete annähern, erstreckt sich das Magnetfeld des Nordpols des einen Magnets zum Südpol des anderen Magnets. Die beiden Magnete ziehen sich gegenseitig durch ihre Anziehungskraft an.

Abstoßung
Wenn sich zwei Nord- oder Südpole annähern, verbinden sich ihre Magnetfelder nicht. Die beiden Magnete werden durch ihre Abstoßungskraft getrennt.

Magnetische Materialien

Die meisten magnetischen Objekte bestehen aus Eisen und seinen Verbindungen oder Legierungen (Mischung aus Eisen mit anderen Elementen). Magnete selbst bestehen aus Eisen, Nickel, Kobalt oder den Seltenen Erden (insbesondere Neodym und Samarium).

Magnetische Objekte
Stahl ist eine Eisenlegierung, aus der Dosen und Heftklammern hergestellt werden. Einige Münzen enthalten Nickel.

STAHLLÖFFEL

SICHERHEITSNADEL

MÜNZE

Nichtmagnetische Objekte
Sie reagieren nicht auf ein Magnetfeld. Kunststoffe sind wie Aluminiumdosen oder Messinginstrumente nicht magnetisch.

PLASTIKFLASCHE

ALUMINIUMDOSE

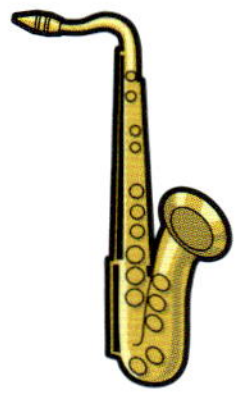

MESSINGINSTRUMENT

Brieftaube
Kleine Kristalle aus Magnetit über dem Schnabel wirken wie ein Kompass.

Tiermagnetismus

Wie finden Tiere ohne Kompass oder Navigationsgerät nach Hause? Seit langer Zeit weiß man, dass sich z. B. Tauben, Salamander und Schildkröten nach dem Magnetfeld der Erde richten. Tauben haben kleine Magentitkristalle in ihrem Kopf oberhalb des Schnabels. Wie mit einem Kompass finden sie damit ihre Position und folgen genau ihrem Kurs.

Elektromagnetismus

Elektrizität und Magnetismus sind eng miteinander verbunden, weil aus der einen Kraft die andere entstehen kann. Der Physiker Michael Faraday (1791–1867) erkannte als Erster den Nutzen dieser Verbindung. Er leitete 1821 Strom durch einen Draht, wickelte ihn um einen Magnet und erfand damit den Elektromotor. Zehn Jahre später zeigte er, dass ein elektrischer Leiter in einem Magnetfeld Elektrizität erzeugt. Damit erfand er den Generator. Faradays Arbeiten führten zu unserer modernen Welt, aus der die Elektrizität nicht wegzudenken ist.

Elektromagnete
Elektromagnete werden auf Schrottplätzen eingesetzt. Elektrischer Strom erzeugt ein starkes Magnetfeld, das Metalle anzieht. Wenn der Strom abgeschaltet wird, erlischt der Magnetismus und die Metalle fallen hinunter.

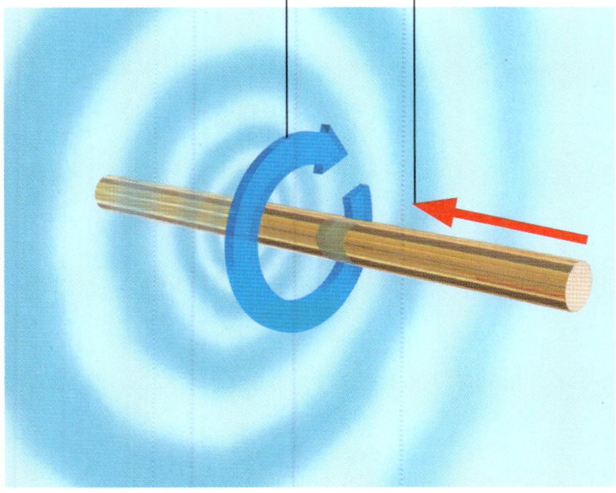

Magnetfeld um einen Draht
Fließt elektrischer Strom durch einen Draht, erzeugt er ein Magnetfeld um den Draht. Man kann das beobachten, wenn man einen Kompass neben einen stromführenden Draht legt. Stärkere Ströme erzeugen dabei auch einen stärkeren Magnetismus.

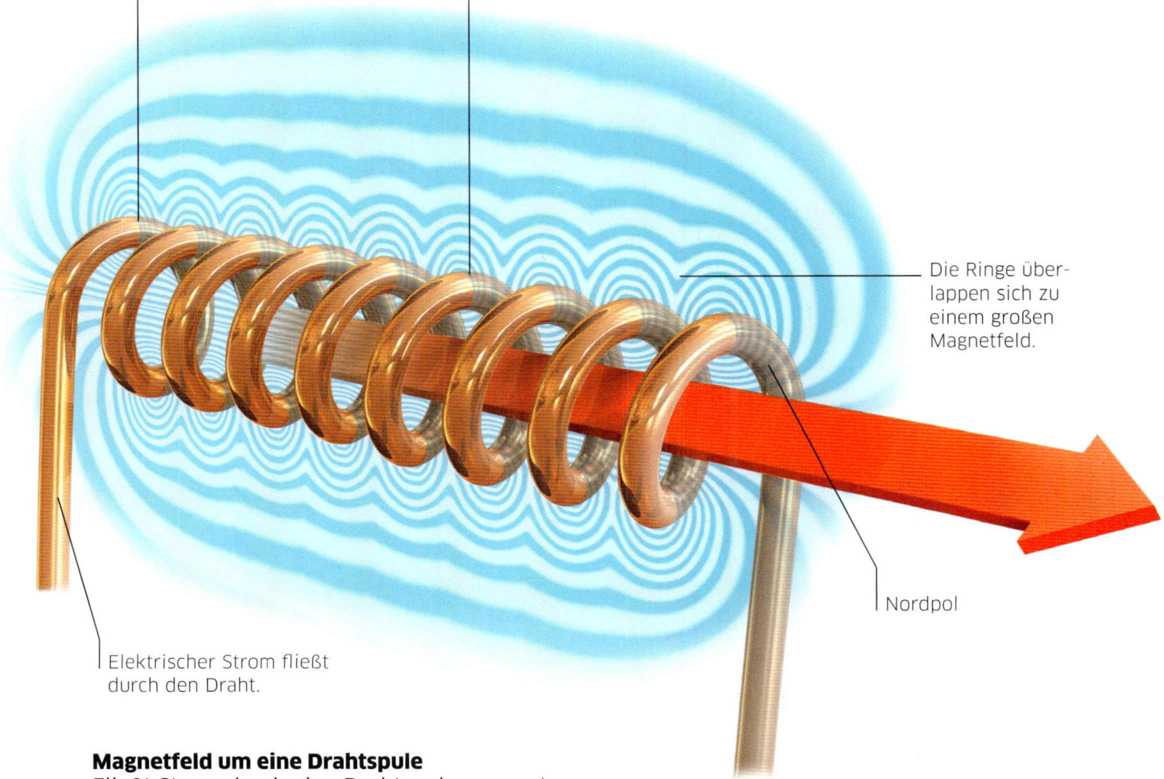

Magnetfeld um eine Drahtspule
Fließt Strom durch eine Drahtspule, erzeugt er ein komplizierteres Magnetfeld. Jeder Bogen erzeugt ein Feld wie ein Einzeldraht. Diese Felder ergeben zusammen ein Feldmuster, das dem eines Stabmagnets gleicht.

DAS **MAGNETFELD DER ERDE** IST AN SEINER OBERFLÄCHE SCHWACH. EIN **KÜHLSCHRANKMAGNET** IST 200-MAL STÄRKER.

Ein Mensch, der 75 kg schwer ist, würde auf der Sonne mehr als 2000 kg wiegen.

Auf dem Mond würde der weltbeste Weitspringer fast 50 m erreichen.

Schwerkraft

Die Erde dreht sich am Äquator mit einer Geschwindigkeit von etwa 1670 km/h. Trotzdem hebt nichts in den Himmel ab. Die Schwerkraft hält alles auf dem Planeten und sie hält auch die Sterne auf ihren Bahnen. Die Schwerkraft ist die Anziehungskraft, die jedes Objekt auf andere ausübt. Sie hält das Universum wie ein riesiges, unsichtbares Netz zusammen.

Die Erdanziehungskraft wird immer schwächer, je weiter man sich vom Erdmittelpunkt entfernt. Deshalb wiegt man auf dem Gipfel eines Bergs weniger als in einem Bergwerksstollen. Doch unabhängig davon, wie weit man sich vom Erdmittelpunkt entfernt, selbst im Weltraum entkommt man der Schwerkraft nur, wenn man ihr mit einer anderen Kraft begegnet. Flugzeuge und Hubschrauber überwinden die Schwerkraft durch die Auftriebskraft, mit der sie in den Himmel abheben. Doch nicht jeder will die Schwerkraft überwinden. Fallschirmspringer genießen diese Kraft. Sie springen aus Flugzeugen und stürzen sich mit hohen Geschwindigkeiten zur Erde.

Masse und Gewicht

Die Begriffe Masse und Gewicht werden häufig gleichwertig benutzt, sie haben aber unterschiedliche Bedeutungen. Masse ist die Menge an Materie, die ein Objekt besitzt. Das Gewicht dagegen ist eine Kraft, die aufgrund der Schwerkraft auf die Masse wirkt. Während die Masse immer gleich bleibt, ändert sich das Gewicht an verschiedenen Orten.

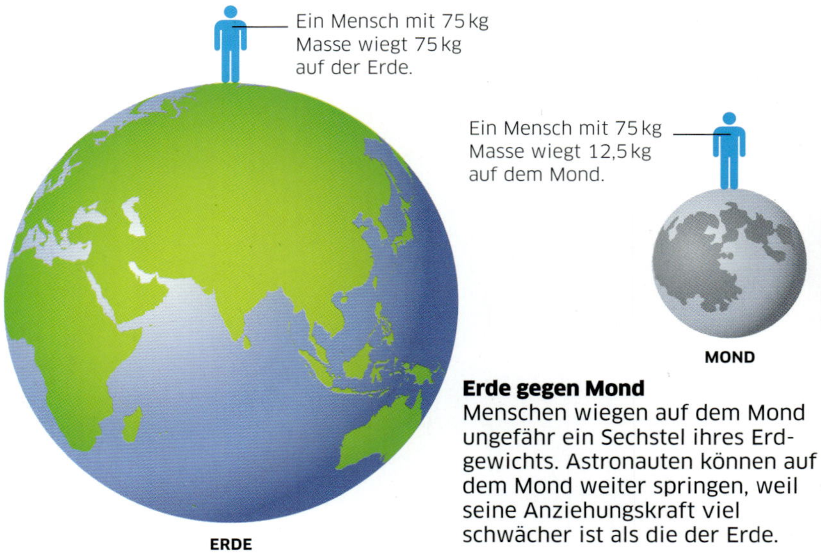

Erde gegen Mond
Menschen wiegen auf dem Mond ungefähr ein Sechstel ihres Erdgewichts. Astronauten können auf dem Mond weiter springen, weil seine Anziehungskraft viel schwächer ist als die der Erde.

Anziehungskraft

Die Schwerkraft ist eine Kraft, die immer nur etwas anzieht. Das unterscheidet sie vom Magnetismus und anderen Kräften, die Objekte entweder anziehen oder abstoßen. Die Anziehungskraft zwischen zwei Körpern hängt von ihrer Masse und dem Abstand zwischen ihnen ab. Sie wird stärker, je größer die Masse und je kleiner der Abstand ist.

Fallende Birne
Birne und Erde ziehen sich mit derselben Kraft an. Die Birne fällt zum Boden, weil die Erde die größere Masse besitzt.

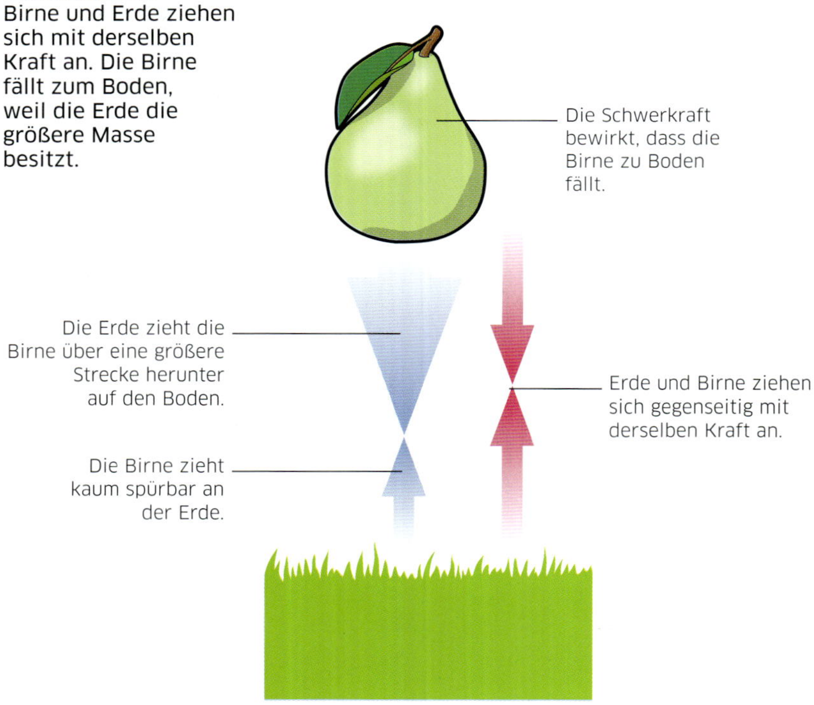

DIE SCHWERKRAFT IST DIE SCHWÄCHSTE DER ELEMENTARKRÄFTE IM UNIVERSUM.

Die Gezeiten

Der Mond ist kleiner und leichter als die Erde und ungefähr 384 000 km von ihr entfernt. Dennoch ist er groß genug, um auf das Meerwasser zu wirken. Dadurch entstehen die Gezeiten oder Tiden. Die Sonne, die viel weiter entfernt ist, beeinflusst auch die Gezeiten. Zweimal im Monat, wenn Sonne und Mond auf einer Linie liegen, sind die Gezeiten höher oder tiefer, weil beide Kräfte zusammenwirken.

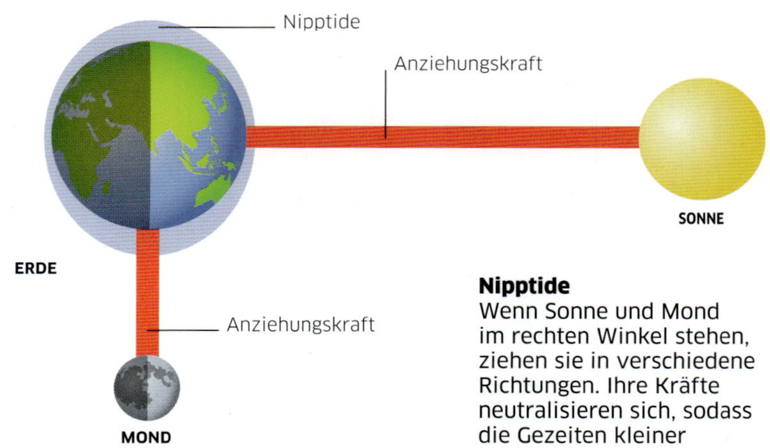

Nipptide
Wenn Sonne und Mond im rechten Winkel stehen, ziehen sie in verschiedene Richtungen. Ihre Kräfte neutralisieren sich, sodass die Gezeiten kleiner ausfallen.

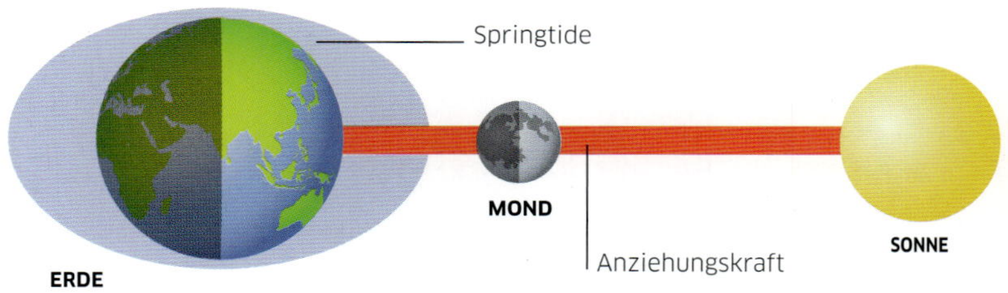

Springtide
Wenn Sonne und Mond auf einer Linie liegen, addieren sich ihre Kräfte. Deshalb ist die Flut höher und die Ebbe flacher als üblich.

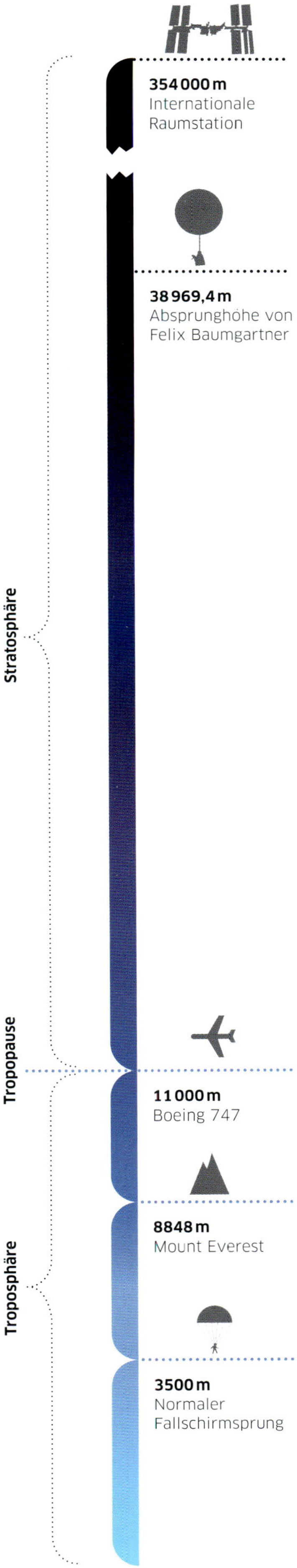

Aufgeblähter Ballon
Der Ballon bestand aus einem sehr dünnen Kunststofffilm und blähte sich auf, während er immer höher aufstieg.

Kapsel
Die belüftete und gepolsterte Kapsel schützte Baumgartner während des Aufstiegs.

Ballonaufstieg
Sobald der Atmosphärendruck abnahm, dehnte sich das Helium im Ballon aus.

Rekordfallschirmsprung

Im freien Fall wirkt nur die Schwerkraft auf den Körper, die ihn beschleunigt. Erst in der unteren Atmosphärenschicht bremst der Luftwiderstand den Körper und er fällt mit gleichbleibender Geschwindigkeit weiter. Im Oktober 2012 war der österreichische Fallschirmspringer Felix Baumgartner als erster Mensch im Freien Fall schneller als der Schall. Er sprang aus 39 km Höhe ab – ebenfalls ein Rekord.

SCHWERKRAFT
LUFTWIDERSTAND

1 Überschallgeschwindigkeit
Baumgartner beschleunigte schnell auf 1357,6 km/h und war 1,25-mal schneller als der Schall und schneller als ein Passagierflugzeug.

SCHWERKRAFT
LUFTWIDERSTAND

2 Luftwiderstand nimmt zu
Der Luftwiderstand nahm zu und glich die Schwerkraft aus. Ab diesem Punkt (Endgeschwindigkeit) flog Baumgartner mit gleichbleibender Geschwindigkeit weiter. Insgesamt dauerte sein Rekord im Freien Fall 4 min und 20 s.

Druckanzug
Der Anzug war mit Kameras, Messinstrumenten und Sauerstoffversorgung ausgestattet.

SCHWERKRAFT
LUFTWIDERSTAND

3 Fallschirm öffnet sich
Baumgartner öffnete seinen Fallschirm in einer Höhe von 2516 m. Dadurch erhöhte sich schlagartig der Luftwiderstand und bremste ihn ab. Er landete ungefähr neun Minuten nach seinem Absprung aus der Kapsel.

Der Sikorsky X2, der schnellste Hubschrauber der Welt, erreicht Geschwindigkeiten von bis zu 480 km/h.

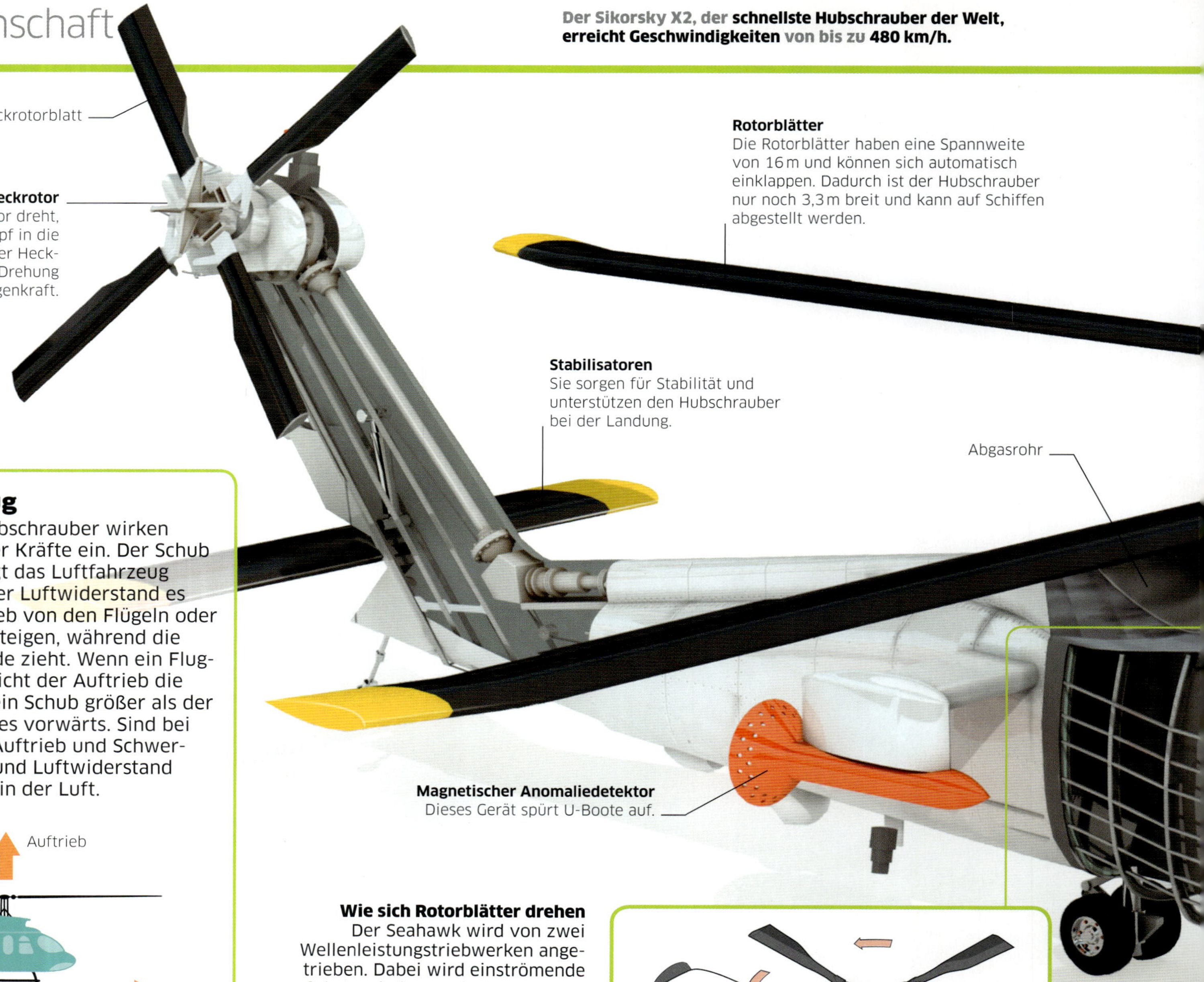

Kräfte beim Flug

Auf Flugzeuge und Hubschrauber wirken während des Flugs vier Kräfte ein. Der Schub der Triebwerke bewegt das Luftfahrzeug nach vorn, während der Luftwiderstand es zurückhält. Der Auftrieb von den Flügeln oder Rotoren lässt es hochsteigen, während die Schwerkraft es zur Erde zieht. Wenn ein Flugzeug beschleunigt, gleicht der Auftrieb die Schwerkraft aus. Ist sein Schub größer als der Luftwiderstand, fliegt es vorwärts. Sind bei einem Hubschrauber Auftrieb und Schwerkraft wie auch Schub und Luftwiderstand ausgeglichen, steht er in der Luft.

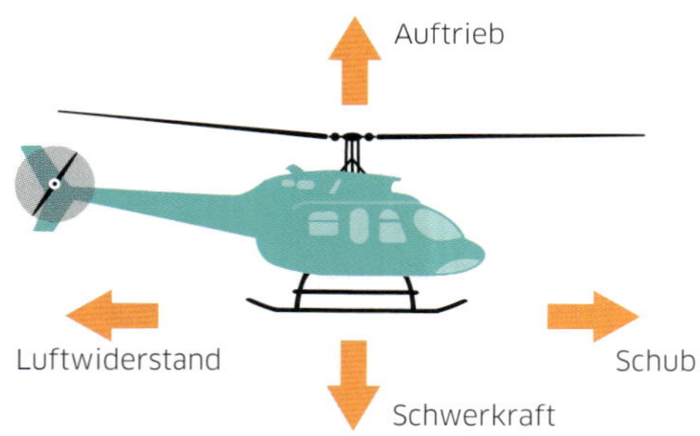

Auftrieb erzeugen

Eine Tragfläche erzeugt Auftrieb durch ihre gekrümmte Form. Wenn sich die Tragfläche vorwärtsbewegt, muss die Luft schneller über die gekrümmte Oberfläche strömen, um mit der Luft unter der Tragfläche mithalten zu können. Das senkt den Luftdruck über der Tragfläche und erzeugt eine Aufwärtskraft, die stärker ist als das Gewicht des Flugzeugs.

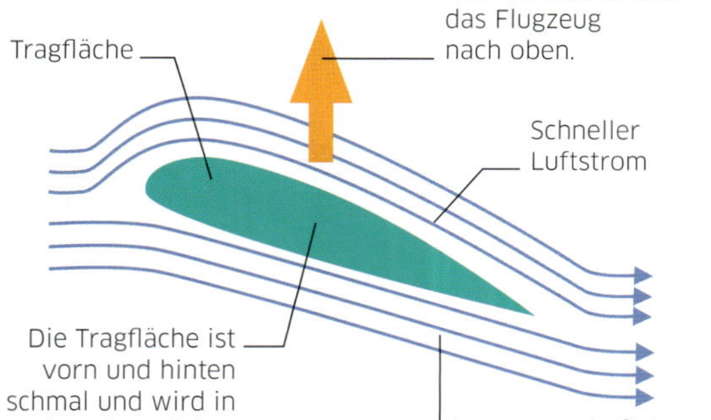

Wie sich Rotorblätter drehen
Der Seahawk wird von zwei Wellenleistungstriebwerken angetrieben. Dabei wird einströmende Luft komprimiert und mit Treibstoff gemischt, der verbrannt wird und eine Welle antreibt. Ein Getriebe verbindet das waagerechte Triebwerk mit den senkrechten Rotoren.

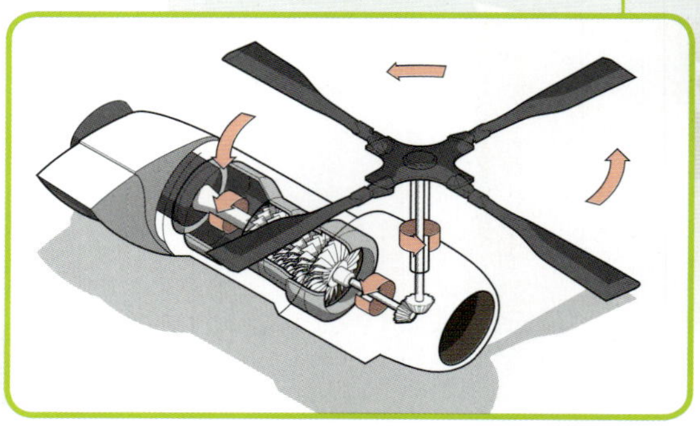

Fliegen

Wer fliegen will, muss die Schwerkraft überwinden. Dafür braucht man eine nach oben gerichtete Kraft, den Auftrieb, der größer sein muss als das Gewicht des Luftfahrzeugs. Flugzeuge und Hubschrauber erzeugen den Auftrieb mit ihren Tragflächen und Rotoren.

Die Triebwerke eines Flugzeugs treiben es vorwärts und drücken seine Tragflächen durch die Luft. Die großen Tragflächen erzeugen im Luftstrom durch ihre Form den Auftrieb. Nur deshalb kann das Flugzeug fliegen. Größere Tragflächen erzeugen bei höherer Geschwindigkeit einen stärkeren Luftstrom und stärkeren Auftrieb. Im Gegensatz zu Flugzugen müssen Hubschrauber nicht vorwärtsfliegen, um Auftrieb zu erzeugen. Ihre Rotorblätter sind gegenüber den Tragflächen eines Flugzeugs winzig, aber sie drehen sich sehr schnell und erzeugen genügend Auftrieb.

Einige Flugzeuge können kurze Zeit ohne Triebwerke gleiten. So lange sie sich vorwärtsbewegen, erzeugen ihre Tragflächen Auftrieb. Wenn das Triebwerk bei einem Hubschrauber ausfällt, können sich seine Rotoren frei drehen, um sicher zu landen.

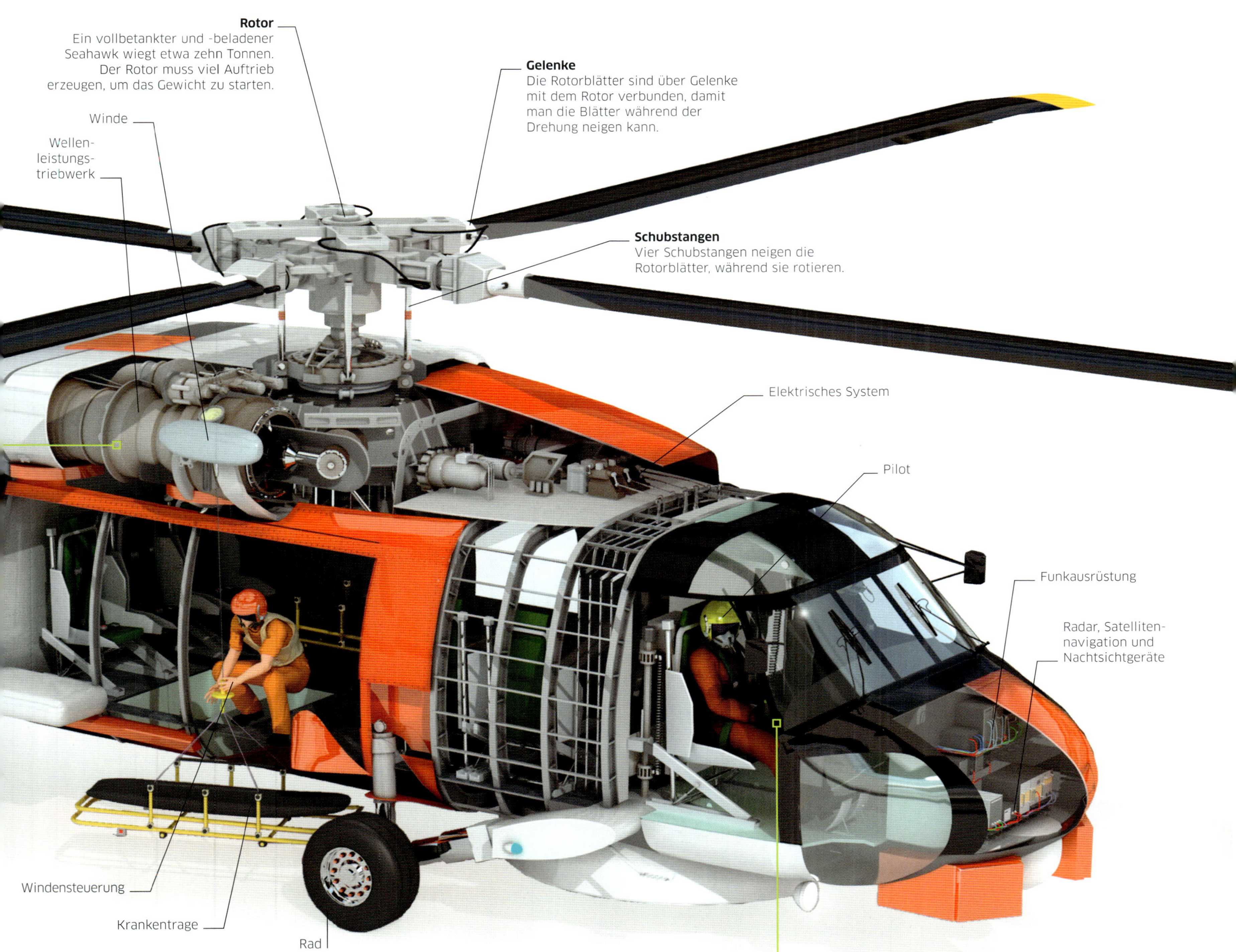

Hubschrauber Seahawk

Zu den Hauptaufgaben des Seahawk zählen Such- und Rettungsflüge auf hoher See. Die Nase des Hubschraubers enthält elektronische Radar- und Funkgeräte, um Objekte aufzufinden, ebenso Nachtsichtkameras. Ein Sonar (Schalldetektor) an der Seite kann Objekte unter Wasser aufspüren. Die breiten Frachttüren und die Kabine, die mehrere Krankentragen aufnehmen kann, sind besonders für Rettungsflüge auf dem Meer entworfen worden.

Cockpit
Das Cockpit des Seahawk besitzt vier Bildschirme, die wichtige Informationen zeigen. Eine doppelte Steuerung ermöglicht, dass Pilot und Kopilot fliegen können. Mit dem Sammelhebel hebt der Hubschrauber ab, während der Steuerknüppel wie ein Joystick arbeitet – er steigert den Auftrieb einer Seite, damit der Hubschrauber in die entgegengesetzte Richtung fliegt.

ENERGIE

Täglich schickt uns die Sonne Energie zur Erde und versorgt den Planeten mit Licht und Leben. Obwohl man die Energie nicht immer sieht, ist sie überall vorhanden. Sie ist in den Atomen der Materie gespeichert und treibt unser Herz an, das ununterbrochen Blut in den Kreislauf pumpt. Sie schießt Kometen durch den Weltraum und lässt die Bäume wachsen. Energie ist die geheime Kraft, die alles in unserer Welt antreibt.

WAS IST ENERGIE?

Dinge geschehen, weil Kräfte schieben und ziehen. Wenn Kräfte wirksam sind, brauchen sie dafür Energie. Masse (die normale Materie) ist ebenfalls eine Form der Energie. Bereits winzige Mengen Masse können in gewaltige Energiemengen umgewandelt werden.

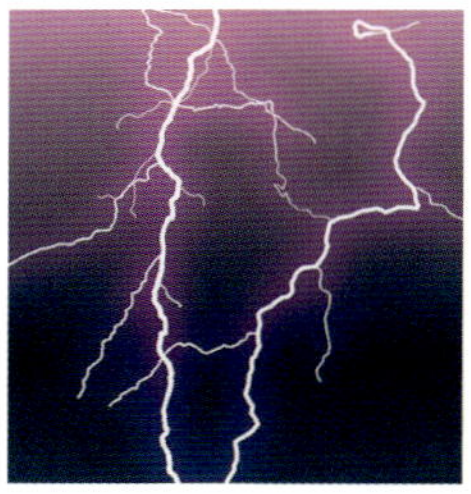

BLITZE
Es gibt nur wenig beeindruckendere Beispiele für Energie als einen Blitz. Er gibt normalerweise etwa 1 Mrd. Joule Energie ab – so viel wie ein Kraftwerk pro Sekunde erzeugt.

Energie messen

Energie wird in Joule (J) gemessen. Die Einheit ist nach dem englischen Physiker James Joule (1818–1889) benannt, der die Energie erforschte.

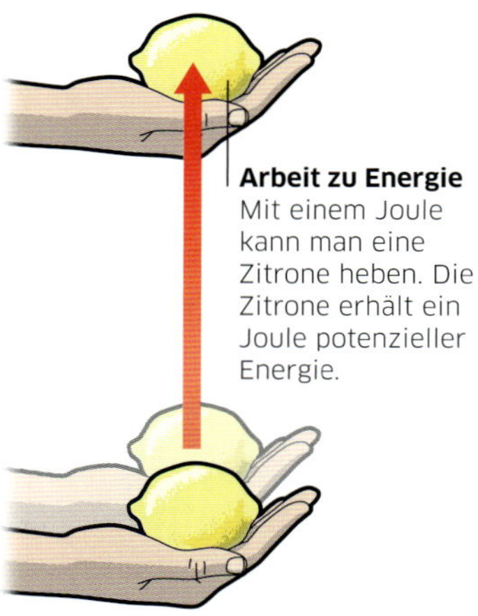

EIN JOULE
Wenn man eine Zitrone, die 100 g wiegt, 1 m hochhebt, verbraucht man ein Joule Energie, um gegen die Anziehungskraft zu arbeiten.

Energie umwandeln

Das Universum besitzt eine bestimmte Menge Energie. Wir Menschen verbrauchen Energie nicht, sondern wandeln sie nur in eine andere Form um. Die Energiemenge vor einem Ereignis ist genauso groß wie nach einem Ereignis.

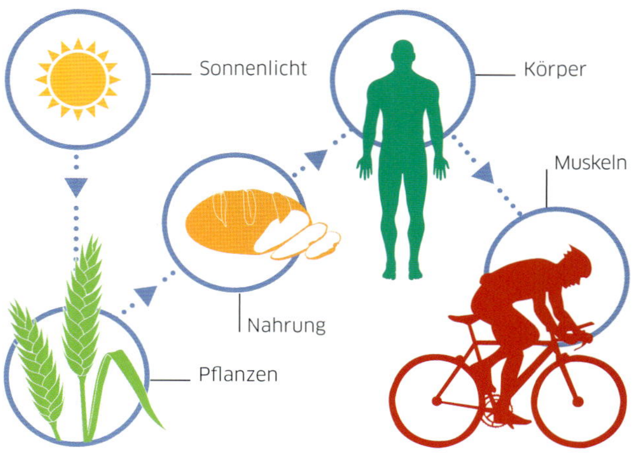

GEHEIME SONNENKRAFT
Nahezu jede Aktion auf der Erde, sogar Rad fahren, wird letztlich vom Sonnenlicht angetrieben. Beim Radfahren verbrauchen die Muskeln Energie aus der Nahrung – den Nährstoffen von Tieren und Pflanzen. Tiere fressen Pflanzen, die Energie der Sonne verbrauchen.

Energieformen

Energie existiert in vielen verschiedenen Formen und die meisten lassen sich ineinander umwandeln. Verbrennt man Kohle, wird die chemische Energie der Kohle in Wärme umgewandelt. Ein Kraftwerk erzeugt aus Wärmeenergie Elektrizität. Die elektrische Energie kann wiederum leicht in Bewegung, Licht, Wärme, Schall oder nahezu jede andere Energieform umgewandelt werden.

Sich bewegende Objekte besitzen kinetische Energie. Schwerere und schnellere Objekte haben mehr Energie.

Elektrische Energie
Sie entsteht durch die Bewegung geladener Teilchen, der Elektronen, entlang eines Spannungsgefälles.

Wärmeenergie
Warme Objekte besitzen mehr Energie als kalte, weil sich ihre Atome mehr bewegen.

Lichtenergie
Licht breitet sich mit hoher Geschwindigkeit und geradlinig aus. Es zählt zur elektromagnetischen Energie.

Chemische Energie
Nahrung, Treibstoffe und Batterien speichern Energie in ihren chemischen Verbindungen.

Potenzielle Energie
Klettert man irgendwo hinauf, speichert man potenzielle Energie, um wieder herunterzuspringen.

Schallenergie
Wenn Objekte schwingen, senden sie Energiewellen durch die Luft, die man als Schall hört.

Atomenergie
Atome werden durch Energie zusammengehalten. Bei einer Kernspaltung wird sie freigesetzt.

Dunkle Energie
Der größte Teil der Energie des Universums besteht aus mysteriöser Dunkler Energie.

ENERGIEWELLEN

Energie breitet sich durch Materialien wie Luft und Wasser wellenförmig aus. Während Wasserwellen sichtbar sind, bleiben Licht- oder seismische Wellen von Erdbeben unsichtbar.

IM KÖRPER EINES ERWACHSENEN STECKT ETWA SO VIEL ENERGIE, WIE EIN ATOMKRAFTWERK IN 90 JAHREN ERZEUGT.

Verschiedene Wellen

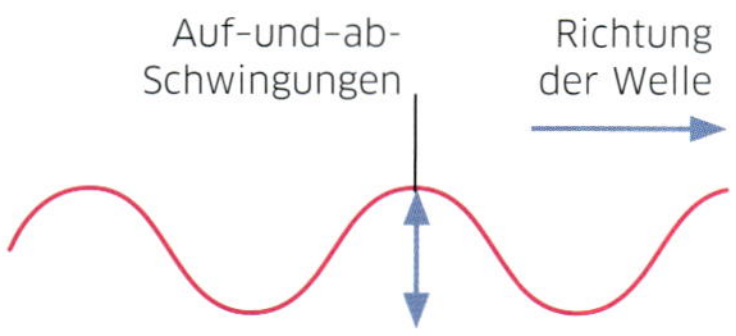

QUER VERLAUFENDE WELLE
Meereswellen verlaufen transversal. Energie bewirkt, dass sich Wasser auf und ab und vorwärtsbewegt.

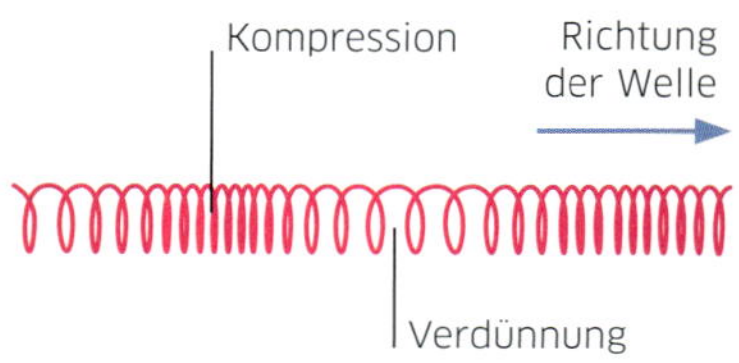

LÄNGS VERLAUFENDE WELLE
Schlägt man eine Trommel, wird Luft komprimiert und gestreckt (verdünnt) und erreicht als Schallwellen das Ohr.

Wellen messen

Energiewellen zeigen ein Auf-und-ab-Muster aus Bergen und Tälern. Man kann sie auf drei Arten messen: Die Höhe einer Welle ist ihre Amplitude. Der Abstand von einem Tal zum nächsten entspricht ihrer Wellenlänge. Die Anzahl der Berge pro Sekunde ist ihre Frequenz.

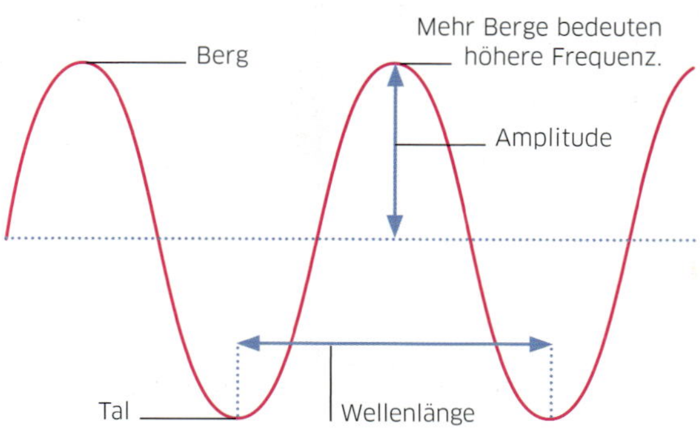

ENERGIEQUELLEN

Kochen, Heizen, Reisen und vieles mehr verbrauchen Energie. Früher waren die Menschen vom Feuer als Energiequelle abhängig, heute stehen viele Energiequellen zur Verfügung. Manche wie z.B. Benzin sind nur noch begrenzt vorhanden. Erneuerbare Energien wie Sonnenlicht, Wind und Wellen sind als natürliche Quellen unerschöpflich.

Chronik der Energienutzung

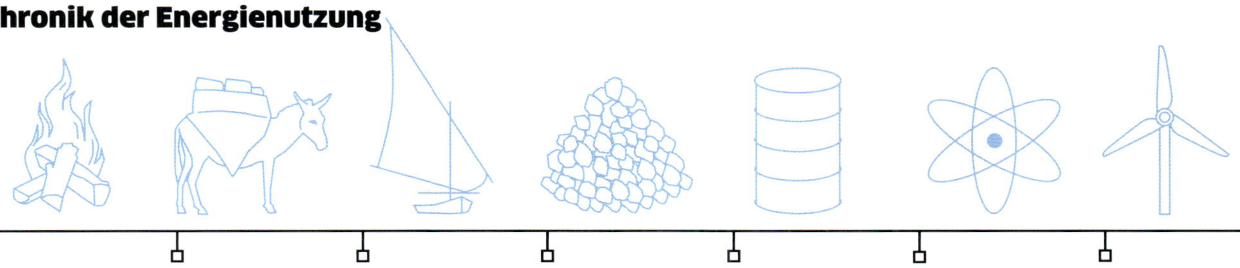

Feuer Früher verbrannte man Holz, Torf und Tierdung, um Wärme zu erzeugen.

Tierkraft Tiere dienten einst zum Reiten und um Güter an andere Orte zu transportieren.

Windkraft Im Mittelalter nutzten Segelschiffe und Windmühlen die Windenergie.

Kohle Im 18. und 19. Jh. wurden mit Kohle Motoren und Maschinen angetrieben.

Öl (Petroleum) Öl wurde im 20. Jh. zum Treibstoff für Autos, Schiffe und Flugzeuge.

Atomkraft Seit Mitte des 20. Jh. wird Energie durch Atomspaltung gewonnen.

Erneuerbare Energien Zukünftig nutzen wir wohl Wind-, Sonnen- und Wellenkraft.

Umweltverschmutzung

Mehr als 80% der Energie stammen aus fossilen Brennstoffen (Kohle, Gas und Erdöl). Doch ihre Verbrennung setzt gefährliche Abgase frei, die die Umwelt schädigen und zur Umweltverschmutzung führen. Andere Energieformen wie Atomkraftwerke beeinträchtigen das Klima ebenfalls.

LUFTVERSCHMUTZUNG
Abgase von Autos, Kraftwerken und Fabriken verursachen die Luftverschmutzung, was zu Gesundheitsproblemen wie Asthma führen kann.

SAURER REGEN
Schwefeldioxid aus Kraftwerken wird mit Regenwasser zu Schwefelsäure. Dieser saure Regen schädigt Bäume und vergiftet Seen.

RADIOAKTIVER ABFALL
Atomkraftwerke produzieren radioaktiven Abfall, der sicher entsorgt und gelagert werden muss, damit er nicht das Grundwasser oder Flüsse verseucht.

RIFFEROSION
Abgase durch Verbrennung fossiler Brennstoffe erwärmen den Planeten. Dadurch werden auch Korallenriffe geschädigt, die im warmen Wasser absterben.

LÄRMBELÄSTIGUNG
Autos, Flugzeuge und Maschinen verschwenden einen Teil ihrer Energie durch Geräusche. Lärm stört Menschen und Tiere und führt zu Stress und Unruhe.

ÖLTEPPICHE
Ausgelaufenes Öl von Tankern, Ölplattformen und Raffinerien bildet riesige Ölteppiche, die für Seevögel, Fische und andere Meeresbewohner tödlich sind.

Energienutzung

Mit dem Anwachsen der Weltbevölkerung hat auch der Energieverbrauch zugenommen: mehr Benzin für Autos und Elektrizität für Wohnungen. Seit dem frühen 20. Jh. ist der Verbrauch ungefähr um das 14-Fache gestiegen.

Energieformen

- Atom
- Wasserkraft
- Erdgas
- Erdöl
- Kohle
- Biotreibstoffe

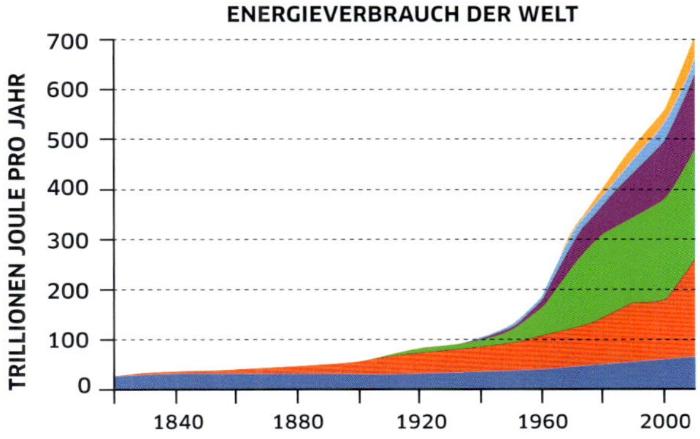

Energieäquivalente

Autos sind deshalb so beliebt, weil Öl sehr energiereich ist und Fahrzeuge damit lange Strecken zurücklegen können. Uran, aus dem in Atomkraftwerken Elektrizität entsteht, ist sogar noch energiereicher. Obwohl auch Kohle viel Energie freisetzen kann, verursacht sie Probleme wie die Umweltverschmutzung. Erdgas lässt sich leicht durch Pipelines leiten, aus ihm kann man aber nicht so viel Energie gewinnen wie aus Öl oder Kohle.

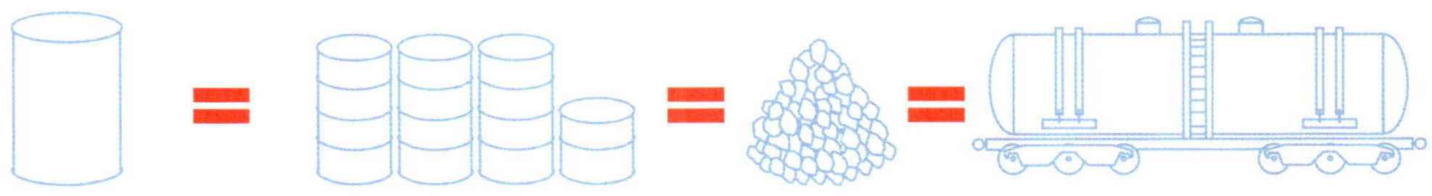

1 URANPELLET (tatsächliche Größe) = **3,5 BARREL ERDÖL** (556 Liter) = **807 KG KOHLE** = **481 M³ ERDGAS**

Wärmeverlust und Dämmung

Wenn ein Haus sehr gut isoliert ist, beheizt man es einmal zu Beginn des Winters und es bleibt bis zum Frühling warm. Tatsächlich aber verlieren viele Häuser Wärme. Energie ist teuer, sodass sich eine Wärmedämmung langfristig meist bezahlt macht.

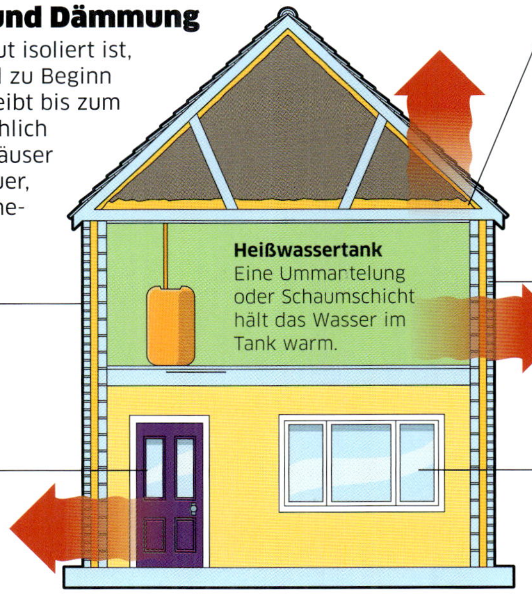

Heißwassertank Eine Ummantelung oder Schaumschicht hält das Wasser im Tank warm.

Hohlmauer Schaum, Mineralwolle oder andere Materialien in Mauerspalten verhindern, dass Wärme entweicht.

Türen und Fenster Wärmeverlust verhindern ein Windfang vor der Tür und schwere Rolläden vor den Fenstern.

Wärmedämmung Ein Viertel der Energie, die in Häusern genutzt wird, entweicht durch das Dach. Eine gute Dämmung senkt diesen Verlust wirksam.

Undichte Wände Ungefähr 30 bis 40% der Wärme entweichen aus einem Haus durch die Wände.

Isolierverglasung Eingeschlossene Luft zwischen Fensterscheiben bildet eine Barriere gegen Wärmeverlust.

Insekten und Vögel sehen ultraviolettes Licht, das außerhalb des sichtbaren Spektrums des Menschen liegt.

Elektromagnetisches Spektrum

Alles Licht auf der Erde kommt von der Sonne. Es wandert in unsichtbaren elektromagnetischen Wellen (der Strahlung) durchs All.

Elektromagnetische Wellen sind Wellen, die Energie in Form von Elektrizität und Magnetismus in Lichtgeschwindigkeit transportieren. Auch sichtbares Licht ist eine elektromagnetische Welle. Andere Arten sind unsichtbar. Verschiedene elektromagnetische Wellen haben unterschiedliche Frequenzen und Wellenlängen. Zusammen bilden sie das elektromagnetische Spektrum. Radios, Fernseher, Handys und Radar verwenden Signale elektromagnetischer Wellen.

Woher die elektromagnetische Strahlung stammt

Licht entsteht durch Atome, die wie Leuchtkäfer aufblitzen. Erhitzt man eine Eisenstange, glüht sie rot. Ihre Atome absorbieren Wärmeenergie, werden aber dadurch instabil. Um zum Normalzustand zurückzukehren, müssen sie Energie als Licht abgeben. Andere Formen der elektromagnetischen Wellen verhalten sich ähnlich.

1 Das Elektron befindet sich auf einem energetisch niedrigen Niveau nahe am Atomkern.

2 Erhält das Atom Energie, springt das Elektron auf ein höheres, vom Atomkern entfernteres Niveau.

3 Das Atom ist angeregt und instabil, sodass es in den Normalzustand zurückkehrt.

4 Das Elektron fällt auf das niedrigere Niveau zurück und gibt Energie als Licht ab.

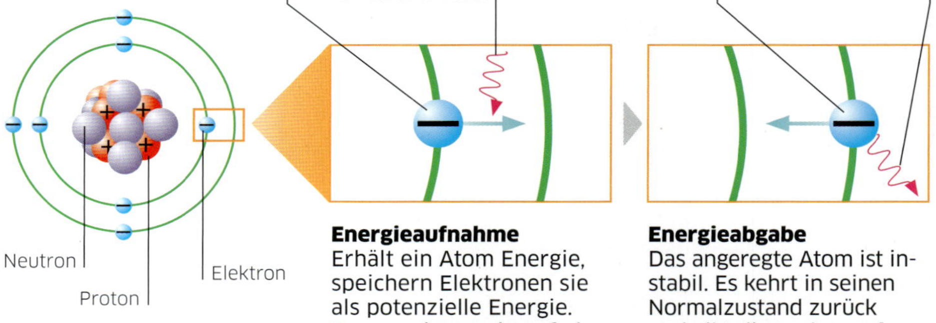

Energieaufnahme
Erhält ein Atom Energie, speichern Elektronen sie als potenzielle Energie. Dazu springen sie auf ein höheres Niveau. Das Atom ist angeregt.

Energieabgabe
Das angeregte Atom ist instabil. Es kehrt in seinen Normalzustand zurück und gibt die vorher aufgenommene und gespeicherte Energie als Licht wieder ab.

Den Wellenlängen entlang

Die längsten Wellen des elektromagnetischen Spektrums sind Radiowellen, deren Wellenberge Tausende Kilometer auseinanderliegen können. Am anderen Ende des Spektrums sind Gammastrahlen sogar noch kleiner als Atome, aber sie sind sehr energiereich. Die kürzesten Wellen besitzen die meiste Energie und die höchste Frequenz (sie schwingen am schnellsten), während die längsten Wellen langsamer schwingen und weniger Energie besitzen. Die Beispiele unten zeigen, für welche Aufgaben die verschiedenen Wellenlängen des Spektrums genutzt werden.

Mikrowellen
Die größten Mikrowellen sind ungefähr so lang wie ein Bleistift. Sie breiten sich wie andere elektromagnetische Wellen mit Lichtgeschwindigkeit aus. Mit Mikrowellen werden Telefonanrufe und Internetdaten übertragen.

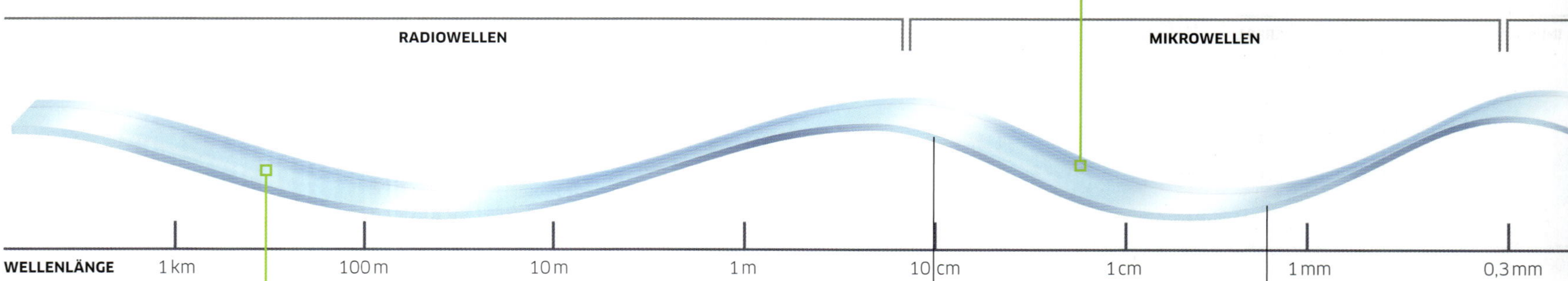

Radiowellen
Radiowellen übertragen Fernseh- und Radiosignale zwischen riesigen Antennen wie dieser. Lange Radiowellen werden von einer Schicht der Erdatmosphäre reflektiert, der Ionosphäre, die nachts besonders hoch ist. Deshalb kann man abends auch mehr internationale Radiosender empfangen.

Mikrowellen
Mikrowellenöfen nutzen Wellen, die etwa 12 cm lang sind.

Radar
Kurzwellige Radiowellen, die normalerweise so lang wie ein Finger sind, werden zur Schiffs- und Flugzeugnavigation genutzt.

Das sichtbare Spektrum

Weißes Licht ist eine Mischung aus verschiedenen Farben. Fällt weißes Licht durch ein dreieckiges Glas, ein Prisma, wird es durch Streuung in seine verschiedenen Wellenlängen aufgeteilt. Ein Regenbogen entsteht nach dem gleichen Prinzip. Die Wassertropfen wirken wie kleine Prismen, sie brechen das Sonnenlicht und zerlegen es in seine Farben.

7,5 **-mal kreist das Licht in einer Sekunde um die Erde. Es breitet sich mit fast 300 000 km/s Sekunde aus.**

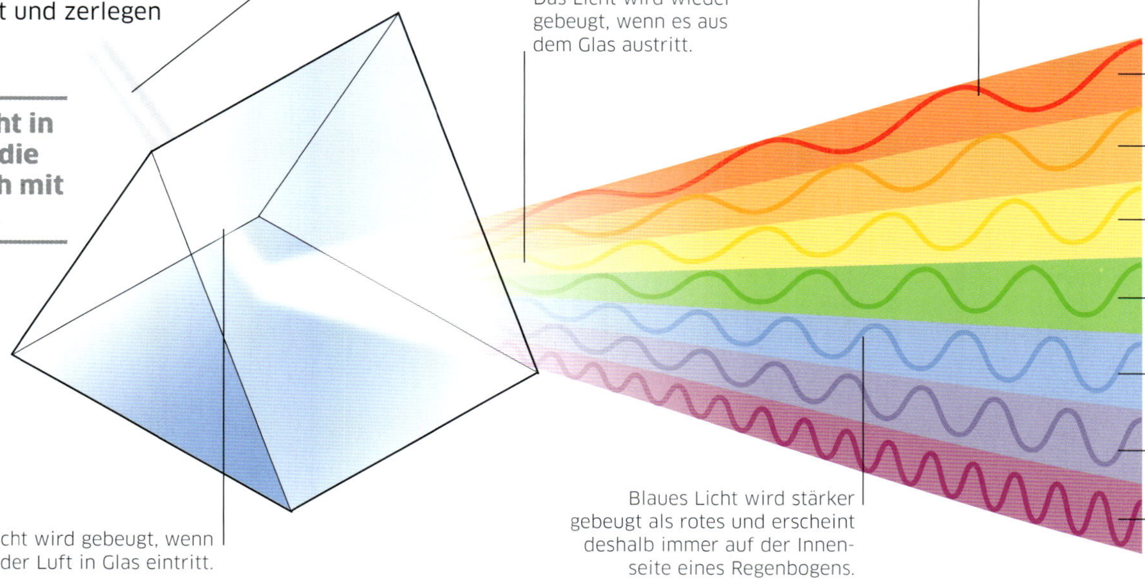

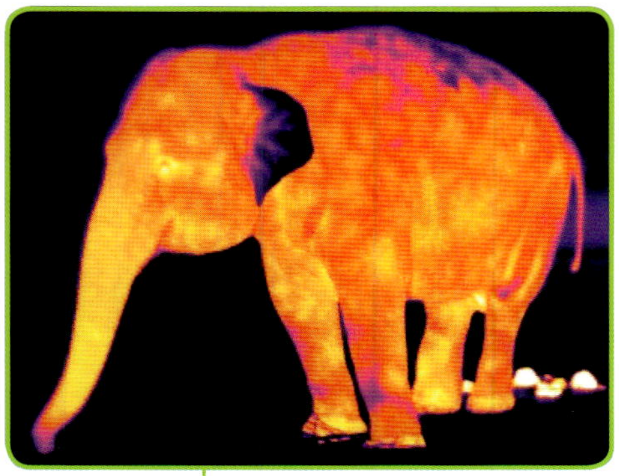

Infrarotstrahlen
Man kann die Wärme fühlen, die Objekte abgeben. Dabei nehmen die Atome des eigenen Körpers Wärmestrahlen auf – die Infrarotstrahlen. Obwohl sie unsichtbar sind, zeigen Wärmebildkameras die Wärmeabgabe – wie bei diesem Elefanten (links).

Gammastrahlen
Die kleinsten elektromagnetischen Wellen sind wie überenergiereiche Röntgenstrahlen, sie schädigen den menschlichen Körper aber stärker. Sie entstehen, wenn Atome beim radioaktiven Zerfall auseinanderbrechen.

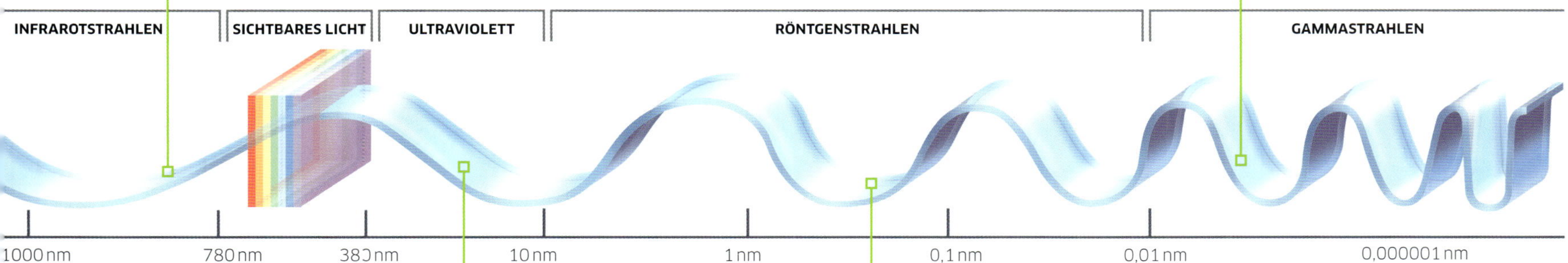

nm = Nanometer (1 Milliardstel Meter)

Ultraviolett (UV)
Diese unsichtbaren Strahlen sind etwas kürzer als sichtbares violettes Licht und tragen mehr Energie. Sonnenlicht enthält zwei verschiedene ultraviolette Strahlen: UV-A und das gefährlichere UV-B. In geringen Dosen bräunt UV die Haut, in größeren führt es dagegen zu Hautkrebs.

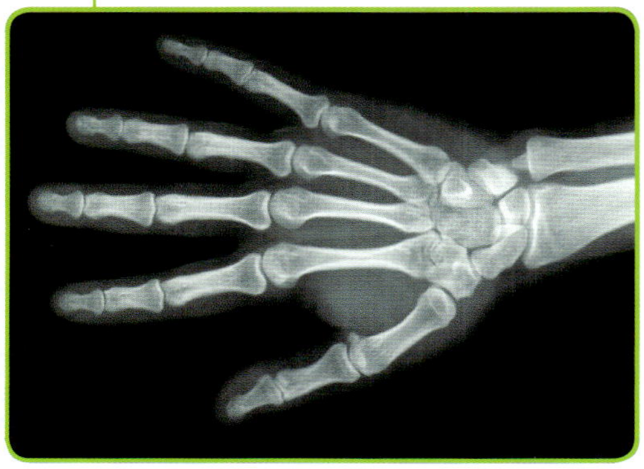

Röntgenstrahlen
Diese kurzen Wellen haben ausreichend Energie und dringen durch weiches Körpergewebe (Haut und Muskeln), aber nicht durch Knochen. Eine Röntgenaufnahme zeigt deshalb Knochen als Schatten. Hohe Dosen von Röntgenstrahlen sind aber sehr schädlich.

313 Mio. Euro kostete der Satellit **Intelsat 27**, der im Februar 2013 bei einem **Fehlstart zerstört** wurde.

Signale aus dem Weltraum

Ob man den Mount Everest besteigt oder durch die Wüste Sahara wandert, nie ist man weiter als wenige Sekunden von seinen Freunden entfernt. Telefone und Internet übertragen über Satelliten mit Lichtgeschwindigkeit Nachrichten von jedem Ort der Erde zu einem anderen.

Die Erde erscheint riesig, aber keine zwei Orte liegen mehr als die Hälfte des Erdumfangs (20 000 km) auseinander – und ein Lichtstrahl benötigt für diese Strecke weniger als eine Zehntelsekunde. Wenn man sich über Telefon oder online mit Freunden in weitentfernten Ländern unterhält, werden Stimmen, Bilder einer Webcam oder eine schriftliche Nachricht durch Satelliten im Weltraum in weniger als einer Sekunde übertragen. Signale von Satelliten können auch genau den Aufenthaltsort einer Person bestimmen. Dank Technologien wie GPS (Globales Positionierungssystem) bleibt man heute kaum noch unentdeckt.

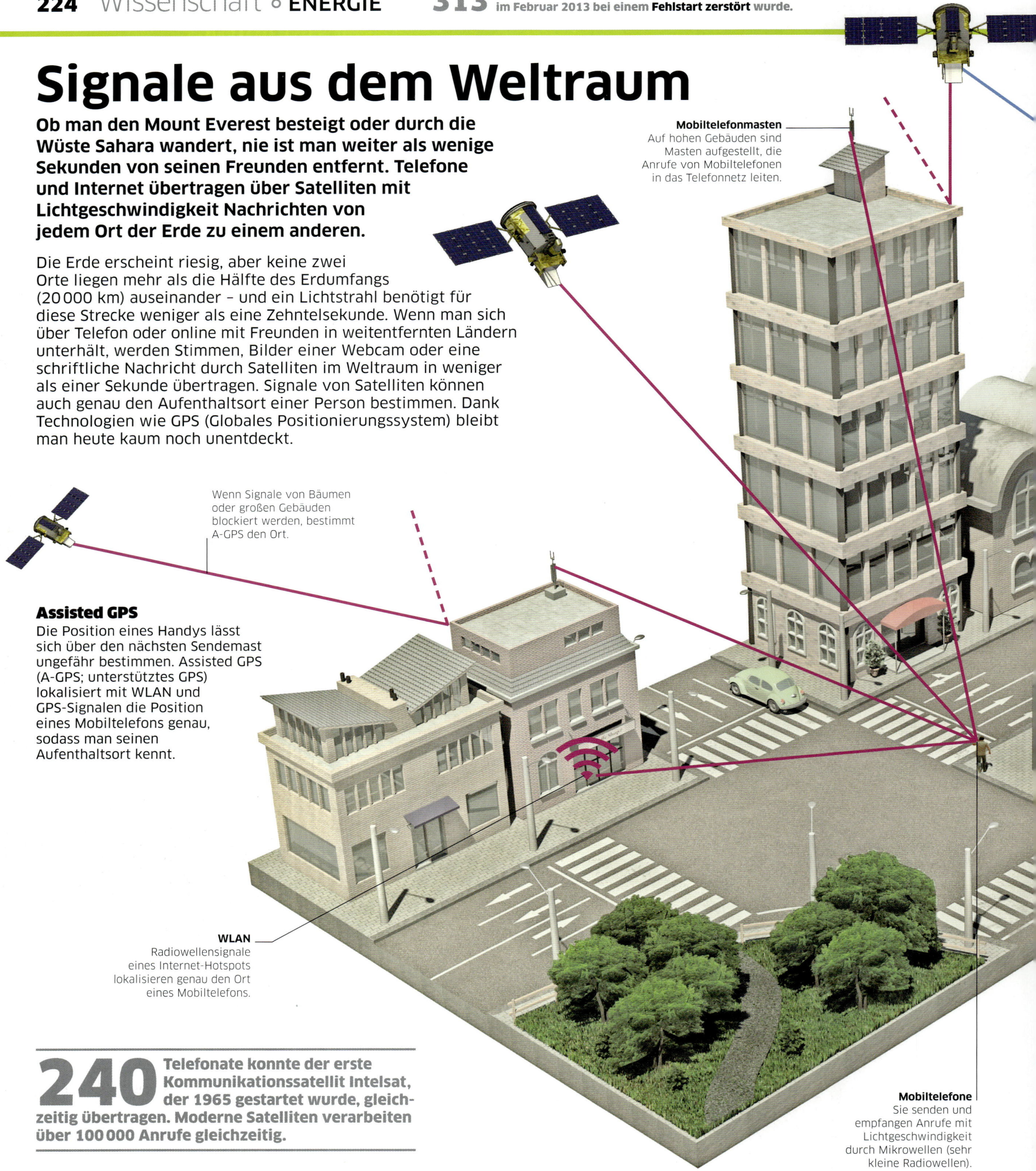

240 Telefonate konnte der erste Kommunikationssatellit Intelsat, der 1965 gestartet wurde, gleichzeitig übertragen. Moderne Satelliten verarbeiten über 100 000 Anrufe gleichzeitig.

2,5 Mio. **Bilder der Erde** nahm der Beobachtungssatellit **Landsat 5 auf,** der seit **1984** auf einer **Erdumlaufbahn kreist.**

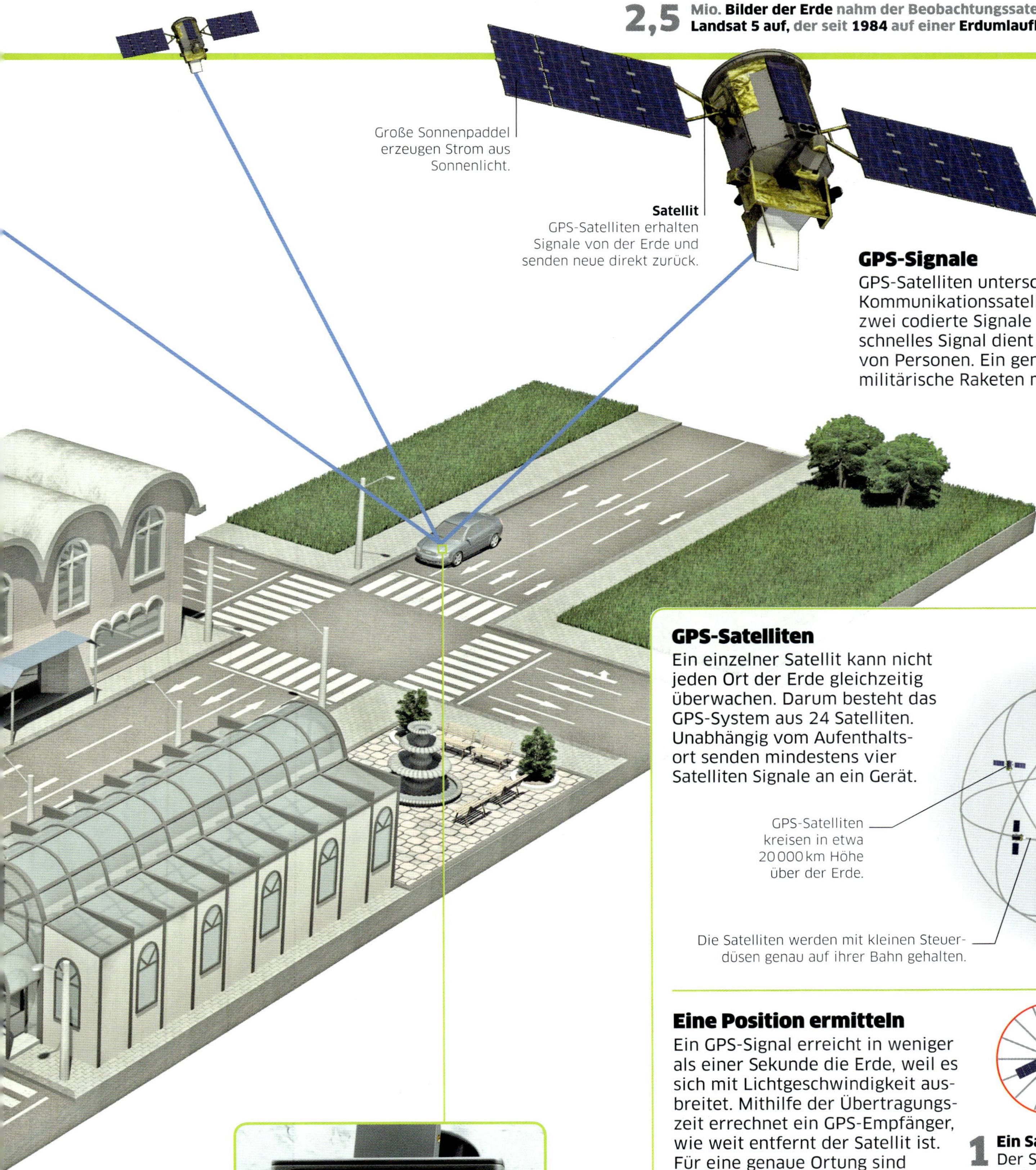

GPS-Signale

GPS-Satelliten unterscheiden sich von normalen Kommunikationssatelliten. Jeder Satellit sendet zwei codierte Signale zur Erde. Ein kurzes, schnelles Signal dient zur genauen Ortung von Personen. Ein genaueres Signal steuert militärische Raketen mit hoher Zielgenauigkeit.

GPS-Satelliten

Ein einzelner Satellit kann nicht jeden Ort der Erde gleichzeitig überwachen. Darum besteht das GPS-System aus 24 Satelliten. Unabhängig vom Aufenthaltsort senden mindestens vier Satelliten Signale an ein Gerät.

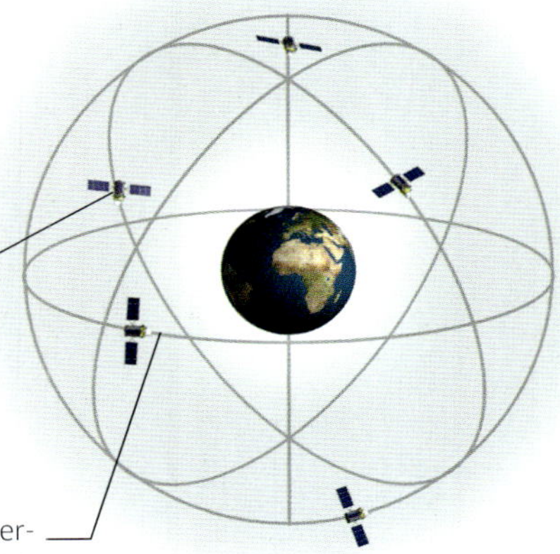

Eine Position ermitteln

Ein GPS-Signal erreicht in weniger als einer Sekunde die Erde, weil es sich mit Lichtgeschwindigkeit ausbreitet. Mithilfe der Übertragungszeit errechnet ein GPS-Empfänger, wie weit entfernt der Satellit ist. Für eine genaue Ortung sind Signale von mindestens drei Satelliten (vorzugsweise vier) notwendig.

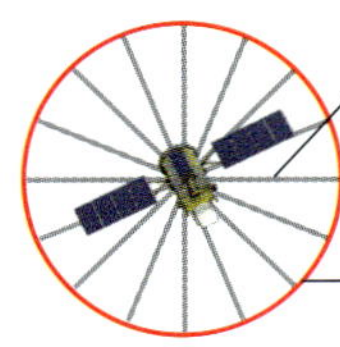

1 Ein Satellit Der Satellit hat einen bestimmten Abstand zu dir. Deine Position ist irgendwo auf einer Kugel, die diesen Abstand als Radius hat.

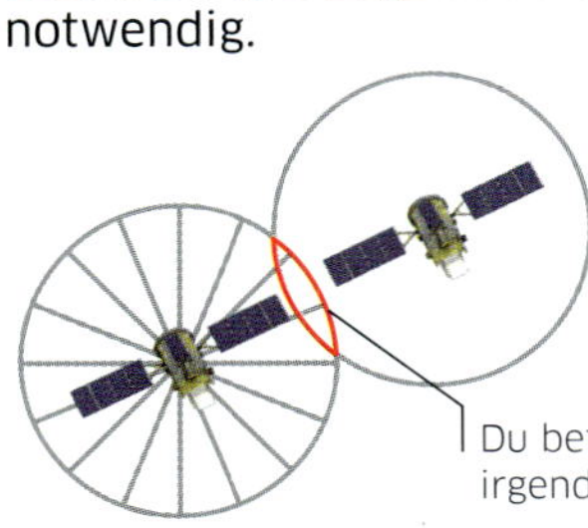

2 Zwei Satelliten Bei zwei Satelliten ist deine Position in dem Bereich, in dem sich ihre Signale überlappen.

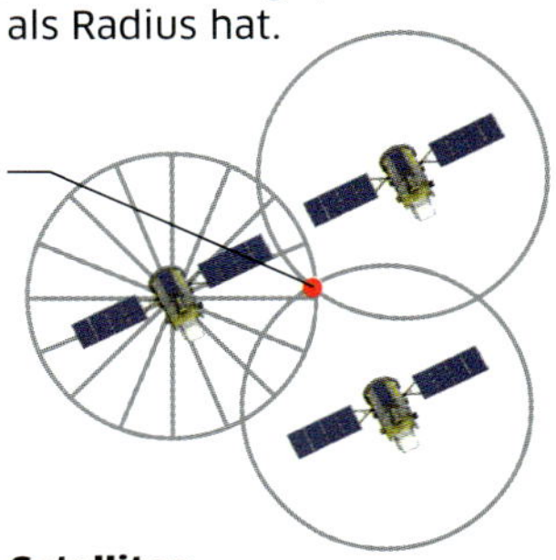

3 Drei Satelliten Nur an einem Ort treffen alle drei Signale aufeinander. Das ist dein genauer Aufenthaltsort.

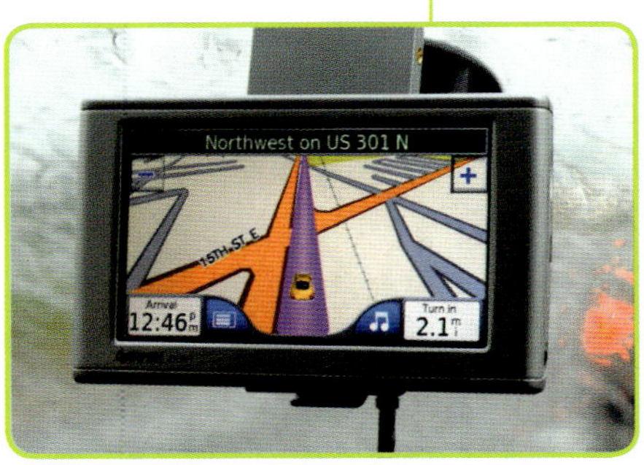

Satellitennavigation
Das Navigationsgerät im Auto hat Karten mit den Positionen der GPS-Satelliten gespeichert. Während der Fahrt erkennt ein GPS-Empfänger die veränderte Position des Autos. Ein Computer berechnet, wie schnell es fährt, und aktualisiert die Karte, um die neue Position anzuzeigen.

99,9999 % des Lichts reflektieren die in der Forschung verwendeten Spiegel. Ein gewöhnlicher Spiegel reflektiert weniger als 90 Prozent.

Licht

Licht ist eine Strahlung, die sich im Raum ausbreitet. Menschen und Tiere besitzen für das Licht empfindliche Augen, sodass sie die Welt um sich herum erkennen und sich in ihr orientieren können.

Licht lässt die Welt für unsere Augen hell und bunt erscheinen. Es ist eine Art elektromagnetischer Strahlung, die Energie von einer Lichtquelle mit der sehr hohen Geschwindigkeit von 300 000 km/s transportiert. Lichtstrahlen breiten sich in geraden Linien aus. Sie können zwar manche Objekte durchdringen, bei anderen prallen sie jedoch ab oder umgehen sie und erzeugen Schatten. Einige Lichtstrahlen sind so stark, dass sie Metall durchschneiden.

Refraktion

Lichtstrahlen breiten sich in dichteren Medien wie Wasser und Glas langsamer aus als in der Luft. Durch diese Geschwindigkeitsänderung wird das Licht gebrochen, wenn es von Luft in Glas oder umgekehrt übergeht. Linsen vergrößern durch Refraktion Objekte – sie brechen oder beugen Lichtstrahlen und bündeln sie in einem Punkt, sodass Objekte größer erscheinen.

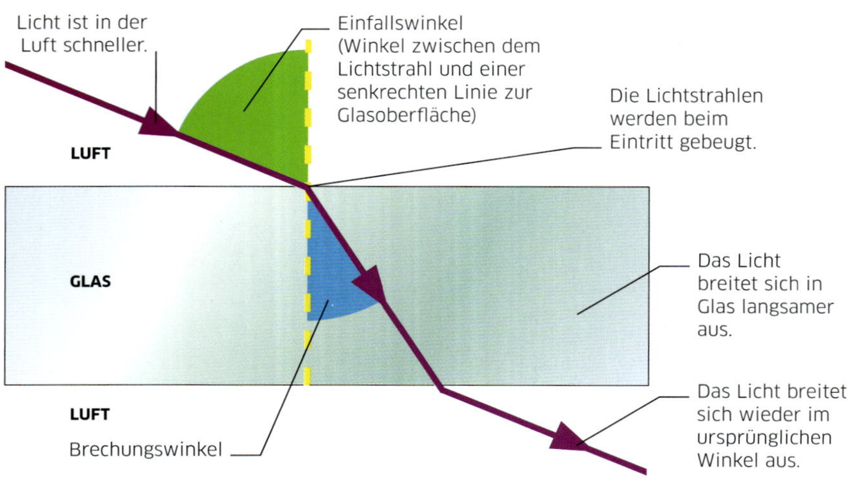

Richtungsänderung
Die Lichtstrahlen werden nach innen gebeugt und verlangsamt, wenn sie aus der Luft in Glas übergehen. Sie werden beschleunigt und nach außen gebeugt, wenn sie wieder aus dem Glas austreten.

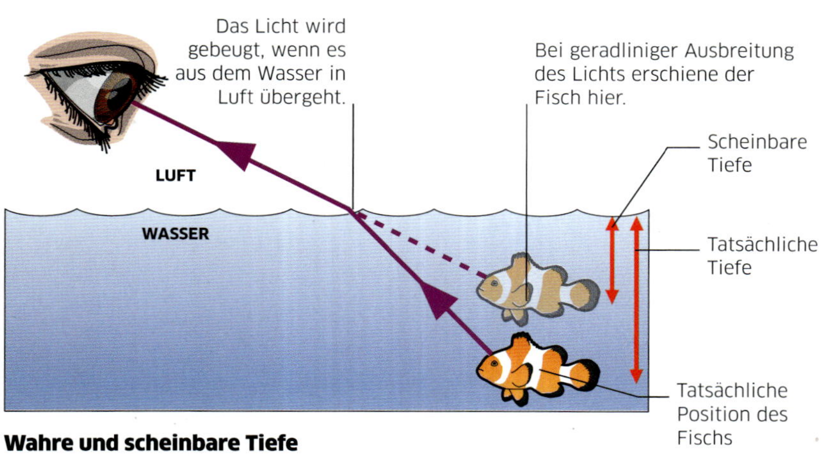

Wahre und scheinbare Tiefe
Weil das menschliche Gehirn voraussetzt, dass das Licht sich geradlinig ausbreitet und nicht gebeugt wird, erscheint der Fisch näher unter der Oberfläche. Man sieht deshalb den Fisch in einer höheren Position, als er tatsächlich ist.

Reflexion

Man sieht Objekte, weil sie Licht reflektieren. Wenn eine Oberfläche so glatt wie ein Spiegel ist, wird der Lichtstrahl im gleichen Winkel zurückgeworfen, in dem er auftraf. Dieses Verhalten nennt man spiegelnde Reflexion. Ist die Oberfläche rau, reflektieren die Lichtstrahlen in verschiedene Richtungen – die Reflexion ist gestreut.

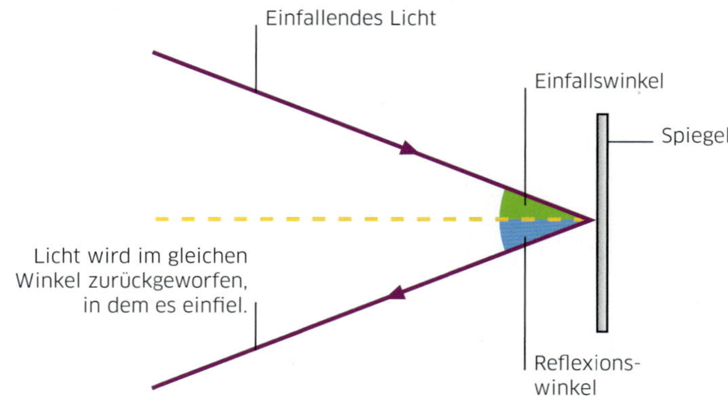

Reflexionsgesetz
Ein Lichtstrahl wird von einem Spiegel in dem Winkel reflektiert, in dem er auf den Spiegel traf. Wissenschaftlich ausgedrückt entspricht der Einfallswinkel genau dem Ausfallswinkel.

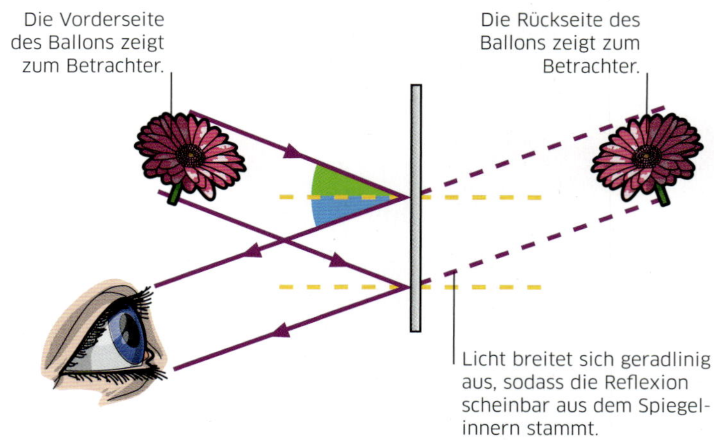

Wie ein Spiegel Objekte abbildet
Ein Spiegelbild erscheint nur seitenverkehrt. Die Lichtstrahlen werden auf derselben Seite reflektiert, auf der sie hineinfallen. Es werden also nicht links und rechts vertauscht, sondern nur vorn und hinten.

Reflexion am Wasser
Stille Wasser wirken wie Spiegel. Sie bilden durch spiegelnde Reflexion alles ab, das sich über ihnen befindet. Wenn sich Wasser kräuselt, wird Licht in vielen Winkeln reflektiert: Die Reflexion ist verschwommen.

Interferenz

Wenn zwei oder mehr Lichtstrahlen, Wasser- oder Schallwellen aufeinandertreffen, überlagern sie sich. Bei dieser Interferenz (Überlagerung) können sich die Wellen verstärken (konstruktive Interferenz), sich schwächen oder sich sogar auslöschen (destruktive Interferenz). Die neue Welle ist dann entweder größer oder kleiner. Daher können auf eine Meereswelle andere folgen, die größer oder kleiner sind.

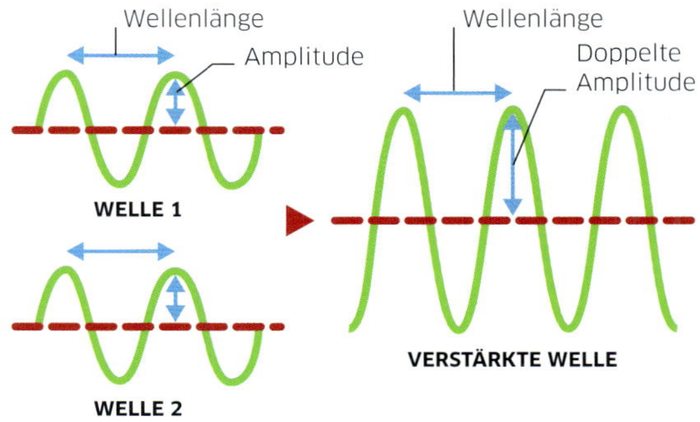

Konstruktive Interferenz

Wenn sich zwei Wellen mit gleicher Länge und Höhe (Amplitude) genau im Takt (in Phase) überlagern, verstärken sie sich. Die neue Welle besitzt die gleiche Wellenlänge, sie ist aber doppelt so hoch. Treffen zwei Lichtwellen wie oben dargestellt aufeinander, ist das Licht doppelt so hell.

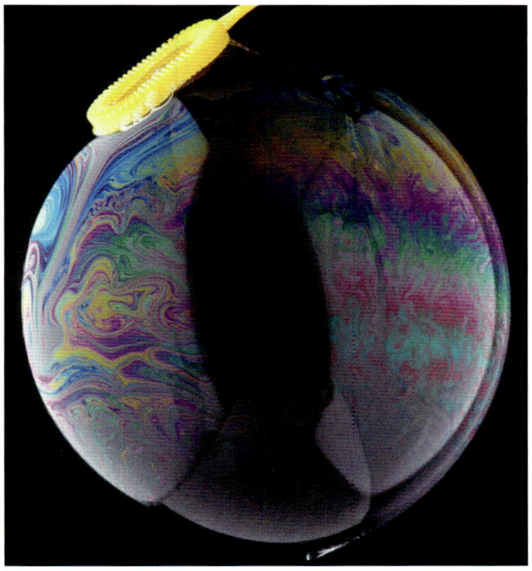

Farbige Seifenblasen

Durch Interferenz erscheinen Seifenblasen farbig, weil der Seifenfilm unterschiedlich dick ist. Trifft Licht auf die Blase und wird von ihrer Außen- und Innenfläche reflektiert, verstärken oder löschen sich die Lichtwellen zu verschiedenen Farben.

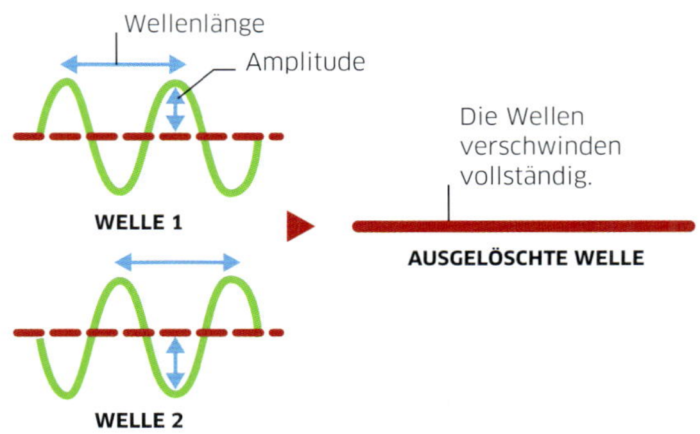

Destruktive Interferenz

Treffen zwei identische Wellen aufeinander, die aber nicht im Takt verlaufen (außer Phase), löschen sie sich aus. Die neue Welle hat eine Amplitude von null. Wenn sich zwei Lichtwellen auslöschen, entsteht Dunkelheit.

Diffraktion

Lichtwellen werden gebeugt, wenn sie durch schmale Spalten oder Öffnungen fallen. Dabei führen kleinere Spalten zu stärkerer Beugung (Diffraktion). Eine Diffraktion kann man sehen, wenn man seine Augen fast ganz schließt und zu einer Straßenlaterne blickt. Wenn man die Augen zusammenkneift, sieht man, wie das Licht durch die winzigen Lücken zwischen den Augenlidern gebeugt wird.

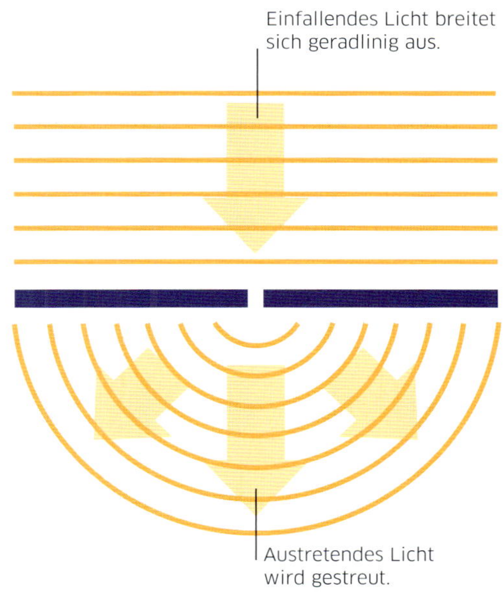

Diffraktion durch einen schmalen Spalt

Damit eine Beugung stattfindet, muss der Spalt etwa so groß wie die Länge der Welle sein. Schallwellen werden ebenfalls gebeugt. Deshalb hört man Geräusche aus anderen Räumen über offene Fluren und um Ecken.

Laser

Laser erzeugen starke Lichtstrahlen. Im Gegensatz zu normalen Lampen befinden sich die Lichtwellen eines Lasers im Takt und verstärken sich (konstruktive Interferenz). Deshalb kann ein Laserlicht über unglaublich weite Strecken leuchten. Die stärksten Laser (Kohlendioxidlaser) schmelzen oder schneiden Metalle.

192 Laserstrahlen erzeugten am US-Labor NIF in einem Sekundenbruchteil mehr Energie, als die USA im gleichen Augenblick verbrauchten.

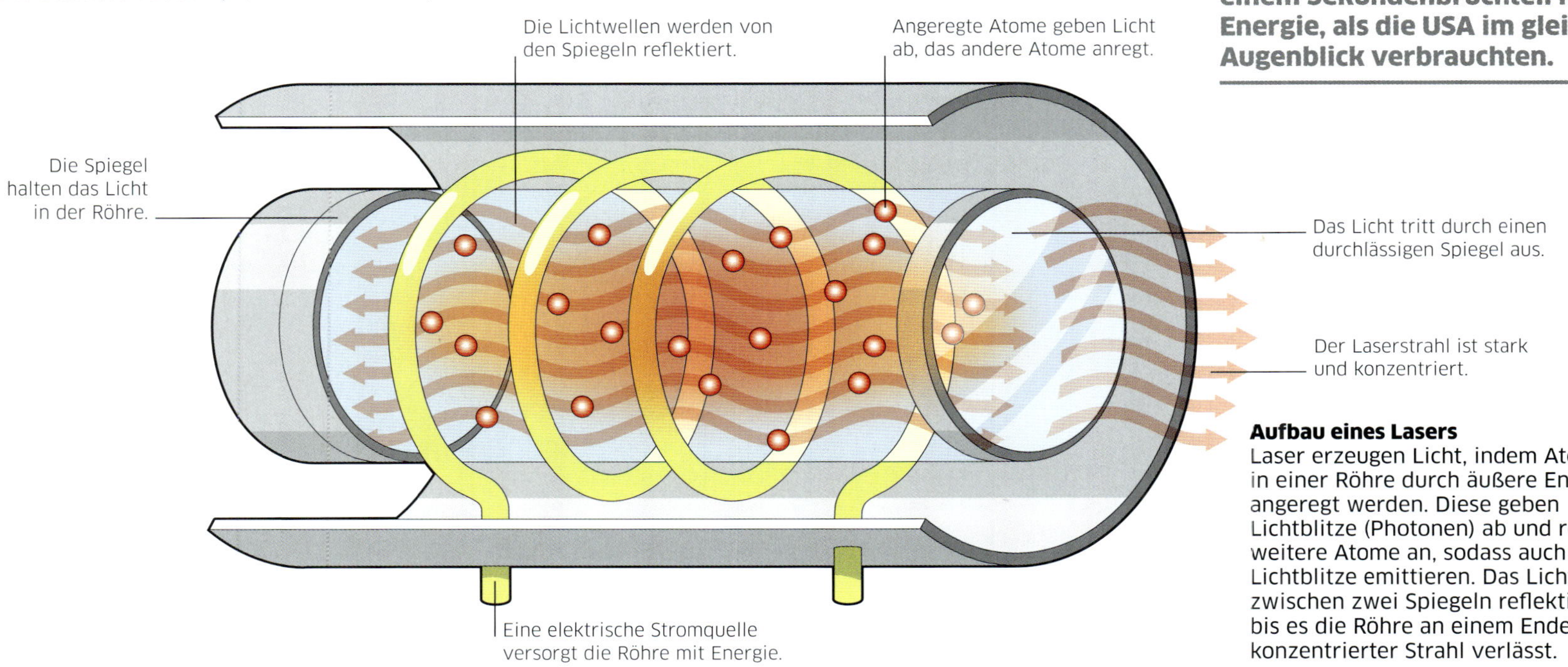

Aufbau eines Lasers

Laser erzeugen Licht, indem Atome in einer Röhre durch äußere Energie angeregt werden. Diese geben Lichtblitze (Photonen) ab und regen weitere Atome an, sodass auch sie Lichtblitze emittieren. Das Licht wird zwischen zwei Spiegeln reflektiert, bis es die Röhre an einem Ende als konzentrierter Strahl verlässt.

Das Paranal-Observatorium **steht auf einem Berg,** auf dem **Wolken nur selten** den Blick ins All versperren.

Das **VLT** würde sogar **Autoscheinwerfer** auf dem **Mond** erkennen.

Teleskope

Den größten Teil des Wissens über das Universum liefern riesige Teleskope, von denen manche so groß wie Bürogebäude sind. Sie sammeln mit Linsen und Spiegeln Licht, um Aufnahmen von weitentfernten Sternen zu machen.

Die riesigen Spiegel sind sehr schwer und auch teuer. Deshalb verbindet man mehrere Teleskope, die dann wie ein einziges funktionieren. Das weltweit größte optische Teleskop (für sichtbares Licht) ist das Very Large Telescope (VLT; engl.: sehr großes Teleskop) in Chile. Zwei oder drei der vier Teleskope, die jeweils einen 8,2 m großen Spiegel besitzen, kann man zu einem einzigen Instrument zusammenschließen. Sie nehmen klarere Bilder von hellen Objekten auf, als es die einzelnen Teleskope vermögen.

Lasergelenkt
Sterne blinken, weil ihr Licht durch die Erdatmosphäre gestört wird, und erscheinen auf Bildern verschwommen. Ein starker Laserstrahl erzeugt in der Atmosphäre einen künstlichen Stern, mit dem die Auswirkungen der Atmosphäre überwacht werden. Ein Computer korrigiert dann unscharfe Bilder.

Paranal-Observatorium

Das VLT besteht aus vier riesigen stationären Teleskopen, vier kleinen Hilfsteleskopen, die auf Schienen verschiedene Positionen einnehmen können, und etwa 20 Instrumenten zur Analyse des Lichts, das diese Teleskope einfangen. Die großen Teleskope heißen Antu, Kueyen, Melipal und Yepun (die Namen für die Sonne, den Mond, das Kreuz des Südens und die Venus in einer chilenischen Landessprache).

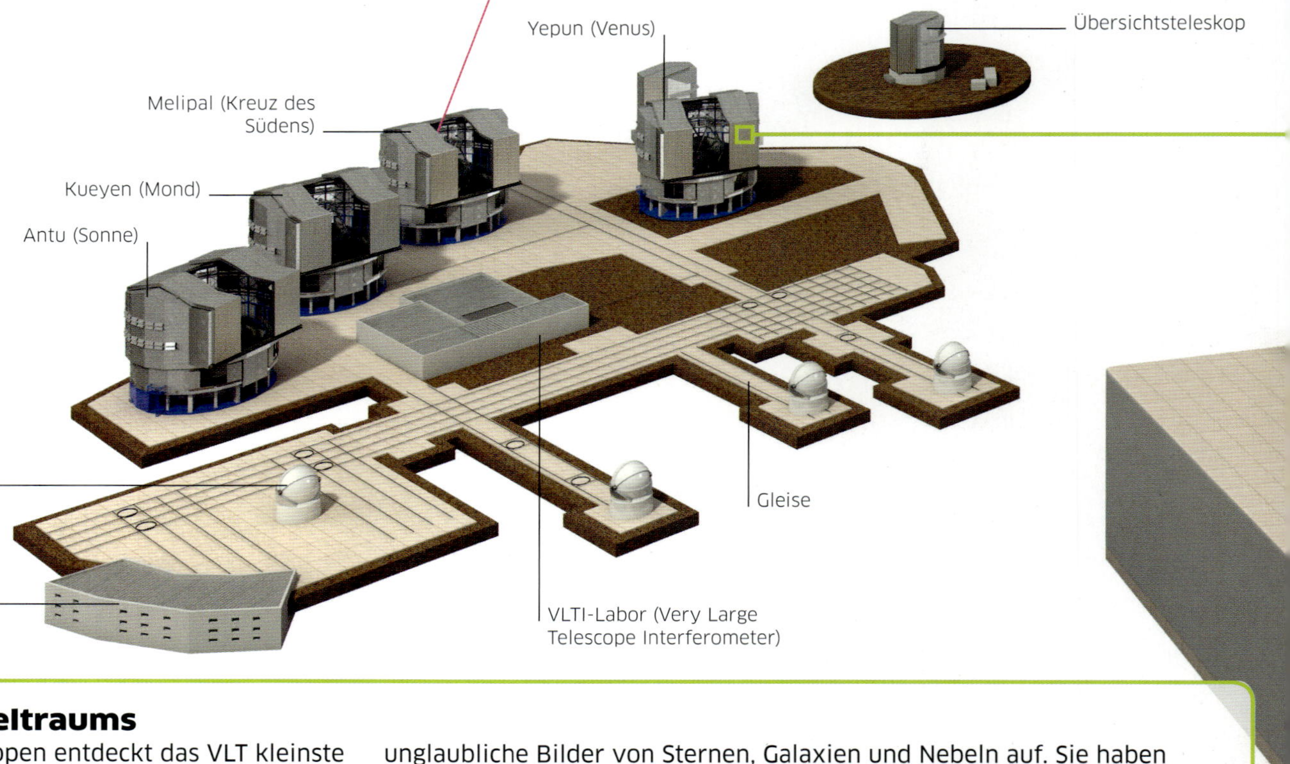

Aufnahmen des äußeren Weltraums

Mit zwei oder drei verbundenen Teleskopen entdeckt das VLT kleinste Details, die kein anderes Teleskop auf der Erde einfangen kann. Seitdem das VLT im Jahr 2000 seinen Betrieb aufgenommen hat, nahm es unglaubliche Bilder von Sternen, Galaxien und Nebeln auf. Sie haben zum besseren Verständnis des Universums beigetragen. Erst kürzlich nahm es Exoplaneten (Planeten außerhalb des Sonnensystems) auf.

Sombrero-Galaxie
Das Licht der Sombrero-Galaxie, die dem mexikanischen Hut gleicht, braucht ungefähr 30 Mio. Jahre, bis es das VLT erreicht. Ihr Gesamtgewicht entspricht etwa 800 Mrd. Sonnen. Sie besitzt einen äußeren Ring aus Sternen, Gas und Staub und einen dichten Kern aus alten Sternen.

Krebsnebel
Der Krebsnebel ist der Überrest eines gewaltigen Sterns, der 1054 als Supernova explodierte. Die Aufnahme des VLT zeigt ein blaues Gebiet in seiner Mitte, das aus energiereichen Elektronen in einem Magnetfeld besteht. Der Nebel hat einen Durchmesser von fünf Lichtjahren.

Der Nebel N70 in der Großen Magellanschen Wolke
Die Große Magellansche Wolke, ein Nachbar der Milchstraße, ist etwa 160 000 Lichtjahre von der Erde entfernt. Alte Astronomen verglichen ihr Aussehen mit einem verschleierten Gebirge. N70 ist eine riesige Gasblase innerhalb der Großen Magellanschen Wolke.

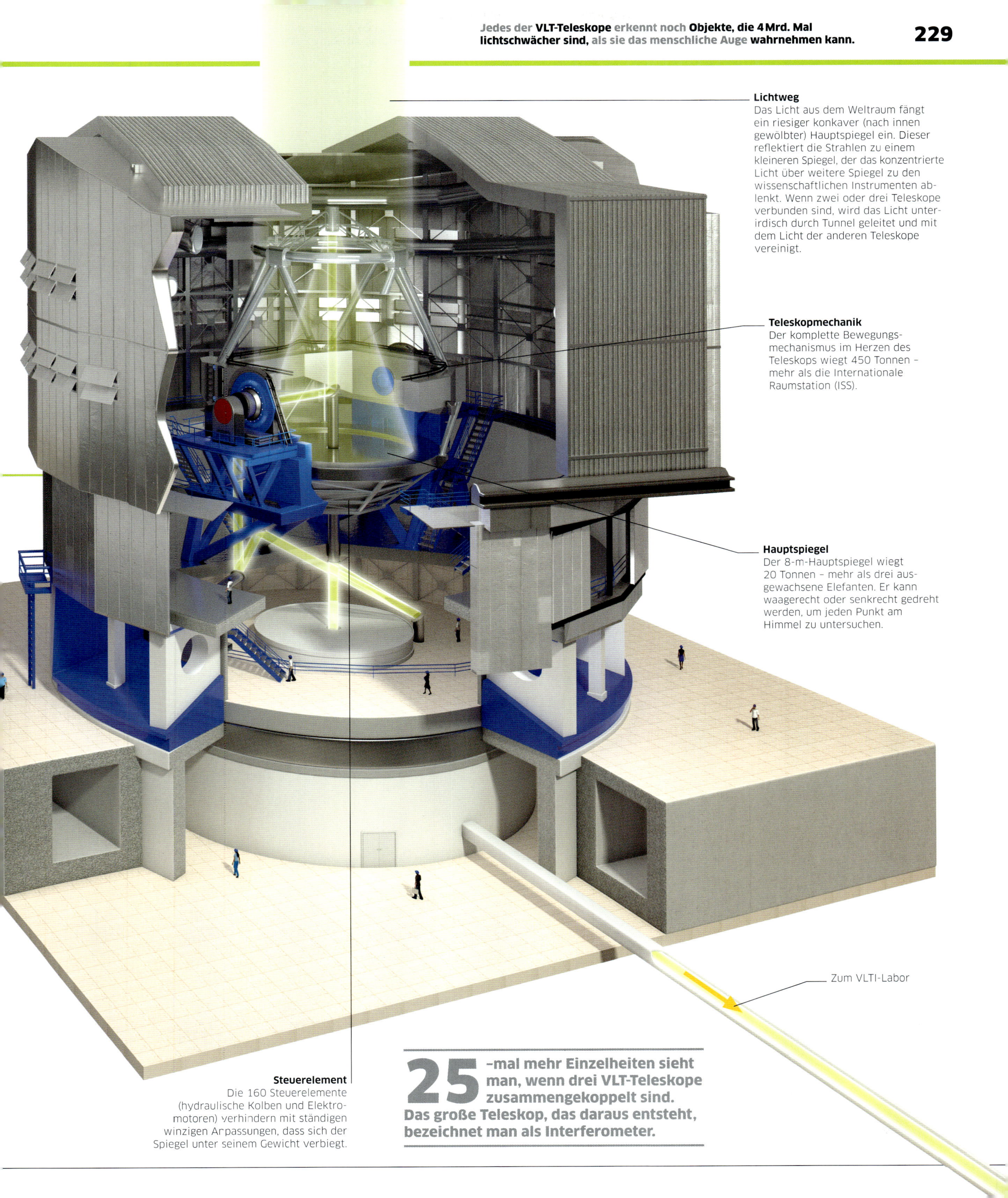

25 -mal mehr Einzelheiten sieht man, wenn drei VLT-Teleskope zusammengekoppelt sind. Das große Teleskop, das daraus entsteht, bezeichnet man als Interferometer.

Die **Explosion des Vulkans Krakatau** (Indonesien) im Jahr 1883 verursachte vermutlich das **lauteste Geräusch aller Zeiten.** Es war noch in **über 4800 km Entfernung** in Alice Springs (Australien) zu hören.

Schall

Wenn jemand „Hallo“ ruft, werden Milliarden Moleküle zusammengepresst und durch die Luft geleitet, bis sie als Schall ein Ohr erreichen. Wenn Schall sichtbar wäre, sähe man, wie er sich als Energiewellen ausbreitet, die in der Luft verdichtet und verdünnt werden.

Schall breitet sich wellenartig mit hoher Geschwindigkeit durch Luft, Wasser und andere Medien aus. Im Gegensatz zu den Wellen auf dem Wasser, die sich auf und ab bewegen, verdichten und verdünnen sich Schallwellen in die Richtung, in die sie sich ausbreiten.

Schall ist letztlich nur eine Form der Energie – wie auch Licht oder Wärme. Für uns Menschen ist er jedoch etwas Besonderes, weil er Worte und Musik überträgt. Ohne Schall würden wir nicht die Vögel in den Bäumen singen hören und könnten nicht den neusten Hits im Radio lauschen. Schall besitzt die Fähigkeit unsere Gefühle zu beeinflussen und unser Interesse an der Umgebung zu wecken.

Wie sich Schall ausbreitet

Schlägt man eine Trommel, schwingt das Fell der Trommel und stößt die Luftmoleküle in seiner Nähe an. Diese stoßen die nächsten an und lassen auch diese schwingen. Der Schall breitet sich so immer weiter aus und verteilt seine Energie in alle Richtungen. Die Energie erreicht schließlich die Ohrmuschel und die Organe des Innenohrs.

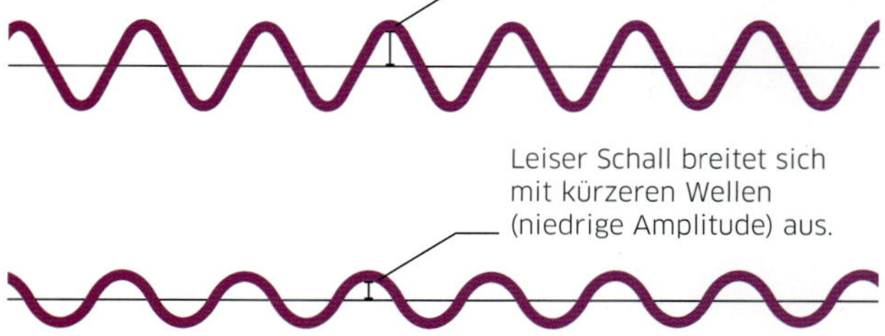

Lautstärke
Damit Schall lauter klingt, braucht er mehr Energie. Je härter man die Trommel schlägt, umso stärker schwingt ihr Fell auf und ab. Dadurch werden die Luftmoleküle stärker angestoßen und erzeugen einen lauteren Ton in den Ohren.

Tonhöhe
Die Tonhöhe des Schalls entsteht durch die Anzahl der Schwingungen (Frequenz). Ein straffes Trommelfell vibriert mehr als ein lockeres und erzeugt höhere Töne. Diese schwingen schneller als niederfrequente Töne.

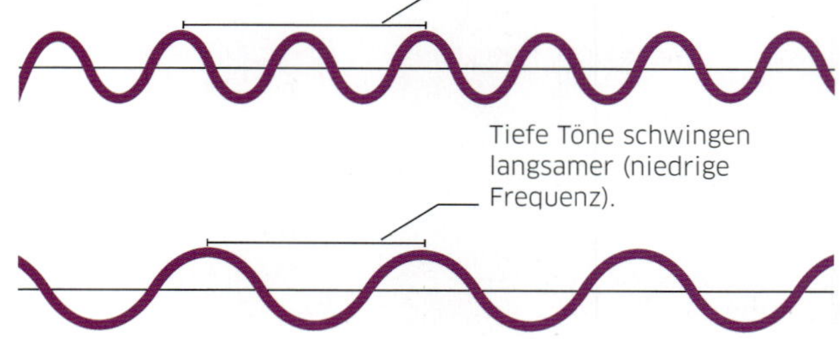

Schallgeschwindigkeit

Einen Blitz sieht man mehrere Sekunden früher, als man den Donner hört, weil sich Licht viel schneller ausbreitet als Schall. Bei einer Lufttemperatur von etwa 20 °C breitet sich Schall am Boden mit 343 m/s (1235 km/h) aus. Seine Geschwindigkeit ist jedoch nicht in jedem Medium gleich. Weil Schall seine Energie über Atome oder Moleküle überträgt, hängt seine Geschwindigkeit vom Aufbau des Mediums – wie dicht dessen Atome gebunden sind – und der Temperatur ab.

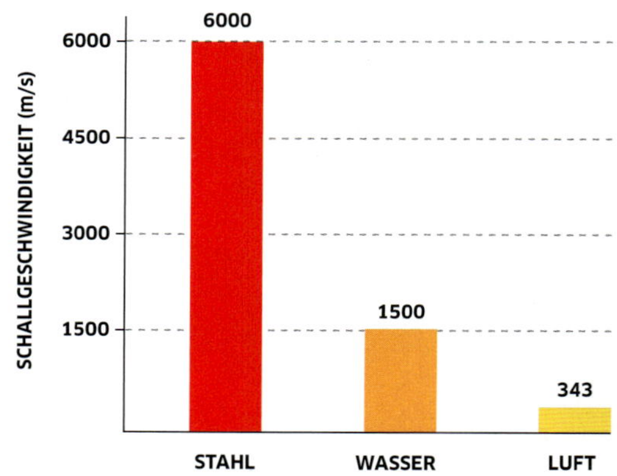

Schallgeschwindigkeit in verschiedenen Medien
Man läuft schneller an Land als im seichten Wasser und erwartet vielleicht, dass Schall sich ähnlich verhält. Doch Schall ist in Feststoffen (deren Atome sind am engsten gebunden) schneller, in Flüssigkeiten langsamer und noch langsamer in Gasen. Schall breitet sich mehr als 17-mal schneller in Stahl als in der Luft aus.

Überschallflug
Hört man ein Flugzeug über seinem Kopf, ist es bereits weitergeflogen. Fliegt es schneller als der Schall, lässt es sein eigenes Geräusch weit hinter sich. Wenn ein Überschallflugzeug die Schallmauer durchbricht, entsteht ein lauter Knall. Es presst die Luft vor sich zusammen und zieht riesige Druckwellen hinter sich her.

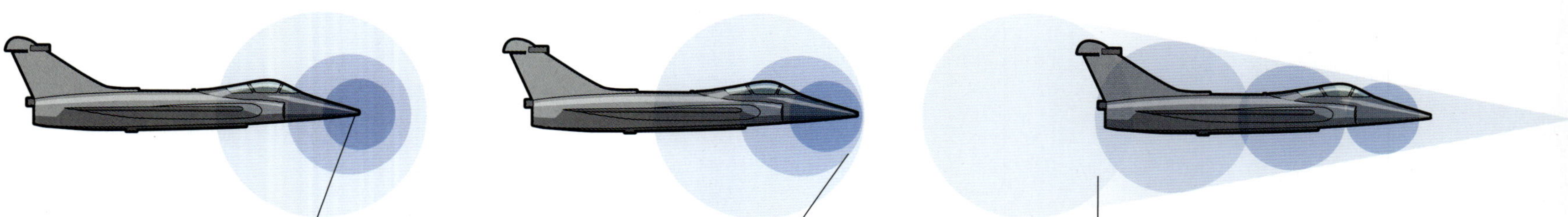

Langsamer als der Schall
Die Schallwellen bewegen sich vom Flugzeug weg, wenn es langsamer als mit Schallgeschwindigkeit fliegt.

Mit Schallgeschwindigkeit
Ein lauter Überschallknall entsteht, wenn das Flugzeug seine eigenen Schallwellen einholt.

Schneller als der Schall
Mit Überschallgeschwindigkeit fliegt das Flugzeug seinen eigenen Schallwellen davon.

Der Dopplereffekt

Fährt ein Krankenwagen auf eine Person zu, klingt seine Sirene hoch. Der Wagen fährt in die Schallwellen der Sirene hinein, sodass die Wellen stärker verdichtet werden und in kürzeren Zeitabständen ankommen. Durch die höhere Frequenz erhält der Schall einen höheren Ton. Die Tonhöhe sinkt, wenn der Wagen sich von der Person entfernt. Die zeitlichen Abstände zwischen den eintreffenden Wellenfronten verlängern sich, der Ton wird damit tiefer. Dieses Phänomen nennt man „Dopplereffekt“ nach dem österreichischen Physiker Christian Andreas Doppler, der es entdeckte.

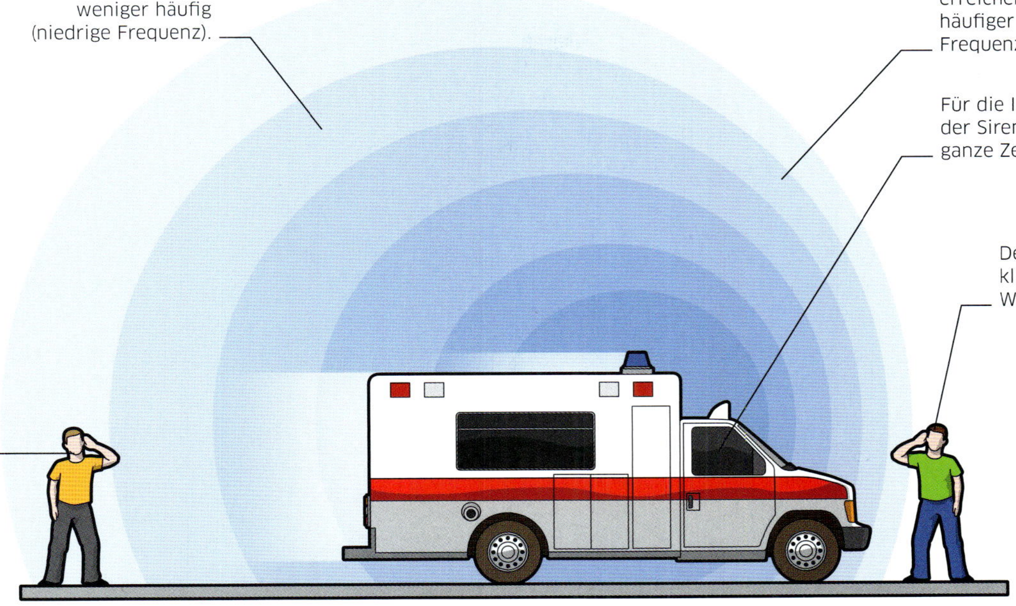

Wechselnde Tonhöhe
Mithilfe der Tonhöhe einer Sirene kann man herausfinden, ob sich ein Wagen nähert oder entfernt. Wenn der Wagen an einem vorbeifährt, hört man seine Sirene genau so wie der Fahrer.

Musik

Unser Gehirn erkennt sofort den Unterschied zwischen Geräusch und Musik, weil die Frequenzen der Noten aufeinander abgestimmt sind. Spielt man die acht Noten einer Oktave (Tonleiter), hat der höchste genau die doppelte Frequenz wie der niedrigste. Auf verschiedenen Instrumenten ergeben dieselben Noten komplizierte Wellen der gleichen Frequenz, aber unterschiedlicher Formen.

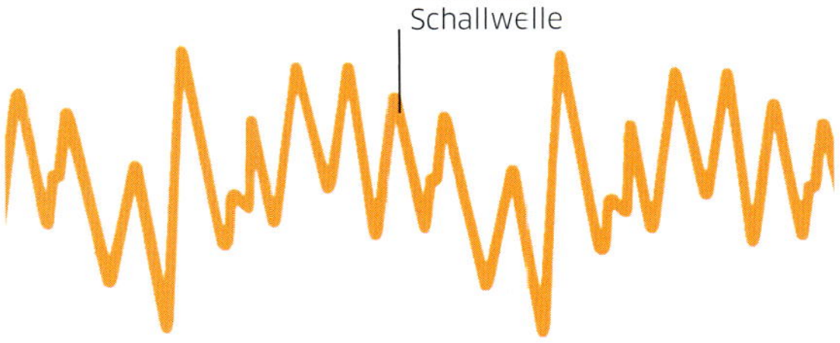

Violine
Beim Spielen einer Violine schwingen ihre Saiten und setzen die Luft im Instrumentenkörper in Bewegung. Die Schallwelle einer Violine ist scharf und gezackt.

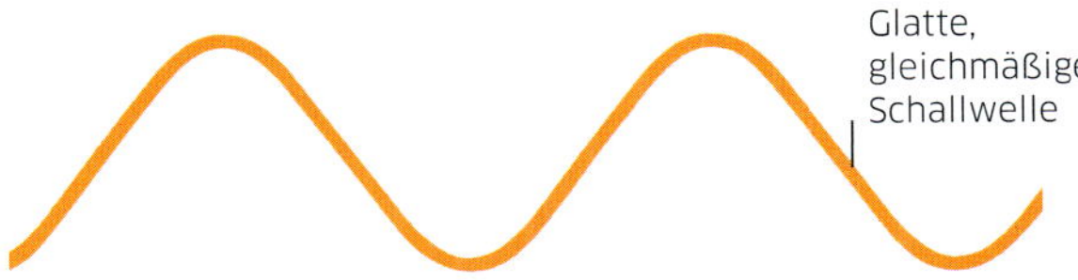

Stimmgabel
Eine Stimmgabel erzeugt ein einfaches, regelmäßiges Schallwellenmuster – die Sinuswelle. Jede Gabel produziert nur einen Ton (Frequenz), deshalb braucht man für jeden Ton eine Stimmgabel.

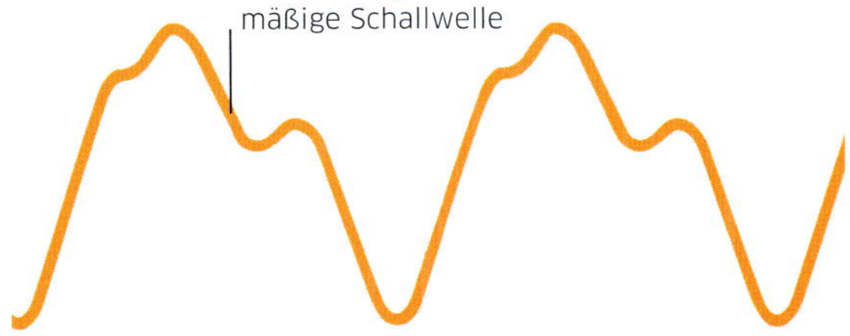

Flöte
Flöten erzeugen Schall, wenn man in sie hineinbläst. Dadurch entstehen Wellen im Instrument. Die Schallwellen gleichen der Sinuswelle einer Stimmgabel, sie sind aber etwas komplizierter.

Becken
Die Schallwellen von Schlaginstrumenten gleichen eher kurzen Ausbrüchen zufälliger Geräusche (weißes Rauschen) als der präzisen Wellenform einer Stimmgabel.

Ein stimmgewaltiger Sänger kann ein Glas bersten lassen, wenn er einen Ton singt, der genau der Resonanzfrequenz des Glases entspricht.

15 cm ist der **Eiffelturm im Sommer höher,** weil er sich durch **Wärme ausdehnt.**

Wärme

Wenn Eiscreme auf deine Hand kleckert, gibt es dafür eine natürliche Erklärung. Wärme (gespeicherte kinetische Energie in Körpern) verteilt sich überall auf der Welt nach präzisen Gesetzen, die unveränderlich sind.

Wärme ist eine Energieform – die Energie von Atomen und Molekülen, die sich in Objekten hin und her bewegen. Wärmere Objekte besitzen mehr Energie als kältere, weil sich ihre Atome und Moleküle schneller bewegen. Aber Wärme bleibt nicht immer in einem Objekt – wenn sich ein warmes Objekt neben einem kälteren befindet, strömt Wärme hinüber, bis beide dieselbe Temperatur haben. Das wärmere Objekt kühlt ab und gibt dabei einen bestimmten Anteil seiner Energie an das kältere ab, das diese Energiemenge erhält und sich erwärmt.

Theorie der Kinetik

Je wärmer ein Gas ist, umso schneller bewegen sich seine Atome und Moleküle. Dadurch stoßen sie häufiger an ihr Behältnis und erzeugen Druck. Wenn man ein Gas erwärmt oder zusammendrückt, stoßen seine Teilchen häufiger zusammen und erhöhen Druck und Temperatur. Diese Regeln nennt man kinetische Theorie.

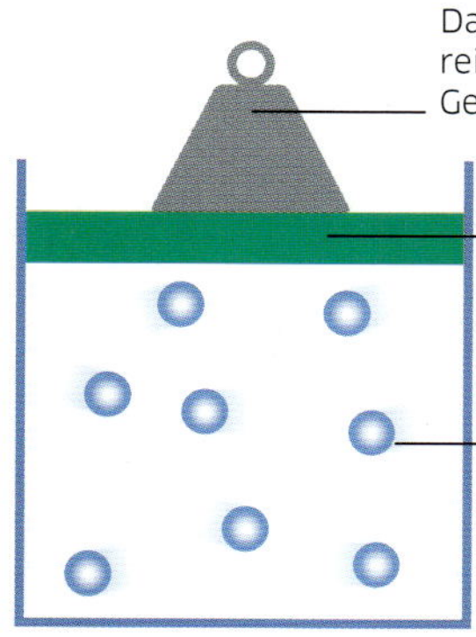

Ausdehnung kühlt Gase ab
Die Gasatome haben mehr Raum, um sich zu bewegen. Die Gesamtwärme verteilt sich in einem größeren Raum, sodass das Gas abkühlt.

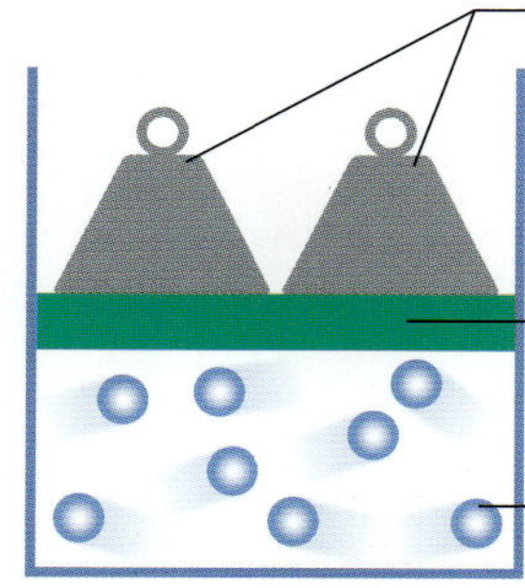

Kompression erwärmt Gase
Wenn der Kolben nach unten geht, werden Atome zusammengedrückt, stoßen häufiger an die Wand und erwärmen sich.

Temperatur

Die Temperaturen, mit denen wir auf der Erde konfrontiert sind, bewegen sich innerhalb eines kleinen Bereichs von weniger als 150 Grad. Der größtmögliche Bereich der Temperaturen vom absoluten Nullpunkt bis zur höchsten Temperatur im Large Hadron Collider umfasst etwa 2 Billionen Grad.

Absoluter Nullpunkt
Bei der kältestmöglichen Temperatur bewegen sich Atome und Moleküle in der Materie nicht mehr. Diesen Punkt bezeichnet man als absoluten Nullpunkt. Bislang wurde diese Temperatur erst bis auf wenige Bruchteile eines Grads erreicht.

Wie sich Wärme ausbreitet

Wie andere Energieformen verteilt sich Wärme gleichmäßig. Warme Objekte geben ihre Energie an kältere durch Wärmeleitung, Wärmeströmung und Wärmestrahlung ab. Häufig erfolgen mehr als eine dieser Übertragungen gleichzeitig. Ein Heizkörper im Raum gibt Wärme an Wände, Boden und Möbel durch Wärmeleitung (direkter Kontakt), Wärmeströmung (warme Luft) und Wärmestrahlung (Wärmestrahlen direkt zum Körper) ab.

Wärmeleitung
Hierzu muss ein warmes Objekt ein kälteres berühren. Die Atome des wärmeren Objekts bewegen sich schneller als die im kälteren. Sie stoßen mit ihnen zusammen und leiten Wärme weiter – bis beide Objekte dieselbe Temperatur haben.

Metall ändert seine Farbe
Die Atome in dem Stab nehmen Wärmeenergie auf. Sie geben aber einen Teil als Licht zurück, sodass der Stab weiß, gelb oder rot glüht.

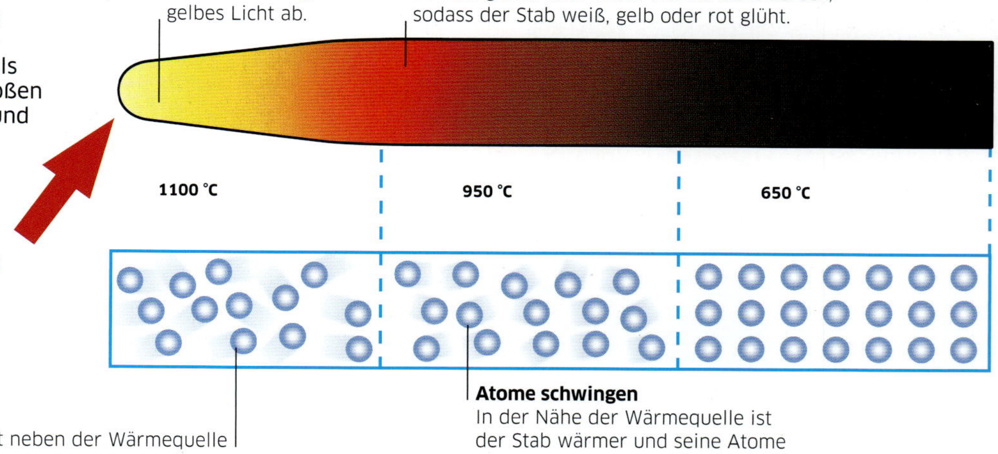

Atome schwingen
In der Nähe der Wärmequelle ist der Stab wärmer und seine Atome bewegen sich mit mehr Energie.

Das Metall **Gallium schmilzt in der Hand** – sein Schmelzpunkt (29,8 °C) ist niedriger als die menschliche **Körpertemperatur.**

Forscher haben Körper bis auf **0,000 000 001** Grad über dem **absoluten Nullpunkt heruntergekühlt.**

Wärme messen

Die Temperatur ist ein Maß dafür, wie warm oder kalt ein Objekt ist. Sie zeigt aber nicht, wie viel Wärmeenergie es besitzt. Ein Eisberg ist enorm groß und obwohl er sehr kalt erscheint, enthalten seine Atome und Moleküle viel Wärmeenergie. Eine Tasse Kaffee ist viel wärmer, aber auch viel kleiner als ein Eisberg und besitzt deshalb insgesamt weniger Wärmeenergie.

Verschiedene Messeinheiten

Für die Temperatur gibt es drei verschiedene Skalen. Fahrenheit ist die offizielle Skala in den USA und wenigen anderen Ländern. Celsius ist die verbreitetste Einheit der Temperatur, während Kelvin die Standardeinheit der Wissenschaft ist.

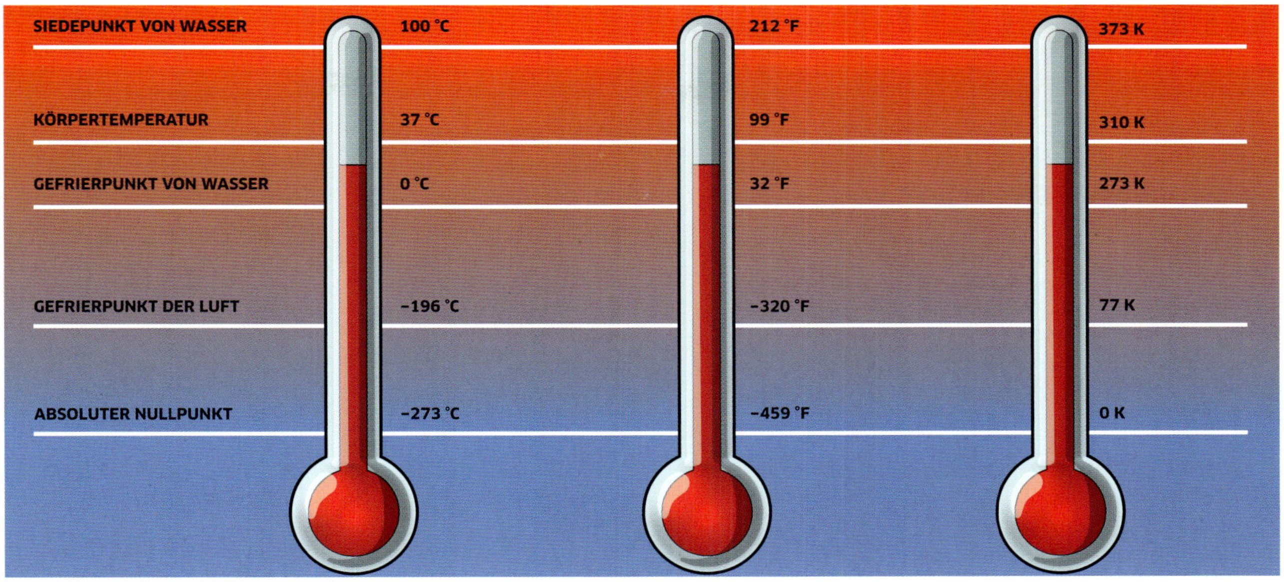

Celsius
Die Skala beruht auf dem Siede- und Gefrierpunkt von Wasser mit 100 Grad Abstand dazwischen.

Fahrenheit
Die Skala beruht auf dem Siede- und Gefrierpunkt von Wasser mit 180 Grad Abstand zwischen ihnen.

Kelvin
Die Skala beginnt am absoluten Nullpunkt und hat dieselben Gradabstände wie die Celsius-Skala.

Absolutes Maximum

Die wärmste Temperatur, die man sich vorstellen kann, beträgt 140 Quintillionen K (die Planck-Temperatur). Das Universum war vermutlich im Bruchteil einer Sekunde nach dem Urknall so heiß, aber diese Temperatur wurde seitdem nie wieder erreicht.

Wärmeströmung

Bei dieser Übertragung zirkuliert Wärme in strömenden Flüssigkeiten und Gasen (Fluiden). Erwärmt man Wasser in einem Topf, erwärmen das aufsteigende warme Wasser und das sinkende kalte Wasser nach und nach die gesamte Flüssigkeit.

Der Griff bleibt kühl, weil Plastik Wärme kaum leitet.

Kälteres Wasser wird verdrängt.

Wärmeres Wasser wird weniger dicht und steigt auf.

Der Topf erwärmt das Wasser durch Wärmeleitung.

Wärmestrahlung

Wärmestrahlen von warmen Objekten breiten sich wie Licht sogar im Vakuum aus. Die größere Oberfläche eines Objekts strahlt Wärme schneller ab und kühlt eher.

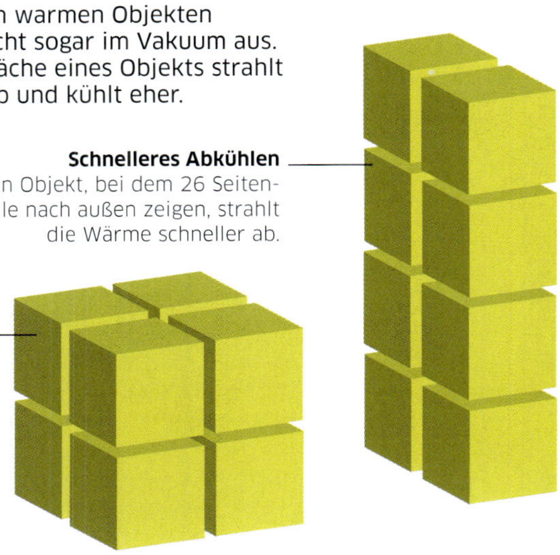

Schnelleres Abkühlen
Ein Objekt, bei dem 26 Seitenteile nach außen zeigen, strahlt die Wärme schneller ab.

Langsameres Abkühlen
Zeigen bei dem Objekt nur 20 Seitenteile nach außen, strahlt Wärme langsamer ab.

3 mm lang ist die **kleinste Batterie der Welt, die 2010 in einem Labor** in den USA **entstand.**

Elektrizität

Blitze werden von Elektronen befeuert. Diese winzigen geladenen Teilchen, die um Atomkerne kreisen, sind unvorstellbar klein. Doch keine Elektrik läuft ohne sie.

Von der Heizung und Beleuchtung in Wohnungen bis hin zu Zügen – die Elektrizität erfüllt eine bemerkenswerte Vielfalt von Aufgaben. Wenn Elektronen durch Leitungen fließen, übertragen sie Energie von Ort zu Ort und erzeugen einen elektrischen Strom. Strom versorgt viele Geräte, die zu Hause über eine Steckdose angeschlossen sind oder mobil mit Batterien betrieben werden wie Mobiltelefone und Laptops. Sammeln sich Elektronen an einer Stelle, entsteht statische Elektrizität. Diese knistert, wenn man seinen Pullover auszieht – oder entlädt sich als gewaltiger Blitz auf die Erde.

Was passiert, wenn Strom fließt?

Schließt man eine Lampe an eine Steckdose oder schaltet ein Licht ein, fließt elektrischer Strom durch eine Leitung. Die Atome in der Leitung bleiben an ihrem Platz, während Elektronen fließen. Jedes Elektron trägt eine winzige elektrische Ladung. Obwohl jedes Elektron sich nur langsam bewegt, sorgt die Vielzahl der Elektronen dafür, dass Elektrizität ohne Zeitverzögerung fließt. Die Lampe brennt sofort.

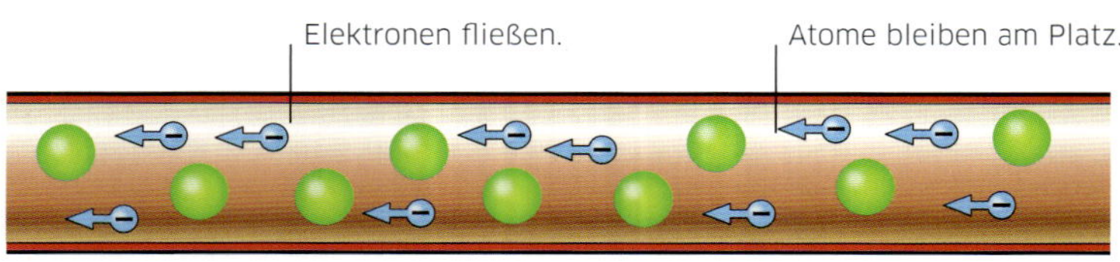

Stromfluss
Schaltet man ein Gerät ein, beginnen die Elektronen in der Leitung zu fließen. Bei einer größeren Spannung fließen mehr Elektronen durch die Leitung und erzeugen stärkeren Strom.

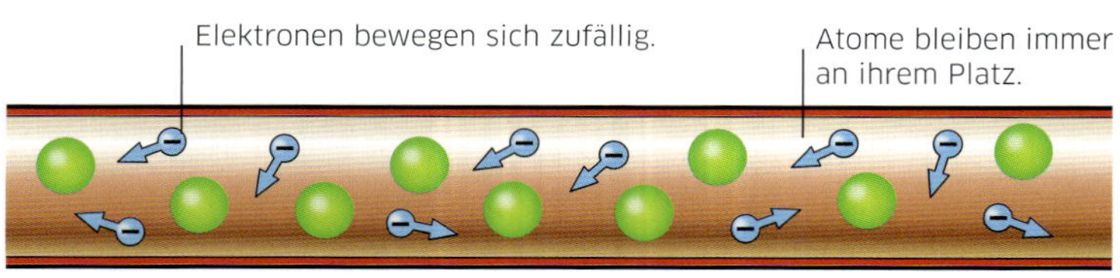

Kein Stromfluss
Schaltet man das Gerät ab, treibt keine Kraft mehr die Elektronen in die gleiche Richtung. Sie fließen nicht mehr als Strom, sondern bewegen sich zufällig.

Wie Batterien funktionieren

Batterien sind tragbare Energiequellen, die Elektrizität durch chemische Reaktionen erzeugen. Sie besitzen einen negativen Pol (die Metallhülle und Platte am Boden), einen positiven Pol (den Metallknopf oben) und einen Elektrolyten (chemische Lösung) zwischen ihnen. Wenn man eine Batterie an einen Stromkreis anschließt, setzen chemische Reaktionen ein und erzeugen Elektronen und positive Ionen (Atome, denen Elektronen fehlen). Die positiven Ionen wandern durch die Batterie. Die Elektronen fließen durch einen Stromkreis außerhalb und treiben das Gerät an, das an sie angeschlossen ist.

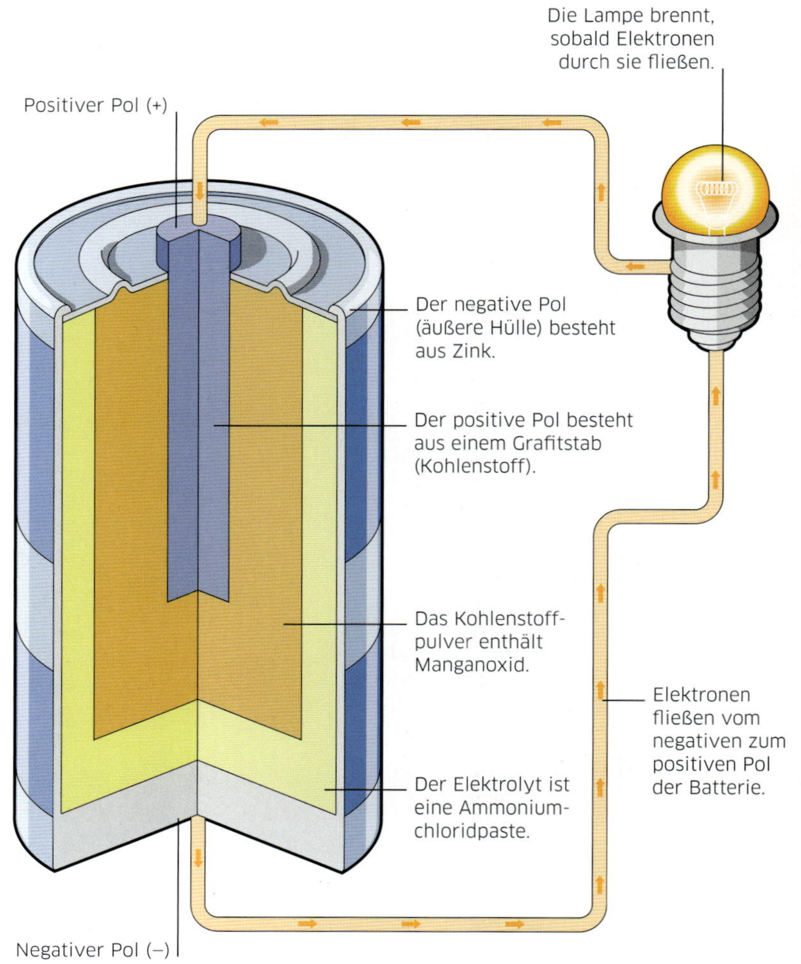

Batterie
Die einfachsten Batterien haben einen negativen Pol aus Zink und einen positiven Pol aus Kohlenstoff (Grafit) und können nur einmal benutzt werden. Wideraufladbare Batterien nutzen Materialien, deren chemische Reaktionen umkehrbar sind und deshalb viele Hundert Mal benutzt werden können.

Elektrische Stromkreise

Den Weg, den die Elektronen nehmen, bezeichnet man als Stromkreis. Ein elektrischer Stromkreis überträgt Energie von einer Quelle (z. B. eine Batterie) zu einem Verbraucher, der diese Kraft nutzt (z. B. eine Lampe), und wieder zurück. Elektrizität fließt aber nur, wenn der Stromkreis geschlossen ist. Wird er z. B. durch einen Schalter unterbrochen, können die Elektronen diese Lücke nicht überwinden: Es fließt kein Strom mehr.

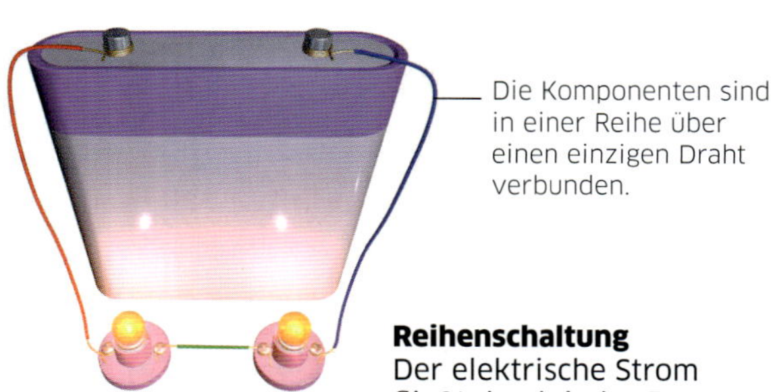

Reihenschaltung
Der elektrische Strom fließt durch jedes Bauteil des Stromkreises. Dabei erhält jede Lampe den gleichen Strom.

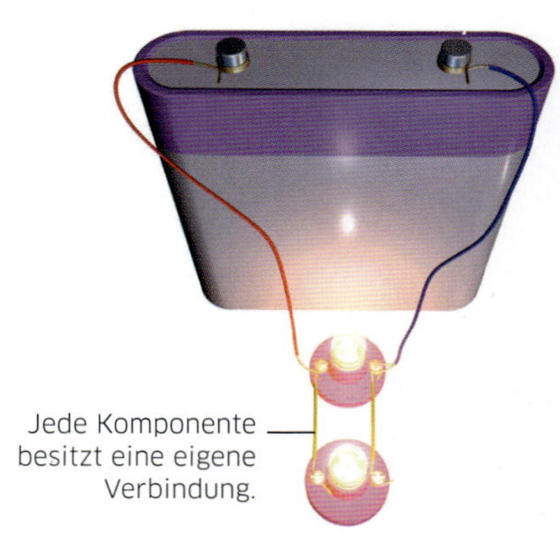

Parallelschaltung
Der elektrische Stom wird aufgeteilt, um durch verschiedene Schaltungen zu fließen. Jede Lampe erhält nur die Hälfte des Stroms.

Statische Elektrizität

Normalerweise stellt man sich Elektrizität als Fluss durch Leitungen vor. Wenn sich Elektronen ohne Stromkreis anreichern, erzeugen sie statische Elektrizität. Sie sorgt dafür, dass die Haare abstehen, wenn man sich ein T-Shirt aus Polyester auszieht, oder dass ein Luftballon an einer Wand haftet, nachdem man ihn an einem Pullover gerieben hat. Die Oberfläche von Objekten wie Luftballons zieht Elektronen von anderen Oberflächen an und wird durch die zusätzlichen Elektronen negativ geladen.

Blitze können die Luft um sich auf Temperaturen erhitzen, die mehr als
5-mal heißer
sind als die Sonnenoberfläche.

Negative Ladung
Reibt man einen Luftballon an einem Pullover, wird er negativ aufgeladen. Hält man ihn dann an eine Wand, verdrängt er negative Elektronen und die Wand wird positiv geladen. Der Ballon haftet dann an ihr.

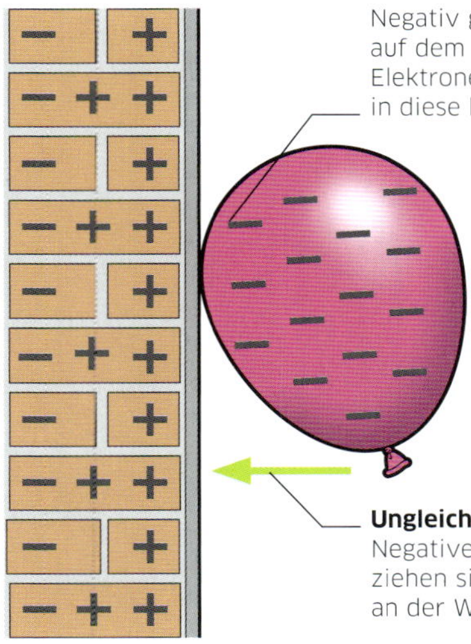

Negativ geladene Elektronen auf dem Luftballon drücken Elektronen der Wand tiefer in diese hinein.

Ungleiche Ladungen ziehen sich an
Negative und positive Ladungen ziehen sich an, sodass der Ballon an der Wand haftet.

Abstoßung
Wenn man zwei Luftballons nacheinander an einem Pullover reibt, werden beide negativ aufgeladen. Versucht man dann die Ballons aneinanderzuhalten, stoßen sich ihre negativen Ladungen ab.

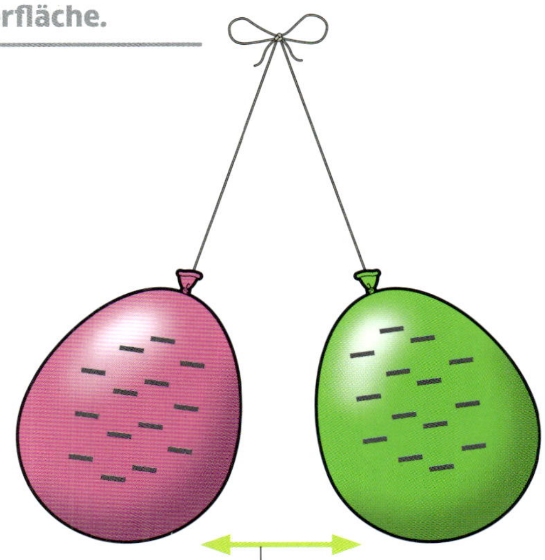

Gleiche Ladungen stoßen sich ab
Zwei negative Ladungen stoßen sich gegenseitig ab, sodass die Ballons auseinandertreiben.

Plasmakugeln
Die verwirbelnden Ströme in dieser Glaskugel, die mit einer Mischung aus Gasen gefüllt ist, entstehen durch statische Elektrizität. Wenn der Stab in der Mitte unter hohe Spannung gesetzt wird, werden die Gasatome in der Kugel zu Plasma (Atome, die sich in Ionen und Elektronen geteilt haben) auseinandergerissen. Elektrizität baut sich in der Mitte auf und breitet sich durch Ionen und Elektronen zum Glasrand aus, sodass Ströme winziger Blitze entstehen.

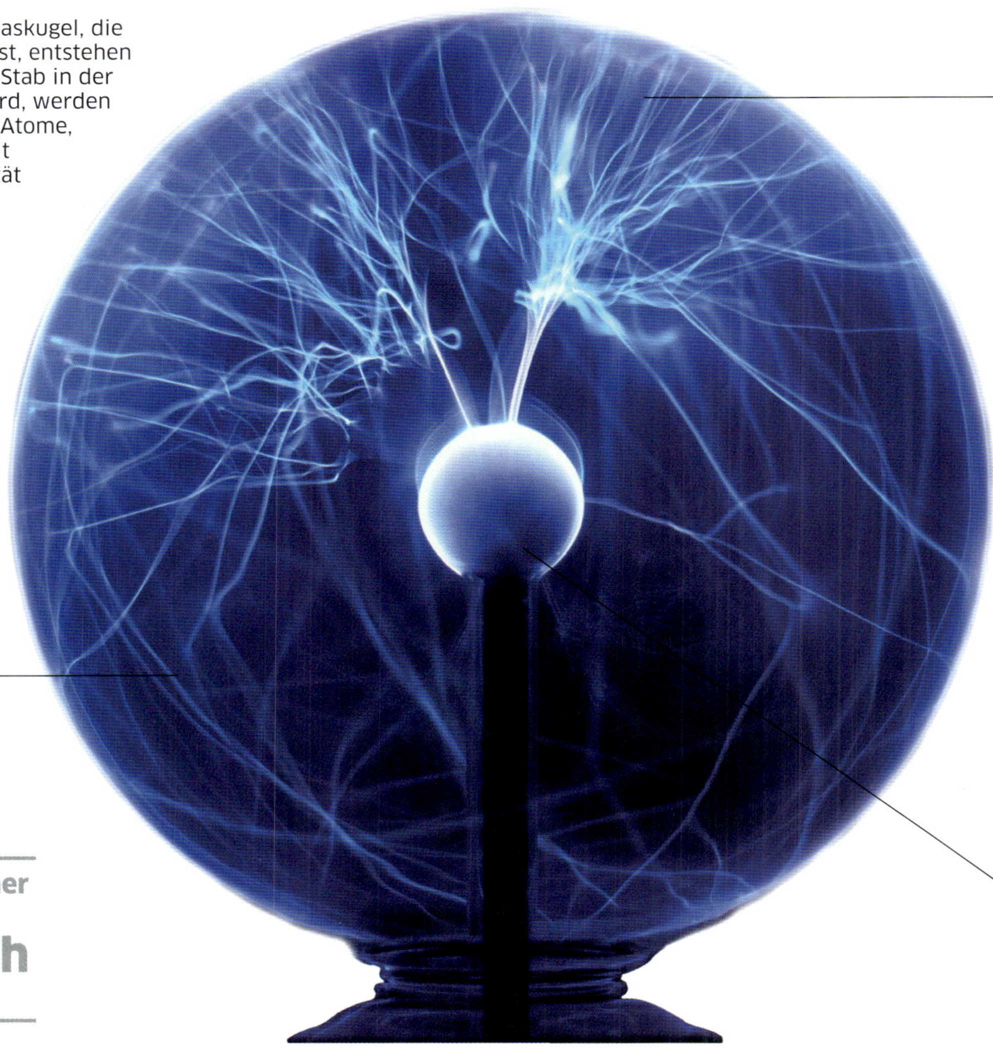

Plasmakugel
Die Glaskugel ist mit Gas wie Neon oder Argon unter niedrigem Druck gefüllt.

Elektrische Ströme
Die Lichtströme sind elektrische Ströme, die aus der Mitte zum Rand der Kugel fließen.

Hochspannungszentrum
Der innere Stab mit der Kugel erzeugt hochspannige Elektrizität in der Glaskugel.

Lichtblitze breiten sich mit einer Geschwindigkeit von etwa
322 000 000 km/h
in der Luft aus.

Eine **Verdopplung der Windstärke** erhöht die Leistung einer **Windkraftanlage um** das 8-Fache.

Insgesamt verbrauchen **Haushaltslampen 16-mal mehr Energie** als Straßenlampen und **Ampeln.**

Von der Quelle nach Hause

Elektrizität wird über ein kompliziertes Netz von den Kraftwerken und Generatoren, die sie erzeugen, zu den Abnehmern geleitet. Der Verbrauch von Elektrizität steigt und sinkt im Lauf eines Tages. Die verschiedenen Kraftwerke zur Stromerzeugung werden so gesteuert, dass immer ausreichend Strom vorhanden ist.

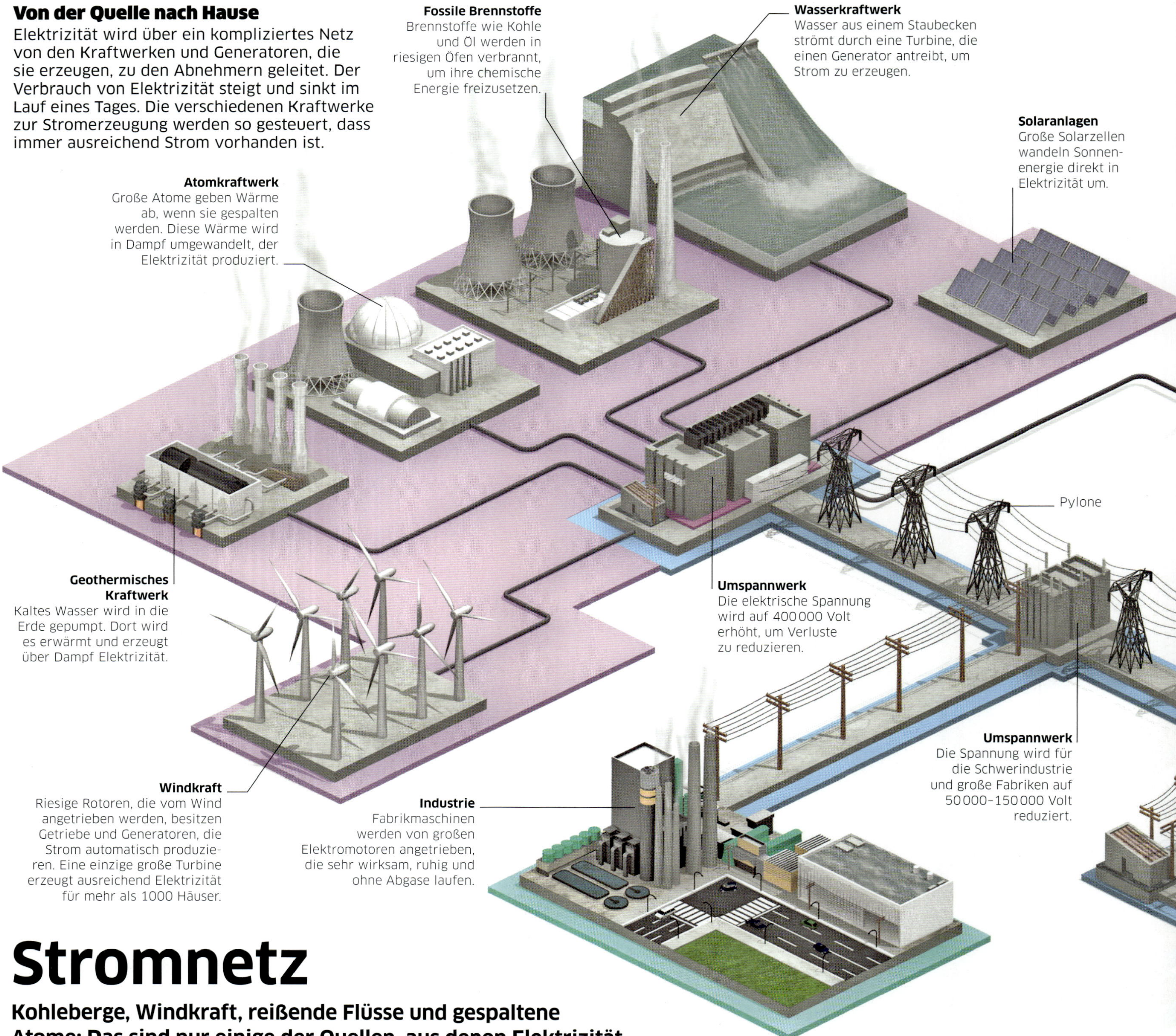

Stromnetz

Kohleberge, Windkraft, reißende Flüsse und gespaltene Atome: Das sind nur einige der Quellen, aus denen Elektrizität erzeugt wird – unsere vielseitigste Energieform.

Früher wurde Energie durch Verbrennen von Holz und Kohle, durch Wasser-, Windkraft und Dampfmaschinen gewonnen. Stromerzeugung im großen Maßstab wurde erst nach Erfindung des Generators möglich und bald musste man die Elektrizität nicht mehr länger am Verbrauchsort produzieren. Heute wird sie über Hunderte oder Tausende Kilometer zu Haushalten und Fabriken geleitet. Elektrizität lässt sich vielseitig nutzen – zum Heizen, für die Beleuchtung und in Elektromotoren, die von der elektrischen Zahnbürste bis zum Schnellzug viele Geräte antreiben.

1 Stromerzeugung
Herkömmliche Kraftwerke gewinnen Elektrizität durch Verbrennen von Brennstoffen, die Wärme freisetzen. Diese erhitzt Wasser und erzeugt Wasserdampf, der Turbinen antreibt. Diese wiederum treiben Generatoren an. Sie wandeln mechanische Energie in elektrische um.

2 Stromverteilung
Nur etwa ein Drittel der Energie, die im ursprünglichen Brennstoff gespeichert war, wird zu Elektrizität. Der Rest geht als Abwärme im Kraftwerk und den Überlandleitungen verloren. Die Übertragung mit sehr hoher Spannung vermindert die Verluste. Umspannwerke vor Ortschaften senken sie auf niedrigere Werte.

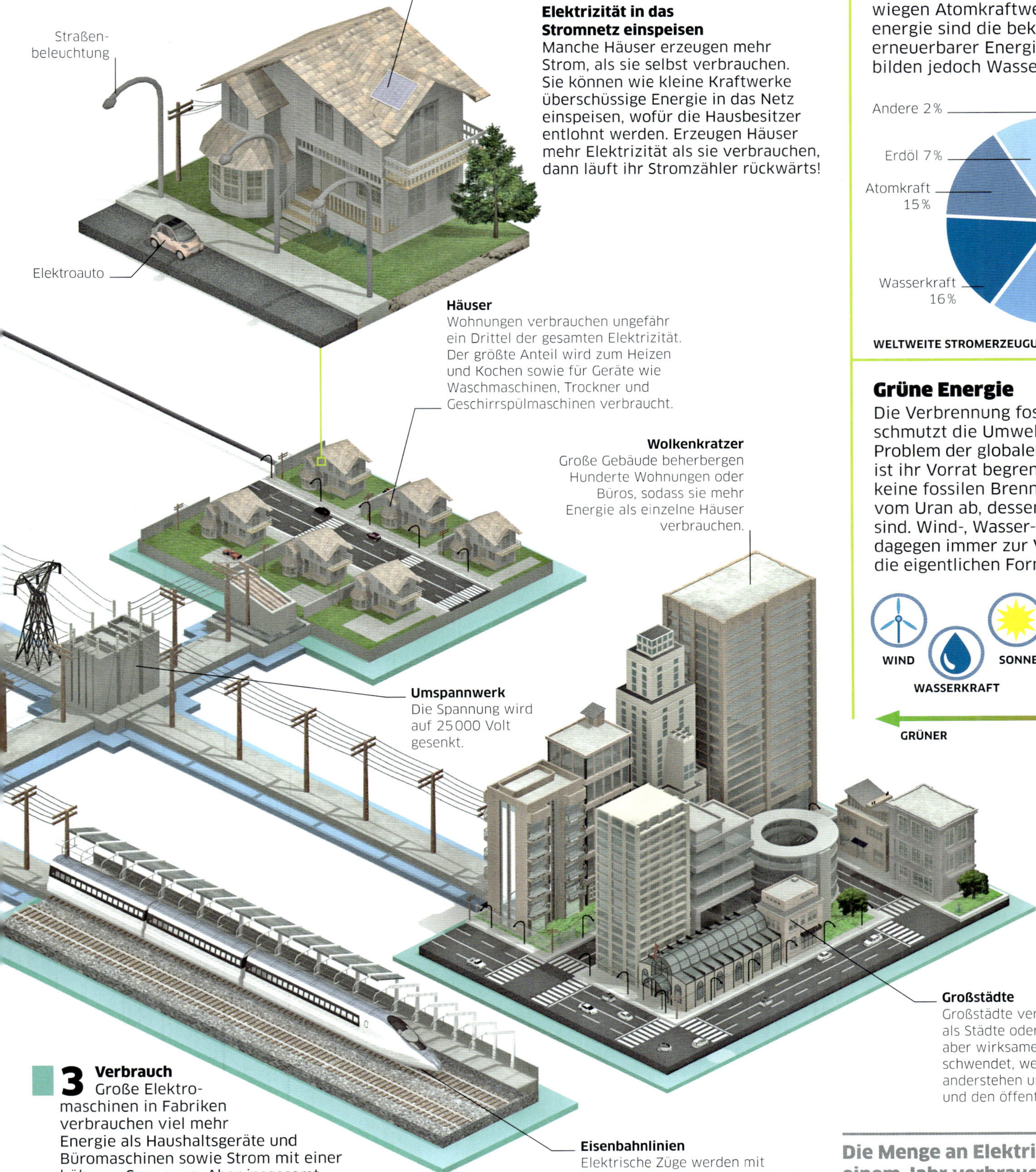

Solarzellen
Mit Solarzellen auf dem Dach kann man Elektrizität oder Warmwasser erzeugen.

Elektrizität in das Stromnetz einspeisen
Manche Häuser erzeugen mehr Strom, als sie selbst verbrauchen. Sie können wie kleine Kraftwerke überschüssige Energie in das Netz einspeisen, wofür die Hausbesitzer entlohnt werden. Erzeugen Häuser mehr Elektrizität als sie verbrauchen, dann läuft ihr Stromzähler rückwärts!

Häuser
Wohnungen verbrauchen ungefähr ein Drittel der gesamten Elektrizität. Der größte Anteil wird zum Heizen und Kochen sowie für Geräte wie Waschmaschinen, Trockner und Geschirrspülmaschinen verbraucht.

Wolkenkratzer
Große Gebäude beherbergen Hunderte Wohnungen oder Büros, sodass sie mehr Energie als einzelne Häuser verbrauchen.

Umspannwerk
Die Spannung wird auf 25 000 Volt gesenkt.

Großstädte
Großstädte verbrauchen mehr Elektrizität als Städte oder Dörfer, sie nutzen sie aber wirksamer. Weniger Strom wird verschwendet, weil Gebäude dichter beieinanderstehen und Menschen Elektrozüge und den öffentlichen Nahverkehr nutzen.

Eisenbahnlinien
Elektrische Züge werden mit Strom aus Oberleitungen versorgt. Wenn sie bremsen, speisen ihre Bremsen Energie in die Oberleitungen, anstatt sie als Abwärme zu verschwenden.

3 Verbrauch

Große Elektromaschinen in Fabriken verbrauchen viel mehr Energie als Haushaltsgeräte und Büromaschinen sowie Strom mit einer höheren Spannung. Aber insgesamt gibt es viel mehr Wohnungen. Wohnungen, Büros und Fabriken verbrauchen jeweils nur knapp ein Drittel der gesamten Stromerzeugung.

Energiequellen

Die meisten Länder gewinnen den Hauptanteil ihrer Elektrizität aus fossilen Brennstoffen (Kohle, Erdgas und Erdöl). In einigen Ländern wie in Frankreich und Japan überwiegen Atomkraftwerke. Wind- und Solarenergie sind die bekanntesten Beispiele erneuerbarer Energie. Deren größten Anteil bilden jedoch Wasserkraftwerke.

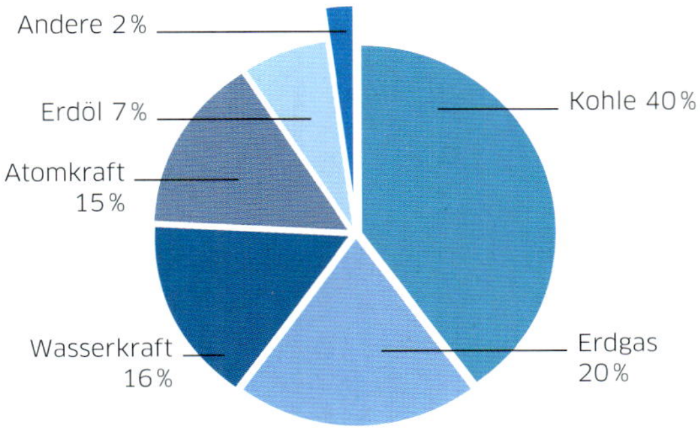

WELTWEITE STROMERZEUGUNG 2012

Grüne Energie

Die Verbrennung fossiler Brennstoffe verschmutzt die Umwelt und verstärkt das Problem der globalen Erwärmung. Außerdem ist ihr Vorrat begrenzt. Obwohl Atomkraft keine fossilen Brennstoffe nutzt, hängt sie vom Uran ab, dessen Vorräte auch begrenzt sind. Wind-, Wasser- und Sonnenkraft stehen dagegen immer zur Verfügung und stellen die eigentlichen Formen grüner Energie dar.

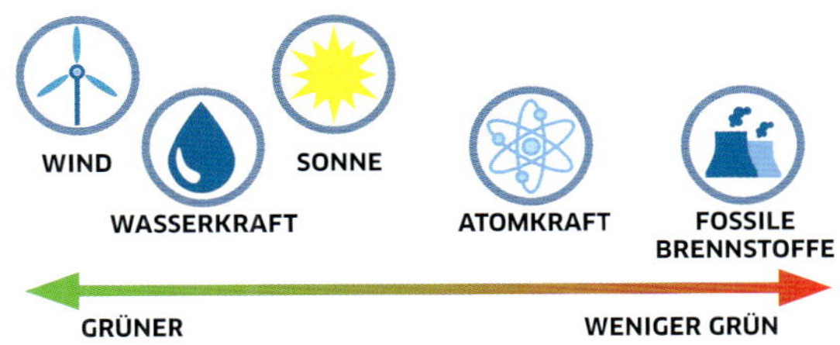

Die Menge an Elektrizität, die weltweit in einem Jahr verbraucht wird, reicht aus, um 10 Billionen Toaster eine Stunde lang zu benutzen.

Könnte man ein **Atomkraftwerk** direkt an einen **elektrischen Teekessel anschließen, würde das Wasser** für eine Tasse Tee innerhalb von **50 Millionstel Sekunden** kochen.

Radioaktivität

Atomkraftwerke erzeugen Elektrizität, indem sie Atome spalten. Atome werden durch gewaltige Kräfte zusammengehalten und setzen massive Energiemengen frei, wenn sie zerfallen.

Viele Elemente haben Atome mit einer unterschiedlichen Anzahl von Neutronen – die sogenannten Isotope. Einige sind sehr instabil (radioaktiv), zerfallen natürlich in stabilere Elemente und geben dabei Energie ab. Atome können auch künstlich gespalten werden wie in Atomkraftwerken und Atombomben. Obwohl radioaktive Atome so gefährlich sind, dass sie Menschen töten, können sie auch Leben retten. Radioaktive Isotope werden in Rauchmeldern, zur Konservierung von Lebensmitteln oder auch zur Behandlung von Krebserkrankungen eingesetzt.

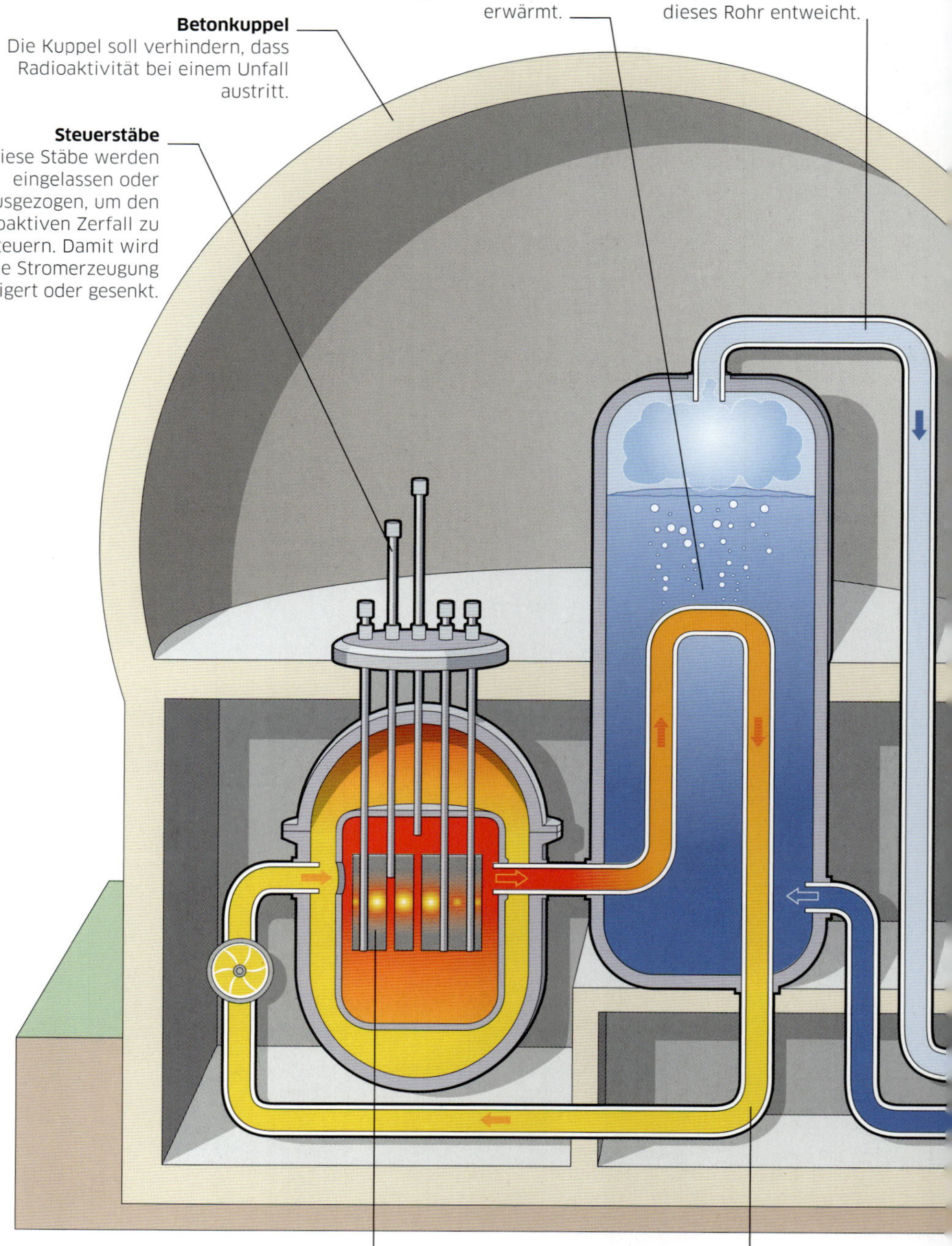

Zerfallsarten

Instabile Atome zerfallen auf drei verschiedene Arten: Alpha-, Beta- und Gammazerfall. Alpha- und Betazerfall bestehen aus Teilchen der zerfallenden Atome. Gammastrahlen sind wie Licht eine elektromagnetische Strahlung, die aber sehr energiereich und hochgefährlich ist.

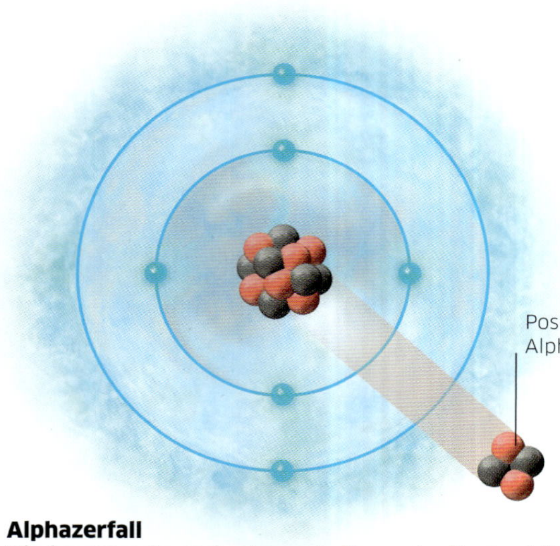

Alphazerfall
Die langsamste und schwerste Form der Radioaktivität sind Alphateilchen. Jedes Teilchen besteht aus zwei Protonen und zwei Neutronen (wie der Kern eines Heliumatoms).

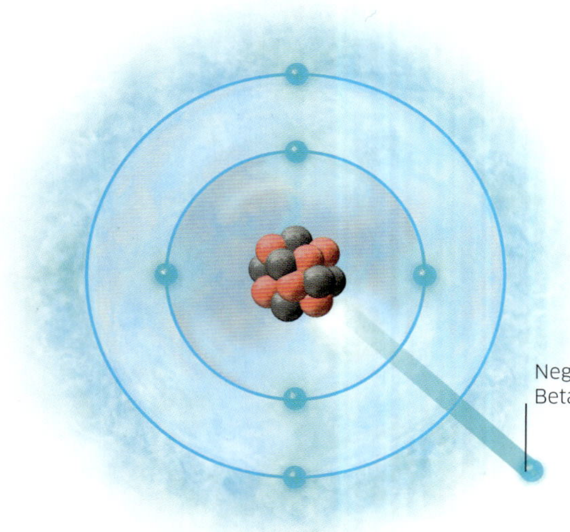

Betazerfall
Betateilchen sind kleiner und schneller. Sie sind tatsächlich negativ geladene Teilchen wie Elektronen, die instabile Atome mit geringerer Geschwindigkeit als die des Lichts abgeben.

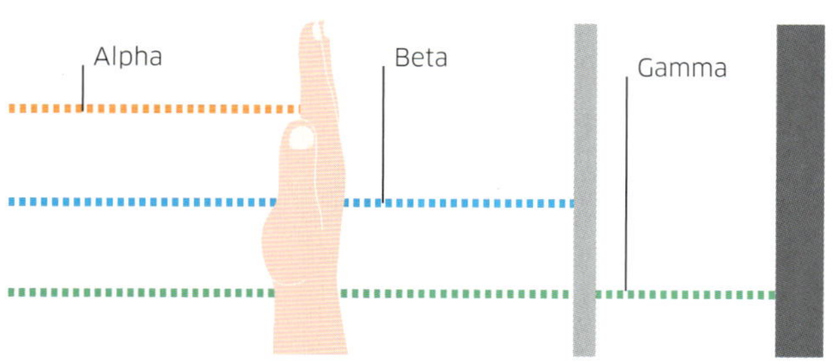

Durchdringende Kraft
Alpha-, Beta- und Gammazerfall dringen durch unterschiedliche Materien, weil sie verschiedene Geschwindigkeiten und Energien haben. Alphateilchen werden von einem Blatt Papier aufgehalten. Betateilchen dringen in die Haut ein, aber nicht in Metall. Gammastrahlen können nur Blei oder Beton aufhalten.

Energie aus Atomen

Atome geben Energie auf zwei Arten ab. Große, instabile Atome (wie Uran) zerfallen in kleinere Atome und setzen dabei Wärme frei. Diesen Prozess nennt man Kernspaltung. Dabei entsteht Wärme, weil die Gesamtenergie der kleineren Atome geringer ist als die im ursprünglichen Atom. Der zweite Prozess ist die Kernfusion. Dabei verschmelzen kleinere Atome (Wasserstoffisotope) zu einem größeren und setzen Energie frei. Alle Atomkraftwerke laufen mit Kernspaltung. Die Kernfusion ist zwar viel sauberer, aber sie verbraucht heute noch zu viel Strom.

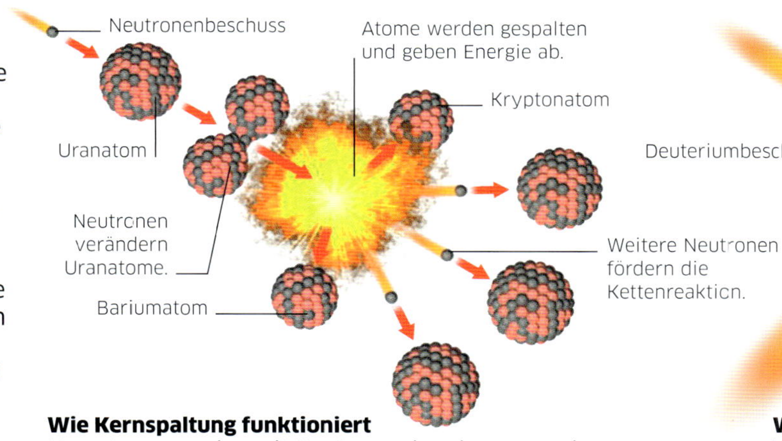

Wie Kernspaltung funktioniert
Uranatome werden mit Neutronen beschossen und zerfallen in zwei kleinere Atome. Dabei geben sie weitere Neutronen ab, die eine Kettenreaktion auslösen.

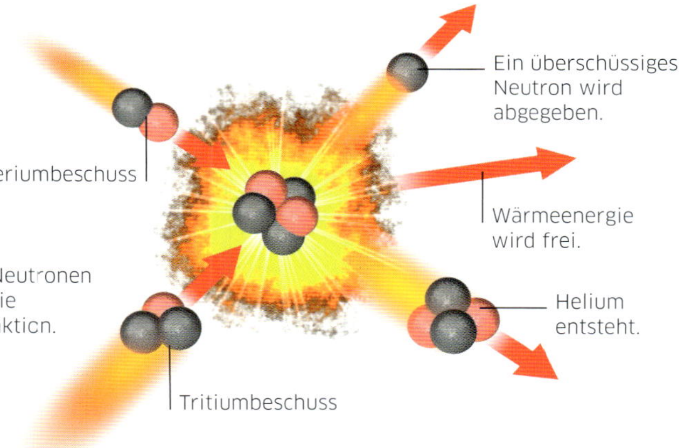

Wie Kernfusion funktioniert
Zwei schwere Wasserstoffisotope (Deuterium und Tritium) verschmelzen zu Helium. Ein überschüssiges Neutron und Wärme werden abgegeben.

Wie Atomkraftwerke arbeiten

In einem Atomkraftwerk wird die Wärme, die zur Stromerzeugung dient, nicht durch Verbrennen von Kohle oder Gas produziert, sondern durch Atomspaltung in einem riesigen Atomreaktor. Die Strommenge wird mit Steuerstäben reguliert, die zwischen die Brennstäbe gesenkt werden. Sie fangen Neutronen auf und unterbrechen dadurch die Kettenreaktion.

13 % der weltweiten Elektrizität werden durch Atomkraftwerke erzeugt. Ihre Zahl nimmt weiter zu.

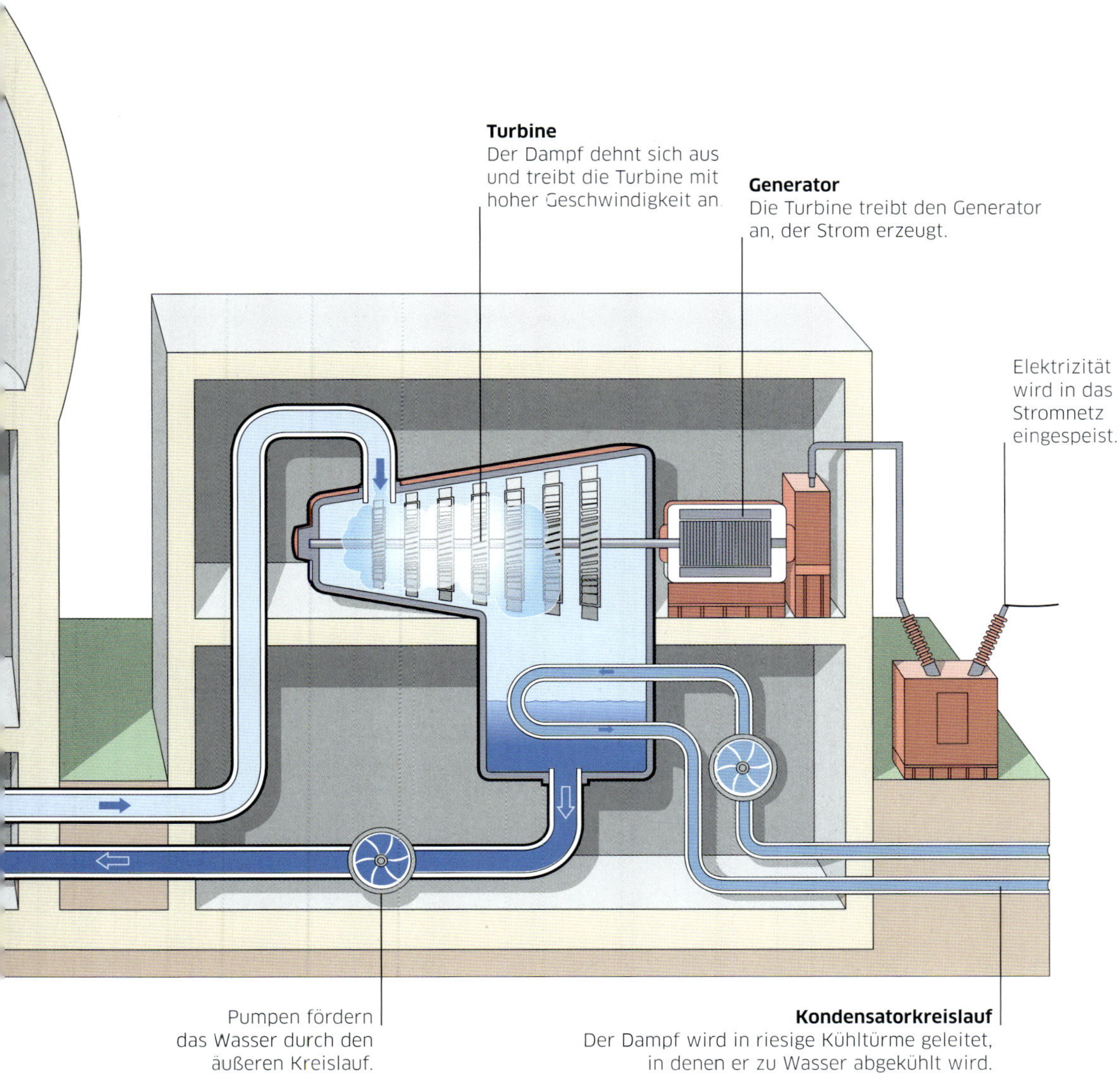

Weitere Nutzung der Radioaktivität

Radioaktivität wird vielseitig genutzt – bei archäologischen Grabungen, für Atombomben oder in der Medizin. Herzschrittmacher besaßen früher winzige Atomkrafteinheiten, die Jahrzehnte länger hielten als Batterien. Bei bestimmten bildgebenden Verfahren schlucken Patienten radioaktive Substanzen. Die Geräte befinden sich außerhalb des Körpers und zeigen die Strahlung an, um daraus genaue Aufnahmen herzustellen. Mit Radioaktivität wird auch Krebs behandelt. In der Radiotherapie werden Tumoren mit Gammastrahlen beschossen, damit Krebszellen absterben.

Atomwaffen

Die meisten Atomwaffen nutzen die Kernspaltung und benötigen reines Uran oder Plutonium, damit ihre Kettenreaktionen ablaufen. Wasserstoffbomben (H-Bomben) sind sogar noch stärker und nutzen die Kernfusion.

ATOMBOMBE (NACHBAU)

Radiometrische Gesteinsdatierung

Gesteine auf der Erde enthalten radioaktive Atome (wie Uran), die kontinuierlich zu stabilen Atomen (wie Blei) zerfallen. Aus dem Vergleich der Uranmenge mit der Bleimenge eines Gesteins lässt sich errechnen, wie alt es ist.

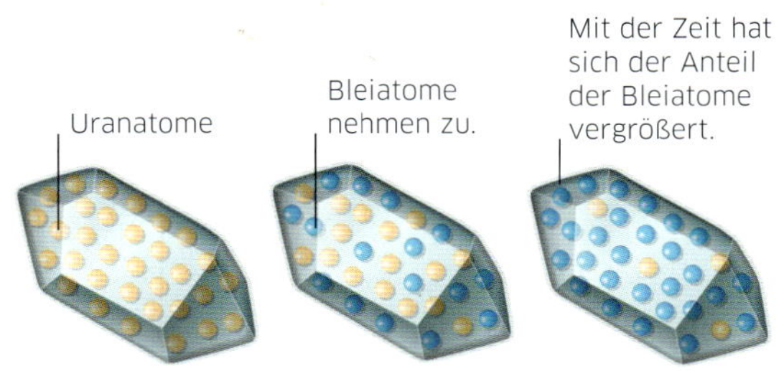

GRANIT ENTSTEHT

704 MILLIONEN JAHRE NACH DER ENTSTEHUNG

2112 MILLIONEN JAHRE NACH DER ENTSTEHUNG

ELEKTRONIK

Mithilfe von Elektronen in Schaltkreisen kann man seine Lieblingslieder hören, den Fernseher ein- und ausschalten oder ein digitales Bild aufnehmen. Wenn Geräte Elektronen auf diese Weise nutzen, arbeiten sie elektronisch – sie funktionieren mit Elektrizität, die sich genauer und feiner steuern lässt, als das rein elektrische Haushaltsgeräte tun. Elektronik ist die geheime Kraft der Taschenrechner, Computer, Roboter und des Internets.

WAS IST ELEKTRONIK?

Man braucht viel Elektrizität (große Strommengen), um Wasser in einem Kessel zu kochen oder eine Wohnung zu heizen. Die Elektronik nutzt für Geräte genau gesteuerten Strom, der tausend oder Millionen Mal geringer ist und manchmal nur aus einzelnen Elektronen besteht.

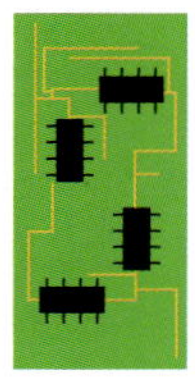

Schaltkreise
Die Elektronik nutzt komplizierte Schaltkreise, die aber nur sehr wenig Strom verbrauchen. Deswegen können auch viele elektronische Geräte mit Batterien betrieben werden.

Steuerung

Mit Elektronik werden Geräte ein- und ausgeschaltet. Drückt man auf der Fernbedienung einen Knopf, erkennt dies ein elektronischer Kreis und sendet ein unsichtbares Signal. Das empfängt der Fernseher und antwortet.

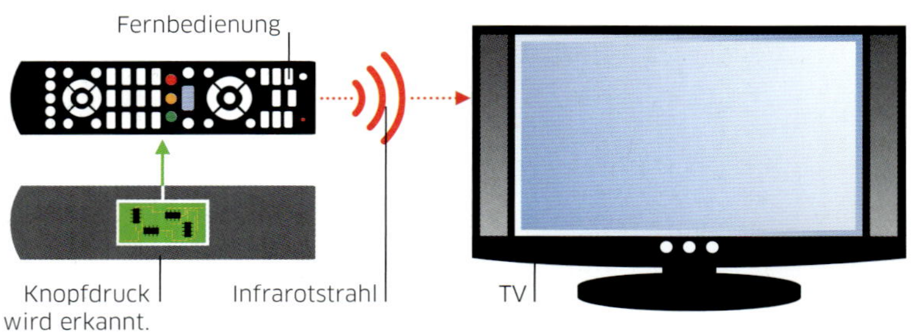

Verstärken

Elektronische Schaltkreise können geringe Ströme in größere verstärken. Eine E-Gitarre nutzt Elektromagnete, um die Schwingungen der Saiten in elektrische Ströme umzuwandeln. Sie werden über den Verstärker an die Lautsprecher geleitet.

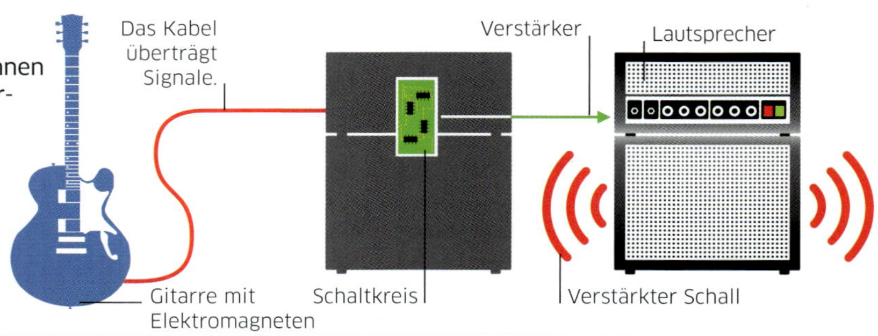

Informationen verarbeiten

Die elektronischen Schaltkreise eines Computers verarbeiten Informationen. Ein elektronischer Schaltkreis erkennt die gedrückten Tasten und bildet die Buchstaben auf dem Bildschirm ab.

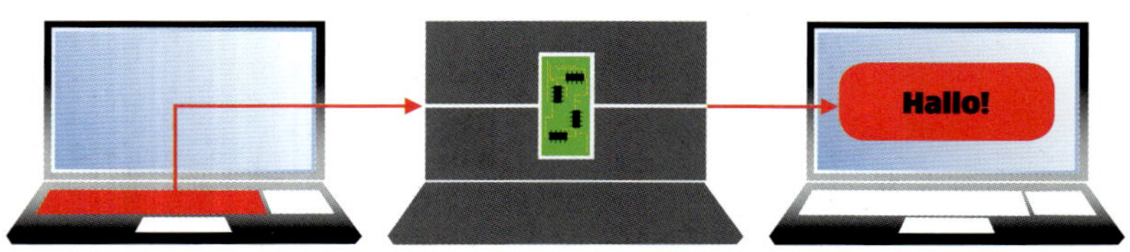

1 TASTATUR ERKENNT Elektronische Schalter erkennen die Tasten, die man gedrückt hat.

2 COMPUTER REAGIERT Schaltkreise erkennen, welche Buchstaben benutzt wurden.

3 BILDSCHIRM Schaltkreise wandeln Wörter in Lichtmuster auf dem Bildschirm um.

Kommunikation

Elektronische Schaltkreise wandeln in Mobiltelefonen Sprache oder Text so um, dass sie mit unsichtbaren Radiowellen übertragen werden können. Sie setzen diese dann auch wieder in Sprache oder Textnachrichten um.

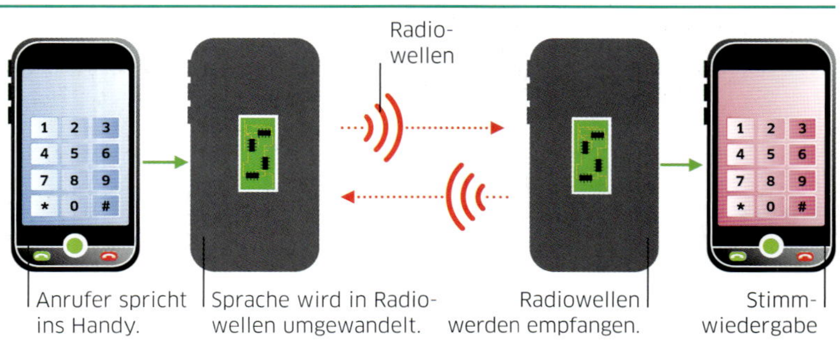

KOMPONENTEN

Ein elektronischer Schaltkreis besteht aus verschiedenen Komponenten. Ein Transistorradio hat nur wenige Dutzend Komponenten, während Prozessor und Speicherchips eines Computers Milliarden besitzen können. Vier Komponenten sind besonders wichtig und fast immer vorhanden: Widerstand, Kondensator, Diode und Transistor.

Widerstand

Ein Widerstand reduziert den Strom, sodass er weniger stark ist. Manche reduzieren um einen festen Betrag, während andere veränderlich sind. Die Lautstärke am Fernseher ist ein veränderlicher Widerstand. Er steigt an oder sinkt, ändert dadurch den Stromfluss und die Lautstärke.

WIDERSTAND

Kondensator

Ein Kondensator speichert Strom in einem Sandwich aus Metallfolien, die durch Luft oder Plastik getrennt sind. Sie laden sich in einer bestimmten Zeit auf und werden deshalb häufig in Timern genutzt. Auch die Touchscreens von Mobiltelefonen und Tabletcomputern nutzen sie.

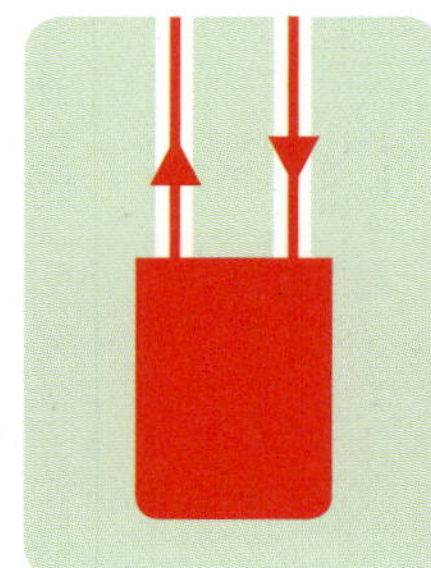

KONDENSATOR

Diode

Eine Diode ist eine Art elektronische Einbahnstraße, weil sie Stromfluss nur in einer Richtung zulässt. Sie werden häufig eingesetzt, um Strom, der in beide Richtungen (Wechselstrom) fließt, in Strom umzuwandeln, der nur in eine Richtung (Gleichstrom) fließt.

DIODE

Transistor

Ein Transistor schaltet Strom ein und aus oder wandelt geringen Stromfluss in größeren um. Viele Transistoren sind in Computern eingebaut. Ein leistungsstarker Computerchip enthält 1 Mrd. oder mehr Transistoren.

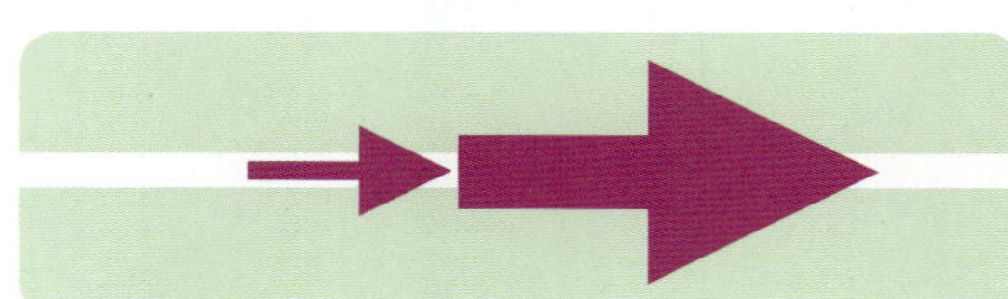

TRANSISTOR

INTEGRIERTE SCHALTKREISE

Elektronische Bauteile wie Transistoren sind so groß wie eine Erbse, sodass ein Computer mit 1 Mrd. Transistoren riesig wäre. Er wäre auch unzuverlässig und ein Stromfresser. Die beiden Ingenieure Jack Kilby und Robert Noyce entdeckten 1958, wie man elektronische Komponenten und ihre Verbindungen verkleinern kann. Daraus entstand der integrierte Schaltkreis oder Chip.

Gedruckte Leiterplatte

Elektronische Schaltkreise werden oft millionenfach für Mobiltelefone oder Fernseher hergestellt. Um Fehler zu vermeiden, werden die Komponenten maschinell auf vorgefertigte gedruckte Leiterplatten aufgebracht. Der Schaltkreis aus Metallleitungen verbindet die einzelnen Komponenten. Weil Leiterplatten oder Platinen keine beweglichen Teile haben, sind sie sehr zuverlässig.

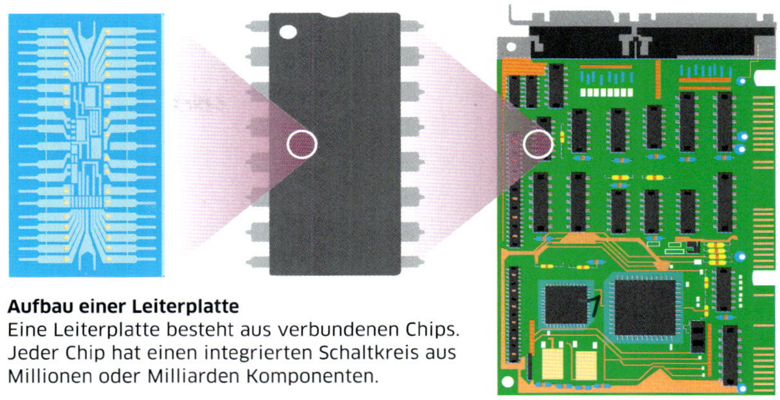

Aufbau einer Leiterplatte
Eine Leiterplatte besteht aus verbundenen Chips. Jeder Chip hat einen integrierten Schaltkreis aus Millionen oder Milliarden Komponenten.

Chipherstellung

Chips sind hoch kompliziert und werden unter hochreinen und staubfreien Bedingungen produziert. Viele Chips werden gleichzeitig auf der Oberfläche einer Halbleiterscheibe (Wafer) aus Silizium (einem chemischen Element, das im Sand enthalten ist) hergestellt.

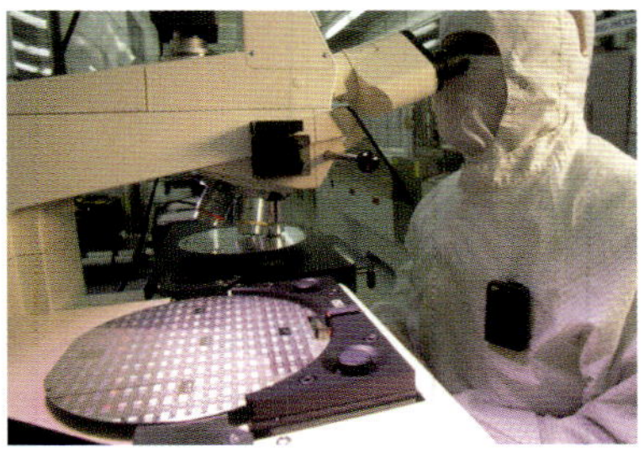

Testen, testen
Jeder Chip muss getestet werden, ob er korrekt funktioniert. Nach den Tests werden die einzelnen Chips aus der Halbleiterscheibe geschnitten und in Gehäusen mit Anschlussstiften versiegelt, um sie auf Leiterplatten aufzustecken.

Moores Gesetz

Ingenieure entwickeln ständig neue Wege, um mehr Komponenten auf einen Chip zu bringen. Die Grafik zeigt, wie die Computerleistung (Zahl der Transistoren auf einem Chip) sich ungefähr alle zwei Jahre verdoppelte, seit der erste Computer 1971 mit nur einem Chip erschien. Dieses Gesetz wurde nach Gordon Moore benannt, der die Firma Intel gründete.

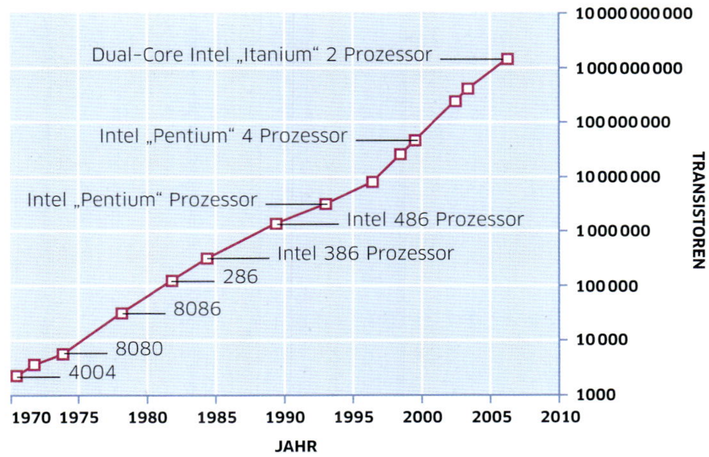

DIGITALE ELEKTRONIK

Die meisten Geräte des Alltags arbeiten mit digitaler Technologie. Sie wandeln dazu Informationen in Ziffern um und verarbeiten diese anstelle der ursprünglichen Informationen. Digitalkameras wandeln Aufnahmen in Muster aus Ziffern (Digitalbilder) um und Mobiltelefone senden und empfangen Anrufe nicht als Schall, sondern als lange Ziffernfolgen. Solche Geräte nutzen integrierte Schaltkreise, um Informationen umzuwandeln, zu speichern und in digitaler Form zu verarbeiten – die digitale Elektronik.

Analog und digital

Normale Informationen wie die Schallwellen einer Gitarre nennt man analoge Informationen. Zeichnet man diese Schallwellen mit einem Oszilloskop (eine elektronische Grafikmaschine) auf, entsprechen sie genau dem Schall, den man hört – die Wellen steigen und fallen, wie der Schall steigt und fällt. Digitale Technologie wandelt diese analoge Information in Ziffern um, was man als Sampling bezeichnet.

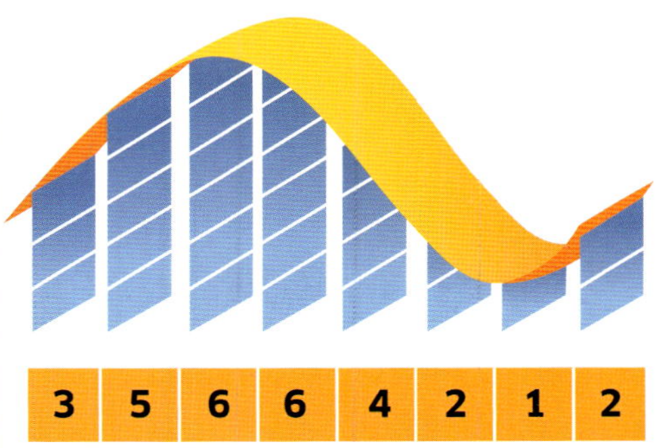

DIGITALE VERSION EINER SCHALLWELLE

Sampling
Um Musik als digitale MP3-Datei zu speichern, werden Schallwellen in Ziffern umgewandelt. Dazu wird die Größe der Wellen zu bestimmten Zeitpunkten gemessen und ihre Werte als Ziffernfolge gespeichert. Je häufiger dies erfolgt, um so genauer ist das Ergebnis.

Logische Gatter

Computer verarbeiten digitale Informationen mit logischen Gattern. Sie vergleichen zwei Ziffern (0 oder 1) und errechnen daraus als Ergebnis eine dritte. Die Hauptarten sind AND, OR und NOT.

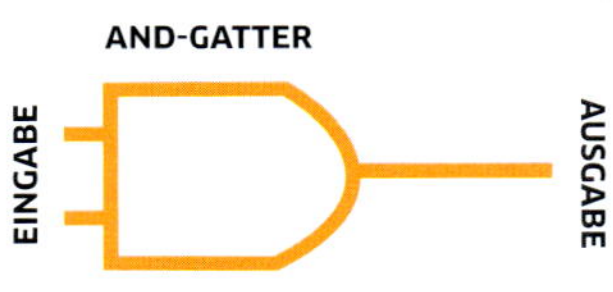

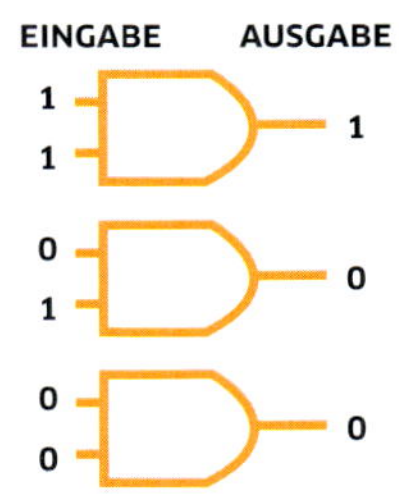

AND-Gatter
Es vergleicht die zwei Ziffern und schaltet sich nur an, wenn beide Ziffern 1 sind.

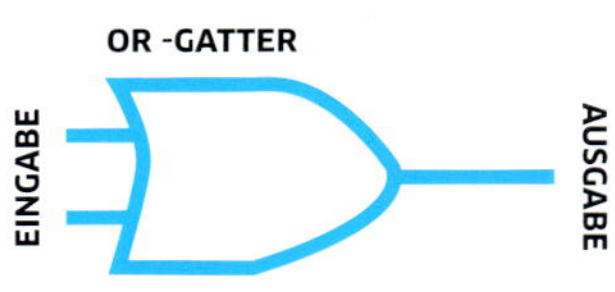

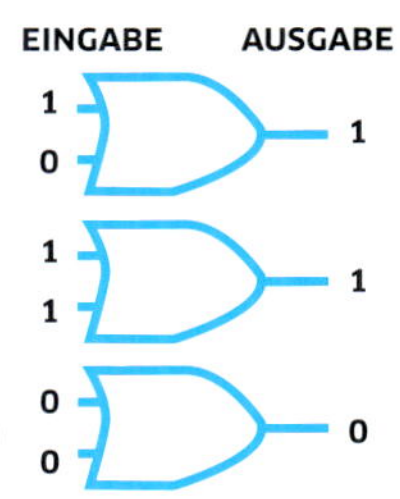

OR-Gatter
Es schaltet sich ein, wenn eine Ziffer eine 1 ist. Sind beide Ziffern eine 0, schaltet es sich aus.

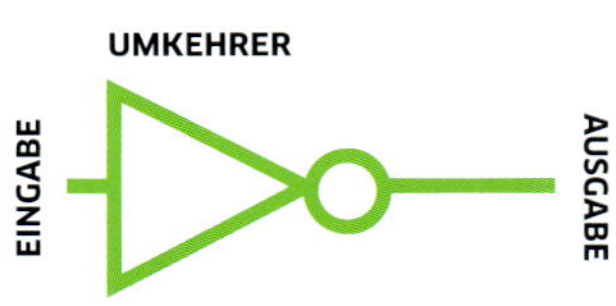

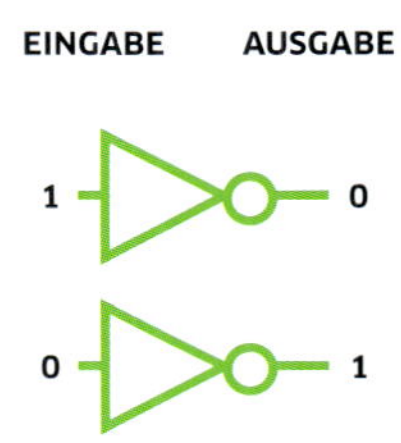

NOT-Gatter
Es kehrt alle Ziffern um. Eine 0 wird zur 1 und umgekehrt.

Taschenrechner

Sie addieren und subtrahieren Zahlen mit logischen Gattern. Die Division ist eine wiederholte Subtraktion. Zur Multiplikation wird eine Zahl immer wieder addiert.

Aufbau
Versteckte Schalter unter dem Tastenfeld wandeln einen Tastendruck in Ziffern um und speichern das Ergebnis. Logische Gatter vergleichen oder verarbeiten die Daten zur Berechnung und Anzeige.

Speicher

Computer verarbeiten Informationen nicht nur, sondern speichern sie auch in Transistoren. Ein Wort wandelt ein Computer in eine Ziffernfolge aus Einsen und Nullen um – in den Binärcode. Jede Ziffer wird durch einen Transistor gespeichert, der sich ein- oder ausschaltet.

1010101010101010000101
0001010101010100001000
0101010101010011100100
1010101010101010011111

BINÄRCODE

Facebook hat über **1 Mrd. Nutzer.** Das ist mehr, als **jedes Land der Erde Einwohner** hat – von China und Indien abgesehen.

Digitale Welt

Wer ist besser, der Computer oder das Gehirn? Computer schaffen Milliarden Rechenoperationen pro Sekunde und kennen den Namen jedes Königs und jeder Königin, die jemals gelebt haben. Doch die schnellsten Supercomputer sind nicht so leistungsstark wie ein Mäusegehirn und brauchen eine Million Mal mehr Platz.

Computer sind elektronische Maschinen, die mithilfe gespeicherter Anweisungen (Programme) viele Aufgaben erledigen. Die ersten Computer waren nur wenig mehr als riesige Taschenrechner. Später entdeckte man, dass Computer ein überragendes Gedächtnis besitzen. Sie können viel mehr Informationen zuverlässiger speichern als das menschliche Gehirn. Heute dienen viele Computer als Kommunikationsmittel, um E-Mails zu versenden und gemeinsame Interessen zu teilen. Dieser Austausch ist möglich, weil praktisch alle Computer weltweit zu einem riesigen Netzwerk verbunden sind, dem Internet. Gebildet von Computern und geschaffen vom menschlichen Gehirn, bietet uns die Onlinewelt des Internets das Beste von beiden.

Die ersten Computer

Computer sind eigentlich Rechner, die einfach nur Zahlen berechnen. Die ersten mechanischen Rechner erschienen im 17. Jh. Als die Menschen diese Rechner automatisierten, entstanden die ersten Computer. Der erste elektronische Computer, den man für verschiedene Aufgaben programmieren konnte, war ENIAC, der 1946 in Betrieb ging. Er war größer als ein Lkw und bestand aus mehr als 100000 Einzelteilen.

Differenziermaschine
Der Mathematiker Charles Babbage (1791–1871) entwarf als Erster einen Computer, der selbstständig arbeitete. Babbage konnte seine Differenziermaschine zu seinen Lebzeiten nicht vollenden. Erst nach seinem Tod wurde sie nachgebaut.

Wie ein Computer funktioniert

Computer sind elektronische Maschinen, die Informationen aufnehmen, aufzeichnen, unterschiedlich verarbeiten und Ergebnisse darstellen. Diese vier Schritte nennt man Eingabe, Speicherung, Verarbeitung und Ausgabe. Sie werden von verschiedenen Bauteilen durchgeführt. Informationen werden über Tastatur, Maus, Touchscreen oder Mikrofon eingegeben und normalerweise auf einer Festplatte oder einem Chip gespeichert. Die Verarbeitung führt der Prozessor aus. Die Ergebnisse erscheinen auf einem Bildschirm oder werden über Lautsprecher vorgelesen.

Prozessorchip
Dieser komplizierte integrierte Schaltkreis oder Mikroprozessor führt alle Hauptaufgaben eines Computers durch. Dabei erhöhen leistungsfähigere Mikroprozessoren die Rechengeschwindigkeit eines Computers.

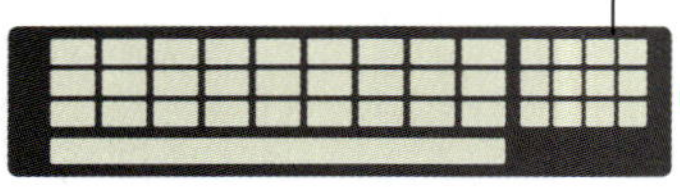

Tastatur
Die meisten Computer erhalten ihre Eingaben über eine Schreibmaschinentastatur. Nur Tablets haben Touchscreens.

Maus
Die Maus steuert einen Zeiger auf dem Bildschirm. Mäuse sind über Kabel verbunden oder kabellos.

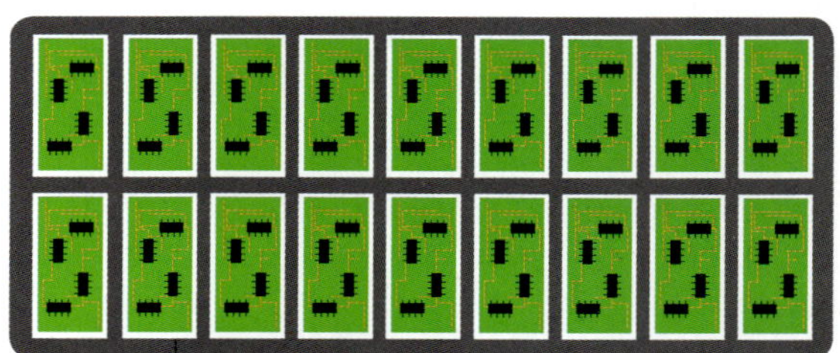

Speicherchips
Moderne Computer nutzen häufig Speicherchips (Flash Card) anstelle magnetischer Festplatten, weil sie zuverlässiger sind und weniger Strom verbrauchen.

Bildschirm
Normale Computer nutzen farbige LCD-Bildschirme (Flüssigkristallanzeige) zur Ausgabe. Bei Tabletcomputern dient der Touchscreen gleichzeitig zur Ein- und Ausgabe.

EINGABE

SPEICHERUNG UND VERARBEITUNG

AUSGABE

Verschiedene Computer

Ein Desktopcomputer besteht aus vier einzelnen Einheiten für Tastatur, Maus, Prozessor und Bildschirm. Laptops besitzen diese Einheiten ebenfalls, jedoch in einem tragbaren Gerät. Bei Tabletcomputern brauchen die gleichen Bauteile noch weniger Platz, weil Tastatur und Maus im Bildschirm enthalten sind.

ES SIND MEHR **MOBILE GERÄTE** MIT DEM **INTERNET** VERBUNDEN, ALS **MENSCHEN** AUF DER ERDE LEBEN.

Wie das Internet funktioniert

Das Internet ist ein weltweites Netzwerk, das praktisch jeden Computer auf dem Planeten verbindet – das sind weit über 1 Mrd. Jeder Computer hat seine eigene Adresse (Internetprotokoll oder IP-Adresse), sodass jeder Teilnehmer im Netzwerk unverzüglich E-Mails oder Dateien an andere senden oder von ihnen empfangen kann.

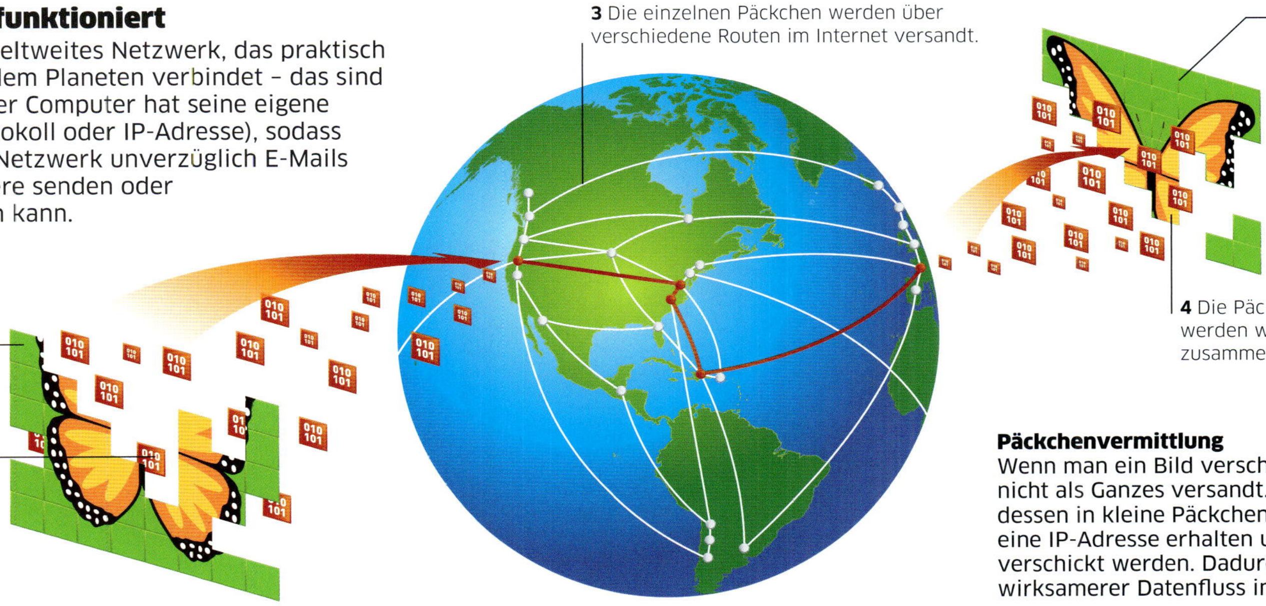

Päckchenvermittlung
Wenn man ein Bild verschickt, wird es nicht als Ganzes versandt. Es wird stattdessen in kleine Päckchen aufgeteilt, die eine IP-Adresse erhalten und einzeln verschickt werden. Dadurch entsteht ein wirksamerer Datenfluss im Internet.

Supercomputer

Manche wissenschaftlichen Fragestellungen sind so umfassend und komplex, dass normale Heimcomputer Jahre brauchten, um sie zu lösen. Komplizierte Probleme wie die Wettervorhersage benötigen leistungsstärkere Computer, die anders funktionieren. Bei manchen dieser Geräte verarbeiten Tausende Prozessoren ein Problem gleichzeitig.

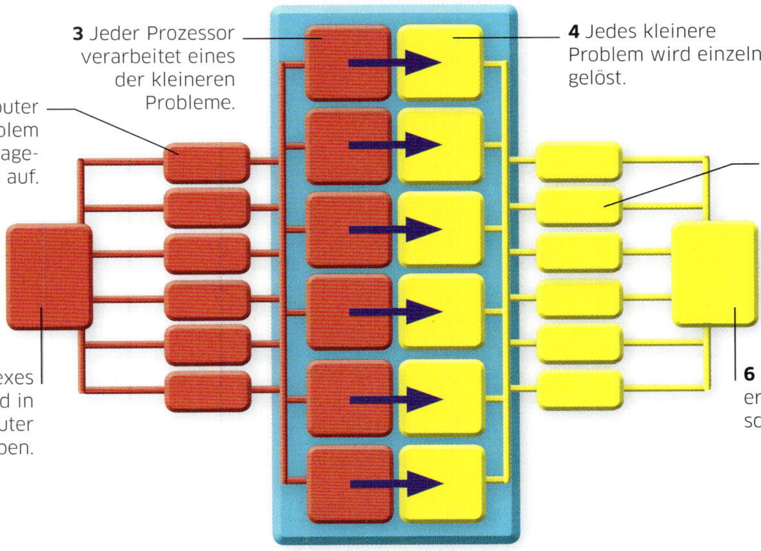

Wie Supercomputer funktionieren
Die meisten Supercomputer nutzen die Parallelverarbeitung, bei der Probleme in kleinere Fragestellungen aufgeteilt und von einzelnen Prozessoren gelöst werden. Obwohl die Aufteilung und Zusammensetzung der Probleme Zeit kostet, ist die gesamte Bearbeitungszeit viel kürzer.

150 **Mrd. E-Mails werden schätzungsweise täglich über das Internet verschickt.**

Supercomputer der NASA
Die amerikanische Weltraumagentur NASA nutzt den leistungsstarken Supercomputer Pleiades. Er besitzt 112 896 Einzelprozessoren, die sich in 185 Einzelrechnern befinden.

Online sein

Gut über die Hälfte der Weltbevölkerung ist online. Menschen in reicheren Ländern wie den USA waren als Erste Mitte der 1990er-Jahre im Netz, aber heute sind auch Menschen in den ärmsten Ländern online. Der Zugang zu Informationen bedeutet für viele Menschen in armen Ländern auch, dass sie eine bessere Ausbildung erhalten.

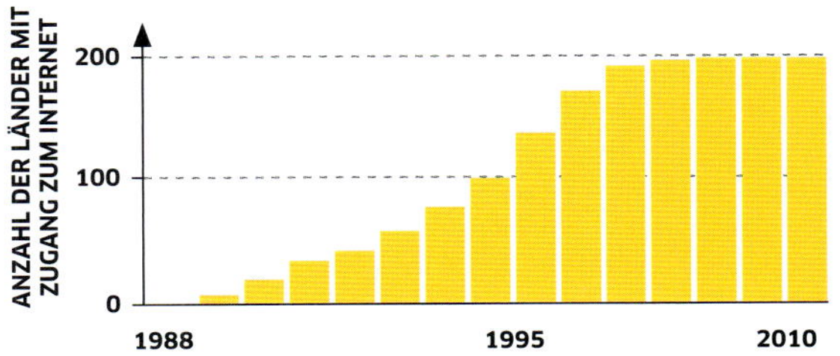

Anzahl der Länder, die online sind
Als das World Wide Web 1989 erfunden wurde, gingen viele Länder online. Anfang des 21. Jh. sind Menschen fast aller Länder im Internet aktiv.

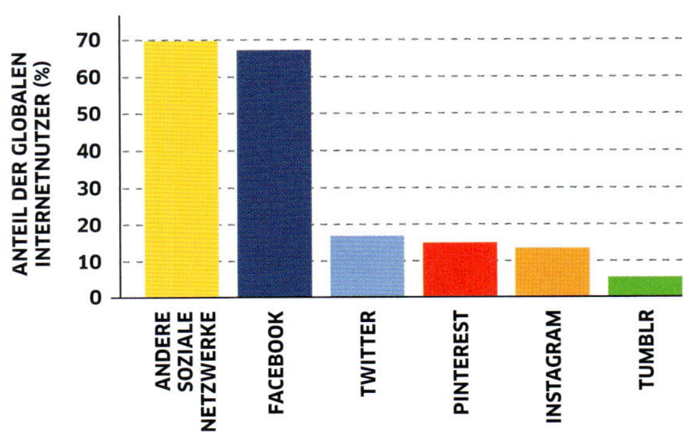

Soziale Netzwerke
Viele Menschen nutzen ihren Computer, um mit Freunden zu chatten und sich Bilder oder Nachrichten zu teilen. Beliebte Websites wie Facebook und Twitter haben Millionen regelmäßiger Benutzer.

1966 trat Unimate, der erste Industrieroboter, in einer Fernsehschau auf. Er schlug einen Golfball, schenkte ein Glas Bier ein und dirigierte ein Orchester.

Roboter

Geniale Erfinder träumten von Maschinen, die alles können sollten – vom Schachspielen bis zur Erforschung des Planeten Mars. Doch einen solchen Roboter gibt es bis heute nicht – noch nicht.

Roboter funktionieren zum Teil mechanisch und zum Teil elektronisch. Diese automatischen Maschinen scheppern, rennen und schwirren herum, um schmutzige und gefährliche Aufgaben zu übernehmen. Roboter spüren Bomben auf, retten Überlebende bei Erdbeben und lassen sogar Atomexplosionen sicherer werden.

Die meisten Roboter, die heute existieren, können aber nicht denken und müssen für jede neue Aufgabe programmiert werden. In der Zukunft werden Roboter vermutlich selbstständig – mit eingebauten Computergehirnen werden sie Entscheidungen treffen können, aus ihren Fehlern lernen und manche Dinge vielleicht sogar besser als wir erledigen.

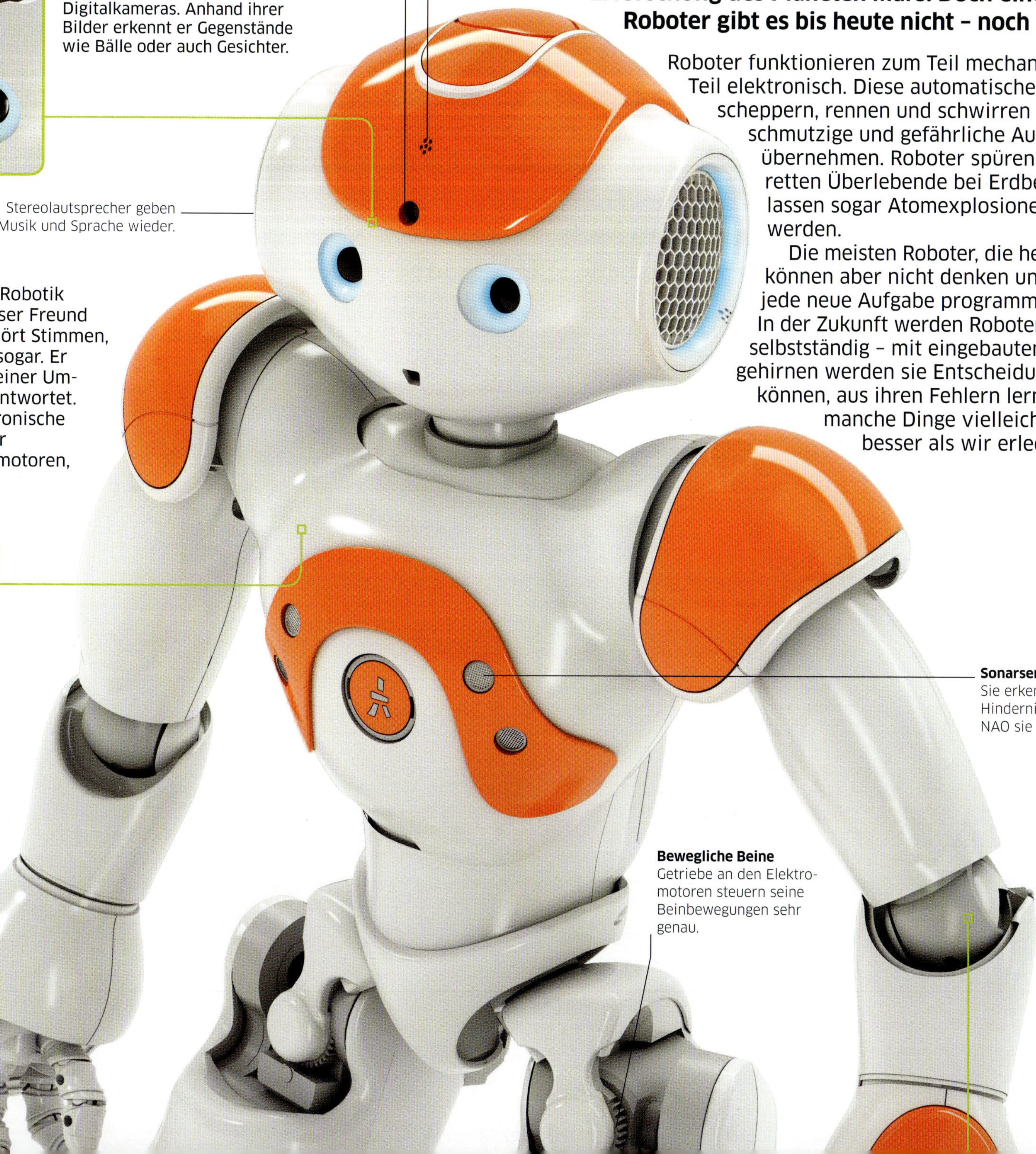

Augen
Hinter den Augenhöhlen geben zwei Detektoren Infrarotstrahlen ab und nehmen die reflektierten Signale auf. NAO kommuniziert über die Infrarotsensoren mit anderen Geräten wie Fernsehern. In seinem Kopf sitzen auch zwei Digitalkameras. Anhand ihrer Bilder erkennt er Gegenstände wie Bälle oder auch Gesichter.

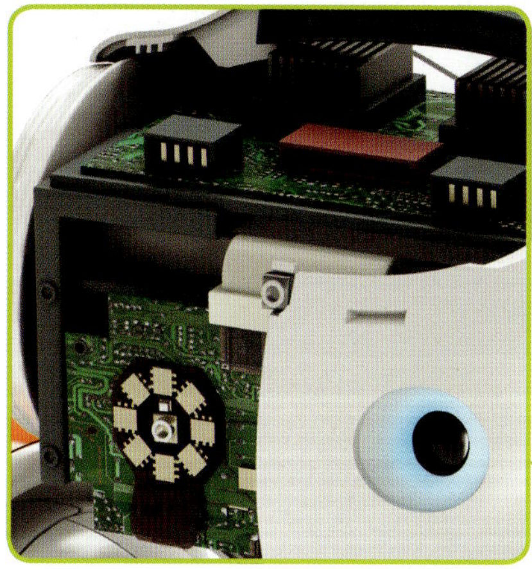

Digitalkamera

Vier Mikrofone
Sie nehmen gesprochene Befehle auf und versuchen zu orten, woher der Schall kommt.

Stereolautsprecher geben Musik und Sprache wieder.

Der Roboter NAO

Dieser Roboter, den Aldebaran Robotik in Frankreich herstellte, soll unser Freund werden. Er erkennt Gesichter, hört Stimmen, spricht 19 Sprachen und tanzt sogar. Er nimmt wie ein Mensch Dinge seiner Umgebung wahr, denkt nach und antwortet. Dafür braucht er aber 50 elektronische Sensoren, einen Mikroprozessor (Computerchip) und 25 Elektromotoren, um seine Beine zu bewegen.

Brust
NAOs Brust ist mit elektronischen Leiterplatten gefüllt, die seine verschiedenen Gelenke und Sensoren steuern.

Sonarsensoren
Sie erkennen nahe Hindernisse, sodass NAO sie umgehen kann.

Bewegliche Beine
Getriebe an den Elektromotoren steuern seine Beinbewegungen sehr genau.

Hände zum Greifen
Seine Finger mit Knöcheln ergreifen kleine Dinge fest, aber sanft.

Auf jeden Roboter weltweit kommen schätzungsweise
1000 Menschen.

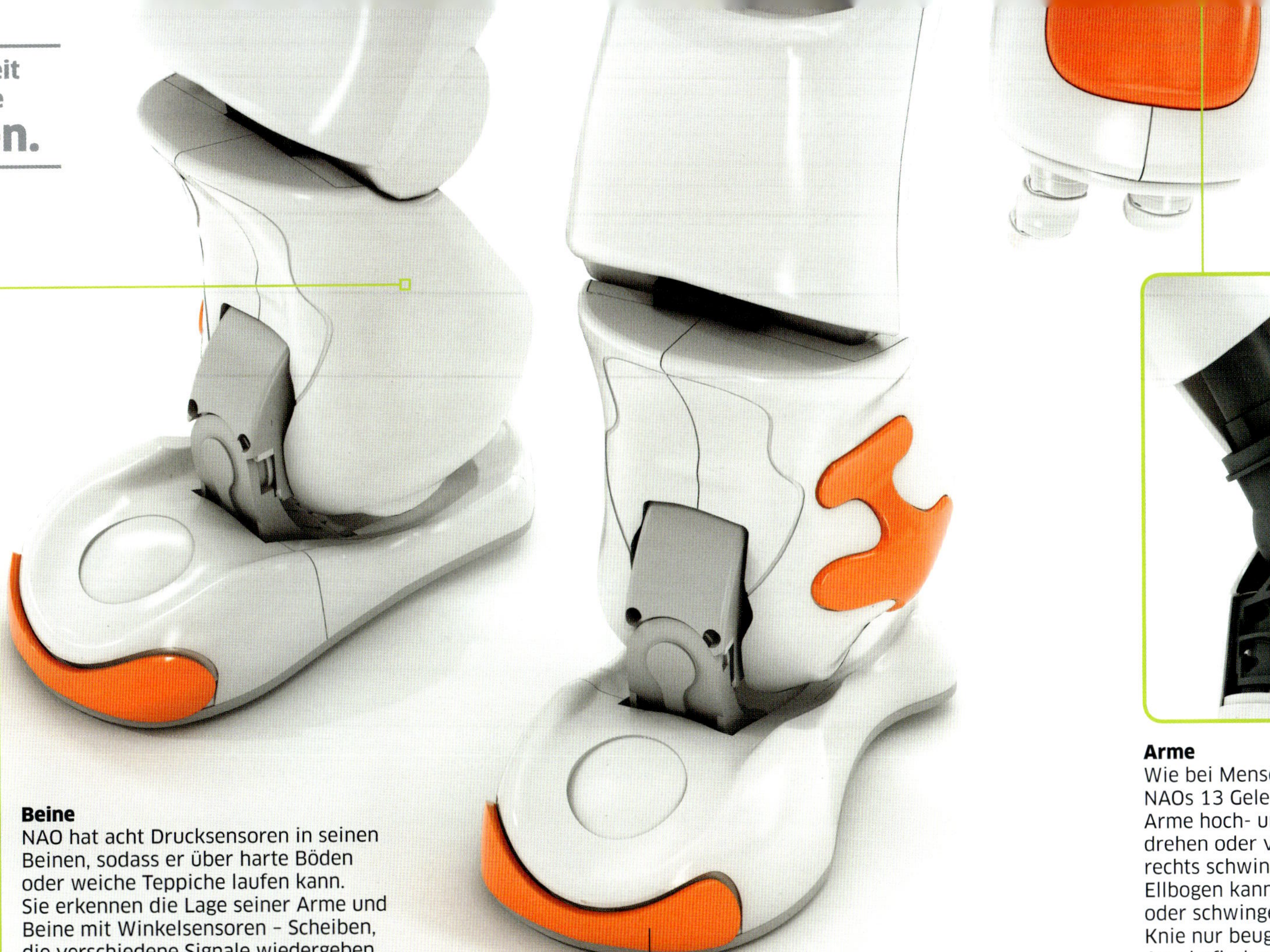

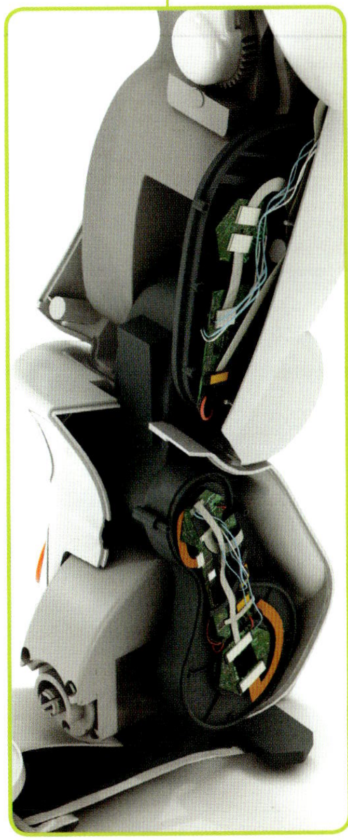

Beine
NAO hat acht Drucksensoren in seinen Beinen, sodass er über harte Böden oder weiche Teppiche laufen kann. Sie erkennen die Lage seiner Arme und Beine mit Winkelsensoren – Scheiben, die verschiedene Signale wiedergeben, wenn er seine Beine um einen bestimmten Betrag dreht. Sie verhindern, dass er beim Gehen stolpert.

Zehenpuffer
Berührungsempfindliche Puffer erkennen, wenn NAO gegen etwas stößt.

Arme
Wie bei Menschen erlauben NAOs 13 Gelenke, dass er seine Arme hoch- und herunterbeugen, drehen oder von links nach rechts schwingen kann. Die Ellbogen kann er auch drehen oder schwingen, während er seine Knie nur beugen kann. In jedem Arm befinden sich sechs Motoren.

Künstliche Intelligenz

Computer und Roboter sind nur so klug wie ihre Erbauer. Aber was geschieht, wenn sie so programmiert sind, dass sie aus ihren Fehlern lernen? Sie werden nach und nach klüger – künstlich intelligent.

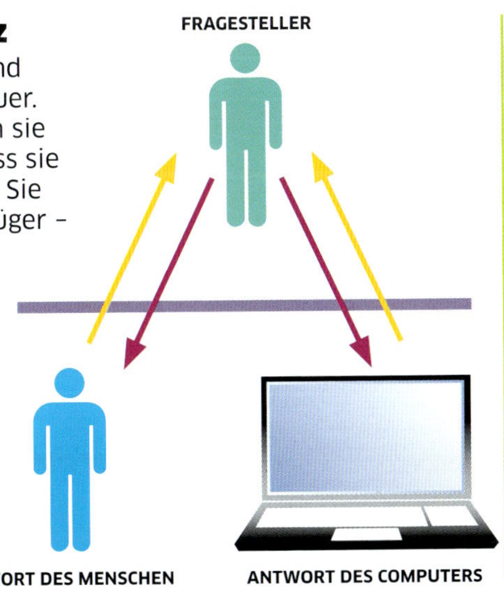

Der Turing-Test
Eine Person stellt über eine Tastatur Fragen an einen Menschen und an einen Computer, die er beide weder sehen noch hören kann. Der Fragesteller muss herausfinden, welche Antwort von wem kommt.

Roboter in Bewegung

Die meisten Roboter stehen in Fabriken fest an einer Stelle und wiederholen einfache Aufgaben wie Schweißen oder Lackieren. In der Zukunft werden sich selbstständige Roboter ohne menschliche Steuerung in die Welt hinauswagen.

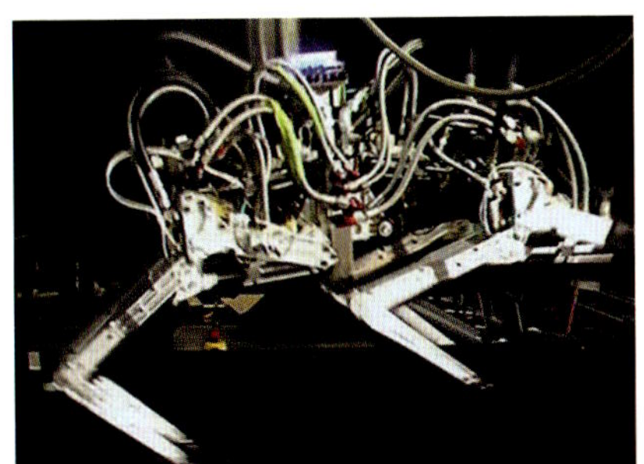

Cheetah
Roboter werden sich wahrscheinlich in Zukunft wie vierbeinige Tiere fortbewegen, anstatt auf zwei Beinen zu laufen. Dieser Robotergepard ist über 45 km/h schnell.

Rettungsroboter
Studenten der Universität Warwick (GB) entwarfen diesen Roboter, um Menschen nach Erdbeben zu bergen. Sein Teleskopkopf enthält Kameras und einen Kohlendioxidsensor, der nach Lebenszeichen sucht.

GESCHICHTE

Die Geschichte der Menschheit ist geprägt durch Kriege und Katastrophen, aber auch durch großartige Entwicklungen in Kultur und Technik. Große Kulturen erlebten Aufstieg und Niedergang und gestalteten die Welt, in der wir heute leben.

DAS ALTERTUM

Die Geschichte der Menschheit beginnt mit unseren frühesten Vorfahren. Sie lebten vor etwa sieben Millionen Jahren in Afrika und waren den Affen sehr ähnlich. Der moderne Mensch entwickelte sich vor etwa 200 000 Jahren und verbreitete sich über den ganzen Globus. Er lebte als Jäger und Sammler in Familienverbünden und ließ sich schließlich nieder, betrieb Ackerbau und gründete Städte. Werkzeuge aus Metall ersetzten solche aus Stein und vor etwa 8000 Jahren wurden aus Dörfern erste Städte. Um 500 v. Chr. hatte die Zeit der klassischen Antike eingesetzt, viele Hochkulturen schufen Großreiche mit Städten voller wunderbarer Bauwerke und das Wissen der Menschen machte große Fortschritte.

DER AUFSTIEG DER GROSSREICHE

Die ersten Städte entstanden um 4000 v. Chr. in Mesopotamien (heute Irak) und Ägypten. Die großen Flüsse jener Regionen sorgten für fruchtbares Ackerland, sodass auch große Gemeinschaften genug Nahrung hatten. Manche Städte entwickelten sich zu ersten reichen und mächtigen Königreichen, indem sie ihren Herrschaftsbereich auf die Umgebung ausdehnten. Durch die Eroberung der Nachbarländer schufen einige davon erste Großreiche.

Die ersten Städte

Die ersten Städte in Mesopotamien wurden vom Volk der Sumerer errichtet. Sie waren reich durch größere Ernten dank neuer Ackerbaumethoden und konnten deshalb in kleinen Königreichen (oder Stadtstaaten) wie Uruk, Ur, Nippur und Lagasch Tempel und Paläste bauen. Schon bald entstanden Städte auch in anderen Regionen wie Ägypten. Die Erfindung der Schrift um 3100 v. Chr. ermöglichte es den Herrschern wichtige Fakten und Zahlen festzuhalten.

Ruinen des Karnak-Tempels in Ägypten
Die gewaltigen Ruinen von Karnak zeigen, welch großartige Baumeister die alten Ägypter waren.

DIE STEINZEIT

Vor etwa 2,4 Mio. Jahren verwendete *Homo habilis* Steine, um Arbeitsgeräte herzustellen. Mehr als weitere 2,5 Mio. Jahre lang lebten unsere Vorfahren in kleinen Gruppen, jagten mit Steinäxten und Speeren und sammelten Wurzeln und Beeren. Sie wohnten in Höhlen oder Unterständen aus Zweigen und kochten über offenem Feuer.

Höhlenmalerei
Felszeichnungen von Tieren, die der frühe Mensch jagte, waren die ersten Kunstwerke der Welt.

Frühe Menschen

Von Afrika aus breitete sich der moderne Mensch (*Homo sapiens*) über den ganzen Globus aus. Die erfolgreichste Wanderung dieser intelligenten, anpassungsfähigen Art begann vor etwa 60 000 Jahren während einer Eiszeit. In Europa setzte er sich gegen den Neandertaler durch (ein ausgestorbener Verwandter des Menschen), baute um 15 000 v. Chr. Boote, mit denen er bis Australien fuhr, und gelangte über eine einstige Landbrücke nach Nordamerika. Er erfand Steinwerkzeuge, Pfeil und Bogen und sogar Musikinstrumente.

Erste Dörfer

Vor etwa 8000 Jahren schlossen sich die Menschen erstmals in größeren Verbänden zusammen und siedelten in Dörfern. Sie bauten Häuser aus allem, was ringsum verfügbar war, und viele bestellten das umliegende Land. Da man nun weniger Zeit mit der Jagd verbringen musste, entstanden Berufe wie Töpfer, Maurer und Priester.

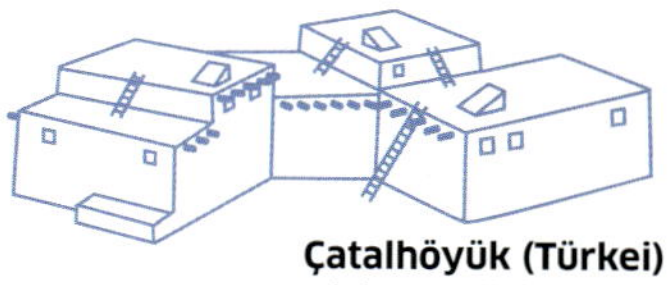

Çatalhöyük (Türkei)
Dicht an dicht aus Lehmziegeln gebaute Häuser

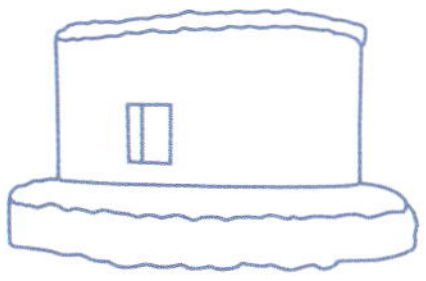

Khirokitia (Zypern)
Aus Stein gebaute Rundhäuser

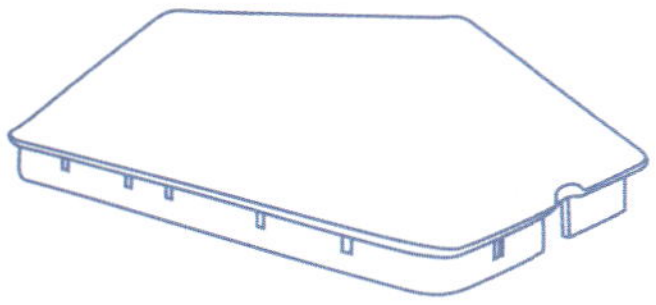

Schottland
Längliche Wohnhäuser aus Holz und Torf

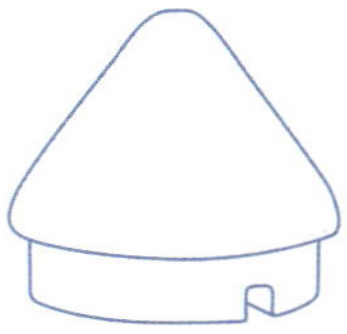

Orkney (Schottland)
Diese Steinhäuser hatten sogar Steinbetten.

Von Stein zu Metall

Um 7000 v. Chr. stellte der Mensch erste einfache Werkzeuge aus Metall her. Zuerst aus Kupfer, später aus Bronze – ein härteres, auch für Rüstung und Waffen geeignetes Metall. Ab etwa 1000 v. Chr. gelang es Eisen herzustellen, ein sogar noch härteres Metall.

- **8000 v. Chr.** Das Hämmern von Gold oder Kupfer ist die erste Form der Metallbearbeitung.
- **5500 v. Chr.** In Vorderasien werden Kupfererze geschmolzen, um reines Metall zu gewinnen.
- **3200 v. Chr.** In Mesopotamien wird erstmals geschmolzenes Metall in Formen gegossen.
- **3000 v. Chr.** Durch die Zugabe von Zinn zum Kupfer entsteht im Schmelzofen Bronze für härtere Werkzeuge.
- **1300 v. Chr.** In Ägypten sorgen Blasebälge für die notwendige Hitze zum Schmelzen von Eisen.

FRÜHE **VORFAHREN DER MENSCHEN** NUTZTEN VOR MEHR ALS 2,4 MIO. JAHREN ERSTE **ARBEITSGERÄTE AUS STEIN.**

Ackerbau

Der Ackerbau begann etwa 11 000 v. Chr., als Menschen im Fruchtbaren Halbmond, einem Gebiet in Vorderasien, wilde Getreidesamen aussäten. Mit der Zeit züchteten die Bauern ertragreichere Pflanzen und zähmten Rinder und Schafe. Durch die immer zuverlässigere Nahrungsmittelversorgung konnten Dörfer und kleine Städte entstehen.

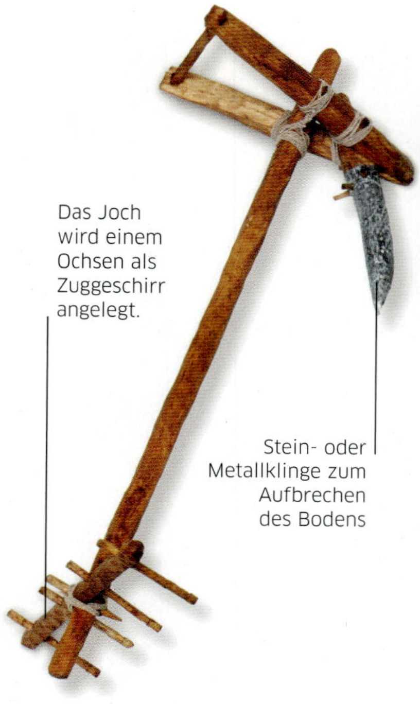

Früher Pflug
Dank der Entwicklung von Pflügen konnten für die Aussaat Furchen in den Boden gezogen werden. Das war viel leichter, als den Boden zu hacken, und ermöglichte es mehr Land zu bearbeiten.

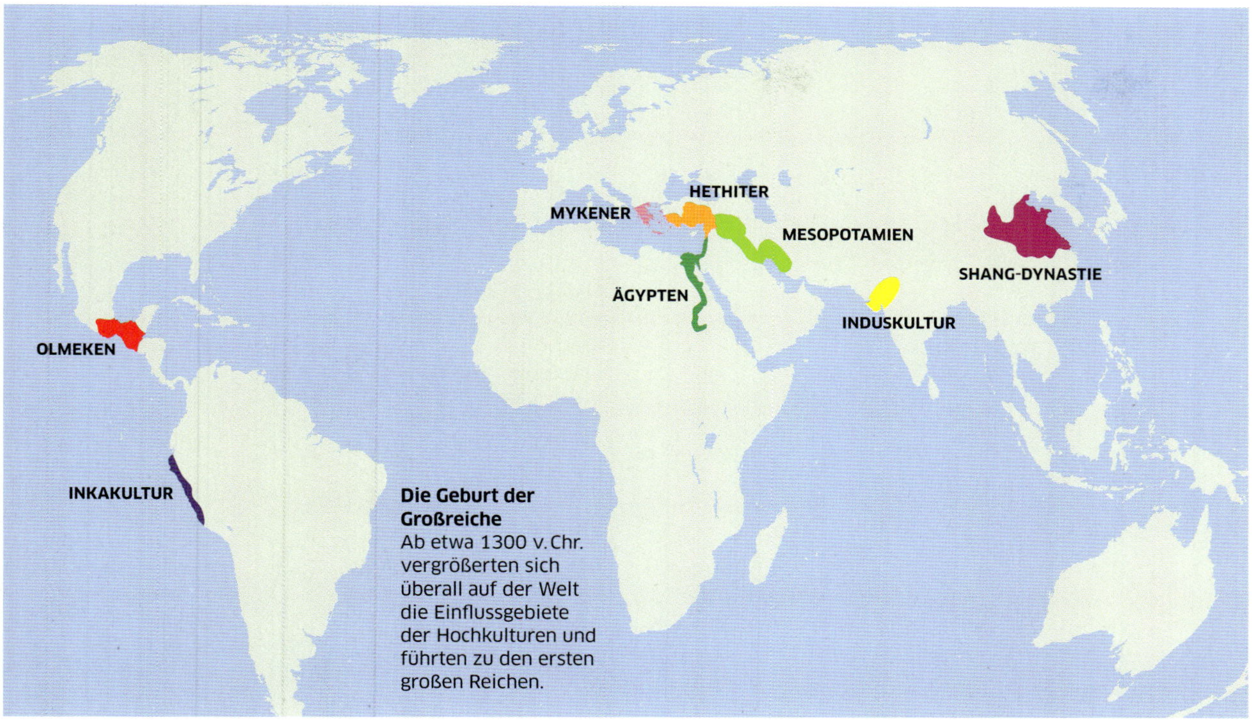

Die Geburt der Großreiche
Ab etwa 1300 v. Chr. vergrößerten sich überall auf der Welt die Einflussgebiete der Hochkulturen und führten zu den ersten großen Reichen.

Frühe Königreiche

Frühe Kulturen waren entweder große Reiche, vereint unter einem mächtigen Herrscher, oder verbündete Stadtstaaten.

- **Ägypten** Um 3100 v. Chr. entwickelte sich aus dem vereinten Ägypten eine Hochkultur, die 3000 Jahre Bestand haben sollte.
- **Indus-Kultur** Um 2600 v. Chr. entstanden am Fluss Indus große Städte, die ein Handelsnetz und eine Schrift gemeinsam hatten, aber kein Reich bildeten.
- **Mesopotamien** Sargon von Akkad vereinte um 2300 v. Chr. rivalisierende Stadtstaaten zum ersten Großreich Vorderasiens.
- **Hethiter** In Kleinasien (heute Türkei) herrschten von 1800 bis 1200 v. Chr. die Hethiter, erbitterte Feinde der Ägypter.
- **Shang-Dynastie** Die Shang-Dynastie in China (1766–1122 v. Chr.) wehrte Überfälle von Reichen im Osten und aus dem Norden ab.
- **Die Olmeken** Riesige Pyramidentempel aus der Zeit um 1500 v. Chr. markieren olmekische Städte an der mexikanischen Küste.

Megalithkultur

Ab 5000 v. Chr. begannen Menschen, insbesondere in Nord- und Westeuropa, Großsteinbauten zu errichten, sogenannte Megalithe. Ihr genauer Zweck ist unbekannt, sie könnten als eine Art Kalender gedient haben, der die Jahreszeiten und den Verlauf von Sonne und Mond anzeigte.

Wichtige Megalithanlagen

1 GÖBEKLI TEPE (TÜRKEI)
Die früheste bekannte Megalithanlage, gebaut um 8000 v. Chr., ist ein Tempel mit massiven Kalksteinpfeilern, die möglicherweise ursprünglich ein Dach trugen.

2 CARNAC (FRANKREICH)
Mehr als 3000 Menhire, einzelne aufrecht stehende Steine, wurden hier in Reihen zwischen 4500 und 3000 v. Chr. aufgestellt.

3 STONEHENGE (ENGLAND)
Der erste Steinkreis von Stonehenge entstand um 2500 v. Chr. Die gewaltigen Sandsteine sowie riesige Decksteine wurden 200 Jahre später hinzugefügt.

4 NEWGRANGE (IRLAND)
Das Hügelgrab von etwa 3200 v. Chr. besteht aus einer Kammer mit einem massiven Steindach unterhalb eines Erdhügels. Einmal im Jahr fielen durch eine Lichtöffnung Sonnenstrahlen hinein.

DIE KLASSISCHE ANTIKE

Ab etwa 500 v. Chr. erreichten die Hochkulturen in Griechenland, Rom, Persien, Indien, China und Mittelamerika eine weitere Stufe des Fortschritts und der Macht. Es entstanden neue Ideen, neue Formen der Kunst und neue Religionen wie Buddhismus und Christentum. Größere Reiche konnten auch größere Heere unterhalten. Das führte zu heftigen Kriegen, beispielsweise zwischen Rom und Karthago oder zwischen Griechenland und Persien.

Auf Eroberungszug

Durch Wohlstand, Organisation und Ehrgeiz entstanden in der Antike Reiche, die größer waren als alle vorherigen. Einige davon wie das Perserreich herrschten über große unbesiedelte Gebiete mit wichtigen Handelsstraßen. Andere wie das Römische Reich dehnten sich aus in besiedelte Gebiete und verbreiteten ihre Kultur in Form von Gesetzen, Kunst, Architektur und Religion.

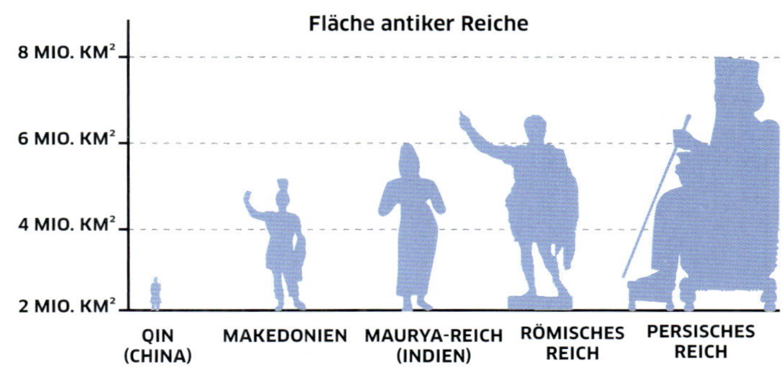

QIN SHIHUANGDI, DER ERSTE CHINESISCHE KAISER, IST IN EINEM GRAB BESTATTET, DAS VON EINER ARMEE AUS MEHR ALS 8000 TERRAKOTTASOLDATEN BEWACHT WIRD.

Neues Denken

In der klassischen Antike traten die ersten Philosophen und Wissenschaftler auf und in der Mathematik, Astronomie, Physik, Medizin und Architektur setzten sich neue Ideen durch.

Mathematik
Griechen wie Pythagoras und Archimedes entdeckten wichtige Grundsätze der Mathematik, während die Chinesen Rechenhilfsmittel wie den Abakus entwickelten.

Politik und Recht
Athen hatte im 5. Jh. v. Chr. die erste Demokratie der Welt. Etwa zur selben Zeit entwickelte Konfuzius (Kong Fuzi) in China ein System ethischer Rechtsprinzipien.

Medizin
Texte zur indischen Heilkunst Ayurveda gab es schon im 6. Jh. v. Chr. In Griechenland machte Hippokrates aus der Kunst des Heilens die Wissenschaft der Medizin.

Philosophie
Überall begannen große Denker die Frage nach dem Sinn des Lebens zu stellen. Einige der berühmtesten davon sind Plato, Aristoteles und Sokrates.

50 000 – vor so vielen Jahren gelangte der moderne Mensch nach Australien.

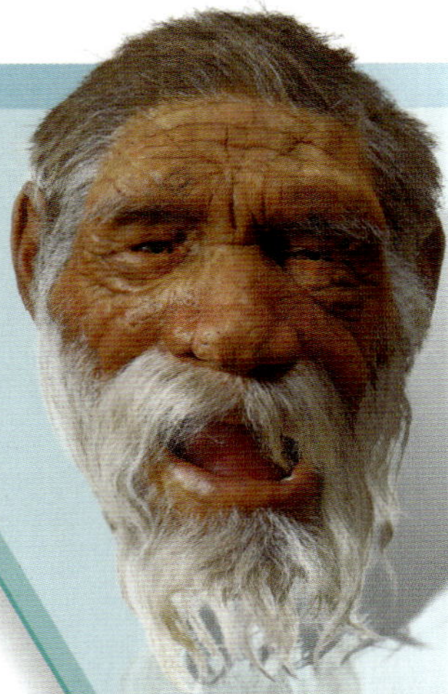

Homo neanderthalensis
Homo neanderthalensis entwickelte sich vor etwa 200 000 Jahren in Südeuropa. Die Neandertaler hatten einen stämmigen Körperbau, der die Kälte der Eiszeit gut verkraften konnte. Ihre Gehirne waren groß und man weiß, dass sie ihre Toten begruben.

Scharfe Feuersteinklingen
Die frühen Menschen konnten immer schärfere Klingen herstellen – wie dieses etwa 300 000 Jahre alte Exemplar –, indem sie die gewünschte Form aus einem größeren Feuerstein herausschlugen.

Aufstieg des modernen Menschen
In diesem Zeitabschnitt gab es gewaltige Fortschritte in der Evolution. *Homo sapiens* erschien – unsere eigene Art und die einzige überlebende der Gattung *Homo.* Mit diesem modernen Menschen begann die Zivilisation.

VOR 1 MIO. JAHREN

Homo erectus
Homo erectus lebte von vor 1,9 Mio. bis vor 200 000 Jahren. Er war wohl der erste unserer Vorfahren, der gemeinsame Feuerstellen zum Kochen baute.

Die ersten Menschen

Unsere ersten menschenähnlichen Vorfahren entwickelten sich vor Millionen Jahren aus Affen. Viele Arten entstanden und verschwanden, bevor der moderne Mensch auf den Plan trat.

Vor etwa 5 bis 8 Millionen Jahren spaltete sich die Linie, die zum modernen Menschen führen sollte, von der zu den Schimpansen ab – den uns ähnlichsten heute lebenden Tieren. Über Millionen Jahre entwickelten sich diese Vorfahren (die Hominini), sie bildeten für den aufrechten Gang geeignete Beine, schmalere Kiefer und größere Gehirne aus.

Der Verlauf der Evolution

Forscher haben die Überreste vieler verschiedener Hominini entdeckt. Anhand dieser Skelette können wir viel erfahren, beispielsweise wie eine besondere Art lief (ob auf zwei Beinen oder allen vieren) und was sie aß.

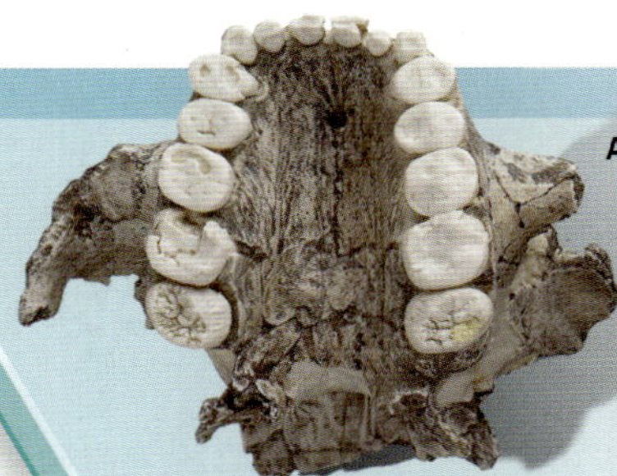

Abwechslungsreiche Kost
Diese Zähne gehören zu einem Menschenaffen namens *Paranthropus boisei*, der vor 2,3–1,4 Mio. Jahren lebte. Seine großen Backenzähne waren gut geeignet zum Kauen harter Nahrung wie Wurzeln und Nüsse.

Olduvai-Siedlung
In der Olduvai-Schlucht in Tansania, einem urzeitlichen See, lebten seit der Zeit vor 2,6 Mio. Jahren beinahe 2 Mio. Jahre lang verschiedene Arten von Hominini. Einige der ältesten bekannten Werkzeuge aus Stein wurden hier gefunden.

VOR 7 MIO. JAHREN

Von den Bäumen auf die Erde
Hominini entwickelten sich aus Affen, die auf Bäumen am Rand afrikanischer Urwälder lebten, sich dann aber immer mehr am Boden aufhielten und lernten auf zwei Beinen zu laufen.

Sahelanthropus tchadensis
Sahelanthropus lebte vor ca. 7 Mio. Jahren in den Steppen und Wäldern Zentralafrikas. Vermutlich lief er aufrecht, hatte kleinere Schneidezähne als Affen und ein Gehirn, das kaum größer war als das eines Schimpansen.

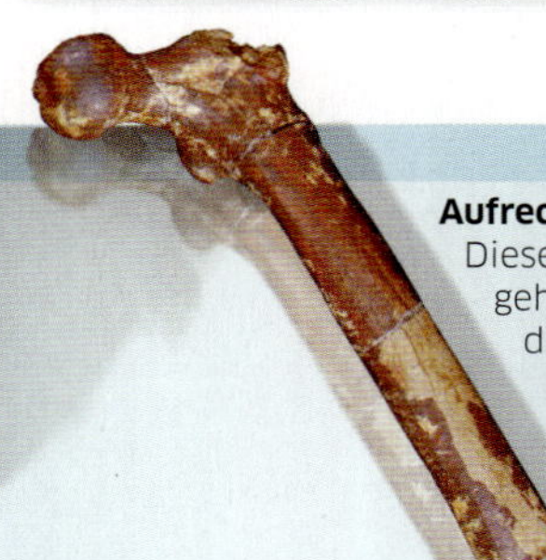

Aufrechter Gang
Dieser Oberschenkelknochen gehört zur Art *Orrorin tugenensis*, die vor etwa 6,2 Mio. Jahren lebte. Form und Stärke des Knochens deuten darauf hin, dass dies einer der frühsten aufrecht gehenden Hominini war.

1 m – **Durchschnittsgröße des** *Homo habilis*

17 000 – vor so vielen Jahren starb *Homo floresiensis* aus, die außer uns **letzte überlebende Art** der Gattung *Homo.*

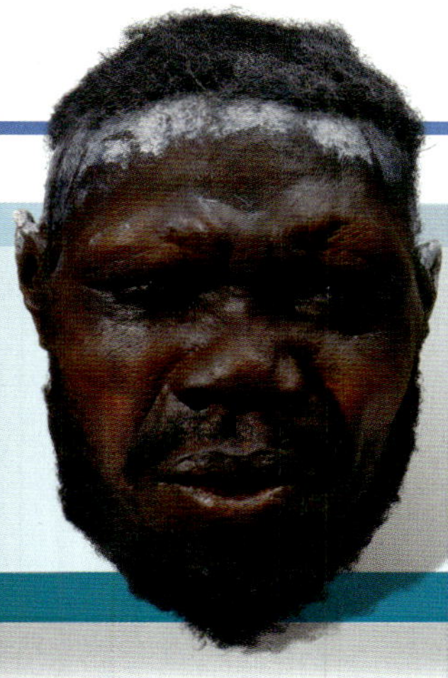

Homo sapiens
Unsere Art kam vor etwa 200 000 Jahren auf und breitete sich 100 000 Jahre später von Afrika aus. Ein großes Hirn und Sprache machten *Homo sapiens* anpassungsfähig und ließen ihn fortschrittliche Werkzeuge herstellen.

Höhlenmalereien
Etwa vor 40 000 Jahren entstanden die ersten Höhlenzeichnungen, die älteste Form der Kunst. Die Bilder zeigen häufig die von diesen frühen Menschen gejagten Tiere, könnten aber auch eine magische Bedeutung gehabt haben.

Ackerbau, Töpferkunst, Schrift
Nach der letzten Eiszeit vor 11 000 Jahren gab es rasche Fortschritte. Ackerbau und Töpferkunst wurden erfunden und man lebte in landwirtschaftlichen Siedlungen. Vor etwa 8000 Jahren entstanden erste Städte und erste Schriften entwickelten sich.

Altsteinzeitlicher Faustkeil
Aus Feuerstein entstanden erste Arbeitsgeräte. Durch scharfkantiges Abschlagen kleinerer Stücke aus einer Feuersteinknolle ließen sich Werkzeuge wie dieser 1,7 Mio. Jahre alte Faustkeil herstellen.

Homo ergaster
Homo ergaster hatte ein größeres Gehirn als seine Vorfahren und verwendete kompliziertere Werkzeuge als *Homo habilis.* Er lebte vor 1,9–1,4 Mio. Jahren in Afrika und könnte sich bis in den Vorderen Orient ausgebreitet haben.

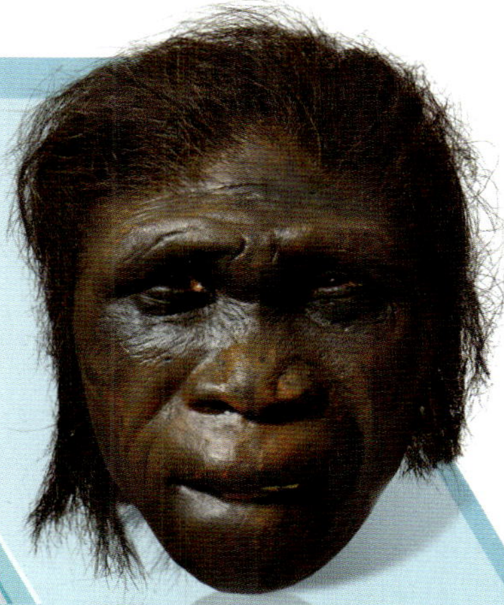

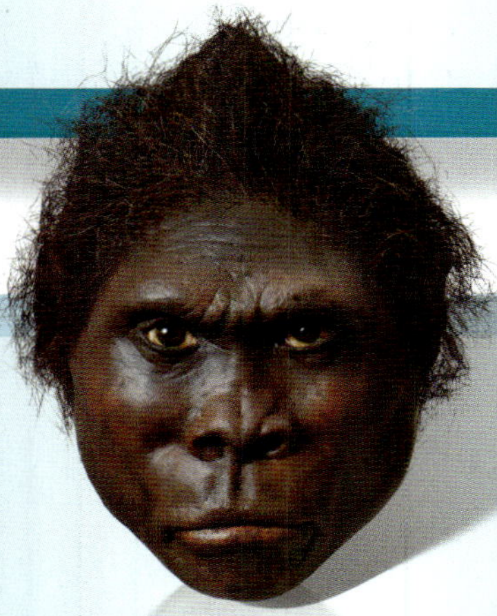

Homo habilis
Homo habilis (geschickter Mensch) lebte vor 2,4–1,4 Mio. Jahren. Es ist die älteste bekannte Art, die nachweislich Steinwerkzeuge verwendete – der erste Schritt auf dem langen Weg zur Zivilisation.

VOR 2 MIO. JAHREN

Jenseits von Afrika
Alle frühen Hominini lebten in Afrika. Erst vor weniger als 2 Mio. Jahren wanderten neue Arten auch in andere Teile der Erde. Sie entwickelten neue Werkzeuge und zogen sogar bis nach Ostasien.

Die ersten Menschen
Etwa um diese Zeit kamen in Ostafrika die ersten Hominini der Gattung *Homo* auf den Plan, jener Artengruppe, zu der auch der moderne Mensch gehört. Erste Arbeitsgeräte aus Stein wurden vor etwa 2,6 Mio. Jahren verwendet, was den Beginn der Altsteinzeit markiert.

VOR 3 MIO. JAHREN

Australopithecus africanus
Wie viele frühe Arten hatten auch diese Hominini Überaugenwülste. Sie lebten auf Grasland und aßen harte Pflanzenteile und weiche Früchte. Dass sie aufrecht gingen, kann aus der Form ihrer Hüften und Beinknochen geschlossen werden.

VOR 4 MIO. JAHREN

Leichtere Körper
Vor 4 bis 2 Mio. Jahren waren die zur Gruppe der *Australopithecina* gehörenden Arten die erfolgreichsten Hominini. Sie hatten größere Hirne als unsere älteren Vorfahren und waren leichter gebaut als Affen.

Australopithecus afarensis
Diese Art lebte vor 3,9 bis 2,9 Mio. Jahren. Sie hatte lange und kräftige Finger, die zwar gut zum Greifen waren, aber nicht geeignet, um behutsam mit kleinen Gegenständen umzugehen. Auch sie waren Zweibeiner.

7500 v. Chr. – Entstehungszeit des ältesten bekannten Kleidungsstücks

Die ersten Städte

In der Jungsteinzeit wurden immer mehr Nomadenstämme sesshaft. Statt zu jagen und Nahrung zu sammeln, pflanzten die Menschen nun Feldfrüchte an und bauten sich Häuser und Höfe.

Der Ackerbau war als Nahrungsquelle weit zuverlässiger als das Jagen und Sammeln. Man konnte die ertragreichsten Pflanzen anbauen und wählte die besten Nutztiere für die Zucht aus, sodass es Jahr für Jahr mehr Nahrung gab. Für schlechtere Zeiten wurden Vorräte angelegt, die in festen Häusern aus Lehmziegel oder Stein gelagert wurden.

Die sesshafte Lebensart machte Siedler aber auch anfällig für Überfälle. Stadtbewohner mussten sich daher verteidigen können – beispielsweise durch den Bau von Mauern um ihre Häuser. Nahrungsmittel und Waren wurden mit anderen Stämmen getauscht, manchmal über große Entfernungen hinweg. Das war der Beginn des weltweiten Handels.

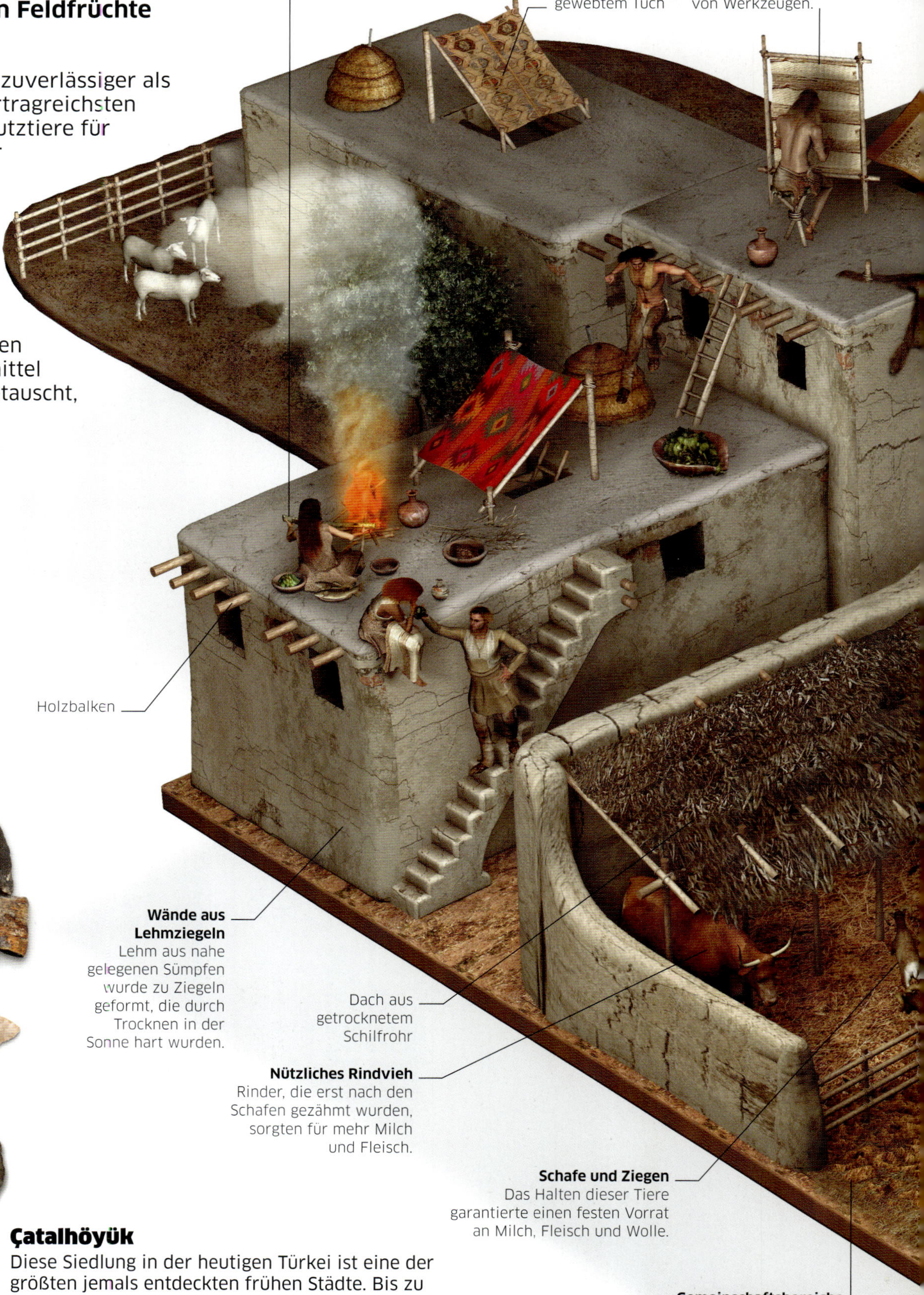

Steinzeitwerkzeuge

Die frühsten Siedlungen entstanden während der Steinzeit, noch bevor die Menschen Metall kannten. Ihre Bewohner stellten aus allen verfügbaren Materialien Werkzeuge her. Am nützlichsten waren dabei solche, die leicht in eine Form zu schnitzen oder zu schlagen waren. Aus Holz wurden Bögen, Speere oder Axtgriffe angefertigt. Steine wie Feuerstein und Obsidian (vulkanisches Gestein) wurden scharfkantig abgeschlagen, um daraus Pfeilspitzen, Messer und Hämmer zu machen. Aus angespitzten Tierknochen entstanden Nadeln oder Kämme.

HOLZ

FEUERSTEIN

KNOCHEN

OBSIDIAN (vulkanisches Gesteinsglas)

Çatalhöyük

Diese Siedlung in der heutigen Türkei ist eine der größten jemals entdeckten frühen Städte. Bis zu 8000 Menschen lebten hier in der Zeit von 7400–6000 v. Chr. Die Häuser sind dicht aneinandergebaut, sodass Angreifer kaum in die Siedlung hineingelangen konnten.

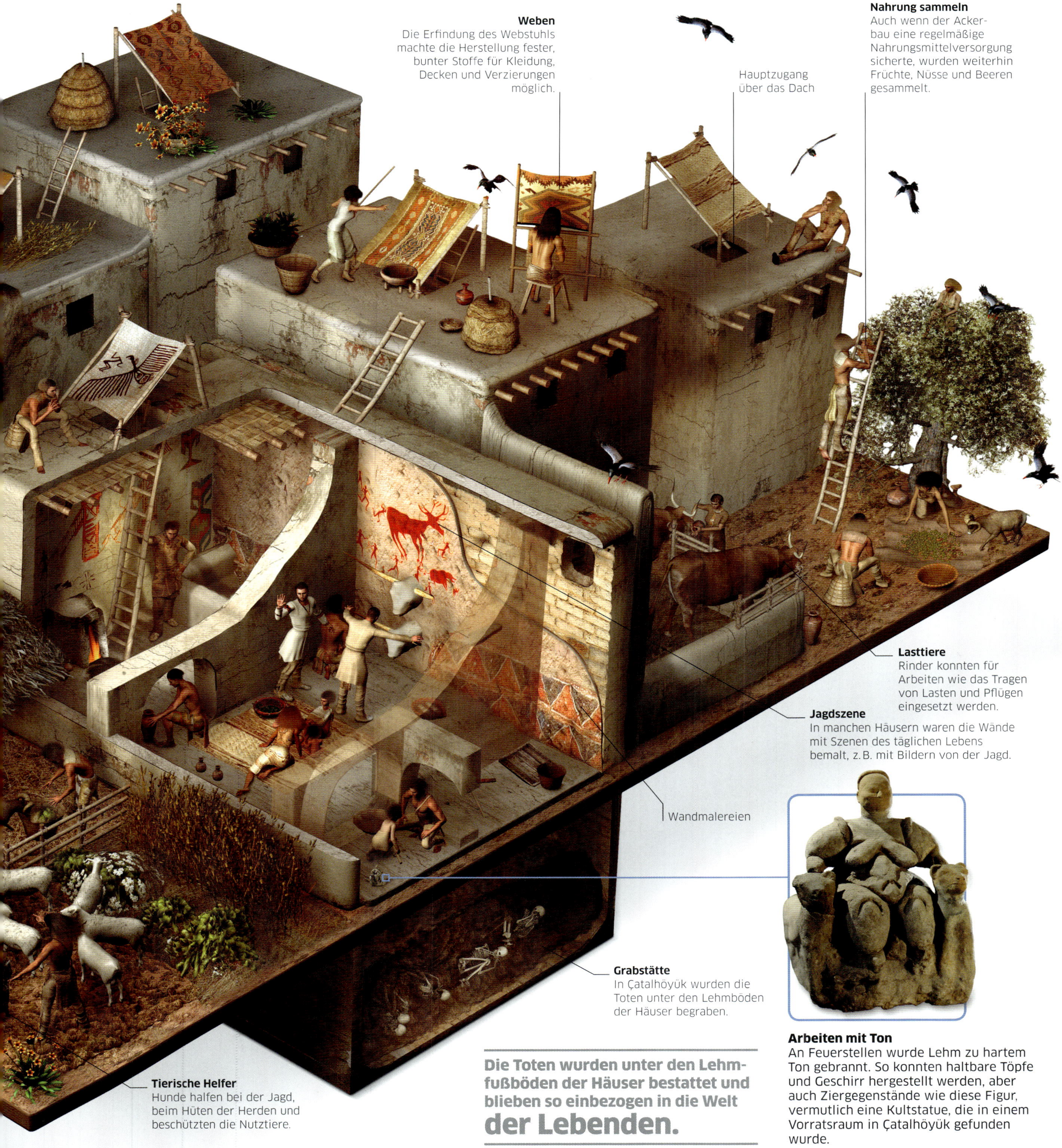

Arbeiten mit Ton
An Feuerstellen wurde Lehm zu hartem Ton gebrannt. So konnten haltbare Töpfe und Geschirr hergestellt werden, aber auch Ziergegenstände wie diese Figur, vermutlich eine Kultstatue, die in einem Vorratsraum in Çatalhöyük gefunden wurde.

Die Toten wurden unter den Lehmfußböden der Häuser bestattet und blieben so einbezogen in die Welt der Lebenden.

10 **Fußballfelder** hätten in **Nebukadnezars** Palast Platz gehabt.

Frühe Großreiche

Mit zunehmender Größe mussten die frühen Städte neue Regierungssysteme entwickeln, neue Methoden zur Lagerung und Verteilung von Nahrung und neue Wege der Verteidigung einführen. Die mächtigsten Siedlungen dehnten ihr Gebiet durch Eroberungen aus und schufen die ersten großen Reiche.

Eines der ersten und mächtigsten war das Reich der Babylonier. Sie eroberten im 18. Jahrhundert v. Chr. ein großes Gebiet im heutigen Nahen Osten, wurden aber von den Hethitern besiegt. Im 6. Jahrhundert v. Chr. kamen sie wieder an die Macht und ihre Hauptstadt Babylon wurde eine der prächtigsten Städte des Altertums.

Die Stadt Babylon

Diese große Stadt lag im Herzen des babylonischen Reichs. Die gewaltigen Gebäude entstanden um 580 v. Chr. unter König Nebukadnezar II., dessen Hauptstadt die prächtigste Stadt der gesamten Region werden sollte.

Königspalast
Der feudale Königspalast war das Symbol der Macht des Königs und sollte seinen Untertanen und Feinden Ehrfurcht einflößen.

Stadtmauern
Wohlhabende Städte zogen räuberische Nomaden und feindliche Heere an. Daher hatte Babylon zur Verteidigung starke Mauern aus Lehmziegeln.

Großzügige Höfe innerhalb des Palastkomplexes

Weltwunder
Die Hängenden Gärten von Babylon waren eines der sieben Weltwunder der Antike. Ihre genaue Lage kennt niemand mit Sicherheit, aber im frühen 20. Jh. wurden in Babylon die Fundamente von terrassenförmig angelegten Gärten entdeckt.

Verteidigungsmethoden
Babylon war eine besonders gut verteidigte Stadt. Angreifer konnten von den Mauern herab mit Steinen, Speeren und Pfeilen abgewehrt werden.

Der Fluss Euphrat
Wasserversorgung war für die frühen Städte lebensnotwendig – als Trinkwasser und für fruchtbaren Ackerboden. Der Euphrat bot beides und war noch dazu für Schiffe ein wichtiger Handelsweg.

Wiege der Zivilisation

Mesopotamien, das Land zwischen den Flüssen Euphrat und Tigris, war mit seinem fruchtbaren Boden ideal für den Ackerbau. Daher hatten sich hier viele Siedlungen entwickelt, von denen einige sehr mächtig wurden, zum Beispiel Ninive, Ur und Babylon. Das erste Großreich war das akkadische, gegründet von Sargon von Akkad um 2330 v. Chr. Seine Hauptstadt war Akkad, dessen Lage unbekannt ist, aber in der Nähe von Babylon vermutet wird.

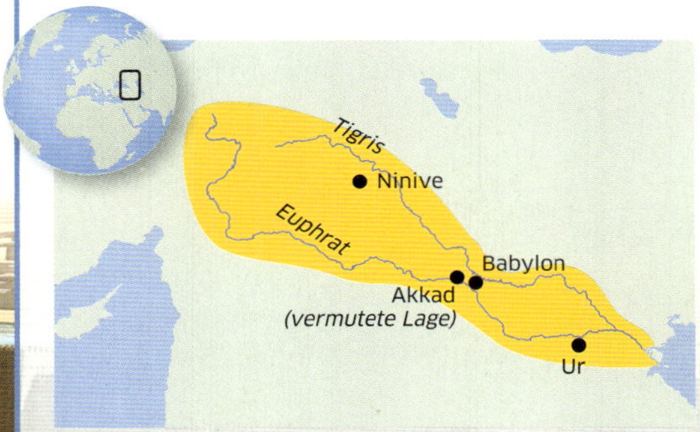

Monumentalbauten

Herrscher neuer Reiche ließen häufig ihre Untertanen große Bauwerke errichten. Sie dienten als Ausdruck ihrer Macht und ihres Wohlstands und sollten Feinde und Rivalen einschüchtern. Der Tempelturm Etemenanki in Babylon soll 90 m hoch gewesen sein – doppelt so hoch wie die Freiheitsstatue von New York (USA). Überragt wurde er dann allerdings von der Cheopspyramide von Giseh, die mit 146 m Höhe mehr als 3700 Jahre lang das höchste Gebäude der Welt war.

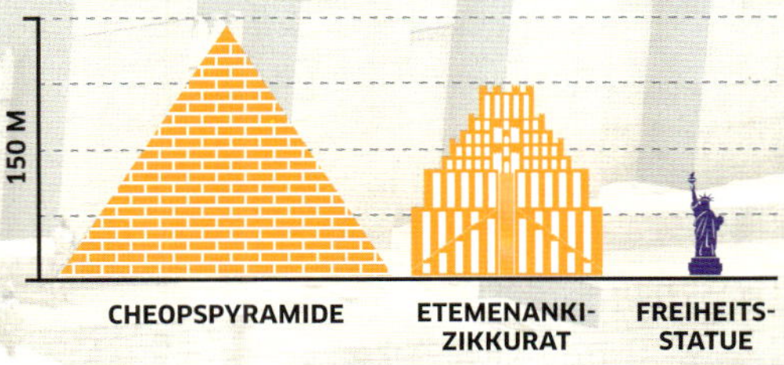

Gesetze

Große Reiche benötigten auch verlässliche Regeln für das Zusammenleben der Menschen. Der babylonische König Hammurapi schrieb um 1750 v. Chr. eine solche Gesetzessammlung nieder, die bei Verstößen heftige Strafen vorsah.

> „… **REGELN DES RECHTS** IM LAND ZUR GELTUNG BRINGEN, GEGEN DIE, DIE SCHLECHTES UND **BÖSES TUN,** DAMIT **DIE STARKEN** DEN **SCHWACHEN KEIN LEID** ANTUN."
>
> CODEX HAMMURAPI

In den **Pyramiden** wurde keine der einst dort bestatteten **Mumien** gefunden. Sie waren alle von Grabräubern gestohlen worden.

Das alte Ägypten

Mehr als drei Jahrtausende lang war Ägypten eine der bedeutendsten Hochkulturen des Altertums. Die Ägypter haben vieles hinterlassen, von religiösen Texten bis hin zu den gewaltigen, geheimnisvollen Pyramiden.

Die Pharaonen, die als Könige Ägypten regierten, galten als Söhne der Götter. Die Gesellschaft war streng hierarchisch gegliedert – von den Priestern, Statthaltern und Wesiren bis hinab zu den Soldaten und Bauern. Ein ausgearbeitetes Schriftsystem half bei der Organisation des Reichs.

Die Ägypter kannten Hunderte von Göttern und Göttinnen. Die Pharaonen und Priester vollzogen eine Vielzahl komplizierter Rituale, die gute Ernten garantieren, Krankheiten fernhalten und kriegerische Erfolge sicherstellen sollten. Für ihre Toten bauten sie Grabanlagen, die oft voller Gold und Kostbarkeiten waren.

Bildersprache

Die alte ägyptische Schrift verwendete Bildzeichen, die Hieroglyphen. Jedes Symbol stand für einen gesprochenen Laut, ein Wort oder eine Tätigkeit. Statt Papier benutzten die Ägypter gepresste Blätter aus Papyrus, einer Schilfart. Texte wurden auch auf Lehmtafeln geritzt, auf Tongefäße gemalt oder in Stein gemeißelt. Die Schrift galt als Gabe Thoths, des Gotts der Weisheit. Nur Priester und spezielle Schreiber lernten Lesen und Schreiben.

Berühmte Namen
Die Namen von Königen wurden in eine schleifenartige Umrahmung geschrieben, die man als Kartusche bezeichnet. Sie ist ein Symbol für ewiges Leben.

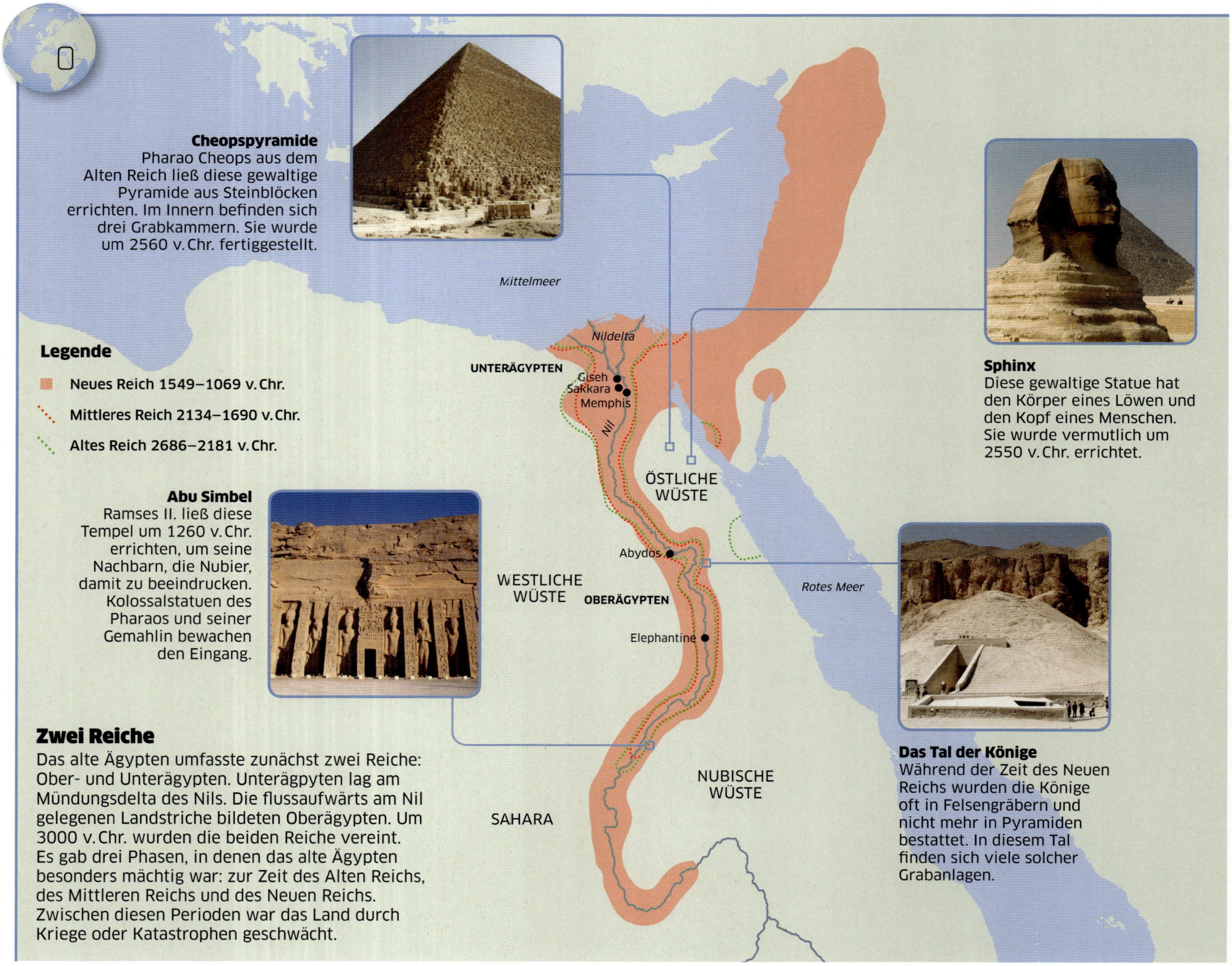

Cheopspyramide
Pharao Cheops aus dem Alten Reich ließ diese gewaltige Pyramide aus Steinblöcken errichten. Im Innern befinden sich drei Grabkammern. Sie wurde um 2560 v. Chr. fertiggestellt.

Sphinx
Diese gewaltige Statue hat den Körper eines Löwen und den Kopf eines Menschen. Sie wurde vermutlich um 2550 v. Chr. errichtet.

Abu Simbel
Ramses II. ließ diese Tempel um 1260 v. Chr. errichten, um seine Nachbarn, die Nubier, damit zu beeindrucken. Kolossalstatuen des Pharaos und seiner Gemahlin bewachen den Eingang.

Das Tal der Könige
Während der Zeit des Neuen Reichs wurden die Könige oft in Felsengräbern und nicht mehr in Pyramiden bestattet. In diesem Tal finden sich viele solcher Grabanlagen.

Zwei Reiche

Das alte Ägypten umfasste zunächst zwei Reiche: Ober- und Unterägypten. Unterägpyten lag am Mündungsdelta des Nils. Die flussaufwärts am Nil gelegenen Landstriche bildeten Oberägypten. Um 3000 v. Chr. wurden die beiden Reiche vereint. Es gab drei Phasen, in denen das alte Ägypten besonders mächtig war: zur Zeit des Alten Reichs, des Mittleren Reichs und des Neuen Reichs. Zwischen diesen Perioden war das Land durch Kriege oder Katastrophen geschwächt.

Reise der Toten

Die Ägypter glaubten, die Seele eines Toten begäbe sich auf eine gefahrvolle Reise in die Unterwelt, um vor das Jenseitsgericht der Götter zu treten, wo Anubis ihre Herzen wiege. Die Menschen, die keine große Schuld auf sich geladen hatten, würden mit einem guten Leben im Jenseits belohnt, schlechte Menschen dagegen würden von Ammit verschlungen, einer furchterregenden Göttin mit dem Kopf eines Krokodils, dem Oberkörper eines Löwen und dem Unterleib eines Nilpferds.

Das Wiegen des Herzens
Das Herz des Verstorbenen liegt auf der linken Waagschale. Rechts liegt die Feder der Wahrheit. Ist das Herz schwerer als die Feder, so hat der Verstorbene ein schlechtes Leben geführt und seine Seele wird verschlungen.

Gott der Toten
Der schakalköpfige Gott Anubis überwacht das Wiegen des Herzens.

Das Zeugnis der Götter
Die Seele des Verstorbenen musste vor den Göttern schwören, nicht gesündigt zu haben.

Gott der Weisheit
Thot, der ibisköpfige Gott der Weisheit, schreibt das Urteil nieder.

Fürchterliches Schicksal
Ammit steht bereit, die Seele jener Menschen zu verschlingen, die ein schlechtes Leben geführt haben.

Leben am Nil

Ägypten ist von Wüste umgeben, der Nil war daher die Lebensader dieses alten Reichs. Einmal im Jahr stieg der Fluss stark an und trat über die Ufer. Dabei lagerte er fruchtbaren Schlamm ab, den die Wassermassen aus dem Süden mit sich führten. Dies nutzten die Menschen, um die Böden ihrer Felder zu verbessern, auf denen sie Weizen, Gerste, Trauben und Gemüse anbauten. Von den Überschwemmungen hing der Wohlstand des ganzen Lands ab. War ein Jahr trocken, dann verhungerten viele Menschen.

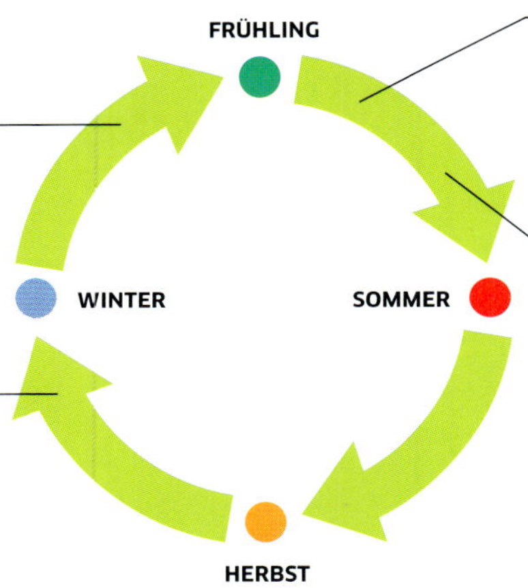

Wachstumsphase
Während der Wachstumsphase waren die Bauern damit beschäftigt Unkraut und Schädlinge zu bekämpfen.

April:
Schemu, Zeit der Ernte
Das Getreide wird mit Sicheln geerntet und mit Ochsen gedroschen, um die essbaren Körner zu lösen.

Juni: Achet,
Zeit der Überschwemmung
Der Nil tritt über die Ufer und überflutet das umliegende Ackerland. Bauern stauen das Wasser mit Dämmen und Gräben.

November:
Peret, Zeit des Sprießens.
Das Wasser zieht sich zurück. In dem fruchtbaren Schlamm, den die Überschwemmung hinterlassen hat, wird ausgesät.

Götter und Göttinnen

Die Ägypter verehrten viele Gottheiten, oft in Form von Tieren oder Naturgewalten. Der höchste Gott war Re, der Sonnengott und Schöpfer des Universums. Die kuhköpfige Göttin Hathor symbolisierte die Mutterschaft. Der Gott der Weisheit, Thoth, hatte den Kopf eines Ibis', und Sobek, der Nilgott, wurde als Krokodil dargestellt. Die Himmelsgöttin Nut umspannte mit ihrem Körper die Erde.

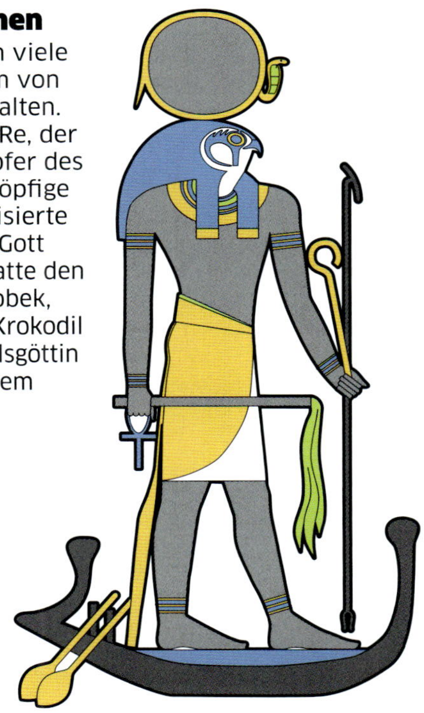

Symbole des Re
Re zieht als Sonne über den Himmel. Die Sonnenscheibe strahlt Licht aus. Auf seinem Boot reist er jeden Morgen bis zum Abend über den Himmel.

10 **Jahre – so lange dauerte es, bis alle Schätze aus Tutanchamuns Grab dokumentiert waren.**

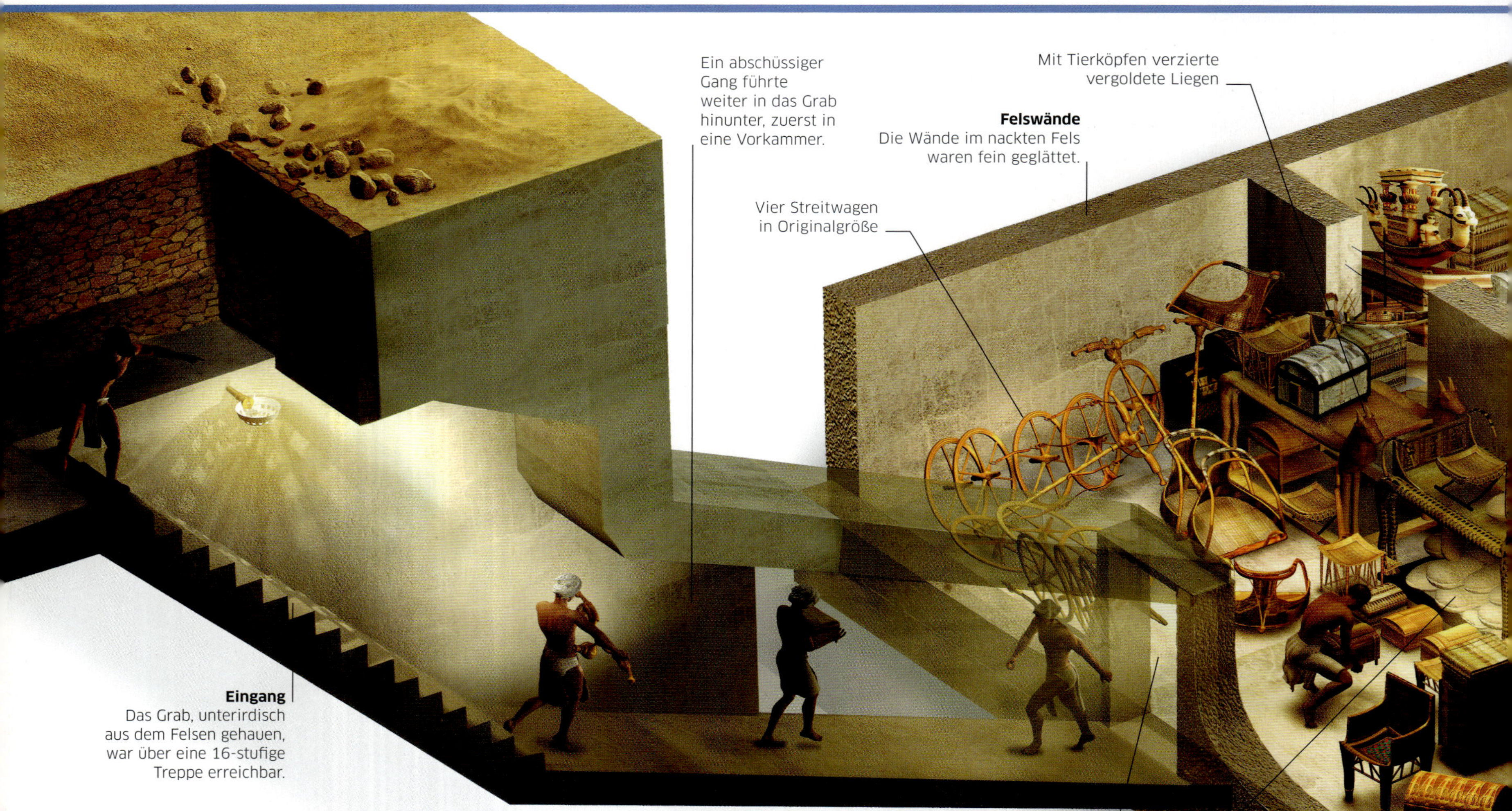

Die Pharaonen

Die Pharaonen des alten Ägyptens wurden als Götter verehrt. Heute verbindet man mit ihnen vor allem den Bau großartiger Pyramiden und Tempel sowie die kostbaren Schätze ihrer Grabkammern.

Ein ägyptischer Pharao besaß viel Macht. Er erließ Gesetze, legte Steuern fest, führte das Heer in den Kampf und trat als Richter auf. Die Menschen glaubten aber auch, dass er die Nilschwemme beeinflussen konnte, die Grundlage der Nahrungsversorgung. Blieb sie aus, dann musste er die Götter um Beistand bitten und wurde möglicherweise dafür verantwortlich gemacht, wenn sich die Lage nicht besserte.

Nach ihrem Tod wurden Pharaonen und andere Würdenträger mumifiziert, damit der Körper für das Leben im Jenseits unversehrt erhalten blieb. Die ägyptischen Könige wurden zunächst in Pyramiden beigesetzt, später in unterirdischen Grabkammern.

Das Grab des Tutanchamun

Tutanchamun wurde mit nur neun Jahren zum Pharao gekrönt. Neun Jahre später, im Jahr 1327 v. Chr., starb er plötzlich und wurde in einer Grabkammer im Tal der Könige am westlichen Nilufer beigesetzt. Obwohl Grabräuber schon in der Antike einen Teil der Grabbeigaben gestohlen hatten, lagen Tausende kostbarer Stücke 3000 Jahre lang unberührt in der Grabkammer, bis diese 1922 entdeckt wurde.

Gefäße für die Organe
Bei der Mumifizierung wurden dem Leichnam die Organe entnommen und in speziellen Gefäßen aufbewahrt, den Kanopenvasen. Diese wurden in einem Schrein beigesetzt.

Wie entsteht eine Mumie?

Die Ägypter glaubten, die Seele eines Toten würde im Jenseits leiden, wenn ihr Körper in dieser Welt Schaden nahm. Reiche Ägypter sorgten daher dafür, dass ihre Körper nach dem Tod haltbar gemacht wurden. Die Methoden waren so gut, dass viele dieser Mumien bis heute unversehrt sind.

1 Die Entnahme der Organe
Zuerst wurde der Leichnam in Wein gewaschen, danach entfernte der Priester die inneren Organe. Das Herz blieb im Körper, denn die Ägypter sahen in ihm den Sitz der Seele.

2 Trocknung des Leichnams
Der ausgehöhlte Körper wurde mit Leinenpäckchen gefüllt, die in Natron getränkt waren, ein natürliches Salz, das dem Körper das Wasser entzieht. 40 Tage ließ man es wirken.

3 Waschung des Leichnams
Nach dem Trocknen wurde das Salz mit Wein abgewaschen. Danach wurde der Körper mit Sägemehl und in Harz getränkten Leinenpäckchen gefüllt. Die Haut wurde mit Duftölen und manchmal zusätzlich mit Harz eingerieben.

4 Einwickeln
Als Nächstes wurde die Mumie in Binden eingewickelt. Auch Amulette wurden als Schutz mit eingewickelt. Den Abschluss bildete eine verzierte Totenmaske.

5 In den Sarg
Nun kam die Mumie in den Sarkophag, der mit den Gesichtszügen des Verstorbenen bemalt war. Die Mumien reicher Menschen wurden in mehreren ineinandergeschachtelten Särgen beigesetzt, die wiederum in große Holzschreine kamen.

6 Die Beisetzung
70 Tage nach dem Tod wurde die Mumie beigesetzt. In einer Prozession wurden Sarg und Grabbeigaben in die Grabkammer gebracht, die zum Schutz vor Grabräubern dicht verschlossen wurde.

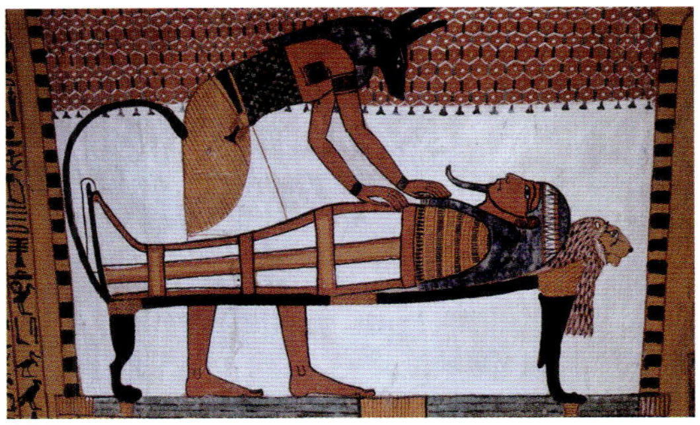

Totenpriester
Die Mumifizierung war ein religiöses Ritual und fand unter der Aufsicht von Priestern statt. Einer trug eine Schakalmaske, die Anubis darstellte, den Gott, der die Seelen der Toten begleitete.

IN **TUTANCHAMUNS** GRAB BESITZT NUR DIE GRABKAMMER **WANDMALEREIEN.** DAS DEUTET DARAUF HIN, DASS DAS GRAB IN **ALLER EILE** VORBEREITET WURDE.

0 – die Anzahl der **Schlachten**, die **Alexander der Große** verlor. Er ging aus jeder Schlacht als Sieger hervor.

Antikes Griechenland

Ob Mathematiker, Philosophen oder Eroberer – das antike Griechenland brachte einige der berühmtesten Persönlichkeiten der westlichen Zivilisation hervor.

Die griechische Zivilisation nahm um 2000 v. Chr. auf den Inseln des östlichen Mittelmeers mit der Minoischen Kultur auf Kreta ihren Anfang. Später verschob sich das Machtzentrum auf das Festland in Stadtstaaten wie Mykene. Diese brachten große Denker, Baumeister und Dichter hervor. In Athen entstand die erste Demokratie und man besiegte die Heere des mächtigen Persischen Reichs im Osten. Den Höhepunkt der Macht erreichte Griechenland unter Alexander dem Großen, einem militärischen Genie, dessen Großreich sich bis nach Indien erstreckte.

Götter und Göttinnen

Die Griechen verehrten viele Götter und unzählige der damit verbundenen Geschichten spielen bis heute in Kunst und Literatur eine große Rolle. Die Hauptgötter, die sich durch viele menschliche Eigenschaften auszeichneten, lebten auf dem Berg Olymp, regiert von Zeus und seiner Gemahlin Hera. Auch die großen Taten irdischer Helden wie Herkules und Odysseus oder von Kriegern wie Achilles und Hektor (die im Krieg um Troja kämpften) sind Bestandteil vieler Sagen.

POSEIDON, GOTT DER MEERE

Das antike Priene

Die Polis, also der Stadtstaat, war die wichtigste griechische Siedlungsform. Kern jeder Polis war eine mächtige Stadt, die das Umland kontrollierte. Die wichtigsten Stadtstaaten wie Athen, Korinth oder Sparta besaßen große Gebiete und wurden sehr reich. Priene (im Südwesten der heutigen Türkei) war ein typischer griechischer Stadtstaat. Er war um 1000 v. Chr. gegründet worden, wurde aber etwa 350 v. Chr. vollständig neu aufgebaut.

Theater
Hier wurden an religiösen Festtagen oder bei Versammlungen griechische Schauspiele aufgeführt, Tragödien ebenso wie Komödien.

Nymphäum
Kleine Tempel wie dieser waren den Wassernymphen (kleineren Naturgottheiten) geweiht und befanden sich oft an einer Quelle.

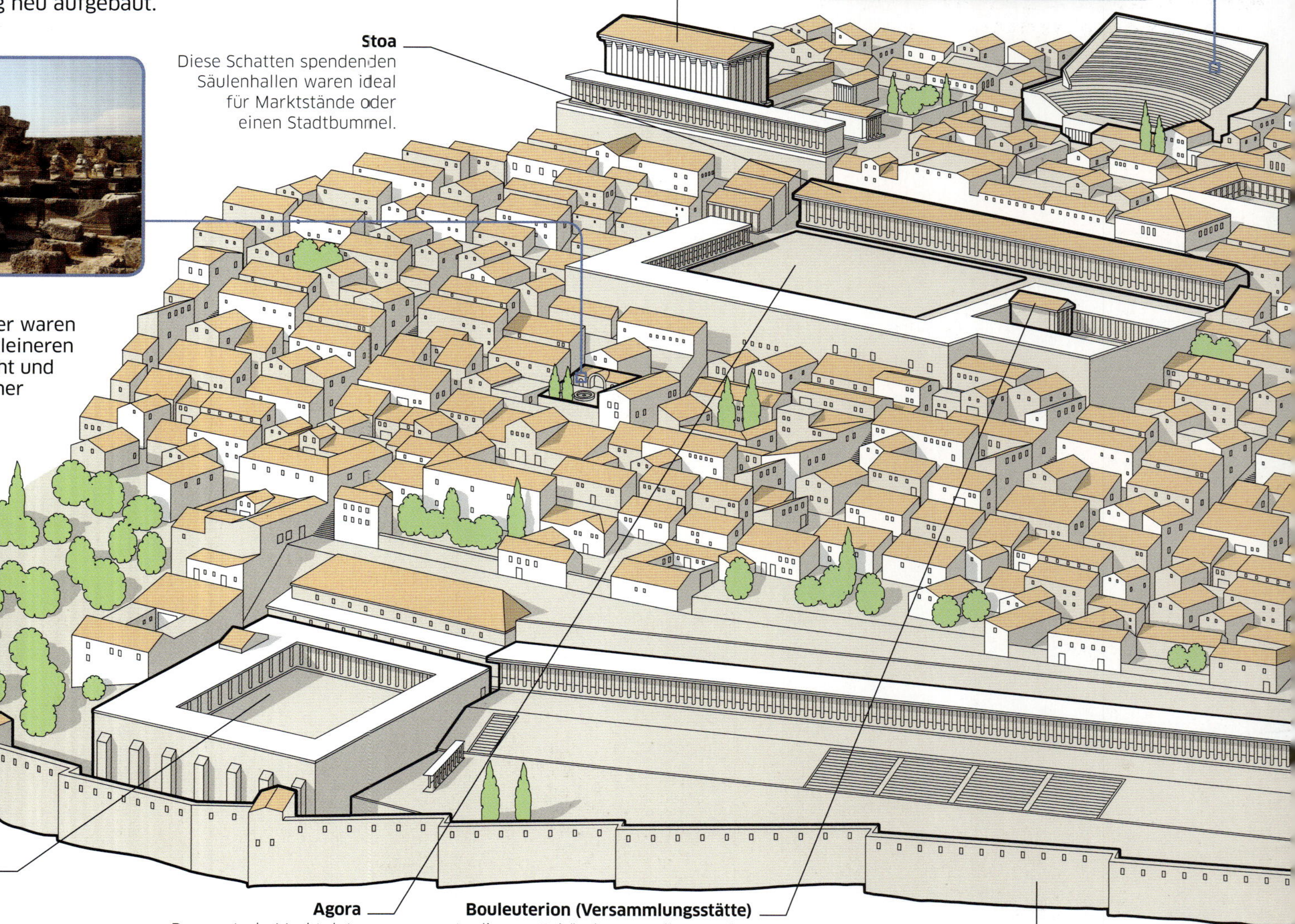

Tempel
Die Griechen bauten prächtige Tempel zu Ehren ihrer zahlreichen Götter und Göttinnen.

Stoa
Diese Schatten spendenden Säulenhallen waren ideal für Marktstände oder einen Stadtbummel.

Gymnasion
Dies waren Bildungs- und Trainingsstätten für junge Athleten mit Unterrichtsräumen und Bibliotheken.

Agora
Der zentrale Marktplatz und Treffpunkt jeder griechischen Stadt.

Bouleuterion (Versammlungsstätte)
In diesem Gebäude tagte die von den Bürgern gewählte Ratsversammlung, die die Stadt regierte.

Stadtmauer

ZEUS, DER GÖTTERVATER

ARTEMIS, GÖTTIN DER JAGD

ATHENA, GÖTTIN DER WEISHEIT

HERKULES BEZWINGT DIE HYDRA.

NUR **MÄNNER** KONNTEN **VOLLBERECHTIGTE BÜRGER** EINES STADTSTAATS SEIN UND AN WAHLEN TEILNEHMEN – **FRAUEN, SKLAVEN** UND **KINDER** WAREN DAVON **AUSGESCHLOSSEN**.

Stadion
Austragungsort athletischer Spiele und Wettbewerbe. Dazu gehörte eine Rennbahn von der Länge eines Stadions, einer griechischen Maßeinheit, die der ganzen Anlage ihren Namen gab.

Die Olympischen Spiele

Die Griechen hielten zu Ehren ihrer Götter regelmäßig athletische Wettkämpfe ab. Die wichtigsten davon waren die Olympischen Spiele, die 776 v. Chr. ins Leben gerufen wurden und (genau wie die moderne Variante) alle vier Jahre stattfanden. An den Wettkämpfen teilnehmen konnten nur griechische Vollbürger. Die Sieger wurden nicht mit Medaillen, sondern mit Kränzen aus Olivenzweigen geehrt. Anfangs dauerten die Spiele nur einen Tag, dehnten sich dann aber auf fünf Tage aus.

Die olympischen Veranstaltungen

Tag 1
Der erste Tag begann mit einer religiösen Prozession. Die Athleten schworen vor den Göttern mit fairen Mitteln zu kämpfen, die Kampfrichter sich nicht beeinflussen zu lassen.

Tag 2
Am zweiten Tag fand der Pentathlon statt, der antike Fünfkampf mit Weitsprung, Diskuswerfen, Speerwerfen, Stadionlauf und Ringkampf. Später kamen Wagenrennen dazu.

Tag 3
Jüngere Athleten wetteiferten am dritten Tag in den Disziplinen Laufen, Ringen und Boxen. An diesem Tag wurden zu Ehren des Zeus 100 Ochsen geschlachtet.

Tag 4
Tag vier sah außer Ringen und Boxen der Erwachsenen auch *Pankration* vor – eine brutale Kombination aus Ringen und Boxen – sowie einen Lauf in voller Rüstung.

Tag 5
Am letzten Tag der Spiele wurden alle Sieger mit Olivenkränzen ausgezeichnet. Zum Abschluss gab es ein Bankett mit dem Fleisch der am dritten Tag geopferten Ochsen.

„WIR SCHWÖREN, DASS WIR AN DEN **OLYMPISCHEN SPIELEN** ALS **EHRENWERTE KÄMPFER** TEILNEHMEN, DIE **REGELN DER SPIELE ACHTEN** UND UNS BEMÜHEN WERDEN, **RITTERLICHE GESINNUNG** ZU ZEIGEN, ZUR EHRE UNSERES **VATERLANDES** UND ZUM **RUHME DES SPORTS**."

OLYMPISCHER EID VON 1920

Vom Inselreich zum Großreich

Jahrhundertelang bestand Griechenland aus vielen kleinen rivalisierenden Staaten. Diese verbanden Traditionen, Sprache und manchmal der Kampf gegen gemeinsame Feinde. Die größte Einheit erzielte Griechenland unter Alexander dem Großen und seinem Vater Philipp II. Nach Alexanders Tod fiel sein Reich auseinander und Griechenland wurde römische Provinz.

2000 v. Chr.–1500 v. Chr.

Minoische Kultur
Ab etwa 2000 v. Chr. bauten die Minoer auf Kreta ein Handelsreich auf. Sie wurden reich und errichteten großartige Paläste wie den von Knossos. Um 1500 v. Chr. ging die minoische Kultur durch Erdbeben, Aufstände und Invasionen unter.

SPÄTMINOISCHE VASE MIT TINTENFISCHMOTIV

1600 v. Chr.–1100 v. Chr.

Mykenische Periode
Um 1600 v. Chr. siedelten in der Umgebung von Mykene und Tiryns neue Stämme. Sie eroberten u. a. Kreta und wurden wohlhabend durch Überfälle, aber auch durch Handel. Um 1200 v. Chr. wurden viele mykenische Siedlungen und Paläste zerstört.

GOLDENE TOTENMASKE EINES MYKENISCHEN KÖNIGS

1100 v. Chr.–750 v. Chr.

Homerische Zeit
Ab etwa 1100 v. Chr. begann ein dunkles Zeitalter, über das wenig bekannt ist. Ab etwa 800 v. Chr. ging es wieder voran, viele kleine Stadtstaaten entstanden mit gemeinsamer Sprache und einem Alphabet. Aus dieser Zeit berichtet der Dichter Homer in der *Ilias*.

BRONZEHELM

750 v. Chr.–336 v. Chr.

Archaische und klassische Zeit
Die Stadtstaaten wurden größer und gründeten Kolonien. Griechenland wurde zweimal von persischen Heeren überfallen, schlug aber beide Angriffe zurück. Auch zwischen Stadtstaaten gab es Kriege, insbesondere zwischen Athen und Sparta.

VASE MIT DARSTELLUNG EINER DER HERKULESAUFGABEN

336 v. Chr.–146 n. Chr.

Hellenistische Zeit
338 v. Chr. erlangte Philipp II., König von Makedonien, die Vormacht in Griechenland und schuf einen großen Staatenbund. Sein Sohn, Alexander der Große, zog 334 v. Chr. nach Persien und eroberte das Land. Damit begann das Zeitalter des Hellenismus.

MÜNZE MIT ALEXANDER DEM GROSSEN

6 km lange **Mauern** sicherten Athens **Zugang zum Meer.**

1100 kg – geschätztes Gewicht des für die Kultstatue der **Athena Parthenos** verwendeten **Golds**

Das antike Athen

Im 5. Jh. v. Chr. lebten in Athen einige der brillantesten Künstler, Philosophen und Politiker der Geschichte. Die Bürger der griechischen Stadt bildeten die erste bekannte Demokratie. Viele der Schriften und Ideen aus dieser Zeit sind bis heute aktuell.

Anfang des 5. Jahrhunderts v. Chr. erlebte Griechenland zwei Angriffe durch das östlich gelegene Persische Reich. Beide Male spielte Athen bei der Niederschlagung eine wichtige Rolle, zunächst in der Schlacht bei Marathon und dann in der Schlacht von Salamis. Die Siege verhalfen der Stadt zu Wohlstand und Macht und man baute prächtige Tempel, Theater und öffentliche Gebäude. Am Ende des Jahrhunderts führte Athen einen langen, kostspieligen Krieg mit griechischen Nachbarstaaten wie Sparta. Nach einer militärischen Niederlage und einer furchtbaren Seuche wurde Athen 404 v. Chr. schließlich von den Spartanern besiegt.

22 000 Tonnen
Marmor sollen schätzungsweise beim Bau des Parthenon und des Tors zur Akropolis verbaut worden sein.

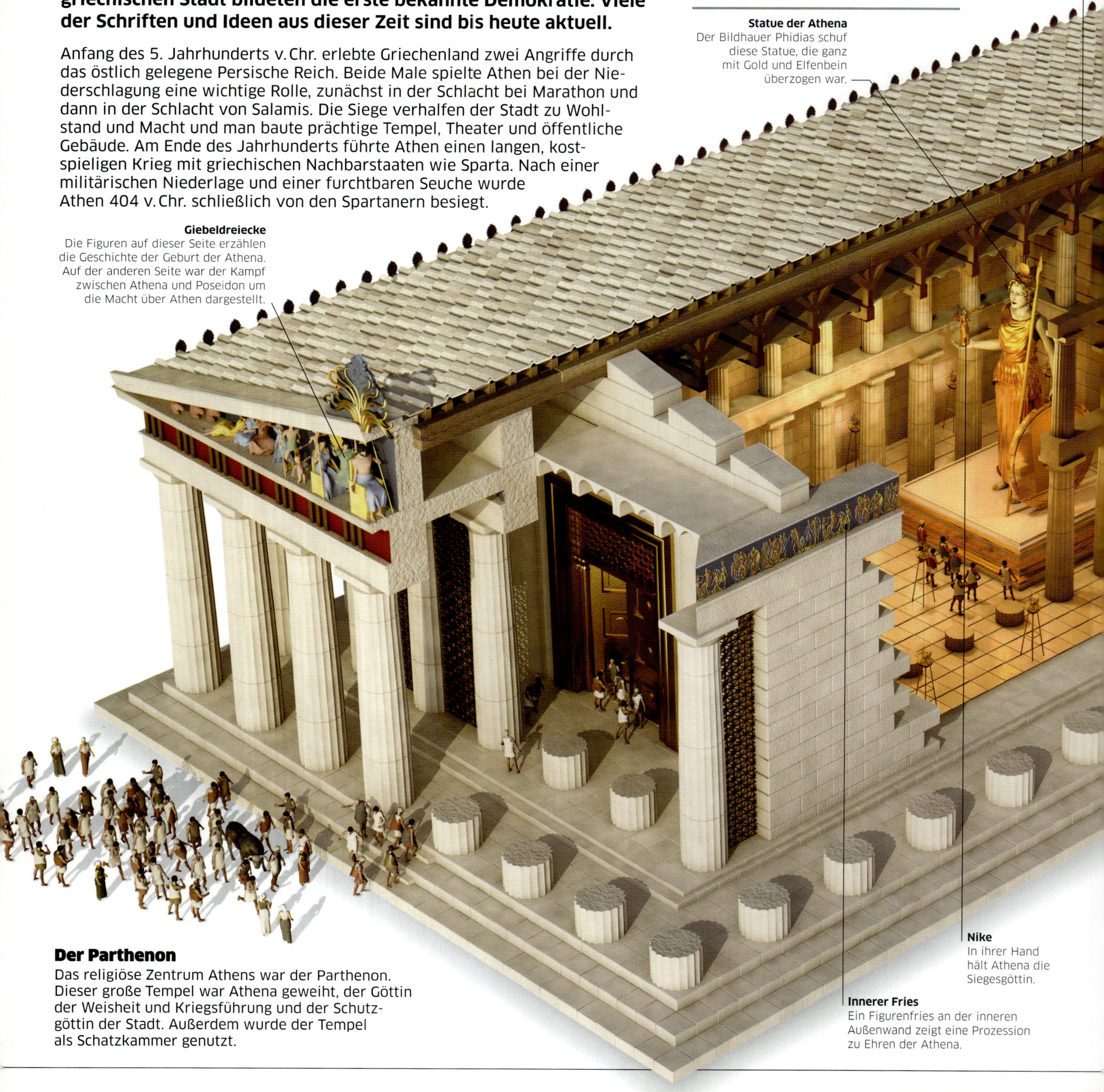

Der Parthenon
Das religiöse Zentrum Athens war der Parthenon. Dieser große Tempel war Athena geweiht, der Göttin der Weisheit und Kriegsführung und der Schutzgöttin der Stadt. Außerdem wurde der Tempel als Schatzkammer genutzt.

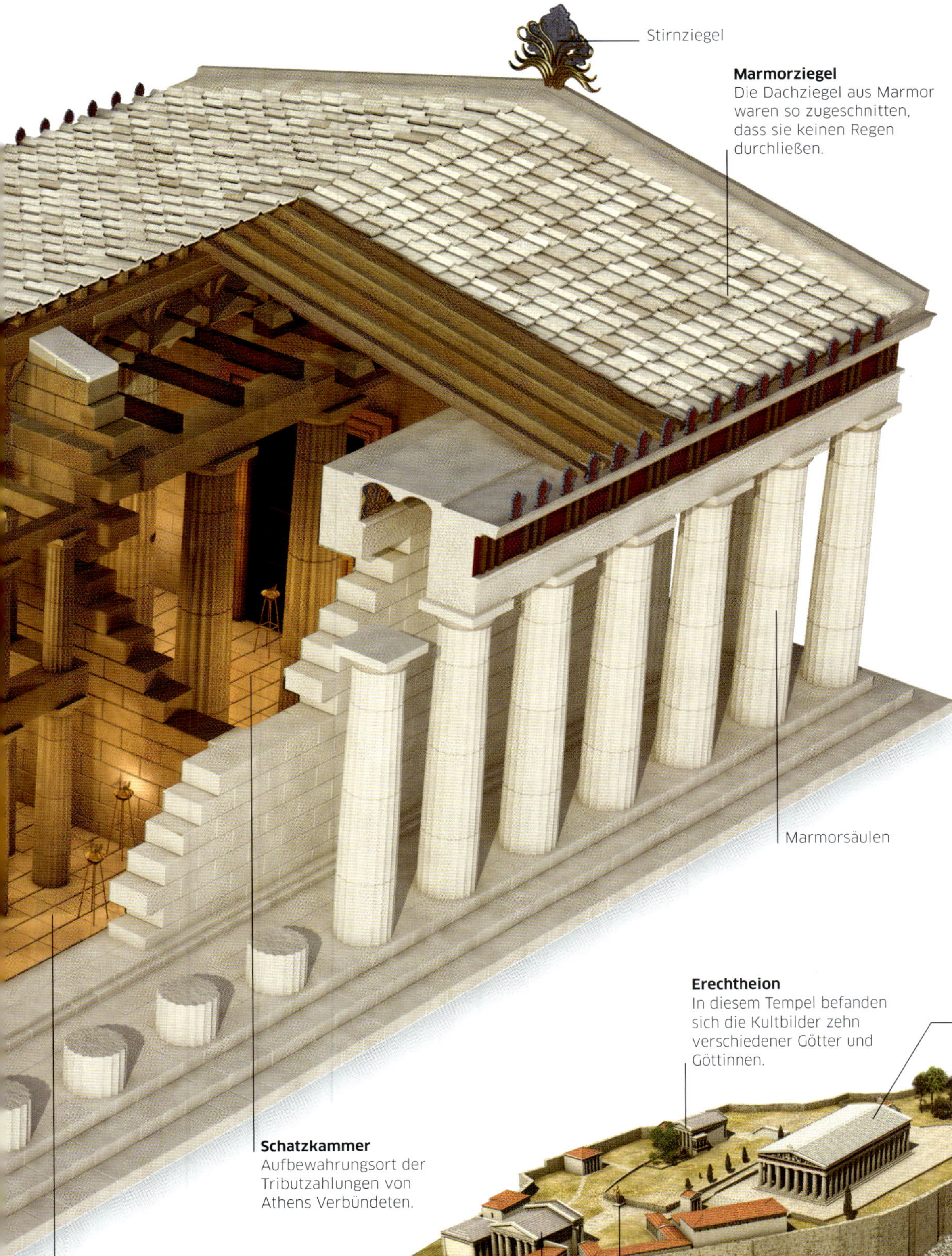

Die erste Demokratie

Grundlage jeder politischen Entscheidung war in Athen eine Wahl. Wahlberechtigt waren allerdings nur männliche Vollbürger und diese machten lediglich etwa 12 % der Bevölkerung aus.

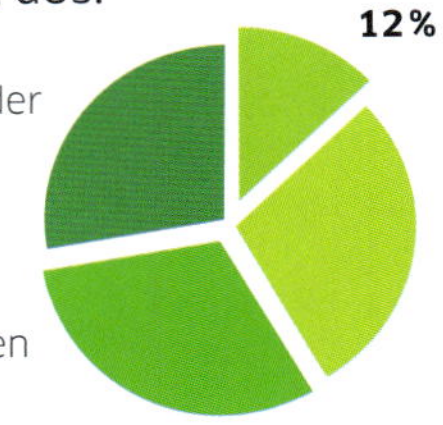

DIE GESELLSCHAFT ATHENS

Feindliche Nachbarn

Sparta war ein ganz anderer Stadtstaat. Dort regierte ein König und kämpferische Fähigkeiten waren dem Volk besonders wichtig. Schon Knaben wurden einer harten Militärausbildung unterzogen. Spartaner und Athener waren gegen die Perser verbündet, wurden aber dann erbitterte Feinde.

„DENN KEIN MANN ERWEIST SICH ALS **GUTER KRIEGER,** BEVOR ER NICHT DEN ANBLICK VON **BLUT UND GEMETZEL** ERTRÄGT, SICH DEM **FEIND DIREKT GEGENÜBERSTELLT** UND MIT SEINEN **EIGENEN HÄNDEN BEKÄMPFT.**“

TYRTAIOS, SPARTANISCHER DICHTER

Die Akropolis

Der Parthenon stand auf einem Hügel im Herzen des antiken Athens, der Akropolis. Dieser Burgberg war ursprünglich eine Festung, wurde aber, als Athen sicherer wurde, zu einem Kultort. Innerhalb der Anlage gab es verschiedene Tempel und heilige Stätten, außerhalb befand sich ein dem Gott Dionysos geweihtes Theater.

Die Römer hatten unter Kaiser Augustus schon eine **Feuerwehr.**

25 – die **Zahl der Jahre,** die ein Soldat in der römischen Armee **dienen musste**

Das Römische Reich

Von einer kleinen Siedlung in Mittelitalien stieg Rom zum Machtzentrum eines der größten und blühendsten Reiche der Geschichte auf. Seine scheinbar unbezwingbaren Legionen eroberten den größten Teil Europas, Nordafrika und den Vorderen Orient.

Rom wurde 753 v. Chr. gegründet. 509 v. Chr. wurde aus dem Königreich eine Republik, in der von einem Senat gewählte Konsuln regierten. Der Senat, und später der Imperator, ernannten auch die Feldherrn, die Roms Armeen in Eroberungskriegen anführen sollten. Die eroberten Gebiete wurden zu Provinzen, die von römischen Statthaltern kontrolliert und von römischen Soldaten bewacht wurden. Die Römer bauten neue Städte und Straßen und dehnten ihre Gesetzgebung auf alle eroberten Gebiete aus. Sie konnten ihren Gegnern gegenüber erbarmungslos sein, aber sie verbreiteten auch Wohlstand, Stabilität und neues Gedankengut in ihrem gesamten Reich.

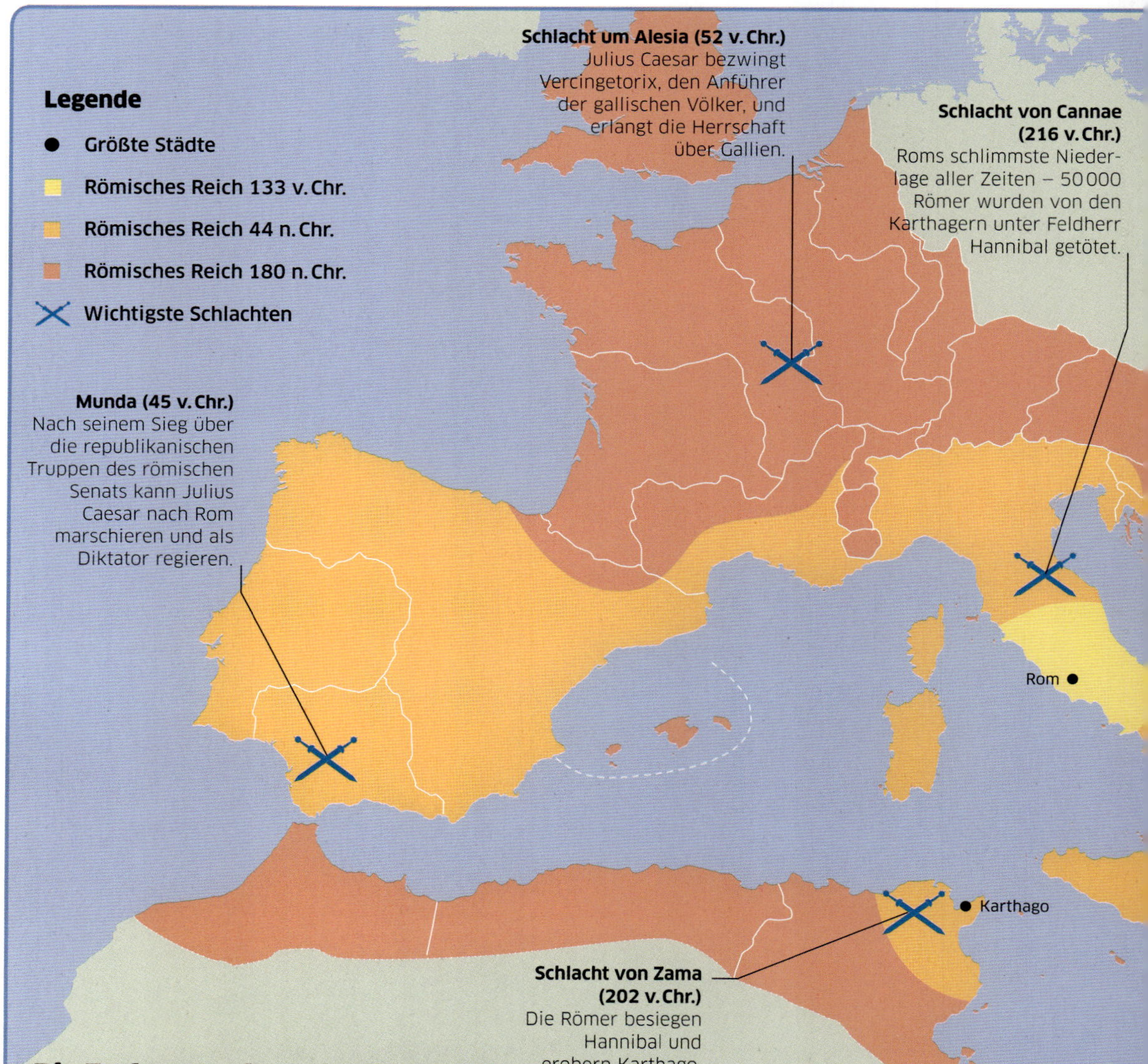

Die Eroberung der bekannten Welt

Bis 200 v. Chr. hatte Rom den größten Teil Italiens erobert und die mächtige Stadt Karthago in Nordafrika besiegt. Zwischen 262 und 146 v. Chr. wurden Sizilien, Sardinien, Spanien und Nordafrika römisch. Gallien (Frankreich) kam um 50 v. Chr. hinzu, ebenso ein großer Teil der Türkei und des Vorderen Orients. Britannien eroberten die Römer 43 n. Chr. Seine größten Ausmaße hatte das Reich um 117 n. Chr. erreicht, als auch Dakien (Rumänien) und Teile des heutigen Syriens und Iraks dazugehörten.

Das Vermächtnis Roms

Bis heute erinnert vieles an die Römer. Ihre Politik und Philosophie inspirierten jahrhundertelang europäisches Gedankengut. Dank ihrer Ingenieursfähigkeiten stehen viele ihrer erstaunlichen Bauwerke noch heute. Lateinische Wörter prägen viele moderne Sprachen und sogar moderne Gesetze folgen Roms Vorbild.

Recht und Wissenschaft
Von römischen Autoren stammen bedeutende Werke aus vielen Bereichen, die sich durch Kopien im ganzen Reich verbreiteten. So enthielt die Celsus-Bibliothek in Ephesos in der heutigen Türkei (oben) über 12 000 Schriftrollen.

Architektur und Technik
Die Römer waren erstaunliche Baumeister. Sie verwendeten Beton für den Bau stabiler, wasserfester Gebäude und erfanden die Bogenkonstruktion. Dieser Aquädukt Pont du Gard in Südfrankreich ist nur ein Beispiel grandioser römischer Bauwerke.

Gut vernetzt
Die Römer bauten ein riesiges Straßennetz, das im ganzen Reich eine schnelle Fortbewegung ermöglichte. Diese Straßen und ein gutes Kontrollsystem halfen bei der Verwaltung des großen, blühenden Reichs.

„DIE **ERFAHRUNG** IST DIE **LEHRMEISTERIN** IN ALLEM."

JULIUS CAESAR, RÖMISCHER DIKTATOR, REGIERTE VON 49–44 V. CHR.

Aufstieg und Niedergang Roms

Das römische Heer wurde immer stärker und die Feldherrn mächtiger als der Senat. Nach mehreren Bürgerkriegen ernannte sich Julius Caesar zum Alleinherrscher. Sein Adoptivsohn Augustus wurde der erste Kaiser Roms. Im Jahr 395 n. Chr. wurde das Reich geteilt. Den westlichen Teil regierte Rom, der östliche Teil wurde von der Stadt Konstantinopel (oder Byzanz) aus von einem neuen Kaiser regiert. Westrom verlor immer mehr Gebiete an einfallende barbarische Völker und 476 n. Chr. wurde der letzte Kaiser abgesetzt.

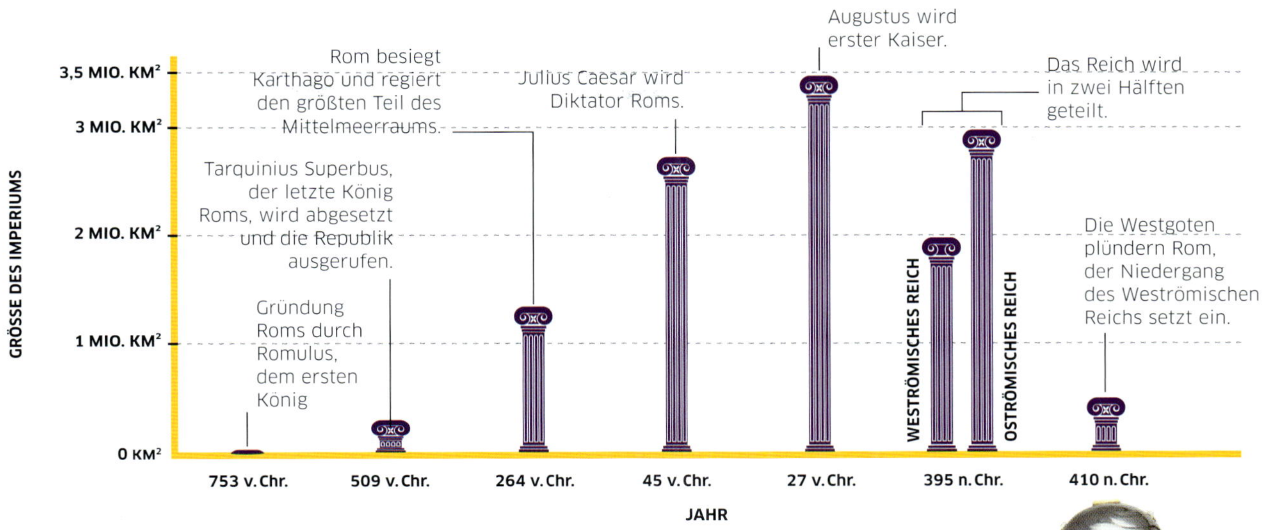

53 000 Gallier wurden in die Sklaverei verkauft, nachdem Julius Caesar ihre Armeen besiegt und ihr Land erobert hatte.

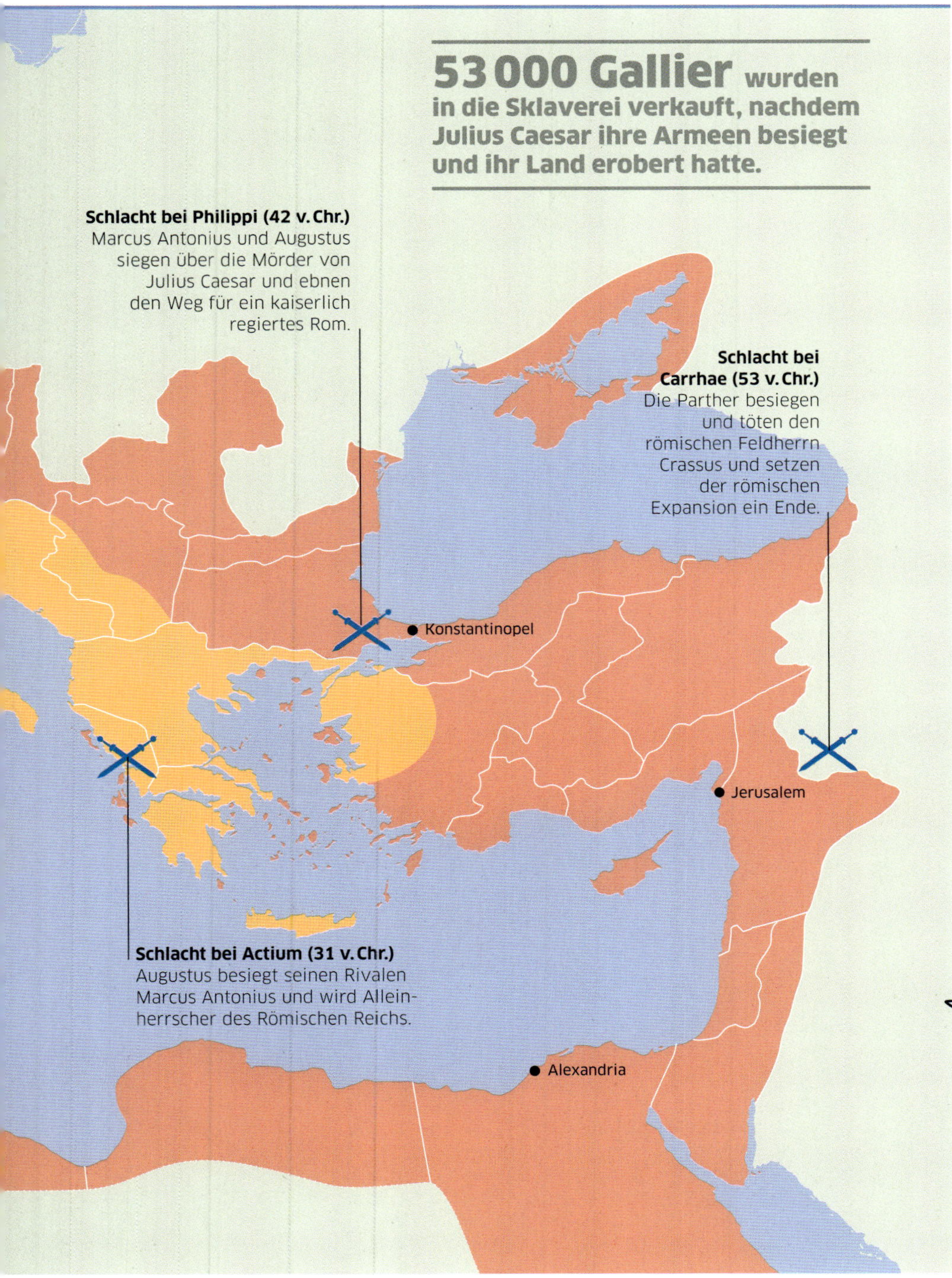

Das römische Heer

Die Römer hatten eine sehr gut ausgebildete Armee. Die einzelnen Legionen teilten sich auf in je zehn Verbände, die aus etwa 480 Männern bestanden. Auch Soldaten aus den eroberten Gebieten gehörten zum römischen Heer. Darunter waren Reiter, Schleuderer, Bogenschützen und sogar Kameltruppen. Römische Soldaten waren berühmt für ihre Disziplin, ihren Einsatz in strikten Formationen und ihre klugen Kriegstaktiken.

NACHBILDUNG EINER RÖMISCHEN RÜSTUNG

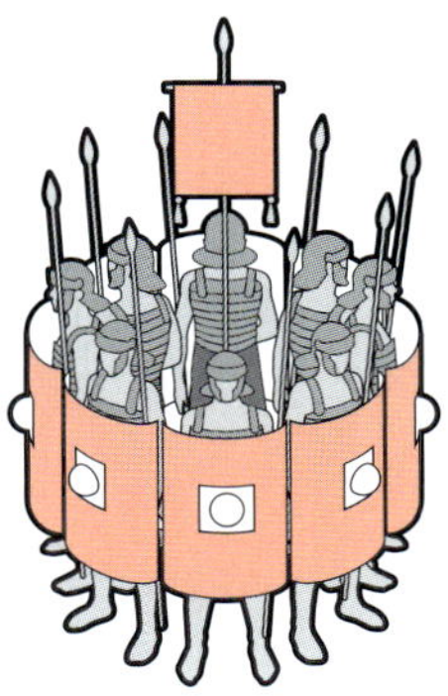

Schildkreis
Diese Verteidigungsformation wurde angewandt, wenn man von Feinden umzingelt war. Sie schützte die Standarte der Legion, das Symbol ihrer Ehre.

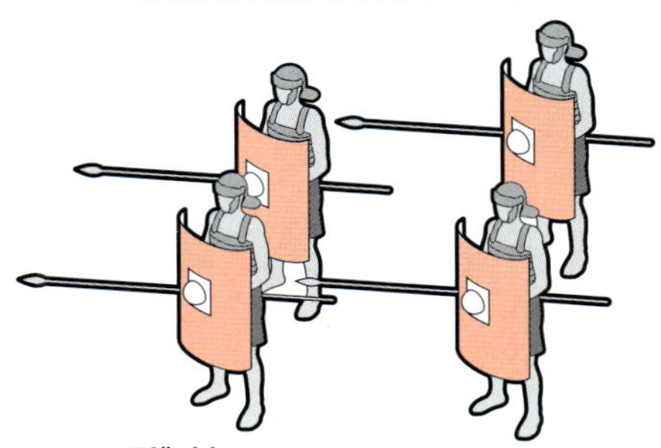

Plänkler
In solchen losen Reihen konnten die Soldaten einen sich nähernden Feind mit Wurfspeeren in ein Geplänkel verwickeln.

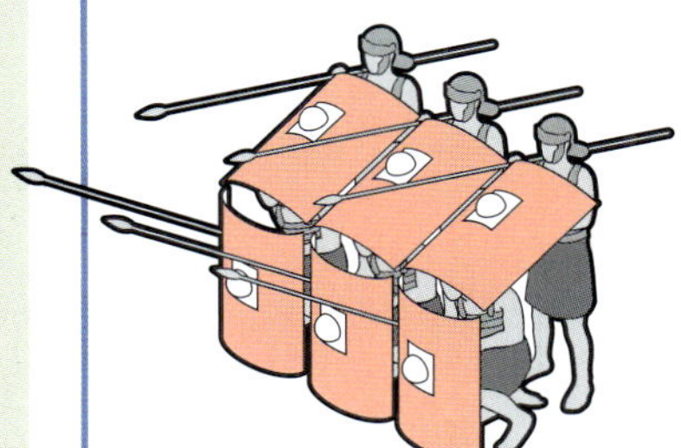

Schildwall
Bei einem Angriff durch die Kavallerie formte die Legion eine dichte Formation aus Schilden mit nach vorn gerichteten Speeren.

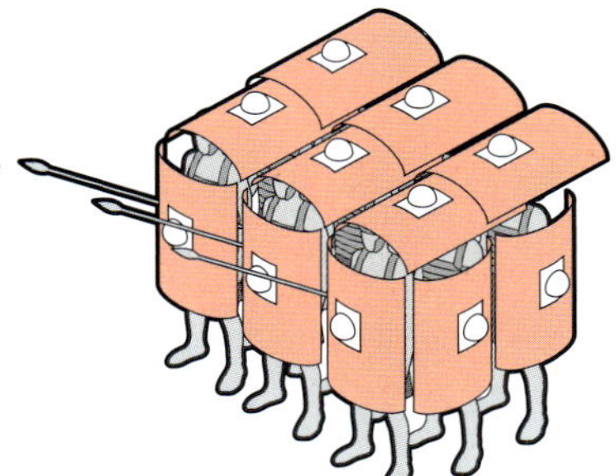

Schildkröte
Bei einem Pfeilhagel bildeten die Soldaten eine Schildkröte (*testudo*) – die sich überlappenden Schilder boten Schutz vor dem Angriff.

Roms Gesellschaft

Rom war das Herz des Römischen Reichs und mehr als 500 Jahre lang die mächtigste Stadt der westlichen Welt.

Rom glich in vielem einer modernen Stadt mit gepflasterten Straßen, Abwasserkanälen und sogar mehrstöckigen Wohnhäusern. Aus dem ganzen Reich kamen Nahrungsmittel und über Aquädukte gelangte Trinkwasser in die Stadt. Die Herrscher Roms, Imperatoren und mächtige Politiker, schmückten die Straßen mit großartigen Bauwerken. Zentrum der Stadt war das Forum, ein weiträumiger Platz für öffentliche Veranstaltungen und Feierlichkeiten. In der Umgebung gab es große Arenen, Tempel, Thermenanlagen, Theater, Märkte und Paläste, von denen viele auch nach mehr als 2000 Jahren noch erhalten sind. Mit dem sich ausdehnenden Reich wurde Rom immer wohlhabender und bevölkerungsreicher. Um 100 n. Chr., zu Roms Blütezeit, sollen 1,2 Millionen Menschen hier gelebt haben, so viele wie im heutigen Prag.

Profikämpfer

Es gab mehr als 20 verschiedene Gladiatorentypen. Die Römer liebten es sie bei Gladiatorenkämpfen zu beobachten und zu sehen, welcher Kampfstil und welche Ausrüstung am wirkungsvollsten waren. Gladiatoren waren Sklaven, konnten aber durch gute Kämpfe manchmal ihre Freiheit erringen. Die erfolgreichsten von ihnen wurden berühmt und von ihren Fans gefeiert.

Gladiatorenhelm
Dies ist der Bronzehelm eines *Murmillo*. Das war ein Gladiator, der im Kampf ein Kurzschwert und einen großen rechteckigen Schild trug.

Rangordnung

Die Sitzränge im Kolosseum spiegelten die Klassen der römischen Gesellschaft wider. Die vordersten Reihen waren reserviert für wichtige und reiche Leute, das einfache Volk saß auf den oberen Rängen. Der Kaiser hatte eine eigene Loge für sich und seine Gäste. Sklaven besuchten den Zirkus nur als Diener ihrer Herren.

SOZIALE SCHICHTEN IM ANTIKEN ROM

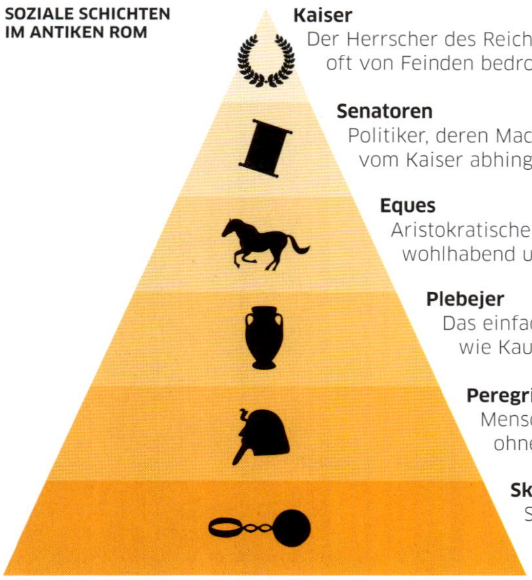

Kaiser
Der Herrscher des Reichs, oft von Feinden bedroht

Senatoren
Politiker, deren Macht vom Kaiser abhing

Eques
Aristokratische Familien, häufig wohlhabend und einflussreich

Plebejer
Das einfache, arbeitende Volk wie Kaufleute und Handwerker

Peregrini
Menschen anderer Provinzen ohne römisches Bürgerrecht

Sklaven
Sie galten als Eigentum, hatten keine Rechte und mussten ihren Herren gehorchen.

Boden
Der Boden der Arena war aus Holzbohlen gebaut, die mit Sand bedeckt waren.

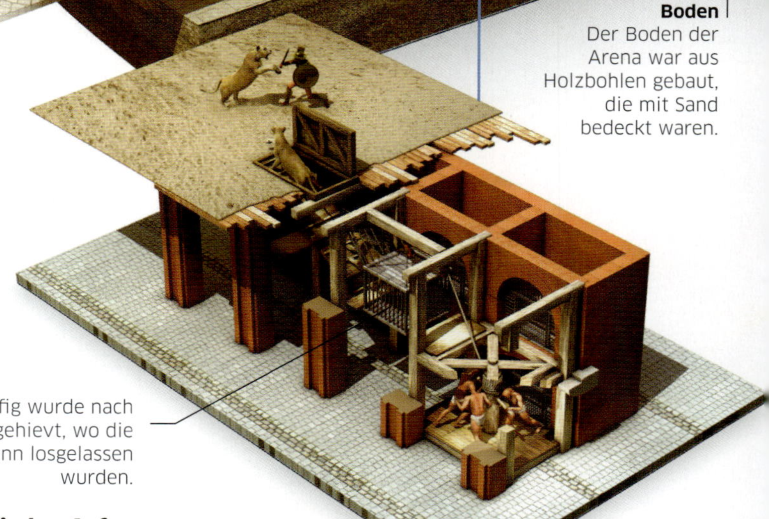

Der Käfig wurde nach oben gehievt, wo die Löwen dann losgelassen wurden.

Unterirdischer Aufzug
Wilde Tiere wie Löwen, Wölfe und sogar Elefanten kämpften gegeneinander oder gegen Jäger. Die Tiere wurden in unterirdischen Käfigen gehalten. Mit einem System aus Winden und Flaschenzügen wurden sie nach oben gebracht und durch Falltüren in die Arena gelassen.

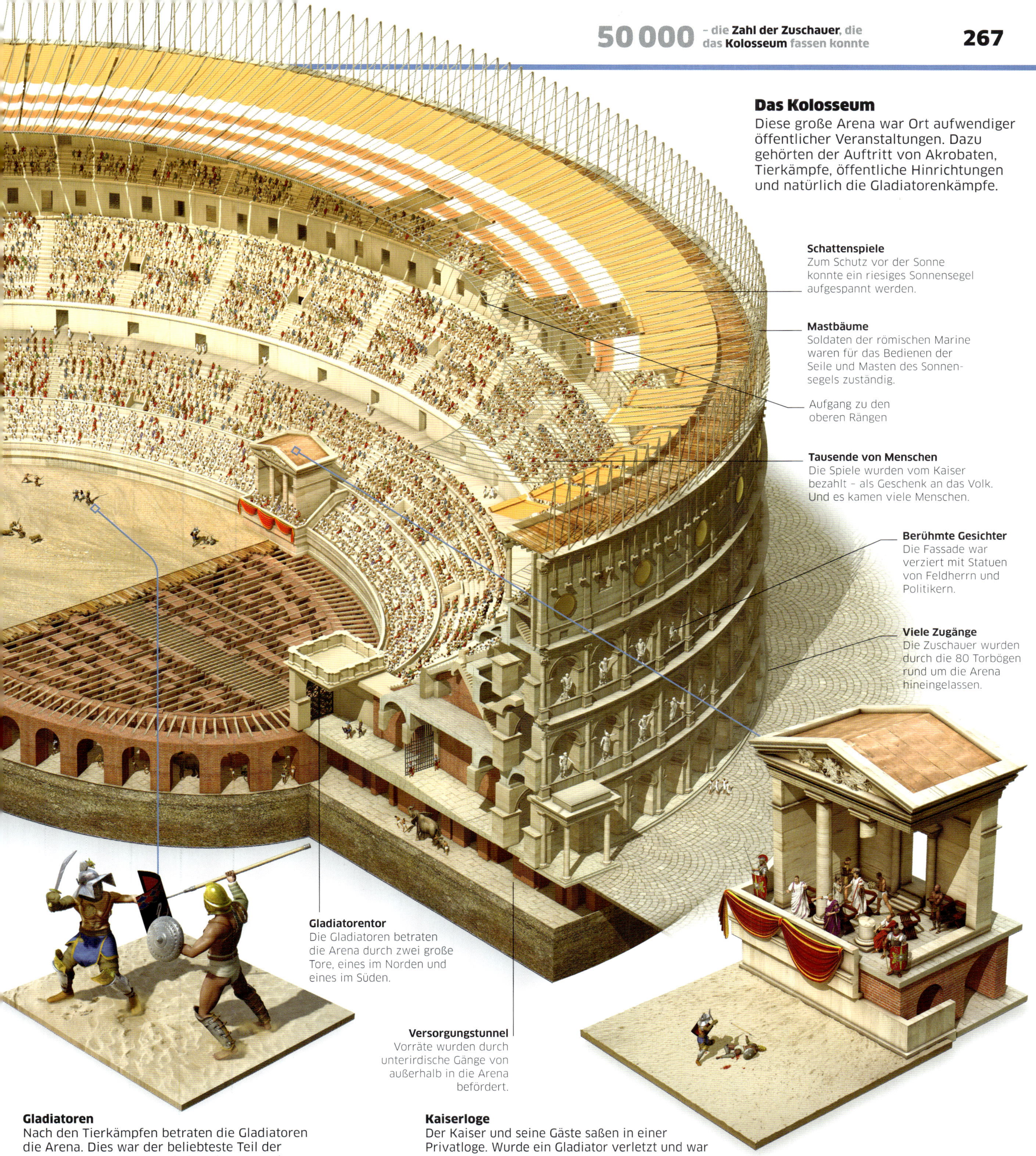

Das Kolosseum

Diese große Arena war Ort aufwendiger öffentlicher Veranstaltungen. Dazu gehörten der Auftritt von Akrobaten, Tierkämpfe, öffentliche Hinrichtungen und natürlich die Gladiatorenkämpfe.

Schattenspiele
Zum Schutz vor der Sonne konnte ein riesiges Sonnensegel aufgespannt werden.

Mastbäume
Soldaten der römischen Marine waren für das Bedienen der Seile und Masten des Sonnensegels zuständig.

Aufgang zu den oberen Rängen

Tausende von Menschen
Die Spiele wurden vom Kaiser bezahlt – als Geschenk an das Volk. Und es kamen viele Menschen.

Berühmte Gesichter
Die Fassade war verziert mit Statuen von Feldherrn und Politikern.

Viele Zugänge
Die Zuschauer wurden durch die 80 Torbögen rund um die Arena hineingelassen.

Gladiatorentor
Die Gladiatoren betraten die Arena durch zwei große Tore, eines im Norden und eines im Süden.

Versorgungstunnel
Vorräte wurden durch unterirdische Gänge von außerhalb in die Arena befördert.

Gladiatoren
Nach den Tierkämpfen betraten die Gladiatoren die Arena. Dies war der beliebteste Teil der Spiele. Die Gladiatoren, die jeweils paarweise gegeneinander antraten, waren zwar meistens Sklaven, konnten aber, wenn sie gut kämpften, ihre Freiheit erlangen.

Kaiserloge
Der Kaiser und seine Gäste saßen in einer Privatloge. Wurde ein Gladiator verletzt und war nicht mehr in der Lage weiterzukämpfen, konnte er um Gnade bitten. Es lag dann am Kaiser, ob der besiegte Gladiator verschont oder von seinem Gegner getötet werden sollte.

DAS MITTELALTER

Im 5. Jahrhundert n. Chr. zerfiel das Römische Reich in kleinere Länder, die ärmer und weniger hoch entwickelt waren. Im Vorderen Orient entstand ein riesiges arabisches Reich, das an das Wissen der alten Griechen und Römer anknüpfte und es so bewahrte. In China und Indien machten neue Großreiche wissenschaftliche Entdeckungen, die in Europa noch Jahrhunderte auf sich warten ließen.

DER NIEDERGANG ROMS

Im 4. Jh. n. Chr. wurde das Römische Reich in ein West- und Ostreich geteilt. Westrom, das von Rom aus regiert wurde, konnte sich nicht mehr gegen die aus Germanien kommenden Barbaren durchsetzen. Bis zum Ende des 4. Jh. hatte es große Gebiete eingebüßt und 476 n. Chr. verlor der letzte römische Kaiser seinen Thron.

Das Byzantinische Reich

Das Oströmische Reich (oder Byzantinische Reich) überlebte länger als das Westreich. Kaiser Justinian gewann im 6. Jh. Italien und Nordafrika zurück, aber schon bald drangen islamische Armeen in das Reich vor. 1453 eroberten die Osmanen Konstantinopel, die Hauptstadt des Reichs.

Eine christliche Stadt
Das Mosaik zeigt zwei byzantinische Kaiser, die Jesus und der Jungfrau Maria symbolhaft Konstantinopel darbringen.

Völkerwanderung

Bis etwa 450 n. Chr. hatten die Barbaren auf zuvor römischem Land kleine Königreiche errichtet. Manche der von den Römern eingeführten Errungenschaften wurden übernommen.

Angelsächsischer Helm
Dieser Helm wurde zusammen mit den sterblichen Überresten eines germanischen Königs aus dem 7. Jh. in einem Schiff entdeckt.

HUNNEN
Der aus Germanien einfallende Stamm überzog das Römische Reich im 5. Jh. mit verheerenden Angriffen.

GOTEN
410 wurde Rom von den Westgoten geplündert. Die Ostgoten bauten sich in Italien ein Reich auf.

ANGELN UND SACHSEN
Diese Völker aus dem nördlichen Germanien errichteten neue Königreiche auf römischen Gebieten.

MAGYAREN
Aus Zentralasien kamen ab 850 n. Chr. die Magyaren, die um 900 in Ungarn siedelten.

WIKINGER
Seit 793 eroberten die Wikinger 200 Jahre lang auf Raubzügen Gebiete in Frankreich, Irland und Britannien.

Heiliges Römisches Reich

400 Jahre nach dem Untergang Westroms strebten in Germanien christliche Herrscher an die Macht. König Karl der Große ließ sich 800 zum Kaiser krönen und errichtete ein neues christliches Kaiserreich in Europa. Bald darauf war es zwar zerfallen, aber mächtige germanische Fürsten trugen noch jahrhundertelang den Titel eines römisch-deutschen Kaisers.

Das Heilige Römische Reich
Karl der Große hatte große Gebiete erobert, bevor er 814 starb. 843 wurde sein Reich in drei Königreiche geteilt.

WANDEL IN EUROPA

Der Alltag im mittelalterlichen Europa war geprägt durch die Kirche und mächtige Könige. Aus dem westlichen Teil des großen Frankenreichs entstand Frankreich, das sich zu einem der führenden Länder Europas entwickelte und 1337–1453 im Hundertjährigen Krieg gegen England kämpfte. Die Mauren, ein islamisches Volk aus Nordafrika, eroberten im 8. Jh. Spanien und wurden nach mehreren Kriegen 1492 endgültig wieder vertrieben. Das verheerendste Ereignis war der Schwarze Tod, eine Pestepidemie mit Millionen Todesopfern.

45 % DER BEVÖLKERUNG SOLLEN SCHÄTZUNGSWEISE AM **SCHWARZEN TOD** GESTORBEN SEIN.

Lehnswesen

In Europa kam das Lehnssystem auf. Adlige wurden Kronvasallen (Gefolgsmänner) eines Königs, indem sie ihm Lehnstreue und Unterstützung in Kriegszeiten schworen. Als Gegenleistung dafür erhielten sie Land, über das sie nach Belieben herrschen konnten.

König
Der König stand an der Spitze dieser Feudalgesellschaft, die Adligen waren seine Kronvasallen und erhielten im Gegenzug Land.

Vasallen
Auch Adlige selbst hatten manchmal Vasallen, oft Ritter, die für Dienste zum Schutz des Lehnsherrn kleinere Stücke Land bekamen.

Bauer
Die Bauern schworen einem Landbesitzer Treue, bearbeiteten aber dessen Land, statt Kriegsdienste zu leisten.

Kirche und Staat

Die christliche Kirche wurde im Mittelalter sehr mächtig. Die meisten Menschen bezahlten ein Zehntel ihres Einkommens als Steuer an die Kirche und in vielen europäischen Städten entstanden gewaltige neue Kathedralen. Das Oberhaupt der Kirche war der Papst mit Sitz in Rom. Dessen Macht war vielen Herrschern ein Dorn im Auge.

KATHEDRALE VON CHARTRES (FRANKREICH)

GLAUBENSKRIEGE

Im frühen 7. Jh. wurden die Stämme auf der Arabischen Halbinsel unter einer neuen Religion, dem Islam, vereint, angeführt vom Propheten Mohammed. Die Araber eroberten christlich-byzantinische Gebiete in Nordafrika, Palästina und Syrien sowie die sowohl dem Islam als auch dem Christentum heilige Stadt Jerusalem. Vom 11. bis zum 13. Jh. zogen Kreuzfahrer in das Heilige Land, um Jerusalem zurückzuerobern, und errichteten dort sogar kurzzeitig Königreiche.

Arabisches Wissen

Die islamische Wissenschaft war dem mittelalterlichen Europa oft weit voraus. Muslimische Heere hatten persische und byzantinische Gebiete besetzt. Die dort entdeckten antiken Schriften verhalfen ihnen zu großen Fortschritten in Mathematik und Medizin.

Astrolabium
Dieses astronomische Gerät entwickelten arabische Wissenschaftler auf der Grundlage griechischer Schriften.

Der Aufstieg des Islam

Der Prophet Mohammed begann um 610 zu predigen. Als er 632 starb, hatten islamische Armeen bereits den größten Teil der Arabischen Halbinsel erobert. Unter seinen Nachfolgern dehnte sich das islamische Kalifat über Arabien hinaus aus, bis es Persien (640), Ägypten (641) und den größten Teil Syriens und Palästinas umfasste. Unter der ab 661 herrschenden Dynastie der Omaijaden eroberten muslimische Armeen das übrige Nordafrika und ab 711 auch den größten Teil Spaniens. Im Osten reichten die Grenzen des islamischen Kalifats bis nach Afghanistan und Nordindien.

Legende
- Muslimische Gebiete 634
- Muslimische Gebiete 656
- Muslimische Gebiete 756

Das islamische Reich
Das mittelalterliche islamische Kalifat erreichte seine größte Ausdehnung Mitte des 8. Jh. Später kamen Gebiete in der Türkei und auf dem Balkan hinzu, aber zu der Zeit war das Reich nicht mehr vereint.

Die islamische Welt

Mit zunehmender Größe des islamischen Reichs wurden die Städte zu Handels- und Bildungszentren mit herrschaftlichen Residenzen, großen Moscheen, Krankenhäusern und Bibliotheken.

MEDINA
Medina wurde nach der Ankunft Mohammeds und seiner Anhänger 622 zum Sitz der muslimischen Bewegung.

DAMASKUS
Die syrische Stadt wurde 661 Hauptstadt der Umayyaden-Dynastie und gilt als eine der ältesten noch bewohnten Städte.

JERUSALEM
Jerusalem, 637 von Muslimen erobert, ist einer der heiligsten Orte des Islam und Stätte einer der ersten großen Moscheen.

BAGDAD
Die 762 gegründete Stadt, ein Zentrum der Wissenschaften, war Hauptstadt der Abbasiden-Dynastie, die 750 den Omaijaden folgte.

KAIRO
Kairo, gegründet 969 in der Nähe von Memphis, Hauptstadt des antiken Ägypten, war 1325 die größte Stadt der Welt.

ISTANBUL
Nach der Eroberung 1453 blieb die frühere Hauptstadt des Byzantinischen Reichs 450 Jahre lang Hauptstadt des Osmanischen Reichs.

ASIATISCHE GROSSREICHE

Die größten mittelalterlichen Reiche lagen in Asien. In Indien, China und Japan gab es ein Gerichtswesen und Regierungen, die denen in Europa weit voraus waren. Zwischen dem 12. und dem 15. Jh. wurde China von mongolischen Nomaden erobert, in Japan herrschten Bürgerkriege und nach Indien drangen von Norden her feindliche Stämme ein.

Tang-Dynastie

Nach mehreren Jahrhunderten der Teilung erlebte China unter der Tang-Dynastie ab 618 eine Blütezeit. Die Hauptstadt Chang'an lag am Ende der Seidenstraße, jener wichtigen Handelsstraße, die sagenhaften Wohlstand nach China brachte. Unter der Tang-Herrschaft gelangten chinesische Armeen bis an die Grenzen Persiens. Eine Rebellion unter An Lushan erschütterte das späte Tang-Reich und 907 fiel China auseinander.

Tang-Bauwerk
Die Große Wildganspagode in Xi'an (früher Chang'an) wurde 652 unter den Tang gebaut.

Indien

Ab etwa 320 n. Chr. herrschte über einen großen Teil Indiens das Gupta-Reich, geprägt durch Wohlstand und enorme Entwicklungen in Literatur, Kunst und Wissenschaft. Nach einer fast 150-jährigen Friedenszeit zerfiel das Gupta-Reich um 570. Nordindien wurde von Großkönig Harsha erobert. Als dieser 647 starb, zerfiel Indien in kleinere Staaten und wurde erst im 13. Jh. wiedervereint.

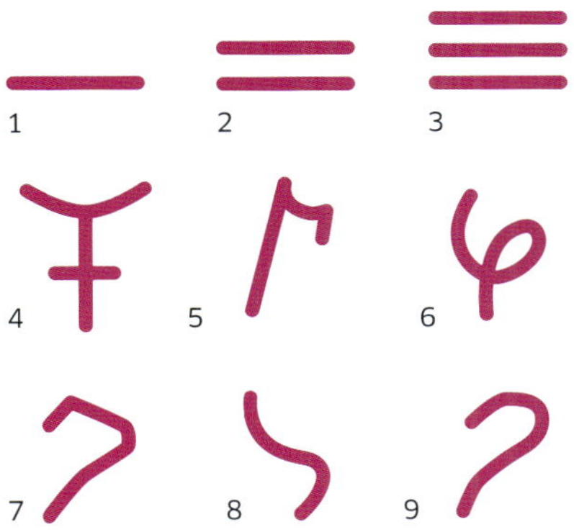

Brahmi-Ziffern
Dieses antike Ziffernsystem, das im 5. und 6. Jh. von indischen Mathematikern übernommen und weiterentwickelt wurde, ist die Grundlage unserer heutigen Art zu zählen.

Das Mongolische Reich

1206 vereinte Dschingis Khan die mongolischen Nomadenstämme. Die Mongolen eroberten ein riesiges Reich, das große Teile Zentralasiens, Persiens und Chinas umfasste. Sie waren gefürchtete Bogenschützen, erbarmungslose Krieger und hervorragende Reiter.

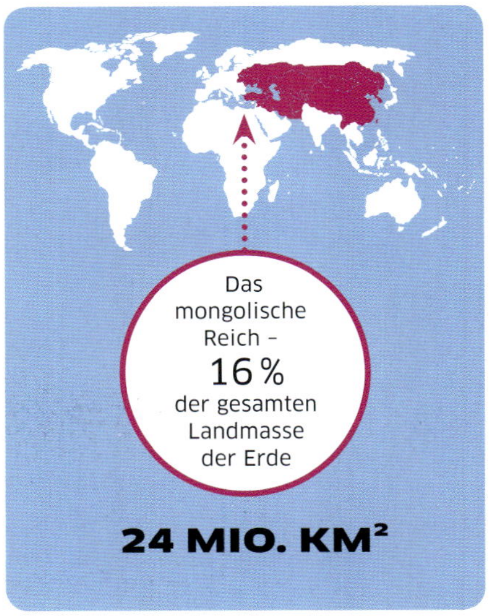

Die Ausbreitung der Mongolen
1279 kontrollierten die Mongolen etwa ein Sechstel der gesamten Landfläche der Erde. Ihre letzte große Eroberung war China.

Gefürchtete Wikinger

Ab Ende des 8. Jahrhunderts versetzten Raubzüge erbarmungsloser Krieger aus Skandinavien die Küstensiedlungen Nordeuropas in Angst und Schrecken. Ohne Vorwarnung griffen die Wikinger an und töteten alle, die sich ihnen entgegenstellten. Ihre Beute waren Schätze und Sklaven.

Die Wikinger hatten zwar einen furchterregenden Ruf, aber sie waren nicht nur brutale Räuber, sondern auch meisterliche Schiffsbauer, deren Boote schnell und sicher über die rausten Meere zogen. Als kühne Entdecker erreichten sie den amerikanischen Kontinent vor allen anderen Europäern. Sie errichteten Siedlungen in Nordeuropa, Island und Grönland, wo ihre Kultur das Leben der Menschen jahrhundertelang beeinflusste.

Auf Raubzug

Wikingerpiraten hatten Langschiffe – schnelle, schlanke Boote, die überall an Küsten und Flüssen landen konnten. Sie hatten große, rechteckige Segel und Ruder, falls der Wind ungünstig stand.

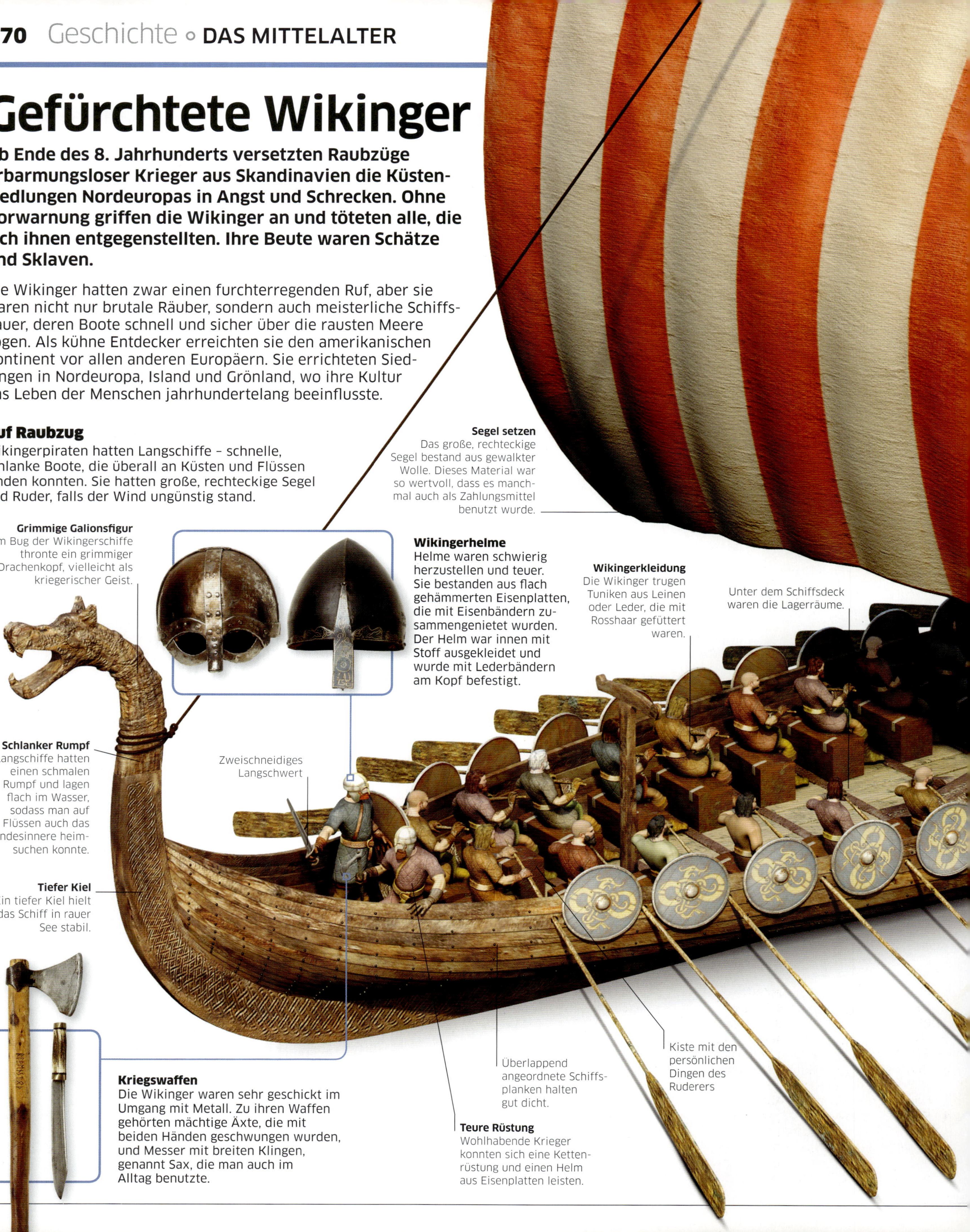

Segel setzen
Das große, rechteckige Segel bestand aus gewalkter Wolle. Dieses Material war so wertvoll, dass es manchmal auch als Zahlungsmittel benutzt wurde.

Grimmige Galionsfigur
Am Bug der Wikingerschiffe thronte ein grimmiger Drachenkopf, vielleicht als kriegerischer Geist.

Wikingerhelme
Helme waren schwierig herzustellen und teuer. Sie bestanden aus flach gehämmerten Eisenplatten, die mit Eisenbändern zusammengenietet wurden. Der Helm war innen mit Stoff ausgekleidet und wurde mit Lederbändern am Kopf befestigt.

Wikingerkleidung
Die Wikinger trugen Tuniken aus Leinen oder Leder, die mit Rosshaar gefüttert waren.

Unter dem Schiffsdeck waren die Lagerräume.

Schlanker Rumpf
Langschiffe hatten einen schmalen Rumpf und lagen flach im Wasser, sodass man auf Flüssen auch das Landesinnere heimsuchen konnte.

Zweischneidiges Langschwert

Tiefer Kiel
Ein tiefer Kiel hielt das Schiff in rauer See stabil.

Kriegswaffen
Die Wikinger waren sehr geschickt im Umgang mit Metall. Zu ihren Waffen gehörten mächtige Äxte, die mit beiden Händen geschwungen wurden, und Messer mit breiten Klingen, genannt Sax, die man auch im Alltag benutzte.

Überlappend angeordnete Schiffsplanken halten gut dicht.

Kiste mit den persönlichen Dingen des Ruderers

Teure Rüstung
Wohlhabende Krieger konnten sich eine Kettenrüstung und einen Helm aus Eisenplatten leisten.

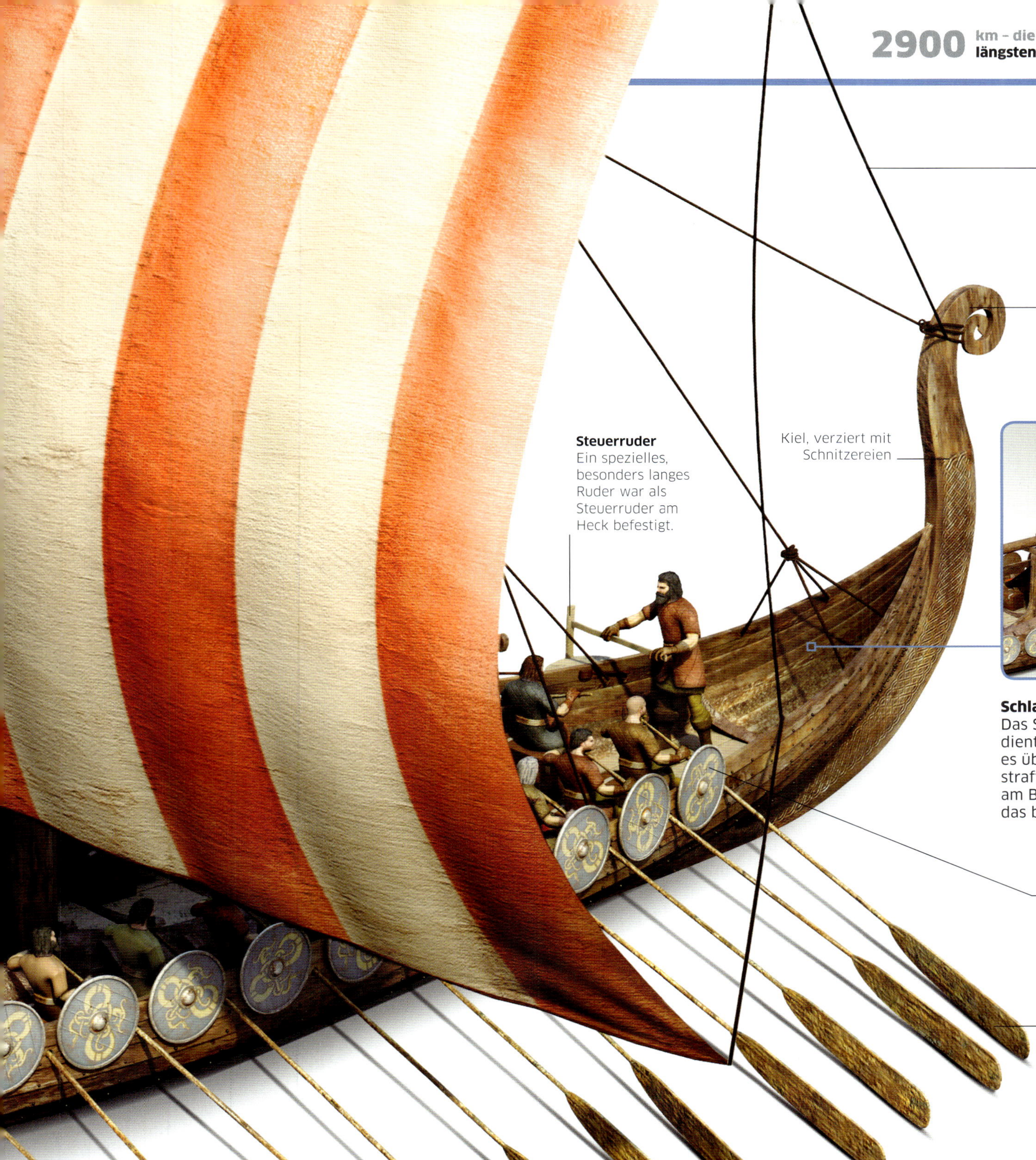

Schlafquartiere
Das Segel auf einem Wikingerschiff diente auch als Schutz. Legte man es über den Mast, der das Segel straffte, und befestigte es seitlich am Boot, wurde es zu einem Zelt, das bei Sturm Schutz bot.

Große Entdeckungsreisende

Die Wikinger waren nicht nur gefürchtete Krieger, sondern auch mutige Entdecker. Von Skandinavien aus zogen Wikingerschiffe Tausende Kilometer weit in alle Richtungen. Die Wikinger landeten als erste Europäer in Amerika, fast 500 Jahre vor Christoph Kolumbus. Überreste einer Wikingersiedlung wurden in der kanadischen Region Neufundland entdeckt. Auch in Europa zogen sie umher, segelten oder ruderten an Küsten entlang und die Flüsse hinauf. Und ging es auf dem Wasser nicht weiter, dann trugen sie ihre Schiffe über Land.

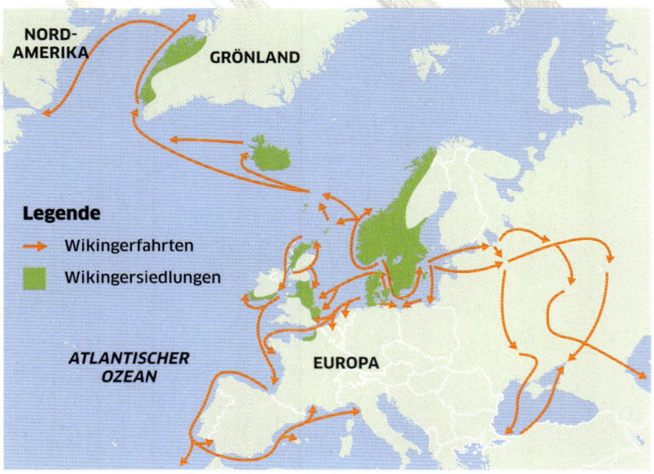

Geschickte Handwerker

Die Handwerker der Wikinger stellten feine Lederarbeiten und Schmuckgegenstände aus Metall her. Anfangs zeigten diese meist Riesen oder Fabeltiere. Etwa im 11. Jh. aber nahmen viele Wikinger die christliche Religion an und Kreuze traten an die Stelle der alten Symbole.

KREUZ

DRACHENBROSCHE

Manchmal warfen die Belagerer Tote über die Burgmauern, um so in der Burg Krankheiten auszulösen.

Burgen

Mit ihren hohen Mauern aus Stein, den Schießscharten, Fallgruben und anderen trickreichen Verteidigungsanlagen bildeten im Mittelalter die Burgen für Angreifer ein großes Hindernis.

Überall entstanden Burgen – von einfachen hölzernen Bauten bis hin zu gewaltigen steinernen Palästen. In Europa wurden viele Burgen von Lehnsherrn errichtet, die einen sicheren Platz für ihre Familien und Schätze brauchten, wenn sie in den Krieg zogen. Die Kreuzfahrer bauten Burgen im Heiligen Land, wo ihre Siedlungen jederzeit angegriffen werden konnten.

Das Herzstück einer Burg war der Hauptturm, in dem der Burgherr und seine Familie wohnten und der auch noch verteidigt werden konnte, wenn die übrige Burg bereits gefallen war. In den offenen Bereichen rings um den Turm lebten und arbeiteten die anderen Burginsassen, alle gut geschützt durch Mauern aus Stein.

Das Torhaus
Der Zugang zur Burg war besonders gut geschützt. Oft war er als schmaler Tunnel gebaut mit Toren aus Holz oder Eisen an beiden Enden. Durch Gusslöcher in der Decke konnten kochendes Öl oder Wasser auf Angreifer im Tunnel gegossen werden.

Räume des Burgherrn
Der Burgherr und seine Familie lebten in Privatgemächern im sichersten Teil der Burg.

Türme
Von den runden Wachtürmen konnten Pfeile in alle Richtungen geschossen werden.

Zinnenkranz
Die Zinnen boten den Verteidigern Schutz vor feindlichem Beschuss.

Kurtine
Dieser steinerne Wall zwischen den Türmen schützte die Burginsassen bei Angriffen.

Zugbrücke
Die hölzerne Brücke konnte hochgezogen werden und so den Zugang zum Tor verschließen.

Torhaus
Von den seitlichen Torhaustürmen aus konnten Angreifer mit einem Pfeilregen oder kochendem Wasser attackiert werden.

Zugangsweg
Über den einzigen, schmalen Zugangsweg konnten Angreifer sich nur einzeln nähern.

Burggraben
Der Burggraben, oft mit Wasser eines umgelenkten Bachs gefüllt, hielt Angreifer von den Mauern fern.

Leben in einer Burg

In Friedenszeiten beherbergte eine Burg wie diese aus dem 13. Jh. den Burgherrn, seine Familie mit Bediensteten und Waffenknechte. Viele Burgen ähnelten innen kleinen Dörfern, hatten Küchen, Schmieden, Gärten, Ställe und eine Kapelle. Wurden sie angegriffen, boten sie den Burginsassen alles, was nötig war, um zu überleben, bis Hilfe eintraf.

Der Burggraben der Saladinsburg in Syrien war 18 m breit und 26 m tief – sogar ein Tennisplatz hätte hineingepasst.

Burgtypen

Die Methoden für Angriff und Verteidigung wandelten sich mit der Zeit, sodass sich unterschiedliche Arten von Burgen entwickelten.

Turmhügelburg (Motte)
Größte Verbreitung: 10. und 11. Jh.
Bauweise: Aus Holz errichtete Burg auf einem Erdhügel mit einer von Palisaden befestigten Vorburg
Stärken: Schnelle und günstige Bauweise
Schwächen: Schwer zu verteidigen bei Angriff mit Rammböcken und Feuer.

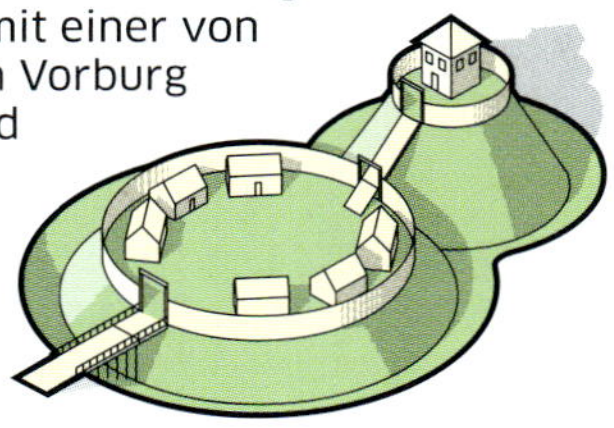

Ringburg
Größte Verbreitung: 12.–15. Jh.
Bauweise: Hauptturm umgeben von mehreren Ringmauern
Stärken: Beständig und schwer einzunehmen
Schwächen: Lange Bauzeit, Verteidiger konnten darin festgesetzt werden, wenig Schutz bei Kanonenbeschuss.

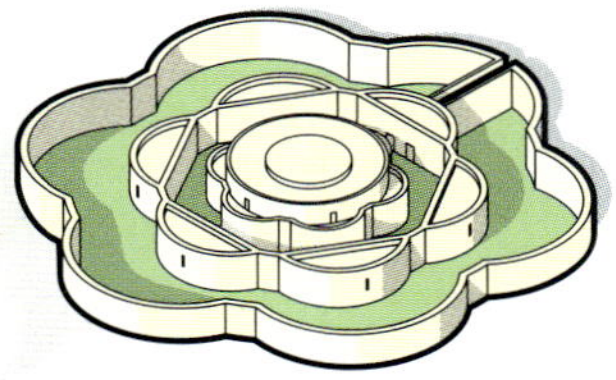

Sternförmige Festungsanlagen
Größte Verbreitung: 16.–20. Jh.
Bauweise: Stein oder Beton
Stärken: Spitze Winkel lenkten Kanonenbeschuss ab, gute Schussmöglichkeiten nach außen
Schwächen: Wenig Schutz bei modernen Sprengstoffen

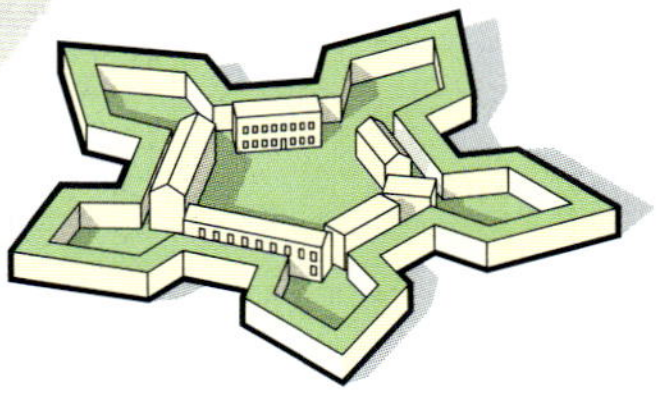

Angriff auf eine Burg

Vor der Erfindung des Schießpulvers waren Burgmauern nahezu unüberwindbar. Angreifer hatten zwei Möglichkeiten: die Mauern mit Belagerungsmaschinen zu attackieren oder alle Zugänge zur Burg zu versperren und darauf zu hoffen, dass die Vorräte schwanden und die Menschen sich ergaben, bevor sie verhungerten.

Feuer
Mit Feuerpfeilen konnten Gebäude innerhalb der Burgmauern in Brand gesetzt werden. Feuer, das in unterhalb der Mauern gegrabenen Löchern gelegt wurde, sollte die Mauern schwächen.

Belagerungsturm
Über Leitern im Innern stiegen Soldaten auf die Burgmauern.

Rammbock
Damit donnerte man gegen das Burgtor, bis es nachgab.

Tribock
Schleuderte schwere Steine gegen die Mauern oder in die Burg hinein.

TRIBOCK

70 000 – so viele Menschen sollen bei der **Eroberung Jerusalems** durch die **Kreuzfahrer** 1099 ums Leben gekommen sein.

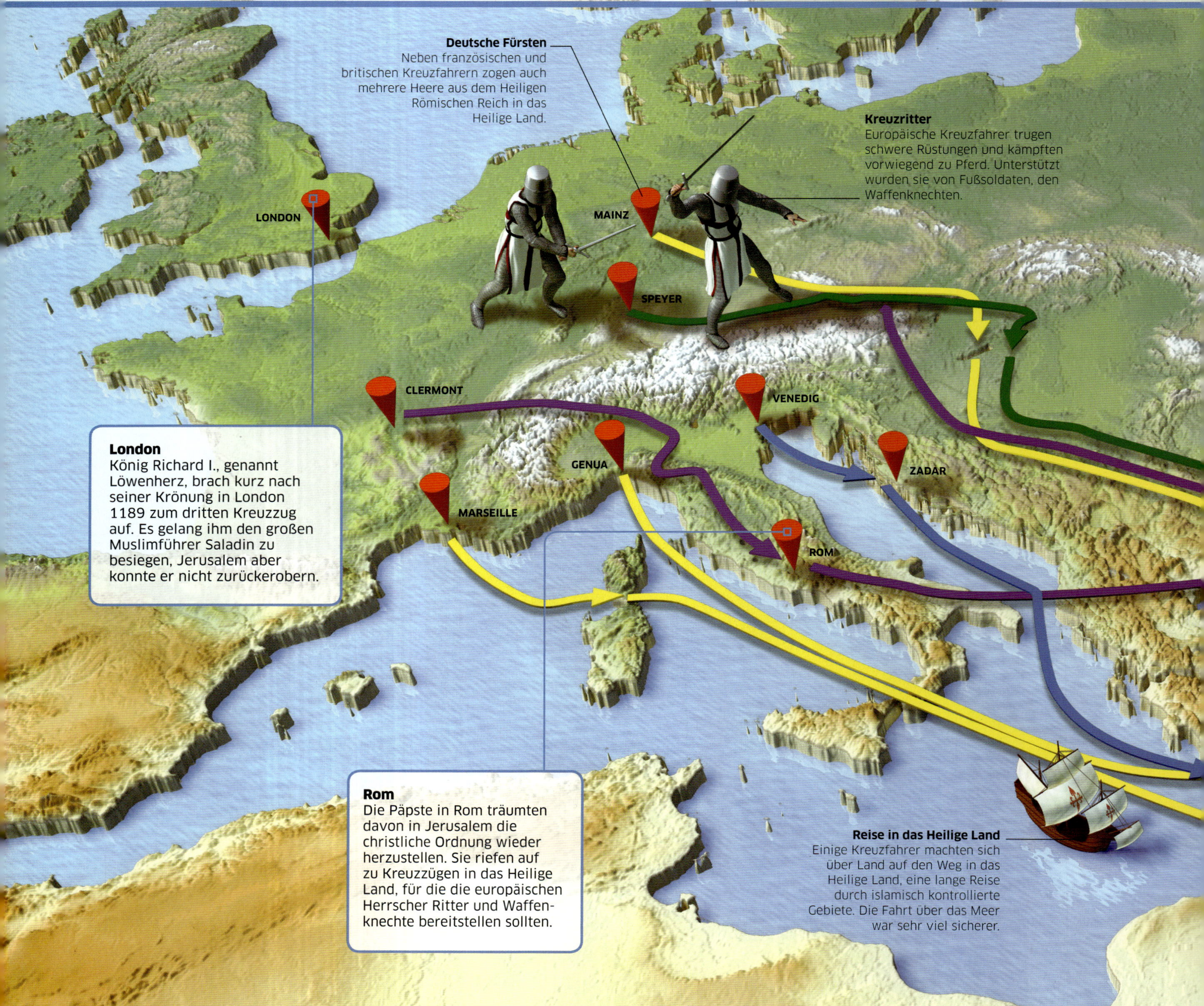

Glaubenskriege

Zwischen 1096 und 1270 unternahmen europäische Heere eine Reihe von Kreuzzügen ins Heilige Land. Ziel war die Rückeroberung der heiligen Stätten, die seit dem 7. Jh. in islamischer Hand waren.

Der erste Kreuzzug begann 1096, nachdem Papst Urban II. dazu aufgerufen hatte Jerusalem zurückzuerobern. Tausende folgten seinem Ruf, und da die muslimischen Herrscher des Heiligen Landes entzweit waren, gelang es ihnen Jerusalem einzunehmen. Es entstanden die Kreuzfahrerstaaten, die von Ritterorden wie den Templern verteidigt wurden. Als sich aber die Muslime vereinten, verloren die Kreuzritter langsam an Boden. 1187 nahmen die Muslime Jerusalem ein und 1291 fiel die letzte Kreuzfahrerfestung.

Die ersten vier Kreuzzüge

An den ersten vier Kreuzzügen zwischen 1096 und 1204 waren die größten Heere beteiligt und es gab die heftigsten Schlachten. Außer diesen gab es in späteren Jahren noch drei größere und weitere kleinere Kreuzzüge.

Legende

- Erster Kreuzzug
- Zweiter Kreuzzug
- Dritter Kreuzzug
- Vierter Kreuzzug

Konstantinopel
Im Byzantinischen Reich lebten orthodoxe Christen, die nicht immer das Vertrauen der Kreuzfahrer besaßen. Häufig kam es zu Auseinandersetzungen. 1204 griff ein aus Venedig kommendes Kreuzfahrerheer, das auf dem Weg nach Jerusalem war, die Hauptstadt Konstantinopel an und plünderte sie.

Sarazenische Reiter
Die Kreuzfahrer nannten ihre muslimischen Gegner „Sarazenen". Diese trugen Rüstungen aus miteinander verbundenen Metallringen und waren hervorragende Bogenschützen.

Jerusalem
Die sowohl den Christen als auch den Muslimen heilige Stadt Jerusalem wurde nach ihrer Eroberung 1099 die Hauptstadt eines Kreuzfahrerstaats. Allerdings gab es auf Dauer nicht genug Ritter, um die Stadt zu halten.

Ägypten
Einige spätere Kreuzzüge hatten Ägypten zum Ziel, um die von Kairo aus regierenden muslimischen Sultane zu besiegen. 1250 kamen dort die Mamelucken an die Macht. Ihr Oberhaupt, Sultan Baibars, nahm in den 1270er-Jahren viele der Kreuzritterfestungen ein.

Jahrhunderte des Konflikts

Beim ersten Kreuzzug wurden Gebiete in Vorderasien erobert und Kreuzfahrerstaaten errichtet. Später schlugen die Muslime zurück und vertrieben die christlichen Kreuzritter.

November 1095 Papst Urban II. ruft zum ersten Kreuzzug auf und entsendet christliche Ritter zur Rückeroberung der heiligen Stätten in Palästina.

Juni 1097 Die Armeen des ersten Kreuzzugs öffnen nach einer heftigen Schlacht den Weg durch Kleinasien.

Juli 1099 Nach einer kurzen Belagerung stürmen die Kreuzritter Jerusalem. Viele Einwohner werden dabei niedergemetzelt.

Dezember 1144 Muslimführer Zengi erobert die Grafschaft Edessa, einen der Kreuzfahrerstaaten. Ein zweiter Kreuzzug soll ihn zurückerobern.

November 1147 Eine der Armeen des zweiten Kreuzzugs, angeführt vom deutschen König Konrad III., wird von türkischen Seldschuken besiegt.

Juli 1148 Die verbliebenen Armeen des zweiten Kreuzzugs belagern die muslimische Stadt Damaskus, werden aber besiegt.

Juli 1187 Die Kreuzritter verlieren fast ihr ganzes Gebiet an Saladin, den Führer der Muslime. Die Reaktion darauf ist ein dritter Kreuzzug.

Mai–Juni 1191 Die Könige Philipp II. von Frankreich und Richard Löwenherz von England erreichen mit ihren Kreuzfahrerheeren die Stadt Akkon.

September 1191 Richard Löwenherz besiegt Saladin, unterstützt von Kreuzrittern des Templer- und des Malteserordens.

Oktober 1202 Das Heer des vierten Kreuzzugs sammelt sich in Venedig und benützt venezianische Schiffe, die Doge Enrico Dandolo bereitstellt.

Oktober–November 1202 Als Dank für die Nutzung der venezianischen Flotte greifen die Kreuzfahrer Venedigs Feinde in der christlichen Stadt Zadar an.

April 1204 Kreuzfahrer plündern das christliche Konstantinopel, weil finanzielle Zusagen des byzantinischen Kaisers Alexios IV. nicht eingehalten werden.

1217 Armeen des fünften Kreuzzugs können Jerusalem nicht erobern und dringen nach Ägypten vor. Sie werden 1221 vor Kairo besiegt.

1228–1229 Im sogenannten Kreuzzug Friedrichs II. wird der größte Teil Jerusalems zurückerobert.

1248–1254 Der sechste Kreuzzug führt zur Eroberung Ägyptens, scheitert jedoch, als Ludwig IX., der Anführer, durch den Sultan von Ägypten gefangen genommen wird.

1291 Sultan Chalil erobert Akkon, die letzte wichtige Hochburg der Kreuzfahrer.

4200 – die ungefähre Anzahl der Religionen weltweit

Weltreligionen

Milliarden Menschen auf der ganzen Welt glauben an eine höhere Macht, die ihrem Leben Sinn verleiht. Für viele ist Religion fester Bestandteil ihres Lebens.

Religionen vermitteln eine Reihe von Glaubensgrundsätzen, die alle wichtigen Aspekte des Lebens regeln, von der Geburt bis zum Tod, Freude und Leid, Gut und Böse. Viele Menschen verehren einen oder mehrere Götter, andere folgen einem spirituellen Lehrer. Zur Religion gehören neben dem Glauben auch Rituale und Zeremonien, durch die man seine Überzeugung zum Ausdruck bringt. Es gibt ganz kleine Religionsgemeinschaften, aber auch große, weltumspannende Organisationen. Die sechs großen Religionen – Christentum, Judentum, Islam, Hinduismus, Buddhismus und Sikhismus – vereinen 85 Prozent aller Gläubigen der Erde. Millionen weitere gehören anderen neuen und alten Religionen an. Die Religion ist ein vielfältiger, umfassender und oft auch umstrittener Aspekt der Geschichte des Menschen.

Weltreligionen

Abgesehen von den Anhängern der sechs größten Religionen gehören weitere 12% der Menschen anderen Glaubensrichtungen, Sekten und Kulten an. Heiden beispielsweise, wozu Druiden und Hexen gehören, verehren die Natur. Allen Religionen gemeinsam ist der Versuch die Welt zu erklären und Fragen nach dem Sinn der Existenz zu beantworten.

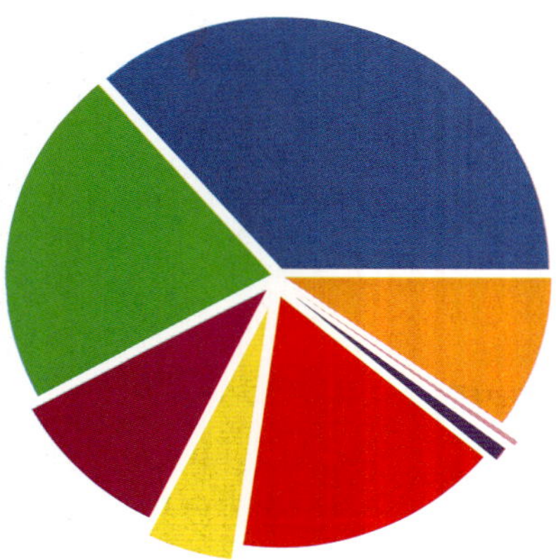

Judentum

Das Judentum ist neben dem Islam und dem Christentum eine der drei großen Religionen, die nur an einen Gott glauben und sich auf den Stammvater Abraham berufen. Die heute lebenden etwa 14 Mio. Juden gehören unterschiedlichen Strömungen an, etwa dem orthodoxen, dem konservativen oder dem liberalen Judentum. Sie beten in Synagogen und befolgen viele Vorschriften, darunter den Sabbat, einen strengen Ruhetag. Unter den Nationalsozialisten wurden mehr als 6 Mio. Juden ermordet. Heute leben die meisten Juden in den USA und in Israel.

Thorarolle
Die Thora, die Heilige Schrift der Juden, enthält die Vorschriften für den Alltag. Beim Gottesdienst in der Synagoge wird aus kostbaren Thorarollen gelesen.

Islam

Die Anhänger des Islam heißen Muslime. Es gibt weltweit 1,5 Mrd. Muslime, die sich in Sunniten und Schiiten aufteilen. Ihr Glaube beruht auf fünf Säulen: Glaubensbekenntnis, Gebet, Fasten, Armengabe und Pilgerfahrt. Ihre Heilige Schrift ist der Koran, das Wort Gottes, wie es dem Propheten Mohammed offenbart wurde.

Moschee
Viele Muslime beten täglich in der Moschee. Freitags kommen alle Gläubigen, um den Imam (Vorbeter) zu hören. In großen Moscheen gibt es Bibliotheken und Unterrichtsräume.

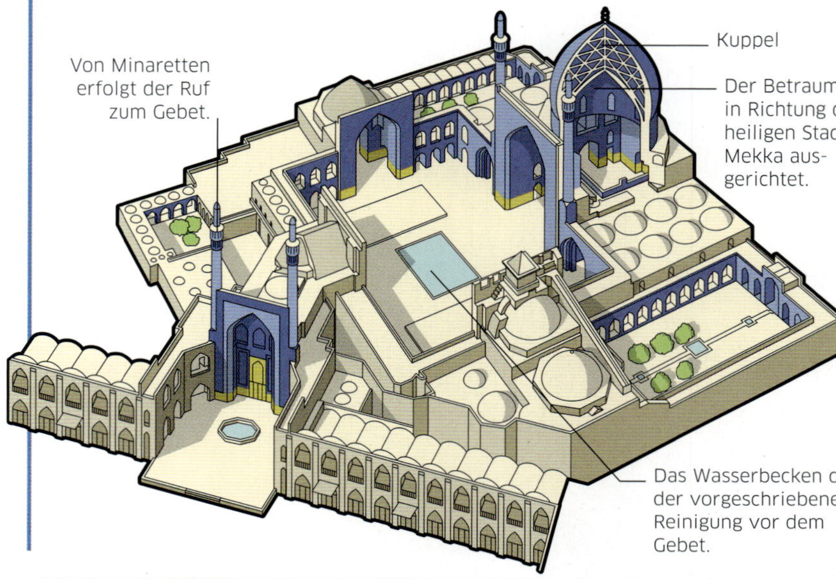

Christentum

Christen folgen den Lehren Jesus Christi, der ihnen als Sohn Gottes gilt. Weltweit gibt es etwa 2,1 Mrd. Christen. Ihnen gemeinsam ist der Glaube an einen einzigen Gott, die Bibel als Heilige Schrift und das Gebet. Sie teilen sich jedoch in verschiedene christliche Konfessionen auf – protestantisch, katholisch und orthodox –, die unterschiedliche Vorstellungen von der Ausübung ihres Glaubens haben.

Protestanten	Katholiken	Orthodoxe
Kein offizielles Oberhaupt	Oberhaupt ist der Papst im Vatikan.	Oberhaupt ist der Patriarch.
Ursprung bei Martin Luther, einem Theologen des 16. Jh., der sich gegen die geltende katholische Lehre auflehnte	Glauben daran, dass Päpste ihre Autorität von Petrus ableiten, einem der zwölf Apostel Jesu.	Gegründet 451 n. Chr., nachdem sich Christen in Konstantinopel und Rom über die Kirchenlehre entzweiten
Weltweit vertreten, vor allem in Mittel- und Nordeuropa, Nordamerika, Neuseeland, Australien und Teilen Afrikas	Weltweit vertreten, vor allem aber in Südeuropa, Osteuropa und Südamerika	Vertreten vor allem in Griechenland, auf dem Balkan, in Russland, im Nahen Osten und in Nordafrika
Besonderen Wert hat das einfache Gebet in einer Sprache, die jeder verstehen kann.	Beim Gottesdienst aufwendige Zeremonien, manchmal auf Lateinisch	Beim Gottesdienst aufwendige Zeremonien in verschiedenen Sprachen wie Griechisch und Syrisch
Meist keine Klöster, kommen in Kirchen zusammen.	Klöster für Männer und für Frauen	Klöster für Männer und für Frauen
Glauben daran, dass jeder durch das Gebet direkt zu Gott sprechen kann.	Nur durch Priester oder Heilige können Menschen zu Gott sprechen.	Nur durch Priester oder Heilige können Menschen zu Gott sprechen.

Hinduismus

Der Hinduismus, dem weltweit 900 Mio. Gläubige angehören, ist eine breit gefächerte Religion. Hindus glauben an das Brahman, eine große Seelenkraft, die nicht zu sehen ist, aber allem innewohnt. Sie beten viele Götter und Göttinnen an, die jeweils eine spezielle Seite der Kraft von Brahman darstellen. Die drei Hauptgötter sind Brahma, der Schöpfer, Shiva, der Zerstörer, und Vishnu, der Bewahrer.

Für die Hindus hat jeder Mensch eine Seele, die nach seinem Tod weiterlebt und in neuer Form wiedergeboren wird – ein ewiger Kreislauf, genannt „Reinkarnation". Hindus streben danach, diesem Kreislauf zu entrinnen und eins zu werden mit Brahman. Jede gute Tat bringt sie ihrem Ziel ein Stück näher, eine schlechte Tat entfernt sie davon. Das ist die Lehre des Karma.

Brahma
Brahma, die schöpferische Seite des Brahman, wird dargestellt mit vier Armen und vier Gesichtern, die jeweils einen von vier heiligen Texten vortragen.

Shiva
Als Kraft der Zerstörung und Verwandlung ist Shiva sowohl freundlich als auch furchterregend. Als Nataraja tanzt er inmitten eines Flammenkreises.

Vishnu
Der blauhäutige Vishnu sorgt für die Wahrung des Dharma, der Ordnung, die das Universum erhält.

Lakshmi
Als Göttin des Glücks und des Wohlstands ist Lakshmi eine der am meisten verehrten hinduistischen Gottheiten. Oft ist sie sitzend in einer Lotusblüte dargestellt.

Hanuman
Das affenartige Wesen (Vanara) Hanuman wird verehrt, weil es dem Helden Rama in seinem Kampf gegen die Dämonen half.

Ganesh
Der elefantenköpfige Ganesh verkörpert Weisheit, Schrift, Kunst und Wissenschaft sowie den Neuanfang.

Buddhismus

Der Buddhismus hatte seinen Ursprung vor 2500 Jahren in Indien, als ein Mann namens Siddhartha Gautama die Erleuchtung erlangte und zum Buddha wurde. Etwa 376 Mio. Menschen folgen heute weltweit der Lehre des Buddha, die das Ziel hat, dem Leiden *(Dukkha)* ein Ende zu setzen und Antworten auf die Frage nach dem wahren Sinn des Lebens zu finden. Durch das Befolgen des Achtfachen Pfades, der achtsame Gedanken und Taten umfasst, die Einhaltung der Fünf Silas (Tugendregeln) und die Wiederholung der Drei Juwelen (drei Formeln) erhoffen sich die Buddhisten das Erreichen friedlicher Erleuchtung, das Nirwana.

„WIR SIND, WAS WIR **DENKEN**. ALLES, WAS WIR SIND, ENTSTEHT DURCH UNSERE GEDANKEN. MIT **UNSEREN GEDANKEN** SCHAFFEN WIR DIE **WELT**."

BUDDHA

Meditierende Buddha-Statue
Durch die Meditation (*Dhyana*) versuchen Buddhisten sich von irdischen Gedanken freizumachen, um das Universum klarer wahrzunehmen.

53 840 – die Zahl der **Janitscharen** unter **Sultan Mehmed IV.** im Jahr 1670

737 – die Zahl der **Schneider des Sultans** im Jahr 1670

Das Osmanische Reich

Mehr als 600 Jahre lang regierten die muslimischen Osmanen eines der größten Reiche aller Zeiten. Es erstreckte sich über den Vorderen Orient, Mittel- und Südeuropa sowie Afrika. Mächtige Sultane regierten diese riesigen Gebiete mit der Unterstützung der Janitscharen, ihrer Elitetruppe.

Seinen Anfang nahm das Osmanische Reich als kleines Fürstentum im Nordwesten der heutigen Türkei. Von dort vergrößerten die militärisch geschickten Osmanen ihren Einflussbereich rasch. 1453 eroberten sie Konstantinopel, die Stadt, die 1100 Jahre lang Hauptstadt des Byzantinischen Reichs gewesen war. In Istanbul umbenannt wurde sie das Zentrum des islamischen Reichs, und seine Oberhäupter, die Sultane, regierten die muslimische Welt. Das 15. und 16. Jh. war eine Blütezeit. Die Sultane ließen große Moscheen und Paläste bauen, von denen etliche noch heute stehen. Viele Städte wurden für ihre besonderen Handwerkskünste berühmt: Iznik für die Keramik, Bursa für Seide und Textilien, Kairo für Teppiche und Bagdad für die Kalligrafie.

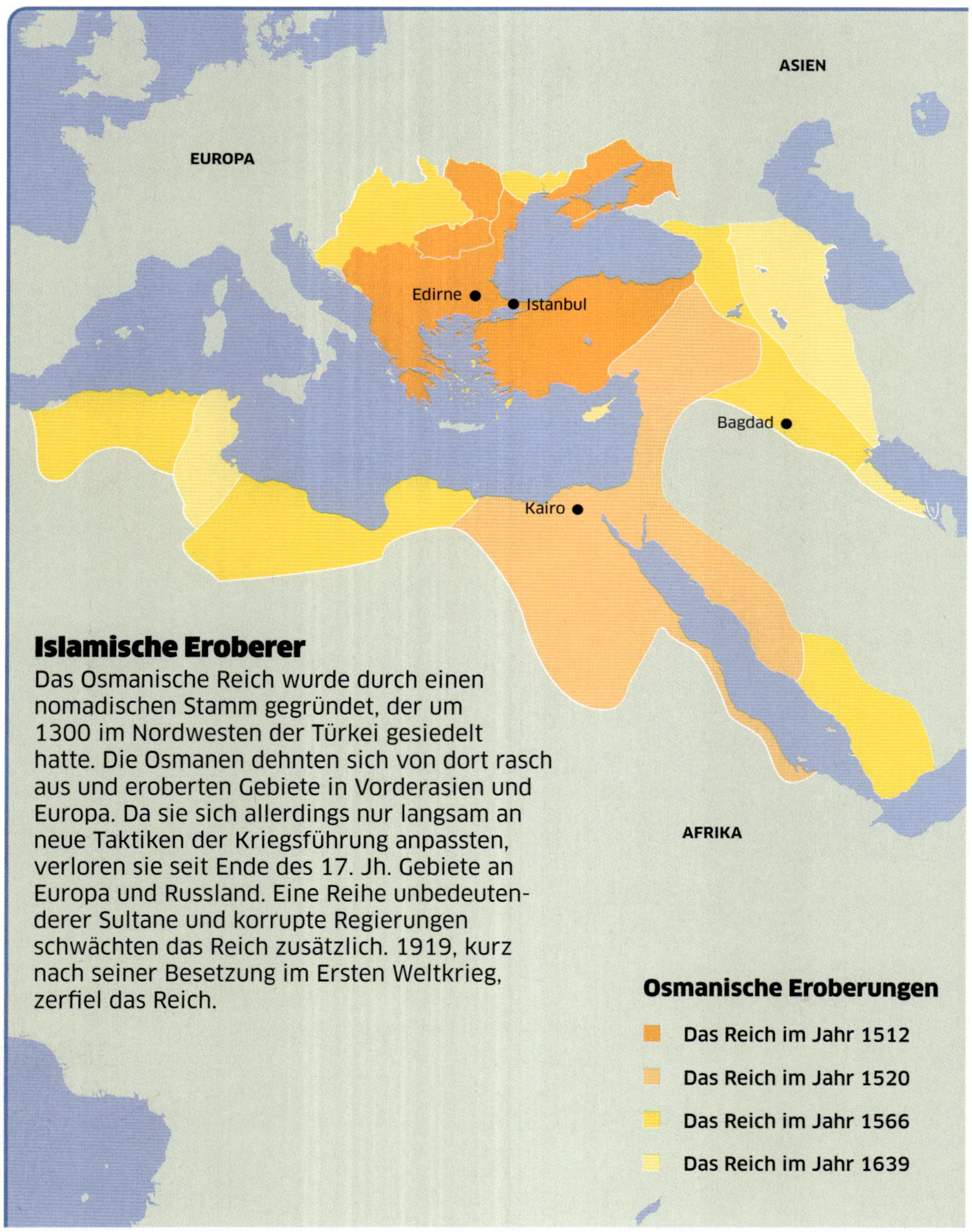

Islamische Eroberer

Das Osmanische Reich wurde durch einen nomadischen Stamm gegründet, der um 1300 im Nordwesten der Türkei gesiedelt hatte. Die Osmanen dehnten sich von dort rasch aus und eroberten Gebiete in Vorderasien und Europa. Da sie sich allerdings nur langsam an neue Taktiken der Kriegsführung anpassten, verloren sie seit Ende des 17. Jh. Gebiete an Europa und Russland. Eine Reihe unbedeutenderer Sultane und korrupte Regierungen schwächten das Reich zusätzlich. 1919, kurz nach seiner Besetzung im Ersten Weltkrieg, zerfiel das Reich.

Istanbul

Nachdem die Osmanen die Stadt Konstantinopel erobert hatten, machten sie daraus ihre neue Hauptstadt und benannten sie um in Istanbul. Sie bauten wundervolle Moscheen und erfüllten die Straßen mit Gärten, Basaren und Mausoleen. Als Sitz der Regierung und Residenz der Sultane entstand der Topkapi-Serail, ein prächtiger Palastkomplex.

Religiöse Umrüstung
Die Kirche Hagia Sophia war unter den byzantinischen Kaisern das religiöse Herz der Stadt Konstantinopel. Die Osmanen wandelten sie um in eine Moschee, indem sie Minarette anbauten und christliche Bilder übermalten.

Osmanische Kunst

Der Islam erlaubt an öffentlichen Orten keine bildlichen Darstellungen von Menschen oder Tieren. Daher verzierten die Osmanen ihre Moscheen und andere Bauten mit wundervollen Mustern aus Pflanzen, Blüten oder arabischen Schriftzeichen. In den Werkstätten des Topkapi-Palasts kamen die besten Künstler, Maler, Weber und Kalligrafen zusammen, die für den Sultan und seinen Hof tätig waren. Ihre Erzeugnisse setzten Maßstäbe im ganzen Reich.

Wandfliesen aus Iznik
Die osmanische Stadt Iznik im Nordwesten der Türkei war berühmt für ihre Keramikkacheln in kräftigen Farben.

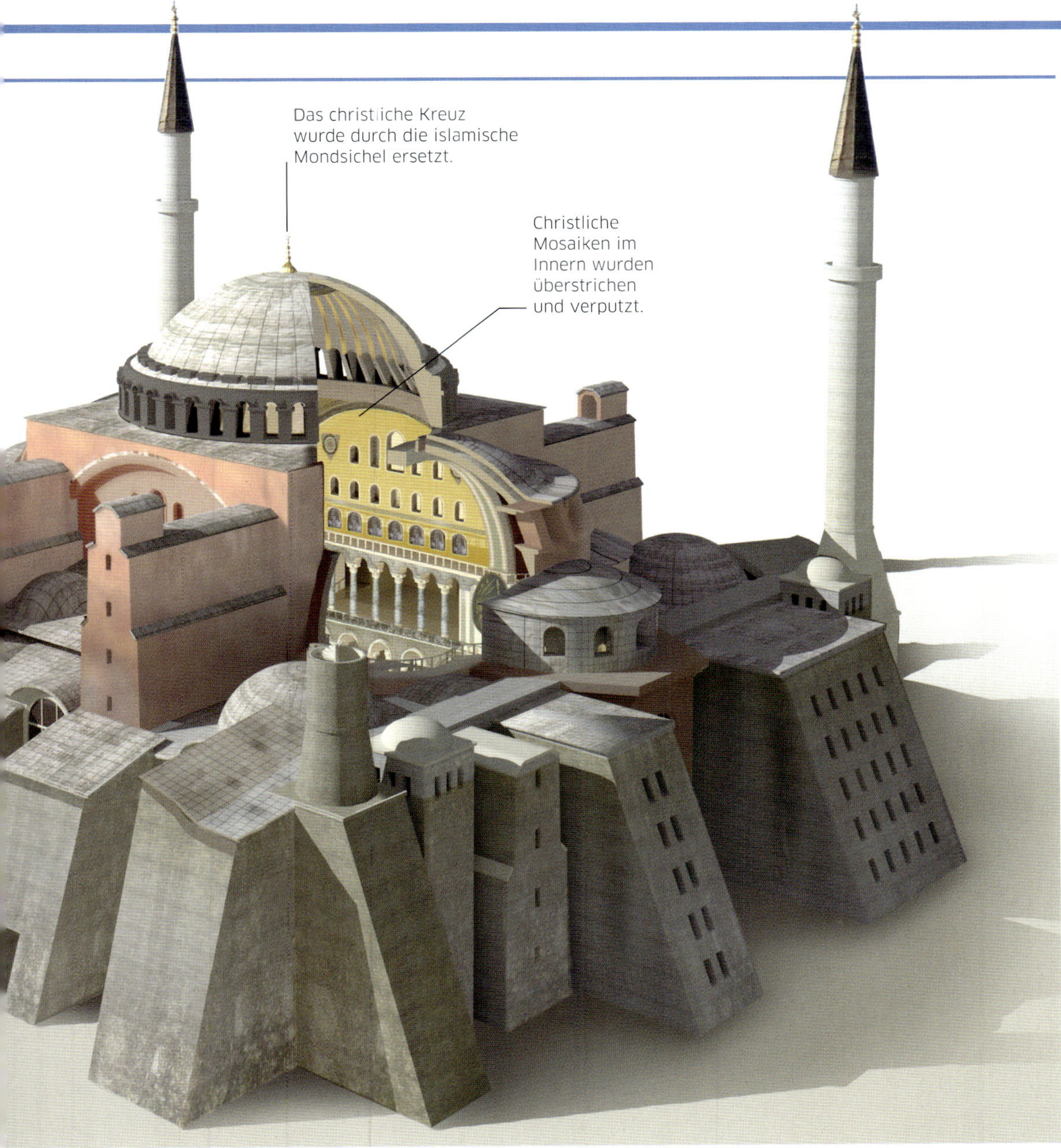

Die Sultane

Das Osmanische Reich wurde 600 Jahre lang von den Nachfahren einer einzigen Familie regiert. Die frühen Sultane waren Krieger, die für mehr Land kämpften. Unter ihrer Herrschaft war das Leben im Reich überwiegend friedlich und sicher. Spätere Sultane waren weniger ehrgeizig und europäische Rivalen konnten das Reich überflügeln.

regierte 1324–1362

Orhan

Der zweite osmanische Sultan hatte von seinem Vater Osman I. ein kleines Beylik (Fürstentum) geerbt und dieses zu einem Reich ausgebaut. Er führte Kriege gegen das christliche Byzanz und nahm ihm große Teile der nordwestlichen Türkei ab. Bursa wurde die erste osmanische Hauptstadt. Unter Orhan marschierten erstmals osmanische Truppen in Europa ein.

regierte 1362–1389

Murad I.

Unter Murad I. dehnte sich das Reich durch die Eroberung von Makedonien, Bosnien und Bulgarien noch weiter nach Europa aus. Murad I. verlegte die Hauptstadt nach Edirne (Adrianopel) im Nordwesten der Türkei und setzte sich dort gegen muslimische Rivalen durch. Er machte aus den Janitscharen eine bezahlte Armee im Dienst des Sultans.

regierte 1444–1481

Mehmed II.

Mehmed II., bekannt als „der Eroberer", war erst 21, als er die byzantinische Hauptstadt Konstantinopel eroberte. Er war auch ein Förderer von Kultur, Wissenschaft und Recht. Einige von Europas größten Künstlern und Gelehrten besuchten Mehmed in seinem Palast. Er lud Menschen unterschiedlicher Herkunft und Religion ein in der Hauptstadt zu leben.

regierte 1520–1566

Süleyman I.

Süleyman „der Prächtige" war einer der größten osmanischen Sultane. Unter seiner Herrschaft wurde das Reich zu einer Großmacht. Süleyman unternahm viele Feldzüge und führte seine Armee persönlich an, liebte aber auch die Kunst und schrieb Gedichte.

SULTAN SÜLEYMAN I.

„GEFÄHRTIN MIT DEM WUNDERVOLLEN HAAR, ANGEBETETE MIT DEN GESCHWUNGENEN AUGENBRAUEN UND DEN AUGEN VOLLER SCHALK, IMMER WILL ICH DICH PREISEN!"

SULTAN SÜLEYMAN I., GEDICHT FÜR SEINE GEMAHLIN

Struktur eines Großreichs

Das Osmanische Reich war ein Vielvölkerstaat mit vielen wichtigen Städten. Verwaltet wurde es von Istanbul aus durch den Sultan und seine Regierung. Der Sultan war sowohl politischer Führer als auch Kalif, also religiöses Oberhaupt der muslimischen Welt. Als Berater standen ihm Großwesire zur Seite sowie weitere Hofbeamte und Generäle. Soldaten, die sich freiwillig zum Militärdienst meldeten, erhielten Land als Gegenleistung. Die Janitscharen bildeten die Elitetruppe des Sultans, eine straff organisierte, gut ausgebildete Armee aus Fußsoldaten, die bereit waren, für ihren Herrn ihr Leben zu geben.

Militärsklaven

Im Osmanischen Reich gab es ein besonderes System der Einberufung zum Militär, die „Knabenlese" (*devsirme*), bei der christliche Jungen eingezogen, zwangsbekehrt und als treue Anhänger des Sultans erzogen wurden. Sie wurden meist Janitscharen, einige auch Schreiber oder Geistliche. Die Klügsten unter ihnen wurden persönliche Berater des Sultans und konnten reich und mächtig werden.

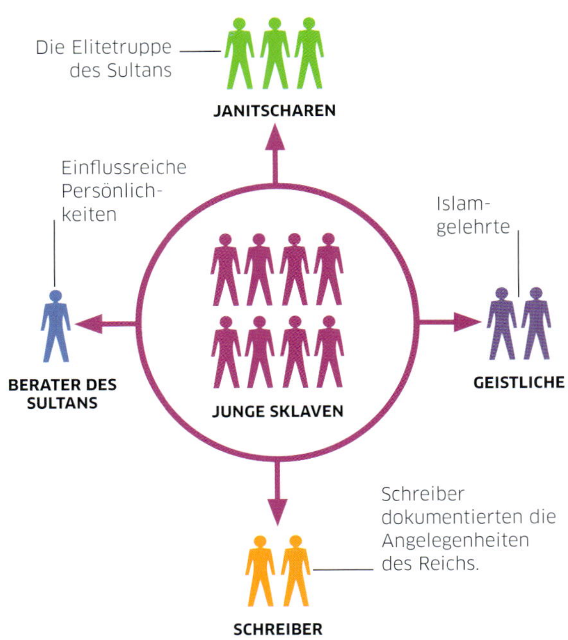

4000 Seidentuniken – das war **408 n. Chr.** eine der **Forderungen der Westgoten,** um auf eine **Plünderung Roms** zu verzichten.

Die Seidenstraße

Mehr als tausend Jahre lang wurden auf dem als Seidenstraße bekannten großen Handelsstraßennetz kostbare Güter zwischen Asien und Europa transportiert.

Als um 200 v. Chr. die chinesische Han-Dynastie Zentralasien eroberte, war es möglich, sicher bis zur persischen Grenze und weiter nach Westen zum Mittelmeer zu reisen. Mit dem Transport kostbarer Waren wie Seide und Gold über diese Handelsstraße konnten Kaufleute große Gewinne machen und auch die Städte an der Seidenstraße wurden oft sehr reich. Die Seidenstraße hatte ihre Blütezeiten während der Tang-Dynastie (618–907 n. Chr.) und unter den Mongolen (13. und 14. Jh.).

Europa
Schon im 1. Jh. n. Chr. war Seide aus China bis nach Europa gelangt. Aber nur wenige Europäer hatten eine Reise nach China unternommen, als im 13. Jh. der venezianische Kaufmann Marco Polo den Hof des Mongolenherrschers Kublai Khan erreichte.

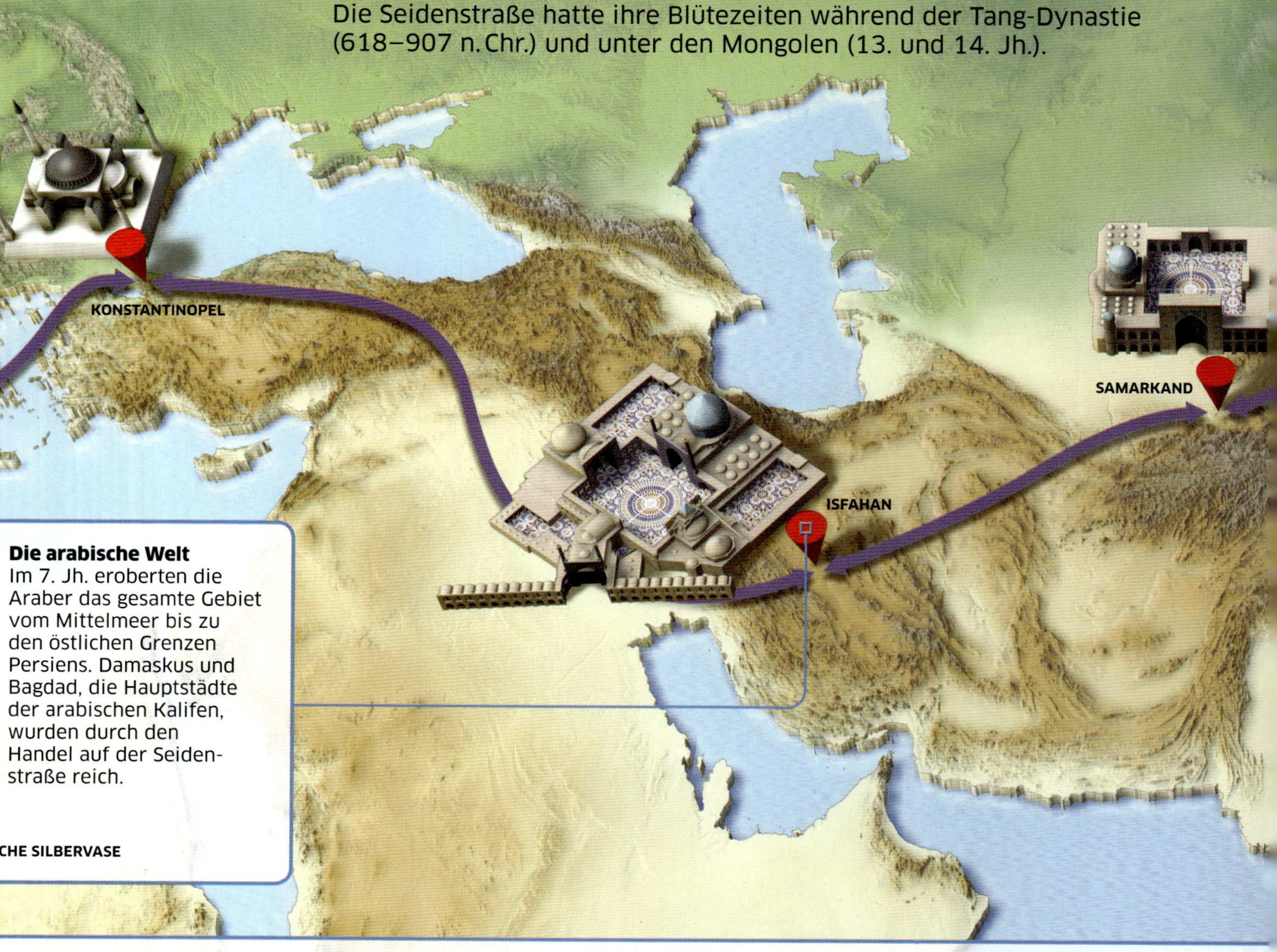

Die arabische Welt
Im 7. Jh. eroberten die Araber das gesamte Gebiet vom Mittelmeer bis zu den östlichen Grenzen Persiens. Damaskus und Bagdad, die Hauptstädte der arabischen Kalifen, wurden durch den Handel auf der Seidenstraße reich.

ARABISCHE SILBERVASE

Ertragreicher Tauschhandel

Auf der Seidenstraße wurde nicht nur Seide transportiert. Aus dem fernen Osten kamen auch andere chinesische Produkte in die arabische Welt und nach Europa, z. B. Jade, Lackkunst, Keramik und Bronzegegenstände, die im Westen hohe Preise erzielten. Nach China ziehende Handelskarawanen führten Gold (als Zahlungsmittel für Seide) und in China seltene Waren wie Elfenbein und Glas mit sich.

Kostbare Tauschobjekte

Die Chinesen kannten die Glasherstellung bis zum 5. Jh. nicht. Die Araber und Byzantiner dagegen lernten erst im 6. und 7. Jh., wie Seide hergestellt wurde. Beides waren also sehr kostbare Handelswaren.

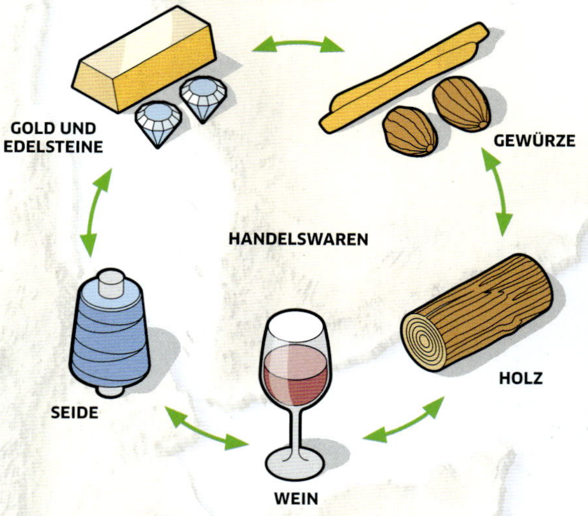

Eine gefahrvolle Reise

Mit dem zunehmenden Handelsverkehr auf der Seidenstraße gab es auch immer häufiger Karawanenüberfälle durch Nomaden wie die Xiongnu. Um den Handel nicht zu gefährden, übernahmen die Chinesen die Kontrolle über die zentralasiatischen Oasen und postierten Soldaten. Einige Abschnitte der Route verliefen durch Landschaften wie die Wüste Lop Nor. Wer hier ohne ausreichende Wasservorräte durchzog, der verdurstete. Die Orte, in denen die Händler Rast machten, entwickelten sich zu Städten. Mit den Reisenden zogen auch künstlerische und religiöse Ideen über die Seidenstraße. Das führte zu einer umfangreichen Verbreitung neuen Gedankenguts. So kam z. B. im 2. Jh. der Buddhismus nach China.

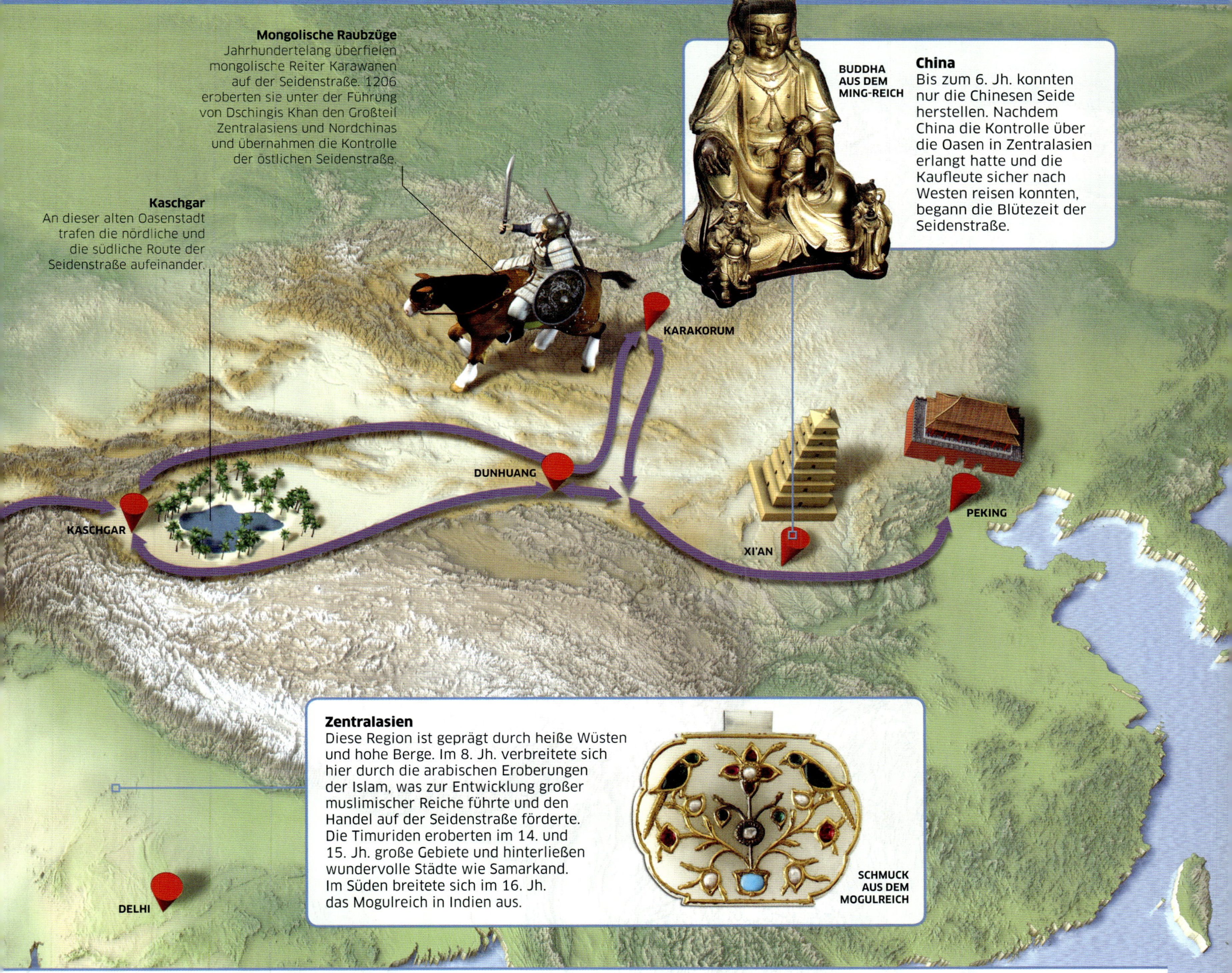

Mongolische Raubzüge
Jahrhundertelang überfielen mongolische Reiter Karawanen auf der Seidenstraße. 1206 eroberten sie unter der Führung von Dschingis Khan den Großteil Zentralasiens und Nordchinas und übernahmen die Kontrolle der östlichen Seidenstraße.

Kaschgar
An dieser alten Oasenstadt trafen die nördliche und die südliche Route der Seidenstraße aufeinander.

China
Bis zum 6. Jh. konnten nur die Chinesen Seide herstellen. Nachdem China die Kontrolle über die Oasen in Zentralasien erlangt hatte und die Kaufleute sicher nach Westen reisen konnten, begann die Blütezeit der Seidenstraße.

Zentralasien
Diese Region ist geprägt durch heiße Wüsten und hohe Berge. Im 8. Jh. verbreitete sich hier durch die arabischen Eroberungen der Islam, was zur Entwicklung großer muslimischer Reiche führte und den Handel auf der Seidenstraße förderte. Die Timuriden eroberten im 14. und 15. Jh. große Gebiete und hinterließen wundervolle Städte wie Samarkand. Im Süden breitete sich im 16. Jh. das Mogulreich in Indien aus.

Konstantinopel
In der Hauptstadt des Byzantinischen Reichs trafen europäische und asiatische Kaufleute aufeinander. Die reiche und mächtige Stadt kontrollierte einen der wichtigsten Übergänge über den Bosporus, jene Meerenge, die Europa von Asien trennt.

Isfahan
Am Übergang der Seidenstraße von Zentralasien nach Persien lag Isfahan, eine Stadt, die für ihren Reichtum berühmt war. Die Stadt wurde mit der Zeit so wichtig, dass sie 1598 unter der Safawiden-Dynastie zur Hauptstadt Persiens aufstieg.

Samarkand
Dies war eine der wichtigsten Städte im nördlichen Abschnitt der Seidenstraße. Sie unterstand zeitweise den Chinesen, den Arabern und den Hunnen, bevor sie 1220 von den Mongolen erobert wurde.

Dunhuang
Als westlichster Punkt auf chinesischem Gebiet war Dunhuang ein wichtiger Sammelpunkt für Reisende vor dem Aufbruch zur gefährlichen Durchquerung der Wüste Lop Nor. Hier entdeckte man im Jahr 1900 viele buddhistische Manuskripte.

Xi'an
Chang'an (heute Xi'an) war unter verschiedenen Dynastien die Hauptstadt Chinas. Von hier brachen die Kaufleute über die Seidenstraße nach Westen auf. Die Stadt wurde reich und war im 8. Jh. mit 1 Mio. Einwohnern die größte Stadt weltweit.

Peking
Peking war im 13. Jh. die Winterhauptstadt der mongolischen Herrscher Chinas. In dieser Stadt traf Marco Polo 1275 auf Kublai Khan. Seine Reise von Venedig bis hierhin hatte mehr als drei Jahre gedauert.

Die Samurai

Das Oberhaupt Japans war im Mittelalter ein Kaiser, regiert aber wurde das Land durch sogenannte *daimyo*, Fürsten, die dem Schwertadel angehörten und oft miteinander verfeindet waren. An der Spitze ihrer Armeen standen furchterregende Krieger – die Samurai.

Die Samurai waren die Elite einer streng in Klassen unterteilten Gesellschaft. Der Kaiser genoss höchste Achtung. Für den Erhalt von Wohlstand und politischer Macht aber sorgten die Samurai. Wohlhabende und einflussreiche *daimyo* gaben den Samurai, die ihre Vasallen waren, Land. Als Gegenleistung kämpften diese für den *daimyo.* Die Bauern, die das Land bestellten, zahlten an ihren Landesherrn Steuern in Form von Nahrungsmitteln und Geld. Berühmt waren die Samurai vor allem für ihre kriegerischen Fähigkeiten, sie schätzten aber auch Musik, Dichtung und Kunst. Viele Samurai hingen dem Zen-Buddhismus an.

220 Jahre lang – von 1633 bis 1853 – hatte sich Japan vom Rest der Welt isoliert. Ausländern drohte die Todesstrafe.

Waffen und Rüstungen

Die Samurai kämpften auf kurze Distanz mit extrem scharfen Schwertern. Ihre Kampftechnik beruhte auf flinken Bewegungen, weshalb die Rüstung leicht sein musste, um nicht zu behindern. Samurai trugen keine Schilde, sondern benutzten zur Abwehr feindlicher Attacken die Seiten ihrer Schwerter.

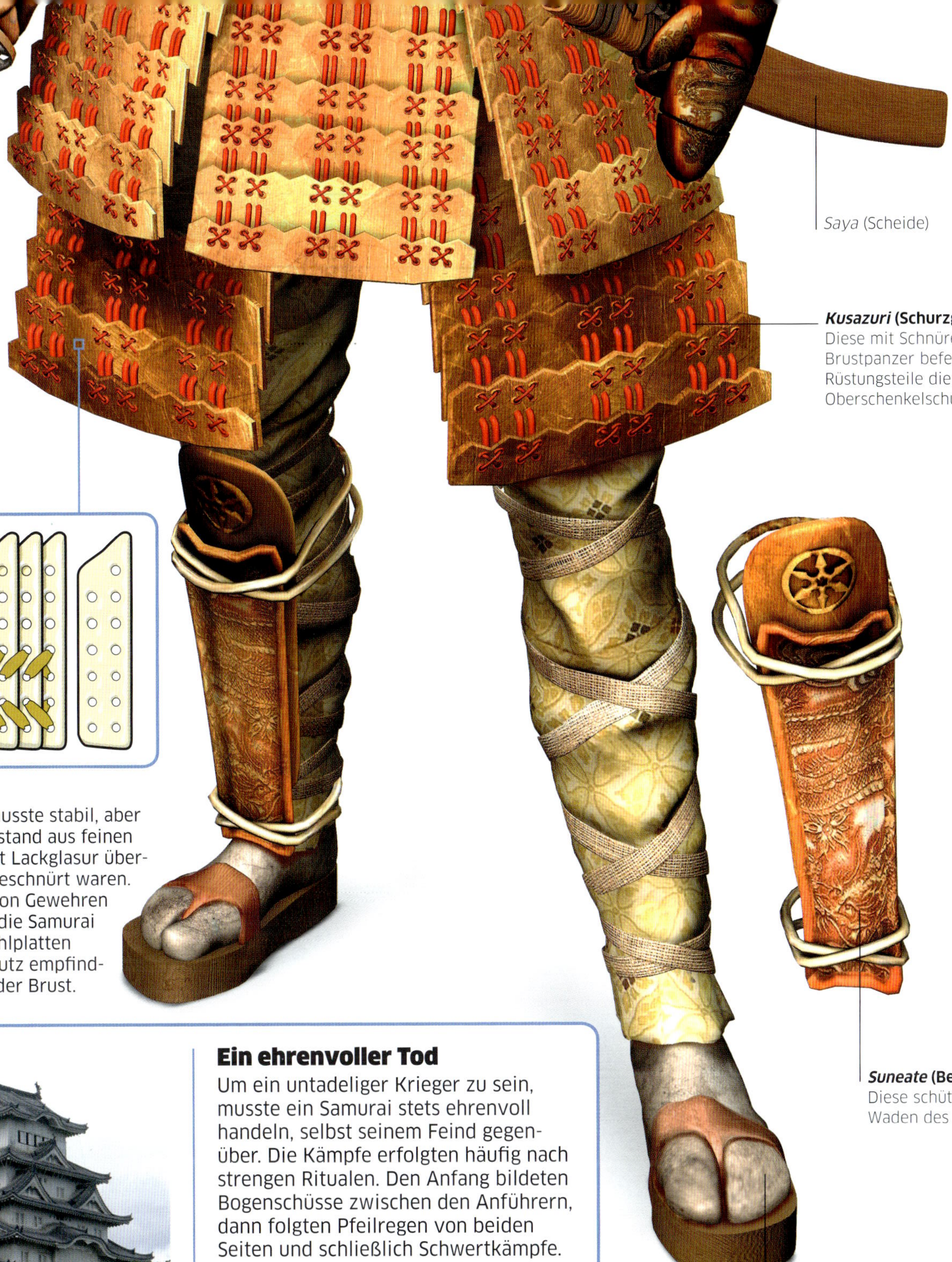

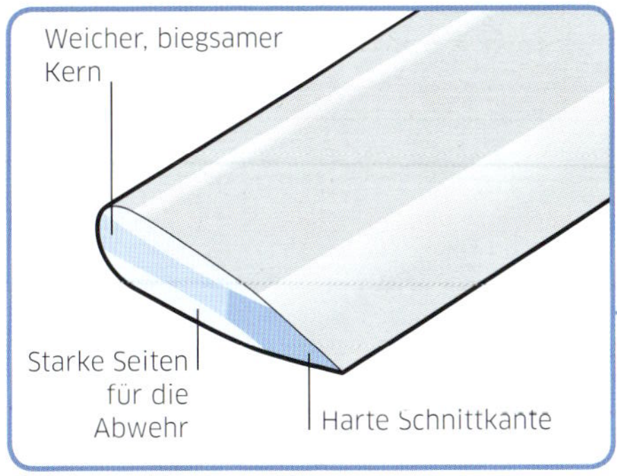

Querschnitt des Schwerts
Samuraischwerter sind berühmt für ihre unglaubliche Stabilität und Schärfe. Dies erreichten die Schmiede, indem sie die verschiedenen Teile der Klinge unterschiedlich schnell abkühlen ließen. Die Kante der Klinge war hart und scharf, der Körper selbst aber war weich und biegsam und konnte daher nicht so leicht brechen.

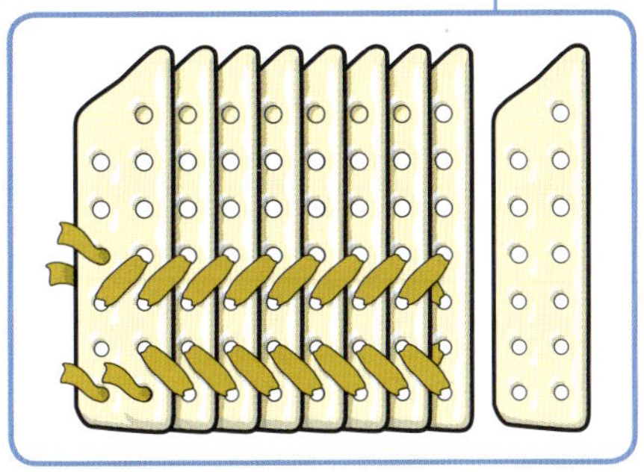

Geschichtete Rüstung
Eine Samurairüstung musste stabil, aber auch leicht sein. Sie bestand aus feinen Metallplättchen, die mit Lackglasur überzogen und zusammengeschnürt waren. Mit dem Aufkommen von Gewehren im 16. Jh. verstärkten die Samurai ihre Rüstung durch Stahlplatten für einen besseren Schutz empfindlicher Körperteile wie der Brust.

Streitende Reiche

Begonnen hatten die Samurai als Leibwache des Kaisers, aber bis zum 12. Jh. schwangen sie sich zu den eigentlichen Herrschern Japans auf. Obwohl der Kaiser offiziell noch im Amt war, lag die wahre Macht beim Shogun, dem Anführer der mächtigsten Samuraifamilie. Um Shogun zu werden, gab es viele Kämpfe zwischen den *daimyo*. Die heftigsten fanden zwischen 1550 und 1600 in der Sengoku-Zeit statt. Als Sieger ging Tokugawa Ieyasu hervor, der eine lange Friedensperiode einleitete, die als Edo-Zeit bekannt ist. 1868 wurden die Tokugawa-Shogune abgelöst und die kaiserliche Macht wurde wiederhergestellt. Als Maßnahme zur Modernisierung Japans wurden die Samurai abgeschafft.

Burg Himeji
Mächtige Samuraifürsten bauten Burgen als Residenz, Festung und Ausdruck ihrer Macht. Diese wurde im 17. Jh. in der Stadt Himeji gebaut.

Ein ehrenvoller Tod

Um ein untadeliger Krieger zu sein, musste ein Samurai stets ehrenvoll handeln, selbst seinem Feind gegenüber. Die Kämpfe erfolgten häufig nach strengen Ritualen. Den Anfang bildeten Bogenschüsse zwischen den Anführern, dann folgten Pfeilregen von beiden Seiten und schließlich Schwertkämpfe. Samurai waren ihrem Anführer gegenüber völlig ergeben und fürchteten den Tod nicht. Entehrte Samurai begingen lieber *seppuku* (rituellen Selbstmord), als in Schande zu leben. Die gängigste Methode war Harakiri: Der Samurai schnitt sich den Bauch auf, bevor ein Freund seinem Leben mit einem Schlag auf den Hals ein Ende setzte.

ZEITALTER DER ENTDECKUNGEN

Zwischen 1450 und 1750 erfuhr die Welt gewaltige Veränderungen. Eine Flut neuer Ideen überschwemmte Europa durch die Erforschung bislang unbekannter Gegenden und die Gründung von Kolonien und Handelsnetzen in aller Welt. Das Gerangel um neue Territorien führte zu Kriegen zwischen den europäischen Mächten und gegen mächtige Reiche in Asien.

NEUE WEGE DES DENKENS

Im Mittelalter waren Kunst und Wissenschaft in Europa fest in der Hand der Kirche. Das änderte sich um 1450 durch die Wiederentdeckung bedeutender Werke griechischer und römischer Autoren. Gelehrte wie Erasmus (1466–1536) begründeten den Humanismus, eine neue Strömung, die den einzelnen Menschen und die Entfaltung seiner Persönlichkeit durch Bildung in den Mittelpunkt stellte.

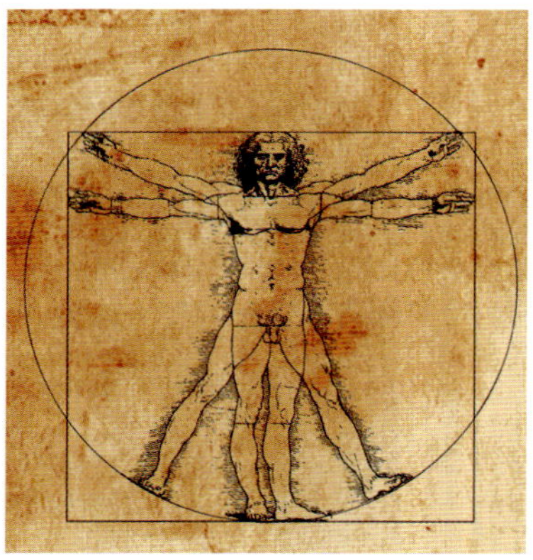

Die Renaissance

In Italien waren um 1400 noch viele der römischen Kunst- und Bauwerke erhalten. Sie inspirierten Künstler wie Michelangelo, Leonardo da Vinci und Raffael sowie Baumeister wie Brunelleschi zu bahnbrechenden eigenen Werken. Diese künstlerische Bewegung, die sich über ganz Europa ausbreitete, nennt man Renaissance.

Der vitruvianische Mensch
Renaissancekünstler wie Leonardo da Vinci studierten die menschliche Anatomie, damit ihre Kunst so realistisch wie möglich wurde.

Die Reformation

1517 wandte Martin Luther sich offen gegen Missbräuche in der Kirche und trat für ihre Erneuerung ein. Diese Bewegung - die Reformation - führte zu einer Spaltung zwischen traditionellen Christen (Katholiken) und den Anhängern Luthers, den Protestanten.

„WARUM **BAUT DER PAPST** [DIE KIRCHEN] NICHT LIEBER VON SEINEM **EIGENEN GELD** ALS DEM DER **ARMEN GLÄUBIGEN**?“

MARTIN LUTHER

Wissenschaftliches Denken

Die Erfindung des Druckens mit beweglichen Lettern durch Johannes Gutenberg führte dazu, dass Bücher schneller hergestellt werden konnten und Wissen sich schneller verbreitete. Viele neue Ideen kamen in Umlauf, so auch 1543 die Erkenntnis des polnischen Astronomen Kopernikus, dass die Erde sich um die Sonne dreht.

Wissenschaftliche Instrumente
Isaac Newton erfand 1678 eine neue Form des Teleskops, das durch die Anordnung mehrerer Spiegel ein besseres Bild lieferte.

EHRGEIZIGE ZIELE

Gewürze wie Pfeffer und Muskat waren im 15. Jh. außerordentlich kostbar, da man sie nur durch den Handel mit Ostasien beschaffen konnte. Da Landwege wie die Seidenstraße von islamischen Reichen kontrolliert wurden, erkundeten europäische Entdecker neue Seewege und gründeten Kolonien in Indien, Südostasien und Amerika.

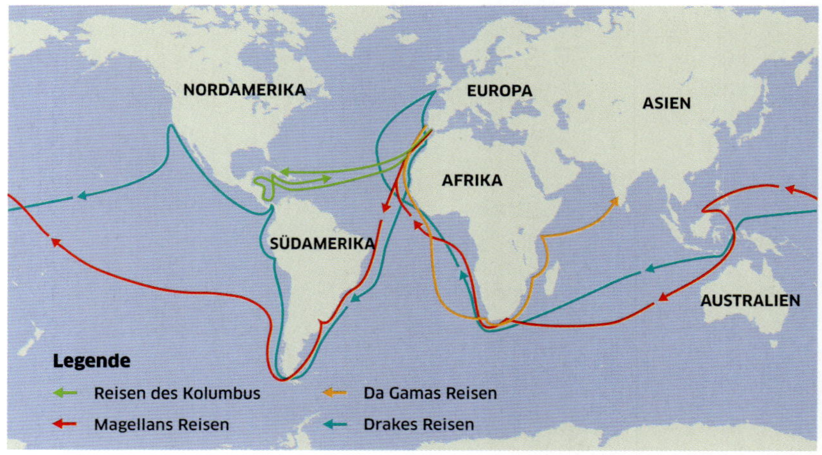

Entdeckungsreisen

Christoph Kolumbus landete 1492 in Amerika. Der Portugiese Vasco da Gama umfuhr Südafrika und erreichte 1498 Indien. Der Spanier Ferdinand Magellan umrundete 1519–1521 als Erster die Erde, gefolgt von Sir Francis Drake (1577–1580).

Rivalisierende Entdecker
Viele Wagemutige zogen aus, um neue Seewege zu erkunden und neue Territorien abzustecken. Einige wurden berühmt, andere kehrten nie zurück.

VON 237 MÄNNERN, DIE **MAGELLAN** AUF SEINER REISE **BEGLEITETEN**, KEHRTEN **NUR 18** ZURÜCK.

Handelsimperien

Der Handel mit Asien und den Kolonien in Amerika brachte großen Wohlstand nach Europa. Spanische und portugiesische Schiffe holten Unmengen an Gold und Silber aus Amerika, wurden aber oft Ziel von Piraten und Freibeutern.

Gewaltige Reichtümer
Spanische Silberminen in Amerika förderten 100 Tonnen jährlich - das Gewicht von 10 Bussen.

Europäische Mächte

Der neu gewonnene Reichtum verhalf einigen europäischen Staaten zu großer Macht. Kriege und Rivalitäten waren an der Tagesordnung, aber ebenso auch wissenschaftlicher Fortschritt und neue Strömungen in Kunst und Literatur.

DAS ELISABETHANISCHE ENGLAND
Unter Königin Elisabeth I. (1558–1603) wurde England reich trotz des Konflikts zwischen Katholiken und Protestanten und eines drohenden Kriegs mit Spanien.

FERDINAND UND ISABELLA VON SPANIEN
Ferdinand von Aragon und Isabella von Kastilien übernahmen dank eines 1494 geschlossenen Vertrags mit Portugal die Kontrolle neuer Gebiete in Amerika.

FRANKREICH UND LUDWIG XIV.
Frankreich, berühmt für seine starke Armee und sein kultiviertes Hofleben, wurde unter König Ludwig XIV. (1643–1715) zum mächtigsten Land Europas.

AUFSTIEG DER HABSBURGER
Sie übernahmen die Herrschaft über einen Großteil Mitteleuropas, wurden Könige von Spanien und stellten viele Kaiser des Heiligen Römischen Reichs.

DIE NEUE WELT

Schon vor der Ankunft europäischer Entdecker gab es in Amerika große Kulturen und Reiche. Waffentechnisch waren sie weit unterlegen und sogar große Armeen fielen den Gewehren der Spanier zum Opfer. Die Europäer brachten außerdem Krankheiten ins Land, die viele Ureinwohner Amerikas töteten.

MAN SCHÄTZT, DASS NACH DER **ANKUNFT DER SPANIER** BIS ZU **90%** DER EINHEIMISCHEN **BEVÖLKERUNG ZENTRALAMERIKAS** DURCH KRANKHEIT UND KRIEG DEN TOD FANDEN.

Inka, Azteken, Maya

Die fortschrittlichsten Völker, denen die Spanier begegneten, waren die Inka (in Peru) und die Azteken (in Mexiko) mit riesigen Reichen. Die Spanier griffen die Azteken 1519 und die Inka 1531 an und nahmen deren Hauptstädte ein.

Europäische Kolonien

Die Spanier bekamen schon bald Konkurrenz von anderen europäischen Ländern, die sich rasch Land in Amerika sicherten. Die Portugiesen kamen um 1500 nach Brasilien. Franzosen und Engländer sicherten sich Inseln in der Karibik, konzentrierten sich aber auf Nordamerika, wo die Engländer 1607 mit Jamestown in Virginia ihre erste Kolonie gründeten.

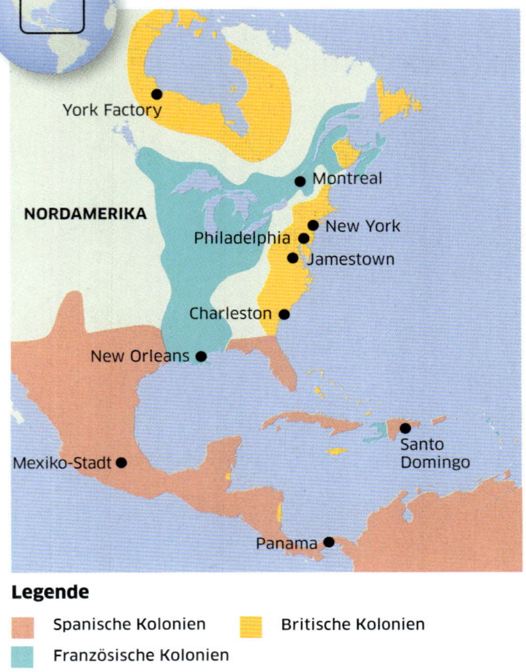

Koloniale Expansion
Um 1700 kontrollierten die Spanier Land, das bis ins heutige Kalifornien, Texas und Florida reichte. Nördlich davon gründeten Franzosen und Briten Kolonien.

MÄCHTE IM OSTEN

In Asien bekämpften große Reiche weiterhin europäische Rivalen, litten aber oft unter Aufständen im eigenen Land. In China wurde die Ming-Dynastie 1644 von den Qing abgelöst, unter denen China wieder erstarkte. Japan schottete sich 200 Jahre gegen europäische Einflüsse ab und ließ keine Ausländer ins Land. Zwei islamische Reiche, die Moguln in Indien und die Osmanen in der Türkei, erlangten große Macht, konnten sie aber nicht bewahren.

Osmanische Expansion

Das Osmanische Reich breitete sich schnell aus und setzte sich an die Stelle des untergegangenen Byzantinischen Reichs. Die Osmanen übernahmen die Kontrolle eines Großteils der arabischen Welt. Ihr Vormarsch auf Europa wurde auf dem Festland durch Polen und Habsburger gestoppt, auf dem Meer durch reiche Stadtstaaten wie Venedig.

BELAGERUNG VON KONSTANTINOPEL
1453 zerstörte der osmanische Sultan Mehmed II. die starken Stadtmauern Konstantinopels, der Hauptstadt des Byzantinischen Reichs, und machte die Stadt zu seiner eigenen Hauptstadt.

SCHLACHT VON MOHÁCS
1526 besiegte und tötete Sultan Süleyman der Prächtige den ungarischen König Ludwig II. in der Schlacht von Mohács und die Osmanen besetzten einen Großteil Ungarns. Süleymans Armeen eroberten außerdem große Teile des Balkans, Vorderen Orients und Afrikas.

SCHLACHT VON LEPANTO
1570 eroberten die Osmanen Zypern. Eine Flotte aus Spaniern und Italienern zog aus zur Rückeroberung und besiegte die Türken 1571 vor der griechischen Küste bei Lepanto. Der Sieg beendete die osmanische Vorherrschaft im Mittelmeerraum.

BELAGERUNG VON WIEN
1683 wurde der Versuch der Osmanen, die habsburgische Hauptstadt Wien zu erobern, von einer Armee unter König Jan Sobieski von Polen niedergeschlagen.

Qing-China

1644 wurde die Ming-Dynastie durch mehrere Bauernaufstände gestürzt. Als Nachfolger kamen die Qing aus der Mandschurei im Nordosten Chinas. Sie wollten den Menschen ihre Gebräuche aufzwingen wie das Tragen eines Zopfes, was auf Widerstand stieß. Aber sie setzten sich durch und vergrößerten das chinesische Territorium.

Vergrößerung des Reiches
Die Qing eroberten neue Gebiete – darunter Taiwan und die Mongolei – und China wurde größer als je zuvor.

Das indische Mogulreich

1526 eroberte Babur, ein muslimischer Prinz aus Zentralasien, Delhi und gründete das Mogulreich. Die Moguln vergrößerten ihren Herrschaftsbereich von Nordindien aus, am erfolgreichsten unter Sultan Akbar (1556–1605). Der Hof des Großmoguls war sehr reich und berühmt für seine prächtigen Kunstwerke und Gebäude.

Verbindung der Kulturen
Bauwerke aus der Mogulzeit wie das Grab Sultan Hamayuns, der 1556 starb, verbanden islamische Tradition mit indischer Kultur zu einem neuen Stil.

Edo-Zeit

In Japan endete eine Zeit der Bürgerkriege, als General Tokugawa Ieyasu sich zum Shogun, dem militärischen Führer, ernannte. Er verlegte die Hauptstadt nach Edo (Tokio) und schränkte die Macht der zuvor herrschenden *daimyo* (lokale Fürsten) ein. Die Tokugawa-Dynastie regierte Japan bis 1868 und isolierte es vom Rest der Welt.

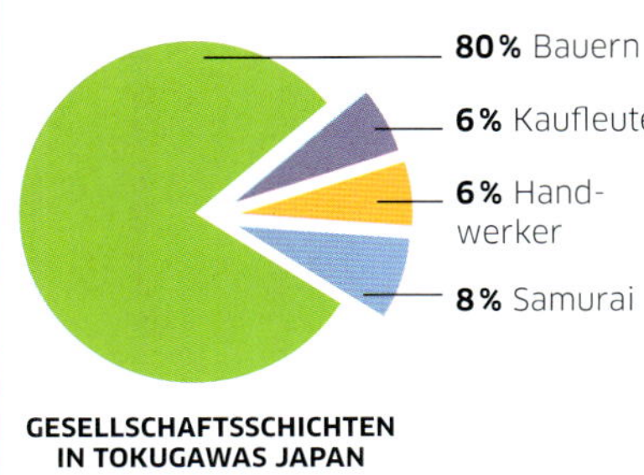

Samurai-Gesellschaft
Die Samurai, adlige Krieger, waren die am meisten geachtete Schicht der japanischen Gesellschaft. Kaufleute und Handwerker waren vielleicht reich, wurden aber weniger geachtet als arme Bauern.

Spanische Karavelle
Kolumbus stach mit drei Schiffen in See, von denen er das größte, die *Santa Maria*, als Flaggschiff wählte. Ihre genaue Größe ist unbekannt, aber zwei seiner Schiffe waren vermutlich kleine Handelsschiffe wie diese Karavelle.

Mannschaftskajüte
Der Bereich unter dem Deck des Vorschiffs diente der Mannschaft als Schlaf- und Aufenthaltsraum, aber auch als Stall für Ziegen und Hühner, die den Speiseplan der Matrosen ergänzten.

Oberdeck
Der größte offene Bereich des Schiffs diente vielen alltäglichen Aktivitäten. Die Matrosen versammelten sich hier allmorgendlich zum Gottesdienst und auf einer eisernen Feuerstelle wurde gekocht.

Frachtraum
Der Hauptlagerraum lag unter Deck. Der Boden war mit Flusskieseln bedeckt, die das Schiff stabil hielten. Im Frachtraum lagerten die Vorräte: Wein- und Wasserfässer, Bohnen und Schiffszwieback ebenso wie Ersatzholz, Segeltuch und Seile.

Ankerwinde
Diese riesige Winde wurde von acht Matrosen bedient. Mit ihr wurden schwere Lasten wie Vorräte und der Schiffsanker an Bord gezogen.

Reise nach Amerika

Jahrhundertelang wussten die Menschen in Europa und Asien nichts von der Existenz Amerikas, bis Christoph Kolumbus 1492 den Atlantischen Ozean überquerte.

Auch Kolumbus suchte nicht Amerika, sondern eine neue Route nach Ostasien. Was er fand, war ein ganz anderes Land, aber er und seine Geldgeber, das spanische Königspaar Ferdinand und Isabella, wussten die neuen Gebiete bald wirtschaftlich zu nutzen. Die Entdecker kamen mit Gold, Silber und neuen Pflanzen wie Tabak zurück. Im Land selbst wurden Kolonien gegründet und auf den fruchtbaren Böden Zuckerrohr und Baumwolle angebaut. Für die Ureinwohner war die Ankunft der Europäer jedoch eine Katastrophe, die ihnen Krankheiten, Sklaverei und den Tod brachte.

„Um zwei Uhr morgens kam Land in Sicht, von dem wir etwa acht Seemeilen entfernt waren … Wir gelangten zu einer Insel, die in der Indianersprache Guanahani heißt.“

Logbuch von Christoph Kolumbus, 12. Oktober 1492

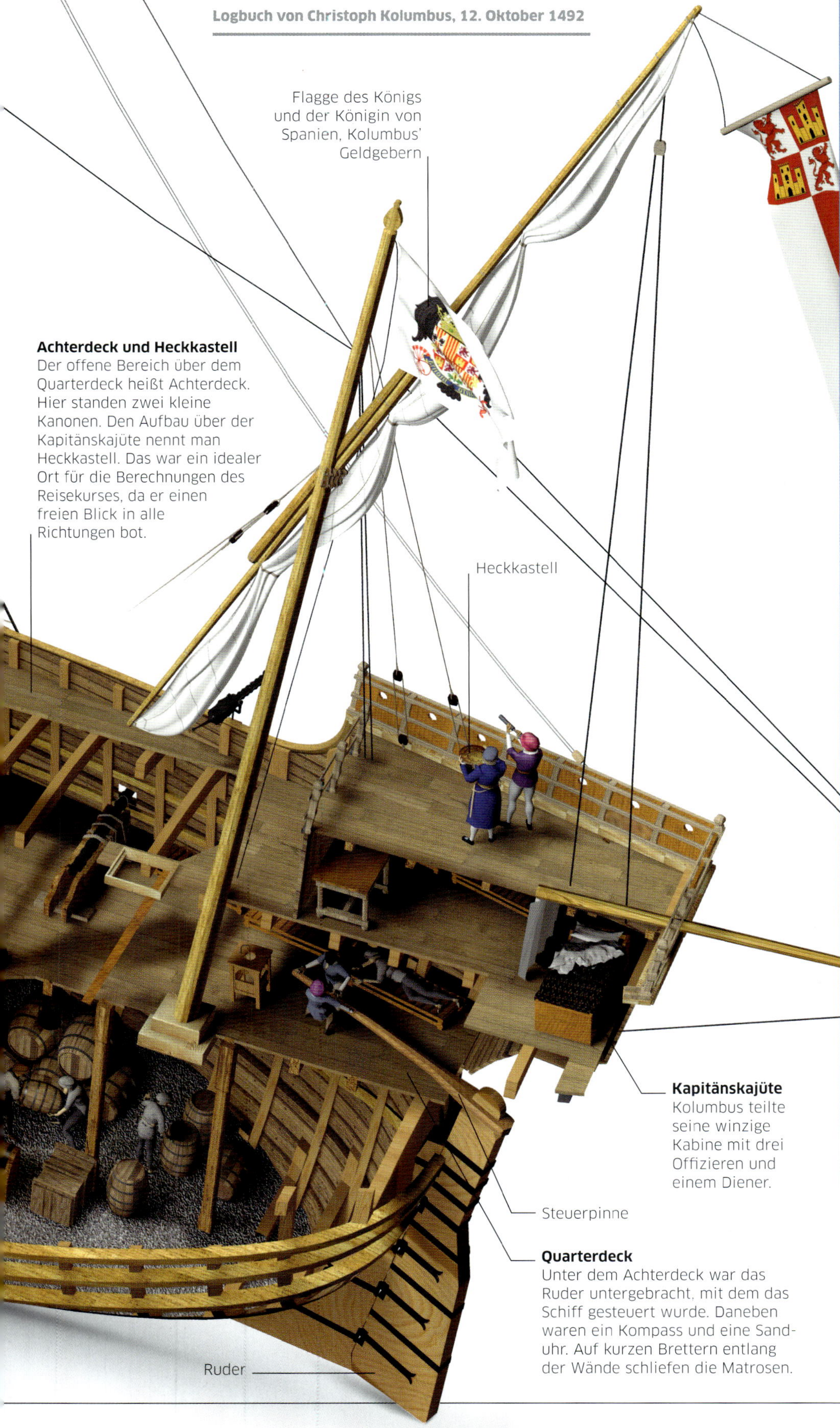

Die Reisen des Kolumbus

Kolumbus unternahm vier Reisen nach Amerika. Die erste führte ihn auf Inseln der Karibik, wo er ein Jahr später, bei seiner zweiten Reise, Kolonien errichtete. Erst bei seiner dritten Reise 1498 betrat er amerikanisches Festland, als er an der Küste des heutigen Venezuelas landete. Seine letzte, 1502 begonnene Reise führte ihn auf der Suche nach einer Durchfahrt zum Pazifik an der Küste Zentralamerikas entlang.

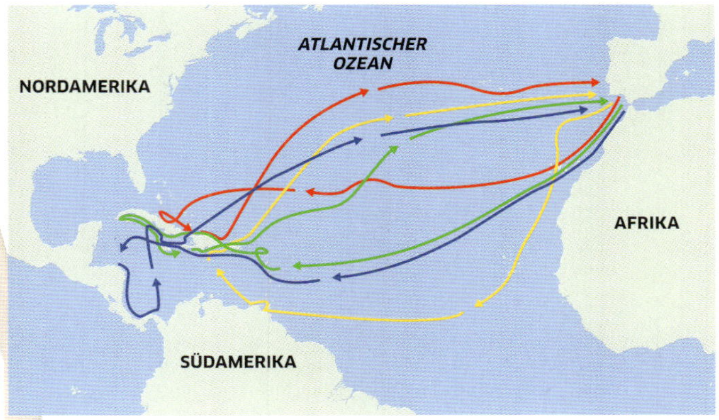

Legende

- Erste Reise, 1492
- Zweite Reise, 1493
- Dritte Reise, 1498
- Vierte Reise, 1502

Orientierungshilfen

Entdecker wie Kolumbus hatten kaum Landkarten und mussten sich mit anderen Mitteln orientieren. Ein Kompass half bei der Bestimmung des Kurses und eine Sanduhr diente als Zeitmesser. Mit einem Quadranten konnte durch Messen des Winkels zur Sonne und den Sternen der Breitengrad berechnet werden.

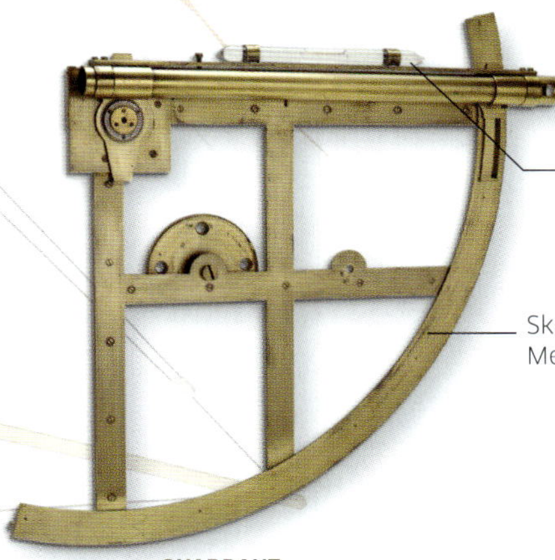

QUADRANT

KOMPASS

SANDUHR

150 – die Anzahl der **Spanier**, die das **Inka-Reich** stürzten

Menschenopfer

Die Azteken glaubten, die Sonne müsse mit Menschenblut besänftigt werden, um nicht zu erlöschen. Viele dieser Menschenopfer waren Kriegsgefangene. Der Priester schnitt ihnen den Brustkorb auf und zog dann das schlagende Herz heraus.

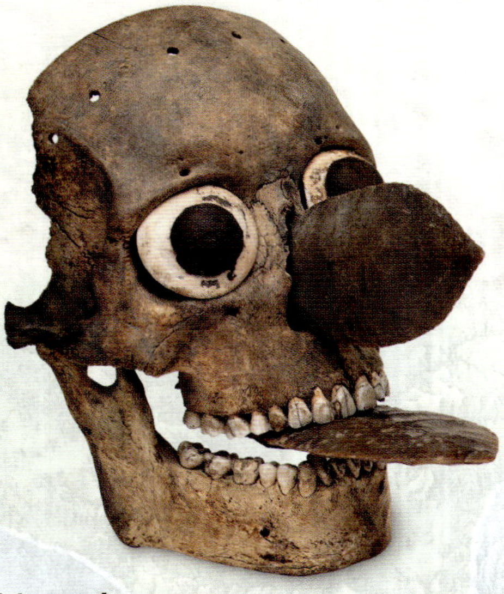

Totenmaske
Eine solche Maske aus dem Totenschädel eines Menschenopfers trug vermutlich der Priester, der die Zeremonie durchführte.

Die Inka

Zwischen 1438 und 1500 eroberten die Inka ein großes Reich im heutigen Peru, dessen Hauptstadt das in den Bergen gelegene Cusco war. Sie bauten ein ausgedehntes Straßennetz und wurden reich und mächtig, bis die spanischen Eroberer ihr Reich in den 1530er-Jahren zerstörten.

Tenochtitlán
Die riesige Aztekenstadt lag auf einer Insel im Texcoco-See. Ihr Großer Tempel war dem Regengott Tlaloc gewidmet. Die Köpfe der Menschenopfer wurden die Tempelstufen hinuntergeworfen.

Teotihuacán
Diese schon im Altertum besiedelte Stadt war eine der mächtigsten der Region, bis sie unter mysteriösen Umständen um 700 n. Chr. zerstört und verlassen wurde.

KOJOTENFIGUR EINES TOLTEKENKRIEGERS

Die Tolteken
Das kriegerische Volk der Tolteken lebte vor den Azteken von etwa 950 bis 1150 in Zentralmexiko. Man weiß nicht viel von ihnen, vermutet aber, dass die Azteken einige Bestandteile ihrer Kultur übernommen haben.

Amerika vor den Eroberungen

Seit etwa 3000 v. Chr. bis 1500 n. Chr. beherrschten mehrere fortgeschrittene Kulturen Süd- und Zentralamerika. Sie bildeten mächtige Stadtstaaten und führten oft Krieg gegeneinander.

Die ersten Städte wurden um 1000 v. Chr. von den Chavin (Südamerika) und den Olmeken (Zentralamerika) errichtet. In beiden Kulturen baute man riesige, pyramidenförmige Tempel, die für die nächsten 2000 Jahre typisch für die Städte dieser Region werden sollten. Verschiedene Kulturen kamen im Lauf der Jahrhunderte auf und verschwanden wieder, bis die meisten Stadtstaaten in das Reich der Inka (Peru) oder das der Azteken (in Mexiko) eingegliedert waren. Beide Reiche wurden schließlich im frühen 16. Jahrhundert von europäischen Eroberern zerstört.

Die Maya
Die Städte der Maya in Guatemala und auf der Yucatán-Halbinsel in Mexiko waren zwischen 300 und 900 n. Chr. auf dem Höhepunkt ihrer Macht, wurden dann aber verlassen. Maya-Schriftzeichen erzählen viel über ihre Geschichte.

STATUE DES REGENGOTTS

Cortés
Der spanische Abenteurer Hernán Cortés kam 1519 ins Land. Seine Armee eroberte das Reich der Azteken.

Chichen Itza
Diese Stadt gewann an Bedeutung, nachdem die südlichen Maya-Städte um 900 n. Chr. verlassen worden waren.

Palenque
Das Grab des mächtigsten Königs von Palenque, K'inich Janaab Pakal I., wurde unter dem „Tempel der Inschriften" gefunden.

Tikal
Die Pyramidentempel von Tikal gehören zu den prachtvollsten der Maya-Kultur.

Die Azteken
Von 1375 an eroberten die Azteken von ihrer Hauptstadt Tenochtitlán aus ein mächtiges Reich. Sie griffen ihre Nachbarn an und opferten die Gefangenen dann ihren Göttern. Trotz ihrer Kampfstärke wurden sie 1521 von den spanischen Konquistadoren besiegt.

AZTEKISCHER GOLDSCHMUCK

13 000 – ungefähre Zahl der mit Notizen gefüllten Seiten, die Leonardo da Vinci hinterließ

Die Renaissance

Eine Flut neuer Ideen verwandelte im 15. Jahrhundert Europa von Grund auf mit revolutionären Neuerungen in allen Bereichen. Diese Zeit ist als Renaissance, was „Wiedergeburt" bedeutet, in die Geschichte eingegangen.

Ihren Ausgang nahm die Renaissance um 1400 in Italien durch die Rückbesinnung auf die Schriften griechischer und römischer Mathematiker, Künstler und Philosophen. Das Ergebnis war eine neue Geisteshaltung, der Humanismus, der im Gegensatz zum Mittelalter auf die Entfaltung des Individuums und auf neue Erfahrungen als Quellen des Wissens setzte. Die Bewegung verbreitete sich über Europa und inspirierte Künstler, Architekten und Philosophen. Der berühmteste Vertreter war wohl Leonardo da Vinci, ein großartiger Forscher, Maler und Erfinder, der als Universalgenie den Renaissancemenschen ideal verkörpert.

Neue künstlerische Techniken

Eine der in der Renaissance wiederentdeckten Techniken war die Perspektive – Objekte in der Ferne werden kleiner dargestellt als die im Vordergrund, um räumliche Tiefe zu erzielen. Römische Wandmalereien zeigten bereits erste Ansätze dazu. Die Renaissancekünstler entwickelten die Technik weiter, um ihre Gemälde erstaunlich lebensecht wirken zu lassen.

Räumliche Wirkung
Um auf einer Fläche Perspektive zu erzielen, werden entferntere Motive kleiner dargestellt. Eigentlich parallele Linien laufen in einem gemeinsamen „Fluchtpunkt" zusammen.

Malerei

Renaissancemaler gestalteten ihre Bilder nicht mehr als eine flache, mit Figuren gefüllte Ebene, sondern als Blick durch ein geöffnetes Fenster, der auf eine Szene fällt. Durch die Nutzung der Perspektive verliehen sie ihren Bildern Tiefe und stellten die Menschen naturgetreu dar. Auch ihre Themenvielfalt war größer: Während die mittelalterliche Kunst meistens religiöse Szenen und Porträts zeigte, wurden in der Renaissance auch Szenen aus der Geschichte, der griechischen und römischen Mythologie sowie aus dem Alltag gemalt.

***Die Schule von Athen* (1510)**
Raffael, einer der besten Künstler der Renaissance, schuf dieses Fresko für den Papst. Er malte die Philosophen der griechischen Antike so, dass sie Ähnlichkeiten mit Denkern der Renaissance wie Leonardo da Vinci, Michelangelo oder ihm selbst zeigten.

140 Jahre – **Bauzeit des Doms in Florenz** von der **Grundsteinlegung bis zur Vollendung der Kuppel**

36 Mio. Euro – **der höchste Preis,** der je **für ein Kunstwerk der Renaissance** (*Kopf eines jungen Apostels* von Raffael) **erzielt wurde**

Architektur

In vielen italienischen Städten gab es Ruinen römischer Bauwerke und die Architekten der Renaissance setzten alles daran, ebenso prächtige Gebäude zu schaffen. Sie studierten die römischen Schriften zur Architektur und Geometrie, um ihre Bauwerke harmonisch wirken zu lassen, und kopierten die griechischen und römischen Dekorationsstile der Säulen und Bögen.

Dom von Florenz (1436)
Alle Städte sollten Florenz um den neuen Dom beneiden. 1413 war er nach langer Bauzeit fast fertig, aber über die Kuppel war noch nicht endgültig entschieden. Der Baumeister Filippo Brunelleschi löste das Problem und entwarf eine zweischalige, aus leichten Ziegelsteinen errichtete Kuppel.

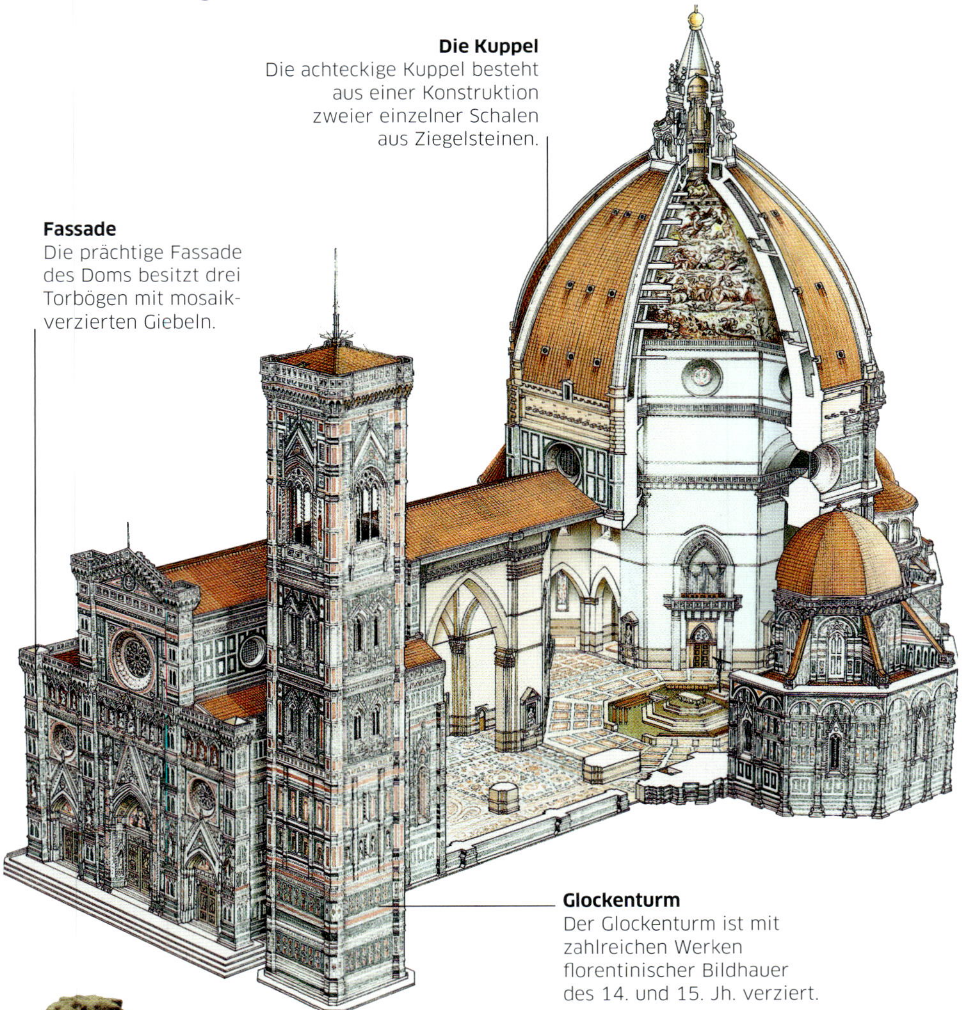

Die Kuppel
Die achteckige Kuppel besteht aus einer Konstruktion zweier einzelner Schalen aus Ziegelsteinen.

Fassade
Die prächtige Fassade des Doms besitzt drei Torbögen mit mosaikverzierten Giebeln.

Glockenturm
Der Glockenturm ist mit zahlreichen Werken florentinischer Bildhauer des 14. und 15. Jh. verziert.

Bildhauerei

Ebenso wie die Maler versuchten auch die Bildhauer der Renaissance ihre Werke so lebensecht wie möglich zu gestalten. Inspiriert von griechischen und römischen Skulpturen zeigten sie ihre Figuren in natürlicher Haltung. Viele Künstler beschäftigten sich eingehend mit dem menschlichen Körper, um Proportionen und Muskulatur naturgetreu nachbilden zu können.

Ärzte und Künstler der Renaissance studierten die Anatomie, indem sie die Körper toter Verbrecher aufschnitten.

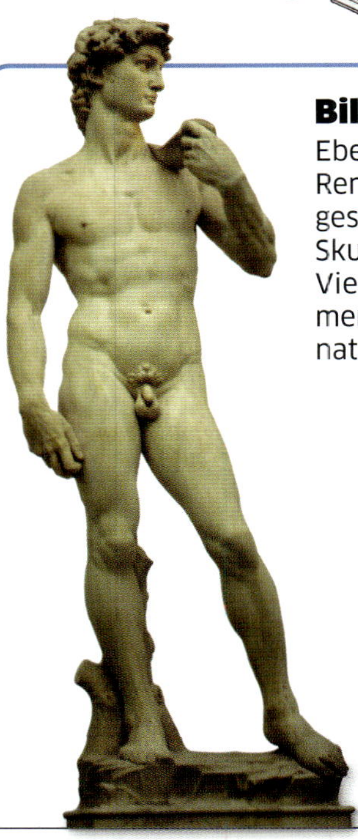

Michelangelos *David* (1504)
Michelangelo, einer der größten Maler und Bildhauer der Renaissance, schuf mit seinem *David* eine der perfektesten menschlichen Figuren, die je in Marmor gemeißelt wurden.

Herrscher der Renaissance

Im 15. Jh. gab es in Italien viele Stadtstaaten, die von wohlhabenden Kaufmannsfamilien regiert wurden. Ihre Herzoge und Fürsten förderten Künstler und Denker, um durch deren Kunstwerke, Bauten und Erfindungen andere Städte zu beeindrucken. Neue politische Ideen kamen auf, unter anderem von Niccolò Machiavelli, der in seinem Buch *Der Fürst* auch ungerechte, ja sogar grausame Mittel empfiehlt, wenn es der Machterhaltung dient.

Wappen der Medici
Die Familie Medici regierte ab 1434 Florenz. Die Kugeln auf ihrem Wappen könnten Münzen darstellen und auf ihre Ursprünge als Händler und Bankiers hinweisen.

„DIE **MENSCHEN** WERDEN VON ZWEI KRÄFTEN BEHERRSCHT, **DER LIEBE UND DER FURCHT** … ES IST VIEL SICHERER **GEFÜRCHTET** ALS GELIEBT ZU WERDEN."

NICCOLÒ MACHIAVELLI, *DER FÜRST*, 1513

Die Renaissance des Nordens

Die Ideale der Renaissance verbreiteten sich rasch auch nördlich der Alpen. Königen wie Franz I. von Frankreich sowie wohlhabenden belgischen und holländischen Kaufleuten lag daran, von den neuen Ideen zu profitieren. Ihre Künstler folgten den Methoden der italienischen Renaissance und entwickelten eigene Stile. Gelehrte wie Erasmus von Rotterdam übersetzten griechische und römische Texte, damit sie weithin gelesen werden konnten.

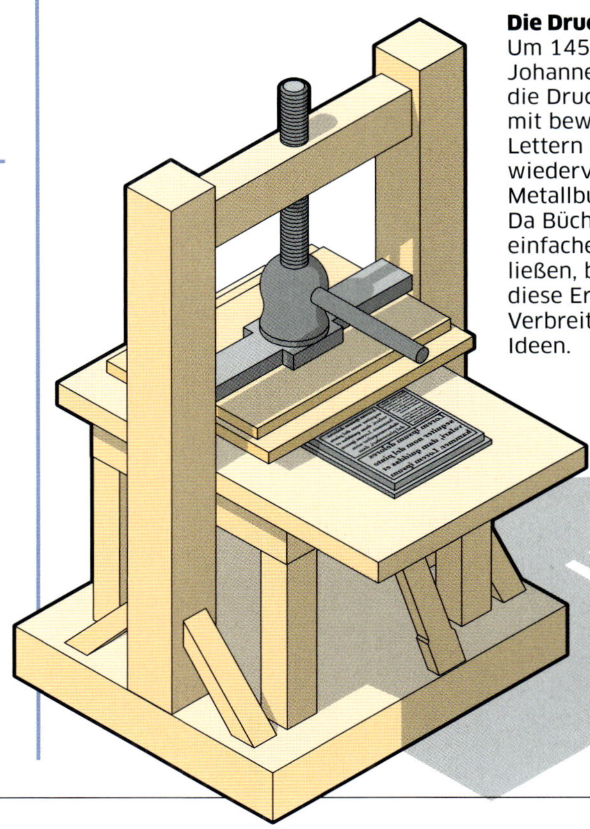

Die Druckerpresse
Um 1455 erfand Johannes Gutenberg die Druckerpresse mit beweglichen Lettern (versetzbare, wiederverwendbare Metallbuchstaben). Da Bücher sich nun einfacher drucken ließen, beschleunigte diese Erfindung die Verbreitung neuer Ideen.

Shakespeares Stücke können blutrünstig sein. In *Titus Andronicus* gibt es mehrere Morde, abgeschlagene Köpfe und Kannibalismus.

Die Bühne
Drei Türen führten von hinten auf die Bühne, aber die Schauspieler kamen auch mitten durch die Zuschauer oder durch Falltüren auf die Bühne, deren Decke wie ein Himmel mit Sternen bemalt war.

1700 – die **geschätzte Zahl** der von **Shakespeare** erfundenen Wörter, die heute zum **alltäglichen Sprachschatz** gehören

1613 – in diesem Jahr brannte das **Globe Theatre** nieder, weil eine **Bühnenkanone** das Strohdach entzündet hatte.

Shakespeares Theater

Nicht nur die Malerei und die Bildhauerei erfuhren durch die Renaissance Neuerungen, auch das Theater veränderte sich von Grund auf – nicht zuletzt durch den berühmten englischen Dichter William Shakespeare.

Im Mittelalter wurden in Europa meist Stücke mit moralischem oder biblischem Hintergrund und festgelegtem Ablauf gespielt. Um die Mitte des 16. Jh. kamen neue Stücke auf, in denen es um Liebe, Tragödien und Abenteuer ging, ausgehend von klassischen Mythen, geschichtlichen oder sogar aktuellen Ereignissen. Arme Arbeiter, reiche Kaufleute oder Adlige – sie alle strömten in die Theater. Die berühmtesten Schauspieler wurden sogar eingeladen bei Hof zu spielen.

Ausgänge
Drei Ausgänge führten unterhalb der Galerien nach draußen.

Sitzplätze
Wer es sich leisten konnte, kaufte einen bequemen Sitzplatz auf den Galerien.

Mit einer Mischung aus Kalk, Sand und Ziegenhaar verputzte Außenmauern

Treppenaufgang zu den oberen Ebenen

„Die ganze Welt ist eine Bühne und alle Frauen und Männer bloße Spieler."
Wie es euch gefällt
William Shakespeare

Shakespeares Globe Theatre
Am Ende des 16. und Anfang des 17. Jh. gab es viele große Dramatiker. Der bei Weitem berühmteste Autor ist William Shakespeare. Seine Stücke waren so erfolgreich, dass seine Theatertruppe 1599 ein festes Theater in London bauen konnte: das Globe Theatre. Ein Nachbau steht heute unweit des historischen Standorts.

Geschichten auf der Bühne

Seit Jahrtausenden spielen die Menschen Theater, um Geschichten zu erzählen. Die alten Griechen bauten die frühsten Theater. Sie kannten zwei Arten von Theaterstücken.

Tragödie
Ernste Geschichten, die ein trauriges Ende haben, werden Tragödien genannt. Meist geht es um einen schicksalhaften Konflikt, der das Scheitern des Helden herbeiführt.

Komödie
Komödien erzählen Geschichten auf lustige Weise, auch wenn diese nicht immer glücklich enden. Eine besondere Form, die Satire, zeigt durch Spott Schwächen auf – besonders die der Mächtigen.

Theaterformen

Theater kann fast überall gespielt werden, aber die meisten Stücke werden in speziellen Gebäuden aufgeführt, damit die Zuschauer die Schauspieler gut sehen und hören können und die Bühne möglichst realistisch wirkt.

Griechisches Theater
Die halbrund angeordneten Sitzreihen reflektierten den Klang gut. Selbst ein Flüstern auf der Bühne war überall zu hören.

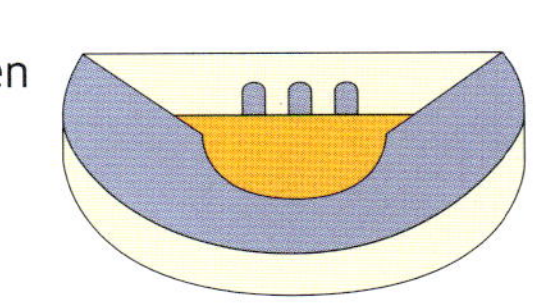

Im Ring
Im Mittelalter bauten fahrende Schauspieler oft eine Bühne auf, die auf drei oder vier Seiten von Zuschauern umgeben war.

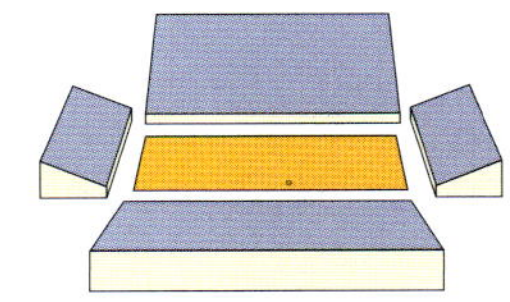

Bühnenrahmen
In modernen Theatern ist die Bühne meist durch einen Rahmen von den Zuschauern getrennt.

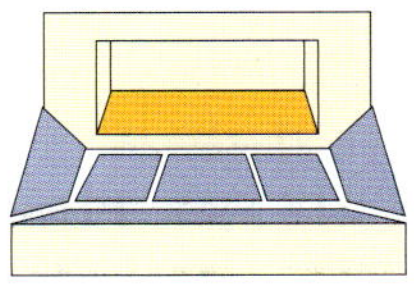

40 000 – die ungefähre Zahl der traditionellen chinesischen Schriftzeichen

Die Chinesische Mauer

Jahrhundertelang kam die größte Bedrohung für China aus dem Norden, wenn kriegerische Stämme unversehens ungeschützte Siedlungen angriffen. Als Abwehr bauten die chinesischen Kaiser über viele Tausend Kilometer mehrere Mauern.

Das Kaiserreich China

In seiner Blütezeit war China das mächtigste Reich der Erde. Seine Kaiser besaßen Wohlstand und Macht, von denen europäische Monarchen nur träumen konnten.

China ist eine der ältesten Hochkulturen der Erde, deren schriftliche Aufzeichnungen fast 3500 Jahre zurückreichen. Seine Geschichte ist geprägt von Bürgerkriegen und Konflikten mit Nachbarstaaten und doch war die Gesellschaft generell stabil und gut organisiert. Ab dem 1. Jahrhundert v. Chr. war China in Provinzen geteilt und wurde von einem Beamtenapparat regiert. Chinesische Forschungsreisende entdeckten Handelsrouten bis nach Afrika und Arabien, und den Handwerkern des Landes sind einige der wichtigsten Erfindungen der Menschheit zu verdanken, darunter Papier, Schießpulver und Porzellan.

Die Oberseite der Mauer diente als Straße.

Der Verlauf der Mauer

Die ersten Abschnitte der Mauer wurden im 7. Jh. v. Chr. gebaut, um chinesisches Ackerland vor nomadischen Räubern im Norden zu schützen. Verbunden wurden sie erstmals im 3. Jh. v. Chr. unter Qin Shihuangdi. Nachfolgende chinesische Kaiser befestigten und verlängerten die Mauern weiter, die im 16. Jh. unter den Ming-Kaisern ihr größtes Ausmaß erreichten.

Kaiserliche Familien

Verschiedene Dynastien hatten über die Jahrhunderte die Macht inne. Unter einigen gab es Krieg und Hungersnöte, unter anderen unglaubliche Fortschritte in Philosophie, Technik und Kunst. Die erste Dynastie kam im 16. Jh. v. Chr. mit den Shang an die Macht, kontrollierte aber nur einen Teil des späteren Riesenreichs.

1050–256 v. Chr.

Zhou-Dynastie
Die Zhou besiegten ihre Nachbarn und dehnten ihr Reich auf China aus. Unter ihrer Herrschaft lebte Laotse, der Begründer des Taoismus, und Konfuzius, dessen Lehre die chinesische Kultur noch heute beeinflusst.

STREITWAGENSCHMUCK

475–221 v. Chr.

Zeit der Streitenden Reiche
Mit dem Niedergang der Zhou kamen rivalisierende Staaten auf. Der Kampf um Land und Macht wurde mit strenger militärischer Organisation ausgetragen.

LEDERRÜSTUNG

221 v. Chr.

Vereintes China
Die Zeit der Streitenden Reiche endete mit dem Sieg der Qin-Dynastie, die China nach jahrhundertelangem Krieg wieder vereinte. Qin Shihuangdi wurde Kaiser, baute neue Straßen und Kanäle und führte im ganzen Reich einheitliche Maße und Gewichte ein.

210 v. Chr.

Tod eines Kaisers
Qin Shihuangdi starb nach 11-jähriger Amtszeit. Er wurde in einer riesigen Grabanlage beigesetzt, bewacht von Tausenden von Terrakottasoldaten mit Waffen und Rüstung.

206 v. Chr.–220 n. Chr.

Han-Dynastie
Qin Shihuangdis Sohn war nur vier Jahre lang Kaiser und starb während eines Volksaufstands. Liu Bang, ein Bauer, der zu einem mächtigen General aufgestiegen war, kam an die Macht und gründete die Han-Dynastie.

HAN-LACKSCHALE

618–1279

Tang- und Song-Dynastien
Nach Jahrhunderten der Unruhe kehrte in China unter der Tang- und dann unter der Song-Dynastie wieder Frieden ein. Kunst, Literatur und Handwerk blühten, das Reich wurde größer und sehr reich.

TANG-MODELLPFERD

1368–1644

Ming-Dynastie
Nach dem Fall der Song wurde China viele Jahre von Mongolen aus dem Norden regiert, die erst durch den Rebellen Zhu Yuanzhang gestürzt wurden. Herrschersitz seiner Nachfahren, der Ming-Kaiser, war die Verbotene Stadt.

MING-VASE

1912

Der letzte Kaiser
Im 19. Jh. war China in Konflikt mit europäischen Ländern geraten. Die Macht der Kaiser war geschwächt und 1912 wurde die Qing-Dynastie gestürzt und die Republik China gegründet.

13 – das Alter, in dem Akbar den Thron bestieg

Indische Herrscher

Die Moguln waren Reiterkrieger aus Zentralasien, die sich im 16. Jh. über ganz Nordindien ausbreiteten. Ihre Herrscher errichteten ein großes Reich, in dem Hindus und Moslems meist friedlich Seite an Seite lebten.

Die Moguln fielen 1526 unter ihrem Anführer Babur in Indien ein. Sie nahmen die wichtige Stadt Delhi im Norden Indiens ein und Babur wurde der erste Großmogul. Innerhalb von 150 Jahren hatten seine Nachfahren das Reich auf fast ganz Indien ausgedehnt. Die Moguln herrschten über 150 Millionen Menschen. Sie waren Muslime, zeigten sich aber tolerant gegenüber den Hindus im Land. Da die Kaiser große Förderer der Kunst waren, entstanden viele prächtige Bauwerke. Dennoch hatte das Mogulreich nur ein Jahrhundert nach seiner Blütezeit den Großteil seiner Gebiete verloren.

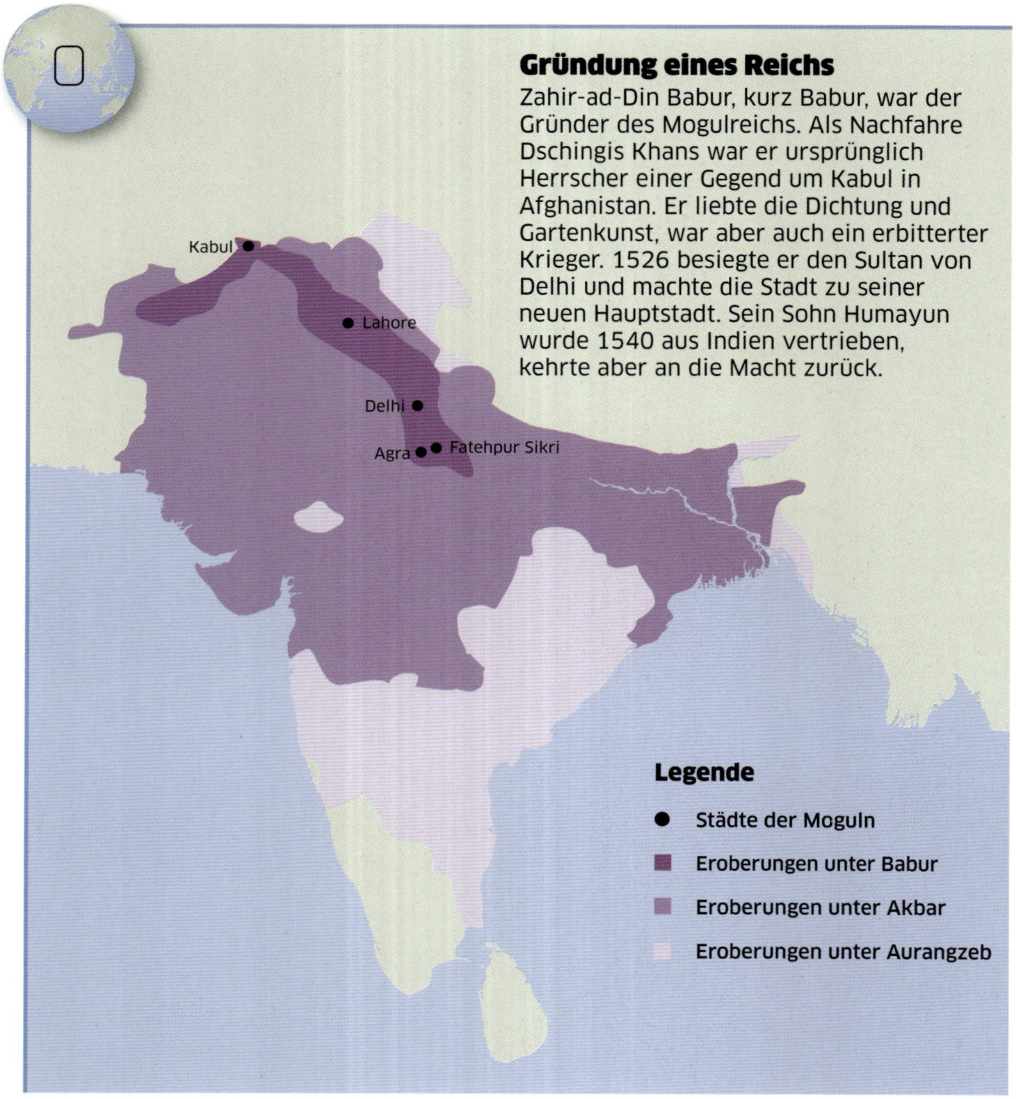

Gründung eines Reichs

Zahir-ad-Din Babur, kurz Babur, war der Gründer des Mogulreichs. Als Nachfahre Dschingis Khans war er ursprünglich Herrscher einer Gegend um Kabul in Afghanistan. Er liebte die Dichtung und Gartenkunst, war aber auch ein erbitterter Krieger. 1526 besiegte er den Sultan von Delhi und machte die Stadt zu seiner neuen Hauptstadt. Sein Sohn Humayun wurde 1540 aus Indien vertrieben, kehrte aber an die Macht zurück.

KULAH KHUD (HELMGLOCKE)

KETTENRÜSTUNG

TALWAR (SÄBEL)

Waffen und Rüstung
Mogulkrieger kämpften meistens zu Pferd. Eine Kettenrüstung schützte Nacken, Arme, Oberkörper und Oberschenkel. Eine eiserne Brustplatte bot zusätzlich Schutz. Auch ihre Armeen waren mit Gewehren und Kanonen gut gerüstet.

Schlacht und Eroberung

Das Mogulreich wurde im April 1526 nach einer großen Schlacht bei Panipat in der Nähe von Delhi gegründet. Baburs nur 12 000 Mann starke Armee besiegte 100 000 Männer mit 1000 Elefanten. Baburs Truppen waren klar im Vorteil, weil sie mit Schusswaffen (Kanonen und Pistolen) kämpften. Die Mogularmee eroberte noch weitere indische Königreiche, nahm deren Krieger in die eigenen Reihen auf und besaß schließlich eine gut ausgebildete, schwere Kavallerie und ein 100 000 Mann starkes Heer.

Großmoguln

Ab Mitte des 16. Jh. begann für das Mogulreich eine Blütezeit, in der sich eine starke Führung entwickelte und neue Territorien erobert wurden. Das wohlhabende und mächtige Reich hinterließ prachtvolle Bauwerke, von denen viele noch heute erhalten sind.

Akbar „der Große" (1556–1605)

Akbar, der dritte Großmogul, gilt als einer der bedeutendsten Herrscher aller Zeiten. Als erbarmungsloser Kämpfer besiegte er die Afghanen und Usbeken und eroberte Gujarat und Bengalen. Seinen Untertanen gegenüber zeigte er sich gütig, verbündete sich mit den hinduistischen Rajput-Königen, die sich seinem Reich anschlossen, und förderte Frieden und religiöse Toleranz.

Jahangir (1605–1627)

Akbars Sohn Jahangir lag mehr an der Verwaltung des Reichs als an der Eroberung neuer Territorien. Er besiegte allerdings den letzten Rajput-König, der ein Bündnis mit seinem Vater abgelehnt hatte. Während der Herrschaft Jahangirs entwickelten die mogulischen Maler einen erlesenen neuen Stil, mit dem sie ihre Umgebung bis ins Detail festhielten.

Shah Jahan (1627–1658)

Shah Jahan, der gegen seinen Vater Jahangir rebelliert hatte, bestieg nach dessen Tod den Thron. Auch er vergrößerte das Reich und baute Shahjahanabad zur neuen Hauptstadt aus. Shah Jahan förderte die Religion und die Kunst. Die mogulische Architektur blühte unter seiner Herrschaft. Er war es, der das Tadsch Mahal als Mausoleum für seine Frau bauen ließ.

Das Ende des Mogulreichs

Sha Jahans Sohn, Aurangzeb, eroberte neue Provinzen im Süden Indiens und vergrößerte das Reich um ein Viertel. Ständige Kriege mit einer neuen Macht, den Marathen, ließen den Reichtum schwinden und der Niedergang begann. Außerdem war Aurangzeb bei den Hindus unbeliebt. Nach seinem Tod 1707 brach das Reich auseinander, da schwache Herrscher es nicht gegen feindliche Mächte verteidigen konnten. 1739 fiel der persische Herrscher Nadir Shan ein, plünderte die Stadt Delhi und raubte viele mogulische Schätze. Der Einflussbereich des letzten Großmoguls, Bahadur Shah II., beschränkte sich auf das Rote Fort von Delhi. 1857 wurde er nach einem Aufstand gegen die Briten entthront. Der Untergang des Mogulreichs war besiegelt.

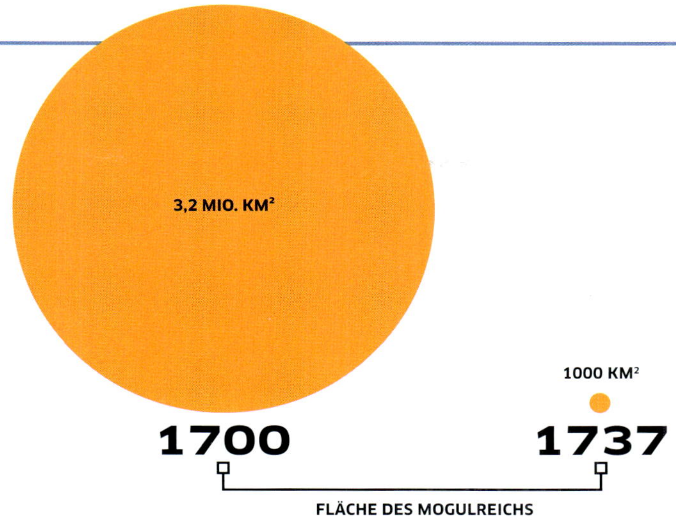

27 Jahre dauerte der Krieg zwischen der Marathen-Konföderation und dem Mogulreich.

Kunst der Moguln

Kunst und Architektur erlebten unter den Moguln eine Blütezeit. Handschriften mit feinen Malereien waren besonders geschätzt. Sie geben uns heute Auskunft über das Leben am Hof der Moguln. Die Kaiser ließen Städte voller prächtiger Gebäude errichten, z. B. Fatehpur Sikri und Shahjahanabad. Einige ihrer Bauwerke wie das Tadsch Mahal in Agra sind bis heute weltberühmt.

Das Tadsch Mahal
Shah Jahan ließ das Tadsch Mahal als Mausoleum für seine Frau Mumtaz Mahal bauen. Es dauerte 17 Jahre, bis das Gebäude aus weißem Marmor, ein Sinnbild für das Paradies, fertig war.

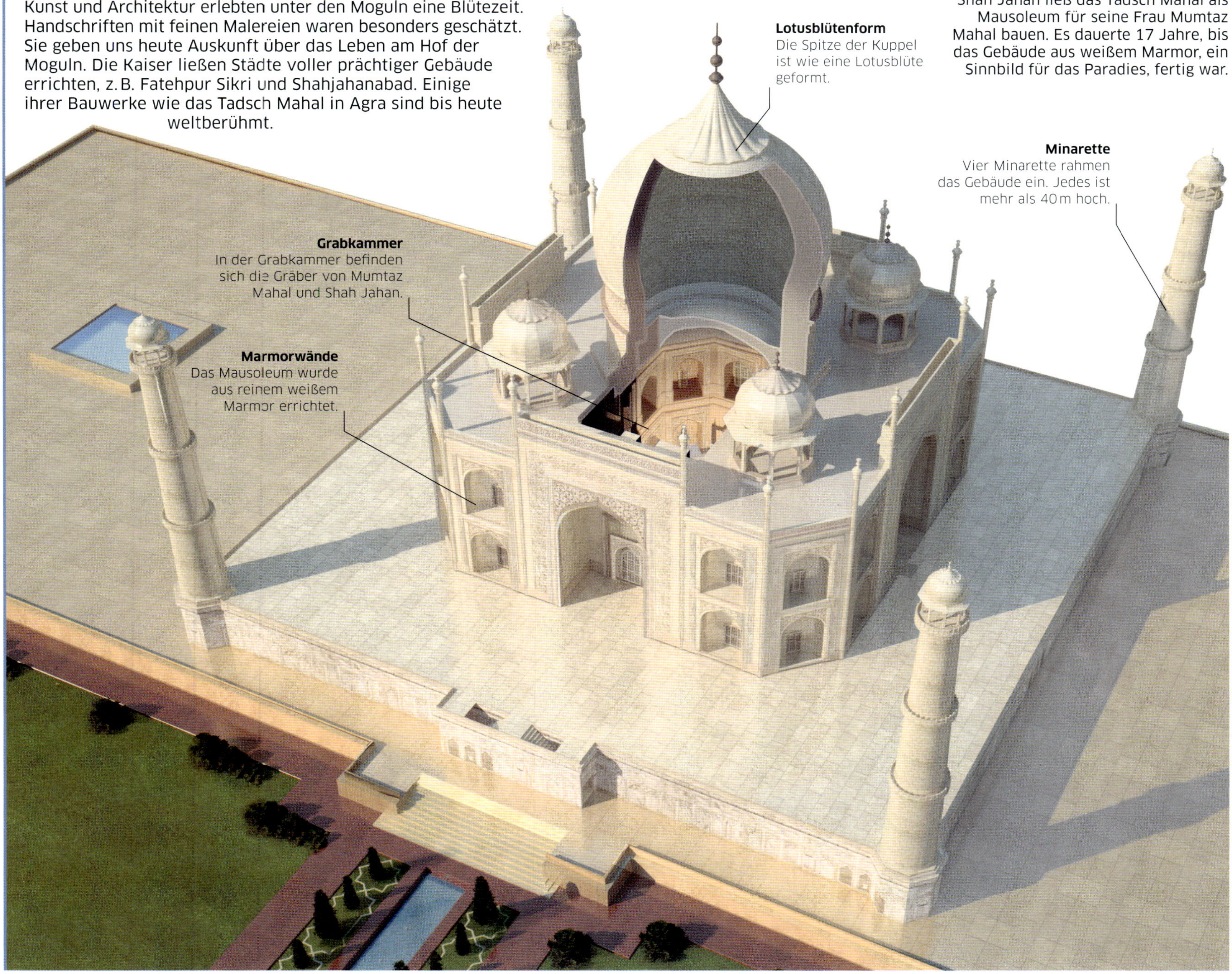

DIE NEUZEIT

Nach 1750 gab es in jedem Lebensbereich gewaltige Neuerungen. Im 19. Jahrhundert entstanden weltumspannende Imperien, die schließlich wieder zerfielen, während immer mehr Macht auf die Bürger überging. Neue Technologien revolutionierten die Industrie und am Ende des 20. Jahrhunderts stellte die digitale Revolution die Welt der Kommunikation und der Unterhaltung endgültig auf den Kopf.

DAS ZEITALTER DER REVOLUTION

Ab etwa 1750 erhoben neue politische Bewegungen die Forderung nach mehr Freiheiten für das Volk. Gleichzeitig strebten immer mehr Kolonien nach Unabhängigkeit von ihren Mutterländern. Als Herrscher und Kolonialmächte diese Forderungen zurückwiesen, lehnten sie sich auf. Manche erkämpften sich ihre Freiheit und gründeten neue Länder wie die Vereinigten Staaten von Amerika (USA).

Die Französische Revolution

1789 erhob sich das französische Volk. König Ludwig XVI. wurde abgesetzt und hingerichtet. Aus der Revolution wurde ein Blutbad, als ein Machtkampf entbrannte und Gegner der neuen Führung mit Terror bekämpft wurden.

Napoleon Bonparte
Nach der Revolution krönte sich der ehemalige General zum Kaiser von Frankreich und begann einen langen, blutigen Eroberungszug durch Europa.

Unabhängigkeit in Lateinamerika

Zwischen 1813 und 1822 befreiten Unabhängigkeitsbewegungen unter Simón Bolivar und José de San Martin viele Teile Südamerikas aus der Herrschaft Spaniens. Auch Mexiko wurde nach einer Revolution unter Miguel Hidalgo unabhängig.

Der Kommunismus

Im 19. Jh. entwarf Karl Marx eine neue politische Lehre, den Kommunismus. Seiner Vorstellung nach sollte der Wohlstand eines Lands unter allen Bürgern gerecht verteilt sein. Im Februar 1917 stürzten revolutionäre Kräfte den russischen Zaren und schufen den ersten sozialistischen Staat der Welt. Daraus wurde später die UdSSR, eine der Supermächte des 20. Jh.

Wladimir Iljitsch Lenin
Nach dem Sturz des Zaren erklärte sich Lenin zum Führer des Volks. Er blieb bis zu seinem Tod im Jahr 1924 der Regierungschef Sowjetrusslands.

ZEITALTER DES IMPERIALISMUS

Im Lauf des 19. Jh. dehnten europäische Länder ihrer Überseekolonien zu großen Reichen aus. Die europäischen Armeen waren gut ausgebildet und mit Gewehren bewaffnet, konnten also jeden Widerstand brechen. Das Streben nach Ausdehnung und neuen Kolonien, der Imperialismus, brachte bis 1900 große Teile von Afrika, Australien, Ozeanien und Asien unter europäische Herrschaft.

Geteilte Welt

1914 lag die Kontrolle über fast jeden Teil der Welt in der Hand weniger mächtiger Länder. Das größte Kolonialreich, das Britische Weltreich, besaß zum Schutz seiner Kolonien eine mächtige Marine, die die Meere und Ozeane der ganzen Welt kontrollierte.

Staatsgebiete und Kolonialreiche

Britisch, Osmanisch, Französisch, Dänisch, Spanisch, Portugiesisch, Schwedisch, Holländisch, Deutsch, Österreichisch, Italienisch, Russisch, Japanisch, Chinesisch, US-Amerikanisch

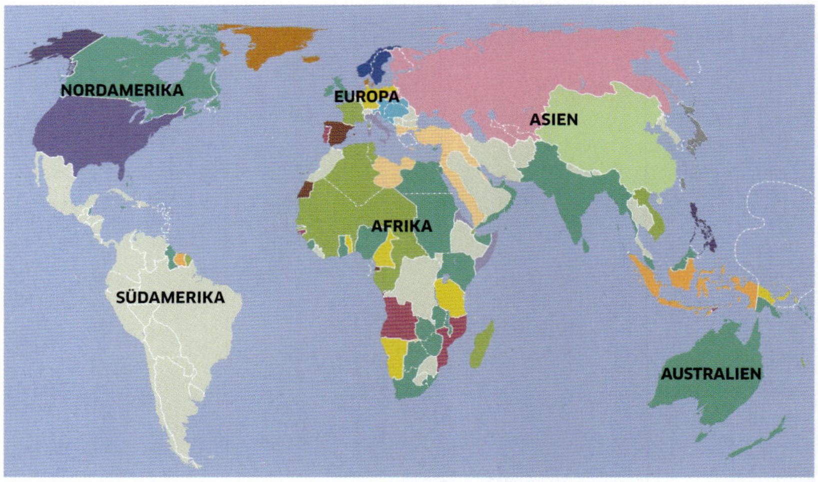

Imperialistische Rivalen

Kriege wurden in dieser Zeit immer größer und blutiger, denn konkurrierende Großmächte setzten alles daran, sich zu behaupten.

- **Der Siebenjährige Krieg (1756–1763)** Im ersten weltumspannenden Krieg ging es um die Vorherrschaft in Mitteleuropa und die Kolonien in Indien und Nordamerika.
- **Die Napoleonischen Kriege (1803–1815)** Napoleon rief sich selbst zum Kaiser von Frankreich aus und führte einen Eroberungskrieg, wurde aber bei Waterloo besiegt.
- **Der Krimkrieg (1853–1856)** Russlands Versuche, sich Gebiete des Osmanischen Reichs einzuverleiben, scheiterten an Großbritannien und Frankreich.
- **Die Opiumkriege (1839–1860)** Der Versuch Chinas, den Opiumhandel zu unterbinden, führte zu zwei Kriegen gegen Großbritannien. Am Ende mussten die Chinesen 14 ihrer Häfen für den europäischen Handel öffnen.
- **Der Russisch-Japanische Krieg (1904–1905)** Im Krieg um Gebiete in China und Korea fügte Japan Russland eine empfindliche Niederlage zu.

Eine nach-koloniale Welt

Für die Kolonien in Asien und Afrika war der Weg zur Unabhängigkeit schwieriger als für jene in Amerika, aber zwei Weltkriege schwächten die europäischen Kolonialreiche. Indien und Pakistan erlangten 1947 ihre Unabhängigkeit von Großbritannien nach Massenprotesten, die Mahatma Gandhi organisiert hatte. In Afrika wurde 1957 Ghana als erste Kolonie unabhängig.

„MAN KANN MICH IN **KETTEN LEGEN,** MICH **FOLTERN,** SOGAR DIESEN **KÖRPER ZERSTÖREN,** ABER **NIEMALS** WIRD MAN **MEINEN GEIST GEFANGEN NEHMEN.**“

MAHATMA GANDHI, ANFÜHRER DER INDISCHEN UNABHÄNGIGKEITSBEWEGUNG

EIN JAHRHUNDERT DER KONFLIKTE

In der ersten Hälfte des 20. Jh. erlebte die Welt die zwei blutigsten Kriege der Menschheitsgeschichte. Beide dehnten sich von Europa aus auf Länder der ganzen Welt aus. Im Ersten Weltkrieg (1914–1918) starben Millionen von Soldaten in furchtbaren Grabenkriegen. Der Zweite Weltkrieg (1939–1945) war geprägt von Panzer- und Luftschlachten und der Atombombe. In der Nachkriegszeit waren die USA und die UdSSR die mächtigsten Staaten der Welt, die sich, mit gewaltigen nuklearen Arsenalen im Rücken, im Kalten Krieg gegenüberstanden.

Erster Weltkrieg

Die Ermordung des Erzherzogs von Österreich 1914 in Sarajewo war Auslöser eines Kriegs zwischen den Mittelmächten (Deutschland, Österreich-Ungarn u. a.) und der Triple Entente (Großbritannien, Frankreich, Russland). Viele Gefechte wurden in Grabenkämpfen an der Westfront in Frankreich und Belgien ausgetragen, die zahlreiche Opfer forderten. Erst im November 1918 endete der Erste Weltkrieg mit der Kapitulation Deutschlands.

Soldatenfriedhof des Ersten Weltkriegs
Fast 10 Mio. Soldaten starben im Ersten Weltkrieg. Viele von ihnen wurden auf Soldatenfriedhöfen beigesetzt.

Zweiter Weltkrieg

1933 erlangte Adolf Hitler die Führung des Deutschen Reichs. Sein Überfall auf Polen 1939 löste einen neuen weltweiten Konflikt aus. Anfangs waren die deutschen Truppen siegreich, wurden aber 1945 von den Alliierten besiegt. Japan trat 1941 dem Krieg bei, musste aber 1945 nach einem Atombombenangriff durch die USA kapitulieren.

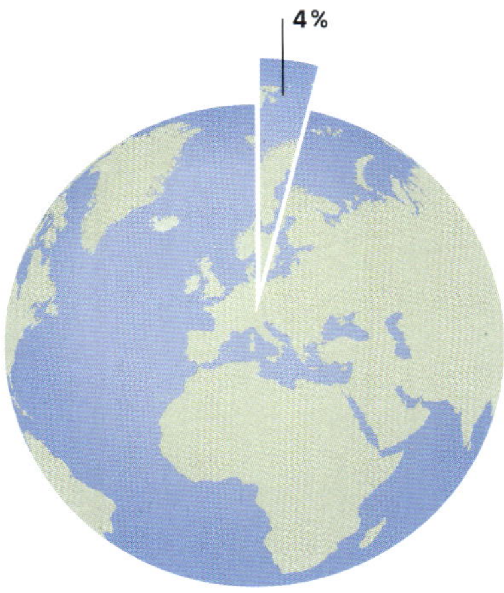

Ein furchtbarer Preis
Der Zweite Weltkrieg forderte zwischen 60 und 80 Mio. Menschenleben. Das waren geschätzt etwa 4 % der gesamten Weltbevölkerung vor dem Krieg.

Der Kalte Krieg

Im Zweiten Weltkrieg waren die USA und die UdSSR Verbündete, nach Kriegsende wurden sie zu Feinden. Sie kämpften nicht offen gegeneinander, setzten aber andere Mittel gegeneinander ein. Dieser „Kalte Krieg" barg eine enorme Gefahr, denn die auf beiden Seiten vorhandenen Nuklearwaffen hätten Millionen Menschen töten können.

1982 STANDEN ZWISCHEN DER **UDSSR** UND DEN **USA** MEHR ALS **20 000 NUKLEARSPRENGKÖPFE** MIT EINER **SPRENGKRAFT** VON INSGESAMT MEHR ALS **12 000 MEGATONNEN**. DAS ENTSPRICHT ETWA DER ENERGIE VON 1 MIO. **HIROSHIMA-BOMBEN**.

EINE WELT IM WANDEL

Während Kriege und Revolutionen politische Veränderungen brachten, führten Fortschritte in Wissenschaft und Technik zu einem gesellschaftlichen Wandel. Neue Erkenntnisse in der Medizin halfen bisher unheilbare Krankheiten zu heilen. Die industrielle Revolution brachte Maschinen hervor, die viele Arbeiter ersetzten. Die gesellschaftlichen Entwicklungen führten zu Forderungen nach Gleichbehandlung aller Menschen.

In der Landwirtschaft Beschäftigte in den USA

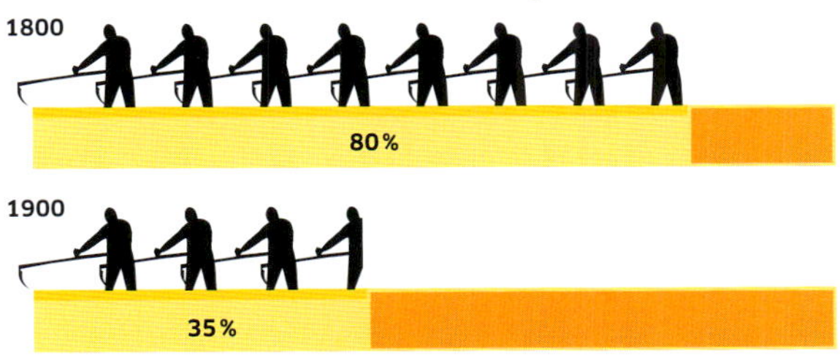

Der Aufstieg der Industrie

Die industrielle Revolution brachte große Fortschritte mit sich, aber auch große Probleme. Güter wurden billiger, da sie nun in Fabriken durch Massenfertigung anstatt in Handarbeit hergestellt wurden. Viele Arbeiter aber wurden schlecht bezahlt und lebten in furchtbarer Armut, vor allem in den Städten.

Gleiche Rechte

Vor dem 20. Jh. blieben Frauen, Afroamerikanern und Nichtweißen in europäischen Kolonien oft grundlegende Rechte verwehrt. Die Entschlossenheit vieler mutiger Menschen war nötig, um Grundrechte wie Wahlen und Bildung für alle zu erkämpfen.

1893
Neuseeland ist das erste Land, das Frauen das Recht zur Teilnahme an Wahlen garantiert.

1920
Der 19. Verfassungszusatz der USA spricht den Frauen das Wahlrecht zu.

1948
Südafrika verabschiedet die Apartheidsgesetze. Sie schreiben eine strikte Trennung von Weißen und Schwarzen vor.

1964
Der Civil Rights Act (USA) erklärt die Rassentrennung in öffentlichen Einrichtungen für illegal.

1965
Der Voting Rights Act (USA) schafft Hindernisse ab, durch die den Schwarzen die Teilnahme an Wahlen erschwert wurde.

1994
In Südafrika finden die ersten allgemeinen Wahlen für alle Bürger statt. Die Apartheid ist beendet.

Wissenschaft und Medizin

Das 20. Jh. brachte wissenschaftliche Fortschritte, die alles bisher Dagewesene übertrafen. Antibiotika heilten unheilbare Krankheiten, Autos und Flugzeuge verkürzten zuvor tagelange Reisen auf wenige Stunden. Die Menschen lernten immer mehr über das Universum, ihre Geschichte und über sich selbst.

„WER NOCH NIE **EINEN FEHLER** GEMACHT HAT, HAT SICH **NOCH NIE AN ETWAS NEUEM** VERSUCHT."

ALBERT EINSTEIN

Umweltherausforderungen

Im 19. und 20. Jh. stieg die Zahl der Menschen drastisch an und damit auch die Menge der von den Menschen verwendeten Rohstoffe. Kohle-, Öl- und sogar Süßwasserreserven könnten eines Tages knapp werden. Viele natürliche Lebensräume wurden zerstört. Die globale Erwärmung droht weltweit riesige landwirtschaftliche Flächen und menschlichen Lebensraum zu zerstören.

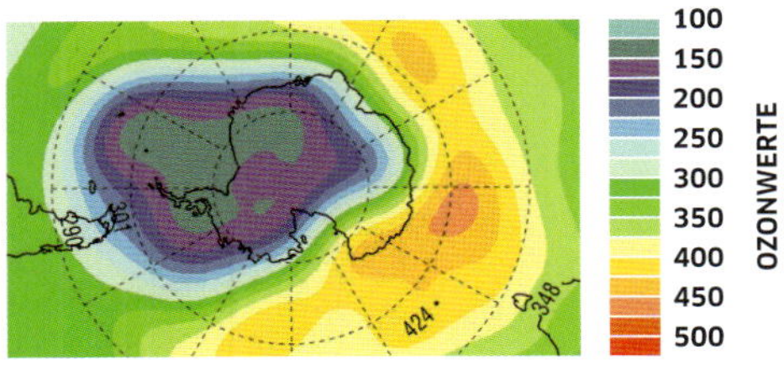

Ozonloch
In den 1990er-Jahren war durch Luftverschmutzung die Ozonschicht stark geschädigt, jene Schicht der Atmosphäre, die uns vor schädlicher Strahlung schützt. Zeitweise war das Ozonloch über der Antarktis doppelt so groß wie Europa.

115 – für so viele **Gallonen Rum** konnte man 1756 einen **männlichen Sklaven** im Tausch erhalten.

Nordamerika
Etwa 650000 afrikanische Sklaven wurden auf Plantagen im Süden der USA gebracht. Im stärker industrialisierten Norden übernahmen manchmal Kaufleute die Stelle Europas im Dreieckshandel mit Sklaven, indem sie Waren direkt nach Afrika im Tausch für Sklaven verschifften. Der transatlantische Sklavenhandel wurde 1808 von den USA verboten.

BRANDEISEN ZUM KENNZEICHNEN VON SKLAVEN

Sklavenplantagen
Die meisten Sklaven wurden in Amerika für die Arbeit auf Baumwoll-, Zucker- und Tabakplantagen in der Karibik, im Süden der USA und in Brasilien eingesetzt. Ihr Leben dort war oft furchtbar – sie wurden gebrandmarkt oder in Ketten gelegt und die Aufseher auf den Plantagen waren brutal.

Der Sklavenhandel

Da europäische Siedler in Amerika Arbeitskräfte für ihre Plantagen benötigten, wurden zwischen 1500 und 1900 12 Millionen afrikanischer Sklaven nach Amerika gebracht.

Der Sklavenhandel wird oft als atlantischer Dreieckshandel bezeichnet, denn er umfasste drei Stationen. Waren aus Europa wurden in Afrika gegen Sklaven eingetauscht, die dann über den Atlantik nach Amerika gelangten. Dort wurden sie gegen Waren eingetauscht, die wiederum in Europa verkauft wurden. Viele Sklaven starben schon unterwegs und wer überlebte, war auf den Plantagen entsetzlichen Arbeitsbedingungen ausgesetzt. Im 19. Jahrhundert wurde der Sklavenhandel auf internationaler Ebene verboten.

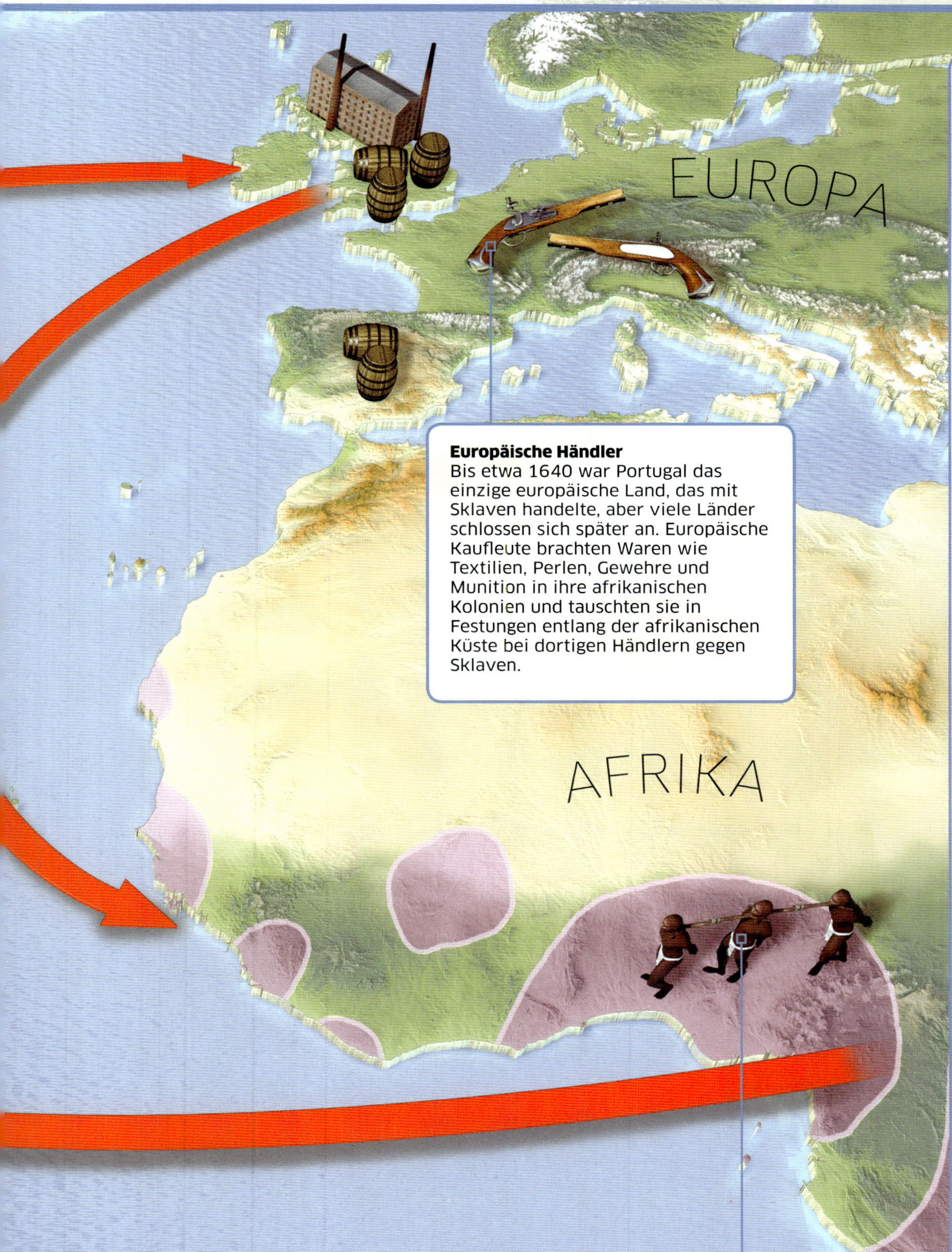

Europäische Händler
Bis etwa 1640 war Portugal das einzige europäische Land, das mit Sklaven handelte, aber viele Länder schlossen sich später an. Europäische Kaufleute brachten Waren wie Textilien, Perlen, Gewehre und Munition in ihre afrikanischen Kolonien und tauschten sie in Festungen entlang der afrikanischen Küste bei dortigen Händlern gegen Sklaven.

KETTE EINES SKLAVENSCHIFFS

Afrikanische Sklaven
Die Mehrzahl der Sklaven stammte aus den Küstenregionen Westafrikas zwischen dem heutigen Senegal und Angola. Sie waren Kriegsgefangene oder Entführte und wurden gegen Handelsware aus Europa getauscht.

Furchtbare Bedingungen

Auf der wochen- oder sogar monatelangen Fahrt über den Atlantik wurden die Sklaven in Zwischendecks im Schiffsrumpf zusammengepfercht und bekamen nur wenig frische Nahrung oder Wasser. Die Männer waren aneinandergekettet.

Sklavenschiff
Um höchsten Gewinn zu erzielen, wurden die Sklaven auf engstem Raum untergebracht. Ein berüchtigtes Sklavenschiff, die *Brookes*, beförderte mehr als 600 paarweise aneinandergekettete Sklaven.

„DIE **ZAHL DER MENSCHEN** AUF DEM SCHIFF, DAS SO **ÜBERFÜLLT WAR**, DASS KAUM PLATZ BLIEB, SICH AUCH NUR UMZUDREHEN, **LIESS UNS NAHEZU ERSTICKEN.**“

OLAUDAH EQUIANO (FRÜHERER SKLAVE)

Eine tödliche Reise

Die beengten Verhältnisse und der Mangel an Nahrung und Wasser führten dazu, dass 1,8 Mio. Sklaven auf der Fahrt über den Atlantik starben. Ihre Leichen wurden einfach über Bord geworfen.

Todesrate
Bei den Fahrten über den Atlantik starb oft einer von vier Sklaven.

Schluss damit!

Forderungen nach der Beendigung des unmenschlichen Sklavenhandels führten in Großbritannien 1807 zur Abschaffung. Andere Länder folgten bald dem Beispiel, als letztes Land 1888 Brasilien.

„**NIEMALS WERDEN WIR** IN UNSEREN BEMÜHUNGEN **NACHLASSEN,** BEVOR WIR NICHT DEN CHRISTLICHEN NAMEN **VON DIESER SCHMACH BEFREIT** HABEN, UNS VON DER **LAST DER SCHULD** BEFREIT HABEN, DIE UNS JETZT DRÜCKT, UND WIR JEDE SPUR DIESES **BLUTIGEN GESCHÄFTS** AUSGEMERZT HABEN.“

WILLIAM WILBERFORCE (ANFÜHRER IM KAMPF GEGEN DIE SKLAVEREI)

72 000 – ungefähre Zahl der Lexikoneinträge in Diderots *Encyclopédie*

Die Aufklärung

Das 18. Jahrhundert war eine Zeit der Umstürze. Religionen, Machtverhältnisse und wissenschaftliche Grundsätze wurden infrage gestellt durch neue Denker, die sich entschlossen gegen überholte Traditionen stellten.

Die Renaissance hatte neue Denkansätze in Wissenschaft und Philosophie formuliert, aber sie basierten noch auf alten Traditionen: den Lehren der Kirche sowie griechischen und römischen Schriften. Die Vordenker der Aufklärung wollten sich stattdessen nur noch auf eigene Beobachtungen, Experimente und die Logik stützen – das Prinzip der Vernunft. Ihre radikalen Ideen führten zu Revolutionen und den Anfängen der modernen Wissenschaft.

Revolution der Ideen

Wer im 18. Jh. etwas über die Welt erfahren wollte, studierte „Naturphilosophie", ein Fach, das Naturwissenschaften sowie Mathematik umfasste. Eine Flut neuer Erkenntnisse verbreitete sich in Europa, durch neue Entdeckungen von Forschungsreisenden ebenso wie durch die Druckerpresse. Denis Diderot und Jean d'Alembert verfassten mit anderen in Paris die *Encyclopédie*, ein Nachschlagewerk von 28 Bänden, das alles enthielt, was sie über Wissenschaft, Kunst und Handwerk wussten. Ihre Botschaft war, dass die Vernunft die Grundlage jeder Erkenntnis ist. Das Werk breitete sich in ganz Europa und Amerika aus. Der Philosoph Immanuel Kant drückte die neue Denkweise so aus: „Sapere aude! Habe Mut, dich deines eigenen Verstands zu bedienen."

Die *Encyclopédie*
Diderots großes Werk deckte nicht nur Kunst und Wissenschaft ab, sondern auch alltägliche Dinge wie Musik, Kochen und sogar die Landwirtschaft.

Isaac Newton

Einer der Begründer der Aufklärung war der englische Naturforscher Isaac Newton (1643–1727). Berühmt machten ihn vor allem seine Arbeiten zur Schwerkraft und Bewegung, die aufzeigten, dass die Bewegungen des Monds und der Sterne denselben Gesetzen unterworfen waren, wie die Bewegung von Dingen auf der Erde. Er machte auch wichtige Entdeckungen zum Licht und zur Wärme und entwickelte neue Verfahren in der Mathematik. Seine Neugier verleitete ihn manchmal zu seltsamen Dingen. Weil er wissen wollte, wie sich die Verformung seines Augapfels auf seine Sicht auswirkte, führte er einmal sogar als Teil seiner Studien eine stumpfe Nadel in seine Augenhöhle ein.

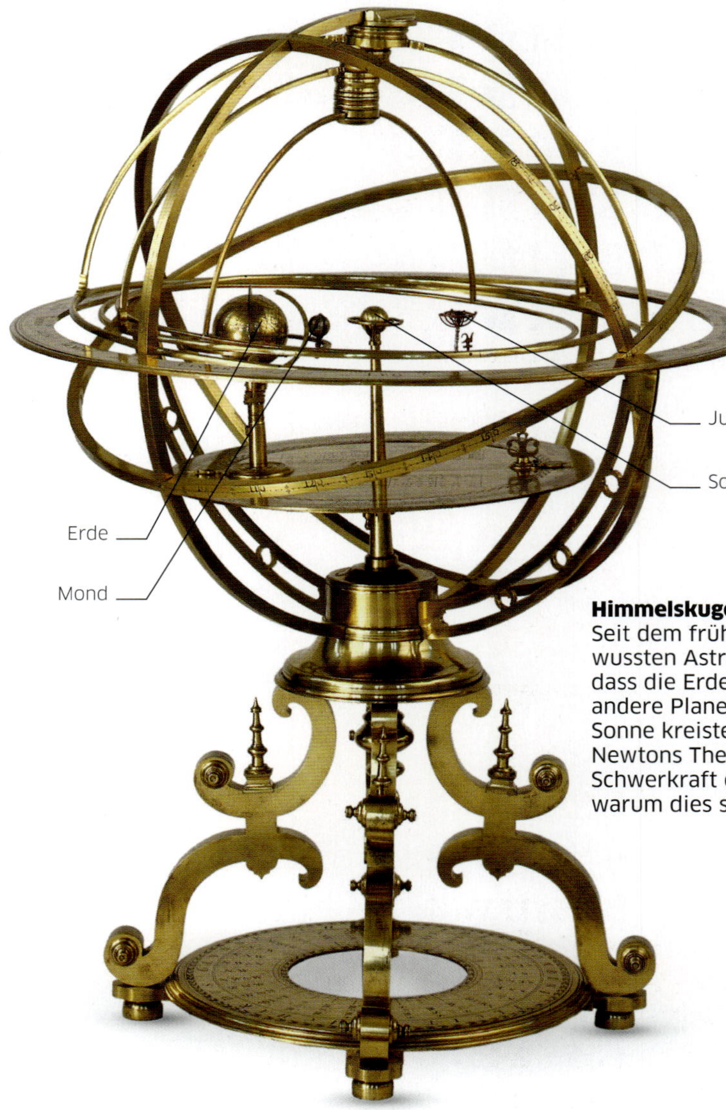

Himmelskugel
Seit dem frühen 17. Jh. wussten Astronomen, dass die Erde und andere Planeten um die Sonne kreisten. Isaac Newtons Theorie zur Schwerkraft erklärte, warum dies so war.

Die Menschenrechte

Neben der Wissenschaft war die Aufklärung geprägt durch neue gesellschaftspolitische Ansätze. Um 1750 entwickelte eine Gruppe radikaler Philosophen Ideen, die alle traditionellen Denkweisen infrage stellten. Könige, Adlige und Geistliche sollten demnach keinerlei Rechte und Privilegien über andere Menschen haben. Denker wie Jean-Jacques Rousseau und Mary Wollstonecraft entwickelten überzeugende Argumente für die Gleichberechtigung aller Menschen, während Schriftsteller wie Voltaire und Montesquieu Satiren (spottende Texte) über korrupte Institutionen und überholte Ansichten schrieben.

1748
Der Franzose Charles-Louis de Secondat, bekannt als Montesquieu, veröffentlichte ein Werk mit dem Titel *Vom Geist der Gesetze*, in dem er fordert, die politische Macht zwischen Regierung, Parlament und Gerichtshöfen aufzuteilen – das Prinzip der Gewaltenteilung.

1759
In seinem Werk *Candide oder der Optimismus*, einer satirischen Kurzerzählung, drückte Voltaire das Elend und die Ungerechtigkeit aus, unter der viele Menschen auf der ganzen Welt litten. Er schrieb, die Menschen müssten, um wirklich frei zu sein, die Vernunft nutzen können und die Grundrechte aller Menschen kennen und verteidigen.

1762
Der Philosoph Jean-Jacques Rousseau schlug vor, dass Regierungen nur mit Zustimmung des Volks herrschen sollten. In seinem Werk *Vom Gesellschaftsvertrag* schrieb er: „Der Mensch wird frei geboren, aber überall liegt er in Ketten."

Revolution des Reichtums

Ein weiterer Themenbereich, der zu dieser Zeit aufkam, war die Lehre über den Umgang mit Geld und Gütern. Großmächte wurden reich durch weltweiten Warenhandel. Banken boten den Reichen einen sicheren Platz für ihr Geld und verliehen ihrerseits Geld an Menschen, die ein Unternehmen aufbauen wollten. Auch einfache Leute wurden ermutigt ihr Geld in gewinnversprechenden Projekten anzulegen. Das konnte allerdings auch schiefgehen: 1720 beispielsweise, als die British South Sea Company zusammenbrach und das Geld der Anleger in Millionenhöhe mit sich riss.

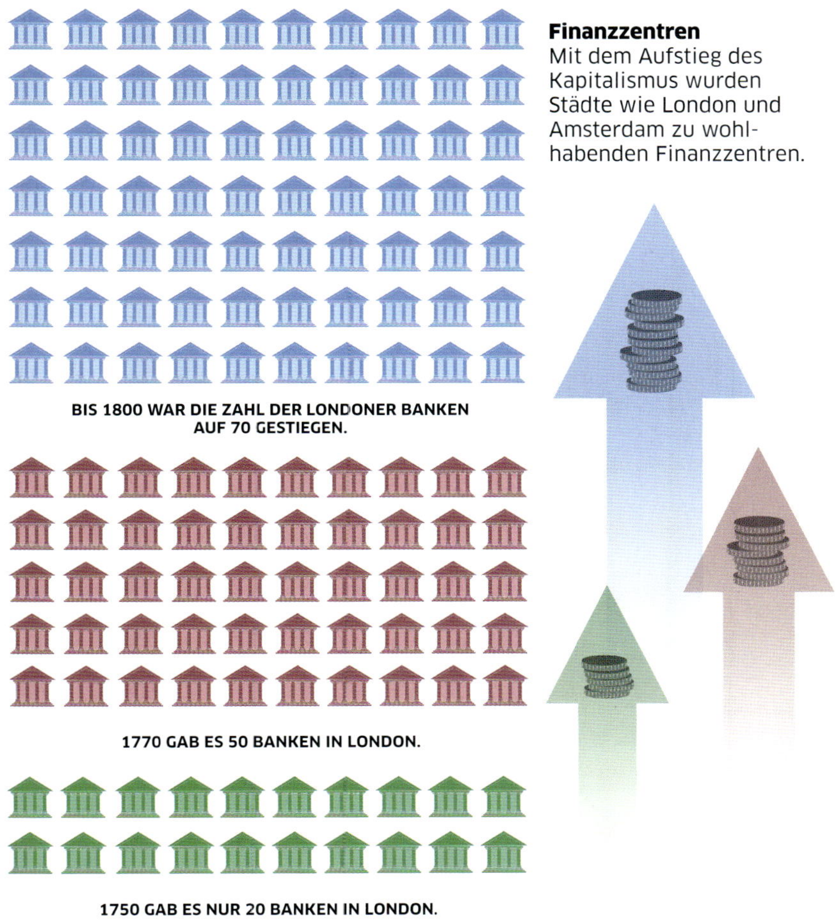

Finanzzentren
Mit dem Aufstieg des Kapitalismus wurden Städte wie London und Amsterdam zu wohlhabenden Finanzzentren.

„ARBEIT WAR DER ERSTE PREIS, DAS URSPRÜNGLICHE KAUFGELD, DAS FÜR ALLE DINGE GEZAHLT WURDE. NICHT MIT GOLD ODER SILBER, SONDERN MIT ARBEIT WURDE ALLER REICHTUM DER WELT URSPRÜNGLICH ERWORBEN.“

ADAM SMITH, SCHOTTISCHER PHILOSOPH UND WIRTSCHAFTSWISSENSCHAFTLER, 1776

1776

Thomas Paine gab seine Flugschrift *Common Sense* (gesunder Menschenverstand) heraus, die die Loslösung Amerikas von Großbritannien unterstützte. Später schrieb er auch, dass eine Regierung, die ihre Rechte missbraucht, gestürzt werden sollte.

1792

Die Engländerin Mary Wollstonecraft forderte Frauen dieselbe Bildung und dieselben Chancen zuzugestehen wie Männern. Ihr schwebte eine Gesellschaft vor, die auf dem Prinzip der Vernunft basierte und alle Menschen respektierte.

Romantische Rebellion

Die Ideale der Aufklärung verbreiteten sich rasch, aber im späten 18. Jh. gab es eine Gegenbewegung, insbesondere unter Künstlern, Musikern und Dichtern – die Romantik. Die Romantiker sahen in der einseitigen Aufwertung der Vernunft eine Vernachlässigung von Werten wie Gefühl und Natur. Berühmte Vertreter waren Musiker wie Beethoven, Dichter wie Joseph von Eichendorff und Maler wie Caspar David Friedrich.

Der Brand des Ober- und Unterhauses
Künstler der Romantik wie William Turner stellten in ihren Bildern die Macht der Naturgewalten dar. Dieses Bild zeigt einen Brand, der 1834 das britische Parlament fast vollständig zerstört hätte.

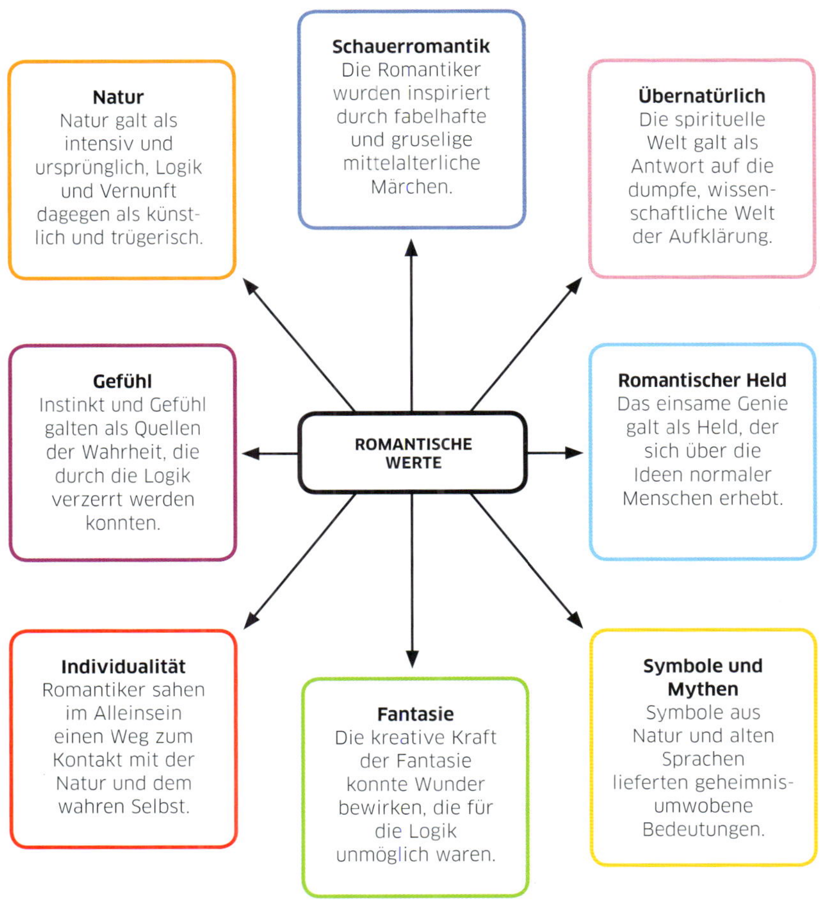

Soldaten der sogenannten **Patrioten** mussten sich ihre **Waffen und Ausrüstungen** selbst kaufen.

Der amerikanische Unabhängigkeitskrieg

Im 18. Jahrhundert unterstanden 13 Kolonien entlang der Ostküste Nordamerikas der britischen Regierung. Seit 1770 lehnten sie sich gegen die britische Kolonialmacht auf. 13 Jahre später erlangten sie ihre Unabhängigkeit.

Englands Kolonien in Nordamerika wurden von London aus regiert. Die Einwohner waren britische Bürger, hatten aber weniger Rechte: Sie konnten nicht wählen und waren nicht im Parlament vertreten. Dagegen protestierten die Kolonisten, aber die Briten ignorierten ihre Anliegen, verabschiedeten unbeliebte Gesetze und belegten alltägliche Güter wie Zucker, Tee und Papier mit hohen Steuern.

1775 führten die Spannungen zum Krieg. Zur Unterstützung der Soldaten in den Kolonien rückte 1777 eine britische Armee von Kanada aus vor, die aber von den Truppen unter Oberbefehlshaber George Washington überlistet wurde. Der Krieg endete mit einem Sieg über die Briten und der Gründung eines neuen unabhängigen Staats: den Vereinigten Staaten von Amerika.

Die Kontinentalarmee

1775 wurde aus den freiwilligen Truppen der Amerikaner die Kontinentalarmee gebildet. Ihr Oberkommandierender, George Washington, war entschlossen ein Heer aufzustellen, das den gut ausgebildeten britischen Soldaten die Stirn bieten konnte. Über lange Zeit waren die Männer schlecht bezahlt und ausgerüstet, dennoch erzielten sie erstaunliche Siege.

Synchronschüsse
Eine wichtige Fähigkeit der Truppe war das absolut gleichzeitige Abschießen aller Musketen. Es erforderte Übung und Disziplin, um nicht zu früh zu schießen, wenn der Feind vorrückte.

Vorgeschichte des Kriegs

Großbritannien hatte während des Siebenjährigen Kriegs (1756–1763) große Schulden angehäuft und benötigte Geld für die Rückzahlung. Das Geld wollte die Regierung durch eine Besteuerung der amerikanischen Kolonien aufbringen. Die Kolonisten wehrten sich gegen diese „taxation without representation" (Besteuerung ohne politische Vertretung) und so griff die Idee der Loslösung von Großbritannien um sich. Als 1773 die Briten Tee mit einer neuen, hohen Steuer belegten, schritten die Kolonisten in Boston zur Tat. Von einem Schiff im Hafen kippten sie kistenweise britischen Tee ins Meer. Diese „Boston Tea Party" führte letztlich zum Krieg, nachdem die Briten mit scharfen Gesetzen gegen die Kolonien reagierten. Der aus Vertretern der 13 Kolonien bestehende Kontinentalkongress verurteilte diese Gesetze und sandte Protestbriefe an den König.

BEI DER **BOSTON TEA PARTY** VERNICHTETEN KOLONISTEN **342 KISTEN WERTVOLLEN TEE.**

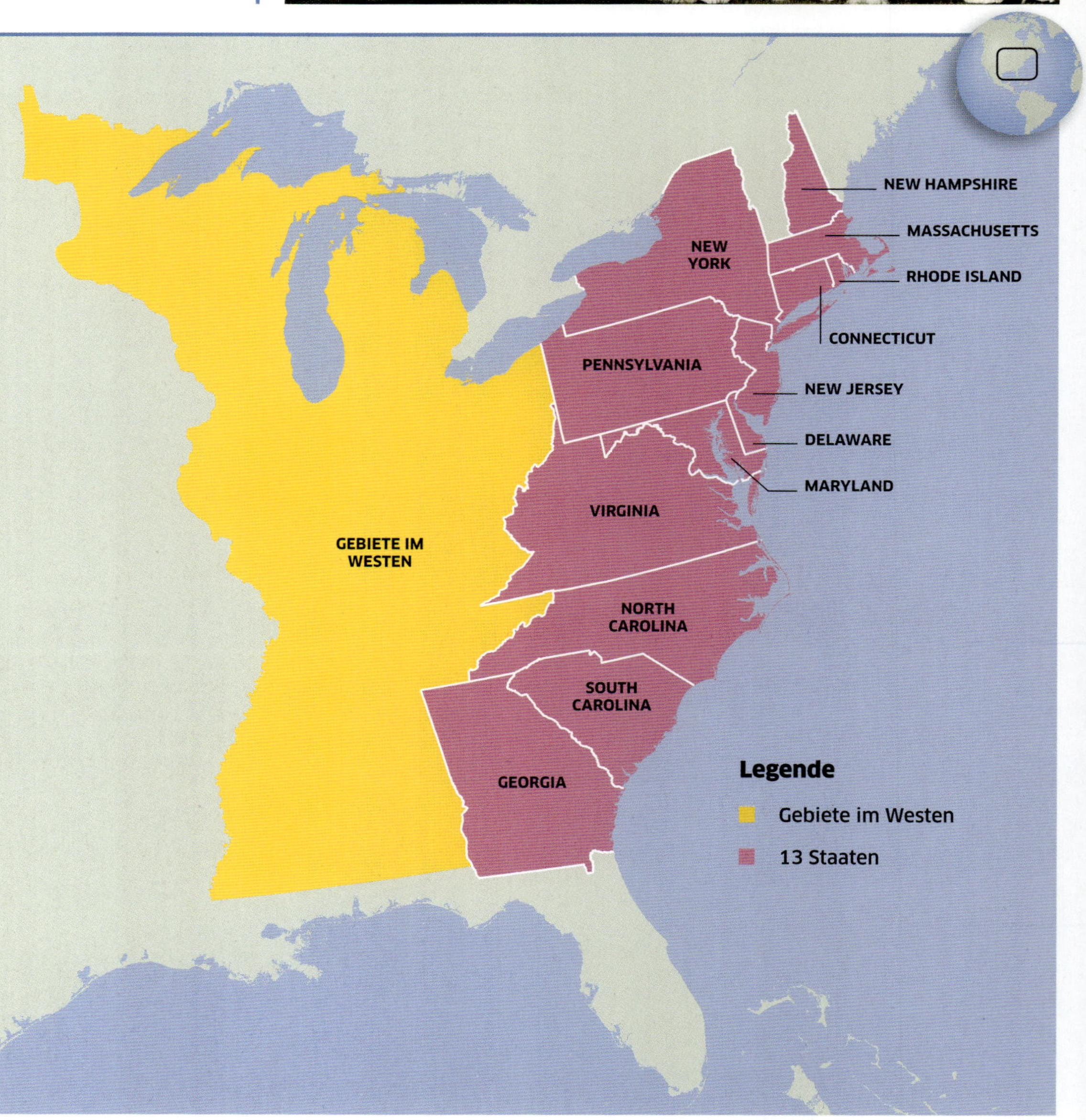

Die neue Nation

Am Ende des Kriegs wurden die 13 Kolonien, die für die Unabhängigkeit gekämpft hatten, die ersten Staaten der USA. Sie unterzeichneten 1783 mit Großbritannien einen Friedensvertrag, der ihnen auch den Besitz großer Gebiete im Westen zusicherte.

2,5 Mio. **Menschen** lebten in den **Kolonien.** Das war etwa ein **Drittel der Bevölkerungszahl Großbritanniens.**

Schon **10-Jährige** kämpften in der amerikanischen Armee, Frauen halfen als **Krankenschwestern, Köchinnen und sogar als Spioninnen.**

Die Unabhängigkeitserklärung

Die 13 Kolonien bildeten eine eigene Regierung, den Kontinentalkongress, der schon früh die Loslösung von Großbritannien anstrebte. Thomas Jefferson, ein Anwalt aus Virginia, entwarf eine Unabhängigkeitserklärung, die ihre Positionen darlegte.

1 Das Recht zum Aufstand
Kolonien müssen das Recht haben sich von ihrem Mutterland zu lösen, vorausgesetzt sie haben gute Gründe dafür und können diese darlegen.

2 Rechtmäßige Regierung
Die einzige mögliche Form einer Regierung soll die sein, die das Beste für ihr Volk anstrebt und dessen Rechte respektiert.

3 Anklagen gegen den König
Der britische König hat die Kolonien regiert, ohne die Rechte und Interessen der dort lebenden Menschen zu wahren.

4 Unabhängigkeitserklärung
Daher haben die Kolonien ein Recht darauf, sich von der Regierung durch die Briten loszusagen, sich selbst zu regieren und somit nicht länger Teil des Britischen Weltreichs zu sein.

Der Inhalt der Erklärung stützt sich auf vier zentrale Punkte, die hier aufgelistet sind. Am 4. Juli 1776 unterzeichneten Vertreter der 13 Kolonien die Erklärung zur Bildung einer neuen Nation: den Vereinigten Staaten von Amerika.

„WIR HALTEN DIESE **WAHRHEITEN** FÜR AUSGEMACHT, DASS **ALLE MENSCHEN GLEICH ERSCHAFFEN** WURDEN, DASS SIE VON IHREM SCHÖPFER MIT GEWISSEN **UNVERÄUSSERLICHEN RECHTEN** BEGABT WURDEN, WORUNTER SIND **LEBEN, FREYHEIT** UND DAS **BESTREBEN NACH GLÜCKSELIGKEIT.**“

UNABHÄNGIGKEITSERKLÄRUNG

Oberbefehlshaber

George Washington war Tabakfarmer und gelernter Landvermesser. Im Kampf gegen die Franzosen während des Siebenjährigen Kriegs in Nordamerika hatte er militärische Erfahrungen erworben. Sein Widerstand gegen Großbritanniens Umgang mit den amerikanischen Kolonien brachte ihm die Ernennung zum Oberbefehlshaber der aufständischen amerikanischen Truppen ein, aus denen er ein professionelles Heer machte. Er hielt es zusammen in harten Zeiten und nach verlorenen Schlachten und führte es zum Sieg. 1789 wurde er zum ersten Präsidenten der Vereinigten Staaten von Amerika gewählt.

Statue von George Washington
Aufgrund seiner Führungsstärke und seiner Rolle bei der Gründung der USA wird Washington oft als Vater der Nation bezeichnet.

Die beiden Kriegsparteien

Die amerikanischen Streitkräfte hingen stark von Bürgerwehren ab. Unterstützung kam auch von französischen und spanischen Truppen sowie einigen amerikanischen Ureinwohnern. Die britischen „Rotröcke“ wurden unterstützt von Loyalisten (Kolonisten, die Teil des Britischen Weltreichs bleiben wollten), deutschen Söldnern und amerikanischen Ureinwohnern, die die Handels- und Gebietsabkommen mit den Briten wahren wollten. Die britische Marine kontrollierte die Küste, konnte aber nicht in den Krieg im Binnenland eingreifen.

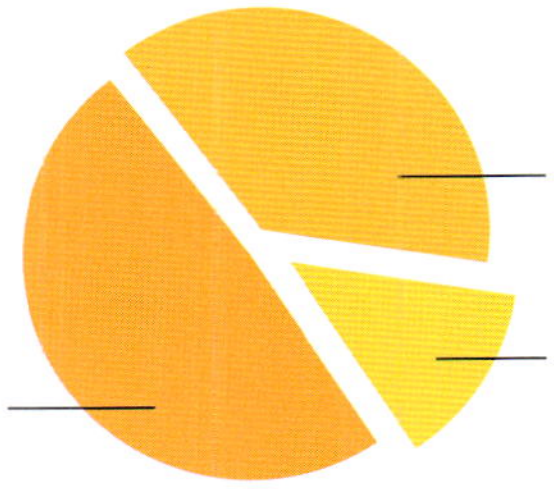

AMERIKANER UND VERBÜNDETE

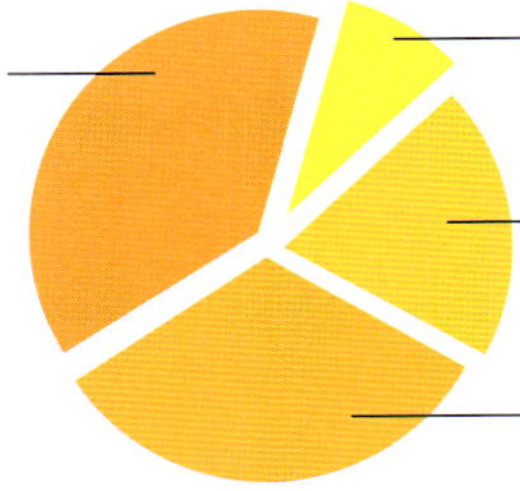

BRITEN UND VERBÜNDETE

Der Weg zur Unabhängigkeit

Die frühen Schlachten des amerikanischen Unabhängigkeitskriegs endeten meist unentschieden. Die Briten waren stark und konnten von den Amerikanern nicht sofort bezwungen werden. Die Kolonialstreitkräfte bekamen vor Ort Unterstützung und konnten britischen Angriffen durch Ortskenntnisse ausweichen. Dank der größeren Führungskraft und der Unterstützung ausländischer Verbündeter fügten die Amerikaner letztlich den Briten eine vernichtende Niederlage zu.

1773

Der Weg zum Aufstand
Nachdem die Kolonisten kistenweise britischen Tee in den Bostoner Hafen gekippt hatten, verschärften die Briten die Gesetze in den Kolonien. Das war der letzte Funken – zwei Jahre später fiel der erste Schuss des Unabhängigkeitskriegs.

GÜRTEL EINES SOLDATEN DER LOYALISTEN MIT KÖNIGLICHEM WAPPEN

April 1775

Die erste Schlacht
Britische Truppen marschierten nach Concord in Massachusetts, um ein Waffenlager zu stürmen. Die Kolonisten schickten eine Truppe entgegen, die dann zwar zum Rückzug gezwungen wurde, es aber doch geschafft hatte die Briten aufzuhalten und die Vorräte zu schützen.

Herbst 1777

Schlacht von Saratoga
Mehr als 6000 britische Soldaten wurden von der Kontinentalarmee umzingelt und zur Kapitulation gezwungen. Dieser durchschlagende Sieg ermutigte die Franzosen sich auf die Seite der Amerikaner zu schlagen, gefolgt von Spaniern und Niederländern.

Winter 1777

Valley Forge
Während ausländische Unterstützung unterwegs war, suchten die Amerikaner Schutz in einem Lager in Valley Forge bei Philadelphia. Dort waren sie zwar vor Angriffen sicher, litten aber in den Wintermonaten unter Kälte und mangelnden Vorräten. Etwa 2000 Männer starben hier an Krankheiten und Hunger.

Oktober 1781

Sieg für die Kolonisten
Nach mehreren Niederlagen mussten sich die Briten an die Ostküste zurückziehen. Als die amerikanische Armee und die französische Marine sich zusammenschlossen, saßen die Briten in der Falle und kapitulierten. Der Krieg war damit beendet.

1783

Friedensvertrag
Nach zähen Verhandlungen wurde im September 1783 in Paris ein Friedensvertrag geschlossen. Großbritannien überließ den USA große Gebiete und unterzeichnete auch separate Verträge mit Frankreich, Spanien und den Niederlanden – den europäischen Verbündeten der Amerikaner.

VORSCHLAG FÜR DEN ERSTEN SILBERDOLLAR DER VEREINIGTEN STAATEN (1777)

Aufständische trugen manchmal Frauenkleidung, da Frauen weniger streng bestraft wurden.

Die Französische Revolution

1789 wurde die französische Monarchie gestürzt. Die Aufständischen setzten eine neue Regierung ein, an deren Spitze nun Bürger standen, aber Rivalitäten unter den Regierungsmitgliedern führten zu Chaos und Blutvergießen.

Ende des 18. Jahrhunderts war Frankreich nach einer Reihe teurer Kriege nahezu bankrott. Dazu kam im Jahr 1788 eine extreme Missernte, sodass die Menschen sehr wenig zu essen hatten. Während das Land Hunger litt, schwelgten König Ludwig XVI. und der Adel im Luxus. Forderungen nach Veränderungen wurden immer lauter. 1789 verursachte ein extremer Anstieg des Brotpreises Proteste in Paris. Als der König noch im selben Jahr höhere Steuern einforderte, brach die Revolution aus.

Eine ungleiche Gesellschaft

Die französische Gesellschaft war in drei Klassen geteilt – die Stände. Der erste und zweite Stand, Geistliche und Adel, waren sehr wohlhabend. Sie machten nur 3% der Bevölkerung aus, besaßen aber 40% des Lands und zahlten kaum Steuern. Die übrigen 97%, einfache Bürger von Kaufleuten über Handwerker bis hin zu armen Bauern, bildeten den dritten Stand. Ihre Steuern finanzierten den teuren Lebensstil der Reichen. Alle drei Stände schickten Vertreter in eine Versammlung, die man als die „Generalstände" bezeichnete. Am 17. Juni 1789 erklärten sich die Vertreter des dritten Stands zu einer eigenen Versammlung, der Nationalversammlung.

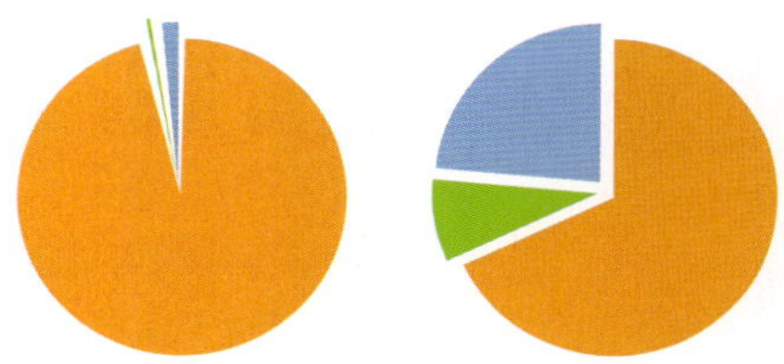

BEVÖLKERUNG LANDBESITZ

Legende

- Erster Stand (Geistliche)
- Zweiter Stand (Adlige)
- Dritter Stand (Bürger)

Das Ende der Monarchie

Ziel der neuen Nationalversammlung war mehr Macht für das Volk. Als das Gerücht aufkam, der König habe der Armee befohlen gegen die neue Versammlung vorzugehen, stellten die Bürger eine Nationalgarde auf, um sich zu wehren. Ihr erstes Ziel war am 14. Juli 1789 die Bastille, ein Gefängnis, in dem Gegner der alten Regierung einsaßen. Nach dem Sturm auf die Bastille flohen viele der Anhänger des Königs oder schlossen sich der Revolution an. Der König wurde im Palais des Tuileries festgehalten. Er versuchte erfolglos die Menschen wieder auf seine Seite zu ziehen, indem er ihren Forderungen nach Reformen nachgab. Am 10. August 1792 wurde der Palast gestürmt und der König kam ins Gefängnis. 1793 wurde er wegen Verschwörung gegen das französische Volk zum Tod durch die Guillotine verurteilt.

***Der Tuileriensturm* (1792)**
Am 10. August 1792 stürmte das Pariser Volk den Tuilerienpalast, in dem der König und die Königin lebten, und nahm sie gefangen. Die Monarchie in Frankreich war beendet. Das Bild zeigt den Kampf zwischen der Schweizergarde, die den Palast schützte, und den zahlenmäßig überlegenen Aufständischen.

Die Bastille
war bei der Erstürmung fast leer. Nur sieben Gefangene wurden befreit, aber 98 Revolutionäre starben bei dem Angriff.

Chronologie

Durch die Französische Revolution wandelte sich Frankreich von einer Monarchie unter einem König zu einer Republik, in der die Macht beim Volk lag, auch wenn weiter Misstrauen und Gewalt herrschten. Am Ende stand der Aufstieg eines neuen Kaisers.

17. Juni 1789
König Ludwig XVI. von Frankreich forderte von den Generalständen die Zustimmung zur Steuererhöhung. Die durch Nahrungsmittelknappheit und ungerechte Steuern sowieso schon erbosten Vertreter des dritten Stands (einfache Bürger) lösten sich von den anderen beiden Ständen und gründeten die Nationalversammlung.

14. Juli 1789
Gerüchten zufolge hatte der König der Armee befohlen die Nationalversammlung aufzulösen. Die wütende Menge zog durch Paris und versetzte die Stadt in Chaos. Eine Gruppe stürmte die Bastille und befreite sieben Inhaftierte. Dieses Datum markiert den Beginn der Revolution. Bis heute ist der 14. Juli in Frankreich Nationalfeiertag.

5. Oktober 1789
Eine Gruppe von 7000 Frauen zog zum Schloss Versailles außerhalb von Paris, um gegen den Mangel an Brot zu protestieren. Später hieß es, die französische Königin Marie Antoinette solle daraufhin gesagt haben: „Dann sollen sie eben Kuchen essen." Das wurde zum Symbol dafür, wie wenig der Adel von den Problemen der Menschen wusste.

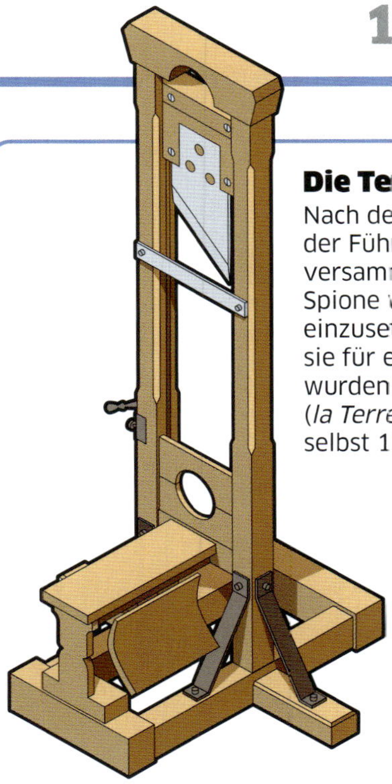

Die Terrorherrschaft

Nach dem Tod des Königs 1793 leiteten die Jakobiner unter der Führung von Maximilien de Robespierre die Nationalversammlung. Sie waren überzeugt, dass Frankreich voller Spione war, vom Ausland entsandt, um die Monarchie wieder einzusetzen. Die Jakobiner begannen jeden hinzurichten, den sie für einen Gegner ihrer Sache hielten. Etwa 40000 Menschen wurden allein in Paris während dieser Terrorherrschaft (*la Terreur*) getötet, die erst ein Ende nahm, als Robespierre selbst 1794 auf das Schafott geschickt wurde.

Die Guillotine
Dieses grausige Gerät wurde während der Französischen Revolution eingesetzt, um Menschen möglichst schnell und wirkungsvoll hinzurichten.

MIT DER **GUILLOTINE**, IM VOLK AUCH **„NATIONALES RASIERMESSER“** GENANNT, WURDEN BIS ZU 20 MENSCHEN TÄGLICH **HINGERICHTET.**

Die Ideale der Revolution

Die neue Republik Frankreich war beeinflusst durch die Vereinigten Staaten von Amerika, die sich 1776 von Großbritannien losgelöst hatten. Auch die französischen Revolutionäre verfassten ein schriftliches Dokument, die „Erklärung der Menschen- und Bürgerrechte“, als Grundlage der neuen Regierung. Darin stand, dass Männer und Frauen gleich seien, Könige und Adlige nicht das Recht haben über einfache Bürger zu herrschen, und jeder das Recht haben müsse, sich durch demokratische Wahlen selbst zu regieren. Diese Ideen sind bis heute von grundlegender Bedeutung für Demokratie und Menschenrechte.

Maximilien de Robespierre
Der französische Rechtsanwalt Maximilien de Robespierre war eine der führenden Kräfte der Revolution. Er glaubte leidenschaftlich an gleiche Rechte und an eine Regierung durch das Volk. Und doch verriet er letztlich seine eigenen Überzeugungen, als er entschied, dass die Revolution nur durch den Tod ihrer Gegner Erfolg haben könne. Zehntausende sogenannter „Feinde der Revolution“ wurden auf Befehl Robespierres und seiner Anhänger hingerichtet.

Die Napoleonischen Kriege

Nach der Revolution blieb Frankreich ohne eine starke Führungskraft und war umgeben von Feinden. Napoleon Bonaparte (1769–1821) war als junger General im Jahr 1800 nach einer Reihe großer militärischer Siege ein Held des Volks geworden. 1804 ließ er sich zum Kaiser krönen und begann einen Eroberungszug durch Europa. In den Jahren von 1805–1807 besiegten seine Armeen Österreich, Russland und Preußen, bis sein Reich sich fast über ganz Europa erstreckte. Ein Bündnis europäischer Nationen besiegte ihn schließlich 1815 in der Schlacht bei Waterloo.

Uniform eines französischen Infanteristen
Napoleons Soldaten waren in ganz Europa gefürchtet. Sie waren großartig ausgebildet und kämpften in strengen Formationen. Ihre Uniform bestand aus weißen Hosen, dunkelblauer Jacke und einem Hut, dem Tschako, mit einer roten Feder. Jeder Soldat war mit einem schweren Gewehr bewaffnet.

25. Juni 1791
Das Königspaar versuchte verkleidet aus dem Land zu fliehen. Es wurde erkannt und im Tuilerienpalast unter Arrest gehalten. 1792 wurden es ins Gefängnis gebracht und 1793 durch die Guillotine hingerichtet, nachdem es der Verschwörung mit Österreich angeklagt worden war, das sich mit dem revolutionären Frankreich im Krieg befand.

1792–1801
Frankreichs Nachbarn waren erzürnt über den Tod König Ludwigs XVI., erhofften sich aber, im Durcheinander der Revolution französische Gebiete unter ihre Herrschaft zu bringen. Es kam zu Kriegen zwischen Frankreich und anderen europäischen Ländern wie Österreich, Italien und Großbritannien, aus denen die Franzosen als Sieger hervorgingen.

Frühling 1793
Maximilien de Robespierre gründete ein „Komitee der öffentlichen Wohlfahrt“, dessen Aufgabe es war, gegen Anhänger des alten Regimes vorzugehen, denn man fürchtete, diese würden heimlich die Revolution bekämpfen. Das Komitee beschuldigte viele Unschuldige des Verrats. 40000 Menschen wurden während dieser Terrorherrschaft hingerichtet.

2. Dezember 1804
Napoleon Bonaparte erklärte sich zum Kaiser von Frankreich und ließ sich in Paris krönen. Als militärisches Genie hatte er bei den Franzosen große Beliebtheit erlangt, nachdem er in den Kriegen von 1792–1801 eine Reihe erstaunlicher Siege erringen konnte. Nach seiner Krönung begannen Napoleons Armeen einen Eroberungszug in ganz Europa, der anfangs sehr erfolgreich war.

Die industrielle Revolution

Zwischen 1760 und 1860 wandelte sich die alte, auf Landwirtschaft und Handwerk beruhende Lebensweise von Grund auf. Viele Menschen zogen in die Städte, wo die Fabriken Arbeit boten.

Der Wandel begann in England, wo einfallsreiche Erfinder neue Technologien in Landwirtschaft, Bergbau und Produktion anwendeten. Zudem besaß England große Rohstoffvorräte an Kohle und Eisenerz, die die Energie für die Produktion der Erfindungen lieferte, sowie eine rasant wachsende Bevölkerung, die in den Fabriken arbeitete und die dort hergestellten Güter kaufen konnte. Die industrielle Revolution hat das Leben aller Menschen verändert, einigen unermesslichen Reichtum gebracht, anderen aber furchtbare Armut.

Schneller unterwegs

Die Fabriken benötigten große Mengen Rohstoffe (wie Kohle und Baumwollfasern) und mussten auch große Mengen fertiger Produkte verschicken. Die alten Transportmittel – Fuhrwerke und Segelschiffe – waren dafür nicht schnell genug oder konnten nicht genug laden. Daher entstanden in einigen Ländern große Kanalnetze für Lastkähne mit Ladungen von bis zu 30t, die von Pferden gezogen wurden. Dank neuer Eisenbahnnetze und Dampfmaschinen konnten Menschen und Waren nun auch größere Entfernungen schnell zurücklegen. Dampfschiffe machten Seereisen schneller und zuverlässiger.

Dampflokomotiven
Die Eisenbahn wurde zu einem Wahrzeichen der industriellen Revolution. Ab etwa 1840 waren die USA weltweit führend in der Produktion schneller, zuverlässiger Dampflokomotiven wie dieser, erbaut 1863 von der Baltimore and Ohio Railroad.

Neue Maschinen

Das Rückgrat der industriellen Revolution bildeten immer neue Maschinen. Die Baumwollspinnerei beispielsweise war seit jeher ein langer, sehr arbeitsintensiver Vorgang gewesen. Erfindungen wie die Spinning Jenny (1764) und die Spinning Mule (1779) schafften dieselbe Arbeit nun in einem Bruchteil der Zeit. Anfangs wurden diese Maschinen durch Wasserräder angetrieben und standen daher in Fabriken, die in Flussnähe errichtet worden waren. Die erste wasserbetriebene Spinnmaschine baute 1771 der englische Unternehmer Richard Arkwright. Mit der Zeit wurden die Wasserräder von Dampfmaschinen abgelöst und die Fabriken zogen in die Städte.

Wasserbetriebene Spinnmaschine
Baumwolle entsteht aus flauschigen Fasern, die zu einem Faden gesponnen werden. Vor der industriellen Revolution geschah dies in Heimarbeit. Spinnmaschinen schafften viel größere Mengen in viel kürzerer Zeit.

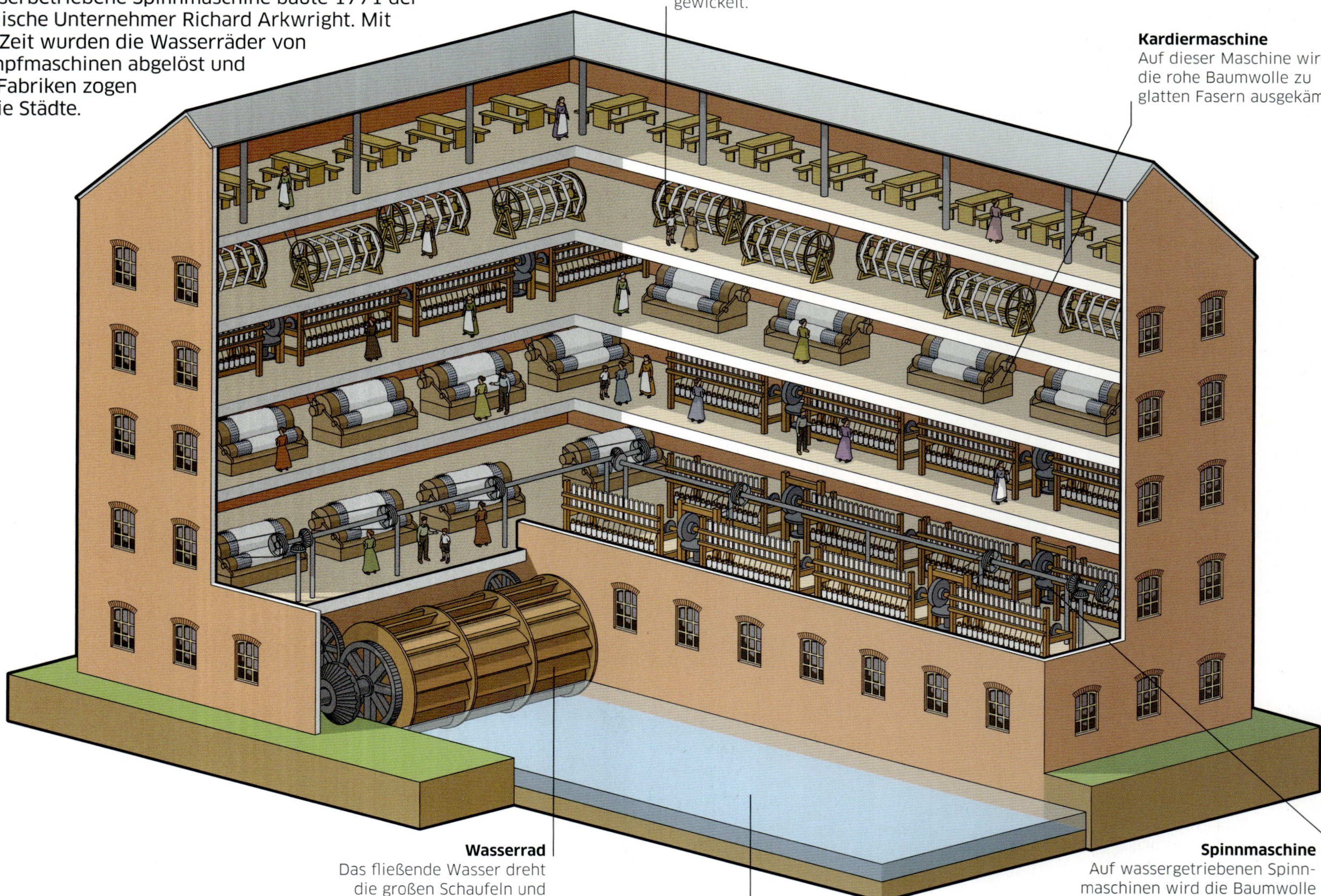

NO. 117 THATCHER PERKINS LOKOMOTIVE

Armut in den Städten

Der industrielle Fortschritt machte Fabrikbesitzer reich und Dinge des Grundbedarfs wie Essen und Kleidung wurden billiger als je zuvor. Er brachte aber auch eine neue Art der Armut mit sich. Auf der Suche nach Arbeit zogen viele Menschen in die Städte und wohnten oft in überfüllten, schmutzigen Unterkünften. Viele waren arbeitslos und landeten wegen Schulden im Gefängnis oder im Arbeitshaus, wo sie ohne Lohn hart arbeiten mussten. Wer Arbeit hatte, war oft gefährlichen Bedingungen ausgesetzt und wurde schlecht bezahlt. Viele Familien schafften es kaum sich das Notwendigste zu leisten.

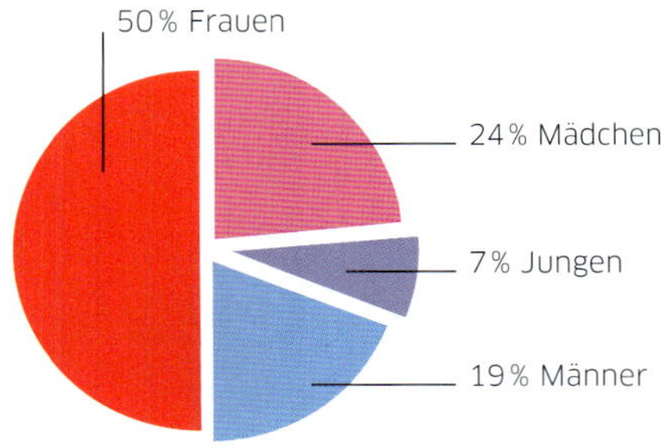

Arbeiter in der Baumwollspinnerei (1859)
Ein Drittel der Arbeiter in den Spinnfabriken waren Kinder. Sie arbeiteten bis zu zwölf Stunden am Tag und Unfälle waren an der Tagesordnung.

Der Aufstieg der Maschine

Der Wandel durch die industrielle Entwicklung kam in Europa und Nordamerika rasch in Schwung. Neue Fabriken schufen Jobs und billige Waren. Gleichzeitig verloren durch die Mechanisierung in der Landwirtschaft dort viele ihre Arbeit und suchten ihr Glück in den Fabriken der Stadt. Bei so vielen arbeitssuchenden Menschen konnten niedrige Löhne gezahlt werden und die Arbeiter benötigten noch billigere Waren. Die Unternehmer investierten den Gewinn in neue Maschinen und Fabriken, die wiederum für niedrigere Preise sorgten und neue Jobs schufen.

Wissenschaft
Mithilfe neuer Erkenntnisse entwerfen Ingenieure Ideen zur Verbesserung der Arbeitsvorgänge. Das Ergebnis sind neue Technologien wie Dampfkraft und billiger Stahl.

→ **Erfindung**
Aus neuen Ideen entstehen Maschinen, die die Arbeitsvorgänge in Landwirtschaft und Produktion verbessern.

→ **Mechanisierung**
Unternehmer investieren Geld in neue Erfindungen. Auf Bauernhöfen und in Werkstätten werden Maschinen eingesetzt und es werden Fabriken gebaut.

↓ **Abwanderung in Städte**
Maschinen ersetzen viele Arbeitsplätze in der Landwirtschaft. Gleichzeitig sorgen neue Fabriken in den Städten für neue Jobs. Immer mehr Landarbeiter suchen Arbeit in der Stadt.

← **Niedrigere Löhne**
In Städten konkurrieren unzählige Menschen um Arbeit. Unternehmer zahlen wenig Lohn, da ihre Arbeiter nur schwer woanders Arbeit finden.

← **Preissenkung**
Wer arm ist, braucht billige Nahrung und Waren. Das ermutigt Unternehmer mehr Fabriken zu bauen und noch billigere Arbeitsmethoden zu suchen.

↑ (zurück zu Wissenschaft)

Eine Fülle von Ideen

Die zahlreichen Erfindungen des 18. Jh. waren möglich, weil reiche Unternehmer Wissenschaftler und Ingenieure finanzierten. Gemeinsam entwickelten sie neue Maschinen (z. B. die Dampfmaschine), neue Arbeitsmethoden (z. B. Massenproduktion) sowie neue industrielle Verfahren wie die Bessemerbirne zur Stahlerzeugung.

1701–1831

Maschinelle Landwirtschaft

Eine wachsende Bevölkerung erforderte mehr Nahrung und somit bessere Anbaumethoden. 1701 erfand Jethro Tull eine Sämaschine, die Saatgut automatisch aussäte. Dampfbetriebene Pflüge tauchten in den 1820er-Jahren auf und der Amerikaner Cyrus McCormick erfand 1831 eine mechanische Mähmaschine.

SÄMASCHINE

1771

Die ersten Fabriken

Der Engländer Richard Arkwright baute die erste wasserbetriebene Spinnmaschine. Wasserräder erzeugten die Kraft zum Antrieb der Maschinen. Dadurch konnten in kürzerer Zeit viel größere Mengen an Baumwolle erzeugt werden. Arkwright gilt als Pionier der modernen Fabrik.

SPINNMASCHINE VON ARKWRIGHT

1776

Dampfmaschine

Jahrhundertelang schon hatten Erfinder weltweit Versuche gemacht, um mit Dampfkraft Maschinen anzutreiben – mit wenig Erfolg. 1776 erfand der schottische Erfinder James Watt eine wirkungsvolle Dampfmaschine, die durch Auf- und Abwärtsbewegungen Pumpen und Schwungräder antreiben konnte.

WATT'SCHE DAMPFMASCHINE

1779

Eisenbrücken

Die Ära des modernen Brückenbaus begann 1779 mit dem Bau der Iron Bridge im englischen Shropshire, der ersten gusseisernen Brücke der Welt. Dank stabilerer Bauweisen und hochwertigeren Eisens und Stahls konnten Brücken mit größerer Spannweite gebaut werden, was wiederum neue Straßen und Bahnlinien möglich machte.

1790

Gaslaternen

Mit Gas aus den Kohlenminen betriebene Lampen beleuchteten Häuser und Straßen. Das Gas wurde in größeren Städten durch Netzleitungen gepumpt. Die Verbreitung von Gaslampen im großen Stil in den 1790er-Jahren war das Werk von William Murdoch, einem schottischen Erfinder. Dank Gaslampen, die heller und zuverlässiger waren als Kerzen und Öllampen, blieben Fabriken auch nachts geöffnet.

GASLATERNE

1833

Brunel und die Eisenbahn

Der Ingenieur Isambard Kingdom Brunel war maßgeblich am Bau des englischen Schienennetzes beteiligt. Mit 27 begann er bei der britischen Eisenbahngesellschaft, wo unter seiner Leitung mehr als 1600 km Schienenstrecken gebaut wurden. Von ihm stammen innovative Entwürfe von Brücken, Viadukten und Tunneln.

1855

Die „Stahl-Revolution"

1855 entwickelte der Engländer Henry Bessemer ein neues, günstiges Herstellungsverfahren für guten Stahl, indem das Roheisen in einer sogenannten „Bessemerbirne" entkohlt wurde. Stahl war unverzichtbar beim Bau von Schienen, Maschinen und Fabriken. Bessemer, durch dessen Verfahren Stahl billiger wurde und leichter zu haben war, trug zu einer rasanten Steigerung der Industrialisierung bei.

1781 erfand der **Schotte James Watt** eine **Dampfmaschine,** bei welcher der Kolbenhub in eine **Drehbewegung** umgewandelt wurde.

Das Zeitalter der Dampfmaschine

Jahrtausendelang waren die Menschen auf ihre eigene Kraft oder die von Tieren angewiesen, um Lasten zu bewegen oder Maschinen anzutreiben. All dies änderte sich im ausgehenden 18. Jahrhundert mit dem Auftauchen einer kühnen Erfindung: der Dampfmaschine.

In Dampfmaschinen wird Wasser auf den Siedepunkt erhitzt und heißer Dampf erzeugt. Dabei entsteht ein hoher Druck, der als Antrieb von Maschinen dient. Ein einfaches Prinzip, das wirkungsvolle Maschinen möglich machte. Dampfmaschinen waren flexibler als Windmühlen oder Wasserräder, die an bestimmte Umgebungen gebunden waren, und stärker als Menschen oder Tiere. Sie trieben landwirtschaftliche Geräte an und zogen Pflüge über Felder oder Züge auf Schienen. Manche konnten Wasser pumpen, um Minen trockenzulegen und Kanalsysteme zu versorgen, oder sie hoben Steinblöcke und Erz aus Steinbrüchen und Minen. Sie waren die treibende Kraft hinter vielen Neuerungen der industriellen Revolution.

Wie eine Dampfmaschine funktioniert

Die Energie für die Maschine wird durch Hitze erzeugt, die durch Verbrennung von Kohle in der Feuerbüchse entsteht. Kupferröhren leiten die heiße Luft durch einen Kessel und erhitzen das Wasser darin so, dass viel Dampf entsteht. Dieser dehnt sich aus und lässt im Kessel Druck entstehen.

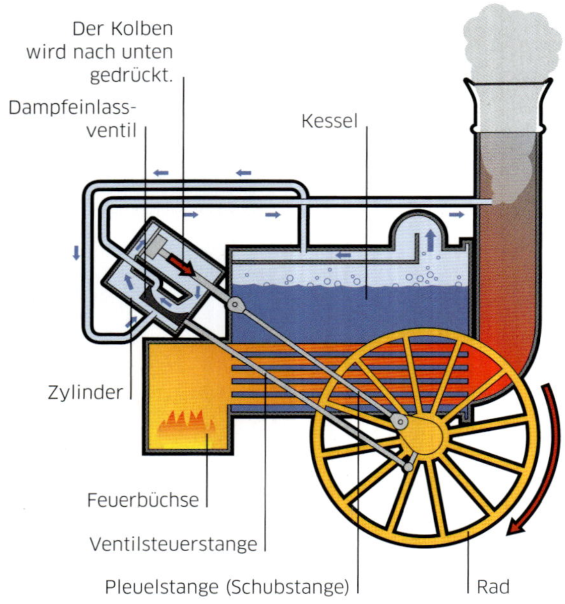

1 Kolben in Abwärtsbewegung
Durch eine Öffnung auf dem Kessel gelangt Dampf in eine Kammer, den Zylinder, der mit je einem Rad verbunden ist. Der Dampfdruck schiebt den Kolben im Zylinder nach unten und bewegt dadurch eine Stange, die das Rad dreht. Durch das Drehen des Rads bewegt sich ein Ventil im Zylinder, das die Dampfzufuhr steuert.

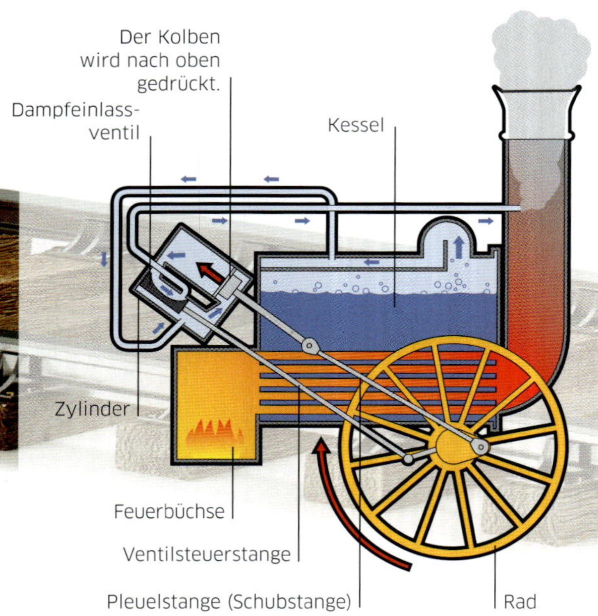

2 Kolben in Aufwärtsbewegung
Sobald der Kolben unten ankommt, wechselt das Ventil im Zylinder die Bewegungsrichtung des Dampfs im Zylinder. Jetzt schiebt der Dampf den Kolben nach oben, der die Pleuelstange, die das Rad dreht, wieder in ihre Ausgangsposition zieht. Dampf und Rauch aus der Feuerbüchse entweichen durch den Schornstein.

Wasserfass
Wasser aus diesem Fass sorgte dafür, dass der Kessel gefüllt blieb. Der Lokomotivführer überwachte den Wasserzufluss, der durch Rohre vom Fass zum Kessel geleitet wurde.

Schlepptender
Auf diesem Vorratswagen wurde Kohle und Wasser für die Versorgung der Maschine transportiert.

Eisenbahnschienen

Stephensons Rocket

Die ersten Dampflokomotiven waren unzuverlässig und sehr schwer. 1829 fand ein Wettbewerb statt, bei dem die beste Lokomotive für die neu erbaute Eisenbahnstrecke von Liverpool nach Manchester ermittelt werden sollte. Sieger war die Rocket von Robert Stephenson und seinem Vater.

Innenleben
Bei den ersten Dampfmaschinen trieb ein großer Zylinder alle Räder gleichzeitig an. Die Rocket hatte zwei schräg angebrachte Zylinder, die jeweils durch eine Pleuelstange mit einem Rad verbunden waren. Diese und andere Neuheiten wie das Blasrohr und ein Kessel mit mehreren Luftventilen machten die Rocket besser und schneller als jede andere Dampfmaschine zuvor.

Der Kriegsverlauf

23 Nordstaaten (der Union) standen 11 Südstaaten (Konföderierte) gegenüber. Der Norden verfügte über mehr Geld und Waffen. Der Süden erlangte zwar einige erstaunliche militärische Erfolge, musste aber schließlich kapitulieren.

1 **12. April 1861**
Die Lage zwischen dem Norden und Süden war extrem angespannt. Der Krieg brach aus, nachdem die Konföderierten auf in Fort Sumter stationierte Soldaten der Nordstaaten geschossen und sie zum Einholen der amerikanischen Flagge gezwungen hatten.

2 **21. Juli 1861**
Ihre erste Schlacht gewannen die Konföderierten am Bull Run, einem kleinen Fluss in Virginia. Die Nordstaaten reagierten mit einer Blockade der Südstaaten, um deren Wirtschaft zu schwächen.

3 **16.–18. September 1862**
Die Schlacht am Antietam, eine der blutigsten des Kriegs, forderte 23 000 Tote und Verwundete. Die Konföderierten waren an einem Wendepunkt des Kriegs zurückgeschlagen worden.

4 **18. Mai–4. Juli 1863**
Unionstruppen nahmen die von den Konföderierten gehaltene Stadt Vicksburg am Mississippi ein. Der Mississippi war strategisch wichtig, da er dem Süden als Nachschubweg für Lebensmittel und Soldaten diente.

5 **1.–3. Juli 1863**
In Gettysburg (Pennsylvania) gewann die Union nach dreitägigen Kämpfen die schlimmste Schlacht des Krieges. Die Konföderierten unter General Lee beklagten 20 000 Tote und Verwundete.

6 **9. April 1865**
Angesichts seiner umzingelten Truppen ergab sich General Lee in einem Haus im Dorf Appomattox in Virginia dem General Ulysses S. Grant.

SPRINGFIELD-GEWEHR (1861)

Abraham Lincoln

Der 16. Präsident der Vereinigten Staaten war ein brillanter Redner. Er strebte den Zusammenhalt der amerikanischen Staaten um jeden Preis an und hoffte, nach dem Krieg die Spaltung zwischen dem Norden und Süden zu überwinden, wurde aber 1865 von einem Südstaatler ermordet.

„… DASS DIE REGIERUNG DES VOLKS, DURCH DAS VOLK UND FÜR DAS VOLK, NICHT VON DER ERDE VERSCHWINDEN MÖGE.“

ABRAHAM LINCOLN,
REDE AN DAS UNIONSHEER IN GETTYSBURG (1863)

Die Konföderation

Elf südliche Gliedstaaten lösten sich von der Union und bildeten die Konföderation: North und South Carolina, Georgia, Alabama, Mississippi, Louisiana, Florida, Texas, Tennessee, Arkansas und Virginia. Ihr Ziel war die Anerkennung als Staat und das Recht auf Sklavenhaltung. Sie hatten eine eigene Hauptstadt, Richmond in Virginia, eine eigene Währung, Flagge (links) und einen Präsidenten – Jefferson Davis.

Eine gespaltene Nation

In ganz Amerika wurde gekämpft, die meisten Schlachten wurden in den Staaten Virginia und Tennessee geschlagen sowie in den Border States – Sklavenhalterstaaten, die sich nicht abgespalten hatten. Ein großer Teil des Krieges fand bei Richmond in Virginia, der Hauptstadt der Konföderierten, sowie bei Washington D.C. statt.

Die Union
Die Union der Nordstaaten unter Präsident Abraham Lincoln verfügte über eine größere Armee, zu der auch 200 000 befreite Sklaven gehörten, und mehr Finanzmittel. Der Sieg über den Süden war mehr als das Ende der Sklaverei: Die Vereinigten Staaten blieben eine Nation mit einer Regierung. Aber der Wiederaufbau des vom Krieg zerrissenen Lands sollte ein langwieriger, schwieriger Weg werden.

Der amerikanische Bürgerkrieg

Die Wahl Abraham Lincolns zum Präsidenten 1860 spaltete die USA. Die Auseinandersetzungen zwischen dem Norden und dem Süden um Rechte einzelner Staaten und die Sklavenfrage endeten im Bürgerkrieg.

Die USA bestanden aus vielen einzelnen Staaten, Mitte des 19. Jahrhunderts aber bildeten sie eine geteilte Nation. Die Nordstaaten, wirtschaftlich stark durch Industrie und europäische Einwanderer, hatten wenig Sympathien für die altmodische Mentalität der Großgrundbesitzer des Südens, die sich auf die Sklaverei stützte. Die Menschen im Süden fürchteten, der Norden wolle ihrer Lebensweise ein Ende bereiten. Als Lincoln Präsident wurde, verließen elf Südstaaten die Union aus Sorge, er könne die Sklaverei abschaffen. Der Krieg trennte Familien und Freunde. Etwa 750 000 Menschen verloren ihr Leben. Am Ende war das Land zwar vereint, doch eine tiefe Bitterkeit blieb jahrzehntelang bestehen.

80 – die Zahl **feindlicher Flugzeuge**, die der **„Rote Baron"**, ein deutscher **Jagdflieger**, abschoss

Erster Weltkrieg

Ein halbes Jahrhundert voller Machtkämpfe zwischen Deutschland und Österreich-Ungarn auf der einen sowie Frankreich und Russland auf der anderen Seite mündete in einen Krieg, von dem weltweit fast jedes Land betroffen war.

Der Krieg spielte sich hauptsächlich in Europa ab, aber auch im Nahen Osten, in Afrika und Asien gab es Gefechte. Die Angriffe wurden mit Bomben und mit Giftgas, mit Panzern, Militärflugzeugen und U-Booten geführt. Vor allem aber kamen Artillerie, Maschinengewehre, Gewehre mit Bajonetten und Pferde zum Einsatz. Außergewöhnlich war an diesem Krieg, wie viele Menschen daran beteiligt waren – unzählige Soldaten an der Front. Aber auch von der Bevölkerung wurde erwartet, dass sie durch Hilfe bei der Waffenproduktion den Krieg unterstützte.

Die Gründe für den Krieg

Am 28. Juni 1914 wurde der österreichisch-ungarische Erzherzog in Sarajevo von einem serbischen Nationalisten erschossen. Österreich-Ungarn gab Serbien die Schuld und erklärte den Krieg. Russland unterstützte Serbien. Deutschland erklärte zuerst Russland, dann Frankreich den Krieg. Ein Land nach dem anderen zog in den Krieg, bis Armeen weltweit beteiligt waren. Die meisten Menschen glaubten, der Krieg wäre schnell vorüber, doch das war ein tragischer Irrtum.

RIVALITÄT
Der Wettstreit zwischen den europäischen Kolonialmächten um mehr Land und die Vorherrschaft im Handel führen zu steigenden Spannungen.

WAFFENWETTLAUF
Immer größere Armeen und mächtigere Kriegsschiffe schufen in Europa eine Kriegskulisse nie dagewesenen Ausmaßes.

KRIEG

BÜNDNISPOLITIK
Durch Verteidigungsbündnisse befreundeter Länder gegen andere Staaten waren nach Kriegsausbruch rasch alle großen Mächte am Krieg beteiligt.

SPANNUNGEN
Der Balkan kämpfte schon seit Jahren um die Unabhängigkeit vom Osmanischen Reich. Die Gewalt dort erhöhte die Spannungen in ganz Europa.

Der Weg in den Krieg
Anfang des 20. Jh. konkurrierten mächtige europäische Nationen um Handelsvorteile und Land und stellten große Armeen auf. Die Länder schlossen Verteidigungsbündnisse, die aber oft brüchig waren. Es bildeten sich zwei gegnerische Seiten heraus: die Mittelmächte und die Triple Entente.

Die Fronten

Die Kriegsfronten zogen sich durch ganz Europa. Die größten Kriegsschauplätze bildeten die Westfront und die Ostfront. Die Westfront verlief von der Nordsee bis zur schweizerischen Grenze und bestand aus einem komplexen System von Schützengräben. An der Ostfront auf der anderen Seite Europas kämpften die deutschen und österreichisch-ungarischen Armeen gegen Russland.

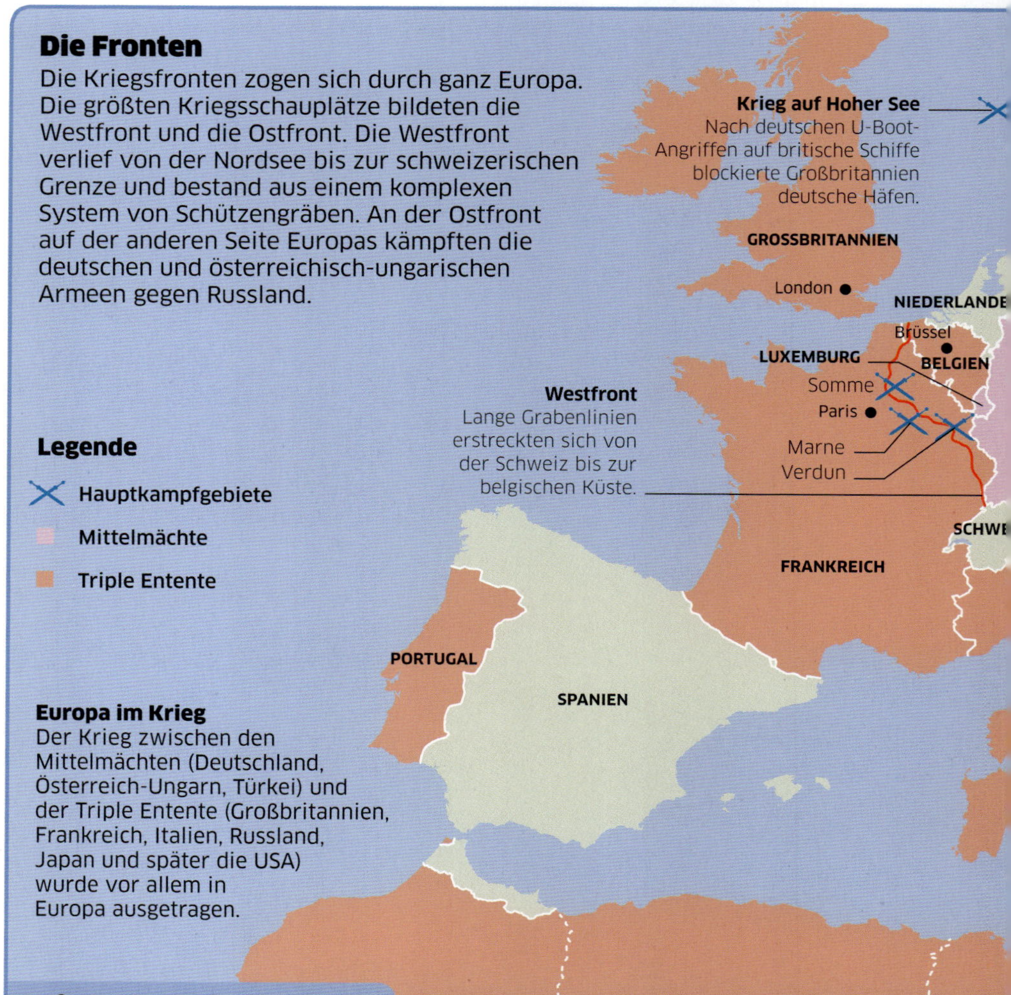

Europa im Krieg
Der Krieg zwischen den Mittelmächten (Deutschland, Österreich-Ungarn, Türkei) und der Triple Entente (Großbritannien, Frankreich, Italien, Russland, Japan und später die USA) wurde vor allem in Europa ausgetragen.

Kriegsverlauf

Vier Jahre lang gab es blutige Gefechte, die schlimmsten fanden an der Westfront statt. Bis 1917 schienen Deutschland und die Mittelmächte den Sieg zu erringen, das änderte sich aber, als die USA aufseiten der Ententemächte in den Krieg eintraten.

1914
Tannenberg
Deutschland erzielte im August 1914 in der Schlacht von Tannenberg einen frühen großen Sieg gegen Russland. Es rückte auch in das neutrale Belgien ein, um Frankreich anzugreifen und rasch zu besiegen. Die Briten kamen Belgien und Frankreich zu Hilfe.

1914
Marne
Die deutsche Invasion Frankreichs wurde östlich von Paris an der Marne gestoppt. Als Folge waren Deutschland und Österreich-Ungarn Angriffen von Osten und Westen ausgesetzt. Beide Seiten erlitten gewaltige Verluste und errichteten Schützengräben zu ihrer Verteidigung.

Der Krieg vor der Tür

Der Erste Weltkrieg war der erste „totale" Krieg: Nicht nur Soldaten waren beteiligt, sondern auch die Zivilbevölkerung. Die ganze Nation sollte sich an der „Heimatfront" an den Kriegsanstrengungen beteiligen. Zivilisten erhielten nur eine bestimmte Nahrungsmenge, damit genug für die Truppen blieb, und Frauen übernahmen viele der Arbeiten der Männer, die im Krieg waren. Durch Bombenangriffe auf deutsche, französische und einige britische Städte kam der Krieg bis nach Hause.

RUSSISCHES PLAKAT

Jeder muss seinen Teil beitragen
Auf dem russischen Plakat steht: „Jeder für den Krieg". Frauen übernahmen in vielen Bereichen den Platz der Männer, von denen die Teilnahme an den Kämpfen erwartet wurde. Das britische Plakat fordert zum Eintritt in die Armee auf.

1915–1916

Gallipoli
Britische Truppen, zu denen Soldaten aus Australien und Neuseeland gehörten, unternahmen in Gallipoli an der Westküste der Türkei einen Angriff auf das Osmanische Reich. Sie landeten im April 1915, erlitten aber große Verluste und mussten sich zurückziehen.

1916

Verdun
Die andauernden Grabenkämpfe führten zu einem Patt an der Westfront. Um aus dieser Situation auszubrechen, startete Deutschland einen Angriff auf die französische Festung Verdun. Nach monatelangen Kämpfen konnten die Franzosen die Deutschen zum Rückzug zwingen.

1916

Somme
Nachdem es zwei Jahre lang wenig Fortschritte gegeben hatte, starteten Briten und Franzosen an der Somme in Frankreich eine Großoffensive gegen Deutschland. Hunderttausende von Menschen starben in dieser Schlacht, ohne dass dadurch eine Entscheidung herbeigeführt worden wäre.

1918

Die 100-Tage-Offensive
Nach deutschen U-Boot-Angriffen auf amerikanische Schiffe traten die USA 1917 in den Krieg ein. 1918 zwangen Angriffe durch amerikanische, britische und französische Soldaten die Mittelmächte zur Kapitulation (100-Tage-Offensive).

Eine neue Art der Kriegsführung

Zu Kriegsbeginn nutzten die Armeen beider Seiten noch herkömmliche Methoden wie Kavallerie und Bajonettangriffe. Angesichts moderner Waffen wie des Maschinengewehrs war dieses Vorgehen aber nutzlos und forderte viele Tote. Gegen Ende des Kriegs hatten beide Seiten sowohl neue Strategien als auch neue Waffen entwickelt und setzten Giftgas gegen feindliche Soldaten ein. Pferde eigneten sich nicht mehr für die Schlachtfelder und wurden durch erste Panzer ersetzt.

DEUTSCHE GASMASKE MIT BEHÄLTER

Symbol für Senfgas

DEUTSCHE GASGRANATE

Giftgas
Anfangs gab es keinen Schutz gegen das Giftgas, später waren beide Seiten mit Gasmasken ausgestattet. Etwa 30 Arten Gas wurden eingesetzt, die mehr als 1,2 Mio. Opfer forderten.

230 – die Zahl der Soldaten, die im Ersten Weltkrieg pro Stunde fielen

BRITISCHES PLAKAT

Der Preis des Kriegs

Nie zuvor hatte es einen Krieg dieser Größenordnung gegeben, der so viele Verluste mit sich brachte. Fast die Hälfte der 70 Mio. weltweit kämpfenden Männer wurde getötet oder verwundet, viele starben an Krankheiten. Mehr als 7 Mio. Zivilisten starben an Krankheiten oder Hunger. Europa lag am Boden. Die Regierungssysteme und das Leben der Menschen veränderte sich in der Folge grundlegend.

Gefallene
Mehr als 9 Mio. Soldaten starben im Ersten Weltkrieg. Die meisten Gefallenen hatten Russland und Deutschland zu beklagen.

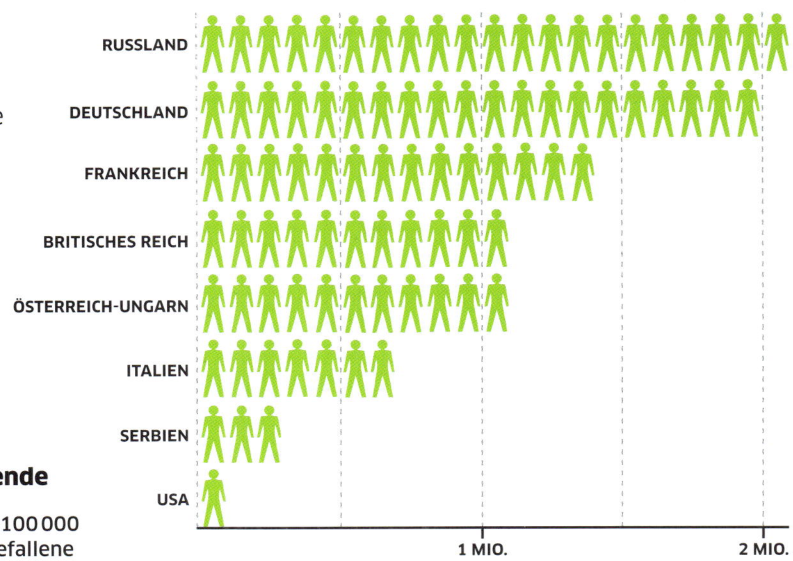

10 000 km – die ungefähre Länge der Schützengräben in Frankreich und Belgien

Grabenkrieg

Soldaten beider Seiten waren im Ersten Weltkrieg heftigstem Beschuss durch Kugeln, Granaten und Giftgas ausgesetzt. Sie lebten und kämpften in tiefen Schützengräben, die sich kilometerweit erstreckten.

Beide Seiten hatten anfangs furchtbare Verluste erlitten, als die Infanterie gegen die tödlichen Maschinengewehre anstürmte. Es war abzusehen, dass keine Seite es schaffen würde, die Verteidigung des Gegners zu durchbrechen. Stattdessen grub man lange Schützengräben durch ganz Europa. So geriet der Krieg in eine Pattsituation, die jahrelang anhielt. Soldaten beider Seiten harrten in ihren Gräben aus – zwischen ihnen ein Streifen Niemandsland, das vollkommen zerbombt war.

Granatenexplosion
Artilleriegranaten konnten mit Sprengstoff, Giftgas oder Metallstückchen gefüllt sein.

Gaskrieg
Beide Seiten setzten Giftgas als Waffe ein, Gasmasken waren überlebenswichtig.

Niemandsland
Das Gebiet zwischen den Schützengräben glich einem Sumpf, übersät mit Granatkratern. Die Gefallenen lagen oft tagelang dort, weil ihre Bergung zu gefährlich war.

Tunnelstütze

Krieg im Untergrund
Neben den Vorstößen durchs Niemandsland versuchten beide Seiten auch unterirdisch in die feindlichen Gräben vorzudringen und Sprengstoff zu legen. Dabei kam es oft zu erbarmungslosen Kämpfen.

Neue Waffen

Im Ersten Weltkrieg gab es so hohe Zahlen toter und verwundeter Frontsoldaten wie in keinem anderen Krieg zuvor. Das lag unter anderem an der Entwicklung neuer Waffen wie dem Maschinengewehr und hochexplosiven Artilleriegranaten, die in kürzester Zeit extrem viele Opfer forderten.

Artillerie
Große Geschütze erreichten die Gräben aus vielen Kilometern Entfernung. Ein einziger Granattreffer riss einen riesigen Krater und konnte Dutzende Männer auf der Stelle töten.

Tödliche Feinde

Das Leben in den Schützengräben war gefährlich. Etwa 9,7 Mio. Soldaten fielen im Kampf, viel mehr wurden durch den nahezu unaufhörlichen Beschuss mit Kugeln, Granaten und Giftgas furchtbar verwundet.

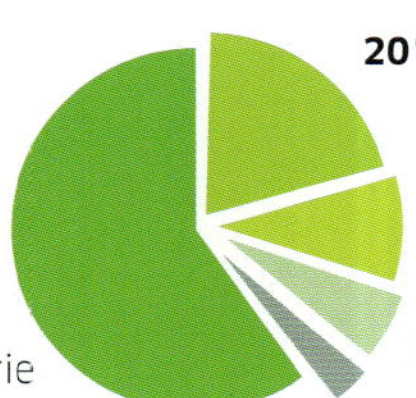

TODESURSACHE DER SOLDATEN IM ERSTEN WELTKRIEG

Leben im Schützengraben

Die Schützengräben boten schreckliche Bedingungen. Im Winter waren sie voller Matsch und Eis, Ratten gab es das ganze Jahr über. Die Soldaten waren oft durchgefroren und durchnässt, hungrig und erschöpft und mussten darüber hinaus jederzeit mit einem Angriff rechnen.

> **„Welch ein Blutbad, welch schreckliche Bilder, welch ein Gemetzel …**
> **Schlimmer kann es in der Hölle nicht sein.“**
> **Albert Joubaire, französischer Soldat in Verdun (1916)**

Einbuchtung mit Stufe
Die Gräben waren so tief, dass Soldaten darin laufen konnten, ohne feindlichem Beschuss ausgesetzt zu sein. Um zur anderen Seite zu schauen oder zu schießen, nutzten sie Stufen in den Einbuchtungen der Grabenwand.
Periskop
Sandsäcke als Schutz
Feldtelefon
Heckenschütze

Granattrichter
Explosionskrater füllten sich mit Wasser und Schlamm und stellten eine Gefahrenquelle dar.
Stacheldraht
Aufklärung
Wenn es ruhig war, drangen kleine Gruppen ins Niemandsland zur Erkundung von Feindbewegungen vor.
Geschützbunker
Betonbunker schützten Maschinengewehre und Wachposten.
Latrinen
Wegen der ständigen Angriffsgefahr waren auch Toiletten und Waschräume im Graben untergebracht.
Schutzraum für Soldaten
Einbuchtung mit Stufe
Von hier aus konnten Soldaten schießen oder über das Niemandsland schauen. Allerdings musste man mit lauernden Heckenschützen rechnen.
Offiziersräume
Für Offiziere wurden eigene unterirdische Räume angelegt.

1,5 Mio. **Kinder** fielen dem **Holocaust** zum Opfer.

57 **Nächte** hintereinander wurde **London bombardiert.**

Zweiter Weltkrieg

Im September 1939 marschierte die deutsche Wehrmacht in Polen ein. So begann der Zweite Weltkrieg, der sechs Jahre dauerte und sich zum tödlichsten Konflikt der Geschichte entwickelte.

Nach dem Ende des Ersten Weltkriegs fühlten sich die Besiegten durch den Friedensvertrag ungerecht behandelt. In den 1930er-Jahren verarmten zudem viele Menschen durch eine katastrophale weltweite Wirtschaftskrise. Von der Politik enttäuscht sahen immer mehr die Lösung in starken Führern.

In Deutschland gelangte Adolf Hitlers Nationalsozialistische Deutsche Arbeiterpartei an die Macht. Im Streben nach mehr „Lebensraum für das deutsche Volk" griffen deutsche Truppen sowohl westliche Länder als auch die UdSSR an. Gleichzeitig kämpften die Japaner um die Vorherrschaft in Asien und im Pazifik. Der Kampf gegen Deutschland, Japan und ihre Verbündeten dehnte sich auf die ganze Welt aus und forderte Millionen von Menschenleben.

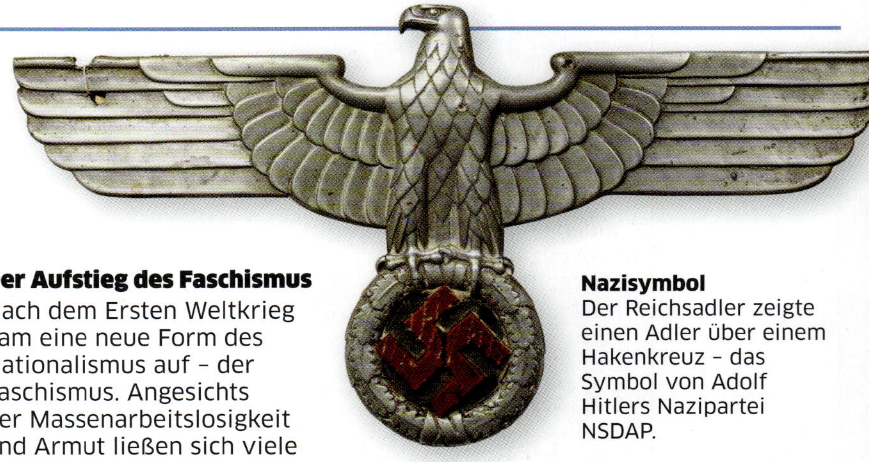

Der Aufstieg des Faschismus

Nach dem Ersten Weltkrieg kam eine neue Form des Nationalismus auf – der Faschismus. Angesichts der Massenarbeitslosigkeit und Armut ließen sich viele von Führern wie Mussolini (Italien) und Franco (Spanien) locken, die Arbeit und Wohlstand versprachen. In Deutschland schwang sich Adolf Hitler zum Führer auf – und führte das Land in den Krieg.

Nazisymbol
Der Reichsadler zeigte einen Adler über einem Hakenkreuz – das Symbol von Adolf Hitlers Nazipartei NSDAP.

Codes, Spione und Propaganda

Der Zweite Weltkrieg war einer der ersten Kriege mit Einsatz moderner Technologien. Beide Seiten entwickelten Spionagetechniken und verschlüsselten ihre Nachrichten. Spione und Doppelagenten setzten alles daran, den Feind zu überlisten. Im eigenen Land wurde über Plakate, Filme und Radiosendungen Propaganda verbreitet – Botschaften, die Nationalstolz, Treue und Hass gegenüber dem Feind entfachen sollten.

Enigma
Mit dieser Maschine verschlüsselten die deutschen Militärs ihre Nachrichten, damit sie niemand lesen konnte. Die Engländer knackten jedoch 1941 den Code mit einer Art frühem Computer.

Walzen
Buchstaben werden durch drehende Walzen codiert. Zum Entziffern sind dieselben Einstellungen nötig.

Tastatur
Beim Drücken einer Taste wird ein elektrisches Signal zur Walze gesendet.

Steckerbrett
Diese Vorrichtung erhöht die Zahl der Verschlüsselungskombinationen.

Kriegsschauplätze

Überall gab es Kämpfe zu Land, auf See und in der Luft – in ganz Westeuropa, an der Ostfront, im Mittelmeer, in Nordafrika, im Pazifik und im Atlantik. Die meisten Nationen unterstützten entweder die Alliierten (Großbritannien, Frankreich, USA und Russland) oder die Achsenmächte (Deutschland, Italien und Japan).

Atlantikschlacht
Die Alliierten brauchten offene Schifffahrtswege für den Transport notwendiger Vorräte aus den USA nach England und in die UdSSR. Deutsche U-Boote versenkten viele Konvois, aber die Alliierten setzten sich schließlich durch.

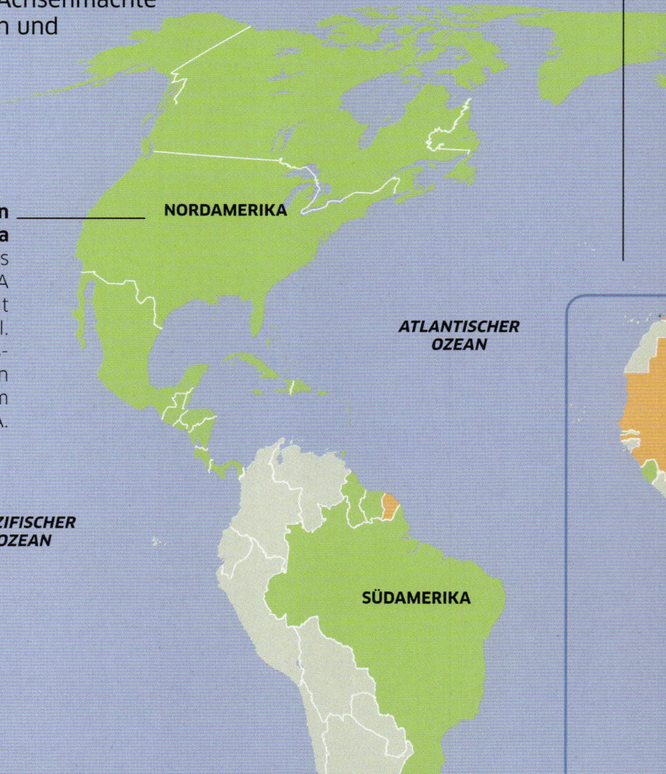

Vereinigte Staaten von Amerika
Die am Anfang des Kriegs neutralen USA halfen den Alliierten mit Krediten und Material. Ein Überraschungsangriff durch Japan führte 1941 zum Kriegseintritt der USA.

Legende
- Alliierte
- Achsenmächte
- Von den Achsenmächten eroberte Länder

Nordafrika
Der Kampf um die Vorherrschaft in Nordafrika dauerte von 1940 bis 1943. Der britische General Bernard Montgomery siegte am Ende im Wüstenkrieg über Feldmarschall Erwin Rommel.

Der Holocaust

Adolf Hitler betrachtete die Deutschen als Herrenvolk, die meisten anderen Menschen waren für ihn minderwertig. In den besetzten Gebieten ließ er die Juden in Gettos zusammentreiben, wo viele von ihnen verhungerten. 1942 ordnete er die sogenannte „Endlösung" an, die Ermordung aller Juden. In Konzentrationslagern wurden auf seinen Befehl hin unzählige Menschen – Juden, Homosexuelle, Sinti und Roma sowie sowjetische Kriegsgefangene – systematisch in Gaskammern getötet.

„TROTZ ALLEM GLAUBE ICH IMMER NOCH, DASS **DIE MENSCHEN** TIEF **IN IHREM HERZEN GUT** SIND."

ANNE FRANK, OPFER DES HOLOCAUST

Der Judenstern
Juden mussten als Erkennungszeichen einen gelben Stern tragen. Er wurde zum Symbol der Naziverfolgung.

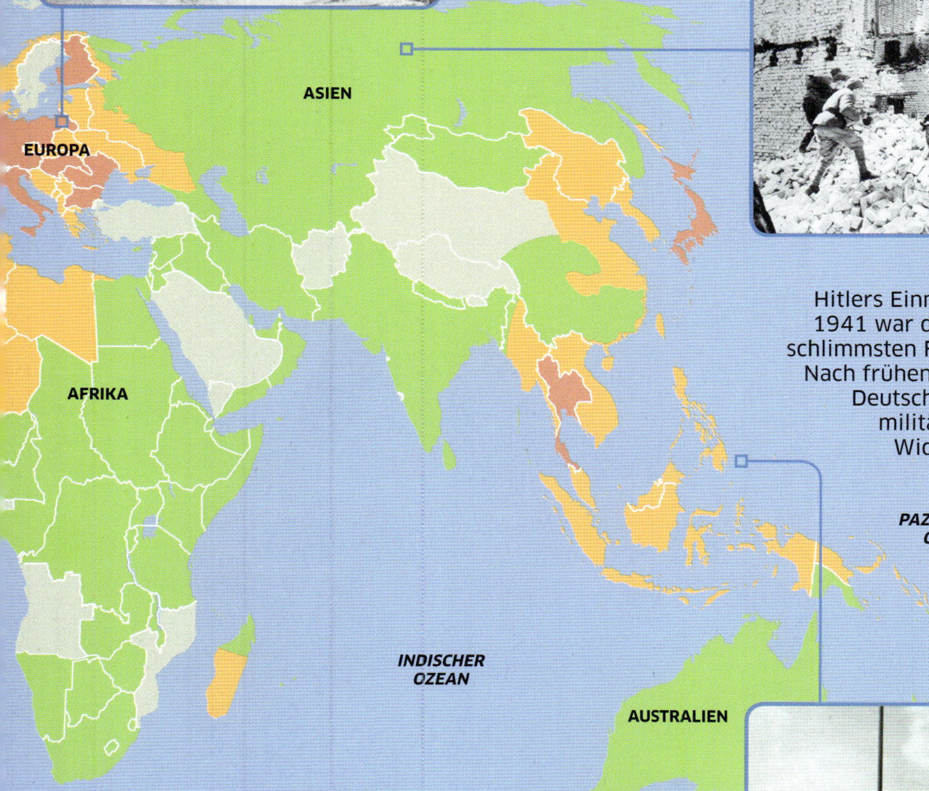

Europa
Gleich zu Kriegsbeginn fiel ein großer Teil Europas an die Deutschen. Die Strategie des Blitzkriegs erwies sich als sehr erfolgreich. Ab 1942/43 schlugen die Alliierten zurück.

Die UdSSR
Hitlers Einmarsch in die UdSSR 1941 war der Beginn eines der schlimmsten Feldzüge des Kriegs. Nach frühen Erfolgen waren die Deutschen dann heftigstem militärischen und zivilen Widerstand ausgesetzt.

Der Pazifik
Am Pazifikkrieg waren Japan, China und Korea sowie viele kleine Inseln Südostasiens beteiligt. Anfangs waren die Japaner siegreich, ihr Vormarsch wurde aber 1942 in der Schlacht um die Midwayinseln von der US-Marine gestoppt.

Der Kriegsverlauf

Hitlers Streitkräfte eroberten rasch große Teile Europas. Beim Angriff auf den früheren Verbündeten UdSSR traf man aber auf erbitterten Widerstand. Als sich 1941 die USA den Alliierten anschlossen, wendete sich das Blatt. Die Deutschen wurden zurückgedrängt und die Japaner in furchtbaren Gefechten in Asien und im Pazifik besiegt.

1. Sept. 1939

Vormarsch nach Europa
Hitler eroberte mit einem blitzartigen Überfall Polen. Im Jahr darauf nahmen deutsche Truppen Dänemark, Norwegen, Belgien, Holland und den größten Teil Frankreichs ein. Im französischen Dunkerque mussten 340 000 Soldaten von den Briten evakuiert werden.

1940

Luftschlacht um England
Britische und deutsche Flugzeuge kämpften um die Luftherrschaft. Die Niederlage der deutschen Luftwaffe verhinderte zwar eine Invasion, aber die Folge waren Luftangriffe auf britische Städte.

GASMASKE FÜR KINDER IN BRITISCHEN STÄDTEN

Juni 1941

Unternehmen Barbarossa
Nach dem Einmarsch in die Sowjetunion gelangten die Deutschen bis Moskau und Leningrad. Sowjetische Gegenangriffe und der raue Winter drängten sie aber zurück. Auf beiden Seiten gab es hohe Verluste und die Deutschen erlitten die erste Niederlage des Kriegs.

7. Dez. 1941

Pearl Harbor
Die Japaner, Deutschlands Verbündete, griffen Pearl Harbour auf Hawaii an, was den Kriegseintritt der USA zur Folge hatte. Im Juni 1942 besiegte die US-Flotte die japanische Marine in der Schlacht um Midway im Pazifik und stoppte so den japanischen Vormarsch.

Okt. 1942

El Alamein
Mit der Schlacht von El Alamein gelang es den Briten die Deutschen aus Ägypten zu vertreiben.

FAHNE DER „WÜSTENRATTEN", BRITISCHER STREITKRÄFTE IN NORDAFRIKA

Winter 1942

Stalingrad
Die Schlacht von Stalingrad, ein Wendepunkt im Krieg an der Ostfront, brachte unvorstellbares Elend auf beiden Seiten mit sich. Die sowjetische Rote Armee konnte eine wichtige deutsche Armee schlagen und begann gen Westen zu marschieren.

6. Juni 1944

D-Day
Nach zweijähriger Planung begann in Frankreich die Invasion Europas durch die Alliierten. 4000 Landungsboote, 600 Kriegsschiffe und Tausende von alliierten Flugzeugen trafen an Stränden der Normandie ein. Elf Monate später musste Deutschland kapitulieren.

6. Aug. 1945

Hiroshima
Als letzten Kriegsakt setzten die Amerikaner eine neue Waffe ein, um die Japaner zur Aufgabe zu zwingen. Durch den Abwurf zweier Atombomben auf die Städte Hiroshima und Nagasaki kamen mehr als 300 000 Menschen ums Leben.

48 km/h – die **Höchstgeschwindigkeit des sowjetischen Panzers T-34**

320 km – die **Reichweite einer V2-Rakete**

Moderne Kriegsführung

Der Zweite Weltkrieg geriet durch neue Technologien zum verheerendsten Konflikt der Geschichte. Zum ersten Mal gab es in einem Krieg Panzerschlachten, kamen Strahlflugzeuge, Lenkflugkörper und Atomwaffen zum Einsatz.

Hitler wollte die Alliierten durch einen Blitzkrieg mit unerwarteten Bombenangriffen und schnellen Panzerinvasionen zur raschen Aufgabe zwingen. Im Lauf des Kriegs wurden auf beiden Seiten Panzer, Flugzeuge und Schiffe in großer Zahl produziert. Die Folge waren unzählige Gefallene und Verletzte und die Zerstörung großer Gebiete. Gegen Kriegsende wurden Tag und Nacht Luftangriffe mit mehr als 1000 Bombern gleichzeitig auf die Städte geflogen.

Jagdbomber
Beide Seiten setzten Jagdbomber für Luftangriffe ein, um Fabriken zu zerstören und den Feind zu zermürben. In der Luftschlacht um England 1940/41 beschossen deutsche Flugzeuge englische Städte. Alliierte Flugzeuge machten später deutsche Städte, etwa Dresden und Würzburg, dem Erdboden gleich.

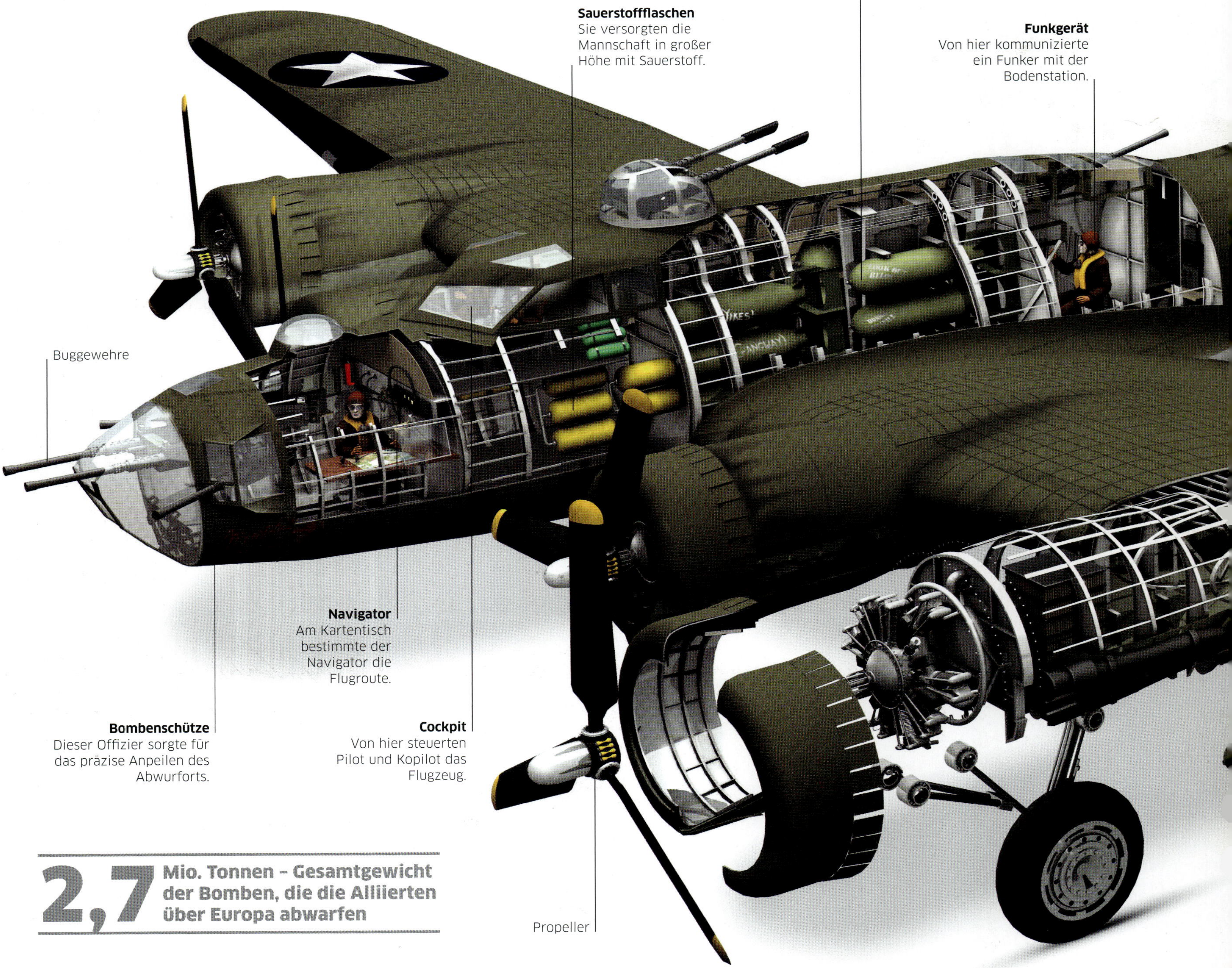

2,7 **Mio. Tonnen – Gesamtgewicht der Bomben, die die Alliierten über Europa abwarfen**

90 **Flugzeuge** konnte ein **Flugzeugträger** der ***Yorktown*-Klasse** transportieren.

1 Million – die Zahl der in **London** durch **deutsche Luftangriffe** zerstörten Häuser

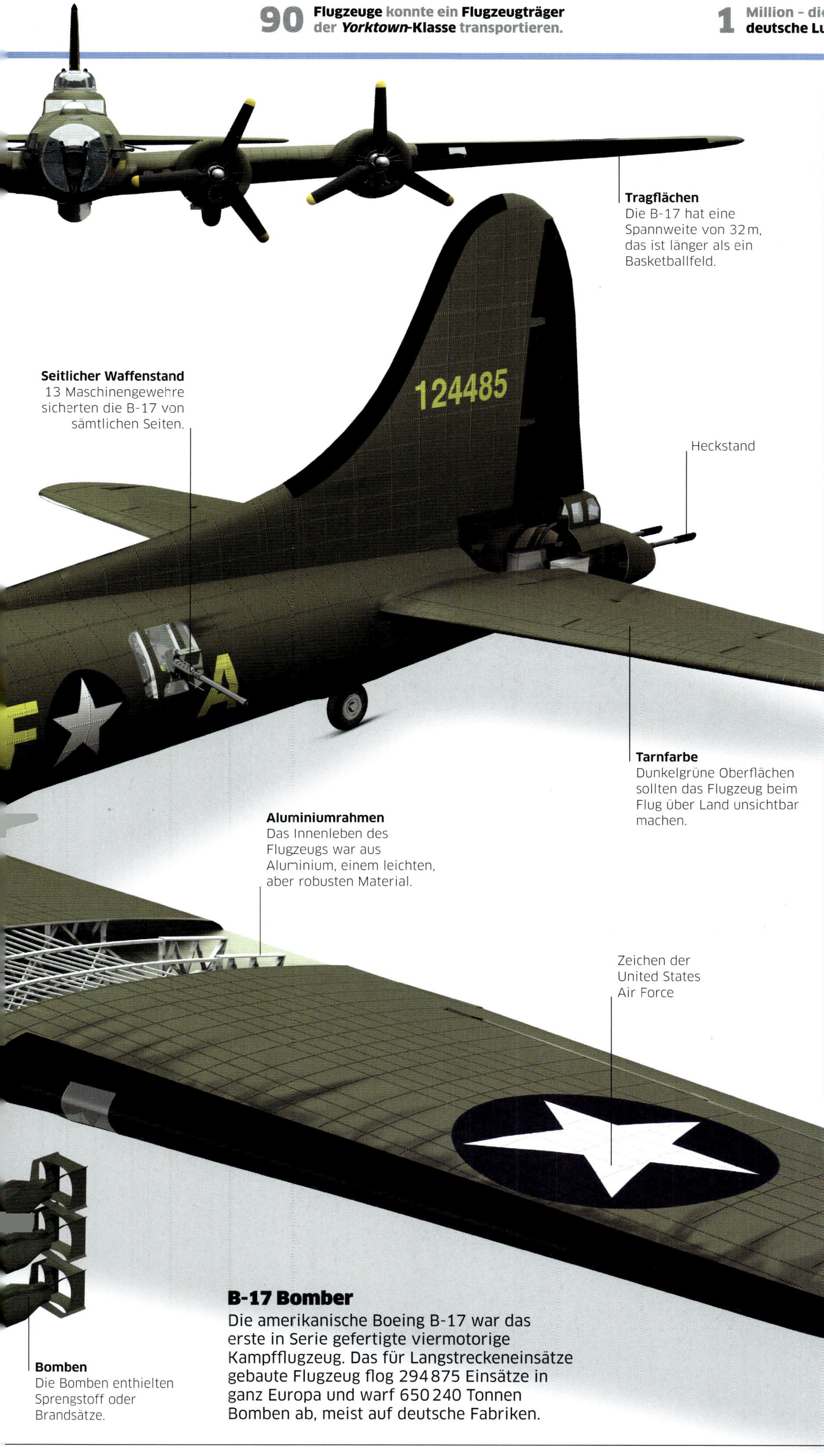

B-17 Bomber

Die amerikanische Boeing B-17 war das erste in Serie gefertigte viermotorige Kampfflugzeug. Das für Langstreckeneinsätze gebaute Flugzeug flog 294 875 Einsätze in ganz Europa und warf 650 240 Tonnen Bomben ab, meist auf deutsche Fabriken.

Bewegungskrieg

Der Zweite Weltkrieg war ein Bewegungskrieg mit hohem Materialeinsatz. Hitlers Blitzkrieg machte deutlich, wie wichtig Schnelligkeit und Mobilität waren. Panzertruppen wurden durch Luftwaffe und Artillerie unterstützt. Fahrzeuge transportierten Soldaten und Waffen schnell an die Front. U-Boote unterbrachen die Versorgungswege und Flugzeugträger wurden zu einer wesentlichen Angriffswaffe.

Sowjetischer T-34-Panzer
Dieser Panzer war entscheidend bei der Niederschlagung der deutschen Invasion.

Britisches Spitfire-Kampfflugzeug
Spitfires besiegten die deutsche Luftwaffe und verhinderten die Invasion.

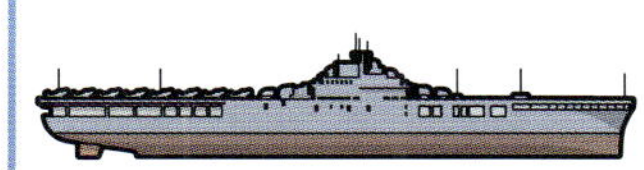

US-Flugzeugträger *Yorktown*-Klasse
Dank dieser Schiffe konnten Flugzeuge im ganzen Pazifik eingesetzt werden.

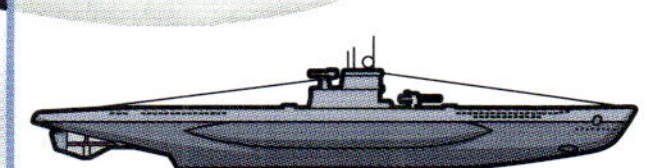

Deutsches U-Boot
U-Boote versenkten Hunderte von US-Schiffen mit Nachschub für die Alliierten.

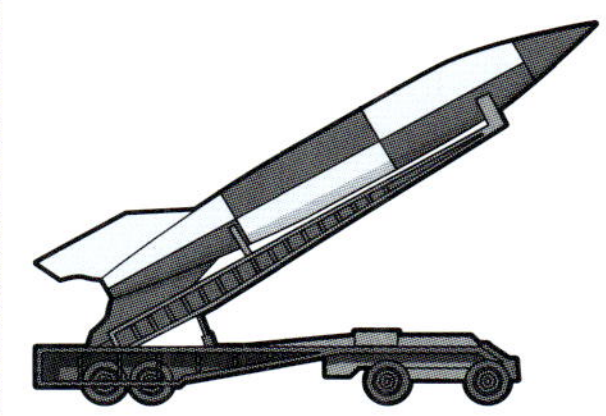

Deutsche V2-Rakete
Die Langstreckenrakete flog mit eigenem Antrieb auf feindliche Städte.

33 000 MENSCHEN WURDEN DURCH **DEUTSCHE LUFTANGRIFFE AUF LONDON** GETÖTET ODER VERLETZT.

18 der 22 größten **nordkoreanischen Städte** wurden im **Koreakrieg** dem Erdboden gleichgemacht.

Eine geteilte Welt

Der Kalte Krieg war geprägt durch zwei Supermächte mit ihren jeweiligen Bündnispartnern: Den kommunistischen Ländern (in Rot) unter Führung der UdSSR stand die NATO (in Blau), ein Bündnis aus den USA und anderen Ländern, gegenüber.

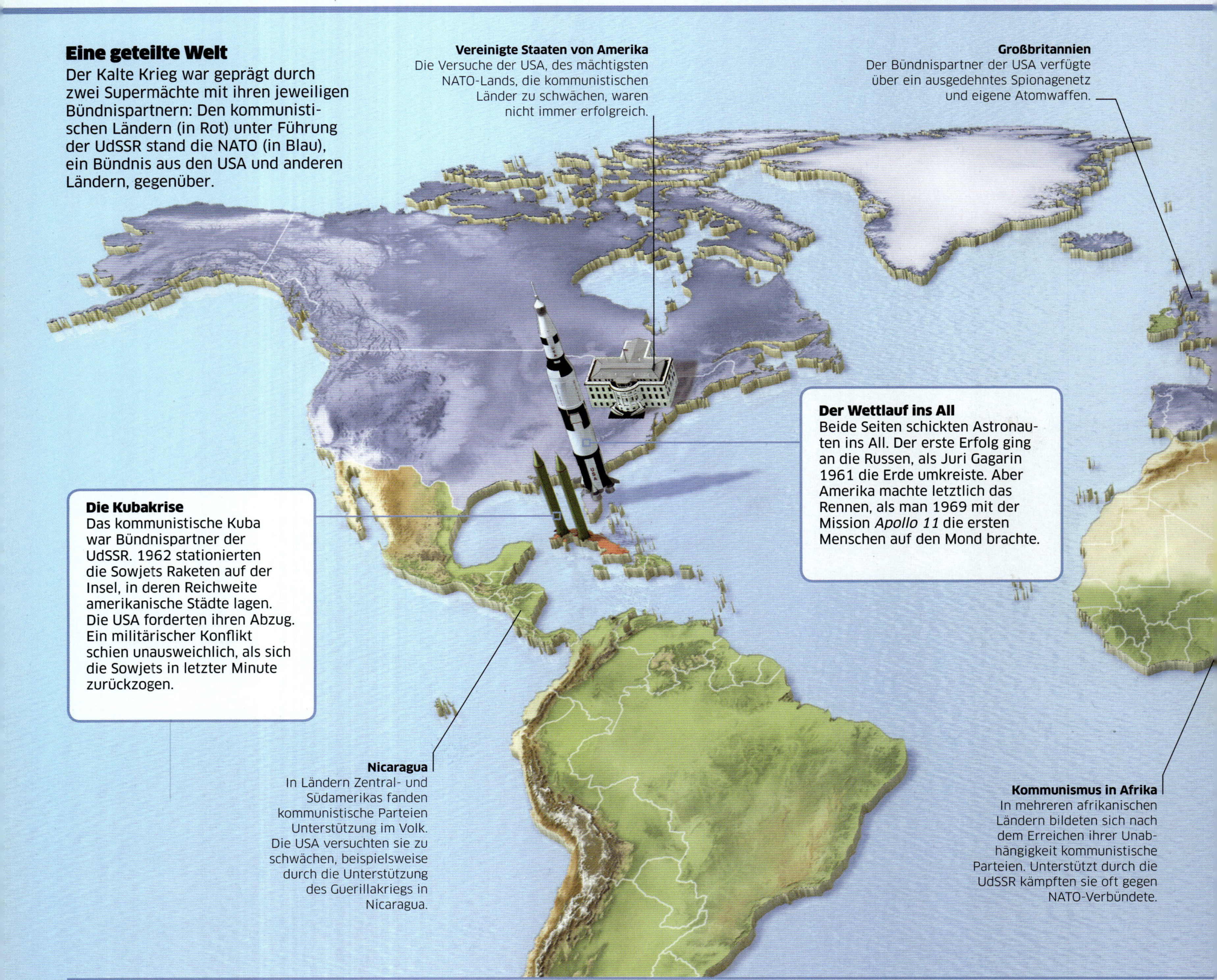

Vereinigte Staaten von Amerika
Die Versuche der USA, des mächtigsten NATO-Lands, die kommunistischen Länder zu schwächen, waren nicht immer erfolgreich.

Großbritannien
Der Bündnispartner der USA verfügte über ein ausgedehntes Spionagenetz und eigene Atomwaffen.

Der Wettlauf ins All
Beide Seiten schickten Astronauten ins All. Der erste Erfolg ging an die Russen, als Juri Gagarin 1961 die Erde umkreiste. Aber Amerika machte letztlich das Rennen, als man 1969 mit der Mission *Apollo 11* die ersten Menschen auf den Mond brachte.

Die Kubakrise
Das kommunistische Kuba war Bündnispartner der UdSSR. 1962 stationierten die Sowjets Raketen auf der Insel, in deren Reichweite amerikanische Städte lagen. Die USA forderten ihren Abzug. Ein militärischer Konflikt schien unausweichlich, als sich die Sowjets in letzter Minute zurückzogen.

Nicaragua
In Ländern Zentral- und Südamerikas fanden kommunistische Parteien Unterstützung im Volk. Die USA versuchten sie zu schwächen, beispielsweise durch die Unterstützung des Guerillakriegs in Nicaragua.

Kommunismus in Afrika
In mehreren afrikanischen Ländern bildeten sich nach dem Erreichen ihrer Unabhängigkeit kommunistische Parteien. Unterstützt durch die UdSSR kämpften sie oft gegen NATO-Verbündete.

Globaler Konflikt

Der Kampf zwischen der NATO und der UdSSR dehnte sich weltweit aus. Ein „Eiserner Vorhang" trennte den sozialistischen Osten vom demokratischen Westen. Es kam zu Kämpfen in Afrika, Lateinamerika und Asien. Letztlich waren es jedoch wirtschaftliche Zwänge, die den Kalten Krieg beendeten.

„JEDER NACH SEINEN FÄHIGKEITEN, JEDEM NACH SEINEN BEDÜRFNISSEN!"

KOMMUNISTISCHER LEITSPRUCH

1945
Nach dem Ende des Zweiten Weltkriegs teilten die Alliierten Europa zwischen sich auf. Die UdSSR zwang osteuropäischen Ländern wie Polen und Ungarn den Kommunismus auf. 1948 war Europa zweigeteilt, der Westen geprägt durch Demokratie, der Osten durch den Sozialismus.

1948
Berlin lag mitten in der sowjetischen Besatzungszone, unterstand aber zum Teil der Kontrolle der USA, Großbritanniens und Frankreichs. Die Sowjets versuchten durch die Berlin-Blockade, die Alliierten in die Knie zu zwingen. Briten und Amerikaner umgingen die Blockade mit einer Luftbrücke.

1950
Die US-Regierung befürchtete, sowjetische Spione hätten wichtige amerikanische Einrichtungen wie Armee und Geheimdienst unterwandert. Senator McCarthy begann daher eine Hetzkampagne gegen politische Gegner, bei der am Ende auch Unschuldige an den Pranger gestellt wurden.

1956
In Ungarn, einem Bündnispartner der UdSSR, wurde Imre Nagy Ministerpräsident, der eine Reform der kommunistischen Führung versprochen hatte. Die UdSSR war nicht bereit Macht abzugeben, schickte Panzer in das Land und setzte Nagy ab. Viele Bürger wurden dabei verletzt oder getötet.

1979
Das kommunistisch regierte Afghanistan wurde von islamistischen Widerstandskämpfern angegriffen. Die USA lieferten den Rebellen Waffen und Ausbildung, die UdSSR schickte eine Armee ins Land. Der fast zehn Jahre dauernde Krieg zwang Millionen afghanischer Bürger, ihre Heimat zu verlassen.

1987
Die UdSSR stand vor dem wirtschaftlichen Zusammenbruch. Ein neuer Staatschef, Michail Gorbatschow, leitete im Land eine Politik der Offenheit ein und suchte eine Einigung mit der NATO. 1989 verkündeten er und US-Präsident George Bush sen. das Ende des Kalten Kriegs.

Der Eiserne Vorhang
Nach dem Ende des Zweiten Weltkriegs kontrollierte die UdSSR weite Teile Osteuropas, wenn nötig auch mit Gewalt. Eine „unüberwindbare" Grenze trennte Ost und West.

UdSSR
Nach der Revolution 1917 wurde aus dem Russischen Reich die UdSSR, der erste kommunistische Staat weltweit.

Der Vietnamkrieg
1954 wurde Vietnam in einen kommunistischen Norden und einen mit den USA verbündeten Süden geteilt. Später schickten die USA Truppen nach Südvietnam und wurden in einen blutigen Guerillakrieg verwickelt. 1973 zogen sie sich zurück. Südvietnam wurde 1975 vom Norden erobert.

China
Nach langem Bürgerkrieg wurde China 1949 kommunistisch. Die folgenden ereignisreichen Jahre forderten Millionen von Menschenleben.

Korea
Das kommunistische Nordkorea kämpfte von 1950 bis 1953 unterstützt von China und der UdSSR gegen die USA und ihre Verbündeten um die Vorherrschaft über Südkorea.

Sputnik
Die UdSSR konnte beim Wettlauf ins All 1957 als Erste einen künstlichen Satelliten starten.

Die Berliner Mauer
Deutschland und Berlin waren zwischen der UdSSR, den USA, Frankreich und Großbritannien aufgeteilt. Die Sowjets bauten mitten durch Berlin eine Mauer, um die Menschen an der Flucht zu hindern. 1989 wurde die Mauer geöffnet.

Der Kalte Krieg

Nach dem Zweiten Weltkrieg war die Welt zwischen zwei feindlichen Supermächten aufgeteilt: der UdSSR und den USA. Beide stützten sich auf gewaltige Arsenale von Nuklearwaffen.

Die UdSSR war ein kommunistisches Staatssystem, dessen Ziel eine gerechte Verteilung des Eigentums war, das sich aber oft als korrupt und autoritär erwies. In den USA, einer kapitalistischen Demokratie, genossen die Bürger mehr Freiheiten als in den kommunistischen Ländern. Beide Seiten hatten genug Atomwaffen, um sich gegenseitig auszulöschen. Dieses „Gleichgewicht des Schreckens" zwang sie, zur Schwächung des Gegners auf andere Mittel zurückzugreifen, wie z.B. Spionage und Wirtschaftskrieg. Bewaffnete Konflikte zwischen den beiden Ländern wurden stellvertretend in kleineren Ländern wie Vietnam und Nicaragua ausgetragen, wo die UdSSR ihren Einfluss ausweiten wollte und die USA versuchten das zu verhindern.

Der große Reformer
Michail Gorbatschow reformierte die UdSSR und suchte eine Annäherung an den Westen. 1991 wurde er entmachtet und trat zurück. Die UdSSR fiel auseinander.

1968 In ganz Europa gingen **Studenten und Arbeiter** auf die Straße und **protestierten gegen ihre Regierungen.**

Die 1960er-Jahre

Politische Revolten, Unabhängigkeitskämpfe und Teenagerrebellionen prägten die 1960er-Jahre – ein Jahrzehnt des Wandels, in dem die junge Generation überlieferte Werte infrage stellte.

In Europa und den USA waren die 1960er-Jahre eine Zeit des gesellschaftlichen Wandels. Eine nach den Schrecken des Zweiten Weltkriegs aufgewachsene Generation schaute zuversichtlich und voller Tatendrang in die Zukunft. Sie lehnte die Werte ihrer Eltern ab und forderte durch ihre Art sich zu kleiden, schräge Musik und politische Lieder jede Form von Autorität heraus. Gleichzeitig verlangten Protestbewegungen weltweiten Frieden, das Ende der Rassendiskriminierung und die Gleichberechtigung der Frau.

Kriege gab es in Vietnam, Nigeria und Zypern sowie im Nahen Osten zwischen Arabern und Israelis. Die chinesische Gesellschaft wurde durch Maos Kulturrevolution von Grund auf verändert. Afrikanische Kolonien erlangten die Unabhängigkeit, einige entwickelten sich zu demokratischen Staaten, andere versanken im Bürgerkrieg. Trotzdem endete das Jahrzehnt mit einem großen Triumph der Wissenschaft: Der erste Mensch betrat den Mond.

Make love, not war

Viele Menschen waren schockiert von den Bildern des Vietnamkriegs, die ihnen ihr nagelneuer Fernseher zeigte. Beeinflusst durch Lebensanschauungen wie Hinduismus und Buddhismus entstanden Bewegungen, die den Verzicht auf Gewalt zugunsten von Frieden und Liebe forderten. Die Bewegung zur nuklearen Abrüstung forderte von den Blöcken des Kalten Kriegs den Verzicht auf Atomwaffen. Die von San Francisco ausgehende Hippiebewegung setzte sich für einen zwanglosen Lebensstil ein und propagierte Frieden, Liebe und Verständnis.

Krieg und Frieden

Trotz aller Friedensaufrufe stieg die Gewalt in den 1960er-Jahren immer mehr an. Zwischen den USA und der UdSSR nahmen im Kalten Krieg die Spannungen zu und beide Seiten errichteten riesige nukleare Waffenlager. Aber die 1960er-Jahre sahen auch große Fortschritte im Kampf um gleiche Rechte. In den USA wurde die Diskriminierung von Schwarzen verboten und Frauen erlangten eine größeres Selbstbestimmungsrecht.

Bürgerrechtsbewegung
Am Beginn des Jahrzehnts galten in vielen südlichen Staaten der USA Gesetze zur Trennung von Schwarzen und Weißen. Dagegen wehrten sich im Februar 1960 vier schwarze Studenten in North Carolina: Sie setzten sich an eine Theke für Weiße und weigerten sich zu gehen. Ihrem Beispiel folgten viele in anderen Bundesstaaten mit Rassentrennung.

Der erste Mensch im All
Am 12. April 1961 flog der russische Kosmonaut Juri Gagarin als erster Mensch ins Weltall. Sein Raumschiff, die *Wostok 1*, gerade groß genug für eine Person, umkreiste einmal die Erde. Der Flug dauerte vom Start bis zur Landung 108 Minuten.

Tod eines Präsidenten
Der amerikanische Präsident John F. Kennedy wurde bei einer Fahrt durch Dallas in Texas (USA) im offenen Wagen erschossen. Das Attentat schockierte die Welt, denn es war eine Zeit großer Verunsicherung und Spannungen zwischen Ost und West.

CHICAGO DAILY NEWS
RED STREAK
PRESIDENT IS KILLED
Texas Sniper Escapes; Johnson Sworn In
Story Begins on Next Page

EINE AMERIKANISCHE ZEITUNG BERICHTET ÜBER KENNEDYS TOD.

1960 | 1961 | 1962 | 1963 | 1964

Unabhängigkeitsbestrebungen in Afrika
Bis zum Zweiten Weltkrieg kontrollierten Kolonialreiche einen Großteil Afrikas. Diese waren durch den Krieg stark geschwächt und so wurden 1960 die ersten 17 afrikanischen Länder unabhängig, darunter Nigeria, Tschad, Somalia und Madagaskar. Es sollte Jahre dauern, bis der Abzug der Kolonialmächte endgültig vollzogen war.

KENIANISCHE BANKNOTE MIT DEM BILD JOMO KENYATTAS, DES ERSTEN STAATSPRÄSIDENTEN KENIAS

Martin Luther King
Martin Luther King war der Vorkämpfer der amerikanischen Bürgerrechtsbewegung. In einer eindrucksvollen Rede im August 1963 in Washington forderte er vor einer großen Menschenmenge das Verbot des Rassismus. Fünf Jahre später wurde er ermordet, aber 1964 und 1965 führten neue Gesetze zur Abschaffung der Diskriminierung.

MARTIN LUTHER KING BEI SEINER REDE IN WASHINGTON, D.C.

„**ICH HABE EINEN TRAUM**, DASS MEINE VIER KLEINEN KINDER EINES TAGES **IN EINER NATION LEBEN WERDEN**, IN DER MAN SIE NICHT NACH IHRER **HAUTFARBE**, SONDERN NACH IHREM **CHARAKTER** BEURTEILT."

Die „British Invasion"
Popmusik wurde zu einem wichtigen kulturellen Faktor. Englische Bands wie die Beatles und die Rolling Stones wurden weltberühmt und stürmten 1964 die amerikanischen Charts.

DIE ANKUNFT DER BEATLES IN DEN USA

500 000 – die Zahl der Soldaten, die während des **Prager Frühlings** in die **Tschechoslowakei** einmarschierten

400 000 – die Zahl der Besucher des **Woodstock-Festivals**

Campingwagen VW-Bulli
Der VW-Bus war die 1960er-Jahre-Ikone der Gegenkultur, das ideale Fahrzeug für alle, die sich von der Masse absetzen, die Welt bereisen und Neues erleben wollten.

Neues in Kunst und Mode

Viele Länder Europas und die USA wurden in den 1960er-Jahren reich. Plötzlich hatten sogar Teenager Geld und sie setzten neue Trends durch ihre Einkaufsgewohnheiten. Künstler wie Andy Warhol begründeten die Pop-Art, eine Kunstform aus Werbebildern, Comics und Kinomotiven. Junge Leute mussten sich nicht mehr wie ihre Eltern kleiden und Designer wie Mary Quant sorgten für neuen Pepp in der Mode. Zentrum dieser kreativen Energie wurde die Londoner Carnaby Street. Das französische Kino war geprägt durch die „Nouvelle Vague" – Filme, in denen es um wirklichkeitsnahe Situationen und aktuelle gesellschaftliche Fragen ging.

„DIE **HEUTIGE JUGEND** IST **WENIGER MATERIALISTISCH** UND **INTELLIGENTER** ALS JE ZUVOR."

MARY QUANT,
ERFINDERIN DES MINIROCKS (1967)

Moderevolution
Der Minirock, eine Kreation von Mary Quant, ist ein beliebtes Kleidungsstück der 1960er-Jahre. Die ältere Generation fand ihn vulgär und schamlos. Die Jüngeren liebten ihn. Die neuen Designs machten Models wie Twiggy (Lesley Hornby) über Nacht zu Stars.

Vietnamkrieg
Im blutigsten Konflikt des Kalten Kriegs unterstützten die USA Südvietnam gegen den kommunistischen Norden, der mit China und der UdSSR verbündet war. Der Krieg war ein Desaster für die USA, die sich nach Jahren schlimmer Kämpfe zurückziehen mussten.

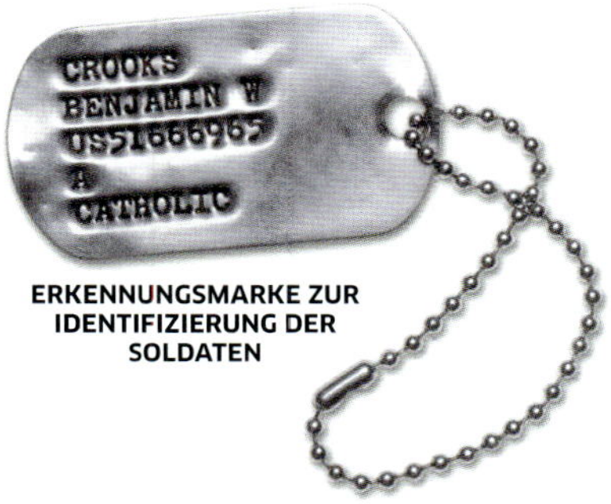

ERKENNUNGSMARKE ZUR IDENTIFIZIERUNG DER SOLDATEN

Chinas Kulturrevolution
Mao Zedong, der politische Führer des kommunistischen Chinas, war bei Bauern und Arbeitern beliebt, fürchtete aber, die gebildete Mittelschicht könnte ihm gefährlich werden. Um seine Macht zu sichern, rief er 1966 zur „Kulturrevolution" auf, die zu einem Umbau der Gesellschaft führen sollte. Schulen und Universitäten wurden geschlossen. Millionen junger Menschen verrichteten Landarbeit. Wissenschaftler, Lehrer, Intellektuelle und Schriftsteller wurden auf der Straße geschlagen und gedemütigt. Erst nach Maos Tod 1976 hatte dies ein Ende.

FLAGGE DER ABORIGINES

Gleichberechtigung in Australien
Die Ureinwohner Australiens, die Aborigines, kämpften in den 1960er-Jahren für Gleichberechtigung. Weiße Siedler hatten ihnen ihr Land genommen, sie hatten keinen Zugang zur Bildung und zum Gesundheitswesen und viele durften nicht wählen. Erst 1967 erlangten sie eine rechtliche Gleichstellung, aber der Kampf um Gleichheit währte noch Jahre.

Woodstock
Das Woodstock-Festival fand im August 1969 auf einer Farm in der Nähe von Bethel im US-Bundesstaat New York statt. Zu Hunderttausenden kamen junge Menschen, um ihre Idole live spielen zu hören. Auf dem Festival traten einige der größten Musiker des Jahrzehnts auf wie beispielsweise Joan Baez, Janis Joplin und Jimi Hendrix.

1965 | **1966** | **1967** | **1968** | **1969**

Legende
- Israelische Gebiete vor dem Krieg
- Israelische Eroberungen während des Kriegs

Der Sechstagekrieg
Lange gab es zwischen Israel und den arabischen Nachbarn Probleme. Aus Furcht vor einem ägyptischen Angriff besetzte Israel 1967 im Sechstagekrieg große Gebiete Ägyptens und Palästinas.

Prager Frühling
Die frühere Tschechoslowakei war seit 1948 ein kommunistisches Land, das stark durch die Sowjetunion beeinflusst wurde. 1968 versuchte Alexander Dubček, Generalsekretär der tschechischen Kommunisten, dem Volk neue Freiheiten zu gewähren. Als Antwort schickten die Sowjets Panzer in die Hauptstadt Prag.Dubček wurde abgesetzt und das Land blieb kommunistisch.

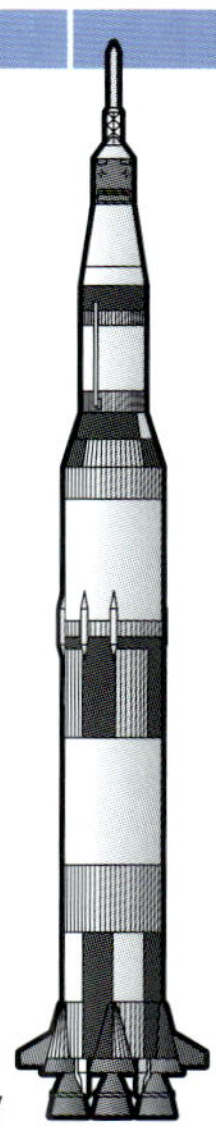

SATURN V

Mondlandungen
Das Jahrzehnt endete mit einer großartigen Leistung. Im Juli 1969 setzte die amerikanische Landefähre Eagle mit Neil Armstrong und Buzz Aldrin an Bord auf dem Mond auf. Rund 600 Mio. Menschen verfolgten die Mondlandung voller Staunen an ihren Fernsehern.

6,8 Mrd. Mobiltelefone wurden 2013 weltweit genutzt.

7,2 Mrd. – die Weltbevölkerung im Jahr 2014

Das 21. Jahrhundert

Zum Ausklang des 20. Jahrhunderts bereitete sich die Welt auf ein großes Fest vor. Rings um den Globus wurden das Jahr 2000 und der Beginn des neuen Jahrtausends begrüßt. Das neue Jahrhundert brachte bisher große Herausforderungen, aber auch Chancen.

Die stetig wachsende Weltbevölkerung erhöht auch die Beanspruchung unseres Planeten. Immer mehr Wissenschaftler machen sich Sorgen, dass die natürlichen Ressourcen knapp werden und der Mensch unserer Umwelt immer größeren Schaden zufügt. Viele Länder hatten auch mit vernichtenden Naturkatastrophen zu kämpfen. Terrorangriffe brachten Angst und Schrecken in viele Städte und eine weltweite Finanzkrise hat die Lebenssituation von Millionen Menschen verschlechtert.

Gleichzeitig gab es im 21. Jh. schon unglaubliche technologische Neuentwicklungen. Smartphones und Tablets haben unsere Art der Kommunikation verändert und das Internet gibt inzwischen unzähligen Menschen weltweit eine Stimme.

Die digitale Revolution

Die digitale Revolution kam, als Computer in den 1980er-Jahren für Privatleute erschwinglich wurden. Zuerst waren es riesige Kisten, heute dagegen stecken sie in alltäglichen Dingen wie Smartphones, MP3-Playern, Kameras etc. Das Internet entwickelt sich schnell weiter und spielt eine zunehmend große Rolle durch seinen Einfluss auf kulturelle, wirtschaftliche und politische Bereiche. Man geht davon aus, dass weltweit mehr als zwei Mrd. Menschen das Internet zum raschen Informationsaustausch nutzen.

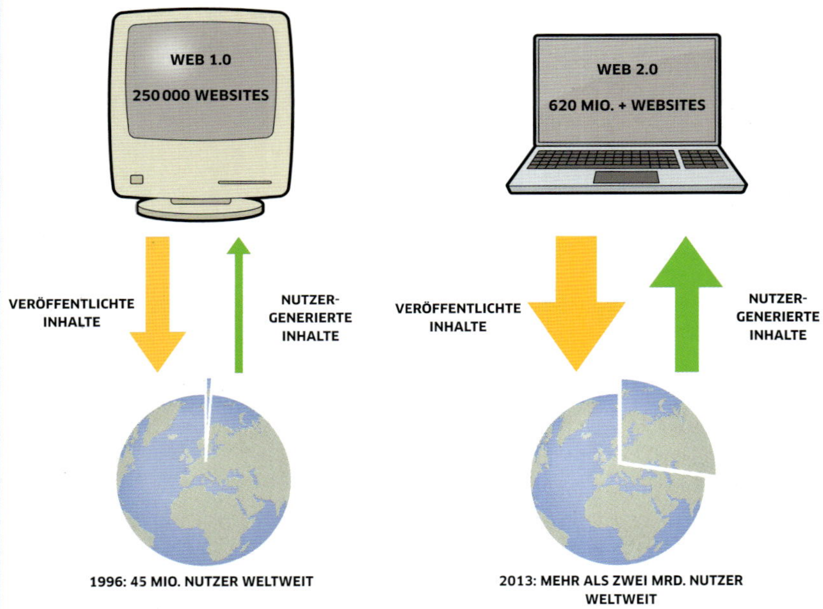

Internetnutzung
In den 1990er-Jahren wurde das Internet hauptsächlich zum Nachschlagen von Informationen genutzt. Im 21. Jh. ist die Menge der Inhalte, die die Nutzer durch Blogs und soziale Netzwerke selbst erstellen, enorm angestiegen.

250 MIO. BILDER WAREN 2001 BEI GOOGLE VERZEICHNET. 2010 WAREN ES BEREITS MEHR ALS **10 MILLIARDEN.**

Der Krieg gegen den Terrorismus

2001 griff das islamistische Terrornetzwerk al-Qaida eine Reihe amerikanischer Ziele an. Als Folge begannen die USA und ihre Verbündeten einen „War on Terror" und griffen Afghanistan an. Ziel dabei war es die Terroristen zu ergreifen und weitere Angriffe zu verhindern. Inzwischen planten al-Qaida und seine Verbündeten weitere Anschläge in anderen Ländern auf der ganzen Welt.

September 2001

9/11
Am 11. September 2001 wurden die USA Opfer verheerender Terroranschläge. Mitglieder von al-Qaida, einem weltweiten Terrornetzwerk radikaler Muslime, entführten vier Flugzeuge. Zwei flogen sie in das World Trade Center in New York (Bild) und eines in das Pentagon. Das vierte stürzte in Pennsylvania ab. Fast 3000 Menschen starben bei diesen Angriffen, die die Welt entsetzten.

Der Irakkrieg

1990 befahl Saddam Hussein den Einmarsch in das benachbarte Kuwait. Seine Truppen wurden zwar durch eine internationale Streitmacht unter der Führung der USA vertrieben, aber die Lage blieb gespannt. 2001 verdächtigte man Hussein, im Besitz von Massenvernichtungswaffen zu sein, die den Tod unzähliger Zivilisten hätten verursachen können. Als Folge steigender Spannungen durch den Kampf gegen den Terrorismus kam es 2003 zur Invasion unter der Führung der USA und Englands. Saddam Hussein wurde gestürzt. Der Gewalt im Irak konnte dadurch kein Ende bereitet werden.

Abriss der Statue von Saddam Hussein
US-Panzer rücken im April 2003 in die irakische Hauptstadt Bagdad vor und läuten das Ende der Diktatur Saddam Husseins ein. Als Symbol für ihre Verachtung stürzten jubelnde Iraker eine große Statue des einstigen Führers vom Sockel.

Naturkatastrophen

In den ersten Jahren des 21. Jh. suchten Naturkatastrophen und extreme Wetterbedingungen unseren Planeten heim. 2003 forderten extreme Hitzewellen in Europa mehr als 40 000 Menschenleben. 2004 brachte ein gewaltiger Tsunami im Indischen Ozean Tod und Verwüstung. Fast 230 000 Menschen starben in 14 Ländern. Ein Jahr darauf verwüstete der Wirbelsturm Katrina mit Windgeschwindigkeiten von 200 km/h die Stadt New Orleans in den Vereinigten Staaten. Ein schweres Erdbeben verwüstete 2010 die Karibikinsel Haiti, tötete mehr als 300 000 Menschen und hinterließ Millionen von Obdachlosen. Ein anderes Erdbeben löste 2011 in Japan einen Tsunami aus, der schwere Zerstörungen verursachte und seitdem radioaktives Material aus dem Atomkraftwerk Fukushima freisetzt.

Weltweite Gefahren
Rund um die Erde kam es in den ersten Jahren des 21. Jh. zu verheerenden Naturkatastrophen. Während manche davon Launen der Natur waren, wurden andere mit globalen Klimaveränderungen in Zusammenhang gebracht.

Oktober 2001

Invasion Afghanistans
Die USA und die NATO starteten nach den Anschlägen vom 11. September die Operation Enduring Freedom. Ein Ziel war es, den Anführer Osama bin Laden aufzuspüren. Man nahm an, er würde sich in Afghanistan aufhalten, dessen Taliban-Regierung mit al-Qaida verbündet war. Die Taliban konnten zwar gestürzt werden, aber die Gewalt ging weiter.

März 2004

Zuganschläge von Madrid
Kurz vor den spanischen Parlamentswahlen explodierten in vier Madrider Vorortzügen Bomben, die 191 Menschen töteten und 1841 verletzten. Die spanische Regierung hatte die von den USA geführte Invasion in den Irak 2003 unterstützt. Die Spanier wählten die Regierung ab, die Nachfolger zogen die spanischen Truppen aus dem Irak zurück.

Juli 2005

Terroranschläge in London
Am 7. Juli 2005 sprengten sich im Londoner Nahverkehr mehrere Selbstmordattentäter in die Luft. Drei Bomben explodierten in U-Bahn-Zügen, einer auf einem Doppeldeckerbus. Auf der Website von al-Qaida hieß es, die Anschläge seien eine Vergeltung für Englands Teilnahme an den Kriegen im Irak und in Afghanistan.

Mai 2011

Tod von bin Laden
Der amerikanische Präsident Barack Obama hatte erfahren, dass Osama bin Laden, der Kopf der al-Qaida, sich in Abbottabad in Pakistan versteckt hielt. In einer Nacht-und-Nebel-Aktion wurde bin Laden von einer Spezialeinheit der US Navy erschossen. Es war ein wichtiger Schritt im Kampf gegen den Terror, verhinderte aber nicht weitere islamistische Terroranschläge.

Der arabische Frühling

2010 verbrannte sich ein Tunesier aus Protest gegen Misshandlungen durch die tunesische Polizei. Seine Tat löste eine Welle der Unruhen aus, die auf andere Länder der arabischen Welt übergriff, die von Diktatoren oder korrupten Machthabern regiert wurden. Der tunesische Präsident Zine el-Abidine Ben Ali wurde als Erster entmachtet. In Ägypten wurde Präsident Hosni Mubarak durch massive Proteste zum Rücktritt gezwungen. 2011 kam es zu Aufständen in Jemen, Bahrain, Libyen und Syrien. Libyens Staatschef Muammar al-Gaddafi wurde durch Rebellen gestürzt. In einigen arabischen Ländern wurden freie Wahlen durchgeführt, andere – wie Syrien – versanken im Bürgerkrieg.

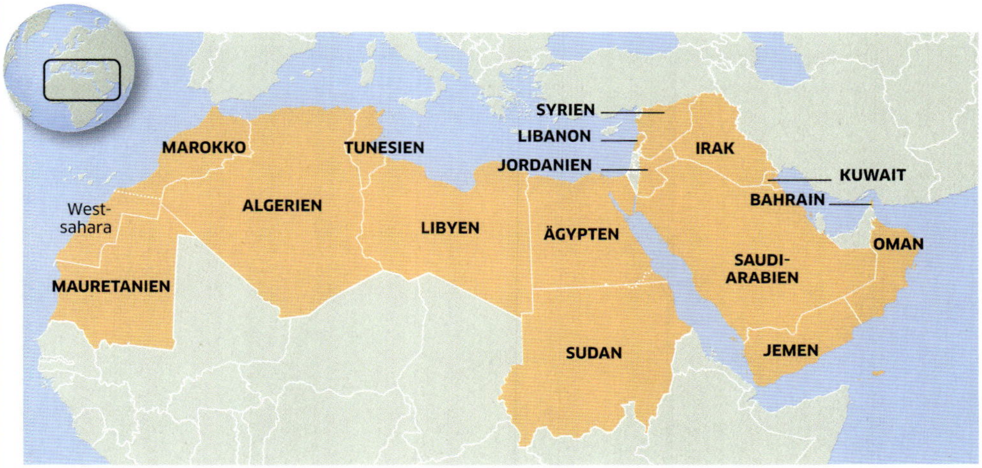

Welle des Protests
Die Proteste begannen in Tunesien und breiteten sich über weitere Länder Nordafrikas und des Nahen Ostens aus.

Globale Finanzkrise

2007 stellten amerikanische Banken fest, Hundertausenden Kunden Immobilienkredite gegeben zu haben, die sie nicht zurückzahlen konnten. Hinzu kam, dass die Banken die Kredite mit anderen Geldanlagen im Milliardenhöhe verknüpft hatten. Diese verloren plötzlich an Wert und bedrohten die Finanzsysteme weltweit. Die Werte der Geldanlagen stürzten ab und in den USA und Europa brachen große Banken zusammen. Die Krise führte in vielen Ländern der Erde zu Armut und Arbeitslosigkeit.

2009 Finanzstatistik

- Wertverlust der größten Unternehmen
- Bruttoinlandsprodukt der USA
- Ausgaben europäischer Regierungen zur Stützung verschuldeter Banken

Verluste und Finanzspritzen
Durch die Krise erlitten die größten Unternehmen der Welt einen Wertverlust von 33 %. Die Regierungen mussten riesige Summen zur Stützung der Wirtschaft bereitstellen.

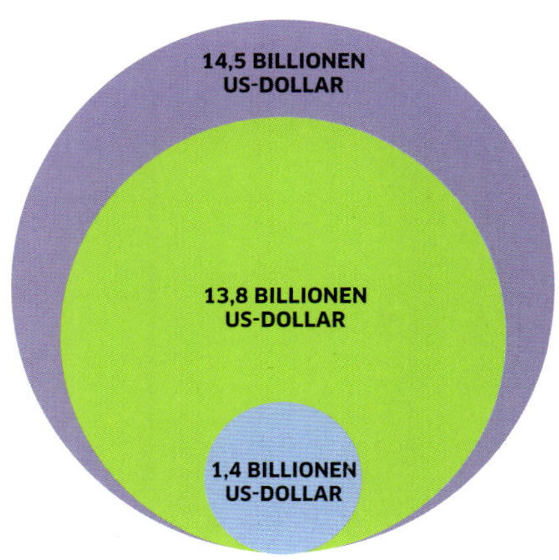

ANHANG

Dieses Kapitel enthält viele spannende Informationen über den Sternenhimmel, die Flaggen der Länder, Rekorde im Tierreich oder unglaubliche Fakten aus der Geschichte. Ein Glossar erklärt viele Begriffe, die in diesem Buch vorkommen.

Himmelskarten

Diese sechs Karten ergeben zusammen eine Karte des ganzen Nachthimmels. Sie bilden die Himmelskugel ab und enthalten jeden Stern, den man von der Erde aus sehen kann. Manche Sterne bilden ein erkennbares Muster – ein Sternbild. Der gesamte Himmel ist in 88 Sternbilder unterteilt. Auffällige Sternkonstellationen, die nicht als eigenes Sternbild gelten, bezeichnet man als Asterismen. Die roten Linien auf den Karten teilen die Himmelskugel in verschiedene Abschnitte, die den Sternbildern entsprechen. Die Punkte stellen die Sterne dar, wobei größere Punkte für hellere Sterne stehen.

Die Sternbilder

Achterschiff
Adler
Altar
Andromeda
Bärenhüter
Becher
Bildhauer
Chamäleon
Chemischer Ofen
Delfin
Drache
Dreieck
Eidechse
Einhorn
Eridanus
Fische
Fliege
Fliegender Fisch
Fluss
Füchschen
Fuhrmann
Füllen
Giraffe
Goldfisch

DER NORDPOLARHIMMEL

Das Hauptmerkmal des Nordpolarhimmels ist Polaris, den man auch Nordstern oder Polarstern nennt. Obwohl er nicht besonders hell leuchtet, war er wichtig für die Navigation auf Land oder See. Mit seiner Hilfe wussten Reisende immer, in welcher Richtung Norden ist. Weil die Erdachse fast genau auf Polaris weist, erscheint der Stern praktisch immer an einer Stelle, während andere Sterne um ihn kreisen.

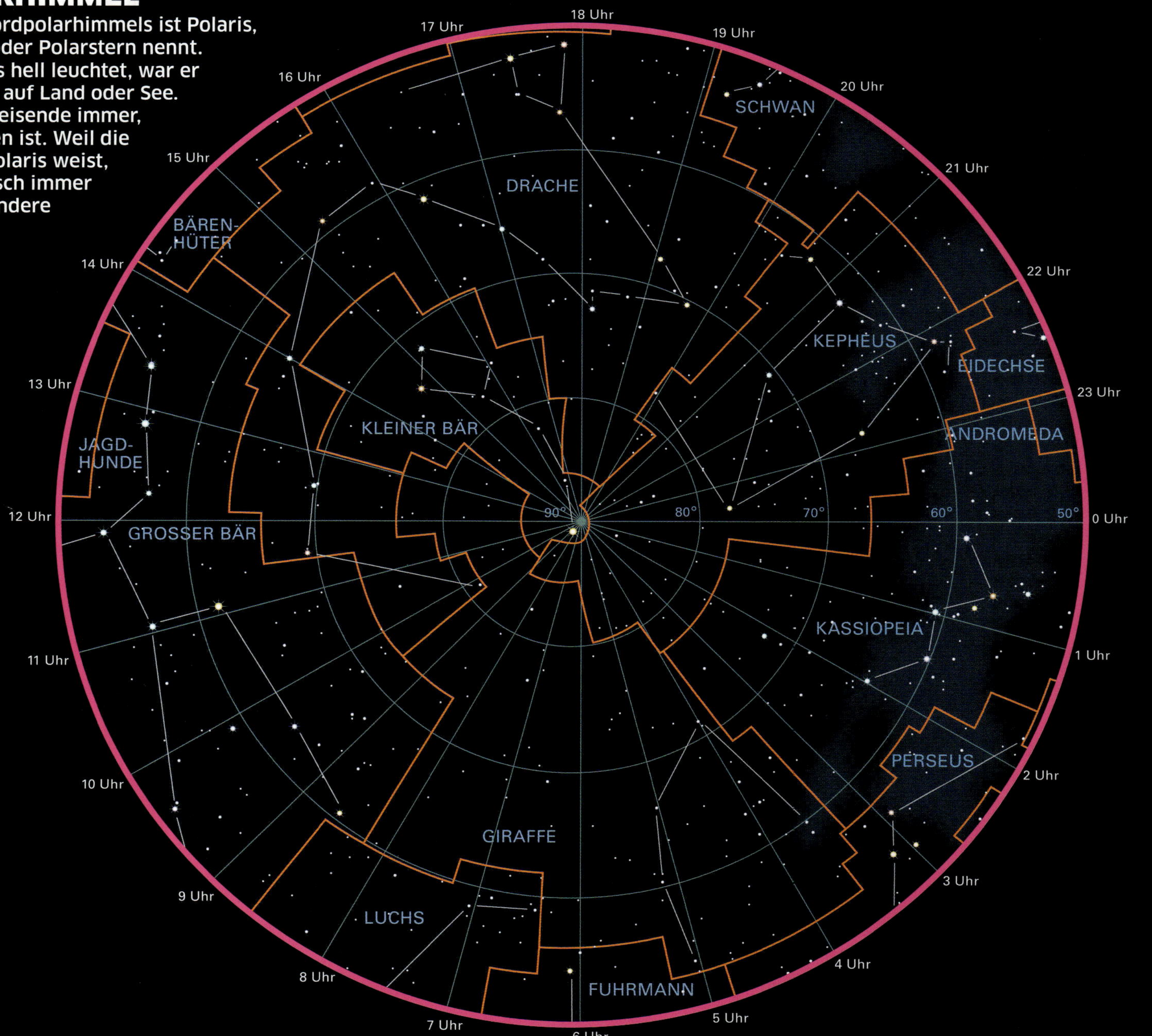

HIMMELSKUGEL

STERNBILDER

- Grabstichel
- Großer Bär
- Großer Hund
- Haar der Berenike
- Hase
- Herkules
- Inder
- Jagdhunde
- Jungfrau
- Kassiopeia
- Kepheus
- Kleiner Bär
- Kleiner Hund
- Kleiner Löwe
- Kranich
- Krebs
- Kreuz des Südens
- Leier
- Löwe
- Luchs
- Luftpumpe
- Maler
- Männliche Wasserschlange
- Mikroskop
- Netz
- Nördliche Krone
- Oktant
- Orion
- Paradiesvogel
- Pegasus
- Pendeluhr
- Perseus
- Pfau
- Pfeil
- Phoenix
- Rabe
- Schiffskiel
- Schiffskompass
- Schild
- Schlange (Kopf)
- Schlange (Schwanz)
- Schlangenträger
- Schütze
- Schwan
- Segel
- Sextant
- Skorpion
- Steinbock
- Stier
- Südliche Krone
- Südlicher Fisch
- Südliches Dreieck
- Tafelberg
- Taube
- Teleskop
- Tukan
- Waage
- Walfisch
- Wassermann
- Weibliche Wasserschlange
- Widder
- Winkelmaß
- Wolf
- Zentaur
- Zirkel
- Zwillinge

DER SÜDPOLARHIMMEL

Während über der nördlichen Halbkugel Polaris die Himmelsrichtung anzeigt, hat die südliche keinen entsprechenden Stern. Hier müssen Beobachter eine reichlich komplizierte Methode anwenden, um den südlichen Himmelspol zu finden. Dieser liegt in einem dunklen und nahezu leeren Gebiet des Nachthimmels. Doch die benachbarten Sternbilder besitzen einige wunderschöne Sterne und der Blick auf unsere Galaxis, die Milchstraße, ist herrlich.

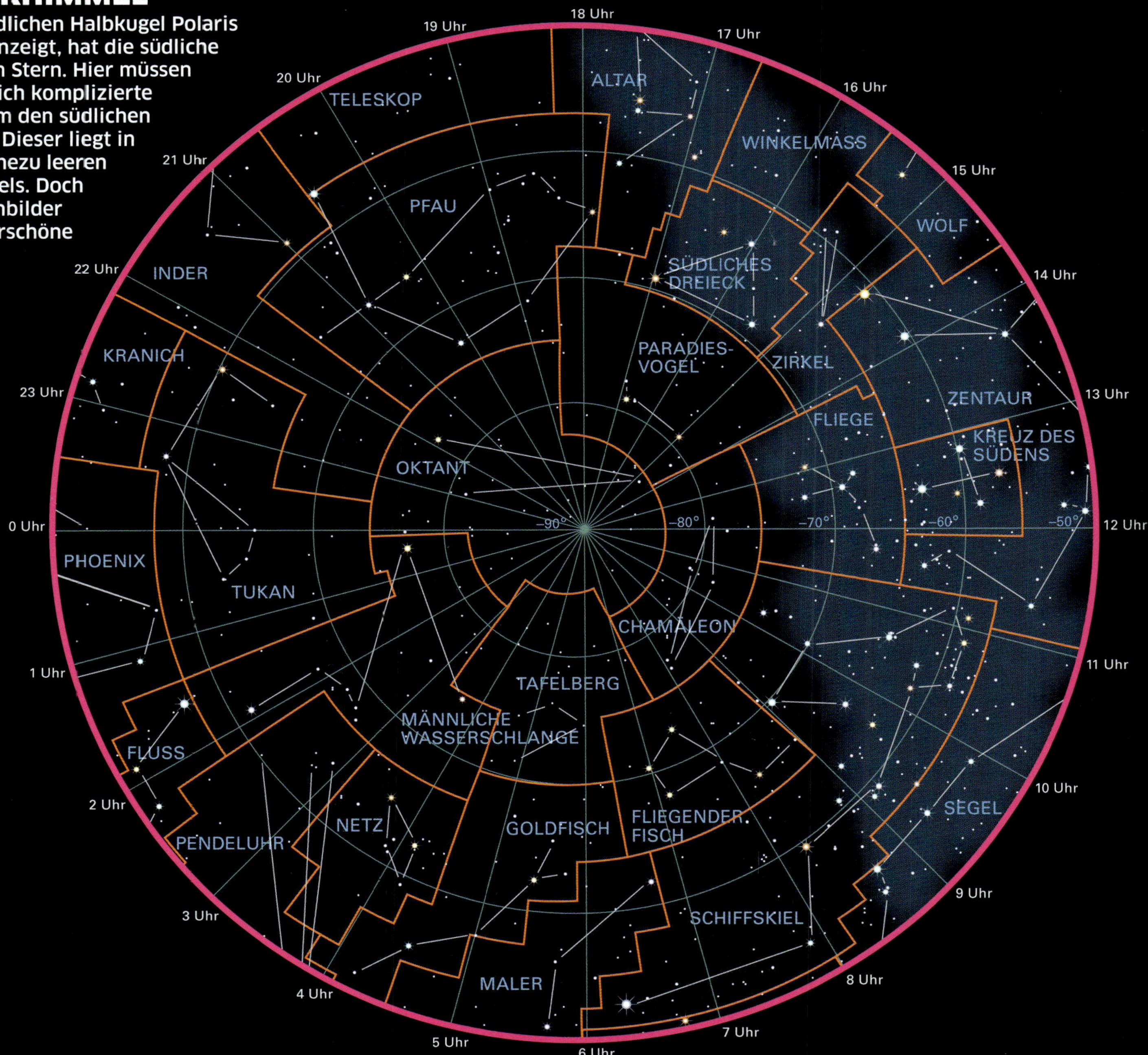

HIMMELSKUGEL

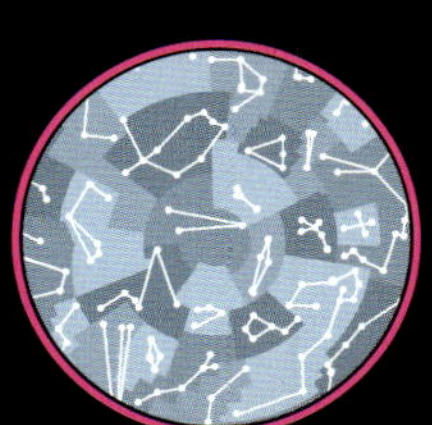

STERNBILDER

ÄQUATORHIMMELSKARTE 1

Diesen Abschnitt des Nachthimmels beobachtet man am besten an Abenden im September, Oktober und November. Er enthält viele leere Gebiete und dunkle Sterne, aber auch einige lohnenswerte Objekte. Im Sternbild Andromeda befindet sich die Andromedagalaxie, die größte Nachbargalaxie. Etwas nördlich des Himmelsäquators (gelbe Linie) liegt das Pegasusquadrat, ein Asterismus (Teil eines Sternbilds). Fomalhaut im Südlichen Fisch ist der hellste Stern dieses Abschnitts.

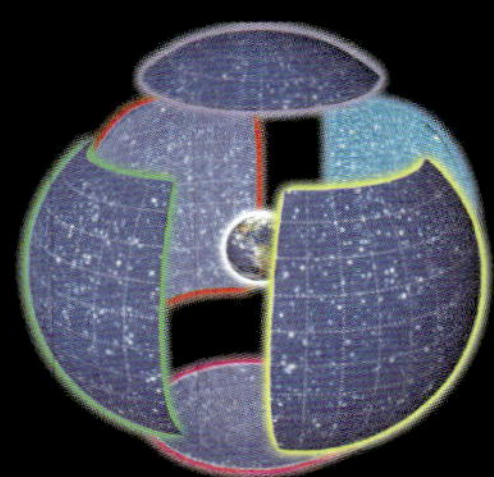

HIMMELSKUGEL

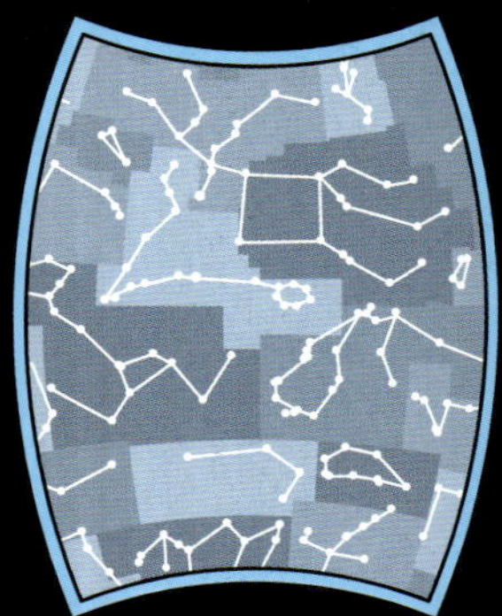

STERNBILDER

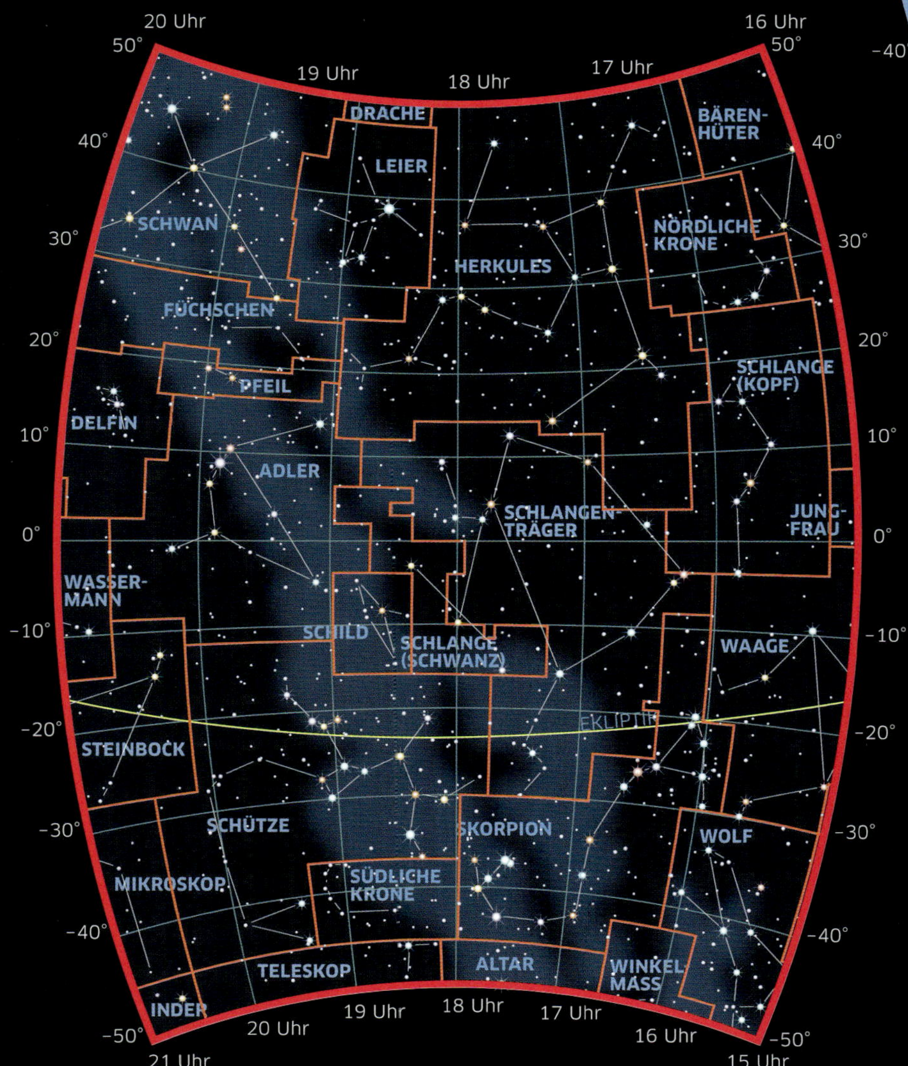

ÄQUATORHIMMELSKARTE 2

Dieser Abschnitt des Nachthimmels besitzt viele interessante Sternmuster und man beobachtet ihn am besten an Abenden im Juni, Juli, August und September. Den nördlichen Bereich beherrscht der Asterismus Sommerdreieck aus den drei Sternen Deneb im Sternbild Schwan, Wega im Sternbild Leier und Altair im Sternbild Adler. Südlich von ihnen liegt eine gekrümmte Anordnung aus Sternen des Sternbilds Skorpion. In seiner Nachbarschaft befindet sich das Sternbild Schütze.

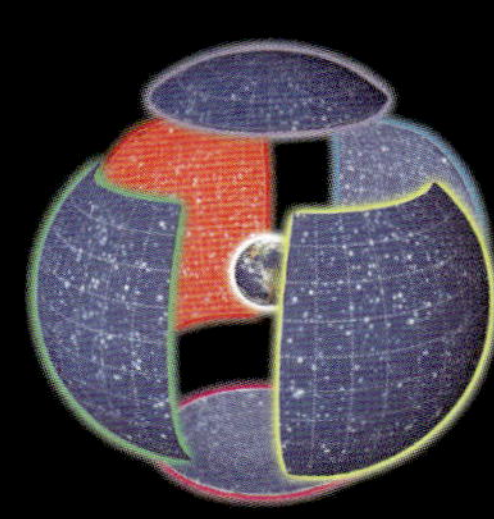

HIMMELSKUGEL

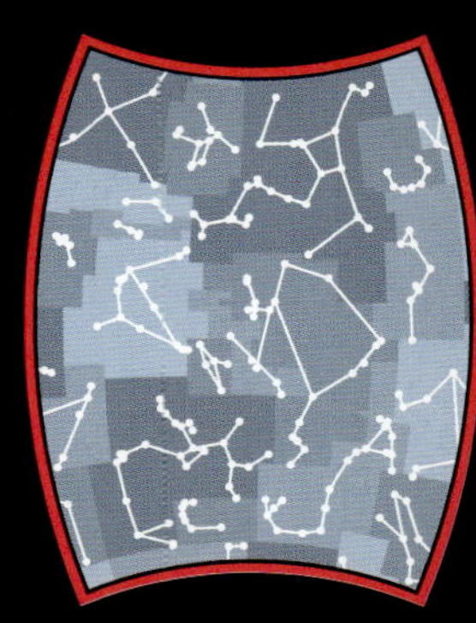

STERNBILDER

ÄQUATORHIMMELSKARTE 3

Diesen Abschnitt des Nachthimmels beobachtet man am besten an Abenden im März, April und Mai. Er enthält zwei der hellsten Sterne der Himmelskugel, den rötlichen Arktur im Sternbild Bärenhüter und die bläuliche Spica im Sternbild Jungfrau. Die Jungfrau ist das zweitgrößte Sternbild. Etwas südlich von ihr liegt das größte Sternbild, die Weibliche Wasserschlange, die sich durch den ganzen Abschnitt schlängelt – und darüber hinaus. Oberhalb des Zentrums findet man rechts das Sternbild Löwe. Sein Kopf bildet ein leicht erkennbares Muster: ein umgedrehtes „Fragezeichen“ aus sechs Sternen.

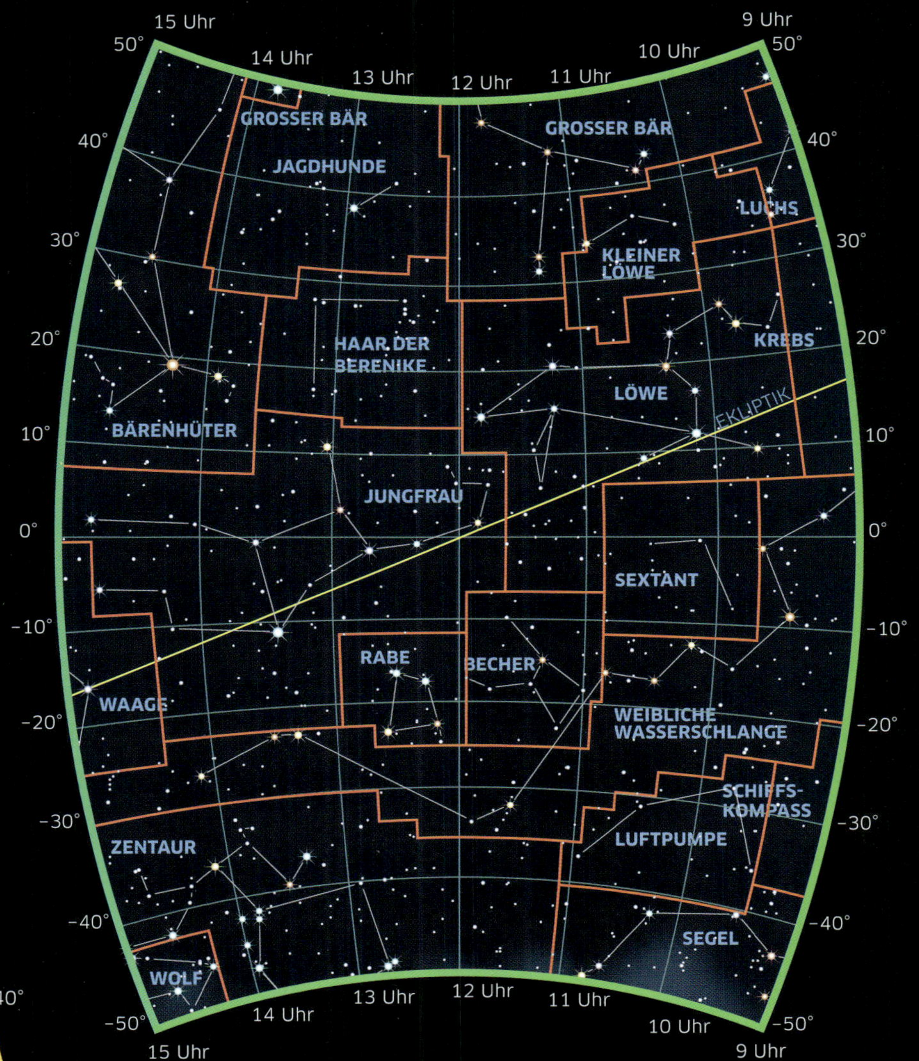

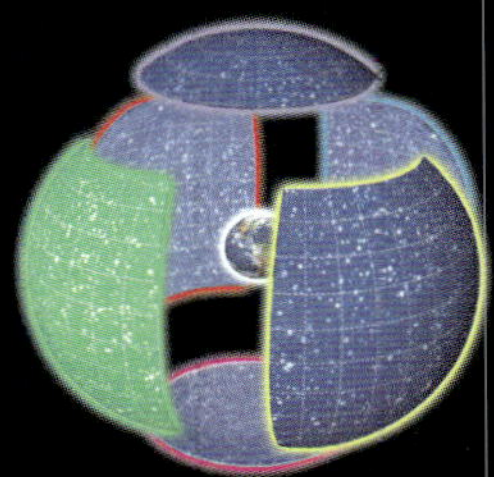

HIMMELSKUGEL

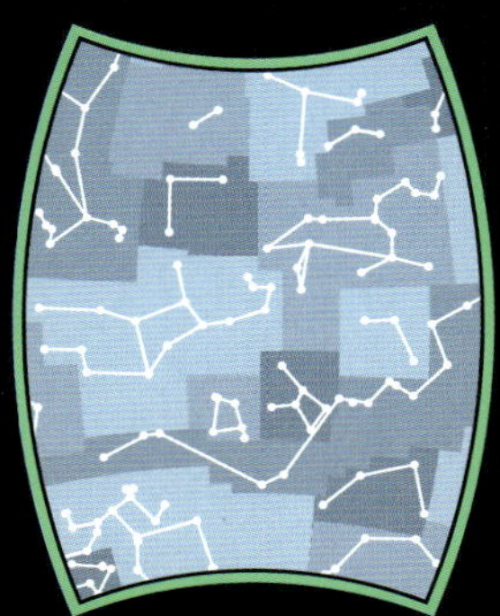

STERNBILDER

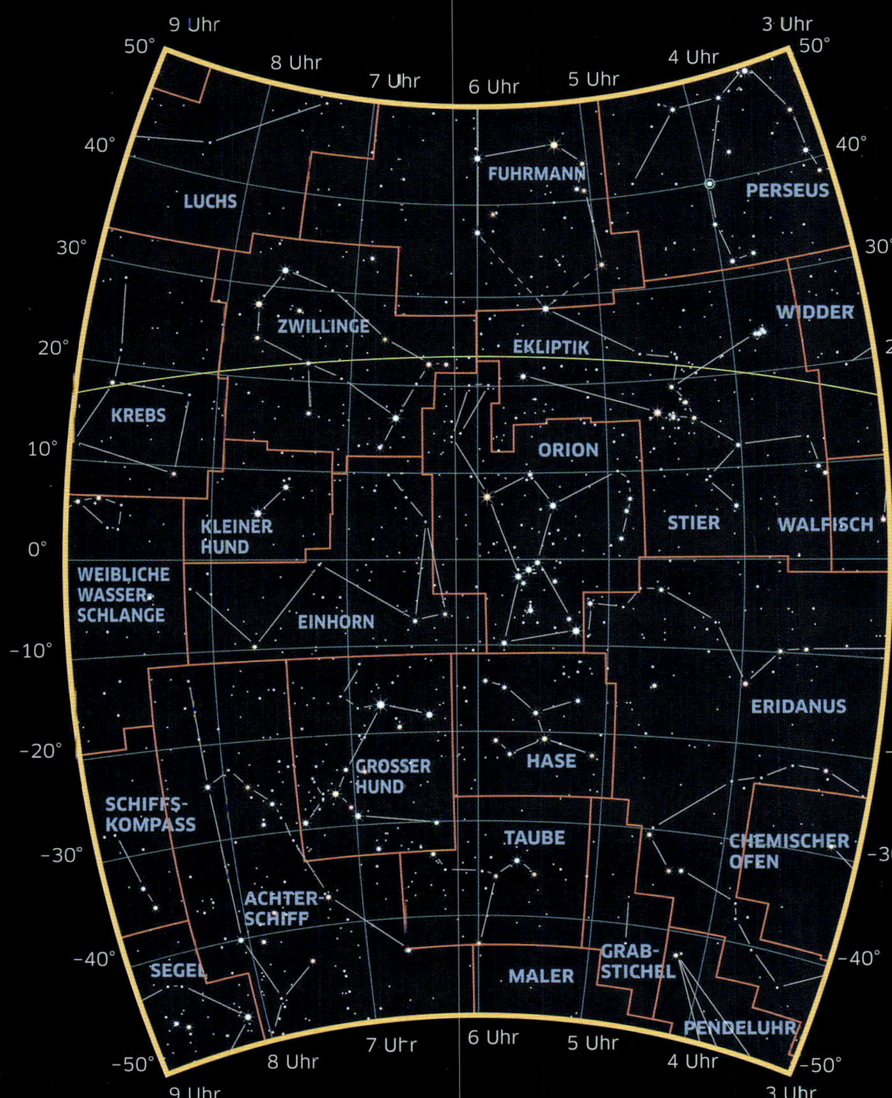

ÄQUATORHIMMELSKARTE 4

Diesen Abschnitt des Nachthimmels beobachtet man am besten an Abenden im Dezember, Januar und Februar. Er zählt zu den atemberaubendsten Gebieten des Nachthimmels, weil er mehr helle Sterne enthält als alle anderen. Ein leicht erkennbares Sternbild ist Orion mit einer Reihe aus hellen Sternen, die man Oriongürtel nennt. An Orion grenzt das Sternbild Stier mit dem Stern Aldebaran und einem der schönsten Sternhaufen des Nachthimmels – den Plejaden oder Siebengestirn.

HIMMELSKUGEL

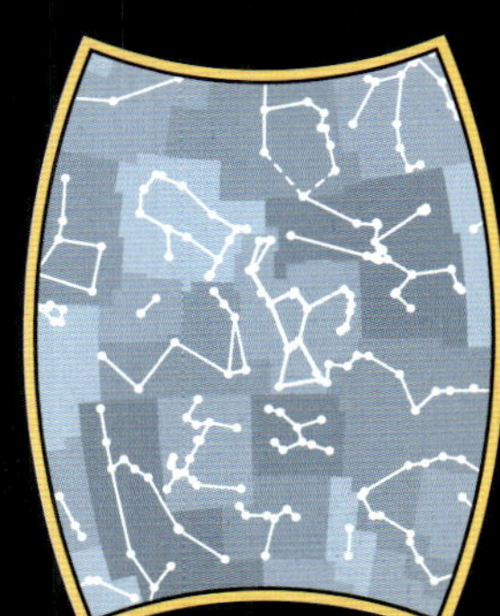

STERNBILDER

Die Erde

Auf der Erde gibt es sieben Kontinente: Antarktika, Nordamerika, Südamerika, Europa, Asien, Afrika und Australien. Auf diesen Landmassen befinden sich die 194 Länder der Erde. Nur auf dem Kontinent Antarktika gibt es keine Länder. Viele Nationen erheben jedoch Ansprüche auf Teile dieses Kontinents.

Bevölkerung der Kontinente

Heute leben auf der Erde etwa 7,2 Mrd. Menschen. Asien ist der am dichtesten besiedelte Kontinent. Hier leben etwa 60 % der Erdbevölkerung. Die beiden bevölkerungsreichsten Nationen sind China (1,3 Mrd. Menschen) und Indien (1,2 Mrd. Menschen). Im eisigen Klima der Antarktis leben dagegen nur wenige Tausend Menschen. Die meisten von ihnen sind Wissenschaftler, die in Forschungsstationen arbeiten.

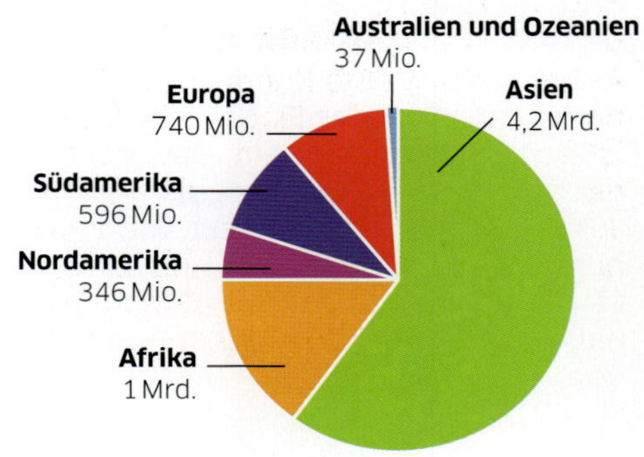

Einteilung der Erdkugel

Auf dieser Weltkarte sind die Kontinente mit den Ländern abgebildet. Der Äquator ist eine gedachte Linie, die um die breiteste Stelle der Erdkugel verläuft. Die Gegenden beidseits des Äquators vom nördlichen bis zum südlichen Wendekreis bezeichnet man als Tropen. Weil die Sonne in den Tropen hoch am Himmel steht, ist dies die wärmste Region der Erde.

Zeitzonen

Die Erdkugel ist in 360 Längengrade unterteilt – gedachte Linien, die von Nord nach Süd verlaufen. Jeweils 15 Längengrade bilden eine Zeitzone. Insgesamt gibt es 24 davon. Bewegt man sich nach Osten, ist es alle 15° eine Stunde früher, reist man nach Westen, immer eine Stunde später.

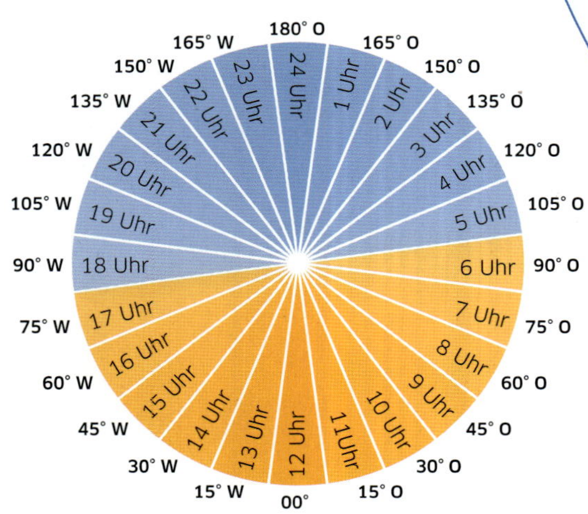

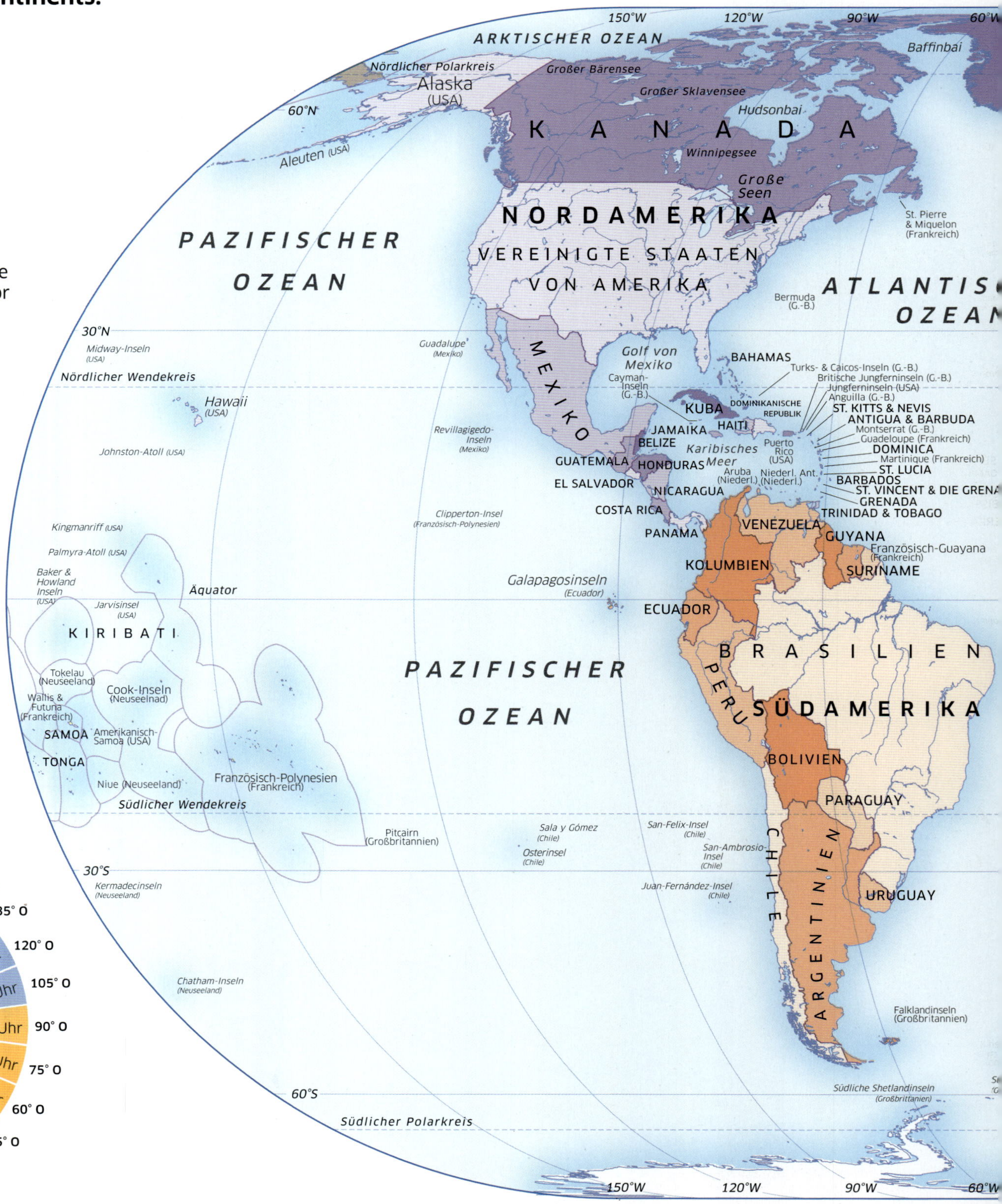

Größe der Kontinente

Asien ist der größte Kontinent. Australien hat nur ein Sechstel der Fläche von Asien und ist der kleinste Kontinent. Das größte Land der Erde ist Russland mit einer Fläche von 17 098 242 km². Es erstreckt sich von Europa bis nach Asien. Das zweit- und drittgrößte Land sind Kanada und die USA. Kanada hat eine Fläche von 9 984 670 km² und die USA von 9 826 675 km².

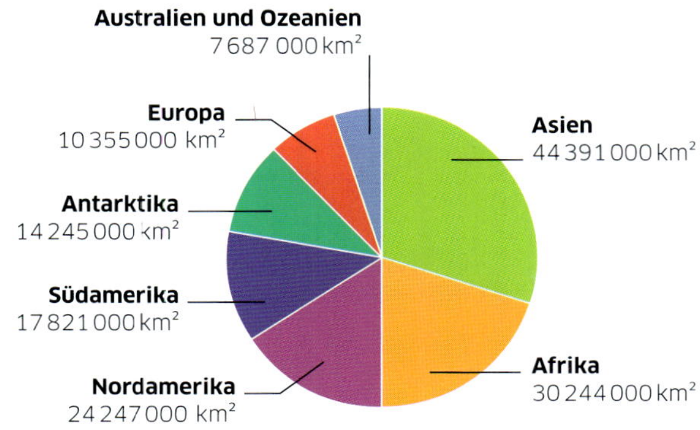

Mit einer Fläche von nur 0,44 km² ist die Vatikanstadt der kleinste Staat.

Flaggen

Jedes Land der Erde hat eine eigene Nationalflagge. Da es keine internationalen Regeln für das Aussehen der Flagge gibt, kann sie jedes Land selbst gestalten. Viele Flaggen verweisen auf die Kultur oder Geschichte eines Lands. Die meisten sind rechteckig, aber unterschiedlich in den Proportionen. Eine ungewöhnliche Form besitzt die Nationalflagge Nepals, die aus zwei Dreiecken besteht. Erst im 19. Jahrhundert wurde es üblich, dass jedes Land eine Nationalflagge besitzt. Die älteste Nationalflagge ist die Flagge Dänemarks. Sie stammt aus dem 13. Jahrhundert.

AFRIKA

NORDAMERIKA

SÜDAMERIKA

EUROPA

DÄNEMARK, FINNLAND, ISLAND, NORWEGEN, SCHWEDEN, IRLAND, GROSSBRITANNIEN, BELGIEN, LUXEMBURG, NIEDERLANDE, DEUTSCHLAND, FRANKREICH, MONACO, ANDORRA, PORTUGAL, SPANIEN, ITALIEN, SAN MARINO, VATIKANSTADT, ÖSTERREICH, LIECHTENSTEIN, SLOWENIEN, SCHWEIZ, TSCHECHISCHE REPUBLIK, UNGARN, POLEN, SLOWAKEI, ALBANIEN, BOSNIEN & HERZEGOWINA, KROATIEN, KOSOVO (UMSTRITTEN), MAZEDONIEN, MONTENEGRO, SERBIEN, BULGARIEN, GRIECHENLAND, MOLDAWIEN, RUMÄNIEN, UKRAINE, WEISSRUSSLAND, ESTLAND, LETTLAND, LITAUEN, ZYPERN, MALTA, RUSSISCHE FÖDERATION

ASIEN

ARMENIEN, ASERBAIDSCHAN, GEORGIEN, TÜRKEI, IRAK, ISRAEL, JORDANIEN, LIBANON, SYRIEN, BAHRAIN, KUWAIT, OMAN, KATAR, SAUDI-ARABIEN, VEREINIGTE ARABISCHE EMIRATE, JEMEN, IRAN, KASACHSTAN, KIRGISISTAN, TADSCHIKISTAN, TURKMENISTAN, USBEKISTAN, AFGHANISTAN, PAKISTAN, BANGLADESCH, BHUTAN, INDIEN, NEPAL, SRI LANKA, CHINA, MONGOLEI, NORDKOREA, SÜDKOREA, TAIWAN, JAPAN, MYANMAR, KAMBODSCHA, LAOS, PHILIPPINEN, THAILAND, VIETNAM, BRUNEI, INDONESIEN, OSTTIMOR, MALAYSIA, SINGAPUR, MALEDIVEN

AUSTRALIEN UND OZEANIEN

AUSTRALIEN, NEUSEELAND, PAPUA-NEUGUINEA, FIDSCHI, SALOMONEN, VANUATU, MARSHALLINSELN, MIKRONESIEN, NAURU, PALAU, KIRIBATI, TUVALU, TONGA, SAMOA

Stammbaum des Lebens

Im Lauf der Evolution haben sich unglaublich viele Lebensformen entwickelt. Sie alle stammen von den ersten Lebewesen ab, die vor über 3,8 Milliarden Jahren auf der Erde erschienen. Dieser Stammbaum zeigt, wie sich aus einfachen einzelligen Lebewesen kompliziertere einzellige Eukaryoten (Lebewesen mit einem Zellkern) und schließlich vielzellige Pilze, Pflanzen und Tiere entwickelt haben.

Die Hauptgruppen der Lebewesen sind in diesem Diagramm dargestellt. Wir Menschen gehören zu den Primaten, einer Gruppe der Säugetiere. Auch wir haben uns aus den einfachsten Lebewesen entwickelt – in Milliarden Jahren der Evolution.

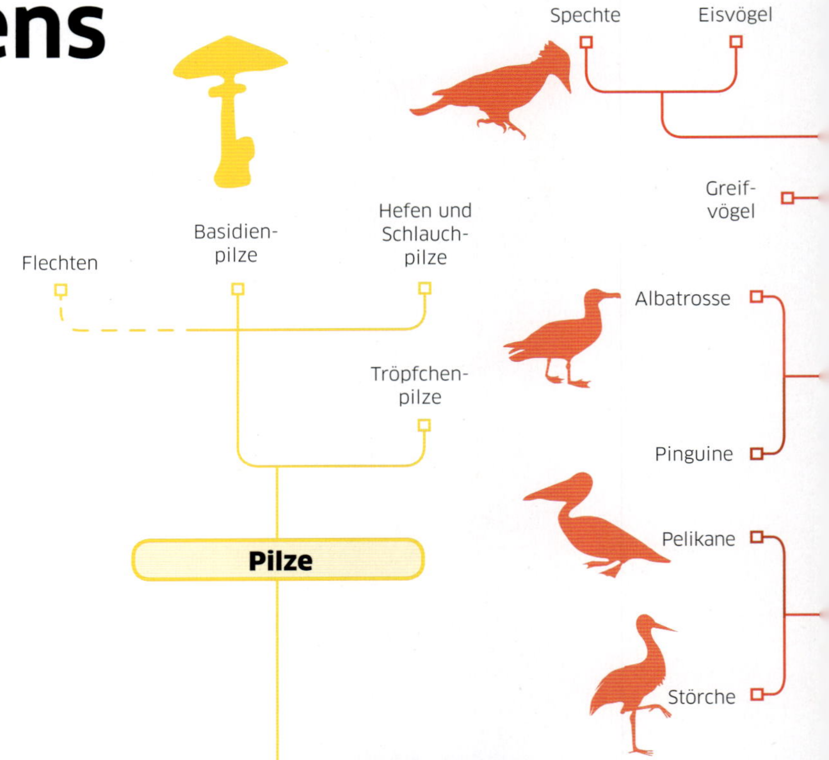

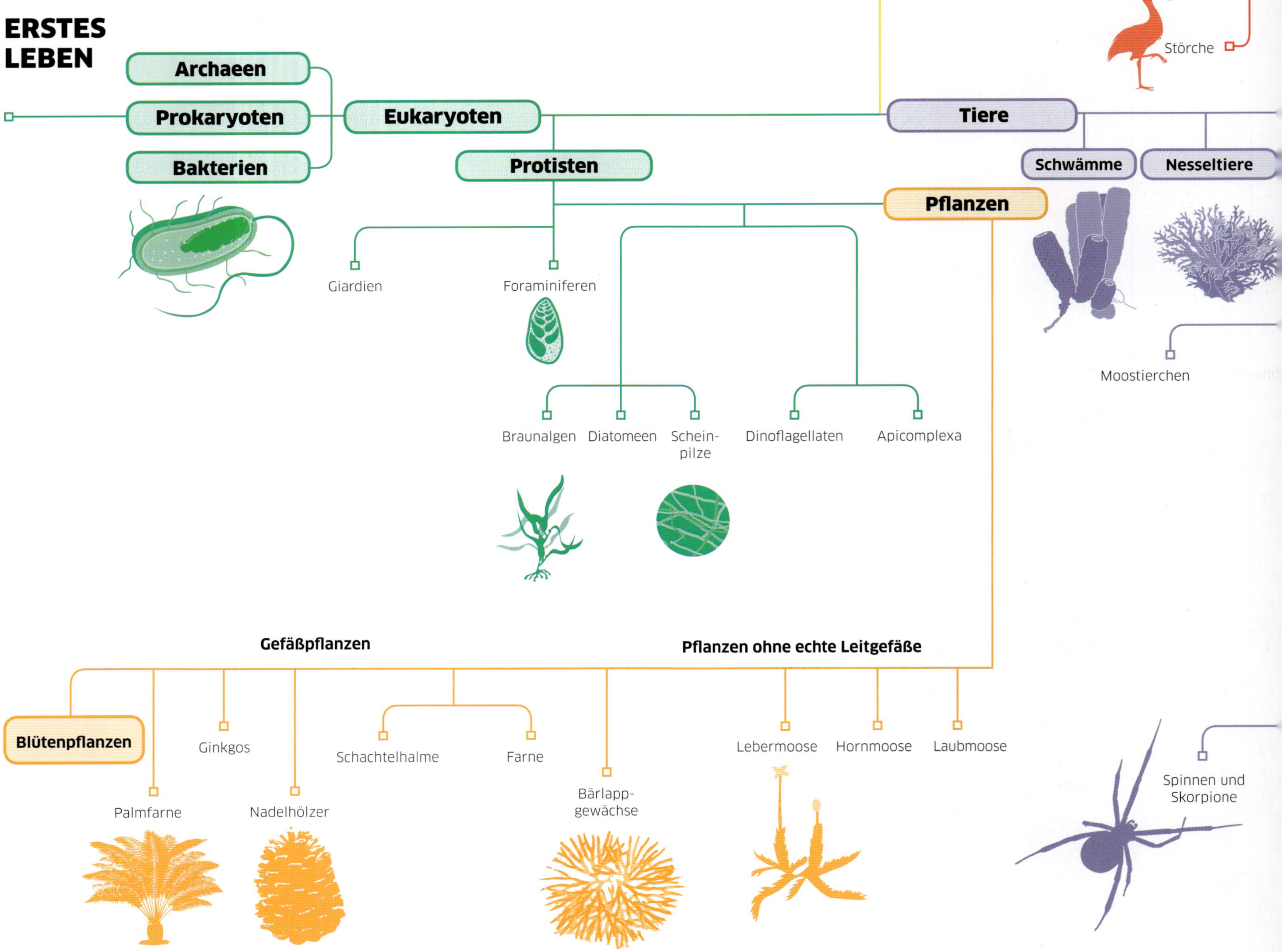

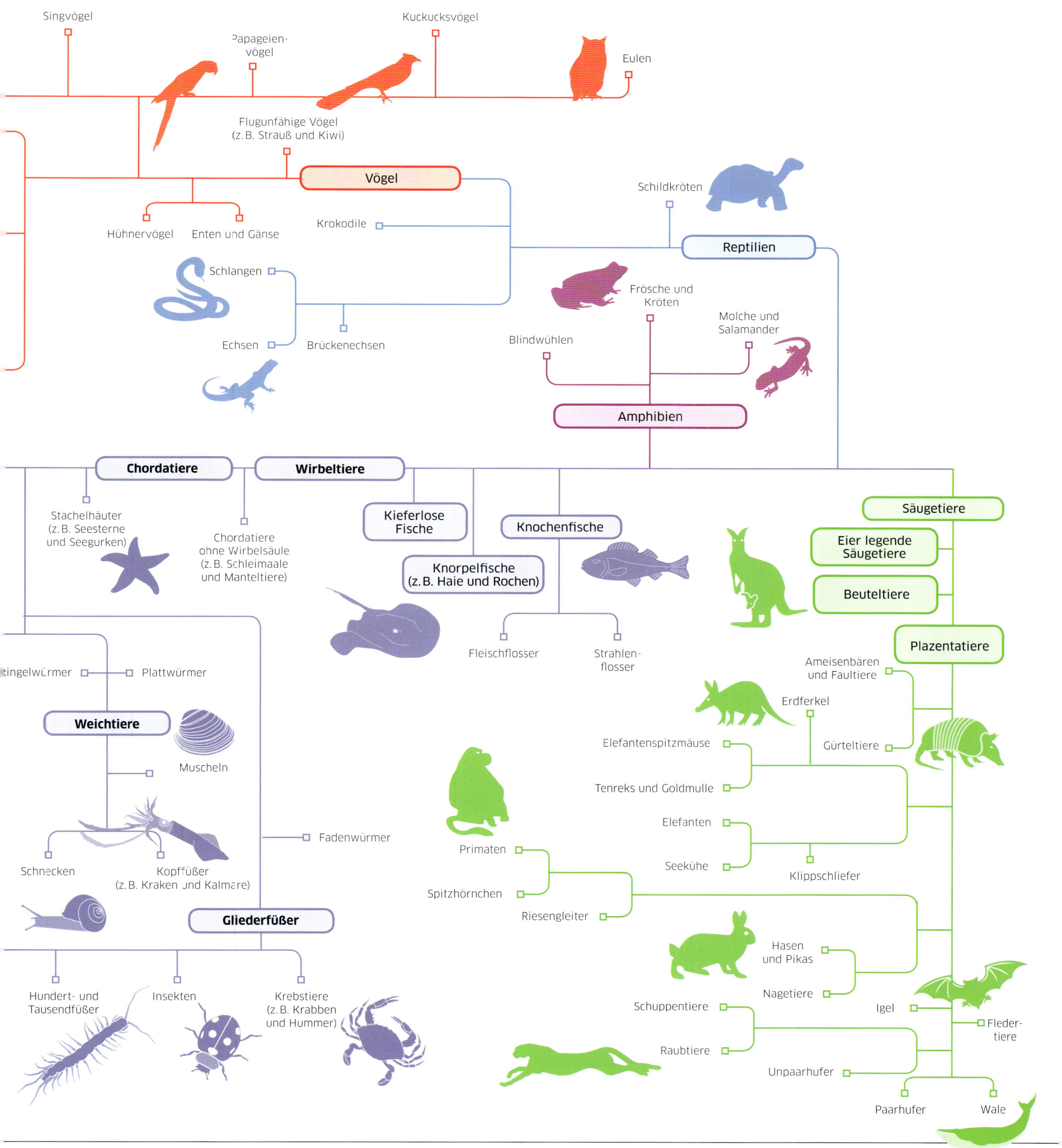
Singvögel
Papageien-vögel
Kuckucksvögel
Eulen
Flugunfähige Vögel (z. B. Strauß und Kiwi)
Vögel
Hühnervögel
Enten und Gänse
Krokodile
Schildkröten
Reptilien
Schlangen
Echsen
Brückenechsen
Frösche und Kröten
Molche und Salamander
Blindwühlen
Amphibien
Chordatiere
Wirbeltiere
Stachelhäuter (z. B. Seesterne und Seegurken)
Chordatiere ohne Wirbelsäule (z. B. Schleimaale und Manteltiere)
Kieferlose Fische
Knochenfische
Knorpelfische (z. B. Haie und Rochen)
Fleischflosser
Strahlen-flosser
Säugetiere
Eier legende Säugetiere
Beuteltiere
Plazentatiere
ingelwürmer
Plattwürmer
Weichtiere
Muscheln
Schnecken
Kopffüßer (z. B. Kraken und Kalmare)
Fadenwürmer
Gliederfüßer
Hundert- und Tausendfüßer
Insekten
Krebstiere (z. B. Krabben und Hummer)
Ameisenbären und Faultiere
Erdferkel
Gürteltiere
Elefantenspitzmäuse
Tenreks und Goldmulle
Elefanten
Seekühe
Klippschliefer
Primaten
Spitzhörnchen
Riesengleiter
Hasen und Pikas
Nagetiere
Schuppentiere
Raubtiere
Igel
Fleder-tiere
Unpaarhufer
Paarhufer
Wale

Rekorde im Tierreich

Viele Tiere leisten Erstaunliches: Sie sind ungewöhnlich schnell oder bringen sehr laute Geräusche hervor. Andere sind Schwergewichte oder so klein, dass man sie nur unter dem Mikroskop sehen kann. Manche werden sehr alt, während andere nur wenige Tage leben.

SCHWERGEWICHTE

Die meisten schweren Tiere wie Wale und Walhaie leben im Meer, wo das Wasser ihren Körper stützt.

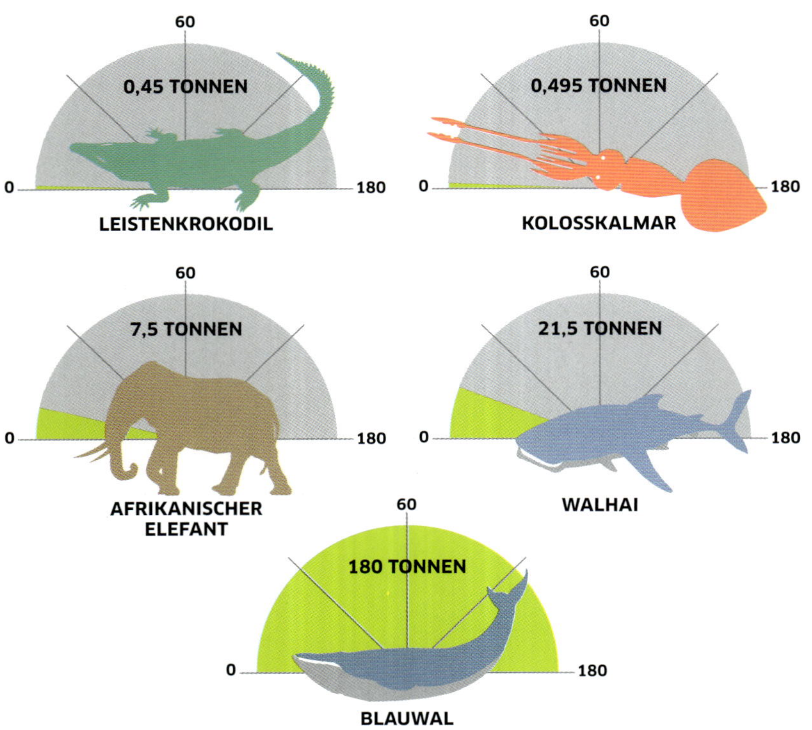

FORTBEWEGUNG

Einige Räuber greifen ihre Beute mit beeindruckender Geschwindigkeit an. Das Faultier hingegen führt ein Leben in Zeitlupe.

Die schnellsten Tiere

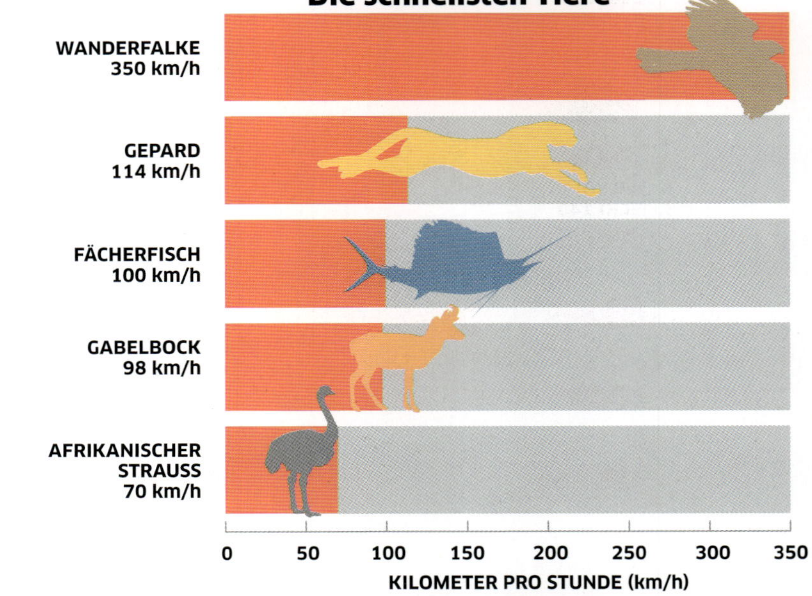

Die langsamsten Tiere

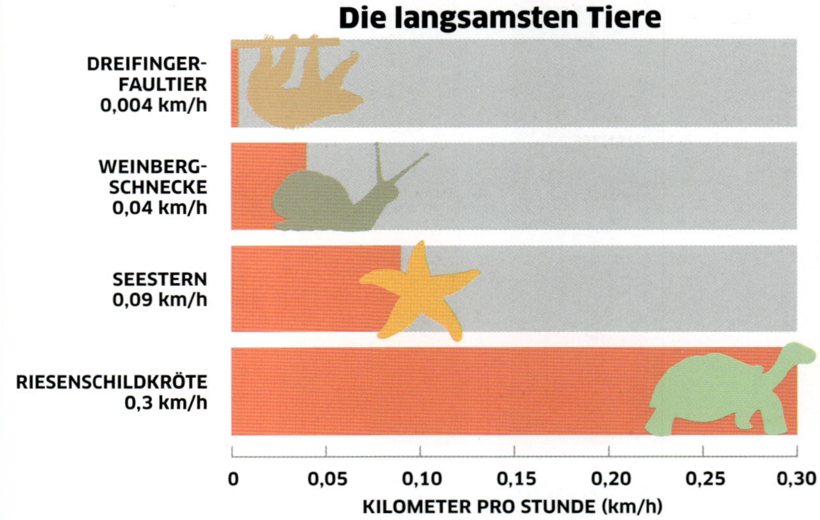

DIE LAUTESTEN TIERE

Der Knallkrebs betäubt seine Beute mit einem sehr lauten Knall. Kein Tier kann lautere Geräusche hervorbringen.

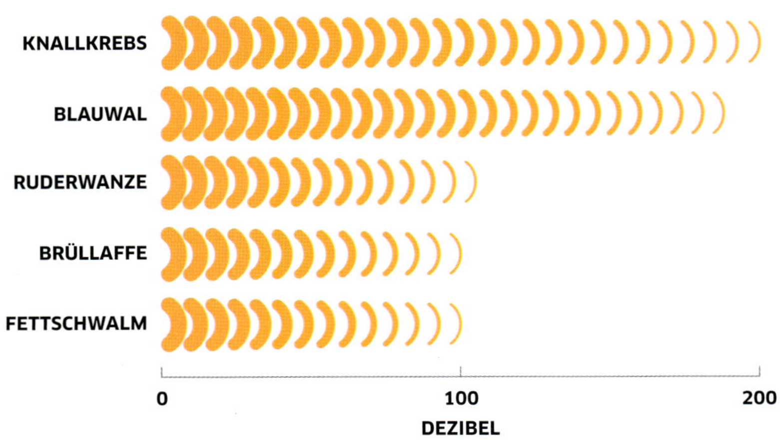

WEITE SPRÜNGE

Der Schneeleopard macht im Gebirge sehr weite Sprünge, wenn er seine Beute angreift. Andere Tiere hüpfen fort, um zu fliehen.

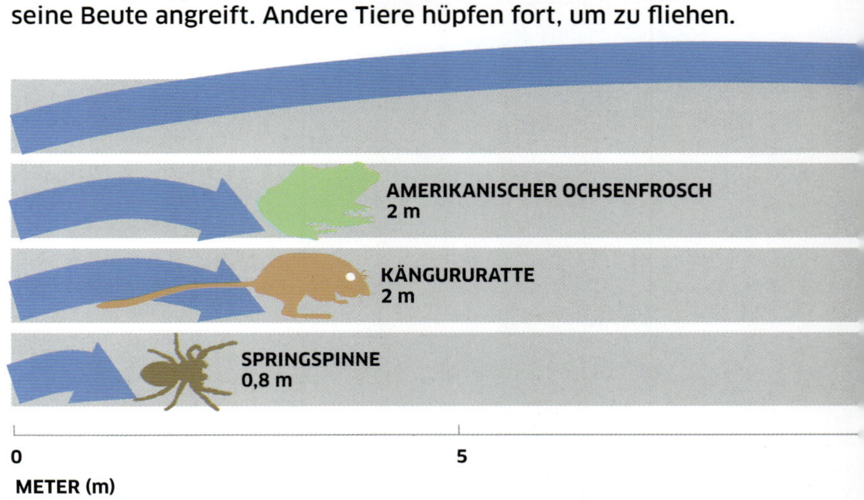

LEBENSERWARTUNG

Größere Tiere leben meist länger als kleinere. Bei einigen Insekten leben die geflügelten erwachsenen Tiere nur wenige Stunden.

Längste Lebenserwartung (IN JAHREN)

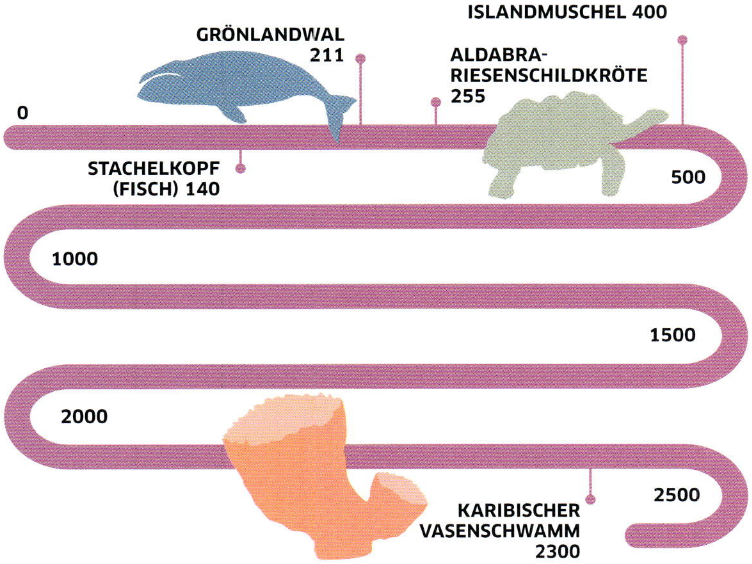

Kürzeste Lebenserwartung (IN TAGEN)

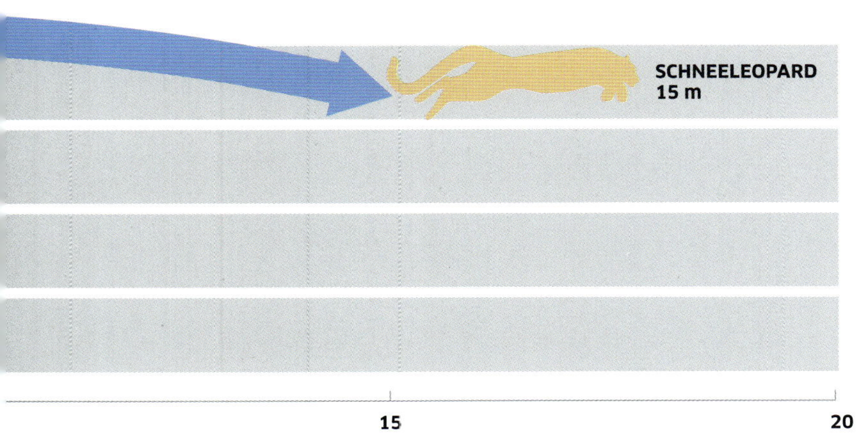

GROSS UND KLEIN

Die kleinsten Tiere sind winzig wie die Rädertierchen, die in Teichen und Bächen leben. Manche sind so groß, dass sie alle anderen Tiere in ihrer Nähe überragen.

Die größten Tiere

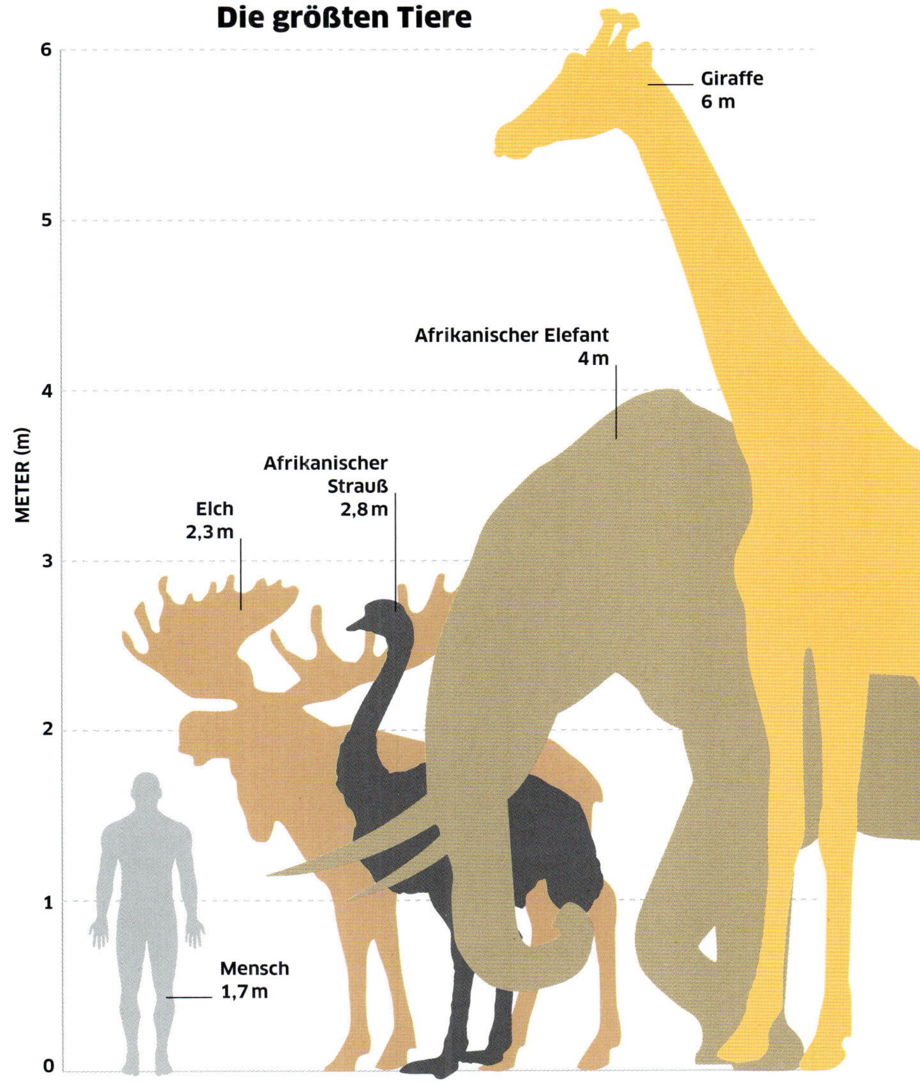

Die kleinsten Tiere

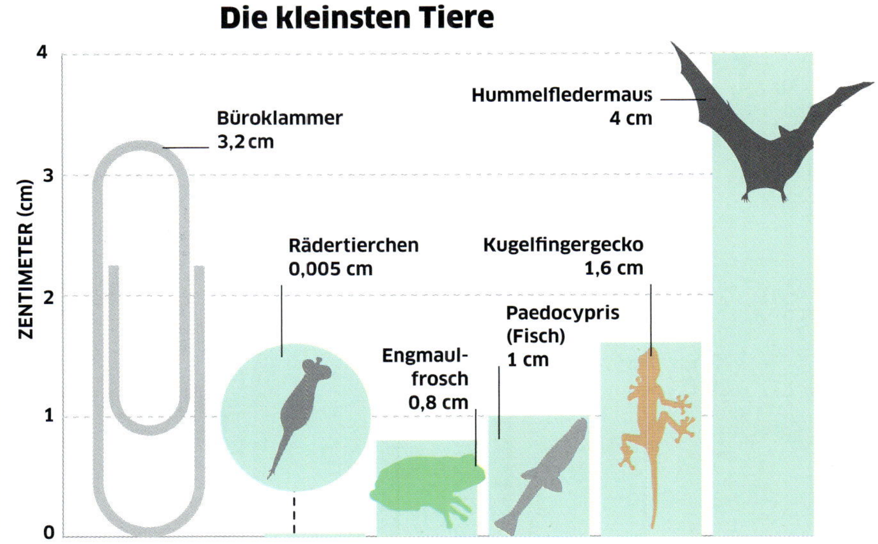

Umrechnungstabellen

Maßeinheiten sind wichtig, damit wir Dinge vergleichen und sie uns vorstellen können. Ohne genaue Messungen gäbe es keine Weltrekorde, Backen wäre ein stets neues Experiment und die passende Kleidung zu finden ziemlich zeitaufwendig. Alte Maßeinheiten beruhten häufig auf Körperteilen wie z. B. die Elle, der Schritt oder die heute in Großbritannien noch gültige Einheit Fuß. Weil aber Körper unterschiedlich groß sind, basieren moderne Maßsysteme auf Standardeinheiten.

MASSEINHEITEN

In fast allen Ländern der Erde ist das metrische Einheitensystem in Gebrauch, das auf dem Dezimalsystem basiert. Vor allem in den USA und in Großbritannien wird noch das imperiale (angloamerikanische) System angewendet, das auf traditionellen Maßeinheiten beruht, denen der Bezug zum Dezimalsystem weitgehend fehlt.

FLÄCHE

METRISCH	
100 Quadratmillimeter (mm^2)	1 Quadratzentimeter (cm^2)
10 000 Quadratzentimeter (cm^2)	1 Quadratmeter (m^2)
10 000 Quadratmeter (m^2)	1 Hektar (ha)
100 Hektar (ha)	1 Quadratkilometer (km^2)
1 Quadratkilometer (km^2)	1 000 000 Quadratmeter (m^2)
IMPERIAL	
144 Quadratzoll (sq in)	1 Quadratfuß (sq ft)
9 Quadratfuß (sq ft)	1 Quadratyard (sq yd)
1296 Quadratzoll (sq in)	1 Quadratyard (sq yd)
43 560 Quadratfuß (sq ft)	1 Acre
640 Acres	1 Quadratmeile (sq mile)

VOLUMEN

METRISCH	
1000 Milliliter (ml)	1 Liter (l)
100 Liter (l)	1 Hektoliter (hl)
10 Hektoliter (hl)	1 Kiloliter (kl)
1000 Liter (l)	1 Kiloliter (kl)
IMPERIAL	
8 Flüssigunzen (fl oz)	1 Cup
20 Flüssigunzen (fl oz)	1 Pint (pt)
4 Gill (gi)	1 Pint (pt)
2 Pint (pt)	1 Quart (qt)
4 Quart (qt)	1 Gallone (gal)
8 Pint (pt)	1 Gallone (gal)

TEMPERATUR

	FAHRENHEIT	CELSIUS
Siedepunkt von Wasser	212°	100°
Gefrierpunkt von Wasser	32°	0°
Absoluter Nullpunkt	-459°	-273°

LÄNGE

METRISCH	
10 Millimeter (mm)	1 Zentimeter (cm)
100 Zentimeter (cm)	1 Meter (m)
1000 Millimeter (mm)	1 Meter (m)
1000 Meter (m)	1 Kilometer (km)
IMPERIAL	
12 Zoll (in)	1 Fuß (ft)
3 Fuß (ft)	1 Yard (yd)
1760 Yards (yd)	1 Meile
5280 Fuß (ft)	1 Meile
8 Furchenlängen (fur)	1 Meile

MASSE

METRISCH	
1000 Milligramm (mg)	1 Gramm (g)
1000 Gramm (g)	1 Kilogramm (kg)
1000 Kilogramm (kg)	1 Tonne (t)
IMPERIAL	
16 Unzen (oz)	1 Pfund (lb)
14 Pfund (lb)	1 Stone
112 Pfund (lb)	1 Hundredweight
20 Hundredweight (cwt)	1 Tonne

Zeit

METRISCH UND IMPERIAL	
60 Sekunden	1 Minute
60 Minuten	1 Stunde
24 Stunden	1 Tag
7 Tage	1 Woche
52 Wochen	1 Jahr
1 Jahr	12 Monate

UMRECHNUNG

Man kann Einheiten des imperialen Systems in solche des metrischen Systems oder umgekehrt umrechnen, wenn man die Einheit mit einem Umrechnungsfaktor multipliziert oder teilt. Nur die Umrechnung der Temperatureinheiten ist etwas schwieriger.

TEMPERATUR

Mit folgender Gleichung rechnet man Fahrenheit (°F) in Celsius (°C) um:
$C = (F - 32) \cdot 5 \div 9$

Umgekehrt rechnet man Celsius (°C) so in Fahrenheit (°F) um:
$F = (C \cdot 9 \div 5) + 32$

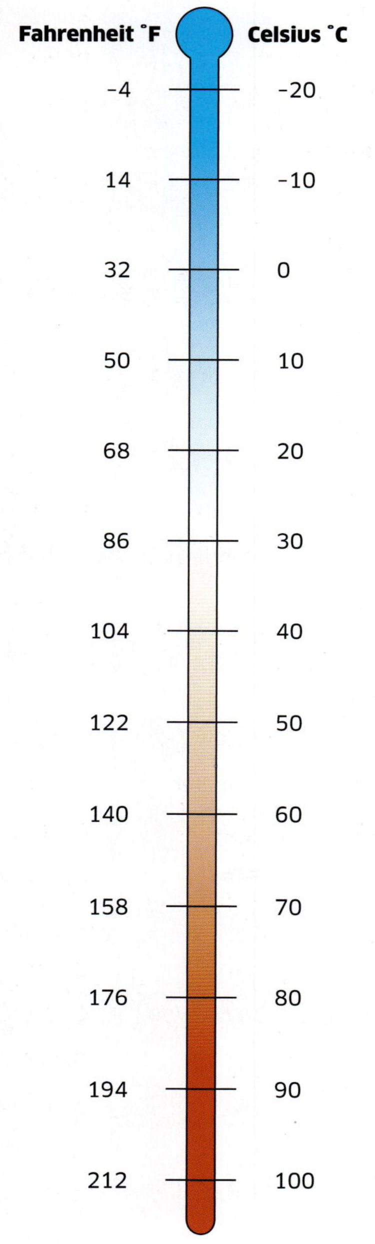

Umrechnungsfaktoren für metrische und imperiale Einheiten

VON EINHEIT	ZU	FAKTOR	VON EINHEIT	ZU	TEILER
Acre	Hektar	0,40	Hektar	Acre	0,40
Zentimeter	Fuß	0,03	Fuß	Zentimeter	0,03
Zentimeter	Zoll	0,39	Zoll	Zentimeter	0,39
Kubikzentimeter	Kubikzoll	0,06	Kubikzoll	Kubikzentimeter	0,06
Kubikfuß	Kubikmeter	0,03	Kubikmeter	Kubikfuß	0,03
Kubikzoll	Kubikzentimeter	16,39	Kubikzentimeter	Kubikzoll	16,39
Kubikmeter	Kubikfuß	35,32	Kubikfuß	Kubikmeter	35,32
Fuß	Zentimeter	30,48	Zentimeter	Fuß	30,48
Fuß	Meter	0,30	Meter	Fuß	0,30
Gallone	Liter	4,55	Liter	Gallone	4,55
Gramm	Unze	0,04	Unze	Gramm	0,04
Hektar	Acre	2,47	Acre	Hektar	2,47
Zoll	Zentimeter	2,54	Zentimeter	Zoll	2,54
Kilogramm	Pfund (imperial)	2,20	Pfund (imperial)	Kilogramm	2,20
Kilometer	Meile	0,62	Meile	Kilometer	0,62
Kilometer pro Stunde	Meile pro Stunde	0,62	Meile pro Stunde	Kilometer pro Stunde	0,62
Liter	Gallone	0,22	Gallone	Liter	0,22
Liter	Pint	1,76	Pint	Liter	1,76
Meter	Fuß	3,28	Fuß	Meter	3,28
Meter	Yard	1,09	Yard	Meter	1,09
Meter pro Minute	Zentimeter pro Sekunde	1,67	Zentimeter pro Sekunde	Meter pro Minute	1,67
Meter pro Minute	Fuß pro Sekunde	0,05	Fuß pro Sekunde	Meter pro Minute	0,05
Meile	Kilometer	1,61	Kilometer	Meile	1,61
Meile pro Stunde	Kilometer pro Stunde	1,61	Kilometer pro Stunde	Meile pro Stunde	1,61
Meile pro Stunde	Meter pro Sekunde	0,45	Meter pro Sekunde	Meile pro Stunde	0,45
Millimeter	Zoll	0,04	Zoll	Millimeter	0,04
Unze	Gramm	28,35	Gramm	Unze	28,35
Pint	Liter	0,57	Liter	Pint	0,57
Pfund (imperial)	Kilogramm	0,45	Kilogramm	Pfund (imperial)	0,45
Quadratzentimeter	Quadratzoll	0,16	Quadratzoll	Quadratzentimeter	0,16
Quadratzoll	Quadratzentimeter	6,45	Quadratzentimeter	Quadratzoll	6,45
Quadratfuß	Quadratmeter	0,09	Quadratmeter	Quadratfuß	0,09
Quadratkilometer	Quadratmeile	0,39	Quadratmeile	Quadratkilometer	0,39
Quadratmeter	Quadratfuß	10,76	Quadratfuß	Quadratmeter	10,76
Quadratmeter	Quadratyard	1,20	Quadratyard	Quadratmeter	1,20
Quadratmeile	Quadratkilometer	2,59	Quadratkilometer	Quadratmeile	2,59
Quadratyard	Quadratmeter	0,84	Quadratmeter	Quadratyard	0,84
Tonne	Tonne (imperial)	0,98	Tonne (imperial)	Tonne	0,98
Tonne (imperial)	Tonne	1,02	Tonne	Tonne (imperial)	1,02
Yard	Meter	0,91	Meter	Yard	0,91

UNFASSBARE GESCHICHTE

Immerzu und überall auf der Welt ereignet sich Geschichte. Ob es sich um wahnwitzige Herrscher oder Wunderkinder, um Großreiche oder umwälzende Erfindungen handelt – die Geschichte ist voller Begebenheiten und Geschehnisse, die man oft kaum glauben mag. Hier einige der erstaunlichsten Ereignisse, Erfindungen und Persönlichkeiten, die Geschichte gemacht haben.

DIE GRÖSSTEN WELTREICHE

Manche Reiche der Weltgeschichte erstreckten sich über mehrere Kontinente. An ihrer Spitze stand ein Monarch oder eine Oligarchie (kleine Gruppe von Personen oder eine Familie). Die Herrscher mussten sowohl die Kontrolle über ihre Reiche aufrechterhalten, als auch neue Gebiete erobern, wenn sie ihr Reich vergrößern wollten. Dies sind die fünf größten Reiche der Weltgeschichte.

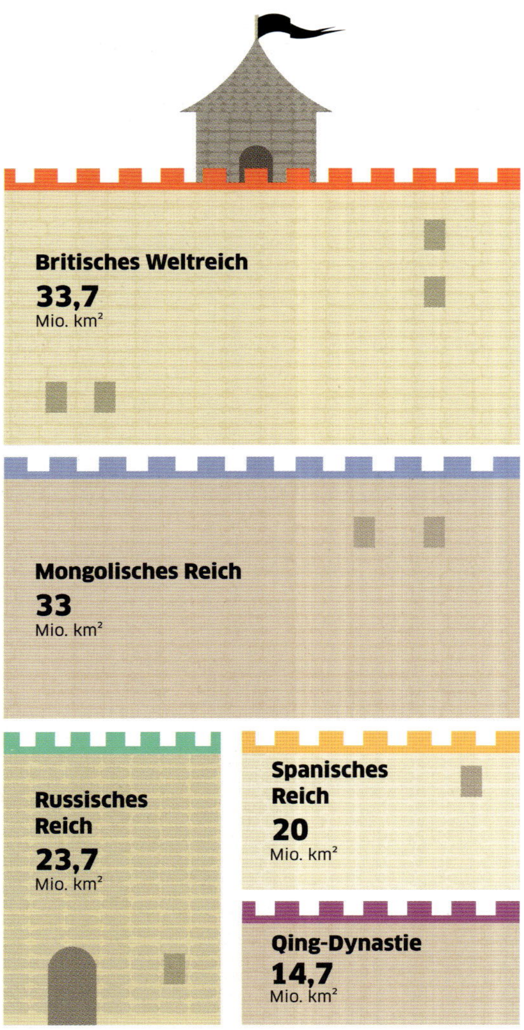

Britisches Weltreich
Im späten 19. Jh., seiner Blütezeit, erstreckte sich das Britische Weltreich über ein Viertel der Landfläche der Erde. Es hieß, die Sonne ginge in ihm nie unter.

Mongolisches Reich
Unter Dschingis Khan dehnte sich das Reich der Mongolen (zentralasiatische Nomadenstämme) im 13. und 14. Jh. rasch über Asien aus und umfasste Teile Chinas und Russlands.

Russisches Reich
Das Russische Reich bestand von 1721 bis zur Russischen Revolution 1917. In seiner Blütezeit um die Mitte des 19. Jh. erstreckte es sich über Osteuropa, Asien und sogar Nordamerika.

Spanisches Kolonialreich
Unter der Dynastie der Habsburger wurde das Spanische Reich im 16. und 17. Jh. zur wichtigsten Weltmacht. Es umfasste Gebiete in Nord- und Südamerika sowie Teile Europas.

Qing-Dynastie
Die Qing- oder Mandschu-Dynastie, die letzte kaiserliche Dynastie Chinas, herrschte 267 Jahre lang ab Mitte des 17. Jh. bis Anfang des 20. Jh.

DIE LÄNGSTEN KRIEGE

Kriege gab es in der Geschichte immer und überall. Während manche Konflikte schnell entschieden waren, dauerten andere Jahrzehnte oder sogar ein Jahrhundert an, bis die letzte Schlacht geschlagen war.

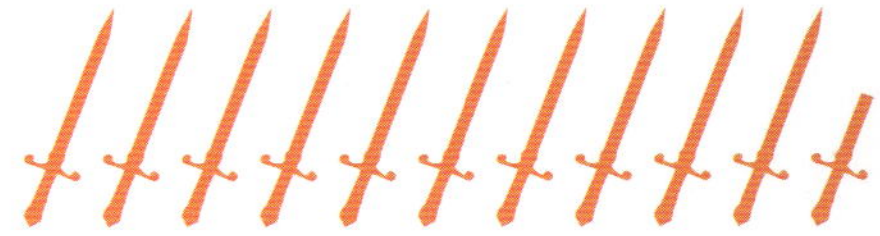

116 Jahre

Der Hundertjährige Krieg (1337–1453)
Der längste Krieg der Geschichte wurde zwischen Engländern und Franzosen ausgetragen. Genau genommen dauerte er 116 Jahre.

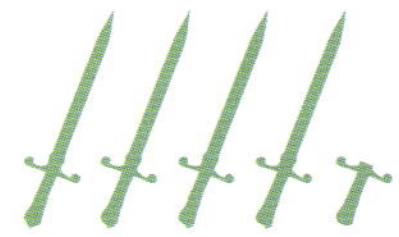

43 Jahre

Die Punischen Kriege (264–146 v. Chr.)
Dies waren drei Kriege zwischen Karthago (vorherrschende Mittelmeermacht) und Rom (Herrscher über die italienische Halbinsel). Rom besiegte Karthago und zerstörte 146 v. Chr. die Stadt.

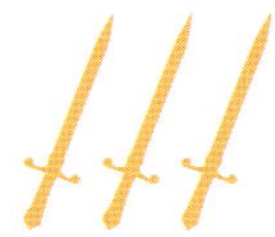

30 Jahre

Der Dreißigjährige Krieg (1618–1648)
Dieser hauptsächlich in Deutschland ausgetragene Krieg war in erster Linie ein Religionskrieg zwischen Katholiken und Protestanten, der dann politisch wurde und Europa für immer veränderte.

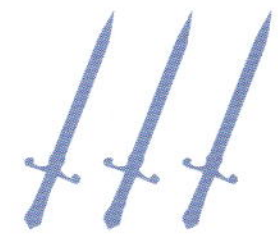

30 Jahre

Die Rosenkriege (1455–1485)
Der 30 Jahre dauernde Kampf um die englische Krone wurde zwischen den Adelshäusern York und Lancaster ausgetragen. Das Haus Lancaster war siegreich und Henry Tudor wurde als Heinrich VII. König von England.

27 Jahre

Der Peloponnesische Krieg (431–404 v. Chr.)
Ein Krieg zwischen zwei rivalisierenden Bündnissen griechischer Stadtstaaten unter der Führung Athens einerseits und Spartas andererseits. Sieger waren am Ende die zu Land stärkeren Streitkräfte Spartas.

23 Jahre

Napoleonische Kriege (1796–1815)
Napoleon Bonaparte, ein erfolgreicher General, ernannte sich 1804 zum Kaiser Frankreichs. Er führte das Land in Kriege gegen andere europäische Mächte, bis er in der Schlacht von Waterloo besiegt wurde.

DIE KÜRZESTEN KRIEGE

Nicht alle Konflikte sind langwierig, manche sind nur von kurzer Dauer. Der kürzeste Krieg der Weltgeschichte brach aus, als ein Cousin des verstorbenen Sultans von Sansibar versuchte die Macht an sich zu reißen. Der Krieg währte nur Minuten.

Britisch-Sansibarischer Krieg (1896)
Zwischen Großbritannien und Sansibar

Sechstagekrieg (1967)
Zwischen Israel und den Nachbarländern Ägypten, Jordanien und Syrien

3. Indisch-Pakistanischer Krieg (1971)
Zwischen Indien und Pakistan

Serbisch-Bulgarischer Krieg (1885)
Zwischen Serbien und Bulgarien

Armenisch-Georgischer Krieg (1918)
Zwischen Georgien und Armenien

ERSTAUNLICHE ERFINDUNGEN

Ohne diese Erfindungen sähe unser Alltag heute völlig anders aus. Vom einfachen Haushaltsgegenstand bis zur komplexen Technologie – diese unglaublichen Entdeckungen haben unsere Art zu leben und zu denken verändert und den Lauf der Geschichte beeinflusst.

1440: Druckerpresse
Mit Johannes Gutenbergs Erfindung konnten Texte schneller und günstiger vervielfältigt werden.

1776: Dampfmaschine
James Watt machte die frühe Dampfmaschine durch einen separaten Kondensator wirkungsvoller.

1876: Telefon
Alexander Graham Bell meldete das Patent an, aber mit der Idee waren andere ihm schon zuvorgekommen.

1879: Glühbirne
Diese zündende Idee für elektrisches Licht stammte von Thomas Edison und Joseph Swan.

1886: Auto
Carl Benz eroberte die Straße auf einem Dreirad, das durch einen eingebauten Verbrennungsmotor angetrieben wurde.

1903: Flugzeug
Die Brüder Wright erfanden ein fliegendes Gerät, das das Reisen weltweit revolutionieren sollte.

1928: Penicillin
Durch Zufall erkannte Alexander Fleming, dass Schimmel Bakterien abtötet, und entdeckte so das erste Antibiotikum.

1941: Moderner Computer
Den ersten elektronischen, programmierbaren Computer erfand Konrad Zuse. Der Rechner war die Z3.

1969: Internet
Das erste Netzwerk wurde vom Pentagon aufgebaut. Zwanzig Jahre später erfand Tim Berners-Lee das World Wide Web.

SONDERBARE REGENTEN

Im Lauf der Geschichte gab es viele seltsame Herrscher. Einige hatten einen schlechten Ruf, andere waren brutal oder tatsächlich verrückt. Hier eine Auswahl einiger der sonderbarsten Gestalten der Geschichte.

Hatschepsut (um 1470 v. Chr.)
Die ägyptische Königin wusste, dass ein weiblicher Pharao vom Volk nicht leicht akzeptiert werden würde, und ließ sich mit Königsbart darstellen.

Assur-nasirpal II. (regierte 884–859 v. Chr.)
Der assyrische König prahlte gern mit seinen Eroberungen. Eine Inschrift am Eingang seines Palasts beschrieb, auf welche Weise er seine Widersacher foltern ließ.

Nebukadnezar II. (regierte 605–562 v. Chr.)
Der babylonische König glaubte, wegen einer Prophezeiung sieben Jahre als Kuh auf den Feldern leben zu müssen.

Peisistratos (560 v. Chr.)
Dieser Bürger Athens hatte behauptet angegriffen worden zu sein und bekam eine Leibgarde. Diese nutzte er, um die Macht in der Stadt an sich zu reißen.

Nero (37–68)
Der römische Kaiser ließ seine Mutter und seinen Adoptivbruder töten. Er soll nachts in seinem Garten Christen als lebende Fackeln verbrannt haben lassen.

Caligula (12–41)
Der römische Kaiser war bekannt für Grausamkeit und Verschwendungssucht. Er erhob sich zum Gott und ließ sich vom Volk anbeten. Von vielen Götterstatuen wurden die Köpfe abgenommen und gegen seinen ausgetauscht.

Irene von Athen (752–803)
Die Mutter von Kaiser Konstantin VI. ließ ihrem Sohn die Augen ausbrennen, sodass sie allein über das Byzantinische Reich herrschen konnte.

Basileios II. (958–1025)
Nach dem Sieg über die Bulgaren 1014 befahl Kaiser Basileios von Byzanz seinen Soldaten, 15 000 bulgarischen Gefangenen durch Blenden das Augenlicht zu nehmen. Nur einer von hundert durfte ein Auge behalten, um die anderen in die Heimat zu führen.

Tamerlan (1336–1404)
Der Kriegsherr aus der Region des heutigen Usbekistans tötete jeden, der ihm in die Quere kam. In einem Fall traf das alle 30 000 Einwohner einer Stadt.

Vlad III. Draculea (1431–1476)
Er wurde in Transsilvanien geboren und war Herrscher der Walachei, eines Gebiets, das heute zu Rumänien gehört. „Der Pfähler", wie er später genannt wurde, war äußerst grausam und ließ viele seiner Gegner auf Holzpfähle aufspießen.

Faruq von Ägypten (1920–1965)
Der ägyptische König war ein krankhafter Dieb, der bei Staatsbesuchen immer wieder klaute. Einmal stahl er Winston Churchill eine teure Taschenuhr.

WUNDERKINDER

Manche Menschen werden als Genie geboren und erreichen schon im Kindesalter Unglaubliches. Immer wieder haben solche Kinder, vom Musiker bis zum Mathematiker, die Welt mit ihren Talenten und erstaunlichen Leistungen beeindruckt.

Avicenna (980–1037)
Mit zehn kannte der vielseitig gebildete Perser Avicenna den Koran auswendig. Bereits mit 18 war er ausgebildeter Arzt.

Blaise Pascal (1623–1662)
Der begabte Mathematiker schrieb mit 16 eine bedeutende Abhandlung zur Geometrie.

Maria Gaetana Agnesi (1718–1799)
Mit 13 sprach sie mindestens sieben Sprachen. Sie wurde Mathematikerin, Sprachforscherin und Philosophin.

Amadeus Mozart (1756–1791)
Schon mit vier spielte Mozart Klavier und Geige, mit fünf komponierte er.

Jean F. Champollion (1790–1832)
Mit 16 sprach der französische Sprachforscher zwölf Sprachen. Als Erwachsener entzifferte er die ägyptischen Hieroglyphen.

Pablo Picasso (1881–1973)
Unter der Anleitung seines Vaters malte Picasso schon als Jugendlicher erstaunliche Bilder.

WUNDER DER ANTIKE

Die sieben Weltwunder der Antike, bestaunt und bewundert von den alten Griechen, waren beeindruckende Bauwerke rund um das östliche Mittelmeer. Ein einziges davon, die Pyramiden von Giseh, ist bis heute erhalten.

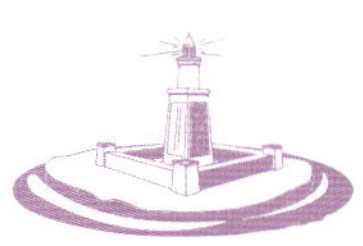

Leuchtturm von Alexandria
Auf der ägyptischen Insel Pharos am Nildelta vor Alexandria wurde im 3. Jh. v. Chr. der erste Leuchtturm der Welt gebaut.

Pyramiden von Giseh
Die drei großen Pyramiden bei Kairo sind nach den darin bestatteten Pharaonen Cheops, Chephren und Mykerinos benannt.

Zeus-Statue des Phidias
Die Statue des höchsten Gotts der griechischen Götterwelt war 12 m hoch. Sie stand in Olympia, dem Ort der Olympischen Spiele der Antike.

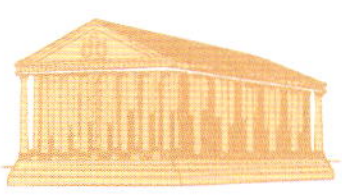

Tempel der Artemis in Ephesos
Dieser große Marmortempel, der 127 Säulen besaß, war zu Ehren der Artemis, der Göttin der Jagd und der Geburt, erbaut worden.

Koloss von Rhodos
Die 33,5 m hohe Bronzestatue stellte den griechischen Sonnengott Helios dar. Nach nur 60 Jahren wurde sie durch ein Erdbeben zerstört.

Mausoleum von Halikarnassos
Das gewaltige Marmorgrabmal war für Maussolos, den König von Karien, von seiner Frau Artemisia erbaut worden.

Hängende Gärten von Babylon
Die Gärten sollen 22 m in die Höhe gereicht haben, angelegt auf großen Ziegelterrassen. Viele Fachleute gehen davon aus, dass sie nie existierten.

Glossar

ALGEN
Diese einfach gebauten, oft einzelligen Lebewesen, die ähnlich wie Pflanzen aussehen, findet man zumeist im Süß- oder Salzwasser.

AMPHIBIEN
Mitglieder dieser Gruppe wechselwarmer Wirbeltiere (z. B. Frösche, Molche und Salamander) leben im Wasser und an Land.

ANARCHIE
Ungeordnete gesellschaftliche Zustände, wenn der Staat ohne Führung ist.

ANPASSUNG
Alle Lebewesen passen im Lauf der Evolution ihre Gestalt und ihr Verhalten an die sich verändernde Umwelt an.

APARTHEID
Offizielle Politik strikter Trennung von Weißen und Schwarzen, die bis 1994 in Südafrika galt.

ARCHAEEN
Die winzigen, einzelligen Lebewesen sehen aus wie Bakterien, besitzen aber andere Gene.

ARCHÄOLOGIE
Erforschung der Vergangenheit anhand der Überreste von Bauten und Gegenständen, die Menschen früher verwendeten.

ATMOSPHÄRE
Hülle aus Gasen, die einen Planeten umgibt. Sie enthält v. a. Stickstoff und Sauerstoff.

ATOM
Das kleinste Teilchen eines Elements, das ihm seine chemischen Eigenschaften verleiht.

AUSGESTORBEN
Wenn alle Individuen einer Tier- oder Pflanzenart von der Erde verschwunden sind.

AUSSENSKELETT
Das harte Skelett, das den Körper von Insekten, Krebsen und anderen wirbellosen Tieren bedeckt und ihn stützt und schützt.

BAKTERIEN
Viele dieser winzigen, einzelligen Lebewesen sind nützlich. Sie unterstützen die Verdauung oder halten den Boden fruchtbar. Häufig sind Bakterien aber auch Krankheitserreger.

BESCHLEUNIGUNG
In der Physik die Änderungsrate der Geschwindigkeit.

BEUTE
Ein Tier, das von anderen Tieren gejagt und gefressen wird.

BEUTELTIERE
Diese Säugetiere bringen noch nicht weit entwickelte Junge zur Welt, die dann im Beutel der Mutter heranwachsen.

BIOM
Eine Lebensgemeinschaft aus Pflanzen und Tieren, die sich bei einem bestimmten Klima in einem großen Gebiet ausgebildet hat.

BLUTGEFÄSS
Eine Röhre, die Blut durch den Körper leitet. Es gibt 3 Arten von Blutgefäßen: Arterien, Venen und Kapillaren.

BRONZEZEIT
Periode der Menschheitsgeschichte, etwa 2500–1200 v. Chr., in der die Menschen Werkzeuge und Waffen vorwiegend aus Bronze herstellten.

BÜRGERKRIEG
Krieg zwischen verschiedenen politischen Gruppierungen oder Regionen innerhalb eines Landes.

CHLOROPHYLL
Mithilfe dieses grünen Farbstoffs fangen Pflanzen die Energie des Sonnenlichts ein und nutzen sie zur Fotosynthese. Das ist der Prozess, bei dem Wasser und Kohlendioxid in Nähr- und Aufbaustoffe umgewandelt werden.

CHLOROPLASTEN
Winzige Strukturen in den Zellen von Pflanzen, die den grünen Blattfarbstoff Chlorophyll enthalten.

CHROMOSOM
Eine fadenartige Struktur im Kern der Körperzellen, die aus aufgewickelten DNA-Strängen (dem genetischen Code eines Organismus) besteht.

CODIEREN
Verschlüsselung mit Hilfe eines Codes (Zeichensystem).

DEMOKRATIE
Politisches System, in dem die Bürger durch die Wahl von Politikern, die sie vertreten, am Handeln der Regierung teilhaben.

DNA
Abkürzung für Desoxyribonukleinsäure: die Erbsubstanz im Innern der Chromosomen, in der alle Anweisungen für Wachstum und Erhaltung eines Lebewesen gespeichert sind.

DYNASTIE
Herrschergeschlecht (Familie), das mehrere Generationen lang über ein Land herrscht.

EISENZEIT
Periode der Menschheitsgeschichte, die durch Waffen und Werkzeuge aus Eisen geprägt ist. Die ältesten Relikte stammen von etwa 1200 v. Chr. und wurden im Nahen Osten und in Südeuropa gefunden.

ELEKTRON
Eines der winzigen Teilchen in einem Atom. Es besitzt eine negative elektrische Ladung.

ELEMENT
In der Chemie eine einfache Substanz, die aus gleichen Atomen besteht.

EMBRYO
Das früheste Stadium eines Tiers oder einer Pflanze. Ein menschlicher Embryo entsteht, wenn eine männliche und eine weibliche Keimzelle miteinander verschmelzen.

ENZYM
Eine Verbindung, die chemische Reaktionen beschleunigt.

ERDKRUSTE
Die äußerste Schicht der Erde aus harten, abgekühlten Gesteinen.

EROSION
Der Prozess, bei dem die Oberfläche der Erde (Gestein und Boden) unter dem Einfluss von Wind, Wasser oder Gletschern abgetragen wird.

ERUPTION
Bei der Eruption (Ausbruch) eines Vulkans werden Lava, vulkanische Asche und Gase aus ihm hinausgeschleudert. Ein Vulkan bricht aus, wenn heißes, flüssiges Magma aus dem Erdinnern an der Oberfläche austritt.

EVOLUTION
Fortschreitende Veränderung der vererbbaren Eigenschaften von Lebewesen, die im Lauf vieler Generationen unter dem Einfluss der natürlichen Auslese stattfindet.

EXOPLANET
Ein Planet außerhalb unseres Sonnensystems.

FACETTENAUGE
Die Augen erwachsener Insekten und einiger Krebstiere bestehen aus vielen kleinen Einzelaugen. Jedes Einzelauge hat eine eigene Linse. Das Gehirn setzt aus den vielen Bildern ein Gesamtbild zusammen.

FETUS
Das ungeborene Junge eines Tiers. Beim Menschen wird ein Ungeborenes ab der 9. Woche als Fetus bezeichnet.

FLEISCHFRESSER
Ein Tier, das sich fast nur von Fleisch ernährt.

FOSSIL
Die Überreste eines Lebewesens, das in der Urzeit gelebt hat.

FOTOSPHÄRE
Sichtbare Sonnenoberfläche, die aus einer etwa 500 km dicken Gasschicht besteht.

FOTOSYNTHESE
Bei diesem chemischen Prozess stellen Pflanzen mithilfe der Energie des Sonnenlichts ihre eigenen Nähr- und Aufbaustoffe her.

FÜHLER
Diese Sinnesorgane sitzen am Kopf von Insekten und Krebstieren (wie Krabben, Hummern und Asseln).

GALAXIE
Eine riesige Ansammlung von Sternen, Staub und Gas wie die Milchstraße.

GEN
Ein Abschnitt auf der DNA (Erbsubstanz) eines Lebewesens. Gene bestimmen, wie das Lebewesen aussieht und wie sein Körper funktioniert. Sie werden von einer Generation an die nächste weitergegeben.

GESCHWINDIGKEIT
Ist definiert als die zurückgelegte Strecke pro dafür benötigter Zeit.

GEZEITEN
Regelmäßiges Steigen (Flut) und Sinken (Ebbe) des Meeresspiegels, verursacht durch die Anziehungskraft des Monds.

GLADIATOR
Berufskämpfer im alten Rom, der in öffentlichen Wettkämpfen auf Leben und Tod gegen andere Gladiatoren antrat.

GLEICHWARM
Tiere, die eine gleichbleibend hohe Körpertemperatur aufrechterhalten und deshalb unabhängig von der Temperatur der Umgebung sind.

GLETSCHER
Die Eismassen eines Gletschers bilden sich aus angesammeltem Schnee. Viele Gletscher fließen hangabwärts. Andere bedecken als riesige Eisschilde den Kontinent Antarktika und einen großen Teil Grönlands.

GLIEDERFÜSSER
Die Mitglieder dieser Gruppe wirbelloser Tiere (Tiere ohne Wirbelsäule) haben ein gegliedertes Außenskelett. Zu ihnen gehören u. a. Insekten, Spinnen, Skorpione und Krebstiere (wie Krabben und Hummer).

GPS
Abkürzung für „globales Positionierungssystem", ein Navigationsnetzwerk, das aus Signalen von Satelliten die Position eines GPS-Empfängers bestimmt.

GROSSREICH
Mehrere Länder vereint unter einer herrschenden Macht.

GUERILLAKÄMPFER
Mitglied einer kleinen, unabhängigen Kampfeinheit, die den Feind mit Überraschungsangriffen bekämpft.

HALO
Bereich, der eine Galaxie umgibt.

HIEROGLYPHEN
Schriftzeichen verschiedener alter Bilderschriften. Meist ist ein altägyptisches Schriftsystem gemeint, das um 3000 v. Chr. entwickelt wurde.

HOLOCAUST
Bezeichnung für die gezielte Ermordung von Millionen von Menschen während der Zeit des Nationalsozialismus. Meist wird der Begriff für den Massenmord an 6 Millionen Juden verwandt. Er kommt aus dem Griechischen und bedeutet „vollständig verbrannt".

HOMINIDE
Der Begriff bedeutet „menschenähnlich" und bezeichnet den Menschen und alle seine ausgestorbenen Vorfahren. Auch die Menschenaffen (Schimpansen, Bonobos, Gorillas und Orang-Utans) gehören zu den Hominiden.

HORMONE
Natürliche Verbindungen, die von Drüsen produziert und in das Blut abgegeben werden, um auf bestimmte Körperteile zu wirken.

HURRIKAN
Ein heftiger, wirbelförmiger Tropensturm mit Windgeschwindigkeiten von über 119 km/h, der von sintflutartigen Regenfällen begleitet wird.

INFANTERIE
Die Truppe einer Armee, die aus zu Fuß kämpfenden Soldaten besteht.

ION
Ein Atom, das ein oder mehrere Elektronen aufgenommen oder abgegeben hat und deshalb eine positive oder negative Ladung besitzt.

IONOSPHÄRE
Die Schicht der Atmosphäre, in der Radiowellen übertragen werden können.

ISOTOP
Verschiedene Atomsorten eines chemischen Elements, die unterschiedlich viele Neutronen (Teilchen im Atomkern ohne elektrische Ladung) besitzen.

KALTER KRIEG
Konflikt zwischen den kapitalistischen Westmächten unter Führung der USA und dem sozialistischen Ostblock (der Sowjetunion und ihren Verbündeten) in der Zeit nach dem Ende des Zweiten Weltkriegs (1949) bis zum Beginn der 1990er Jahre. V. a. die USA und die Sowjetunion rüsteten in dieser Zeit ihre Streitkräfte auf und drohten sich immer wieder mit Krieg, zu dem es jedoch nie kam.

KAPITALISMUS
Ein Gesellschaftssystem zugunsten von Menschen oder Privatverbänden, die durch die Produktion von Gütern und Dienstleistungen Gewinn machen und dadurch Reichtum (Kapital) ansammeln.

KARST
Landschaft aus Kalkstein. In Karstlandschaften gibt es oft Schluchten, unterirdische Höhlen und Gänge, wo saures Wasser den Kalkstein aufgelöst hat.

KAVALLERIE
Truppenteil der Armee, der zu Pferd in die Schlacht zog. In Wüstengebieten bestand die Kavallerie manchmal auch aus Soldaten auf Kamelen.

KERATIN
Ein Eiweiß, das in der obersten Schicht der Haut und in Haaren, Fingernägeln, Hörnern und Hufen vorkommt.

KERN (ERDE)
Die innerste, sehr heiße Schicht der Erde, die in einen flüssigen äußeren und einen festen inneren Kern unterteilt ist. Der Kern besteht wahrscheinlich aus Eisen und Nickel.

KERNFUSION
Eine Verschmelzung von Atomkernen zu schwereren Atomen.

KERNREAKTION
Prozess, bei dem Atomkerne verändert werden oder zu neuen Atomen verschmelzen. Dabei werden große Mengen Energie freigesetzt.

KERNSPALTUNG
Dabei wird ein Atomkern beschossen, sodass er geteilt wird.

KLIMA
Gesamtheit der Wetterabläufe in einer Region oder Klimazone über mehrere Jahre oder Jahrzehnte hinweg.

KOHLENDIOXID (CO_2)
Farb- und geruchloses Gas, das Tiere und Menschen als Abfallprodukt ausatmen, während Pflanzen es zur Fotosynthese benötigen. CO_2 wird zudem bei der Verbrennung fossiler Brennstoffe wie Kohle, Erdöl und Erdgas durch Industrie und Verkehr ausgestoßen. Es ist in großen Mengen giftig und trägt als Treibhausgas maßgeblich zur Erwärmung der Atmosphäre bei.

KOLLABIEREN
In der Astronomie Begriff für das In-sich-Zusammenfallen von Sternen.

KOLONIE
Eine Gruppe von Siedlern, die sich außerhalb ihres Heimatlands niederlässt, aber weiter ihrem Mutterland untersteht. Auch ein Verband von Tieren, meist derselben Art, der eng zusammenlebt.

KOMMUNISMUS
Eine politische Lehre, die den Grundsatz vertritt, Eigentum solle nicht privat sein, sondern allen gemeinsam gehören.

KOMPASS
Gerät, mit dem sich die Himmelsrichtung feststellen lässt. Darin befindet sich eine frei kreisende Nadel, die auf Öl oder Wasser schwimmt und stets zum Nordpol zeigt.

KONDENSIEREN
Prozess, bei dem ein gasförmiger Stoff durch Druck oder Abkühlung flüssig wird.

KULTUR
Die von einer Gesellschaft geteilten Traditionen, Werte und Verhaltensformen.

LANDWIRTSCHAFT
Der Anbau von Kulturpflanzen und das Halten von Nutztieren.

LAVA
Heißes, flüssiges Magma, das an der Erdoberfläche ausgetreten ist, bezeichnet man als Lava.

LEBEWESEN
Zu den Lebewesen gehören Menschen, Tiere, Pflanzen, Pilze und andere winzige Lebensformen wie Bakterien und Archaeen.

LEHNSWESEN
Gesellschaftliches System im Mittelalter, in dem Mächtige ihren Untertanen Schutz gewährten und diese ihnen im Gegenzug Treue schworen.

LICHTJAHR
Eine astronomische Längeneinheit. Sie entspricht der Strecke, die Licht in einem Jahr zurücklegt.

MAGMA
Eine heiße Gesteinsschmelze im Innern der Erde.

MAGMATISCHE GESTEINE
Gesteine, die sich bilden, wenn heißes Magma aus dem Innern der Erde abkühlt und hart wird.

MANTEL
Die Schicht der Erdkugel unterhalb der Erdkruste, die bis zum Kern reicht. Dieses Gestein macht den größten Teil der Masse der Erde aus.

MASSE
Die Menge der Materie, die ein Objekt besitzt.

MAUSOLEUM
Monumentales Grabmal, oft in Form eines Gebäudes für mehrere Grabstätten.

MELANIN
Dunkle Pigmente, die sowohl Haut als auch Haare und die Regenbogenhaut im Auge färben.

METAMORPHE GESTEINE
Gesteine, die sich im Innern der Erde unter hohem Druck und bei enormer Hitze gebildet haben.

METAMORPHOSE
Manche Tiere wie Insekten und Amphibien durchlaufen eine Metamorphose, wenn sie sich in erwachsene Tiere verwandeln. Dabei verändert sich die Gestalt ihres Körpers stark.

METEORIT
Ein Gesteinsbrocken aus dem Weltall, der auf der Erde einschlägt.

MIKROBE
Mikroskopisch kleines Lebewesen, z. B. Bakterie.

MINERAL
Ein chemischer Stoff, der natürlicherweise in der Erde vorkommt. Man teilt die verschiedenen Mineralien nach den Elementen, die in ihnen enthalten sind, und ihrer Kristallstruktur ein.

MITOCHONDRIEN
Winzige Strukturen in den Körperzellen eines Lebewesens, die die Energie erzeugen, die zum Leben nötig ist.

MITTELALTER
In Europa etwa die Epoche zwischen dem 5. und dem 16. Jahrhundert.

MOLEKÜL
Zwei oder mehrere Atome, die durch chemische Bindung zusammengehalten werden.

MONARCHIE
Regierungsform, bei der ein König oder eine Königin an der Spitze eines Lands steht, auch wenn sie keine wirkliche Macht innehaben.

MONDPHASE
Veränderung des von der Erde aus sichtbaren Teils des Monds während seines Umlaufs um die Erde. Während seines ca. 1-monatigen Umlaufs sehen wir zunächst eine schmale Sichel, dann einen Vollmond und am Ende wieder eine Mondsichel.

MORÄNE
Gesteinsschutt und andere Materialien, die ein Gletscher mit sich transportiert und schließlich abgelagert hat.

MUSLIME
Anhänger des Islam (Religion).

NACHHALTIGKEIT
Nachhaltigkeit bedeutet, natürliche Rohstoffe wie Holz oder Wasser so zu nutzen, dass auch zukünftige Generationen genügend von ihnen zur Verfügung haben.

NÄHRSTOFFE
Lebensnotwendige Bestandteile der Nahrung.

N. CHR.
Angabe für die Jahre nach der Geburt Jesu Christi, dem Beginn unserer Zeitrechnung.

NEPHRON
Eine Filtereinheit der Niere, die Blut reinigt und Urin erzeugt.

NESSELTIERE
Zu dieser großen Gruppe von Meerestieren gehören die Quallen und Korallen. Sie besitzen giftige Nesselzellen.

NETZHAUT
Schicht mit lichtempfindlichen Zellen im Augenhintergrund.

NEUTRON
Ein winziges Teilchen im Atomkern, das keine elektrische Ladung besitzt.

NOMADEN
Menschen, oft Hirtenvölker, die sich nicht fest niederlassen und je nach Jahreszeit von einem Ort zum anderen wandern.

ÖKOSYSTEM
Eine Gemeinschaft aus Tieren und Pflanzen, die sich einen Lebensraum teilen.

PERMAFROSTBODEN
Dieser Boden taut auch im Sommer unter der Oberfläche nicht auf.

PFLANZENFRESSER
Ein Tier, das sich nur von Pflanzen ernährt.

PHARAO
Bezeichnung für die Könige im alten Ägypten. Die Menschen schrieben den Pharaonen göttliche Kräfte zu.

PLATTENGRENZE
An den Plattengrenzen stoßen die Ränder der riesigen tektonischen Platten zusammen, aus denen die Erdkruste besteht.

PLAZENTA
Bei Säugetierweibchen bildet sich während der Schwangerschaft eine Plazenta (Gebärmutter) im Körper. Über die Plazenta wird das sich entwickelnde Junge mit Nährstoffen und Sauerstoff aus dem Blut der Mutter versorgt.

POLARLICHT
Lichtbänder am Himmel, die durch hochenergetische Teilchen aus dem Sonnenwind erzeugt werden.

POLYP
Einige Meerestiere wie Seeanemonen und Korallen haben die Gestalt eines Polypen: Sie sind schlauchförmig und besitzen am oberen Ende Tentakel und eine Mundöffnung. Mit der Basis sitzen sie an einem Felsen oder am Meeresgrund fest.

PROPAGANDA
Öffentliche Verbreitung von Informationen, um Meinungen und politische Ansichten zu beeinflussen. Propaganda wird manchmal auch eingesetzt, um einer Person oder Gruppe bewusst zu schaden.

PROTISTEN
Diese Lebewesen bestehen nur aus einer Zelle und die meisten sind nur unter dem Mikroskop zu erkennen. Protisten leben im Wasser oder in feuchten Lebensräumen. Zu ihnen gehören Algen und tierähnliche Einzeller.

PROTON
Winziges Teilchen im Atomkern, das eine positive elektrische Ladung besitzt.

PULSAR
Ein rotierender Neutronenstern, der Strahlungspulse aussendet.

PUPPE
Die Puppe ist ein Stadium im Lebenszyklus vieler Insekten, z. B. von Schmetterlingen und Käfern. In der Puppe verwandelt sich die Larve (z. B. die Schmetterlingsraupe) in das erwachsene Insekt, das Flügel besitzt.

PYRAMIDE
Massive Steinkonstruktion mit meist quadratischem Grundriss und schrägen, spitz zulaufenden Seiten. Im alten Ägypten fungierten Pyramiden meist als Königsgräber.

QUARK
Ein Elementarteilchen, das andere Teilchen wie Neutronen und Protonen bildet.

QUASTENFLOSSER
Fische von denen man lange Zeit glaubte, dass sie ausgestorben seien. Sie ähneln Fischen, die bereits im Zeitalter der Dinosaurier gelebt haben.

RÄUBER
Ein Tier, das andere Tiere jagt, um sich von ihnen zu ernähren.

RAUMSONDE
Ein unbemannter Flugkörper zur Erforschung des Weltraums und von Himmelskörpern.

REAKTANT
Ein Stoff, der an chemischen Reaktionen beteiligt ist.

RECYCLING
Aufbereitung und Wiederverwertung von bereits verwendeten Rohstoffen wie Papier, Glas oder Metall.

REFLEXION
Lichtstrahlen, die von einer Oberfläche zurückgeworfen werden. Dies wird auch Spiegelung genannt.

REIBUNG
Kraft, die eine Bewegung abbremst.

REKONSTRUKTION
Wiederherstellen, Nachbilden eines ursprünglichen Zustands.

REPTILIEN
Wechselwarme Wirbeltiere (Tiere mit einer Wirbelsäule), deren Körper mit Schuppen bedeckt ist. Zu dieser Gruppe gehören u. a. Krokodile, Schlangen und Echsen.

REPUBLIK
Staatsform, in der das Oberhaupt vom Volk direkt oder durch Vertreter auf Zeit gewählt wird. Gegenbegriff zur Monarchie.

RESSOURCE
Rohstoffe, Werkzeuge oder Arbeitskräfte, die zur Produktion von Waren und Dienstleistungen verwendet werden.

ROBOTER
Maschine, die mithilfe von Sensoren und mechanischen Dreh- und Greifvorrichtungen komplexe Arbeitsvorgänge ausführen kann.

ROMA
Sinti und Roma sind Minderheiten, die seit vielen Jahrhunderten in West- und Mitteleuropa (Sinti) bzw. in Ost- und Südosteuropa (Roma) leben. Sinti und Roma wurden immer wieder diskriminiert und verfolgt, auch während des Nationalsozialismus.

ROTER RIESE
Aufgeblähter, leuchtstarker Stern im Endstadium seiner Entwicklung, der seinen Brennstoff aufgebraucht hat.

SATELLIT
Natürliches oder künstliches Objekt, das ein anderes Objekt, z. B. einen Planeten, umkreist.

SÄUGETIERE
Gleichwarme Tiere, die eine Wirbelsäule besitzen und ihre Jungen mit Milch säugen. Die meisten Säugetiere haben außerdem ein Fell oder Haare.

SCHWARZES LOCH
Ein astronomisches Objekt mit so gewaltiger Schwerkraft, dass nicht einmal Licht ihm entkommt.

SCHWERKRAFT
Die Anziehungskraft, die auf Objekte wirkt und auf der Erde verhindert, dass sie in die Luft entschweben.

SEDIMENTGESTEINE
Diese Gesteine bestehen vor allem aus Bruchstücken älterer Gesteine, die sich in Schichten abgelagert und unter hohem Druck verfestigt haben.

SINTI
Siehe Roma.

SONAR
Ein Verfahren, um im Wasser mit Hilfe von Schallwellen Objekte aufzuspüren und Entfernungen zu messen.

SONNENFLECK
Ein dunkler, kühlerer Bereich auf der Sonnenoberfläche.

SONNENSYSTEM
Die Sonne, die sie umkreisenden Planeten und alle Kleinkörper, Gase und Staubteilchen, die von der Anziehungskraft der Sonne zusammengehalten werden.

SPALTÖFFNUNGEN
Diese winzigen Öffnungen an der Unterseite von Blättern steuern, wie viele Gase und wie viel Wasserdampf aus der Pflanze in die Luft abgegeben werden.

STACHELHÄUTER
Diese Meerestiere haben einen strahlenförmigen symmetrischen Körper: Wenn man den Körper an einer beliebigen Stelle teilt, sehen die Hälften gleich aus. Dazu gehören u.a. Seeigel, Seesterne und Seegurken.

STADTSTAAT
Eine Stadt mit ihrem Umland, die eine eigene, unabhängige Regierungsform hat. Athen, Sparta und Korinth waren mächtige Stadtstaaten im antiken Griechenland.

STALAGMIT
Natürliche Struktur am Boden einer Höhle oder eines unterirdischen Gangs. Stalagmiten bilden sich im Lauf von Jahrtausenden aus abgelagertem Kalzit, wenn Wasser von einem Stalaktiten an der Decke herabtropft.

STALAKTIT
Ein zapfenähnliches Gebilde aus Kalzit, das von der Decke einer Höhle herabhängt. Stalaktiten bilden sich im Lauf von Jahrtausenden. Im Wasser, das von der Decke tropft, sind gelöste Mineralien enthalten, die auskristallisieren.

STAMM
Wissenschaftler ordnen alle Lebewesen je nach ihrer Abstammung und dem Aufbau ihres Körpers großen Gruppen zu, die man Stämme nennt.

STEINZEIT
Zeit der Vorgeschichte, in der die Menschen und ihre Vorfahren mehr als 2 Mio. Jahre lang einfache Arbeitsgeräte aus Stein benutzten.

STERNBILD
Ein Himmelsabschnitt, dessen Sterne ein auffälliges Muster bilden. Viele Sternbilder sind nach Tieren oder mythischen Figuren benannt.

SUBDUKTION
Bei diesem Prozess taucht eine der riesigen tektonischen Platten, aus denen die Erdkruste besteht, unter eine andere Platte ab.

SULTAN
Titel, den Herrscher in einigen islamischen Ländern traditionell trugen.

SUPERNOVA
Ein explodierender Stern.

TARNUNG
Viele Tiere sind kaum zu erkennen, weil die Farben und Formen ihres Körpers mit der Umgebung verschmelzen. Fressfeinde haben daher Schwierigkeiten, sie zu entdecken.

TEKTONISCHE PLATTE
Eine der riesigen Platten, aus denen die Erdkruste besteht.

TENTAKEL
Manche Tiere, wie Kraken und Korallenpolypen, besitzen solche langgestreckten Körperteile, mit denen sie tasten und Nahrung aufnehmen.

TONSTEIN
Dieses Gestein entstand im Lauf von Jahrmillionen aus abgelagerten Tonmineralien, die sich verfestigten.

TOXIN
Ein giftiger Stoff, den ein Lebewesen produziert.

TRÄGHEIT
Die Tendenz eines Objekts in Ruhe zu verharren oder sich geradlinig weiterzubewegen, bis eine Kraft auf das Objekt einwirkt.

TRAGZEIT
Die Zeit, in der sich ein Tier im Leib seiner Mutter entwickelt.

TRANSFORMSTÖRUNG
An solchen Bruchzonen in der Erdkruste gleiten Gesteinsmassen aneinander vorbei. Dabei kann es zu Erdbeben kommen.

TSUNAMI
Eine gewaltige Meereswelle, die z.B. von einem Erdbeben oder einem Vulkanausbruch im Meer hervorgerufen wird. Tsunamis breiten sich schnell und über weite Strecken aus und können zu verheerenden Überflutungen führen.

TUNDRA
In diesen kalten, baumlosen Regionen liegt während vieler Monate im Jahr Schnee. In der Tundra wachsen nur niedrige Pflanzen. Die Tiere, die hier leben, sind an die Kälte angepasst. Teile der Arktis und der Hochgebirge gehören zur Tundra.

UMLAUFBAHN
Die Bahn, auf der ein Himmelskörper um einen anderen kreist.

V. CHR.
Bezeichnung für die Jahre vor der Geburt Jesu Christi, dem Beginn unserer Zeitrechnung.

VERBINDUNG
Eine chemische Substanz, die aus zwei oder mehr Elementen besteht.

VERBRENNUNG
Eine chemische Reaktion, bei der eine Substanz, z.B. ein Treibstoff, mit Sauerstoff verbrannt wird.

VIRUS
Ein kleines Teilchen, dessen Gene durch eine Hülle geschützt sind. Viren befallen Körperzellen, wo sie sich vermehren und Krankheiten auslösen.

VISKOSITÄT
Ein Maß dafür, wie gut Flüssigkeiten fließen.

VORGESCHICHTE
Die Zeit vor der Entwicklung von Kulturen, als die Menschen noch keine Schrift kannten.

VULKAN
Öffnung in der Erdkruste, an der Magma (heiße, flüssige Gesteinsschmelze) als Lava an die Oberfläche tritt.

WECHSELWARM
Die Körpertemperatur wechselwarmer Tiere hängt von der Temperatur ihrer Umgebung ab. Reptilien z.B. sind wechselwarme Tiere.

WEISSER ZWERG
Stern am Ende seines „Lebens“. Die Kernfusion ist beendet und der geschrumpfte Rest hat nur noch geringe Leuchtkraft.

WESIR
Früherer Titel des höchsten Beamten in einigen islamischen Ländern.

WIRBELLOSE TIERE
Tiere ohne Wirbelsäule und ohne Innenskelett aus Knochen wie z.B. Insekten, Würmer und Krebstiere.

WIRBELTIERE
Tiere mit einer Wirbelsäule und einem inneren Skelett aus Knochen.

ZELLKERN
In fast jeder Zelle des Körpers befindet sich ein Zellkern, in dem die genetischen Informationen des Lebewesens gespeichert sind.

ZELLULOSE
Dieser Stoff kommt in den Wänden von Pflanzenzellen vor und verleiht der Pflanze Struktur und Festigkeit.

ZERSETZER
Ein Lebewesen, das sich von toten pflanzlichen oder tierischen Stoffen ernährt.

ZYLINDERSPULE
Eine Metallspule, die wie ein Stabmagnet wirkt, wenn Strom durch sie hindurchfließt.

Register

Seitenzahlen in **Fettdruck** verweisen auf die Hauptbeiträge.

A

B

F

G

H

N

O

P

T

U

Dank und Bildnachweis

Dorling Kindersley dankt folgenden Personen für ihre Hilfe bei der Vorbereitung des Buchs: Sam Atkinson, Ann Baggaley, Alexandra Beeden, Sreshtha Bhattacharya, Lili Bryant, Jane Evans, Pakshalika Jayaprakash, Suefa Lee, Vibha Malhotra, Monica Saigal, Steve Setford, Sarah Tomley und Debra Wolter für redaktionelle Hilfe; Steve Crozier, Paul Drislane, Mandy Earey, Gadi Farfour, Nidhi Mehra, Anjana Nair, Priyabrata Roy Chowdhury, Ankita Mukherjee, Ranjita Bhattacharji, Niyati Gosain, Mark Lloyd, Payal Rosalind Malik, Vaibhav Rastogi, Laura Roberts, Mary Sandberg und Sharon Spencer für Unterstützung beim Layout; Caroline Hunt für Korrekturen; Elizabeth Wise für das Register; Aldebaran Robotics, Mark Burdett und Rachel Smart, Sarah Fowler, Professor Thomas Hildebrandt, Richard Hook und Francoise Delplancke-Stroebele von der Europäischen Südsternwarte und KwaZulu-Natal Sharks Board für inhaltlichen Rat; Kennis & Kennis für Rekonstruktionen von Modellen früher menschlicher Vorfahren.

Gutachter für die Smithsonian Institution:
National Museum of Natural History:
Dr. Don E. Wilson, Curator Emeritus, Department of Vertebrate Zoology; Sally Kuhn Sennert, USGS/Global Volcanism Program, Department of Mineral Sciences; Dr. Jeffrey E. Post, Geologe und leitender Kurator, National Gem and Mineral Collection; Dr. Nancy Knowlton, Sant Chair of Marine Sciences; Dr. Michael Brett-Surman, Museumsspezialist für fossile Dinosaurier, Reptilien, Amphibien und Fische, Department of Paleobiology; Thomas F. Jorstad, Leiter der Pressestelle der Paläobiologie, Department of Paleobiology; Dr. Gary Krupnick, Leiter des Instituts für Pflanzenkonservierung, Department of Botany; Dr. Christopher L. Mah, Forschungsassistent, Department of Invertebrate Zoology; Gary F. Hevel, Forschungsassistent, Department of Entomology; Jeremy F. Jacobs, Collections Manager, Division of Amphibians and Reptiles; Christopher M. Milensky, Museumsspezialist, Division of Birds, Department of Vertebrate Zoology; Dr. M. G. (Jerry) Harasewych, Forschungszoologe und Kurator der Meeresweichtiere, Department of Invertebrate Zoology; Jim Harle, Voluntär des Kurators; Dr. Briana Pobiner, Paläoanthropologin und Pädagogin, Human Origins Program; Salima Ikram, Egyptology Unit Head, Department of Anthropology; Dr. William W. Fitzhugh, Kurator der Archäologie und Direktor des Arctic Studies Center, Department of Anthropology; J. Daniel Rogers, Kurator der Archäologie, Department of Anthropology

National Portrait Gallery:
James G. Barber, Historiker

National Air and Space Museum
Dr. F. Robert van der Linden, Chairman, Aeronautics Division; Roger Connor, Kurator, Aeronautics Division; Andrew Johnston, Geographer, Center for Earth and Planetary Studies

National Museum of African American History and Culture
Ester Washington, Ausbildungsleiterin

Freer Gallery of Art and Arthur M. Sackler Gallery
Dr. Alexander Nagel, Assistenzkurator des Antiken Nahen Osten; James T. Ulak, Seniorkurator der Japanischen Kunst; J. Keith Wilson, Kurator der Antiken Chinesischen Kunst; Debra Diamond, stellvertretende Kuratorin der Süd- und Südostasiatischen Kunst

National Museum of American History, Kenneth E. Behring Center
David K. Allison, stellvertretender Direktor für Kuratoriumsangelegenheiten; Dwight Blocker Bowers, Kurator, Division of Culture and the Arts; Roger E. Sherman, stellvertretender Kurator, Division of Medicine and Science; Ann M. Seeger, stellvertretender Vorsitzender und Kurator, Division of Medicine and Science; Dr. Paul F. Johnston, Kurator, Division of Work and Industry; L. Susan Tolbert, stellvertretende Vorsitzende und Kuratorin, Division of Work and Industry; Jennifer Locke Jones, Vorsitzende und Kuratorin, Division of Armed Forces History

Name und Institutionszeichen der Smithsonian Institution sind eingetragene Markenzeichen der Smithsonian Institution.

Der Verlag dankt folgenden Personen und Institutionen für die freundliche Genehmigung, Bilder abzudrucken:

(Abkürzungen: o = oben; u = unten; m = Mitte; l = links; r = rechts; g = ganz; Hg = Hintergrund)

10 NASA: JPL (gogr); R. Williams (STScI)/The Hubble Deep Field Team (mro). **11 Corbis:** NASA (gom/Planet). **Dorling Kindersley**: Julian Baum (gom/Zwergplanet). **NASA and The Hubble Heritage Team (AURA/STScI):** NASA/ESA/A. Nota (STScI/ESA) (gogr). **NASA**: (mr); JPL/University of Arizona (gol); JPL/ESA/SOHO (gor). **Science Photo Library**: (m); John Thomas (gogl); David Parker (ur); Mark Garlick (ul); Volker Springel/Max Planck Institut für Astrophysik (ugr). **13 NASA**: COBE/DMR (mr). **14 ESO**: (mugl/Krebsnebel); S. Gillessen et al. (mgl/galaktisches Zentrum). **NASA and The Hubble Heritage Team (AURA/STScI)**: NASA/ESA (ugl). **15 NASA**: ESA/Z. Levay und R. van der Marel, STScI/T. Hallas/A. Mellinger (ur). **16 NASA and The Hubble Heritage Team (AURA/STScI)**: NASA/ESA/M. Robberto (Space Telescope Science Institute/ESA) (u). **17 SuperStock**: Science Photo Library (u). **20 NASA**: K. Reardon (Osservatorio Astrofisico di Arcetri, INAF) IBIS, DST, NSO (mlo). **22 NASA**: JPL (gom). **24 Science Photo Library**: Dr. Michael J. Ledlow (mlu). **25 NASA**: (ur). **26 NASA**: (gogl); JPL (mru). **28 NASA**: (m); JSC (ur). **29 NASA**: (gor). **33 NASA**: Chandra X-ray Observatory/ESA/JHU/R. Sankrit & W.Blair (r). **36 NASA**: (mogl/Jupiter); SDO (mogl/Sonne); NASA and The Hubble Heritage Team (STScI/AURA) Acknowledgment: R. G. French (Wellesley College), J. Cuzzi (NASA/AMES), L. Dones (SwRI) und J. Lissauer (NASA/AMES) (mogl/Saturn). **Science Photo Library**: NASA/JPL-Caltech (ul). **37 Science Photo Library**: David Ducros (mr). **42 Dorling Kindersley**: Shutterstock (mlo). **46 Dorling Kindersley**: Tom Coulson (ul). **47 Alamy Images**: G. Brad Lewis Agency/Photo Resource Hawaii (ml, mlu); Tom Pfeiffer (ul). **50 Corbis**: Michael DeFreitas/Robert Harding World Imagery (mro). **54 Dorling Kindersley**: David Leffman/Rough Guides (mol). **55 Alamy Images**: Photoshot Holdings Ltd. (mru). **Dorling Kindersley**: Greg Ward/Rough Guides (gor). **56 Dorling Kindersley**: Natural History Museum, London (mgl/Kupfer). **58 Dorling Kindersley**: NASA/Digitaleye / Jamie Marshall (ur). **59 Corbis**: (gur). **64 Dorling Kindersley**: Greg Ward/Rough Guides (ul). **65 Fotolia**: Okea (gor). **66 Dorling Kindersley**: Tim Draper/Rough Guides (ml). **71 NASA**: Jacques Descloitres, MODIS Land Science Team (ul). **76 Dorling Kindersley**: Atlantic Digital (ul, gol). **Getty Images**: Flickr/www.MartyPhotography.com.au (mlo). **Science Photo Library**: Henning Dalhoff (ml/l, ml/m, ml/r). **77 Corbis**: Annie Griffiths Belt (gor). **78 Dorling Kindersley**: Jon Hughes (mlo); Andrew Kerr (m, mru, gor); Jon Hughes und Russell Gooday (mro). **79 Dorling Kindersley**: Jon Hughes (mru, mo, mgl); Jon Hughes and Russell Gooday (mro); Andrew Kerr (m, um, mlo); Jon Hughes/Bedrock Studios (ml); Richard Tibbets (mlu). **80 Dorling Kindersley**: Jon Hughes (mu); Dennis Wilson – Staab Studios – Modellbauer (mlu); Andrew Kerr (ul, ur). **Science Photo Library**: Roger Harris (um). **81 Dorling Kindersley**: Jon Hughes und Russell Gooday (mlo); Andrew Kerr (mro). Science Photo Library: Mark Garlick (um). **82 Dorling Kindersley**: Natural History Museum, London (ml). **84 Dorling Kindersley**: Natural History Museum, London (gor). **85 Dorling Kindersley**: Dinosaur State Park, Connecticut (gogr); Barrie Watts (gogl); mit freundlicher Genehmigung des Naturmuseums Senckenberg, Frankfurt (mr); Natural History Museum, London (gor). **86 Dorling Kindersley**: Malcolm Coulson (m). **Dreamstime.com**: Irochka (mlu); Andrey Sukhachev (ml). **89 Corbis**: Lilly/Imagebroker (gul). Getty Images: E+/KingWu (mugl). **92 Corbis**: Pulse (mru). **93 Alamy Images**: Martin Strmiska (mgr). **Corbis**: Kai Schwabe/Westend61 (um). **Dorling Kindersley**: Tim Draper/Rough Guides (mr). **94 Corbis**: Konrad Wothe/Minden Pictures (ul). **Getty Images**: Flickr/Nicolas Reusens (gor). **98 Corbis**: Tui De Roy/Minden Pictures (ur). **Getty Images**: Encyclopaedia Britannica/UIG (ul). **98-99 Dorling Kindersley**: Kenneth Lilly (u/Wal); John Temperton (u/Diplodocus). **99 Corbis**: DLILLC (ugl); David Pattyn/Foto Natura/Minden Pictures (gur); Paul Souders (ul). **Getty Images**: National Geographic/Joel Sartore (ur). **101 Corbis**: Dave Fleetham/Design Pics (mr). **SeaPics.com**: Doug Perrine (ur). **103 SuperStock**: Scubazoo/Science Faction (gor). **104 Dorling Kindersley**: Natural History Museum, London (ur, mro).

105 Corbis: Thomas Marent/Minden Pictures (ur, um); Wolfgang Thieme/DPA (ul). **naturepl.com**: Fabio Liverani (gur). **108 Corbis**: Paul Marcellini (MYN)/Nature Picture Library (um). **Dorling Kindersley**: David Peart (mlu); Jerry Young (um). **Getty Images**: Flickr Open/Peter Schoen (mro). **109 Dorling Kindersley**: Jerry Young (mr). **Science Photo Library**: Edward Kinsman (um). **110 Science Photo Library**: Dante Fenolio (gor); William H. Mullins (ml). **113 Corbis**: Mitsuaki Iwago/Minden Pictures (ur). **SeaPics.com**: Doug Perrine (ul). **116 Corbis**: John Abbott/Visuals Unlimited (mlu/Fledermäuse); Denis Scott (ul); James Hager/Robert Harding World Imagery (ml); Thomas Marent / Minden Pictures (mlu/Lemur). **117 Dorling Kindersley**: Tim Shepard/Oxford Scientific Films (gor). **Fotolia**: Peter Kirillov (mlo, mlu). **119 Corbis**: DLILLC (ur). **120 Corbis**: Flip Nicklin/Minden Pictures (ml). **Dorling Kindersley**: Jamie Marshall (mlu); Kevin Jones (ur). **121 Fotolia**: Vibe Images (ur). **Getty Images**: The Image Bank/Gallo Images-Roger De La Harpe (mru); Minden Pictures/Ingo Arndt (mr); Oxford Scientific/Elliot Neep (ul, um, gul). **122 Dorling Kindersley**: Kanapaha Botanical Gardens (gur); Alex Robinson/Rough Guides (ul). **Getty Images**: Visuals Unlimited, Inc./Science VU (ur). **123 Getty Images**: Stone/Lester Lefkowitz (ur). **Science Photo Library**: Copyright Tom Van Sant/Geosphere Project, Santa Monica (ul). **125 Corbis**: Mark Moffett/Minden Pictures (ur). **130 Photolibrary**: Moodboard (ur). **131 Getty Images**: Oxford Scientific/Mark Conlin (gol); Oxford Scientific/Luis Javier Sandoval (mru). **132 Corbis**: Anthony Bannister/Gallo Images (ml) **135 Corbis**: Michael & Patricia Fogden (ul); Visuals Unlimited (ugl); Thomas Marent/Minden Pictures (ugr). **naturepl.com**: Edwin Giesbers (ur); Mark Payne-Gill (ml, mr, mgr). **139 Corbis**: Zephyr/Science Photo Library (ml). **Dorling Kindersley**: Spike Walker (Microworld Services) (ul). **Dreamstime.com**: Irochka (um). **Fotolia**: Dario Sabljak (mo). **Getty Images**: Stone/UHB Trust (m). **PunchStock**: Image Source (mgl). **SuperStock**: Science Picture Co./Science Faction (ugl). **140 Science Photo Library**: Hybrid Medical Animation (ml). **144 Science Photo Library**: (ur); Steve Gschmeissner (ugr); Prof. P. Motta/Dept. Of Anatomy/University „La Sapienza", Rom (um). **145 Dorling Kindersley**: Zygote Media Group (ur/einfach gefiederter, ur/spindelförmig, ur/mehrfach gefiederter, ur/gerader, ur/dreieckiger, ur/ringförmig). **151 Science Photo Library**: Susumu Nishinaga (um). **153 Corbis**: Paul Anton (gor); Piet Mall/Stock4B (mr); Tetra Images (mro). **155 Dorling Kindersley**: Halli Verrinder (ur). **156 Science Photo Library**: Steve Gschmeissner (ul). **157 Science Photo Library**: (m). **158 Corbis**: Mike Watson/Moodboard (gom). **Dorling Kindersley**: Tony Graham (um). **159 Corbis**: Photo Quest Ltd./Science Photo Library (gor). **161 Science Photo Library**: Thomas Deerinck/NCMIR (mru). **162 Dorling Kindersley**: Zygote Media Group (ul). **163 Science Photo Library**: Eye Of Science (mlo). **164 Fotolia**: Aptyp_koK (um). Science Photo Library: Sovereign, ISM (ml). **165 Alamy Images**: Image Source (mr). **Dorling Kindersley**: Zygote Media Group (l, gor, gogr). **166 Dorling Kindersley**: Medimation (ul). **167 Dorling Kindersley**: Zygote Media Group (m). **168 SuperStock**: Science Photo Library (gol). **168–169 Dorling Kindersley**: Zygote Media Group. **169 Dorling Kindersley**: Zygote Media Group (m, ur). The Natural History Museum, London: (mr). **171 Science Photo Library**: Omikron (gom). **172 Science Photo Library**: Steve Gschmeissner (mu). **173 Science Photo Library**: Susumu Nishinaga (m). **174 Science Photo Library**: Steve Gschmeissner (ml, gol). **176 Dorling Kindersley**: Zygote Media Group (ur, ugr). **177 Dorling Kindersley**: Zygote Media Group (gom, mugl, mlu, mu, ugl, ul/l, ul/r, um). **183 Getty Images**: Flickr/Gen Umekita (ugr). **Science Photo Library**: Dr. Najeeb Layyous (mr). **184–185 Getty Images**: Stone/Michel Tcherevkoff (u). **184 Science Photo Library**: (mro); AJ Photo (gor). **187 Corbis**: Ocean (mugr); Visuals Unlimited (gom). **194 Getty Images**: Lionel Flusin/Gamma-Rapho Via Getty Images (mlo). **Science Photo Library**: Claudia Marcelloni, CERN (ur). **195 Science Photo Library**: CERN (ml). **202 Corbis**: John Nakata (m). **Science Photo Library**: Sandia National Laboratories (ugr); Sheila Terry (mo). **206 Dorling Kindersley**: The Science Museum, London (gor). **207 NASA**. **214 Dorling Kindersley**: National Maritime Museum, London (gor). **215 Corbis**: David Chapman/Design Pics (mr). **222 Getty Images**: E+/Scott Hailstone (m); Jordrell Bank Observatory/AFP (ul). **223 Corbis**: Ocean (mr). **Dorling Kindersley**: Richard Trillo (ur). **NASA**: SDO (um). **Science Photo Library**: T-Service (ml). **225 Getty Images**: Photolibrary/Dennis Macdonald (ul). **228 ESO**: (um, ur); P. Barthel/Acknowledgments: Mark Neeser (Kapteyn Institute, Groningen) und Richard Hook (ST/ECF, Garching, Deutschland) (ul). **Science Photo Library**: Europäische Südsternwarte/G. Hudepohl (gor). **241 Corbis**: Bohemian Nomad Picturemakers/Kevin R. Morris (ml). **Dorling Kindersley**: The Science Museum, London (mugr). **242 Dorling Kindersley**: The Science Museum, London (mro, mr). **243 NASA**: Dominic Hart/NASA/Ames (ul). **245 Corbis**: Boston Dynamics/DPA (mgr). Mit freundlicher Genehmigung von Warwick Mobile Robotics: (gor). **250 Camera Press**: Marc Deville/Gamma (ur). **Dorling Kindersley**: Natural History Museum, London (mru); Matthew Ward/The Trustees of the British Museum (gor). **Kennis & Kennis/Alfons and Adrie Kennis**: (gol, mro, um). The Natural History Museum, London: (m). **251 Alamy Images**: Zev Radovan/BibleLandPictures (gor). **Kennis & Kennis/Alfons and Adrie Kennis**: (gol, ml, mro, mru, um). **252 Dorling Kindersley**: The Museum of London (ul/Knochenwerkzeug); The Science Museum, London (mlu/Feuersteinmesser, mlu/Holzaxt). **253 Corbis**: Nathan Benn/Ottochrome (ur). **256 Dorling Kindersley**: David Peart (ml). **257 Dorling Kindersley**: John Hepver/The Trustees of the British Museum (go). **261 Dorling Kindersley**: Max Alexander/Tap Service Archaeological Receipts Fund, Hellenic Republic Ministry Of Culture (gor); Stephen Dodd/The Trustees of the British Museum (ur); Nick Nicholls/The Trustees of the British Museum (mr, mru); Chris Christoforo/Rough Guides (mro). **265 Dorling Kindersley**: Ermine Street Guard (mr, mro). **266 Dorling Kindersley**: Christi Graham and Nick Nicholls/The Trustees of the British Museum (m). **268 Dorling Kindersley**: Peter Hayman/The Trustees of the British Museum (ul). **269 Dorling Kindersley**: National Maritime Museum, London (mlo). **270 Dorling Kindersley**: Mit freundlicher Genehmigung von Vikings of Middle England (ugl/Axt, ugl/Sax). **276 Dorling Kindersley**: Jewish Museum, London (ul). **277 Dorling Kindersley**: Karen Trist/Rough Guides (um). **279 Corbis**: The Gallery Collection (ur). **281 Dorling Kindersley**: Judith Miller/Sloan's (gor). **284 Dorling Kindersley**: The Science Museum, London (ul). **287 Dorling Kindersley**: The Science Museum, London (ugr); James Stevenson / National Maritime Museum, London (ur). **National Maritime Museum, Greenwich, London**: (mru). **290 Corbis**: The Gallery Collection (u). **291 Dorling Kindersley**: Robbie Polley (ml). **Getty Images**: Karl Weatherly/Photodisc (ul). **295 Dorling Kindersley**: The Trustees of the British Museum (mru); David Gower/The Trustees of the British Museum (mr); Alan Hills/The Trustees of the British Museum (mogr, gor, ur). **296 Dorling Kindersley**: Board of Trustees of the Royal Armouries (mogr, gor, mr). **298 Getty Images**: OFF/AFP (ul). **300 Dorling Kindersley**: Ray Moller/Wilberforth Collection, Hull Museums (ml). **301 Dorling Kindersley**: Royal Geographical Society, London (ul); Wilberforce House Museum, Hull (mro). **302 Alamy Images**: The Art Archive (mlu). **Corbis**: Stefano Bianchetti (ur); Lebrecht Music & Arts (um). **Dorling Kindersley**: National Maritime Museum, London (mr). **303 Corbis**: Lebrecht Music & Arts (um); Michael Nicholson (ugl); Philadelphia Museum of Art (gor). **304 Getty Images**: Brendan Smialowski (mro). **305 Dorling Kindersley**: Chas Howson/The Trustees of the British Museum (ur); Courtesy of Queens's Rangers (mro); National Constitution Center (m). **306 Getty Images**: De Agostini Picture Library (mu). **307 Dorling Kindersley**: Max Alexander (mu); mit freundlicher Genehmigung von David Edge (mr). **309 Alamy Images**: Streetlife (mru). **Dorling Kindersley**: B&O Railroad Museum, Baltimore, Maryland, USA (gol); Museum of English Rural Life, The University of Reading (gor); The Science Museum, London (mr, mro). **312 Dorling Kindersley**: Confederate Memorial Hall, New Orleans, LA (om). **313 Dorling Kindersley**: Peter Keim (m). **314 Corbis**: (ur). **315 Dorling Kindersley**: Imperial War Museum (mgr). **Getty Images**: Popperfoto (ul). **316 Dorling Kindersley**: Royal Artillery Museum/Royal Artillery Historical Trust (ml). **318 Dorling Kindersley**: Imperial War Museum, London (ul). **Getty Images**: Capt. Poston/IWM via Getty Images (ur). **319 Dorling Kindersley**: Mit freundlicher Genehmigung von The Trustees of the Imperial War Museum, London (gom); Eden Camp Museum, Yorkshire (mro). **Getty Images**: Hulton Archive (ml); Roger Viollet (m); Sgt. Lou Lowery/MCT/MCT via Getty Images (um). **323 Alamy Images**: ITAR-TASS Photo Agency/Yuri Lizunov (ul). **324–325 Corbis**: Heide Benser (go); Hulton-Deutsch Collection (u). **324 Getty Images**: Central Press/Agence France Presse/Hulton Archive (um). **325 Corbis**: Nathan Benn (ml). **Getty Images**: Popperfoto (gor). **326–327 Getty Images**: Gilles Bassignac/Gamma-Rapho Via Getty Images. **327 Corbis**: Masatomo Kuriya (gol).

Alle übrigen Abbildungen
© Dorling Kindersley.
Weitere Informationen unter:
www.dkimages.com